MARIA LUIZA MACHADO
GRANZIERA

20
24

DIREITO AMBIENTAL

SEXTA EDIÇÃO
REVISTA E ATUALIZADA

2024 © Editora Foco

Autora: Maria Luiza Machado Granziera
Diretor Acadêmico: Leonardo Pereira
Editor: Roberta Densa
Coordenadora Editorial: Paula Morishita
Revisora Sênior: Georgia Renata Dias
Revisão Técnica: Celi Aparecida Consolin Honain
Capa Criação: Leonardo Hermano
Diagramação: Ladislau Lima
Impressão e acabamento: FORMA CERTA

Dados Internacionais de Catalogação na Publicação (CIP) de acordo com ISBD

G765d   Granziera, Maria Luiza Machado

       Direito Ambiental / Maria Luiza Machado Granziera. - 6. ed. - Indaiatuba, SP : Editora Foco, 2024.

       792 p. ; 17cm x 24cm.

       Inclui bibliografia.

       ISBN: 978-65-6120-116-2

       1. Direito Ambiental. I. Título.

2024-1355   CDD 341.347   CDU34:502.7

Elaborado por Vagner Rodolfo da Silva – CRB-8/9410

Índices para Catálogo Sistemático:

1. Direito Ambiental 341.347
2. Direito Ambiental 34:502.7

DIREITOS AUTORAIS: É proibida a reprodução parcial ou total desta publicação, por qualquer forma ou meio, sem a prévia autorização da Editora FOCO, com exceção do teor das questões de concursos públicos que, por serem atos oficiais, não são protegidas como Direitos Autorais, na forma do Artigo 8º, IV, da Lei 9.610/1998. Referida vedação se estende às características gráficas da obra e sua editoração. A punição para a violação dos Direitos Autorais é crime previsto no Artigo 184 do Código Penal e as sanções civis às violações dos Direitos Autorais estão previstas nos Artigos 101 a 110 da Lei 9.610/1998. Os comentários das questões são de responsabilidade dos autores.

NOTAS DA EDITORA:

Atualizações e erratas: A presente obra é vendida como está, atualizada até a data do seu fechamento, informação que consta na página II do livro. Havendo a publicação de legislação de suma relevância, a editora, de forma discricionária, se empenhará em disponibilizar atualização futura.

Bônus ou Capítulo On-line: Excepcionalmente, algumas obras da editora trazem conteúdo no *on-line*, que é parte integrante do livro, cujo acesso será disponibilizado durante a vigência da edição da obra.

Erratas: A Editora se compromete a disponibilizar no site www.editorafoco.com.br, na seção Atualizações, eventuais erratas por razões de erros técnicos ou de conteúdo. Solicitamos, outrossim, que o leitor faça a gentileza de colaborar com a perfeição da obra, comunicando eventual erro encontrado por meio de mensagem para contato@editorafoco.com.br. O acesso será disponibilizado durante a vigência da edição da obra.

Impresso no Brasil (06.2024) – Data de Fechamento (06.2024)

2024

Todos os direitos reservados à
Editora Foco Jurídico Ltda.
Rua Antonio Brunetti, 593 – Jd. Morada do Sol
CEP 13348-533 – Indaiatuba – SP
E-mail: contato@editorafoco.com.br
www.editorafoco.com.br

Para Beatriz, Mariana, Mário, Vera e Sophia.

Siglas e Abreviaturas

ADA – Ato Declaratório Ambiental

ADI – Ação Direta de Inconstitucionalidade

ADN – Ácido Desoxirribonucleico

ANA – Agência Nacional de Águas e Saneamento Básico

APA – Área(s) de Proteção Ambiental

APP – Área(s) de Preservação Permanente

ARIE – Área(s) de Relevante Interesse Ecológico

ARN – Ácido Ribonucleico

ARPA – Programa Áreas Protegidas da Amazônia

CDB – Convenção sobre Diversidade Biológica

CFC – Clorofluorcarbono(s)

CFDD – Conselho Federal Gestor do Fundo de Defesa de Direitos Difusos

CIM – Comitê Interministerial sobre Mudança do Clima

CIMV – Comitê Interministerial sobre a Mudança do Clima e o Crescimento Verde

CITES – Convenção sobre Comércio Internacional das Espécies da Flora e da Fauna Selvagens em Perigo de Extinção

CNBS – Conselho Nacional de Biossegurança

CNI – Confederação Nacional da Indústria

CNPq – Conselho Nacional de Desenvolvimento Científico e Tecnológico

CNRH – Conselho Nacional de Recursos Hídricos

CONAFLOR – Comissão Nacional de Florestas

CONAMA – Conselho Nacional do Meio Ambiente

CONPET – Programa Nacional de Racionalização do Uso dos Derivados de Petróleo e do Gás Natural

CRF – Cota de Reserva Florestal

CSLF – Carbon Sequestration Leadership Forum

CTNBio – Comissão Técnica Nacional de Biossegurança

DEPRN – Departamento Estadual de Proteção de Recursos Naturais (SP)

DETER – Programa de Detecção de Desmatamento em Tempo Real

EIA – Estudo Prévio de Impacto Ambiental

EMBRAPA – Empresa Brasileira de Pesquisa Agropecuária

EC – Emenda Constitucional

ETE – Estação de Tratamento de Esgoto

FAO – Organização das Nações Unidas para Agricultura e Alimentação

FDD – Fundo de Defesa de Direitos Difusos

FEEMA – Fundação Estadual de Engenharia do Meio Ambiente

FLONA – Floresta(s) Nacional(is)

FNMA – Fundo Nacional do Meio Ambiente

GEE – Gás(es) de Efeito Estufa

GEF – Global Environmental Facility

GTZ – Deutsche Gesellschaft für Techrische Zusammenarbeit GmbH

IBAMA – Instituto Brasileiro do Meio Ambiente e dos Recursos Naturais Renováveis

IISD – International Institute for Sustainable Development

INPE – Instituto Nacional de Pesquisas Espaciais

IPTU – Imposto Territorial e Predial Urbano

ITR – Imposto Territorial Rural

KFW – Kreditanstalt für Wiederaufbau

LDO – Lei de Diretrizes Orçamentárias

LC – Lei Complementar

LI – Licença de Instalação

LO – Licença de Operação

LP – Licença Prévia

MAPA – Ministério da Agricultura, Pecuária e Abastecimento

MARPOL – Convenção Internacional para a Prevenção da Poluição de Navios

MCT – Ministério de Ciência e Tecnologia

MDL – Mecanismo de Desenvolvimento Limpo

MDR – Ministério do Desenvolvimento Regional

MMA – Ministério do Meio Ambiente e Mudança do Clima

OCDE – Organização para Cooperação e Desenvolvimento Econômico

OGM – Organismos Geneticamente Modificados

ONG – Organização(ões) Não Governamental(is)

ONU – Organização das Nações Unidas

ORTN – Obrigações Reajustáveis do Tesouro Nacional

OTN – Obrigações do Tesouro Nacional

OVM – Organismos Vivos Modificados

PAF – Plano de Ação Federal da Zona Costeira

PEGC – Plano Estadual de Gerenciamento Costeiro

PMGC – Plano Municipal de Gerenciamento Costeiro

PNA – Plano Nacional de Adaptação à Mudança do Clima

PNAP – Plano Estratégico Nacional de Áreas Protegidas

PNB – Política Nacional de Biossegurança

PNCV – Programa Nacional de Crescimento Verde

PND – Plano Nacional de Desenvolvimento

PNF – Programa Nacional de Florestas

PNGC – Plano Nacional de Gerenciamento Costeiro

PNLR – Programa Nacional de Logística Reversa

PNMC – Política Nacional sobre Mudança do Clima

PNPSA – Política Nacional de Pagamento por Serviços Ambientais

PNUMA – Programa das Nações Unidas para o Meio Ambiente

PROARCO – Programa de Prevenção e Controle às Queimadas e aos Incêndios Florestais

PROCEL – Programa Nacional de Conservação de Energia Elétrica

PROCONVE – Programa de Controle da Poluição do Ar por Veículos Automotores

PRONAR – Programa Nacional de Controle da Qualidade do Ar

PSA – Pagamento por Serviços Ambientais

RAP – Relatório Ambiental Preliminar

RCE – Reduções Certificadas de Emissões

Resex – Reserva Extrativista

RFB – Receita Federal do Brasil

RIMA – Relatório de Impacto Ambiental

RL – Reserva Legal

RPPN – Reserva Particular do Patrimônio Natural

RQA-ZC – Relatório de Qualidade Ambiental da Zona Costeira

RQMA – Relatório de Qualidade do Meio Ambiente

SFB – Serviço Florestal Brasileiro

SIGERCO – Sistema de Informações do Gerenciamento Costeiro

SINARE – Sistema Nacional de Redução de Emissões de Gases de Efeito Estufa

SINGRH – Sistema Nacional de Gerenciamento de Recursos Hídricos

SINIMA – Sistema Nacional de Informações Ambientais

SISGEN – Sistema Nacional de Gestão do Patrimônio Genético e do Conhecimento Tradicional Associado

SISNAMA – Sistema Nacional de Meio Ambiente

SMA – Sistema de Monitoramento Ambiental da Zona Costeira

SRF – Secretaria da Receita Federal

STF – Supremo Tribunal Federal

STJ – Superior Tribunal de Justiça

TJ – Tribunal de Justiça

TRF – Tribunal Regional Federal

UC – Unidade de Conservação

UGL – Unidade de Gerenciamento de Lodo

WWF – Wilde World Foundation

ZEE – Zoneamento Ecológico-Econômico

ZEEC – Zoneamento Ecológico-Econômico Costeiro

Introdução

Nestas primeiras décadas do século XXI, não há tema mais em evidência que a questão ambiental. A preocupação com o futuro inseriu-se em todos os fóruns, desde os de cúpula mundial até aqueles que ocorrem nas comunidades mais remotas, pois os efeitos da poluição e da degradação do ambiente, assim como da mudança climática, já se verificam em todos os cantos do planeta, desde as metrópoles até os recônditos do Himalaia, sem respeitar fronteiras.

As questões mais candentes referem-se à extinção de espécies, às doenças provocadas por organismos expulsos das florestas pelo desmatamento, ao comprometimento dos reservatórios de água potável, à contaminação de solos e corpos hídricos pelo descarte de substâncias tóxicas, à má qualidade de vida nas metrópoles causada pela poluição, sem falar na mudança do clima, que vem atropelando as previsões para o futuro, mostrando-se como um fato de nosso cotidiano.

A pandemia causada pelo novo Coronavírus (Sars-CoV-2) deixou muito claro a que proporções podem chegar os impactos decorrentes do descaso com questões ambientais. E, se ainda havia descrédito ou dúvidas sobre a urgente necessidade do cuidado com o meio ambiente, a pandemia evidenciou a gravidade das consequências desses impactos, colocando o planeta em estado de atenção.

Ademais, o relatório do Painel Intergovernamental sobre Mudança do Clima (IPCC WG1-AR6), divulgado já em 9 de agosto de 2021, considerou ações antrópicas como a principal causa da crise climática, além de alertar sobre a gravidade do problema, posição que vem se consolidando a cada ano. Nesse cenário, não muito otimista, o papel do Direito Ambiental – seja em relação à comunidade internacional, seja em âmbito interno de cada país –, é buscar meios de prevenir ou reparar danos ambientais, conduzindo pessoas e Estados a adotarem práticas ambientalmente mais sustentáveis nas suas atividades, econômicas ou não.

Esse objetivo, contudo, não é de fácil atingimento. As principais questões que impedem uma mudança definitiva dos paradigmas atualmente adotados passam por profundas transformações de comportamento tanto das pessoas, como das empresas e também dos Estados, e que implicam: 1. o aporte de recursos financeiros a serem empregados na recuperação dos danos já ocorridos ou em novas tecnologias limpas; 2. a renúncia a uma parcela dos lucros que hoje são auferidos pelos agentes econômicos, em favor da proteção ambiental; 3. a racionalização do consumo de bens e serviços, representado por certos confortos da vida atual, como o automóvel, apenas para exemplificar.

Essas alterações dependem da vontade dos agentes econômicos, sociais e políticos, para a tomada de medidas voltadas a um novo modelo de comportamento, o que esbarra em fortes interesses voltados a assegurar o consumo dos recursos naturais além da sustentabilidade.

Esse é o grande desafio que se verifica no trato das questões ambientais. A vertente econômica não pode ficar dissociada do estudo do direito do ambiente. Assim como a atividade econômica deve considerar a proteção ambiental como um condicionante, não se pode falar em proteção ambiental sem pensar na aplicação de recursos financeiros.

O Direito Ambiental, por si só, não é instrumento de melhoria da situação ambiental. Outros fatores condicionam as mudanças, que somente podem ocorrer na medida em que políticos, empresários e a sociedade civil cheguem ao consenso de que a qualidade ambiental não é fator externo ao ser humano, mas uma condição de sua própria sobrevivência.

Não há instrumento de comando e controle ou de natureza econômica eficaz, se as instituições não estiverem aparelhadas para a sua aplicação, com vistas ao interesse de todos ao meio ambiente ecologicamente equilibrado. Não haverá fiscalização suficiente, em um país de dimensões continentais, como no Brasil, sem um amplo acordo da sociedade sobre a necessidade de manter os valores ambientais para as futuras gerações.

É nesse cenário que se propõe, neste livro, o estudo do Direito Ambiental, cujo maior desafio é o pleno conhecimento de que os problemas ambientais não se encerram em questões jurídicas. No Brasil, por mais que o Direito Ambiental esteja avançado, há questões de ordem política, econômica cultural e social que, se não estiverem muito mais bem equacionadas, não permitirão que se chegue às soluções desejadas.

Cabe alertar ainda que os temas contidos neste livro se interpenetram. A divisão em títulos e capítulos é necessária apenas para facilitar a leitura. Dessa forma, no desenvolvimento das matérias, o leitor encontrará remissões a assuntos tratados em outros capítulos, até para dar ênfase a essas relações intrínsecas, que se verificam no estudo do Direito Ambiental.

SUMÁRIO

SIGLAS E ABREVIATURAS V

INTRODUÇÃO IX

PARTE I
INTRODUÇÃO AO DIREITO AMBIENTAL

1. CONCEITO DE DIREITO AMBIENTAL 3

    1.1   Objeto do Direito Ambiental 4

    1.2   Beneficiários da proteção ambiental 5

    1.3   Bens ambientais 7

    1.4   Relação do Direito Ambiental com outras ciências 9

    1.5   Relação do Direito Ambiental com outros ramos do direito 12

2. O DIREITO AMBIENTAL E SEU CONTEXTO HISTÓRICO 17

    2.1   O homem e a natureza 17

    2.2   Antecedentes do direito ambiental 19

    2.3   As Regras de Helsinki 21

3. A CONFERÊNCIA DE ESTOCOLMO DE 1972 27

    3.1   Conteúdo da Declaração de Estocolmo 28

4. A CONFERÊNCIA DO RIO DE JANEIRO SOBRE MEIO AMBIENTE E DESENVOL-
VIMENTO 33

    4.1   O período entre 1972 e 1992: Grandes acidentes 33

    4.2   Convenção-quadro sobre mudança do clima 36

    4.3   Convenção sobre diversidade biológica 37

    4.4   Conteúdo da Declaração do Rio de Janeiro sobre Meio Ambiente e De-
senvolvimento 37

    4.5   Agenda 21 42

    4.6   Rio + 10 42

    4.7   Rio + 20 43

    4.8   Objetivos de Desenvolvimento do Milênio (ODM) 43

    4.9   Objetivos de Desenvolvimento Sustentável (ODS) 43

5. PRINCÍPIOS INFORMADORES DO DIREITO AMBIENTAL 47

5.1	Noção de princípio	47
5.2	O meio ambiente como um direito humano	48
5.3	Desenvolvimento sustentável	50
5.4	Princípio da prevenção	52
5.5	Princípio da precaução	53
5.6	Princípio da cooperação	56
5.7	Reparação integral	57
5.8	Informação	58
5.9	Participação social	61
5.10	Poluidor-pagador	61
5.11	Usuário-pagador	62
5.12	Protetor-recebedor	62
5.13	Acesso equitativo aos recursos naturais	63
5.14	Proibição do retrocesso na proteção do meio ambiente	63

6. POLÍTICA NACIONAL DO MEIO AMBIENTE 65

6.1	Dimensão da política ambiental	65
6.2	Conceitos	65
6.3	Princípios, objetivos e diretrizes da política	68
6.4	Regulação Ambiental	70

7. O MEIO AMBIENTE NA CONSTITUIÇÃO DE 1988 73

7.1	O art. 225	73
7.2	Ação popular	73
7.3	Função social da propriedade	74
7.4	Ordem econômica	75
7.5	Saúde	76
7.6	Domínio da União e dos Estados	77
7.7	Ministério Público	77
7.8	Populações indígenas	78
7.9	Competências	78
7.10	Mineração	87
7.11	Responsabilidade	88
7.12	Patrimônio nacional	88
7.13	Terras devolutas	88
7.14	Usinas nucleares	88

PARTE II
SISTEMAS DE GESTÃO AMBIENTAL E DE RECURSOS HÍDRICOS

8. SISTEMAS DE GESTÃO AMBIENTAL 91

8.1	Reflexões	92

SUMÁRIO — XIII

9. SISTEMA NACIONAL DO MEIO AMBIENTE (SISNAMA) 95

   9.1   Características do SISNAMA 95

   9.2   Estrutura 96

10. SISTEMA NACIONAL DE GERENCIAMENTO DE RECURSOS HÍDRICOS 105

   10.1   Características do sistema 105

   10.2   Competências do sistema 107

   10.3   Estrutura do sistema 107

11. SISTEMAS DE GESTÃO E EFETIVIDADE DAS POLÍTICAS 119

   11.1   Medidas administrativas de efetividade 119

   11.2   Monitoramento como medida de efetividade das normas 120

12. CRIMES E INFRAÇÕES ADMINISTRATIVAS CONTRA A ADMINISTRAÇÃO AMBIENTAL 127

   12.1   Crimes 127

   12.2   Infrações administrativas contra a administração ambiental 129

PARTE III
REGIME JURÍDICO DE USO E PROTEÇÃO DOS RECURSOS AMBIENTAIS

13. BIODIVERSIDADE 135

   13.1   Conceito de biodiversidade 135

   13.2   Biodiversidade no plano internacional antes de 1992 138

   13.3   A biodiversidade no plano constitucional 140

   13.4   A Convenção sobre Diversidade Biológica 142

   13.5   A CDB e a política nacional de biodiversidade 147

   13.6   A Nova Lei de Biodiversidade 154

   13.7   Políticas e programas específicos 169

   13.8   Identificação de áreas prioritárias e monitoramento da biodiversidade 170

   13.9   Sistemas de áreas protegidas e subjacentes e conservação de ecossistemas e habitats naturais 171

   13.11 Biotecnologia, organismos geneticamente modificados e biossegurança ... 176

   13.12 Crimes relativos à engenharia genética 179

   13.13 Recursos financeiros 183

14. FAUNA 187

   14.1   Conceito de fauna 187

   14.2   Fauna na Constituição Federal 189

   14.3   Espécies em extinção 190

14.4	Política nacional de desenvolvimento sustentável da aquicultura e da pesca	191
14.5	Cetáceos	194
14.6	Jardins zoológicos	194
14.7	Infrações administrativas contra a fauna	195
14.8	Crimes contra a fauna	202

15. FLORA E FLORESTAS ... 209

15.1	A nova lei de florestas	209
15.2	Conceitos: flora e florestas	210
15.3	Importância das florestas	211
15.4	Flora e florestas na Constituição Federal	214
15.5	Lei nº 12.651/12: Regime Jurídico das Florestas	216
15.6	Crimes contra as florestas	227
15.7	Infrações administrativas contra a flora	228
15.8	Uso e exploração das florestas públicas	231

16. ÁGUAS ... 247

16.1	Importância e riscos	247
16.2	Direito humano à água potável e ao saneamento	249
16.3	Uma nova abordagem da água	252
16.4	Águas e recursos hídricos	252
16.5	Águas na Constituição Federal	254
16.6	Código de Águas	256
16.7	Política Nacional de Recursos Hídricos	257
16.8	Instrumentos de gestão de recursos hídricos	261
16.9	Cobrança pelo uso de recursos hídricos	267
16.10	Águas subterrâneas	273
16.11	Crime ambiental e infrações administrativas	279

17. SOLO ... 281

17.1	Conceito de solo	281
17.2	Importância e riscos	281
17.3	Domínio do solo	282
17.4	Política Nacional de Resíduos Sólidos	283
17.5	Movimentação transfronteiriça de resíduos perigosos	300
17.6	Proteção do solo agrícola	302
17.7	Resíduos sólidos urbanos	307
17.8	Resíduos de serviços de saúde	309
17.9	Resíduos eletrônicos	309

SUMÁRIO **XV**

17.10 Sanções administrativas 310

17.11 Crimes 310

18. ATMOSFERA E CLIMA 313

18.1 Considerações iniciais 313

18.2 Conceito de atmosfera 313

18.3 Regime jurídico da atmosfera 313

18.4 Importância e riscos 314

18.5 Qualidade do ar 314

18.6 Poluição por veículos automotores 315

18.7 Queima de resíduos 317

18.8 Camada de ozônio 318

18.9 Infrações administrativas 318

18.10 Crimes contra a atmosfera 319

18.11 Aquecimento global e mudanças climáticas 319

18.12 Convenção-quadro sobre mudança do clima 322

18.13 Protocolo de Kyoto: antes e depois de 2012 324

18.14 O Acordo de Paris 325

18.15 Adaptação e mitigação das mudanças climáticas no Brasil e a Política
Nacional sobre Mudança do Clima 329

18.16 Recursos financeiros 338

18.17 Mudanças climáticas e biodiversidade 340

19. PATRIMÔNIO CULTURAL 343

19.1 Conceito de patrimônio cultural 343

19.2 Direito internacional 344

19.3 O patrimônio cultural na Constituição de 1988 346

19.4 Tombamento 349

19.5 Indenização por tombamento 353

19.6 Sanções administrativas 354

19.7 Crimes contra o patrimônio cultural 354

PARTE IV
INSTRUMENTOS DA POLÍTICA NACIONAL DO MEIO AMBIENTE

20. ADMINISTRAÇÃO PÚBLICA E MEIO AMBIENTE 359

20.1 Funções da Administração Pública 359

20.2 Poder de polícia ambiental 361

20.3 Processo administrativo 362

20.4 Instrumentos de Política Nacional do Meio Ambiente 365

21. PADRÕES AMBIENTAIS 367

21.1   Conceito de padrão 367

21.2   Competência para fixação de padrões 368

21.3   Função dos padrões ambientais 369

22. AVALIAÇÃO DE IMPACTO AMBIENTAL (AIA) 371

22.1   Avaliação de impacto ambiental 371

23. ESTUDOS AMBIENTAIS 373

23.1   Estudo Prévio de Impacto Ambiental 373

23.2   Plano de Recuperação de Área Degradada (PRAD) 377

23.3   Relatório Ambiental Preliminar (RAP) 378

23.4   Avaliação Ambiental Estratégica (AAE) 378

23.5   Relatório de Controle Ambiental (RCA) 379

23.6   Estudo de Viabilidade Ambiental (EVA) 379

23.7   Relatório de Avaliação Ambiental (RAA) 379

23.8   Projeto de Controle Ambiental (PCA) 379

23.9   Plano Emergencial Individual para Incidência de Poluição por Óleo (PEI) ... 379

24. LICENCIAMENTO AMBIENTAL 381

24.1   Noção e fundamentos do licenciamento ambiental 382

24.2   Procedimento administrativo 383

24.3   Vinculação e discricionariedade na licença ambiental 385

24.4   Competência para emitir a licença ambiental 389

25. INSTRUMENTOS ECONÔMICOS DA POLÍTICA AMBIENTAL 391

25.1   Falhas de mercado e políticas ambientais 391

25.2   Instrumentos de comando-controle e instrumentos econômicos 392

25.3   O princípio do protetor-recebedor 393

25.4   Valoração dos recursos naturais e dos bens ambientais 394

25.5   Pagamento por serviços ambientais 395

26. INSTRUMENTOS TÉCNICOS DA POLÍTICA AMBIENTAL 399

26.1   Sistema Nacional de Informações sobre o Meio Ambiente 399

27. ZONEAMENTO 403

27.1   Aspectos constitucionais 403

27.2   Conceito de zoneamento 403

27.3   Do zoneamento urbano ao ambiental 403

27.4   Natureza jurídica do zoneamento 404

27.5   Zoneamento em unidades de conservação 406

27.6   Zoneamento Ecológico-Econômico (ZEE) 406

PARTE V
ESPAÇOS TERRITORIAIS ESPECIALMENTE PROTEGIDOS

28. CONCEITO E FUNDAMENTO LEGAL DOS ESPAÇOS PROTEGIDOS...................... 413

29. ÁREAS DE PRESERVAÇÃO PERMANENTE (APP).. 417

29.1	Alterações do Código Florestal...	417
29.2	Conceito e delimitação das APP	418
29.3	O regime jurídico das APP segundo a Lei nº 12.651/12	421
29.4	Aspectos tributários...	439
29.5	Crimes contra as APP	439
29.6	Infrações administrativas contra APP	441

30. RESERVA LEGAL... 443

30.1	Alterações do Código Florestal...	443
30.2	Conceito e enquadramento da Reserva Legal................................	443
30.3	Regime jurídico da Reserva Legal	444
30.4	Inclusão das Áreas de Preservação Permanente (APP) no cômputo da Reserva Legal	447
30.5	Redução da Reserva Legal na Amazônia Legal..............................	449
30.6	Regularização da Reserva Legal	449
30.7	Recomposição da Reserva Legal	452
30.8	Compensação da Reserva Legal	453
30.9	Flexibilização da Reserva Legal	455
30.10	Cadastro Ambiental Rural (CAR)	458
30.11	Reserva Legal e reforma agrária	461
30.12	Aspectos tributários...	462
30.13	Indenização de cobertura vegetal de APP e RL..............................	462
30.14	Infrações administrativas específicas contra a flora em Reserva Legal........	464
30.15	Reflexões sobre APP e Reserva Legal..	464

31. SISTEMA NACIONAL DE UNIDADES DE CONSERVAÇÃO (SNUC).......................... 467

31.1	Conceito...	467
31.2	Criação das Unidades de Conservação	469
31.3	Limitações administrativas provisórias.....................................	471
31.4	Alteração e extinção das Unidades de Conservação	471
31.5	Gestão das Unidades de Conservação	473
31.6	Corredores ecológicos, zonas de amortecimento e de transição............	479
31.7	Mosaico de unidades de conservação.......................................	481
31.8	Desapropriação	483
31.9	Compensação ambiental...	484

31.10 Populações tradicionais 490

31.11 Exploração de bens ambientais 492

31.12 Categorias de unidades de conservação 492

31.13 SNUC e crimes ambientais 504

31.14 Infrações administrativas cometidas exclusivamente em Unidades de Conservação 504

32. RESERVAS DA BIOSFERA 509

32.1 Conceito 509

32.2 Regime jurídico 509

32.3 Gestão 510

32.4 Reservas da Biosfera no Brasil 511

33. SÍTIOS RAMSAR. ZONAS ÚMIDAS 513

33.1 Zonas úmidas 513

33.2 Definição dos Sítios Ramsar 514

33.3 Gestão dos Sítios Ramsar 514

33.4 Proteção dos Sítios Ramsar no Brasil 514

33.5 Novos Sítios Ramsar 526

34. ESPAÇOS TERRITORIAIS DO PATRIMÔNIO NACIONAL 527

34.1 Conceito de patrimônio nacional 527

34.2 Mata Atlântica 527

34.3 Zona Costeira 545

PARTE VI
MEIO AMBIENTE URBANO

35. URBANISMO E MEIO AMBIENTE 563

35.1 Direito ambiental e direito urbanístico 564

35.2 A cidade no Brasil 564

35.3 As cidades e sua proteção no plano internacional 566

36. O MUNICÍPIO À LUZ DA CONSTITUIÇÃO FEDERAL 571

36.1 Autonomia municipal 571

36.2 Saúde 571

36.3 Competências 571

37. POLÍTICA URBANA 577

37.1 Estatuto da Cidade 577

37.2 Objetivos e diretrizes da política urbana 578

38. INSTRUMENTOS DA POLÍTICA URBANA À LUZ DA PROTEÇÃO AMBIENTAL 585

38.1 Planejamento 585

38.2 Plano Diretor 587

38.3 Estudo Prévio de Impacto de Vizinhança (EIV) 590

38.4 Regularização fundiária 591

38.5 Uso e ocupação do solo 593

38.6 Estatuto da Metrópole 598

39. POLUIÇÃO SONORA 603

39.1 Caracterização da poluição sonora 603

39.2 Regulamentação 603

40. PAISAGEM URBANA E POLUIÇÃO VISUAL 605

41. SANEAMENTO BÁSICO 609

41.1 Meio ambiente, saneamento e recursos hídricos 609

41.2 Breve histórico 609

41.3 Algumas considerações preliminares 610

41.4 Descrição dos serviços e respectivas etapas 612

41.5 Fundamentos da política de saneamento 617

41.6 Natureza jurídica dos serviços 620

41.7 Conceitos e princípios fundamentais da norma 622

41.8 Titularidade dos serviços 632

41.9 O papel do município 635

41.10 Atribuições do titular: poderes e deveres 636

41.11 Direitos e deveres dos usuários 637

41.12 Sistema de informações 638

41.13 Intervenção e retomada da operação dos serviços 639

41.14 A governança nas regiões metropolitanas 641

41.15 Formas de prestação de serviços 643

41.16 Planejamento: relevância 646

41.17 Regulação dos serviços 652

41.18 Agência Nacional de Águas e Saneamento Básico (ANA) e as normas de referência 654

41.19 Agências de regulação dos serviços de saneamento básico 657

41.20 Fiscalização 658

41.21 Considerações finais 658

42. MUNICÍPIOS LOCALIZADOS NA MATA ATLÂNTICA 661

43. INFRAÇÕES PENAIS E ADMINISTRATIVAS RELATIVAS AO MEIO AMBIENTE URBANO 663

43.1   Ordenamento urbano 663
43.2   Poluição sonora 663
43.3   Administração Pública 664
43.4   Registros públicos 665

PARTE VII
RESPONSABILIDADE EM MATÉRIA AMBIENTAL E MEIOS PROCESSUAIS
DE DEFESA DO MEIO AMBIENTE

44. DANO AMBIENTAL E RESPONSABILIDADE 669

44.1   Prevenção do dano 671
44.2   Peculiaridades do dano ambiental, responsabilidade e questões proces-
       suais 671
44.3   Independência das responsabilidades 672

45. RESPONSABILIDADE CIVIL POR DANO AMBIENTAL 675

45.1   A responsabilidade civil no direito brasileiro 675
45.2   Responsabilidade civil pelo dano ambiental 677
45.3   Excludentes de responsabilidade 678
45.4   Reparação do dano ambiental 679

46. RESPONSABILIDADE ADMINISTRATIVA POR DANO AMBIENTAL 683

46.1   Infrações e sanções administrativas 683
46.2   Infrações administrativas e penais 684
46.3   Autoridades competentes. Obrigações 684
46.4   Processo administrativo de apuração de infrações ambientais 685
46.5   Medidas administrativas preventivas 691
46.6   Sanções 700

47. RESPONSABILIDADE PENAL POR DANO AO MEIO AMBIENTE 711

47.1   Breve histórico 711
47.2   A Lei de Crimes Ambientais 712
47.3   A pessoa física como autora do delito 721
47.4   A pessoa jurídica como autora do delito 722
47.5   Ação penal 725
47.6   Crimes previstos na legislação extravagante 726

48. MEIOS PROCESSUAIS DE DEFESA DO MEIO AMBIENTE 729

48.1 O papel do Poder Judiciário 729

48.2 Peculiaridades da tutela processual do meio ambiente 729

48.3 Ação popular 730

48.4 Ação Civil Pública 734

48.5 Mandado de segurança 737

48.6 Mandado de injunção ambiental 738

48.7 Efetividade dos meios processuais de defesa do ambiente 738

REFERÊNCIAS 741

ANEXOS – MINISTÉRIO DO MEIO AMBIENTE 755

ÍNDICE REMISSIVO 763

Parte I

INTRODUÇÃO AO DIREITO AMBIENTAL

CONCEITO DE DIREITO AMBIENTAL

O Direito Ambiental é um ramo do direito recente, surgido durante a metade do século XX, apenas quando as consequências deletérias das atividades humanas, desenvolvidas ao longo de séculos, mostraram a necessidade de uma mudança no paradigma então vigente. Os efeitos da poluição e da degradação ambiental começavam a ser sentidos nas mais variadas formas e em intensidades nunca detectadas anteriormente, como a destruição de florestas pela chuva ácida e a diminuição dos recursos pesqueiros em várias regiões do Planeta.[1]

A necessidade de organizar as atividades humanas, para refrear as consequências que começavam a ser sentidas, deu azo ao surgimento de um novo direito, que se ocupasse sistematicamente da proteção do meio ambiente. Nessa ótica, seu objetivo é conduzir as atividades humanas de modo a evitar impactos negativos sobre os recursos ambientais ou sobre o meio ambiente. Segundo Michel Despax, apoiado nos ensinamentos de H. C. Bugge, essa ideia decorre da inserção de "uma 'dimensão ecológica' nos modelos de decisão do regime jurídico e administrativo", que pode limitar a degradação ocasionada pela vida moderna.[2]

O Direito Ambiental, além de constituir um conjunto de normas que disciplinam as atividades humanas, possui, em sua essência, um objetivo que lhe dá sentido e fundamento: garantir o máximo de proteção possível ao meio ambiente. É certo que qualquer atividade humana causa impactos ambientais. A própria respiração dos seres vivos enquadra-se nessa afirmação.

O objetivo do direito ambiental, dessa forma, não é que se retorne aos tempos em que o homem não existia no planeta: é garantir o uso dos bens naturais em níveis de qualidade ambiental que permitam que o homem possa se perpetuar, assim como as demais espécies, sem chegar à exaustão dos recursos.[3]

Esse é o entendimento de Michel Prieur, para quem o Direito Ambiental só tem sentido se considerado uma *obrigação de resultados, finalística*.[4] Daí a importância de garantir a efetividade das normas ambientais cujo objetivo precípuo é assegurar o uso dos recursos

---

1. Um exemplo emblemático sobre os efeitos da poluição industrial ocorreu no Japão, entre os anos de 1932 e 1968, quando foram lançadas 27 toneladas de compostos de mercúrio na baía de Minamata, pela empresa Chisso, localizada em Kumamoto, cujas principais atividades econômicas são a agricultura e a pesca, sendo esta a base da alimentação dos habitantes. Milhares de pessoas, alimentando-se dos peixes contaminados pelo mercúrio lançado na baía, desenvolveram os sintomas de uma doença que passou a denominar-se "doença de Minamata". Esse desastre foi divulgado com maior ênfase somente a partir de 1956. Disponível em: <https://www.env.go.jp/chemi/tmms/pr-m/mat01/en_full.pdf>. Acesso em: 9 mar. 2024.
2. DESPAX, Michel. *Droit de l'environnement*. Paris: Litec, 1980, p. 5.
3. Sobre o uso de recursos naturais, ver HARDIN, Garrett. The tragedy of the commons. *Science*, v. 162, nº 3.859, p. 1243-1248, 1968.
4. PRIEUR, Michel. *Droit de l'environnement*.. 8 ed. Paris: Dalloz, 2019, p. 6.

naturais em níveis que não cheguem a comprometer as atividades a serem empreendidas pelas futuras gerações. Em outras palavras, garantir a perpetuidade da vida na Terra, em condições razoáveis.

O Direito Ambiental pode ser considerado uma disciplina jurídica autônoma, na medida em que possui princípios informadores próprios, embora se relacione intrinsecamente com dois universos: (1) as ciências externas ao mundo jurídico, como a ecologia, a economia, a biologia, a geografia, a química, o urbanismo e a engenharia, entre outras, que formam uma base científica para o entendimento das questões jurídicas relativas ao meio ambiente e (2) outros ramos do direito, como o constitucional, o internacional, o civil, o econômico, o administrativo, o penal, o processual, o tributário e o financeiro, entre outros, que emprestam seus institutos ao direito ambiental, de modo específico, com as adaptações necessárias, de acordo com a especificidade dessa matéria.

Embora possua relações estreitas com o direito privado, o Direito Ambiental, sobretudo no que se refere à propriedade, aos bens e à responsabilidade, é matéria de direito público, na medida em que seu objeto constitui bem de interesse comum de todos – bem de uso comum do povo e essencial à sadia qualidade de vida –, conforme estabelecido no art. 225 da Constituição Federal de 1988.

O Direito Ambiental, assim, constitui o conjunto de regras jurídicas de direito público que norteiam as atividades humanas, ora impondo limites, ora induzindo comportamentos julgados adequados por meio de instrumentos econômicos, com o objetivo de garantir que essas atividades não causem danos irreversíveis ao meio ambiente, impondo-se a responsabilização e as consequentes sanções aos transgressores dessas normas.

1.1 OBJETO DO DIREITO AMBIENTAL

O conceito de *meio ambiente*, conforme definido na Lei nº 6.938, de 31-8-1981, revela uma situação de equilíbrio entre "*as condições, leis, influências e interações de ordem física, química e biológica*".[5] O bem tutelado pelo Direito Ambiental é esse estado de equilíbrio entre os meios físico e biótico, responsável por abrigar e reger todas as formas de vida.

Esse *equilíbrio* ou atributo de *qualidade* do *meio ambiente* possui um valor – objeto da tutela legal – que se caracteriza pelos resultados que produz: a garantia da saúde, a manutenção dos ecossistemas, o bem-estar social, a segurança, a preservação das condições de equilíbrio atuais, a possibilidade de as gerações futuras usufruírem desses elementos.

Mais precisamente, o objeto em questão é o meio ambiente ecologicamente equilibrado, conforme estabelecido no art. 225, *caput* da CF/88.[6]

O objeto do Direito Ambiental é, pois, o equilíbrio entre os meios físico e biótico, suas relações e os processos ecológicos envolvidos. Cabe, aqui, estabelecer uma distinção. O meio ambiente, considerado macrobem consiste em um todo a ser protegido de forma holística e que pode traduzir-se no *patrimônio ambiental*, possuindo um forte conteúdo de "*abstração, ao contrário dos elementos que o compõem. Tais elementos são os microbens*,

---

5. Lei nº 6.938/81, art. 3º, I.
6. ABELHA, Marcelo. *Elementos de direito ambiental*: parte geral. 2 ed. São Paulo: Revista dos Tribunais, 2005, p. 76.

esses bastante concretos (uma floresta, uma espécie rara, um manancial)",[7] e que possuem regime jurídico próprio, de acordo com suas características.

Assim, o meio ambiente é formado pelos bens ambientais, materiais ou corpóreos, tais como o solo, e também pelos processos ecológicos que devem ser considerados não em sua individualidade específica, mas como componentes do equilíbrio ambiental, ou da qualidade do meio ambiente, objeto da tutela legal.

Nesse passo, cabe verificar, ainda que sucintamente, o conceito de bem. Segundo Clovis Bevilácqua, trata-se de *"valores materiais ou imateriais que servem de objeto a uma relação jurídica".*[8] É um conceito mais amplo (gênero) que o de coisa (espécie), que é todo material suscetível de medida de valor. Os bens ambientais possuem várias ordens de valores, relativos aos diversos tipos de interesses que incidem sobre eles. Embora possam implicar a valorização para o seu uso, como é o caso dos recursos hídricos, os bens ambientais são componentes do patrimônio ambiental e, como tal, possuem valores intrínsecos que extrapolam a simples caracterização de coisa.

Esses valores intrínsecos dizem respeito a vários aspectos, de acordo com o tipo de interesse que incide sobre os bens ambientais: (1) **interesse público**: os Entes Federados são responsáveis pela gestão, proteção e guarda dos bens ambientais, para as atuais e as futuras gerações; (2) **interesse difuso**:[9] a sociedade, sem qualquer identificação de seus indivíduos, tem o direito à qualidade dos bens ambientais; (3) **interesse coletivo**:[10] determinados grupos, cujos membros são identificáveis, como as populações indígenas ou quilombolas, possuem direitos específicos sobre os bens ambientais; (4) **interesse dos usuários** dos recursos ambientais sobre esses bens, na sua apropriação, com vistas à consecução dos objetivos de suas atividades públicas ou particulares, sempre submetidos às regras estabelecidas.

O objeto do Direito Ambiental possui, pois, três vertentes: (1) o equilíbrio entre os meios físico e biótico, de forma holística, 2) a qualidade definida para cada tipo de bem ambiental, como as florestas, a água, a atmosfera, assim como as formas de apropriação de cada um, de acordo com seu domínio e as regras administrativas vigentes, e (3) a atribuição de responsabilidade civil, penal e administrativa.

1.2 BENEFICIÁRIOS DA PROTEÇÃO AMBIENTAL

A proteção ambiental teve, de início, um único destinatário: o homem. *"Regras feitas pelos homens a serviço dos homens",*[11] cabendo assim a proteção do meio ambiente em função de sua importância para o ser humano. Ainda que houvesse normas protegendo individualmente cada recurso – florestas, fauna etc. –, o interesse fundamental era o aproveitamento desses bens pelo homem. Aos poucos, todavia, essa forma de ver o meio ambiente foi se alterando, passando-se a considerar a sua importância por seus valores intrínsecos. O preâmbulo da Convenção de Berna de 19-9-1979, relativa à vida selvagem e ao meio natural europeu, determina que:

---

7.   BENJAMIN, Antonio Herman Vasconcelos. Função ambiental. In: *Dano ambiental*: prevenção, reparação e repressão. São Paulo: Revista dos Tribunais, 1993, p. 69.
8.   BEVILÁCQUA, Clovis. *Código Civil*. 3. ed. São Paulo: Francisco Alves, 1927, v. 1, p. 260.
9.   Lei nº 8.078, de 11-9-1990, art. 81, I.
10. Lei nº 8.078/90, art. 81, II.
11. BEURRIER, Jean-Pierre. *Droit international de l'environnement*. 5. ed. Paris: Pedone, 2017, p. 26.

A flora e a fauna selvagens constituem um patrimônio natural de um valor estético, científico, cultural, recreativo, econômico e intrínseco, que deve ser preservado e transmitido às gerações futuras.[12]

A Convenção sobre Diversidade Biológica (CDB), em seu preâmbulo, reconhece o valor intrínseco da diversidade biológica e os valores ecológico, genético, social, econômico, científico, educacional, cultural, recreativo e estético da diversidade biológica e de seus componentes.

Essa passagem enseja uma reflexão. Afinal, o que significa *valor intrínseco*? É possível afirmar que os bens naturais possuem valor independentemente de estarem simplesmente a serviço do ser humano, como ocorreu ao longo da história? A resposta a essas questões passa pelo fato de esses bens integrarem um ambiente de equilíbrio, imprescindível para a manutenção da vida, inclusive a humana. Ao atribuir um valor intrínseco aos elementos que compõem o equilíbrio ambiental, reconhecendo a sua importância, o ser humano, criador das leis que protegem o ambiente, está em verdade buscando proteger o meio ambiente e ao mesmo tempo garantir a sua própria preservação.

Tal afirmação se reforça no preâmbulo da Carta Mundial da Natureza das Nações Unidas, de 1982, segundo o qual a humanidade faz parte da natureza e a vida depende do funcionamento ininterrupto dos sistemas naturais que são a fonte da energia e das matérias nutritivas.[13] A visão antropocentrista evoluiu para um enfoque *ecocentrista* do meio ambiente, conforme explicitado na seção sobre os Princípios Informadores do Direito Ambiental.

Desse modo, pode-se concluir que a natureza, no Brasil, não é sujeito de direito[14], mas objeto de tutela legal contida no ordenamento jurídico. O beneficiário dessa proteção é, em um primeiro plano, o meio ambiente na visão holística, como um macrobem, e os bens ambientais, microbens. Em um segundo plano, o beneficiário dessa proteção é o próprio homem.

Há ainda que mencionar a existência de um componente de **futuro** em toda a principiologia que rege a proteção do meio ambiente, ancorada principalmente no **desenvolvimento sustentável**. As gerações futuras são igualmente interessadas na proteção ambiental. Não é estranho, nesse contexto, falar-se que a Terra que recebemos das gerações passadas pertence às gerações futuras. Nós apenas a tomamos emprestado.

Essa dimensão no tempo confere ao Direito Ambiental uma característica de matéria **transgeracional**. O Relatório Brundtland, ao tratar desse tema, tece algumas considerações sobre os descaminhos da humanidade em relação ao uso excessivo dos recursos ambientais e os direitos das gerações futuras:

---

12. BEURRIER, Jean-Pierre. *Droit international de l'environnement*. 5. ed. Paris: Pedone, 2017, p. 26.
13. ORGANIZAÇÃO DAS NAÇÕES UNIDAS. *World Charter for Nature*. A/RES/37/7, 28 de outubro de 1982. Disponível em: <https://digitallibrary.un.org/record/39295>. Acesso em: 9 mar. 2024.
14. Importante mencionar a Ação Civil Pública nº 5012843-56.2021.4.04.7200/SC, inédita no Brasil, por trazer a Lagoa da Conceição como sujeito de direitos ecológicos. A ação foi proposta por pesquisadores do Grupo de Pesquisa em Direito Ambiental e Ecologia Política (GPDA) e do Observatório de Justiça Ecológica da Universidade Federal de Santa Catarina (UFSC), em conjunto com a sociedade civil organizada, em 19 de maio 2021. Duas premissas ancoram o pedido: *"a) a Lagoa da Conceição é sujeito de direitos ecológicos, nos termos do art. 133 da Lei Orgânica do Município de Florianópolis/SC e da normativa prevista na Constituição Federal, o que exige estrutura de governança capaz de garantir, proteger, realizar e representar estes direitos; b) o estado de coisas inconstitucional, caracterizado pela irresponsabilidade organizada no funcionamento da estrutura institucional vigente — implementada de forma fragmentada e não sistêmica — tem sido incapaz de efetivar a proteção legal e regulatória federal, estadual e municipal em matéria ambiental, sendo insuficiente para salvaguardar a integridade socioecológica da Lagoa da Conceição."*

1 • CONCEITO DE DIREITO AMBIENTAL

Tomamos um capital ambiental emprestado às gerações futuras, sem qualquer intenção ou perspectiva de devolvê-lo. Elas podem até nos maldizer por nossos atos perdulários, mas jamais poderão cobrar a dívida que temos para com elas. Agimos dessa forma porque podemos escapar impunes: as gerações futuras não votam, não possuem poder político ou financeiro, não têm como opor-se a nossas decisões.[15]

1.3 BENS AMBIENTAIS

A fixação de um conceito de Direito Ambiental impõe definir o objeto desse direito e seus beneficiários. Em seguida, cabe destacar quais as relações existentes entre o bem tutelado e a propriedade privada. O que são, afinal, os bens ambientais? Qual o regime jurídico do patrimônio ambiental? Como ocorre a apropriação desses bens?

1.3.1 Domínio dos bens ambientais

Abordar o domínio dos bens ambientais implica tratar de algumas questões precedentes: (1) distinguir a noção de *bem de uso comum do povo*, atribuída ao *meio ambiente* no *caput* do art. 225 da CF/88, do conceito de *bem público de uso comum*, definido no Código Civil; (2) verificar o sentido da expressão *bem de uso comum do povo*, à luz dos interesses envolvidos, e analisar a prevalência do interesse público.

O regime dos bens no direito brasileiro rege-se pelo Código Civil, sendo públicos os bens do domínio nacional pertencentes às pessoas jurídicas de direito público interno e particulares todos os outros, seja qual for a pessoa a que pertencerem.[16]

1.3.1.1 *Bem de uso comum do povo*

A Constituição Federal, ao estabelecer o direito de todos ao meio ambiente ecologicamente equilibrado, qualifica-o como *bem de uso comum do povo*. O sentido desse **uso comum** não deve ser confundido com aquele que vigora para os bens públicos de uso comum. Além disso, nem todos os bens ambientais pertencem ao domínio público.

O termo *uso* traduz o aproveitamento de algo que possui utilidade para alguém. A fruição, gozo ou proveito decorrem, assim, da utilização do bem. Mas a que tipo de utilização está se referindo? O bem mencionado pelo dispositivo constitucional consiste no *meio ambiente*, sendo o povo o beneficiário do seu uso. Se *meio ambiente* se caracteriza como *macrobem*, de natureza bastante abstrata,[17] configurando uma situação de equilíbrio entre várias condições, o termo *uso*, mencionado na norma, só pode significar uma utilização não concreta, mas subjetiva e, como tal, é direito do povo obter proveito e fruir do equilíbrio ambiental.

Já os componentes desse todo – os microbens –, de natureza concreta, possuem regimes de domínio que variam entre o público, como as águas, e o particular, como as florestas localizadas em propriedade privada. O bem de uso comum do povo, mencionado na CF/88, refere-se ao macrobem – meio ambiente ecologicamente equilibrado.

---

15. COMISSÃO MUNDIAL SOBRE MEIO AMBIENTE E DESENVOLVIMENTO. *Nosso futuro comum*. 2. ed. Rio de Janeiro: FGV, 1991, p. 8.
16. Lei nº 10.406, de 10-1-2002, art. 98.
17. Sobre esse tema, ver o artigo de BENJAMIN, Antonio Herman Vasconcelos. Função ambiental. In: BENJAMIN, Antonio Herman Vasconcelos (Org.). *Dano ambiental*: prevenção, reparação e repressão. São Paulo: Revista dos Tribunais, 1993, p. 9-82.

1.3.1.2 Bens públicos de uso comum

O uso comum diz respeito aos bens de domínio público, destinados a atividades em que se garante o acesso de todos, independentemente da condição de cada pessoa. Maria Sylvia Zanella Di Pietro indica as características básicas do uso comum:

> é aberto a todos ou a uma coletividade de pessoas, para ser exercido anonimamente, em igualdade de condições, sem necessidade de consentimento expresso e individualizado por parte da Administração;
>
> é, em geral, gratuito, mas pode ser remunerado, sem que isso desnature o uso comum; este não perde, pelo fato da retribuição, a característica de utilização anônima, *ut universi*, igual para todos e independente do consentimento da Administração. Embora não seja pacífico, esse entendimento parece incontestável no direito positivo brasileiro, diante do artigo 103 do Código Civil Brasileiro, que expressamente permite que o uso comum dos bens públicos seja gratuito ou remunerado, conforme as leis da União, dos Estados e dos Municípios, a cuja administração pertencerem;
>
> está sujeito ao poder de polícia do Estado, que compreende a regulamentação do uso, a fiscalização e a aplicação de medidas coercitivas, tudo com o duplo objetivo de conservação da coisa pública (coibindo e punindo qualquer espécie de ação danosa por parte dos administrados) e de proteção do usuário (garantindo-se a fruição do bem público de acordo com sua destinação; no exercício desse encargo, que constitui verdadeiro poder-dever do Estado, a Administração não precisa necessariamente recorrer ao Poder Judiciário, pois dispõe de meios próprios de defesa do domínio público, que lhe permitem atuar diretamente; é o privilégio da Administração que se denomina de autotutela administrativa;[18]
>
> o uso comum não tem, em regra, natureza de direito subjetivo; constitui "o exercício natural de uma faculdade que faz parte integrante da esfera de liberdade humana, que o homem tem como homem, não apenas como habitante de um determinado lugar"; podem exercê-lo todas as pessoas, nacionais e estrangeiras, sem distinção.[19]

No que se refere à utilização por todos, Miguel Angel Berçaitz ensina que essa categoria de bens públicos sujeita-se ao uso comum e direto de todos os habitantes, pela única condição de habitante ou integrante, permanente ou acidental, de uma comunidade, conforme os regulamentos estabelecidos pela autoridade competente, regulando a forma e o modo do exercício desse uso.[20] Vale dizer que o uso comum proíbe qualquer distinção de cunho pessoal do usuário. Mas permite e mesmo exige, para esse uso, uma norma que o regule.

Nessa linha, o meio ambiente ecologicamente equilibrado – macrobem – é de uso de todos. Toda e qualquer pessoa possui o direito de usufruir do equilíbrio ambiental.

1.3.2 Classificação dos bens ambientais à luz de seu domínio

São bens públicos de uso comum os rios e mares, assim como as praias. A fauna silvestre e o subsolo também são bens públicos, mas não de uso comum. Diferentemente, o solo e as florestas pertencem ao proprietário, independentemente de sua natureza pública ou privada, respeitada a sua função socioambiental.

---

18. Sobre o princípio da autotutela administrativa, dispõe a Súmula 473 do STF: "A Administração pode anular seus próprios atos, quando eivados de vícios que os tornam ilegais, porque deles não se originam direitos; ou revogá-los, por motivo de conveniência ou oportunidade, respeitados os direitos adquiridos, e ressalvada, em todos os casos, a apreciação judicial."
19. DI PIETRO, Maria Sylvia Zanella. *Uso privativo de bem público por particular*. São Paulo: Revista dos Tribunais, 1983, p. 10-11.
20. BERÇAITZ, Miguel Angel. *Problemas jurídicos del urbanismo*. Buenos Aires: Abeledo-Perrot, 1972, p. 74.

Observa-se que, no mesmo sentido, o Código Civil, no artigo 1.228, § 1º, faz alusão a essa função socioambiental, dispondo que "o direito de propriedade deve ser exercido em consonância com as suas finalidades econômicas e sociais e de modo que sejam preservados, de conformidade com o estabelecido em lei especial, a flora, a fauna, as belezas naturais, o equilíbrio ecológico e o patrimônio histórico e artístico, bem como evitada a poluição do ar e das águas."

1.3.3   Publicização dos bens ambientais

Themístocles Brandão Cavalcanti, na introdução ao livro *Rios e águas correntes*, de M. I. Carvalho de Mendonça, já tratava da ampliação do domínio público, afirmando que "*o que caracteriza, apenas, o direito moderno é a ampliação do domínio público. Hoje as coisas que se destinam ao uso comum são em número tanto maior, quanto mais absorvente se mostra o Estado, chamando a si, ao seu domínio, maior quantidade de bens, destinando-os à utilização e aproveitamento da coletividade*".[21]

Essa publicização, todavia, não se refere apenas à definição do domínio: traduzindo a afirmação do autor acima citado para o século XXI, o interesse público vai estabelecer o liame entre os bens ambientais e sua tutela legal. A expressão *interesse* não tem, *a priori*, sentido único. Refere-se à regra constitucional do art. 225, que atribui ao meio ambiente ecologicamente equilibrado a característica de um direito humano fundamental. O princípio da supremacia do interesse público é a referência que ancora a submissão de toda e qualquer atividade ao interesse público a partir da Constituição, com o objetivo de garantir o equilíbrio ambiental. É também o fundamento do conjunto de ações sob a responsabilidade do Poder Público, no controle e fiscalização das atividades humanas, com a finalidade de evitar danos ao meio ambiente e à sociedade.

O que distingue os bens ambientais, assim, não é o seu domínio, mas o interesse público e a tutela jurídica que incide sobre eles. Quanto maior a importância de um bem à sociedade, maior a tendência à sua publicização, com vistas à obtenção da tutela do Estado e da garantia de que todos poderão a ele ter acesso, de acordo com os regulamentos estabelecidos.

1.4 RELAÇÃO DO DIREITO AMBIENTAL COM OUTRAS CIÊNCIAS

1.4.1   Ecologia

A palavra *Ecologia* deriva do grego *oikos* – casa – e *logos* – estudo. Constitui o estudo da casa, ou do planeta Terra, incluindo todos os organismos e processos funcionais que o tornam habitável.[22] Esse termo foi criado pelo biólogo alemão Ernst Haekel em 1869, que o definiu como "*o estudo do ambiente natural, inclusive das relações dos organismos entre si e com seus arredores*".[23]

O interesse do homem pela natureza remonta ao seu aparecimento na Terra: era necessário conhecer as forças da natureza, as plantas e animais que oferecessem perigo, para

---

21. MENDONÇA, Manoel Ignácio Carvalho de. *Rios e águas correntes em suas relações jurídicas*. 2. ed. Freitas Bastos, 1939, p. IX.
22. ODUM, Eugene P.; BARRETT, Gary W. *Fundamentos de ecologia*. São Paulo: Thomson Learning, 2007, p. 2
23. ODUM, Eugene P.; BARRETT, Gary W. *Fundamentos de ecologia*. São Paulo: Thomson Learning, 2007, p. 3.

deles se defender ou usar como alimento, garantindo a sobrevivência. A relação da Ecologia com o Direito Ambiental dá-se quando o conhecimento do ambiente natural e das relações de seus componentes entre si subsidia a construção da tutela jurídica desses bens.

1.4.2 Economia

O termo *Economia* também deriva da raiz grega *oikos. Nomia* significa gerenciamento, manejo, o que significa o *gerenciamento doméstico, ou a alocação de recursos.* Vale ressaltar a dependência do homem em relação aos recursos naturais, qualquer que seja o estágio de seu desenvolvimento tecnológico. Sem o solo, sem a água, sem o ar, em condições adequadas, não há sobrevivência.

Ocorre, porém, que a ciência da economia valorizou predominantemente os bens desenvolvidos pelo ser humano, atribuindo pouco ou nenhum valor monetário aos bens e serviços da natureza que beneficiam a sociedade. Por exemplo, não se inventariam os recursos ambientais no momento de medir a riqueza de um Estado, nem se considera, no balanço dos prejuízos nacionais, a sua perda ou destruição.

Mais recentemente, a economia começou a buscar a valoração dos recursos naturais, mudando antigos conceitos, o que de certa forma revolucionou muitas atividades econômicas, pois alguns de seus componentes, antes considerados dádiva da natureza, passaram a ter um valor econômico, como é o caso da água. A valoração econômica dos bens ambientais, um dos objetos da Economia Ambiental, influencia e se reflete na proteção jurídica desses bens, nos termos da CF/88, art. 170, VI.

Segundo o Relatório Brundtland, a preocupação havida no passado, com os impactos do crescimento econômico sobre o meio ambiente, transformou-se na preocupação com *"o desgaste ecológico – degradação dos solos, regimes hídricos, atmosfera e florestas – sobre as perspectivas econômicas do homem. Mais recentemente tivemos de assistir ao aumento acentuado da interdependência econômica das nações. Agora temos que nos acostumar com a interdependência ecológica".*[24]

1.4.3 Biologia

A *Biologia* tem por objeto o estudo da vida e fornece uma abordagem integrativa com foco na proteção e manuseio da biodiversidade, baseada nos seus princípios aplicados e básicos.[25] O Direito Ambiental apoia-se nas ciências biológicas na construção dos conceitos contidos nas normas.

1.4.4 Geografia

A *Geografia* é o estudo da Terra em seus elementos físicos e humanos, bem como das relações entre esses dois fatores. Sua conexão com o Direito Ambiental refere-se à caracterização dos espaços, indicando aqueles que merecem proteção especial por seus atributos e servindo de base científica para a constatação de danos ao ambiente físico. Do mesmo

---

24. COMISSÃO MUNDIAL SOBRE MEIO AMBIENTE E DESENVOLVIMENTO. *Nosso futuro comum.* 2. ed. Rio de Janeiro: FGV, 1991, p. 5.
25. ODUM, Eugene P.; BARRETT, Gary W. *Fundamentos de ecologia.* São Paulo: Thomson Learning, 2007, p. 457-458.

modo, a Geografia estuda o desenvolvimento das populações e as demandas dos recursos naturais em função do crescimento populacional e das atividades econômicas.

1.4.5 Química

A importância da *Química* no Direito Ambiental refere-se à sua capacidade de análise das composições e reações das diversas substâncias. Nesse sentido, oferece contribuição fundamental ao estabelecimento de padrões para a emissão de gases e efluentes líquidos e para a qualidade ambiental dos corpos receptores – água, ar, solo –, assim como para a verificação da contaminação de seres vivos.

A Química indica a capacidade de um determinado corpo receptor para diluir uma série de substâncias, servindo não só para a formulação das normas jurídicas como também para aferir a ocorrência ou não de poluição, nos casos concretos, de acordo com as regras estabelecidas. Além disso, a Química permite investigar técnicas de descontaminação de áreas degradadas.

1.4.6 Urbanismo

A ordenação dos espaços nas cidades cabe ao *Urbanismo*, que, em conformidade com a topografia e outros elementos que condicionam a ocupação do solo, deverá organizar a localização das atividades industriais, do comércio, das residências e dos prédios públicos, entre outras. A relação do Direito Ambiental com o Urbanismo tem a ver com a fixação de normas protetoras do meio ambiente urbano, por meio de uma política lastreada em instrumentos adequados em cada caso concreto.

1.4.7 Saúde pública

Meio ambiente e *Saúde Pública* são dois temas indissociáveis. Não há como descrever um desses termos sem recorrer ao outro. Segundo Hipócrates, o homem era saudável apenas quando apresentava adequado equilíbrio entre seus humores, o que implicava uma relação harmoniosa dele com a natureza. "*Do mesmo modo, contemporaneamente, ainda que seja definida somente como objetivo distante, a saúde do homem é argumento essencial para a proteção do meio ambiente.*"[26]

A degradação ambiental e a poluição prejudicam a saúde humana, comprometendo a qualidade de vida. A própria definição legal de poluição, fixada pela Lei nº 6.938/81, em seu art. 3º, III, *a*, inclui a *degradação da qualidade ambiental resultante de atividades que direta ou indiretamente prejudiquem a saúde, a segurança e o bem-estar da população.*

1.4.8 Engenharia

A *Engenharia* possui duas interfaces com o meio ambiente. A primeira delas refere-se ao desenvolvimento tecnológico havido desde o início da civilização, na busca do progresso e da melhoria da qualidade de vida das pessoas. Enquadram-se nessa classe as hidrelétricas, as estradas, as construções urbanas, a metalurgia, a mineração, a indústria,

---

26. GRANZIERA, Maria Luiza Machado; DALLARI, Sueli Gandolfi. Meio ambiente e saúde pública. In: PHILLIPI JR., Arlindo; ALVES, Alaôr Caffé (Coord.). *Curso interdisciplinar de direito ambiental*. São Paulo: Manole, 2005, p. 607.

a construção de canais de irrigação, o desenvolvimento da energia nuclear, entre tantas atividades que impactam o ambiente.

A segunda vertente, bem mais recente, refere-se à engenharia ambiental, cujo objeto é o desenvolvimento tecnológico voltado à proteção do meio ambiente, ou melhor, à adoção de práticas e tecnologias que, sem impedir o desenvolvimento das atividades econômicas, garantam menores riscos de danos ambientais.

O art. 4º, IV, da Lei nº 6.938/81 estabelece, entre os objetivos da política ambiental brasileira, *o desenvolvimento de pesquisas e de tecnologias nacionais orientadas para o uso racional de recursos ambientais.*

1.4.9 Sociologia

A *Sociologia*, ciência que se ocupa do estudo das sociedades, seu desenvolvimento e patologias, traz, em matéria ambiental, um enfoque relacionado com o risco. O *paradigma da sociedade de risco* refere-se a como podem os riscos sistematicamente produzidos, como parte da modernização, ser prevenidos ou minimizados.[27]

A compreensão das relações sociais e da interface dessas com o meio ambiente, por outro lado, é uma chave para a formulação de políticas públicas ambientais e sua efetividade.

1.4.10 Antropologia

O papel da *Antropologia* refere-se aos estudos das comunidades indígenas, quilombolas e outras populações tradicionais, no que se refere a história, costumes, artes, necessidades e relações com o ambiente.

1.4.11 História

O Direito Ambiental ganha sentido quando estabelecido em seu contexto histórico. Como a preservação do meio ambiente não faz parte da estrutura psicológica do homem, nem sempre este se preocupou com a proteção de seu entorno. Ao contrário, foi o domínio do ambiente que o homem buscou ao longo dos séculos, sem atentar para todas as consequências desse avanço. Daí a importância da *História*, na compreensão dos avanços e retrocessos da preocupação com o meio ambiente.

1.5 RELAÇÃO DO DIREITO AMBIENTAL COM OUTROS RAMOS DO DIREITO

1.5.1 Direito constitucional

O direito ao meio ambiente ecologicamente equilibrado é, por força da norma constitucional, um direito de todos e um princípio norteador da ordem econômica.

A partir da promulgação da CF/88, a proteção ambiental, antes estabelecida na Lei nº 6.938/81, passou ao *status* de matéria constitucional, inclusive trazendo ao plano da Carta elementos contidos na lei ordinária, como é o caso do Estudo Prévio de Impacto Ambiental e da criação de espaços protegidos.

---

27. BECK, Ulrich. *Risk society*: towards a new modernity. London: Sage, 1992, p. 19.

1.5.2 Direito internacional

As discussões sobre a necessidade da proteção jurídica do meio ambiente surgiram no âmbito do *Direito Internacional*, na medida em que os problemas relacionados com a poluição não respeitam fronteiras. As normas internas dos Estados tendem a sofrer a influência de tratados e convenções internacionais, que formularam e ainda formulam as bases do direito ambiental, constituindo uma de suas fontes.

O Brasil é signatário de inúmeros tratados e convenções internacionais com fulcro na proteção dos recursos ambientais, devidamente aprovados por decretos legislativos e introduzidos no direito interno por meio de decretos presidenciais.[28]

1.5.3 Direito administrativo

Os órgãos e entidades da Administração Pública competentes para tratar das questões ambientais encontram-se estruturados no Sistema Nacional de Meio Ambiente (SISNAMA). Independentemente de sua natureza jurídica – órgão colegiado, fundação, autarquia, empresa etc. –, a sua atuação é pautada pelo art. 37 da CF/88, que trata da Administração Pública.

O Direito Ambiental, na formulação de seus instrumentos, utiliza conceitos tradicionais do *Direito Administrativo*, como indicado por Antonio Herman Vasconcelos Benjamin: " *'função', notadamente a administrativa (e a partir daí, de 'função ambiental'), de ato administrativo (e a partir daí, de 'ato administrativo ambiental'), de discricionariedade administrativa (e a partir daí, de 'discricionariedade ambiental'), de procedimento administrativo (e a partir daí, de 'procedimento ambiental') e de sanção administrativa (e a partir daí, de 'sanção administrativa ambiental')".*[29] Todo o relacionamento entre o empreendedor e os órgãos e entidades do SISNAMA, como o pedido de licenciamento ambiental ou a aplicação de sanções administrativas, ocorre por meio de processos administrativos.

Em verdade, qualquer decisão administrativa concernente à proteção do ambiente ocorre por meio de um processo administrativo, fundamentado em questões técnicas, como a criação de um espaço protegido, ou a fixação de padrões de qualidade ambiental.

1.5.4 Direito econômico

O *Direito Econômico* relaciona-se com a intervenção do Estado no domínio econômico. A fim de implementar políticas públicas ou corrigir disfunções de mercado, o Estado impõe restrições à atividade econômica, com vistas à consecução dos objetivos da política ambiental.

Por meio dos instrumentos econômicos estabelecidos na legislação, esse ramo do Direito tem por finalidade a indução de comportamentos, visando à adoção de práticas ambientalmente mais adequadas. Como exemplo, destacam-se a cobrança pelo uso de recursos hídricos, prevista na Lei nº 9.433/97, e o Pagamento por Serviços Ambientais (PSA), regulamentado pela Lei 14.119/21, que institui a Política Nacional de Pagamento por Serviços Ambientais (PNPSA).

---

28. CF/88, arts. 49, I e 84, IV e VIII.
29. BENJAMIN, Antonio Herman Vasconcelos. Função ambiental. In: BENJAMIN, Antonio Herman Vasconcelos (Org.). *Dano ambiental*: prevenção, reparação e repressão. São Paulo: Revista dos Tribunais, 1993, p. 14.

1.5.5 Direito financeiro

O *Direito Financeiro*, cujas normas gerais estão fixadas pela Lei nº 4.320, de 17-3-1964,[30] e pela Lei Complementar nº 101, de 4-5-2000, tem por objeto o estudo das receitas, orçamento e despesas públicas. Sua relação com o Direito Ambiental explicita-se por meio dos arranjos institucionais criados especificamente por esse ramo do Direito, como os Fundos de Interesses Difusos, os Fundos Estaduais de Recursos Hídricos e outros mecanismos de transferências especiais de receita pública, como aquele estabelecido pela Lei nº 10.881, de 9-6-2004, sobre as transferências do produto da cobrança pelo uso de recursos hídricos a entidades de recursos hídricos.[31] O mesmo ocorre com as Organizações da Sociedade Civil de Interesse Público (OSCIP), regidas pela Lei nº 9.790, de 23-3-1999 e alterações posteriores no que se refere, por exemplo, à gestão das Unidades de Conservação (UC).[32]

O ICMS ecológico também versa sobre essa matéria, pois se trata de aplicar uma parte da receita pública na proteção do meio ambiente, destinando recursos ao Municípios.

1.5.6 Direito tributário

A relação do Direito Tributário com o meio ambiente refere-se aos efeitos parafiscais dos tributos, ou seja, aos impactos indiretos que a cobrança de um determinado tributo pode provocar em relação à qualidade ambiental. Por exemplo, a isenção ou redução da alíquota de Imposto sobre Produtos Industrializados (IPI) para veículos elétricos[33], a álcool ou *flex* garante, indiretamente, a melhoria da qualidade do ar, pois induz o comportamento do consumidor, ao facilitar a aquisição desse tipo de veículo, em detrimento daqueles movidos a gasolina.

As áreas destinadas à Reserva Legal e de Preservação Permanente (APP) são isentas do pagamento do Imposto Territorial Rural (ITR), como forma de não onerar o proprietário nesses espaços protegidos.

O chamado IPTU Verde consiste em uma possibilidade de desconto desse tributo aos contribuintes que adotarem práticas ambientalmente desejáveis (pisos drenantes, energia solar, plantio de árvores etc.), de acordo com os estabelecidos em cada lei municipal.

Sobre o Direito Tributário, o Ministro Herman Benjamin (AgInt no AREsp 1723597 SP, rel. Min. Herman Benjamin, 2ª Turma, j. 29-03-2021, DJe 06/04/2021) destaca que: *"O Direito Tributário deve ser amigo, e não adversário, da proteção do meio ambiente. A 'justiça tributária' necessariamente abarca preocupações de sustentabilidade ecológica, abrigando tratamento diferenciado na exação de tributos, de modo a dissuadir ou premiar comportamento dos contribuintes que, adversa ou positivamente, impactem o uso sustentável dos bens ambientais tangíveis e intangíveis. No Estado de Direito Ambiental, sob o pálio sobretudo, mas não exclusivamente, do princípio poluidor-pagador, tributos despontam, ao lado de ou-*

---

30. Recepcionada pela CF/88. Ver STF, ADI 1.726-MC, Rel. Min. Mauricio Corrêa, julgamento em 16-9-98, *DJ* de 30-4-2004.
31. Ver capítulo sobre Águas.
32. Ver capítulo sobre o Sistema Nacional de Unidades de Conservação (SNUC).
33. Lembrando que os veículos elétricos, adicionalmente aos padrões de fabricação de qualquer carro, utilizam baterias, cuja fabricação também utiliza recursos minerais, o que quer dizer que tais carros não estão isentos de provocar impactos no ambiente. Além disso, a energia utilizada pelos veículos elétricos advém muitas vezes de usinas termoelétricas, movidas a gás ou carvão (combustíveis fósseis). Ou seja, o carro elétrico não é a solução definitiva para a melhoria do ambiente.

tros instrumentos econômicos, como um dos expedientes mais poderosos, eficazes e eficientes para enfrentar a grave crise de gestão dos recursos naturais que nos atormenta.

Sob tal perspectiva, cabe ao Direito Tributário – cujo campo de atuação vai, modernamente, muito além da simples arrecadação de recursos financeiros estáveis e previsíveis para o Estado – identificar e enfrentar velhas ou recentes práticas nocivas às bases da comunidade da vida planetária. A partir daí, dele se espera, quer autopurificação de medidas de incentivo a atividades antiecológicas e de perpetuação de externalidades ambientais negativas, quer desenho de mecanismos tributários inéditos, sensíveis a inquietações e demandas de sustentabilidade, capazes de estimular inovação na produção, circulação e consumo da nossa riqueza natural, assim como prevenir e reparar danos a biomas e ecossistemas."

1.5.7   Direito penal

A responsabilidade por dano ambiental alcança o *Direito Penal*, conforme disposto no § 3º do art. 225 da CF/88 e no § 1º do art. 14 da Lei nº 6.938/81. A Lei nº 9.605, de 12-2-1998, estabelece os crimes ambientais, embora outras normas também instituam crimes específicos, correlatos às questões ambientais, como, por exemplo, a Lei nº 6.766, de 19-12-1979, que trata do parcelamento do solo urbano.

1.5.8   Direito processual

Na formulação do Direito Ambiental, o *Direito Processual* é instrumento não apenas de reparação de danos, e obrigação de fazer e não fazer por meio de ação específica – Ação Civil Pública –, como de outras formas de buscar, no Poder Judiciário e na Administração Pública (processo administrativo), preventivamente ou não, a tutela do ambiente.

A Lei nº 13.140, de 26-6-2015 dispõe sobre a mediação entre particulares como meio de solução de controvérsias e sobre a auto composição de conflitos no âmbito da administração pública (e extrajudicial), amplia as possibilidades de solução de conflito socioambientais.

1.5.9   Direito civil

A relação do Direito Ambiental com o *Direito Civil* reporta-se ao regime jurídico das responsabilidades, da propriedade e dos bens. Em regra, o sistema de responsabilidades no Brasil é o da responsabilidade subjetiva,[34] em que, para que se caracterize a responsabilidade do autor de um dano, é necessário provar o elemento subjetivo da conduta. Se houver culpa ou dolo, é possível a responsabilização. Se não se provar um desses tipos de conduta, não há como imputar a responsabilidade pelo dano ocorrido.

Já no Direito Ambiental, o sistema de responsabilização do poluidor foge a essa regra, ao dispensar a comprovação do elemento subjetivo da conduta. Basta, pois, para caracterizar a responsabilidade por dano ambiental, a ocorrência do dano e a identificação de seu autor, caracterizando a *responsabilidade objetiva*.[35]

---

34. A responsabilidade das pessoas jurídicas de direito público, nos termos do art. 43 do Código Civil, é sempre objetiva. Ver também CF/88, art. 37, § 6º.
35. Ver capítulo sobre a Responsabilidade Civil por Dano Ambiental.

Outro tema relativo ao Direito Civil diz respeito à propriedade, cujo direito é assegurado pela Constituição, todavia condicionada ao cumprimento de uma função social. O regime jurídico dos bens também é objeto do Direito Civil.

1.5.10 Direito urbanístico

O *Direito Urbanístico*, que trata da organização das cidades, possui uma intersecção com o Direito Ambiental nos temas relacionados principalmente com o uso e a ocupação do solo, naquilo que se refere à salubridade, isto é, nas obrigações relativas a uma ocupação ambientalmente sadia, em que as edificações e a malha viária são implantadas respeitando-se a ventilação, a insolação, as reservas de áreas verdes, como parques e praças, a vegetação das margens dos rios. É de capital importância a proteção do meio ambiente urbano, já que a maioria da população mundial vive nas cidades.

1.5.11 Direito indigenista

Toda a legislação relativa a indígenas está intrinsecamente ligada à questão ambiental, pois se trata de populações tradicionais, que tiram seu sustento do ambiente e, portanto, têm na preservação dos espaços a condição de sua existência.

Nessa linha, a CF/88 define as terras tradicionalmente ocupadas pelos índios como as por eles habitadas em caráter permanente, as utilizadas para suas atividades produtivas, as imprescindíveis à preservação dos recursos ambientais necessários ao seu bem-estar e as necessárias à sua reprodução física e cultural, segundo seus usos, costumes e tradições.

Importante mencionar, aqui, que os povos originários exercem importante papel na conservação da natureza e, portanto, a sua proteção deve fazer parte dos objetivos de uma nação possuidora de relevante biodiversidade, como é o caso do Brasil.

1.5.12 Direito do consumidor

O consumo sustentável se relaciona diretamente com duas vertentes do direito ambiental: 1. a escassez dos recursos naturais em face do excesso de apropriação, como é o caso das florestas ou da simples destruição, como ocorre com a biodiversidade, quando se provoca incêndio na vegetação para dar lugar à agricultura ou à pecuária e 2. com a degradação ambiental, no que se refere à produção de resíduos sólidos, tanto decorrentes das embalagens como de produtos descartados ao final de sua vida útil.

Os usuários dos serviços de saneamento básico, tema relevante e atual, objeto da Lei nº 11.445, de 5-1-2007, são consumidores e como tal possuem uma série de direitos como a qualidade da água potável, a coleta do lixo urbano, o tratamento dos esgotos coletados. O Decreto nº 5.440, de 4-5-2005, por exemplo, estabelece definições e procedimentos sobre o controle de qualidade da água de sistemas de abastecimento e institui mecanismos e instrumentos para divulgação de informação ao consumidor sobre a qualidade da água para consumo humano.

2
O Direito Ambiental e seu Contexto Histórico

2.1 O HOMEM E A NATUREZA

A rigor, a proteção do ambiente não faz parte da cultura nem do instinto humano. Ao contrário, conquistar a natureza sempre foi o grande desafio do homem, espécie que possui uma incrível adaptabilidade aos diversos locais do planeta e uma grande capacidade de utilizar os recursos naturais em seu benefício. Essas características fizeram com que, ao longo do tempo, a natureza fosse *dominada* pelo homem na busca do seu desenvolvimento, não se preocupando, no entanto, com os impactos que causava.

Uma característica da raça humana, que a distingue das demais espécies, é sua manifestação artística, que explicita a consciência da alma e da religiosidade, colocando-a numa posição de sentir-se capaz para dar os passos cruciais da sua hegemonia sobre a Terra. Pode-se imaginar o efeito da descoberta do fogo na alma humana, no que tange ao domínio do espaço geográfico. Conquistar a Natureza foi a única saída para esse frágil ser, exposto às intempéries, à cadeia alimentar e aos limites de sua força física, no desespero de proteger as futuras gerações.

Para tanto, o homem destruiu florestas na busca de espaços para cultivar alimentos de sua subsistência – trigo, cevada etc. – e construir sua moradia, para se defender dos inimigos. Impôs a extinção de alguns animais, não apenas para deles se alimentar, mas para diminuir a disputa pelo espaço ou ainda proteger a sua prole.

Diz-se que um esquilo, na Antiguidade, poderia ir de Portugal à Rússia, passando apenas pelos galhos das árvores, sem tocar o chão. Essa realidade não mais existe. Países como a Grécia, por exemplo, há muitos séculos têm como atividade econômica majoritariamente o comércio, além das culturas de olivais e vinhas, pois o desmatamento tornou grande parte de seu território um cenário monocromático, sem praticamente qualquer vestígio do verde da vegetação.

É certo que alguns cuidados com as águas e as florestas foram tomados ao longo da história. Mas as finalidades eram outras. Buscava-se a proteção dos direitos de vizinhança e dos valores econômicos da propriedade, sempre de maneira isolada e tópica. Um exemplo a citar consiste nas regras estabelecidas na Península Ibérica no século XVI, relativas ao reflorestamento, para fins de construção de embarcações, ou seja, para fins utilitários e imediatistas.[1]

---

1. SOARES, Guido Fernando Silva. *Direito internacional do meio ambiente*: emergências, obrigações e responsabilidades. São Paulo: Atlas, 2001, p. 39 e 173.

Embora a degradação ambiental venha acompanhando o homem na sua busca pelo domínio da Natureza, pode-se assinalar a Revolução Industrial, iniciada no século XVIII, como um marco de forte agravamento dos impactos da atividade humana sobre o meio ambiente e a saúde do homem. A poluição pela fumaça, emitida por fornalhas movidas a carvão, tornou Londres uma cidade insalubre. As condições de trabalho nas fábricas afrontavam severamente a dignidade humana, ensejando a criação de teorias econômicas voltadas ao questionamento do sistema então vigente, e forçando, pela primeira vez, a criação de normas trabalhistas, que evoluíram para os conceitos do meio ambiente do trabalho.

Uma das reações a essa insalubridade ocorreu com o movimento romântico, ao final do século XVIII, cuja tônica consistia no retorno à natureza, na busca das florestas e das águas puras. Rousseau, precursor do movimento romântico, na obra *Discours sur l'origine et les fondements de l'inégalité parmi les hommes*, publicado em 1755, descreve o estado natural do homem, propondo que, apesar de desigualmente dotados pela natureza, os homens em uma dada época eram de fato iguais: eles viviam isolados uns dos outros e não estavam subordinados a ninguém; eles evitavam uns aos outros, como fazem os animais selvagens.

De acordo com Rousseau, desastres geológicos reuniram os homens para a *idade de ouro* descrita em vários mitos, uma idade de vida comunal primitiva, na qual o homem aprendia o bem junto com o mal nos prazeres do amor, da amizade, das canções, danças e no sofrimento da inveja, do ódio e da guerra. Com a descoberta do ferro e da cultura do trigo iniciou-se o terceiro estágio da evolução humana, o que ensejou a necessidade da existência da propriedade privada.

Já no campo científico, Darwin colocou em pauta a Teoria da Evolução, tratando da Evolução das Espécies, o que revolucionou os conceitos científicos e religiosos acerca da criação do mundo.

Apesar de toda essa movimentação voltada à natureza, a evolução tecnológica e o desenvolvimento da ciência não suscitaram, de um modo geral, no ser humano, a preocupação com a natureza, que somente assumiu proporções concretas em meados do século XX.

Guido Fernando Silva Soares manifesta-se sobre esse fato, observando que

> Não deixa de ser inacreditável o fato de as ciências de observação da natureza, como a física e a química, com o notável desenvolvimento que tiveram nos séculos XVIII e XIX, não terem se dado conta das ameaças ao desequilíbrio natural pela ação do homem. Mais incrível ainda é a ausência, na denominada civilização ocidental, de qualquer atitude crítica em relação aos efeitos deletérios do progresso, desde sempre considerado como um ideal a ser atingido por todos os povos. Nenhum grande pensador teria ousado antepor aos ideais do progresso do homem a necessidade de conservação da natureza, e muito menos condicionar o desenvolvimento industrial e comercial das nações a valores relacionados ao equilíbrio ambiental.[2]

Somente na segunda metade do século XX, com a retomada da economia no pós-guerra, os efeitos de séculos de uso dos recursos naturais, sem os cuidados necessários, demonstraram que havia uma necessidade urgente da adoção de precauções, sob pena de comprometer a sobrevivência das gerações futuras.

---

2. SOARES, Guido Fernando Silva. *A proteção internacional do meio ambiente*. São Paulo: Manole, 2003, p. 15.

O cenário dos anos 60, de denúncias contra a Guerra do Vietnã, dos movimentos estudantis na França, do movimento *hippie*, deu ensejo ao movimento ambientalista, de proteção à natureza, como uma das formas de modificar o sistema então vigente.

A partir daí, iniciou-se um movimento que não mais cessaria e ganharia cada vez mais força ao longo do tempo, até porque se constatou que as preocupações dos movimentos ambientalistas da década de 1960, ao contrário do que os seus detratores pregavam, eram bastante consistentes e ainda hoje vêm se comprovando.

O assunto tomou proporções tais que a Organização das Nações Unidas (ONU) decidiu, em 1968, organizar uma conferência internacional para tratar do tema do meio ambiente, a realizar-se no ano de 1972.

A **Conferência das Nações Unidas sobre o Meio Ambiente Humano**, ocorrida em Estocolmo, Suécia, em 1972, é considerada um marco na história da humanidade, tendo em vista as grandes mudanças havidas a partir desse evento e a origem do Direito Ambiental, como é hoje entendida essa matéria.

É certo que a preocupação com a natureza não se iniciou em 1972. Ao longo da história, muitos encontros internacionais e normas internas estabeleceram regras atinentes à proteção da natureza e de seus recursos. Todavia, conforme já mencionado, na maior parte das vezes, o que se buscava era a preservação dos recursos naturais visando quase unicamente ao seu aproveitamento econômico ou apenas a proteção de uma espécie isolada. Tampouco tinham-se em mente as inter-relações entre as espécies, os ecossistemas e seus habitats, como bens a serem tutelados pelo Direito, pelo seu valor intrínseco.

2.2 ANTECEDENTES DO DIREITO AMBIENTAL

2.2.1 A soberania territorial e a questão ambiental

A soberania constitui uma das bases do Estado moderno. Segundo Bobbio, "*o termo soberania aparece, no final do século XVI, juntamente com o do Estado, para indicar, em toda a sua plenitude, o poder estatal, sujeito único e exclusivo da política*".[3] Ainda segundo Bobbio, o Estado tem sido definido através de três elementos constitutivos: o povo, o território e a soberania (conceito jurídico por excelência [...]).[4]

Os casos a seguir relatados constituem a origem do entendimento de que a soberania dos Estados sofre limitações no que se refere às atividades de risco em matéria ambiental.

2.2.1.1 O caso Trail Smelter

Uma arbitragem emblemática, no plano internacional, é o denominado *Trail Smelter Case*. Trata-se de uma fundição de cobre e zinco localizada no Canadá, Colúmbia Britânica, na cidade de Trail, próxima à fronteira com os Estados Unidos, Estado de Washington. Essa fundição lançava fumaça tóxica e partículas sólidas causando danos a pessoas, animais e bens, inclusive no território americano. *Até aquele momento, prevalecia no direito internacional a ideia de que o Estado soberano não tinha nenhuma limitação de ordem*

---

3. BOBBIO, Norberto. *Dicionário de política*. 12. ed. Brasília: UnB, 1999, v. 2, p. 1179.
4. BOBBIO, Norberto. *Dicionário de política*. 12. ed. Brasília: UnB, 1999, v. 2, p. 1179.

jurídica ao permitir a utilização de seu território da forma como bem entendesse.[5] Segundo a então vigente Doutrina Harmon, a soberania territorial era absoluta,[6] o que não se coadunava com as questões ambientais, já que a poluição, conforme ocorreu no Caso Trail Smelter, atravessava a fronteira entre os países.

O Estado americano, então, avocou o direito das vítimas, postulando em nome próprio, perante o Canadá, suas reivindicações, por meio de um tribunal *ad hoc.*[7]

A arbitragem Trail Smelter expressa o princípio de que um Estado possui a responsabilidade por danos ambientais que se estendam além de seus limites territoriais.[8] A sentença arbitral, prolatada definitivamente em 1941, estabelecia, entre outros tópicos, que:

> Nenhum Estado tem o direito de usar ou de permitir o uso de seu território de tal modo que cause dano em razão do lançamento de emanações no ou até o território de outro.[9]

Esse enunciado consiste na primeira manifestação sobre o direito internacional do meio ambiente e, por sua importância no que se refere aos temas soberania e proteção do ambiente, seu conteúdo foi adotado tanto na Declaração de Estocolmo, de 1972,[10] como na Declaração do Rio de Janeiro, de 1992,[11] e também na Convenção sobre Diversidade Biológica (CDB)[12].

2.2.1.2 O caso do Estreito de Corfu

O Estreito de Corfu localiza-se entre a ilha de Corfu, na Grécia, e a costa da Albânia. Em outubro de 1946, navios de guerra britânicos que atravessaram o estreito, com autorização da Albânia, explodiram em razão da existência de minas, com a ocorrência de mortes. A Grã-Bretanha levou o caso à Corte Internacional de Justiça que, em 1949, entre outros tópicos, decidiu que a Albânia violara o direito internacional, ao não dar conhecimento do perigo que a eventual presença de minas significava para a navegação[13]. A sentença afirmava que nenhum Estado pode utilizar o seu território para cometer atos contrários aos direitos de outros Estados.[14]

Embora o caso do Estreito de Corfu não tenha tratado de questões ambientais ou de poluição, é importante na medida em que limitou a soberania territorial dos Estados, princípio adotado pelo Direito Ambiental Internacional. Mais precisamente, foi mencionado no processo que "a soberania dos Estados tem agora de tornar-se uma instituição,

---

5. SOARES, Guido Fernando Silva. *A proteção internacional do meio ambiente.* São Paulo: Manole, 2003, p. 22.
6. PLATER, Zygmund J. B.; ABRAMS, Robert; GOLDFARB, William. *Environmental law and policy*: a coursebook on nature, law, and society: case, materials, and text. St. Paul, MN: West Publishing, 1992, p. 1000.
7. A expressão *ad hoc* significa o substituto ocasional, designado para a feitura ou prática de um ato ou solenidade, pela ausência ou impedimento do serventuário ou funcionário efetivo, e também o exercício temporário de uma função pública. Cf. SILVA, De Plácido e. *Vocabulário jurídico*. Atual. Nagib Slaibi Filho e Gláucia Carvalho. 27. ed. Rio de Janeiro: Forense, 2008, p. 60.
8. PLATER, Zygmund J. B.; ABRAMS, Robert; GOLDFARB, William. *Environmental law and policy*: a coursebook on nature, law, and society: case, materials, and text. St. Paul, MN: West Publishing, 1992, p. 1001.
9. UNITED NATIONS. Trail Smelter Case. *Reports of International Arbitral Awards*, v. III, p. 1905-1982, 2006.
10. Declaração de Estocolmo de 1972, Princípio 21.
11. Declaração do Rio de Janeiro de 1992, Princípio 2.
12. Convenção sobre Diversidade Biológica (Decreto Legislativo nº 2, de 1994), Artigo 3º.
13. Mc AFFREY, Stephen C. The Law of International Watercourses – Non-Navigation Uses. New York, Oxford University Press Inc., 2003, p. 185.
14. SILVA, Geraldo Eulálio Nascimento e. Direito ambiental internacional. 2. ed. Rio de Janeiro: Thex, 2002, p. 16.

uma função social internacional [...], que deve ser exercido em conformidade com a nova lei internacional.[15]

2.2.1.3   Caso do Lago Lanoux

O Lago Lanoux está situado no sul da França, perto da fronteira da Espanha, sendo alimentado por vários riachos que se originam no território francês. A água flui para fora do lago em um único rio que se junta ao rio Carol, antes de fluir para a Espanha.

A arbitragem realizada no Caso Lanoux versou sobre um conflito entre esses dois países na década de 1950, quando a França deu início a um plano para desviar as águas do Lago Lanoux com a finalidade de gerar energia hidrelétrica, prometendo devolver a água para o Rio Carol. A Espanha não concordou com esse projeto, pois acreditava que ele violava seus direitos de água sob uma série de tratados assinados em 1866 (Tratados de Bayonne). Assim, pressionou a França à realização de uma arbitragem para solucionar a disputa. O tribunal arbitral decidiu, em 1957, rejeitar os argumentos da Espanha porque a França prometia não alterar o volume de água que entrava na Espanha através do rio Carol.

Embora a França não tivesse sido autorizada a promover unilateralmente seus interesses legítimos à custa ou prejuízo de estados vizinhos, o tribunal não identificou um prejuízo previsível à Espanha. Além disso, o Tribunal declarou que os tratados de 1866 não constituíam uma razão para subjugar a regra geral de que as águas estão sujeitas à soberania do estado onde estão localizadas, se não houver prejuízo ao vizinho.[16]

2.3   AS REGRAS DE HELSINKI

As denominadas Regras de Helsinki, promulgadas pela International Law Association, em 1966, também estabeleceram a limitação da soberania territorial, especificamente em matéria de uso de recursos hídricos em bacias hidrográficas compartilhadas por mais de um Estado. O artigo IV estabelece que:

> Cada Estado de uma bacia hidrográfica tem direito, dentro dos limites de seu território, a beneficiar-se razoável e equitativamente da utilização de uma parte dos recursos hídricos da bacia hidrográfica internacional.[17]

No dispositivo transcrito, fica clara a ideia de que o uso há que ser razoável, isto é, devidamente organizado, de modo a não suprimir o direito de uso dos demais. O uso equitativo tem a ver com a repartição de um objeto entre todos os interessados da forma mais igualitária possível. Além disso, menciona-se que apenas parte dos recursos hídricos da bacia hidrográfica se sujeita ao uso por parte de cada Estado. Esses três termos – *razoável*, *equânime* e a expressão *uma parte* – conferem a ideia de que os Estados compartilhem

---

15. Opinião individual de M. Alejandro Alvarez. Disponível em: <https://www.icj-cij.org/public/files/case-related/1/001-19490409-JUD-01-01-BI.pdf>. Acesso em: 09 mar. 2024.
16. International Water Law Project. Other Tribunals - International Water Law Cases. Lake Lanoux Arbitration Case. 24 Int'l L. Rep. 101 (1957) (Spain v. France). Disponível em: <https://www.internationalwaterlaw.org/cases/othertribunals.html>. Acesso: 09 mar. 2024.
17. CUNHA, Luis Veiga da; GONÇALVES, António Santos; FIGUEIREDO, Vítor Alves de; CORREIA, Mário Lino. *A gestão da água*: princípios fundamentais e sua aplicabilidade em Portugal. Lisboa: Fundação Calouste Gulbenkian, 1980, p. 579.

uma bacia hidrográfica e, nessa condição, levem em conta não apenas suas necessidades e interesses, mas as dos demais Estados, sempre com base na boa-fé.

O artigo X estabelece normas relativas à utilização das águas, de modo a não causar danos decorrentes de poluição hídrica:

> 1. Em coerência com o princípio da utilização equitativa das águas de uma bacia hidrográfica internacional, um Estado:
>
> a) deve evitar qualquer nova forma de poluição ou qualquer aumento do grau de poluição existente em uma bacia hidrográfica internacional que provoque prejuízos sensíveis no território de outro Estado da mesma bacia hidrográfica;
>
> b) deve tomar todas as medidas razoáveis para diminuir a poluição que provoque numa bacia hidrográfica internacional até um grau tal que não seja ocasionado qualquer dano substancial no território de outro Estado da mesma bacia hidrográfica.
>
> 2. A regra estabelecida no parágrafo 1 deste Artigo aplica-se à poluição das águas originada:
>
> a) dentro do território do Estado;
>
> b) fora do território do Estado, se for provocada pela conduta desse Estado.[18]

Aqui, não se trata apenas de assegurar a quantidade de água, mas também de garantir a manutenção de sua qualidade. Fica, assim, cada Estado obrigado a evitar a poluição e tomar as medidas razoáveis para diminuir a poluição já provocada, sempre em benefício dos demais Estados que compartilham uma determinada bacia hidrográfica.

Com o passar dos anos, outros fatores assumiram importância no cenário dos recursos hídricos compartilhados. A constante diminuição da oferta de água *per capita* em muitos lugares do mundo e o aumento dos problemas ambientais concernentes às águas poluídas impuseram um novo desafio para o direito internacional em relação a 1966.

A International Law Association, buscando acompanhar essa evolução, aprovou a revisão das Regras de Helsinki, produto da **Conferência de Berlin**, em 2004, aplicável não apenas às águas internacionais, mas também aos recursos hídricos localizados no interior de um único Estado, já que se trata de regras gerais de gestão. Entre os temas introduzidos nessa revisão, merecem destaque a participação popular, o direito à informação, o direito de acesso à água, a sustentabilidade, a gestão integrada, a minimização do risco ambiental e a vazão ecológica.[19]

A revisão das Regras de Helsinki, de 2004, fundamenta-se em outros textos – convenções e declarações internacionais – como a Declaração de Estocolmo de 1972, a Convenção Ramsar, de 1971, a Convenção sobre a Diversidade Biológica de 1992, a Carta Africana sobre Direitos Humanos de 1981, a Convenção de Direito do Mar, de 1982, entre inúmeros outros documentos que abordam, sob diferentes enfoques, a proteção do meio ambiente e especificamente dos recursos hídricos.[20]

---

18. CUNHA, Luis Veiga da; GONÇALVES, António Santos; FIGUEIREDO, Vítor Alves de; CORREIA, Mário Lino. *A gestão da água*: princípios fundamentais e sua aplicabilidade em Portugal. Lisboa: Fundação Calouste Gulbenkian, 1980, p. 581-582.
19. INTERNATIONAL LAW ASSOCIATION. Berlin Conference. Water Resources Law. Final report, 2004.
20. INTERNATIONAL LAW ASSOCIATION. Helsinki Revision 1: sources of the International Law Association Rules on Water Resources, 1966.

2.3.1 Tratados internacionais anteriores a 1972

Em 1883, foi assinada em Paris a **Convenção para a Proteção das Focas de Pele do Mar de Behring**, de finalidade econômica, que, segundo Guido Soares, regulava os períodos de captura, em função da reprodução dos animais, mas não impedia a morte dos bebês focas, de grande valia para o mercado de peles de luxo.[21]

A **Convenção de Paris sobre as Aves Úteis à Agricultura** foi realizada em 1911. Seu objetivo excluía da proteção as aves de rapina, como águias e falcões, que punham em risco as aves *úteis* à agricultura.[22]

Realizada em 1921, a **Convenção Relativa à Utilização de Chumbo Branco em Pintura** tratou do desenvolvimento do meio ambiente do trabalho, reflexo da preocupação com a saúde coletiva e com medidas de prevenção no início do século XX. Esta foi uma nova forma de focalizar a saúde humana relacionada com efeitos de poluição e degradação ambiental, inclusive os gerados no ambiente de trabalho.

Em 1923, em Paris, realizou-se o **Congresso Internacional de Proteção da Natureza**, que estava longe do tratamento global que se deu ao meio ambiente a partir de 1972.

A **Convenção Relativa à Preservação da Fauna e da Flora em seu Estado Natural**, de 1933, teve intenções preservacionistas inovadoras, buscando um conceito unificado de parques e definindo três características básicas que esses espaços deveriam possuir: (1) áreas controladas pelo Poder Público e sob o seu domínio; (2) preservação da flora e da fauna, objetos de interesse estético, geológico, arqueológico, proibição da caça; e (3) visitação pública.[23] Curiosamente, segundo Guido Soares, foi aplicável apenas nos territórios das metrópoles europeias,[24] o que reafirma a condição dos demais Estados como colônias, no que se refere à exploração dos recursos naturais.

A **Convenção Internacional para a Prevenção da Poluição do Mar por Óleo**, de 1954, foi o primeiro instrumento multilateral a ser concluído com o propósito primordial de proteger o meio ambiente, conferindo importante contribuição ao buscar a preservação dos mares e do meio ambiente costeiro contra a poluição.

A **Convenção de Viena sobre Responsabilidade Civil por Danos Nucleares**, de 1963, consagrou, em nível global, regras universais sobre a responsabilidade civil por danos causados a pessoas e bens situados no território dos próprios Estados.[25]

A **Convenção Internacional sobre Responsabilidade Civil por Danos Causados por Poluição de Óleo**, realizada em Bruxelas no ano de 1969, foi promulgada no Brasil pelo Decreto nº 79.437, de 28-3-1977.

A **Convenção Relativa à Responsabilidade Civil no Campo de Transporte Marítimo de Material Nuclear** foi realizada em Bruxelas em 1971.

---

21. SOARES, Guido Fernando Silva. *A proteção internacional do meio ambiente*. São Paulo: Manole, 2003, p. 16.
22. SOARES, Guido Fernando Silva. *Direito internacional do meio ambiente*: emergências, obrigações e responsabilidades. São Paulo: Atlas, 2001, p. 43.
23. BENATTI, José Heder. O meio ambiente e os bens ambientais. In: RIOS, Aurélio Virgílio Veiga; IRIGARAY, Carlos Teodoro Hugueney (Org.). *O direito e o desenvolvimento sustentável*: curso de direito ambiental. São Paulo: Peirópolis, 2005, p. 217.
24. SOARES, Guido Fernando Silva. *Direito internacional do meio ambiente*: emergências, obrigações e responsabilidades. São Paulo: Atlas, 2001, p. 43.
25. SOARES, Guido Fernando Silva. *A proteção internacional do meio ambiente*. São Paulo: Manole, 2003, p. 34.

A **Convenção Relativa às Zonas Úmidas de Importância Internacional, Particularmente como Habitat das Aves Aquáticas** realizou-se na cidade de Ramsar, Irã, em 1971, consistindo em uma inovação, na medida em que trata de todos os tipos de aves aquáticas e da proteção de seus habitats. Foi promulgada no Brasil pelo Decreto nº 1.905, de 16-5-1996.[26]

Em 1972, foi realizada **a Convenção Relativa à Proteção do Patrimônio Mundial e Cultural** em Paris.

A **Convenção sobre Prevenção da Poluição Marinha por Alijamento de Resíduos e Outras Matérias**, concluída em Londres, em 29-12-1972, foi introduzida no direito brasileiro pelo Decreto nº 87.566, de 16-9-1982. Esse tratado teve por objeto o controle efetivo de todas as fontes de contaminação do meio marinho e as Partes comprometeram-se com a adoção de todas as medidas possíveis para impedir a contaminação do mar pelo alijamento de resíduos e outras substâncias que possam gerar perigos para a saúde humana, prejudicar os recursos biológicos e a vida marinha, bem como danificar as condições ou interferir em outras aplicações legítimas do mar.

2.3.2 A Convenção Marpol de 1973

A Convenção Internacional para a Prevenção da Poluição por Navios foi ratificada em 1973, após a realização da Conferência de Estocolmo. Seu objetivo consistiu em eliminar do meio ambiente marinho a poluição causada pela **descarga de óleo e outras substâncias perigosas, como produtos químicos, esgoto e lixo, provenientes de navios**.

O texto original foi alterado pelo Protocolo de 1978 e por uma série de emendas a partir de 1984, com vistas a introduzir regras específicas de prevenção da poluição do mar às cargas perigosas ou equivalentes às dos hidrocarbonetos. Em função das inovações tecnológicas e científicas, assim como das alterações do cenário político, as regras Marpol submetem-se a um processo dinâmico de alterações. No Brasil, esse tratado entrou em vigor por meio do Decreto nº 2.508, de 3-4-1998.

Nos termos da Convenção Marpol, *substância danosa* significa qualquer substância que, se for lançada ao mar, é capaz de criar riscos à saúde humana, causar danos aos recursos e à vida marinha, prejudicar as atividades de lazer ou interferir com outras utilizações legítimas do mar e abrange qualquer substância sujeita a controle através da Convenção.[27] E *descarga*, com relação a substâncias danosas ou a efluentes contendo tais substâncias, significa qualquer liberação, qualquer que seja a sua forma, causada por um navio e abrange qualquer escapamento, lançamento, derramamento, vazamento, bombeamento, emissão ou esgoto.[28]

2.3.3 Legislação brasileira anterior a 1972

Editado em 1605, o *Regimento do Pau-Brasil* conferia proteção ao pau-brasil como propriedade real, impondo penas severas a quem cortasse árvores dessa espécie sem ex-

---

26. Ver capítulo sobre os Sítios Ramsar. Zonas Úmidas.
27. Convenção Marpol, art. 2º, item 2.
28. Convenção Marpol, art. 2º, item 3.

pressa licença real.[29] Não se tratava de uma norma protetora do pau-brasil, que correu sérios riscos de extinção. O fundamento da norma era proteger a Coroa portuguesa dos exploradores advindos de outros países.

O Alvará de 1675 proibiu as sesmarias[30] nas terras litorâneas, onde ainda havia madeiras de construção. As terras que não tivessem proprietários cabiam à Coroa.[31]

Cartas Régias expedidas aos governadores das Capitanias sobre a conservação das florestas e madeiras, em 1797, ordenavam a proteção, por meio de severa fiscalização, das matas e dos arvoredos localizados perto dos mares ou nas margens dos rios.[32]

Com a chegada da família real portuguesa no Brasil, em 1808, foram trazidas espécies exóticas à Colônia. A criação do *Jardim Botânico*, do Rio de Janeiro, por D. João VI, teve a finalidade de propiciar a aclimatação das novas espécies.

Já em 1861, durante o reinado de D. Pedro II, a *Floresta da Tijuca* foi reflorestada para garantir o suprimento de água para o Rio de Janeiro, ameaçado pelos desmatamentos das encostas dos morros.[33]

O **Código Civil** de 1916, em seu art. 554, determinava que o proprietário ou o inquilino de um prédio poderia impedir que o mau uso da propriedade vizinha prejudicasse a segurança, o sossego e a saúde do que o habitava. O art. 555 estabelecia que o proprietário tinha o direito de exigir do dono do prédio vizinho a demolição, ou reparação necessária, quando este ameaçasse ruína, bem como que prestasse caução pelo dano iminente. O Código Civil de 2002 reproduziu o teor do art. 555 em seu art. 1.280, estendendo o direito ali garantido não apenas ao proprietário, mas ao possuidor do imóvel.

Na **década de 1930**, durante o governo de Getúlio Vargas, buscou-se proteger os recursos naturais de importância econômica, estabelecendo normas que regulamentaram o acesso e o uso, sem, contudo, uma visão holística do meio ambiente. A água, por exemplo, tinha valor em função dos potenciais hidráulicos que geravam energia elétrica e o valor das florestas referia-se à produção de madeira.[34]

Não havia, nessa época, o conhecimento científico do valor dos recursos ambientais e suas inter-relações, nem mesmo a noção clara da importância dos ecossistemas e da biodiversidade. Ainda assim, de algum modo, ocorreu uma proteção dos recursos naturais possuidores de valor econômico.

O primeiro Código Florestal, Decreto nº 23.793, de 23-1-1934,[35] já continha normas mais específicas de proteção dos recursos naturais. Atribuindo às florestas a condição de bens de interesse comum a todos os habitantes do país, determinava limitações ao exercício

---

29. WAINER, Ann Helen. Legislação ambiental brasileira: evolução histórica do direito ambiental. *Revista de Direito Ambiental*, v. 0, p. 163, 1996.
30. Regime jurídico especial da propriedade, vigente no Brasil à época das Capitanias Hereditárias, em que se concedia a alguém uma determinada área, mediante o compromisso de iniciar, em prazo estipulado, uma atividade agrícola produtiva.
31. WAINER, Ann Helen. Legislação ambiental brasileira: evolução histórica do direito ambiental. *Revista de Direito Ambiental*, v. 0, p. 166, 1996.
32. WAINER, Ann Helen. Legislação ambiental brasileira: evolução histórica do direito ambiental. *Revista de Direito Ambiental*, v. 0, p. 166, 1996.
33. SILVA, Geraldo Eulálio Nascimento e. *Direito ambiental internacional*. 2. ed. Rio de Janeiro: Thex, 2002, p. 27.
34. BENATTI, José Heder. O meio ambiente e os bens ambientais. In: RIOS, Aurélio Virgílio Veiga; IRIGARAY, Carlos Teodoro Hugueney (Org.). *O direito e o desenvolvimento sustentável*: curso de direito ambiental. São Paulo: Peirópolis, 2005, p. 217.
35. Ver os capítulos sobre Flora e Florestas, Áreas de Preservação Permanente e Reserva Legal.

dos direitos de propriedade. As florestas foram classificadas pelo Código Florestal como (1) protetoras; (2) remanescentes; (3) modelo; e (4) de rendimento.[36] As remanescentes e protetoras possuíam um regime jurídico de proteção, mas as demais florestas tinham um tratamento legal de bens a serem explorados. Prevalecia a visão utilitarista das florestas, em que a sua conservação servia para assegurar a manutenção do solo e o regime hídrico.[37]

O Código de Águas, Decreto nº 24.643, de 10-7-1934,[38] abordou os vários aspectos da água, inclusive a sua proteção. A regulamentação desse diploma legal, todavia, restringiu-se à geração de energia elétrica, estabelecendo-se uma política energética nacional de grande consistência. Todavia, normas sobre outros usos e a proteção da água, assim como as suas relações com os demais bens ambientais não foram regulamentados, o que dificultou o cumprimento das regras estabelecidas.

O Código de Minas, Decreto-lei nº 1.985, de 29-1-1940, revogando o Decreto nº 24.642, de 10-7-1934, tratou fundamentalmente da atividade minerária, ignorando os impactos ambientais e a necessidade de recompor o ambiente, na medida do possível, ao estado anterior à atividade.

A Lei nº 5.197, de 3-3-1967, denominada Lei de Proteção à Fauna, pouco avançou na integração normativa entre a fauna, os ecossistemas e a biodiversidade.[39]

O Código de Pesca, Decreto-lei nº 221, de 28-2-1967,[40] tratou basicamente das questões econômicas e administrativas da atividade pesqueira, sendo que mesmo as normas protecionistas de espécies são claramente voltadas à exploração dos recursos pesqueiros.

---

36. Decreto nº 23.793/34, art. 4º: Serão consideradas florestas protetoras as que, por sua localização, servirem conjunta ou separadamente para qualquer dos fins seguintes: a) conservar o regime das águas; b) evitar a erosão das terras pela ação dos agentes naturais; c) fixar dunas; d) auxiliar a defesa das fronteiras, de modo julgado necessário pelas autoridades militares; e) assegurar condições de salubridade pública; f) proteger sítios que por sua beleza mereçam ser conservados; g) asilar espécimes raros de fauna indígena. Art. 5º Serão declaradas florestas remanescentes: a) as que formarem os parques nacionais, estaduais ou municipais; b) as em que abundarem ou se cultivarem espécimes preciosos, cuja conservação se considerar necessária por motivo de interesse biológico ou estético; c) as que o poder público reservar para pequenos parques ou bosques, de gozo público. Art. 6º Serão classificadas como floresta modelo as artificiais, constituídas apenas por uma, ou por limitado número de essências florestais, indígenas e exóticas, cuja disseminação convenha fazer-se na região. Art. 7º As demais florestas, não compreendidas na discriminação dos arts. 4º a 6º, considerar-se-ão de rendimento. Art. 8º Consideram-se de conservação perene, e são inalienáveis, salvo se o adquirente se obrigar, por si, seus herdeiros e sucessoras, a mantê-las sob o regime legal respectivo, as florestas protetoras e as remanescentes. – REVOGADO pela Lei nº 4.771, de 15-9-1965, por sua vez revogada pela Lei nº 12.651, de 25-05-2012). , cujos artigos 29 e 59 foram alterados pela Lei nº 13.887, de 17-10-2019.
37. BENATTI, José Heder. O meio ambiente e os bens ambientais. In: RIOS, Aurélio Virgílio Veiga; IRIGARAY, Carlos Teodoro Hugueney (Org.). *O direito e o desenvolvimento sustentável*: curso de direito ambiental. São Paulo: Peirópolis, 2005, p. 218.
38. Ver capítulo sobre Águas.
39. Ver capítulo sobre Fauna.
40. Ver capítulo sobre Fauna.

3

A CONFERÊNCIA DE ESTOCOLMO DE 1972

A Conferência de Estocolmo sobre Meio Ambiente Humano de 1972 constitui um marco no pensamento do século XX ao considerar a variável ambiental em todas as atividades humanas. Essa ideia foi tomando corpo à medida que os países estruturaram uma legislação ambiental, estabelecendo regras para que a atividade econômica não causasse danos irreparáveis ao meio ambiente, desafio este a ser enfrentado por toda a humanidade.

A preocupação que permeou a formulação da Conferência de Estocolmo, em relação aos tratados internacionais e conferências anteriores, destacou-se em razão do enfoque conferido ao tema, pois o núcleo da atenção não se restringia a um recurso ambiental específico, ou a uma espécie em perigo, mas abordava o meio ambiente como um todo, objeto de preocupação de toda a humanidade.

O Clube de Roma[1] solicitou ao Massachusetts Institute of Technology (MIT) que estudasse questões envolvendo problemas ambientais. A comissão chefiada por Donella Meadows apresentou o denominado *Relatório Meadows*, apontando para o fato de que a atividade humana se desenvolve muito mais rapidamente do que a capacidade da Terra para produzir seus recursos, o que levaria, ao cabo de um determinado espaço de tempo, ao colapso. A solução para esse impasse seria diminuir a aceleração do desenvolvimento. Apesar de ter sido considerado um marco, posteriormente foram apontados erros nesse relatório, demonstrando que a situação, na realidade, não era tão grave quanto anunciada. Com a aceleração dos impactos da mudança do clima, fica evidente que o estudo estava correto.

A menção à *desaceleração do desenvolvimento* suscitou questionamentos por parte dos países que ainda não haviam atingido altos níveis de industrialização, entre os quais se incluía o Brasil. Esses países manifestaram seu repúdio a qualquer tipo de ação que os impedisse de buscar o seu *desenvolvimento*, nem que para isso fosse necessário conviver com problemas ambientais.[2] Essa ideologia ficou conhecida como *desenvolvimentismo*.

Das negociações que se seguiram ao impasse, resultou a denominada Conferência de Estocolmo, que considerou a situação desses países, constatando que as diferenças entre os países ricos e os pobres ensejam diferentes soluções, mas todas devem respeitar a proteção do ambiente. A necessidade de cooperação entre esses dois blocos – países desenvolvidos

---

1. O Clube de Roma é uma entidade não governamental e sem fins lucrativos, fundada em 1968, da qual participam cientistas, economistas, homens de negócios, chefes de Estado e ex-chefes de Estado, tendo por objetivo a discussão de temas de interesse mundial de ordem política, social, econômica, ambiental e cultural. Disponível em: <http://www.clubofrome.org/eng/about/3/>. Acesso em: 09 mar. 2024.
2. Sobre esse tema, ver SOARES, Guido Fernando Silva. *A proteção internacional do meio ambiente*. São Paulo: Manole, 2003, p. 42-43.

e em desenvolvimento – ficou evidenciada, como meio de buscar soluções adequadas a todos.

3.1 CONTEÚDO DA DECLARAÇÃO DE ESTOCOLMO

A Declaração estabeleceu 26 princípios que praticamente resumem as preocupações com o desenvolvimento e o meio ambiente, constituindo uma importante fonte do Direito Ambiental.

Os temas abordados podem ser resumidos em: o meio ambiente como direito humano, desenvolvimento sustentável, proteção da biodiversidade, luta contra a poluição, combate à pobreza, planejamento, desenvolvimento tecnológico, limitação à soberania territorial dos Estados, cooperação e adequação das soluções à especificidade dos problemas. A seguir, passamos a discorrer sobre os princípios que compõem a Declaração de Estocolmo.

3.1.1 Meio ambiente como um direito humano

O meio ambiente de qualidade como um *direito humano* é o que prega o Princípio 1, ao fixar a *obrigação de proteger e melhorar o meio ambiente, para as gerações presentes e futuras*. Esse princípio inspirou o *caput* do art. 225 da Constituição Federal de 1988, que trata do *meio ambiente ecologicamente equilibrado* como direito de todos, *impondo-se ao Poder Público e à coletividade o dever de defendê-lo e preservá-lo para as presentes e futuras gerações*. Também nessa linha, o Princípio 8 associa o desenvolvimento econômico e social à melhoria da qualidade de vida.

3.1.2 Desenvolvimento sustentável

Embora o conceito de *desenvolvimento sustentável* tenha se cristalizado somente na preparação da Convenção do Rio de Janeiro sobre Meio Ambiente e Desenvolvimento em 1992 – com a publicação do *Relatório Brundtland* –, a Declaração de Estocolmo já estabelecera, com clareza, a necessidade de assegurar às futuras gerações os benefícios gerados pelos recursos naturais. O Princípio 2 trata da preservação dos ecossistemas para as futuras gerações; o Princípio 3 dispõe que deve ser "*mantida e, sempre que possível, restaurada ou melhorada a capacidade da Terra de produzir recursos vitais renováveis*".

O Princípio 4, além de discorrer sobre a responsabilidade do homem na preservação da flora e fauna silvestres, ressalta a importância de seus habitats, cabendo, no planejamento do desenvolvimento econômico, "*atribuir importância à conservação da natureza, incluída a flora e a fauna silvestres*".

O Princípio 5 determina que os recursos não renováveis da Terra devem ser utilizados de forma a evitar o perigo do seu esgotamento futuro e a assegurar que toda a humanidade participe dos benefícios de tal uso. Fica bastante evidente, nesse dispositivo, o conceito subjacente do desenvolvimento sustentável.

No que se refere ao *combate à poluição*, dispõe o Princípio 6 que se deve pôr fim à descarga de substâncias tóxicas ou de outras matérias e à liberação de calor, em quantidades ou concentrações tais que não possam ser neutralizadas pelo meio ambiente, de modo a evitar danos graves e irreparáveis aos ecossistemas. O Princípio 7 é específico sobre a poluição dos mares. O combate à poluição, inclusive a das marés, é uma providência a ser tomada para garantir a qualidade ambiental, cabendo àqueles que desenvolvem atividades tomar todas as cautelas necessárias para impedir a ocorrência de danos.

3.1.3 Combate à pobreza

O *combate à pobreza*, como forma de lutar contra a degradação ambiental, tema enfatizado posteriormente no *Relatório Brundtland*, está considerado no Princípio 9. Ainda sobre esse tema, o Princípio 10 pugna pela estabilidade de preços e pagamento adequado para as *commodities*[3] e matérias-primas como fatores essenciais à administração do meio ambiente, uma vez que se devem levar em conta tanto os fatores econômicos como os processos ecológicos.

Nessa linha, o Princípio 19 determina ser indispensável um trabalho de educação em questões ambientais, visando tanto as gerações jovens como as adultas, com a devida atenção às populações menos privilegiadas, para assentar as bases de uma opinião pública bem informada e de uma conduta responsável por parte dos indivíduos, das empresas e das comunidades, inspirada na responsabilidade, relativamente à proteção e melhoramento do meio ambiente, em toda a sua dimensão humana.

A posição dos países ricos sobre o tema em questão, que ensejou grandes discussões na formatação da Conferência de Estocolmo, está evidenciada no Princípio 11, ao dispor que *"as políticas ambientais de todos os países deveriam melhorar e não afetar adversamente o potencial desenvolvimentista atual e futuro dos países em desenvolvimento, nem obstar o atendimento de melhores condições de vida para todos"*.

Ainda sobre esse tema, e já introduzindo a relação intrínseca entre a proteção ambiental e a aplicação de recursos financeiros nessa proteção, o Princípio 12 da Declaração destaca a necessidade de destinar *"recursos à preservação e melhoramento do meio ambiente, tendo em conta as circunstâncias e as necessidades especiais dos países em desenvolvimento e quaisquer custos que possam emanar, para esses países, a inclusão de medidas de conservação do meio ambiente em seus planos de desenvolvimento, assim como a necessidade de lhes ser prestada, quando solicitada, maior assistência técnica e financeira internacional para esse fim"*.

O Princípio 20 trata da cooperação entre os países ricos e aqueles em desenvolvimento, ao determinar que o livre intercâmbio de informação e de experiências científicas atualizadas deve constituir objeto de apoio e assistência, a fim de facilitar a solução dos problemas ambientais; as tecnologias ambientais devem ser postas à disposição dos países em desenvolvimento, em condições que favoreçam sua ampla difusão, sem que constituam carga econômica excessiva para esses países.

Por fim, o Princípio 23 também aborda a questão das diferenças entre os países ricos e os em desenvolvimento, declarando indispensável *"considerar os sistemas de valores predominantes em cada país e o limite de aplicabilidade de padrões que são válidos para os países mais avançados, mas que possam ser inadequados e de alto custo social para os países em desenvolvimento"*.

---

3.   O termo *commodity* refere-se a um produto primário com valor de mercadoria.

3.1.4 Planejamento racional

O **planejamento racional** constitui importante tema na Declaração de Estocolmo, pois é por meio de ações planejadas que se podem verificar os impactos ambientais decorrentes dos novos empreendimentos e estabelecer as necessárias medidas para evitar a ocorrência de danos, com a devida antecedência, conforme estabelece o Princípio 14. Nos termos do Princípio 13, cabe aos Estados adotar um *"enfoque integrado e coordenado para planejar o seu desenvolvimento, assegurando a compatibilidade deste com a necessidade de proteger e melhorar o meio ambiente humano, em benefício de sua população"*. Note-se que, afinal, o objetivo desse princípio versa sobre a qualidade de vida das pessoas, destacando a noção do meio ambiente equilibrado como direito humano.

O planejamento das cidades, para evitar repercussões prejudiciais ao meio ambiente e obter o máximo de benefícios sociais, econômicos e ambientais para todos, é o objeto do Princípio 15. O Princípio 16 trata da necessidade de estabelecer políticas demográficas como forma de controlar as altas densidades e os vazios populacionais, ambos prejudiciais ao desenvolvimento e à melhoria do meio ambiente.

3.1.5 Efetividade das normas jurídicas

O Princípio 17 aborda uma questão crucial relativa à **efetividade das normas jurídicas**, ao dispor sobre a necessidade de haver instituições nacionais competentes, com a tarefa de planejar, administrar e controlar a utilização dos recursos ambientais dos Estados, buscando melhorar a qualidade do meio ambiente. Uma das grandes lutas que ainda se travam hoje, no Brasil, concerne:

à capacitação dos órgãos e entidades do Sistema Nacional do Meio Ambiente – SISNAMA para cumprir as respectivas competências;

à efetividade do exercício das competências administrativas, de modo que a atuação do poder público se traduza, de fato, na melhoria da qualidade ambiental;

a um maior conhecimento do Poder Judiciário acerca das questões ambientais.

3.1.6 Ciência e tecnologia

O **uso da ciência e da tecnologia** para descobrir, evitar e combater os riscos que ameaçam o meio ambiente, para solucionar os problemas ambientais e para o bem comum da humanidade, é objeto do Princípio 18, cabendo, em todos os países, especialmente naqueles em desenvolvimento, a investigação científica no sentido de facilitar a solução dos problemas ambientais, tanto nacionais como multinacionais, conforme estabelece o Princípio 20.

3.1.7 Soberania territorial

A ideia de limitação da soberania territorial dos Estados, originada na sentença arbitral de 1941, sobre o Caso Trail Smelter, objeto de sentença arbitral em 1941[4], foi incorporada no Princípio 21. Além disso, o Princípio 22 estabelece a necessidade de os *"Estados*

---

4. UN. Trail smelter case (USA, Canada). Disponível em: https://legal.un.org/riaa/cases/vol_III/1905-1982.pdf. Acesso: 9 mar. 2024.

cooperarem no desenvolvimento do direito internacional, no que se refere à possibilidade de indenização das vítimas da poluição e outros danos ambientais, que as atividades realizadas dentro da jurisdição ou sob controle de tais Estados causem às zonas situadas fora de sua jurisdição".

3.1.8   Cooperação

O Princípio 24 cuida da necessidade de *cooperação* na *"solução das questões internacionais relativas à proteção e melhoria do meio"* [ambiente]. Essa cooperação, em nível internacional, deve ser feita mediante *"acordos multilaterais e bilaterais"* a fim de estabelecer direitos e obrigações recíprocas, e evitar e controlar os efeitos prejudiciais das atividades humanas ao meio ambiente, considerando a soberania e os interesses de todos os Estados. O Princípio 25 insere o dever das organizações internacionais em proceder a um trabalho coordenado, o que envolve a cooperação, na conservação e melhoria do meio ambiente.

3.1.9   Guerra e paz

Refletindo uma preocupação da época, em que a Guerra Fria pairava como ameaça à Humanidade, o Princípio 26 determina que se deve *"livrar o homem e o meio humano dos efeitos de armas nucleares e dos demais meios de destruição maciça. Os Estados devem procurar chegar rapidamente a um acordo, nos organismos internacionais competentes, sobre a eliminação e completa destruição das armas".*

Como se verifica, a Declaração de Estocolmo[5] tratou de temas de relevância para toda a Humanidade, de modo inovador, em relação às reuniões internacionais anteriormente realizadas. Nesse sentido, segundo Geraldo Eulálio Nascimento e Silva, *"a principal virtude da Declaração adotada em Estocolmo é a de haver reconhecido que os problemas ambientais dos países em desenvolvimento eram e continuam a ser distintos dos problemas dos países industrializados"*[6], o que remete às **responsabilidades comuns, porém diferenciadas** das nações.

---

5. Como decorrente da Conferência das Nações Unidas sobre o Meio Ambiente Humano de 1972, é importante mencionar a criação do Programa das Nações Unidas para o Meio Ambiente – PNUMA, com o propósito de ser a consciência ambiental da ONU e do mundo. Prestes a completar 50 anos de existência, foi um dos resultados mais visíveis da Conferência de Estocolmo. Disponível em: <https://www.unep.org/unep-50>. Acesso em: 10 set. 2021.
6. SILVA, Geraldo Eulálio Nascimento e. *Direito ambiental internacional*. 2. ed. Rio de Janeiro: Thex, 2002, p. 32.

A Conferência do Rio de Janeiro sobre Meio Ambiente e Desenvolvimento

4.1 O PERÍODO ENTRE 1972 E 1992: GRANDES ACIDENTES

É certo que a Conferência de Estocolmo provocou grandes impactos no mundo, inclusive no Brasil, que deu início a um consistente processo de montagem de uma ordem jurídica ambiental, com a criação, no âmbito do Poder Executivo Federal, da Secretaria Especial do Meio Ambiente (SEMA).[1] Apesar disso, as questões levantadas naquela Conferência ainda não estavam resolvidas. A poluição atmosférica aumentara e a degradação do ambiente não havia sido barrada, sem falar no uso indiscriminado dos recursos naturais não renováveis.

Some-se a isso a ocorrência de gravíssimos acidentes de proporções significativas, que chamaram a atenção da comunidade internacional para a necessidade de uma nova reflexão sobre o meio ambiente.

10-7-1976. Seveso, Itália. Acidente industrial provocado por empresa suíça. Tanques de armazenagem romperam, liberando TCDD (2,3,7,8-tetraclorodibenzo-p-dioxina) na atmosfera e atingindo a população local, no norte da Itália. Esse desastre levou a *União Europeia* a publicar a Diretiva de Seveso (EU Directive 82/501/EC), que estabeleceu regulamentos industriais rígidos, em 1982. Em 1996, essa norma foi substituída pela Directiva 96/82/EC, denominada Diretiva Seveso e posteriormente estendida pela Diretiva 2003/105/EC. Em 2012, essa última Diretiva ainda foi substituída pela Diretiva 2012/18/EU, denominada Seveso III;[2]

24-1-1978. Acidente com o satélite artificial soviético de telecomunicações Cosmos 924, que caiu em território canadense, despejando material radioativo;

16-3-1978. O superpetroleiro *Amoco Cádiz*, vindo do Golfo Pérsico a Roterdã, com 227.000 toneladas de óleo cru, partiu-se ao meio na costa bretã, França, em uma tempestade, criando uma maré negra que destruiu praias e vida marinha, com enormes prejuízos à pesca e ao turismo;[3]

---

1. A Secretaria Especial do Meio Ambiente (SEMA) foi criada pelo Decreto nº 73.030, de 30-10-1973, no Ministério do Interior, subordinada diretamente ao ministro de Estado. Esse decreto foi posteriormente alterado pelo Decreto nº 99.604, de 13-10-1990, que elevou a SEMA a órgão de assistência direta e imediata ao presidente da República. A matéria sofreu várias alterações por sucessivos decretos sobre a estrutura e competências do Ministério do Meio Ambiente: Decreto nº 8.975, de 24-01-2017, revogado pelo Decreto nº 9.672, de 2-01-2019, também revogado pelo Decreto nº 10.445, de 11-08-2020, já revogado pelo Decreto 11.349, de 1-1-2023, ora em vigor.
2. EUROPEAN COMMISSION. Chemical accidents (Seveso II): prevention, preparedness and response. Disponível em: <https://www.oecd.org/chemicalsafety/oecd-guiding-principles-for-chemical-accident-prevention-preparedness--and-response-third-edition-162756bf-en.htm>. Acesso em: 9 mar. 2024.
3. CENTRE OF DOCUMENTATION, RESEARCH AND EXPERIMENTATION ON ACCIDENTAL WATER POLLUTION – CEDRE. Cádiz, Amoco. Disponível em: <http://wwz.cedre.fr/en/Resources/Spills/Spills/Amoco-Cadiz>. Acesso em: 9 mar. 2024.

24-2-1984. Moradores da Vila Socó, em Cubatão-SP, sofreram os efeitos de uma explosão decorrente do vazamento de gasolina em um dos oleodutos da Petrobras que ligava a Refinaria Presidente Bernardes ao Terminal de Alemoa;

3-12-1984. Acidente na cidade de Bhopal, na Índia, envolvendo uma fábrica de pesticidas, cuja atividade negligente causou um vazamento de gás tóxico que envenenou toda a população, matando mais de 2.000 pessoas e deixando 200.000 cegas ou feridas;[4]

26-4-1986. Acidente nuclear de Chernobyl, na Ucrânia, URSS, cuja explosão liberou uma nuvem de material radioativo que foi levada pelo vento aos países vizinhos;[5]

1º-11-1986. Incêndio ocorrido na empresa química Sandoz, na Suíça. O rio Reno foi gravemente contaminado por produtos químicos agrícolas, solventes e mercúrio, matando a fauna aquática e ameaçando o abastecimento de água potável da Alemanha e da Holanda;[6]

entre 1984 e 1987, 60 milhões de pessoas, na maioria crianças, morreram de doenças intestinais decorrentes de desnutrição e da ingestão de água imprópria para o consumo.[7]

Diante desse cenário estava mais do que clara a necessidade de se enfrentar a questão ambiental com mais seriedade, coibindo as práticas que, em nome de um progresso não sustentável, estavam causando danos irreparáveis à saúde, à vida humana e ao meio ambiente.

O Brasil, além da poluição e da degradação ambiental, enfrentava um governo centralizador, fundamentado em normas que restringiam o poder normativo dos Estados, inclusive no que se refere à proteção ambiental. Nas unidades da Federação mais industrializadas e, portanto, com maiores problemas de poluição, a necessidade de fixar padrões de emissão de efluentes e submeter as atividades ao licenciamento ambiental era premente.

Como poderiam os Estados legislar sobre matéria que sequer estava prevista na Constituição? Buscou-se, na competência estadual, a fixação de normas sobre saúde, a solução para estabelecer as primeiras leis sobre o controle da poluição, como é o caso da Lei Paulista nº 997, de 31-5-1976, que dispõe sobre o controle da poluição no Estado de São Paulo. Mas ainda havia necessidade de uma norma específica estabelecendo uma política pública sobre meio ambiente em nível nacional.

Após dez anos da realização da Conferência de Estocolmo (1972), a Assembleia Geral da ONU convocou nova conferência para tratar do tema meio ambiente e desenvolvimento. Para tanto, instituiu, em 1983, a Comissão Mundial sobre Meio Ambiente e Desenvolvimento, presidida pela então primeira-ministra da Noruega, tendo já ocupado o cargo de ministra de Meio Ambiente, Gro Harlen Brundtland.[8] Os objetivos da referida Comissão foram:

propor estratégias ambientais de longo prazo para obter um desenvolvimento sustentável por volta do ano 2000 e daí em diante;

---

4. COMISSÃO MUNDIAL SOBRE MEIO AMBIENTE E DESENVOLVIMENTO. *Nosso futuro comum*. 2. ed. Rio de Janeiro: FGV, 1991, p. 3.
5. COMISSÃO MUNDIAL SOBRE MEIO AMBIENTE E DESENVOLVIMENTO. *Nosso futuro comum*. 2. ed. Rio de Janeiro: FGV, 1991, p. 3.
6. COMISSÃO MUNDIAL SOBRE MEIO AMBIENTE E DESENVOLVIMENTO. *Nosso futuro comum*. 2. ed. Rio de Janeiro: FGV, 1991, p. 3.
7. COMISSÃO MUNDIAL SOBRE MEIO AMBIENTE E DESENVOLVIMENTO. *Nosso futuro comum*. 2. ed. Rio de Janeiro: FGV, 1991, p. 3.
8. Fez parte da Comissão Mundial sobre Meio Ambiente e Desenvolvimento, composta por 20 membros, o brasileiro Paulo Nogueira Neto, que presidiu a Secretaria Especial do Meio Ambiente (SEMA).

4 • A CONFERÊNCIA DO RIO DE JANEIRO SOBRE MEIO AMBIENTE E DESENVOLVIMENTO

recomendar linhas de ação para que a preocupação com o meio ambiente se traduza em maior cooperação entre os países em desenvolvimento e entre países em estágios diferentes de desenvolvimento econômico e social e leve à consecução de objetivos comuns e interligados que considerem as inter-relações de pessoas, recursos, meio ambiente e desenvolvimento;

considerar meios e maneiras pelos quais a comunidade internacional possa lidar mais eficientemente com as preocupações de cunho ambiental;

ajudar a definir as noções comuns relativas a questões ambientais de longo prazo, os esforços necessários para tratar com êxito os problemas da proteção e da melhoria do meio ambiente, uma agenda de longo prazo a ser posta em prática nos próximos decênios e os objetivos a que aspira a comunidade internacional.[9]

Na montagem dessa Comissão encarregada de uma *agenda global para mudança*, ficou claro que o problema não se limitava às questões ambientais. Subjacentes a estas, o desenvolvimento e as relações econômicas internacionais, a pobreza, os direitos humanos e o aumento populacional deveriam ser também considerados, por estarem intrinsecamente relacionados com a problemática ambiental. Esse conjunto de fatores constituiu o grande desafio a ser transposto.

O Relatório Brundtland, como ficou conhecido o estudo produzido pela comissão acima referida, foi apresentado à ONU em 1987 e teve a incumbência de explicitar a opinião de pessoas de vários países, que se manifestaram, em audiências públicas, sobre os mais variados temas relacionados ao meio ambiente e ao desenvolvimento: população, energia, agricultura, comércio interno e exterior, saúde, áreas urbanas, pesca, ecossistemas, indústria e mudanças institucionais.

Um dos vários méritos do Relatório Brundtland foi a cristalização do princípio do desenvolvimento sustentável, entendido como:

Aquele que atende às necessidades das gerações atuais sem comprometer a capacidade de as futuras gerações terem suas próprias necessidades atendidas.[10]

O alcance do desenvolvimento sustentável, porém, não ocorre apenas com palavras e teorias, mas com uma transformação no modo de vida das pessoas e dos Estados, alterando os processos de consumo e a forma de exploração de recursos naturais. Um ponto fundamental, mencionado no Relatório, é que:

Somente se pode buscar o desenvolvimento sustentável se o tamanho e o aumento da população estiverem em harmonia com o potencial produtivo [...] do ecossistema.[11]

Nessa linha, é necessário um grande esforço e vontade política para alterar os quadros atuais, implantando, de fato, o princípio do desenvolvimento sustentável.

Os resultados do Relatório Brundtland foram discutidos na Conferência do Rio de Janeiro Sobre Meio Ambiente e Desenvolvimento (ECO/92), uma reunião de cúpula, com a participação dos chefes de governo dos países participantes e milhares de políticos, estudiosos e técnicos envolvidos com a questão ambiental. Durante sua realização, foram

---

9. COMISSÃO MUNDIAL SOBRE MEIO AMBIENTE E DESENVOLVIMENTO. *Nosso futuro comum.* 2. ed. Rio de Janeiro: FGV, 1991, p. XI.
10. COMISSÃO MUNDIAL SOBRE MEIO AMBIENTE E DESENVOLVIMENTO. *Nosso futuro comum.* 2. ed. Rio de Janeiro: FGV, 1991, p. 9.
11. COMISSÃO MUNDIAL SOBRE MEIO AMBIENTE E DESENVOLVIMENTO. *Nosso futuro comum.* 2. ed. Rio de Janeiro: FGV, 1991, p. 10.

DIREITO AMBIENTAL • Maria Luiza Machado Granziera

adotadas duas convenções multilaterais:[12] (1) a Convenção-Quadro sobre Mudança do Clima e (2) a Convenção sobre Diversidade Biológica. Além desses, outros documentos estabelecendo princípios normativos a serem adotados pelos governos foram subscritos: (1) a Agenda 21 e (2) a Declaração do Rio de Janeiro sobre Meio Ambiente e Desenvolvimento (Declaração do Rio/92).

4.2 CONVENÇÃO-QUADRO SOBRE MUDANÇA DO CLIMA

Duas questões permeiam os problemas climáticos, decorrentes de desequilíbrio ambiental:[13] (1) o aquecimento global decorrente do efeito estufa, um fenômeno natural agravado pelo excesso de emissão de dióxido de carbono (CO2) pela indústria e por veículos automotivos; e (2) a perda da camada de ozônio, que protege a Terra dos raios ultravioleta, pelo lançamento de gases clorofluorcarbonetos (CFC) e por gases halônios.

A questão relativa à **camada de ozônio** foi tratada na Convenção de Viena para a Proteção da Camada de Ozônio, de 1985, e pelo Protocolo de Montreal sobre substâncias que destroem a Camada de Ozônio, de 1987.

A Convenção-Quadro sobre Mudança do Clima estabelece estratégias de combate ao efeito estufa e à destruição da camada de ozônio não controladas pelo Protocolo de Montreal.[14] Todavia, não se definiram com precisão as obrigações relativas à redução das emissões de CO2 e outros gases provocadores do efeito estufa, justamente por constituir uma convenção denominada *quadro*. Mais precisamente, o termo *quadro* é uma tradução imperfeita de *framework*, em inglês, ou *cadre*, em francês. Segundo Guido Soares, o termo correto seria *moldura*,[15] na medida em que se estabeleceram os contornos das estratégias de combate aos efeitos das mudanças climáticas, sem fixar especificamente as respectivas regras.

Coube ao Protocolo de Kyoto definir, com maior precisão, o compromisso global de redução das emissões de gases que causam o efeito estufa. O Protocolo de Kyoto, acordo internacional aprovado em 1997 na cidade de Kyoto, no Japão, estabelecia que os países desenvolvidos deveriam reduzir a emissão de gases causadores do efeito estufa em pelo menos 5,2% em relação aos níveis apresentados em 1990.

Essa meta global deveria ter sido atingida até 2012, o que não ocorreu, e implicava que os países deveriam buscar formas alternativas de energia, por exemplo, uma vez que a queima de combustíveis fósseis, como o petróleo, é um dos principais causadores do efeito estufa. Os EUA, país que sozinho responde por quase 25% das emissões de gases-estufa, deixaram de ratificar o protocolo.

Segundo o referido protocolo, apenas os países considerados *desenvolvidos*, mencionados em seu Anexo B, obrigaram-se a assumir compromissos de redução de emissões de CO2, tendo o Brasil, bem como outros países então considerados *em desenvolvimento*, ficado fora dessa lista.

---

12. Havia a ideia de uma convenção sobre florestas, que ficou postergada.
13. Os cientistas divergem sobre a parcela de responsabilidade do homem pelo efeito estufa, já que se trata também de fenômeno natural, aparentemente agravado pelas atividades humanas.
14. NUSDEO, Ana Maria de Oliveira. O tratamento internacional do problema da mudança climática: uma análise do protocolo de Quioto. In: COSTA, José Augusto Fontoura; DERANI, Cristiane (Org.). *Direito ambiental internacional*. Santos: Leopoldianum, 2001, p. 124.
15. SOARES, Guido Fernando Silva. *Direito internacional do meio ambiente*: emergências, obrigações e responsabilidades. São Paulo: Atlas, 2001, p. 173.

Apesar disso, o governo brasileiro ratificou o protocolo por meio do Decreto Legislativo nº 144, de 20-6-2002 e adotou voluntariamente, como meio de alcançar os objetivos de sua Política Nacional sobre Mudança do Clima (PNMC), ações de mitigação das emissões de gases de efeito estufa, com vistas a reduzir entre 36,1% e 38,9% suas emissões projetadas até 2020.[16]

No Capítulo sobre Atmosfera e Clima serão abordados os atos que sucederam o Protocolo de Kyoto, com ênfase no Acordo de Paris, celebrado em dezembro de 2015.

4.3 CONVENÇÃO SOBRE DIVERSIDADE BIOLÓGICA

O seu objetivo consiste na conservação da diversidade biológica, no uso sustentável de seus componentes e na repartição justa e equitativa dos benefícios derivados dos recursos genéticos, incluindo o acesso a esses bens e a transferência de tecnologias. Trata da regulação do uso dos recursos genéticos, que vêm se transformando em bens de valor econômico, com a alteração de patrimônio comum para patrimônio privado *dotado de valor monetário.*[17]

Nesse documento foi inserido o princípio sobre a limitação do exercício da soberania territorial dos Estados: o art. 3 da Convenção determina que os Estados têm, de acordo com a Carta das Nações Unidas e os princípios de direito internacional, *"o direito soberano de explorar seus recursos de acordo com suas políticas ambientais e a responsabilidade de assegurar que tais atividades sob sua jurisdição ou controle não causem danos ao meio ambiente de outros Estados [...]"*. O uso soberano desses recursos é condição essencial ao desenvolvimento dos respectivos Estados, e deve ser exercido em respeito aos direitos soberanos dos demais.[18]

4.4 CONTEÚDO DA DECLARAÇÃO DO RIO DE JANEIRO SOBRE MEIO AMBIENTE E DESENVOLVIMENTO

A Declaração do Rio de Janeiro sobre Meio Ambiente e Desenvolvimento reafirma, em seu preâmbulo, os princípios aprovados na Conferência de Estocolmo em 1972, e busca, a partir daí, *"estabelecer uma nova e justa parceria global mediante a criação de novos níveis de cooperação entre os Estados, os setores-chaves da sociedade e os indivíduos, trabalhando com vistas à conclusão de acordos internacionais que respeitem os interesses de todos e protejam a integridade do sistema global de meio ambiente"*.

Na linha do que foi apresentado pelo Relatório Brundtland, a Declaração do Rio/92 estabelece uma estreita conexão entre a pobreza mundial e a degradação do planeta, cabendo providências sérias e permanentes no que se refere à cooperação, na busca de maior equilíbrio entre os Estados no campo do desenvolvimento sustentável.

Os 27 princípios da Declaração repetiram alguns postulados estabelecidos na Declaração de Estocolmo e tratam, fundamentalmente, do desenvolvimento sustentável, da limitação à soberania territorial, da responsabilidade, da cooperação e da precaução.

---

16. Lei nº 12.187, de 29-12-2009, art. 12.
17. DERANI, Cristiane. Aspectos jurídicos da Agenda 21. In: COSTA, José Augusto Fontoura; DERANI, Cristiane (Org.). *Direito ambiental internacional.* Santos: Leopoldianum, 2001, p. 64.
18. Ver capítulo sobre Biodiversidade.

Os resultados da Conferência, todavia, não ficaram livres de críticas fundamentadas. Releva mencionar reflexão efetuada por Michael Goldman, sobre o que estaria subjacente à Conferência do Rio de Janeiro:

> Se aprendemos algo da cúpula da Terra de 1992, no Rio – o Maior Show dos Comuns da Terra – é que o objetivo dos principais agentes de poder da cúpula não foi restringir ou reestruturar economias e práticas capitalistas para auxiliar a salvar os comuns ecológicos em rápida deterioração, mas sim reestruturar os comuns (privatizar, *desenvolver, tornar eficiente,* valorizar, *pôr o preço correto*) para acomodar capitalismos perseguidos por crises. O efeito não tem sido paralisar práticas destrutivas, mas normalizá-las e institucionalizá-las ainda mais.[19]

Essas considerações, bastante críticas, não deixam de proceder, com relação a algumas normas brasileiras que mais estão voltadas a institucionalizar a degradação do que propriamente a proteger ecossistemas e biomas.

Como exemplo, cabe citar a Lei nº 11.428, de 22-12-2006, que dispõe sobre a Mata Atlântica. Praticamente todo o seu conteúdo é dedicado a reger a supressão da vegetação, mediante processos administrativos de licenciamento calcados em estudos ambientais. Os mecanismos econômicos, que poderiam indicar os caminhos para recuperar áreas já degradadas, foram remetidos a regulamento,[20] sendo que o Decreto nº 6.660, de 21-11-2008, que regulamentou a lei, apenas estabelece, em seu art. 46, que os projetos de recuperação de vegetação nativa da Mata Atlântica, inclusive em área de preservação permanente e reserva legal, são elegíveis para os fins de incentivos econômicos eventualmente previstos na legislação nacional e nos acordos internacionais relacionados à proteção, conservação e uso sustentável da biodiversidade e de florestas ou de mitigação de mudanças climáticas.

Também a Lei nº 12.651, de 25-5-2012, que dispõe sobre a vegetação nativa, ao regulamentar a intervenção ou a supressão de vegetação nativa em Área de Preservação Permanente, utiliza o termo **excepcionalmente** apenas para as *restingas* e os *manguezais*, o que leva ao entendimento de que não se consideraram as funções ambientais das APP no regime de sua proteção.

4.4.1 Desenvolvimento sustentável

O *desenvolvimento sustentável* está contido no próprio nome da Conferência, permeando todo o texto da Declaração. Cabe ressaltar o Princípio 3, que expressamente reflete o desenvolvimento sustentável, ao determinar que o *"direito ao desenvolvimento deve ser exercido de modo a permitir que sejam atendidas equitativamente as necessidades de desenvolvimento e de meio ambiente das gerações presentes e futuras"*. Complementando esse conceito, o Princípio 4 estabelece que, *"para alcançar o desenvolvimento sustentável, a proteção ambiental constituirá parte integrante do processo de desenvolvimento e não pode ser considerada isoladamente deste"*.

O Princípio 8 aponta para a redução e eliminação dos *"padrões insustentáveis de produção e consumo"*,[21] e a promoção de *políticas demográficas adequadas* pelos Estados, como

---

19. GOLDMAN, Michael. Inventariando os comuns: teorias e práticas do profissional em bens comuns. In: DIEGUES, Antonio Carlos; MOREIRA, André de Castro C. (Org.). *Espaços e recursos naturais de uso comum.* São Paulo: Núcleo de Apoio à Pesquisa sobre Populações Humanas e Áreas Úmidas Brasileiras (NAPAUB), USP, 2001, p. 43-78.
20. Lei nº 11.428, de 22-12-2006, art. 33.
21. A Lei nº 12.305, de 2-8-2010, por exemplo, que dispõe sobre a Política Nacional de Resíduos Sólidos, aborda a questão do consumo sustentável de maneira direta.

meio de atingir o desenvolvimento sustentável e uma qualidade de vida mais elevada para todos.

4.4.2 Direito humano

O *meio ambiente* saudável como um *direito humano* também foi inserido na Declaração, cujo Princípio 1 estabelece que "*os seres humanos estão no centro das preocupações com o desenvolvimento sustentável. Têm direito a uma vida saudável e produtiva, em harmonia com a natureza*". Esse direito encontra-se assegurado no art. 225 da CF/88, como já mencionado no capítulo anterior.

4.4.3 Precaução

O princípio da *precaução* foi expressamente contemplado no Princípio 15, cabendo aos Estados observá-lo amplamente, de acordo com suas capacidades. "*Quando houver ameaça de danos graves ou irreversíveis, a ausência de certeza científica absoluta não será utilizada como razão para o adiamento de medidas economicamente viáveis para prevenir a degradação ambiental*".

O Decreto nº 5.300, de 7-12-2004, em seu art. 5º, X, determina, entre os princípios aplicáveis ao gerenciamento costeiro, a precaução, "*tal como definido na Agenda 21, adotando-se medidas eficazes para impedir ou minimizar a degradação do meio ambiente, sempre que houver perigo de dano grave ou irreversível, mesmo na falta de dados científicos completos e atualizados*".

A Lei nº 7.802/89, de 11-7-1989, que dispõe sobre o controle de agrotóxicos, também adota o princípio da precaução, ao proibir o registro de agrotóxicos, seus componentes e afins nos casos mencionados no art. 3º, § 6º, todos relacionados com riscos de danos e incertezas quanto aos efeitos dessas substâncias.[22]

4.4.4 Cooperação

A cooperação é tema amplamente abordado na Declaração Rio/92. O Princípio 5 menciona a cooperação de Estados e indivíduos "*na tarefa de erradicar a pobreza, a fim de reduzir as disparidades de padrões de vida [...]*". O Princípio 7 trata da cooperação entre os Estados e "*suas responsabilidades comuns, porém diferenciadas*", na medida em que aos países desenvolvidos cabe um papel determinante na "*busca internacional do desenvolvimento sustentável*", em face das "*pressões exercidas por suas sociedades sobre o meio ambiente global e as tecnologias e recursos financeiros que controlam*".

A questão das diferenças entre os países ricos e os países pobres, refletindo as discussões contidas no Relatório Brundtland, foi também incluída no Princípio 6, determinando-se uma "*prioridade especial à situação e às necessidades especiais dos países em desenvolvimento, especialmente dos países menos desenvolvidos e daqueles ecologicamente mais vulneráveis. As ações internacionais na área do meio ambiente e do desenvolvimento devem também atender aos interesses e às necessidades de todos os países*".

---

22. Ver capítulo sobre Solo.

O Princípio 9 cuida da cooperação entre os Estados com vistas a uma "*capacitação endógena para o desenvolvimento sustentável, mediante o intercâmbio de conhecimentos científicos e tecnológicos, e mediante a intensificação do desenvolvimento, da adaptação, da difusão e da transferência de tecnologias, incluindo as tecnologias novas e inovadoras*".

O Princípio 12 prevê que "*os Estados devem cooperar na promoção de um sistema econômico internacional aberto e favorável, propício ao crescimento econômico e ao desenvolvimento sustentável em todos os países, de forma a possibilitar o tratamento mais adequado dos problemas da degradação ambiental*".

O Princípio 27 determina que os Estados e os povos irão cooperar, imbuídos de boa-fé e de um espírito de parceria, para a "*realização dos princípios consubstanciados [na Declaração] e para o desenvolvimento progressivo do Direito Internacional no campo do desenvolvimento sustentável*".

4.4.5 Participação

A participação social e o acesso à informação, elementos básicos para garantir um permanente desenvolvimento das questões relacionadas com a proteção ambiental, constituem, nos termos do Princípio 10, a "*melhor maneira de tratar as questões ambientais*".

4.4.6 Responsabilidade

Conforme já mencionado, a Declaração do Rio de Janeiro, assim com a de Estocolmo, incluiu, em seu texto (Princípio 2), a limitação da soberania territorial dos Estados em face da responsabilidade por danos ambientais, declarada pela primeira vez no caso Trail Smelter. O Princípio 13 prevê, ainda, o desenvolvimento de normas nacionais relativas à "*responsabilidade e à indenização das vítimas de poluição e de outros danos ambientais, assim como o desenvolvimento do Direito Internacional no que se refere à responsabilidade e à indenização por efeitos adversos dos danos ambientais causados, em áreas fora da jurisdição de cada Estado, por atividades dentro de sua jurisdição ou sob seu controle*".

Além disso, o Princípio 18 trata da necessidade de os Estados notificarem imediatamente outros Estados acerca de "*desastres naturais ou outras situações de emergência que possam vir a provocar súbitos efeitos prejudiciais sobre o meio ambiente destes últimos. Todos os esforços serão envidados pela comunidade internacional para ajudar os Estados afetados*", o que denota o espírito de cooperação contido no texto.

Nos termos do Princípio 19, ainda no âmbito da responsabilidade, cabe aos Estados fornecer, oportunamente, a outros Estados potencialmente afetados, "*notificação prévia e informações relevantes, acerca de atividades que possam vir a ter considerável impacto transfronteiriço negativo sobre o meio ambiente*".

Conforme dispõe o Princípio 14, cabe a cooperação entre os Estados "*para desestimular ou prevenir a realocação e a transferência, para outros Estados, de atividades e substâncias que causem degradação ambiental grave ou que sejam prejudiciais à saúde humana*". Isso implica a responsabilidade por atos que geram a poluição e a degradação ambiental, causando danos a outros Estados.

4.4.7 Legislação ambiental eficaz

Um ponto fundamental, na efetividade da proteção do meio ambiente, foi abordado no Princípio 11, que trata da necessidade de os Estados adotarem uma "legislação ambiental eficaz", salientando-se que *as normas aplicadas por alguns países poderão ser inadequadas para outros, em particular para os países em desenvolvimento, acarretando custos econômicos e sociais injustificados*. Daí a necessidade de cada país formular as normas ambientais em consonância com suas características e necessidades.

4.4.8 Princípio poluidor-pagador

O princípio poluidor-pagador, adotado no Brasil pelo art. 14, § 1º, da Lei nº 6.938/81, está inserido no Princípio 16 da Declaração, ao afirmar que *as autoridades nacionais devem procurar promover a internalização dos custos ambientais e o uso de instrumentos econômicos, tendo em vista a abordagem segundo a qual o poluidor deve, em princípio, arcar com o custo da poluição, com a devida atenção ao interesse público e sem provocar distorções no comércio e nos investimentos internacionais*.

4.4.9 Avaliação do impacto ambiental

A avaliação do impacto ambiental, instrumento da Política Nacional de Meio Ambiente, foi prevista no Princípio 17, devendo ser aplicada às *atividades planejadas que possam vir a ter um impacto adverso significativo sobre o meio ambiente e estejam sujeitas à decisão de uma autoridade nacional competente*. Esse princípio foi adotado pela Lei nº 6.938/81[23] e pela CF/88.[24]

4.4.10 Povos indígenas e outras comunidades locais

O Princípio 22 trata dos *povos indígenas e outras comunidades locais*, com "papel vital no *gerenciamento ambiental e no desenvolvimento, em virtude de seus conhecimentos e de suas práticas tradicionais*". Os Estados devem reconhecer e apoiar adequadamente sua identidade, sua cultura e seus interesses, e oferecer condições para sua efetiva participação no alcance do desenvolvimento sustentável. Segundo o Princípio 23, "*o meio ambiente e os recursos naturais dos povos submetidos a opressão, dominação e ocupação serão protegidos*".

No Brasil, o Decreto nº 4.339, de 22-8-2002, que instituiu os princípios e diretrizes para a implementação da Política Nacional da Biodiversidade, e a Lei nº 9.985, de 18-7-2000, que instituiu o Sistema Nacional de Unidades de Conservação (SNUC), tratam das comunidades tradicionais. Além disso, o Decreto nº 6.040, de 7-2-2007, instituiu a Política Nacional de Desenvolvimento Sustentável dos Povos e Comunidades Tradicionais.

4.4.11 Guerra e paz

A *guerra* e a *paz* também foram objeto de tratamento pela Declaração do Rio de Janeiro. "*A paz, o desenvolvimento e a proteção ambiental são interdependentes e indivisíveis*", conforme disposto no Princípio 25. Já a guerra, por definição, "*é prejudicial ao desenvolvi-*

---

23. Lei nº 6.938/81, art. 9º, III.
24. CF/88, art. 225, § 1º, IV.

mento sustentável", cabendo aos Estados *"respeitar o direito internacional aplicável à proteção do meio ambiente em tempos de conflitos armados e cooperar para seu desenvolvimento progressivo, quando necessário"*. É o que determina o Princípio 24. A solução de controvérsias, nos termos do Princípio 26, deverá ser efetuada de *"forma pacífica, utilizando-se dos meios apropriados, de conformidade com a Carta das Nações Unidas"*.

4.5 AGENDA 21

A Agenda 21 consiste em um programa de proteção ambiental para o século XXI. Formada por 40 capítulos, trata de praticamente todos os aspectos relacionados ao meio ambiente, fixando metas gerais a serem cumpridas. São os seguintes os elementos objeto da Agenda 21, reunindo os temas abaixo mencionados:

Dimensões sociais e econômicas do desenvolvimento: pobreza, produção e consumo, saúde, aglomerações humanas e processos integrados de decisão.

Conservação e gerenciamento de recursos naturais: atmosfera, oceanos e mares, solo, florestas, montanhas, diversidade biológica, ecossistemas, biotecnologia, água potável, substâncias tóxicas, lixo radioativo e resíduos sólidos.

Fortalecimento do papel de grupos: jovens, mulheres, povos indígenas, organizações não governamentais, autoridades locais, sindicatos, negócios, comunidades científicas e tecnológicas e fazendeiros.

Meios de implementação: finanças, transferência de tecnologia, informação, consciência pública, capacidade de construção, educação, instrumentos legais e estruturas institucionais.[25]

No Brasil, a Agenda 21, definida na Conferência do Rio de Janeiro de 1992, desdobrou-se em Agendas 21 locais – nacional, estaduais e municipais –, cabendo a cada ente federado brasileiro formular as suas metas. Tais agendas locais estabelecem planos de ações concretas para a realização dos objetivos descritos na Agenda 21, indicando, inclusive, as fontes de financiamento e as entidades responsáveis pela realização de cada atividade. Todavia, essas agendas não constituem direito cogente e dependem de acordo político e de recursos financeiros para serem realizadas.

A crítica que se coloca sobre a Agenda 21 refere-se ao fato de terem sido indicados apenas os objetivos, sem apontar para as fontes de recursos financeiros, dificultando a obtenção de eficácia da referida Agenda.

4.6 RIO + 10

Como forma de aferir o andamento da implantação das propostas estabelecidas em 1992 na Conferência do Rio de Janeiro sobre Meio Ambiente e Desenvolvimento, discutindo e avaliando os acertos e falhas ocorridos nas ações relativas ao meio ambiente mundial nos dez anos seguintes à Conferência Rio/92, a Organização das Nações Unidas (ONU) promoveu, em 2002, outro evento de âmbito mundial para discutir o meio ambiente e desenvolvimento sustentável. A Rio + 10, como ficou conhecido esse encontro, foi realizada em Johannesburgo, na África do Sul.

---

25. UNITED NATIONS CONFERENCE ON ENVIRONMENT & DEVELOPMENT. *Agenda 21*. Disponível em: <https://sustainabledevelopment.un.org/content/documents/Agenda21.pdf>. Acesso em: 9 mar. 2024.

Os temas abordados referem-se ao acesso à energia limpa e renovável, às consequências do efeito estufa, à conservação da biodiversidade, à proteção e uso da água, ao acesso à água potável, ao saneamento e ao controle de substâncias químicas nocivas.

4.7 RIO + 20

Marcando 20 anos da realização da **Rio-92**, bem como do décimo aniversário da Rio + 10, de 2002, realizou-se a Conferência das Nações Unidas sobre Desenvolvimento Sustentável (CNUDS), também conhecida como Rio + 20, entre os dias 20 e 22 de junho de 2012, no Rio de Janeiro. Assumindo os mesmos objetivos buscados com a Rio + 10, a CNUDS também procurou verificar a evolução das propostas estabelecidas na Rio-92, além de trazer temáticas atuais à questão ambiental.

O texto final, aprovado pela Conferência e denominado *O Futuro que Queremos*, apesar de reafirmar grande parte do que já havia sido trazido nas Convenções anteriores, pouco acrescentou em relações aos próximos passos a serem tomados na questão ambiental, sendo assim fortemente criticado.

Tendo em vista que *O Futuro que Queremos* aborda toda a temática ambiental, por questões metodológicas, optou-se por destacar os principais tópicos em cada capítulo que trate de assunto mencionado no referido texto.

4.8 OBJETIVOS DE DESENVOLVIMENTO DO MILÊNIO (ODM)

As Nações Unidas adotaram, em 2000, oito objetivos com a ideia de implementar uma parceria entre os países desenvolvidos e os países em desenvolvimento, tanto em nível nacional como mundial, visando à redução da pobreza, universalização da educação básica, igualdade de gênero e autonomia das mulheres, menor mortalidade infantil, melhor saúde materna, combate à AIDS, malária e outras doenças, sustentabilidade ambiental e parceria global para o desenvolvimento. A essa iniciativa deu-se o nome de Declaração do Milênio da ONU. Os oito Objetivos de Desenvolvimento do Milênio (ODM), com vigência prevista de 2000 a 2015, consistiram em:

Objetivo 1: Reduzir a pobreza extrema e a fome;

Objetivo 2: Alcançar o ensino primário universal;

Objetivo 3: Promover a igualdade de gênero e o empoderamento das mulheres;

Objetivo 4: Reduzir a mortalidade infantil;

Objetivo 5: Melhorar a saúde materna;

Objetivo 6: Combater o VIH/SIDA, a malária e outras doenças;

Objetivo 7: Garantir a sustentabilidade ambiental;

Objetivo 8: Criar uma parceria mundial para o desenvolvimento.

4.9 OBJETIVOS DE DESENVOLVIMENTO SUSTENTÁVEL (ODS)

Na continuidade, em 2015, 193 países se reuniram para decidir acerca de novas diretrizes e a efetiva melhoria na vida da população mundial, a partir dos Objetivos de Desenvolvimento Sustentável (ODS). O propósito seria acabar com a pobreza e a fome, combater as desigualdades dentro e entre os países, construir sociedades pacíficas, justas e inclusivas, proteger os direitos humanos e promover a igualdade de gênero e o empoderamento de mulheres e meninas, para garantir a proteção duradoura do planeta e seus recursos naturais. [26]

No âmbito dessa iniciativa, a ideia foi criar condições para sustentabilidade, crescimento econômico inclusivo e sustentado, prosperidade partilhada e trabalho digno para todos, tendo em conta os diferentes níveis de desenvolvimento e capacidades nacionais,[27] com a fixação dos seguintes objetivos:

Objetivo 1. Acabar com a pobreza em todas as suas formas, em todos os lugares;

Objetivo 2. Acabar com a fome, alcançar a segurança alimentar e melhoria da nutrição e promover a agricultura sustentável;

Objetivo 3. Assegurar uma vida saudável e promover o bem-estar para todos, em todas as idades;

Objetivo 4. Assegurar a educação inclusiva e equitativa e de qualidade, e promover oportunidades de aprendizagem ao longo da vida para todos;

Objetivo 5. Alcançar a igualdade de gênero e empoderar todas as mulheres e meninas;

Objetivo 6. Assegurar a disponibilidade e gestão sustentável da água e saneamento para todos;

Objetivo 7. Assegurar o acesso confiável, sustentável, moderno e a preço acessível à energia para todos;

Objetivo 8. Promover o crescimento econômico sustentado, inclusivo e sustentável, emprego pleno e produtivo e trabalho decente para todos;

Objetivo 9. Construir infraestruturas resilientes, promover a industrialização inclusiva e sustentável e fomentar a inovação;

Objetivo 10. Reduzir a desigualdade dentro dos países e entre eles;

Objetivo 11. Tornar as cidades e os assentamentos humanos inclusivos, seguros, resilientes e sustentáveis;

Objetivo 12. Assegurar padrões de produção e de consumo sustentáveis;

Objetivo 13. Tomar medidas urgentes para combater a mudança do clima e seus impactos;

Objetivo 14. Conservação e uso sustentável dos oceanos, dos mares e dos recursos marinhos para o desenvolvimento sustentável;

Objetivo 15. Proteger, recuperar e promover o uso sustentável dos ecossistemas terrestres, gerir de forma sustentável as florestas, combater a desertificação, deter e reverter a degradação da terra e deter a perda de biodiversidade;

Objetivo 16. Promover sociedades pacíficas e inclusivas para o desenvolvimento sustentável, proporcionar o acesso à justiça para todos e construir instituições eficazes, responsáveis e inclusivas em todos os níveis;

Objetivo 17. Fortalecer os meios de implementação e revitalizar a parceria global para o desenvolvimento sustentável.

Trata-se de uma proposta que implica uma missão coletiva, comprometida em não deixar ninguém para trás, reconhecendo que a dignidade da pessoa humana é fundamental, o que faz com que os ODS tenham de ser buscados para todas as nações e povos e para todos os segmentos da sociedade (UN, 2015a, p. 3).

---

26. UNITED NATIONS. A/RES/70/1/2015, p. 3. Disponível em: <https://www.un.org/en/development/desa/population/migration/generalassembly/docs/globalcompact/A_RES_70_1_E.pdf>. Acesso em: 9 mar. 2024.

27. UNITED NATIONS. A/RES/70/1/2015, p. 3. Disponível em: <https://www.un.org/en/development/desa/population/migration/generalassembly/docs/globalcompact/A_RES_70_1_E.pdf>. Acesso em: 9 mar. 2024.

O texto não é juridicamente vinculante, caracterizando um exemplo de *soft-law*. Isso implica que os seus efeitos ocorrem não em função da coercibilidade, mas pela atuação dos diversos atores (stakeholders) na linha de pressionar politicamente as autoridades responsáveis pelas decisões.

Embora não se tenham estabelecido métricas para o alcance dos Objetivos de Desenvolvimento Sustentável e as 167 metas que deles decorrem, existe a obrigação do acompanhamento dos indicadores, verificando a eficácia de ação por parte de cada país, que deverá realizar monitoramentos e prestar contas de tudo que for realizado ao longo da vigência dos ODS. Se houvesse obrigações coercitivas, com mais força jurídica, haveria o risco de pouca adesão aos ODS. Na forma como esses objetivos estão fixados, caberá o esforço de se atingir um acordo, mesmo na falta de um poder de polícia ou controle judicial, característica típica do Direito Internacional.

5

Princípios Informadores do Direito Ambiental

5.1 NOÇÃO DE PRINCÍPIO

Em direito, "*os princípios são as ideias centrais de um sistema, ao qual dão sentido lógico, harmonioso, racional, permitindo a compreensão de seu modo de organizar-se*".[1] "*De um ordenamento jurídico estabelecido podem-se extrair seus princípios formadores – valor, forma de conduzir comportamentos, indicação de caminhos –, que constituem a origem do conteúdo das normas. O princípio, pois, confere fundamento às regras estabelecidas e, como tal, possui o traço da normatividade*".[2]

O Direito Ambiental, traduzido em uma política pública, rege-se por princípios que conferem fundamento à sua autonomia e estabelecem uma base lógica em relação ao conteúdo das normas. Quando a norma incorpora, direta ou indiretamente, certo princípio, fica formalmente explicitada a direção tomada pelo legislador na formulação da regra jurídica. Trata-se, pois de "guias gerais de ação"[3].

Todavia, o princípio pode estar expressamente mencionado no ordenamento jurídico ou apenas resultar de uma formulação teórica, sem, contudo, deixar de constituir uma norma.

Como exemplo, pode-se citar o *princípio da supremacia do interesse público sobre o interesse do particular* que, embora não esteja escrito nas leis, constitui, por seu significado, um dos fundamentos do Direito Público, incluído aí o Direito Ambiental. Toda atuação do Poder Público em matéria ambiental ancora-se na prevalência do interesse público, princípio que se verifica a partir do conteúdo das leis, embora não esteja, como se disse, explicitamente mencionado. O mesmo princípio, além disso, pode ser o fundamento de uma decisão judicial, o que indica seu caráter normativo.

É a maneira de o Estado garantir que a sociedade não seja sacrificada em nome de vantagens e benefícios concedidos ao particular ou a uma determinada atividade realizada pelo Poder Público, como uma obra de grande impacto ao ambiente.

Há que distinguir os princípios relacionados à autonomia do Direito Ambiental de um outro grupo de regras ou princípios de gestão que são mais específicos, e devem estar contidos expressamente nas normas, pois referem-se a condições muito particulares. É o caso, por exemplo, da adoção da bacia hidrográfica como núcleo do planejamento e gestão de recursos hídricos. Trata-se de um princípio relativo à gestão das águas, e somente pode

---

1. SUNDFELD, Carlos Ari. *Fundamentos de direito público*. 4. ed. São Paulo: Malheiros, 2008, p. 143.
2. BONAVIDES, Paulo. *Curso de direito constitucional*. 12. ed. São Paulo: Malheiros, 2002, p. 230.
3. BELL, Stuart; McGILLIVRAY, Donald; PEDERSEN, Ole; LEES, Emma; STOKES, Elen; Environmental Law. 9a. ed. Oxford: Oxford Press, 2017, p. 55.

ser compreendido se estiver contido expressamente nas normas. Não se confunde com os princípios de direito que conferem autonomia ao Direito Ambiental.

5.2 O MEIO AMBIENTE COMO UM DIREITO HUMANO

Os chamados *direitos do homem* vêm evoluindo à medida que as sociedades, ao se desenvolverem, incluem novos temas nesse rol de direitos. O surgimento de novos direitos humanos é reflexo de um processo histórico dinâmico.

O direito do homem de viver em ambiente não poluído é considerado, hoje, um **direito de terceira geração,** assim como o direito à biodiversidade e ao desenvolvimento. Segundo Bobbio, "*esses direitos não poderiam ter sido sequer imaginados quando foram propostos os de segunda geração, do mesmo modo como estes últimos (por exemplo, o direito à instrução ou à assistência) não eram sequer concebíveis quando foram promulgadas as primeiras Declarações setecentistas*".[4]

Segundo o pensador italiano, a "*formulação das normas [sobre meio ambiente e recursos hídricos, editadas nas últimas décadas, em vários países, inclusive no Brasil] resultaram de uma resposta às necessidades experimentadas pela sociedade, que decidiu ser o momento de mudanças no enfoque das relações homem-natureza*".

Essa evolução de direitos, que parte dos direitos fundamentais, denominados como *de primeira geração*, para um contexto de direitos sociais, econômicos e culturais, ditos de *segunda geração*, vem desembocar em direitos relativos ao meio ambiente, à biodiversidade e ao desenvolvimento, abarcando um novo fator – as futuras gerações. "*O conteúdo jurídico da dignidade humana vai, dessa forma, se ampliando à medida que novos direitos vão sendo reconhecidos e agregados ao rol dos direitos fundamentais*".[5] Por outro lado, as pressões econômicas sobre tais valores também se ampliam, o que implica a existência de um conflito permanente, que o direito busca solucionar.

Entre as declarações que consagram, no plano internacional, o reconhecimento de um direito humano ao meio ambiente, ou a importância fundamental deste para o homem, destaca-se a Declaração de Estocolmo de 1972, cujo Princípio 1 estabelece que:

> O homem tem o direito fundamental à liberdade, à igualdade e ao desfrute de condições de vida adequadas, em um meio ambiente de qualidade tal que permita levar uma vida digna, gozar de bem--estar e é portador solene de obrigação de proteger e melhorar o meio ambiente, para as gerações presentes e futuras.[6]

A Carta Africana de Direitos Humanos e dos Povos, declarada em Nairóbi, em 28-6-1981, proclama, em seu art. 24, que "*todos os povos têm direito a um meio ambiente satisfatório e global, propício ao seu desenvolvimento*".[7]

Como se verifica, a preocupação que vigorava dizia respeito à *preservação da natureza para o desfrute do homem*, que ficava, dessa forma, dissociado do meio ambiente. O

---

4. BOBBIO, Norberto. *A era dos direitos*. Rio de Janeiro: Campus, 1992, p. 6-7.
5. BUCCI, Maria Paula Dallari. O conceito de política pública em direito. In: BUCCI, Maria Paula Dallari (Org.). *Políticas públicas*: reflexões sobre o conceito jurídico. São Paulo: Revista dos Tribunais, 2006, p. 3.
6. CUNHA, Luiz Veiga da; GONÇALVES, António Santos; FIGUEIREDO, Vítor Alves de; CORREIA, Mário Lino. *A gestão da água*. Lisboa: Fundação Calouste Gulbenkian, 1980, p. 532.
7. COMISSÃO AFRICANA DOS DIREITOS HUMANOS E DOS POVOS. Carta Africana dos Direitos Humanos e dos Povos. Disponível em: <https://achpr.au.int/en/charter/african-charter-human-and-peoples-rights>. Acesso em: 9 mar. 2024.

homem o domina, explora, protege, deixando clara a visão do homem como figura central do planeta – antropocentrismo, que não será, contudo, a posição a prevalecer.

Alterando o enfoque do meio ambiente saudável como um direito exclusivamente do homem, Michel Prieur pondera que o direito ao meio ambiente, como direito humano, enseja alguma dificuldade em sua formulação concreta, pois a proteção ambiental concerne não só ao homem, mas a todos os seres vivos e à biosfera. *"Mais que um direito humano no sentido estrito, deve tratar-se de um direito da espécie que protege tanto o homem como o meio em que ele vive"*.[8] De acordo com esse posicionamento, o homem faz parte do meio ambiente, integrando a natureza, que possui valor por si própria e não apenas em função dos interesses do homem.

A Conferência das Nações Unidas sobre Meio Ambiente e Desenvolvimento de 1992 colocou essa questão com maior propriedade, fixando, em seu Princípio 1:

> Os seres humanos estão no centro das preocupações com o desenvolvimento sustentável. Têm direito a uma vida saudável e produtiva, em harmonia com a natureza.

É de se destacar que, em 28 de julho de 2022, a Assembleia Geral da ONU aprovou a Resolução 76/300, na qual se declara o meio ambiente saudável como direito humano. A Resolução afirma ainda que, a promoção do direito a um meio ambiente limpo, saudável e sustentável a todas as pessoas no planeta, *"requer a plena implementação de acordos multilaterais relacionados com o meio ambiente de acordo com os princípios do direito internacional ambiental"*[9].

No campo normativo brasileiro, o art. 225 da Constituição Federal de 1988 dispõe, em seu *caput*, que todos têm direito ao meio ambiente ecologicamente equilibrado, bem de uso comum do povo e essencial à sadia qualidade de vida, impondo-se ao Poder Público e à coletividade o dever de defendê-lo e preservá-lo para as presentes e as futuras gerações.

Ficou assim transportado para o campo constitucional brasileiro o entendimento de que o meio ambiente equilibrado é direito de todos. A sua defesa e proteção compete ao Poder Público e à coletividade. Ou seja, a todos cabe o direito de uso – satisfazer as próprias necessidades – assim como a responsabilidade pela proteção do meio ambiente – não comprometer a capacidade de satisfazer as necessidades das gerações futuras.

Os Objetivos de Desenvolvimento Sustentável (ODS), fixados em 2015, com vigência até 2030, possuem profunda relação com os direitos humanos e tangenciam, também, as questões ambientais, como *acabar com a fome, alcançar a segurança alimentar, melhorar a nutrição e promover a agricultura sustentável; assegurar uma vida saudável, assegurar a disponibilidade e gestão sustentável da água e saneamento para todos, promover o crescimento econômico sustentado, inclusivo e sustentável, emprego pleno e produtivo e trabalho decente para todos, construir infraestruturas resilientes, promover a industrialização inclusiva e sustentável, reduzir as desigualdades, tornar as cidades e os assentamentos humanos inclusivos, seguros, resilientes e sustentáveis, promover sociedades pacíficas e inclusivas para o desenvolvimento sustentável, proporcionar o acesso à justiça para todos e construir instituições eficazes, responsáveis e inclusivas em todos os níveis.*

---

8.   PRIEUR, Michel. *Droit de l'environnement*. 8. ed. Paris: Dalloz, 2019, p. 73.

9.   UNITED NATIONS. A/RES/76/300: *The human right to a clean, healthy and sustainable environment*. 28 July 2022, p. 3. Disponível em: <https://digitallibrary.un.org/record/3957797>. Acesso em: 9 mar. 2024.

Todos esses objetivos se relacionam tanto com os direitos humanos e o desenvolvimento humano como com a proteção do meio ambiente, e explicitam a relação intrínseca e interdependente entre esses eixos.

5.3 DESENVOLVIMENTO SUSTENTÁVEL

A expressão *Desenvolvimento Sustentável* tem a ver com o **futuro**. As atividades humanas desenvolvidas em certo momento devem considerar, à luz da disponibilidade dos recursos naturais utilizados, a possibilidade de manter-se ao longo do tempo, para as gerações futuras. Se uma determinada atividade pressupõe o esgotamento dos recursos naturais envolvidos, devem ser redobrados os cuidados na autorização de sua implantação, chegando-se ao limite de restringi-la.

O princípio do desenvolvimento sustentável originou-se no início da década de 1970, quando uma equipe de cientistas do Instituto de Tecnologia de Massachusetts (MIT) encaminhou ao Clube de Roma, em 1974, o relatório denominado *The limits to growth*. Esse documento, também conhecido como Relatório Meadows, nome da chefe da comissão que o elaborou, Donella Meadows, teve grande repercussão internacional.

O Relatório Meadows, embora criticado em seus cálculos e prognósticos, considerados muito radicais, influenciou a elaboração dos estudos preliminares para a Conferência de Estocolmo, em que, inicialmente, "*os conceitos meio* ambiente *e desenvolvimento eram tidos como antagônicos*".[10]

A Conferência de Estocolmo sobre Meio Ambiente, realizada em 1972, estabeleceu, em seus princípios, o planejamento racional e a adoção, pelos Estados, de uma concepção integrada e coordenada do planejamento de seu desenvolvimento, para compatibilizar a necessidade de proteger e de melhorar o ambiente, no interesse de sua população. O Princípio 13 assim preconizou:

> A fim de lograr um ordenamento mais racional dos recursos e, assim, melhorar as condições ambientais, os Estados deveriam adotar um enfoque integrado e coordenado da planificação de seu desenvolvimento, de modo a que fique assegurada a compatibilidade do desenvolvimento com a necessidade de proteger e melhorar o meio ambiente humano, em benefício da população.

Até então, no Brasil, assim como em todo o *Terceiro Mundo* (como era denominado à época), o desenvolvimento econômico constituiu a grande promessa para tirar o país da situação de subdesenvolvimento e alçá-lo à categoria de Estado *em desenvolvimento*. Tinha, portanto, prioridade sobre qualquer outra preocupação que pudesse vir à baila, dentre as quais, o meio ambiente.

A Conferência da ONU de 1972 deflagrou o alerta, pois mostrou ao mundo os efeitos do desenvolvimento e da industrialização sem um planejamento e uma cautela especial na preservação dos recursos naturais.

No que se refere ao campo conceitual da expressão *desenvolvimento sustentável*, o Relatório Brundtland assim estabeleceu:

---

10. SILVA, Geraldo Eulálio Nascimento e. *Direito ambiental internacional*. 2. ed. Rio de Janeiro: Thex, Biblioteca Estácio de Sá, 2002, p. 48.

Em essência, o desenvolvimento sustentável é um processo de transformação no qual a exploração dos recursos, a direção dos investimentos, a orientação do desenvolvimento tecnológico e a mudança institucional se harmonizam e reforçam o potencial presente e futuro, a fim de atender às necessidades e aspirações humanas.[11]

Esse conceito não propõe ações facilmente assimiláveis. Os conflitos existem na composição entre desenvolvimento e proteção do ambiente. O consenso e a compreensão sobre a preservação do meio ambiente para as gerações futuras são desafios a serem incorporados nas ações humanas.

Afinal, o desenvolvimento sustentável não é um estado permanente de harmonia, mas um processo de mudança na qual a exploração dos recursos, a orientação dos investimentos, os rumos do desenvolvimento tecnológico e a mudança institucional estão de acordo com as necessidades atuais e futuras. Sabemos que este não é um processo fácil, sem tropeços. Escolhas difíceis terão de ser feitas. Assim, em última análise, o desenvolvimento sustentável depende do apoio político.[12]

Na Declaração do Rio de Janeiro sobre Meio Ambiente e Desenvolvimento, de 1992, a expressão *desenvolvimento sustentável* permeia todos os documentos produzidos nesse encontro. Repete-se várias vezes a expressão, o que dá ênfase à ideia de que o desenvolvimento econômico deve, necessariamente, incluir a proteção do meio ambiente, em todas as suas ações e atividades, para garantir a permanência do equilíbrio ecológico e da qualidade da vida humana, inclusive para as futuras gerações.

A OCDE[13] destaca alguns conceitos que contribuem para o desenvolvimento sustentável:

Integração de políticas: as políticas econômicas, ecológicas e sociais são interdependentes e as metas estabelecidas somente podem ser alcançadas por meio de uma abordagem integrada.

Progresso econômico: o desenvolvimento econômico deve ter continuidade em uma direção que permita o alcance de crescimento, mantendo-se os estoques dos bens ecológicos que propiciaram esse benefício.

Resiliência ecológica: a proteção ambiental é parte integrante do processo de desenvolvimento. Permitir o restabelecimento do equilíbrio dos sistemas biológicos e físicos, após a ocorrência de dano, é fundamental para nossa segurança econômica e social, a longo prazo.

Desenvolvimento social: a quebra do círculo vicioso do crescimento populacional, da pobreza e da degradação ambiental, assim como a preservação da diversidade cultural e o avanço da justiça social, são a chave para o alcance do desenvolvimento sustentável.

Uso sustentável de recursos naturais: a exploração de recursos naturais deve avançar de modo que não provoque, a longo prazo, o declínio desses recursos e os proteja de uma futura exaustão.

Equidade: os recursos naturais devem ser utilizados e compartilhados de maneira equitativa, o que implica levar em conta as necessidades dos demais usuários e também as necessidades das presentes e futuras gerações.

Transparência e participação pública: os cidadãos devem participar das decisões sobre o ambiente, ter acesso à informação, assim como aos processos administrativos e judiciais.

---

11. COMISSÃO MUNDIAL SOBRE MEIO AMBIENTE E DESENVOLVIMENTO. *Nosso futuro comum*. 2. ed. Rio de Janeiro: FGV, 1991, p. 49.
12. COMISSÃO MUNDIAL SOBRE MEIO AMBIENTE E DESENVOLVIMENTO. *Nosso futuro comum*. 2. ed. Rio de Janeiro: FGV, 1991, p. 10.
13. ORGANIZAÇÃO PARA A COOPERAÇÃO E DESENVOLVIMENTO ECONÔMICO (OCDE). *Environmental Principles And Concepts OCDE/GD(95)124*. Disponível em: <https://one.oecd.org/document/OCDE/GD(95)124/En/pdf>. Acesso em: 9 mar. 2024.

Biodiversidade: as estratégias nacionais e internacionais de desenvolvimento devem adotar, como premissa, que a proteção da biodiversidade é fundamental para a resiliência[14] do ecossistema global, do qual fazem parte todos os aspectos da biosfera, inclusive os ambientes criados pelo homem.

Para assegurar o cumprimento desse princípio, deve haver mecanismos institucionais de controle das atividades, para aferir se as normas previstas na legislação em vigor, concernentes à proteção do meio ambiente, estão sendo corretamente observadas. Essa competência concerne às leis e ao exercício do poder de polícia, no que tange ao estabelecimento de regulamentos, normas e padrões ambientais, a serem observados pelos empreendedores e pela Administração Pública, na fiscalização e aplicação de penalidades. Não basta que inicialmente se comprove a sustentabilidade de um empreendimento quando de seu licenciamento. É preciso que essa sustentabilidade perdure ao longo de toda a atividade.

Mais recentemente, os Objetivos de Desenvolvimento Sustentável (ODS), são, nos termos da declaração *Transformando Nosso Mundo: A Agenda 2030*, integrados e indivisíveis, e pretendem equilibrar as três dimensões do desenvolvimento sustentável: a econômico, social e ambiental.[15]

5.4 PRINCÍPIO DA PREVENÇÃO

O termo *prevenir* significa dispor antecipadamente, preparar; precaver; avisar ou informar com antecedência; realizar antecipadamente; dizer ou fazer com antecipação; evitar; acautelar-se contra.[16] É *"vir antes, tomar a dianteira, acautelar-se, preparar-se"*.[17]

Segundo Prieur, *"a prevenção consiste em impedir a superveniência de danos ao meio ambiente por meio de medidas apropriadas, ditas preventivas, antes da elaboração de um plano ou da realização de uma obra ou atividade"*.[18]

Os vocábulos *prevenção* e *precaução*, na língua portuguesa, são sinônimos. Todavia, a doutrina jurídica do meio ambiente optou por distinguir o sentido desses termos, consistindo o princípio da precaução em um conceito mais restritivo que o da prevenção. A precaução tende à não autorização de determinado empreendimento, se não houver certeza científica de que ele não causará no futuro um dano irreversível. A prevenção versa sobre a busca da compatibilização entre a atividade a ser licenciada e a proteção ambiental, mediante a imposição de condicionantes ao projeto. Essa distinção será mantida neste livro.

Com base no princípio da **prevenção**, havendo uma análise prévia dos impactos que um determinado empreendimento possa causar ao meio ambiente, é possível, adotando-se medidas compensatórias e mitigadoras, e mesmo alterando-se o projeto em análise, se for o caso, assegurar a sua realização, garantindo-se os benefícios econômicos dele decorrentes, sem causar danos ao meio ambiente.

---

14. Em matéria ambiental, *resiliência* significa a capacidade de recuperação dos recursos ambientais, após a ocorrência de um dano.
15. UNITED NATIONS. A/RES/70/1/2015, p. 3. Disponível em: <https://www.un.org/en/development/desa/population/migration/generalassembly/docs/globalcompact/A_RES_70_1_E.pdf>. Acesso em: 9 mar. 2024.
16. FREIRE, Laudelino. *Grande e novíssimo dicionário da língua portuguesa.* Rio de Janeiro: A Noite, 1943, v. IV, p. 4126.
17. FERREIRA, Aurélio Buarque de Holanda. *Novo dicionário da língua portuguesa.* Rio de Janeiro: Nova Fronteira, 1986, p. 1391.
18. PRIEUR, Michel. *Droit de l'environnement.* 8. ed. Paris: Dalloz, 2019, p. 93.

O reflexo mais evidente do princípio da **prevenção**, no campo normativo brasileiro, é o Estudo Prévio de Impacto Ambiental. O EPIA[19] foi fixado na Lei nº 6.938/81 como um dos instrumentos da Política Nacional do Meio Ambiente e posteriormente alçado à categoria de norma constitucional, no art. 225, inciso IV, que dispõe sobre *"exigir, na forma da lei, para instalação de obra ou atividade potencialmente causadora de significativa degradação do meio ambiente, Estudo Prévio de Impacto Ambiental, a que se dará publicidade"*.

No plano da jurisprudência sobre o princípio da prevenção, cabe citar julgado da Câmara Especial do Meio Ambiente do Tribunal de Justiça do Estado de São Paulo.[20] O atual proprietário de uma área, utilizando-se de licenças de desmatamento de área emitidas em 1979, sofreu autuação por: (1) cortar e bosquear (através de foice, machado e facão) vegetação nativa secundária em estágio inicial de regeneração na Área de Proteção Ambiental (APA) Jundiaí – criada pela Lei nº 4.095/84 –, sem a licença ambiental exigível em desobediência ao que estabelece o art. 9º da Lei nº 6.902/81 em área correspondente a 0,31 ha, ocasião em que foi determinada a suspensão das atividades (de reflexo ambiental) na área; e (2) suprimir sub-bosque de vegetação nativa secundária em estágio inicial de regeneração, construir três reservatórios de água em alvenaria e plantar gramíneas no local.

Julgando o pleito de anulação dos autos de infração, o Tribunal de Justiça (TJ) indefere o pedido, sob o fundamento de que

> Isso não pode ser admitido na tutela administrativa, porque essa é, com efeito, apenas a primeira reação do ordenamento, da qual se espera maior efetividade, considerado o **princípio da prevenção** de danos e ameaças ao meio ambiente. Relevar infrações ambientais devidamente constatadas seria atentar contra o ideal de máxima preservação ambiental traçado em nossa Constituição (art. 225), justamente quando se espera do Poder Público e da sociedade postura cada vez mais firme nessa área.

5.5 PRINCÍPIO DA PRECAUÇÃO

O termo *precaução* significa aquilo que se faz por prevenção, para evitar qualquer mal; prudência; cautela.[21] É medida antecipada que visa prevenir um mal.[22] O princípio da precaução apresenta-se como o fulcro do direito ambiental. São seus elementos que compõem exatamente o que se chama de proteção ao meio ambiente, para as atuais e futuras gerações. A abordagem desse princípio refere-se à proteção do meio ambiente ou da saúde humana no que se refere a adotar providências, mesmo quando não há evidências claras de que uma certa substância ou atividade está impondo prejuízos ou riscos. Um exemplo seria que o princípio da precaução sugere que um poluente apenas suspeito de causar sérios riscos, ainda que não haja prova científica conclusiva de sua periculosidade, deve ser banido.[23]

Na dúvida, é mais adequado que se tomem providências drásticas, para evitar danos futuros. Como uma posição além do desenvolvimento sustentável e do princípio da pre-

---

19. Como Estudo de Impacto Ambiental (EIA).
20. Apelação Cível nº 649.478 5/1 – SP.
21. FREIRE, Laudelino. *Grande e novíssimo dicionário da língua portuguesa*. Rio de Janeiro: A Noite, 1943, v. III, p. 4094.
22. FERREIRA, Aurélio Buarque de Holanda. *Novo dicionário da língua portuguesa*. Rio de Janeiro: Nova Fronteira, 1986, p. 1379.
23. BELL, Stuart; McGILLIVRAY, Donald; PEDERSEN, Ole; LEES, Emma; STOKES, Elen; Environmental Law. 9. ed. Oxford: Oxford Press, 2017, p. 65.

venção, o *princípio da precaução* determina que não se licencie uma atividade, toda vez que não se tenha certeza de que ela não causará danos irreversíveis ao ambiente.

De acordo com Michel Prieur,

em face da incerteza ou da controvérsia científica atual, é melhor tomar medidas de proteção severas do que nada fazer. É, em realidade, implementar o direito ao meio ambiente às futuras gerações.[24]

Uma das evoluções contidas na Declaração do Rio de Janeiro de 1992 consiste na referência expressa a esse princípio:

Para proteger o meio ambiente, o princípio da precaução deve ser amplamente observado pelos Estados, de acordo com suas capacidades. Em caso de risco de danos graves ou irreversíveis, a ausência de certeza científica absoluta não deve servir de pretexto para procrastinar a adoção de medidas visando prevenir a degradação do meio ambiente.[25]

A Convenção Quadro sobre Mudanças Climáticas, no art. 3.3, estabelece:

As Partes devem adotar medidas de **precaução** para prever, evitar ou minimizar as causas da mudança do clima e mitigar seus efeitos negativos. Quando surgirem ameaças de danos sérios ou irreversíveis, a falta de plena certeza científica não deve ser usada como razão para postergar essas medidas, levando em conta que as políticas e medidas adotadas para enfrentar a mudança do clima devem ser eficazes em função dos custos, de modo a assegurar benefícios mundiais ao menor custo possível. Para esse fim, essas políticas e medidas devem levar em conta os diferentes contextos socioeconômicos, ser abrangentes, cobrir todas as fontes, sumidouros e reservatórios significativos de gases de efeito estufa e adaptações, e abranger todos os setores econômicos. As Partes interessadas podem realizar esforços, em cooperação, para enfrentar a mudança do clima.

A Convenção Quadro sobre Diversidade Biológica também contempla, o seu preâmbulo, o princípio da precaução, dispondo:

Observando também que quando exista ameaça de sensível redução ou perda de diversidade biológica, a falta de plena certeza científica não deve ser usada como razão para postergar medidas para evitar ou minimizar essa ameaça.

Segundo Alexandre Kiss,

A diferença entre o princípio da prevenção e o princípio da precaução está na avaliação do risco que ameaça o meio ambiente. A precaução é considerada quando o risco é elevado – tão elevado que a total certeza científica não deve ser exigida antes de se adotar uma ação corretiva, devendo ser aplicado naqueles casos em que qualquer atividade possa resultar em danos duradouros ou irreversíveis ao meio ambiente, assim como naqueles casos em que o benefício derivado da atividade é completamente desproporcional ao impacto negativo que essa atividade pode causar ao meio ambiente.[26]

Na verdade, o risco existe em todas as atividades. O que varia é a probabilidade de ocorrência do dano. Havendo maior probabilidade, e de acordo com a natureza do dano em potencial, a atividade não deve ser licenciada.

---

24. PRIEUR, Michel. *Droit de l'environnement*. 8. ed. Paris: Dalloz, 2019, p. 140.
25. Declaração do Rio de Janeiro de 1992, Princípio 15.
26. KISS, Alexandre. Os direitos e interesses das gerações futuras e o princípio da precaução. In: VARELLA, Marcelo Dias; PLATIAU, Ana Flávia Barros (Org.). *Princípio da precaução*. Belo Horizonte: Del Rey, 2004, p. 11.

No Estado de São Paulo, o Tribunal de Justiça (TJ)[27] manifestou-se sobre a aplicabilidade do *princípio da precaução* ao determinar a realização do Estudo de Impacto Ambiental (EIA), para o licenciamento de uma destilaria de grande porte,[28] independentemente do que determina a norma estadual,[29] que exige apenas um Relatório Ambiental Prévio (RAP), procedimento simplificado de estudo ambiental. O entendimento do Tribunal de Justiça é que o art. 225 da CF/88, em seu § 1º, IV, exige a realização de EIA/RIMA para obras e atividades potencialmente causadoras de significativa degradação do meio ambiente, em que se inclui o empreendimento mencionado. O julgamento teve o seguinte teor:

> Assim, o princípio da **precaução**, amparado nos elementos existentes nos autos, fruto de inquérito civil público previamente instaurado e processado, estava realmente a indicar a necessidade da cautela determinada, para que a Administração não emita licença de funcionamento/operação enquanto não realizado o EIA/RIMA.

Outra questão relevante consiste no fato de que, no princípio da precaução, inverte-se o **ônus da prova**. Essa questão é abordada por Herman Benjamin, em acórdão de Ação Civil Pública proposta com o fito de reparar alegado dano ambiental causado por grave contaminação com mercúrio, nos seguintes termos:

> O legislador, diretamente na lei [...], ou por meio de poderes que atribui, específica ou genericamente, ao juiz [...], modifica a incidência do *onus probandi*, transferindo-o para a parte em melhores condições de suportá-lo ou cumpri-lo eficaz e eficientemente, tanto mais em relações jurídicas nas quais ora claudiquem direitos indisponíveis ou intergeracionais, ora as vítimas transitem no universo movediço em que convergem incertezas tecnológicas, informações cobertas por sigilo industrial, conhecimento especializado, redes de causalidade complexa, bem como danos futuros, de manifestação diferida, protraída ou prolongada. [30]

Ainda no mesmo julgado, afirma que,

> Como corolário do princípio *in dubio pro natura*, "Justifica-se a inversão do ônus da prova, transferindo para o empreendedor da atividade potencialmente perigosa o ônus de demonstrar a segurança do empreendimento, a partir da interpretação do art. 6º, VIII, da Lei 8.078/1990 c/c o art. 21 da Lei 7.347/1985, conjugado ao Princípio Ambiental da Precaução"[31], técnica que sujeita aquele que supostamente gerou o dano ambiental a comprovar "que não o causou ou que a substância lançada ao meio ambiente não lhe é potencialmente lesiva". [32]

O princípio da precaução, dessa forma, ao contrário do que pode parecer, não trava o desenvolvimento econômico. Ao contrário, ele garante a preservação das condições mínimas de qualidade ambiental, necessárias ao equilíbrio da vida. *Aplicar esse princípio é enxergar um pouco mais longe, para proteger as gerações futuras.*[33]

---

27. Agravo de Instrumento nº 711.652-5/2-00.
28. Área de 14.477,352 ha, para abrigar indústria e lavouras de cana-de-açúcar, com o objetivo de atingir, na safra 2009/10, a produção de 513.319 toneladas para processamento.
29. Resolução SMA nº 42, de 24-10-2006.
30. REsp 883.656/RS, 2010. Min. Herman Benjamin.
31. REsp 972.902/RS, Rel. Min. Eliana Calmon.
32. REsp 1.060.753/SP, Rel. Min. Eliana Calmon.
33. Apelação Cível nº 6215095/0-00 – Voto 13/55. Cerqueira César – SP. Relator: Des. Renato Nalini.

5.6 PRINCÍPIO DA COOPERAÇÃO

Cooperar é agir conjuntamente. É somar esforços. A cooperação surge como uma palavra-chave quando há um inimigo a combater, seja a pobreza, seja a poluição, a seca, ou ainda a reconstrução de um Estado ou região em período de pós-guerra. Na luta contra a poluição e a degradação do meio ambiente, e considerando que, por sua natureza, os recursos naturais não se submetem necessariamente às fronteiras políticas, cabe aos Estados que os compartilham atuar de forma coordenada, mesmo no que se refere às ações internas, para evitar a ocorrência de danos, assim como para racionalizar as medidas de proteção que se fizerem necessárias.

Embora a preocupação com a necessidade de cooperar se verifique nos textos das declarações internacionais sobre meio ambiente, Ramón Martín Mateo, em 1977, já defendia a ideia de que "*a cooperação internacional em matéria de contaminação só pode realizar-se efetivamente por meio de um corpo normativo novo – acordos, convênios e contratos*". Essas ações consubstanciaram-se por meio da formulação de princípios que recomendam um quadro de obrigações e deveres recíprocos entre os Estados.

Em matéria de águas, a Carta Europeia da Água, de 1968, estabelece, em seu art. 12, que "a água é um bem comum que impõe uma cooperação internacional". Em matéria de recursos hídricos compartilhados, essa cooperação deve ocorrer por meio de tratados específicos, em que os Estados limítrofes estabelecem formas conjuntas de atuar.[34]

A Conferência de Estocolmo de 1972, no que toca à cooperação, fixou dois dispositivos, um tratando da cooperação na efetivação da responsabilidade por danos, outro dando ênfase à necessidade de cooperação para ações conjuntas. Fica explicitada no Princípio 22 da Conferência a obrigação de criar regras de direito internacional visando facilitar a responsabilização e a efetividade das indenizações por danos que um Estado venha a causar a outro.[35] Já o Princípio 24 cuida das ações conjuntas a serem desenvolvidas pelos Estados.

Muitos dos princípios da Conferência Rio/92 sobre Meio Ambiente e Desenvolvimento Sustentável tratam da cooperação. O de número 5, menciona que todos os Estados e todos os indivíduos devem cooperar visando à erradicação da pobreza, para reduzir as disparidades nos padrões de vida. O Princípio 7 trata da cooperação entre os Estados, em espírito de parceria global, para a "*conservação, proteção e restauração da saúde e da integridade do ecossistema terrestre*". No que se refere às responsabilidades, os países desenvolvidos reconhecem o seu papel na busca do desenvolvimento sustentável, pelas pressões que suas sociedades exercem sobre o meio ambiente e pelas tecnologias e recursos que controlam.

Nos termos do art. 5º da Convenção *sobre Diversidade Biológica (CDB) de 1992, "cada Parte Contratante deve, na medida do possível*[36] *e conforme o caso, cooperar com outras Partes Contratantes, diretamente ou, quando apropriado, mediante organizações internacionais*

---

34. Constituem exemplos de tratados específicos, celebrados entre o Brasil e países vizinhos, com vistas a estabelecer regras de utilização de recursos hídricos compartilhados, os Tratados da Bacia do Prata, Itaipu, Yaciretá e Garabi.
35. Conforme já mencionado, a primeira ocorrência de reparação de dano ambiental no plano internacional deu-se no Caso Trail Smelter, sobre poluição atmosférica, entre Canadá e Estados Unidos.
36. Cabe ressaltar que a Convenção sobre Diversidade Biológica utilizou, em quase todos os artigos, a expressão *na medida do possível*, o que reforça a sua condição de Convenção-Quadro, que deixa de estabelecer metas específicas, assim como as correspondentes sanções. Fica, dessa forma, ao arbítrio das partes atender ou não aos seus preceitos.

competentes, no que respeita a áreas além da jurisdição nacional e em outros assuntos de mútuo interesse, para a conservação e a utilização sustentável da diversidade biológica".

O Princípio 18 da CDB também trata da matéria, estabelecendo que "*as Partes Contratantes devem promover a cooperação técnica e científica internacional no campo da conservação e utilização sustentável da diversidade biológica, caso necessário, por meio de instituições nacionais e internacionais competentes".*

O dever de cooperar, na forma exposta, não possui exequibilidade, pois os acordos e declarações mencionados são manifestações de vontade genéricas, denominadas *soft law*, cabendo aos Estados o detalhamento das obrigações recíprocas mediante a celebração de acordos específicos de utilização compartilhada de recursos ambientais como, por exemplo, os recursos hídricos,[37] em que se estabelecem, concretamente, as obrigações e as responsabilidades de cada parte.

Os Objetivos de Desenvolvimento Sustentável (ODS) possuem, como ponto de interseção de todos as metas ali previstas, a cooperação entre os países, sobretudo no que se refere à ajuda dos países ricos aos países em desenvolvimento e sobretudo aos menos desenvolvidos.

No direito brasileiro, a cooperação em matéria ambiental transparece no art. 23 da CF/88, que dispõe sobre a competência comum da União, Estados, Distrito Federal e Municípios, para proteger o meio ambiente e combater a poluição.

O seu parágrafo único remete às *leis complementares*[38] a fixação de normas de cooperação entre os entes políticos, tendo em vista o equilíbrio do desenvolvimento e do bem-estar no âmbito nacional. Até o presente, foi editada a Lei Complementar nº 140, de 8-12-2011, que "*fixa normas para a cooperação entre a União, os Estados, o Distrito Federal e os Municípios nas ações administrativas decorrentes do exercício da competência comum relativas à proteção das paisagens naturais notáveis, à proteção do meio ambiente, ao combate à poluição em qualquer de suas formas e à preservação das florestas, da fauna e da flora".*[39]

O art. 225 da CF/88 estabelece implicitamente a cooperação, à medida que impõe ao Poder Público e à coletividade o dever de defender e proteger o meio ambiente para as presentes e futuras gerações. O Poder Público é formado por inúmeros órgãos e entidades, sendo que o SISNAMA congrega aqueles com atribuições voltadas à proteção ambiental e que devem funcionar em permanente cooperação.

5.7 REPARAÇÃO INTEGRAL

A reparação integral do dano ambiental é prevista na Declaração do Rio/92, no Princípio 13, e constitui uma obrigação que complementa o direito constitucional ao meio ambiente ecologicamente equilibrado. Havendo degradação ambiental ou poluição, isto é, desequilíbrio no "*conjunto de condições, leis, influências e interações de ordem física, química e biológica, que permite, abriga e rege a vida em todas as suas formas*",[40] seu autor fica obrigado a reparar o dano ocorrido, pois não se admite que a degradação ambiental permaneça.

---

37. Como exemplo, cita-se o Tratado de Itaipu, de 1973, celebrado entre o Brasil e o Paraguai.
38. A EC nº 53, de 19-12-2006 alterou a expressão *lei complementar* para *leis complementares*.
39. Ver capítulo sobre o Meio Ambiente na Constituição Federal.
40. Lei nº 6.938/81, art. 3º, I.

O princípio da reparação integral está previsto na Lei n° 6.938/81, que introduz, como um dos objetivos da Política Nacional do Meio Ambiente, a *"imposição, ao poluidor e ao predador, da obrigação de recuperar e/ou indenizar os danos causados, e ao usuário, de contribuição pela utilização de recursos ambientais com fins econômicos".*[41] A referida norma obriga o *"poluidor, independentemente da existência de culpa, a indenizar ou reparar os danos causados ao meio ambiente e a terceiros, afetados por sua atividade".*[42] Definido o conceito de *poluidor* como *"a pessoa física ou jurídica, de direito público ou privado, responsável, direta ou indiretamente, por atividade causadora de degradação ambiental",*[43] a Constituição Federal cuida de estabelecer a regra da *responsabilidade administrativa, penal e civil*[44] por dano ambiental, completando o princípio da reparação.

A questão que se coloca, em relação ao princípio da reparação integral, tem a ver com *o fato de que a degradação dos bens ambientais tende a ser irreversível porquanto não se consegue reproduzir o ambiente lesado a uma situação sequer semelhante à anterior, em termos de biodiversidade, serviços ecossistêmicos equilíbrio.*[45]

O Superior Tribunal de Justiça (STJ) julgou caso que envolvia danos ao meio ambiente e ao patrimônio arqueológico. O acórdão estabelece que o *"autor da destruição de dunas que encobriam sítios arqueológicos é civilmente responsável, devendo indenizar pelos prejuízos causados ao meio ambiente, especificamente ao meio ambiente natural (dunas) e ao meio ambiente cultural (jazidas arqueológicas com cerâmica indígena)".*[46]

Nessa mesma linha, em acórdão tratando de rompimento de barragem, o min. Luis Felipe Salomão assevera:

> a) a responsabilidade por dano ambiental é objetiva, informada pela teoria do risco integral, sendo o nexo de causalidade o fator aglutinante que permite que o risco se integre na unidade do ato, sendo descabida a invocação, pela empresa responsável pelo dano ambiental, de excludentes de responsabilidade civil para afastar a sua obrigação de indenizar; b) em decorrência do acidente, a empresa deve recompor os danos materiais e morais causados; c) na fixação da indenização por danos morais, recomendável que o arbitramento seja feito caso a caso e com moderação, proporcionalmente ao grau de culpa, ao nível socioeconômico dos autores, e, ainda, ao porte da empresa recorrida, orientando-se o juiz pelos critérios sugeridos pela doutrina e jurisprudência, com razoabilidade, valendo-se de sua experiência e bom senso, atento à realidade da vida e às peculiaridades de cada caso, de modo a que, de um lado, não haja enriquecimento sem causa de quem recebe a indenização e, de outro lado, haja efetiva compensação pelos danos morais experimentados por aquele que fora lesado.[47]

5.8 INFORMAÇÃO

A informação constitui a base para qualquer **tomada de decisão**, seja no âmbito dos governos, seja na iniciativa privada, seja nas movimentações sociais. É do conhecimento e

---

41. Lei n° 6.938/81, art. 4°, VII.
42. Lei n° 6.938/81, art. 14, § 1°.
43. Lei n° 6.938/81, art. 3°, IV.
44. CF/88, art. 225, § 3°.
45. STEIGLEDER, Annelise Monteiro. Comentário Doutrinário sobre a Tese: *A responsabilidade ambiental é objetiva, informada na teoria do risco integral, sendo o nexo de causalidade o fator aglutinante que permite que o risco se integre na unidade do ato, sendo descabida a invocação, pela empresa responsável por dano ambiental, de excludentes de responsabilidade civil para afastar a sua obrigação de indenizar.* IN: Teses Jurídicas dos Tribunais Superiores – Direito Ambiental. Coord. Norma Sueli Padilha. São Paulo: RT, 2017, p. 271.
46. REsp. 115.599 – RS.
47. REsp. 1.374.284/MG. Min. Luis Felipe Salomão.

da análise dos fatos que se podem propor medidas atinentes à busca de caminhos adequados às necessidades. Isso se aplica, também, ao meio ambiente.

A Constituição Federal, ao estabelecer as regras atinentes à Administração Pública, submeteu-a, entre outros, ao princípio da publicidade,[48] como forma de dar transparência às atividades do Poder Público e garantir o acesso da população às informações relativas às atividades administrativas.

A Constituição também assegura a todos o *"direito de receber dos órgãos públicos informações de seu interesse particular, ou de interesse coletivo ou geral, que serão prestadas no prazo da lei, sob pena de responsabilidade"*,[49] ressalvadas aquelas cujo sigilo seja imprescindível à segurança da sociedade e do Estado. A Lei nº 12.527, de 18-11-2011, que revogou a Lei nº 11.111, de 5-5-2005, e regulamenta a parte final do dispositivo acima reproduzido, determina que os procedimentos previstos na Lei destinam-se a assegurar o direito fundamental de acesso à informação e devem ser executados em conformidade com os princípios básicos da administração pública e com a observância da publicidade como preceito geral e do sigilo como exceção.[50]

O art. 225 da CF/88, em seu § 1º, IV, trata da exigência do Estudo Prévio de Impacto Ambiental (EPIA), determinando que a ele se dê publicidade.

A Lei nº 11.105, de 24-3-2005, que estabelece normas de segurança e mecanismos de fiscalização de atividades que envolvam organismos geneticamente modificados (OGM) e seus derivados, determina, em seu art. 40, que *"os alimentos e ingredientes alimentares destinados ao consumo humano ou animal que contenham ou sejam produzidos a partir de OGM ou derivados deverão conter informação nesse sentido em seus rótulos, conforme regulamento"*.

A garantia da prestação de informações relativas ao meio ambiente, obrigando-se o Poder Público a produzi-las, quando inexistentes, constitui um dos instrumentos da Política Nacional do Meio Ambiente.[51]

A Lei nº 10.650, de 16-4-2003 estabelece regras sobre o acesso público aos dados e informações ambientais existentes nos órgãos e entidades integrantes do Sistema Nacional do Meio Ambiente (SISNAMA) que, por força desse diploma legal, ficam *"obrigados a permitir o acesso público aos documentos, expedientes e processos administrativos que tratem de matéria ambiental e a fornecer todas as informações ambientais que estejam sob sua guarda, em meio escrito, visual, sonoro ou eletrônico, especialmente as relativas a:*

qualidade do meio ambiente;

políticas, planos e programas potencialmente causadores de impacto ambiental;

resultados de monitoramento e auditoria nos sistemas de controle de poluição e de atividades potencialmente poluidoras, bem como de planos e ações de recuperação de áreas degradadas;

acidentes, situações de risco ou de emergência ambientais;

emissões de efluentes líquidos e gasosos, e produção de resíduos sólidos;

substâncias tóxicas e perigosas;

---

48. CF/88, art. 37, *caput*.
49. CF/88, art. 5º, XXXIII.
50. Lei nº 12.527/11, art. 3º, I.
51. Lei nº 6.938/81, art. 9º, X. Incluído pela Lei nº 7.804/89.

diversidade biológica;

organismos geneticamente modificados".[52]

As informações ambientais devem ser organizadas em sistemas de dados que servirão de instrumentos indispensáveis para os gestores e franquearão a participação da sociedade nos processos de decisão. A obrigatoriedade de o Poder Público prestar informação sobre os temas acima mencionados refere-se à segurança e à saúde pública, confirmando-se o direito à informação como fator de proteção aos direitos do cidadão, em sua mais básica expressão: o direito à vida.

Qualquer indivíduo pode solicitar as informações produzidas no âmbito do SISNAMA, não havendo necessidade de comprovar interesse específico. Basta que apresente *requerimento escrito*, assumindo *"a obrigação de não utilizar as informações colhidas para fins comerciais, sob as penas da lei civil, penal, de direito autoral e de propriedade industrial, assim como de citar as fontes, caso, por qualquer meio, venha a divulgar os aludidos dados".*[53]

A exceção para essa regra consiste no *"sigilo comercial, industrial, financeiro ou qualquer outro sigilo protegido por lei, bem como o relativo às comunicações internas dos órgãos e entidades governamentais".*[54]

Há que considerar que parte das informações contidas nos órgãos e entidades do SISNAMA é produzida por pesquisas e estudos realizados pelo Poder Público. Outra parte das informações é fornecida pelos empreendedores, nos estudos ambientais apresentados para obtenção das licenças ambientais. Após a entrada em operação de uma atividade, a lei faculta às autoridades públicas exigir a prestação periódica de qualquer tipo de informação por parte das entidades privadas, mediante sistema específico a ser implementado por todos os órgãos do SISNAMA, sobre os impactos ambientais potenciais e efetivos de suas atividades, independentemente da existência ou necessidade de instauração de qualquer processo administrativo.

Releva citar, ainda, a obrigação imposta aos órgãos ambientais integrantes do SISNAMA e à Capitania dos Portos do Comando da Marinha de fornecer, *"trimestralmente, publicidade das sanções administrativas aplicadas com fundamento no Decreto nº 6.514, de 22-7-2008: 1. no Sistema Nacional de Informações Ambientais – SINIMA e 2. em seu sítio na rede mundial de computadores",*[55] como forma de divulgar as informações relativas à inobservância das leis ambientais.

A Lei nº 11.445, de 5-1-2007, que estabelece as diretrizes nacionais do saneamento básico[56], de extrema importância para a saúde pública e o meio ambiente, determina que a entidade reguladora editará normas relativas às dimensões técnica, econômica e social de prestação dos serviços, que abrangerão, entre outros fatores, padrões de atendimento ao público e mecanismos de participação e informação,[57] o que é natural, na medida em que

---

52. Lei nº 10.650/03, art. 2º.
53. Lei nº 10.650/03, art. 2º, § 1º.
54. Lei nº 10.650/03, art. 2º, § 2º.
55. Decreto nº 6.514/08, art. 149, alterado pelo Decreto nº 6.686/08.
56. Segundo a redação dada pela Lei nº 14.026, de 2020, além de estabelecer as diretrizes para o saneamento básico, a Lei nº 11.445, de 5-1-2007, cria também o Comitê Interministerial de Saneamento Básico e altera a Lei nº 6.766, de 19-12-1979; a Lei nº 8.666, de 21-6-1993; a Lei nº 8.987, de 13-2-1995; e revoga a Lei nº 6.528, de 11-5-1978.
57. Lei nº 11.445/07, art. 23, X.

o usuário de um serviço público possui direito de conhecer os detalhes dos serviços que a ele são prestados .

5.9 PARTICIPAÇÃO SOCIAL

A partir da redemocratização do país, ocorrida na década de 1980, a sociedade civil organizada começa a atuar de modo expressivo, reivindicando a sua participação nos processos decisórios, inclusive naqueles relativos ao meio ambiente.

Essa participação não é aleatória. O art. 225 da CF/88, que assegura *"o direito de todos ao meio ambiente ecologicamente equilibrado"* e impõe tanto ao Poder Público como à coletividade o dever de defendê-lo e preservá-lo para as presentes e futuras gerações.

Verificam-se nesse dispositivo duas vertentes para a participação da coletividade: (1) respeitando as normas sobre proteção ambiental e (2) exigindo do Poder Público, por meio da sociedade civil organizada, medidas para solucionar as questões relativas ao meio ambiente, desde a formulação de novas regras, até a atuação efetiva dos órgãos e entidades de controle ambiental, na luta contra a degradação, a poluição e principalmente a omissão.

O impacto desses movimentos ocorreu na Lei nº 6.938/81, ao instituir o Sistema Nacional do Meio Ambiente (SISNAMA), de cujos órgãos colegiados federal, estaduais e municipais participa a sociedade civil.

5.10 POLUIDOR-PAGADOR

O princípio poluidor-pagador tem sua origem na Recomendação OCDE C(72) 128, de 1972, e significa que o *"poluidor deve arcar com os custos relativos às medidas de prevenção e luta contra a poluição"*,[58] normalmente assumidos pelo Poder Público, configurando um ônus social. Pelo princípio *"poluidor-pagador"*, o custo dessas medidas de prevenção deve repercutir no preço dos bens e serviços, que estão na origem da poluição, em razão de sua produção e do seu consumo.

Em nenhuma hipótese o princípio poluidor-pagador significa pagar para poluir. Seu significado refere-se aos custos sociais externos que acompanham a atividade econômica que devem ser internalizados, isto é, devem ser considerados pelo empreendedor e computados no custo do produto final.

Essa matéria foi objeto da Declaração do Rio de Janeiro Sobre Meio Ambiente e Desenvolvimento de 1992, cujo Princípio 16 estabelece:

> Tendo em vista que o poluidor deve, em princípio, arcar com o custo decorrente da poluição, as autoridades nacionais devem procurar promover a internalização dos custos ambientais e o uso dos instrumentos econômicos, levando na devida conta o interesse público.[59]

É o caso da construção de estação de tratamento de efluentes industriais, da adoção de tecnologias *limpas*, dos sistemas de reúso da água, da disposição de efluentes industriais em aterros licenciados, especialmente construídos e dotados de níveis de segurança que impeçam a contaminação do solo, dos recursos hídricos e outros recursos ambientais. Cabe ao empreendedor investir em tecnologia e outros meios, com vistas a evitar a ocor-

---

58.　PRIEUR, Michel. *Droit de l'environnement*. 8. ed. Paris: Dalloz, 2019, p. 201.
59.　SILVA, Geraldo Eulálio Nascimento e. *Direito ambiental internacional*. 2. ed. Rio de Janeiro: Thex, 2002, p. 332.

rência da poluição. Ainda assim, ocorrendo dano ao meio ambiente, fica o poluidor sujeito às responsabilidades e sanções fixadas na legislação.

A Lei nº 12.305, de 2-8-2010, ao instituir a Política Nacional de Resíduos Sólidos, introduziu a **responsabilidade compartilhada** entre fabricantes, importadores, distribuidores e comerciantes no que se refere ao investimento no desenvolvimento, fabricação e colocação no mercado de produtos: (1) que sejam aptos, após o uso pelo consumidor, à reutilização, à reciclagem ou a outra forma de destinação ambientalmente adequada; e (2) cuja fabricação e uso gerem a menor quantidade de resíduos sólidos possível.[60]

Essa responsabilidade abrange também: (1) a divulgação de informações relativas às formas de evitar, reciclar e eliminar os resíduos sólidos associados a seus respectivos produtos,[61] (2) o recolhimento dos produtos e dos resíduos remanescentes após o uso, assim como sua subsequente destinação final ambientalmente adequada, no caso de produtos objeto de **sistema de logística reversa**,[62] quais sejam: (a) agrotóxicos, seus resíduos e embalagens, assim como outros produtos cuja embalagem, após o uso, constitua resíduo perigoso, observadas as regras de gerenciamento de resíduos perigosos previstas em lei ou regulamento; (b) pilhas e baterias; (c) pneus; (d) óleos lubrificantes, seus resíduos e embalagens; (e) lâmpadas fluorescentes, de vapor de sódio e mercúrio e de luz mista; (f) produtos eletroeletrônicos e seus componentes.[63]

O princípio poluidor-pagador, então, incide no conjunto de ações voltadas à prevenção do dano, a cargo do empreendedor. Todavia, independentemente dessas ações preventivas, no caso de eventual ocorrência de dano, aplica-se a responsabilidade administrativa, penal e civil, conforme determina o § 3º do art. 225 da Constituição Federal e legislação infraconstitucional, na linha do princípio da reparação.

5.11 USUÁRIO-PAGADOR

Já o princípio usuário-pagador refere-se ao uso autorizado de um recurso ambiental, observadas as normas vigentes, inclusive os padrões legalmente fixados. Trata-se de remuneração pelo uso privativo de um recurso ambiental de natureza pública, em face de sua escassez, e não como uma penalidade decorrente de ilícito. A título de exemplo, a cobrança pelo uso de recursos hídricos, prevista no art. 19 da Lei nº 9.433/97, constitui instrumento econômico da Política Nacional de Recursos Hídricos, no âmbito do princípio usuário--pagador.

5.12 PROTETOR-RECEBEDOR[64]

O princípio protetor-recebedor foi instituído no direito brasileiro pela Lei nº 12.305, de 2-8-2010, que dispõe sobre a Política Nacional de Resíduos Sólidos. Nessa norma, especificamente, esse princípio aplica-se às atividades desenvolvidas por associações e cooperativas de catadores de resíduos, com vistas à reciclagem. Mas essa formulação não se restringe aos resíduos sólidos e vai muito além, abarcando a remuneração por serviços

---

60. Lei nº 12.305/10, art. 31, I.
61. Lei nº 12.305/10, art. 31, II.
62. Lei nº 12.305/10, art. 31, III.
63. Lei nº 12.305/10, art. 33.
64. Ver capítulo sobre Instrumentos Econômicos da Política Ambiental.

que de alguma forma minimizem os impactos negativos no meio ambiente ou auxiliem a Natureza a se recuperar da degradação.

Trata-se de um importante instrumento econômico associado às políticas ambientais, cujo objetivo é assegurar a sua efetividade. Conceitualmente, ao contrário dos instrumentos de comando-controle, que fiscalizam o cumprimento da norma e impõem sanções aos infratores, esses instrumentos visam induzir a adoção de comportamentos adequados em relação à proteção dos recursos naturais, como as florestas, os recursos hídricos e a biodiversidade, conferindo benefícios financeiros ou de assistência técnica às pessoas que voluntariamente aderirem aos programas.

5.13 ACESSO EQUITATIVO AOS RECURSOS NATURAIS

Para que todos possam usufruir o direito ao meio ambiente, é preciso que o sistema jurídico organize as atividades que utilizam os recursos ambientais, favorecendo medidas que propiciem ao maior número de pessoas o melhor uso destes recursos. O princípio do acesso equitativo aos recursos naturais concerne à racionalidade da exploração e à eficiência ecológica. Nessa linha, a Declaração de Estocolmo de 1972, em seu Princípio 5, determina:

> Os recursos não renováveis do Globo devem ser explorados de tal modo que não haja risco de serem exauridos e que as vantagens extraídas de sua utilização sejam partilhadas a toda a humanidade.

A Convenção sobre Diversidade Biológica aborda esse tema, sob o entendimento de que os detentores das tecnologias e dos conhecimentos tradicionais devem ser beneficiados pelos resultados obtidos do desenvolvimento da pesquisa sobre recursos genéticos, estabelecendo:

> Cada Parte Contratante deve adotar medidas legislativas, administrativas ou políticas, conforme o caso [...], para compartilhar de forma justa e equitativa os resultados da pesquisa e do desenvolvimento de recursos genéticos e os benefícios derivados de sua utilização comercial e de outra natureza com a Parte Contratante provedora desses recursos. Essa partilha deve dar-se de comum acordo.[65]

Além disso,

> cada Parte Contratante deve adotar todas as medidas possíveis para promover e antecipar acesso prioritário, em base justa e equitativa das Partes Contratantes, especialmente países em desenvolvimento, aos resultados e benefícios derivados de biotecnologias baseadas em recursos genéticos providos por essas Partes Contratantes. Esse acesso deve ser de comum acordo.[66]

5.14 PROIBIÇÃO DO RETROCESSO NA PROTEÇÃO DO MEIO AMBIENTE

O princípio da proibição do retrocesso em matéria ambiental refere-se à manutenção das normas protetoras do meio ambiente, conforme estabelecido nos arts. 225 e 170 da Constituição Federal. "A proibição do retrocesso vem exatamente no sentido de garantir que no evoluir do tempo, e da edição de novas normas e de sua aplicação, também se mantenha o piso de garantias constitucionalmente postas ou se avance na proteção do meio

---

65. Convenção sobre Diversidade Biológica, art. 15.7.
66. Convenção sobre Diversidade Biológica, art. 19.2.

ambiente."[67] Assim, esse princípio fundamenta-se na premissa de que as alterações das normas infraconstitucionais não podem ofender o **equilíbrio do meio ambiente**, dimensão objetiva do direito protegido, e que não pode ser relativizado.

Para garantir o desenvolvimento sustentável, inclusive para as gerações futuras, é necessário que o equilíbrio ambiental esteja protegido das ameaças políticas e econômicas, que muitas vezes resultam em retrocessos normativos. Segundo Prieur, as ameaças acima referidas podem ser:

> ameaças políticas: a vontade demagógica de simplificar o direito leva à desregulamentação e, mesmo, à "deslegislação" em matéria ambiental, visto o número crescente de normas jurídicas ambientais, tanto no plano internacional quanto no plano nacional;

> ameaças econômicas: a crise econômica mundial favorece os discursos que reclamam menos obrigações jurídicas no âmbito do meio ambiente, sendo que, dentre eles, alguns consideram que essas obrigações seriam um freio ao desenvolvimento e à luta contra a pobreza;

> ameaças psicológicas: a amplitude das normas em matéria ambiental constitui um conjunto complexo, dificilmente acessível aos não especialistas, o que favorece o discurso em favor de uma redução das obrigações do Direito Ambiental.[68]

Apesar de não se encontrar explicitamente previsto na legislação brasileira, *a proibição do retrocesso na proteção do meio ambiente* vem tomando proporções relevantes e já é considerada por grande parte da doutrina como um novo princípio básico do Direito Ambiental.[69]

Segundo Prieur, esse princípio encontra amparo em todos os outros princípios já consagrados do direito ambiental: *a prevenção impede o recuo das proteções; [...] a precaução permite que a irreversibilidade seja evitada; a participação e a informação do público permitem a garantia de um nível de proteção suficiente, graças a um controle cidadão permanente.*[70]

Muito se tem discutido acerca da aplicabilidade do princípio em tela, em especial no que se refere às discussões acerca do Código Florestal (Lei nº 12.651/12), que inseriu diversas modificações que tornaram vulneráveis espaços cuja proteção legal antes era consolidada. Há argumentos no sentido de que, por não estar expressamente prevista na legislação, a *proibição do retrocesso na proteção do meio ambiente* seria apenas uma regra de valoração e não um princípio. Entretanto, pelas razões acima expostas, parece-nos que *a proibição do retrocesso na proteção do meio ambiente* consiste em uma eficiente ferramenta para combater normas que resultem em perda de recursos ambientais. Todavia, o Supremo Tribunal Federal, ao julgar as ações relacionadas com as inconstitucionalidades do código Florestal, não considerou o princípio do não retrocesso nos termos acima expostos.

---

67. MILARÉ, Edis. *Direito do ambiente*. 10ª ed. São Paulo: Revista dos Tribunais, 2015, p. 277.
68. PRIEUR, Michel. O princípio de proibição de retrocesso ambiental. In: *O princípio de proibição de retrocesso ambiental*. Brasília: Comissão de Meio Ambiente, Defesa do Consumidor e Fiscalização e Controle, 2012, p. 12.
69. BENJAMIN, Antonio Herman. O Princípio de Proibição de Retrocesso Ambiental. In: *O Princípio de Proibição de Retrocesso Ambiental*. Brasília: Comissão de Meio Ambiente, Defesa do Consumidor e Fiscalização e Controle, 2012, p. 62.
70. PRIEUR, Michel. O princípio de proibição de retrocesso ambiental. In: *O princípio de proibição de retrocesso ambiental*. Brasília: Comissão de Meio Ambiente, Defesa do Consumidor e Fiscalização e Controle, 2012, p. 17.

6

POLÍTICA NACIONAL DO MEIO AMBIENTE

6.1 DIMENSÃO DA POLÍTICA AMBIENTAL

A Lei nº 6.938, de 31-8-1981, que instituiu a Política Nacional do Meio Ambiente[1], refletiu a preocupação da sociedade brasileira em assegurar o desenvolvimento do país, garantindo a preservação dos recursos naturais. Essa norma mudou definitivamente a forma de tratar as atividades humanas, estabelecendo-se um vínculo de natureza legal entre o desenvolvimento e a proteção do meio ambiente.

Com ela, importantes inovações foram introduzidas no direito brasileiro, para adequar os institutos jurídicos então existentes às especificidades da política ambiental, no que se refere, principalmente, à **responsabilidade por dano ambiental, à legitimidade para propor ação de indenização por dano ambiental**, além dos princípios inovadores como o **poluidor-pagador** e o **usuário-pagador**, a **participação social** em processos decisórios e o **enfoque econômico** do meio ambiente, por meio de instrumentos de gestão.

Pouco antes da edição da Lei nº 6.938/81, três normas de cunho ambiental já trataram de temas que foram retomados por ela: (1) o Decreto-lei nº 1.413, de 14-8-1975, que dispõe sobre o controle da poluição do meio ambiente provocada por atividades industriais; (2) a Lei nº 6.803, de 2-7-1980, que dispõe sobre as diretrizes básicas para o zoneamento industrial nas áreas críticas de poluição; e (3) a Lei nº 6.902, de 27-4-1981, que dispõe sobre a criação de Estações Ecológicas e Áreas de Proteção Ambiental. Essas três normas já traduziram a preocupação com as questões de poluição e proteção de espaços, constituindo uma sinalização da necessidade de um tratamento sistemático dessa questão, por meio da instituição de uma política pública especialmente voltada ao tema.

6.2 CONCEITOS

6.2.1 Meio ambiente

O conceito de meio ambiente – *"conjunto de condições, leis, influências e interações de ordem física, química e biológica, que permite, abriga e rege a vida em todas as suas formas"* – refere-se fundamentalmente aos conceitos de vida e **equilíbrio**. Onde houver vida, deve haver e manter-se um equilíbrio entre essas condições, leis, influências e interações, como forma de garanti-la.

---

1. Além de estabelecer a Política Nacional do Meio Ambiente, seus fins e mecanismos de formulação e aplicação, constitui o Sistema Nacional do Meio Ambiente (SISNAMA) e institui o Cadastro de Defesa Ambiental. Tal redação foi dada pela Lei nº 8.028, de 12-4-1990.

O conjunto vivo formado pela comunidade e pelo biótopo – conjunto dos componentes físicos e químicos do ambiente – em interação denomina-se *ecossistema*, que possui características próprias e relativa estabilidade. Um ecossistema pode consistir em uma floresta, um lago, uma ilha ou um terreno baldio.

As modificações ocorridas nos últimos anos, no que se refere ao uso dos recursos ambientais e aos impactos não apenas no meio ambiente, mas também nas comunidades, introduziu uma nova variável ao conceito de meio ambiente: a socioeconômica passou a ter um tratamento articulado com o ambiente. Trata-se de uma nova forma de entender as questões sociais que envolvem basicamente as populações nativas, tradicionais, indígenas e quilombolas, afetadas por empreendimentos em sua região de origem. Passa-se a cobrar dos empreendedores que o desenvolvimento econômico desses empreendimentos gere benefícios também a essas populações. O art. 2º da Lei nº 6.938/81, ao tratar do objetivo da lei, inclusive menciona expressamente o *desenvolvimento socioeconômico*.

Além disso, fala-se hoje em meio ambiente urbano ou meio ambiente artificial em contraposição ao natural. Sendo que grande parte da população vive em cidades, verdadeiros ecossistemas que ensejam sistemas de gestão e de proteção ambiental específicos.[2]

6.2.2 Poluidor

Na fixação dos conceitos, a Lei nº 6.938/81 identificou a figura do poluidor e causador da degradação ambiental. A pessoa jurídica, de direito público ou privado, foi introduzida no conceito de *poluidor*. Até então, não estava claro que o Poder Público, ao implantar empreendimentos públicos como estradas, usinas hidroelétricas e loteamentos, poderia ser responsável, direta ou indiretamente, por atividade causadora de degradação ambiental. Reforçando essa ideia, a lei determina que as atividades empresariais públicas ou privadas serão exercidas em consonância com as diretrizes da Política Nacional do Meio Ambiente.[3]

6.2.3 Poluição

A poluição foi definida como:

A degradação da qualidade ambiental resultante de atividades que direta ou indiretamente:

prejudiquem a saúde, a segurança e o bem-estar da população;

criem condições adversas às atividades sociais e econômicas;

afetem desfavoravelmente a biota;

afetem as condições estéticas ou sanitárias do meio ambiente;

lancem matérias ou energia em desacordo com os padrões ambientais estabelecidos.[4]

A caracterização da poluição é feita, pois, pela descrição do fato ocorrido, relativo à poluição e à correspondente previsão legal. É o que acontece com uma atividade que tenha prejudicado a saúde, a segurança e o bem-estar da população, ou que tenha criado condições adversas às atividades sociais e econômicas, que tenha afetado desfavoravelmente

---

2. Ver capítulo sobre o Meio Ambiente Urbano.
3. Lei nº 6.938/81, art. 5º, parágrafo único.
4. Lei nº 6.938/81, art. 3º, III.

a biota ou que ainda tenha causado dano às condições estéticas ou sanitárias do meio ambiente. Todas essas situações devem ser comprovadas no respectivo processo – administrativo ou judicial –, destinado a apurar a ocorrência da poluição.

Além das situações acima descritas, lançar substâncias fora dos padrões legalmente fixados também caracteriza a poluição. Mas há uma diferença entre essa situação e as demais: neste caso, a poluição ocorre pelo simples fato de haver despejos fora dos padrões legalmente estabelecidos, independentemente dos efeitos que efetivamente ocorram na água, no ar ou no solo. Aplicou-se na alínea *e* do inciso III do art. 3º da Lei nº 6.938/81 a presunção legal de ocorrência de poluição.

Essa forma de caracterizar a poluição – por presunção legal – não considera as condições do meio receptor. Se for um corpo hídrico, caberia verificar a sua vazão, a época do ano – seca ou chuvosa –, a sua classificação etc. Se for o ar, também caberia verificar as condições atmosféricas, a umidade, os ventos etc. Essas situações não são consideradas, bastando lançar acima dos limites permitidos para configurar-se a poluição.

Nesse caso, a lei permite que, até um certo limite, uma substância seja lançada sem que isso configure, juridicamente, poluição. É claro que alguma alteração ocorre no ambiente. Mas o entendimento é que os lançamentos dentro dos padrões legalmente estabelecidos não chegam a causar poluição, para fins de responsabilização do agente. Já os lançamentos efetuados além dos limites fixados caracterizam juridicamente a poluição, independentemente da existência de outros impactos no meio ambiente.

A questão dos lançamentos de acordo com padrões enseja uma forte atuação dos órgãos e entidades de controle ambiental, pois a eles cabe determinar, nos casos concretos, os reais limites dos lançamentos, seja no ar, seja na água, para evitar a ocorrência de danos ambientais, mesmo em lançamentos dentro de padrões. Por exemplo, se, em uma mesma bacia hidrográfica, muitas indústrias lançarem o mesmo tipo de substância, ainda que cada uma cumpra os limites estabelecidos, poderá haver um acúmulo dessa substância no local, a ponto de causar um dano ambiental.

Como resposta para essa questão, o art. 10 da Resolução CONAMA nº 430, de 13-5-2011, que complementa e altera a Resolução nº 357, de 17-3-2005, que dispõe sobre as condições e padrões de lançamento de efluentes, revogando o art. 31 desta última, determina que:

> na hipótese de fonte de poluição geradora de diferentes efluentes ou lançamentos individualizados, os limites constantes desta Resolução aplicar-se-ão a cada um deles ou ao conjunto após a mistura, a critério do órgão ambiental competente.

Essas são as considerações sobre o conceito de poluição estabelecido na Lei nº 6.938/81. Caracterizada a poluição, fica o agente – pessoa física ou jurídica, de direito público ou privado – sujeito à responsabilidade administrativa, penal e civil, conforme dispõe o § 3º do art. 225 da Constituição Federal de 1988.[5]

---

5. A título de esclarecimento, a Diretiva 2000/60/CE, da União Europeia, não adota, como hipótese de poluição hídrica, ao contrário da legislação brasileira, o lançamento de substâncias acima de padrões. Segundo essa norma, poluição é a introdução direta ou indireta, em resultado da atividade humana, de substâncias ou de calor no ar, na água ou no solo, que possa ser prejudicial para a saúde humana ou para a qualidade dos ecossistemas aquáticos ou dos ecossistemas terrestres diretamente dependentes dos ecossistemas aquáticos, que dê origem a prejuízos para bens materiais, ou que prejudique ou interfira com o valor paisagístico/recreativo ou com outras utilizações legítimas do ambiente. Dessa forma, o sentido de poluidor-pagador, para os países da União Europeia, é distinto do conceito brasileiro.

6.2.4 Degradação

Já a degradação da qualidade ambiental consiste na alteração adversa das características do meio ambiente, o que remete para o entendimento de ser a *poluição* uma espécie do gênero *degradação ambiental.*

A degradação da qualidade ambiental, da qual uma das causas é a poluição, refere-se justamente a um desequilíbrio provocado pela atividade humana e é definida no art. 3º, II, da Lei nº 6.938/81. Trata-se de *alteração adversa das características do meio ambiente.*

6.3 PRINCÍPIOS, OBJETIVOS E DIRETRIZES DA POLÍTICA

A fixação de princípios, objetivos e diretrizes, além dos instrumentos e o aparato institucional que se ocupará de implantar uma política pública, faz parte de seu próprio conteúdo. Segundo Maria Paula Dallari Bucci, *"como tipo ideal, a política pública deve visar à realização de objetivos definidos, expressando a seleção de prioridades, a reserva dos meios necessários à sua consecução e o intervalo de tempo em que se espera o atingimento dos resultados".*[6]

Essa política ideal, contudo, necessita de uma série de ações a cargo do Poder Público, para ter garantida a sua efetividade, implementando-se de fato o *princípio do desenvolvimento sustentável*, que rege a temática ambiental.

Ao tratar dos objetivos da Política Nacional do Meio Ambiente, a Lei nº 6.938/81 provoca alguma confusão, pois entre os objetivos ali apontados há ações que nada têm a ver com finalidades, mas com os meios a serem utilizados para atingir os objetivos.

A rigor, apenas dois objetivos da Política Nacional do Meio Ambiente, ambos relativos ao *princípio do desenvolvimento sustentável*, caracterizam-se como tal:

a preservação e restauração dos recursos ambientais com vistas à sua utilização racional e disponibilidade permanente, concorrendo para a manutenção do equilíbrio ecológico propício à vida;[7] e

a compatibilização do desenvolvimento econômico-social com a preservação da qualidade do meio ambiente e do equilíbrio ecológico.[8]

Quando se menciona a *disponibilidade permanente* dos recursos ambientais, está-se referindo às futuras gerações, a quem se deve assegurar o uso dos recursos ambientais e não a sua exaustão. A *manutenção do equilíbrio ecológico propício à vida* tem a ver com a própria definição de *meio ambiente ecologicamente equilibrado*, adotado na Constituição Federal de 1988.

Já a *compatibilização do desenvolvimento econômico-social com a preservação da qualidade ambiental* é o traço marcante do princípio do desenvolvimento sustentável. O tripé a ser equilibrado consiste no desenvolvimento econômico e social e na proteção ambiental aliados ao elemento *futuras gerações.*

Assim, parecem ser esses os reais objetivos da Política Nacional do Meio Ambiente. Os demais itens listados no art. 4º são, em verdade, instrumentos de meio, para alcançar os objetivos propostos pela lei.

---

6. BUCCI, Maria Paula Dallari. O conceito de política pública em direito. In: BUCCI, Maria Paula Dallari (Org.). *Políticas públicas*: reflexões sobre o conceito jurídico. São Paulo: Revista dos Tribunais, 2006, p. 39.
7. Lei nº 6.938/81, art. 4º, VI.
8. Lei nº 6.938/81, art. 4º, I.

Dessa forma, os seguintes instrumentos, a cargo do Poder Público, buscam atingir os objetivos traçados na lei, como medidas de efetividade na implantação da Política Ambiental:

a definição de áreas prioritárias de ação governamental relativa à qualidade e ao equilíbrio ecológico, atendendo aos interesses da União, dos Estados, do Distrito Federal, dos Territórios e dos Municípios;[9]

o estabelecimento de critérios e padrões da qualidade ambiental e de normas relativas ao uso e manejo de recursos ambientais;[10]

o desenvolvimento de pesquisas e de tecnologias nacionais orientadas para o uso racional de recursos ambientais;[11]

a difusão de tecnologias de manejo do meio ambiente, a divulgação de dados e informações ambientais e a formação de uma consciência pública sobre a necessidade de preservação da qualidade ambiental e do equilíbrio ecológico;[12]

a imposição, ao poluidor e ao predador, da obrigação de recuperar e/ou indenizar os danos causados, e ao usuário, de contribuição pela utilização de recursos ambientais com fins econômicos.[13]

Releva notar que o art. 2º da Lei nº 6.938/81 estabelece com maior clareza o real objetivo da Política:

A preservação, melhoria e recuperação da qualidade ambiental propícia à vida, visando assegurar, no País, condições ao desenvolvimento socioeconômico, aos interesses da segurança nacional e à proteção da dignidade da vida humana.

No que se refere aos princípios fixados no mesmo art. 2º, pode-se dizer que se trata muito mais de instrumentos que de princípios, pois consistem em medidas de competência governamental, necessárias a assegurar a efetividade da implantação da Política Nacional do Meio Ambiente:

I – ação governamental na manutenção do equilíbrio ecológico, considerando o meio ambiente como um patrimônio público a ser necessariamente assegurado e protegido, tendo em vista o uso coletivo;

II – racionalização do uso do solo, do subsolo, da água e do ar;

III – planejamento e fiscalização do uso dos recursos ambientais;

IV – proteção dos ecossistemas, com a preservação de áreas representativas;

V – controle e zoneamento das atividades potencial ou efetivamente poluidoras;

VI – incentivos ao estudo e à pesquisa de tecnologias orientadas para o uso racional e a proteção dos recursos ambientais;

VII – acompanhamento do estado da qualidade ambiental;

VIII – recuperação de áreas degradadas;

IX – proteção de áreas ameaçadas de degradação;

X – educação ambiental a todos os níveis do ensino, inclusive a educação da comunidade, objetivando capacitá-la para participação ativa na defesa do meio ambiente.

O art. 9º da Lei nº 6.938/81 explicita os instrumentos da Política Nacional do Meio Ambiente:

---

9. Lei nº 6.938/81, art. 4º, II.
10. Lei nº 6.938/81, art. 4º, III.
11. Lei nº 6.938/81, art. 4º, IV.
12. Lei nº 6.938/81, art. 4º, V.
13. Lei nº 6.938/81, art. 4º, VII.

I – estabelecimento de padrões de qualidade ambiental;

II – o zoneamento ambiental;

III – avaliação de impactos ambientais;

IV – o licenciamento e a revisão de atividades efetiva ou potencialmente poluidoras;

V – os incentivos à produção e instalação de equipamentos e a criação ou absorção de tecnologia, voltados para a melhoria da qualidade ambiental;

VI – a criação de espaços territoriais especialmente protegidos pelo Poder Público federal, estadual e municipal, tais como áreas de proteção ambiental, de relevante interesse ecológico e reservas extrativistas;

VII – o sistema nacional de informações sobre o meio ambiente;

VIII – o Cadastro Técnico Federal de Atividades e Instrumento de Defesa Ambiental;

IX – as penalidades disciplinares ou compensatórias aplicáveis no caso de não cumprimento das medidas necessárias à preservação ou correção da degradação ambiental;

X – a instituição do Relatório de Qualidade do Meio Ambiente, a ser divulgado anualmente pelo Instituto Brasileiro do Meio Ambiente e Recursos Naturais Renováveis – IBAMA;

XI – a garantia da prestação de informações relativas ao Meio Ambiente, obrigando-se o Poder Público a produzi-las, quando inexistentes;

XII – o Cadastro Técnico Federal de atividades potencialmente poluidoras e/ou utilizadoras dos recursos ambientais; e

XIII – instrumentos econômicos, como concessão florestal, servidão ambiental, seguro ambiental e outros.

Os instrumentos Política Nacional do Meio Ambiente foram inseridos na Lei nº 6.938/81 sem sistematização, tendo cada um deles natureza distinta, assim como o respectivo regime jurídico, no âmbito de uma Regulação Ambiental, o que será objeto de análise específica neste livro.

6.4 REGULAÇÃO AMBIENTAL

A partir da edição de uma política pública, como a Política Nacional do Meio Ambiente, a sua implementação passa a depender da fixação de normas legais e infra legais, que detalham procedimentos, fixam padrões ambientais, estabelecem instrumentos econômicos e outras condições necessárias para que a lei possa ser aplicada com efetividade, transparência e segurança jurídica.

A regulação ambiental, dessa forma, consiste no *conjunto de regras e instrumentos utilizados pelos órgãos [e entidades] ambientais na implementação de políticas públicas, a partir de condicionantes preventivos e corretivos que buscam a conformidade ambiental das atividades potencialmente poluidoras.*[14]

Tradicionalmente, a forma adotada para a implementação das políticas ambientais consiste no **comando-controle**, em que poder público, por intermédio dos órgãos e entidades do SISNAMA, estabelece regras de comportamento para a realização de atividades, e realiza o monitoramento e fiscalização das atividades, impondo sanções nos casos de desconformidade com a legislação.

---

14. REI, Fernando; RIBEIRO, Flávio de Miranda. Limites do Controle Corretivo como Instrumento de Regulação Ambiental. In: *Sobre a Efetividade da Tutela Ambiental*. GRANZIERA, Maria Luiza Machado e FREITAS, Gilberto Passos de. (Org.) Campinas: Millenium, 2014, pp. 19-47.

Por certo, essa sistemática, em um primeiro momento, foi e é ainda eficaz, pois garante, por meio dos parâmetros a serem observados pelo empreendedor, uma situação de conformidade e salubridade ambiental. Todavia, se o **comando-controle** é eficaz, ele não é suficiente para fazer face a fatores relacionados tanto com os próprios empreendimentos como pelas novas questões ambientais que vêm assumindo cada vez maior importância nas agendas internacionais minimamente preocupadas com a sustentabilidade.

Como exemplo desse tipo de instrumento, cabe tratar dos padrões de lançamento de efluentes. As normas estabelecem limites para o despejo de substâncias na água ou na atmosfera. Nessa lógica, a preocupação é evitar que o despejo de substâncias tóxicas provoque impactos negativos nos corpos receptores. Para tanto, o empreendedor deve buscar equipamentos que possam filtrar ou tratar os efluentes, garantindo a conformidade com as normas. É o que se chama de solução *end-of-pipe*.

Nesse modelo, a preocupação não é com o processo produtivo, mas apenas com o controle de poluentes no momento do despejo, o que vai gerar resíduos. E esses resíduos do tratamento de efluentes devem ser, por sua vez, destinados de forma ambientalmente correta, onerando ainda mais os custos da produção. Além disso, em se tratando de imposição legal para o empreendedor, cabe ao poder público fiscalizar, o que também enseja altos custos e, considerando as dimensões do país e a complexidade dessa fiscalização, nem sempre há uma efetividade no desempenho da função.

Conforme Fiorino, o foco no controle da poluição no final do processo (padrões de emissão) faz com que se percam oportunidades de prevenir a poluição no próprio processo produtivo mediante o uso de outras matérias-primas, mudanças nos processos de fabricação, reutilização de materiais e outros métodos.[15] Se no início da era ambiental a preocupação era controlar a poluição industrial, essa foi uma forma de buscar solução para o problema. Com a evolução das preocupações relacionadas com o ambiente, e a verificação de que as questões ambientais são muito mais complexas e globais, novas perspectivas de regulação são necessárias.

Nesse outro enfoque, a adoção de *tecnologias limpas* nos processos produtivos poderia conferir maior eficiência ambiental, na medida em que o foco da questão deixa de ser o despejo de efluentes em si, mas de operação de sistemas de produção limpa como um todo, calcado no princípio da prevenção. A **inovação**, dessa forma, consiste em uma palavra chave para mudar o foco do comando-controle e evoluir para uma gestão mais eficiente das empresas.

Aqui surge o problema: a falta de articulação entre os inúmeros estudos e programas governamentais, em que se deixa de obter ganhos concretos nos acordos pela falta de um diálogo dirigido também para a sustentabilidade. É necessário que as políticas de inovação estejam em consonância com as demandas ambientais, para propiciar a oportunidade de entrosamento entre os setores produtivos, a sociedade e o poder público com acordos baseados em uma governança e cujas metas sejam aceitas pelos atores envolvidos.

Segundo Ashford, o alcance de uma produção [...] sustentável requer entre outros fatores: 1. uma mudança no foco da política, de problemas para soluções; 2. a compreensão de que as necessárias mudanças tecnológicas abrangentes são aquelas que possam otimizar

---

15.   FIORINO, Daniel. The New Environmental Regulation. Boston: MIT, 2006, p. 48.

não apenas a produtividade, a qualidade ambiental e a saúde e segurança dos trabalhadores; e 3. o fato de que, para mudar sua tecnologia, uma empresa deve ter à disposição a oportunidade e a capacidade de mudar.[16]

Essas questões não se resolvem com o comando-controle, pois extrapolam o âmbito da sistemática. Nesse passo, cabe introduzir o conceito da governança, que consiste, em linhas gerais na participação dos diversos atores relacionados com um problema, um conflito ou uma ameaça em um bloco de negociação, em que os diversos interesses devem ser ouvidos e considerados nas decisões. Trata-se de estabelecer novas formas de organização interna e processos de participação e tomada de decisões. Para tanto, porém, é preciso antes mudar culturas, comportamentos e atitudes, criando um ambiente no qual seja possível aos vários atores discutir problemas e buscar, em conjunto, soluções efetivas.

O conceito de governança foi definido pela Comissão sobre Governança Global, instituída pela Organização das Nações Unidas no início dos anos 1990, como a *totalidade das diversas maneiras pelas quais os indivíduos e as instituições, públicas e privadas, administram seus problemas comuns*, representando um *processo contínuo pelo qual é possível acomodar interesses conflitantes e realizar ações cooperativas.* [17]

O termo **governança** não se limita a arranjos institucionais no âmbito de uma organização, ou a constituir mecanismos internos que produzam resultados mais efetivos em diversos aspectos, como transparência, controle e fiscalização. Embora tais aspectos sejam relevantes, ela vai além e compreende três pontos essenciais: 1. a governança é meio e processo capaz de produzir resultados eficazes; 2. nela é fundamental a participação ampliada, compreendendo, além do Estado, empresas, organizações não governamentais, entes subnacionais, comunidade científica; 3. sua ação se desenvolve na busca do consenso e da persuasão nas relações e ações, muito mais do que a coerção ou a obrigação de fazer. [18]

A Regulação Ambiental é tema candente e suscita discussão e divulgação dessas novas ideias. Novos horizontes devem ser vislumbrados na solução dos desafios ambientais, baseados no diálogo e na compreensão de que há interesses conflitantes, mas que podem e devem ser objeto de discussões e negociações, até que se obtenham os acordos possíveis. Mais que nunca, o princípio da boa-fé deve ser adotado, pois não há mais a alternativa de compartimentar interesses, ignorando que, nos dias de hoje, os problemas ambientais não são mais localizados: eles, junto com o comércio e a economia, as doenças e o conhecimento, tornaram-se globais.

---

16. ASHFORD, Nicholas A. *An Innovation-Based Strategy for a Sustainable Environment.* Innovation-Oriented Environmental Regulation: Theoretical Approach and Empirical Analysis, J. Hemmelskamp, K. Rennings, F. Leone (Eds.) ZEW Economic Studies. Copyright © 2000 Springer Verlag, Heidelberg, New York, pp. 67-107 (Proceedings of the International Conference of the European Commission Joint Research Centre, Potsdam, Germany, 27-29 May 1999.)
17. COMISSÃO SOBRE GOVERNANÇA GLOBAL. Nossa Comunidade Global. Relatório da Comissão sobre Governança Global. Rio de Janeiro: Ed. FGV, 1996.
18. GONÇALVES, Alcindo; FONTOURA COSTA, José Augusto. *Governança Global e Regimes Internacionais.* São Paulo: Almedina, 2011, p. 53.

O Meio Ambiente na Constituição de 1988

A abertura política ocorrida no Brasil nos anos 80 acirrou a luta por uma nova ordem constitucional, que contivesse garantias aos direitos humanos, como reação às ocorrências nefastas no período da ditadura militar. Em 5 de outubro de 1988, promulgou-se a Constituição Federal, contendo normas sobre as relações entre o homem, o meio ambiente e a ordem econômica e trazendo, para o plano constitucional, as principais regras contidas na Política Nacional do Meio Ambiente, além de uma abordagem de *cidadania ambiental*.[1]

7.1 O ART. 225

O art. 225 constitui uma inovação no direito constitucional brasileiro, pois, utilizando instrumentos que já constavam da Lei nº 6.938/81, elevou ao nível da Constituição a temática ambiental.

O fundamento do direito ambiental brasileiro consiste em todos terem *"direito ao meio ambiente ecologicamente equilibrado, bem de uso comum do povo e essencial à sadia qualidade de vida, impondo-se ao Poder Público e à coletividade o dever de defendê-lo e preservá-lo para as presentes e futuras gerações".*[2]

O meio ambiente é definido na Constituição como *bem de uso comum do povo*, expressão que se refere muito mais a interesse, ou necessidade, que a domínio ou a propriedade. Para José Afonso da Silva, *"o meio ambiente é a interação do conjunto de elementos naturais, artificiais e culturais, que propiciam o desenvolvimento equilibrado da vida em todas as suas formas".*[3]

Sendo o meio ambiente um objeto do interesse de todos, insere-se no rol dos bens tutelados pelo Poder Público,[4] a quem cabe intervir nas atividades públicas, ou particulares, para assegurar *a sadia qualidade de vida*.

7.2 AÇÃO POPULAR

O art. 5º, em seu inciso LXXIII, acrescentou à ação popular outras funções, determinando que *"qualquer cidadão é parte legítima para propor ação popular que vise a anular ato lesivo ao patrimônio público ou de entidade de que o Estado participe, à moralidade*

---

1. SILVA-SÁNCHEZ, Solange S. *Cidadania ambiental*: novos direitos no Brasil. São Paulo: Humanitas/FFLCH/USP, 2000, p. 17.
2. CF/88, art. 225.
3. SILVA, José Afonso da. *Direito ambiental constitucional*. 7ª. ed. São Paulo: Malheiros, 2009.
4. A proteção ambiental compete também à coletividade, nos termos da Constituição, mas é o Poder Público quem exerce exclusivamente a função indelegável do poder de polícia.

administrativa, ao meio ambiente e ao patrimônio histórico e cultural".[5] A matéria permanece regulada pela Lei nº 4.717, de 29-6-1965, alterada pelas Leis nºs 6.014, de 27-12-1973 e 6.513, de 20-12-1977.[6]

7.3 FUNÇÃO SOCIAL DA PROPRIEDADE

A propriedade consiste em *"um direito real, que permite o uso, gozo e disposição da coisa, de forma absoluta, exclusiva e perpétua. Se alguém detiver a coisa injustamente, o seu proprietário faz jus ao direito de persegui-la".*[7]

O art. 5º da CF/88 garante a propriedade privada,[8] atendida a sua função social. Essa determinação indica uma evolução ocorrida no que tange ao conceito de propriedade que, de exercício pleno, passou, ao longo dos séculos, a possuir uma relação intrínseca com seu entorno, de modo a compartilhar benefícios e garantir a não ocorrência de danos a terceiros. A *função social*, pois, adicionada ao interesse privado que reveste a propriedade, explicita o interesse público incorporado em seu conteúdo.

Resta verificar o conceito do termo *função*, no que se refere ao direito de propriedade. A noção de *função* opõe-se à *autonomia da vontade*, princípio do direito privado que tem por limite o ilícito. Com base na autonomia da vontade, a pessoa tem liberdade para atuar de acordo com seus interesses, desde que não cometa ato ilícito, o que remete a uma ampla liberdade. A função corre justamente em sentido contrário. Segundo Carlos Ari Sundfeld, *"função, para o Direito, é o poder de agir, cujo exercício traduz verdadeiro 'dever jurídico', e que só se legitima quando dirigido ao atingimento da específica 'finalidade' que gerou sua atribuição ao agente".*[9] A função, de acordo com esse entendimento, é vinculada a um objetivo final, estabelecido pela norma jurídica, não cabendo a plena liberdade de ação, uma vez que a finalidade está determinada *a priori.*

A propriedade, sob a égide da *função social*, passa a ter sentido jurídico apenas quando submetida a valores sociais norteadores de uma ordem pública humanista ou social, como, por exemplo, a elevação da dignidade humana e a proteção dos recursos ambientais. Assim, o art. 186, contido no capítulo relativo à Política Agrícola e Fundiária e da Reforma Agrária, dispõe expressamente que a função social é cumprida quando a propriedade rural atende, simultaneamente, segundo critérios e graus de exigência estabelecidos em lei, a requisitos dentre os quais se destaca *"a utilização adequada dos recursos naturais disponíveis e preservação do meio ambiente".*[10]

Dessa forma, *"onde há função não há autonomia da vontade, nem a liberdade em que se expressa, nem a autodeterminação da finalidade a ser buscada, nem a procura de interesses próprios, pessoais".*[11]

No que se refere à propriedade urbana, a Constituição remete aos Planos Diretores a indicação de regras e exigências fundamentais de ordenação da cidade, cujo atendimento

---

5. Na Constituição anterior, o art. 153, § 31, estabelecia o seguinte, sobre a ação popular: qualquer cidadão será parte legítima para propor ação popular que vise a anular atos lesivos ao patrimônio de entidades públicas.
6. Ver capítulo sobre os Meios Processuais de Defesa do Meio Ambiente.
7. DI PIETRO, Maria Sylvia Zanella. *Direito administrativo.* 23. ed. São Paulo: Atlas, 2010, p. 123.
8. CF/88, art. 5º, XXII.
9. SUNDFELD, Carlos Ari. *Fundamentos de direito público.* 4. ed. São Paulo: Malheiros, 2008, p. 163.
10. CF/88, art. 186, II.
11. MELLO, Celso Antônio Bandeira de. *Curso de direito administrativo.* 20. ed. São Paulo: Malheiros, 2006, p. 87.

confere à propriedade urbana o cumprimento de sua função social. A Constituição, dessa forma, "*instituiu um parâmetro para a definição do seu atendimento. Tal parâmetro é exatamente o conjunto de medidas a serem adotadas ou de ações a serem empreendidas, consoante o plano diretor*".[12]

O Código Civil determina, no § 1º do art. 1.228 que "*o direito de propriedade deve ser exercido em consonância com as suas finalidades econômicas e sociais e de modo que sejam preservados, de conformidade com o estabelecido em lei especial, a flora, a fauna, as belezas naturais, o equilíbrio ecológico e o patrimônio histórico e artístico, bem como evitada a poluição do ar e das águas*". Comparado com as disposições contidas no *caput* do artigo, que concede ao proprietário a faculdade de "*usar, gozar e dispor da coisa, e o direito de reavê-la do poder de quem quer que injustamente a possua ou detenha*", fica clara a imposição de uma restrição ao exercício do direito da propriedade, com vistas a proteger valores como o meio ambiente e o desenvolvimento socioeconômico.

7.4 ORDEM ECONÔMICA

O art. 170, contido no capítulo relativo à Política Econômica, determina:

A ordem econômica, fundada na valorização do trabalho humano e na livre iniciativa, tem por fim assegurar a todos existência digna, conforme os ditames da justiça social.

Dos princípios a serem observados na condução da ordem econômica destaca-se, no inciso VI, "*a defesa do meio ambiente, inclusive mediante tratamento diferenciado conforme o impacto ambiental dos produtos e serviços e de seus processos de elaboração e prestação*".[13]

O *tratamento diferenciado* refere-se à adequação de cada setor a parâmetros de qualidade ambiental fixados pelo Poder Público, de acordo com as características das atividades desenvolvidas. Nesse sentido, a Lei nº 12.187, de 29-12-2009, que institui a Política Nacional sobre Mudança do Clima (PNMC) prevê a compatibilização dos princípios, objetivos, diretrizes e instrumentos das políticas públicas e programas governamentais com a Política Nacional sobre Mudança do Clima.[14]

Com o objetivo de consolidar uma economia de baixo consumo de carbono, a citada lei determina o estabelecimento de planos setoriais de mitigação e de adaptação às mudanças climáticas nos seguintes setores: (1) geração e distribuição de energia elétrica; (2) transporte público urbano e sistemas modais de transporte interestadual de cargas e passageiros; (3) indústria de: (a) transformação; (b) bens de consumo duráveis; (c) químicas fina e de base; (d) papel e celulose; (e) construção civil; (4) mineração; (5) serviços de saúde e (6) agropecuária.

A elaboração desses planos visa ao atendimento de metas gradativas de redução de emissões antrópicas quantificáveis e verificáveis, considerando as especificidades de cada setor, inclusive por meio do Mecanismo de Desenvolvimento Limpo (MDL) e das Ações de Mitigação Nacionalmente Apropriadas (NAMAs), a serem fixadas em regulamento.

---

12. DALLARI, Adilson de Abreu. Solo criado: constitucionalidade da outorga onerosa de potencial construtivo. In:DALLARI, Adilson de Abreu; DISARNO, Daniela Campos Libório (Org.). *Direito urbanístico e ambiental*. Belo Horizonte: Fórum, 2007, p. 25.
13. Redação dada pela Emenda Constitucional nº 42, de 19-12-2003.
14. Lei nº 12.187/09, art. 11.

Dispondo especificamente sobre a atividade garimpeira, de fortes impactos sociais e ambientais, o art. 174 determina que o Estado favorecerá a organização da atividade garimpeira em cooperativas, levando em conta a proteção do meio ambiente e a promoção econômico-social dos garimpeiros.[15] Aqui também a Constituição aborda uma atividade naturalmente geradora de conflitos socioambientais, buscando bases organizacionais mais seguras para o seu desenvolvimento.

7.5 SAÚDE

O conceito legal de meio ambiente traz em seu conteúdo a noção de equilíbrio entre *"as condições, leis, influências e interações de ordem física, química e biológica, que permite, abriga e rege a vida em todas as suas formas"*.[16] A perda desse equilíbrio é causa da degradação ambiental e da poluição.

Nos termos do art. 196 da Constituição, a *saúde é direito de todos e dever do Estado, garantido mediante políticas sociais e econômicas que visem à redução do risco de doença e de outros agravos e ao acesso universal e igualitário às ações e serviços para sua promoção, proteção e recuperação.*

A Lei nº 6.938/81 estabelece, como uma das hipóteses que caracterizam a poluição, a degradação da qualidade ambiental resultante de atividades que, direta ou indiretamente, prejudiquem a *saúde*, a segurança e o bem-estar da população.[17]

A poluição atmosférica, a água de abastecimento público fora dos padrões de potabilidade, o contato com águas que contêm esgotos e o excesso de ruídos, entre inúmeros outros fatores, são fontes de doenças. Quando essas condições de desequilíbrio ocorrem no ambiente de trabalho, cabe a tutela dessa outra vertente ambiental – o meio ambiente do trabalho – que, na Revolução Industrial, foi o primeiro foco de preocupação com os efeitos das atividades humanas sobre a saúde e o bem-estar da população, embora tenha levado tanto tempo para que providências efetivas fossem tomadas.

A Constituição incluiu, entre as atribuições do Sistema Único de Saúde, colaborar na proteção do meio ambiente, nele compreendido o do trabalho.[18] O art. 220 dispõe sobre a proteção da manifestação do pensamento, a criação, a expressão e a informação. E confere ao Congresso Nacional a competência para estabelecer *"os meios legais que garantam à pessoa e à família a possibilidade de se defenderem [...] da propaganda de produtos, práticas e serviços que possam ser nocivos à saúde e ao meio ambiente"*.[19]

Além disso, determina que *"a propaganda comercial de tabaco, bebidas alcoólicas, agrotóxicos, medicamentos e terapias estará sujeita a restrições legais, e conterá, sempre que necessário, advertência sobre os malefícios decorrentes de seu uso"*.[20] Os bens que se pretendem proteger mediante a imposição de restrições consistem na saúde, no meio ambiente e no direito do consumidor, a quem assiste o direito de não ser prejudicado em face dos malefícios provocados pelos produtos que consome, por ignorar as suas consequências danosas.

---

15. CF/88, art. 174, § 3º.
16. Lei nº 6.938/81, art. 3º, I.
17. Lei nº 6.938/81, art. 3º, III, *a*.
18. CF/88, art. 200, VIII.
19. CF/88, art. 220, § 3º, II.
20. CF/88, art. 220, § 4º.

7.6 DOMÍNIO DA UNIÃO E DOS ESTADOS

O art. 20 da Constituição define como bens da União:

I – os que atualmente lhe pertencem e os que lhe vierem a ser atribuídos;

II – as terras devolutas indispensáveis à defesa das fronteiras, das fortificações e construções militares, das vias federais de comunicação e à preservação ambiental, definidas em lei;

III – os lagos, rios e quaisquer correntes de água em terrenos de seu domínio, ou que banhem mais de um Estado, sirvam de limites com outros países, ou se estendam a território estrangeiro ou dele provenham, bem como os terrenos marginais e as praias fluviais;

IV – as ilhas fluviais e lacustres nas zonas limítrofes com outros países; as praias marítimas; as ilhas oceânicas e as costeiras, excluídas, destas, as que contenham a sede de Municípios, exceto aquelas áreas afetadas ao serviço público e a unidade ambiental federal, e as referidas no art. 26, II;[21]

V – os recursos naturais da plataforma continental e da zona econômica exclusiva;

VI – o mar territorial;

VII – os terrenos de marinha e seus acrescidos;

VIII – os potenciais de energia hidráulica;

IX – os recursos minerais, inclusive os do subsolo;

X – as cavidades naturais subterrâneas e os sítios arqueológicos e pré-históricos;

XI – as terras tradicionalmente ocupadas pelos índios.

Por meio da Emenda Constitucional (EC) nº 46/05, foram excluídos desse domínio as ilhas oceânicas e costeiras que contenham sede de Municípios.[22] Todavia, não foram excluídas, nesses locais, as *unidades ambientais federais* que ali se localizem. Essas *unidades ambientais federais* referem-se às Unidades de Conservação estabelecidas pela Lei nº 9.985, de 18-7-2000 e que sejam de domínio da União.

Nos termos do art. 26 da CF/88, pertencem aos Estados:

I – as águas superficiais ou subterrâneas, fluentes, emergentes e em depósito, ressalvadas, neste caso, na forma da lei, as decorrentes de obras da União;

II – as áreas, nas ilhas oceânicas e costeiras, que estiverem no seu domínio, excluídas aquelas sob domínio da União, Municípios ou terceiros;

III – as ilhas fluviais e lacustres não pertencentes à União.

7.7 MINISTÉRIO PÚBLICO

A Constituição estabeleceu as funções institucionais do Ministério Público, no art. 129, destacando-se:

promover o inquérito civil e a ação civil pública, para a proteção do patrimônio público e social, do meio ambiente e de outros interesses difusos e coletivos;

defender judicialmente os direitos e interesses das populações indígenas,[23] atuando como parte.

A Lei nº 7.347, de 24-7-1985, disciplina a ação civil pública de responsabilidade por danos causados ao meio ambiente, ao consumidor, a bens e direitos de valor artístico, estético, histórico, turístico e paisagístico. O Ministério Público, entre outras entidades,

---

21. Alterado pela EC nº 46, de 5-5-2005.
22. CF/88, art. 20, IV.
23. CF/88, art. 232. O MP atua como fiscal da lei e os índios, em comunidades organizadas, atuam como partes.

DIREITO AMBIENTAL • Maria Luiza Machado Granziera

passou a ter legitimidade para ajuizar essas ações,[24] viabilizando a reparação de danos a interesses difusos, incluído aí o meio ambiente. Nos termos do art. 176 do Código de Processo Civil, o Ministério Público é autorizado por lei a atuar na defesa da ordem jurídica, do regime democrático e dos interesses e direitos sociais e individuais indisponíveis.[25]

7.8 POPULAÇÕES INDÍGENAS

O art. 231 da Constituição reconhece aos índios sua organização social, costumes, línguas, crenças e tradições, assim como os direitos originários sobre as terras que tradicionalmente ocupam, competindo à União demarcá-las, proteger e fazer respeitar todos os seus bens.

As relações entre populações indígenas e o meio ambiente são profundas, e implicam tanto a manutenção dos seus usos, costumes e tradições, como sua capacidade, em princípio, de manter as condições ambientais nas áreas por eles tradicionalmente ocupadas.

A Constituição protege, ainda, as áreas imprescindíveis à preservação dos recursos ambientais necessários a seu bem-estar e as necessárias à sua reprodução física e cultural, segundo seus usos, costumes e tradições, destinando-se as terras tradicionalmente ocupadas por essas comunidades "*a sua posse permanente, com o usufruto exclusivo das riquezas do solo, dos rios e dos lagos nelas existentes*".[26]

O aproveitamento dos recursos hídricos – incluídos os potenciais energéticos – a pesquisa e a lavra das riquezas minerais em terras indígenas, condicionam-se à autorização do Congresso Nacional, ouvidas as comunidades afetadas, ficando-lhes assegurada participação nos resultados da lavra, na forma da lei.[27]

A Constituição ainda declara nulos e extintos os atos que tenham por objeto a ocupação, o domínio e a posse das terras indígenas, ou a exploração das riquezas naturais do solo, dos rios e dos lagos nelas existentes, ressalvado relevante interesse público da União, segundo o que dispuser lei complementar.

O art. 232 confere aos índios, suas comunidades e organizações, legitimidade para ingressar em juízo em defesa de seus direitos e interesses, intervindo o Ministério Público em todos os atos do processo.

7.9 COMPETÊNCIAS

Competência é a faculdade juridicamente atribuída a uma entidade, ou a um órgão ou agente do Poder Público para emitir decisões. Trata-se das diversas modalidades de poder de que se servem os órgãos ou entidades estatais para realizar suas funções.[28] As competências dos Entes Federados encontram-se estabelecidas na Constituição Federal como legislativas e administrativas (ou materiais).

No que diz respeito aos temas de meio ambiente, o sistema de competências da Constituição de 1988, tanto para legislar como para atuar administrativamente não é tão claro quanto pode parecer em um primeiro momento e consiste em fonte de controvérsias,

---

24. Leis nos 6.938/81, art. 14, § 1º e 7.347, art. 5º, cuja redação foi dada pela Lei nº 11.448, de 15-1-2007.
25. Ver item Ação Civil Pública, no capítulo sobre os Meios Processuais de Defesa do Meio Ambiente.
26. CF/88, art. 231, § 2º.
27. CF/88, art. 231, § 3º.
28. SILVA, José Afonso da. *Curso de Direito Constitucional Positivo*. 37. ed. São Paulo: Malheiros, 2014, p. 483.

como se pode observar a partir da análise da doutrina e da jurisprudência. Nesta obra serão apresentados alguns exemplos que ilustram tal dificuldade.

Cabe esclarecer, inicialmente, como se dá, em relação aos demais entes federados, o exercício da competência da União estabelecida no art. 21, da competência privativa da União, prevista no art. 22, e da competência da União para editar normas gerais nos termos fixados no art. 24. Sem entrar no conteúdo desses dispositivos (o que será efetuado nos próximos tópicos) a questão que se coloca previamente diz respeito à possibilidade – ou não – de os demais entes federados atuarem.

O art. 21 estabelece uma lista de atividades a serem desenvolvidas pela União. Nada dispõe sobre delegação. Tampouco se menciona que essa competência é privativa.

Já o art. 22, que elenca os temas de competência privativa da União, prevê expressamente que *"lei complementar poderá autorizar os Estados a legislar sobre questões específicas das matérias relacionadas [no] artigo"*.[29] Ou seja, os Estados poderão legislar sobre as matérias contidas no art. 22 se devidamente autorizados, o que significa que a privatividade não é absoluta. Não se mencionam os municípios, o que significa que, para os fins desse dispositivo, não cabe delegação, pela União, a esses entes federados.

O art. 24, que trata da competência legislativa concorrente da União, Estados e Distrito Federal, dispõe em seus parágrafos sobre a forma do exercício dessa competência, ficando clara uma hierarquia entre as normas, em que prevalecem as da União, quando editadas. Finalmente, o art. 30 estabelece competências materiais e legislativas do município, podendo este "legislar sobre assuntos de interesse local" e "suplementar a legislação federal e a estadual no que couber".

7.9.1 Competências legislativas

A competência legislativa constitui atribuição constitucional conferida a União, Estados, Distrito Federal e Municípios, para que editem leis sobre determinadas matérias. É privativa da União;[30] concorrente entre União, Estados e Distrito Federal;[31] dos Estados;[32] dos Municípios[33] e do Distrito Federal.[34]

7.9.1.1 Competência privativa da União

O conteúdo da competência privativa, atribuída à União e prevista no art. 22 da Constituição, refere-se à disciplina normativa do Congresso Nacional. Embora o dispositivo constitucional mencione o termo *privativamente*, a União pode, por lei complementar, autorizar os Estados a legislar sobre questões específicas das matérias relacionadas no citado artigo.

De antemão, é possível afirmar que, na formulação das normas sobre as matérias objeto do art. 22, há que se considerar tanto a regra do art. 170, que condiciona a ordem econômica à proteção ambiental, como o art. 225, que dispõe sobre meio ambiente. Essa

---

29. CF/88, art. 22, parágrafo único.
30. CF/88, art. 22.
31. CF/88, art. 24.
32. CF/88, art. 25, § 1º.
33. CF/88, art. 30, I e II.
34. CF/88, art. 32, § 1º.

relação obrigatória por força constitucional é o que se denomina de "transversalidade" do meio ambiente nos vários setores produtivos, de acordo com os riscos de impactos e as soluções encontradas. Há, pois, que incluir, na elaboração das normas relativas aos temas elencados no art. 22, o fator ambiental.

A Constituição menciona, como objeto da competência legislativa privativa da União, as águas,[35, 36] que constituem bens públicos de domínio da União ou dos Estados e Distrito Federal de acordo com a sua localização[37] e também recursos ambientais.[38]

Também são objeto da competência privativa da União a energia[39] e as atividades nucleares de qualquer natureza,[40] cuja produção – ou disposição de resíduos, no caso da energia nuclear – é potencialmente causadora de expressivos impactos ambientais. As jazidas, minas, outros recursos minerais[41] pertencem à União. Quando localizados no subsolo, são bens de domínio da União e recurso ambiental.

No que se refere à política nacional de transportes e ao regime de portos, navegação lacustre, fluvial, marítima, aérea e aeroespacial, atividades que impactam o meio ambiente, há que considerar as normas de uso e proteção dos recursos ambientais ali envolvidos, como os estuários, os corpos hídricos, assim como os espaços protegidos – Áreas de Preservação Permanente (APP) e Unidades de Conservação (UC) – sem deixar de considerar as populações afetadas.

Quanto à organização do **sistema nacional de emprego** e às condições para o exercício de profissões, há que ter em conta a disciplina do meio ambiente do trabalho, que estipula as condições adequadas, seguras e salubres para as atividades do trabalhador.

7.9.1.2 *Competência concorrente*

O art. 24 inclui, nas matérias de competência legislativa concorrente da União, Estados e Distrito Federal, vários temas relativos ao meio ambiente: florestas, caça, pesca, fauna, conservação da natureza; defesa do solo e dos recursos naturais, proteção do meio ambiente e controle da poluição;[42] produção e consumo;[43] proteção ao patrimônio histórico, cultural, turístico e paisagístico;[44] responsabilidade por dano ao meio ambiente, ao consumidor, a bens e direitos de valor artístico, estético, histórico, turístico e paisagístico;[45] e proteção e defesa da saúde.[46]

Em matéria de competências legislativas concorrentes, a competência da União limitar-se-á a estabelecer **normas gerais**,[47] que se aplicam a todo o território nacional, cabendo a cada Unidade da Federação o respectivo detalhamento, conforme as características e necessidades locais, limitadas pelas regras impostas pela União.

---

35. CF/88, art. 22, IV.
36. Sobre a competência privativa da União para legislar sobre águas, ver capítulo sobre Águas.
37. Com exceção das águas subterrâneas, que pertencem aos Estados.
38. Lei nº 6.938/81, art. 3º, V.
39. CF/88, art. 22, IV.
40. CF/88, art. 22, XXVI.
41. CF/88, art. 22, XII.
42. CF/88, art. 24,VI.
43. CF/88, art. 24, V.
44. CF/88, art. 24, VII.
45. CF/88, art. 24, VIII.
46. CF/88, art. 24, XII.
47. CF/88, art. 24, § 1º.

Normas gerais são "aquelas que, por alguma razão, convêm ao interesse público sejam tratadas por igual, entre todas as ordens da Federação, para que sejam devidamente instrumentalizados e viabilizados os princípios constitucionais com que têm pertinência. A bem da ordem harmônica que deve manter coesos os entes federados, evitam-se, desse modo, atritos, colidências, discriminações de possível e fácil ocorrência".[48]

O conceito de normas gerais, no sentido constitucional, já havia sido definido pelo Min. Moreira Alves, no voto do julgamento da Representação 1.150-RS, como aquelas "preordenadas para disciplinar matéria que o interesse público exige unanimemente tratada em todo o País".[49] Aos Estados e ao Distrito Federal cabe o detalhamento nas normas, de acordo com as características e peculiaridades locais, tendo por **limite as regras impostas pela União.**

A esse respeito, José Afonso da Silva enfatiza que "a competência da União para legislar sobre normas gerais não exclui (na verdade até pressupõe) a competência suplementar dos Estados (e também do Distrito Federal, embora não se diga aí), e isso abrange não apenas as normas gerais referidas no § 1º desse mesmo artigo no tocante à matéria neste relacionada, mas também as normas gerais indicadas em outros dispositivos constitucionais, porque justamente a característica da legislação principiológica – normas gerais, diretrizes, bases –, na repartição de competências federativas, consiste em sua correlação com competência suplementar – complementar e supletiva – dos Estados".[50]

Não havendo norma geral sobre determinada matéria, cabe aos Estados exercer a competência legislativa plena, para atender a suas peculiaridades.[51] Sobrevindo lei federal sobre normas gerais, fica suspensa a eficácia da lei estadual, no que lhe for contrário.[52] Releva notar que "*a lei federal superveniente não revoga a lei estadual nem a derroga no aspecto contraditório, esta apenas perde sua aplicabilidade, porque fica com sua eficácia suspensa. Quer dizer, também, sendo revogada a lei federal pura e simplesmente, a lei estadual recobra sua eficácia e passa outra vez a incidir*".[53]

Aos Estados foi ainda atribuída a competência para, mediante lei complementar, instituir regiões metropolitanas, aglomerações urbanas e microrregiões, constituídas por agrupamentos de Municípios limítrofes, para integrar a organização, o planejamento e a execução de funções públicas de interesse comum.[54]

No que se refere aos Municípios,[55] a Constituição não os situou na área de competência concorrente do art. 24, mas lhes outorgou competência para suplementar a legislação federal e a estadual no que couber,[56] o que vale possibilitar-lhes dispor especialmente sobre as matérias ali arroladas e aquelas a respeito das quais se reconheceu à União apenas a

---

48. BORGES, Alice Gonzalez. *Normas gerais no Estatuto de Licitações e Contratos Administrativos*. São Paulo: Revista dos Tribunais, 1991, p. 27.
49. *RDA* 162, p. 131-141.
50. SILVA, José Afonso da. *Curso de direito constitucional positivo*. 37. ed. São Paulo: Malheiros, 2014, p. 508.
51. CF/88, art. 24, § 3º.
52. CF/88, art. 24, § 4º.
53. SILVA, José Afonso da. *Curso de direito constitucional positivo*. 37. ed. São Paulo: Malheiros, 2014, p. 508.
54. CF/88, art. 25, § 1º.
55. Ver capítulo sobre o Município à Luz da Constituição Federal.
56. CF/88, art. 30, II.

normatividade geral.[57] Além disso, cabe aos Municípios legislar sobre assuntos de interesse local.[58, 59]

Em termos de competência legislativa estadual, cabe mencionar julgado do Supremo Tribunal Federal (STF) em caso em que discutia a inconstitucionalidade de lei do Estado do Rio Grande do Sul, que tornava obrigatório o cadastro de produtos saneantes e domissanitários em órgão estadual. O entendimento dessa corte foi no sentido de que o Estado pode legislar sobre a matéria e "essa exigência até facilita e complementa a fiscalização da União".[60]

Uma questão a destacar consiste na possibilidade de Estados e Municípios estabelecerem normas mais restritivas que as normas gerais. Partindo da regra de que as normas gerais podem ser apenas detalhadas, de acordo com as *características locais*, haveria espaço para os demais Entes Federados, com fundamento nessas *características*, estabelecer regras mais restritivas que as fixadas pelas normas gerais?

Há que se considerar, na busca da integração das normas ambientais em um Estado Federado, que o princípio fundamental do Direito Ambiental é o *direito de todos ao meio ecologicamente equilibrado*. A legislação ambiental deve ter como meta a garantia desse direito.

O Brasil possui dimensões continentais, uma das maiores biodiversidades do planeta, ecossistemas únicos, como é o caso do Pantanal e dos Lençóis Maranhenses; uma atividade industrial muito intensa em certas regiões, como no Sudeste e biomas importantes como a Mata Atlântica e a Floresta Amazônica, somente para mencionar algumas de suas características. Com toda essa diversidade, é de esperar que a tutela dos bens ambientais seja feita de acordo com as características vigentes em cada região.

A norma geral, pela própria denominação, não pode entrar em detalhes, já que deve aplicar-se igualmente a todo o território nacional. Se houver situações que exijam uma regra cujo mandamento vá além do conteúdo da norma geral, estabelecendo normas específicas, para garantir o equilíbrio do meio ambiente naquele local, essa norma estará apenas cumprindo o objetivo constitucional relativo à garantia do direito de todos ao meio ambiente ecologicamente equilibrado.

O conteúdo das leis estaduais e municipais sobre meio ambiente, pois, deve considerar a situação e as características locais. Poderão ser mais restritivas em relação à norma geral, desde que as restrições fixadas tenham um liame lógico com a necessidade da proteção local.[61]

7.9.2 Competências administrativas

A competência material ou administrativa refere-se a ações administrativas ou ao poder-dever da Administração de cuidar dos assuntos de interesse público. A competên-

---

57. SILVA, José Afonso da. *Curso de direito constitucional positivo*. 37. ed. São Paulo: Malheiros, 2014, p. 508.
58. CF/88, art. 30, I.
59. Ver capítulo sobre O Município à Luz da Constituição Federal.
60. Recurso Extraordinário nº 286.789-6/RS, 8-3-2005.
61. Sobre essa matéria, v. MAGALHÃES, Vladimir Garcia. Competência concorrente em matéria ambiental: proteção ao meio ambiente e Justiça. *Revista Brasileira de Direito Constitucional*, nº 2, jul./dez. 2003, p. 139-163.

cia administrativa é fixada para: (1) a União;[62] (2) o exercício comum da União, Estados, Distrito Federal e Municípios;[63] (3) os Estados;[64] e (4) os Municípios.[65]

7.9.2.1 Competência da União

As competências da União previstas no art. 21 enquadram-se fundamentalmente no gênero das atividades materiais ou administrativas. Todavia, em alguns casos, a atividade administrativa se completa com a edição de normas legais. Vejamos quais das matérias objeto desse dispositivo possuem relação mais direta com o meio ambiente e quais delas implicam, além da atividade administrativa, a edição de normas legais.

À União compete "elaborar e executar **planos** nacionais e regionais de ordenação do território e de desenvolvimento econômico e social",[66] duas questões estratégicas na organização e desenvolvimento de um Estado. Trata-se de definir, em âmbito nacional, os locais para onde serão direcionadas as atividades econômicas e, ao mesmo tempo, planejar o modo como isso deve ocorrer, para garantir o bem-estar da sociedade.

É desnecessário lembrar que os planos devem ser exequíveis. Para que sejam aplicáveis, devem ser compatíveis com as diversidades culturais, geográficas, econômicas e ambientais que se verificam no território brasileiro. Daí esse nível de planejamento possuir um caráter geral, de diretriz, em que a União indica os caminhos a serem percorridos pelos Estados e Municípios no detalhamento normativo e político dessas matérias.

A Constituição Federal também conferiu competência à União para "instituir **diretrizes para o desenvolvimento urbano**, inclusive habitação, saneamento básico e transportes urbanos".[67] Nesse caso, a competência alcança o âmbito legislativo. O termo *diretrizes*, refere-se ao conceito de normas gerais. Ou seja, a expressão *instituir diretrizes* equivale a *estabelecer normas gerais*. Cabe, pois, à União estabelecer, por meio de lei, o tratamento em nível nacional da matéria. A partir daí, a cada ente político – Estados, Distrito Federal e Municípios – compete detalhar essa norma, de acordo com as características e necessidades regionais ou locais. No caso do saneamento básico, por exemplo, a norma geral consiste na Lei nº 11.445, de 5-1-2007[68].

A competência para "organizar e manter os **serviços oficiais de estatística, geografia, geologia e cartografia de âmbito nacional**"[69] reporta-se, em matéria ambiental, ao Sistema Nacional de Informação sobre o Meio Ambiente, instrumento da Política Nacional do Meio Ambiente,[70] necessário tanto para apoiar as decisões de formulação de novas normas e regulamentos, como para auxiliar na fiscalização e nas análises necessárias à averiguação da real conformidade das atividades humanas com as regras em vigor.

---

62. CF/88, art. 21.
63. CF/88, art. 23.
64. CF/88, art. 25.
65. CF/88, art. 30.
66. CF/88, art. 21, IX.
67. CF/88, art. 21, XX.
68. A Lei nº 11.445, de 5-1-2007, institui as Diretrizes Nacionais para o Saneamento Básico, que foram atualizadas pela Lei nº 14.026, de 15-7-2020.
69. CF/88, art. 21, XV.
70. Lei nº 6.938/81, art. 9º, VII.

Cabe ainda à União "planejar e promover a defesa permanente contra as **calamidades públicas**, especialmente as secas e as inundações".[71] Trata-se de competência administrativa voltada tanto ao planejamento como à execução das ações planejadas. Embora essa competência pertença à União, entende-se que ela não atuará sozinha. É necessário que suas ações estejam coordenadas com as atividades dos Estados, Distrito Federal e Municípios, que também possuem obrigações e responsabilidades voltadas a evitar as calamidades públicas. A título de exemplo, cita-se a prestação de serviços de limpeza urbana, de responsabilidade dos municípios, e cujo nível de eficiência pode evitar inundações ou, se houver falhas no serviço, provocá-las, quando o lixo estiver nas ruas e for levado pelas águas da chuva aos bueiros.

7.9.2.2 Competência comum

As competências previstas no art. 23 da Constituição dizem respeito às ações administrativas a cargo do Poder Público, no atingimento de suas finalidades.

São competências comuns da União, Estados, Distrito Federal e Municípios, entre outras, cuidar da saúde, proteger o meio ambiente, combater a poluição, preservar florestas, fauna e flora, promover a melhoria do saneamento e registrar e fiscalizar as concessões de pesquisa e exploração de recursos hídricos e minerais em seus territórios.[72] Nessas áreas, "a União incentivará a recuperação de terras áridas e cooperará com os pequenos e médios proprietários rurais para o estabelecimento, em suas glebas, de fontes de água e de pequena irrigação".[73]

A articulação e a integração das respectivas ações são fundamentais para evitar a sobreposição de esforços, o desperdício de recursos e para garantir decisões harmônicas, o que de resto vale para qualquer política pública.

Ao Poder Público cumpre desenvolver as ações necessárias para garantir a efetividade do direito ao meio ambiente equilibrado,[74] função que implica a cooperação entre os entes políticos, ressaltando-se a menção expressa ao termo *efetividade* em nível constitucional.

Já a organização e a prestação dos serviços públicos de interesse local, diretamente ou sob o regime da concessão ou permissão, competem ao Município.[75] Isso não significa que os serviços devam ser apenas prestados em âmbito local, pois, em regiões metropolitanas, por exemplo, o interesse regional pode determinar uma coordenação entre a União, o Estado-membro e os Municípios, para a consecução de um interesse comum.[76]

A cooperação está prevista no art. 23, parágrafo único, como competência comum, devendo leis complementares fixar normas para a cooperação entre a União e os Estados, o Distrito Federal e os Municípios, com vistas ao equilíbrio do desenvolvimento e do bem-estar.[77]

---

71. CF/88, art. 21, XVIII.
72. CF/88, art. 23.
73. CF/88, art. 43, § 3º.
74. CF/88, art. 225, § 1º.
75. CF/88, art. 30, V.
76. Ver capítulo sobre Saneamento Básico.
77. A Lei nº 11.107, de 6-4-2005, embora não trate especificamente da cooperação, dispõe sobre normas gerais para a União, os Estados, o Distrito Federal e os Municípios contratarem consórcios públicos para a realização de objetivos de interesse comum e dá outras providências. No entanto, a Lei nº 14.026, de 25-7-2020, acrescentou o § 4º, no artigo 1º da Lei 11.107/2005: "Aplicam-se aos convênios de cooperação, no que couber, as disposições desta Lei relativas aos consórcios públicos".

Com o propósito de regulamentar o parágrafo único do art. 23, foi editada a Lei Complementar nº 140, de 8-12-2011, que estabelece normas para a cooperação entre a União, os Estados, o Distrito Federal e os Municípios nas ações administrativas decorrentes do exercício da competência comum relativas à proteção das paisagens naturais notáveis, à proteção do meio ambiente, ao combate à poluição em qualquer de suas formas e à preservação das florestas, da fauna e da flora.

A Lei Complementar alterou a regra sobre a competência para o licenciamento ambiental fixada na Lei nº 6.938/81, substituindo a redação do art. 10 para o seguinte:

> A construção, instalação, ampliação e funcionamento de estabelecimentos e atividades utilizadores de recursos ambientais, efetiva ou potencialmente poluidores ou capazes, sob qualquer forma, de causar degradação ambiental dependerão de prévio licenciamento ambiental.[78]

Dessa forma, os Estados não são mais os entes prioritários na atividade de licenciamento ambiental, que pela nova lei passou a ser distribuída entre a União, os Estados, o Distrito Federal e os Municípios, com a possibilidade de:

> **atuação supletiva**, relativa à ação do ente da Federação que se substitui ao ente federativo originariamente detentor das atribuições, nas hipóteses de: (a) inexistência de órgão ambiental capacitado ou conselho de meio ambiente no Estado ou no Distrito Federal, devendo a União desempenhar as ações administrativas estaduais ou distritais até a sua criação; (b) inexistindo órgão ambiental capacitado ou conselho de meio ambiente no Município, o Estado deve desempenhar as ações administrativas municipais até a sua criação; e (c) inexistindo órgão ambiental capacitado ou conselho de meio ambiente no Estado e no Município, a União deve desempenhar as ações administrativas até a sua criação em um daqueles entes federativos.

> **atuação subsidiária**, relacionada com a ação do ente da Federação que visa auxiliar no desempenho das atribuições decorrentes das competências comuns, quando solicitado pelo ente federativo originariamente detentor das atribuições definidas na Lei Complementar.

Os instrumentos de cooperação institucional trazidos pela Lei já estavam previstos em leis específicas, como é o caso dos consórcios públicos, dos convênios, da possibilidade de delegação de competências de um ente para outro, dos fundos públicos e privados e dos instrumentos econômicos. A única novidade consiste nas Comissões Tripartites Nacional, Estaduais e do Distrito Federal.

Essas Comissões Tripartites, segundo a lei, têm o objetivo de *"fomentar a gestão ambiental compartilhada e descentralizada dos entes federativos"*.[79] Todavia, a lei não explicita, objetivamente, quais ações estariam a cargo dessas Comissões. Apenas menciona que elas terão sua organização e funcionamento regidos pelos respectivos regimentos internos.[80] Essa lacuna da lei gera insegurança jurídica, na medida em que não há qualquer referência no que concerne às relações entre as Comissões Tripartites e os demais órgãos e entidades componentes do SISNAMA.

A Lei Complementar nº 140/11 estabeleceu uma divisão de atribuições entre a União, Estados e Municípios, com vistas a *evitar a sobreposição de atuação entre os entes federativos, de forma a evitar conflitos de atribuições e garantir uma atuação administrativa eficiente*.[81] Deve-se elogiar essa medida, já que até então, um único empreendimento era passível,

---

78. Lei Complementar nº 140/11, art. 20.
79. Lei Complementar nº 140/11, art. 4º, § 2º.
80. Lei Complementar nº 140/11, art. 4º, § 5º.
81. Lei Complementar nº 140/11, art. 3º, III.

em tese, de ser licenciado perante mais de um ente político, em geral União e Estado, no caso de empreendimentos de maior abrangência, ou Estado e Município, na hipótese de empreendimentos de abrangência local.

As atribuições fixadas na lei complementar são passíveis de delegação de competência[82] por meio de convênio, desde que o ente destinatário da delegação disponha de conselho de meio ambiente e de órgão ambiental capacitado a executar as ações administrativas a serem delegadas, assim entendido o que possui técnicos próprios ou em consórcio, devidamente habilitados e em número compatível com a demanda das ações administrativas a serem delegadas.[83]

Assim, fica claro na lei que o licenciamento ambiental somente pode ser realizado por um único ente federativo, nos termos da divisão de atribuições fixadas. No que se refere ao licenciamento ambiental, percebe-se um avanço, na medida em que se esclarece a divisão de atribuições.

O ponto a destacar, como uma alteração no direito anterior, consiste na regra fixada no art. 17 da lei, que restringiu a competência de lavrar auto de infração e instaurar processo administrativo para a apuração de infrações à legislação ambiental ao ente federativo licenciador. Na legislação anterior, esse tema não teve tratamento sistematizado. Assim, a definição da competência para fiscalizar e instaurar processo administrativo ocorria caso a caso, na linha de uma competência comum.

Embora a lei tenha efetuado uma restrição à fiscalização e à aplicação de penalidades, ela permite, por outro lado, que qualquer pessoa legalmente identificada, ao constatar infração ambiental decorrente de empreendimento ou atividade utilizadores de recursos ambientais, efetiva ou potencialmente poluidores, pode dirigir representação ao órgão ambiental licenciador, para efeito do exercício de seu poder de polícia. E determina ainda que, nos casos de iminência ou ocorrência de degradação da qualidade ambiental, o ente federativo que tiver conhecimento do fato deverá determinar medidas para evitá-la, fazer cessá-la ou mitigá-la, comunicando imediatamente ao órgão competente para as providências cabíveis.

A fiscalização afinal, tem por finalidade verificar se uma determinada atividade está de acordo com as regras fixadas para as emissões atmosféricas, os despejos de efluentes e a disposição de resíduos no solo, ou se um desmatamento está autorizado e ocorrendo da forma prescrita na autorização. O que importa é a regra cujo cumprimento é verificado, seja ela federal, estadual ou municipal.

Ainda que esse dispositivo não impeça o exercício pelos entes federativos da atribuição comum de fiscalização da conformidade de empreendimentos e atividades efetiva ou potencialmente poluidores ou utilizadores de recursos naturais com a legislação ambiental em vigor, prevalecerá o auto de infração ambiental lavrado por órgão que detenha a atribuição de licenciamento ou autorização para tanto.

O teor do dispositivo, aparentemente, organiza a fiscalização e a aplicação de sanções administrativas, consagrando o princípio da cooperação entre os entes federativos. Mas apenas aparentemente. A lei deve refletir a sociedade e a estrutura governamental

---

82. Lei Complementar nº 140/11, art. 4º, VI.
83. Lei Complementar nº 140/11, art. 5º.

em que é instituída. O Brasil padece de uma enorme dificuldade de articulação institucional, seja entre os entes federativos, seja entre os órgãos e entidades de um mesmo ente. Há dificuldade para uma prestadora de serviços de saneamento básico organizar com a prefeitura municipal a realização de obras de canalização em um cronograma comum, de modo que a rua não seja destruída para um novo serviço logo após o recapeamento da via. Esse é apenas um exemplo num mar de ocorrências administrativas, em que a falta de comunicação e articulação entre órgãos e entidades causa prejuízos ao erário e à sociedade.

Pretender que a lei que regula o licenciamento ambiental restrinja a possibilidade de órgãos ambientais de outros entes da federação fiscalizarem e aplicarem penalidades, é premiar o infrator, que sempre se beneficiará da falta de instrumentalização por parte dos Poderes Públicos.

Ainda sobre competências comuns, incluem-se nessa categoria, disciplinadas no art. 225, obrigações voltadas a assegurar a efetividade do direito ao meio ambiente ecologicamente equilibrado, que serão objeto de tratamento em capítulos específicos deste livro:

I – preservar e restaurar os processos ecológicos essenciais e prover o manejo ecológico das espécies e ecossistemas;[84]

II – preservar a diversidade e a integridade do patrimônio genético do País e fiscalizar as entidades dedicadas à pesquisa e manipulação de material genético;[85]

III – definir, em todas as unidades da Federação, espaços territoriais e seus componentes a serem especialmente protegidos, sendo a alteração e a supressão permitidas somente através de lei, vedada qualquer utilização que comprometa a integridade dos atributos que justifiquem sua proteção;[86]

IV – exigir, na forma da lei, para instalação de obra ou atividade potencialmente causadora de significativa degradação do meio ambiente, estudo prévio de impacto ambiental, a que se dará publicidade;[87]

V – controlar a produção, a comercialização e o emprego de técnicas, métodos e substâncias que comportem risco para a vida, a qualidade de vida e o meio ambiente;[88]

VI – promover a educação ambiental em todos os níveis de ensino e a conscientização pública para a preservação do meio ambiente;[89]

VII – proteger a fauna e a flora, vedadas, na forma da lei, as práticas que coloquem em risco sua função ecológica, provoquem a extinção de espécies ou submetam os animais a crueldade.[90]

7.10 MINERAÇÃO

A mineração, atividade de alto impacto ambiental, é especialmente tratada, determinando-se àquele que explorar recursos minerais a obrigação de recuperar o meio ambiente degradado, de acordo com solução técnica exigida pelo órgão público competente, na forma da lei.[91]

---

84. Regulamentado pela Lei nº 9.985, de 18-7-2000.
85. Regulamentado pelas Leis nos 9.985, de 18-7-2000 e 11.105, de 24-3-2005.
86. Regulamentado pela Lei nº 9.985, de 18-7-2000.
87. Regulamentado pela Lei nº 11.105, de 24-3-2005, e pela Resolução CONAMA nº 01/86.
88. Regulamentado pela Lei nº 11.105, de 24-3-2005.
89. Regulamentado pela Lei nº 9.795, de 27-4-1999.
90. Regulamentado pela Lei nº 9.985, de 18-7-2000.
91. CF/88, art. 225, § 2º.

7.11 RESPONSABILIDADE

A responsabilidade por dano ambiental,[92] inicialmente contida no art. 14 da Lei nº 6.938/81, passa ao plano constitucional, estabelecendo-se que *as condutas e atividades consideradas lesivas ao meio ambiente sujeitarão os infratores, pessoas físicas ou jurídicas, a sanções penais e administrativas, independentemente da obrigação de reparar os danos causados.*

7.12 PATRIMÔNIO NACIONAL

Os biomas Floresta Amazônica brasileira, Mata Atlântica, Serra do Mar, Pantanal Mato-grossense e Zona Costeira são declarados patrimônio nacional, sendo que *sua utilização far-se-á, na forma da lei, dentro de condições que assegurem a preservação do meio ambiente, inclusive quanto ao uso dos recursos naturais.*[93] Registra-se a ausência do **cerrado** e da **caatinga**, entre outros importantes biomas brasileiros, no dispositivo constitucional.

7.13 TERRAS DEVOLUTAS

As terras devolutas, necessárias à proteção dos ecossistemas naturais, são declaradas indisponíveis ou arrecadadas pelos Estados, por ações discriminatórias.[94]

7.14 USINAS NUCLEARES

Por fim, passa a depender de lei federal a localização das usinas que operem com reator nuclear, sem o que não poderão ser instaladas,[95] como forma de impedir que decisões pontuais, no âmbito do Executivo, evitem um debate mais amplo sobre a localização de usinas nucleares.

---

92. Ver capítulos sobre Responsabilidade por Dano Ambiental
93. CF/88, art. 225, § 4º.
94. CF/88, art. 225, § 5º.
95. CF/88, art. 225, § 6º.

Parte II

Sistemas de Gestão Ambiental e de Recursos Hídricos

Sistemas de Gestão Ambiental

A Lei nº 6.938/81 estabeleceu os princípios, as diretrizes e os objetivos atinentes à política ambiental, que passaram a ser obrigatoriamente considerados no planejamento, desenvolvimento, implantação e funcionamento de quaisquer atividades humanas que se utilizem dos recursos ambientais.

Foram definidos os conceitos jurídicos fundamentais para situar o meio ambiente no ordenamento legal, organizando-se a tutela dos bens a serem protegidos, assim como a imposição de responsabilidades aos infratores da lei. Formularam-se também os instrumentos da política ambiental, por meio dos quais se busca alcançar a proteção do ambiente.

Para assumir as novas competências relativas à implementação dos instrumentos da Política Nacional do Meio Ambiente, e fazer valer esse novo paradigma frente à sociedade, foi criado o Sistema Nacional do Meio Ambiente (SISNAMA), composto por órgãos e entidades da Administração Pública, com atribuições voltadas à proteção ambiental. A instituição desse aparato institucional segue a lógica estabelecida na Declaração de Estocolmo de 1972:

> Deve ser confiada, às **instituições nacionais competentes**, a tarefa de planificar, administrar e controlar a utilização dos recursos ambientais dos Estados, com o fim de melhorar a qualidade do meio ambiente.[1]

A expressão *instituições nacionais competentes* refere-se à capacidade institucional do Estado para tornar efetivas as normas de proteção ambiental. Na mesma linha, a Constituição Federal incluiu o princípio da eficiência no art. 37, que estabelece as regras aplicáveis à Administração Pública.

O conjunto de órgãos e entidades instituídos pela Política Nacional do Meio Ambiente foi concebido sob a forma de um **sistema**.[2] O termo *sistema*, para os nossos propósitos, pode ser definido como um **conjunto de elementos que guardam entre si características comuns, funcionando dessa forma como uma estrutura coordenada**. O Sistema Nacional do Meio Ambiente e o Sistema Nacional de Gerenciamento de Recursos Hídricos possuem tal característica: são compostos, cada qual, por elementos – órgãos e entidades da Administração Pública – com atribuições legais voltadas à implementação das políticas e à respectiva gestão dos bens ambientais objeto de sua proteção.

Cabe ressaltar que entidades da sociedade civil podem eventualmente fazer parte dos Sistemas, quando recebem delegação para exercer competências do Poder Público,

---

1. Declaração de Estocolmo de 1972, Princípio 17.
2. Não pretendemos tratar de modo sistemático a definição de *sistema*, que é por demais ampla, abrangendo tópicos totalmente externos aos objetivos desta obra, como o sistema político, o sistema eleitoral etc. Interessa-nos aqui analisar o significado desse termo especificamente no que se refere ao complexo de estruturas, procedimentos e funções mediante o qual devem ser implementadas as políticas de meio ambiente e de recursos hídricos.

celebrando contrato com a Administração, como é o caso das Entidades Delegatárias, previstas na Lei nº 10.881/04.[3]

Outros sistemas de gestão são previstos, como os órgãos e entidades envolvidos com a **gestão da biodiversidade** e todos os ramos que abrangem esse tema, embora não possuam a denominação formal de Sistema.

Impende citar ainda o Sistema Nacional de Unidades de Conservação (SNUC), que, embora tenha adotado a mesma terminologia, possui características distintas dos sistemas anteriormente citados. O SNUC não tem por objeto a criação de um aparato institucional voltado à gestão das Unidades de Conservação, que já é exercido no âmbito do SISNAMA. O fulcro do SNUC é o estabelecimento de regimes jurídicos para as Unidades de Conservação, essas sim organizadas em sistema.

8.1 REFLEXÕES

Na implementação das normas sobre meio ambiente e recursos hídricos, a articulação e a negociação institucional constituem uma condição básica para o prosseguimento dos atos constantes dos procedimentos administrativos. Sem a articulação entre as instituições e a negociação, no âmbito dos conselhos e demais órgãos colegiados, não se define, por exemplo, no campo das águas, o valor da cobrança pelo uso da água e não se procede ao enquadramento dos corpos hídricos, instrumentos de gestão instituídos por lei, com o objetivo de obter melhorias na qualidade e quantidade desse recurso vital.

Os atos administrativos que concedem as outorgas de direito de uso de recursos hídricos não podem ignorar as prioridades aprovadas pelo Comitê de Bacia Hidrográfica, desde que elas estejam contidas no respectivo Plano de Recursos Hídricos da bacia. E as decisões sobre o licenciamento de empreendimentos potencial ou efetivamente poluidores dependem na negociação no âmbito do respectivo conselho de meio ambiente, para sua aprovação.

A articulação entre as instituições e a negociação, em sede dos órgãos colegiados, é um avanço na execução de políticas públicas. Todavia, tais procedimentos são inovadores no direito. Não há, no país, uma cultura de articulação e de negociação institucional consolidada. Além disso, nem sempre existe sustentabilidade institucional tanto dos órgãos e entidades como dos colegiados que possa dar base a uma atuação mais eficiente.

Os métodos modernos de administração pública repudiam o desperdício de recursos humanos e financeiros por falta de comunicação e cooperação. Mesmo considerando as formas de cooperação estabelecidas na LC nº 140/11, há situações que não necessitam de nenhuma formalidade jurídica para dar suporte às ações da Administração Pública.

A título de exemplo, nada impede que as instituições públicas competentes para a gestão ambiental ou de recursos hídricos organizem simpósios, oficinas ou seminários, com vistas a trocar informações sobre os procedimentos adotados, os problemas que se enfrentam no dia a dia, os encaminhamentos dados às dificuldades encontradas. O uso dos meios eletrônicos é um facilitador de contatos em nível mundial e isso não pode ocorrer de modo diferente em matéria de Administração Pública. Até as reuniões presenciais

---

3.   Ver capítulo sobre Águas.

podem ser substituídas pelos meios de comunicação eletrônicos, utilizando-se os recursos que seriam empregados nos deslocamentos em ações de fortalecimento institucional.

A forma de superar a dificuldade consiste na contratação e no treinamento de pessoal, fornecendo, especificamente para as pessoas envolvidas com a gestão ambiental, de recursos hídricos e da biodiversidade os meios, no âmbito das competências administrativas, para que se dê a articulação. Evidentemente, tais atividades não prescindem da aplicação de recursos financeiros.

Nessa ordem de ideias, a implantação de uma política pública deve ser considerada um empreendimento, formulando-se estratégias de atuação e desenvolvendo-se uma cultura empreendedora, que aceite o desafio de fazer acontecer os resultados, sem deixar de lado a transparência nas decisões e cumprindo-se a regra imposta pela Constituição Federal sobre a obrigação de proteger e preservar o meio ambiente para as atuais e futuras gerações.

9

Sistema Nacional do Meio Ambiente (SISNAMA)

9.1 CARACTERÍSTICAS DO SISNAMA

O SISNAMA é o conjunto de órgãos e entidades federais, estaduais[1] e municipais da Administração Pública, instituídos por leis que fixaram as respectivas atribuições relativas à proteção ambiental. A análise desse sistema deve ser feita à luz do art. 23 da Constituição Federal, que estabelece as competências comuns dos Entes Federados, muitas delas relativas a questões ambientais.

O parágrafo único desse dispositivo constitucional, alterado pela EC nº 53, de 2006, estabelece que *leis complementares fixarão normas para a cooperação entre a União e os Estados, o Distrito Federal e os Municípios, tendo em vista o equilíbrio do desenvolvimento e do bem-estar em âmbito nacional.*

Regulamentando o citado dispositivo, a Lei Complementar nº 140/11 fixa normas para a cooperação entre a União, os Estados, o Distrito Federal e os Municípios nas ações administrativas decorrentes do exercício da competência comum relativas à proteção das paisagens naturais notáveis, à proteção do meio ambiente, ao combate à poluição em qualquer de suas formas e à preservação das florestas, da fauna e da flora, alterando a Lei nº 6.938/81. Tais ações administrativas são realizadas pelos órgãos e entidades do SISNAMA.

O SISNAMA tem por característica fundamental a **coordenação das ações** de seus componentes. Sem coordenação, poderá haver superposição de atribuições e, num cenário pior, poderão restar lacunas na atuação do Poder Público. Daí a importância da articulação institucional, em que cada órgão ou entidade, no exercício de suas atribuições, possua uma interface com os outros atores do sistema, para que não se perca de vista o ideal de conjunto, de forma a atender ao princípio da **eficiência**.

O termo *articulação*, nessa linha, pode ser mais bem entendido se utilizarmos a figura exemplificativa de vários discos girando em um mesmo eixo, em que cada um deles possui atribuições específicas, quadro de pessoal próprio, eventual autonomia financeira, cultura corporativa etc. Todavia, por mais diferentes que sejam as instituições, o eixo comum assegura que, no exercício de suas funções, essas instituições não deixem de considerar as demais, que compõem o mesmo conjunto ou o mesmo sistema.

Segundo Edis Milaré, o SISNAMA representa "*a articulação da rede de órgãos ambientais existentes e atuantes em todas as esferas da Administração Pública. Recorrendo a uma analogia compatível com a linguagem ambiental, poder-se-ia dizer que o SISNAMA é uma ramificação capilar que, partindo do sistema nervoso da União, passa pelos feixes ner-*

---

1. E também do Distrito Federal.

vosos dos Estados e atinge as periferias mais remotas do organismo político-administrativo brasileiro, através dos Municípios".[2]

Com a edição da Lei Complementar nº 140/11, estabeleceu-se uma divisão de atribuições entre União, Estados e Municípios, nas matérias ali definidas. Todavia, permanece a necessidade, entre os órgãos e entidades componentes do SISNAMA, de uma troca contínua de informações e a adoção de procedimentos comuns, na busca de soluções equivalentes para problemas correlatos, considerando as dimensões e a diversidade, tanto cultural quanto biológica e geográfica, do Brasil.

Os órgãos e entidades públicas possuem, muitas vezes, procedimentos próprios, principalmente voltados ao controle, seja do meio ambiente, seja dos recursos hídricos. Mesmo que a lei esteja detalhadamente regulamentada, sempre resta alguma matéria a ser dirimida por meio da interpretação da norma, adotando-se o procedimento julgado mais de acordo com o espírito da lei – discricionariedade administrativa.

O objetivo da articulação institucional consiste na busca de informações e na padronização e simplificação dos procedimentos administrativos, conferindo maior segurança jurídica tanto aos administrados quanto ao próprio meio ambiente. Mas qual a dimensão dessa articulação? Como a articulação pode influir na efetividade das normas sobre políticas públicas? O que nos diz o direito em vigor?

Quando da instituição do SISNAMA, pela Lei nº 6.938/81, a estrutura administrativa voltada à proteção ambiental no país limitava-se à Secretaria Especial do Meio Ambiente (SEMA). A partir daí, foram criados inúmeros órgãos e entidades federais, estaduais e municipais com atribuições de planejamento, gestão e controle ambiental. A Lei nº 6.938/81 não acompanhou, entretanto, essa evolução. Portanto, essa parte da Política Nacional do Meio Ambiente, no que se refere ao âmbito federal, deve ser analisada à luz da atual estrutura administrativa em vigor, ficando claro que, independentemente da alocação dos órgãos e entidades estar hoje em diversos ministérios, o que prevalece para a caracterização do SISNAMA é a temática das competências.

9.2 ESTRUTURA

9.2.1 Conselho de Governo

O Conselho de Governo integra a Presidência da República, como órgão de assessoramento ao Presidente da República, na *formulação de diretrizes de ação governamental.*[3] Tem por finalidade pronunciar-se sobre as questões relevantes apresentadas pelo Governo Federal, em que se incluem os problemas emergentes, de grave complexidade e implicações sociais. Nos termos da Lei nº 6.938/81, fazem parte da agenda do Conselho de Governo *a formulação da política nacional* e, principalmente, *as diretrizes governamentais para o meio ambiente e os recursos ambientais.*[4]

A Lei nº 14.600, de 19-6-2023, que estabelece a organização básica dos órgãos da Presidência da República e dos Ministérios, prevê a criação de Câmaras do Conselho de

---

2. MILARÉ, Edis. *Direito do ambiente.* 10a. ed. São Paulo: RT, 2015, p. 646.
3. Lei nº 14.600, art. 9º.
4. Lei nº 6.938/81, art. 6º, I. Redação dada pela Lei nº 8.028/90.

Governo, criadas em ato do Poder Executivo federal, com a finalidade de formular políticas públicas setoriais cujas competências ultrapassem o escopo de apenas um Ministério,[5] que é exatamente o caso dos órgãos e entidades do SISNAMA.

Seria muito relevante a atuação desse órgão, considerando a importância da ***transversalidade*** que possuem as questões ambientais nos demais setores da política e da economia. Trata-se de um instrumento de caráter institucional que pode conduzir a articulação e as negociações no âmbito do Governo.

9.2.2 Conselho Nacional do Meio Ambiente (CONAMA)

O CONAMA é o órgão consultivo e deliberativo do SISNAMA e tem por finalidade *"assessorar, estudar e propor ao Conselho de Governo diretrizes de políticas governamentais para o meio ambiente e os recursos naturais e deliberar, no âmbito de sua competência, sobre normas e padrões compatíveis com o meio ambiente ecologicamente equilibrado e essencial à sadia qualidade de vida"*.[6] É órgão colegiado, congregando representantes do governo e da sociedade civil organizada, sendo a negociação um instrumento estratégico para a definição do conteúdo das normas emanadas por ele.

9.2.2.1 *Competências do CONAMA*

Ao CONAMA compete *"estabelecer, mediante proposta do IBAMA, **normas e critérios para o licenciamento de atividades efetiva ou potencialmente poluidoras**, a ser concedido pelos Estados e supervisionado pelo IBAMA"*,[7] assim como estabelecer, privativamente, **normas e padrões nacionais** de: (1) controle da poluição por veículos automotores, aeronaves e embarcações, mediante audiência dos Ministérios competentes;[8] e (2) controle e manutenção da qualidade do meio ambiente com vistas ao uso racional dos recursos ambientais, principalmente os hídricos.[9]

As Resoluções CONAMA, editadas no país a partir de 1984, vêm estabelecendo as regras norteadoras do licenciamento de atividades efetiva ou potencialmente poluidoras, formando uma importante estrutura normativa que regulamenta a Política Nacional do Meio Ambiente. Todavia, no entender de Paulo Affonso Leme Machado, com quem concordamos, a sua competência não é privativa. Nos termos do art. 24, § 1º, da Constituição Federal, cabe à União estabelecer normas – em que se incluem os padrões – de caráter geral, a serem suplementadas pelos Estados, na forma prevista no art. 24, § 2º.[10]

Ao CONAMA cabe determinar, quando julgar necessário, a realização de estudos das alternativas e das possíveis consequências ambientais de projetos públicos ou privados, requisitando aos órgãos públicos e a entidades privadas as informações indispensáveis para apreciação dos estudos de impacto ambiental, e respectivos relatórios, no caso de obras ou atividades de significativa degradação ambiental. Essa competência será exercida especialmente nas áreas consideradas patrimônio nacional,[11] isto é, a Floresta

---

5. Lei nº 14.600/2023, art. 9º, II.
6. Lei nº 6.938/81, art. 6º, II. Redação dada pela Lei nº 8.028/90.
7. Lei nº 6.938/81, art. 8º, I. Redação dada pela Lei nº 7.804, de 1989.
8. Lei nº 6.938/81, art. 8º, VI. Redação dada pela Lei nº 7.804, de 1989.
9. Lei nº 6.938/81, art. 8º, VII.
10. MACHADO, Paulo Affonso Leme. *Direito ambiental brasileiro*. 26. ed. São Paulo: Malheiros, 2018, p. 208.
11. Lei nº 6.938/81, art. 8º, II. Redação dada pela Lei nº 8.028, de 1990.

Amazônica brasileira, a Mata Atlântica, a Serra do Mar, o Pantanal Mato-grossense e a Zona Costeira.[12]

A competência do CONAMA para realização de estudos das alternativas e das possíveis consequências ambientais de projetos públicos ou privados será exercida excepcionalmente, quando seus membros julgarem necessário. A lei, todavia, não fixa critérios para orientar a tomada de decisão acerca dessas exigências, conferindo aos membros desse colegiado um poder discricionário para a decisão, cujos limites, já que não foram fixados na norma, devem conter, no mínimo, justificativa técnica fundamentada para apoiá-la, com base no princípio da motivação.

Uma razão plausível para que o CONAMA exija os estudos mencionados consiste na apresentação anterior de estudos ambientais ao órgão licenciador, que não sejam conclusivos ou estejam incompletos. Se não ficar esclarecido o impacto, nem definida a sua significância para a qualidade ambiental, ou ainda se não houver certeza quanto à possibilidade de ocorrência de danos irreversíveis ao longo do tempo - o que remete ao princípio da precaução -, é possível exigir novo estudo. A expressão *quando julgar necessário* parece referir-se à hipótese em que o órgão licenciador, que poderia exigir os estudos mencionados, não o fizer.

No que se refere às áreas consideradas **patrimônio nacional**, definidas no § 4º do art. 225 da Constituição Federal, parte dos elementos citados consistem em biomas, e parte em *espaços territoriais*. O texto é impreciso, na medida em que essas duas categorias – biomas e espaços são mencionados indiscriminadamente: a Floresta Amazônica brasileira, a Mata Atlântica e o Pantanal Mato-grossense são biomas, e a Serra do Mar e a Zona Costeira são *espaços*.

Pode-se concluir que o CONAMA, ao tomar conhecimento de empreendimentos efetiva ou potencialmente causadores de efetivo impacto ao meio ambiente, cujas informações contidas nos estudos ambientais julgue insuficientes, determinará a sua complementação.

Cabe ainda definir o significado do termo *especialmente*. O que distingue os empreendimentos localizados nos biomas citados no art. 225, § 4º, da CF/88 dos demais biomas? Para dirimir essa dúvida, é necessário verificar o fulcro da questão. O *fato gerador* do exercício dessa competência do CONAMA parece ser a *falta de* informações suficientes exaradas nos estudos de impacto ambiental do empreendimento que possam garantir a proteção do meio ambiente.

O termo *especialmente* parece estar contido nesse dispositivo com a finalidade de, nos casos de empreendimentos com localização nos biomas citados, haver uma exigência maior – que a rigor deveria ser exercida pelos órgãos licenciadores e não pelo CONAMA –, no que se refere às informações exaradas nos estudos, em face da fragilidade dos atributos de valor ambiental contidos nos biomas em questão, que ensejou sua *especial* atenção.

A função administrativa do CONAMA, como **última instância em grau de recurso**, decidindo, mediante depósito prévio, sobre as multas e outras penalidades impostas pelo IBAMA, foi revogada pela Lei nº 11.941, de 27-5-2009.[13]

---

12. CF/88, art. 225, § 4º.
13. Lei nº 11.941/09, art. 79, XIII, revogou o inciso III do *caput* do art. 8º da Lei nº 6.938, de 31-8-1981.

Mediante representação do IBAMA, cabe ao CONAMA determinar a perda ou a restrição de benefícios concedidos pelo Poder Público, assim como a perda ou a suspensão de participação em linhas de financiamento em estabelecimentos oficiais de crédito.[14] Tais decisões devem ser precedidas de processos administrativos, garantindo-se o direito à ampla defesa e ao contraditório.

Os incisos VI e VII do art. 8º da Lei nº 6.938/81 reportam-se à fixação de, respectivamente, *normas e padrões nacionais de controle da poluição por veículos automotores, aeronaves e embarcações* e *critérios e padrões relativos ao controle e manutenção da qualidade do meio ambiente com vistas ao uso racional dos recursos ambientais, principalmente os hídricos.* O estabelecimento de padrão e normas pelo CONAMA consiste em fundamental atribuição, já que os padrões[15] ambientais são instrumentos da Política Nacional do Meio Ambiente. Releva dizer que a escolha de um órgão colegiado para estabelecer os padrões ambientais confere maior legitimidade em relação aos decretos regulamentados.

9.2.2.2 Composição do CONAMA

O CONAMA é presidido pelo ministro do Meio Ambiente e sua Secretaria Executiva é exercida pelo secretário-executivo do Ministério do Meio Ambiente (MMA). Compõem o CONAMA os representantes da Administração Pública – órgãos e entidades federais, estaduais, distritais e municipais, do setor empresarial e da sociedade civil.

A composição desse órgão colegiado foi estabelecida pelo Decreto nº 99.274, de 6-6-1990 e alterações posteriores, sendo assim configurado o CONAMA:

I – Plenário;

II – Comitê de Integração de Políticas Ambientais;

III – Câmaras Técnicas;

IV – Grupos de Trabalho; e

V – Grupos Assessores.

9.2.3 Ministério do Meio Ambiente e Mudança do Clima (MMA)

Até alcançar a estrutura que vigorou até o final de 2018, o Ministério do Meio Ambiente sofreu inúmeras alterações, tendo esse órgão substituído a Secretaria do Meio Ambiente da Presidência da República (SEMA) na função de órgão central do SISNAMA, com a finalidade de *"planejar, coordenar, supervisionar e controlar, como órgão federal, a política nacional e as diretrizes governamentais fixadas para o meio ambiente".*[16]

Dessa forma, as competências da SEMA, transferidas ao Ministério do Meio Ambiente, haviam sido expandidas pela própria complexidade que envolve as questões ambientais e pelas novas descobertas científicas com impactos econômicos, como as mudanças do clima e suas consequências que se encontram na agenda da comunidade internacional, sem falar no avanço da implementação das políticas ambientais.

O MMA possui as seguintes atribuições[17]:

---

14. Lei nº 6.938, art. 8º, V. Redação dada pela Lei nº 7.804, de 18-7-1989.
15. Ver capítulo sobre Padrões de Qualidade Ambiental.
16. Lei nº 6.938/81, art. 6º, III. Redação dada pela Lei nº 8.028, de 1990.
17. Lei nº 14.600/2023, art. 36.

política nacional do meio ambiente;

política nacional sobre mudança do clima;

política de preservação, conservação e utilização sustentável de ecossistemas, biodiversidade e florestas;

gestão de florestas públicas para a produção sustentável;

estratégias, mecanismos e instrumentos regulatórios e econômicos para a melhoria da qualidade ambiental e o uso sustentável dos recursos naturais;

políticas para a integração da proteção ambiental com a produção econômica;

políticas para a integração entre a política ambiental e a política energética;

políticas de proteção e de recuperação da vegetação nativa;

políticas e programas ambientais para a Amazônia e para os demais biomas brasileiros;

zoneamento ecológico-econômico e outros instrumentos de ordenamento territorial, incluído o planejamento espacial marinho, em articulação com outros Ministérios competentes;

qualidade ambiental dos assentamentos humanos, em articulação com o Ministério das Cidades;

política nacional de educação ambiental, em articulação com o Ministério da Educação;

gestão compartilhada dos recursos pesqueiros, em articulação com o Ministério da Pesca e Aquicultura; e

políticas de proteção de espécies ameaçadas de extinção.

A competência do Ministério da Agricultura, Pecuária e Abastecimento sobre florestas plantadas será exercida em articulação com o Ministério do Meio Ambiente e Mudança do Clima.[18] Da mesma forma, as atribuições do Ministério da Pesca e Aquicultura, no estabelecimento de normas, de critérios, de padrões e de medidas de ordenamento do uso sustentável dos recursos pesqueiros e da aquicultura, serão desenvolvidas em articulação com o Ministério do Meio Ambiente e Mudança do Clima[19].

Aqui se confirma a necessidade de enfatizar a função do SISNAMA, que é justamente garantir que órgãos e entidades com competências relacionadas a temas ambientais, independentemente de sua alocação político-administrativa, atuem de forma coordenada.

9.2.3.1 Composição do Ministério do Meio Ambiente

A estrutura do MMA agrega todos os órgãos e entidades com atribuições relacionadas ao tema, incluindo a água e as florestas. Atualmente, compõem a estrutura do MMA, como **entidades vinculadas, as autarquias**:

Instituto Brasileiro do Meio Ambiente e dos Recursos Naturais Renováveis (IBAMA);

Instituto Chico Mendes de Conservação da Biodiversidade (ICMBio);

Instituto de Pesquisas do Jardim Botânico do Rio de Janeiro (JBRJ);

A Agência Nacional de Águas e Saneamento Básico (ANA).

São **órgãos específicos singulares** do MMA, definidos no art. 2º do Decreto nº 11.349, de 1-1-2023:

Secretaria Nacional de Biodiversidade, Florestas e Direitos Animais;

Secretaria Nacional de Meio Ambiente Urbano e Qualidade Ambiental;

---

18. Lei nº 14.600/2023, art. 19, II.
19. Lei nº 14.600/2023, art. 39, IV.

Secretaria Nacional de Mudança do Clima;

Secretaria Nacional de Bioeconomia;

Secretaria Nacional de Povos e Comunidades Tradicionais e Desenvolvimento Rural Sustentável;

Secretaria Extraordinária de Controle do Desmatamento e Ordenamento Ambiental Territorial;

Serviço Florestal Brasileiro.

O MMA é composto pelos seguintes **órgãos colegiados**, nos termos do art. 2º do Decreto nº 11.349, de 1-1-2023:

Conselho Nacional do Meio Ambiente (CONAMA), instituído pela Lei nº 6.938/81;

Conselho Deliberativo do Fundo Nacional do Meio Ambiente, instituído pela Lei nº 7.797, de 10-7-1989, a quem compete julgar projetos que visem ao uso racional e sustentável dos recursos naturais, inclusive a manutenção, melhoria e recuperação da qualidade ambiental;

Conselho de Gestão do Patrimônio Genético (CGen), criado pela Lei nº 11.105, de 24-3-2005, para exercer as competências fixadas no art. 6º § 1º da Lei nº 13.123, de 20-05-2015, e no Decreto nº 8.772, de 11-05-2016;

Comissão Nacional de Florestas (CONAFLOR), objeto do art. 4º-A, Decreto nº 3.420, de 20-4-2000, acrescentado pelos Decretos nº 4.864, de 24-10-2003 e nº 5.975, de 30-11-2006.

Comitê Gestor do Fundo Nacional sobre Mudança do Clima, instituído pela Lei nº 12.114, de 9-12-2009 e regulamentado pelos Decretos nº 9.578, de 22-11-2018 e nº 10.143, de 28-11-2019;

Comissão Nacional de Combate à Desertificação (CNCD), criada pelo Decreto Presidencial de 21 de julho de 2008;

Comitê Gestor do Fundo Nacional para Repartição de Benefícios (FNRB), instituído pela Lei nº 13.123, de 20-05-2015 e regulamentado pelo Decreto nº 8.772, de 11-05-2016;

Comissão Nacional para Recuperação da Vegetação Nativa – Conaveg, criada pelo Decreto nº 8.972, de 23-1-2016, que instituiu a Política Nacional de Recuperação da Vegetação Nativa;

Comissão Nacional para Redução das Emissões de Gases de Efeito Estufa Provenientes do Desmatamento e da Degradação Florestal, Conservação dos Estoques de Carbono Florestal, Manejo Sustentável de Florestas e Aumento de Estoques de Carbono Florestal (REDD+), instituída pelo Decreto nº 10.144, de 28-11-201.

Comissão Nacional de Biodiversidade, instituída pelo Decreto nº 4.703, de 21-5-2003, que dispõe sobre o Programa Nacional da Diversidade Biológica – PRONABIO**;**

Conselho Nacional de Recursos Hídricos, instituído pela Lei nº 9.433, de 8-1-1997, que institui a Política Nacional de Recursos Hídricos e cria o Sistema Nacional de Gerenciamento de Recursos Hídricos;

Comissão de Gestão de Florestas Pública, criada pela Lei nº 11.284, de 2-3-2006, que dispõe sobre a gestão de florestas públicas para a produção sustentável;

Conselho Nacional de Mudança do Clima – CNMC;

Conselho Nacional dos Povos e Comunidades Tradicionais – CNPCT, criado pelo Decreto nº 8.750, de 9-5-2016.

9.2.4 Instituto Brasileiro do Meio Ambiente e dos Recursos Naturais Renováveis (IBAMA)

O IBAMA, previsto na Lei nº 6.838/81, foi criado pela Lei nº 7.735, de 22-2-1989. Antes da criação do IBAMA, outras entidades ocupavam-se da proteção de recursos ambientais, muito embora sob uma ótica predominantemente de exploração. Com a instituição do SISNAMA, a decisão governamental foi no sentido de extinguir tais entidades.

DIREITO AMBIENTAL • Maria Luiza Machado Granziera

A Lei nº 7.732, de 14-2-1989, extinguiu a Superintendência da Borracha (SUDHE-VEA), autarquia vinculada ao Ministério da Indústria e do Comércio,[20] e o Instituto Brasileiro de Desenvolvimento Florestal (IBDF), autarquia vinculada ao Ministério da Agricultura, transferindo suas atribuições, estrutura e seu patrimônio, bem como os recursos financeiros e orçamentários, para a Secretaria Especial do Meio Ambiente (SEMA).[21]

Posteriormente, a Lei nº 7.735/89 extinguiu a Superintendência do Desenvolvimento da Pesca (SUDEPE), autarquia vinculada ao Ministério da Agricultura,[22] e a (SEMA), determinando a transferência ao IBAMA do patrimônio, dos recursos orçamentários, extra orçamentários e financeiros, da competência, das atribuições, do pessoal, inclusive inativos e pensionistas, dos cargos, funções e empregos da SUDHEVEA e do IBDF, bem como os da SUDEPE e da SEMA. O IBAMA tornou-se a entidade sucessora nos direitos, créditos e obrigações, decorrentes de lei, ato administrativo ou contrato, inclusive nas respectivas receitas.[23]

As competências do IBAMA[24] estão voltadas ao exercício do poder de polícia ambiental, observadas as diretrizes fixadas pelo Ministério do Meio Ambiente. Tem por finalidade executar e fazer executar, como *órgão* federal, a política e as diretrizes governamentais fixadas para o meio ambiente.[25] Entretanto, houve imprecisão na redação da lei. Ao ser instituído como autarquia, possui personalidade jurídica e é *entidade* da Administração Pública Indireta. Como tal, não pode ser *órgão*, já que este não possui personalidade jurídica nem compõe a Administração Pública Indireta. Competem-lhe as seguintes ações, no âmbito de suas competências:[26]

licenciamento ambiental;[27]

controle da qualidade ambiental;

autorização de uso dos recursos naturais;

fiscalização, monitoramento e controle ambiental.

9.2.5 Instituto Chico Mendes de Conservação da Biodiversidade (ICMBio)

Criada pela Lei nº 11.516, de 28-8-2007, competem a essa entidade as atribuições concernentes às políticas de proteção das Unidades de Conservação instituídas pela União, no que se refere à sua proposição, implantação, gestão, proteção, fiscalização e a seu monitoramento,[28] exercendo o poder de polícia ambiental nesses espaços,[29] sem descartar exercício supletivo do poder de polícia ambiental pelo IBAMA.[30] Na verdade, o Instituto Chico Mendes acabou por assumir competências que antes pertenciam ao IBAMA.

Ao Instituto Chico Mendes cabe ainda a execução de políticas relativas ao uso sustentável dos recursos naturais renováveis e ao apoio ao extrativismo e às populações tradicio-

---

20. Lei nº 7.732, de 14-2-1989, art. 1º, I.
21. Lei nº 7.732, de 14-2-1989, art. 2º.
22. A SUDEPE foi criada pela Lei Delegada nº 10, de 11-10-1962.
23. Lei nº 7.735/89, art. 4º.
24. Lei nº 7.735/89, art. 2º, com a redação dada pela Lei nº 11.516, de 2007.
25. Lei nº 6.938/81, art. 6º, IV. Redação dada pela Lei nº 8.028, de 1990.
26. Lei nº 11.516, de 28-8-2007, art. 5º, que alterou a redação do art. 2º da Lei nº 7.735/89.
27. Ver capítulo sobre Licenciamento Ambiental.
28. Lei nº 11.516, de 28-8-2007, art. 1º, I.
29. Lei nº 11.516, de 28-8-2007, art. 1º, IV.
30. Lei nº 11.516, de 28-8-2007, art. 1º, parágrafo único.

nais nas unidades de conservação de uso sustentável instituídas pela União,[31] fomentando e executando programas de pesquisa, proteção, preservação e conservação da biodiversidade e de educação ambiental.[32] Cumpre salientar que as Unidades de Conservação instituídas pelos Estados, Distrito Federal e por Municípios serão geridas pelo respectivo Ente Federativo que as instituiu.

Cabe ainda ao Instituto Chico Mendes promover e executar, em articulação com os demais órgãos e entidades envolvidos, programas recreacionais, de uso público e de ecoturismo nas Unidades de Conservação, onde estas atividades sejam permitidas.[33] A articulação ora mencionada enseja o esforço contínuo dos órgãos e entidades envolvidas, pois inexiste norma específica que estabeleça os critérios que norteiem as relações institucionais.

9.2.6 Órgãos e entidades estaduais

Os denominados *Órgãos Seccionais* consistem nos órgãos ou entidades estaduais, responsáveis pela execução de programas, projetos e pelo controle e fiscalização de atividades capazes de provocar a degradação ambiental.[34]

Aos Estados, na esfera de suas competências e nas áreas de sua jurisdição, cumpre elaborar normas supletivas e complementares e padrões relacionados com o meio ambiente,[35] observados os que forem estabelecidos pelo CONAMA.[36] É digno de nota que os Estados poderão estabelecer normas mais restritivas, de acordo com estudos técnicos a serem realizados, que prevalecerão, quando garantirem maior proteção ao meio ambiente, conforme fundamentação técnica.

9.2.7 Órgãos e entidades municipais

Os denominados Órgãos Locais constituem os órgãos ou entidades municipais, responsáveis pelo controle e fiscalização dessas atividades, nas suas respectivas competências.[37]

Os Municípios, observados as normas e os padrões federais e estaduais, também poderão elaborar as normas supletivas e complementares e fixar os padrões relacionados com o meio ambiente, observados os que forem estabelecidos pelo CONAMA, não podendo ser menos protetores do meio ambiente.

---

31. Lei nº 11.516, de 28-8-2007, art. 1º, II.
32. Lei nº 11.516, de 28-8-2007, art. 1º, III.
33. Lei nº 11.516, de 28-8-2007, art. 1º, V.
34. Lei nº 6.938/81, art. 6º, V. Redação dada pela Lei nº 7.804, de 1989.
35. Lei nº 6.938/81, art. 6º, § 1º.
36. As questões relativas aos conflitos de competência e a jurisprudência correlata são objeto do capítulo sobre O Meio Ambiente na Constituição de 1988.
37. Lei nº 6.938/81, art. 6º, VI. Redação dada pela Lei nº 7.804, de 1989.

10
Sistema Nacional de Gerenciamento de Recursos Hídricos

10.1 CARACTERÍSTICAS DO SISTEMA

O funcionamento do Sistema Nacional de Gerenciamento de Recursos Hídricos (SINGREH) possui uma particularidade a ressaltar. O domínio das águas, estabelecido na Constituição Federal, divide-se entre a União[1] e os Estados[2] e, por analogia, ao Distrito Federal, conforme a localização dos corpos de água. Isso implica que, para cada ente político a que corresponder o domínio de um corpo hídrico, haverá um órgão ou entidade competente para exercer o respectivo controle.

Nos corpos hídricos de domínio da União, cabe à Agência Nacional de Águas (ANA), entre outras atribuições, conceder as outorgas de direito de uso da água.[3] Aos órgãos estaduais compete emitir as outorgas no que se refere aos corpos hídricos de domínio estadual e das águas subterrâneas. No entanto, é comum, em uma mesma bacia hidrográfica, a ocorrência de corpos hídricos de domínios distintos, cabendo a diversos órgãos ou entidades proceder ao respectivo controle. Sendo a bacia hidrográfica a unidade de planejamento e gerenciamento de recursos hídricos[4] e sendo muitas vezes formada por corpos hídricos de domínios distintos, a atuação do aparato institucional voltado à gestão das águas não pode prescindir da harmonia e da cooperação.

Na medida em que os instrumentos administrativos – licenciamento ambiental, autorização para suprimir vegetação em geral, em Área de Preservação Permanente (APP) ou, ainda, em Mata Atlântica, e a outorga de direito de uso de recursos hídricos – restringem as atividades econômicas que disputam mercado, é necessário que os respectivos procedimentos administrativos sejam equivalentes, com vistas à observância do princípio da isonomia, inclusive no que se refere às condicionantes impostas pelo Poder Público ao empreendedor.

Por outro lado, os procedimentos administrativos devem ser compatíveis com a realidade local, evitando a superposição de competências e a duplicação de esforços, ou, ainda, o vazio nas atividades administrativas.

---

1. CF/88, art. 20, III.
2. CF/88, art. 26, I.
3. Lei nº 9.984, de 17-7-2000, art. 4º, IV.
4. Lei nº 9.433/97, art. 1º, V.

Um exemplo consiste nos procedimentos de outorga de direito de uso de recursos hídricos em uma mesma bacia hidrográfica, por entes diferentes: Agência Nacional de Águas (ANA), para os corpos hídricos de domínio da União e o ente estadual, para os corpos hídricos de domínio do Estado. Não é possível que os usuários de recursos hídricos, muitas vezes concorrentes no mercado, submetam-se a procedimentos diferentes, ou paguem preços diferentes pelo uso dos recursos hídricos em razão da dominialidade das águas, em uma mesma bacia hidrográfica, em situações equivalentes.

Sem articulação entre os vários órgãos e entidades, as decisões não avançam e perde-se a necessária coesão no âmbito do Poder Público. O termo *integração*, nesse cenário, é a base de toda a atuação administrativa.

A Política Nacional de Recursos Hídricos, instituída pela Lei nº 9.433/97, é explícita no que se refere à articulação quando trata, no art. 3º, das diretrizes gerais de ação para implementação da Política Nacional. O inciso IV do art. 3º inclui, entre as diretrizes da Política, "*a articulação do planejamento de recursos hídricos com o dos setores usuários e com os planejamentos regional, estadual e nacional*".

Apenas esse dispositivo seria suficiente para garantir a convergência das ações relativas ao planejamento. O inciso V do citado art. 3º da Lei nº 9.433/97 vai além e estabelece a articulação *da gestão de recursos hídricos com a do uso do solo* como diretriz de ação. Não poderia ser de outra forma. Muitas vezes, em um único espaço geográfico definido, como uma região metropolitana ou uma bacia hidrográfica, elaboram-se planos diretores, planos municipais de saneamento básico, planos integrados de resíduos sólidos e planos de habitação, sem que haja uma forte interlocução entre todos os órgãos e entidades responsáveis por parte de cada plano em andamento. O resultado, além da óbvia despesa adicional, é que pode haver incompatibilidades entre os diversos planos, resultando em sérias dificuldades na implementação.[5]

Nota-se, no campo dos recursos hídricos, um avanço nessa questão, na medida em que a articulação foi introduzida como norma cogente. O art. 4º da Lei nº 9.433/97 dispõe que a "União articular-se-á com os Estados tendo em vista o gerenciamento dos recursos hídricos de interesse comum", que podem ser apontados como aqueles corpos hídricos que, localizados em uma mesma bacia hidrográfica, são objeto da guarda e proteção dos diversos órgãos e entidades envolvidos. A articulação é necessária à sistematização de procedimentos, de forma a garantir a observância do princípio da adoção da bacia hidrográfica como unidade de planejamento e gerenciamento e a proteção da qualidade e da quantidade dos recursos hídricos.

Nessa linha, a Lei nº 9.433/97 não apenas dispõe sobre a articulação institucional, como também indica que cabe ao Conselho Nacional de Recursos Hídricos "*promover a articulação do planejamento de recursos hídricos com os planejamentos nacional, regional, estaduais e dos setores usuários*"[6] e que compete aos Comitês de Bacia Hidrográfica, no

---

5. Cabe salientar que a Lei nº 11.445/07, em seu art. 19, § 3º, exige compatibilidade dos planos de saneamento básico com os planos de bacia hidrográfica em que estiverem inseridos. Ou seja, enquadra, muito corretamente, o interesse local em nível subordinado ao interesse regional. Ademais, a Lei nº 14.026, de 15-7-2020, deu a seguinte redação ao § 3º do art. 19 da Lei nº 11.445/07: "Os planos de saneamento básico deverão ser compatíveis com os planos das bacias hidrográficas e com planos diretores dos Municípios em que estiverem inseridos, ou com os planos de desenvolvimento urbano integrado das unidades regionais por eles abrangidas".

6. Lei nº 9.433/97, art. 35, I.

âmbito de sua área de atuação, *"promover o debate das questões relacionadas a recursos hídricos e articular a atuação das entidades intervenientes"*.[7]

Além das regras sobre a articulação institucional, a Lei nº 9.433/97 contém, ainda, nos respectivos procedimentos administrativos, uma instância de negociação, segundo a qual as decisões emitidas pelos órgãos colegiados – Comitês de Bacia Hidrográfica e Conselhos de Recursos Hídricos – dependem da negociação entre os seus representantes, na linha da gestão descentralizada e participativa. Entende-se por negociação os trabalhos atinentes à conclusão de um acordo por meio de concessões mútuas, em que as partes buscam seus interesses, porém em harmonia com os interesses das outras partes.

10.2 COMPETÊNCIAS DO SISTEMA

Ao Sistema Nacional de Recursos Hídricos compete **coordenar a gestão integrada das águas**,[8] o que significa promover a articulação institucional entre órgãos e entidades competentes nas bacias hidrográficas compostas de recursos hídricos com diferentes domínios.

A competência para **arbitrar administrativamente os conflitos** relacionados com os recursos hídricos[9] ainda não se encontra plenamente implantada, não tendo a norma legal em vigor estabelecido os procedimentos necessários à instauração dos processos administrativos destinados a solucionar os conflitos. Essa matéria enseja uma regulamentação específica, quanto aos procedimentos de solução de conflitos.

A função de **planejar, regular e controlar o uso, a preservação e a recuperação** dos recursos hídricos[10] refere-se à aplicação dos instrumentos de gestão estabelecidos pela lei, incluindo os Planos de Recursos Hídricos, o enquadramento dos corpos de água em classes segundo os usos preponderantes, a outorga dos direitos de uso de recursos hídricos e a cobrança pelo uso de recursos hídricos, sempre com fulcro no Sistema de Informações sobre Recursos Hídricos.

10.3 ESTRUTURA DO SISTEMA

O Sistema Nacional de Gerenciamento de Recursos Hídricos é integrado por:

órgãos colegiados: Conselho Nacional de Recursos Hídricos; Conselhos de Recursos Hídricos dos Estados e do Distrito Federal e Comitês de Bacia Hidrográfica;

Administração Pública: Agência Nacional de Águas, órgãos e entidades dos poderes públicos federal, estaduais, do Distrito Federal e municipais, cujas competências se relacionem com a gestão de recursos hídricos e as Agências de Água; e

organizações civis de recursos hídricos: (a) consórcios e associações intermunicipais de bacias hidrográficas; (b) associações regionais, locais ou setoriais de usuários de recursos hídricos; (c) organizações técnicas e de ensino e pesquisa com interesse na área de recursos hídricos; (d) organizações não governamentais com objetivos de defesa de interesses difusos e coletivos da sociedade; (e) outras organizações reconhecidas pelo Conselho Nacional ou pelos Conselhos Estaduais de Recursos Hídricos.

---

7. Lei nº 9.433/97, art. 38, I.
8. Lei nº 9.433/97, art. 32, I.
9. Lei nº 9.433/97, art. 32, II.
10. Lei nº 9.433/97, art. 32, IV.

10.3.1 Órgãos colegiados

Os órgãos colegiados não possuem personalidade jurídica. São *órgãos de Estado*, na medida em que são criados pelo Poder Público, por lei ou decreto[11] e regem-se pelas normas aplicáveis à Administração Pública. Participam dos órgãos colegiados de recursos hídricos, nas proporções definidas nos respectivos atos de criação, o Poder Público detentor do domínio das águas – União, Estados, Distrito Federal – e representantes de Municípios e usuários, assim como da sociedade civil organizada.

A atuação e procedimentos a cargo dos órgãos colegiados, no âmbito do Sistema de Recursos Hídricos, possuem caráter formal, na medida em que o seu funcionamento é atribuição do Poder Público. A organização das eleições dos membros dos colegiados, o agendamento e a organização da pauta das reuniões, as resoluções e moções dos conselhos de recursos hídricos, as deliberações dos Comitês de Bacia Hidrográfica e demais atos observam os princípios da legalidade, da publicidade, da impessoalidade, da moralidade e da eficiência, fixados no art. 37 da Constituição Federal, que dispõe sobre a Administração Pública.

10.3.1.1 Conselho Nacional de Recursos Hídricos

O **Conselho Nacional de Recursos Hídricos**[12] é composto por representantes: (1) do Poder Público Federal; (2) indicados pelos Conselhos Estaduais de Recursos Hídricos; e (3) da sociedade civil – usuários dos recursos hídricos e organizações civis de recursos hídricos. O número de representantes do Poder Executivo Federal não pode exceder a metade mais um do total dos membros do Conselho Nacional de Recursos Hídricos, conferindo àquele o poder de decisão no âmbito do Conselho Nacional.

São competências do Conselho Nacional de Recursos Hídricos, previstas no art. 35 da Lei nº 9.433/97, dentre outras:

promover a articulação do planejamento de recursos hídricos com os planejamentos nacional, regional, estaduais e dos setores usuários;

deliberar sobre os projetos de aproveitamento de recursos hídricos cujas repercussões extrapolem o âmbito dos Estados em que serão implantados;

deliberar sobre as questões que lhe tenham sido encaminhadas pelos Conselhos Estaduais de Recursos Hídricos ou pelos Comitês de Bacia Hidrográfica;

analisar propostas de alteração da legislação pertinente a recursos hídricos e à Política Nacional de Recursos Hídricos;

estabelecer diretrizes complementares para implementação da Política Nacional de Recursos Hídricos, aplicação de seus instrumentos e atuação do Sistema Nacional de Gerenciamento de Recursos Hídricos;

aprovar propostas de instituição dos Comitês de Bacia Hidrográfica e estabelecer critérios gerais para a elaboração de seus regimentos;

acompanhar a execução, aprovar o Plano Nacional de Recursos Hídricos e determinar as providências necessárias ao cumprimento de suas metas;[13]

estabelecer critérios gerais para a outorga de direitos de uso de recursos hídricos e para a cobrança por seu uso.

---

11. Lei nº 9.433/97, art. 37, parágrafo único: "A instituição de Comitês de Bacia Hidrográfica em rios de domínio da União será efetivada por ato do Presidente da República."
12. Lei nº 9.433/97, art. 34.
13. Redação dada pela Lei nº 9.984, de 17-7-2000.

Em razão da Política Nacional de Segurança de Barragens, instituída pela Lei nº 12.334, de 20-9-2010, foram acrescentadas as seguintes atribuições do CNRH, nessa matéria:

zelar pela implementação da Política Nacional de Segurança;[14]

estabelecer diretrizes para implementação da PNSB, aplicação de seus instrumentos e atuação do Sistema Nacional de Informações sobre Segurança de Barragens (SNISB);[15]

apreciar o Relatório de Segurança de Barragens, fazendo, se necessário, recomendações para melhoria da segurança das obras, bem como encaminhá-lo ao Congresso Nacional.[16]

10.3.1.2 Comitês de Bacia Hidrográfica

A legislação brasileira inovou ao criar a figura do Comitê de Bacia Hidrográfica, cuja atuação incide em áreas que não correspondem à organização político-administrativa do país (União, Estados, Distrito Federal e Municípios), embora possua competência de cunho deliberativo. Os Comitês de Bacia Hidrográfica são órgãos colegiados com funções consultivas e deliberativas, vinculados ao Poder Público e subordinados aos respectivos Conselhos de Recursos Hídricos. Constituem a instância mais importante de participação e integração do planejamento e gestão da água, sob o enfoque das bacias hidrográficas.[17]

Como órgãos, não possuem personalidade jurídica. Mas não há dúvida quanto à sua natureza de integrantes da Administração – órgãos de Estado: seu funcionamento observa os princípios do procedimento formal e do processo administrativo e sua atuação decorre de lei.

Os regimentos dos órgãos colegiados devem prever a representação de todos os interesses existentes na bacia, pois a eficácia do sistema depende dessa representatividade. Só existe legitimidade nas decisões do Comitê se dele participarem, de forma atuante, representantes de todos os segmentos da sociedade, com interesse nos recursos hídricos.

Embora a participação ampla seja condição *sine qua non* para que um Comitê se instale, o Poder Público é o responsável por instituí-lo formalmente, a partir da aprovação das respectivas propostas pelo CNRH[18] e efetivação por ato do Presidente da República.[19]

A instituição de Comitês deve ocorrer em todas as áreas de intensa utilização dos recursos hídricos, para que as definições e diretrizes quanto ao seu uso sejam negociadas e sustentáveis.[20] No âmbito das bacias hidrográficas cujo curso principal seja de domínio da União, encontram-se instituídos Comitê para Integração da Bacia Hidrográfica do Rio Paraíba do Sul (CEIVAP),[21] o Comitê da Bacia Hidrográfica do Rio São Francisco,[22] o Comitê da Bacia Hidrográfica do Rio Doce,[23] o Comitê das Bacias Hidrográficas dos Rios

---

14. Lei nº 9.433/97, art. 35, XI, introduzido pela Lei nº 12.334/10.
15. Lei nº 9.433/97, art. 35, XII, introduzido pela Lei nº 12.334/10.
16. Lei nº 9.433/97, art. 35, XIII, introduzido pela Lei nº 12.334/10.
17. GRANZIERA, Maria Luiza Machado. Coordenação da ação pública: a experiência dos Comitês de Bacia Hidrográfica. In: BUCCI, Maria Paula Dallari (Coord.). *Políticas públicas*: reflexões sobre o conceito jurídico. São Paulo: Saraiva, 2006, p. 301-310.
18. Lei nº 9.433/97, art. 35, VII.
19. Lei nº 9.433/97, art. 37, parágrafo único.
20. Ver Resolução CNRH nº 5, de 10-4-2000, alterada pela Resolução CNRH nº 24, de 24-5-2002, que estabelece diretrizes para a formação e funcionamento dos Comitês de Bacia Hidrográfica.
21. Decreto nº 1.842/96.
22. Decreto Presidencial de 5-6-2001.
23. Decreto Presidencial de 25-1-2002.

Piracicaba, Capivari e Jundiaí (PCJ),[24] o Comitê da Bacia Hidrográfica do Rio Paranaíba,[25] o Comitê da Bacia Hidrográfica do Rio Verde Grande (CBH – Verde Grande),[26] o Comitê da Bacia Hidrográfica do Rio Piranhas-Açu[27] o Comitê do Rio Grande[28] e o Comitê da Bacia Hidrográfica do Rio Paranapanema.[29]

As competências dos Comitês de Bacia Hidrográfica, no âmbito de sua área de atuação, refletem o princípio da descentralização da gestão de recursos hídricos, destacando-se:

a aprovação e acompanhamento da execução do Plano de Recursos Hídricos da bacia;[30]

as propostas, ao Conselho Nacional e aos Conselhos Estaduais de Recursos Hídricos, das acumulações, derivações, captações e lançamentos de pouca expressão, para efeito de isenção da obrigatoriedade de outorga de direitos de uso de recursos hídricos, de acordo com os domínios destes;[31]

a fixação de mecanismos de cobrança pelo uso de recursos hídricos e sugestão dos valores a serem cobrados, para encaminhamento ao Conselho Nacional de Recursos Hídricos (CNRH) ou aos Conselhos Estaduais de Recursos Hídricos;[32]

a definição do plano de aplicação dos recursos da cobrança pelo uso de recursos hídricos;[33]

a deliberação sobre o enquadramento dos corpos hídricos nas classes de uso, para encaminhamento aos Conselhos Nacional ou Estaduais, de acordo com o respectivo domínio.[34]

Cabe ainda aos Comitês, na área de sua abrangência, *"promover o debate das questões relacionadas a recursos hídricos e articular a atuação das entidades intervenientes"*[35], discutindo e resolvendo, em primeira instância, as questões atinentes ao uso, cuja complexidade seja maior ou menor, na medida da escassez da água. Trata-se de função política e administrativa, para ordenar e conduzir as questões, visando garantir a continuidade da gestão, seja no andamento dos processos, seja no encaminhamento das decisões.

O arbitramento, em primeira instância administrativa, dos conflitos relacionados aos recursos hídricos"[36] enseja a formação de processo administrativo, em que as partes têm direito à ampla defesa e ao contraditório. Da decisão do Comitê cabe recurso ao CNRH.

As competências do Comitê, para *"aprovar o Plano de Recursos Hídricos da Bacia e acompanhar a sua execução, sugerindo as providências necessárias ao cumprimento de suas metas, assim como para propor ao CNRH e aos Conselhos Estaduais as acumulações, derivações, captações e lançamentos de pouca expressão, para efeito de isenção da obrigatoriedade de outorga de direitos de uso de recursos hídricos, de acordo com os domínios destes"*,[37] possuem caráter técnico e também político, marcando essas duas vertentes da descentralização.

---

24. Decreto Presidencial de 20-5-2002.
25. Decreto Presidencial de 16-7-2002.
26. Decreto Presidencial de 3-12-2003.
27. Decreto Presidencial de 29-11-2006.
28. Decreto nº 7.254, de 2-8-2010.
29. Decreto Presidencial de 5-6-2012.
30. Lei nº 9.433/97, art. 38, III.
31. Lei nº 9.433/97, art. 38, V.
32. Lei nº 9.433/97, art. 44, XI, *b*.
33. Lei nº 9.433/97, art. 44, XI, *c*.
34. Lei nº 9.984/00, art. 44, XI, *a*.
35. Lei nº 9.433/97, art. 38, I.
36. Lei nº 9.433/97, art. 38, II.
37. Lei nº 9.433/97, art. 38, III, IV e V.

A aprovação do plano de recursos hídricos para a bacia hidrográfica encerra uma das mais importantes etapas da política de águas, assim como o estabelecimento de "*mecanismos de cobrança pelo uso dos recursos hídricos e sugestão dos valores a serem cobrados*".[38]

Os Comitês são formados por representantes da União, dos Estados e do Distrito Federal em cujos territórios se situe, total ou parcialmente, em suas respectivas áreas de atuação. Participam também os Municípios situados, no todo ou em parte, em sua área, os usuários das águas e as entidades civis de recursos hídricos com atividade comprovada na bacia hidrográfica.

A Resolução do Conselho Nacional de Recursos Hídricos nº 5, de 10-4-2000, alterada pela Resolução nº 24, de 24-5-2002, estabelece **diretrizes para formação e funcionamento dos Comitês de Bacia Hidrográfica**. Essa norma dispõe que os representantes dos usuários sejam 40% do número total de representantes do Comitê, que a somatória dos representantes dos governos municipais, estaduais e federal não poderá ultrapassar 40% e que os representantes da sociedade civil organizada devem ser no mínimo 20%. Há, portanto, uma possibilidade de variação entre os representantes do Poder Público e a representação da sociedade civil.

O funcionamento dos Comitês de Bacia Hidrográfica vem imprimindo um novo paradigma nas relações institucionais. Ao participarem da mesma mesa de negociação (1) o Poder Público, inclusive os Municípios, (2) os usuários dos recursos hídricos – industriais, geradores de energia elétrica, serviços de água e esgoto, pescadores, irrigantes –, (3) a sociedade civil – associações técnicas e universidades em seus segmentos voltados aos recursos hídricos e as organizações não governamentais, estabelece-se um comprometimento institucional entre todos os atores do processo, muito diverso das relações entre o empreendedor e os órgãos e entidade de controle.

No que se refere aos usuários, a existência dos Comitês enseja uma mudança no enfoque da relação entre o Poder Público e o particular. Na obtenção do licenciamento ambiental e da outorga do direito de uso da água, o particular assume compromissos apenas perante o órgão competente.

Embora o Comitê não possua qualquer tipo de função relacionada ao poder de polícia, a proximidade que existe entre os representantes dos diversos segmentos com assento no Comitê de Bacia Hidrográfica já é, por si, um *instrumento de vigilância permanente* das respectivas atividades.

Por fim, duas especificidades a serem notadas: nos Comitês de Bacias de rios fronteiriços e transfronteiriços, a representação da União deverá incluir um representante do Ministério de Relações Exteriores;[39] em bacias que abrangem terras indígenas, serão incluídos representantes da Fundação Nacional do Índio (FUNAI) e das respectivas comunidades indígenas.[40]

---

38. Lei nº 9.433/97, art. 38, VI.
39. Lei nº 9.433/97, art. 39, § 2º.
40. Lei nº 9.433/97, art. 39, § 3º.

10.3.2 Administração Pública

10.3.2.1 *Agência Nacional de Águas (ANA)*

A Lei nº 9.984, de 17-7-2000, instituiu a Agência Nacional de Águas, autarquia sob regime especial, com autonomia administrativa e financeira, cuja finalidade é implementar a Política Nacional de Recursos Hídricos, integrando o Sistema Nacional de Gerenciamento de Recursos Hídricos. Atualmente, a ANA está vinculada ao Ministério do Desenvolvimento Regional.

Cabe à ANA supervisionar, controlar e avaliar as ações e atividades decorrentes do cumprimento da legislação federal pertinente aos recursos hídricos.[41] Todavia, com a edição da Lei nº 14.026, de 15-7-2020, a competência dessa Agência foi ampliada para também "instituir normas de referência para a regulação dos serviços públicos de saneamento básico"[42].

Em matéria de **exercício de poder de polícia**, cabe à ANA:

disciplinar a implementação, a operacionalização, o controle e a avaliação dos instrumentos da Política Nacional de Recursos Hídricos;

outorgar, por autorização, o direito de uso de recursos hídricos em corpos de água de domínio da União, fiscalizando esses usos;

definir e fiscalizar as condições de operação de reservatórios, visando garantir o uso múltiplo, conforme estabelecido nos planos de recursos hídricos das bacias hidrográficas.[43]

Como **agência reguladora** da gestão dos recursos hídricos de domínio da União, são objeto das competências da ANA as seguintes ações de prestação:

estímulo e apoio às iniciativas de criação de Comitês de Bacia Hidrográfica;

prevenção e minimização dos efeitos das secas e inundações, em articulação com a Defesa Civil, em apoio aos Estados e Municípios;

estudos para subsidiar a aplicação de recursos financeiros da União em obras e serviços de regularização de cursos de água, de alocação e distribuição de água e de controle da poluição hídrica, em consonância com o estabelecido nos planos de recursos hídricos;

coordenação das atividades desenvolvidas na rede hidrometeorológica nacional, em articulação com órgãos e entidades públicas ou privadas que a integram, ou que dela sejam usuárias;

gestão do Sistema Nacional de Informações sobre Recursos Hídricos;

---

41. A Lei nº 14.026, de 15-7-2020, acrescentou ao art. 4º da Lei nº 9.984/00 as seguintes atribuições à ANA: "XXIII - declarar a situação crítica de escassez quantitativa ou qualitativa de recursos hídricos nos corpos hídricos que impactem o atendimento aos usos múltiplos localizados em rios de domínio da União por prazo determinado, com base em estudos e dados de monitoramento, observados os critérios estabelecidos pelo Conselho Nacional de Recursos Hídricos, quando houver; e XXIV - estabelecer e fiscalizar o cumprimento de regras de uso da água a fim de assegurar os usos múltiplos durante a vigência da declaração de situação crítica de escassez de recursos hídricos a que se refere o inciso XXIII".

42. Art. 3º da Lei nº 9.984, de 17-7-2000, com nova redação dada pela Lei nº 14.026, de 15-7-2020: "Fica criada a Agência Nacional de Águas e Saneamento Básico (ANA), autarquia sob regime especial, com autonomia administrativa e financeira, vinculada ao Ministério do Desenvolvimento Regional, integrante do Sistema Nacional de Gerenciamento de Recursos Hídricos (Singreh), com a finalidade de implementar, no âmbito de suas competências, a Política Nacional de Recursos Hídricos e de instituir normas de referência para a regulação dos serviços públicos de saneamento básico.

43. Segundo a Lei nº 9.984, de 17-7-2000, em seu Art. 4º, § 10, a ANA poderá delegar as competências de "fiscalizar os usos de recursos hídricos nos corpos de água de domínio da União" e "definir e fiscalizar as condições de operação de reservatórios por agentes públicos e privados, visando a garantir o uso múltiplo dos recursos hídricos, conforme estabelecido nos planos de recursos hídricos das respectivas bacias hidrográficas", por meio de convênio ou de outro instrumento, a outros órgãos e entidades da administração pública federal, estadual e distrital. (Incluído pela Lei nº 14.026, de 15-7-2020).

pesquisa e capacitação de recursos humanos para a gestão dos recursos hídricos;

apoio aos Estados na criação de órgãos gestores de recursos hídricos;

elaboração de propostas ao Conselho Nacional de Recursos Hídricos relativas a incentivos, inclusive financeiros, à conservação qualitativa e quantitativa de recursos hídricos.

No que toca às competências relativas à cobrança pelo uso de recursos hídricos de domínio da União, compete à ANA:

elaborar os estudos técnicos que subsidiarão a definição, pelo CNRH, dos respectivos valores, com base nos mecanismos e quantitativos sugeridos pelos Comitês;[44]

implementar a cobrança, em articulação com os Comitês;[45] e

arrecadar, distribuir e aplicar as receitas auferidas da cobrança.[46]

A Lei nº 12.058, de 13-10-2009, em face da Conversão da Medida Provisória nº 462, de 2009, atribuiu à ANA a competência de *regular e fiscalizar, quando envolverem corpos d'água de domínio da União, a prestação dos serviços públicos de irrigação, se em regime de concessão, e adução de água bruta, cabendo-lhe, inclusive, a disciplina, em caráter normativo, da prestação desses serviços, bem como a fixação de padrões de eficiência e o estabelecimento de tarifa, quando cabíveis, e a gestão e auditagem de todos os aspectos dos respectivos contratos de concessão, quando existentes.*[47]

Em função da Lei nº 12.334, de 20-9-2010, foram acrescentadas as seguintes atribuições da ANA:

organizar, implantar e gerir o Sistema Nacional de Informações sobre Segurança de Barragens (SNISB);[48]

promover a articulação entre os órgãos fiscalizadores de barragens;[49]

coordenar a elaboração do Relatório de Segurança de Barragens e encaminhá-lo, anualmente, ao Conselho Nacional de Recursos Hídricos (CNRH), de forma consolidada.[50]

Como já dito, a Lei nº 14.026, de 15-7-2020, impôs novas incumbências à Agência Nacional de Águas e Saneamento Básico (ANA) quanto à competência para editar normas de referência sobre o serviço de saneamento. Assim, acrescentou-se à redação da Lei nº 9.984, de 17-7-2000, o Art. 4º-A, no qual são descritas essas novas atribuições, que serão estudadas no Capítulo "Saneamento Básico".

10.3.2.2 Agências de água

As Agências de Água integram o Sistema Nacional de Recursos Hídricos,[51] e têm por finalidade exercer a função de secretaria executiva do(s) respectivo(s) Comitê(s) de Bacia Hidrográfica,[52] entre outras atribuições técnicas.

---

44. Lei nº 9.984/00, art. 4º, VI, e Lei nº 9.433/97, art. 38, VI.

45. Lei nº 9.984/00, art. 4º, VIII.

46. Lei nº 9.984/00, art. 4º, IX, e Lei nº 9.433/97, art. 22.

47. Lei nº 9.984/00, art. 4º, XIX. Nos termos do § 8º do art. 4º, modificado pela Lei nº 12.058, de 13-10-2009, a ANA zelará pela prestação do serviço adequado ao pleno atendimento dos usuários, em observância aos princípios da regularidade, continuidade, eficiência, segurança, atualidade, generalidade, cortesia, modicidade tarifária e utilização racional dos recursos hídricos.

48. Lei nº 9.984/00, art. 4º, XX.

49. Lei nº 9.984/00, art. 4º, XXI.

50. Lei nº 9.984/00, art. 4º, XXII.

51. Lei nº 9.433/97, art. 33, V. Redação dada pela Lei 9.984/00.

52. Nos termos do art. 42 da Lei nº 9.433/97, as Agências de Água terão a mesma área de atuação de um ou mais Comitês de Bacia Hidrográfica.

A criação das Agências é autorizada pelo Conselho Nacional de Recursos Hídricos (CNRH) ou pelos Comitês Estaduais de Recursos Hídricos, mediante solicitação de um ou mais Comitês de Bacia Hidrográfica,[53] condicionada *"à prévia existência do(s) respectivo(s) Comitê(s) e à viabilidade financeira assegurada pela cobrança do uso dos recursos hídricos em sua área de atuação".*[54]

Uma questão a pôr em relevo consiste na real necessidade de condicionar a criação da agência à sustentabilidade financeira propiciada pela cobrança. Há regiões no Brasil cujas atividades econômicas não teriam condições de viabilizar a cobrança. Todavia, isso não significa que os recursos hídricos ali existentes não necessitem de estudos específicos. Daí o entendimento de que caberia alterar o art. 43, II da Lei nº 9.433/97, para admitir que a sustentabilidade da respectiva agência, se for o caso de sua implantação nesse local, seja viabilizada pelo Tesouro, nas bacias hidrográficas cujas atividades econômicas não comportem a cobrança pelo uso de recursos hídricos, mas que possuam fragilidades ambientais em relação à água.

Constituem **competências** das **Agências de Água**, sempre em sua área de atuação:[55]

1. Atribuições técnicas (gestão):

a) manter balanço atualizado da disponibilidade de recursos hídricos e o cadastro de usuários de recursos hídricos;

b) gerenciar o Sistema de Informações sobre Recursos Hídricos;

c) promover os estudos necessários à gestão dos recursos;

d) elaborar o Plano de Recursos Hídricos para apreciação do Comitê;

e) propor, ao(s) respectivo(s) Comitê(s) de Bacia Hidrográfica: (1) o enquadramento dos corpos de água nas classes de uso, para encaminhamento ao respectivo Conselho Nacional ou Conselhos Estaduais de Recursos Hídricos, de acordo com o domínio destes; (2) os valores a serem cobrados pelo uso dos recursos hídricos; (3) o plano de aplicação dos recursos arrecadados com a cobrança pelo uso dos recursos hídricos; e (4) o rateio de custo das obras de uso múltiplo, de interesse comum ou coletivo.

2. Atribuições relativas à cobrança:

a) efetuar, mediante delegação do outorgante, a cobrança pelo uso de recursos hídricos;

b) analisar e emitir pareceres sobre os projetos e obras a serem financiados com recursos gerados pela cobrança pelo uso dos recursos hídricos e encaminhá-los à instituição financeira responsável pela administração desses recursos;

c) acompanhar a administração financeira dos recursos arrecadados com a cobrança pelo uso dos recursos hídricos.

3. Atribuições de cunho administrativo:

a) celebrar convênios e contratos de financiamentos e serviços para a execução de suas competências;

b) elaborar sua proposta orçamentária, a ser submetida à apreciação do(s) respectivo(s) Comitê(s) de Bacia Hidrográfica.

A Lei nº 9.433/97 não estabeleceu um modelo jurídico específico para a Agência de Água. Tendo em vista a competência para efetuar a cobrança pelo uso de recursos hídricos, entende-se que a mesma não poderá constituir uma entidade de direito privado, na medida em que os recursos decorrentes da cobrança são de natureza pública e, portanto,

---

53. Lei nº 9.433/97, art. 42, parágrafo único.
54. Lei nº 9.433/97, art. 43.
55. Lei nº 9.433/97, art. 44.

10 • SISTEMA NACIONAL DE GERENCIAMENTO DE RECURSOS HÍDRICOS

só um ente público é competente para arrecadá-los. No que se refere às demais competências, não há restrição para o seu exercício por pessoa jurídica de direito privado.

Até o presente momento, ao longo do processo de implementação da Política Nacional de Recursos Hídricos, não foram instituídas Agências de Água em âmbito federal no país.

10.3.2.3 Entidades delegatárias

A Lei nº 10.881/04 estabeleceu uma nova relação jurídica entre a Agência Nacional de Águas (ANA) e as organizações civis de recursos hídricos, relacionadas no art. 47 da Lei nº 9.433/97, que pretendiam atuar como Agência de Água, mas que não encontravam, no ordenamento jurídico então em vigor, o necessário fundamento legal para essa atuação.

A lei estabelece o procedimento político-administrativo para que uma organização civil de recursos hídricos receba delegação do Conselho Nacional de Recursos Hídricos (CNRH), por meio de resolução, para exercer as competências inerentes às Agências de Água, previstas na Lei nº 9.433/97, salvo a cobrança pelo uso de recursos hídricos.

A partir da delegação, pelo Conselho Nacional de Recursos Hídricos, a uma Entidade Civil de Recursos Hídricos, das funções de Agência de Água – exceto efetuar a cobrança pelo uso da água, e cumpridas todas as formalidades legais estabelecidas nos arts. 42[56] e 43[57] da Lei nº 9.433/97, é celebrado o contrato de gestão por prazo determinado com a ANA e a entidade delegatária, que passa a assumir funções das Agências de Água, relativas à gestão de recursos hídricos de domínio da União, **exceto efetuar a cobrança pelo uso da água**.

Esse modelo, todavia, não exclui as Agências de Água. A Lei nº 10.881/04 dispõe que, instituída uma Agência de Água, esta assumirá as competências estabelecidas pelos arts. 41 e 44 da Lei nº 9.433/97, encerrando-se, em consequência, o contrato de gestão referente à sua área de atuação. Nesse caso, a entidade delegatária perde tal condição junto ao Conselho Nacional de Recursos Hídricos, embora possa continuar atuando como organização civil de recursos hídricos, da mesma forma como procedia antes de receber a delegação do CNRH.

Os **contratos de gestão** fixarão atribuições, direitos, responsabilidades e obrigações das partes signatárias.[58] Embora se trate de um contrato administrativo, seu regime jurídico difere do modelo clássico, em que a Administração Pública fiscaliza passo a passo a execução do objeto, efetuando medições a cada etapa ou a cada período. A fiscalização ocorre na aferição do cumprimento das metas contratualmente fixadas e não a cada atividade executada pela entidade delegatária.

Tem-se, nos contratos de gestão, uma forma de descentralizar as atividades inerentes ao Poder Público, transferindo-as ao particular, na mesma linha das **Organizações Sociais (OS)**, regidas pela Lei Federal nº 9.637/98 e cujo instrumento obrigacional é o **contrato**

---

56. "Art. 42. As Agências de Água terão a mesma área de atuação de um ou mais Comitês de Bacia Hidrográfica. Parágrafo único. A criação das Agências de Água será autorizada pelo Conselho Nacional de Recursos Hídricos ou pelos Conselhos Estaduais de Recursos Hídricos mediante solicitação de um ou mais Comitês de Bacia Hidrográfica."

57. "Art. 43. A criação de uma Agência de Água é condicionada ao atendimento dos seguintes requisitos: I – prévia existência do respectivo ou respectivos Comitês de Bacia Hidrográfica; II – viabilidade financeira assegurada pela cobrança do uso dos recursos hídricos em sua área de atuação."

58. Lei nº 10.881/04, art. 2º.

de gestão, correspondente ao contrato de gestão objeto da Lei nº 10.881/04, e das **Organizações da Sociedade Civil de Interesse Público** (OSCIP), regidas pela Lei Federal nº 9.790/99, cujo instrumento básico consiste no **termo de parceria**. Apenas se optou por uma lei específica que regesse o modelo institucional voltado aos recursos hídricos.[59]

No contrato de gestão, especifica-se o programa de trabalho proposto, fixam-se as metas a serem atingidas e os respectivos prazos de execução, assim como são expressamente previstos os critérios objetivos de avaliação a serem utilizados, mediante indicadores de desempenho.

Conforme já mencionado, a entidade delegatária obriga-se a apresentar à ANA e ao(s) respectivo(s) Comitê(s) de Bacia Hidrográfica, ao término de cada exercício, relatório sobre a execução do contrato, contendo comparativo específico das metas propostas com os resultados alcançados, acompanhado de prestação de contas dos gastos e receitas efetivamente realizados.

No que tange ao controle do contrato de gestão, a ANA, como Poder Público responsável pela fiscalização do cumprimento das obrigações assumidas, deve constituir comissão de avaliação que analisará, periodicamente, os resultados alcançados com a execução do contrato de gestão e encaminhará relatório conclusivo sobre a avaliação procedida, contendo comparativo específico das metas propostas com os resultados alcançados, acompanhado da prestação de contas correspondente ao exercício financeiro, ao órgão designado do Ministério do Desenvolvimento Regional e ao(s) respectivo(s) Comitê(s) de Bacia Hidrográfica.[60]

Deve também a Agência Nacional de Águas encaminhar cópia do relatório da entidade delegatária ao CNRH, com explicações e conclusões pertinentes, no prazo máximo de 30 dias após o seu recebimento.

A ANA, ao tomar conhecimento de qualquer irregularidade ou ilegalidade na utilização de recursos ou bens de origem pública pela entidade delegatária, dela dará ciência ao Tribunal de Contas da União, sob pena de responsabilidade solidária de seus dirigentes.[61]

Nesse caso, a Agência Nacional de Águas, na função de secretaria-executiva do(s) respectivo(s) Comitê(s) de Bacia Hidrográfica, poderá ser depositária e gestora de bens e valores da entidade delegatária, cujo sequestro ou indisponibilidade tenham sido decretados pelo juízo competente, considerados por ela necessários à continuidade da implementação das atividades previstas no contrato de gestão, facultando-lhe disponibilizá-los a outra entidade delegatária ou Agência de Água, mediante novo contrato de gestão.[62]

Uma vez constatado o **descumprimento das disposições do contrato de gestão**, a ANA deverá promover a sua rescisão, devidamente precedida de processo administrativo, assegurado o direito de ampla defesa, respondendo os dirigentes da entidade, individual e solidariamente, pelos danos ou prejuízos decorrentes de sua ação ou omissão.[63]

---

59. Em verdade, era mesmo necessária uma norma específica, não em função dos contratos de gestão, mas para estabelecer novas regras para a aplicação dos recursos oriundos da cobrança na bacia em que houve a arrecadação, entre outras disposições.
60. Lei nº 10.881/04, art. 3º.
61. Lei nº 10.881/04, art. 6º.
62. Lei nº 10.881/04, art. 7º.
63. Lei nº 10.881/04, art. 8º.

O **sistema adotado é contratual** no sentido de que, uma vez delegadas as funções da Agência de Águas a uma entidade delegatária, há um prazo específico para vigorar essa delegação, que pode ou não se prorrogar, de acordo com as prestações de contas e eficiência na atuação. Dessa forma, o contrato de gestão deve conter o prazo de sua vigência e as condições para sua suspensão, rescisão e renovação. A rescisão importará a reversão dos bens cujo uso foi permitido e dos valores entregues à utilização da entidade delegatária, sem prejuízo de outras sanções cabíveis.[64]

No contrato de gestão deverá ser fixada não apenas a forma de relacionamento da entidade delegatária com o(s) respectivo(s) Comitê(s) de Bacia Hidrográfica, mas também a forma de relacionamento e cooperação com as entidades estaduais diretamente relacionadas ao gerenciamento de recursos hídricos na respectiva bacia hidrográfica.

A entidade delegatária pode assumir todas as funções previstas para a Agência de Águas, exceto a competência para efetuar a cobrança, prevista no inciso III do art. 44 da Lei nº 9.433/97. Poderá haver destinação de recursos orçamentários às entidades delegatárias, assim como o uso de bens públicos necessários ao cumprimento do contrato de gestão,[65] o que será feito com dispensa de licitação, mediante permissão de uso, devendo tal condição constituir cláusula expressa do contrato de gestão.

São também cláusulas obrigatórias dos contratos de gestão a estipulação dos limites e os critérios para despesa com remuneração e vantagens de qualquer natureza a serem percebidas pelos dirigentes e empregados das entidades delegatárias, o exercício de suas funções e a publicação, no *Diário Oficial da União*, de extrato do instrumento firmado e de demonstrativo de sua execução físico-financeira.

O termo de contrato deve ser submetido, após manifestação do(s) respectivo(s) Comitê(s) de Bacia Hidrográfica, à aprovação do Ministro do Desenvolvimento Regional.[66] Tendo em vista as dimensões do país e a diversidade de situações dos recursos hídricos e respectivas bacias hidrográficas nas várias regiões, caberá à ANA complementar a definição do conteúdo e exigências a serem incluídas nos contratos de gestão de que seja signatária, observando-se as peculiaridades das respectivas bacias hidrográficas.[67]

Um ponto a destacar consiste no fato de que o modelo adotado não privilegia uma instituição em si, mas um sistema contratual, em que a entidade delegatária – qualificada como tal pelo Conselho Nacional de Recursos Hídricos – assume a responsabilidade de alcançar as metas fixadas, prestando contas das atividades desenvolvidas e aplicação de valores.

---

64. Lei nº 10.881/04, art. 8º, § 2º.
65. Lei nº 10.881/04, art. 4º.
66. Lei nº 10.881/04, art. 2º, § 1º. Embora essa lei não tenha sido alterada formalmente, no dispositivo que menciona a fiscalização dos contratos de gestão pelo MMA deve-se considerar como competente o órgão de controle a ser designado pelo Ministério do Desenvolvimento Regional.
67. Lei nº 10.881/04, art. 2º, § 2º.

11

SISTEMAS DE GESTÃO E EFETIVIDADE DAS POLÍTICAS

A edição de norma legal dispondo sobre uma política pública – ambiental, de recursos hídricos etc. – constitui o ato final do processo legislativo, em que se contou com a participação da sociedade civil e de entidades técnicas e científicas, influenciando as decisões dos Poderes Públicos. Embora seja a lei o produto dessa ampla negociação, em processo democrático, a situação real do objeto da política, que no caso em tela constitui o meio ambiente, não se altera automaticamente.

Em matéria de políticas públicas, após a edição da lei, é preciso, ainda, definir a "seleção de prioridades, a reserva de meios necessários à sua consecução e o intervalo de tempo em que se espera o atingimento dos resultados".[1] A lei não detalha – nem é o seu papel – todas as ações necessárias ao atingimento dos objetivos fixados. Nem como deverá se desenvolver o processo de implantação da norma ao longo do tempo. A lei que institui a política pública estabelece unicamente a base legal para as atividades futuras, a cargo do Poder Público, mais precisamente o Sistema Nacional do Meio Ambiente (SISNAMA) e o Sistema Nacional de Gerenciamento de Recursos Hídricos, por intermédio de seus órgãos e entidades.

As atividades a serem executadas nesse âmbito podem ser chamadas de *medidas de efetividade de lei*, pois delas depende a produção dos efeitos jurídicos da política editada, no que se refere às funções de proteção, prestação e fomento, a cargo da Administração Pública, abordadas no capítulo sobre Administração Pública e Meio Ambiente.

As *medidas de efetividade* dizem respeito ao conjunto de providências de ordem jurídico-administrativa a serem introduzidas pela Administração Pública, na consecução de suas atribuições. É matéria relativa às funções públicas, vinculadas ao *poder-dever* de transformar a norma jurídica em fato real ou, melhor dizendo, em fato ambiental.

11.1 MEDIDAS ADMINISTRATIVAS DE EFETIVIDADE

A criação dos Sistemas de Gestão descritos nos capítulos anteriores explicita uma diversificada gama de atribuições para cada órgão ou entidade. Para cumpri-las, é necessária uma estrutura administrativa compatível com as competências estabelecidas.

Por exemplo, se a lei inclui nas competências de uma entidade a implantação das Unidades de Conservação, no território do respectivo ente federado, deve o Estado assegurar à entidade um número mínimo de pessoas alocadas nessa função, equipamentos, espaço físico, material de divulgação, capacitação técnica para elaborar os estudos e os

---

1. BUCCI, Maria Paula Dallari. O conceito de política pública em direito. In: BUCCI, Maria Paula Dallari (Org.). *Políticas públicas*: reflexões sobre o conceito jurídico. São Paulo: Revista dos Tribunais, 2006, p. 39.

planos de manejo e capacidade para negociar com a população, tendo em vista a necessária participação das comunidades tradicionais, que poderão contribuir na formatação do plano de manejo, quando for o caso. De nada vale a previsão legal, sem o *comprometimento político* na implantação da lei, entendido não pelas palavras, mas por ações concretas.

As ações a serem desenvolvidas, no âmbito dessa estrutura administrativa, já foram explicitadas no capítulo sobre Administração Pública e Meio Ambiente, podendo ser classificadas em funções de fomento, de prestação e protetoras. Todas se referem, direta ou indiretamente, ao *fortalecimento institucional*, condição *sine qua non* de efetividade das leis instituidoras das políticas.

Não há cumprimento de norma se não houver instituições públicas robustas e consistentes, aptas a exercer suas competências legais. As instituições devem estar aparelhadas, com técnicos treinados e que possam trabalhar junto com os empreendedores de boa-fé, assegurando a proteção do meio ambiente de forma racional, buscando a compensação e a minimização dos impactos negativos, além do desenvolvimento econômico e social, sempre de modo sustentável.

11.2 MONITORAMENTO COMO MEDIDA DE EFETIVIDADE DAS NORMAS

Tratar da efetividade das normas ambientais implica uma série de ações de cunho técnico e científico destinadas a analisar as alterações ocorridas no ambiente em face da edição de uma determinada norma, verificando se existe uma real correspondência entre a regra estabelecida e a situação fática. Em outras palavras, cabe verificar se a norma constitui, realmente, um diferencial na qualidade ambiental, seja das águas, da manutenção da biodiversidade, seja das medidas de mitigação das mudanças climáticas.

Monitoramento, de acordo com as Resoluções CONAMA, envolve parâmetros de qualidade e quantidade. A Resolução nº 357/2005, que dispõe sobre a classificação dos corpos de água e diretrizes ambientais para o seu enquadramento, define monitoramento *como medição ou verificação de parâmetros de qualidade e quantidade de água, que pode ser contínua ou periódica, utilizada para acompanhamento da condição e controle da qualidade do corpo de água.*[2]

A Resolução CONAMA nº 396/2008, que dispõe sobre a classificação e diretrizes ambientais para o enquadramento das águas subterrâneas, define monitoramento como *medição ou verificação de parâmetros de qualidade ou quantidade das águas subterrâneas, em frequência definida.*[3] Na Resolução que trata do licenciamento de fornos rotativos de produção de clínquer para atividades de coprocessamento de resíduos, o monitoramento ultrapassa a própria atividade e inclui o entorno, uma vez que o conceito de monitoramento ambiental consiste na *avaliação constante das emissões provenientes dos fornos de produção de clínquer que coprocessam resíduos, bem como da qualidade ambiental na área de influência do empreendimento.*[4]

---

2. Resolução CONAMA nº 357/05, art. 2º, XXV. O art. 2º também traz as seguintes definições: XXVI - padrão: valor limite adotado como requisito normativo de um parâmetro de qualidade de água ou efluente; e XXVII - parâmetro de qualidade da água: substancias ou outros indicadores representativos da qualidade da água.
3. Resolução CONAMA nº 396/08, art. 2º, XIII.
4. Resolução CONAMA nº 264/99, Anexo I – Definições.

Nessa linha, os órgãos e entidades do SISNAMA são responsáveis pela implementação das normas e pelo monitoramento da qualidade ambiental. É o caso, por exemplo, do dispositivo que determina ao Instituto Chico Mendes de Conservação da Biodiversidade (ICMBio) *desenvolver programa de monitoramento da biodiversidade para subsidiar a definição e a implementação de ações de adaptação às mudanças climáticas nas unidades de conservação federais e a análise da sua efetividade.* [5]

O poder público produz uma série de relatórios e estudos reportando os resultados dos monitoramentos realizados e indicando a situação ambiental vigente. Neste capítulo serão indicadas, a título exemplificativo, alguns dados produzidos.

11.2.1 Plano Nacional de Adaptação à Mudança do Clima

Em 10-05-2016 foi instituído o Plano Nacional de Adaptação à Mudança do Clima (PNA), por meio da Portaria do Ministério do Meio Ambiente nº 150. O PNA tem como objetivo promover a *gestão e redução do risco climático frente aos efeitos adversos associados à mudança do clima, de forma a aproveitar as oportunidades emergentes, evitar perdas e danos e construir instrumentos que permitam a adaptação dos sistemas naturais, humanos, produtivos e de infraestrutura.*[6]

O PNA é um esforço do Governo Federal, em parceria com a sociedade, para promover a gestão e a redução do risco associado à mudança do clima no país. O PNA soma-se aos esforços da agenda de mitigação, visando concretizar a implementação da Política Nacional sobre Mudança do Clima e contribuir para o alcance dos compromissos assumidos no âmbito da Convenção Quadro das Nações Unidas sobre Mudança do Clima.

Em 2017, foi publicado o "1º Relatório de Monitoramento e Avaliação (2016-2017)", apresentando dados sobre monitoramento e avaliação referentes ao primeiro ano de implementação do PNA. O relatório informa a evolução das metas e diretrizes nacionais para adaptação e permite dimensionar os desafios ainda existentes para o alcance dos objetivos traçados. [7]

De acordo com o documento, 29 políticas, planos ou programas governamentais foram fortalecidos no processo de implementação do PNA como, por exemplo, a Política Nacional de Proteção e Defesa Civil, a Política Nacional de Recursos Hídricos e a Política Nacional de Mobilidade Urbana.

O monitoramento da PNA subdivide-se em metas transversais e no acompanhamento das metas específicas dos seguintes setores: Agricultura; Biodiversidade e Ecossistemas; Cidades; Gestão de Riscos de Desastres; Indústria e Mineração; Infraestrutura: Energia; Infraestrutura: Mobilidade Urbana; Infraestrutura: Transporte; Povos e Populações vulneráveis; Recursos Hídricos; Saúde; Segurança Alimentar e Nutricional; Zonas Costeiras; e Setor Privado.

---

5. Decreto nº 11.193, de 8-9-2022, Anexo I, art. 2º, XXVII.
6. Plano Nacional de Adaptação à Mudança do Clima, art. 1º.
7. MINISTÉRIO DO MEIO AMBIENTE. *Plano Nacional de Adaptação à Mudança do Clima - 1º Relatório de Monitoramento e Avaliação (2016-2017)*. Disponível em: <https://antigo.mma.gov.br/images/arquivo/80182/GTTm/RelatorioMonitoramento.pdf>. Acesso em: 10 mar. 2024.

11.2.2 Economia dos ecossistemas e da Biodiversidade (TEEB)

Em 2010, foi publicado o intitulado *Economia dos ecossistemas e da Biodiversidade* (conhecido pela sigla em inglês TEEB), que analisa o valor econômico da biodiversidade e os custos da sua perda, com a finalidade de contrapô-los e avaliar a vantagem de se adotarem medidas de uso sustentável.

Em dezembro de 2013, o IPEA publicou o estudo "A economia de ecossistemas e da biodiversidade no Brasil (TEEB Brasil): análise de lacunas" que tem o objetivo de promover um melhor entendimento do valor econômico da biodiversidade e dos serviços ecossistêmicos brasileiros, visando levá-los em consideração nos processos de tomada de decisão e incorporá-los de maneira mais apropriada nas políticas públicas nacionais.[8]

Conforme reportado no documento,

A análise revelou que o conhecimento disponível acerca da valoração dos serviços ecossistêmicos brasileiros é fragmentado, disponibilizado a partir de estudos pontuais, isto é, de pequena abrangência geográfica e que não foram delineados para fornecer uma ampla visão do valor do capital natural brasileiro. Além disso, em muitos casos os estudos disponíveis não buscam o estabelecimento de uma relação entre as variações na disponibilidade de serviços ecossistêmicos e suas causas.[9]

Nesse sentido, aponta que a necessidade de uma plataforma de interação funcional e eficiente capaz de conectar as ações dos diferentes ministérios envolvidos com o meio ambiente e outras políticas setoriais, governos estaduais, municipais e demais órgãos públicos. Com essa plataforma será possível avançar no sentido da definição de metas a serem atingidas pelo trabalho conjunto e para possibilitar o seu monitoramento.

11.2.3 Programa Nacional de Monitoramento da Biodiversidade do ICMBio

O Decreto nº 8.974, de 24-01-2017, que aprovou a estrutura regimental do Instituto Chico Mendes de Conservação da Biodiversidade (ICMBio), atribuiu ao órgão a competência de desenvolver programa de monitoramento da biodiversidade para subsidiar a definição e a implementação de ações de adaptação às mudanças climáticas nas unidades de conservação federais e a análise da sua efetividade[10].

A Instrução Normativa ICMBio nº 3, de 04-09-2017, institui o Programa Nacional de Monitoramento da Biodiversidade do Instituto Chico Mendes, com o objetivo de estabelecer um *programa institucional continuado, de longa duração, voltado ao monitoramento do estado da biodiversidade e serviços ecossistêmicos associados, como subsídio à avaliação da efetividade de conservação do sistema de unidades de conservação, à adaptação às mudanças climáticas e ao uso e manejo nas unidades de conservação, bem como às estratégias de conservação das espécies ameaçadas de extinção em todo o território nacional.*[11]

---

8. INSTITUTO DE PESQUISA ECONÔMICA APLICADA (IPEA). *A economia de ecossistemas e da biodiversidade no Brasil (TEEB Brasil): análise de lacunas*. Disponível em: <https://antigo.mma.gov.br/publicacoes/biodiversidade/category/143-economia-dos-ecossistemas-e-da-biodiversidade.html?start=20>. Acesso em: 10 mar. 2024.
9. INSTITUTO DE PESQUISA ECONÔMICA APLICADA (IPEA). *A economia de ecossistemas e da biodiversidade no Brasil (TEEB Brasil): análise de lacunas*. p. 47. Disponível em: <https://antigo.mma.gov.br/publicacoes/biodiversidade/category/143-economia-dos-ecossistemas-e-da-biodiversidade.html?start=20>. Acesso em: 10 mar. 2024.
10. Decreto nº 11.193/2022, Anexo I, art. 2º, XXVII.
11. Instrução Normativa ICMBio nº 3/2017, art. 1º.

Dentro do programa, são definidas três formas de monitoramento:

monitoramento "in situ" da biodiversidade: amostragem periódica, por meio de protocolos padroniza-dos, das variáveis que compõem os indicadores biológicos selecionados no âmbito do programa, com geração de dados e informações organizados e disponibilizados;

monitoramento participativo: monitoramento que envolve a interação entre diferentes agentes sociais, tais como gestores, pesquisadores, colaboradores, comunitários e voluntários, em suas di-ferentes etapas, como no planejamento, coleta, análise de dados e interpretação de resultados; e

monitoramento de base comunitária: monitoramento participativo em que os alvos e protocolos de monitoramento atendem aos interesses de comunidades locais que utilizam recursos da biodiversida-de e cujos métodos de coleta, análise e avaliação visam fortalecer o seu protagonismo na gestão e no uso sustentável desses recursos.

O programa preza pelo estabelecimento de procedimentos padronizados, com um conjunto mínimo de variáveis em comum, uma vez que visa a comparabilidade e o ganho de escala. Apenas por meio de protocolos de monitoramento unificados é possível gerar informações relevantes para as decisões de manejo e uso dos recursos em escala local, mas também para a manifestações em escala regional e nacional.

11.2.4 Programa de Monitoramento Ambiental dos Biomas Brasileiros (PMABB)

O Programa de Monitoramento Ambiental dos Biomas Brasileiros (PMABB)[12] tem como objetivo mapear e monitorar a vegetação, com foco no acompanhamento do desma-tamento, incluindo: a taxa; a avaliação da cobertura vegetal e do uso das terras; o monito-ramento de queimadas; e a restauração da vegetação e extração seletiva.[13]

De acordo com a Estratégia do Programa de Monitoramento Ambiental dos Biomas Brasileiros,[14]

os mapeamentos e monitoramentos gerados por este Programa permitirão acompanhar o de-sempenho das políticas públicas orientadas ao atingimento da meta de redução das emissões totais de gases de efeito estufa de 37% até 2025, e de 43% até 2030, com relação ao total de emissões do Brasil em 2005, conforme apresentado no Segundo Inventário Nacional de Gases de Efeito Estufa submetido à Convenção-Quadro das Nações Unidas sobre Mudança do Clima. Essas reduções percentuais foram submetidas à UNFCCC em Paris, em dezembro de 2015, como contribuição do Brasil aos esforços de mitigação global da mudança do clima, sob a denomina-da Pretendida Contribuição Nacionalmente Determinada. As informações sobre desmatamento e corte seletivo de madeira, a serem geradas pelo Programa, serão também fundamentais para a implementação da Estratégia Nacional para REDD+ do Brasil (ENREDD+). Além disso, permiti-rão acompanhar o desempenho das ações e políticas públicas associadas às Metas Nacionais de Biodiversidade para 2020 (Resolução CONABIO nº 6, de 3 de setembro de 2013, particularmente as Metas 5 – Perda de Habitats Nativos, 7 – Práticas Agrícolas Sustentáveis e 15 – Recuperação de Ecossistemas), correspondentes nacionais das Metas de Aichi da Convenção sobre Diversidade Biológica (CDB).

---

12. Instituído pela Portaria MMA nº 365, de 27-11-2015.
13. MINISTÉRIO DO MEIO AMBIENTE. *Programa de Monitoramento Ambiental dos Biomas Brasileiros (PMABB)*. Disponível em: <http://redd.mma.gov.br/pt/monitoramento/programa-de-monitoramento-ambiental-dos-biomas-brasileiros>. Aces-so em: 10 mar. 2024.
14. MINISTÉRIO DO MEIO AMBIENTE. *Estratégia do Programa de Monitoramento Ambiental dos Biomas Brasileiros*, Brasí-lia, 2016. p. 12. Disponível em: <https://snif.florestal.gov.br/images/pdf/publicacoes/estrategia_programa_monitora-mento_ambiental_biomas.pdf>. Acesso em: 10 mar. 2024.

Para isso, os monitoramentos serão contínuos e terão como ferramenta o uso de imagens orbitais de alta/média resolução temporal (1 a 16 dias) ou periódica (anual ou bienal). *Todos os mapeamentos produzidos serão objeto de validações estatísticas por meio de amostragem e terão associadas estimativas de sua acurácia a partir da análise de erros de omissão e inclusão para cada classe na legenda de classificação, bem como estimativas da área para cada classe.*[15]

11.2.5 Conjuntura dos recursos hídricos no Brasil 2023

A publicação da Agência Nacional de Águas e Saneamento Básico (ANA), *Conjuntura dos recursos hídricos no Brasil*, lançada em 2024, traz dados e estatísticas sobre a quantidade e a qualidade da água, informações sobre a gestão e um conjunto de indicadores. Trata-se de um relatório anual para o acompanhamento sistemático dos recursos hídricos em todo o Brasil. Os dados fornecidos no Conjuntura de 2020 foram utilizados como base técnica para o Plano Nacional de Recursos Hídricos 2022-2040[16].O monitoramento hidrológico é realizado para fornecer informações, ao longo do tempo, sobre a quantidade e a qualidade dos recursos hídricos superficiais e subterrâneos em todo o território nacional. Grande parte do monitoramento ocorre em estações pluviométricas e fluviométricas da Rede Hidrometeorológica Nacional (RHN).

Os dados do monitoramento realizado servem de subsídio para diferentes ações governamentais, tais como o Sistema de Contas Econômicas Ambientais da Água, o monitoramento do Plano Plurianual do governo federal e o cálculo de indicadores do Objetivo de Desenvolvimento Sustentável 6 (ODS6): Água e Saneamento.[17]

Outra iniciativa no mesmo sentido realizada pela ANA é o *ATLAS Esgotos: Despoluição de Bacias Hidrográficas*, publicado em 2017, com o intuito de *qualificar a tomada de decisão e orientar o desenvolvimento de ações e a aplicação dos recursos financeiros do setor de saneamento com a visão da bacia hidrográfica e do uso sustentável dos recursos hídricos.*[18] A iniciativa se soma ao *ATLAS Brasil: Abastecimento Urbano de Água*, consolidado para todo o território nacional em 2011.

O titular de serviços de saneamento básico, nos termos da Lei nº 11.445/07, tem a obrigação de prever mecanismos e procedimentos para a avaliação sistemática da eficiência e eficácia das ações programadas nos planos dos serviços prestados.[19] Dessa forma, a integração dos resultados de monitoramento dos diversos prestadores de serviços fornecem dados essenciais para o planejamento estratégico do setor.

O diagnóstico realizado pelo Atlas Esgotos permite avaliar as implicações da situação atual do Brasil na qualidade dos corpos d'água receptores, os investimentos necessários de

---

15. MINISTÉRIO DO MEIO AMBIENTE. *Estratégia do Programa de Monitoramento Ambiental dos Biomas Brasileiros*, Brasília, 2016. p. 19. Disponível em: <https://snif.florestal.gov.br/images/pdf/publicacoes/estrategia_programa_monitoramento_ambiental_biomas.pdf>. Acesso em: 10 mar. 2024.
16. Aprovado pela Resolução CNRH nº 232, de 22-3-2022.
17. AGÊNCIA NACIONAL DE ÁGUAS. *Conjuntura dos Recursos Hídricos no Brasil 2017*. p. 4. Disponível em: <http://www.snirh.gov.br/portal/snirh/centrais-de-conteudos/conjuntura-dos-recursos-hidricos/conj2017_rel-1.pdf>. Acesso em: 10 mar. 2024.
18. AGÊNCIA NACIONAL DE ÁGUAS. *ATLAS Esgotos: Despoluição de Bacias Hidrográficas*. Disponível em: <http://arquivos.ana.gov.br/imprensa/publicacoes/ATLASeESGOTOSDespoluicaodeBaciasHidrograficas-ResumoExecutivo_livro.pdf>. Acesso em: 10 mar. 2024.
19. Lei nº 11.445/07, art. 19, V.

tratamento e a proposta de diretrizes e estratégia integrada para a realização das ações. Espera-se que os resultados do Atlas Esgotos sejam uma ferramenta valiosa de planejamento para os atores estratégicos dos setores de recursos hídricos e saneamento e um instrumento de acompanhamento das ações necessárias para o avanço do esgotamento sanitário do país para toda a sociedade.[20]

---

20. AGÊNCIA NACIONAL DE ÁGUAS. *ATLAS Esgotos: Despoluição de Bacias Hidrográficas.* Disponível em: <http://arquivos.ana.gov.br/imprensa/publicacoes/ATLASeESGOTOSDespoluicaodeBaciasHidrograficas-ResumoExecutivo_livro.pdf>. Acesso em: 10 mar. 2024.

12

CRIMES E INFRAÇÕES ADMINISTRATIVAS CONTRA A ADMINISTRAÇÃO AMBIENTAL

12.1 CRIMES

No âmbito do Sistema Nacional do Meio Ambiente (SISNAMA), os órgãos e entidades da Administração Pública exercem o *poder-dever* de cumprir suas finalidades legais, conforme será explicitado na Parte IV – Instrumentos da Política Nacional do Meio Ambiente.

A Lei de Crimes Ambientais, Lei nº 9.605/98, definiu penalidades para os agentes públicos que atuarem contrariamente ao interesse público ou deixarem de atuar com vistas à proteção do meio ambiente ecologicamente equilibrado.

O art. 66 trata das informações de cunho ambiental, configurando crime:

Fazer o funcionário público afirmação falsa ou enganosa, omitir a verdade, sonegar informações ou dados técnico-científicos em procedimentos de autorização ou de licenciamento ambiental:

Pena – reclusão, de um a três anos, e multa.

Segundo Vladimir Passos de Freitas e Gilberto Passos de Freitas, esse tipo penal guarda certa semelhança com os crimes de falsidade ideológica e prevaricação, previstos nos arts. 299 e 319 do Código Penal, com a ressalva de que este se aplica especialmente à administração ambiental.[1]

O sujeito ativo do delito é o funcionário público. Para fins de aplicação da lei penal, determina o Código Penal que funcionário público é *"aquele que, mesmo em caráter transitório ou sem remuneração, exerce cargo, emprego ou função pública".[2]* O mesmo cabe a *"quem exercer cargo, emprego ou função em entidade paraestatal, e quem trabalha para empresa prestadora de serviço contratada ou conveniada para a execução de atividade típica da Administração Pública".[3]*

Muitas entidades paraestatais são responsáveis pelos procedimentos de autorização de uso de recursos ambientais ou de licenciamento ambiental, e a interpretação dos tribunais é no sentido de que empregados de autarquias, empresas públicas, sociedades de economia mista e fundações de direito público estão abrangidos pelo conceito de funcionário público.

---

1. FREITAS, Vladimir Passos de; FREITAS, Gilberto Passos de. *Crimes contra a natureza*. 9. ed. Revista, atualizada e ampliada. São Paulo: Revista dos Tribunais, 2012, p. 281.
2. Decreto-lei nº 2.848/40, art. 327.
3. Decreto-lei nº 2.848/40, art. 327, § 1º. Incluído pela Lei nº 9.983, de 2000.

O objeto tutelado consiste na veracidade, no princípio da informação, na garantia de que a decisão administrativa se assenta em dados técnicos e científicos corretos.

O elemento subjetivo do crime é a vontade de fraudar os estudos que darão fundamento ao licenciamento ambiental. A lei não prevê a forma culposa.

O tipo fixado no art. 67 possui relação com o crime previsto no art. 60 da Lei de Crimes Ambientais, sobre construir, reformar, ampliar, instalar ou fazer funcionar, em qualquer parte do território nacional, estabelecimentos, obras ou serviços potencialmente poluidores, sem licença ou autorização dos órgãos ambientais competentes, ou contrariando as normas legais e regulamentares pertinentes. Pena: detenção, de um a seis meses, ou multa, ou ambas as penas cumulativamente. Veja-se a redação do art. 67:

> Art. 67. Conceder o funcionário público licença, autorização ou permissão em desacordo com as normas ambientais, para as atividades, obras ou serviços cuja realização depende de ato autorizativo do Poder Público:
>
> Pena – detenção, de um a três anos, e multa.
>
> Parágrafo único. Se o crime é culposo, a pena é de três meses a um ano de detenção, sem prejuízo da multa.

No art. 60, é punido o empreendedor que constrói ou faz funcionar atividade sem a devida licença ou de forma ilegal. No art. 67, pune-se o funcionário que concede a licença, em desacordo com as normas ambientais.

Os atos administrativos podem ser complexos. Sendo assim, respondem pelo crime, em coautoria, todos aqueles que participaram favoravelmente da expedição do ato ilegal de licença, autorização ou permissão ambiental.

Se, por exemplo, houver previsão de que determinado empreendimento exige a realização de EIA/RIMA, como nas hipóteses da Resolução CONAMA nº 1/86, e o funcionário emitir a licença sem requerer a realização do estudo, incorrerá na pena prevista no art. 67. O mesmo sucederá quando for aprovado o ato, sem a realização de audiência pública obrigatória. A conduta é incriminada nas formas dolosa e culposa.

O art. 68 trata de crime de caráter omissivo:

> Deixar, aquele que tiver o dever legal ou contratual de fazê-lo, de cumprir obrigação de relevante interesse ambiental:
>
> Pena – detenção, de um a três anos, e multa.
>
> Parágrafo único. Se o crime é culposo, a pena é de três meses a um ano, sem prejuízo da multa.

O crime previsto no art. 68 da Lei de Crimes Ambientais pode, em tese, ser cometido por qualquer pessoa. A norma não esclareceu o que é o *relevante interesse ambiental*, tratando-se, pois, de *tipo penal aberto*, por conter expressão bastante genérica.

Por *interesse relevante* compreende-se aquele que difere do insignificante. Porém, toda obrigação ambiental pode ser considerada relevante. A diferença entre o relevante e o irrelevante está na preocupação com a tutela penal de um bem jurídico.

O que se pretende com a lei não é punir mero inadimplemento de obrigação, mas apenas determinadas condutas mais graves. Neste sentido, caberia à lei definir quais obrigações ficam sujeitas à sanção penal pelo seu descumprimento, o que não foi feito, ficando para o Ministério Público e o Judiciário tal definição no decorrer do processo.

12 • CRIMES E INFRAÇÕES ADMINISTRATIVAS CONTRA A ADMINISTRAÇÃO AMBIENTAL

Aponta-se como hipótese de ocorrência de delito o descumprimento da obrigação de regularizar um empreendimento ambiental, adotando as medidas necessárias, inclusive requerendo o licenciamento ambiental e realizando o EIA, quando aplicável. Outra situação é a da autoridade ambiental que deixa de apurar a infração ambiental de que tenha conhecimento.[4]

O tipo penal estabelecido no art. 69 refere-se não ao agente público, mas a quem:

Art. 69. Obstar ou dificultar a ação fiscalizadora do Poder Público no trato de questões ambientais:

Pena – detenção, de um a três anos, e multa.

Criar obstáculos ou dificuldades para o fiscal do ambiente são condutas que certamente prejudicam a boa administração ambiental. Sendo assim, o legislador decidiu punir quem reage à atividade regular de fiscalização, ou mesmo quem subtrai ou omite documentos e instalações de um empreendimento.

Da mesma forma, o art. 69-A pune quem *"elaborar ou apresentar, no licenciamento, concessão florestal ou qualquer outro procedimento administrativo, estudo, laudo ou relatório ambiental total ou parcialmente falso ou enganoso, inclusive por omissão"*[5]. O objetivo é coibir que se apresentem à Administração Pública informações, que, por não descreverem de fato a realidade, podem favorecer a ocorrência de dano ambiental. Lembrando que, caso ocorra dano significativo ao meio ambiente, a pena é aumentada de 1/3 (um terço) a 2/3 (dois terços)[6].

12.2 INFRAÇÕES ADMINISTRATIVAS CONTRA A ADMINISTRAÇÃO AMBIENTAL

O Decreto nº 6.514/08 estabeleceu as infrações administrativas contra a administração ambiental.[7]

O art. 66, alterado pelo Decreto nº 6.686/08, define como infração *"construir, reformar, ampliar, instalar ou fazer funcionar estabelecimentos, atividades, obras ou serviços utilizadores de recursos ambientais, considerados efetiva ou potencialmente poluidores, sem licença ou autorização dos órgãos ambientais competentes, em desacordo com a licença obtida ou contrariando as normas legais e regulamentos pertinentes"*.

A multa é de R$ 500,00 a 10.000.000,00, incorrendo nela do mesmo modo quem comete a infração em unidade de conservação ou em sua zona de amortecimento, em áreas de proteção de mananciais legalmente estabelecidos, sem anuência do órgão gestor.

No art. 76, o Decreto nº 6.514/08 fixou, como infração, *"deixar de inscrever-se no Cadastro Técnico Federal de que trata o art. 17 da Lei 6.938, de 1981, cabendo o seguinte sistema de aplicação de multas, em função do porte da empresa infratora:*

R$ 50,00, se pessoa física;

R$ 150,00, se microempresa;

R$ 900,00, se empresa de pequeno porte;

R$ 1.800,00, se empresa de médio porte;

R$ 9.000,00, se empresa de grande porte.

---

4. Lei nº 9.605/98, art. 70, § 3º.
5. Lei nº 9.605/98, art. 69-A. Incluído pela Lei nº 11.284, de 2-3-2006.
6. Lei nº 9.605/98, art. 69-A, § 2º. Incluído pela Lei nº 11.284, de 2-3-2006.
7. O Decreto nº 6.514/08 vem sendo modificado ao longo do tempo por inúmeros decretos.

No que se refere a *obstar ou dificultar a ação do Poder Público no exercício de atividades de fiscalização ambiental*", infração fixada no art. 77, aplica-se a multa de R$ 500,00 a R$ 100.000,00.

O georreferenciamento vem ganhando importância nas ações de fiscalização, pela facilidade que propicia aos órgãos e entidades, no conhecimento da real situação dos espaços. Nesse diapasão, o art. 78, alterado pelo Decreto nº 6.686/08, determina, como infração administrativa, *"obstar ou dificultar a ação do órgão ambiental, ou de terceiro por ele encarregado, na coleta de dados para a execução de georreferenciamento de imóveis rurais para fins de fiscalização"*. A multa fixada varia entre R$ 100,00 a R$ 300,00, por hectare do imóvel.

O art. 79 estabelece, como infração, *"descumprir embargo de obra ou atividade e suas respectivas áreas"*, impondo, para tanto, multa no valor de R$ 10.000,00 a R$ 1.000.000,00.

Já o art. 80, alterado pelo Decreto nº 6.686/08, visa estabelecer penalidade a quem, já tendo cometido infração ambiental, *"deixar de atender a exigências legais ou regulamentares quando devidamente notificado pela autoridade ambiental competente no prazo concedido, visando à regularização, correção ou adoção de medidas de controle para cessar a degradação ambiental"*. A multa varia entre R$ 1.000,00 e R$ 1.000.000,00.

O art. 81 do Decreto nº 6.514/08 impõe multa de R$ 1.000,00 a R$ 100.000,00 a quem *"deixar de apresentar relatórios ou informações ambientais nos prazos exigidos pela legislação ou, quando aplicável, naquele determinado pela autoridade ambiental"*.

Além disso, nos termos do art. 82, *"elaborar ou apresentar informação, estudo, laudo ou relatório ambiental total ou parcialmente falso, enganoso ou omisso, seja nos sistemas oficiais de controle, seja no licenciamento, na concessão florestal ou em qualquer outro procedimento administrativo ambiental"*, configura infração ambiental, passível de aplicação de multa em valor variável entre R$ 1.500,00 e R$ 1.000.000,00.

O art. 83 estabelece como infração ambiental *"deixar de cumprir compensação ambiental determinada por lei, na forma e no prazo exigidos pela autoridade ambiental"*, cabendo a multa de R$ 10.000,00 a R$ 1.000.000,00.

O Decreto nº 9.179/2017, alterando o Decreto nº 6.514/08 incluiu o art. 139, que institui o Programa de Conversão de Multas Ambientais emitidas por órgãos e entidades da União integrantes do Sistema Nacional do Meio Ambiente – Sisnama. Nessa linha, a autoridade ambiental federal competente para a apuração da infração poderá converter a multa simples em serviços de preservação, melhoria e recuperação da qualidade do meio ambiente, desde que essa multa não decorra de infrações ambientais que tenham provocado mortes humanas, observado o disposto no § 4º do art. 72 da Lei nº 9.605, de 1998.

Nos termos do citado decreto, são considerados serviços de preservação, melhoria e recuperação da qualidade do meio ambiente, as ações, as atividades e as obras incluídas em projetos com, no mínimo, um dos seguintes objetivos:

recuperação: a) de áreas degradadas para conservação da biodiversidade e conservação e melhoria da qualidade do meio ambiente; b) de processos ecológicos essenciais; c) de vegetação nativa para proteção; e d) de áreas de recarga de aquíferos;

proteção e manejo de espécies da flora nativa e da fauna silvestre;

monitoramento da qualidade do meio ambiente e desenvolvimento de indicadores ambientais;

mitigação ou adaptação às mudanças do clima;

manutenção de espaços públicos que tenham como objetivo a conservação, a proteção e a recuperação de espécies da flora nativa ou da fauna silvestre e de áreas verdes urbanas destinadas à proteção dos recursos hídricos;

educação ambiental; ou

promoção da regularização fundiária de unidades de conservação.

A norma em tela estabelece os procedimentos necessários à efetivação da conversão mencionada, destacando-se o dispositivo que estabelece a possibilidade de valor dos custos dos serviços de preservação, conservação, melhoria e recuperação da qualidade do meio ambiente ser igual ou superior ao valor da multa convertida.

Parte III

REGIME JURÍDICO DE USO E PROTEÇÃO DOS RECURSOS AMBIENTAIS

13

BIODIVERSIDADE

A biodiversidade, tema presente na agenda da comunidade internacional, consiste em uma das propriedades fundamentais da natureza, responsável pelo equilíbrio e a estabilidade dos ecossistemas, e fonte de imenso potencial de uso econômico.[1]

Considerando a importância desse elemento da biosfera, este capítulo procura traçar um panorama sobre a biodiversidade, suas características, riscos e proteção jurídica, assim como estabelecer a relação com outros temas que lhe dizem respeito: áreas protegidas, avaliação de impacto e de riscos, recursos genéticos, conhecimento tradicional associado, repartição de benefícios, biotecnologia e biossegurança.

13.1 CONCEITO DE BIODIVERSIDADE

A biodiversidade pode ser definida como a diversidade das formas de vida, os papéis ecológicos que desempenham e a diversidade genética que contêm, abrangendo a genética, as espécies, os *habitats* e a paisagem.[2]

Esse bem é objeto da Convenção sobre Diversidade Biológica,[3] que o define como "a variabilidade de organismos vivos de todas as origens, compreendendo, dentre outros, os ecossistemas terrestres, marinhos e outros ecossistemas aquáticos e os complexos ecológicos de que fazem parte, e ainda a diversidade dentro de espécies, entre espécies e de ecossistemas".

O conceito de biodiversidade foi emprestado da biologia pelos juristas e, além de complexo, não é pacífico. Para Dobson, trata-se da "soma de todos os diferentes organismos que habitam uma região, tal como o planeta inteiro, o continente africano, a bacia amazônica, ou nossos quintais".[4]

Já Edward Wilson define a biodiversidade como "toda a variação baseada em hereditariedade em todos os níveis de organização, dos genes existentes em uma simples população local ou espécies, as espécies que compõem toda ou parte de uma comunidade local e, finalmente, as próprias comunidades que compõem a parte viva dos multivariados ecossistemas existentes no mundo".[5]

---

1. Em 2010, foi publicado um estudo inovador intitulado *Economia dos ecossistemas e da Biodiversidade* (conhecido pela sigla em inglês TEEB), liderado pelo economista ambiental Pavan Sukhdev, que analisa o valor econômico da biodiversidade e os custos da sua perda, com a finalidade de contrapô-los e avaliar a vantagem de se adotarem medidas de uso sustentável.
2. ODUM, Eugene; BARRETT, Gary W. *Fundamentos de ecologia*. Trad. da 5. ed. norte-americana. São Paulo: Thomson Learning, 2007, p. 512.
3. O termo *biodiversidade* e a expressão *diversidade biológica* podem ser entendidos como sinônimos.
4. DOBSON, Andrew P. *Conservation and biodiversity*. New York: Scientific American Library, 1996, p. 132.
5. REAKA-KUDLA, Marjorie; WILSON, Don; WILSON, Edward O. *Biodiversity II*: understanding and protecting our biological resources. Washington DC: Joseph Harry Press, 1997, p. 1.

Em matéria de biodiversidade, o Brasil ocupa uma posição de destaque, na medida em que abriga aproximadamente 20% do número total de espécies da Terra[6] e faz parte de um grupo de 17 países chamados de megadiversos: África do Sul, Bolívia, Brasil, China, Colômbia, Congo, Costa Rica, Equador, Filipinas, Índia, Indonésia, Quênia, Madagascar, Malásia, México, Peru e Venezuela. Juntos, esses países abrigam cerca de 70% da biodiversidade do planeta.

Ocorre que o homem, ao apropriar-se dos espaços para dar vazão às atividades econômicas que se desenvolveram ao longo do tempo e ao crescimento populacional, vem utilizando, muitas vezes em excesso, os recursos naturais e desmatando as florestas e outros abrigos importantes da biodiversidade. Essas ações, adicionadas à expansão das fronteiras agrícolas, em detrimento dos *habitats* naturais, evidenciaram, nas últimas décadas, um alarmante quadro de destruição de ecossistemas e extinção de espécies, dando relevo à preocupação com a biodiversidade no cenário internacional e brasileiro.

Com as questões suscitadas ultimamente sobre a produção de *comodities* para os mercados internacionais, tais como o pastoreio extensivo, o cultivo de soja e as plantações de palma azeiteira (dendê), parece haver, cada vez mais, pressões econômicas que justificam a destruição de ecossistemas, com vistas à implantação do agronegócio[7], contrariando compromissos que o Brasil assumiu perante a comunidade internacional, como é o caso da Convenção sobre Diversidade Biológica e a Convenção sobre Mudanças Climáticas. A destruição do bioma Amazônia é tema relevante na agenda internacional e interna e necessita de uma abordagem muito séria, para evitar um desastre futuro, com impactos no clima e na biodiversidade brasileira, sem falar na proteção das populações tradicionais, que tiram seu sustento da floresta em pé.

Deve haver muita clareza nessas escolhas, pois a biodiversidade, uma vez destruída, não retorna a seu estado anterior. Tem-se aqui um exemplo do conflito já suscitado no Relatório Brundtland, acerca de o desenvolvimento sustentável não ser um *estado permanente de harmonia*. Segundo esse texto, *escolhas difíceis terão de ser feitas*, e a proteção da biodiversidade depende, em última análise, *do empenho político*.[8]

13.1.1 A biodiversidade e o meio físico

Retomando o objeto do Capítulo 1 desta obra, o conceito legal de meio ambiente – *conjunto de condições, leis, influências e interações de ordem física, química e biológica, que permite, abriga e rege a vida em todas as suas formas*[9] – reflete uma situação de **equilíbrio** entre o meio físico – abiótico –, composto por água, solo, subsolo e atmosfera, e o meio biótico, constituído pelos seres vivos. O equilíbrio entre esses elementos é o fator que condiciona a vida, e qualquer alteração que nele ocorra pode provocar danos. É, pois, de fundamental importância a compreensão não apenas de cada ser ou de cada espaço, mas

---

6. MMA. Biodiversidade brasileira. Disponível em: <https://antigo.mma.gov.br/biodiversidade/biodiversidade-brasileira.html>. Acesso em: 10 mar 2024.
7. ORGANIZAÇÃO DAS NAÇÕES UNIDAS PARA A ALIMENTAÇÃO E A AGRICULTURA (FAO, sigla do inglês Food and Agriculture Organization). Agronegócio foi responsável por quase 70% do desmatamento na América Latina. Chile, 18-07-2016. Disponível em: <https://www.fao.org/brasil/noticias/detail-events/es/c/426091/>. Acesso em: 10 mar. 2024.
8. COMISSÃO MUNDIAL SOBRE MEIO AMBIENTE E DESENVOLVIMENTO. *Nosso futuro comum*. 2. ed. Rio de Janeiro: FGV, 1991, p. 10.
9. Lei nº 6.938/81, art. 3º, I.

das relações entre eles, pois a tutela jurídica alcança, necessariamente, as interações entre o meio físico e o meio biótico.

A lei nomeou os *recursos ambientais*[10] citando, no mesmo parágrafo, elementos que compõem o meio físico e o meio biótico sem qualquer classificação, e mencionando os *elementos da biosfera*, juntamente com a *fauna* e a *flora,* sem considerar que essa expressão já representa todos os demais seres vivos: fauna e flora, além dos micro-organismos, fungos e genes, entre outros.

Daí a importância de estabelecer alguns conceitos científicos, que não fazem parte do universo jurídico, mas que são fundamentais para a compreensão da tutela dos bens ambientais. Como já se disse na Parte I – Introdução ao Direito Ambiental –, essa matéria é multidisciplinar e, diferentemente da maioria dos outros ramos do Direito, possui forte relação com o meio científico, já que seu objeto é o mundo físico,[11] que engloba os aspectos bióticos e abióticos.

13.1.2 Biosfera e ecossistemas

A biosfera,[12] também denominada ecosfera, é o *sistema biológico que inclui todos os organismos vivos da Terra, interagindo com o ambiente físico como um todo.*[13] A maioria dos seres vivos habita regiões situadas até 5.000 m acima do nível do mar e, nos oceanos, até 150 m de profundidade, considerando a existência de animais e bactérias a mais de 9.000 m de profundidade.[14]

Nessa pequena faixa da crosta terrestre – se comparada com as dimensões do planeta –, todas as formas de vida se desenvolvem, de acordo com as condições físicas, químicas e biológicas organizadas em seu entorno e que propiciam a sua existência e reprodução. A essas organizações se dá o nome de *ecossistemas*, termo utilizado pela primeira vez em 1935 pelo ecólogo inglês Arthur Tansley para descrever "uma unidade discreta em que os seres vivos – biocenose – e componentes não vivos – biótopo – interagem, formando um sistema estável".[15] Tal estabilidade configura o equilíbrio ecológico resultante das relações existentes entre o meio físico e o meio biótico.

Em uma abordagem mais aprofundada, Odum e Barrett definem ecossistema como "qualquer unidade que inclui todos os organismos em uma dada área, interagindo com o ambiente físico de modo que um fluxo de energia leve a estruturas bióticas claramente definidas e à ciclagem de materiais entre componentes vivos e não vivos."[16] Temos, assim, um espaço que contém todas as formas de vida que ali se desenvolvem, em função de suas diversas relações com o meio físico.

O conceito de **ecossistema**, estabelecido na **Convenção sobre Diversidade Biológica**, confirma essa ideia, constituindo "um complexo dinâmico de comunidades vegetais,

---

10. Lei nº 6.938/81, art. 3º, V.
11. FARBER Daniel A.; FREEMAN Jody; CARLSON, Ann E.; FINDLEY, Roger W. *Cases and materials on environmental law*. St. Paul, MN, 2006, p. 21.
12. Ver capítulo sobre as Reservas da Biosfera.
13. ODUM, Eugene; BARRETT, Gary W. *Fundamentos de ecologia*. Trad. da 5. ed. norte-americana. São Paulo: Thomson Learning, 2007, p. 6.
14. AMABIS, José Mariano; MARTHO, Gilberto Rodrigues. *Biologia das populações*. 2. ed. São Paulo: Moderna, 2004, p. 289.
15. AMABIS, José Mariano; MARTHO, Gilberto Rodrigues. *Biologia das populações*. 2. ed. São Paulo: Moderna, 2004, p. 292.
16. ODUM, Eugene; BARRETT, Gary W. *Fundamentos de ecologia*. Trad. da 5. ed. norte-americana. São Paulo: Thomson Learning, 2007, p. 18.

animais e de micro-organismos e o seu meio inorgânico que interagem como uma unidade funcional".[17]

Outro tema a ser conceituado é o *bioma*, "conjunto de ecossistemas terrestres com vegetação característica e fisionomia típica, onde predomina certo tipo de clima. Regiões da Terra com latitudes coincidentes, em que prevalecem condições climáticas similares, apresentam ecossistemas semelhantes e mesmos tipos de bioma."[18]

As populações de diferentes espécies possuem entre si uma relação chamada efeito de complementaridade, na qual as interações e combinações entre elas (por exemplo, predação, facilitação, redução de impactos naturais) exercem influência sobre o funcionamento do ecossistema.[19] Daí a importância da manutenção do equilíbrio desses grupos de vida, pois a extinção de uma espécie pode produzir efeitos nefastos. Cabe aplicar, pois, o **princípio da precaução** todas as vezes que uma atividade aventar a possibilidade de extinguir uma espécie.

A **variabilidade** existente entre indivíduos da mesma espécie permite também que estas sobrevivam às mudanças do meio ambiente biótico e abiótico, que é essencialmente dinâmico, dificultando a extinção. Ainda que ocorram pragas, doenças, variações climáticas etc., uma parcela da espécie pode ser mais apta a resistir a essas alterações ambientais, garantindo a perpetuidade dos indivíduos da espécie que possuam tal característica.

13.2 BIODIVERSIDADE NO PLANO INTERNACIONAL ANTES DE 1992

A Convenção sobre Diversidade Biológica é o documento que estabeleceu com maior amplitude, no plano internacional, a importância da proteção da biodiversidade para a evolução e para a manutenção dos sistemas necessários à vida na biosfera. Antes da realização dessa conferência internacional, porém, já existia no plano jurídico e internacional a preocupação com esse tema. Seguem alguns exemplos dessa preocupação.

13.2.1 Convenção Relativa às Zonas Úmidas de Importância Internacional, particularmente como Habitat das Aves Aquáticas (RAMSAR)

A Convenção Relativa às **Zonas Úmidas** de Importância Internacional, Particularmente como Habitat das Aves Aquáticas,[20] realizada na cidade de **Ramsar**, no Irã, em 1971, tratou da proteção das aves aquáticas, assim como de seus *habitats*.[21]

13.2.2 Declaração de Estocolmo

Na **Declaração de Estocolmo**, de 1972, manifestou-se a preocupação com a biodiversidade, estabelecendo no Princípio 2 que "os recursos naturais da Terra, incluídos o ar, a água, o solo, a flora e a fauna e, especialmente, parcelas representativas dos ecossistemas naturais, devem ser preservados em benefício das gerações atuais e futuras, mediante um cuidadoso planejamento ou administração adequados". Esse princípio aborda a questão da

---

17. Convenção sobre Diversidade Biológica, art. 2. Disponível em: <https://www.gov.br/mma/pt-br/textoconvenoportugus.pdf>. Acesso em: 10 mar. 2024.
18. AMABIS, José Mariano; MARTHO, Gilberto Rodrigues. *Biologia das populações*. 2. ed. São Paulo: Moderna, 2004, p. 366.
19. LEVIN. Simon A. *The Princeton Guide to Ecology*. New Jersey: Princeton University Press, 2009, p. 367.
20. Introduzida no Brasil pelo Decreto nº 1.905, de 16-5-1996.
21. Ver capítulo sobre Sítios Ramsar. Zonas Úmidas.

sustentabilidade, ao mencionar a necessidade da preservação para as futuras gerações. E introduz a necessidade de haver planejamento e administração no que se refere ao tema, atribuição do Poder Público visando evitar danos futuros à biodiversidade.

Nos termos do Princípio 4, "o homem tem a responsabilidade especial de preservar e administrar judiciosamente o patrimônio representado pela flora e fauna silvestres, bem assim o seu 'habitat', que se encontram atualmente em grave perigo por uma combinação de fatores adversos. Em consequência, ao planificar o desenvolvimento econômico, deve ser atribuída importância à conservação da natureza, incluídas a flora e a fauna silvestres".

No Princípio 6 da Declaração de Estocolmo, menciona-se a necessidade de evitar danos graves e irreparáveis aos ecossistemas, pondo-se "fim à descarga de substâncias tóxicas ou de outras matérias e à liberação de calor, em quantidades ou concentrações tais que não possam ser neutralizadas pelo meio ambiente". Nesse texto, coloca-se a poluição ambiental como causa direta de "danos graves e irreparáveis aos ecossistemas", o que inclui a extinção de espécies.

13.2.3 Convenção sobre Comércio Internacional das Espécies da Flora e da Fauna Selvagens em Perigo de Extinção (CITES)

Importante documento internacional sobre a preservação de espécies e o risco de sua extinção consiste na **Convenção sobre Comércio Internacional das Espécies da Flora e da Fauna Selvagens em Perigo de Extinção (CITES)**, realizada em 1973, aprovada no Brasil pelo Decreto Legislativo nº 54 e promulgada pelo Decreto nº 76.623, de 17-11-1975. É também conhecida por *Convenção de Washington*.

A CITES regulamenta a exportação, importação e reexportação de animais e plantas, suas partes e derivados, através de um sistema de emissão de licenças e certificados que são expedidos quando se cumprem determinados requisitos. Uma das condições para a expedição de licenças é definir se um determinado tipo de comércio prejudicará ou não a sobrevivência da espécie. Todavia, a CITES não aborda as questões relativas ao tráfico e comércio de espécies no interior dos países. Mas isso não significa que as espécies em risco não possam ser mencionadas nas normas internas, com expressa referência às listas anexas à CITES.[22]

13.2.4 Convenção das Nações Unidas sobre Direito do Mar

A Convenção das Nações Unidas sobre Direito do Mar, adotada em Montego Bay, Jamaica, em 10-12-1982, entrou em vigor em 16-11-1994. No Brasil, o texto foi aprovado pelo Decreto Legislativo nº 5, de 9-11-1987, e promulgado pelo Decreto nº 1.530, de 22-6-1995.[23] Os arts. 207 e seguintes dispõem sobre as regras internacionais para prevenir, reduzir e controlar a poluição do meio marinho, o que recai, ainda que indiretamente, à proteção da biodiversidade marinha.

Exemplo de como atividades marinhas que desrespeitam as regras de prevenção e controle podem afetar a biodiversidade marinha e costeira são os grandes acidentes em

---

22. Ver, por exemplo, o Decreto nº 6.514/08, que dispõe sobre as infrações administrativas, e faz referência expressa à convenção.
23. RANGEL, Vicente Marotta. *Direito e relações internacionais*. 8. ed. São Paulo: Revista dos Tribunais, 2005, p. 249.

plataformas petrolíferas ocorridos desde 1978 e cujos casos mais recentes ocorreram nos EUA, a partir de plataforma da British Petroleum localizada no Golfo do México e no Brasil, no poço de petróleo da empresa americana Chevron em Campo do Frade, na Bacia de Campos, em novembro de 2011,[24] no terminal marítimo da Petrobras, em São Sebastião, em abril de 2013,[25] nas proximidades da praia de Tramandaí, no Litoral Norte do Rio Grande do Sul, em julho de 2014,[26] e na costa norte do Espírito Santo, com a explosão do navio-plataforma da Petrobrás, em fevereiro de 2015.[27]

13.3 A BIODIVERSIDADE NO PLANO CONSTITUCIONAL

A Constituição Federal trata da preservação da diversidade biológica, incluindo a sua proteção entre as obrigações do Poder Público, com vistas a garantir o direito ao meio ambiente ecologicamente equilibrado. Do conteúdo do § 1º do art. 225, cabe destacar:

preservar e restaurar os **processos ecológicos essenciais** e prover o manejo ecológico das espécies e ecossistemas;[28]

preservar a **diversidade e a integridade do patrimônio genético** do País e fiscalizar as entidades dedicadas à pesquisa e manipulação de material genético;[29]

definir, em todas as unidades da Federação, **espaços territoriais** e seus componentes a serem especialmente protegidos;[30]

proteger a **fauna** e a **flora**, vedadas, na forma da lei, as práticas que coloquem em risco sua função ecológica, provoquem a extinção de espécies ou submetam os animais a crueldade,[31] ressalvadas práticas desportivas que utilizem animais que constituam manifestações culturais integrantes do patrimônio cultural brasileiro.[32]

O caráter protecionista inovador do texto constitucional decorre da influência de estudos científicos que vinham sendo feitos na época e do relatório *Nosso Futuro Comum*.[33] No entanto, apenas após assumir os compromissos contidos na CDB, as autoridades brasileiras iniciaram o processo de regulamentação dos dispositivos legais acima apontados.

Os quatro itens acima transcritos tratam, sob diferentes aspectos, da biodiversidade. *A preservação e restauração dos processos ecológicos essenciais e o manejo ecológico de espécies e ecossistemas* têm a ver com manutenção da biodiversidade, no que se refere ao equilíbrio das relações entre os meios físico e biótico.

---

24. G1. Chevron poderia ter evitado vazamento diz relatório da ANP. Disponível em: <https://g1.globo.com/rio-de-janeiro/noticia/2012/07/chevron-poderia-ter-evitado-vazamento-diz-relatorio-da-anp.html#:~:text=Segundo%20o%20relat%C3%B3rio%20da%20ANP,po%C3%A7o%2C%20criando%20condi%C3%A7%C3%B5es%20para%20acidente>. Acesso em: 10 mar. 2024.
25. Estadão. Óleo vaza e São Sebastião interdita nove praias. Disponível em: <https://www.estadao.com.br/sustentabilidade/oleo-vaza-e-sao-sebastiao-interdita-nove-praias/>. Acesso em: 10 mar. 2024.
26. G1. *Vazamento de petróleo é observado perto da praia de Tramandaí, RS.* Disponível em: <http://g1.globo.com/rs/rio-grande-do-sul/noticia/2014/07/vazamento-de-petroleo-e-observado-perto-da-praia-de-tramandai-rs.html>. Acesso em: 10 mar. 2024.
27. G1, *Relatório da Petrobras revela causas de explosão em navio no ES.* Disponível em: <http://g1.globo.com/espirito-santo/noticia/2015/06/relatorio-interno-da-petrobras-revela-causas-de-explosao-em-navio-no-es.html>. Acesso em: 10 mar. 2024.
28. CF/88, art. 225, § 1º, I.
29. CF/88, art. 225, § 1º, II.
30. CF/88, art. 225, § 1º, III.
31. CF/88, art. 225, § 1º, VII.
32. CF/88, art. 225, § 7º, incluído pela Emenda Constitucional nº 96, de 2017.
33. SANTILLI, Juliana. *Socioambientalismo e novos direitos*: proteção jurídica à biodiversidade biológica e cultura. São Paulo: Peirópolis, 2005, p. 66.

13 • BIODIVERSIDADE **141**

Para tanto, busca-se *preservar a fauna, a flora e os micro-organismos*, proibindo práticas contrárias à manutenção da biodiversidade, que coloquem em risco a sua função ecológica ou provoquem a extinção de espécies. Além disso, a norma constitucional protege os animais de qualquer tratamento com crueldade. Note-se que o termo utilizado – *animais* – é genérico, o que implica que, para fins de proteção a tratamento com crueldade, não apenas a fauna silvestre é protegida, mas todas as espécies de animais.

Cabe ressaltar a edição da Emenda Constitucional nº 96, de 06-06-2017, que acrescentou o § 7º ao art. 225 da CF/88. De acordo com esse dispositivo, "não se consideram cruéis as práticas desportivas que utilizem animais, desde que sejam manifestações culturais, conforme o § 1º do art. 215 desta Constituição Federal, registradas como bem de natureza imaterial integrante do patrimônio cultural brasileiro, devendo ser regulamentadas por lei específica que assegure o bem-estar dos animais envolvidos." A Lei nº 13.364, promulgada pouco antes, em 29-11-2016, elevou o "Rodeio, a Vaquejada, bem como as respectivas expressões artístico-culturais, à condição de manifestações da cultura nacional e de patrimônio cultural imaterial." (art. 1º)[34]. A EC nº 96/2017, bem como a referida lei, são vistas como resposta ao julgamento do STF (ADI 4983/CE), que julgou inconstitucional a lei estadual do Ceará que que regulamentava a atividade da "vaquejada", considerada tratamento cruel pela maioria dos Ministros.

A preservação da diversidade e da integridade do patrimônio genético brasileiro refere-se a temas correlatos à biodiversidade: acesso a recursos genéticos, biotecnologia e biossegurança.

A *criação de espaços territoriais especialmente protegidos*[35] constitui medida governamental voltada à preservação dos ecossistemas e está regulamentada pela Lei nº 9.985, de 17-7-2000.[36] Esses espaços, de acordo com seu regime jurídico, possuem funções específicas, como a proteção de ambientes mais frágeis, como é o caso das Reservas Biológicas,[37] ou a simples proteção de florestas com vistas ao uso múltiplo sustentável dos recursos florestais e à pesquisa, como é o caso das Florestas Nacionais.[38] A finalidade desses espaços será sempre, em maior ou menor grau, a proteção da biodiversidade. A Lei nº 12.651, de 25-5-2012, que trata da proteção da vegetação nativa, também regula espaços protegidos, como é o caso das Áreas de Preservação Permanente (APP) e a Reserva Legal. Todavia, não se pode afirmar que essa norma tenha um foco específico na proteção da biodiversidade, na medida em que autoriza, em muitos casos, a supressão da vegetação desses dois tipos de áreas protegidas, sem fundamento técnico para isso.

---

34. A Lei nº 13.873, de 17-9-2019, alterou a redação da Lei nº 13.364, de 29-11-2016. Assim, o art. 1º ficou com a seguinte redação: "Esta Lei reconhece o rodeio, a vaquejada e o laço, bem como as respectivas expressões artísticas e esportivas, como manifestações culturais nacionais, eleva essas atividades à condição de bens de natureza imaterial integrantes do patrimônio cultural brasileiro e dispõe sobre as modalidades esportivas equestres tradicionais e sobre a proteção ao bem-estar animal".
35. Ver Parte IV sobre os Espaços Territoriais Especialmente Protegidos.
36. A Lei nº 9.985/2000 se refere às Unidades de Conservação.
37. Lei nº 9.985/2000, art. 10: *A Reserva Biológica tem como objetivo a preservação integral da biota e demais atributos naturais existentes em seus limites, sem interferência humana direta ou modificações ambientais, excetuando-se as medidas de recuperação de seus ecossistemas alterados e as ações de manejo necessárias para recuperar e preservar o equilíbrio natural, a diversidade biológica e os processos ecológicos naturais.*
38. Lei nº 9.985/00, art. 17: *A Floresta Nacional é uma área com cobertura florestal de espécies predominantemente nativas e tem como objetivo básico o uso múltiplo sustentável dos recursos florestais e a pesquisa científica, com ênfase em métodos para exploração sustentável de florestas nativas.*

13.4 A CONVENÇÃO SOBRE DIVERSIDADE BIOLÓGICA

A Convenção sobre Diversidade Biológica (CDB), assinada durante a Conferência das Nações Unidas sobre Meio Ambiente e Desenvolvimento, Rio de Janeiro, em 1992, está em vigor no plano internacional desde 29-12-1993, tendo sido aprovada pelo Decreto Legislativo nº 2, de 1994, e promulgada pelo Decreto nº 2.519, de 16-3-1998.

Nos termos do art. 1, seus objetivos são *a conservação da diversidade biológica, a utilização sustentável de seus componentes e a repartição justa e equitativa dos benefícios derivados da utilização dos recursos genéticos, mediante, inclusive, o acesso adequado aos recursos genéticos e a transferência adequada de tecnologias pertinentes.* Tais objetivos são detalhados ao longo do texto da convenção, do qual se pode extrair que a gestão sustentável da biodiversidade constitui um todo complexo, que abrange diversas áreas do Direito Ambiental – como gestão de áreas protegidas e de material genético e proteção da fauna – e faz uso de diversos instrumentos – como a apresentação de relatórios de identificação e monitoramento.[39]

Como a CDB adotou um modelo de Convenção-Quadro, sua operacionalização veio a ser feita paulatinamente, de acordo com as decisões tomadas pelos Estados signatários nas Conferências das Partes.[40] Até o presente, foram realizadas quinze conferências – sendo que a última ocorreu, de forma virtual, –, em outubro de 2021, com previsão de uma segunda etapa de negociações, em 2022, de forma presencial, em Kunming, na China. De fato, presidida pela China e sediada pelo Canadá, a COP 15 resultou em 2022 na adoção do Quadro Global de Biodiversidade Kunming-Montreal (GBF, na sigla em inglês). A COP 16 será realizada em Cali, na Colômbia, de 21 de outubro a 1º de novembro de 2024. O GBF tem como objetivo enfrentar a perda da biodiversidade, restaurar ecossistemas e proteger os direitos indígenas. O plano inclui medidas específicas para deter e reverter a perda da natureza, incluindo a colocação de 30% do planeta e 30% dos ecossistemas degradados sob proteção até 2030. Ele também contém propostas para aumentar o financiamento aos países em desenvolvimento - um dos principais pontos de controvérsia durante as discussões[41].

Em face do texto da CDB, seus protocolos, os resultados das Conferências das Partes e o *status* da legislação brasileira, é possível afirmar que a gestão da biodiversidade se dá em setores, a partir da seguinte divisão:[42]

> Desenvolvimento de estratégias, planos ou programas visando à conservação e utilização sustentável da diversidade biológica, aliados à incorporação paulatina do elemento "conservação e utilização sustentável da diversidade biológica" e às políticas públicas setoriais e intersetoriais;[43]
>
> Identificação e monitoramento;[44]

---

39. Os recursos fitogenéticos para a Alimentação e a Agricultura têm tratamento especial pelo Tratado da Organização das Nações Unidas para Agricultura e Alimentação (FAO) sobre Recursos Fitogenéticos para a Alimentação e a Agricultura, do qual o Brasil é signatário (promulgado pelo Decreto nº 6.476, de 5-6-2008).
40. Convenção sobre Diversidade Biológica, art. 23.
41. UNEP. COP15 encerra com acordo histórico sobre biodiversidade. Disponível em: https://www.unep.org/pt-br/noticias-e-reportagens/reportagem/cop15-encerra-com-acordo-historico-sobre-biodiversidade Avesso: 10 mar. 2024.
42. A CDB engloba ainda outras questões como o controle da introdução de espécies exóticas e a cooperação e desenvolvimento técnico. Entretanto, foram selecionados nesta obra os pontos mais fundamentais e atualmente mais regulamentados.
43. Convenção sobre Diversidade Biológica, arts. 6 e 10.
44. Convenção sobre Diversidade Biológica, art. 7.

Construção de sistemas de áreas protegidas e de promoção do desenvolvimento sustentável de suas áreas subjacentes;[45]

Promoção da proteção de ecossistemas e *habitats* naturais, bem como da restauração de ecossistemas e recuperação de espécies;[46]

Avaliação de impacto e minimização de riscos;[47]

Proteção do conhecimento tradicional e das populações locais,[48] controle do acesso ao patrimônio genético e ao conhecimento tradicional associado e repartição de benefícios decorrentes do seu uso;[49]

Acesso à tecnologia e transferência de tecnologia;[50]

Administração adequada dos organismos geneticamente modificados[51] e gestão da biotecnologia e distribuição de seus benefícios.[52, 53]

No âmbito da CDB, foi estabelecido um conjunto de metas para o período 2002-2010 e um plano estratégico para direcionar a implementação da Convenção em nível nacional, regional e global, com a finalidade de interromper a perda da biodiversidade.

De acordo com o Panorama da Biodiversidade Global, a meta acordada pelos governos do mundo em 2002 – *atingir até 2010 uma redução significativa da taxa atual de perda de biodiversidade em níveis global, regional e nacional como uma contribuição para a diminuição da pobreza e para o benefício de toda a vida na Terra, com vistas a garantir a assiduidade de seus benefícios e sua distribuição justa* – não foi alcançada e o Plano Estratégico 2002-2010 não foi atingido,[54] embora tenha havido uma redução na perda da biodiversidade de um modo geral.

Durante a 10ª Convenção das Partes da CDB, realizada em Nagoya, em 2010, as partes concordaram em trabalhar juntas para implementar 20 metas até 2020. A base lógica desse novo Plano Estratégico relaciona a biodiversidade ao bem-estar humano, aos Objetivos do Milênio,[55] expressos na Declaração do Milênio das Nações Unidas realizada em 2000, em Nova Iorque, hoje transformados em Objetivos de Desenvolvimento Sustentável (ODS),[56] e à redução da pobreza.

No que se refere à efetividade desse plano, para a execução, o acompanhamento, a análise e a avaliação das ações, é necessária a adoção de meios de implementação, programas de trabalho, busca por apoio político, parcerias, relatos pelas partes e verificação pela conferência das partes. Os mecanismos de apoio incluem a capacitação para implementação nacional efetiva, a transferência e o intercâmbio de conhecimentos e tecnologia, recursos financeiros, parcerias e iniciativas de fortalecimento da cooperação e mecanismos de apoio para a pesquisa, monitoramento e avaliação.[57]

---

45. Convenção sobre Diversidade Biológica, art. 8.
46. Convenção sobre Diversidade Biológica, art. 8.
47. Convenção sobre Diversidade Biológica, art. 14.
48. Convenção sobre Diversidade Biológica, arts. 8 e 10.
49. Convenção sobre Diversidade Biológica, art. 15.
50. Convenção sobre Diversidade Biológica, art. 16.
51. Convenção sobre Diversidade Biológica, art. 8.
52. Convenção sobre Diversidade Biológica, art. 19.
53. Neste capítulo, será analisado cada um dos itens mencionados, apontando-se a regulamentação em âmbito internacional e seu desenvolvimento no Direito brasileiro.
54. Secretariado da Convenção sobre Diversidade Biológica, 2010a, p. 8.
55. ONU. Disponível em: <https://www.un.org/millenniumgoals/>. Acesso em: 10 mar. 2024.
56. ONU. Disponível em: <https://nacoesunidas.org/pos2015/agenda2030/>. Acesso em: 10 mar. 2024.
57. WEIGAND JR., Ronaldo; SILVA, Danielle Calandino da; SILVA, Daniela de Oliveira. *Metas de Aichi*: situação atual no Brasil. Brasília: UICN; WWF-Brasil; IPÊ, 2011.

As 20 metas adotadas no Plano Estratégico para Biodiversidade para o período 2011 a 2020[58] estão reunidas em cinco objetivos estratégicos:

Objetivo Estratégico A: Tratar das causas da perda da biodiversidade de modo que a preocupação com esse tema esteja presente no governo e na sociedade

Meta 1. Conhecimento da Biodiversidade. Até 2020, no mais tardar, todos os cidadãos terão conhecimento dos valores da biodiversidade e das medidas que podem tomar para sua conservação e uso sustentável.

Meta 2. Integração dos Valores da Biodiversidade no Desenvolvimento. Até 2020, no mais tardar, os valores da biodiversidade serão integrados nas estratégias e planos nacionais e locais de desenvolvimento e de redução da pobreza e incorporados nos sistemas nacionais de contas públicas e relatoria.

Meta 3. Eliminação de Incentivos Danosos à Biodiversidade. Até 2020, no mais tardar, os incentivos e subsídios lesivos à biodiversidade terão sido eliminados ou revistos para minimizar ou evitar impactos negativos. Incentivos positivos para a conservação e uso sustentável da biodiversidade terão sido elaborados e aplicados, de forma consistente e em harmonia com a CDB e outros compromissos internacionais relevantes, considerando-se as condições socioeconômicas nacionais.

Meta 4. Produção e Consumo Sustentáveis. Até 2020, no mais tardar, os governos, setor privado e grupos de interesse em todos os níveis terão adotado medidas ou implementado planos para a produção e o consumo sustentáveis e terão mantido os impactos do uso dos recursos naturais dentro de limites ecológicos seguros.

Objetivo Estratégico B. Reduzir as pressões diretas sobre a biodiversidade e promover seu uso sustentável

Meta 5. Redução de Habitats. Até 2020, a taxa de perda de habitats naturais, incluindo florestas, terá sido reduzida pela metade e, onde for viável, terá chegado próximo de zero, e a degradação e fragmentação terão sido significativamente reduzidas.

Meta 6. Pesca Sustentável. Até 2020, o manejo dos estoques de peixes, invertebrados e plantas aquáticas será sustentável, legal e realizado mediante a adoção de abordagens baseadas no ecossistema, para: (1) evitar a sobrepesca; (2) implementar planos e medidas de recuperação das espécies ameaçadas; (3) evitar que a pesca provoque impactos adversos significativos sobre as espécies ameaçadas e ecossistemas vulneráveis; e (4) que os impactos das pescarias sobre os estoques, espécies e ecossistemas permaneçam dentro de limites ecológicos seguros.

Meta 7. Agricultura, Piscicultura e Silvicultura Sustentáveis. Até 2020, as áreas de agricultura, pecuária, aquicultura e exploração florestal serão manejadas de modo sustentável, assegurando a conservação da biodiversidade.

Meta 8. Controle da Poluição Hídrica. Até 2020, a poluição, inclusive por excesso de nutrientes, estará reduzida a níveis não prejudiciais aos ecossistemas e à biodiversidade.

Meta 9. Controle de Espécies Exóticas Invasoras. Até 2020, as espécies exóticas invasoras e seus veículos de dispersão serão identificadas, espécies prioritárias estarão sob controle ou erradicadas, e medidas terão sido implementadas para impedir sua introdução e estabelecimento.

Meta 10. Proteção dos Recifes de Coral. Até 2015, as múltiplas pressões antropogênicas sobre os recifes de coral e outros ecossistemas vulneráveis, impactados pela mudança do clima ou pela acidificação dos oceanos, terão sido minimizadas com vistas a manter sua integridade e funcionamento.

Objetivo Estratégico C. Melhorar o estado da biodiversidade com a salvaguarda dos ecossistemas, das espécies e da diversidade genética

Meta 11. Proteção efetiva de Áreas. Até 2020, pelo menos 17% das áreas terrestres e de águas continentais e pelo menos 10% das áreas marinhas e costeiras, especialmente as de particular relevância para a biodiversidade e serviços ecossistêmicos, terão sido conservadas por um sistema de

---

58. CONVENÇÃO SOBRE DIVERSIDADE BIOLÓGICA (CDB). *COP 10 - Decision X/2: Strategic Plan for Biodiversity 2011-2020.* Disponível em: <https://www.cbd.int/decision/cop/?id=12268>. Acesso em 10 mar. 2024.

proteção, gerido de modo efetivo e equitativo, com representatividade ecológica e possibilidade de interligação, devidamente integradas na ampla paisagem terrestre e marinha.

Meta 12. Evitar a Extinção de Espécies. Até 2020, a extinção das espécies ameaçadas terá sido evitada e seu estado de conservação, particularmente aquelas em maior declínio, terá sido melhorado.

Meta 13. Conservação da Agrobiodiversidade. Até 2020, a diversidade genética das plantas cultivadas, dos animais criados e domesticados e de variedades silvestres, incluindo espécies de valor socioeconômico e cultural, terá sido mantida e terão sido elaboradas e aplicadas estratégias para minimizar a perda da variabilidade genética.

Objetivo Estratégico D. Ampliar os benefícios para todos da biodiversidade e dos serviços ecossistêmicos

Meta 14. Preservação de Ecossistemas Provedores de Serviços Essenciais. Até 2020, os ecossistemas provedores de serviços essenciais, inclusive relativos à água, e que contribuem para a saúde, meios de vida e bem-estar, terão sido restaurados e preservados, levando-se em conta as necessidades das mulheres, dos povos indígenas e comunidades tradicionais, e dos pobres e vulneráveis.

Meta 15. Recuperação de Ecossistemas e Adaptação às Mudanças do Clima. Até 2020, a resiliência dos ecossistemas e a contribuição da biodiversidade para a estocagem de Carbono terão sido ampliados, por meio de ações de conservação e de restauração, incluindo a recuperação de pelo menos 15% dos ecossistemas degradados, contribuindo para a mitigação e adaptação às mudanças do clima e para o combate à desertificação.

Meta 16. Implantação do Protocolo de Nagoya. Até 2015, o Protocolo de Nagoya sobre Acesso a Recursos Genéticos e a Repartição Justa e Equitativa dos Benefícios Resultantes de sua Utilização estará em vigor e operacional, em conformidade com a legislação nacional.

Objetivo Estratégico E. Melhorar a implementação por meio de planejamento participativo, gestão do conhecimento e capacitação

Meta 17. Até 2015, cada Parte da Convenção terá elaborado, adotado como instrumento da política, e começado a implementar uma estratégia nacional de biodiversidade e um plano de ação efetivos, participativos e atualizados.

Meta 18. Respeito às Populações e Conhecimentos Tradicionais. Até 2020, o conhecimento, as inovações e as práticas tradicionais dos povos e comunidades tradicionais relevantes para a conservação e para o uso sustentável da biodiversidade, e seus usos tradicionais dos recursos biológicos, terão sido respeitados, em conformidade com a legislação nacional e compromissos internacionais relevantes, e plenamente integrados e refletidos na implementação da CDB com a plena e efetiva participação dos povos e comunidades tradicionais, em todas as instâncias relevantes.

Meta 19. Ciência e Tecnologia. Até 2020, o conhecimento, a base científica e as tecnologias relacionados à biodiversidade, seus valores, funcionamento, situação e tendências, e as consequências da sua perda, terão sido melhorados, compartilhados amplamente, transferidos e aplicados.

Meta 20. Até 2020, no mais tardar, a mobilização de recursos financeiros para implementar efetivamente o Plano Estratégico da Biodiversidade de 2011-2020 a partir de todas as fontes e de acordo com o processo consolidado e acordado na Estratégia para Mobilização de Recursos deverá ter aumentado substancialmente em relação aos níveis atuais. Essa meta estará sujeita a alterações decorrentes de avaliações de demandas por recurso a serem elaboradas e relatadas pelas Partes da Convenção.

Essas metas – conhecidas também como "Metas de Aichi 2011-2020" em função do local onde foram acordadas, no Japão – não foram atingidas, segundo o relatório *Global Biodiversity Outlook 5*, elaborado pela Convenção das Nações Unidas sobre Diversidade Biológica (CDB) em 15-9-2020. [59] Por tal razão, a COP15 (2021-2022) é de suma importância para se estabelecerem novos enfrentamentos para a crise da biodiversidade.

---

59. SECRETARIAT OF THE CONVENTION ON BIOLOGICAL DIVERSITY. *Global Biodiversity Outlook 5 – Summary for Policy Makers*. Montréal, 2020. Disponível em: <https://www.cbd.int/gbo/gbo5/publication/gbo-5-spm-en.pdf>. Acesso em: 10 mar. 2024.

Em que pese a importância de atingir as metas estabelecidas, não é fácil a tarefa de buscar estratégias para alcançá-las. É necessário um grande esforço para que elas se tornem uma realidade. Esse esforço opera-se em várias linhas, desde a conscientização das pessoas sobre a importância da biodiversidade, o que nem sempre é uma realidade e que deve ser feito por meio de programas de sensibilização social, até a efetiva aplicação de recursos humanos e financeiros em tecnologias e apoio às comunidades. Para tanto, é imprescindível que se inclua o tema em todos os níveis de discussão, seja em âmbito governamental, seja junto aos setores produtivos, configurando a fundamental *transversalidade*.

O Protocolo de Nagoya foi um importante passo em direção ao estabelecimento de um regime de biodiversidade com regulamentação de acesso e repartição dos benefícios do seu uso. O documento elucida que o escopo abrange todos os recursos genéticos, exceto os humanos e aqueles objeto de acordos específicos, como o Tratado Internacional de Recursos Fitogenéticos para a Alimentação e a Agricultura, incluindo não apenas os genes, mas também os compostos bioquímicos encontrados naturalmente nos organismos, bem como os conhecimentos tradicionais associados aos recursos genéticos.

Há ainda, a previsão da criação de um mecanismo multilateral de repartição de benefícios a fim de promover a repartição de benefícios nos casos de situações transfronteiriças e nos casos onde não for possível conseguir o consentimento prévio fundamentado. Por fim, o Protocolo coloca regras e estruturas de cumprimento nos países usuários dos recursos genéticos e de conhecimentos tradicionais associados e a criação de um sistema global de informação sobre ABS, adotando como princípio básico o respeito às autorizações e aos contratos assinados nos países provedores destes recursos e destes conhecimentos.[60]

Em 2011, o Brasil assinou o Protocolo, mas o Congresso Nacional não o ratificou. Em 2014, o Protocolo foi aprovado, mas sem a participação do Brasil, o que significou que seus recursos genéticos, como plantas tropicais raras utilizadas em medicamentos, e as formas de compartilhar benefícios entre empresas, povos indígenas e governos ficaram fora da proteção internacional em vigor.

A Lei nº 13.123/2015 tratou da matéria, mas deixou de considerar os princípios e diretrizes trazidos pelo Protocolo de Nagoya para a proteção das comunidades indígenas e locais. Essa omissão do Congresso Nacional em relação a um tema tão relevante para um país megadiverso como o Brasil foi muito grave e fragilizou a proteção jurídica que deveria envolver a matéria.

Na ausência de regras protetivas efetivas para os detentores do conhecimento tradicional associado e do patrimônio genético quanto à repartição de benefícios, torna-se ainda mais problemática a assimetria de informações e poder econômico entre estes e os interessados em acessar a biodiversidade brasileira, o que compromete o próprio empenho de conservação da biodiversidade.

O Brasil só ratificou o Protocolo de Nagoya em 4 de março de 2021, 10 anos depois de ter assinado esse protocolo.[61]

---

60. PNUMA. COP10 da CDB em Nagoya: um sucesso no multilateralismo ambiental. Disponível em: <http://brasilpnuma. blogspot.com.br/2011/01/cop10-da-cdb-em-nagoya-um-sucesso-no.html>. Acesso em: 23 nov. 2021.
61. Decreto nº 136/2020.

13.5 A CDB E A POLÍTICA NACIONAL DE BIODIVERSIDADE

A primeira iniciativa brasileira no sentido de implementar o objetivo previsto no art. 6 da CDB, qual seja, o de estabelecer um plano nacional para a conservação e o uso sustentável da biodiversidade, foi a criação do Programa Nacional da Diversidade Biológica (Pronabio) pelo Decreto nº 1.354, de 29-12-1994, revogado pelo Decreto nº 4.703, de 21-5-2003[62], que adequou o Pronabio à Política Nacional da Biodiversidade, introduzida pelo Decreto nº 4.339, de 22-8-2002. O objetivo do Pronabio é orientar a elaboração e a implementação da Política Nacional da Biodiversidade.[63]

O Decreto nº 4.339/02 foi editado em complementação à CDB. Institui princípios e diretrizes para a implementação da Política Nacional da Biodiversidade, considerando expressamente (1) os compromissos assumidos pelo Brasil ao assinar a Convenção sobre Diversidade Biológica e (2) que o desenvolvimento de estratégias, políticas, planos e programas nacionais de biodiversidade é um dos principais compromissos assumidos pelos países-membros da Convenção sobre Diversidade Biológica.

A Política Nacional da Biodiversidade tem como objetivo geral a promoção, de forma integrada, da conservação da biodiversidade e da utilização sustentável de seus componentes, com a repartição justa e equitativa dos benefícios derivados da utilização dos recursos genéticos, de componentes do patrimônio genético e dos conhecimentos tradicionais associados a esses recursos.[64]

Ao instituir uma política nacional por meio de decreto para tema que já havia sido objeto de convenção internacional (CDB) com conteúdo promulgado no país, o Decreto nº 4.339/02 não deixa de ensejar alguma confusão, pois teria sido mais útil que estabelecesse apenas uma regulamentação dos textos já em vigor. Mas ao mesmo tempo em que introduz importantes ações estratégicas para a implantação da CDB, o que é realmente necessário, reforça regras já estabelecidas, para aplicação nacional, o que não possui grande utilidade. Deve ser, pois, considerado como norma interna, com o objetivo de assegurar a efetividade dos compromissos assumidos pelo Brasil perante a comunidade internacional, no que se refere à biodiversidade.

O âmbito de aplicação da Política Nacional da Biodiversidade abrange os componentes da diversidade biológica localizados nas áreas sob jurisdição nacional, incluindo o território nacional, a plataforma continental e a zona econômica exclusiva,[65] assim como os processos e atividades realizados sob sua jurisdição ou controle, independentemente de onde ocorram seus efeitos, dentro da área sob jurisdição nacional ou além dos limites desta.[66]

Segundo o Decreto nº 4.339/02, os princípios que informam a Política da Biodiversidade derivam, basicamente, daqueles estabelecidos na Convenção sobre Diversidade Bio-

---

62. Esse Decreto sofreu novas alterações trazidas pelo Decreto nº 10.235, de 11-2-2020.
63. Decreto nº 4.703/03, art. 2º, inciso I, assim disposto: *"O PRONABIO tem por objetivo: I - orientar a elaboração e a implementação da Política Nacional da Biodiversidade, com base nos princípios e diretrizes instituídos pelo Decreto no 4.339, de 22 de agosto de 2002, mediante a promoção de parceria com a sociedade civil para o conhecimento e a conservação da diversidade biológica, a utilização sustentável de seus componentes e a repartição justa e equitativa dos benefícios derivados de sua utilização, de acordo com os princípios e diretrizes da Convenção sobre Diversidade Biológica, da Agenda 21, da Agenda 21 brasileira e da Política Nacional do Meio Ambiente".*
64. Decreto nº 4.339/02, item 5 do Anexo.
65. Cf. definidos pela Lei nº 8.617, de 4-1-1993.
66. Decreto nº 4.339/02, item 3 do Anexo.

lógica e na Declaração do Rio, na Constituição Federal e na legislação nacional vigente sobre a matéria.[67] Isso confirma o que já foi dito, sobre o Decreto nº 4.339/02 ensejar confusão na aplicabilidade da CDB no país. A intenção foi boa, mas poderia ter sido simplificada, sobretudo na parte principiológica, que já está fixada em outros diplomas legais.

Passa-se, nos itens seguintes, a tratar das principais questões da Política Nacional de Biodiversidade e sua interface com a Convenção sobre Diversidade Biológica.

13.5.1 Soberania sobre a biodiversidade

A CDB assegura a soberania dos Estados sobre seus recursos naturais, reforçando, ao mesmo tempo, o *princípio da limitação da soberania territorial*,[68] ao expressar:

> Os Estados, em conformidade com a Carta das Nações Unidas e com os princípios de Direito internacional, têm o direito soberano de explorar seus próprios recursos segundo suas políticas ambientais, e a responsabilidade de assegurar que atividades sob sua jurisdição ou controle não causem dano ao meio ambiente de outros Estados ou de áreas além dos limites da jurisdição nacional.

O Decreto nº 4.339/02 também estabelece, como princípio da política, o direito soberano das nações, de explorar seus próprios recursos biológicos, segundo suas políticas de meio ambiente e desenvolvimento.[69]

Assim, ficou instituído que a biodiversidade não é mais considerada patrimônio comum da humanidade, como o era anteriormente à CDB.[70] Isso não implica, contudo, que a biodiversidade possa ser usada indiscriminadamente, por parte de cada país, o que iria contra o próprio regime da CDB.[71]

13.5.2 Valor intrínseco da diversidade biológica

Uma questão de fundamental importância, abordada na Convenção da Diversidade Biológica e no Decreto nº 4.339/02, refere-se ao valor intrínseco da biodiversidade. Mas além desse valor *intrínseco, a diversidade biológica possui valor ecológico, genético, social, econômico, científico, educacional, cultural, recreativo e estético.*[72]

O valor econômico da biodiversidade não é considerado nos cálculos dos ativos, seja das empresas, seja das nações, levando ao entendimento enganoso de que os bens ambientais não possuem essa valoração, embora sejam largamente utilizados nas atividades econômicas. Segundo Ronaldo Seroa da Motta, *o valor econômico ou o custo de oportunidade dos recursos ambientais normalmente não é observado no mercado por intermédio do sistema de preços.*[73, 74]

Como exemplos, citam-se as plantas utilizadas em medicamentos, o solo, as florestas. O único bem que começa a ter o seu uso passível de cobrança é a água, embora não se trate

---

67. Decreto nº 4.339/02, item 1 do Anexo.
68. Ver capítulo sobre O Direito Ambiental e seu Contexto Histórico.
69. Decreto nº 4.339/02, item 2, II.
70. MARTINS, Letícia Costa et al. A Convenção sobre Diversidade Biológica: repartindo benefícios e protegendo recursos. *Revista de Direito Ambiental*, v. 51, ano 13, jul./set. 2008.
71. ANTUNES, Paulo de Bessa. Aspectos jurídicos da diversidade biológica. *Revista de Direitos Difusos*, São Paulo, v. 2, nº 12, p. 1619-1633, abr. 2002.
72. Convenção sobre Diversidade Biológica, Preâmbulo.
73. MOTTA, Ronaldo Seroa da. *Economia ambiental*. São Paulo: FGV, 2006, p. 11.
74. Ver capítulo sobre os Instrumentos Econômicos da Política Ambiental.

de recurso da biodiversidade. O Decreto nº 4.339/02 inclui essa questão nos princípios da política:

> O valor de uso da biodiversidade é determinado pelos valores culturais e inclui valor de uso direto e indireto, de opção de uso futuro e, ainda, valor intrínseco, incluindo os valores ecológico, genético, social, econômico, científico, educacional, cultural, recreativo e estético.[75]

Nessa linha, formulou-se o conceito de **Valor Econômico Total (VET)**, desenvolvido no âmbito da Economia Ambiental. Trata-se de uma estrutura útil para identificar, em qualquer escala, os diversos valores associados aos recursos ambientais. De acordo com esse conceito, o valor econômico da biodiversidade consiste nos seus valores de uso e de não uso. Os primeiros são compostos pelos valores de uso direto, de uso indireto e de opção; e os últimos, de não uso, incluem os valores de herança e de existência, conforme segue:

> Os **valores de uso direto** (VUD) dos recursos ambientais são derivados do uso direto da biodiversidade como atividades de recreação, lazer, colheita de recursos naturais, caça, pesca, educação.

> Os **valores de uso indireto** (VUI) são oriundos dos usos indiretos, abrangendo, de forma ampla, as funções ecológicas da biodiversidade, como proteção de bacias hidrográficas, preservação de *habitat* para espécies migratórias, estabilização climática, sequestro de carbono.

> Os **valores de opção** (VO) de um recurso ambiental derivam da opção de usar o recurso no futuro. Os usos futuros podem ser diretos ou indiretos, ou seja, podem incluir o valor futuro da informação derivada do recurso em questão.

> Os **valores de não uso** (VNU) são aqueles que as pessoas atribuem ao recurso ambiental, sem que este esteja ligado a algum de seus usos. São dois os valores de não uso: o valor de herança (VH), relativo ao benefício econômico de saber que outros se beneficiarão, no futuro, do recurso ambiental, e o valor de existência (VE), que reflete o benefício econômico da existência de um recurso ambiental, embora ele não seja conhecido e, provavelmente, nunca será conhecido nem usado.

Dessa forma, o conceito de VET mostra que a preservação, a conservação e o uso sustentável da biodiversidade abrangem uma ampla variedade de bens e serviços, começando pela proteção de bens tangíveis básicos para a subsistência do homem, como alimentos e plantas medicinais, passando pelos serviços ecossistêmicos que apoiam todas as atividades humanas e terminando com valores de utilidade simbólica. Ou seja, o VET é igual à soma de todos estes distintos valores. Em outras palavras: VET = VUD + VUI + VUO + VNU.

O Decreto nº 4.339/02 determina:

> Os ecossistemas devem ser entendidos e manejados em um contexto econômico, objetivando: (a) reduzir distorções de mercado que afetam negativamente a biodiversidade; (b) promover incentivos para a conservação da biodiversidade e sua utilização sustentável e (c) internalizar custos e benefícios em um dado ecossistema o tanto quanto possível;[76]

> a conservação e a utilização sustentável da biodiversidade devem contribuir para o desenvolvimento econômico e social e para a erradicação da pobreza.[77]

13.5.3 Conservação e uso sustentável da diversidade biológica

De acordo com a CDB, compete às Partes Contratantes procurar proporcionar as condições necessárias para compatibilizar as utilizações atuais com a conservação da di-

---

75. Decreto nº 4.339/02, item 2, XIV.
76. Decreto nº 4.339/02, item 2, XVII do Anexo.
77. Decreto nº 4.339/02, item 2, XV do Anexo.

versidade biológica e a utilização sustentável de seus componentes.[78] Para que se efetive a **conservação da diversidade biológica**, o art. 6 da CDB determina, a cada Parte, de acordo com suas próprias condições e capacidades, que integre, conforme o caso, a conservação e a utilização sustentável da diversidade biológica em planos, programas e políticas setoriais ou intersetoriais pertinentes.

O Decreto nº 4.339/02 institui, no item 6 de seu Anexo, os Componentes da Política, que consistem em ações estratégicas voltadas ao alcance dos objetivos. O Componente 2 refere-se à Conservação da Biodiversidade, ação que "engloba diretrizes destinadas à conservação *in situ* e *ex situ* de variabilidade genética, de ecossistemas, incluindo os serviços ambientais, e de espécies, particularmente daquelas ameaçadas ou com potencial econômico, bem como diretrizes para implementação de instrumentos econômicos e tecnológicos em prol da conservação da biodiversidade".

Conservação *ex situ* significa "*a conservação de componentes da diversidade biológica fora de seus habitats naturais*", e conservação *in situ* significa a conservação de ecossistemas e *habitats* naturais e a manutenção e recuperação de populações viáveis de espécies em seus meios naturais e, no caso de espécies domesticadas ou cultivadas, nos meios onde tenham desenvolvido suas propriedades características.[79] As medidas adotadas pela CDB são no sentido de que se dê prioridade para a conservação *in situ*.

O Componente 1 da Política Nacional da Biodiversidade trata de outro tema fundamental, associado à conservação, que é o Conhecimento da Biodiversidade – ação que "congrega diretrizes voltadas à geração, sistematização e disponibilização de informações que permitam conhecer os componentes da biodiversidade do país e que apoiem a gestão da biodiversidade, bem como diretrizes relacionadas à produção de inventários, à realização de pesquisas ecológicas e à realização de pesquisas sobre conhecimentos tradicionais". Cabe citar a existência de duas bases de dados sobre biodiversidade: O Sistema de Informação sobre a Biodiversidade Brasileira[80] e o Portal da Biodiversidade.[81]

A conservação da diversidade biológica não implica – nem poderia implicar –, contudo, o seu isolamento em relação às atividades humanas. A simples existência da vida no planeta já o modifica permanentemente. No campo da biodiversidade, as coisas não ocorrem de modo diferente, sendo, pois, permitido – desde que de maneira sustentável – o uso dos seus *componentes*, que são parte dos recursos naturais previstos no art. 3º, V, da Lei nº 6.938/81.

O art. 6º da CDB toca na questão da necessidade de planejamento sob dois aspectos: o primeiro trata do planejamento da própria conservação da biodiversidade, que consiste no conjunto de ações a serem implementadas pelo Poder Público com vistas à proteção dos ecossistemas. O segundo aborda a questão da *transversalidade,* em que se deve incluir no planejamento dos vários setores da economia a variável ambiental, no que se reporta à biodiversidade. É **uma expressão importante** do princípio do **desenvolvimento susten-**

---

78. Convenção sobre Diversidade Biológica, art. 8, *i*.
79. Convenção sobre Diversidade Biológica, art. 2º.
80. SiBBr. Disponível em: <https://www.sibbr.gov.br/>. Acesso em: 10 mar. 2024.
81. PortalBio. Disponível em: <https://www.gov.br/icmbio/pt-br/assuntos/programas-e-projetos/portal-da-biodiversidade>. Acesso em: 10 mar. 2024.

tável. Nessa linha, o Decreto nº 4.339/02 determina que *a manutenção da biodiversidade é essencial para a evolução e para a manutenção dos sistemas necessários à vida da biosfera.*[82]

Utilização sustentável significa "a utilização de componentes da diversidade biológica de modo e em ritmo tais que não levem, no longo prazo, à diminuição da diversidade biológica, mantendo assim seu potencial para atender às necessidades e aspirações das gerações presentes e futuras".[83] Importante salientar que a definição ora estabelecida menciona o ritmo ou a velocidade com que se utilizam os recursos naturais, o que reporta à capacidade de autorregeneração da Natureza, que é limitada. Ultrapassada a linha de equilíbrio, surge o risco de dano ecológico, em suas mais variadas dimensões.

Nos termos do Decreto nº 4.339/02, "a gestão dos ecossistemas deve buscar o equilíbrio apropriado entre a conservação e a utilização sustentável da biodiversidade, e os ecossistemas devem ser administrados dentro dos limites de seu funcionamento".[84] Esse dispositivo evidencia a responsabilidade dos Poderes Públicos, pois a eles cabe porção relevante da gestão dos ecossistemas, seja no âmbito das atividades que ocorrem nas unidades de conservação, em suas múltiplas modalidades, seja nos procedimentos administrativos de licenciamento ambiental de atividades utilizadoras de recursos ambientais, de autorização de supressão de vegetação ou ainda de outorga de direito de uso de recursos hídricos.

Em cada procedimento, cabe ao administrador, com base nas normas estabelecidas, ao emitir uma licença ambiental, autorizar um certo desmatamento ou ainda outorgar o direito de uso da água, buscar o equilíbrio mencionado no decreto em tela e garantir a administração dos ecossistemas, terrestres ou aquáticos, no limite de seu funcionamento.

Na linha da **sustentabilidade**, o art. 10 da Convenção sobre Diversidade Biológica estabelece normas e condições para que cada Parte Contratante considere a necessidade de proteção da biodiversidade nos processos decisórios, minimizando os impactos negativos, protegendo e encorajando as práticas culturais tradicionais compatíveis com as exigências de conservação ou utilização sustentável. Também aqui se encontra, subjacente, a **transversalidade ambiental**, a ser adotada nos processos decisórios das nações.

O Decreto nº 4.339/02 definiu como diretriz aplicável à Política Nacional da Biodiversidade que "o esforço nacional de conservação e a utilização sustentável da diversidade biológica deve ser integrado aos planos, programas e políticas setoriais ou intersetoriais pertinentes, de forma complementar e harmônica".[85]

Essa é uma questão sempre nevrálgica, pois exige dos técnicos e dos políticos que vislumbrem, no planejamento de suas atividades e políticas públicas, a variável da biodiversidade, o que nem sempre se coaduna com os interesses imediatistas, tanto do Poder Público – o que caracteriza um claro desvio de finalidade da sua função – como da iniciativa privada.

Ainda sobre o **uso sustentável da biodiversidade**, o Decreto nº 4.339/02 preceitua que "a sustentabilidade da utilização de componentes da biodiversidade deve ser determi-

---

82. Decreto nº 4.339/02, item 2, VII do Anexo.
83. Convenção sobre Diversidade Biológica, art. 2º.
84. Decreto nº 4.339/02, item 2, XVI do Anexo.
85. Decreto nº 4.339/02 item 4, II do Anexo.

nada do ponto de vista econômico, social e ambiental, especialmente quanto à manutenção da biodiversidade".[86]

Essa regra apenas confirma a preocupação que deve existir com as questões ambientais, em especial com a biodiversidade, no projeto e na implantação de qualquer empreendimento. Para tanto, no licenciamento de atividade que potencial ou efetivamente possa causar danos ao ambiente, é obrigatória a realização de Estudo de Impacto Ambiental (EIA).

Por fim, note-se que o Componente 3 da Política Nacional da Biodiversidade, relativo à **Utilização Sustentável dos Componentes da Biodiversidade**, reúne diretrizes para a utilização sustentável da biodiversidade e da biotecnologia, incluindo o fortalecimento da gestão pública, o estabelecimento de mecanismos e instrumentos econômicos e o apoio a práticas e negócios sustentáveis que garantam a manutenção da biodiversidade e da funcionalidade dos ecossistemas, considerando não apenas o valor econômico, mas também os valores sociais e culturais da biodiversidade.[87]

13.5.4 Aparato institucional da política nacional de biodiversidade

O Componente 7 da Política Nacional de Biodiversidade, que tem por objeto o **Fortalecimento Jurídico e Institucional** para a Gestão da Biodiversidade, sintetiza os meios de implementação da Política. Para tanto, apresenta diretrizes voltadas ao fortalecimento da infraestrutura, à formação e fixação de recursos humanos, ao acesso à tecnologia e transferência de tecnologia, ao estímulo à criação de mecanismos de financiamento, ao fortalecimento do marco legal, à integração de políticas públicas e à cooperação internacional.

As competências do Ministério do Meio Ambiente e Mudança do Clima,[88] como órgão responsável pela implementação da Política Nacional da Biodiversidade, referem-se fundamentalmente a dois tipos de ação: (1) a articulação institucional e (2) a gestão técnica.

A **articulação institucional**, assim como a cooperação, concerne às leis complementares previstas no parágrafo único do art. 23 da CF/88, tendo sido editada a LC nº 140/11 para regulamentar a cooperação entre os Entes Federados.

Nos termos do Decreto nº 4.339/02, ao Ministério do Meio Ambiente (MMA) cabe:

proceder à articulação das ações atinentes à Política Nacional da Biodiversidade não apenas no âmbito do SISNAMA como também junto aos demais setores do governo e da sociedade;

articular-se com os demais ministérios afetos aos temas tratados para elaboração e encaminhamento de propostas de criação ou modificação de instrumentos legais necessários à boa execução da Política Nacional da Biodiversidade;

estimular a cooperação interinstitucional e internacional para a melhoria da implementação das ações de gestão da biodiversidade;

promover a integração de políticas setoriais para aumentar a sinergia na implementação de ações direcionadas à gestão sustentável da biodiversidade (conservação, utilização sustentável e repartição de benefícios), evitando que estas sejam conflituosas.

---

86. Decreto nº 4.339/02 item 4, V do Anexo.
87. Decreto nº 4.339/02 item 9, III do Anexo.
88. Decreto nº 4.339/02, item 17.3 do Anexo.

No que se refere à **gestão técnica**, cabe ao MMA:

acompanhar e avaliar a execução dos componentes da Política Nacional da Biodiversidade e elaborar relatórios nacionais sobre biodiversidade;

monitorar, inclusive com indicadores, a execução das ações previstas na Política Nacional da Biodiversidade;

formular e implementar programas e projetos em apoio à execução das ações previstas na Política Nacional da Biodiversidade e propor e negociar recursos financeiros.

A lei dispõe que a implementação da Política Nacional da Biodiversidade requer instância colegiada que busque o cumprimento dos interesses dessa Política junto ao Governo Federal, zele pela descentralização da execução das ações e vise assegurar a participação dos setores interessados.[89] A essa instância colegiada caberá cuidar para que os princípios e os objetivos da Política Nacional da Biodiversidade sejam cumpridos, prestando assistência técnica em apoio aos agentes públicos e privados responsáveis pela execução de seus componentes no território nacional.[90] O órgão competente para cumprir essa tarefa é a Comissão Nacional da Biodiversidade (CONABIO), instituída pelo Decreto nº 4.703, de 21-5-2003.

A CONABIO, composta por representantes de órgãos governamentais e organizações da sociedade civil, deve promover a implementação dos compromissos assumidos pelo Brasil junto à CDB, bem como identificar e propor áreas e ações prioritárias para pesquisa, conservação e uso sustentável dos componentes da biodiversidade. Com a nova redação dada ao art. 6º do Decreto nº 4.703/2003 pelo Decreto nº 10.235, de 11 de fevereiro de 2020, a CONABIO passou a ser um órgão somente consultivo.

13.5.5 Mecanismos de efetividade da norma

O Decreto nº 4.339/02 menciona que muitas iniciativas institucionais em andamento no Brasil têm relação com os propósitos da Convenção sobre Diversidade Biológica (CDB) e com as diretrizes e objetivos da Política Nacional da Biodiversidade. Note-se, no entanto, que planos, políticas e programas setoriais necessitam ser integrados, de forma a evitar-se a duplicação ou o conflito entre ações.

A Política Nacional da Biodiversidade requer que mecanismos participativos sejam fortalecidos ou criados, para que se articule a ação da sociedade em prol dos objetivos da CDB. A implementação dessa política depende da atuação de diversos setores e Ministérios do Governo Federal, segundo suas competências legais, bem como dos Governos Estaduais, do Distrito Federal, dos Governos Municipais e da sociedade civil.

Tendo em vista o conjunto de atores e políticas públicas que, direta ou indiretamente, guardam interesse com a gestão da biodiversidade e, portanto, com os compromissos assumidos pelo Brasil na implementação da CDB, é necessário que se criem ou se fortaleçam os arranjos institucionais compatíveis com essa participação, de modo a assegurar legitimidade e sustentabilidade no cumprimento dos objetivos da CDB. A conservação e a utilização sustentável da biodiversidade, assim como a repartição justa e equitativa dos benefícios decorrentes de sua utilização, dependem desses arranjos, que nem sempre são

---

89.   Decreto nº 4.339/02, item 17.4 do Anexo.
90.   Decreto nº 4.339/02, item 17.5 do Anexo.

realizados adequadamente e no momento necessário, conforme será visto em itens posteriores, especialmente no que se refere ao acesso ao patrimônio genético e ao conhecimento tradicional.

13.6 A NOVA LEI DE BIODIVERSIDADE

Além da CDB, o marco jurídico mais importante vigente no Brasil sobre os temas em questão é a Lei nº 13.123/2015. Conhecida como "Nova Lei de Biodiversidade", a lei foi publicada em 20-05-2015 e dispõe sobre o acesso ao patrimônio genético, sobre a proteção e o acesso ao conhecimento tradicional associado e sobre a repartição de benefícios para conservação e uso sustentável da biodiversidade. A Lei nº 13.123/15 revogou a Medida Provisória 2.186-16, de 23-08-2001, que consistia no marco normativo sobre biodiversidade vigente até então, o que era bastante controverso, pelo fato de um tema tão importante ser regido por medida provisória.

Coube ao Decreto nº 8.772, de 11-05-2016, regulamentar a Lei nº 13.123/15 e suas diversas normas que dependiam da implementação de instrumentos para a sua efetividade, como a criação do Sistema Nacional de Gestão do Patrimônio Genético e do Conhecimento Tradicional Associado (SISGEN) para o cadastro de acesso ou remessa de patrimônio genético ou de conhecimento tradicional associado.

A Nova Lei de Biodiversidade dispõe sobre bens, direitos e obrigações relativos[91]:

1. ao acesso ao patrimônio genético do País, bem de uso comum do povo encontrado em condições *in situ*, inclusive as espécies domesticadas e populações espontâneas, ou mantido em condições *ex situ*, desde que encontrado em condições in situ no território nacional, na plataforma continental, no mar territorial e na zona econômica exclusiva;

2. ao conhecimento tradicional associado ao patrimônio genético, relevante à conservação da diversidade biológica, à integridade do patrimônio genético do País e à utilização de seus componentes;

3. ao acesso à tecnologia e à transferência de tecnologia para a conservação e a utilização da diversidade biológica;

4. à exploração econômica de produto acabado ou material reprodutivo oriundo de acesso ao patrimônio genético ou ao conhecimento tradicional associado;

5. à repartição justa e equitativa dos benefícios derivados da exploração econômica de produto acabado ou material reprodutivo oriundo de acesso ao patrimônio genético ou ao conhecimento tradicional associado, para conservação e uso sustentável da biodiversidade;

6. à remessa para o exterior de parte ou do todo de organismos, vivos ou mortos, de espécies animais, vegetais, microbianas ou de outra natureza, que se destine ao acesso ao patrimônio genético; e

7. à implementação de tratados internacionais sobre o patrimônio genético ou o conhecimento tradicional associado aprovados pelo Congresso Nacional e promulgados.

13.6.1 Patrimônio genético

No âmbito da CDB, a expressão *material genético* significa todo material de origem vegetal, animal, microbiana ou outra que contenha unidades funcionais de hereditariedade e que tenha valor real ou potencial.[92] A Lei nº 13.123/15 optou por utilizar a expressão *patrimônio genético*, que é definido da seguinte forma:

---

91.   Lei 13.123/15, art. 1º.
92.   Convenção sobre Diversidade Biológica, art. 2º.

Informação de origem genética de espécies vegetais, animais, microbianas ou espécies de outra natureza, incluindo substâncias oriundas do metabolismo destes seres vivos[93]. Considera-se parte do patrimônio genético existente no território nacional, para os efeitos desta Lei, o microrganismo que tenha sido isolado a partir de substratos do território nacional, do mar territorial, da zona econômica exclusiva ou da plataforma continental.[94]

A Lei considera o patrimônio genético encontrado em condições *in situ*, ou seja, em que o patrimônio genético existe em ecossistemas e habitats naturais e, no caso de espécies domesticadas ou cultivadas, nos meios onde naturalmente tenham desenvolvido suas características distintivas próprias, incluindo as que formam populações espontâneas; bem como condições *ex situ*, nas quais o patrimônio genético é mantido fora de seu habitat natural.

Ao abranger elementos domesticados e mantidos em coleção *ex situ*, a definição buscou alcançar materiais que já foram objeto de coleta e são mantidos em coleção *ex situ*, desde que encontrados em condições *in situ* no território nacional, na plataforma continental, no mar territorial e na zona econômica exclusiva[95]. Dessa forma, estaria assegurada a participação do Brasil, como provedor de recursos genéticos, nos benefícios decorrentes da sua exploração para fins de pesquisa e desenvolvimento tecnológico, excluído, para fins dessa lei, o patrimônio genético humano[96].

O acesso ao patrimônio genético para práticas nocivas ao meio ambiente, à reprodução cultural e à saúde humana e para o desenvolvimento de armas biológicas e químicas é vedado expressamente[97]. Cabe ao empreendedor público ou privado o ônus de provar que suas atividades não estão incursas nas proibições mencionadas[98].

13.6.2 Conhecimento tradicional associado

As práticas humanas, que podem ser consideradas **biotecnologia**, geraram ao longo dos séculos inúmeros conhecimentos específicos, que se incorporaram ao chamado *mundo moderno*. Um exemplo é a fabricação do vinho. Se antes se tratava de uma produção artesanal e rudimentar, hoje grandes conglomerados controlam o desenvolvimento de tecnologia de vinificação, melhorando a qualidade da bebida. Tal como ocorre também com o trigo, com a soja, e com espécies bovinas, caprinas e ovinas e o processamento industrial dos respectivos produtos.

Todavia, existe outro tipo de conhecimento, que permaneceu fora desse chamado *mundo moderno*, nas mãos das **populações indígenas, comunidades tradicionais ou agricultores tradicionais**, que retiram da natureza parte de seu sustento, inclusive no que se reporta aos medicamentos. Em países como o Brasil, a biodiversidade proporcionou a essas populações um conhecimento importante, relativo ao uso de plantas e animais que lhes fornecem algum conforto, no tratamento de doenças, até em face de sua distância em relação aos centros urbanos e dos preços dos remédios.

---

93. Lei nº 13.123/15, art. 2º, I.
94. Lei 13.123/15, art. 2º, parágrafo único.
95. Lei nº 13.123/15, art. 1º, I.
96. Lei nº 13.123/15, art. 4º.
97. Lei nº 13.123/15, art. 5º.
98. MACHADO, Paulo Affonso Leme. *Direito Ambiental Brasileiro*. 26ª edição. São Paulo: Malheiros, 2018, p. 1308.

Ocorre que, embora o conhecimento desse tema não seja totalmente dominado pela ciência, sabe-se que as plantas medicinais localizadas em países como o Brasil, em biomas como a Mata Atlântica e principalmente na Amazônia, contêm substâncias que podem ser transformadas em medicamentos, o que representa muitos milhões de dólares às industrias farmacêuticas, após a realização de pesquisas capazes de introduzir tais substâncias ao mercado.[99]

A discussão versa sobre o direito dos detentores desses conhecimentos – população indígena, comunidade tradicional ou agricultor tradicional – sobre os ganhos auferidos na industrialização. Segundo Santilli, "diz-se que o uso do conhecimento tradicional aumenta a eficiência do reconhecimento das propriedades medicinais de plantas em mais de 400%".[100]

A CDB estabelece que a cooperação entre as autoridades governamentais e o setor privado na elaboração de métodos de utilização sustentável de recursos biológicos deve ser estimulada.[101] Além disso, cada parte contratante deve:

> Em conformidade com sua legislação nacional, respeitar, preservar e manter o conhecimento, inovações e práticas das comunidades locais e populações indígenas com estilos de vida tradicionais relevantes à conservação e à utilização sustentável da diversidade biológica e incentivar sua mais ampla aplicação com a aprovação e a participação dos detentores desse conhecimento, inovações e práticas;[102]

> Proteger e encorajar a utilização costumeira de recursos biológicos de acordo com práticas culturais tradicionais compatíveis com as exigências de conservação ou utilização sustentável.[103]

O Decreto nº 4.339/02, por sua vez, estabelece:

> a manutenção da diversidade cultural nacional é importante para pluralidade de valores na sociedade em relação à biodiversidade, sendo que os povos indígenas, os quilombolas e as outras comunidades locais desempenham um papel importante na conservação e na utilização sustentável da biodiversidade brasileira;[104]

> as ações relacionadas ao acesso ao conhecimento tradicional associado à biodiversidade deverão transcorrer com consentimento prévio informado dos povos indígenas, dos quilombolas e das outras comunidades locais.[105]

O conhecimento tradicional associado não tem uma definição expressa na CDB. A Lei nº 13.123/15 o define como "informação ou prática de população indígena, comunidade tradicional ou agricultor tradicional sobre as propriedades ou usos diretos ou indiretos associada ao patrimônio genético".[106] A definição apresentada é alvo de crítica por excesso de generalidade e por adotar um conceito que ainda não tem definição uniforme: o conhecimento tradicional.[107]

Quando comparada à revogada MP nº 2.186/01, houve a ampliação do conceito de conhecimento tradicional associado de "comunidade indígena ou comunidade local", para

---

99. ANTUNES, Paulo de Bessa. Aspectos jurídicos da diversidade biológica. *Revista de Direitos Difusos*, São Paulo, v. 2, nº 12, abr. 2002, p. 1631-1632.
100. SANTILLI, Juliana. *Socioambientalismo e novos direitos*: proteção jurídica à biodiversidade biológica e cultura. São Paulo: Peirópolis, 2005, p. 198.
101. Convenção sobre Diversidade Biológica, art. 10, *e*.
102. Convenção sobre Diversidade Biológica, art. 8, *j*.
103. Convenção sobre Diversidade Biológica, art. 10, *c*.
104. Decreto nº 4.339/02, item 2, XII do Anexo.
105. Decreto nº 4.339/02, item 2, XIII do Anexo.
106. Lei nº 13.123/15, art. 2º, II.
107. SANTILLI, Juliana. Biodiversidade e conhecimentos tradicionais associados: novos avanços e impasses na criação de regimes legais de proteção. *Revista de Direito Ambiental*, São Paulo: Revista dos Tribunais, ano 7, nº 29, p. 86, jan./mar. 2003.

"população indígena, comunidade tradicional ou agricultor tradicional". Em que pese a insatisfação das comunidades tradicionais quanto à substituição do termo "povos" por "populações" quando há referência aos indígenas,[108] observa-se o importante reconhecimento decorrente da incorporação dos agricultores tradicionais, definidos como "pessoa natural que utiliza variedades tradicionais locais ou crioulas ou raças localmente adaptadas ou crioulas e mantém e conserva a diversidade genética, incluído o agricultor familiar".[109]

De todo modo, a Lei nº 13.123/15 tutela apenas o conhecimento tradicional associado ao patrimônio genético, espécie do gênero *conhecimento tradicional*. Os representantes das comunidades tradicionais, no entanto, muitas vezes não compreendem a segmentação feita pela lei, uma vez que enxergam o conhecimento tradicional como um todo.[110]

Por acesso ao conhecimento tradicional associado, para fins da Lei de Biodiversidade, entende-se toda *pesquisa ou desenvolvimento tecnológico realizado sobre conhecimento tradicional associado ao patrimônio genético que possibilite ou facilite o acesso ao patrimônio genético, ainda que obtido de fontes secundárias tais como feiras, publicações, inventários, filmes, artigos científicos, cadastros e outras formas de sistematização e registro de conhecimentos tradicionais associados.*[111]

A Lei nº 13.123/15 diferenciou, também, duas formas de conhecimento tradicional: 1. de origem identificável; e 2. de origem não identificável; que se caracterizam pela possibilidade ou não de vincular a sua origem a, pelo menos, uma população indígena, comunidade tradicional ou agricultor tradicional[112], respectivamente. Esses dois conceitos introduzidos pela Nova Lei de Biodiversidade, que não encontram correspondência no CDB e no Protocolo de Nagoya, têm implicações diretas sobre o acesso ao conhecimento tradicional e à repartição de benefícios.

Além de estar tutelado pela CDB e pelo componente 5 da Política Nacional de Biodiversidade, o conhecimento tradicional associado também está protegido pela Lei nº 13.123/15 contra a utilização e exploração ilícita.[113] Reconheceu-se, ainda, o direito dessas populações indígenas de participar da tomada de decisões, no âmbito nacional, sobre assuntos relacionados à conservação e ao uso sustentável de seus conhecimentos tradicionais associados ao patrimônio genético do País.[114]

13.6.3 Consentimento Prévio e Informado

O acesso ao conhecimento tradicional tem como pilar o **Consentimento Prévio e Informado**, conceito-chave da Convenção sobre Diversidade Biológica.[115]

---

108. AMIGOS DA TERRA et al. *Carta Circular Aberta - Povos indígenas, povos e comunidades tradicionais e agricultores familiares repudiam projeto de lei que vende e destrói a biodiversidade nacional*, Brasília: 27 de fevereiro de 2015. Disponível em: <https://www.socioambiental.org/sites/blog.socioambiental.org/files/nsa/arquivos/carta_do_pcts_e_camponeses_ao_governo_federal1-2.pdf>. Acesso em: 05 dez. 2021..
109. Lei 13.123/15, art. 2º, XXXI.
110. BRASIL. Ministério do Meio Ambiente (MMA), Secretaria de Biodiversidade e Florestas. Diretoria do Programa Nacional de Conservação da Biodiversidade. *Quarto Relatório Nacional para a Convenção sobre Diversidade Biológica – Brasil*, 2010, p. 158.
111. Lei nº 13.123/15, art. 2º, IX.
112. Lei nº 13.123/15, art. 2º, III.
113. Lei nº 13.123/15, art. 8º.
114. Lei nº 13.123/15, art. 8º, § 1º.
115. GRABNER, Maria Luiza. *Conhecimentos tradicionais: proteção jurídica e diálogo intercultural*. Dissertação de Mestrado apresentada à Faculdade de Direito da Universidade de São Paulo. São Paulo, 2009, p. 153.

DIREITO AMBIENTAL • Maria Luiza Machado Granziera

A Lei nº 13.123/15 o definiu como "consentimento formal, previamente concedido por população indígena ou comunidade tradicional segundo os seus usos, costumes e tradições ou protocolos comunitários".[116] O consentimento para fins de acesso é exigível apenas para o conhecimento tradicional associado de origem identificável[117] e a Lei previu quatro formas de comprovação de que houve consentimento: 1. assinatura de termo de consentimento prévio; 2. registro audiovisual do consentimento; 3. parecer do órgão oficial competente; ou 4. adesão na forma prevista em protocolo comunitário.

As definições, bastante amplas na Lei, foram objeto de regulamentação pelo Decreto nº 8.772/16 que, além de especificar o procedimento e a documentação necessária para a comprovação, trazendo maior segurança jurídica para as partes, conferiu expressamente a possibilidade de negar o acesso ao conhecimento tradicional associado[118], conforme garantido pela Convenção 169 da OIT a fim de que a palavra dos povos e comunidades seja, de fato, determinante no processo de obtenção, ou não, de consentimento prévio e informado.[119]

No que se refere ao acesso ao patrimônio genético de variedade tradicional local ou crioula ou à raça localmente adaptada ou crioula para atividades agrícolas, foi estabelecido que se trata, necessariamente, de acesso ao conhecimento tradicional associado não identificável, considerando o que deu origem à variedade ou à raça e, portanto, prescinde do consentimento prévio da população indígena, da comunidade tradicional ou do agricultor tradicional que cria, desenvolve, detém ou conserva a variedade ou a raça[120].

A comprovação da obtenção do consentimento prévio e informado para as autoridades administrativas se dará por meio de cadastramento eletrônico no SisGen. Sobre esse aspecto, vale ressaltar que o cadastro poderá ser realizado ao final da pesquisa que se utilizou do conhecimento tradicional, uma vez que é exigido apenas previamente: 1. à remessa; 2. ao requerimento de qualquer direito de propriedade intelectual; 3. à comercialização do produto intermediário; 4. à divulgação dos resultados, finais ou parciais, em meios científicos ou de comunicação; ou 5. à notificação de produto acabado ou material reprodutivo desenvolvido em decorrência do acesso. Tal disposição permite que eventuais ilegalidades quanto ao consentimento prévio e informado sejam identificadas tardiamente, pois os saberes coletados já terão sido transmitidos.[121]

Adicionalmente, o consentimento prévio e informado abrange o direito de:

ter reconhecida sua contribuição para o desenvolvimento e conservação de patrimônio genético, em qualquer forma de publicação, utilização, exploração e divulgação[122];

ter indicada a origem do acesso ao conhecimento tradicional associado em todas as publicações, utilizações, explorações e divulgações[123];

---

116. Lei nº 13.123/15, art. 2º, VI.
117. Lei nº 13.123/15, art. 9º, §§1º e 2º.
118. Decreto nº 8.772/16, art. 13.
119. MONTEIRO, I. A. P.; LEITE, V. L. M.; ARAUJO, B. F. Violação do Direito ao Consentimento Livre, Prévio e Fundamentado na Lei nº 13.123/2015. In: *A "nova" Lei n.º 13.123/2015 no velho Marco Legal da Biodiversidade: entre retrocessos e violações de direitos socioambientais*. MOREIRA, E. C. P. (Org.); PORRO, N. M. (Org.) SILVA, L. A. L. (Org.). São Paulo: Inst. O direito por um Planeta Verde, 2017. p. 129. Disponível em: <http://www.planetaverde.org/arquivos/biblioteca/arquivo_20170303100927_2758.pdf>. Acesso em: 05 dez. 2021.
120. Lei nº 13.123/15, art. 9º, §3º.
121. BENSUSAN, Nurit. *Governo abre consulta sobre o decreto que regulamentará lei de acesso ao patrimônio genético*. Amazônia, 12 abr. 2016. Disponível em: <https://www.socioambiental.org/pt-br/blog/blog-do-ppds/governo-abre-consulta-sobre-o-decreto-que-regulamentara-lei-de-acesso-ao-patrimonio-genetico>. Acesso em: 10 mar. 2024.
122. Lei nº 13.123/15, art. 10, I.
123. Lei nº 13.123/15, art. 10, II.

13 • BIODIVERSIDADE 159

perceber benefícios pela exploração econômica por terceiros, direta ou indiretamente, de conhecimento tradicional associado[124];

participar do processo de tomada de decisão sobre assuntos relacionados ao acesso a conhecimento tradicional associado e à repartição de benefícios decorrente desse acesso, na forma do regulamento[125];

usar ou vender livremente produtos que contenham patrimônio genético ou conhecimento tradicional associado, observados os dispositivos das Leis nº 9.456/97 e 10.711/03;[126] e

conservar, manejar, guardar, produzir, trocar, desenvolver, melhorar material reprodutivo que contenha patrimônio genético ou conhecimento tradicional associado.[127]

Não obstante a relevância dessas normas e do reconhecimento das populações indígenas, comunidades tradicionais e agricultores tradicionais, é importante salientar a complexidade da sua aplicação. As tradições e a cultura das comunidades tradicionais são bastante diversas do padrão ocidental-europeu que embasa a legislação atual, cuja compreensão e adoção restam bastante dificultadas para esses povos. Assim, Santilli entende que

"a construção de um regime jurídico *sui generis* de proteção aos conhecimentos tradicionais associados à biodiversidade deve basear-se nos conhecimentos já produzidos pelas ciências sociais e etnocêntricas sobre as características intrínsecas dos processos criativos dos povos tradicionais. Deve ainda basear-se nas concepções do pluralismo jurídico e no reconhecimento da diversidade jurídica existente nas sociedades tradicionais, expressão da sua diversidade cultural".[128]

Nesse sentido, a Lei nº 13.123/15 foi além da MP nº 2.186-16/01 e transferiu o poder de decisão sobre a forma em que se dará a comprovação do consentimento prévio informado aos detentores do conhecimento tradicional.[129] O Decreto nº 8.772/16 determinou, ainda, que provedor do conhecimento tradicional associado de origem identificável negociará livremente seus termos e condições, bem como aqueles do acordo de repartição de benefícios, inclusive a modalidade[130], respeitando suas formas tradicionais de organização e representação.[131]

Um mecanismo previsto para a negociação e empoderamento das comunidades é a elaboração de protocolos comunitários, definidos como *norma procedimental das populações indígenas, comunidades tradicionais ou agricultores tradicionais que estabelece, segundo seus usos, costumes e tradições, os mecanismos para o acesso ao conhecimento tradicional associado e a repartição de benefícios.*[132] Dessa forma, todo interessado em acessar o conhecimento tradicional associado de origem identificável está condicionado à obtenção do consentimento prévio informado da forma prevista no protocolo comunitário.[133]

---

124. Lei nº 13.123/15, art. 10, III.
125. Lei nº 13.123/15, art. 10, IV.
126. Lei nº 13.123/15, art. 10, V.
127. Lei nº 13.123/15, art. 10, VI.
128. SANTILLI, Juliana. *Socioambientalismo e novos direitos*: proteção jurídica à biodiversidade biológica e cultura. São Paulo: Peirópolis, 2005, p. 250.
129. Lei nº 13.123/15, art. 10, §1º. Assim dito: "Para os fins desta Lei, qualquer conhecimento tradicional associado ao patrimônio genético será considerado de natureza coletiva, ainda que apenas um indivíduo de população indígena ou de comunidade tradicional o detenha."
130. Decreto nº 8.772/16, art. 14.
131. Decreto nº 8.772/16, art. 15.
132. Lei nº 13.123, art. 2º, VII.
133. Lei nº 13.123, art. 9º, §1º, IV.

No Brasil, já há iniciativas nesse sentido, entre as quais destaca-se o *Protocolo Comunitário do Bailique*,[134] arquipélago localizado no Amapá em que, por meio de um processo participativo, reuniu 32 comunidades locais para a construção do protocolo, e o *Protocolo comunitário biocultural das raizeiras do Cerrado: direito consuetudinário de praticar a medicina tradicional*,[135] que tem como objetivo ser um instrumento político para a conquista de uma legislação que garanta o direito consuetudinário de quem faz o uso tradicional e sustentável da biodiversidade brasileira para a saúde.

13.6.4 Acesso e repartição justa e equitativa

O acesso ao recurso genético pode ocorrer inteiramente dentro de um país, mas também pode ser realizado por instituições estrangeiras, o que é permitido e assegurado pela CDB, sendo que, nesse caso, o acesso deve ser feito de acordo com a legislação nacional do país provedor do recurso genético.[136] A Lei nº 13.123/15 define acesso ao patrimônio genético como "pesquisa ou desenvolvimento tecnológico realizado sobre amostra de patrimônio genético".[137]

Por pesquisa, compreende-se a "atividade, experimental ou teórica, realizada sobre o patrimônio genético ou conhecimento tradicional associado, com o objetivo de produzir novos conhecimentos, por meio de um processo sistemático de construção do conhecimento que gera e testa hipóteses e teorias, descreve e interpreta os fundamentos de fenômenos e fatos observáveis".[138] Já desenvolvimento tecnológico refere-se ao "trabalho sistemático sobre o patrimônio genético ou sobre o conhecimento tradicional associado, baseado nos procedimentos existentes, obtidos pela pesquisa ou pela experiência prática, realizado com o objetivo de desenvolver novos materiais, produtos ou dispositivos, aperfeiçoar ou desenvolver novos processos para exploração econômica".[139] É possível, portanto, ter acesso ao patrimônio genético sem que ocorra acesso ao conhecimento tradicional associado. Mas, em ambos os casos, os benefícios devem ser repartidos justa e equitativamente,[140] o que é um reflexo do princípio do **acesso equitativo aos recursos naturais**.[141]

A repartição de benefícios decorrentes do acesso à biodiversidade e ao conhecimento tradicional foi regulamentada em 2010 na esfera internacional pelo **Protocolo de Nagoya**, adotado na 10ª Conferência das Partes da CDB.[142] O Protocolo, ao regular o controle de origem dos recursos genéticos[143] e o consentimento prévio informado,[144] bem como tornar

---

134. EMBRAPA. Projeto de Centro Tecnológico para o Bailique é aprovado por lideranças comunitárias. Disponível em: <https://www.embrapa.br/busca-de-noticias/-/noticia/3387269/projeto-de-centro-tecnologico-para-o-bailique-e--aprovado-por-liderancas-comunitarias>. Acesso em: 10 mar. 2024.
135. DIAS, Jaqueline Evangelista (org.); LAUREANO, Lourdes Cardozo (org.). *Protocolo comunitário biocultural das raizeiras do Cerrado: direito consuetudinário de praticar a medicina tradicional*. Turmalina: Articulação Pacari, 2015. Disponível em: <www.ecoa.org.br/wp-content/uploads/2016/05/Protocolo-Comunit%C3%A1rio-Biocultural-das-Raizeiras-do--Cerrado.pdf>. Acesso em: 10 mar. 2024.
136. Convenção sobre Diversidade Biológica, art. 15.
137. Lei nº 13.123/15, art. 2º, VIII.
138. Lei nº 13.123/15, art. 2º, X.
139. Lei nº 13.123/15, art. 2º, XI.
140. Convenção sobre Diversidade Biológica, art. 8, *j*.
141. Ver capítulo sobre os Princípios Informadores do Direito Ambiental.
142. CONVENTION ON BIOLOGICAL DIVERSITY. *COP 10 Outcomes*. Disponível em: <http://www.cbd.int/nagoya/outcomes/>. Acesso em: 10 mar. 2024.
143. Protocolo de Nagoya, art. 12, 12 bis e 13.
144. Protocolo de Nagoya, art. 7º, 10, 12 bis.

mais claras as regras de acesso internacional[145] e repartição,[146] representa um importante marco para sanar as lacunas atuais, pois não basta uma legislação nacional densa e eficiente para garantir a devida repartição de benefícios, uma vez que os usuários da biodiversidade normalmente são estrangeiros.

O protocolo entrou em vigor em 12 de outubro de 2014, 90 dias após o quinquagésimo instrumento de ratificação das partes da Convenção,[147] entretanto, sem a participação do Brasil,[148] que o ratificou somente em 04-03-2021, dez anos após a assinatura do Protocolo.

O Decreto nº 4.339/02 estabeleceu, nos objetivos gerais da Política Nacional da Biodiversidade, "a repartição justa e equitativa dos benefícios derivados da utilização dos recursos genéticos, de componentes do patrimônio genético e dos conhecimentos tradicionais associados a esses recursos". A norma considerou, nesse dispositivo, a biodiversidade brasileira e a existência de populações tradicionais, detentoras desses conhecimentos, situação diferente, por exemplo, da dos países ricos, interessados nesse conhecimento.

O Componente 5 do Decreto nº 4.339/02 consiste no Acesso aos Recursos Genéticos e aos Conhecimentos Tradicionais Associados e Repartição de Benefícios e "alinha diretrizes que promovam o acesso controlado, com vistas à agregação de valor mediante pesquisa científica e desenvolvimento tecnológico, e a distribuição dos benefícios gerados pela utilização dos recursos genéticos, dos componentes do patrimônio genético e dos conhecimentos tradicionais associados, de modo que sejam compartilhados, de forma justa e equitativa, com a sociedade brasileira e, inclusive, com os povos indígenas, com os quilombolas e com outras comunidades locais".[149]

A Lei nº 13.123/15 adotou recomendações das Diretrizes de Bonn e admite formas de repartição de benefícios monetárias e não monetárias. A opção pela forma de repartição depende tanto do bem acessado, como do interesse das partes envolvidas. Conforme determina o Decreto nº 8.772/16:

> No caso de exploração econômica de produto acabado ou de material reprodutivo oriundo de acesso ao patrimônio genético, caberá ao usuário optar por uma das modalidades de repartição de benefícios.[150]

> Quando se tratar de exploração econômica de produto acabado ou de material reprodutivo oriundo de acesso ao conhecimento tradicional associado de origem não identificável, a repartição dar-se-á na modalidade monetária e será recolhida ao Fundo Nacional para a Repartição de Benefícios (FNRB).[151]

> Na hipótese de exploração econômica de produto acabado ou de material reprodutivo oriundo de acesso ao conhecimento tradicional associado de origem identificável, a repartição de benefícios: (1) deverá ser livremente negociada entre o usuário e a população indígena, a comunidade tradicional ou o agricultor tradicional provedor do conhecimento; e (2) a parcela devida pelo usuário ao FNRB cor-

---

145. Protocolo de Nagoya, art. 5º, 5 bis, 9, 11.
146. Protocolo de Nagoya, art. 4º.
147. De acordo com o art. 27 do texto provisório do Protocolo, sua entrada em vigor deve ocorrer no nonagésimo dia após a data do depósito do quinquagésimo instrumento de ratificação das partes da Convenção.
148. O GLOBO. *Protocolo de Nagoya começa a valer sem a participação do Brasil.* Disponível em: <http://oglobo.globo.com/sociedade/ciencia/meio-ambiente/protocolo-de-nagoya-comeca-valer-sem-participacao-do-brasil-14241027#ixz-z3LzSUIMxk>. Acesso em: 10 mar. 2024.
149. Decreto nº 4.339/02, item 9, V.
150. Decreto nº 8.772/16, art. 47, § 1º.
151. Decreto nº 8.772/16, art. 47, § 2º.

responderá a 0,5% da receita líquida anual obtida com a exploração econômica ou à metade daquela prevista em acordo setorial.[152]

A repartição de benefícios não monetária, em rol exemplificativo, consiste em: (1) projetos para conservação ou uso sustentável de biodiversidade ou para proteção e manutenção de conhecimentos, inovações ou práticas de populações indígenas, de comunidades tradicionais ou de agricultores tradicionais, preferencialmente no local de ocorrência da espécie em condição in situ ou de obtenção da amostra quando não se puder especificar o local original; (2) transferência de tecnologias; (3) disponibilização em domínio público de produto, sem proteção por direito de propriedade intelectual ou restrição tecnológica; (4) licenciamento de produtos livre de ônus; (5) capacitação de recursos humanos em temas relacionados à conservação e uso sustentável do patrimônio genético ou do conhecimento tradicional associado; e (6) distribuição gratuita de produtos em programas de interesse social.[153]

A repartição de benefícios monetária, por sua vez, pode ser direcionada ao detentor do conhecimento tradicional associado identificável que opte por essa opção e, também, ao FNRB, nos não identificáveis e nas demais condições acima previstas, correspondendo a uma parcela de 1% da receita líquida anual obtida com a exploração econômica, ressalvada a hipótese de redução para até 0,1 por acordo setorial previsto.[154]

O **Fundo Nacional para a Repartição de Benefícios**, criado pela Lei n° 13.123/2015 e regulamentado pelo Decreto n° 8.772/2016, tem como objetivo promover a valorização do patrimônio genético e dos conhecimentos tradicionais associados e o seu uso de forma sustentável.[155] O FNRB é vinculado ao Ministério do Meio Ambiente e os recursos arrecadados serão destinados:

Exclusivamente em benefício dos detentores de conhecimentos tradicionais associados, se os recursos monetários depositados no FNRB forem decorrentes da exploração econômica de produto acabado ou de material reprodutivo oriundo de acesso a conhecimento tradicional associado;[156] e

Parcialmente em benefício de coleções *ex situ* se os recursos monetários depositados no FNRB forem decorrentes da exploração econômica de produto acabado ou de material reprodutivo oriundo de acesso a patrimônio genético proveniente de coleções *ex situ*.[157]

Questiona-se, entretanto, o fato de a Nova Lei de Biodiversidade ter restringido a obrigação de repartir benefícios apenas às hipóteses exploração econômica de:

produto acabado no qual o componente do patrimônio genético ou do conhecimento tradicional associado é um dos elementos principais de agregação de valor;[158] ou

material reprodutivo oriundo de acesso ao patrimônio genético de espécies encontradas em condições in situ ou ao conhecimento tradicional associado, ainda que produzido fora do País, para fins de atividades agrícolas.[159]

Observa-se, portanto, que no primeiro caso a repartição de benefícios está atrelada aos seguintes critérios: (1) quando for passível de exploração econômica, (2) se tratar de

---

152. Decreto n° 8.772/16, art. 47, § 3°.
153. Lei n° 13.123/15, art. 19
154. Lei n° 13.123/15, art. 20.
155. Lei n° 13.123/15, art. 30.
156. Lei n° 13.123/15, art. 32, § 1°.
157. Lei n° 13.123/15, art. 32, § 2°.
158. Lei n° 13.123/15, art. 17 e Decreto n° 8.772/16, art. 43, I.
159. Lei n° 13.123/15, art. 17 e Decreto n° 8.772/16, art. 43, II.

produto acabado ou material reprodutivo (3) e em relação àquele ser elemento principal de agregação de valor[160], considerando, este, os elementos cuja presença no produto acabado é determinante para a existência das características funcionais ou para a formação do apelo mercadológico[161].

Ao restringir a possibilidade de repartir benefícios somente para esses casos específicos, a lei desviou-se de seus objetivos, deixando de cumprir duas condições essenciais e indispensáveis constantes da CDB: a justiça e equidade na partilha.[162] A presunção, quando se usa um critério de justiça e equidade, é que todas as contribuições para a formulação de um produto sejam valorizadas, pois, do contrário, possibilita-se o enriquecimento indevido e imoral das empresas que fizeram o acesso ao patrimônio genético e ao conhecimento tradicional.[163]

A Lei isenta, ainda, os fabricantes de produtos intermediários e desenvolvedores de processos oriundos de acesso ao patrimônio genético ou ao conhecimento tradicional associado ao longo da cadeia produtiva da obrigação de repartição de benefícios.[164] O Decreto, por sua vez, regulamenta e amplia as previsões de isenção, tratando das hipóteses de exploração econômica de:

produto acabado ou material reprodutivo desenvolvido pelos agricultores tradicionais e suas cooperativas, com receita bruta anual igual ou inferior ao limite máximo estabelecido no inciso II do art. 3º da Lei Complementar nº 123, de 14 de dezembro de 2006;[165]

produto acabado ou material reprodutivo desenvolvido pelas microempresas, pelas empresas de pequeno porte e pelos microempreendedores individuais, conforme disposto na Lei Complementar nº 123, de 2006;[166]

operações de licenciamento, transferência ou permissão de utilização de qualquer forma de direito de propriedade intelectual sobre produto acabado, processo ou material reprodutivo oriundo do acesso ao patrimônio genético ou ao conhecimento tradicional associado por terceiros;[167]

produtos intermediários ao longo da cadeia produtiva;[168]

material reprodutivo ao longo da cadeia produtiva de material reprodutivo, exceto a exploração econômica realizada pelo último elo da cadeia produtiva;[169]

material reprodutivo oriundo de acesso a patrimônio genético ou a conhecimento tradicional associado para fins de atividades agrícolas e destinado exclusivamente à geração de produtos acabados;[170] e

produto acabado ou material reprodutivo oriundo do acesso ao patrimônio genético de espécies introduzidas no território nacional pela ação humana, ainda que domesticadas, ressalvado o disposto nos incisos I e II do § 3º do art. 18 da Lei nº 13.123, de 2015.[171]

---

160. MARTINS, T.; ALMEIDA, N. T. de S. Violação ao Direito à Repartição Justa e Equitativa de Benefícios. In: *A "nova" Lei n.º 13.123/2015 no velho Marco Legal da Biodiversidade: entre retrocessos e violações de direitos socioambientais*. MOREIRA, E. C. P. (Org.); PORRO, N. M. (Org.) SILVA, L. A. L. (Org.). São Paulo: Inst. O direito por um Planeta Verde, 2017. p. 137. Disponível em: <http://www.planetaverde.org/arquivos/biblioteca/arquivo_20170303100927_2758.pdf>. Acesso em: 05 dez. 2021.

161. Lei nº 13.123/15, art. 2º, XVIII.

162. MACHADO, Paulo Affonso Leme. *Direito Ambiental Brasileiro*. 26ª edição. São Paulo: Malheiros, 2018, p. 1.327-1.328.

163. MACHADO, Paulo Affonso Leme. *Direito Ambiental Brasileiro*. 26ª edição. São Paulo: Malheiros, 2018, p. 1.328.

164. Lei nº 13.123/15, art. 17, § 2º.

165. Decreto nº 8.772/16, art. 54, I.

166. Decreto nº 8.772/16, art. 54, II.

167. Decreto nº 8.772/16, art. 54, III.

168. Decreto nº 8.772/16, art. 54, IV.

169. Decreto nº 8.772/16, art. 54, V.

170. Decreto nº 8.772/16, art. 54, VI.

171. Decreto nº 8.772/16, art. 54, VII.

Questiona-se, também, qual é a referência para o padrão de justiça e equidade: as comunidades de onde emana o conhecimento tradicional ou quem acessa o conhecimento, valendo-se sempre do argumento do desenvolvimento científico tecnológico? Longas discussões a respeito disso têm se desenrolado, tanto nas Conferências das Partes da CDB quanto no CGEN, apontando sempre os representantes indígenas que seus interesses não são devidamente levados em consideração, mas apenas questões econômicas sobre fundos e financiamentos, que ficam nas esferas do poder governamental.[172]

13.6.5 Procedimento de acesso e repartição de benefícios

O Conselho de Gestão do Patrimônio Genético (CGEN) é o principal órgão responsável pela coordenação, elaboração e implementação de políticas para gestão do acesso ao patrimônio genético, ao conhecimento tradicional associado e à repartição de benefícios, possuindo caráter deliberativo, normativo, consultivo e recursal.[173]

A Nova Lei de Biodiversidade e o Decreto nº 8.772/16 reformularam sua composição, garantindo à sociedade civil a representação máxima de 60% (sessenta por cento) e mínima de 40% (quarenta por cento) dos membros do órgão colegiado, assegurada a paridade entre setor empresarial, setor acadêmico e populações indígenas, comunidades tradicionais e agricultores tradicionais.[174]

O plenário do CGEN atualmente conta com 21 integrantes, sendo 12 representantes de órgãos da administração pública federal e 9 representantes da sociedade civil.[175] Está prevista, também, a criação de Câmaras Temáticas e Setoriais, com a participação paritária do Governo e da sociedade civil, sendo esta representada pelos setores empresarial, acadêmico e representantes das populações indígenas, comunidades tradicionais e agricultores tradicionais, para subsidiar as decisões do plenário.[176]

Suas principais atribuições são:

coordenar a elaboração e a implementação de políticas para a gestão do acesso ao patrimônio genético e ao conhecimento tradicional associado e da repartição de benefícios;[177]

estabelecer normas técnicas; diretrizes e critérios para elaboração e cumprimento do acordo de repartição de benefícios; e critérios para a criação de banco de dados para o registro de informação sobre patrimônio genético e conhecimento tradicional associado;[178]

acompanhar, em articulação com órgãos federais, ou mediante convênio com outras instituições, as atividades de acesso e remessa de amostra que contenha o patrimônio genético; e acesso a conhecimento tradicional associado;[179]

deliberar sobre o credenciamento de instituição nacional (pública ou privada sem fins lucrativos) que mantém coleção *ex situ* de amostras que contenham o patrimônio genético; e de instituição pública nacional para ser responsável pela criação e manutenção da base de dados[180] relativos: a) aos cadastros de acesso ao patrimônio genético ou ao conhecimento tradicional associado e de remessa; b) às

---

172. MATHIAS, Fernando; NOVION, Henry de (Org.). *As encruzilhadas das modernidades*: debates sobre biodiversidade, tecnociência e cultura. Instituto Socioambiental, 2006, p. 41-50. (Documentos ISA, 9).
173. Lei nº 13.123/15, art. 6º, caput.
174. Lei nº 13.123/15, art. 6º, I, II e III.
175. Decreto nº 8.772/16, art. 7º.
176. Decreto nº 8.772/16, art. 8º.
177. Decreto nº 8.772/16, art. 4º, I.
178. Decreto nº 8.772/16, art. 4º, II.
179. Decreto nº 8.772/16, art. 4º, III.
180. Decreto nº 8.772/16, art. 4º, IV.

autorizações de acesso ao patrimônio genético ou ao conhecimento tradicional associado e de remessa; c) aos instrumentos e termos de transferência de material para envio de amostra e remessa; d) às coleções ex situ das instituições credenciadas que contenham amostras de patrimônio genético; e) às notificações de produto acabado ou material reprodutivo; f) aos acordos de repartição de benefícios; e g) aos atestados de regularidade de acesso;[181]

atestar a regularidade do acesso ao patrimônio genético ou ao conhecimento tradicional associado;[182]

registrar o recebimento da notificação do produto acabado ou material reprodutivo e a apresentação do acordo de repartição de benefícios;[183]

promover debates e consultas públicas sobre os temas da Lei nº 13.123/15;[184]

funcionar como instância superior de recurso em relação à decisão de instituição credenciada e aos atos decorrentes da aplicação da Lei nº 13.123/15;[185]

estabelecer diretrizes para a aplicação dos recursos destinados ao Fundo Nacional para a Repartição de Benefícios (FNRB), a título de repartição de benefícios;[186]

cientificar órgãos federais de proteção dos direitos de populações indígenas, de comunidades tradicionais e de agricultores tradicionais sobre o registro em cadastro de acesso a conhecimentos tradicionais associados.[187]

No âmbito da Secretaria-Executiva do CGEN foi criado o Sistema Nacional de Gestão do Patrimônio Genético e do Conhecimento Tradicional Associado – SisGen, para o gerenciamento:

do cadastro de acesso ao patrimônio genético ou ao conhecimento tradicional associado, como também do cadastro de envio de amostra que contenha patrimônio genético para prestação de serviços no exterior;[188]

do cadastro de remessa de amostra de patrimônio genético e do Termo de Transferência de Material;[189]

das autorizações de acesso ao patrimônio genético ou ao conhecimento tradicional associado e de remessa ao exterior, para os casos de que trata o art. 13 da Lei nº 13.123/15;[190]

credenciamento das instituições mantenedoras das coleções ex situ que contenham amostras de patrimônio genético;[191]

das notificações de produto acabado ou material reprodutivo e dos acordos de repartição de benefícios;[192] e

dos atestados de regularidade de acesso.[193]

O acesso ao patrimônio genético em condições in situ e ao conhecimento tradicional associado, antes realizado apenas após tramitação de procedimento administrativo, agora pode ser realizado previamente e sua regularização se dá por meio de preenchimento de formulário no SisGen, ao fim do qual é emitido automaticamente o comprovante de acesso[194]. Esse comprovante constitui documento hábil para demonstrar que o usuário prestou

---

181. Decreto nº 8.772/16, art. 4º, X.
182. Decreto nº 8.772/16, art. 4º, V.
183. Decreto nº 8.772/16, art. 4º, VI.
184. Decreto nº 8.772/16, art. 4º, VII.
185. Decreto nº 8.772/16, art. 4º, VIII.
186. Decreto nº 8.772/16, art. 4º, IX.
187. Decreto nº 8.772/16, art. 4º, XI
188. Decreto nº 8.772/16, art. 20, I.
189. Decreto nº 8.772/16, art. 20, II.
190. Decreto nº 8.772/16, art. 20, III.
191. Decreto nº 8.772/16, art. 20, IV.
192. Decreto nº 8.772/16, art. 20, V.
193. Decreto nº 8.772/16, art. 20, VI.
194. Decreto nº 8.772/16, art. 23.

as informações que lhe eram exigidas e produz os efeitos de permitir o requerimento de qualquer direito de propriedade e intelectual; a comercialização de produto intermediário; a divulgação dos resultados, finais ou parciais, da pesquisa ou do desenvolvimento tecnológico, em meios científicos ou de comunicação; e a notificação de produto acabado ou material reprodutivo desenvolvido em decorrência do acesso.[195]

Considera-se usuário toda pessoa natural ou jurídica que realiza acesso a patrimônio genético ou conhecimento tradicional associado ou explora economicamente produto acabado ou material reprodutivo oriundo de acesso ao patrimônio genético ou ao conhecimento tradicional associado[196]. O acesso ao patrimônio genético ou conhecimento tradicional associado por pessoa jurídica sediada no exterior se dará apenas mediante associação com instituição nacional de pesquisa científica e tecnológica, pública ou privada, sendo vedado o acesso ao patrimônio genético ou ao conhecimento tradicional associado por pessoa natural estrangeira.[197]

O Decreto foi mais específico nos casos de acesso ao patrimônio genético ou conhecimento tradicional associado em áreas indispensáveis à segurança nacional, em águas jurisdicionais brasileiras, na plataforma continental e na zona econômica exclusiva, nos quais o acesso ou a remessa estarão sujeitos à autorização prévia, quando o usuário for pessoa jurídica nacional, cujos acionistas controladores ou sócios sejam pessoas naturais ou jurídicas estrangeiras; instituição nacional de pesquisa científica e tecnológica, pública ou privada, quando o acesso for feito em associação com a pessoa jurídica sediada no exterior; ou pessoa natural brasileira associada, financiada ou contratada por pessoa jurídica sediada no exterior.[198]

A Nova Lei de Biodiversidade retirou a obrigatoriedade de, quando realizado o acesso, depositar em coleção *ex situ* de instituição credenciada componente de cada população do patrimônio genético acessado. Apesar disso, o CGEN ainda mantém credenciadas instituições nacionais mantenedoras de coleção *ex situ* de amostras que contenham patrimônio genético, que podem receber, inclusive, recursos financeiros do FNRB.[199]

Após realizado o cadastramento no SisGen e emitido o comprovante de acesso, dá-se início automaticamente ao procedimento administrativo de verificação.[200] No caso de cadastro de acesso ou de remessa que compreenda autorização prévia, o procedimento administrativo de verificação inicia-se somente após conclusão do cadastro com concessão das anuências e da autorização prévia.[201]

O procedimento administrativo de verificação possui duração de 60 dias, período no qual a Secretaria Executiva do CGEN poderá identificar irregularidades nos cadastros ou notificações ou os Conselheiros do CGEN poderão apresentar requerimento de verificação de indícios de irregularidade. Caso sejam identificadas irregularidades ou apresenta-

---

195. Decreto nº 8.772/16, art. 23, § 1º, I.
196. Lei nº 13.123/15, art. 2º, XV.
197. Lei nº 13.123/15, art. 11, § 1º.
198. Decreto nº 8.772/16, art. 27.
199. Decreto nº 8.772/16, art. 30.
200. Decreto nº 8.772/16, art. 26, II.
201. MINISTÉRIO DO MEIO AMBIENTE; CONSELHO DE GESTÃO DO PATRIMÔNIO GENÉTICO. *SisGen – Manual do Usuário.* Versão 1.0: novembro/2017. p. 95. Disponível em: <https://sisgen.gov.br/download/Manual_SisGen.pdf>. Acesso em: 10 mar. 2024.

dos requerimentos de verificação admitidos pelo Plenário do CGEN, o sistema notificará por mensagem eletrônica o usuário para apresentar manifestação no prazo de 15 dias.[202]

Realizados os procedimentos admirativos, o usuário pode solicitar a emissão do o atestado de regularidade de acesso, ato do órgão competente que declara que o acesso ao patrimônio genético ou ao conhecimento tradicional associado cumpriu os requisitos da Lei.[203] Este documento declara a regularidade do acesso até a data de sua emissão pelo CGEN; e obsta a aplicação de sanções administrativas por parte do órgão ou entidade competente especificamente em relação às atividades de acesso realizadas até a emissão do atestado.[204]

13.6.6 Acesso à tecnologia, transferência de tecnologia e propriedade intelectual

Considerando que tanto o acesso à tecnologia quanto sua transferência entre as Partes Contratantes são elementos essenciais para a realização dos objetivos da Convenção, comprometem-se as Partes a permitir e/ou facilitar a outras o acesso a tecnologias que sejam pertinentes à conservação e utilização sustentável da diversidade biológica ou que utilizem recursos genéticos e não causem dano sensível ao meio ambiente, assim como a transferência dessas tecnologias.

No caso de tecnologia sujeita a patentes e outros direitos de propriedade intelectual, o acesso e sua transferência devem ser permitidos em condições que sejam compatíveis com a adequada e efetiva proteção dos direitos de propriedade intelectual.

As Partes Contratantes, reconhecendo que patentes e outros direitos de propriedade intelectual podem influir na implementação da Convenção, devem cooperar a esse respeito em conformidade com a legislação nacional e o direito internacional para garantir que esses direitos não se oponham aos objetivos da Convenção.

A Lei nº 13.123/15 dispõe que a repartição de benefícios não monetária poderá ocorrer, entre outras, pela transferência de tecnologias[205] e pela disponibilização em domínio público de produto, sem proteção por direito de propriedade intelectual ou restrição tecnológica.[206] De acordo com a Lei, a transferência de tecnologia poderá realizar-se, dentre outras formas, mediante:

participação na pesquisa e desenvolvimento tecnológico;[207]

intercâmbio de informações;[208]

intercâmbio de recursos humanos, materiais ou tecnologia entre instituição nacional de pesquisa científica e tecnológica, pública ou privada, e instituição de pesquisa sediada no exterior;[209]

consolidação de infraestrutura de pesquisa e de desenvolvimento tecnológico;[210] e

estabelecimento de empreendimento conjunto de base tecnológica.[211]

---

202. MINISTÉRIO DO MEIO AMBIENTE; CONSELHO DE GESTÃO DO PATRIMÔNIO GENÉTICO. *SisGen – Manual do Usuário*. Versão 1.0: novembro/2017. p. 95. Disponível em: <https://sisgen.gov.br/download/Manual_SisGen.pdf>. Acesso em: 10 mar. 2024.
203. Lei nº 13.123/15, art. 2º, XXII.
204. Decreto nº 8.772/16, art. 42, §3º, I e II.
205. Lei nº 13.123/15, art. 19, II, b.
206. Lei nº 13.123/15, art. 19, II, c.
207. Lei nº 13.123/15, art. 19, § 3º, I.
208. Lei nº 13.123/15, art. 19, § 3º, II.
209. Lei nº 13.123/15, art. 19, § 3º, III.
210. Lei nº 13.123/15, art. 19, § 3º, IV.
211. Lei nº 13.123/15, art. 19, § 3º, V.

13.6.7 Biopirataria

A regulamentação do acesso e da repartição de benefícios, além de ser elemento-chave para a conservação e a valorização da biodiversidade e do conhecimento tradicional, é extremamente importante para organizar questões relacionadas à propriedade intelectual com gestão justa da biodiversidade, combatendo a biopirataria.

A biopirataria não tem definição jurídica, apenas remetendo à prática de acesso aos recursos genéticos e ao conhecimento tradicional sem permissão e sem repartição justa e equitativa de benefícios.[212] A respeito dessa prática, há exemplos marcantes envolvendo recursos brasileiros.

No caso do cupuaçu, fruta reconhecidamente típica do bioma amazônico, a empresa Asahi Foods Co. (Japão) havia tido acesso aos processos de extração do óleo da sua semente para produção do cupulate (chocolate do cupuaçu) e registrou *cupuaçu* como marca comercial.[213] Após diversos protestos, o escritório japonês de marcas e patentes decidiu cancelar a marca.

Outro caso relevante envolveu um contrato de acesso e repartição de benefícios envolvendo a farmacêutica Novartis e a Bioamazônia (entidade criada no âmbito do Programa Brasileiro de Ecologia Molecular para Uso Sustentável da Biodiversidade da Amazônia). De acordo com os termos do contrato, a Bioamazônia havia se comprometido a coletar, por três anos, plantas, fungos e micro-organismos e a isolar e remeter os componentes de maior interesse à Novartis. Esta, em contrapartida, pagaria por cepas remetidas (deveriam ser enviadas 10.000 por ano) além de se comprometer a pagar uma quantia certa por cada descoberta comercializável realizada a partir dos componentes remetidos e no caso de decidir comercializar a descoberta.[214] O contrato foi extremamente criticado e debatido, pois apontou-se que o Brasil estava vendendo elementos da biodiversidade a preço baixo, sem obedecer às regras básicas de acesso aos recursos genéticos. Após pressões da sociedade, o contrato foi anulado e o acesso deixou de ser realizado.

O texto da Lei nº 13.123/15 não trouxe uma definição de biopirataria, tampouco previu instrumentos capazes de evitar novos casos como os acima. Ao contrário, a previsão do "conhecimento tradicional de origem não identificável" foi visto por parte da sociedade civil como uma porta de entrada fácil à biopirataria, abrindo a possibilidade de que os povos e comunidades sejam lesados em processos pouco transparentes. Isso porque, a constatação de eventual não identificação da origem de um conhecimento deveria depender da realização de laudo antropológico, sociológico e consultas públicas promovidas por instituições idôneas para a verificação da possibilidade de associação de um conhecimento tradicional a uma determinada comunidade ou povo, o que não foi previsto na Lei nem na sua regulamentação.[215]

---

212. BASTOS JÚNIOR, Luiz Magno Pinto. A Convenção sobre Diversidade Biológica e os instrumentos de controle das atividades ilegais de bioprospecção. *Revista de Direito Ambiental*, ano 6, nº 23, p. 209.

213. COMCIÊNCIA. *Biopirataria é difícil de ser contida*. Disponível em: <http://www.comciencia.br/reportagens/genetico/gen03.shtml>. Acesso em: 10 mar. 2024.

214. Para maiores detalhes sobre o contrato, conferir o artigo: PEÑA-NEIRA, Sergio; DIEPERINK, C.; ADDINK, H. Equitably sharing benefits from the utilization of natural genetic resources: the brazilian interpretation of the Convention on Biological. Diversity. *Electronic Journal of Comparative Law*, v. 6(3), 2002.

215. MONTEIRO, I. A. P.; LEITE, V. L. M.; ARAUJO, B. F. Violação do Direito ao Consentimento Livre, Prévio e Fundamentado na Lei nº 13.123/2015. In: *A "nova" Lei n.º 13.123/2015 no velho Marco Legal da Biodiversidade: entre retrocessos e violações de direitos socioambientais*. MOREIRA, E. C. P. (Org.); PORRO, N. M. (Org.) SILVA, L. A. L. (Org.). São Paulo: Inst. O

13.6.8 Sanções administrativas

A Lei nº 13.123/15 estabelece sanções administrativas para os casos em que suas previsões são descumpridas:

Art. 27. Considera-se infração administrativa contra o patrimônio genético ou contra o conhecimento tradicional associado toda ação ou omissão que viole as normas desta Lei, na forma do regulamento.

As sanções cabíveis são:[216] advertência; multa; apreensão das amostras que contêm o patrimônio genético acessado; apreensão dos instrumentos utilizados na obtenção ou no processamento do patrimônio genético ou do conhecimento tradicional associado acessado; apreensão dos produtos derivados de acesso ao patrimônio genético ou ao conhecimento tradicional associado; ou apreensão dos produtos obtidos a partir de informação sobre conhecimento tradicional associado; suspensão temporária da fabricação e venda do produto acabado ou do material reprodutivo derivado de acesso ao patrimônio genético ou ao conhecimento tradicional associado até a regularização; embargo da atividade específica relacionada à infração; interdição parcial ou total do estabelecimento, atividade ou empreendimento; suspensão de atestado ou autorização de que trata esta Lei; ou cancelamento de atestado ou autorização de que trata esta Lei.

O detalhamento das demais sanções, bem como o procedimento administrativo específico, estão contidos no Decreto nº 8.772/16, que estabelece as sanções aplicáveis às condutas e atividades lesivas ao patrimônio genético, ao conhecimento tradicional associado ou à repartição justa e equitativa dos benefícios.

13.7 POLÍTICAS E PROGRAMAS ESPECÍFICOS

Fora do âmbito da legislação específica sobre biodiversidade, outras políticas e programas instituídos pelo Poder Público têm relação direta com a proteção desse recurso ambiental, corroborando a ideia de que existe uma interdependência entre os recursos da Natureza e, assim, os danos causados a um deles impacta necessariamente os demais.

O Decreto nº 3.420, de 20-4-2000, que cria o **Programa Nacional de Florestas (PNF)**, busca, dentre outros objetivos, estimular a proteção da biodiversidade e dos ecossistemas florestais.[217] O PNF é constituído de projetos que devem ser concebidos e executados de forma participativa e integrada pelos governos federal, estaduais, distrital e municipais e a sociedade civil organizada[218] e abrange o uso sustentável de florestas nativas e plantadas, atividades de reflorestamento, iniciativas econômicas e sociais das populações que vivem em florestas etc. Para fins de aplicação do PNF, são considerados os biomas Amazônia, Cerrado, Pantanal, Caatinga, Mata Atlântica e Campos Sulinos.

No caso de **florestas públicas**, a Lei nº 11.284, de 2-3-2006, que estabelece as normas relativas ao uso desses recursos, a proteção da biodiversidade e os valores culturais associados são considerados princípios de gestão dessas florestas, bem como o respeito ao direito da população, no acesso aos benefícios decorrentes de seu uso e conservação.[219]

---

direito por um Planeta Verde, 2017. p. 132. Disponível em: <http://www.planetaverde.org/arquivos/biblioteca/arquivo_20170303100927_2758.pdf>. Acesso em: 10 mar. 2024.

216. Lei 13.123/15, art. 27, § 1º.
217. Decreto nº 3.420/00, art. 2º, inc. X.
218. Decreto nº 3.420/00, art. 1º.
219. Lei nº 11.284/06, art. 2º.

Outra política que objetiva a proteção e o uso sustentável da biodiversidade é a **Política Nacional de Plantas Medicinais e Fitoterápicos**, instituída pelo Decreto nº 5.813, de 22-6-2006. O objetivo geral dessa política é garantir à população brasileira o acesso seguro e o uso racional de plantas medicinais e fitoterápicos, promovendo o uso sustentável da biodiversidade, o desenvolvimento da cadeia produtiva e da indústria nacional.

A partir das suas diretrizes, nota-se que a política procura incentivar o desenvolvimento de tecnologia em nível nacional e o acesso ao patrimônio genético e ao conhecimento tradicional associado das populações locais com a justa repartição de benefícios.

Para desenvolver as diretrizes, estão previstos: (1) a regulamentação participativa do cultivo, do manejo, do uso, da produção e da distribuição; (2) a capacitação técnico-científica; (3) o fomento da pesquisa e do desenvolvimento tecnológico inovador; (4) a inclusão da agricultura familiar; (5) a promoção de práticas populares; (6) o estímulo da produção em escala industrial; (7) o estabelecimento de políticas intersetoriais e (8) o incremento da exportação dos fitoterápicos, em especial aqueles de maior valor agregado.

Por fim, o decreto prevê instrumentos de monitoramento e avaliação, incluindo o acompanhamento do cumprimento dos compromissos internacionais assumidos pelo Brasil na área, como é o caso da CDB.

13.8 IDENTIFICAÇÃO DE ÁREAS PRIORITÁRIAS E MONITORAMENTO DA BIODIVERSIDADE

Com a finalidade de implementar o art. 7º da CDB e os componentes de 1 a 5 da Política Nacional de Biodiversidade,[220] foram definidas pelo Decreto nº 5.092, de 21-5-2004, as regras para identificação de áreas prioritárias para a conservação, utilização sustentável e repartição dos benefícios da biodiversidade. Na avaliação e identificação de áreas e ações prioritárias, devem ser considerados os biomas: Amazônia; Cerrado e Pantanal, Caatinga; Mata Atlântica e Campos Sulinos; e Zona Costeira e Marinha.[221]

Após identificadas, as áreas devem ser instituídas por portaria ministerial, passando a constar no **mapa das áreas prioritárias**,[222] a ser considerado, inclusive, quando da criação de novas unidades de conservação. No ano de 2014, foi iniciada a 2ª Revisão das Áreas Prioritárias para a Conservação, Uso Sustentável e Repartição de Benefícios da Biodiversidade da Zona Costeira e Marinha,[223] a qual resultou, até o momento, na atualização das áreas prioritárias para conservação dos biomas Cerrado, Pantanal e Caatinga por meio da Portaria nº223, de 21 de junho de 2016.[224]

---

220. A título de exemplo, o Componente 4, que trata de Monitoramento, Avaliação, Prevenção e Mitigação de Impactos sobre a Biodiversidade, engloba diretrizes para 1. fortalecer os sistemas de monitoramento, de avaliação, de prevenção e de mitigação de impactos sobre a biodiversidade, bem como para 2. promover a recuperação de ecossistemas degradados e de componentes da biodiversidade superexplorados.

221. Decreto nº 5.092/04, art. 2º.

222. O mapa e demais informações podem ser visualizados no seguinte endereço: <http://areasprioritarias.mma.gov.br/>. Acesso em: 10 mar. 2024.

223. Ministério do Meio Ambiente (MMA). *Áreas Prioritárias para a Conservação, Uso Sustentável e Repartição de Benefícios da Biodiversidade da Zona Costeira e Marinha*. 2ª Atualização. Disponível em: <http://areasprioritarias.mma.gov.br/images/mapas/mapaBioamas/Zona_costeira_novo.bmp>. Acesso em: 10 mar. 2024.

224. Ministério do Meio Ambiente (MMA). *2ª Atualização das Áreas Prioritárias para Conservação da Biodiversidade 2016/2018*. Disponível em: <http://areasprioritarias.mma.gov.br/2-atualizacao-das-areas-prioritarias>. Acesso em: 10 mar. 2024.

Assim como na instituição das áreas prioritárias, para fins de monitoramento, o território nacional também foi dividido em biomas, no âmbito do Programa de Monitoramento Ambiental dos Biomas Brasileiros, instituído pela Portaria MMA nº 365, de 27-11-2015, com objetivo de mapear e monitorar a vegetação, com foco em: (1) mapeamento e monitoramento do desmatamento, incluindo sua taxa; (2) avaliação da cobertura vegetal e do uso das terras; (3) monitoramento de queimadas; e (4) restauração da vegetação e extração seletiva.[225] A Amazônia já é monitorada pelo Projeto de Monitoramento do Desmatamento da Amazônia Legal (PRODES)[226] e pelo Programa de Detecção de Desmatamento em Tempo Real (DETER-B).[227]

Para o monitoramento da Mata Atlântica, o Instituto Nacional de Pesquisas Espaciais (INPE) se associou à ONG SOS Mata Atlântica. No Cerrado, há cooperação entre ONGs, a Universidade Federal de Goiás e a Empresa Brasileira de Pesquisa Agropecuária (EMBRAPA). A Caatinga, o Pantanal e o Pampa começaram a ser monitorados apenas em 2009 e, nos termos do Programa, terão a implementação e consolidação dos monitoramentos previstos para o período 2017 - 2018. A Zona Costeira e Mangues começaram a ser monitorados a partir do Projeto GEF Mangue[228] tendo sido produzido o Atlas dos Manguezais do Brasil em 2018.[229]

13.9 SISTEMAS DE ÁREAS PROTEGIDAS E SUBJACENTES E CONSERVAÇÃO DE ECOSSISTEMAS E HABITATS NATURAIS

O art. 8º da CDB reforça a prioridade da conservação das espécies *in situ*. Os principais instrumentos propostos são a criação de áreas protegidas, a promoção do uso sustentável de áreas subjacentes às áreas protegidas, a regulação de recursos biológicos estratégicos e a proteção de ecossistemas e *habitats* naturais.

No Brasil, os marcos jurídico-institucionais que englobam de modo geral todos os pontos acima mencionados são o Sistema Nacional de Unidades de Conservação (SNUC), instituído pela Lei nº 9.985/00, e o Instituto Chico Mendes de Conservação da Biodiversidade. Todavia, não basta regular o acesso aos recursos naturais nas áreas protegidas e cuidar apenas da manutenção destas. É por essa razão que o governo brasileiro mantém outros programas, que incluem proteção e uso sustentável de biomas específicos e de áreas subjacentes às áreas protegidas.

13.9.1 Programa Áreas Protegidas da Amazônia (ARPA)

Com vistas a conter o rápido avanço do desmatamento e da degradação de um dos biomas mais importantes do mundo, a Amazônia, o Decreto nº 4.326, de 8-8-2002, ins-

---

225. Programa de Monitoramento Ambiental dos Biomas Brasileiros. Disponível em: <http://redd.mma.gov.br/pt/monitoramento/programa-de-monitoramento-ambiental-dos-biomas-brasileiros>. Acesso em: 10 mar. 2024.

226. Ministério da Ciência e Tecnologia, Instituto Nacional de Pesquisas Espaciais, Projeto Prodes – Monitoramento da Floresta Amazônica Brasileira por Satélite. Disponível em: <http://www.obt.inpe.br/OBT/assuntos/programas/amazonia/prodes#:~:text=O%20projeto%20PRODES%20realiza%20o,o%20estabelecimento%20de%20pol%C3%ADticas%20p%C3%BAblicas>. Acesso em: 10 mar. 2024.

227. Ministério da Ciência e Tecnologia, Instituto Nacional de Pesquisas Espaciais, Sistema DETER-B. Disponível em: <http://www.inpe.br/cra/projetos_pesquisas/deterb.php>. Acesso em: 10 mar. 2024.

228. BRASIL. Ministério do Meio Ambiente (MMA). *Manguezal*: GEF MANGUE. Disponível em: <https://antigo.mma.gov.br/component/k2/item/395-manguezais.html>. Acesso em: 10 mar. 2024.

229. INSTITUTO CHICO MENDES DE CONSERVAÇÃO DA BIODIVERSIDADE (ICMBio). Atlas dos Manguezais do Brasil. Brasília: ICMBio, 2018. Disponível em: <http://www.icmbio.gov.br/portal/images/stories/manguezais/atlas_dos_manguezais_do_brasil.pdf>. Acesso em: 10 mar. 2024.

titituiu o **Programa Áreas Protegidas da Amazônia (ARPA)**, atualmente regulamentado pelo Decreto nº 8.505, de 20-08-2015, que revogou o decreto anterior, que tem por objetivos: (1) apoiar a criação e a consolidação de unidades de conservação federais e estaduais de proteção integral e de uso sustentável na região amazônica que integram o Programa; (2) auxiliar a manutenção das unidades de conservação federais e estaduais de proteção integral e de uso sustentável na região amazônica que integram o Programa, conforme seus manuais e normas; (3) propor mecanismos que garantam a sustentação financeira das unidades de conservação de proteção integral e de uso sustentável em longo prazo; e (4) promover a conservação da biodiversidade na região e contribuir para o seu desenvolvimento sustentável de forma descentralizada e participativa..[230,]

O ARPA é coordenado pelo MMA, gerenciado financeiramente pelo FUNBIO (Fundo Brasileiro para a Biodiversidade) e financiado com recursos do Global Environment Facility (GEF) – por meio do Banco Mundial, do governo da Alemanha – por meio do Banco de Desenvolvimento da Alemanha (KfW), da Rede WWF – por meio do WWF--Brasil, e do Fundo Amazônia, por meio do BNDES. Atualmente o Programa encontra-se na terceira fase, iniciada em 2014, com a meta de atingir 6 milhões de hectares de unidades de conservação.[231]

O Decreto nº 5.758, de 13-4-2006, que institui o **Plano Estratégico Nacional de Áreas Protegidas (PNAP)**, é outro marco jurídico importante para o cumprimento dos compromissos assumidos pelo Brasil nessa área, ressaltados em seu preâmbulo:

> Considerando os compromissos assumidos pelo Brasil ao assinar a Convenção sobre Diversidade Biológica [...];
>
> Considerando que o desenvolvimento de estratégias, políticas, planos e programas nacionais para áreas protegidas é um dos principais compromissos assumidos pelos países-membros da Convenção sobre Diversidade Biológica;
>
> Considerando que o Programa de Trabalho para Áreas Protegidas da Convenção sobre Diversidade Biológica prevê o desenvolvimento de estratégias para estabelecer sistema abrangente de áreas protegidas, ecologicamente representativo e efetivamente manejado, integrado a paisagens terrestres e marinhas mais amplas até 2015 [...]

O princípio geral do PNAP é *o estabelecimento de um sistema abrangente de áreas protegidas ecologicamente representativo, efetivamente manejado, integrado a áreas terrestres e marinhas mais amplas, até 2015*.[232] Entre seus princípios específicos encontra-se o reconhecimento das áreas protegidas como um dos instrumentos eficazes para a conservação da diversidade biológica e sociocultural,[233] a cooperação,[234] a participação social[235] e a articulação de políticas públicas.[236]

---

230. Decreto nº 8.505/15, art. 1º.
231. BRASIL. Ministério do Meio Ambiente. *Programa Áreas Protegidas da Amazônia* (Arpa). Disponível em: <http://arpa.mma.gov.br/>. Acesso em: 19 dez. 2021.
232. Decreto nº 5.758/06, item 1 do Anexo.
233. Decreto nº 5.758/06, item 1.1, VII do Anexo.
234. Decreto nº 5.758/06, item 1.1, XVI do Anexo.
235. Decreto nº 5.758/06, item 1.1, VIII do Anexo.
236. Decreto nº 5.758/06, item 1.1, XIX do Anexo.

O PNAP se orienta por três eixos temáticos: (1) Planejamento, Fortalecimento e Gestão, (2) Capacidade Institucional e (3) Avaliação e Monitoramento.[237] Para cada eixo, há o detalhamento de objetivos e ações específicas.

13.9.2 Áreas subjacentes

Desde 1997, o MMA vem desenvolvendo o **Projeto Corredores Ecológicos**. Após longos anos de estudos e discussões, o projeto ganhou impulso em 2002, quando se firmou um acordo entre o MMA e o Banco Mundial. Conforme o MMA, a concepção de corredores ecológicos (ou corredores de biodiversidade) é inovadora e engloba todas *as áreas protegidas e os interstícios entre elas. Os cordões de vegetação nativa que conectam fragmentos definidos como corredores ecológicos no Sistema Nacional de Unidades de Conservação – SNUC são um dos componentes dos corredores, mas não o único.*[238] Os corredores de biodiversidade ainda se diferenciam dos corredores do SNUC por não serem unidades administrativas, mas *áreas onde se destacam ações coordenadas, com o objetivo de proteger a diversidade biológica na escala de biomas.*[239]

Cabe ainda citar o **Zoneamento ecológico-econômico** como outro instrumento com papel relevante na gestão da biodiversidade, que será tratado no capítulo sobre Zoneamento.

13.9.3 Conservação de biomas e habitats naturais

A Lei nº 11.428, de 2-3-2006, que dispõe sobre a utilização e proteção da vegetação nativa do bioma **Mata Atlântica**, incorporou como um de seus objetivos específicos a salvaguarda da biodiversidade, de modo que a utilização desse bioma deve assegurar sua manutenção e recuperação para as gerações presente e futuras.[240] O art. 18 traz importante previsão: a coleta de subprodutos florestais e as atividades de uso indireto do bioma Mata Atlântica são livres, contanto que sejam respeitadas as limitações estabelecidas especialmente pelas normas que regulam a biossegurança, o acesso ao patrimônio genético e a proteção e o acesso ao conhecimento tradicional associado.

Quanto à conservação do Cerrado, o Decreto nº 5.577, de 8-11-2005[241], instituiu o **Programa Nacional de Conservação e Uso Sustentável do Bioma Cerrado – Programa Cerrado Sustentável** Adicionalmente, o Decreto não numerado, de 15-9-2010, instituiu o **Plano de Ação para Prevenção e Controle do Desmatamento e das Queimadas no Bioma Cerrado (PPCerrado)**.[242] O Decreto prevê expressamente que o PPCerrado observará os princípios e diretrizes do Decreto nº 4.339/02,[243] inclusive a conservação da biodiversidade e o uso sustentável dos recursos naturais.[244-245]

---

237. Decreto nº 5.758/06, item 2 do Anexo.
238. BRASIL. Ministério do Meio Ambiente (MMA). *Projeto Corredores Ecológicos*. Disponível em: <https://antigo.mma.gov.br/areas-protegidas/programas-e-projetos/projeto-corredores-ecologicos.html>. Acesso em: 10 mar. 2024.
239. BRASIL. Ministério do Meio Ambiente (MMA). *Projeto Corredores Ecológicos*. Disponível em: <https://antigo.mma.gov.br/areas-protegidas/programas-e-projetos/projeto-corredores-ecologicos.html>. Acesso em: 10 mar. 2024.
240. Lei nº 11.428/06, arts. 6º e 7º, II.
241. O Decreto nº 5.577, de 8-11-2005, foi revogado pelo Decreto nº 10.473, de 24-8-2020.
242. BRASIL. Ministério do Meio Ambiente (MMA). *PPCerrado*. Disponível em: <http://redd.mma.gov.br/pt/acompanhamento-e-a-analise-de-impacto-das-politicas-publicas/ppcerrado>. Acesso em: 10 mar. 2024.
243. Decreto de 15 de setembro de 2010, art. 1º, parágrafo único.
244. Decreto de 15 de setembro de 2010, art. 2º, II.
245. Dada a importância do Cerrado, despontam outros projetos para o combate ao desmatamento desse bioma. A exemplo, cita-se, em 2021, o "Projeto Alerta Matopiba: Estruturação de Estratégia de Atuação no Combate ao Desmata-

É importante mencionar que tramita no Congresso Nacional, aguardando apreciação do Plenário a PEC 115/95, [246] apensada à PEC 504/10, que modifica o § 4º do art. 225 da CF/88 e inclui o Cerrado e a Caatinga entre os biomas considerados patrimônio nacional.[247]

O Brasil, em relação às Metas Nacionais e de Biodiversidade e Metas de Aichi para 2020, possui a grande maioria dos indicadores no nível que demonstra que os avanços estão ocorrendo em direção à meta, mas de forma ou em ritmo insuficiente para atingir a meta dentro do prazo, a não ser que sejam aumentados os esforços.[248]. Segundo dados do MMA, apenas o que diz respeito à "Redução da taxa de perda de ambientes nativos em pelo menos 50% (em relação às taxas de 2009) na Amazônia", parte da Meta Nacional 5, apresenta avanços que indicam que a meta será superada e/ou atingida antes do prazo estabelecido.[249]

No âmbito da implementação da CDB, durante o processo ainda em curso de elaboração do Plano de Ação Governamental para a Conservação e Uso Sustentável da Biodiversidade, o Quinto Relatório Nacional para a Convenção sobre Diversidade Biológica traz lições aprendidas a partir do processo de consulta na esfera federal:[250]

> O processo de consulta evidenciou a necessidade de melhorar a gestão e a sinergia entre as políticas públicas existentes.
>
> O enfrentamento efetivo do desafio de cumprir os três objetivos da CDB e as Metas de Aichi exige os esforços conjuntos de todos os setores do governo e da sociedade.
>
> A integração e a coordenação interinstitucional para a conservação da biodiversidade dentro do governo e de outros setores é um empreendimento viável e recompensador.
>
> A preparação do relatório nacional anterior para a CDB evidenciou a dificuldade de trabalhar com um número excessivo de metas nacionais de biodiversidade, particularmente sem indicadores adequa-

---

mento na Região do Matopiba", o qual foi idealizado pela Associação Brasileira dos Membros do Ministério Público de Meio Ambiente (ABRAMPA) e stakeholders estratégicos, com apoio do WWF-Brasil e financiado pela Deutsche Gesellschaft für Internationale Zusammenarbeit (GIZ). A região para onde o projeto se direciona é a formada pelos estados do Tocantins e partes dos estados do Maranhão, Piauí e Bahia. Daí o nome Matopiba (MA + TO + PI + BA). Nessa região, alvo de desmatamento ilegal, o bioma Cerrado ocupa 66,5 milhões de hectares, o que equivale a 91% da área. ABRAMPA. *Projeto Alerta Matopiba: Estruturação de Estratégia de Atuação no Combate ao Desmatamento na Região do Matopiba*. 2021. Disponível em: <https://abrampa.org.br/projeto-alerta-maptopiba-estruturacao-de-estrategia-de--atuacao-no-combate-ao-desmatamento-na-regiao-do-matopiba/>. Acesso em: 10 mar. 2024.

246. Disponível em: <http://www.camara.gov.br/proposicoesWeb/fichadetramitacao?idProposicao=483817>. Acesso em: 10 mar. 2024.

247. As PECs 237/2008 e 424/2009, que incluíam o Pampa na lista dos biomas considerados patrimônio nacional encontram-se arquivadas, conforme: <http://www.camara.leg.br/buscaProposicoesWeb/resultadoPesquisa?numero=&ano=&autor=&inteiroTeor=pampa&emtramitacao=Todas&tipoproposicao=%5BPEC+-+Proposta+de+Emenda+%-C3%A0+Constitui%C3%A7%C3%A3o%5D&data=20/06/2018&page=false>. Acesso em 10 mar. 2024.

248. BRASIL. Ministério do Meio Ambiente (MMA), Secretaria de Biodiversidade e Florestas. Diretoria do Programa Nacional de Conservação da Biodiversidade. *Quinto Relatório Nacional para a Convenção sobre Diversidade Biológica*. Brasil, 2016. Disponível em: <https://antigo.mma.gov.br/publicacoes/biodiversidade/category/142-serie-biodiversidade?download=1212:relat%C3%B3rio-nacional-para-a-conven%C3%A7%C3%A3o--sobre-diversidade-biol%C3%B3gica>. Acesso em: 10 mar. 2024.

249. BRASIL. Ministério do Meio Ambiente (MMA), Secretaria de Biodiversidade e Florestas. Diretoria do Programa Nacional de Conservação da Biodiversidade. *Quinto Relatório Nacional para a Convenção sobre Diversidade Biológica*. Brasil, 2016, p. 191. Disponível em: <https://antigo.mma.gov.br/publicacoes/biodiversidade/category/142-serie-biodiversidade?download=1212:relat%C3%B3rio-nacional-para-a-conven%C3%A7%C3%A3o-sobre-diversidade-biol%C3%B3gica>. Acesso em: 10 mar. 2024.

250. BRASIL. Ministério do Meio Ambiente (MMA), Secretaria de Biodiversidade e Florestas. Diretoria do Programa Nacional de Conservação da Biodiversidade. *Quinto Relatório Nacional para a Convenção sobre Diversidade Biológica*. Brasil, 2016, p. 221. Disponível em: <https://antigo.mma.gov.br/publicacoes/biodiversidade/category/142-serie-biodiversidade?download=1212:relat%C3%B3rio-nacional-para-a-conven%C3%A7%C3%A3o-sobre-diversidade-biol%C3%B3gica>. Acesso em: 10 mar. 2024.

dos e um sistema de monitoramento. A construção participativa das novas metas nacionais, com base nas Metas de Aichi, buscou definir um conjunto gerenciável de metas e obter o engajamento de todos os setores que devem contribuir para o cumprimento e monitoramento das metas.

Esse fato corrobora a ideia de que o desenvolvimento sustentável consiste em um processo que evolui ao longo do tempo, cabendo ao Poder Público, no âmbito de suas atribuições, conduzir as ações e a implementação de suas políticas de modo coerente com as regras ambientais em vigor.

13.10 Avaliação de impacto e minimização de riscos

A CDB determina que cabe aos Estados signatários:

Estabelecer procedimentos adequados que exijam a avaliação de impacto ambiental de seus projetos propostos que possam ter sensíveis efeitos negativos na diversidade biológica, a fim de evitar ou minimizar tais efeitos e, conforme o caso, permitir a participação pública nesses procedimentos.[251]

O texto, portanto, incorpora os princípios básicos da prevenção, da precaução e da participação pública e faz uso do instrumento da avaliação de impacto ambiental.

O Decreto nº 4.339/02 fixa regras atinentes ao princípio da **prevenção**, determinando:

A instalação de obra ou atividade potencialmente causadora de significativa degradação do meio ambiente deverá ser precedida de estudo prévio de impacto ambiental, a que se dará publicidade.[252]

A norma trata da prevenção e do combate à redução ou perda da diversidade biológica. Para tanto, estabelece a necessidade de prever, prevenir e combater na origem as respectivas causas. Disso decorre que as instituições, sobretudo aquelas responsáveis pela implementação da Política Nacional da Biodiversidade, como é o caso do Ministério do Meio Ambiente, deverão estar aparelhadas para realizar estudos aprofundados, na medida em que a norma fala, inclusive, sobre *prever* a redução ou perda da biodiversidade.

O princípio da **precaução** também foi mencionado no Decreto nº 4.339/02, que estabelece:

Onde exista evidência científica consistente de risco sério e irreversível à diversidade biológica, o Poder Público determinará medidas eficazes em termos de custo para evitar a degradação ambiental.[253]

A questão da avaliação de impacto e minimização de riscos está tutelada mais especificamente na Resolução CONAMA nº 1/86, que dispõe sobre critérios básicos e diretrizes gerais para o Relatório de Impacto Ambiental (EIA). A biodiversidade é abrangida, ainda que de modo indireto,[254] pois a Resolução CONAMA nº 1/86 determina que o diagnóstico ambiental que comporá o Estudo de Impacto Ambiental deverá considerar o **meio biológico e os ecossistemas naturais**, ou seja, *a fauna e a flora, destacando as espécies indicadoras da qualidade ambiental, de valor científico e econômico, raras e ameaçadas de extinção e as áreas de preservação permanente.*[255]

---

251. Convenção sobre Diversidade Biológica, art. 14, *a*.
252. Decreto nº 4.339/02, item 2, X.
253. Decreto nº 4.339/02, item 2, VIII do Anexo.
254. CAPPELLI, Sílvia. Avaliação de impacto ambiental e o componente da biodiversidade. *Revista de Direito Ambiental*, São Paulo, v. 6, nº 24, p. 64-101, out./dez. 2001.
255. Resolução CONAMA nº 1/86, art. 6º, I, *b*

Está prevista também, na norma do CONAMA, a necessidade da avaliação dos impactos e das alternativas disponíveis. Ademais, a Resolução nº 1/86 prevê a possibilidade de serem realizadas audiências públicas, garantindo a participação popular no procedimento de licenciamento ambiental.[256]

Por fim, é necessário mencionar que a avaliação do impacto e a aplicação dos princípios da precaução e da prevenção são componentes essenciais das políticas de biotecnologia e biossegurança,[257] que serão analisadas nos itens posteriores, ainda neste capítulo.

13.11 BIOTECNOLOGIA, ORGANISMOS GENETICAMENTE MODIFICADOS E BIOSSEGURANÇA

13.11.1 Biotecnologia

Antes de abordarmos o conceito de biotecnologia, é necessário explicitar que *a característica fundamental de um ser vivo é sua capacidade de se replicar com grande exatidão, transformando matéria e energia do mundo não vivo em matéria viva. A replicação e todos os demais aspectos da vida são reflexos da estrutura e do funcionamento do material genético – o ácido nucleico.*[258]

O homem vem manipulando os seres vivos desde que surgiu na Terra. Espécies tornaram-se a base da alimentação de muitos povos, como é o caso do milho na América do Sul, domesticado há cerca de 8.000 anos; o camelo, no Egito, domesticado há aproximadamente 6.000 anos; e o trigo, na Turquia, há cerca de 9.500 anos.[259]

As práticas de seleção de sementes e realização de enxertos para melhorar a produtividade, alteraram de maneira definitiva as formas de uso dos recursos naturais, sem que nessa época o conceito de genética tivesse sido formulado. "Com base na observação de que os filhos se assemelham aos pais, surgiu a ideia de selecionar, em plantas e animais, características de interesse pela escolha dos reprodutores que as apresentam".[260]

De fato, esse conhecimento permitiu a produção de muitas variedades de animais e plantas, com características selecionadas para atender às necessidades humanas.[261]

Novos produtos, como o vinho, a cerveja e o iogurte, também advêm de práticas de biotecnologia, em épocas em que se desconhecia como ocorriam os processos ou que deles participavam os micro-organismos. Mas o homem foi em frente, sempre com o intuito de *dominar* a natureza.

O desenvolvimento da genética, envolvendo a descoberta do DNA e do RNA, atingiu patamares inusitados, inserindo o homem em campos que não se imaginava existirem, com a possibilidade de realizar experiências, por exemplo, com células-tronco ou mesmo a clonagem. Se por um lado o desenvolvimento da genética esclareceu mistérios e apre-

---

256. Resolução CONAMA nº 1/86, art. 11.
257. BARROS-PLATIAU, Ana Flávia; VARELLA, Marcelo Dias. O princípio da precaução e sua aplicação comparada nos regimes da diversidade biológica e de mudanças climáticas. *Revista de Direitos Difusos*, São Paulo, v. 2, nº 12, p. 1587-1596, abr. 2002.
258. AMABIS, José Mariano; MARTHO, Gilberto Rodrigues. *Biologia das populações*. 2. ed. São Paulo: Moderna, 2004, p. 14.
259. AMABIS, José Mariano; MARTHO, Gilberto Rodrigues. *Biologia das populações*. 2. ed. São Paulo: Moderna, 2004, p. 3.
260. Idem. Ibidem. p. 2.
261. Idem. Ibidem. p. 2.

sentou soluções para inúmeros problemas da raça humana, por outro lado impõe-se uma reflexão acerca da necessidade de estabelecer um limite, de controlar as ações humanas, pois a manipulação genética sem controle pode causar danos à saúde humana e ao meio ambiente. É nesse cenário que se coloca, sob o aspecto jurídico, a biotecnologia.

A Convenção sobre Diversidade Biológica define o termo **biotecnologia** como:

> Qualquer aplicação tecnológica que utilize sistemas biológicos, organismos vivos, ou seus derivados, para fabricar ou modificar produtos ou processos para utilização específica.

A definição é abrangente e não estabelece quaisquer distinções sobre a inclusão de material genético ou não. Simplesmente o texto não aborda a matéria. Contrariamente a essa abrangência, a Agenda 21, em seu Capítulo 16, que trata do manejo ambientalmente saudável da biotecnologia, a define como:

> Um campo emergente com grande concentração de conhecimento, é um conjunto de técnicas que possibilitam a realização, pelo homem, de mudanças específicas no ácido desoxirribonucleico (DNA), ou material genético, em plantas, animais e sistemas microbianos, conducentes a produtos e tecnologias úteis.[262]

A Agenda 21, que não é norma, mas serve de referência para o presente estudo, inseriu a manipulação genética no conceito de *biotecnologia*. Trata-se da denominada *engenharia genética*. Pode-se afirmar que, à luz da CDB, a biotecnologia engloba, também, a manipulação genética, objeto do Protocolo de Cartagena e da Lei nº 11.105, de 24-3-2005. Ressalta-se que o tema não está contido na Agenda 2030.

O *gene* pode ser definido como a menor unidade de informação do organismo, responsável pela hereditariedade. Cada espécie possui um conjunto de genes – genoma – característico, que define e controla as características morfológicas – de forma – e fisiológicas – funcionais.

A Política Nacional de Desenvolvimento da Biotecnologia foi instituída pelo Decreto nº 6.041, de 8-2-2007, com o objetivo de estabelecer um ambiente adequado para o desenvolvimento de produtos e processos biotecnológicos inovadores, o estímulo à maior eficiência da estrutura produtiva nacional, o aumento da capacidade de inovação das empresas brasileiras, a absorção de tecnologias, a geração de negócios e a expansão das exportações.[263]

O Decreto nº 6.041/07 estabelece as diretrizes e os objetivos específicos das áreas setoriais, as ações estruturantes e as ações complementares.[264] Além disso, define as responsabilidades institucionais de entes federais[265] e, a fim de coordenar a implementação da Política de Desenvolvimento da Biotecnologia, foi criado o Comitê Nacional de Biotecnologia,[266] cujas principais atribuições eram:

> coordenar a implementação da Política de Desenvolvimento da Biotecnologia;[267]

---

262. BRASIL. Ministério do Meio Ambiente (MMA). *Conferência das Nações Unidas Sobre Meio Ambiente e Desenvolvimento*. Capítulo 16, Manejo Ambientalmente Saudável da Biotecnologia. Disponível em: <https://antigo.mma.gov.br/estruturas/agenda21/_arquivos/cap16.pdf>. Acesso em: 10 mar. 2024.
263. Decreto nº 6.041/07, art. 1º.
264. Decreto nº 6.041/07, item 3 do Anexo.
265. Decreto nº 6.041/07, item 5 do Anexo.
266. Decreto nº 6.041/07, art. 4º. Revogado pelo Decreto nº 9.784, de 7-5-2019.
267. Decreto nº 6.041/07, art. 7º, I. Revogado pelo Decreto nº 9.784, de 7-5-2019.

realizar suas atividades de forma articulada e integrada para definição e execução das ações e programas relacionados à implementação da Política de Desenvolvimento da Biotecnologia;[268]

constituir grupos de trabalho sobre temas específicos que demandem conhecimento técnico especializado para dar suporte às atividades do Comitê;[269]

harmonizar a Política de Desenvolvimento da Biotecnologia com as demais políticas vigentes e correlatas.[270]

13.11.2 Biossegurança

A CDB determina que cabe aos Estados "estabelecer ou manter meios para regulamentar, administrar ou controlar os riscos associados à utilização e liberação de organismos vivos modificados resultantes da biotecnologia que provavelmente provoquem impacto ambiental negativo que possa afetar a conservação e a utilização sustentável da diversidade biológica, levando também em conta os riscos para a saúde humana".[271]

Com o intuito de melhor especificar a matéria e regular o movimento transfronteiriço de organismos geneticamente modificados, foi assinado, no âmbito da CDB, em 29-1-2000, o Protocolo de Cartagena sobre Biossegurança. Esse documento foi aprovado pelo Decreto Legislativo nº 908, de 21-11-2003 e entrou em vigor no Brasil em 22-2-2004, tendo sido promulgado pelo Decreto nº 5.705, de 16-2-2006.

O Protocolo de Cartagena tem por objetivo "assegurar um nível adequado de proteção no campo de transferência, da manipulação e do uso seguro dos organismos vivos modificados (OVM) resultantes da biotecnologia moderna que possam ter efeitos adversos na conservação e no uso sustentável da diversidade biológica, levando em conta os riscos para a saúde humana, decorrentes do movimento transfronteiriço".

No Direito brasileiro, a Lei nº 11.105, de 24-3-2005,[272, 273] é a norma que dispõe sobre essa disciplina. O tema é candente, pois trata dos avanços do homem no campo da tecnologia e que envolvem, além da ciência, questões éticas, religiosas e filosóficas. Como toda matéria inovadora, principalmente quando se cogita do avanço do poder do homem para modificar os seres vivos, manipulando os genes, as polêmicas muitas vezes ultrapassam a objetividade com que deve ser tratado o tema, abrindo espaço para todo tipo de manifestação, fundada muito mais no calor da discussão que na análise dos fatos.

Organismo geneticamente modificado (OGM) é o organismo cujo material genético – ADN/ARN – tenha sido modificado por qualquer técnica de engenharia genética,[274] que

---

268. Decreto nº 6.041/07, art. 7º, II. Revogado pelo Decreto nº 9.784, de 7-5-2019.

269. Decreto nº 6.041/07, art. 7º, III. Revogado pelo Decreto nº 9.784, de 7-5-2019.

270. Decreto nº 6.041/07, art. 7º, IV. Revogado pelo Decreto nº 9.784, de 7-5-2019.

271. Convenção sobre Diversidade Biológica, art. 8, g.

272. Regulamenta os incisos II, IV e V do § 1º do art. 225 da Constituição Federal, estabelece normas de segurança e mecanismos de fiscalização de atividades que envolvam organismos geneticamente modificados (OGM) e seus derivados, cria o Conselho Nacional de Biossegurança (CNBS), reestrutura a Comissão Técnica Nacional de Biossegurança (CTNBio), dispõe sobre a Política Nacional de Biossegurança (PNB), revoga a Lei nº 8.974, de 5-11-1995, e a Medida Provisória nº 2.191-9, de 23-8-2001 e os arts. 5º, 6º, 7º, 8º, 9º, 10 e 16 da Lei nº 10.814, de 15-12-2003.

273. A ADI nº 3.526, ainda em tramitação, questiona a constitucionalidade da Lei nº 11.105/05. A ADI questiona a competência de a Comissão Técnica Nacional de Biossegurança (CTNBio) deliberar se os organismos geneticamente modificados são causadores de impacto ambiental e decidir, em última e definitiva instância, sobre necessidade de licença ambiental.

274. Lei nº 11.105/05, art. 3º, V.

por sua vez consiste na "atividade de produção e manipulação de moléculas de ADN/ARN recombinante".[275] O ácido desoxirribonucleico (ADN) e o ácido ribonucleico (ARN)[276] são materiais genéticos que contêm informações determinantes dos caracteres hereditários transmissíveis à descendência.[277] A questão que se coloca diz respeito à incerteza quanto à ocorrência de eventuais danos que esse tipo de modificação genética pode causar à saúde humana e ao meio ambiente.[278]

As moléculas de ADN/ARN recombinante são aquelas manipuladas fora das células vivas mediante a modificação de segmentos de ADN/ARN natural ou sintético e que possam multiplicar-se em uma célula viva, ou ainda as moléculas de ADN/ARN resultantes dessa multiplicação; consideram-se também os segmentos de ADN/ARN sintéticos equivalentes aos de ADN/ARN natural.[279] Ou seja, a engenharia genética, como é hoje vislumbrada e legalmente conceituada, é muito diferente daquela praticada pelo ser humano ao longo dos séculos, em que praticamente se tratava de selecionar as melhores espécies para a reprodução.

O que gera a polêmica é o desconhecimento dos efeitos desse tipo de manipulação genética, aplicando-se o princípio da precaução:

> No que concerne à biossegurança, ela é noção inseparável da precaução, haja vista a precariedade do progresso científico na matéria de avaliação de impactos ambientais. [...] Mesmo que os riscos ligados aos OGM não sejam conhecidos, nem para a saúde humana e tampouco para o meio ambiente, eles são considerados pelos legisladores, justificando o rápido desenvolvimento nas questões recentes.[280]

Nesse sentido, convém mencionar a mais recente medida tomada em âmbito internacional em relação ao controle de organismos geneticamente modificados. Na 5ª Reunião das Partes do Protocolo de Cartagena, foi adotado o Protocolo Nagoya – Kuala Lumpur.[281] De acordo com este novo Protocolo, os Estados exportadores de OGMs passam a se responsabilizar e, consequentemente, a ter de assumir o dever de reparação, por danos decorrentes da movimentação transfronteiriça de OGMs.[282]

13.12 CRIMES RELATIVOS À ENGENHARIA GENÉTICA

A Lei nº 11.105/05 estabelece os crimes relativos ao uso da engenharia genética. Nesse sentido, utilizar embrião humano em desacordo com o disposto no art. 5º da Lei nº

---

275. Lei nº 11.105/05, art. 3º, IV.
276. O ARN é encontrado nos retrovírus.
277. Lei nº 11.105/05, art. 3º, II.
278. O STF decidiu em 26-6-2008 que as pesquisas com células-tronco embrionárias não violam o direito à vida, tampouco a dignidade da pessoa humana. Esses argumentos foram utilizados pelo ex-procurador-geral da República em Ação Direta de Inconstitucionalidade (ADI 3510) ajuizada com o propósito de impedir essa linha de estudo científico. Decisão de julgamento (Lei 9.868/99) publicada no *DJE* e no *DOU* em 18-8-2010. Relator: Min. Ayres Britto.
279. Lei nº 11.105/05, art. 3º, III.
280. BARROS-PLATIAU, Ana Flávia; VARELLA, Marcelo Dias. O princípio da precaução e sua aplicação comparada nos regimes da diversidade biológica e de mudanças climáticas. *Revista de Direitos Difusos*, São Paulo, v. 2, nº 12, p. 1587-1596, abr. 2002.
281. Protocolo Suplementar Nagoya – Kuala Lumpur sobre Responsabilidade e Reparação. Disponível em: <https://bch.cbd.int/protocol/supplementary/>. Acesso em: 10 mar. 2024.
282. Assim como o Protocolo de Nagoya sobre Repartição de Benefícios Decorrente do Acesso aos Recursos Genéticos e ao Conhecimento Tradicional, o Protocolo Nagoya – Kuala Lumpur entrou em vigor em 05 de março de 2018. O Brasil ratificou o Protocolo em 06 de março de 2013, e o promulgou em 4 de março de 2021, por meio do Decreto Legislativo nº 136/2020 .

11.105/05 sujeita o infrator a detenção, de um a três anos, e multa. No mesmo sentido, praticar engenharia genética em célula germinal humana, zigoto humano ou embrião humano é conduta punida com reclusão, de um a quatro anos, e multa.

Art. 5º [...]

§ 3º É vedada a comercialização do material biológico a que se refere este artigo e sua prática implica o crime tipificado no art. 15 da Lei nº 9.434, de 4 de fevereiro de 1997.

O primeiro crime previsto pela Lei de Biossegurança não se encontra exatamente no Capítulo VIII (destinado especificamente aos crimes), mas no § 3º do art. 5º, que tipifica a comercialização do material biológico a que se refere o art. 5º como compra e venda de tecidos, órgãos ou partes do corpo humano, sujeitando o infrator a reclusão, de três a oito anos, e multa, de 200 a 360 dias-multa.

Como bens tutelados, podem ser consideradas as células-tronco embrionárias – células de embrião que apresentam a capacidade de se transformar em células de qualquer tecido de um organismo[283] obtidas de embriões humanos produzidos por fertilização *in vitro*.

A conduta típica é justamente a comercialização, vale dizer, a realização de compra e venda de células-tronco embrionárias obtidas de embriões humanos produzidos por fertilização *in vitro*. É certo que por *comercialização* não há que se entender somente a compra, em sentido estrito – aquela paga com dinheiro –, mas também qualquer negociação que trate o material como simples mercadoria, incorrendo na mesma pena quem promove, intermedeia, facilita ou aufere qualquer vantagem com a transação.

O elemento subjetivo da conduta também é o dolo genérico, caracterizado pela vontade consciente de vender células-tronco embrionárias obtidas de embriões humanos produzidos por fertilização *in vitro*. Deve-se salientar que o tipo penal não exige outra característica como, por exemplo, a finalidade de obtenção de lucro, bastando tão somente o ato de mercancia.

O art. 24 estabelece o seguinte tipo penal:

Utilizar embrião humano em desacordo com o que dispõe o art. 5º desta Lei:

Pena – detenção, de 1 (um) a 3 (três) anos, e multa.

O bem tutelado pelo tipo penal é o embrião humano, obtido por meio da fecundação de óvulo por espermatozoide. A conduta típica é a utilização em desacordo com o art. 5º da Lei, que determina ser permitida, para fins de pesquisa e terapia, a utilização de células-tronco embrionárias obtidas de embriões humanos produzidos por fertilização *in vitro* e não utilizados no respectivo procedimento, atendidas as seguintes condições: (1) sejam embriões inviáveis; ou (2) sejam embriões congelados há três anos ou mais, na data da publicação da Lei, ou em relação àqueles que, já congelados na data da publicação da lei, depois de completarem três anos, contados a partir da data de congelamento, sendo necessário, em qualquer caso, o consentimento dos genitores, bem como apreciação e aprovação dos respectivos comitês de ética em pesquisa para que instituições de pesquisa e serviços de saúde realizem pesquisa ou terapia com células-tronco embrionárias humanas.

---

283. Lei nº 11.105/05, art. 3º, XI.

O elemento subjetivo do tipo penal é o dolo genérico, consubstanciado em manipular embriões humanos em desacordo com o que determina a lei.

O art. 25 trata da prática de engenharia genética em célula germinal humana, conforme segue:

> Art. 25. Praticar engenharia genética em célula germinal humana, zigoto humano ou embrião humano:
>
> Pena – reclusão, de 1 (um) a 4 (quatro) anos, e multa.

Três são os bens jurídicos tutelados por esse tipo penal: (1) a célula germinal humana – célula-mãe responsável pela formação de gametas presentes nas glândulas sexuais femininas e masculinas e suas descendentes diretas em qualquer grau de ploidia;[284] (2) o zigoto humano – célula formada pelas células reprodutoras masculina e feminina; e (3) o embrião humano – organismo que já começou a se desenvolver pela divisão das células após a formação do zigoto.

A conduta típica é a prática de engenharia genética, vale dizer, a alteração dos genes – unidade hereditária, situada no cromossomo, responsável pela determinação das características de um ser vivo –, seja em célula germinal, zigoto ou embrião.

O elemento subjetivo é o dolo genérico, caracterizado pela vontade livre e consciente de praticar a alteração de genes nos bens protegidos.

O art. 26 refere-se à clonagem humana:

> Realizar clonagem humana:
>
> Pena – reclusão, de 2 (dois) a 5 (cinco) anos, e multa.

Nesse tipo penal, o bem jurídico tutelado é o próprio ser humano, em sua individualidade e identidade, pelo que se entende ter o direito de não haver dois seres humanos idênticos, exceto os casos de gêmeos, o que decorre da própria natureza.

A conduta típica é a clonagem humana – processo de reprodução assexuada, produzida artificialmente, baseada em um único patrimônio genético, com ou sem utilização de técnicas de engenharia genética.[285]

O elemento subjetivo da conduta é o dolo genérico, consubstanciado na vontade livre e consciente de realizar a conduta descrita no tipo penal.

Assim estabelece o art. 27 da Lei nº 11.105/05:

> Liberar ou descartar OGM no meio ambiente, em desacordo com as normas estabelecidas pela CTNBio e pelos órgãos e entidades de registro e fiscalização:
>
> Pena – reclusão, de 1 (um) a 4 (quatro) anos, e multa.

A liberação ou o descarte de organismos geneticamente modificados no meio ambiente, em desacordo com as normas estabelecidas pela CTNBio e pelos órgãos e entidades de registro e fiscalização, sujeita o infrator à reclusão, de um a quatro anos, e multa, sendo agravada a pena: (1) de um sexto a um terço, se resultar dano à propriedade alheia; (2) de

---

284. Lei nº 11.105/05, art. 3º, VII.
285. Lei nº 11.105/05, art. 3º, VIII.

um terço até a metade, se resultar dano ao meio ambiente; (3) da metade até dois terços, se resultar lesão corporal de natureza grave em outrem; (4) de dois terços até o dobro, se resultar a morte de outrem.

Nesse delito, o bem jurídico tutelado é o próprio meio ambiente e, via de consequência, os seres humanos, na medida em que organismos geneticamente modificados podem trazer consequências incertas aos seres humanos quando liberados ou descartados sem controle no meio ambiente.

A conduta típica é o descarte ou a liberação dos organismos geneticamente modificados – organismo cujo material genético (ácido desoxirribonucleico – ADN, ácido ribonucleico – ARN) tenha sido modificado por qualquer técnica de engenharia genética[286] – no meio ambiente sem seguir as determinações dos órgãos fiscalizadores.

O elemento subjetivo é o dolo genérico, representado pela vontade livre e consciente de praticar as condutas típicas. Saliente-se que o autor do delito não poderá alegar desconhecimento das normas a respeito do descarte ou liberação de OGM.[287]

O tipo penal do art. 28 refere-se a patentes e à tecnologia, caracterizando o ilícito penal:

Utilizar, comercializar, registrar, patentear e licenciar tecnologias genéticas de restrição do uso:
Pena – reclusão, de 2 (dois) a 5 (cinco) anos, e multa.

A conduta típica é descrita por vários verbos – *utilizar, comercializar, registrar, patentear* e *licenciar* as chamadas tecnologias genéticas de restrição do uso –, o que constitui elemento normativo do tipo, descrito no próprio texto legal como "qualquer processo de intervenção humana para geração ou multiplicação de plantas geneticamente modificadas para produzir estruturas reprodutivas estéreis, bem como qualquer forma de manipulação genética que vise à ativação ou desativação de genes relacionados à fertilidade das plantas por indutores químicos externos".[288]

O elemento subjetivo da conduta é o dolo genérico consubstanciado na vontade livre e consciente de praticar qualquer um dos verbos descritos no tipo penal.

O art. 29 define o seguinte tipo penal:

Produzir, armazenar, transportar, comercializar, importar ou exportar OGM ou seus derivados, sem autorização ou em desacordo com as normas estabelecidas pela CTNBio e pelos órgãos e entidades de registro e fiscalização:
Pena – reclusão, de 1 (um) a 2 (dois) anos, e multa.

O último tipo penal previsto pela Lei de Biossegurança tem como bem tutelado o meio ambiente, caracterizando-se como uma norma de segurança ambiental.

A conduta típica é estabelecida por vários verbos descritos no tipo: *produzir, armazenar, transportar, comercializar, importar* ou *exportar* organismo cujo material genético (ácido desoxirribonucleico – ADN, ácido ribonucleico – ARN) tenha sido modificado por

---

286. Lei nº 11.105/05, art. 3º, II e V.
287. Decreto-lei nº 4.657/42, art. 3º: "Ninguém se escusa de cumprir a lei, alegando que não a conhece."
288. Lei nº 11.105/05, art. 6º, parágrafo único.

qualquer técnica de engenharia genética ou seus derivados sem observância das normas que regulamentam essas práticas.

O elemento subjetivo é o dolo genérico, caracterizado pela vontade livre e consciente de realizar qualquer dos verbos descritos no tipo penal.

13.13 RECURSOS FINANCEIROS

Não há como fazer proteção ambiental sem aplicação de recursos financeiros. Não é por outra razão que um dos objetivos da Política Nacional da Biodiversidade é promover meios e condições para mecanismos de financiamento,[289] incluindo:

Fortalecimento de fundos existentes;[290]

Estímulo à criação de fundos de investimentos, incentivando inclusive a participação do setor empresarial;[291]

Apoio ao estudo para a criação de um fundo fiduciário ou outros mecanismos equivalentes, capazes de garantir a estabilidade financeira para implementação e manutenção de unidades de conservação;[292]

Estímulo à criação de fundos ou outros mecanismos, geridos de forma participativa por povos indígenas, quilombolas e outras comunidades locais, que promovam a repartição justa e equitativa de benefícios decorrentes do acesso aos recursos genéticos e aos conhecimentos tradicionais associados.[293]

Entende-se que o governo brasileiro pretende implementar a Política Nacional da Biodiversidade especialmente por meio do direcionamento de verbas provenientes de **fundos**. Verifica-se também uma vontade de que esses fundos sejam compostos em larga medida por investimento estrangeiro. Segundo o Decreto nº 4.339/02, "a conservação e a utilização sustentável da biodiversidade são uma preocupação comum à humanidade, mas com responsabilidades diferenciadas, cabendo aos países desenvolvidos o aporte de recursos financeiros novos e adicionais".[294]

Atualmente, existem fundos[295] cujos recursos 1. são voltados diretamente para a biodiversidade, como o **Fundo Nacional para a Repartição de Benefícios**[296]; 2. podem ser utilizados para a conservação e o uso sustentável de seus componentes, como no caso do **Fundo Nacional do Meio Ambiente**, do **Fundo de Direitos Difusos** e dos fundos setoriais do Ministério da Ciência e Tecnologia; 3. são direcionados para outra política, mas afetam a biodiversidade, como o Fundo Nacional de Desenvolvimento Florestal e o Fundo Nacional de Mudanças Climáticas e 4. devem ser utilizados em biomas específicos, como o Fundo Amazônia e o Fundo de Restauração da Mata Atlântica.[297]

---

289. Decreto nº 4.339/02, item 16 do Anexo.
290. Decreto nº 4.339/02, item 16.4.1 do Anexo.
291. Decreto nº 4.339/02, item 16.4.2 do Anexo.
292. Decreto nº 4.339/02, item 16.4.3 do Anexo.
293. Decreto nº 4.339/02, item 16.4.4 do Anexo.
294. Decreto nº 4.339/02, item 2, IV do Anexo.
295. Note-se que são tratados aqui apenas fundos geridos no âmbito federal. No entanto, existem também fundos estaduais e municipais, além dos fundos privados.
296. Criado pela Lei nº 13.123/2015 e regulamentado pelo Decreto nº 8.772/2016.
297. Para maiores detalhes a respeito dos recursos dos fundos, ver Ministério do Meio Ambiente (MMA), Secretaria de Biodiversidade e Florestas, Diretoria do Programa Nacional de Conservação da Biodiversidade. *Quinto Relatório Nacional para a Convenção sobre Diversidade Biológica – Brasil*, 2016.

O **Fundo Nacional para a Repartição de Benefícios (FNRB)** foi pela Lei n° 13.123/2015 e regulamentado pelo Decreto n° 8.772/2016. O principal objetivo do Fundo é promover a valorização do patrimônio genético e dos conhecimentos tradicionais associados e o seu uso de forma sustentável. O Comitê Gestor do Fundo é composto por **órgãos da administração pública federal** e por **representantes da sociedade civil** com a participação de representantes de povos indígenas, povos e comunidades tradicionais e agricultores familiares e do setor acadêmico. Os recursos do FNRB poderão ser utilizados para as ações do Programa Nacional de Repartição de Benefícios, quais sejam:[298]

conservação da diversidade biológica;

recuperação, criação e manutenção de coleções ex situ de amostra do patrimônio genético;

prospecção e capacitação de recursos humanos associados ao uso e à conservação do patrimônio genético ou do conhecimento tradicional associado;

proteção, promoção do uso e valorização dos conhecimentos tradicionais associados;

implantação e desenvolvimento de atividades relacionadas ao uso sustentável da diversidade biológica, sua conservação e repartição de benefícios;

fomento a pesquisa e desenvolvimento tecnológico associado ao patrimônio genético e ao conhecimento tradicional associado;

levantamento e inventário do patrimônio genético, considerando a situação e o grau de variação das populações existentes, incluindo aquelas de uso potencial e, quando viável, avaliando qualquer ameaça a elas;

apoio aos esforços das populações indígenas, das comunidades tradicionais e dos agricultores tradicionais no manejo sustentável e na conservação de patrimônio genético;

conservação das plantas silvestres;

desenvolvimento de um sistema eficiente e sustentável de conservação ex situ e in situ e desenvolvimento e transferência de tecnologias apropriadas para essa finalidade com vistas a melhorar o uso sustentável do patrimônio genético;

monitoramento e manutenção da viabilidade, do grau de variação e da integridade do patrimônio genético mantido por coleções;

adoção de medidas para minimizar ou, se possível, eliminar as ameaças ao patrimônio genético;

desenvolvimento e manutenção dos diversos sistemas de cultivo que favoreçam o uso sustentável do patrimônio genético;

elaboração e execução dos Planos de Desenvolvimento Sustentável de Populações ou Comunidades Tradicionais; e

outras ações relacionadas ao acesso ao patrimônio genético e aos conhecimentos tradicionais associados, conforme definido pelo Comitê Gestor do FNRB.

Destaca-se ainda o **Fundo Brasileiro para a Biodiversidade (FUNBIO)**, fundo privado criado pelo governo federal. Esse fundo teve início com uma doação do GEF (Fundo Global para o Meio Ambiente) e atualmente é complementado com doações e parcerias com agências públicas e privadas. Ademais, o FUNBIO é gestor de fundos específicos, como o Fundo de Áreas Protegidas e o Fundo de Conservação da Mata Atlântica.[299]

---

298. Decreto n° 8.772/16, art. 100.
299. BRASIL. Ministério do Meio Ambiente (MMA), Secretaria de Biodiversidade e Florestas. Diretoria do Programa Nacional de Conservação da Biodiversidade. *Quinto Relatório Nacional para a Convenção sobre Diversidade Biológica*. Brasil, 2016. Disponível em: <https://antigo.mma.gov.br/publicacoes/biodiversidade/category/142-serie-biodiversidade?download=1212:relat%C3%B3rio-nacional-para-a-conven%C3%A7%C3%A3o--sobre-diversidade-biol%C3%B3gica>. Acesso em: 10 mar. 2024.

A PNB não deixa de lado a necessidade de fortalecer a gestão dos valores provenientes da repartição de benefícios. Conforme já mencionado, a repartição de benefícios decorrentes do acesso a recursos genéticos e ao conhecimento tradicional é uma grande fonte de recursos a serem transferidos de países desenvolvidos para países em desenvolvimento. Esse é um dos motivos para que o Protocolo de Nagoya tenha sido recebido como um grande sucesso da 10ª Conferência das Partes (COP 10) da Convenção sobre Diversidade Biológica.

14

FAUNA

14.1 CONCEITO DE FAUNA

A fauna é um dos recursos ambientais assim definidos na Lei nº 6.938/81 e constitui *"toda a vida animal em uma área, um habitat ou um estrato geológico num determinado tempo, com limites espacial e temporal arbitrários".*[1] O conjunto da vida animal localizada em determinado espaço, em um certo período de tempo, caracteriza a fauna, o que significa ser cabível indicar essas duas variáveis – tempo e espaço – para identificar, com exatidão, a que fauna está-se referindo.

A rigor, todas as espécies animais constituem *fauna*. Todavia, a tutela jurídica desse recurso ambiental é mais restritiva e se aplica fundamentalmente à fauna silvestre – terrestre ou aquática, embora trate, em alguns momentos, dos animais domésticos e dos exóticos.

Segundo Trennepohl, a tutela jurídica da fauna abrange a fauna silvestre, objeto de análise neste capítulo, a fauna doméstica, compreendendo as espécies animais que, *"através dos tempos, por força do manejo ou da convivência tornaram-se próximas do homem, possuindo características comportamentais de estrita dependência do mesmo. [...] A fauna exótica compreende todas as espécies que não ocorrem naturalmente no território nacional, nem o utilizam como rota migratória, independentemente de possuírem ou não populações livres na natureza, no local de origem".*[2]

14.1.1 Fauna silvestre

A Lei nº 5.197, de 3-10-1967,[3] define a fauna silvestre como aquela *"formada pelo conjunto dos animais de quaisquer espécies, em qualquer fase do seu desenvolvimento e que vivem naturalmente fora do cativeiro, bem como seus ninhos, abrigos e criadouros naturais".* A Lei nº 9.605/98 aprimorou esse conceito, definindo, em seu art. 29, que:

> São espécimes da fauna silvestre todos aqueles pertencentes às espécies nativas, migratórias e quaisquer outras, aquáticas ou terrestres, que tenham todo ou parte de seu ciclo de vida ocorrendo dentro dos limites do território brasileiro, ou águas jurisdicionais brasileiras.[4]

A inovação havida no conceito legal de fauna silvestre ampliou o campo de abrangência da lei, incluindo não apenas os animais nativos, mas aqueles que, em algum momento de seu ciclo de vida, mantenham contato com o território nacional, abrangendo espécies migratórias, ainda que não nativas.

---

1. ACADEMIA DE CIÊNCIAS DO ESTADO DE SÃO PAULO. *Glossário de ecologia*. 2. ed. ACIESP, nº 183, 1997, p. 113.
2. TRENNEPOHL, Curt. *Infrações contra o meio ambiente*: multas e outras sanções administrativas. Comentários ao Decreto nº 3.179, de 21-9-1999. São Paulo: Fórum, 2006, p. 105.
3. A Lei nº 5.197, de 3-10-1967 foi alterada pela Lei nº 7.653, de 12-2-1988.
4. Lei nº 9.605/98, art. 29, § 3º.

188 DIREITO AMBIENTAL • Maria Luiza Machado Granziera

A fauna silvestre, dessa forma, é o conjunto dos animais que se encontram fora do domínio do homem, livres em seu *habitat*. Justamente por esse conjunto de espécies e abrigos configurar *bens ambientais*, componentes dos ecossistemas e, portanto, juridicamente tutelados, cabe ao Poder Público o seu domínio, no que se refere à guarda e à proteção, em prol do interesse coletivo. Por isso, é proibida a utilização, perseguição, destruição, caça ou apanha de indivíduos da fauna silvestre, salvo mediante a expedição de autorização ou licença, nas formas definidas pela lei.

14.1.1.1 Permissão para caça ou apanha

A Lei de Proteção à Fauna estabelece que o órgão público federal competente *"publicará e atualizará anualmente: a) a relação das espécies cuja utilização, perseguição, caça ou apanha será permitida indicando e delimitando as respectivas áreas;[5] b) a época e o número de dias em que o ato acima será permitido;[6] c) a quota diária de exemplares cuja utilização, perseguição, caça ou apanha será permitida."[7]* Essas listas poderão conter a previsão de *"animais domésticos que, por abandono, se tornem selvagens ou ferais".[8]*

A finalidade de tais listas é regular, no que se refere a época, local e quantidades de espécimes, a caça, que pode ter as seguintes modalidades:

de **controle**, tendo por objeto a correção e desequilíbrios provocados pela falta de predadores, propiciando uma proliferação acima do razoável, do ponto de vista ecológico, de espécies nativas ou exóticas;

amadorista, objeto de polêmicas, pois não possui qualquer utilidade intrínseca que a justifique;

científica, com a finalidades de estudo e pesquisa; e

de **subsistência**, para as populações que tiram seu sustento da Natureza.

Essa regra, comumente adotada até a década de 1980, impõe todos os limites necessários para que não ocorram abusos no que se refere à localização, ao período de tempo e às quantidades permitidas.

Em relação à caça amadorística, uma boa notícia é que o IBAMA não vem concedendo autorizações de maneira frequente. Como exemplo, veja-se a revogação, pela Lei nº 9.985/2000, do art. 5º, *b*, da Lei nº 5.197/67, que previa a criação de parques de caça, onde se permitia o exercício desse esporte para fins recreativos, educativos e turísticos.

Todavia, exceções ocorrem. A Portaria IBAMA nº 73/02-P, de 17-5-1992, publicou uma relação de espécies permitidas para o ato de caça amadorística com período e território definidos, visando à caça de espécies como *perdiz*, *lebre europeia*, *marreca piadeira* entre outras, no Estado do Rio Grande do Sul. Em Ação Civil Pública contra o IBAMA, a decisão do TRF4 foi estabelecida no sentido de proibir a caça amadorística, sob a argumentação de que:

De ver-se, nesta senda, que com razão a sentença ao proibir, no condão do art. 225 da Constituição Federal, bem como na exegese constitucional da Lei nº 5.197/67, a caça amadorista, uma vez carente de finalidade social relevante que lhe legitime e, ainda, ante à suspeita de poluição ambiental resultante

---

5. Lei nº 5.197/67, art. 8º, *a*.
6. Lei nº 5.197/67, art. 8º, *b*.
7. Lei nº 5.197/67, art. 8º, *c*.
8. Lei nº 5.197/67, art. 8º, parágrafo único.

de sua prática (irregular emissão de chumbo na biosfera), relatada ao longo dos presentes autos e bem explicitada pelo MPF às suas contrarrazões.[9]

14.1.1.2 Manutenção em cativeiro

A lei permite que os espécimes da fauna silvestre sejam capturados e mantidos em cativeiro, desde que se observe o disposto no artigo 8º e sejam satisfeitas as exigências legais,[10] estabelecidas na Portaria IBAMA nº 118-N, de 15-11-1997, que fixa as normas de funcionamento de criadouros de animais da fauna silvestre brasileira com fins econômicos e industriais. Essa norma define como criadouro *"a área dotada de instalações capazes de possibilitar o manejo, a reprodução, a criação ou recria de animais pertencentes à fauna silvestre brasileira".*[11]

Destaca-se que o conceito de fauna silvestre brasileira estabelecido nessa portaria refere-se a todos os animais pertencentes às espécies nativas, migratórias e quaisquer outras, aquáticas ou terrestres, reproduzidos ou não em cativeiro, que tenham seu ciclo biológico ou parte dele ocorrendo naturalmente dentro dos limites do território brasileiro e suas águas jurisdicionais.[12]

A Portaria IBAMA nº 102/98, de 15-7-1998 tem por objetivo estabelecer normas para o funcionamento de *"criadouros de animais da fauna silvestre exótica com fins econômicos e industriais".*[13] Segundo essa norma, considera-se *fauna silvestre exótica* os animais pertencentes às *"espécies ou subespécies cuja distribuição geográfica não inclui o Território Brasileiro e suas águas jurisdicionais e as espécies ou subespécies introduzidas pelo homem, inclusive domésticas, em estado asselvajado ou alçado e também as espécies ou subespécies que tenham sido introduzidas fora das fronteiras brasileiras e suas águas jurisdicionais e que tenham entrado em Território Brasileiro".*[14]

A Instrução Normativa IBAMA nº 07/15 institui e normatiza as categorias de uso e manejo da fauna silvestre em cativeiro, e define, no âmbito do IBAMA, os procedimentos autorizativos para as categorias estabelecidas, tratando do das autorizações para a implantação de atividades que envolvem o cativeiro de fauna silvestre.

14.2 FAUNA NA CONSTITUIÇÃO FEDERAL

A Constituição Federal não conceitua a fauna nem estabelece regra específica nesse tema. Mas ao definir as **competências materiais comuns**, no art. 23, a CF/88 determina que cabe *à União, Estados, Distrito Federal e Municípios preservar*, entre outros bens ambientais, *a fauna.*[15]

A competência concorrente da União, Estados e Distrito Federal para legislar inclui a *caça*, a *pesca* e a *fauna.*[16][17]

---

9. TRF4 EIAC – Embargos Infringentes na Apelação Cível. Ação Civil Pública nº 2004.71.00.021481-2 (RS) de 2-4-2008.
10. Lei nº 5.197/67, art. 9º.
11. Portaria nº 118-N/97, art. 2º.
12. Portaria nº 118-N/97, art. 3º.
13. Portaria IBAMA nº 102/98, art. 1º.
14. Portaria IBAMA nº 102/98, art. 3º.
15. CF/88, art. 23, VII.
16. CF/88, art. 24, VI.
17. Contra o artigo 240, da Constituição do Estado de São Paulo, que proíbe a caça em seu território, foi proposta a ADI 350-SP. Julgada em 21-6-2021, o STF entendeu ser constitucional tal dispositivo.

Segundo o art. 225, uma das obrigações do Poder Público, com vistas a garantir o direito de todos ao meio ambiente ecologicamente equilibrado, é *"proteger a fauna [...], vedadas, na forma da lei, as práticas que coloquem em risco sua função ecológica, provoquem a extinção de espécies ou submetam os animais a crueldade".*[18]

A Emenda Constitucional nº 96, de 06-06-2017, acrescentou o § 7º ao art. 225 da CF/88. De acordo com esse dispositivo, "não se consideram cruéis as práticas desportivas que utilizem animais, desde que sejam manifestações culturais, conforme o § 1º do art. 215 desta Constituição Federal, registradas como bem de natureza imaterial integrante do patrimônio cultural brasileiro, devendo ser regulamentadas por lei específica que assegure o bem-estar dos animais envolvidos." A Lei 13.364, promulgada pouco antes, em 29-11-2016, teve nova redação dada pela Lei nº 13.873, de 17-9-2019, e "reconhece o rodeio, a vaquejada e o laço, bem como as respectivas expressões artísticas e esportivas, como manifestações culturais nacionais, eleva essas atividades à condição de bens de natureza imaterial integrantes do patrimônio cultural brasileiro e dispõe sobre as modalidades esportivas equestres tradicionais e sobre a proteção ao bem-estar animal."(art. 1º). A EC nº 96/2017, bem como a referida lei, são vistas como resposta ao julgamento do STF (ADI 4983/CE), que julgou inconstitucional a lei estadual do Ceará que que regulamentava a atividade da "vaquejada", considerada tratamento cruel pela maioria dos Ministros.

14.3 ESPÉCIES EM EXTINÇÃO

A Convenção sobre Comércio Internacional das Espécies da Flora e da Fauna Selvagens em Perigo de Extinção – mais conhecida pela sigla CITES, relativa ao nome em inglês *Convention on International Trade in Endangered Species of Wild Fauna and Flora* – foi realizada em Washington, em 1973. Esse documento foi aprovado no Brasil pelo Decreto Legislativo nº 54 e promulgado pelo Decreto nº 76.623, de 17-11-1975.

O objetivo da convenção é a regulamentação do comércio internacional de espécies em extinção, com a finalidade de não colocar em risco a sobrevivência das espécies,

---

"Ementa: Ação direta de inconstitucionalidade. Artigo 204 da Constituição do Estado de São Paulo, o qual proíbe a caça, sob qualquer pretexto, em todo o Estado. Competência concorrente para legislar sobre caça. Ausência de invasão de competência legislativa da União. Interpretação conforme à Constituição. 1. A Lei Federal nº 5.197/67 proíbe a utilização, a perseguição, a destruição, a caça ou a apanha de animais silvestres, bem como de seus ninhos, abrigos e criadouros naturais. A norma prevê a possibilidade de exceção a essa proibição nos casos em que as peculiaridades regionais comportarem o exercício da caça, a qual está condicionada à permissão expressa do poder público federal mediante ato regulamentador (art. 1º, § 1º). Trata-se de norma geral que propicia a edição de normas suplementares pelos estados destinadas a pormenorizar o conteúdo da lei federal e a adequar seus termos às peculiaridades regionais. 2. O art. 204 da Constituição do Estado de São Paulo é norma protecional da fauna silvestre remanescente no território estadual, e, ao proibir a caça, atende às peculiaridades regionais e às diretrizes da Constituição Federal para a defesa e a preservação das espécies animais em risco de extinção. Agiu o constituinte estadual dentro dos limites de sua competência constitucional concorrente para legislar sobre caça, nos termos do art. 24, VI, da Carta Maior. 3. O art. 204 da Constituição do Estado de São Paulo, ao proibir a caça, "sob qualquer pretexto", em todo o Estado, não teve a intenção de vedar as atividades de "destruição" para fins de controle e de "coleta" para fins científicos, as quais, ao invés de implicarem riscos ao meio ambiente, destinam-se ao reequilíbrio do ecossistema e, se devidamente fiscalizadas, cumprem relevante função de proteção ao meio ambiente. 4. Ação direta julgada parcialmente procedente, conferindo-se interpretação conforme à Constituição à expressão "sob qualquer pretexto", esclarecendo-se que não se incluem na vedação estabelecida na norma estadual a destruição para fins de controle e a coleta para fins científicos, as quais estão previstas, respectivamente, nos arts. 3º, § 2º, e 14 da Lei Federal nº 5.197/1967."

STF. Supremo Tribunal Federal, ADI nº 350/SP. Relator Ministro Dias Toffoli. Disponível em: <https://jurisprudencia.stf.jus.br/pages/search?base=acordaos&pesquisa_inteiro_teor=false&sinonimo=true&plu-ral=true&radicais=false&buscaExata=true&page=1&pageSize=10&queryString=adi%20350&sort=_score&sortBy=desc>. Acesso em: 10 mar. 2024.

18. CF/88, art. 225, § 1º, VII.

prevendo a possibilidade de comércio apenas em situações excepcionais, mediante autorização dos órgãos e entidades competentes. Atividade ilícita que movimenta milhões de dólares a cada ano, o tráfico de animais silvestres perde em faturamento apenas para o comércio de drogas e de armas.

As espécies consideradas pelas partes em perigo de extinção são objeto das listas que compõem os anexos do texto da Convenção CITES.

No que se refere à competência administrativa para elaborar a relação de espécies da fauna e da flora ameaçadas de extinção e de espécies sobre-explotadas, mediante laudos e estudos técnico-científicos, fomentando as atividades que conservem essas espécies **in situ**, a Lei Complementar nº 140/11 fixou tal atribuição à União[19] e aos Estados,[20] em seu território.

A Portaria IBAMA nº 93, de 7-7-1998, regula, no âmbito interno, a importação e a exportação de espécimes vivos, produtos e subprodutos da fauna silvestre brasileira e da fauna silvestre exótica.[21]

14.4 POLÍTICA NACIONAL DE DESENVOLVIMENTO SUSTENTÁVEL DA AQUICULTURA E DA PESCA

A atividade pesqueira, ao mesmo tempo em que é de grande importância para a economia e para a subsistência do ser humano, depende do estabelecimento e do efetivo cumprimento de regras que possam garantir que a retirada de recursos pesqueiros seja compatível com a capacidade de reprodução das espécies.

Outro fator que condiciona a pesca é a qualidade da água e o próprio regime hídrico. Assim, um rio poluído compromete a pesca ou pela escassez do produto pesqueiro ou por sua contaminação para o consumo. E um rio que tenha seu regime modificado por uma usina hidrelétrica ou qualquer outro tipo de obra que altere as condições originais sofre risco de profundos impactos na fauna local, inclusive a extinção de espécies.

Esses problemas não são exclusivamente brasileiros. Não só a pesca em águas internas dos países sofre riscos como também os recursos hídricos compartilhados e o mar enfrentam problemas semelhantes. Como sempre, a mudança de comportamento surge na iniciativa de estabelecer regras claras, mas é preciso fazer com que elas sejam definitivamente compreendidas e cumpridas. Nessa lógica, a Lei Complementar nº 140/11, estabeleceu que cabe à União exercer o controle ambiental em âmbito nacional ou regional sobre a pesca,[22] e aos Estados no âmbito de seus respectivos territórios.[23]

O Decreto-lei nº 221, de 28-2-1967 encontrava-se ultrapassado e foi profundamente modificado pela Lei nº 11.959, de 29-6-2009,[24] que praticamente substituiu o texto anterior, atualizando o tratamento jurídico da pesca e da aquicultura e introduzindo a ideia de um desenvolvimento sustentável dessas atividades e a otimização dos benefícios eco-

---

19. Lei Complementar nº 140/11, art. 7º, XVI.
20. Lei Complementar nº 140/11, art. 8º, XVII.
21. Portaria IBAMA nº 93/98, art. 1º.
22. Lei Complementar nº 140/11, art. 7º, XXII.
23. Lei Complementar nº 140/11, art. 8º, XX.
24. A Lei nº 11.959/09 revogou a Lei nº 7.679, de 23-11-1988.

nômicos e sociais,[25] em harmonia com a preservação e a conservação do meio ambiente e da biodiversidade.[26]

Segundo a nova política, os **recursos pesqueiros** consistem nos animais e vegetais hidróbios passíveis de exploração, estudo ou pesquisa pela pesca e pela aquicultura.[27] **Pesca** é toda operação, ação ou ato tendente a extrair, colher, apanhar, apreender ou capturar recursos pesqueiros.[28] E **aquicultura** significa a atividade de cultivo de organismos cujo ciclo de vida em condições naturais se dá total ou parcialmente em meio aquático, implicando a propriedade do estoque sob cultivo.[29]

A proteção dos recursos pesqueiros compete ao Poder Público, que deverá garantir o equilíbrio entre o princípio da sustentabilidade dos recursos pesqueiros e a obtenção de melhores resultados econômicos e sociais. Para tanto, deverá calcular, autorizar ou estabelecer as condições necessárias a essa sustentabilidade no que se refere aos regimes de acesso, à captura total permissível, às temporadas de pesca, aos tamanhos de captura, às áreas interditadas ou de reservas, à capacidade de suporte dos ambientes, às ações de monitoramento, controle e fiscalização da atividade e à proteção de indivíduos em processo de reprodução ou recomposição de estoques.

Os **períodos de defeso** também são objeto de regulamento. Trata-se da "*paralisação temporária da pesca para a preservação da espécie, tendo como motivação a reprodução e/ou recrutamento, bem como paralisações causadas por fenômenos naturais ou acidentes*".[30] A Lei nº 11.959/09[31] dispõe que o exercício dessa atividade poderá ser proibido transitória, periódica ou permanentemente, nos termos das normas específicas, para proteção: 1. de espécies, áreas ou ecossistemas ameaçados e 2. do processo reprodutivo das espécies e de outros processos vitais para a manutenção e a recuperação dos estoques pesqueiros.[32]

Merece destaque que o cumprimento efetivo do período de defeso depende, também, do consumidor final. É preciso estar informado sobre as espécies cuja pesca encontra-se proibida na época e região, e não participar de sua eventual comercialização. Sem mercado, os responsáveis passam a procurar outras espécies. Essa reflexão alinha-se com o consumo sustentável e coloca para toda a população a responsabilidade pela proteção da fauna aquática.

A **gestão do acesso e uso** dos recursos pesqueiros refere-se ao controle daquilo que pode ser retirado dos corpos hídricos, sem comprometer a manutenção das espécies. A norma em vigor estabelece de modo explícito como deve dar-se o desenvolvimento sustentável, inserindo importantes temas de trato diverso, o que sugere que a sustentabilidade implica muitas ações de diferentes setores.

Como forma de proteger os ecossistemas e a biodiversidade, é necessária a determinação de **áreas especialmente protegidas**,[33] o que remete ao Sistema Nacional de Uni-

---

25. Lei nº 11.959/09, art. 3º.
26. Lei nº 11.959/09, art. 1º, I.
27. Lei nº 11.959/09, art. 2º, I.
28. Lei nº 11.959/09, art. 2º, III.
29. Lei nº 11.959/09, art. 2º, II.
30. Lei nº 11.959/09, art. 2º, XIX.
31. A Lei nº 11.959/09 revogou a Lei nº 7.679, de 23-11-1988, que estabelecia regras sobre a proibição da pesca de espécies em períodos de reprodução.
32. Lei nº 11.959/09, art. 6º.
33. Lei nº 11.959/09, art. 7º, II.

dades de Conservação (SNUC), regrado pela Lei nº 9.985/00. Note-se que a lei do SNUC dispõe sobre a Reserva de Fauna, *"área natural com populações animais de espécies nativas, terrestres ou **aquáticas**, residentes ou migratórias, adequadas para estudos técnico-científicos sobre o manejo econômico sustentável de recursos faunísticos".*[34] Isso não apenas significa que a Reserva de Fauna pode ser criada para garantir a sustentabilidade das atividades pesqueiras, mas também indica a finalidade dessa categoria no que se refere à fauna aquática.

A **participação social** é uma das condições de sustentabilidade da atividade pesqueira. Sobretudo no caso da pesca artesanal, *"praticada diretamente por pescador profissional, de forma autônoma ou em regime de economia familiar, com meios de produção próprios ou mediante contrato de parceria, desembarcado, podendo utilizar embarcações de pequeno porte"*,[35] é importante que as comunidades tenham não apenas o conhecimento das regras sobre a pesca, mas também possam participar dos processos de decisão. A **educação ambiental**, nesse sentido, e não apenas para essas comunidades, é fator que pode contribuir para a observância às normas, na medida em que, por meio da informação, as pessoas passam a ter conhecimento das características e fragilidades ambientais, percebendo que o descaso pode prejudicar as atividades econômicas, inclusive no que toca à pesca.

O controle e a fiscalização da atividade pesqueira são fatores preponderantes da efetividade da norma. Todavia, apenas a atuação do Poder Público, por mais forte que seja, não consegue resolver todos os problemas, até pelas dimensões do país. É preciso que as comunidades e pescadores tenham a consciência da proteção ambiental como condição da continuidade de suas atividades.

Um ponto fundamental para garantir a efetividade de uma política pública é o financiamento da sua implantação. Sem a aplicação de recursos financeiros, muito pouco se evolui. A lei prevê corretamente o **crédito para fomento** ao setor pesqueiro, como fator de manutenção da sustentabilidade da atividade pesqueira.

Outros fatores são mencionados pela lei como **meios de sustentabilidade**: 1. a capacitação da mão de obra do setor pesqueiro; 2. a construção e a modernização da infraestrutura portuária de terminais portuários, bem como a melhoria dos serviços portuários; 3. a pesquisa dos recursos, técnicas e métodos pertinentes à atividade pesqueira e 4. o sistema de informações sobre a atividade pesqueira.[36]

Como forma de apoiar a **aquicultura**,[37] o art. 21 prevê que o Estado concederá o direito de uso de águas e terrenos públicos para o exercício dessa atividade. Mas impõe ao aquicultor, na criação de espécies exóticas, a responsabilidade de assegurar a contenção dos espécimes no âmbito do cativeiro, impedindo seu acesso às águas de drenagem de bacia hidrográfica brasileira,[38] proibindo a soltura, no ambiente natural, de organismos geneticamente modificados, cuja caracterização esteja em conformidade com os termos da legislação específica.[39] Ainda determina que a implantação de empreendimentos aquícolas em áreas de salinas, salgados, apicuns, restingas, bem como em todas e quaisquer

---

34. Lei nº 9.985/00, art. 19.
35. Lei nº 11.959/09, art. 8º, I, *a*.
36. Lei nº 11.959/09, art. 7º.
37. Lei nº 11.959/09, art. 2º, II.
38. Lei nº 11.959/09, art. 22.
39. Lei nº 11.959/09, art. 22, parágrafo único.

áreas adjacentes a rios, lagoas, lagos, açudes, deverá cumprir a legislação aplicável às Áreas de Preservação Permanente (APP),[40] tratadas pela Lei nº 12.651/12.

A lei estabelece ainda como instrumentos de ordenamento da aquicultura: 1. os planos de desenvolvimento da aquicultura; 2. os parques e áreas aquícolas; e o 3. Sistema Nacional de Autorização de Uso de Águas da União para fins de aquicultura[41].

14.5 CETÁCEOS

A Lei nº 7.643, de 18-12-1987, proíbe a pesca de cetáceos nas águas jurisdicionais brasileiras. O Decreto nº 6.698, de 17-12-2008, declara que as águas jurisdicionais marinhas brasileiras são como Santuário de Baleias e Golfinhos do Brasil, com a finalidade de reafirmar o interesse nacional no campo da preservação e proteção de cetáceos e promover o uso não letal das suas espécies.

14.6 JARDINS ZOOLÓGICOS

A Lei nº 7.173, de 14-12-1983, dispõe sobre normas para o estabelecimento e o funcionamento de jardins zoológicos, autorizados, desde que cumpridas as regras fixadas, a abrigar animais da fauna indígena e exótica. O reconhecimento oficial dessas entidades não significa, contudo, nenhuma transferência de propriedade por parte do Estado quanto aos exemplares da fauna indígena,[42] permanecendo o domínio da União sobre eles.

Um traço de proteção à fauna encontra-se na regra aplicável aos próprios jardins zoológicos e suas respectivas instalações, no que tange às dimensões, que deverão atender aos requisitos mínimos de habitabilidade, sanidade e segurança de cada espécie, atendendo às necessidades ecológicas, ao mesmo tempo garantindo a continuidade do manejo. O dispositivo abrange a segurança das pessoas ao mencionar o tratamento indispensável à proteção e ao conforto do público visitante.[43]

O tratamento conferido aos animais deve ser adequado, com alimentação específica para a espécie e em quantidade suficiente, o espaço deve ser compatível com as características e dimensões do animal e devem ser mantidas as condições mínimas de higiene e salubridade, sob pena de enquadramento em crime de maus tratos, previsto no art. 32 da Lei nº 9.605/98.

A Portaria IBAMA nº 117, de 15-10-1997, tem por objetivo estabelecer regras atinentes à comercialização de animais vivos, abatidos, partes e produtos da fauna silvestre brasileira provenientes de criadouros com finalidade econômica e industrial e de jardins zoológicos registrados junto ao IBAMA.[44]

No que se refere aos animais apreendidos, a Lei nº 13.052/14 alterou a redação do § 1º do art. 25 da Lei nº 9.605/98, estabelecendo que os animais apreendidos serão prioritariamente libertados em seu *habitat* ou, **sendo tal medida inviável ou não recomendável por questões sanitárias**, entregues a jardins zoológicos, fundações ou entidades assemelhadas,

---

40. Lei nº 11.959/09, art. 23, parágrafo único.
41. O Decreto nº 10.576, de 14-12-2020, revoga o Decreto nº 4.895/2003, dispondo sobre a cessão de uso de espaços físicos em corpos d'água de domínio da União para a prática da aquicultura.
42. Lei nº 7.173/83, art. 3º.
43. Lei nº 7.173/83, art. 7º.
44. Portaria IBAMA nº 117/97, art. 1º.

para guarda e cuidados sob a responsabilidade de técnicos habilitados. Antes da alteração da Lei nº 13.054/14, os animas apreendidos poderiam ser liberados em seu *habitat*, ou, alternativamente, entregues aos jardins zoológicos. Com a nova redação, tais animais somente poderão ser entregues aos jardins zoológicos se a liberação em seu *habitat* se mostrar inviável[45].

14.7 INFRAÇÕES ADMINISTRATIVAS CONTRA A FAUNA

O Decreto nº 6.514/08, que revogou o Decreto nº 3.197/99, estabeleceu as infrações administrativas contra a fauna. Muitas delas correspondem aos crimes contra a fauna, objeto de item específico neste capítulo.

No art. 24, o citado decreto fixou a seguinte infração:

Art. 24. Matar, perseguir, caçar, apanhar, coletar, utilizar espécimes da fauna silvestre, nativos ou em rota migratória, sem a devida permissão, licença ou autorização da autoridade competente, ou em desacordo com a obtida:

Multa de:

I – R$ 500,00 por indivíduo de espécie não constante de listas oficiais de risco ou ameaça de extinção;

II – R$ 5.000,00 por indivíduo de espécie constante de listas oficiais de fauna brasileira ameaçada de extinção, inclusive da Convenção de Comércio Internacional das Espécies da Flora e Fauna Selvagens em Perigo de Extinção (CITES).[46]

§ 1º As multas serão aplicadas em dobro se a infração for praticada com finalidade de obter vantagem pecuniária.

§ 2º Na impossibilidade de aplicação do critério de unidade por espécime para a fixação da multa, aplicar-se-á o valor de R$ 500,00 (quinhentos reais) por quilograma ou fração.

§ 3º Incorre nas mesmas multas:

I – quem impede a procriação da fauna, sem licença, autorização ou em desacordo com a obtida;

II – quem modifica, danifica ou destrói ninho, abrigo ou criadouro natural; ou

III – quem vende, expõe à venda, exporta ou adquire, guarda, tem em cativeiro ou depósito, utiliza ou transporta ovos, larvas ou espécimes da fauna silvestre, nativa ou em rota migratória, bem como produtos e objetos dela oriundos, provenientes de criadouros não autorizados, sem a devida permissão, licença ou autorização da autoridade ambiental competente ou em desacordo com a obtida.

§ 4º No caso de guarda doméstica de espécime silvestre não considerada ameaçada de extinção, pode a autoridade competente, considerando as circunstâncias, deixar de aplicar a multa, em analogia ao disposto no § 2º do art. 29 da Lei nº 9.605, de 1998.

§ 5º No caso de guarda de espécime silvestre, deve a autoridade competente deixar de aplicar as sanções previstas neste Decreto, quando o agente espontaneamente entregar os animais ao órgão ambiental competente.

§ 6º Caso a quantidade ou espécie constatada no ato fiscalizatório esteja em desacordo com o autorizado pela autoridade ambiental competente, o agente autuante promoverá a autuação considerando a totalidade do objeto da fiscalização.

---

45. Quanto à possibilidade de abate de animais apreendidos em situação de maus-tratos por ordem judicial ou administrativa embasadas em dispositivos legais, o STF, ao julgar procedente a ADPF 640, declarou a ilegitimidade da interpretação dos arts. 25, §§1º e 2º da Lei 9.605/1998, bem como dos arts. 101, 102 e 103 do Decreto 6.514/2008 e demais normas infraconstitucionais, que autorizem o abate de animais apreendidos em situação de maus-tratos. (STF – ADPF: 640 DF 0035467-87.2019.1.00.0000, Relator: GILMAR MENDES, Data de Julgamento: 20/09/2021, Tribunal Pleno, Data de Publicação: 17/12/2021).
46. Decreto nº 6.514/08, com a redação dada pelo Decreto nº 6.686/08.

§ 7º São espécimes da fauna silvestre, para os efeitos deste Decreto, todos os organismos incluídos no reino animal, pertencentes às espécies nativas, migratórias e quaisquer outras não exóticas, aquáticas ou terrestres, que tenham todo ou parte de seu ciclo original de vida ocorrendo dentro dos limites do território brasileiro ou em águas jurisdicionais brasileiras.[47]

A descrição da infração corresponde à do crime previsto no art. 29 da Lei de Crimes Ambientais nº 9.605/98. Apenas foi incluída a ação de *coletar*, no *caput* do dispositivo. As listas da CITES, convenção internacional que tem por objetivo o controle do comércio internacional de espécies sob o risco de extinção, são adotadas como indicadoras das espécies em risco, objeto da infração ambiental.[48]

Cabe salientar a ampliação do universo das espécies consideradas em risco, para fins de aumento do valor da multa. A nova norma adota não apenas as listas anexas à Convenção CITES – sem fazer distinção entre o Anexo I e o Anexo II, que tratam de graus diferentes de risco às espécies – mas quaisquer outras listas oficiais de fauna brasileira ameaçada de extinção.

Note-se o conceito de fauna fixado no § 7º do art. 24, que, para os efeitos de aplicação do decreto, inclui todos *os organismos incluídos no reino animal, pertencentes às espécies nativas, migratórias, aquáticas* ou *terrestres, que tenham todo ou parte de seu ciclo original de vida ocorrendo dentro dos limites do território brasileiro ou em águas jurisdicionais brasileiras*. O Decreto nº 6.514/08 exclui de seu campo de aplicação as espécies *exóticas*, restringindo a aplicabilidade da norma administrativa, ao contrário do que fez a Lei de Crimes Ambientais que, ao definir, no § 3º do art. 29, que "*são espécimes da fauna silvestre todos aqueles pertencentes às espécies nativas, migratórias e quaisquer outras, aquáticas ou terrestres, que tenham todo ou parte de seu ciclo de vida ocorrendo dentro dos limites do território brasileiro, ou águas jurisdicionais brasileiras*", abarcou as espécies exóticas, considerando que, se elas passam parte de seu ciclo de vida no país, independentemente de sua extensão, estariam protegidas pela lei nacional. Dessa forma, permanece a proteção às espécies exóticas para efeitos penais, mas não para o disposto no art. 24 do Decreto nº 6.514/08, que trata da responsabilidade administrativa.

Terminologicamente, o Decreto nº 6.514/08 adotou a palavra *indivíduo*, no lugar de *unidade*, ao referir-se aos espécimes objeto de proteção, o que aprimora o texto e o torna, de fato, mais adequado.

Determina o § 8º do art. 24, introduzido pelo Decreto nº 6.686/08, que "*a coleta de material destinado a fins científicos somente é considerada infração [...] quando se caracterizar, pelo seu resultado, como danosa ao ambiente*".

No que se refere ao valor da multa, o § 9º do art. 24, também inserido pelo Decreto nº 6.686/08, dispõe que "*a autoridade poderá, considerando a natureza dos animais, em razão de seu pequeno porte, aplicar multa de R$ 500,00 [...] a R$ 100.000,00 [...], quando a contagem individual for de difícil execução ou quando, nesta situação, ocorrendo a contagem individual, a multa final restar desproporcional em relação à gravidade da infração e à capacidade econômica do infrator*".

---

47. A redação do § 7º foi modificada pelo Decreto nº 6.686/08.
48. CITES. *Checklist of CITES Species*. Disponível em: <http://checklist.cites.org/#/en>. Acesso em: 10 mar. 2024.

A infração fixada no art. 25[49] do Decreto nº 6.514/08 reporta-se ao crime previsto no art. 31 da Lei de Crimes Ambientais:

> Art. 25. Introduzir espécime animal silvestre, nativo ou exótico, no País, ou fora de sua área de distribuição natural, sem parecer técnico oficial favorável e licença expedida pela autoridade ambiental competente, quando exigível:
>
> Multa de R$ 2.000,00, com acréscimo por exemplar excedente de:
>
> I – R$ 200,00, por indivíduo de espécie não constante em listas oficiais de espécies em risco ou ameaçadas de extinção;
>
> II – R$ 5.000,00, por indivíduo de espécie constante de listas oficiais de fauna brasileira ameaçada de extinção, inclusive da CITES.
>
> § 1º Entende-se por introdução de espécime animal no País, além do ato de ingresso nas fronteiras nacionais, a guarda e manutenção continuada a qualquer tempo.
>
> § 2º Incorre nas mesmas penas quem reintroduz na natureza espécime da fauna silvestre sem parecer técnico oficial favorável e licença expedida pela autoridade ambiental competente, quando exigível.

É digno de nota que o art. 25 definiu como *introdução de espécime animal no País* não apenas o *ato de ingresso nas fronteiras nacionais*, como também *a guarda e manutenção continuada a qualquer tempo*. Dessa forma, só não responde administrativamente por infração aquele que obtiver *parecer técnico oficial favorável e licença expedida pela autoridade ambiental competente*, seja para transpor a fronteira brasileira com espécime da fauna silvestre, seja para mantê-la, em qualquer situação.

Cabe pôr em foco que o Decreto nº 6.514/08 criou, no art. 25, alterado pelo Decreto nº 6.686/08, outra dimensão ao ilícito, ao definir, como infração administrativa, *introduzir espécime animal fora de sua área de distribuição natural*. A norma, nesse dispositivo, causa dúvidas quanto à sua aplicação. Caberia definir *as áreas de distribuição natural de cada espécie* em norma, para evitar que, antes de qualquer movimentação de espécime, mesmo no território nacional, seja necessário consultar o órgão ambiental, com vistas, inclusive, a definir se são ou não necessários o parecer e a autorização. Apesar de parecer um trabalho hercúleo elaborar uma lista de todas as espécies e as respectivas áreas de distribuição, Ministério da Ciência, Tecnologia, Inovações e Comunicações (MCTIC), por meio da sua Secretaria de Políticas e Programas de Pesquisa e Desenvolvimento (SEPED), com suporte técnico do Programa das Nações Unidas para o Meio Ambiente (PNUMA) e apoio financeiro do Fundo Global para o Meio Ambiente (GEF), criou o *Sistema de Informação sobre a Biodiversidade Brasileira (SiBBr)*, que pode ser considerado o primeiro passo do país para consolidar uma sólida infraestrutura nacional de dados e conteúdos em biodiversidade.

Em que pese essas iniciativas e o valor de buscar evitar todo e qualquer dano à fauna e a qualquer outro recurso ambiental, há que considerar que a Administração Pública enfrenta sistematicamente limites de pessoal e de orçamento. Para impor uma regra como a contida no art. 25, em que caberia consultar sempre o órgão ambiental para saber se aquela espécie pode ser transportada para outro local, seria preciso verificar, antes, se a capacidade técnica e burocrática dos órgãos e entidades do SISNAMA corresponde ao desafio proposto. Seria mais efetivo que a norma exigisse um controle possível, mas efetivamente realizado. Exigir algo que não tem como ser cumprido pelo órgão ou pelas entidades ambientais coloca a norma em descrédito.

---

49. A redação do *caput*, inciso II e § 2º foi modificada pelo Decreto nº 6.686/08.

O dispositivo em análise também enseja uma reflexão. As fronteiras geográficas, sejam elas entre países ou estados dentro de um mesmo país, não correspondem à divisão dos biomas, como é o caso da floresta amazônica, que se espalha pelo Brasil, Bolívia, Peru, Equador, Colômbia, República Guiana, Venezuela, Suriname e Guiana Francesa. Dessa forma, nos termos do art. 25 do Decreto nº 6.514/08, por exemplo, a introdução de uma espécie de animal nativo da floresta amazônica colombiana na Amazônia brasileira é considerada crime, da mesma forma que a introdução de uma espécie estrangeira de qualquer outro bioma, que produziria danos mais severos à biodiversidade local.

O art. 26 trata de infração correspondente ao art. 30 da Lei nº 9.605/98, com a mesma técnica de aumentar o valor da multa em caso de animal em risco de extinção, nos termos das listas oficiais de fauna brasileira ameaçada de extinção, anexas ou não à Convenção CITES.

> Art. 26. Exportar peles e couros de anfíbios e répteis em bruto, sem autorização da autoridade competente:
>
> Multa de R$ 2.000,00, com acréscimo de:
>
> I – R$ 200,00, por unidade não constante em listas oficiais de espécies em risco ou ameaçadas de extinção; ou
>
> II – R$ 5.000,00, por unidade constante de listas oficiais de fauna brasileira ameaçada de extinção, inclusive da CITES.[50]
>
> Parágrafo único. Caso a quantidade ou espécie constatada no ato fiscalizatório esteja em desacordo com o autorizado pela autoridade ambiental competente, o agente autuante promoverá a autuação considerando a totalidade do objeto da fiscalização.

A infração administrativa prevista no art. 27 corresponde ao § 5º do art. 29 da Lei de Crimes Ambientais, que aumenta a pena em até o triplo, se o crime decorre do exercício de caça profissional. Trata-se de:

> Art. 27. Praticar caça profissional no País:
>
> Multa de R$ 5.000,00, com acréscimo de:
>
> I – R$ 500,00, por indivíduo capturado; ou
>
> II – R$ 10.000,00, por indivíduo de espécie constante de listas oficiais de fauna brasileira ameaçada de extinção, inclusive da CITES.[51]

Mais uma vez, menciona-se a Convenção CITES, como referência para o aumento do valor da multa, no caso de o ilícito envolver espécie em risco de extinção. Todavia, o novo decreto não se restringe aos seus anexos, adotando quaisquer outras listas oficiais de fauna brasileira ameaçada de extinção.

O art. 28 do Decreto nº 6.514/08 prevê, como infração administrativa:

> Art. 28. Comercializar produtos, instrumentos e objetos que impliquem a caça, perseguição, destruição ou apanha de espécimes da fauna silvestre:
>
> Multa de R$ 1.000,00, com acréscimo de R$ 200,00, por unidade excedente.

Embora a redação do dispositivo não seja absolutamente clara, entende-se que se trata de produtos, instrumentos e objetos cujo processo de produção implique atos pre-

---

50. Com a redação dada pelo Decreto nº 6.686/08.
51. Os incisos I e II do art. 27 foram alterados pelo Decreto nº 6.686/08.

judiciais à fauna, inclusive a utilização de seus respectivos produtos, como ossos, penas, dentes etc.

A infração administrativa fixada no art. 29 do Decreto nº 6.514/08 corresponde ao crime de maus-tratos, previsto no art. 32 da Lei de Crimes Ambientais:

Art. 29. Praticar ato de abuso, maus-tratos, ferir ou mutilar animais silvestres, domésticos ou domesticados, nativos ou exóticos:

Multa de R$ 500,00 a R$ 3.000,00 por indivíduo.

O Decreto nº 6.514/08 simplificou a aplicação de sanções em relação ao anterior, estabelecendo um valor variável por indivíduo, independentemente de a espécie encontrar-se em risco de extinção. Alterou-se o foco do dispositivo, para punir todo e qualquer ato de crueldade a animais, sejam silvestres, domésticos ou domesticados, nativos ou exóticos.

O art. 30 vê a seguinte infração administrativa:

Art. 30. Molestar de forma intencional qualquer espécie de cetáceo, pinípede ou sirênio em águas jurisdicionais brasileiras:

Multa de R$ 2.500,00.

O ilícito contido no art. 30 do Decreto nº 6.514/08 ampliou o objeto de proteção, já que o decreto anterior mencionava apenas os *cetáceos*. Agora, incluem-se na mesma proteção qualquer espécie de *pinípede*, como é o caso da foca e do leão-marinho, ou de *sirênio*, como é o caso do peixe-boi.

O Decreto nº 6.514/08 estabeleceu ainda infrações administrativas voltadas ao controle dos registros de fauna, nos arts. 31 e 32:

Art. 31. Deixar, o jardim zoológico e os criadouros autorizados, de ter o livro de registro do acervo faunístico ou mantê-lo de forma irregular:

Multa de R$ 500,00 a R$ 5.000,00.

Parágrafo único. Incorre na mesma multa quem deixa de manter registro de acervo faunístico e movimentação de plantel em sistemas informatizados de controle de fauna ou fornece dados inconsistentes ou fraudados.

Art. 32. Deixar, o comerciante, de apresentar declaração de estoque e valores oriundos de comércio de animais silvestres:

Multa de R$ 200,00 a R$ 10.000,00.

O mesmo se verifica no art. 41, no que se refere à pesca:

Art. 41. Deixar, os comandantes de embarcações destinadas à pesca, de preencher e entregar, ao fim de cada viagem ou semanalmente, os mapas fornecidos pelo órgão competente:

Multa: R$ 1.000,00.

O art. 34 impõe penalidades a quem:

Art. 34. Causar degradação em viveiros, açudes ou estação de aquicultura de domínio público:

Multa de R$ 5.000,00 a R$ 500.000,00.

O art. 35 do Decreto nº 6.514/08 prevê a infração relativa ao crime fixado no art. 34 da Lei de Crimes Ambientais, referente à pesca em período proibido:

Art. 35. Pescar em período ou local no qual a pesca seja proibida:

Multa de R$ 700,00 a R$ 100.000,00, com acréscimo de R$ 20,00, por quilo ou fração do produto da pescaria, ou por espécime quando se tratar de produto de pesca para uso ornamental.

Parágrafo único. Incorre nas mesmas multas quem:

I – pesca espécies que devam ser preservadas ou espécimes com tamanhos inferiores aos permitidos;

II – pesca quantidades superiores às permitidas ou mediante a utilização de aparelhos, petrechos, técnicas e métodos não permitidos;

III – transporta, comercializa, beneficia ou industrializa espécimes provenientes da coleta, apanha e pesca proibida;

IV – transporta, conserva, beneficia, descaracteriza, industrializa ou comercializa pescados ou produtos originados da pesca, sem comprovante de origem ou autorização do órgão competente;

V – captura, extrai, coleta, transporta, comercializa ou exporta espécimes de espécies ornamentais oriundos da pesca, sem autorização do órgão competente ou em desacordo com a obtida; e

VI – deixa de apresentar declaração de estoque.

O decreto em tela definiu o termo *pesca* como "*todo ato tendente a extrair, retirar, coletar, apanhar, apreender ou capturar espécimes dos grupos dos peixes, crustáceos, moluscos aquáticos e vegetais hidróbios suscetíveis ou não de aproveitamento econômico, ressalvadas as espécies ameaçadas de extinção, constantes nas listas oficiais da fauna e da flora*"[52] E o ato tendente à pesca "*aquele em que o infrator esteja munido, equipado ou armado com petrechos de pesca, na área de pesca ou dirigindo-se a ela*".[53]

A redação do dispositivo causa alguma dúvida quanto à ressalva *das espécies em extinção*. Parece que não há o que ressalvar. Se houver a pesca de espécies em perigo de extinção, caberá a aplicação das sanções legalmente previstas. A pesca dessas espécies é que deve ser proibida, não as espécies ressalvadas do conceito de pesca. Caberia uma correção do texto.

A infração ora fixada pune tanto os que pescam em época proibida, como é o caso do defeso, como aqueles que pescam espécies preservadas, seja pelo tamanho, o que significa que ainda não alcançaram a idade de procriação, seja por outro motivo.

A quantidade de indivíduos pescados e a técnica utilizada na pesca também constituem critérios para a aplicação de multa. Além disso, caberá punição a todos aqueles envolvidos no transporte e comercialização do produto da pesca, mesmo que efetuada em condições legais, se não obtiverem as respectivas autorizações do órgão competente.

Importa mencionar que a comercialização do produto da pesca, objeto do Decreto nº 6.514/08, agravará a penalidade da respectiva infração quando esta incidir sobre espécies sobre-exploradas ou ameaçadas de sobre-exploração, conforme regulamento do órgão ambiental competente, com o acréscimo de:

R$ 40,00 por quilo ou fração do produto da pesca de espécie constante das listas oficiais brasileiras de espécies ameaçadas de sobre-explotação; ou

R$ 60,00 por quilo ou fração do produto da pesca de espécie constante das listas oficiais brasileiras de espécies sobre-explotadas.[54]

No art. 36 do decreto, estabeleceu-se infração que corresponde ao crime fixado no art. 35 da Lei nº 9.605/98:

---

52. Decreto nº 6.514/08, art. 42.
53. Decreto nº 6.514/08, art. 42, parágrafo único.
54. Decreto nº 6.514/08, art. 40.

Art. 36. Pescar mediante a utilização de explosivos ou substâncias que, em contato com a água, produzam efeitos semelhantes, ou substâncias tóxicas, ou ainda, por outro meio proibido pela autoridade competente:

Multa de R$ 700,00 a R$ 100.000,00, com acréscimo de R$ 20,00, por quilo ou fração do produto da pescaria.

É desnecessário comentar que o método de pesca com a utilização de explosivos ou substâncias tóxicas equivale a um dano que extrapola o ato da pesca, atingindo toda a fauna e a flora, poluindo a água e caracterizando, dessa forma, grave dano ambiental.

A infração administrativa estabelecida no art. 37 diz respeito à falta de autorização da atividade pesqueira, pelo órgão público competente:

Art. 37. Exercer a pesca sem prévio cadastro, inscrição, autorização, licença, permissão ou registro do órgão competente, ou em desacordo com o obtido:

Multa de R$ 300,00 (trezentos reais) a R$ 10.000,00 (dez mil reais), com acréscimo de R$ 20,00 (vinte reais) por quilo ou fração do produto da pesca, ou por espécime quando se tratar de produto de pesca para ornamentação.

Parágrafo único. Caso a quantidade ou espécie constatada no ato fiscalizatório esteja em desacordo com o autorizado pela autoridade ambiental competente, o agente autuante promoverá a autuação considerando a totalidade do objeto da fiscalização.

O art. 38 trata de infração relativa ao comércio internacional de espécies aquáticas, assim como a introdução de espécies nativas, exóticas ou não autóctones em águas jurisdicionais brasileiras:

Art. 38. Importar ou exportar quaisquer espécies aquáticas, em qualquer estágio de desenvolvimento, bem como introduzir espécies nativas, exóticas ou não autóctones em águas jurisdicionais brasileiras, sem autorização ou licença do órgão competente, ou em desacordo com a obtida:

Multa de R$ 3.000,00 a R$ 50.000,00, com acréscimo de R$ 20,00 por quilo ou fração do produto da pescaria, ou por espécime quando se tratar de espécies aquáticas, oriundas de produto de pesca para ornamentação.

§ 1º Incorre na mesma multa quem introduzir espécies nativas ou exóticas em águas jurisdicionais brasileiras, sem autorização do órgão competente, ou em desacordo com a obtida.

§ 2º A multa de que trata o *caput* será aplicada em dobro se houver dano ou destruição de recife de coral.

O Decreto nº 6.514/08 instituiu, ainda, infração relativa à exploração de seres aquáticos:

Art. 39. Explorar campos naturais de invertebrados aquáticos e algas, bem como recifes de coral sem autorização do órgão ambiental competente ou em desacordo com a obtida:

Multa de R$ 500,00 a R$ 50.000,00, com acréscimo de R$ 20,00 por quilo ou espécime do produto.

Parágrafo único. Incorre nas mesmas multas quem:

I – utiliza, comercializa ou armazena invertebrados aquáticos, algas, ou recifes de coral ou subprodutos destes sem autorização do órgão competente ou em desacordo com a obtida; e

II – fundeia embarcações ou lança detritos de qualquer natureza sobre bancos de moluscos ou corais, devidamente demarcados em carta náutica.

O art. 67, com redação alterada pelo Decreto nº 6.686/08, prevê como infração "*disseminar doença ou praga ou espécies que possam causar dano à fauna, à flora ou aos ecossistemas*", cabendo a aplicação de multa entre R$ 5.000,00 a 5.000.000,00.

14.8 CRIMES CONTRA A FAUNA

A Lei nº 9.605/98 instituiu tipos penais para ações relativas à fauna. O art. 29 estabelece a seguinte descrição:

> Matar, perseguir, caçar, apanhar, utilizar espécimes da fauna silvestre, nativos ou em rota migratória, sem a devida permissão, licença ou autorização da autoridade competente, ou em desacordo com a obtida.

O bem tutelado consiste nos espécimes da fauna silvestre, nativos ou em rota migratória. A lei assim define os componentes da fauna silvestre:

> São espécimes da fauna silvestre todos aqueles pertencentes às espécies nativas, migratórias e quaisquer outras, aquáticas ou terrestres, que tenham todo ou parte de seu ciclo de vida ocorrendo dentro dos limites do território brasileiro, ou águas jurisdicionais brasileiras.[55]

O termo *espécime* significa amostra. Espécie constitui o conjunto de seres vivos que descendem uns dos outros, cujo genótipo é muito parecido (donde sua similitude morfológica, fisiológica e etológica) e que, nas condições naturais, não se cruzam, por causas gênicas, anatômicas, etológicas, espaciais ou ecológicas, com os seres vivos de qualquer outro grupo.[56]

Note-se a abrangência da definição, na referência a espécies *nativas, migratórias e quaisquer outras, aquáticas e terrestres*. A única condição estabelecida é que o ciclo de vida desses espécimes, no todo ou em parte, ocorra no território brasileiro, ou em águas jurisdicionais do país, o que caracteriza a jurisdição do governo brasileiro para que reprima o crime, como responsável pela guarda e proteção desses espécimes. Além disso, a lei excetua a aplicação desse dispositivo aos atos de pesca.[57]

A ação fixada pela lei é *matar, perseguir, caçar, apanhar ou utilizar* os espécimes da fauna silvestre, sem a manifestação da autoridade competente, autorizando ou licenciando essa atividade.

A pena prevista para o autor do crime é a *detenção de seis meses a um ano e multa*. Todavia, incorrem nessas mesmas penas as seguintes pessoas:

> quem impede a procriação da fauna, sem licença, autorização ou em desacordo com a obtida;[58]
>
> quem modifica, danifica ou destrói ninho, abrigo ou criadouro natural;[59]
>
> quem vende, expõe à venda, exporta ou adquire, guarda, tem em cativeiro ou depósito, utiliza ou transporta ovos, larvas ou espécimes da fauna silvestre, nativa ou em rota migratória, bem como produtos e objetos dela oriundos, provenientes de criadouros não autorizados ou sem a devida permissão, licença ou autorização da autoridade competente.[60]

Fica clara, na inclusão das pessoas que praticam as ações ilícitas, a preocupação do legislador com a extinção das espécies, seja pela destruição dos ninhos, seja pelo tráfico. Tanto o foco da norma consiste na extinção que a lei permite ao juiz não aplicar a pena no

---

55. Lei nº 9.605/98, art. 29, § 3º.
56. MOREIRA, Iara Verocai Dias. *Vocabulário básico de meio ambiente*. Rio de Janeiro: Fundação Estadual de Engenharia do Meio Ambiente, 1990, p. 92.
57. Lei nº 9.605/98, art. 29, § 6º.
58. Lei nº 9.605/98, art. 29, § 1º, I.
59. Lei nº 9.605/98, art. 29, § 1º, II.
60. Lei nº 9.605/98, art. 29, § 1º, III.

caso de guarda doméstica de espécie silvestre não considerada ameaçada de extinção, consideradas *as circunstâncias*.

A lei prevê ainda um aumento da pena – metade – se o crime for praticado:

contra espécie rara ou considerada ameaçada de extinção, ainda que somente no local da infração;

em período proibido à caça;

durante a noite;

com abuso de licença;

em unidade de conservação;

com emprego de métodos ou instrumentos capazes de provocar destruição em massa.

Nota-se, nas hipóteses que ensejam o aumento da pena, definidas pela lei, a preocupação com a **biodiversidade**. Não basta a espécie estar ameaçada de extinção. Na ocorrência do crime em período de proibição à caça, em unidade de conservação ou ainda com emprego de métodos que possam provocar a destruição em massa, a extinção é um perigo que paira permanentemente. Já a caça profissional enseja o aumento da pena até o triplo.[61]

O crime previsto no art. 30 consiste em:

exportar para o exterior peles e couros de anfíbios e répteis em bruto, sem a autorização da autoridade ambiental competente.

Para esse delito, a pena prevista é de reclusão, de um a três anos, e multa. Aqui também se trata de uma ação – exportar para o exterior peles e couros de anfíbios e répteis em bruto – sem a devida manifestação – autorização ou licença – da autoridade competente. Os bens tutelados são os anfíbios – organismos que vivem na terra e na água[62] – e os répteis.

O art. 31 trata das espécies animais exóticos, constituindo crime

Introduzir espécime animal no País, sem parecer técnico oficial favorável e licença expedida por autoridade competente.

A pena estabelecida é a detenção, de três meses a um ano, e multa. O art. 31 da Lei de Crimes Ambientais criminalizou o disposto no art. 4º da Lei nº 5.197/67, que proíbe a introdução de qualquer espécie no país, sem parecer técnico oficial favorável e licença expedida na forma da Lei.

O teor do art. 31 coaduna-se com a regra estabelecida na Convenção sobre Diversidade Biológica que, em seu art. 8º, trata das obrigações dos Estados de proteger a biodiversidade *in situ*, na medida do possível, devendo, para tanto, cada parte contratante, entre outras ações,

Impedir que se introduzam, controlar ou erradicar espécies exóticas que ameacem os ecossistemas, habitats ou espécies.

A Lei de Crimes Ambientais estabeleceu como crime, em seu art. 32:

Praticar ato de abuso, maus-tratos, ferir ou mutilar animais silvestres, domésticos ou domesticados, nativos ou exóticos.

A pena para o delito é a detenção, de três meses a um ano, e multa. Cabe salientar que a Constituição Federal proíbe os maus tratos aos animais, sendo o dispositivo em tela

---

61. Lei nº 9.605/98, art. 29, § 5º.
62. ACADEMIA DE CIÊNCIAS DO ESTADO DE SÃO PAULO. *Glossário de ecologia*, 2. ed. ACIESP, nº 183, p. 12. 1997.

aplicável a todo e qualquer tipo de animal, independentemente de constituir ou não a fauna silvestre. O bem que se protege aqui é a vida animal, da forma mais genérica possível.

Sobre o conceito de *maus-tratos*, o Decreto nº 24.645, de 10-7-1934,[63] estabelece as seguintes ações:[64]

1. praticar ato de abuso ou crueldade em qualquer animal;

2. manter animais em lugares anti-higiênicos ou que lhes impeçam a respiração, o movimento ou o descanso, ou os privem de ar ou luz;

3. obrigar animais a trabalhos excessivos ou superiores às suas forças e a todo ato que resulte em sofrimento para deles obter esforços que, razoavelmente, não se lhes possam exigir senão com castigo;

4. golpear, ferir ou mutilar, voluntariamente, qualquer órgão ou tecido de economia, exceto a castração, só para animais domésticos, ou operações outras praticadas em benefício exclusivo do animal e as exigidas para defesa do homem, ou interesse da ciência;

5. abandonar animal doente, ferido, extenuado ou mutilado, bem como deixar de ministrar-lhe tudo que humanitariamente se lhe possa prover, inclusive assistência veterinária;

6. não dar morte rápida, livre de sofrimentos prolongados, a todo animal cujo extermínio seja necessário para consumo ou não;

7. abater para o consumo ou fazer trabalhar os animais em período adiantado de gestação;

8. atrelar, no mesmo veículo, instrumento agrícola ou industrial, bovinos com equinos, com muares ou com asininos, sendo somente permitido o trabalho em conjunto a animais da mesma espécie;

9. atrelar animais a veículos sem os apetrechos indispensáveis, como sejam balancins, ganchos e lanças ou com arreios incompletos, incômodos ou em mau estado, ou com acréscimo de acessórios que os molestem ou lhes perturbem o funcionamento do organismo;

10. utilizar, em serviço, animal cego, ferido, enfermo, fraco, extenuado ou desferrado, sendo que este último caso somente se aplica a localidades com ruas calçadas;

11. açoitar, golpear ou castigar por qualquer forma um animal caído sob o veículo, ou com ele, devendo o condutor desprendê-lo do tiro para levantar-se;

12. descer ladeiras com veículos de tração animal sem utilização das respectivas travas, cujo uso é obrigatório;

13. deixar de revestir, com couro ou material com idêntica qualidade de proteção, as correntes atreladas aos animais de tiro;

14. conduzir veículo de tração animal, dirigido por condutor sentado, sem que o mesmo tenha boleia fixa e arreios apropriados, com tesouras, pontas de guia e retranca;

15. prender animais atrás dos veículos ou atados às caudas de outros;

16. fazer viajar um animal a pé, mais de dez quilômetros, sem lhe dar descanso, ou trabalhar mais de seis horas contínuas sem lhe dar água e alimento;

17. conservar animais embarcados por mais de 12 horas, sem água e alimento, devendo as empresas de transportes providenciar, sobre as necessárias modificações no seu material;

18. conduzir animais, por qualquer meio de locomoção, colocados de cabeça para baixo, de mãos ou pés atados, ou de qualquer modo que lhes produza sofrimento;

---

63. Essa norma, embora denominada *decreto*, possui força de *lei*, pois foi editada pelo Governo Provisório de Getúlio Vargas, que avocava a atividade legislativa. É o caso do Código de Águas, Decreto nº 24.643, de 10-7-1934, e do Código Florestal antigo, Decreto nº 23.793, de 23-1-1934. Tendo valor de lei, somente pode ser revogada por outra lei. Assim, embora o Decreto nº 11, de 18-1-1991 tenha *revogado* o Decreto nº 24.645/34, este permanece em pleno vigor. Não é a terminologia que define o valor de uma norma, mas o momento de sua edição, à luz da Constituição ou da legislação infraconstitucional vigente.

64. Decreto nº 24.645/34, art. 3º.

19. transportar animais em cestos, gaiolas ou veículos sem as proporções necessárias ao seu tamanho e número de cabeças, e sem que o meio de condução em que estão encerrados esteja protegido por uma rede metálica ou idêntica, que impeça a saída de qualquer membro animal;

20. encerrar em curral ou outros lugares animais em número tal que não lhes seja possível moverem-se livremente, ou deixá-los sem água e alimento por mais de 12 horas;

21. deixar sem ordenhar as vacas por mais de 24 horas, quando utilizadas na exploração do leite;

22. ter animais encerrados juntamente com outros que os aterrorizem ou molestem;

23. ter animais destinados à venda em locais que não reúnam as condições de higiene e comodidades relativas;

24. expor, nos mercados e outros locais de venda, por mais de 12 horas, aves em gaiolas, sem que se faça nestas a devida limpeza e renovação de água e alimento;

25. engordar aves mecanicamente;

26. despelar ou depenar animais vivos ou entregá-los vivos à alimentação de outros;

27. ministrar ensino a animais com maus tratos físicos;

28. exercitar tiro ao alvo sobre patos ou qualquer animal selvagem ou sobre pombos, nas sociedades, clubes de caça, inscritos no Serviço de Caça e Pesca;

29. realizar ou promover lutas entre animais da mesma espécie ou de espécie diferente, touradas e simulacros de touradas, ainda mesmo em lugar privado;

30. arrojar aves e outros animais nas casas de espetáculos e exibi-los, para tirar sortes ou realizar acrobacias;

31. transportar, negociar ou caçar, em qualquer época do ano, aves insetívoras, pássaros canoros, beija-flores, e outras aves de pequeno porte, exceção feita das autorizações para fins científicos, consignadas em lei anterior.

A expressão *maus-tratos*, como se depreende do largo espectro de ações contidas no decreto mencionado, possui grande abrangência, remetendo cada uma ao tipo penal descrito no art. 32.[65] Um ponto a destacar consiste na posição da lei sobre as experiências científicas:

Incorre nas mesmas penas quem realiza experiência dolorosa ou cruel em animal vivo, ainda que para fins didáticos ou científicos, quando existirem recursos alternativos.[66]

A pena é aumentada de um sexto a um terço, se ocorre morte do animal.[67]

De acordo com a lei penal, só é proibido realizar experiência dolorosa ou cruel com animal vivo quando houver recurso alternativo para essa prática. Quando não houver alternativa para essas experiências, não se caracteriza o crime.

Todavia, sob o aspecto administrativo, não vigora essa premissa à luz da Lei nº 11.794, de 8-10-2008,[68] que estabelece os procedimentos para o **uso científico de animais** e que

---

65. A capacidade de animais serem parte em processos judiciais foi reconhecida, por unanimidade, no acórdão da 7ª Câmera Cível do Tribunal de Justiça do Paraná (TJPR). O relator do recurso decidiu que "Os animais, enquanto sujeitos de direitos subjetivos, são dotados da capacidade de ser parte em juízo (personalidade judiciária), cuja legitimidade decorre não apenas do direito natural, como também do direito positivo estatal, consoante expressa previsão do art. 2º, § 3º, do Decreto 24.645/1934, além de previsto expressamente na Declaração de Toulon (2019), bem como em atenção aos Direitos e Garantias Fundamentais de um Estado Democrático de Direito)" (TJ-PR-AI: 00592045620208160000 Cascavel 0059204-56.2020.8.16.0000 (Acórdão), Relator: Marcel Guimarães Rotoli de Macedo, Data de Julgamento: 14/09/2021, 7ª Câmara Cível, Data de Publicação: 23/09/2021).

66. Lei nº 9.605/98, art. 32, § 1º.

67. Lei nº 9.605/98, art. 32, § 2º.

68. A Lei nº 11.794/08 revogou a Lei nº 6.638, de 8-5-1979.

reformulou a lógica vigente na legislação anterior, qual admitia inclusive a vivissecção[69] de animais.

A lei em vigor dispõe sobre uma série de regras para a pesquisa científica mediante o uso de animais, de forma a protegê-los da dor, angústia e sofrimento. Como exemplo, busca evitar a repetição desnecessária das práticas de ensino ao exigir a filmagem e fotografia dos procedimentos, e condiciona os experimentos que possam causar dor ou angústia ao uso de sedação, analgesia ou anestesia adequadas, a menos que se trate de experimentos cujo objetivo seja o estudo dos processos relacionados à dor e à angústia, caso em que será exigida autorização específica da Comissão de Ética no Uso de Animais (CEUA), em obediência a normas estabelecidas pelo Conselho Nacional de Controle de Experimentação Animal (CONCEA). As instituições que infringirem as normas ficam sujeitas às seguintes sanções: 1. advertência; 2. multa de R$ 5.000,00 a R$ 20.000,00; 3. interdição temporária; 4. suspensão de financiamentos provenientes de fontes oficiais de crédito e fomento científico e 5. interdição definitiva.

Constitui competência do Ministério da Ciência, Tecnologia, Inovações e Comunicações licenciar as atividades destinadas à criação de animais, ao ensino e à pesquisa científica. O CONCEA, criado pela Lei nº 11.794/08, é o órgão responsável, entre outras atribuições, pela formulação e atualização de normas sobre a utilização humanitária de animais com finalidade de ensino e pesquisa científica e normas técnicas para instalação e funcionamento de centros de criação, de biotérios e de laboratórios de experimentação animal, bem como sobre as condições de trabalho em tais instalações. Compete ao CONCEA o credenciamento de instituições para criação[70] ou utilização de animais em ensino e pesquisa científica e a manutenção de cadastro atualizado dos procedimentos de ensino e pesquisa realizados ou em andamento no País, assim como dos pesquisadores, a partir de informações remetidas pelas Comissões de Ética no Uso de Animais – CEUA, previstos no art. 8º da lei. Em 17-04-2018, o CONCEA aprovou a Resolução Normativa nº 38, que entra em vigor em 19-04-2019, proibido o uso de animais em atividades didáticas demonstrativas e observacionais que não objetivem desenvolver habilidades psicomotoras e competências dos discentes envolvidos.[71] Cabe salientar ainda que a Lei nº 11.105/05 proíbe a realização de engenharia genética em organismo vivo.[72]

O art. 33 da Lei nº 9.605/98 trata do **transporte de substâncias perigosas**, fonte de inúmeros acidentes ambientais, quando os transportadores, principalmente os rodoviários, por negligência ou imperícia, ou ainda em função da péssima qualidade de muitas estradas do país, provocam derramamento de substâncias perigosas nos corpos hídricos localizados nas proximidades das rodovias. O crime caracteriza-se por:

Provocar, pela emissão de efluentes ou carreamento de materiais, o perecimento de espécimes da fauna aquática existentes em rios, lagos, açudes, lagoas, baías ou águas jurisdicionais brasileiras.

---

69. *Vivissecção* é o ato de dissecar animais ainda vivos para realização de estudos científicos.
70. As Reservas Biológicas, objeto da Lei nº 9.985/00, são fontes de fauna para experiências científicas, desde que autorizadas.
71. Resolução Normativa CONCEA nº 38/2018, art. 1º. Vale ressaltar que o parágrafo único do art. 1º traz a seguinte exceção: *Não se aplica a proibição estabelecida no caput deste artigo, às atividades didáticas em pós-graduação e àquelas aplicadas à biodiversidade, ecologia, zoologia e conservação, produção, sanidade e inspeção animal que ensejem abordagens diagnósticas, terapêuticas, profiláticas e zootécnicas, objetivando a redução de riscos sanitários, de danos físicos ou o aprimoramento da condição de produção, de saúde ou da qualidade de vida dos animais utilizados.*
72. Lei nº 11.105/05, art. 6º, II.

O bem tutelado, pois, é a **fauna aquática** existente nos corpos hídricos. Todavia, a poluição ocorrida na água possui uma dimensão muito mais ampla, pois compromete a abastecimento público, a irrigação, a dessedentação de animais e a própria fauna silvestre que habita as matas ciliares.

A pena fixada para esse delito é a detenção, de um a três anos, ou multa, ou ambas cumulativamente. A lei ainda determina que incorre nas mesmas penas:

quem causa degradação em viveiros, açudes ou estações de aquicultura de domínio público;[73]

quem explora campos naturais de invertebrados aquáticos e algas, sem licença, permissão ou autorização da autoridade competente;[74]

quem fundeia embarcações ou lança detritos de qualquer natureza sobre bancos de moluscos ou corais, devidamente demarcados em carta náutica.[75]

Os arts. 34 e 35 referem-se à pesca, que é conceituada no art. 36 da Lei de Crimes Ambientais, consistindo:

todo ato tendente a retirar, extrair, coletar, apanhar, apreender ou capturar espécimes dos grupos dos peixes, crustáceos, moluscos e vegetais hidróbios, suscetíveis ou não de aproveitamento econômico, ressalvadas as espécies ameaçadas de extinção, constantes nas listas oficiais da fauna e da flora.

Nos termos do art. 34, constitui crime:

Pescar em período no qual a pesca seja proibida ou em lugares interditados por órgão competente.

O bem tutelado é a **fauna aquática** que, em determinados períodos do ano, ou em certos locais, é protegida por restrições à pesca. A pena fixada para o delito é a detenção de um ano a três anos ou multa, ou ambas as penas cumulativamente.

Incorre nessas mesmas penas não só aquele que pesca, mas quem:

I – pesca espécies que devam ser preservadas ou espécimes com tamanhos inferiores aos permitidos;[76]

II – pesca quantidades superiores às permitidas, ou mediante a utilização de aparelhos, petrechos, técnicas e métodos não permitidos;[77]

III – transporta, comercializa, beneficia ou industrializa espécimes provenientes da coleta, apanha e pesca proibidas.[78]

Ainda sobre pesca, o art. 35 estabelece, como crime contra a fauna,

Pescar mediante a utilização de:

explosivos ou substâncias que, em contato com a água, produzam efeito semelhante;[79]

substâncias tóxicas, ou outro meio proibido pela autoridade competente.[80]

A pena fixada para esse crime é a reclusão de um ano a cinco anos.

O art. 37 exclui dos tipos penais algumas situações expressamente mencionadas. Dessa forma, não é crime *o abate de animal, quando realizado*:

---

73. Lei nº 9.605/98, art. 33, parágrafo único, I.
74. Lei nº 9.605/98, art. 33, parágrafo único, II.
75. Lei nº 9.605/98, art. 33, parágrafo único, III.
76. Lei nº 9.605/98, art. 34, parágrafo único, I.
77. Lei nº 9.605/98, art. 34, parágrafo único, II.
78. Lei nº 9.605/98, art. 34, parágrafo único, III.
79. Lei nº 9.605/98, art. 35, I.
80. Lei nº 9.605/98, art. 35, II.

em estado de necessidade, para saciar a fome do agente ou de sua família;

para proteger lavouras, pomares e rebanhos da ação predatória ou destruidora de animais, desde que legal e expressamente autorizado pela autoridade competente;

por ser nocivo o animal, desde que assim caracterizado pelo órgão competente.

Uma outra hipótese, vetada, consistia na *legítima defesa, diante do ataque de animais ferozes*. A razão do veto foi a ocorrência de uma imprecisão terminológica, por parte do legislador. Segundo Celso Delmanto, citado nas razões do veto, "*o instituto da legítima defesa pressupõe a repulsa a agressão injusta, ou seja, intenção de produzir dano. Só há legítima defesa contra agressão humana, enquanto que o estado de necessidade pode decorrer de qualquer causa*".

A Lei nº 7.643, de 18-12-1987, tipifica a pesca de cetáceos ou qualquer forma de molestamento intencional nas águas jurisdicionais brasileiras, punindo o autor com a pena de dois a cinco anos de reclusão e multa de 50 a 100 Obrigações do Tesouro Nacional (OTN), com perda da embarcação em favor da União, em caso de reincidência.

Cabe ainda salientar que o crime de caça se enquadra na Lei nº 9.099/95, nos casos em que a pena corresponder a até um ano de detenção.

15

FLORA E FLORESTAS[1]

15.1 A NOVA LEI DE FLORESTAS

A Lei nº 4.771, de 15-9-1965, revogada pela Lei nº 12.651/12, foi editada em época anterior à tomada de consciência global sobre as questões do meio ambiente e a necessidade de sua proteção. Se não era uma lei perfeita, era coerente com seus princípios e objetivos. Faltava, sim, instrumentação técnica para a sua implementação. Nada que não pudesse ser adicionado ou revisto ao longo do tempo, como de fato chegou a acontecer, com a MP nº 2.166-67/01, de 24-8-2001[2], e outras normas anteriores.

Ocorre que a Lei nº 4.771/65 padeceu de um mal histórico que aflige o Brasil de maneira geral, que é a falta de fiscalização e a impunidade. Dessa forma, muitos de seus dispositivos, em vigor desde a sua edição, foram sistematicamente descumpridos, sem que isso fosse de alguma forma cobrado pelas autoridades. Poucos Estados, por meio de suas polícias ambientais e seus órgãos e entidades voltados à proteção da flora preocuparam-se, de modo efetivo, com o cumprimento da referida lei. Tampouco se formularam políticas e instrumentos que viabilizassem e apoiassem os produtores rurais no cumprimento da lei.

Quando, em 22-7-2008, o decreto então vigente que regulamentava a Lei de Crimes Ambientais, dispondo sobre infrações administrativas, foi revogado pelo Decreto nº 6.514/08, o cenário começou a mudar. O Decreto nº 6.514/08 estabeleceu, entre outras, pesadas multas para quem deixasse de averbar a Reserva Legal na matrícula do seu imóvel. Além disso, em 29-2-2008, foi editada a Resolução nº 3.545, do Banco Central, que passou a condicionar a liberação de crédito agropecuário à regularização ambiental das propriedades rurais.

Importante também salientar que muitos países importadores e consumidores de alimentos exigem, como norma, que os produtores estejam em conformidade com a legislação do país, inclusive a ambiental.

Essas normas, em seus respectivos âmbitos de aplicação, tiveram por objetivo garantir a preservação da mata nativa e da biodiversidade nas propriedades e posses rurais, o que se coaduna perfeitamente com a noção de desenvolvimento sustentável. Todavia, o efeito não foi esse.

Deu-se início a um movimento nacional por parte dos proprietários rurais inconformados com as limitações ao exercício de seu direito de propriedade, que tinha como objetivo alterar a lei, flexibilizando as obrigações então vigentes.

---

1. Este capítulo foi escrito em coautoria com Beatriz Machado Granziera.
2. Revogada pela Lei nº 12.651 de 25-5-2012.

DIREITO AMBIENTAL • Maria Luiza Machado Granziera

Após uma longa e acirrada negociação entre ambientalistas e a bancada ruralista do Congresso Nacional, sobre a formulação de um novo marco legal sobre florestas, foi editada a Lei nº 12.651, de 25-5-2012.

A análise do texto da lei nos mostra que os danos e as infrações ambientais cometidos no passado, como a supressão de vegetação em APP e atividades irregulares em áreas de reserva legal, foram praticamente anistiados, e a responsabilidade por sua reparação perdoada, configurando uma afronta ao princípio da isonomia, no que diz respeito aos produtores que investiram no cumprimento da lei e na manutenção das áreas preservadas. Além disso, a nova lei efetivamente autoriza o desmatamento de áreas que antes estavam protegidas, o que configura um retrocesso em termos de proteção à biodiversidade e outros recursos naturais.

Chama a atenção a forma como o texto da Lei nº 12.651/12 foi concebido. Em linhas gerais, os objetivos são a proteção das florestas e da vegetação nativa. O retrocesso, assim, não se encontra nos princípios da lei, mas nos procedimentos estabelecidos para sua implantação: de forma sub-reptícia, a Lei nº 12.651/12 vai, aos poucos, permitindo o que proibiu, flexibilizando nos parágrafos o que restringiu no *caput* dos artigos.

Diante de tais controvérsias, o texto da nova Lei foi objeto de diversas Ações Diretas de Inconstitucionalidade (ADIs) – nos 4.901, 4.902, 4.903 e 4.937 – e da Ação Declaratória de Constitucionalidade (ADC) nº 42, que tiveram seu julgamento pelo Supremo Tribunal Federal concluído em 22-02-18, resultando no reconhecendo da validade de vários dispositivos, declarando alguns trechos inconstitucionais e atribuindo interpretação conforme a Constituição a outros itens. Vale dizer que o princípio do retrocesso não foi considerado nas decisões.

Ainda não se tem estudos suficientes para quantificar com exatidão as perdas, seja de vegetação nativa, seja de fauna, seja da produção de água. Mas pela simples análise da lei em vigor, é perfeitamente possível verificar que haverá consequências ambientais pelo perdão da reparação dos danos ambientais cometidos no passado e da permissão para desmatar áreas que na lei anterior estavam protegidas.

Os efeitos da lei na natureza serão percebidos quando talvez já seja tarde. E o papel do País perante a comunidade internacional, ignorando compromissos assumidos, também terá repercussões negativas. São as gerações futuras que saem prejudicadas.

15.2 CONCEITOS: FLORA E FLORESTAS

As normas ambientais utilizam os termos *flora* e *floresta*, sem estabelecer uma definição de cunho legal. Considerando a importância do conhecimento científico na aplicação do direito ambiental, cabe estabelecer esses conceitos, com vistas a uma clareza maior sobre o que é efetivamente protegido pela lei.

A *flora* consiste no *conjunto de plantas de uma determinada região ou período, listadas por espécies e consideradas como um todo.*[3] Pode-se entender que a flora, objeto de proteção constitucional, refere-se a todas as espécies vegetais localizadas no território nacional, constituindo o gênero, do qual cada tipo de vegetação constitui uma espécie.

A *flora* constitui gênero, do qual as *florestas* são espécie, constituindo essas últimas

---

3. ACADEMIA DE CIÊNCIAS DO ESTADO DE SÃO PAULO. *Glossário de ecologia*, 2. ed. São Paulo: ACIESP, 1997, p. 122.

ecossistemas complexos, nos quais as árvores são a forma vegetal predominante que protege o solo contra o impacto direto do Sol, dos ventos e das precipitações.[4]

É importante ter em mente que a floresta não se dissocia do ecossistema, mas é parte integrante do mesmo. Qualquer dano que um venha a sofrer atingirá os demais componentes, por serem todos parte de um todo: meio físico, floresta e fauna, traduzidos em biodiversidade.

15.3 IMPORTÂNCIA DAS FLORESTAS

Floresta, solo, água e diversidade biológica são elementos indissociáveis, que formam ecossistemas. A floresta retém a umidade do solo, mantém o sistema pluvial e abriga a fauna. No texto a seguir transcrito, Odum e Barrett explicitam a importância da cobertura florestal em relação ao solo.

Nos trópicos úmidos [...], a remoção de florestas retira a capacidade da terra de reter e reciclar nutrientes (e combater as pragas) por conta das altas temperaturas durante o ano todo e dos longos períodos de chuvas lixiviantes. Frequentemente, a produtividade agrícola declina com rapidez e a terra é abandonada, criando um padrão de agricultura itinerante.[5]

Segundo os autores citados,

a maior parte dos estoques de nutrientes [em zonas temperadas] está no solo e na serapilheira [camada de folhas, galhos etc. de mistura com terra, que cobre o solo da mata][6] ao passo que nos trópicos úmidos, os estoques de nutrientes estão na biomassa.

Os autores fazem uma comparação entre as características dos nutrientes.

Os ecossistemas tropicais pobres em nutrientes são capazes de manter alta produtividade sob condições naturais por meio de uma variedade de mecanismos de conservação de nutrientes. Quando essas florestas cedem lugar à agricultura de grande escala ou a plantação de árvores esses mecanismos são destruídos e a produtividade declina muito rapidamente, assim como o rendimento das lavouras.[7]

Por essa razão, a destruição das florestas úmidas, como a Floresta Amazônica, é preocupação mundial. Sua ocorrência gera impacto no equilíbrio dos ecossistemas, afetando a diversidade biológica, reduzindo a fertilidade do solo até torná-lo estéril, alterando o ciclo hidrológico e provocando queda na produção de água doce, "*sobretudo nas selvas tropicais, que interceptam a umidade das nuvens*",[8] sem falar na liberação do dióxido de carbono (CO2), principal responsável pelo aquecimento global.

15.3.1 Importância da cobertura vegetal

Não é apenas a floresta que possui importância ecológica. Outros tipos de vegetação como, por exemplo, o Cerrado, o Mangue e a Caatinga exercem fundamental papel, não

---

4. MOREIRA, Iara Verocai Dias. *Vocabulário básico de meio ambiente*. Rio de Janeiro: Fundação Estadual de Engenharia do Meio Ambiente, 1990, p. 101.
5. ODUM, Eugene; BARRETT, Gary W. *Fundamentos da ecologia*. Trad. da 5. ed. norte-americana. São Paulo: Thomson Learning, 2007, p. 170.
6. FERREIRA, Aurélio Buarque de Holanda. *Novo dicionário da língua portuguesa*. Rio de Janeiro: Nova Fronteira, 1986, p. 1573.
7. ODUM, Eugene; BARRETT, Gary W. *Fundamentos de ecologia*. Trad. da 5. ed. norte-americana. São Paulo: Thomson Learning, 2007, p. 172.
8. INTERNATIONAL UNION FOR CONSERVATION OF NATURE (IUCN). *Estratégia mundial para a conservação*: a conservação dos recursos vivos para um desenvolvimento sustentado. São Paulo: CESP, 1984, Estratégia 2, páginas não numeradas.

apenas na fixação do solo, evitando a erosão, como também fazendo parte integrante dos ecossistemas que abrigam a fauna, compondo a rica **biodiversidade brasileira**. Os biomas Cerrado e Caatinga ainda não foram incluídos na Constituição Federal como patrimônio nacional,[9] embora ambos estejam em risco pelo avanço da fronteira agrícola. É urgente que se tomem medidas de proteção para essas áreas.

15.3.1.1 Cerrado

O **Cerrado** é um tipo de vegetação que ocorre no Planalto Central Brasileiro, nos Estados de Goiás, Tocantins, Mato Grosso, Mato Grosso do Sul, parte de Minas Gerais, Bahia e Distrito Federal. Ocorre em terreno geralmente "plano, caracterizados por árvores baixas e arbustos espaçados, associados a gramíneas, também denominado campo cerrado".[10]

O Cerrado contém dois estratos: um superior, formado por árvores e arbustos dotados de raízes profundas que lhes permite atingir o lençol freático, situado entre 15 e 20 metros; e um inferior, composto por um tapete de gramíneas de aspecto rasteiro, com raízes pouco profundas, no qual a intensidade luminosa que as atinge é alta, em relação ao espaçamento. Na época seca, essa cobertura do solo – gramínea seca – favorece a propagação de incêndios, que ocorrem às vezes nos parques localizados nesse bioma. O aspecto tortuoso da vegetação deve-se não à falta de água, mas ao desequilíbrio dos nutrientes.

Segundo dados do MMA,[11] do ponto de vista da diversidade biológica, o Cerrado brasileiro é reconhecido como a savana mais rica do mundo, abrigando cerca de 11.600 espécies de plantas nativas já catalogadas. Existe uma grande diversidade de *habitats*, que determinam uma notável alternância de espécies entre diferentes fitofisionomias. Cerca de 200 espécies de mamíferos são conhecidas, e ass rica avifauna compreende cerca de 837 espécies. Os números de peixes (1.200 espécies), répteis (180 espécies) e anfíbios (150 espécies) são elevados. De acordo com estimativas recentes, o Cerrado é o refúgio de 13% das borboletas, 35% das abelhas e 23% dos cupins dos trópicos.

Ocorre que, a partir da década de 1960, os ecossistemas localizados no Cerrado passaram a dar lugar à expansão da fronteira agrícola – soja, arroz e trigo – e da pecuária, utilizando-se o desmatamento e as queimadas para *liberar* os espaços, e os fertilizantes químicos e agrotóxicos para *garantir a produtividade*. Em razão desse uso, desprovido de sustentabilidade, provocador de voçorocas, assoreamento e envenenamento dos ecossistemas, restam apenas 20% de área em estado conservado.

15.3.1.2 Mangue

O termo **mangue** designa *um ecossistema formado por uma associação muito especial de animais e plantas que vivem na faixa entremarés das costas tropicais baixas, ao longo dos estuários, deltas, águas salobras interiores, lagoas e lagunas.*[12] As adaptações especiais de que são dotadas permitem que tais espécies cresçam em ambientes abrigados, banhados

---

9. As PECs nº 115/95 e nº 504/2010 encontram-se em tramitação, sem ainda definição.
10. MOREIRA, Iara Verocai Dias. *Vocabulário básico de meio ambiente*. Rio de Janeiro: Fundação Estadual de Engenharia do Meio Ambiente, 1990, p. 51.
11. MMA. *O bioma Cerrado*. Disponível em: <https://antigo.mma.gov.br/biomas/cerrado>. Acesso em: 11 mar. 2024.
12. VANUCCI, Marta. *Os manguezais*. São Paulo: Edusp, 1989, p. 25.

por águas salobras ou salgadas, com reduzida disponibilidade de oxigênio e substrato inconsolidado.[13]

A Lei nº 12.651/12 define o manguezal como um *ecossistema litorâneo que ocorre em terrenos baixos, sujeitos à ação das marés, formado por vasas lodosas recentes ou arenosas, às quais se associa, predominantemente, a vegetação natural conhecida como mangue, com influência fluviomarinha, típica de solos limosos de regiões estuarinas e com dispersão descontínua ao longo da costa brasileira, entre os Estados do Amapá e de Santa Catarina.*[14, 15]

Os *manguezais* brasileiros ocorrem desde o cabo Orange, no Amapá, até o Município de Laguna, em Santa Catarina. Destaca-se nos manguezais a abundância das populações que neles vivem, como as várias espécies de caranguejos, formando enormes populações nos fundos lodosos. Nos troncos submersos, vários animais filtradores, tais como as ostras, alimentam-se de partículas suspensas na água. [...] Uma grande variedade de peixes penetra nos manguezais na maré alta. Muitos dos peixes que constituem o estoque pesqueiro das águas costeiras dependem das fontes alimentares do manguezal, pelo menos na fase jovem. Diversas espécies de aves comedoras de peixes e de invertebrados marinhos nidificam nas árvores do manguezal. Alimentam-se especialmente na maré baixa, quando os fundos lodosos estão expostos. Além disso, os manguezais fornecem uma rica alimentação proteica para a população litorânea, por meio da pesca artesanal. Por isso, são considerados um dos mais produtivos ambientes naturais do Brasil.[16]

Segundo o mapeamento realizado pelo ICMBio, o Brasil possui 120 unidades de conservação com manguezais no interior (sendo 55 federais, 46 estaduais e 19 municipais, dessas 83% são de uso sustentável e 17% de proteção integral) que cobrem uma área de 1.211.444 hectares, o que representa 87% de todo ecossistema no Brasil.[17] Trata-se de zonas de elevada produtividade biológica, uma vez que acolhem representantes de todos os elos da cadeia alimentar. Estão morfologicamente associados a costas de baixa energia ou a áreas estuarinas, lagunares, baías e enseadas que fornecem a proteção necessária ao seu estabelecimento.[18]

O alto valor dos manguezais reside na proteção à linha de costa que oferecem, na manutenção da qualidade da água, na sua elevada produtividade biológica e na condição de propiciarem abrigo, *habitat* e alimentação a uma grande riqueza e abundância de espécies marinhas e terrestres.

> As árvores típicas do manguezal aprisionam o sedimento entre suas raízes e troncos, processo no qual também são aprisionados poluentes, prevenindo que estes contaminem as águas costeiras adjacentes. Além disso, servem como cortina-de-vento, atenuando os efeitos de tempestades nas áreas costeiras, e abrandam a energia das ondas que, de outra forma, ressuspenderiam os sedimentos das áreas litorâneas mais rasas. Dessa forma, há uma melhoria da qualidade das águas estuarinas e costeiras,

---

13. INSTITUTO CHICO MENDES DE CONSERVAÇÃO DA BIODIVERSIDADE. Atlas dos Manguezais do Brasil. Brasília: ICMBio, 2018. p. 18. Disponível em: <http://www.icmbio.gov.br/portal/images/stories/manguezais/atlas_dos_manguezais_do_brasil.pdf>. Acesso em: 11 mar. 2024.
14. Lei nº 12.651/12, art. 3º, XIII.
15. Ver capítulo sobre Áreas de Preservação Permanente – APP.
16. RODRIGUES, Sérgio de Almeida. *O manguezal e a sua fauna*. Disponível em: <http://noticias.cebimar.usp.br/artigos/76-o-manguezal-e-a-sua-fauna>. Acesso em: 11 mar. 2024.
17. INSTITUTO CHICO MENDES DE CONSERVAÇÃO DA BIODIVERSIDADE. Atlas dos Manguezais do Brasil. Brasília: ICMBio, 2018. Disponível em: <http://www.icmbio.gov.br/portal/images/stories/manguezais/atlas_dos_manguezais_do_brasil.pdf>. Acesso em: 10 mar. 2024.
18. DIEGUES, A. C. *Povos e águas*: inventário de áreas úmidas brasileiras. 2. ed. São Paulo: Nupaub/USP, 2002. p. 15-18.

garantindo o aporte de nutrientes de terra e sua imobilização, ao mesmo tempo em que atua como filtro biológico e protege a linha de costa.[19]

A conservação dos manguezais em toda sua extensão, incluindo os apicuns, reveste-se igualmente de importância social por serem considerados berçários para os recursos pesqueiros, sustentando direta ou indiretamente mais de 1 milhão de pessoas. A ocupação desordenada ao longo da costa brasileira vem causando perda e fragmentação deste *habitat*, pela conversão dessas áreas em carcinicultura, ocupações humanas e áreas destinadas ao turismo. Em regiões de manguezais, essa atividade ocasiona não só degradação ambiental, mas também grandes perdas sociais e econômicas.[20]

15.3.1.3 Caatinga

A **Caatinga** ocupa uma área de cerca de 844.453 quilômetros quadrados, o equivalente a 11% do território nacional. Engloba os Estados de Alagoas, Bahia, Ceará, Maranhão, Pernambuco, Paraíba, Rio Grande do Norte, Piauí, Sergipe e o norte de Minas Gerais. Rico em biodiversidade, o bioma abriga 178 espécies de mamíferos, 591 de aves, 177 de répteis, 79 de anfíbios, 241 de peixes e 221 abelhas. Cerca de 27 milhões de pessoas vivem na região, a maioria carente e dependente dos recursos do bioma para sobreviver. A caatinga tem um imenso potencial para a conservação de serviços ambientais, uso sustentável e bioprospecção que, se bem explorado, será decisivo para o desenvolvimento da região e do país. A biodiversidade da caatinga ampara diversas atividades econômicas voltadas para fins agrosilvopastoris e industriais, especialmente nos ramos farmacêutico, de cosméticos, químico e de alimentos.

Apesar da sua importância, o bioma tem sido desmatado de forma acelerada, principalmente nos últimos anos, devido principalmente ao consumo de lenha nativa, explorada de forma ilegal e insustentável, para fins domésticos e industriais, ao sobrepastoreio e a conversão para pastagens e agricultura. Frente ao avançado desmatamento que chega a 46% da área do bioma, segundo dados do Ministério do Meio Ambiente (MMA), o governo busca concretizar uma agenda de criação de mais unidades de conservação federais e estaduais no bioma, além de promover alternativas para o uso sustentável da sua biodiversidade.[21]

15.4 FLORA E FLORESTAS NA CONSTITUIÇÃO FEDERAL

Ao definir as **competências materiais comuns**, no art. 23, a CF/88 determina que cabe *à União, Estados, Distrito Federal e Municípios preservar as florestas, a fauna e a flora*.[22] Aqui, a Constituição incluiu em nível de igualdade o gênero – flora – e uma de suas espécies – as florestas – como objetos da preservação a cargo dos Entes Federados, juntamente com a fauna.

---

19. INSTITUTO CHICO MENDES DE CONSERVAÇÃO DA BIODIVERSIDADE. Atlas dos Manguezais do Brasil. Brasília: ICMBio, 2018. p. 30. Disponível em: <http://www.icmbio.gov.br/portal/images/stories/manguezais/atlas_dos_manguezais_do_brasil.pdf>. Acesso em: 10 mar. 2024.
20. Ministério do Meio Ambiente. Manguezais. Disponível em: <https://antigo.mma.gov.br/component/k2/item/395.html?Itemid=702>. Acesso em: 10 mar. 2024.
21. MMA. *Caatinga*. Disponível em: <https://antigo.mma.gov.br/biomas/caatinga>. Acesso em: 10 mar. 2024.
22. CF/88, art. 23, VII.

No que se refere à **competência legislativa concorrente** da União, Estados e Distrito Federal, o inciso VI do art. 24 menciona apenas o termo *florestas*. Nada dispõe sobre a flora, dando a entender que somente aquela categoria seria objeto da competência legislativa. Todavia, o inciso VI menciona a *"conservação da natureza, defesa do solo e dos recursos naturais, proteção do meio ambiente e controle da poluição"*.

Todas essas expressões se reportam, direta ou indiretamente, à *flora* – conjunto das espécies vegetais, que compõe, junto com outros elementos, a Natureza. A defesa do solo não pode excluir a proteção de outras formas de vegetação, como o *cerrado* e os *mangues*, por exemplo. A *flora constitui* um dos recursos naturais relacionados no art. 3º, V, da Lei nº 6.938/81. Assim, pode-se afirmar que não apenas as florestas, mas também quaisquer outras formas de vegetação que compõem a flora são objeto da competência concorrente estabelecida no art. 24 da Constituição Federal, ainda que não expressamente mencionadas.

Os Municípios, embora não incluídos no art. 24, podem legislar sobre matéria de interesse local, nos termos do disposto no art. 30, I. Estariam as florestas incluídas nesse interesse local? Parece que sim. Aos Municípios cabe estabelecer as regras aplicáveis aos espaços sob o seu domínio e sobre as Unidades de Conservação por eles criadas. Assim, nos terrenos de domínio municipal cobertos por florestas e nas Unidades de Conservação instituídas pelo Município, a competência *para suplementar a legislação* da União e dos Estados, *no que couber*, inclui o estabelecimento de normas sobre a proteção das florestas localizadas em seu território.[23]

O art. 225 determina, como uma das obrigações do Poder Público, com vistas a garantir o direito de todos ao meio ambiente ecologicamente equilibrado, *preservar e restaurar os processos ecológicos essenciais e prover o manejo ecológico das espécies e ecossistemas*[24] *e proteger a fauna e a flora, vedadas, na forma da lei, as práticas que coloquem em risco sua função ecológica, provoquem a extinção de espécies* [...].[25]

Mais uma vez se evidencia a **relação intrínseca existente entre a flora e a fauna que habita o ecossistema.** Resta verificar o sentido de *função ecológica*. O biólogo alemão Ernst Haekel, em 1869, definiu **ecologia** como *"o estudo do ambiente natural, inclusive das relações dos organismos entre si e com seus arredores"*.[26] O termo *função* reporta-se à ação que se vincula a uma finalidade. A função ecológica da flora é, assim, manter em equilíbrio *as relações dos organismos entre si e com o meio físico*. A flora, composta pelos produtores primários, é o elemento de ligação entre o solo, a fauna, o clima, a água e a umidade do ar. Por meio da fotossíntese – reação bioquímica que usa a energia da luz solar para combinar gás carbônico e água e produzir carboidratos, liberando oxigênio no processo[27] – a flora produz praticamente toda a energia necessária para garantir a sobrevivência das demais formas de vida. A supressão da flora, portanto, impacta esse equilíbrio em grau maior ou menor, de acordo com a fragilidade ambiental do sítio afetado.

---

23. CF/88, art. 30, II.
24. CF/88, art. 225, § 1º, I.
25. CF/88, art. 225, § 1º, VII.
26. ODUM, Eugene P.; BARRETT, Gary W. *Fundamentos de ecologia*. São Paulo: Thomson Learning, 2007, p. 3.
27. LEVIN. Simon A. *The Princeton Guide to Ecology*. New Jersey: Princeton University Press, 2009. p. 22.

As florestas não são objeto apenas de proteção ambiental. Elas são produtivas e, como tal, passíveis de exploração econômica. Nessa linha, a Constituição Federal determina que *"a política agrícola será planejada e executada na forma da lei, com a participação efetiva do setor de produção, envolvendo produtores e trabalhadores rurais, bem como dos setores de comercialização, de armazenamento e de transportes"*. Nesse universo, as *atividades florestais* incluem-se no *planejamento agrícola*.[28]

15.5   LEI Nº 12.651/12:[29] REGIME JURÍDICO DAS FLORESTAS

15.5.1 Objeto da Lei

A Lei nº 12.651/12 estabelece *normas gerais sobre a proteção da vegetação, áreas de Preservação Permanente e as áreas de Reserva Legal; a exploração florestal, o suprimento de matéria-prima florestal, o controle da origem dos produtos florestais e o controle e prevenção dos incêndios florestais, e prevê instrumentos econômicos e financeiros para o alcance de seus objetivos.*[30]

Trata-se de norma com *aplicabilidade uniforme em todo o território nacional, com relevantes funções, notadamente, no que se refere à proteção mínima no nível nacional.*[31] Esse patamar mínimo deve ser observado pelos Estados, Distrito Federal e Municípios, no exercício da competência legislativa suplementar, o que significa que as normas ambientais estaduais e municipais podem ser mais restritivas que a norma geral, de acordo com as características e especificidades locais[32].

A lei dispõe que seu objetivo é o desenvolvimento sustentável,[33] estabelecido no Relatório Brundtland, que prevê *um uso racional e prudente dos recursos naturais para que as futuras gerações possam deles usufruir.* Todavia, o conteúdo da norma mostra que, na prática, essa noção de sustentabilidade nem sempre está colocada em primeiro plano.

---

28.   CF/88, art. 187, § 1º.
29.   Neste capítulo serão abordados os termos da Lei nº 12.651, de 25-5-2012, alterada pela Lei nº 12.727, de 17-10-2012, salvo no que se refere às Áreas de Preservação Permanente (APP) e à Reserva Legal, que são tratados em capítulos específicos, na Parte referente aos Espaços Territoriais Especialmente Protegidos.
30.   Lei nº 12.651/12, art. 1º-A .
31.   YOSHIDA, Consuelo Yatsuda Moromizato. Cidades, APP e reserva legal: as questões judiciais relevantes. In: *Congresso Internacional de Direito Ambiental*: meio ambiente e acesso à justiça: flora, reserva legal e APP. São Paulo: IMESP, 2007, v. 3, p. 76-77.
32.   Nesse sentido, no AREsp 1.312.435-RJ, o STJ reafirmou a impossibilidade de legislação municipal reduzir o grau protetivo em Área de preservação permanente estabelecido pelo Código Florestal, assim dito: "Inicialmente cumpre salientar que o art. 2º da Lei n. 4771/1965 (antigo Código Florestal) indica, nos casos de áreas urbanas, a observância da legislação local. Entretanto, mediante leitura atenta do diploma legal, percebe-se que, ao excepcionar a tutela das edificações, a norma impôs essencial observância aos princípios e limites insculpidos no Código Florestal. Logo, cuida-se de permissão para impor mais restrições ambientais, jamais de salvo-conduto para redução do patamar protetivo. A proteção marginal dos cursos d'água, em toda a sua extensão, possui importante papel de proteção contra o assoreamento. As matas de galeria, várzea ou vegetação ripária, também conhecidas como matas ciliares, integram as biotas terrestres e aquáticas reciclando elementos de solos encharcados. Ademais, exercem uma função de corredor de regeneração da flora e fauna, o que promove um fluxo das diversas espécies dentro do ecossistema brasileiro. Reduzir o tamanho da área de preservação permanente afastando a aplicação do Código Florestal implicaria verdadeiro retrocesso em matéria ambiental, pois não é possível assegurar o meio ambiente ecologicamente equilibrado diminuindo a área de preservação insculpida na norma infraconstitucional mais protetiva. Nesse contexto, a norma federal conferiu uma proteção mínima, cabendo à legislação municipal apenas intensificar o grau de proteção às margens dos cursos d'água, ou quando muito, manter o patamar de proteção" (AREsp 1.312.435-RJ, Rel. Min. Og Fernandes, por unanimidade, julgado em 07/02/2019, DJe 21/02/2019).
33.   Lei nº 12.651/12, art. 1º-A, parágrafo único.

15.5.2 Princípios

A função dos princípios é nortear a interpretação e aplicação da lei. A Lei nº 12.651/12 estabelece em seu art. 1º, seis princípios que deverão ser seguidos para atingir seus objetivos, que em nosso entendimento são coerentes com as diretrizes constitucionais:

afirmação do compromisso soberano do Brasil com a preservação das suas florestas e demais formas de vegetação nativa, bem como da biodiversidade, do solo, dos recursos hídricos e da integridade do sistema climático, para o bem-estar das gerações presentes e futuras;

reafirmação da importância da função estratégica da atividade agropecuária e do papel das florestas e demais formas de vegetação nativa na sustentabilidade, no crescimento econômico, na melhoria da qualidade de vida da população brasileira e na presença do país nos mercados nacional e internacional de alimentos e bioenergia;

ação governamental de proteção e uso sustentável de florestas, consagrando o compromisso do país com a compatibilização e harmonização entre o uso produtivo da terra e a preservação da água, do solo e da vegetação;

responsabilidade comum da União, Estados, Distrito Federal e Municípios, em colaboração com a sociedade civil, na criação de políticas para a preservação e restauração da vegetação nativa e de suas funções ecológicas e sociais nas áreas urbanas e rurais;

fomento à pesquisa científica e tecnológica na busca da inovação para o uso sustentável do solo e da água, a recuperação e a preservação das florestas e demais formas de vegetação nativa;

criação e mobilização de incentivos econômicos para fomentar a preservação e a recuperação da vegetação nativa e para promover o desenvolvimento de atividades produtivas sustentáveis.

Ocorre que, ao analisar o conteúdo do novo Código Florestal, verifica-se que tais princípios nem sempre norteiam, de fato, disposições da lei. Se, por um lado, princípios estão coerentes com o disposto no art. 225, da CF/88, legitimando assim a Lei nº 12.651/12, por outro, eles não são aplicados ao longo do texto legal, tornando questionáveis as reais intenções do legislador.

As regras e procedimentos de implementação da lei ignoram, por exemplo, a afirmação do *compromisso soberano do Brasil com a preservação das florestas e demais formas de vegetação nativa [...]*.[34] O compromisso pode ser soberano, mas está longe de assegurar efetiva proteção para os recursos naturais mencionados.

Um exemplo disso, que choca pelo nível de permissividade da lei, encontra-se no dispositivo que *obriga a **suspensão imediata das atividades em área de Reserva Legal desmatada irregularmente após 22 de julho de 2008***[35], considerado constitucional pelo Supremo Tribunal Federal.[36] O que acontece em relação às atividades em Reserva Legal desmatada irregularmente **antes** de 22 de julho de 2008?

Além disso, ainda que se prove que o desmatamento irregular ocorreu antes dessa data, qual o fundamento jurídico para liberar da responsabilidade administrativa os infratores que desrespeitaram o então código em vigor? Como fica o princípio da isonomia, no que se refere àqueles que aplicaram recursos financeiros na observância da lei? Os proprietários rurais que não desmataram irregularmente suas Reservas Legais ou que recuperaram áreas degradadas, terão algum benefício? Deveriam ter, pois deixaram de

---

34. Lei nº 12.651/12, art. 1-A, parágrafo único, I.
35. Lei nº 12.651/12, art. 17, § 3º.
36. Conforme ADC nº 42; ADI nº 4.903; e ADI nº 4.902.

produzir nessas áreas. Entretanto, a lei não concede nenhum benefício a quem cumpriu a legislação anterior.

No que se refere à *reafirmação da importância da função estratégica da atividade agropecuária e do papel das florestas e demais formas de vegetação nativa na sustentabilidade, no crescimento econômico, na melhoria da qualidade de vida da população brasileira [...]*,[37] tampouco as formas de implementação da lei refletem tal preocupação.

Por exemplo, também foi considerado constitucional[38] o dispositivo que garante aos *proprietários e possuidores dos imóveis rurais que, em **22 de julho de 2008**, detinham até **10 módulos fiscais** e desenvolviam atividades agrossilvipastoris nas **áreas consolidadas em Áreas de Preservação Permanente**, que a exigência de recomposição, nos termos [da] Lei, somadas todas as Áreas de Preservação Permanente do imóvel, não ultrapassará: (1) 10% da área total do imóvel, para imóveis rurais com área de até 2 módulos fiscais e (2) 20% da área total do imóvel, para imóveis rurais com área superior a 2 e de até 4 módulos fiscais.*[39]

Isso significa que os proprietários dos imóveis mencionados, embora tenham descumprido a legislação então vigente, não apenas ficarão livres da imposição de penalidades, como em muitos casos não serão obrigados a recompor totalmente a APP. Releva mencionar que falar em 10% ou 20% de área, a título de extensão de APP não tem nenhuma relação lógica, pois há outros fatores que deveriam ser considerados, como, por exemplo, a topografia da região e a fragilidade e importância da área em cada caso.

Essa anistia, sem qualquer fundamento jurídico, constitucional ou técnico, pode reafirmar *a importância da função estratégica da atividade agropecuária*. Mas não do *papel das florestas e demais formas de vegetação nativa*.[40]

Tampouco o princípio que trata da *ação governamental de proteção e uso sustentável de florestas, consagrando o compromisso do País com a compatibilização e harmonização entre o uso produtivo da terra e a preservação da água, do solo e da vegetação*[41] está relacionado com a implementação da lei.

No que se refere à *responsabilidade comum da União, Estados, Distrito Federal e Municípios, em colaboração com a sociedade civil, na criação de políticas para a preservação e restauração da vegetação nativa e de suas funções ecológicas e sociais nas áreas urbanas e rurais*,[42] trata-se de reflexo do art. 23 da CF/88, que prevê a competência comum dos Entes Federados na proteção do meio ambiente.

Cabe louvar a inclusão dos princípios relativos ao fomento à pesquisa científica e tecnológica na busca da inovação para o uso sustentável do solo e da água, a recuperação e a preservação das florestas e demais formas de vegetação nativa[43] e à criação e mobilização de incentivos econômicos para fomentar a preservação e a recuperação da vegetação nativa e para promover o desenvolvimento de atividades produtivas sustentáveis.[44]

---

37. Lei nº 12.651/12, art. 1-A, parágrafo único, II.
38. Conforme ADC nº 42; ADI nº 4.937; e ADI nº 4.902.
39. Lei nº 12.651/12, art. 61-B.
40. Lei nº 12.651/12, art. 1-A, parágrafo único, II.
41. Lei nº 12.651/12, art. 1-A, parágrafo único, III.
42. Lei nº 12.651/12, art. 1-A, parágrafo único, IV.
43. Lei nº 12.651/12, art. 1-A, parágrafo único, V.
44. Lei nº 12.651/12, art. 1-A, parágrafo único, VI.

De fato, a pesquisa é instrumento fundamental para avançar nas tecnologias voltadas à produtividade e à melhoria da qualidade ambiental no que se refere à agricultura. É o caso, por exemplo, dos agrotóxicos, que deveriam ser cada vez menos perigosos para os recursos naturais e para a saúde. A tecnologia, associada a incentivos econômicos direcionados aos produtores, pode ensejar ganhos ambientais muito importantes, minimizando as práticas incompatíveis com a proteção do solo, água e das florestas.

15.5.3 Limitações administrativas

O **exercício do direito de propriedade**, à luz da Lei nº 12.651/12, permanece condicionado às limitações impostas pela legislação e que se referem a todas as regras e restrições à supressão de vegetação, seja nas Áreas de Preservação Permanente (APP) e Reserva Legal (RL), e a outros regimes de proteção, como, por exemplo, o das árvores imunes de corte.

15.5.4 Uso alternativo do solo

O conceito de **uso alternativo do solo** tem como definição a *substituição de vegetação nativa e formações sucessoras por outras coberturas do solo, como atividades agropecuárias, industriais, de geração e transmissão de energia, de mineração e de transporte, assentamentos urbanos ou outras formas de ocupação humana.*[45]

O uso alternativo do solo já era tratado pela Lei nº 4.771/65 e regulamentado pelo Decreto nº 5.975/06. No direito anterior, a lista de atividades permitidas para o uso alternativo do solo era taxativa, enquanto que na Lei nº 12.651/12 não se estabelecem claramente os critérios para definir esse uso, nem se especificam quais áreas seriam adequadas ou passíveis de uso alternativo.

A rigor, essa técnica legislativa abre espaço para a interpretação de que a **substituição de qualquer vegetação nativa** e formações sucessoras possa se dar generalizadamente, inclusive em relação à vegetação em vias de recuperação. Da maneira como foi elaborado esse conceito, o uso alternativo do solo permite a substituição da mata nativa por quaisquer outras atividades, já que a parte final do dispositivo abre a possibilidade a *outras formas de ocupação humana.*

15.5.5 Áreas de uso restrito

A Lei nº 12.651/12 não define as **áreas de uso restrito**, mas no Capítulo III trata de duas categorias de espaços: os pantanais e as planícies pantaneiras, no art. 10, e as áreas de inclinação entre 25° e 45°, no art. 11[46].

15.5.5.1 Pantanais e planícies pantaneiras

Os pantanais e as planícies pantaneiras são áreas úmidas, definidas pela lei *como pantanais e superfícies terrestres cobertas de forma periódica por águas, cobertas originalmente por florestas ou outras formas de vegetação adaptadas à inundação.*[47]

---

45.   Lei nº 12.651/12, art. 3º, VI.
46.   Declarado constitucional pelo STF no julgamento da ADI nº 4.903.
47.   Lei nº 12.651/12, art. 3º, XXV.

Essa definição deixou a desejar, pois, tecnicamente, não menciona dados relevantes. O Ministério do Meio Ambiente indica as razões pelas quais é necessário proteger essas áreas: *as zonas úmidas fornecem **serviços ecológicos fundamentais** para as espécies de fauna e flora e para o bem-estar de populações humanas. Além **de regular o regime hídrico** de vastas regiões, essas áreas funcionam como fonte de **biodiversidade** em todos os níveis, cumprindo, ainda, papel relevante de caráter econômico, cultural e recreativo.*[48]

Ao mesmo tempo, atendem a necessidades de água e alimentação para uma ampla variedade de espécies e para comunidades humanas, rurais e urbanas. Além disso, as áreas úmidas são social e economicamente insubstituíveis, ainda, por conter inundações, permitir a recarga de aquíferos, reter nutrientes, purificar a água e estabilizar zonas costeiras. O colapso desses serviços, decorrente da destruição das zonas úmidas, pode resultar em desastres ambientais com elevados custos em termos de vidas humanas e em termos econômicos.[49]

Cabe mencionar que a Convenção de Ramsar, de 1971, tem por objetivo a proteção das áreas úmidas, sendo que o Brasil é signatário do acordo e possui 27 sítios Ramsar.[50]

O Bioma Pantanal, que se inclui como área úmida, é um dos patrimônios nacionais assim declarados na Constituição; na falta de uma lei específica, como ocorre com a Mata Atlântica e a Zona Costeira, encontra-se sob risco de destruição e deveria ser objeto de mais cuidado, inclusive porque suas características são únicas. E, segundo o próprio sítio eletrônico do Ministério do Meio Ambiente, *apesar de sua beleza natural exuberante, o **bioma vem sendo muito impactado pela ação humana, principalmente pela atividade agropecuária**, especialmente nas áreas de planalto adjacentes do bioma.*[51]

A lei permite, nos pantanais e planícies pantaneiras, *a exploração ecologicamente sustentável, devendo-se considerar as recomendações técnicas dos órgãos oficiais de pesquisa, ficando novas supressões de vegetação nativa para uso alternativo do solo condicionadas à autorização do órgão estadual do meio ambiente, com base nas recomendações mencionadas no artigo.*[52]

Apesar da importância ecológica dessas áreas, reconhecida nacional e internacionalmente, a Lei nº 12.651/12 admite a supressão da vegetação nativa para uso alternativo do solo, cabendo para isso uma autorização do órgão estadual do meio ambiente, com base nas recomendações técnicas dos órgãos oficiais de pesquisa. Esse dispositivo reflete o espírito da lei: anuncia a proteção, mas, em seguida, desconstrói os meios de sua efetividade.

Nos termos da lei, a autorização para desmatar deve levar em consideração um parecer técnico de órgão oficial de pesquisa. Esse dispositivo enseja muitas dúvidas, pois a lei não menciona qual providência deve tomar o órgão ambiental, na hipótese de inexistirem as mencionadas *recomendações técnicas*. Será que existem pesquisas para toda a região do

---

48. Ministério do Meio Ambiente. Áreas Úmidas – Convenção de Ramsar. Disponível em: <https://antigo.mma.gov.br/biodiversidade/biodiversidade-aquatica/zonas-umidas-convencao-de-ramsar.html>. Acesso em: 10 mar. 2024.
49. Ministério do Meio Ambiente. Dia Mundial das Zonas Úmidas 2020. Disponível em:<https://antigo.mma.gov.br/component/k2/item/15678-dia-mundial-das-%C3%A1reas-%C3%BAmidas-2020.html>. Acesso em: 10 mar. 2024.
50. Ministério do Meio Ambiente. *Sítios Ramsar Brasileiros*. Disponível em: <https://www.gov.br/mma/pt-br/assuntos/ecossistemas-1/areas-umidas/sitios-ramsar-brasileiros>. Acesso em: 10 mar. 2024.
51. MMA. *Pantanal*. Disponível em: <https://antigo.mma.gov.br/biomas/pantanal.html>. Acesso em: 10 mar. 2024.
52. Lei nº 12.651/12, art. 10.

Pantanal, efetuadas pelos órgãos oficiais? Se em determinada região não houver sido desenvolvida pesquisa sobre as possibilidades de supressão da vegetação nativa, como deve proceder o órgão ambiental? Deve exigir um estudo específico do interessado? A autorização fica condicionada a esse estudo? Ou a autorização será concedida de qualquer forma?

A lei deixa dúvidas ainda mais sérias. Quando se menciona que as recomendações dos órgãos técnicos oficiais de pesquisa devem ser *consideradas*, tampouco se está vinculando a decisão administrativa aos resultados das pesquisas. Considerar uma recomendação não significa observá-la à risca, em sua totalidade. Pode-se considerar um estudo parcialmente, e adotá-lo apenas naquilo que se entende aplicável, o que enfraquece sobremaneira a proteção da mata nativa do Bioma Pantanal.

Assim, fora das Unidades de Conservação, das Áreas de Preservação Permanente e das Reservas Legais, será possível destruir toda a vegetação nativa do Pantanal, ou seja, o Bioma Pantanal, o que fere o preceito constitucional, que declarou esse espaço como um patrimônio do povo brasileiro. No caso das APP, deve ser considerado ainda que é possível a sua supressão nos casos estabelecidos pela lei. Assim, a lei desconsidera os valores estabelecidos na Constituição, no que toca ao Bioma Pantanal, para dar lugar a qualquer tipo de atividade, desde que o órgão ambiental estadual autorize. E repita-se que o princípio da motivação, nesse caso, é absolutamente fragilizado pela lei.

15.5.5.2 *Áreas de inclinação entre 25° e 45°* [53]

A Lei nº 12.651/12 permite, nas áreas de inclinação entre 25° e 45°, o manejo florestal sustentável e o exercício de atividades agrossilvipastoris, bem como a manutenção da infraestrutura física associada ao desenvolvimento das atividades, observadas as boas práticas agronômicas, sendo vedada a conversão de novas áreas, excetuadas as hipóteses de utilidade pública e interesse social.[54]

A Lei nº 4.771/65, antigo Código Florestal, não permitia a derrubada de florestas situadas nessas mesmas inclinações, tolerando apenas a extração de toros, quando em regime de utilização racional, que visasse a *rendimentos permanentes*.[55] Considerando que a permissão para a prática de tais atividades é um retrocesso do ponto de vista da proteção ambiental, o dispositivo foi objeto da ADI nº 4.903, porém foi declarado constitucional pelo STF.

15.5.6 Cadastro Ambiental Rural (CAR)

A Lei nº 12.651/12 instituiu o Cadastro Ambiental Rural (CAR), *registro público eletrônico de âmbito nacional, obrigatório para todos os imóveis rurais, com a finalidade de integrar as informações ambientais das propriedades e posses rurais, compondo base de dados para controle, monitoramento, planejamento ambiental e econômico e combate ao desmatamento.*[56]

---

53. Para mais informações, ver capítulo sobre Áreas de Preservação Permanente (APP).
54. Lei nº 12.651/12, art. 11.
55. Lei nº 4.771/65, art. 10. (Revogada)
56. Lei nº 12.651/12, art. 29.

Trata-se de uma forma inovadora de informação sobre as propriedades de imóveis, inserida no âmbito do Sistema Nacional de Informações sobre o Meio Ambiente (SINIMA). Os objetivos desse sistema de cadastro consistem em[57]:

receber, gerenciar e integrar os dados do CAR de todos os entes federativos;

cadastrar e controlar as informações dos imóveis rurais, referentes a seu perímetro e localização, aos remanescentes de vegetação nativa, às áreas de interesse social, às áreas de utilidade pública, às Áreas de Preservação Permanente, às Áreas de Uso Restrito, às áreas consolidadas e às Reservas Legais;

monitorar a manutenção, a recomposição, a regeneração, a compensação e a supressão da vegetação nativa e da cobertura vegetal nas áreas de Preservação Permanente, de Uso Restrito, e de Reserva Legal, no interior dos imóveis rurais;

promover o planejamento ambiental e econômico do uso do solo e conservação ambiental no território nacional; e

disponibilizar informações de natureza pública sobre a regularização ambiental dos imóveis rurais em território nacional, na Internet.

No que se refere à efetividade desse cadastro, a lei estabelece que será feita a inscrição do imóvel, *preferencialmente, no órgão ambiental municipal ou estadual.*[58] O primeiro desafio que se vislumbra é estruturar meios para que todos os Estados e seus Municípios se articulem tecnicamente de modo que os sistemas de informações sejam compatíveis e possam se comunicar. O segundo desafio diz respeito à capacitação técnica de cada Estado e Município para dar conta desse importante instrumento de informação e controle. Afinal, se um município instalar o seu CAR, como fica o Estado em que ele se localiza? Terá acesso? Caberá a aplicação do princípio da subsidiariedade? E como o Ministério do Meio Ambiente terá acesso a todas as informações? Essas informações obedecerão ao disposto na Lei nº 10.650, de 16-4-2003, que dispõe sobre o acesso público aos dados e informações existentes nos órgãos e entidades integrantes do SISNAMA?

O Decreto nº 7.830, de 17-10-2012, que dispõe sobre o CAR, determina que *os órgãos integrantes do SINIMA disponibilizarão em sítio eletrônico localizado na Internet a interface de programa de cadastramento integrada ao SICAR destinado à inscrição, consulta e acompanhamento da situação da regularização ambiental dos imóveis rurais.* Esse dispositivo, todavia, não indica com clareza a quem será disponibilizada a informação mencionada. Além disso, ao indicar os objetivos do sistema de cadastramento, o citado decreto menciona a disponibilização de *informações de natureza pública sobre a regularização dos imóveis rurais,* sem explicitar quais seriam essas informações.

Para o registro, caberá apresentar: (1) a identificação do proprietário ou possuidor rural; (2) a comprovação da propriedade ou posse; e (3) a identificação do imóvel por meio de planta e memorial descritivo, contendo a indicação das coordenadas geográficas com pelo menos um ponto de amarração do perímetro do imóvel, informando a localização dos remanescentes de vegetação nativa, das Áreas de Preservação Permanente, das Áreas de Uso Restrito, das áreas consolidadas e, caso existente, também da localização da Reserva Legal.[59]

---

57. Serviço Florestal brasileiro. *O que é o Cadastro Ambiental Rural (CAR).* Disponível em: <https://www.gov.br/pt-br/servicos/inscrever-imovel-rural-no-cadastro-ambiental-rural-car#:~:text=O%20Cadastro%20Ambiental%20Rural%20%E2%80%93%20CAR,econ%C3%B4mico%20e%20combate%20ao%20desmatamento>. Acesso em: 10 mar. 2024.
58. Lei nº 12.651/12, art. 29, § 1º.
59. Ver capítulos sobre Áreas de Preservação Permanente (APP) e Reserva Legal.

Outra questão a colocar consiste na dispensa de averbação da Reserva Legal na matrícula do imóvel. Imaginando uma compra e venda de imóvel rural, e considerando que o comprador será responsável pela Reserva Legal, estando essa Reserva Legal averbada na matrícula do Imóvel, não haverá dúvida quanto à sua localização. Nem em relação à sua existência. Aliás, essa é a ideia do Registro de Imóveis: todas as informações relativas ao imóvel devem constar desse registro. A Lei nº 12.651/12 veio alterar essa regra, sem pôr nada no lugar. Se o acesso ao CAR for público, o comprador poderá ter acesso às informações do imóvel que pretende comprar, no que se refere à cobertura vegetal. Todavia, se o CAR não estiver funcionando perfeitamente, ou não der acesso público de suas informações, haverá prejuízo ao sistema de registro público, pois haverá informações sobre o imóvel não disponíveis.

A Lei nº 13.887, de 17-10-2019, alterou o parágrafo terceiro do art. 29 da Lei nº 12.651/12, estabelecendo que a inscrição no CAR é obrigatória e por prazo indeterminado para todas as propriedades e posses rurais. Acrescentou ainda o parágrafo 4º ao art. 29, pelo qual os proprietários e possuidores dos imóveis rurais que os inscrevessem no CAR até o dia 31 de dezembro de 2020 teriam direito à adesão ao Programa de Regularização Ambiental (PRA).

15.5.7 Programas de Regularização Ambiental (PRA)

Segundo a Lei nº 12.651/12, União, Estados e Distrito Federal deverão, por ato do Chefe do Poder Executivo, implantar Programas de Regularização Ambiental (PRA) de posses e propriedades rurais.[60] O prazo de implantação dado foi de um ano, contado da data de publicação da Lei, prorrogável por mais um ano. Contudo, esse prazo foi alterado pela Lei nº 13.335/16 e depois pela Lei nº 13.887, de 17-10-2019, ficando estabelecido, no parágrafo 2º do art. 59 da Lei nº 12.651/12, que a inscrição do imóvel rural no CAR é condição obrigatória para a adesão ao PRA, devendo, portanto, essa adesão ser requerida em até dois anos.

O objetivo mencionado na lei é a adequação aos termos do Capítulo Disposições Transitórias. Deve ter havido um engano, pois o objetivo deveria ser a adequação aos dispositivos da Lei. O Decreto nº 7.830, de 17-10-2012, regulamentando a Lei, estabeleceu normas de caráter geral para os Programas de Regularização Ambiental (PRA), definindo-os como o *conjunto de ações ou iniciativas a serem desenvolvidas por proprietários e posseiros rurais com o objetivo de adequar e promover a regularização ambiental com vistas ao cumprimento do disposto no Capítulo XIII da Lei nº 12.651/12.*[61]

São instrumentos do PRA: (1) Cadastro Ambiental Rural (CAR); (2) o termo de compromisso; (3) o Projeto de Recomposição de Áreas Degradadas e Alteradas e (4) Cotas de Reserva Ambiental (CRA), quando couber.

No que se refere ao procedimento, a inscrição do imóvel rural no CAR é condição obrigatória para a adesão ao PRA, devendo ser requerida pelo interessado no prazo de um ano da implantação do programa[62]. Com base no requerimento de adesão ao PRA, o órgão

---

60. Lei nº 12.651/12, art. 59.
61. Decreto nº 7.830/12, art. 9º.
62. Segundo o art. 11, do Decreto nº 7.830/12, "a inscrição do imóvel rural no CAR é condição obrigatória para a adesão ao PRA, a que deverá ser requerida pelo interessado no prazo de um ano, contado a partir da sua implantação, prorrogável por uma única vez, por igual período, por ato do Chefe do Poder Executivo."

ou entidade competente convocará o proprietário ou possuidor para assinar o **termo de compromisso**, que constituirá título executivo extrajudicial. Como termo de compromisso, deverá conter as ações a serem cumpridas pelo interessado infrator e o cronograma de atividades, bem como o sistema de fiscalização do comprimento.

Cumpre alertar que a norma determina, de antemão, que se **suspendam as sanções** decorrentes das infrações cometidas antes de 22 de julho de 2008, relativas à supressão irregular de vegetação em Áreas de Preservação Permanente, de Reserva Legal e de Uso Restrito, a partir da assinatura do termo de compromisso, mesmo que não se tenha iniciado qualquer ação de recuperação ambiental.[63] Essa regra vale também para o período entre a publicação da Lei e a implantação do PRA em cada Estado e no Distrito Federal.[64]

Enquanto estiver sendo cumprido o termo de compromisso, o proprietário ou possuidor não poderá ser autuado por infrações cometidas antes de 22 de julho de 2008, relativas à supressão irregular de vegetação em Áreas de Preservação Permanente, de Reserva Legal e de uso restrito.

Cumpridas as obrigações estabelecidas no PRA ou no termo de compromisso para a regularização ambiental das exigências previstas na Lei nº 12.651/12 nos prazos e condições neles estabelecido, as multas serão consideradas como convertidas em serviços de preservação, melhoria e recuperação da qualidade do meio ambiente, regularizando o uso de áreas rurais consolidadas conforme definido no PRA.[65]

A anistia atinge também a responsabilidade penal dos infratores, na medida em que *a assinatura de termo de compromisso para regularização de imóvel ou posse rural perante o órgão ambiental competente, suspende a punibilidade dos crimes previstos nos arts. 38, 39 e 48 da Lei de Crimes Ambientais, enquanto o termo estiver sendo cumprido.*[66] Além disso, a punibilidade se extingue com a efetiva regularização prevista nesta Lei.

15.5.8 Áreas consolidadas[67]

A Lei instituiu, ainda, o conceito de *área* **rural** *consolidada*, definida *como área de imóvel rural com ocupação antrópica preexistente a 22 de julho de 2008, com edificações, benfeitorias ou atividades agrossilvipastoris, admitida, neste último caso, a adoção do regime de pousio.*[68]

Essa definição nada tem a ver com a *área urbana consolidada*, tratada na Lei nº 9.636, de 15-05-1998, art. 16-C, § 2º, incluído pela Lei nº 13.465, de 11-07-2017: 1. incluída no perímetro urbano ou em zona urbana pelo plano diretor ou por lei municipal específica; 2.

---

63. Decreto nº 7.830/12, arts. 12 e 13.
64. Lei nº 12.651/12, art. 59, § 5, dada interpretação conforme a Constituição nas ADI nº 4.937 e nº 4.902 e ADC nº 42, de modo a afastar, no decurso da execução dos termos de compromissos subscritos nos programas de regularização ambiental, o risco de decadência ou prescrição, seja dos ilícitos ambientais praticados antes de 22.7.2008, seja das sanções deles decorrentes, aplicando-se extensivamente o disposto no § 1º do art. 60 da Lei 12.651/2012, segundo o qual "a prescrição ficará interrompida durante o período de suspensão da pretensão punitiva".
65. Lei nº 12.651/12, art. 59, § 5º, dada interpretação conforme a Constituição nas ADI nº 4.937 e nº 4.902 e ADC Nº 42, de modo a afastar, no decurso da execução dos termos de compromissos subscritos nos programas de regularização ambiental, o risco de decadência ou prescrição, seja dos ilícitos ambientais praticados antes de 22.7.2008, seja das sanções deles decorrentes, aplicando-se extensivamente o disposto no § 1º do art. 60 da Lei 12.651/2012, segundo o qual "a prescrição ficará interrompida durante o período de suspensão da pretensão punitiva".
66. Lei nº 12.651/12, art. 60, declarado constitucional, conforme ADI nº 4.937 e nº 4.902 e ADC Nº 42.
67. Para mais informações sobre o conceito de área rural consolidada, ver capítulo sobre APP.
68. Lei nº 12.651/12, art. 3º, IV.

com sistema viário implantado e vias de circulação pavimentadas; 3. organizada em quadras e lotes predominantemente edificados; 4. de uso predominantemente urbano, caracterizado pela existência de edificações residenciais, comerciais, industriais, institucionais, mistas ou voltadas à prestação de serviços; e 5.com a presença de, no mínimo, três dos seguintes equipamentos de infraestrutura urbana implantados: a) drenagem de águas pluviais; b) esgotamento sanitário; c) abastecimento de água potável; d) distribuição de energia elétrica; e e) limpeza urbana, coleta e manejo de resíduos sólidos. Importante destacar quanto a esse último requisito que a Lei nº 14.285, de 29-12-2021, reduziu para no mínimo 2 (dois) equipamentos, ficando assim alterado o art. 3º, XXVI, da Lei nº 12.651/12.

15.5.9 Restrições especiais

A Lei nº 12.651/12 prevê a possibilidade de os poderes públicos federal, estadual ou municipal estabelecerem regras voltadas à proteção das florestas e outras formas de vegetação[69]:

> proibir ou limitar o corte das espécies da flora raras, endêmicas, em perigo ou ameaçadas de extinção, bem como das espécies necessárias à subsistência das populações tradicionais, delimitando as áreas compreendidas no ato, fazendo depender de autorização prévia, nessas áreas, o corte de outras espécies;
>
> declarar qualquer árvore imune de corte, por motivo de sua localização, raridade, beleza ou condição de porta-sementes;
>
> estabelecer exigências administrativas sobre o registro e outras formas de controle de pessoas físicas ou jurídicas que se dedicam à extração, indústria ou comércio de produtos ou subprodutos florestais.

15.5.10 Da proibição do uso do fogo e do controle dos incêndios

O Capítulo IX da Lei nº 12.651/12 trata da proibição do uso do fogo e do controle dos incêndios. É verdade que essa é uma das mais antigas práticas incorporadas aos sistemas de produção agrícola. Embora seja objeto de polêmicas relacionadas aos seus impactos ambientais, o uso do fogo facilita a limpeza de área, fazendo com que essa prática seja, ainda hoje, muito usual, razão pela qual foi objeto de regulamentação pela lei.

O Código Florestal de 1965 já tratava sobre o tema em seu art. 27, estabelecendo a regra geral de proibição do uso do fogo nas florestas e demais formas de vegetação, autorizando-o somente nos casos em que as peculiaridades regionais ou locais justificassem seu emprego em atividades agropastoris ou florestais.[70]

Com a edição da Lei nº 12.651/12, a regra geral de proibição do uso do fogo na vegetação foi mantida. Entretanto, foram criadas regras específicas para essa atividade, excetuando-se da regra geral certas situações.[71]

Segundo a lei, ficam excetuados da proibição do uso do fogo os locais ou regiões cujas peculiaridades justifiquem seu emprego em práticas agropastoris ou florestais. Nesses casos, é necessária a **prévia aprovação** do **órgão estadual** ambiental competente do SISNAMA, que estabelecerá os critérios de monitoramento e controle, em relação a cada

---

69. Lei nº 12.651/12, art. 70.
70. Lei nº 4.771/65, art. 27, parágrafo único.
71. Lei nº 12.651/12, art. 38.

imóvel rural ou de forma regionalizada.[72] Ainda sobre essa hipótese, a lei dispõe que o **órgão estadual** exigirá que os estudos demandados para o **licenciamento** da atividade rural contenham planejamento específico sobre o emprego do fogo e controle dos incêndios.[73]

Essa redação pode gerar confusão quanto ao instrumento exigível para autorizar a prática do uso do fogo, pois se utilizam duas expressões distintas: prévia aprovação (ato administrativo) e licenciamento ambiental (procedimento administrativo).

Nesse contexto, entende-se que a melhor forma de interpretar o art. 38 da Lei nº 12.651/12 é a seguinte: nos locais ou regiões cujas peculiaridades justifiquem o emprego do fogo em práticas agropastoris ou florestais, será necessário que o órgão ambiental **autorize** o emprego do fogo, caso a caso. Por outro lado, nos casos em que a atividade rural deva ser objeto de **licenciamento ambiental**, em razão da atividade ali exercida (e não em razão do emprego do fogo), o órgão ambiental deverá, no licenciamento, exigir estudos que contenham planejamento específico sobre o emprego do fogo e o controle dos incêndios.

Não cabe, dessa forma, o licenciamento ambiental para o uso do fogo na hipótese em questão, até mesmo porque o licenciamento é procedimento adequado para a análise de empreendimentos que possuem caráter permanente, o que não ocorre com o uso do fogo, que é atividade periódica e sistemática, e que seja sujeita, assim, à autorização do órgão competente.

Há outra importante questão a ser tratada em relação a esse dispositivo, à luz da Lei Complementar nº 140/11, que regulamentou os incisos III, VI e VII do *caput* e do parágrafo único do art. 23 da CF/88, estabelecendo normas para a cooperação entre a União, os Estados, o Distrito Federal e os Municípios nas ações administrativas decorrentes do exercício da competência comum relativas à proteção das paisagens naturais notáveis, à proteção do meio ambiente, ao combate à poluição em qualquer de suas formas e à preservação das florestas, da fauna e da flora.

O art. 38 em questão atribui competência ao **órgão estadual** ambiental para emitir autorização para emprego do fogo, bem como para o licenciamento de atividades rurais que incluam essa prática. Ao atribuir tal competência, no entanto, o art. 38 da Lei nº 12.651/12 não observa os dispositivos contidos na Lei Complementar nº 140/11, que vincula a competência para o licenciamento e para a autorização à noção de abrangência do impacto.[74] Nesse sentido, tais competências só poderiam ser atribuídas aos Estados, nos casos em que não fossem atribuídas aos Municípios e União, nos termos da Lei Complementar nº 140/11.

A Lei nº 12.651/12 ainda excetua da regra geral de proibição do fogo o emprego da queima controlada em Unidades de Conservação. Nesse caso, essa queima deve se dar em conformidade com o respectivo plano de manejo e mediante **prévia aprovação** do órgão gestor da Unidade de Conservação, visando ao manejo conservacionista da vegetação nativa, cujas características ecológicas estejam associadas evolutivamente à ocorrência do fogo.[75] Ficam também excetuadas as atividades de pesquisa científica vinculada a projeto

---

72. Lei nº 12.651/12, art. 38, I.
73. Lei nº 12.651/12, art. 38, § 1º.
74. Ver artigos da LC nº 140/11: 7º, XII e XIV, parágrafo único; 8º, XIV e XV; e 9º, XIV e XV.
75. Lei nº 12.651/12, art. 38, II.

de pesquisa devidamente aprovado pelos órgãos competentes e realizada por instituição de pesquisa reconhecida, mediante **prévia aprovação** do órgão ambiental competente do Sisnama.[76] Nas duas hipóteses apontadas acima, a prévia aprovação do órgão competente é a **autorização administrativa** para o emprego do fogo.

Por último, a lei excetua da proibição o uso do fogo nas práticas de prevenção e combate aos incêndios e na agricultura de subsistência exercida pelas populações tradicionais e indígenas.[77] O dispositivo em questão trata de duas hipóteses distintas. Em primeiro lugar, trata *do emprego do fogo de modo controlado, coordenado e planejado para fins de formação de brigadas de incêndio, em nível institucional público ou privado*.[78] Nessa hipótese, apesar de não estar expressamente previsto, parece clara a necessidade de autorização caso a caso, prevendo-se as medidas de segurança e monitoramento da atividade.

A segunda hipótese trata do uso do fogo como prática integrante da cultura local das populações tradicionais e indígenas, realizada em pequenas proporções e limitada à agricultura de subsistência. Nesse caso específico, parece não haver necessidade de autorização prévia para o uso do fogo, até porque essa burocracia parece ser incompatível com a atividade exercida por tais populações. O que precisa ficar claro é a caracterização das referidas populações tradicionais e indígenas, como forma de limitar o uso do fogo sem a prévia autorização somente à agricultura de subsistência exercida por essas populações.

Por último, o art. 38 da Lei nº 12.651/12 trata da apuração da responsabilidade pelo uso irregular do fogo, em terras públicas e particulares. Nessa hipótese, a autoridade competente para a fiscalização e autuação **deverá comprovar o nexo de causalidade** entre a **ação** do proprietário ou qualquer preposto e o **dano** efetivamente causado.[79] A lei é clara ao fixar a necessidade de se estabelecer **nexo causal** na verificação das responsabilidades por infração pelo uso irregular do fogo, tanto em terras públicas, como particulares.[80]

15.6   CRIMES CONTRA AS FLORESTAS

O art. 69-A da Lei de Crimes Ambientais[81], incluído pela Lei de Florestas Públicas[82], estabelece o seguinte tipo penal:

> Art. 69-A. Elaborar ou apresentar, no licenciamento, concessão florestal ou qualquer outro procedimento administrativo, estudo, laudo ou relatório ambiental total ou parcialmente falso ou enganoso, inclusive por omissão:
>
> Pena – reclusão, de 3 a 6 anos, e multa.
>
> § 1º Se o crime é culposo:
>
> Pena – detenção, de 1 a 3 anos.
>
> § 2º A pena é aumentada de 1/3 (um terço) a 2/3 (dois terços), se há dano significativo ao meio ambiente, em decorrência do uso da informação falsa, incompleta ou enganosa.

---

76. Lei nº 12.651/12, art. 38, III.
77. Lei nº 12.651/12, art. 38, § 2º.
78. MILARÉ, Édis; MACHADO, Paulo Affonso Leme (Coord.). *Novo Código Florestal*. São Paulo: Revista dos Tribunais, 2012, p. 352.
79. Lei nº 12.651/12, art. 38, § 3º.
80. Lei nº 12.651/12, art. 38, § 4º.
81. Lei nº 9.605, de 12-2-1998.
82. Lei nº 11.284, de 2-3-2006.

A conduta prevista dirige-se tanto aos empreendedores quanto aos técnicos envolvidos com a elaboração de estudos, laudos ou relatórios. O dever de expor as avaliações e verificações conforme a verdade obriga a todos os envolvidos. Isso inclui a apresentação dos impactos ambientais negativos, que não poderão ser omitidos. Os procedimentos que o tipo descreve abrangem também todos os atos ligados à utilização e aproveitamento de recursos ambientais – autorizações, licenças, permissões ou concessões.

15.7 INFRAÇÕES ADMINISTRATIVAS CONTRA A FLORA

O Decreto nº 6.514/08, que revogou o Decreto nº 3.197/99, estabeleceu infrações administrativas contra a flora, abrangendo ilícitos administrativos contra as florestas e demais formas de vegetação, as Áreas de Preservação Permanente (APP), a vegetação localizada em Reserva Legal (RL), assim como a própria falta de averbação desse espaço protegido. Por questões metodológicas, alocamos as infrações contra APP no Capítulo sobre Áreas de Preservação Permanente e as relativas à Reserva Legal no Capítulo sobre Reserva Legal.

O art. 45 do decreto estabelece, como infração administrativa,

Extrair de florestas de domínio público ou áreas de preservação permanente, sem prévia autorização, pedra, areia, cal ou qualquer espécie de minerais:

A infração impõe multa simples de R$ 5.000,00 a R$ 50.000,00 por hectare ou fração, não cabendo, pois, a multa diária. Considera-se que não é caso de dano continuado, bastando a ocorrência da infração para que se imponha a multa prevista, em valor a ser definido pelo agente, dentro dos limites fixados, sujeito à confirmação no julgamento do processo.

Na hipótese em tela, além da multa prevista, é cabível a medida administrativa de caráter preventivo de **embargo**, nas hipóteses mencionadas no art. 108 do Decreto nº 6.514/08.[83]

A norma colocou, em situação equivalente, para fins de caracterização da infração, as florestas de domínio público, passíveis de exploração nos termos da Lei nº 11.284/06 e as Áreas de Preservação Permanente, que possuem regime jurídico totalmente distinto, inclusive pelo fato de o domínio das APP ser público ou privado, de acordo com o domínio da propriedade onde elas se localizam.

O art. 46 determina, como infração administrativa,

Transformar madeira oriunda de floresta ou demais formas de vegetação nativa em carvão, para fins industriais, energéticos ou para qualquer outra exploração, econômica ou não, sem licença ou em desacordo com as determinações legais.

A multa prevista é de R$ 500,00, por metro cúbico de carvão-mdc, para quem exerce a atividade de transformar a madeira nativa em carvão, qualquer que seja a finalidade, de natureza econômica ou não. Note-se que a infração se caracteriza pelo exercício da atividade sem obtenção da competente licença, ou ainda em desacordo com os termos da licença concedida.

---

83. Ver capítulo sobre Responsabilidade Administrativa por Dano Ambiental.

A infração estabelecida no art. 47, que teve o § 3º modificado e o § 4º incluído pelo Decreto nº 6.686/08, refere-se a:

> Receber ou adquirir, para fins comerciais ou industriais, madeira serrada ou em tora, lenha, carvão ou outros produtos de origem vegetal, sem exigir a exibição de licença do vendedor, outorgada pela autoridade competente, e sem munir-se da via que deverá acompanhar o produto até final beneficiamento.

A infração ora descrita concerne não à pessoa que processou a madeira, mas àquela que a recebe como produto para comércio ou matéria-prima destinada a processo industrial. É obrigação, pois, de quem adquire a madeira processada, exigir do fornecedor a licença para esse processamento, sob pena de enquadrar-se na infração ambiental. A multa fixada é de R$ 300,00 por unidade, estéreo, quilo, mdc ou metro cúbico aferido pelo método geométrico.

A mesma multa é aplicável a *"quem vende, expõe à venda, tem em depósito, transporta ou guarda madeira, lenha, carvão ou outros produtos de origem vegetal, sem licença válida para todo o tempo da viagem ou do armazenamento, outorgada pela autoridade competente ou em desacordo com a obtida"*.[84]

A expressão *licença válida para todo o tempo da viagem ou do armazenamento* significa *"aquela cuja autenticidade seja confirmada pelos sistemas de controle eletrônico oficiais, inclusive no que diz respeito à quantidade e espécie autorizada para transporte e armazenamento"*.[85]

O art. 48, alterado pelo Decreto nº 6.686/08, determina a multa de R$ 5.000,00 por hectare ou fração para quem:

> Impedir ou dificultar a regeneração natural de florestas ou demais formas de vegetação nativa em unidades de conservação ou outras áreas especialmente protegidas, quando couber, área de preservação permanente, reserva legal ou demais locais cuja regeneração tenha sido indicada pela autoridade ambiental competente.

A exceção a essa regra diz respeito ao uso permitido das APP, nos termos do parágrafo único.

O art. 49 trata de florestas nativas ou plantadas, quando objeto de especial preservação, sem diferenciá-las, constituindo infração administrativa:

> Destruir ou danificar florestas ou qualquer tipo de vegetação nativas, objeto de especial preservação, não passíveis de autorização para exploração ou supressão.

A infração ora estabelecida refere-se às florestas ou qualquer tipo de vegetação nativa. O Decreto nº 6.686/08 suprimiu a aplicabilidade do dispositivo às florestas plantadas. A expressão **objeto de especial preservação** diz respeito, no decreto, às *"florestas e demais formas de vegetação nativa que tenham regime jurídico próprio e especial de conservação ou preservação definido pela legislação"*.[86] O regime jurídico próprio inclui as APP, a Reserva Legal, as árvores imunes de corte, a Mata Atlântica, as florestas de domínio público objeto da Lei nº 11.284/06, assim como a vegetação das Unidades de Conservação, desde que não seja plantada, mas nativa.

---

84. Decreto nº 6.514/08, art. 47, § 1º.
85. Decreto nº 6.514/08, art. 47, § 2º.
86. Decreto nº 6.514/08, art. 50, § 2º.

Todavia, o decreto não se aplica a todos os espécimes encontrados nesses espaços. Para fins do disposto no art. 49, é objeto da infração apenas a vegetação cujo regime jurídico de preservação não preveja a sua exploração ou supressão.

A multa prevista é de R$ 6.000,00 por hectare ou fração, que será acrescida de R$ 1.000,00 por hectare ou fração quando a situação prevista ocorrer em vegetação primária ou secundária no estágio avançado ou médio de regeneração do bioma Mata Atlântica.

A infração prevista no art. 50 trata das florestas ou qualquer tipo de vegetação nativa ou de espécies nativas plantadas, objeto de especial preservação, cujo regime jurídico preveja exploração ou supressão, mediante autorização ou licença da autoridade ambiental competente, cabendo a multa de R$ 5.000,00 por hectare ou fração:

> Destruir ou danificar florestas ou qualquer tipo de vegetação nativa ou de espécies nativas plantadas, objeto de especial preservação, sem autorização ou licença da autoridade ambiental competente.

O art. 52, alterado pelo Decreto nº 6.686/08, trata das florestas e demais formas de vegetação fora da área de Reserva Legal, constituindo infração administrativa:

> Desmatar, a corte raso, florestas ou demais formações nativas, fora da reserva legal, sem autorização da autoridade competente.
>
> A multa prevista é de R$ 1.000,00 por hectare ou fração.

O art. 53 também trata das florestas e demais formas de vegetação fora da área de Reserva Legal, agora sob a ótica da exploração ou da imposição de um dano ambiental:

> Explorar ou danificar floresta ou qualquer tipo de vegetação nativa ou de espécies nativas plantadas, localizada fora de área de reserva legal averbada, de domínio público ou privado, sem aprovação prévia do órgão ambiental competente ou em desacordo com a concedida.

A multa fixada é de R$ 300,00, por hectare ou fração, ou por unidade, estéreo, quilo, mdc ou metro cúbico e se aplica também àquele que deixar de cumprir a reposição florestal obrigatória.[87]

A infração estabelecida no art. 54 e que enseja a aplicação da multa de R$ 500,00 por quilograma ou unidade consiste em:

> Adquirir, intermediar, transportar ou comercializar produto ou subproduto de origem animal ou vegetal produzido sobre área objeto de embargo.

Nos termos do parágrafo único do dispositivo, incluído pelo Decreto nº 6.686/08, a sua aplicação dependerá de prévia divulgação dos dados do imóvel rural, da área ou local embargado e do respectivo titular, limitada à área onde efetivamente ocorreu o ilícito.

A infração fixada no art. 56 refere-se à proteção da flora e paisagem e impõe ao infrator a multa de R$ 100,00 a R$ 1.000,00 por unidade ou metro quadrado:

> Destruir, danificar, lesar ou maltratar, por qualquer modo ou meio, plantas de ornamentação de logradouros públicos ou em propriedade privada alheia.

O art. 57 determina, como infração ambiental, passível da aplicação da multa de R$ 1.000,00 por unidade:

> Comercializar, portar ou utilizar em floresta ou demais formas de vegetação, motosserra sem licença ou registro da autoridade ambiental competente.

---

87. Decreto nº 6.514/08, art. 53, parágrafo único.

Nos termos do art. 58, *"fazer uso de fogo em áreas agropastoris sem autorização do órgão competente ou em desacordo com a obtida"* implica a imposição de multa de R$ 1.000,00 por hectare ou fração.

Os balões são objeto do art. 59, que estabelece como infração ambiental, cabendo a aplicação de multa de R$ 1.000,00 a R$ 10.000,00 por unidade a quem:

Fabricar, vender, transportar ou soltar balões que possam provocar incêndios nas florestas e demais formas de vegetação, em áreas urbanas ou qualquer tipo de assentamento humano.

Por fim, o art. 60 estabelece que as sanções administrativas previstas, aplicadas por infração contra a flora, serão aumentadas pela metade quando esta for consumada mediante o uso de fogo ou provocação de incêndio, exceto nos casos dos arts. 46[88] e 58[89] e quando a vegetação destruída, danificada, utilizada ou explorada contiver espécies ameaçadas de extinção, constantes de lista oficial.

15.8 USO E EXPLORAÇÃO DAS FLORESTAS PÚBLICAS

O Brasil é elogiado na comunidade internacional por seu ordenamento jurídico sobre meio ambiente vasto e completo. O trabalho de regulamentação da Política Nacional do Meio Ambiente vem sendo realizado de modo a abarcar as várias questões que compõem a intrincada e complexa matriz ambiental. Pode-se afirmar que a legislação ambiental brasileira é suficiente, hoje, para fundamentar todas as medidas necessárias à proteção prevista no art. 225 da Constituição.

Mas também se pode afirmar que não é apenas a edição de uma norma que confere efetividade aos propósitos ali fixados. Entre a edição de uma lei e o reflexo de seu conteúdo na qualidade do meio ambiente, há um longo caminho a percorrer.

No que se refere ao conteúdo das normas, parece ter ficado claro que a proteção do meio ambiente apenas por proibições deixa muito a desejar. É certo que a fiscalização e a aplicação de penalidades, instrumentos da Política Nacional do Meio Ambiente, são necessárias para coibir os abusos. Mas não são suficientes, em um país com dimensões continentais, uma diversidade biológica que representa 20% de toda a biodiversidade existente na biosfera e com disparidades socioeconômicas abissais, como é o caso do Brasil.

Para impedir uma atividade ilícita, em matéria ambiental, apenas a fiscalização, independentemente do número de pessoas alocadas nessa função, não solucionaria o problema. Os recursos financeiros utilizados para isso jamais seriam suficientes. Veja-se a questão do desmatamento e das queimadas na região amazônica. É preciso buscar novos caminhos para a aplicação das normas legais, com propostas positivas e não apenas proibições.

Nesse cenário, a Lei nº 11.284/06, que dispõe sobre a gestão de florestas públicas para produção sustentável, instituiu o Serviço Florestal Brasileiro (SFB) hoje na estrutura do Ministério do Desenvolvimento Regional[90] e criou o Fundo Nacional de Desenvolvimento

---

88. Decreto nº 6.514/08, art. 46: "Transformar madeira oriunda de floresta ou demais formas de vegetação nativa em carvão, para fins industriais, energéticos ou para qualquer outra exploração, econômica ou não, sem licença ou em desacordo com as determinações legais."
89. Decreto nº 6.514/08, art. 58: "Fazer uso de fogo em áreas agropastoris sem autorização do órgão competente ou em desacordo com a obtida."
90. Decreto nº 9.667, art. 47.

Florestal (FNDF), oferecendo uma proposta inovadora, na medida em que não estabelece apenas proibições, mas formula uma real política pública que, no mínimo, fornece campo para a discussão, ao invés de bater na tecla não sem importância, mas insuficiente, da fiscalização como único meio de impedir o dano ambiental e a degradação.

O SFB é o órgão gestor das concessões florestais em nível federal, cabendo-lhe gerir o Fundo Nacional de Desenvolvimento Florestal, entre outras competências relativas ao levantamento de dados e informações e elaboração do Inventário Florestal Nacional, o estímulo da prática de atividades florestais sustentáveis madeireira, não madeireira e de serviços, a promoção de estudos de mercado para produtos e serviços gerados pelas florestas e a propositura de planos de produção florestal sustentável, de forma compatível com as demandas da sociedade.

A Comissão de Gestão de Florestas Públicas, no âmbito do Ministério do Meio Ambiente, tem natureza consultiva, com as funções de exercer, na esfera federal, as atribuições de órgão consultivo previstas por esta Lei e, especialmente: (1) assessorar, avaliar e propor diretrizes para gestão de florestas públicas da União; (2) manifestar-se sobre o PAOF da União e (3) exercer as atribuições de órgão consultivo do SFB.[91]

São objetos da Lei nº 11.284/06 as Florestas Públicas. Trata-se de florestas, naturais ou plantadas, localizadas nos diversos biomas brasileiros, em áreas de domínio público pertencentes à União, aos Estados, aos Municípios, ao Distrito Federal ou a entidades da administração indireta.[92] Note-se que a norma aplica--se a todos os biomas brasileiros, incluindo a Amazônia, o Cerrado, o Pantanal, a Caatinga, os Pampas, a Mata Atlântica.

15.8.1 Modelos de gestão

A lei em análise estabelece regras para a gestão de tais áreas, com vistas à produção sustentável, em três modelos institucionais de gestão[93]:

Modelo 1: criação de florestas nacionais, estaduais e municipais, no âmbito do Sistema Nacional de Unidades de Conservação (SNUC) e a respectiva gestão direta, com a possibilidade de firmar convênios, termos de parceria, contratos ou instrumentos similares com terceiros, observados os procedimentos licitatórios e demais exigências legais pertinentes;

Modelo 2: destinação de florestas públicas às comunidades locais, por meio da criação de reservas extrativistas e reservas de desenvolvimento sustentável,[94] mediante concessão de uso para a execução de projetos de assentamento florestal, de desenvolvimento sustentável, agroextrativistas e similares;[95]

Modelo 3: concessão de áreas sob o domínio público com florestas naturais ou plantadas e as unidades de manejo das florestas nacionais.

Em dois dos três modelos institucionais de gestão, é prevista a transferência da posse das áreas objeto da lei a terceiros.[96] Esclareça-se que tal transferência não implica, em nenhuma hipótese, a transferência do domínio das áreas, que é regida por outras normas

---

91. Lei nº 11.284/06, art. 51.
92. Lei nº 11.284/06, art. 3º, I.
93. Lei nº 11.284/06, art. 4º.
94. Lei nº 9.985/2000.
95. Nos termos do art. 189 da Constituição Federal e das diretrizes do Programa Nacional de Reforma Agrária e outras formas previstas em lei.
96. No modelo nº 1, a previsão de participação de terceiros é parcial, pois a gestão é compartilhada com o Poder Público. E não ocorre transferência da posse.

legais e procedimentos específicos. Não há que se falar, dessa forma, na *privatização* das florestas.

A transferência de posse responde a duas questões, que merecem destaque: (1) o desmatamento desenfreado que ocorre na Amazônia e (2) a dificuldade que o Poder Público em todos os níveis enfrenta na defesa de seu patrimônio – bens dominiais –, ou seja, aqueles não utilizados efetivamente em finalidades públicas, o que ocasiona toda sorte de invasões, ocupações ilegais e degradação ambiental.

Dessa forma, independentemente dos meios adotados na lei para a gestão das florestas públicas, a transferência da posse a terceiros, obrigados por força de contrato, a ocupar essas áreas e utilizá-las, de acordo com o Plano de Manejo, já constitui um ponto positivo da lei em análise.

15.8.1.1 Modelo 1 – Criação de florestas nacionais

A **criação de florestas nacionais**,[97] estaduais ou municipais é prevista na Lei nº 9.985/2000. Trata-se de áreas com cobertura florestal de espécies predominantemente nativas e tem como objetivo básico o uso múltiplo sustentável dos recursos florestais e a pesquisa científica, com ênfase em métodos para exploração sustentável de florestas nativas.[98]

O modelo de gestão proposto na Lei sobre Florestas Públicas consiste na gestão direta do espaço, pelo órgão ou entidade responsável pela unidade de conservação, com a previsão da celebração de convênios, termos de parceria, contratos ou instrumentos similares com terceiros, para execução de atividades subsidiárias, observados os procedimentos licitatórios e demais exigências legais pertinentes.

Cabe salientar que nas Florestas Nacionais é admitida a permanência de populações tradicionais que as habitam quando de sua criação, em conformidade com o disposto em regulamento e no Plano de Manejo da unidade.[99] A lei do SNUC e seu regulamento não estabelecem nenhuma regra sobre tal previsão, ficando para os planos de manejo a definição das condições a serem observadas. Mais uma razão para o Plano de Manejo ser elaborado o mais rápido possível, para garantir a segurança jurídica das populações tradicionais.

Pela Lei nº 11.284/06, a presença ou a atuação de terceiros é prevista por meio de convênios, termos de parceria, contratos ou instrumentos similares. Todavia, a norma não faz a articulação com a presença das populações tradicionais, cabendo verificar como se organiza o espaço entre as populações tradicionais e os chamados *terceiros*, não definidos pela lei e que, por meio de processo de licitação, celebram com os órgãos gestores das UC os instrumentos jurídicos mencionados. Essa lacuna deve ser esclarecida, pois pode ser uma fonte de conflitos nesses espaços.

Os convênios, regidos pela Lei nº 8.666/93, consistem em instrumentos firmados entre pessoas jurídicas de direito público – União, Estados, Distrito Federal ou Municípios, com interesses comuns em um objetivo específico. A presença de entidades privadas na celebração de convênios pressupõe serem essas entidades sem fins lucrativos.[100] O instru-

---

97. Lei nº 11.284/06, art. 5º.
98. Lei nº 9.985/00, art. 17.
99. Lei nº 9.985/00, art. 17, § 2º.
100. MELLO, Celso Antônio Bandeira de. *Curso de direito administrativo*. 20. ed. São Paulo: Malheiros, 2006, p. 627.

mento de consórcio é adequado para formalizar as atividades relativas à pesquisa científica, um dos objetivos das florestas públicas.[101]

Os termos de parceria são os contratos celebrados entre a Administração Pública – órgão ou entidade gestora da Floresta Nacional – e uma Organização da Sociedade Civil de Interesse Público (OSCIP), pessoa jurídica de direito privado, sem fins lucrativos, cujos objetivos sociais e normas estatutárias sejam voltados à proteção ambiental, regida pela Lei nº 9.790, de 23-3-1999. A Lei do SNUC prevê expressamente essa forma de gestão compartilhada em seu art. 30.[102]

No que se refere à menção a demais contratos, a lei sobre Florestas Públicas não indica qual tipo de contratação seria, mas apenas ressalva a necessidade de licitação, não ficando claro, pois, se esses instrumentos estariam de fato relacionados com a gestão da unidade de conservação e execução do Plano de Manejo. A única referência que leva ao entendimento nessa linha refere-se aos prazos máximos dos contratos – 120 meses[103] –, período que excede os prazos definidos para os contratos de fornecimento ou prestação de serviços, previstos na Lei nº 8.666/93. Todavia, estes prazos foram ampliados pela Lei de Licitações e Contratos Administrativos, Lei nº 14.133, de 1-4-2021.

15.8.1.2 Modelo 2 – Reserva extrativista e reserva de desenvolvimento sustentável

O segundo modelo institucional proposto pela Lei nº 11.284/06 refere-se ainda às Unidades de Conservação. A ideia é que, nas áreas de domínio público, em que haja florestas ocupadas ou utilizadas por comunidades locais, sejam instituídas reservas extrativistas ou reservas de desenvolvimento sustentável, nos termos da Lei nº 9.985/2000, para destinação dos espaços a essas comunidades. É digno de nota que a Lei nº 11.284/06 define *comunidades locais* como *populações tradicionais e outros grupos humanos, organizados por gerações sucessivas, com estilo de vida relevante à conservação e à utilização sustentável da diversidade biológica.*[104]

A Reserva Extrativista é uma área utilizada por populações extrativistas tradicionais, cuja subsistência baseia-se no extrativismo e, complementarmente, na agricultura de subsistência e na criação de animais de pequeno porte, e tem como objetivos básicos proteger os meios de vida e a cultura dessas populações, e assegurar o uso sustentável dos recursos naturais da unidade.[105] *A exploração comercial de recursos madeireiros só será admitida em bases sustentáveis e em situações especiais e complementares às demais atividades desenvolvidas na Reserva Extrativista, conforme o disposto em regulamento e no Plano de Manejo da unidade.*[106]

A Reserva de Desenvolvimento Sustentável é uma área natural que abriga populações tradicionais, cuja existência baseia-se em sistemas sustentáveis de exploração dos recursos naturais, desenvolvidos ao longo de gerações e adaptados às condições ecológicas locais e que

---

101. Lei nº 9.985/00, art. 17, § 4º: *A pesquisa é permitida e incentivada, sujeitando-se à prévia autorização do órgão responsável pela administração da unidade, às condições e restrições por este estabelecidas e àquelas previstas em regulamento.*
102. Lei nº 9.985/00, art. 30: *As unidades de conservação podem ser geridas por organizações da sociedade civil de interesse público com objetivos afins aos da unidade, mediante instrumento a ser firmado com o órgão responsável por sua gestão.*
103. Lei nº 11.284/06, art. 5º, §1º.
104. Lei nº 11.284/06, art. 3º, X.
105. Lei nº 9.985/00, art. 18.
106. Lei nº 9.985/00, art. 18, § 7º.

desempenham um papel fundamental na proteção da natureza e na manutenção da diver-sidade biológica.[107]

O instrumento por meio do qual se formaliza a posse das comunidades locais é o contrato de concessão de direito real de uso, no qual as populações obrigam-se a partici-par da preservação, recuperação, defesa e manutenção da unidade de conservação. Dessa forma, além dos termos do contrato de concessão real de uso, a utilização dos recursos naturais pelas populações é regida pelas normas legais, pelo Plano de Manejo da Unidade de Conservação. Além disso, são vedados: (1) o uso de espécies localmente ameaçadas de extinção ou de práticas que danifiquem os seus *habitats* e (2) as práticas ou atividades que impeçam a regeneração natural dos ecossistemas.

Disso se tem que, em termos de efetividade de norma ambiental, há maior perspecti-va de proteção das Unidades de Conservação ocupadas por populações locais, na medida em que essas se obrigam contratualmente, perante o Poder Público, a respeitar as normas que regem a concessão de uso, e a cuidar da área, o que indiretamente impede ou mini-miza os riscos de ocorrência de invasões e degradação ambiental. Há que considerar que, havendo um contrato em vigor, em que a Administração Pública seja parte, vigora o *po-der-dever* de zelar pela execução do mesmo e pelo cumprimento das obrigações ali fixadas, sob pena de responsabilidade.

No segundo modelo, dessa forma, que em nada inova, posto que já constava de pre-visão na Lei do SNUC, pode-se indicar uma certa garantia de efetividade na proteção das florestas.

15.8.1.3   *Modelo 3 – Concessão florestal*

O terceiro modelo proposto é a única inovação contida na lei, correspondendo a uma verdadeira política pública de gestão de florestas e de áreas sob o domínio público, incluin-do parcelas das Florestas Nacionais. Nesse modelo, a ideia é transferir ao particular a posse da área, para que ele explore produtos e serviços florestais, contratualmente especificados, em unidade de manejo de floresta pública, com perímetro georreferenciado, registrada no respectivo cadastro de florestas públicas e incluída no lote de concessão florestal.[108]

15.8.2   Concessão florestal

A concessão florestal consiste na "*delegação onerosa, feita pelo poder concedente, do direito de praticar manejo florestal sustentável para exploração de produtos e serviços numa unidade de manejo, com perímetro georreferenciado, mediante licitação, à pessoa jurídica, em consórcio ou não, que atenda às exigências do respectivo edital de licitação e demonstre capacidade para seu desempenho, por sua conta e risco e por prazo determina-do*".[109]

O manejo florestal sustentável, nos termos da lei, constitui a

administração da floresta para a obtenção de benefícios econômicos, sociais e ambientais, respei-tando-se os mecanismos de sustentação do ecossistema objeto do manejo e considerando-se,

---

107. Lei nº 9.985/00, art. 20.
108. Lei nº 11.284/06, art. 14.
109. Lei nº 11.284/06, art. 3º, VII.

cumulativa ou alternativamente, a utilização de múltiplas espécies madeireiras, de múltiplos produtos e subprodutos não madeireiros, bem como a utilização de outros bens e serviços de natureza florestal.[110]

Os produtos florestais são *"produtos madeireiros e não madeireiros gerados pelo manejo florestal sustentável.*[111] Os serviços florestais são o *turismo e outras ações ou benefícios decorrentes do manejo e conservação da floresta, não caracterizados como produtos florestais"*.[112]

Trata-se da concessão de uso de bem público, para exploração dos recursos ambientais ali existentes, autorizada por ato do poder concedente,[113] mediante a realização de processo licitatório – concorrência com outorga a título oneroso[114] – regido pela Lei nº 8.666/93, substituída pela Lei nº Lei nº 14.133, de 1-4-2021, que dispõe sobre as normas gerais sobre licitações e contratos administrativos.

15.8.2.1 Requisitos e condicionantes da concessão florestal

Antes da realização do certame, há requisitos prévios a serem cumpridos. Em primeiro lugar, a área a ser objeto da concessão deve estar prevista no Plano Anual de Outorga Florestal (PAOF), devidamente submetido pelo órgão gestor ao órgão consultivo da respectiva esfera de governo. Em áreas da União, deve ser ouvida a Secretaria de Patrimônio da União do Ministério do Planejamento, Orçamento e Gestão, bem como o Conselho de Defesa Nacional, quando estiverem incluídas áreas situadas na faixa de fronteira.[115]

A decisão acerca da inclusão de determinada área no PAOF é ato discricionário, cabendo, porém, ao administrador considerar os itens estabelecidos no art. 11, que menciona os condicionantes dessa decisão administrativa. Dessa forma, destacam-se os seguintes itens que a decisão deve considerar:

as políticas e o planejamento para o setor florestal, a reforma agrária, a regularização fundiária, a agricultura, o meio ambiente, os recursos hídricos, o ordenamento territorial e o desenvolvimento regional;

o Zoneamento Ecológico-Econômico (ZEE) nacional e estadual e demais instrumentos que disciplinam o uso, a ocupação e a exploração dos recursos ambientais;

as áreas de convergência com as concessões de outros setores, conforme regulamento;

as normas e as diretrizes governamentais relativas à faixa de fronteira e outras áreas consideradas indispensáveis para a defesa do território nacional;

as políticas públicas dos Estados, dos Municípios e do Distrito Federal;

os Planos Anuais de Outorga Florestal (PAOF) dos demais entes da Federação.

Além disso, excluem-se da possibilidade de serem inseridas no Plano Anual de Outorga Florestal (PAOF) as Unidades de Conservação de proteção integral, as reservas de desenvolvimento sustentável, as reservas extrativistas, as reservas de fauna e as áreas de relevante interesse ecológico, salvo quanto a atividades expressamente admitidas no plano de manejo da Unidade de Conservação. Excluem-se também as terras indígenas, as áreas

---

110. Lei nº 11.284/06, art. 3º, VI.
111. Lei nº 11.284/06, art. 3º, III.
112. Lei nº 11.284/06, art. 3º, IV.
113. União, Estado, Distrito Federal ou Município.
114. Lei nº 11.284/06, art. 13, § 1º.
115. Lei nº 11.284/06, art. 10 e §§ 1º ao 3º.

ocupadas por comunidades locais e as áreas de interesse para a criação de Unidades de Conservação de proteção integral. Demais disso, o PAOF deverá prever zonas de uso restrito destinadas às comunidades locais.

A lei, ao estabelecer os itens a serem considerados na indicação das áreas de florestas passíveis de serem concedidas, assim como as exclusões, tange a obviedade, pois as normas específicas sobre Unidades de Conservação de proteção integral, assim como as reservas indígenas, caracterizadas como Área de Preservação Permanente,[116] não deixam dúvidas acerca da impossibilidade de seu uso para uma eventual concessão. Todavia, considerando a importância de tornar clara a delimitação do campo de abrangência das áreas que podem ser objeto de utilização pelo particular, entende-se que essa regra possui caráter didático.

15.8.2.2 Delimitação do objeto da concessão

A Lei nº 11.284/06 veda a inclusão, no âmbito das concessões florestais, de direito regidos por outras normas legais e sujeitas ao controle em procedimentos específicos.

A concessão não altera, em nenhuma hipótese, a titularidade imobiliária ou dá preferência em sua aquisição. Os espaços concedidos permanecem sob o domínio público. O concessionário não adquire qualquer acesso ao patrimônio genético para fins de pesquisa e desenvolvimento, bioprospecção ou constituição de coleções. O objeto do contrato deve ser claramente definido.

Tampouco a concessão confere outorga de direito de uso de recursos hídricos. A outorga constitui procedimento específico, conforme previsto na Lei nº 9.433/97, o que se aplica da mesma forma aos recursos minerais, à exploração de recursos pesqueiros ou da fauna silvestre. Nem se autoriza a comercialização de créditos decorrentes da emissão evitada de carbono em florestas naturais.

Em suma, a lista dos direitos excluídos do objeto da concessão florestal possui caráter didático, na medida em que normas específicas regem cada uma das matérias mencionadas. Ainda que esses direitos estivessem expressamente mencionados na lei, eles não poderiam ser transferidos ao concessionário. Consoante o princípio da legalidade, a Administração Pública somente pode transferir, na concessão florestal, direitos expressamente previstos e devidamente regulamentados.

A lei também exclui do objeto da concessão os produtos de uso tradicional e de subsistência para as comunidades locais, cabendo explicitá-los no edital, juntamente com a definição das restrições e da responsabilidade pelo manejo das espécies das quais derivam esses produtos, bem como por eventuais prejuízos ao meio ambiente e ao poder concedente.[117]

Trata-se de uma proteção explícita ao direito da população, em especial das comunidades locais, de acesso às florestas públicas e aos benefícios decorrentes de seu uso e conservação, princípio fixado no art. 2º, III, da Lei nº 11.284/06.

---

116. A Lei nº 6.001, de 19-12-1973, que dispõe sobre o Estatuto do Índio, determina que as terras indígenas caracterizam-se legalmente como Áreas de Preservação Permanente (APP).
117. Lei nº 11.284/06, art. 17.

15.8.2.3 Licenciamento ambiental

Antes da fase externa da licitação, ou seja, antes da publicação do edital, deve ainda o órgão gestor providenciar o licenciamento do uso sustentável junto ao órgão ambiental competente, exigindo-se o Estudo de Impacto Ambiental nos casos potencialmente causadores de significativa degradação do meio ambiente, considerando-se, entre outros aspectos, a escala e a intensidade do manejo florestal e a peculiaridade dos recursos ambientais. Pode-se optar pela realização de Relatório Ambiental Preliminar e EIA que abranjam diferentes unidades de manejo integrantes de um mesmo lote de concessão florestal, desde que as unidades se situem no mesmo ecossistema e no mesmo Estado.[118]

A emissão da Licença Prévia autoriza a elaboração do Plano de Manejo Florestal Sustentável (PMFS) e, no caso de unidade de manejo[119] inserida no Plano Anual de Outorga Florestal (PAOF), a licitação para a concessão florestal.

A partir daí deve o órgão ou entidade competente elaborar o edital e seus anexos, como a minuta do contrato de concessão, e proceder à respectiva publicação, visando à apresentação das propostas. Previamente ao seu lançamento, contudo, o edital será submetido a audiência pública.[120]

15.8.2.4 Processo de licitação

O processo de licitação tem por objetivo, basicamente, escolher aquele que celebrará contrato administrativo com a Administração Pública. Considerando a importância dos objetivos da Lei sobre Gestão de Florestas Públicas, e suas finalidades subjacentes, relacionadas com a proteção da biodiversidade, das comunidades tradicionais, do patrimônio público, entre outros, a fase de escolha do concessionário de uma floresta é de fundamental importância, pois é nesse momento que se inicia, verdadeiramente, o processo de proteção ambiental da floresta.

Há que considerar que o objetivo precípuo da lei é proteger o meio ambiente. Permitir o uso sustentável da floresta é muito mais uma estratégia adotada pelo Poder Público para impedir a degradação descontrolada que propriamente um negócio lucrativo para a Administração. Daí a necessidade de uma escolha adequada do concessionário.

O fato de a lei ser explícita ao restringir a habilitação a pessoas jurídicas constituídas sob as leis brasileiras com sede e administração no país não impede que grupos estrangeiros, por intermédio de empresas constituídas sob o direito pátrio e com sede no Brasil, mas sob seu controle, participem da licitação. Todavia, mais importante que a nacionalidade do controlador da futura concessionária é a idoneidade do licitante, representada por sua capacidade financeira, sua regularidade fiscal e sobretudo sua capacidade para elaborar uma proposta técnica adequada e cumprir, à risca, o Plano de Manejo Florestal Sustentável (PMFS), executando o objeto do contrato de concessão nos termos estabelecidos.

Nos requisitos de habilitação inclui-se a comprovação de ausência de débitos inscritos na dívida ativa relativos a infração ambiental nos órgãos competentes integrantes do

---

118. Lei nº 11.284/06, art. 18, § 2º.
119. Lei nº 11.284/06, art. 3º, VIII: "Unidade de manejo: perímetro definido a partir de critérios técnicos, socioculturais, econômicos e ambientais, localizado em florestas públicas, objeto de um Plano de Manejo Florestal Sustentável – (PMFS), podendo conter áreas degradadas para fins de recuperação por meio de plantios florestais".
120. Lei nº 11.284/06, art. 20, § 2º.

SISNAMA. Essa regra implica a integração dos sistemas de informação federais, estaduais e, em princípio, municipais, já que o SISNAMA tem âmbito nacional. Há que definir como deverá ser comprovada essa ausência de débitos.

No âmbito de todo o processo de contratação, há dois fatores importantes a considerar no que se refere à efetividade da Lei sobre Gestão de Florestas Públicas: as questões técnicas e os aspectos econômicos da concessão. Essas matérias já são consideradas no edital.

No que se refere ao conteúdo mínimo do instrumento convocatório, fixado no art. 20, além das regras de cunho administrativo necessárias à realização do procedimento licitatório, cabe destacar:

o objeto, com a descrição dos produtos e dos serviços a serem explorados, e que vinculam a atuação do concessionário, ao longo da vigência do contrato;

a delimitação espacial da unidade de manejo; os resultados do inventário amostral;

o prazo da concessão e as condições de prorrogação;

a descrição da infraestrutura disponível;

a descrição das condições necessárias à exploração sustentável dos produtos e serviços florestais;

o preço mínimo da concessão e os critérios de reajuste e revisão;

a descrição das garantias financeiras e dos seguros exigidos, incluindo a cobertura de eventuais danos causados ao meio ambiente, ao erário e a terceiros e, conforme regulamento, a cobertura do desempenho do concessionário em termos de produção florestal;

a minuta do respectivo contrato.

A descrição das condições necessárias à exploração sustentável dos produtos e serviços florestais consiste em um dos documentos a serem considerados pelo licitante, na formulação de sua proposta técnica. O nível de exigência, fixado pela Administração, é a tônica da proposta técnica, que vincula a atuação do concessionário, na execução do objeto do contrato.

O estabelecimento das garantias financeiras e seguros impõe o nível de capacidade econômica do licitante, assim como determina o grau de segurança para o financiamento de uma eventual recuperação de dano ambiental, independentemente das sanções contratuais e legais impostas ao concessionário, se isso vier a ocorrer. A lei é expressa ao determinar que o poder concedente exigirá garantias suficientes e compatíveis com os ônus e riscos envolvidos nos contratos de concessão florestal. Cabe lembrar, todavia, que o art. 56 da Lei nº 8.666/93 estabelece como limite máximo para o valor das garantias contratuais o percentual de 10% sobre o valor da contratação. Esse percentual é o que vigora, pois não se alterou tal percentual na Lei nº 11.284/06, o que limita sensivelmente o grau de segurança previsto.

Para contratos de grande vulto, cujo valor estimado ultrapassar a R$200 milhões, a Lei nº 14.133, de 1-4-2021, Lei de Licitações e Contratos Administrativos, prevê garantia contratual de até 30% do valor inicial do contrato, [121]

No que se refere aos critérios de seleção, a melhor proposta será considerada em razão da combinação dos seguintes critérios:

---

121. Lei nº 14.133/21, art. 99: *Nas contratações de obras e serviços de engenharia de grande vulto, poderá ser exigida a prestação de garantia, na modalidade seguro-garantia, com cláusula de retomada prevista no art. 102 desta Lei, em percentual equivalente a até 30% (trinta por cento) do valor inicial do contrato.*

o maior preço ofertado como pagamento ao poder concedente pela outorga da concessão florestal;

a melhor técnica, considerando:

a) o menor impacto ambiental;

b) os maiores benefícios sociais diretos;

c) a maior eficiência;

d) a maior agregação de valor ao produto ou serviço florestal na região da concessão.[122]

Embora o § 1º do art. 26 da Lei sobre Florestas Públicas mencione que a aplicação dos critérios será previamente estabelecida no edital de licitação, com regras e fórmulas precisas para avaliação ambiental, econômica, social e financeira, cabem algumas observações sobre a variável *maior preço*, nesse tipo de licitação.

A Lei nº 8.666/93 prevê três critérios de julgamento de propostas: *menor preço, melhor técnica* e *técnica e preço*, sendo que os efetivamente utilizados são o *menor preço* e o *técnica e preço*, este último consistindo em uma composição das duas variáveis, atribuindo-se pesos a cada um deles[123]. Inexiste, na Lei de Licitações, o critério único de melhor técnica, porque fundamentalmente está-se tratando de despesa e não de receita pública. Nada impediria que a Lei nº 11.284/06 introduzisse, de antemão, um critério de julgamento específico.

Em que pese a importância da proposta técnica, em contratações usuais o Poder Público não pode prescindir do cômputo do valor que será pago pela prestação do serviço, realização da obra ou fornecimento de bens. A Lei nº 4.320/64, que dispõe sobre as Normas Gerais de Direito Financeiro, e a Lei Complementar nº 101/2000 – Lei de Responsabilidade Fiscal – exigem a previsão dos valores a serem alocados nas contratações. A razão para isso é que se está cogitando de despesa, que consiste *"na aplicação de recursos mediante a qual qualquer organização, independentemente de sua natureza jurídica, procura alcançar seus objetivos e, consequentemente, cumprir com a sua missão"*.[124]

O art. 15[125] da Lei nº 8.987/95, que dispõe sobre as concessões de serviços públicos, também estabelece critérios de julgamento, incluindo valores relativos a tarifas e oferta de pagamento pela outorga.[126] Nesse caso, o entendimento é o de que a licitação se refere a um negócio, submetido a uma equação econômico-financeira. O preço oferecido pelo licitante faz parte dessa equação.

Já a hipótese da Lei nº 11.284/06 é distinta. O objeto da concessão é o manejo de um recurso ambiental, assim considerado no art. 3º, V, da Lei nº 6.938/81. A flora submete-se à tutela das normas ambientais. Dessa forma, muito pouco interesse público pode haver no oferecimento de um preço pela outorga da concessão florestal, se comparado ao direito de

---

122. Lei nº 11.284/06, art. 26.

123. A Nova Lei de Licitações e Contratos Administrativos – Lei nº 14.133/21 –, ao tratar dos critérios de julgamento das propostas, prevê os seguintes critérios em seu artigo 33: *"I - menor preço; II - maior desconto; III - melhor técnica ou conteúdo artístico; IV - técnica e preço; V - maior lance, no caso de leilão; VI - maior retorno econômico."*

124. MACHADO, J. Teixeira; REIS, Heraldo da Costa. *A Lei 4.320 comentada*. 30. ed. Rio de Janeiro: IBAM, 2000/2001, p. 133.

125. Modificado pela Lei nº 6.948/98.

126. Lei nº 8.987/95, art. 15: "No julgamento da licitação será considerado um dos seguintes critérios: I – o menor valor da tarifa do serviço público a ser prestado; II – a maior oferta, nos casos de pagamento ao poder concedente pela outorga da concessão; III – a combinação, dois a dois, dos critérios referidos nos incisos I, II e VII; IV – melhor proposta técnica, com preço fixado no edital; V – melhor proposta em razão da combinação dos critérios de menor valor da tarifa do serviço público a ser prestado com o de melhor técnica; VI – melhor proposta em razão da combinação dos critérios de maior oferta pela outorga da concessão com o de melhor técnica; ou VII – melhor oferta de pagamento pela outorga após qualificação de propostas técnicas."

todos ao meio ambiente ecologicamente equilibrado, previsto no art. 225 da Constituição Federal.

Evidentemente, há um regime econômico e financeiro da concessão ambiental e valores a serem pagos pela concessionária:

o pagamento de preço calculado sobre os custos de realização do edital de licitação da concessão florestal da unidade de manejo;

o pagamento de preço, não inferior ao mínimo definido no edital de licitação, calculado em função da quantidade de produto ou serviço auferido do objeto da concessão ou do faturamento líquido ou bruto;

a responsabilidade do concessionário de realizar outros investimentos previstos no edital e no contrato; e

a indisponibilidade, pelo concessionário, salvo disposição contratual, dos bens considerados reversíveis.[127]

Tais valores serão cobrados ao longo da execução do contrato. A questão que se coloca é a duvidosa necessidade de incluir um valor ofertado pelo licitante pela outorga da concessão, em detrimento da qualidade de uma proposta técnica, como critério de julgamento. Impor um valor monetário no momento da escolha de alguém que poderá explorar por anos uma área de domínio público coberta de floresta é desvio de finalidade. O que deve ser vislumbrado, na escolha de uma proposta técnica, é a sua qualidade. Não pode o preço dessa outorga alterar um julgamento que, em função da finalidade explicitada, só pode ser de natureza técnica.

Nessa ordem de ideias, deve-se considerar que, para dirimir esse impasse, não seria necessário alterar a lei, mas apenas adotar, nos editais, ponderações da ordem de 9 para 1, por exemplo, na relação proposta técnica-preço, pois esse tipo de ponderação minimizaria a importância do fator *preço ofertado*, privilegiando a proposta técnica.

Essa decisão de estabelecer a ponderação entre as notas da proposta técnica e a proposta comercial é discricionária. Todavia, cabe ao administrador público buscar a alternativa mais próxima da finalidade da licitação: a garantia de que a melhor proposta apresentada não seja preterida em função de um valor monetário oferecido para obter o direito de explorar a floresta objeto do certame. Se a questão em pauta é a efetividade da lei, o oferecimento do preço pela outorga da concessão contraria as finalidades propostas.

15.8.2.5 *Contrato de concessão*

Vencido o certame, as partes celebram um contrato de concessão, onde estão fixadas todas as cláusulas e condições já previstas no edital da licitação. Releva notar que se trata de um contrato administrativo, adstrito às normas do direito público, tendo o administrador o poder-dever de proceder à gestão do contrato, garantindo seu cumprimento de acordo estritamente com o edital, o contrato, o Plano de Manejo e a legislação em vigor.

O poder concedente é o ente federativo que detém o domínio da área objeto da concessão: União, Estado, Distrito Federal ou Município. Todavia, quem efetua a gestão do contrato é o órgão ou entidade a quem foi conferida legalmente essa competência, pelo

---

127. Lei nº 11.284/06, art. 36.

Ente Federativo. Deve ser nomeado um servidor para essa tarefa específica. O concessionário é a pessoa vencedora do certamente licitatório.

Determina o art. 27 da Lei nº 11.284/06 que, para cada unidade de manejo licitada, será assinado um contrato de concessão exclusivo com um único concessionário, que será responsável por todas as obrigações nele previstas, além de responder pelos prejuízos causados ao poder concedente, ao meio ambiente ou a terceiros, sem que a fiscalização exercida pelos órgãos competentes exclua ou atenue essa responsabilidade.

Constituem obrigações do concessionário, entre outras:

1. elaborar e executar o PMFS, conforme previsto nas normas técnicas aplicáveis e especificações do contrato;

2. evitar ações ou omissões passíveis de gerar danos ao ecossistema ou a qualquer de seus elementos;

3. informar imediatamente a autoridade competente no caso de ações ou omissões próprias ou de terceiros ou fatos que acarretem danos ao ecossistema, a qualquer de seus elementos ou às comunidades locais;

4. recuperar as áreas degradadas, quando identificado o nexo de causalidade entre suas ações ou omissões e os danos ocorridos, independentemente de culpa ou dolo, sem prejuízo das responsabilidades contratuais, administrativas, civis ou penais;

5. cumprir e fazer cumprir as normas de manejo florestal, as regras de exploração de serviços e as cláusulas contratuais da concessão;

6. garantir a execução do ciclo contínuo, iniciada dentro do prazo máximo fixado no edital;

7. buscar o uso múltiplo da floresta, nos limites contratualmente definidos e observadas as restrições aplicáveis às áreas de preservação permanente e as demais exigências da legislação ambiental;

8. realizar as benfeitorias necessárias na unidade de manejo;

9. executar as atividades necessárias à manutenção da unidade de manejo e da infraestrutura;

10. comercializar o produto florestal auferido do manejo;

11. executar medidas de prevenção e controle de incêndios;

12. monitorar a execução do PMFS;

13. zelar pela integridade dos bens e benfeitorias vinculados à unidade de manejo concedida;

14. elaborar e disponibilizar o relatório anual sobre a gestão dos recursos florestais ao órgão gestor, nos termos definidos no contrato;

15. permitir amplo e irrestrito acesso aos encarregados da fiscalização e auditoria, a qualquer momento, às obras, aos equipamentos e às instalações da unidade de manejo, bem como à documentação necessária para o exercício da fiscalização;

16. realizar os investimentos ambientais e sociais definidos no contrato de concessão;

17. manter atualizado o inventário e o registro dos bens vinculados à concessão.[128]

No final da vigência do contrato de concessão, o concessionário fica obrigado a devolver a unidade de manejo ao poder concedente nas condições previstas no contrato de concessão, sob pena de aplicação das sanções contratuais e administrativas, bem como da responsabilização nas esferas penal e civil, inclusive a decorrente da Lei nº 6.938/81,[129] relativa a danos ambientais.

O regime jurídico da concessão florestal prevê, ainda, que, independentemente das ações de fiscalização ordinárias, *"as concessões serão submetidas a auditorias florestais, de*

---

128. Lei nº 11.284/06, art. 31.
129. Lei nº 11.284/06, art. 31, § 3º.

caráter independente, em prazos não superiores a três anos, cujos custos serão de responsabilidade do concessionário"[130] e que devem ser reconhecidas por ato administrativo do órgão gestor.[131]

Trata-se de um mecanismo de controle eficiente, pois decorre de obrigação contratual. Esse controle corre paralelo à atuação do Poder Público, no exercício do poder de polícia. Uma coisa não exclui a outra, pois os focos são diferentes: a auditoria controla o cumprimento do contrato de concessão e a fiscalização ordinária verifica o cumprimento da legislação ambiental.

Ainda como medida de efetividade, a lei fixa os termos das conclusões da auditoria, não deixando margens a dúvidas causadas por informações nem sempre precisas, perdidas em relatórios extensos:

constatação de regular cumprimento do contrato de concessão, a ser devidamente validada pelo órgão gestor;

constatação de deficiências sanáveis, que condiciona a manutenção contratual ao saneamento de todos os vícios e irregularidades verificados, no prazo máximo de seis meses;

constatação de descumprimento, que, devidamente validada, implica a aplicação de sanções segundo sua gravidade, incluindo a rescisão contratual.[132]

No que tange ao princípio que garante o acesso livre de qualquer indivíduo às informações referentes à gestão de florestas públicas, incluído no inciso V do art. 2º, qualquer pessoa física ou jurídica, de forma justificada e devidamente assistida por profissionais habilitados, poderá fazer visitas de comprovação às operações florestais de campo, sem obstar o regular desenvolvimento das atividades, observadas a prévia obtenção de licença de visita no órgão gestor e a programação prévia com o concessionário.[133]

15.8.3 Instrumentos econômicos

Um ponto relevante da Lei nº 11.284/06 consiste na instituição de instrumentos econômicos que podem dar sustentabilidade à política instituída. Para tanto, estabelece-se um sistema de pagamentos pelo concessionário, sendo que os valores arrecadados serão aplicados em atividades relativas à proteção de Unidades de Conservação e de florestas.

É criado também o Fundo Nacional de Desenvolvimento Florestal (FNDF), de natureza contábil, gerido pelo Serviço Florestal Brasileiro (SFB) e destinado a fomentar o desenvolvimento de atividades sustentáveis de base florestal no Brasil e a promover a inovação tecnológica do setor.[134]

Tendo em vista que não se pode falar em proteção ambiental sem considerar a necessidade de aplicação de recursos financeiros, a Lei nº 11.284/06 cumpre a função de estabelecer, desde logo, a fonte de financiamento das ações necessárias à efetividade da norma.

No que se refere às questões sobre direito da concorrência, cabe ao órgão gestor:

---

130. Lei nº 11.284/06, art. 42.
131. Lei nº 11.284/06, art. 42, § 3º.
132. Lei nº 11.284/06, art. 42, § 2º.
133. Lei nº 11.284/06, art. 43, I e II.
134. Lei nº 11.284/06, art. 41. O Fundo Nacional de Desenvolvimento Florestal foi regulamentado pelo Decreto nº 7.167, de 5-5-2010.

atuar em estreita cooperação com os órgãos de defesa da concorrência, com vistas em impedir a concentração econômica nos serviços e produtos florestais e na promoção da concorrência;

incentivar a competitividade e zelar pelo cumprimento da legislação de defesa da concorrência, monitorando e acompanhando as práticas de mercado dos agentes do setor florestal;

efetuar o controle prévio e *a posteriori* de atos e negócios jurídicos a serem celebrados entre concessionários, impondo-lhes restrições à mútua constituição de direitos e obrigações, especialmente comerciais, incluindo a abstenção do próprio ato ou contrato ilegal;

promover ações para a disciplina dos mercados de produtos florestais e seus derivados, em especial para controlar a competição de produtos florestais de origem não sustentável.[135]

15.8.4 Efetividade da lei

O sistema contratual, em gestão ambiental, tem a vantagem de ser claro e objetivo das condições, obrigações e responsabilidades estabelecidas. A subjetividade é inimiga do atendimento ao interesse público, pois muitas vezes fere a transparência das decisões administrativas, podendo causar sua nulidade.

Além disso, ficam claramente identificadas no contrato as pessoas responsáveis pelo cumprimento das cláusulas e condições contratuais, de ambos os lados: o representante do concessionário e o gestor do contrato, ambos nomeados especificamente para isso.

O acompanhamento e a fiscalização da execução dos contratos públicos, como é o caso dos instrumentos previstos na Lei nº 11.284/06, são fatores de efetividade da norma e constituem *poder-dever* da Administração, em decorrência do princípio da indisponibilidade do interesse público.

Destacam-se, entre as competências dos órgãos gestores federal, estaduais e municipais, fixadas no art. 53:

1. disciplinar a operacionalização da concessão florestal;

2. gerir e fiscalizar os contratos de concessão florestal;

3. controlar e cobrar o cumprimento das metas fixadas no contrato de concessão;

4. acompanhar e intervir na execução do PMFS, nos casos e condições previstos na Lei;

5. fixar e aplicar as penalidades administrativas e contratuais impostas aos concessionários, sem prejuízo das atribuições dos órgãos do SISNAMA responsáveis pelo controle e fiscalização ambiental;

6. indicar ao poder concedente a necessidade de extinção da concessão, nos casos previstos na Lei e no contrato;

7. estimular o aumento da qualidade, produtividade, rendimento e conservação do meio ambiente nas áreas sob concessão florestal;

8. dispor sobre a realização de auditorias florestais independentes, conhecer seus resultados e adotar as medidas cabíveis, conforme o resultado;

9. disciplinar o acesso às unidades de manejo;

10. conhecer e julgar recursos em procedimentos administrativos;

11. reconhecer em ato administrativo as entidades que poderão realizar auditorias florestais; e

12. estimular a agregação de valor ao produto florestal na região em que for explorado.

---

135. Lei nº 11.284/06, art. 53, XVII, XVIII, XIX e XXI.

O poder de polícia consiste em atividade estatal, de controle das atividades, com vistas a evitar danos que possam prejudicar a sociedade. Decorre de lei e é atribuição exclusiva da Administração Pública, nos limites legalmente estabelecidos.

A destinação de uma floresta em área sob domínio público a um particular, seja uma associação ou cooperativa, seja a uma empresa, não transfere e muito menos exclui a competência do Poder Público para o exercício do poder de polícia ambiental. Nessa linha, determina o art. 50 da Lei nº 11.284/06 que caberá aos órgãos do SISNAMA responsáveis pelo controle e fiscalização ambiental das atividades florestais em suas respectivas jurisdições:

fiscalizar e garantir a proteção das florestas públicas;

efetuar em qualquer momento, de ofício, por solicitação da parte ou por denúncia de terceiros, fiscalização da unidade de manejo, independentemente de prévia notificação;

aplicar as devidas sanções administrativas em caso de infração ambiental;

expedir a licença prévia para uso sustentável da unidade de manejo das respectivas florestas públicas e outras licenças de sua competência;

aprovar e monitorar o PMFS da unidade de manejo das respectivas florestas públicas.

Em âmbito federal, o IBAMA exercerá as atribuições previstas para a fiscalização, devendo atuar conjuntamente com os órgãos seccionais e locais do SISNAMA para a fiscalização e proteção das florestas públicas, podendo firmar convênios ou acordos de cooperação. Prevê a lei, também, que os órgãos seccionais e locais podem delegar ao IBAMA, mediante convênio ou acordo de cooperação, a aprovação e o monitoramento do PMFS das unidades de manejo das florestas públicas estaduais ou municipais e outras atribuições.

Disso decorre a necessidade de cooperação e articulação institucional entre os órgãos responsáveis pelo exercício do poder de polícia e os órgãos gestores dos contratos de concessão, na medida em que ambos atuam em um mesmo espaço físico, ou seja, a floresta pública. Trata-se de outra medida de efetividade das normas.

16

ÁGUAS

16.1 IMPORTÂNCIA E RISCOS

A água, considerada o bem mais precioso do século XXI, está ameaçada de **escassez**, em escala mundial, o que constitui um dos principais problemas do milênio.

A **distribuição** de água no mundo, longe de ser homogênea, evidencia a necessidade de políticas nacionais e internacionais competentes para o gerenciamento, racionalização e controle de seu uso: em números aproximados, 97,5% da água existente é salgada e 2,5% doce, sendo que, destes 2,5%, apenas 0,3%, correspondentes à água dos rios e lagos, são renováveis. O restante encontra-se nas calotas polares, no gelo e na neve das montanhas.[1]

Com o aumento da população mundial, o desmatamento e o mau uso dos recursos ambientais, iniciou-se uma nova era, na qual a água, antes considerada um recurso ilimitado, é entendida hoje como um bem escasso de valor econômico, que enseja uma utilização cuidadosa e planejada, sob pena de ocorrerem prejuízos ao meio ambiente, à saúde pública e aos próprios recursos hídricos, pondo em risco a vida no planeta. Lembre-se de que a quantidade de água existente na Terra é a mesma desde o aparecimento da primeira manifestação de vida.

A **Agenda 21**, em seu capítulo 18, propõe ações voltadas a um **gerenciamento sustentável**, com o objetivo de "*assegurar que se mantenha uma oferta adequada de água de boa qualidade para toda a população do planeta, ao mesmo tempo em que se preservem as funções hidrológicas, biológicas e químicas dos ecossistemas, adaptando as atividades humanas aos limites da capacidade da natureza e combatendo vetores de moléstias relacionadas com a água. Tecnologias inovadoras, inclusive o aperfeiçoamento de tecnologias nativas, são necessárias para aproveitar plenamente os recursos hídricos limitados e protegê-los da poluição*".[2]

A **Agenda 2030**, por sua vez, estabeleceu o "Objetivo 6. Água Potável e Saneamento", que visa *assegurar a disponibilidade e a gestão sustentável da água e saneamento para todos*, e o "Objetivo 14. Vida na Água", que busca *conservar e promover o uso sustentável dos oceanos, dos mares e dos recursos marinhos para o desenvolvimento sustentável*.[3]

---

1. SHIKLOMANOV, Igor. World fresh water resources. In: GLEICK, Peter H. (Ed.). *Water in crisis*: A GUIDE TO THE WORLD'S FRESH WATER RESOURCES, 1993, apud IRACHANDE, Aninho M.; CHRISTOFIDIS, Demetrios. *Política nacional de recursos hídricos*: princípios fundamentais. (Fascículos de Ciências Penais, 4/3); SANTILLI, Juliana. *7º Congresso Internacional de Direito Ambiental*: Direito, Água e Vida. São Paulo: Instituto O Direito por um Planeta Verde, 2003. v. 1, p. 647.
2. Ministério do Meio Ambiente. *Agenda 21, 18.2*. Disponível em: <https://antigo.mma.gov.br/responsabilidade-socioambiental/agenda-21/agenda-21-global/item/670.html>. Acesso em: 12 mar. 2024.
3. Plataforma Agenda 2030. *Os 17 Objetivos de Desenvolvimento Sustentável* Disponível em: <https://brasil.un.org/sites/default/files/2020-09/agenda2030-pt-br.pdf>. Acesso em: 12 mar. 2024.

O Brasil ocupa uma posição de destaque em relação à água, correspondente a 12% da disponibilidade mundial,[4] ou seja, 180 mil m³/s, em relação a 1,5 milhão de m³/s. Se forem consideradas as vazões provenientes de território estrangeiro – Bacia Amazônica, Uruguai e Paraguai –, a vazão brasileira alcança o índice de 18% da disponibilidade hídrica mundial. Todavia, a distribuição da rede hidrológica do Brasil não corresponde à distribuição espacial da sua população.

As maiores vazões ocorrem na **bacia Amazônica**,[5] que abrange uma área de, aproximadamente, 6 milhões de km² e se estende por sete países: Brasil, Colômbia, Bolívia, Equador, Guiana, Peru e Venezuela. A Região Hidrográfica Amazônica está inserida na bacia Amazônica, mas se limita ao território brasileiro, possuindo uma área aproximada de 3.870 mil km². Divide-se em 29 unidades hidrográficas e abrange 313 munícipios (274 sedes municipais). Destes, somente 24 possuem mais de 50.000 habitantes, segundo o último Censo Demográfico (IBGE, 2010). A população total é de, aproximadamente, 9,7 milhões de habitantes e a populacional média é muito baixa, de 2,51 hab./km², cerca de 10 vezes menor do que a média nacional (22,4 hab./km2). Contudo, a disponibilidade hídrica superficial é de 73.748 m³/s, o que corresponde a 81% da disponibilidade superficial do país (91.071 m³/s). A vazão média é de 132.145 m³/s, correspondendo a 74% da vazão média nacional (179.516 m³/s).[6]

Já a **bacia hidrográfica do rio Paraná** ocupa uma área de aproximadamente 879.873 km² (10% do território nacional), abrangendo sete Unidades Hidrográficas: São Paulo, Paraná, Mato Grosso do Sul, Minas Gerais, Goiás, Santa Catarina e Distrito Federal. Apresenta grande importância no contexto nacional, pois representa a região de maior desenvolvimento econômico do país, bem como possui as maiores demandas por recursos hídricos do país, tendo como destaque o uso industrial. A bacia hidrográfica do Paraná possui 1.507 munícipios, sendo 1402 com sedes municipais inseridas na região, com uma população total de, aproximadamente, 61,3 milhões de habitantes (IBGE, 2010), predominantemente urbana (93%), cuja densidade populacional média alcança 69,7 hab./km². A disponibilidade hídrica superficial é de 5.956 m³/s, o que corresponde a 6,5% da disponibilidade superficial do país (91.071 m³/s), enquanto a vazão média é de 11.831 m³/s, correspondendo a 6,6% da vazão média nacional (179.516 m³/s).[7]

A **bacia hidrográfica do rio São Francisco** ocupa uma área de aproximadamente 638.466 km², o que corresponde à 7,5% do território nacional, abrangendo sete Unidades da Federação: Bahia, Minas Gerais, Pernambuco, Alagoas, Sergipe, Goiás, e Distrito Federal. Possui 503 munícipios, sendo 452 com a população total de 14,3 milhões de habitantes da região (IBGE, 2010), cuja densidade populacional média é de 22,4 hab./km², igual à média brasileira, A disponibilidade hídrica superficial é de 1.886 m³/s, o que corresponde

---

4. MINISTÉRIO DO MEIO AMBIENTE; AGÊNCIA NACIONAL DE ÁGUAS; PROGRAMA DAS NAÇÕES UNIDAS PARA O MEIO AMBIENTE. *GEO Brasil*: recursos hídricos – componente de relatórios sobre o estado e perspectivas do meio ambiente no Brasil. Brasília: MMA, ANA, 2007, p. 27.
5. Nessa informação, não se incluíram os dados da bacia do rio Tocantins.
6. AGÊNCIA NACIONAL DE ÁGUAS. *Conjuntura dos recursos hídricos no Brasil: regiões hidrográficas brasileiras – Edição Especial*. Brasília: ANA, 2015. p. 17. Disponível em: <http://www.snirh.gov.br/portal/snirh/centrais-de-conteudos/conjuntura-dos-recursos-hidricos/regioeshidrograficas2014.pdf>. Acesso em: 12 mar. 2024.
7. AGÊNCIA NACIONAL DE ÁGUAS. *Conjuntura dos recursos hídricos no Brasil: regiões hidrográficas brasileiras – Edição Especial*. Brasília: ANA, 2015. p. 97-98. Disponível em: <http://www.snirh.gov.br/portal/snirh/centrais-de-conteudos/conjuntura-dos-recursos-hidricos/regioeshidrograficas2014.pdf>. Acesso em: 12 mar. 2024.

a 2,07% da disponibilidade superficial do país (91.071 m³/s). A vazão média é de 2.846 m³/s, correspondendo a 1,58% da vazão média nacional (179.516 m³/s).[8]

Esses dados demonstram que, embora o Brasil seja um país com importante rede hidrológica, a ocorrência de conflitos pelo uso da água é um risco permanente em algumas regiões, seja pelo excesso de uso, seja pela baixa disponibilidade desse recurso. Daí a importância da gestão dos recursos hídricos, tanto no âmbito do planejamento como no controle de seu uso, com vistas não apenas a garantir o acesso à água a toda a população, como também para organizar os diversos tipos de utilização desse recurso.

16.2 DIREITO HUMANO À ÁGUA POTÁVEL E AO SANEAMENTO

O reconhecimento do direito humano à água no contexto internacional decorreu de um conjunto de documentos das Nações Unidas que estabelecerem garantia a outros direitos – saúde, bem-estar, saneamento etc. – o que, implicitamente, envolve o direito à água.

A Carta das Nações Unidas de 1945 já destacava a necessidade de buscar uma solução para os problemas internacionais econômicos, sociais, sanitários e conexos (art. 55). A falta de acesso à água, embora não tenha sido expressamente mencionada, caracteriza-se como um problema de cunho humanitário, mas também econômico, social e sanitário, compondo o quadro de problemas internacionais a serem solucionados.

Na Declaração Universal dos Direitos Humanos (1948), é assegurado o direito à saúde e ao bem-estar, dentro de um rol exemplificativo de outras garantias, como a alimentação (art. 25). Novamente, embora o acesso à água não tenha sido expressamente mencionado, o tema está intrinsecamente relacionado com a saúde e o bem-estar.

O Pacto Internacional sobre Direitos Econômicos, Sociais e Culturais de 1966, promulgado no Brasil pelo Decreto nº 591, 6-7-1992, reconhece o "direito de toda pessoa a um nível de vida adequado para si próprio e sua família, **inclusive** à alimentação, vestimenta e moradia adequadas, assim como a uma melhoria continua de suas condições de vida", assegurando a exploração e a utilização mais eficazes dos recursos naturais na proteção contra a fome (art. 11). Essa relação de itens necessários a um nível de vida adequado, precedidos pelo termo *inclusive*, significa que ela não é exaustiva, ou seja, que o direito à água faz parte do rol dos direitos mencionados. [9]

O direito à água foi expressamente reconhecido pela primeira vez na Declaração de Mar del Plata em 1977, conferência promovida pela ONU que estabeleceu diretrizes práticas para a gestão da água, levando-se em conta que as demandas do desenvolvimento humano requeriam maior atenção na regulação dos recursos hídricos, assim como a consciência das estreitas ligações entre a água e o meio ambiente, os assentamentos humanos e a produção de alimentos.[10] As necessidades mais urgentes eram a produção de alimentos e o abastecimento de água para consumo humano, não que isso significasse negligenciar

---

8. AGÊNCIA NACIONAL DE ÁGUAS. *Conjuntura dos recursos hídricos no Brasil: regiões hidrográficas brasileiras – Edição Especial*. Brasília: ANA, 2015. p. 125. Disponível em: <http://www.snirh.gov.br/portal/snirh/centrais-de-conteudos/conjuntura-dos-recursos-hidricos/regioeshidrograficas2014.pdf>. Acesso em: 12 mar. 2024.
9. Comitê de Direitos Econômicos, Sociais e Culturais das Nações Unidas. Comentário Geral 15, 2003.
10. LAVÍN, Antonio Riva Palacio. El Pacto Internacional de Derechos Económicos, Sociales y Culturales. Colección del sistema universal de protección de los derechos humanos - fascículo 4. Ciudad de México: Comisión Nacional de los Derechos Humanos, 2012.

outras questões que também devem ser priorizadas, como estratégias para minimizar os efeitos nocivos de secas e inundações e ameaças à qualidade da água.

A Convenção sobre a Eliminação de Todas as Formas de Discriminação contra as Mulheres, adotada em 1979 pela Assembleia Geral da ONU menciona, em seu art. 14, 2, que os Estados Partes adotarão todas as medidas apropriadas para eliminar a discriminação contra a mulher nas zonas rurais, a fim de assegurar, em condições de igualdade entre homens e mulheres, sua participação no desenvolvimento rural e seus benefícios e, em particular, assegurar a direito a, *desfrutar de condições de vida adequadas, incluindo moradia, saneamento, fornecimento de eletricidade e água, transporte e comunicações.*

No ano 2000, a ONU aprovou os Objetivos de Desenvolvimento do Milênio (ODM), estabelecendo metas para o período de 2000 a 2015. Entre elas, constava a redução pela metade do número de pessoas que passam fome no mundo e de pessoas sem acesso à água potável e aos serviços de saneamento básico.

O Comitê de Direitos Econômicos, Sociais e Culturais das Nações Unidas, em 2002, adotou o Comentário Geral nº 15 sobre o direito à água, afirmando que "o direito humano à água é o direito de todos terem água suficiente, saudável, aceitável, e acessível para uso pessoal e doméstico". Além disso, "a quantidade adequada de água potável é necessária para evitar a morte por desidratação, reduzir o risco de doenças relacionadas com a água e garantir o consumo, a preparação de alimentos, a higiene pessoal e doméstica".[11]

Cabe salientar que o acesso universal ao saneamento não seria apenas de importância fundamental para a dignidade humana e a vida privada, mas um dos principais mecanismos para proteger a qualidade dos recursos hídricos.

Em 28 de julho de 2010, a Assembleia Geral das Nações Unidas declarou, por meio de sua Resolução A/RES/64/292, o acesso seguro à água potável e ao saneamento como um direito humano fundamental para o pleno aproveitamento da vida e de todos os outros direitos humanos. Essa resolução:

1. Reconhece que o direito à água potável e ao saneamento é um direito humano essencial para o pleno exercício da vida e de todos os direitos humanos;

2. Exorta os Estados e as organizações internacionais a fornecer recursos financeiros e incentivar a capacitação e a transferência de tecnologia por meio da assistência e cooperação internacional, em particular para os países em desenvolvimento, a fim de intensificar a esforços para fornecer à população inteira acesso econômico a água potável e saneamento.

O Conselho de Direitos Humanos, na linha dos marcos citados, vem adotando diversas resoluções que reconhecem o **acesso seguro à água potável** e ao **saneamento** como direitos humanos relacionados ao direito à vida e à dignidade humana. Entre os enfoques dados pela ONU ao direito à água, destaca-se a obrigação de os Estados desenvolverem ferramentas e mecanismos apropriados para alcançar progressivamente a plena conformidade com as obrigações relacionadas ao acesso seguro à água potável e ao saneamento, incluindo aquelas que estão atualmente sem serviço ou com serviço insuficiente.[12]

---

11. Comitê de Direitos Econômicos, Sociais e Culturais das Nações Unidas. Comentário Geral 15, 2003.
12. ONU, Resolução A/HRC/RES/15/, 2010.

No Brasil, a Lei 11.445/2007[13], dispõe sobre as Diretrizes Nacionais para o Saneamento Básico, estabelecendo normas e princípios voltados a esse direito.[14]

A Resolução 21/2, de 2012 deu ênfase especial à questão da acessibilidade econômica dos serviços de água potável e saneamento, financiamento e sustentabilidade dos sistemas, cooperação internacional, participação cidadã e prestação de contas. Reforça a necessidade de os países adotarem uma abordagem de direitos humanos para a gestão de recursos hídricos e publicarem novos regulamentos alinhados com esse tema.

Do ponto de vista da atuação dos Estados, a ONU estabeleceu que eles devem priorizar medidas para atingir a "regulação e monitoramento independente da água e saneamento, bem como mecanismos de responsabilização para as práticas de endereços que minam a realização progressiva deste direito humano", assim como executar processos de planejamento abrangentes que visam a alcançar "acesso sustentável universal, mesmo nos casos em que o setor privado, doadores e organizações não governamentais participam da prestação de serviços".[15]

A Resolução do Conselho de Direitos Humanos sobre direito à água, A/HRC/RES/33/10, de outubro de 2016, traz, inclusive, a preocupação com a desigualdade de gênero no acesso à água potável e saneamento, estabelecendo diretrizes para os Estados no sentido de alterar leis e adotar critérios para a efetiva equidade de gênero em relação a esse direito.

A Assembleia Geral da ONU também adotou resoluções no sentido de consolidar o direito à água como um direito humano e estabelecer diretrizes para a sua efetivação. A Resolução A/RES/68/157, de 2013, reafirma "a responsabilidade dos Estados de garantir a promoção e proteção de todos os direitos humanos, que são universais, indivisíveis, interdependentes" e que é preciso "dar a devida consideração ao direito humano à água potável e ao saneamento na preparação de a agenda para o desenvolvimento após 2015, em particular ao definir metas, objetivos e indicadores específicos, levando em conta uma abordagem que apoie a promoção e a proteção dos direitos humanos".

Nesse sentido, os Objetivos de Desenvolvimento Sustentável (ODS), dando sequência aos ODM, em 2015, estabeleceram 169 metas para os próximos 15 anos em áreas de importância crucial para a humanidade, entre elas seis específicas para o Objetivo 6, que consistem em "assegurar a disponibilidade e gestão sustentável da água e saneamento para todos".

Destacam-se, além de alcançar o acesso universal e equitativo à água potável e segura e ao saneamento e a higiene para todos até 2030, as metas de aumentar substancialmente a eficiência do uso da água em todos os setores e assegurar retiradas sustentáveis e o abastecimento de água doce para enfrentar a escassez de água, e reduzir substancialmente o número de pessoas que sofrem com a escassez de água e, também, de proteger e restaurar ecossistemas relacionados com a água, incluindo montanhas, florestas, zonas úmidas, rios, aquíferos e lagos.

A ONU, por meio de suas resoluções, vem estabelecendo uma sólida estrutura de regras relacionadas ao direito à água potável e ao saneamento, definindo os fatores necessá-

---

13. Atualizada pela Lei nº 14.026, de 15-7-2020.
14. Ver Capítulo sobre Saneamento Básico.
15. ONU, Resolução 24/18, 2013.

16.3 UMA NOVA ABORDAGEM DA ÁGUA

Em face dos riscos relacionados com água e mudanças climáticas, e considerando a importância da água no cenário global, novas abordagens vêm se concretizando, com vistas a estabelecer de forma mais clara os valores relacionados com esse bem e sua função estratégica na sobrevivência.

Herman Benjamin, ao tratar da **justiça hídrica**, indica alguns componentes básicos e gerais desse novo paradigma que estão surgindo, com destaque para: *1. no nível mais profundo da própria natureza do recurso em questão, significa um sistema legal em que a água não é vista e legalmente caracterizada como um simples bem econômico, e por essa razão enfatiza sua **utilidade pública**, **intergeracional** e **natureza ecológica** (a visão holística); 2. a justiça hídrica atribui uma **posição primordial** a esse recurso no sistema legal mais amplo, baseado em sua essencialidade absoluta para a própria existência do ser humano e da comunidade planetária da vida; 3. embora a água seja em todo lugar e mesmo um elemento predominante de nossa composição corporal fisiológica, e apesar do que os juristas do passado imaginavam, "**a oferta mundial de água doce é finita**; 4. a água é desigualmente distribuída exigindo, assim, a busca de formas de inclusão da água no marco regulatório, de modo a atender às necessidades específicas da população pobre e vulnerável, cujo sustento e cultura podem depender diretamente do recurso, como povos indígenas e comunidades tradicionais; [...] 5. tanto no nível legislativo como no administrativo, bem como no âmbito dos recursos judiciais, a justiça da água enfatiza os mecanismos preventivos e preventivos, com o acréscimo de um novo princípio que denomino "**in dubio pro aqua**". O conceito inverte o ônus da prova de riscos e, ao mesmo tempo, funciona como uma ferramenta hermenêutica a ser usada por juízes e administradores ao interpretar e aplicar estatutos e regulamentos.*[16]

16.4 ÁGUAS E RECURSOS HÍDRICOS

A água, em sua forma pura, é um líquido incolor, inodoro e insípido, composto de dois átomos de hidrogênio e um de oxigênio.[17] O vocábulo *água* advém do latim *aqua* e refere-se a uma substância líquida, inodora e insípida, encontrada em grande abundância na natureza, em estado líquido nos mares, rios, lagos; em estado sólido, constituindo o gelo e a neve; em estado de vapor visível, na atmosfera, formando a neblina e as nuvens; e em estado de vapor invisível sempre no ar.[18]

A água possui características específicas em relação aos demais bens ambientais. Ao mesmo tempo em que constitui um recurso ambiental, tutelado pelo Poder Público, por sua importância ao consumo humano e aos ecossistemas, é também insumo de processos produtivos, como a energia elétrica e a indústria. Além disso, o regime de seu domínio é

---

16. BENJAMIN, Antonio Herman. Water Justice: The Case of Brazil. NEWS & ANALYSIS. ENVIRONMENTAL LAW REPORTER. 3 2018. 48 ELR, pp. 10218-10219.

17. NASCENTES, Antenor. *Dicionário ilustrado da língua portuguesa*. Rio de Janeiro: Bloch Editores, 1976, v. I, p. 73.

18. FREIRE, Laudelino. *Grande e novíssimo dicionário da língua portuguesa*. Rio de Janeiro: A Noite, 1940, v. I, p. 328.

constitucionalmente sistematizado. Daí a necessidade de estabelecer a sua caracterização jurídica, cabendo verificar, de antemão, se a água é coisa ou bem, já que seu uso, hoje, é passível de ser cobrado.

Segundo Clóvis Bevilácqua, bens são os valores materiais ou imateriais que servem de objeto a uma relação jurídica. Esse conceito é mais amplo que o de coisa, que é todo material suscetível de medida de valor.[19]

Ainda no que se refere à natureza da água, como bem móvel ou imóvel, Clóvis Bevilácqua, ao comentar o art. 43 do Código Civil de 1916, expõe que *"as águas, porção líquida do solo, sejam correntes ou não, consideradas como parte de um prédio, são imóveis. Uma certa quantidade de águas, porém, depois de colhida da fonte, do rio ou do reservatório, é móvel, por não ser mais componente do solo".*[20]

Mário Tavarela Lobo confirma esse entendimento, ao afirmar que *"não tem sido posta em dúvida a natureza imobiliária da água de contenção e condução da água, natural ou artificial, sempre que se ligue materialmente ao solo com caráter de permanência, como parte integrante do prédio ao qual presta o serviço que lhe é inerente ou específico".*[21]

Afirma ainda o autor que é pacífica a doutrina no sentido de classificar como móveis as frações de água retiradas de um reservatório ou corrente e individualizadas da massa fluente por qualquer modo (vaso, garrafa etc.). Tais frações ou parcelas autonomizam-se do regime daquelas aglomerações de água, ficando sujeitas à disciplina jurídica das coisas móveis.[22]

No leito dos corpos hídricos, como rios e lagos, e ligada, portanto, ao solo, a água é um bem imóvel de domínio público, adstrito a um regime jurídico de direito público. Fora de seu leito, quando apropriado pelo usuário, de acordo com as normas e regulamentos aplicáveis, é bem móvel.

"O termo água concerne à substância natural, descomprometido com qualquer uso ou utilização. É o gênero. Recurso hídrico é a água [entendida] como bem econômico, passível de utilização para tal fim".[23] No que se refere ao conceito jurídico da água, cabe ponderar que ela constitui um elemento natural do planeta, assim como o petróleo. Como elemento natural, não é um recurso, nem possui qualquer valor econômico. Somente a partir do momento em que se torna necessário a uma destinação específica, de interesse para as atividades exercidas pelo homem, é que esse elemento pode ser considerado recurso.[24]

---

19. BEVILÁCQUA, Clóvis. *Código Civil*. 3. ed. São Paulo: Francisco Alves, 1927, v. 1, p. 260.
20. BEVILÁCQUA, Clóvis. *Código Civil*. 3. ed. São Paulo: Francisco Alves, 1927, v. 1, p. 260.
21. LOBO, Mário Tavarela. *Manual do direito de águas*. Coimbra: Coimbra Editores, 1989, v. 1, p. 9.
22. Com base em BUSCA, Mário. *Le acque nella legislazione italiana*. Turim, 1962, p. 5; BIONDI, Biondo. *I beni*. 2. ed., 1956; VASSALI, Filipe de. *Trattato di diritto civile italiano*, v. 4, t. 1, p. 5; MOREIRA, Guilherme. *As águas no direito civil português*, 2. ed., I, p. 6; ABREU, Teixeira de. *Das águas*, 1917, p. 8 ss., p. 105; FERNANDES, David Augusto. *Lições de direito civil (direitos reais)*, 4. ed., p. 113; LIMA, Pires de; VARELA, Antunes. *Código Civil anotado*, 2. ed., v. I, p. 196; LOBO, Mário Tavarela. *Destinação do pai de família*: servidões e águas. Coimbra, 1964, p. 150 ss.
23. POMPEU. Cid Tomanik. Águas doces no direito brasileiro. In: *Águas doces no Brasil*: capital ecológico, uso e conservação. São Paulo: Escrituras, 1999, p. 602.
24. O petróleo também é elemento natural, mas só se transformou em recurso a partir do momento em que se descobriu sua utilidade para os mais diversos tipos de indústria. No que se refere à água, tais conceitos se confundem, pois a água sempre foi, além de elemento da natureza, um recurso fundamental para a sobrevivência do homem na Terra. A novidade do século XX, nesse aspecto, é que a água passou a ser um recurso escasso, passível de gerar conflito de interesses não só entre os homens, cidadãos de um mesmo país, mas também entre Estados.

DIREITO AMBIENTAL • Maria Luiza Machado Granziera

Essa conceituação, bastante lógica, todavia, não foi seguida pelos diplomas legais que tratam da matéria. O Código de Águas, Decreto nº 24.643, de 10-7-1934, não menciona a expressão *recursos hídricos* quando se refere aos usos da água. Nos termos do art. 37, "*o uso das águas públicas se deve realizar sem prejuízo da navegação [...]*". O art. 43, que dispõe sobre as derivações, para as aplicações da agricultura, da indústria e da higiene, utiliza a expressão *águas públicas*.

O art. 44 do Código de Águas menciona "*aproveitamento das águas que se destinem a um serviço público*". O art. 46 estabelece que "*a concessão não importa, nunca, a alienação parcial das águas públicas*". Ou seja, o Código de Águas não efetuou a distinção entre **águas** e **recursos hídricos** e tampouco estabeleceu o entendimento de que o termo *águas* aplica-se à hipótese de não haver aproveitamento econômico e a expressão *recursos hídricos* refere-se ao caso de haver esse tipo de aproveitamento.

A Lei nº 9.433/97 também não distingue o termo *água* da expressão *recursos hídricos*. Ao estabelecer no art. 1º os fundamentos da Política Nacional de Recursos Hídricos, dispõe que a *água* é um bem de domínio público. Menciona o uso prioritário e a gestão dos *recursos hídricos*, mas determina que a *água* é um recurso natural limitado, dotado de valor econômico. O objeto da Lei nº 9.433/97 é o elemento contido nos corpos hídricos, passível de vários tipos de uso. Dessa forma, ainda que, sob o prisma da lógica ou da semântica, caiba distinguir *água* de *recurso hídrico*, os textos legais não seguiram essa sistemática.

16.5 ÁGUAS NA CONSTITUIÇÃO FEDERAL

16.5.1 Domínio

O significado do termo *domínio*, em matéria de águas, refere-se não apenas à propriedade desse bem, mas ao ***poder-dever,*** inerente aos Poderes Públicos, de cuidar e protegê-lo, no interesse de toda a sociedade, incluindo as futuras gerações, o que insere nesse tema o princípio do **desenvolvimento sustentável**. Mesmo os Municípios, que não são detentores do domínio da água, como Poder Público também devem, no âmbito de suas competências, buscar a proteção desse recurso, cuidando para que as águas localizadas em seu território não sejam poluídas.

As águas pertencem à União ou aos Estados e ao Distrito Federal, de acordo com a localização dos corpos hídricos. São bens da União "*os lagos, rios e quaisquer correntes de água em terrenos de seu domínio*".[25] Em uma Unidade de Conservação, por exemplo, instituída pela União, e cujo regime jurídico seja incompatível com a propriedade privada, ensejando a desapropriação do território, os cursos d'água contidos nesses espaços, ainda que tenham a nascente e a foz em um único Estado da Federação, pertencem à União.

São também de domínio da União os lagos, rios e quaisquer correntes que banhem mais de um Estado, sirvam de limites com outros países, ou se estendam a território estrangeiro ou dele provenham, bem como os terrenos marginais e as praias fluviais.[26]

---

25. CF/88, art. 20, III.
26. CF/88, art. 20, III.

Ao domínio dos Estados[27] cabem as águas superficiais ou subterrâneas, fluentes, emergentes e em depósito, ressalvadas, neste caso, na forma da lei, as decorrentes de obras da União.[28]

O Município não é detentor do domínio hídrico. Essa classificação, que vigorava no Código de Águas, modificou-se com a Constituição de 1946, alterando o domínio para a União e os Estados e, por analogia, ao Distrito Federal. O mesmo se pode afirmar com referência às águas particulares.

É verdade que a situação dominial – entre União e Estados – apresentou poucos entraves ao longo do tempo, na medida em que cabia unicamente aos Poderes Públicos – federal e estaduais, detentores do domínio das águas – a definição das providências a serem tomadas em relação a esse recurso. Com a instituição das políticas públicas de recursos hídricos e dos sistemas de gestão, fundamentados em princípios inovadores, como a adoção da bacia hidrográfica como unidade de implementação da política de recursos hídricos, da gestão participativa e descentralizada e o entendimento da água como recurso finito e dotado de valor econômico, as movimentações em torno da gestão das águas tornaram-se mais complexas.

Cabe ressaltar que os fundamentos das políticas de recursos hídricos hoje em vigor no Brasil inspiraram-se no modelo francês, cujo Estado é unitário e não federativo. Nesse modelo, os recursos hídricos pertencem ao Estado francês e encontram-se adstritos a uma única legislação.[29] Fazer a compatibilização entre esses dois modelos é um desafio para os setores públicos brasileiros.

Pertencem ainda à União os potenciais de energia hidráulica, nos termos do art. 20, VIII, da CF/88. O Código de Águas, em seu art. 142, define o termo *"potência como o produto da altura de queda pela descarga máxima de derivação concedida ou autorizada"*. A queda d'água consiste em *"queda vertical ou declividade muito acentuada de um curso d'água"*.[30]

16.5.2 Competências legislativas

Embora a CF/88 determine a competência privativa da União para *"legislar sobre águas"*,[31] nada impede que os Estados estabeleçam normas administrativas e de gestão sobre os bens sob seu domínio, incluindo esse recurso. Com base nessa argumentação, foram instituídas as Políticas Estaduais de Recursos Hídricos.

A expressão *legislar sobre águas e energia elétrica*,[32] competência privativa da União, que se repete sem alteração nas Constituições brasileiras desde 1946, impõe algumas considerações. Seriam inconstitucionais as leis estaduais e seus sistemas de gerenciamento? Parece que não. Os Estados não podem ser privados de estabelecer normas sobre os bens sob seu domínio. A União, por sua vez, não pode legislar sobre os bens estaduais – que não lhe pertencem –, pois tal ato feriria a autonomia dos Entes Federados.

---

27. E ao Distrito Federal, que se equipara aos Estados.
28. CF/88, art. 26, I.
29. Além das normas francesas, aplicam-se aos recursos hídricos da França as Diretivas Europeias de 2000 para a Água.
30. Departamento de Águas e Energia Elétrica (DNAEE). *Glossário de termos hidrológicos*. Brasília, 1976, nº 1.217.
31. CF/88, art. 22, IV.
32. A CF/88 determina a competência privativa da União para legislar sobre esses temas no art. 22, IV.

Como interpretar essa norma constitucional, conferindo validade às leis estaduais, sem que isso signifique uma desobediência à Constituição? O caminho a percorrer, na busca da solução para esse problema, passa pelo entendimento de que a Constituição confere à União competência privativa para estabelecer regras de **natureza civil, e não administrativa** aplicáveis às águas.

As normas de direito civil – acessão e definição do domínio dos álveos, por exemplo – são de competência legislativa exclusiva da União. As normas administrativas sobre os bens públicos – gestão, normas que regulam a apropriação dos bens pelo particular, fixação de padrões de qualidade etc. – são competência dos respectivos detentores do domínio desses bens. Todavia, permanecem sob a competência legislativa privativa da União os bens afetados à energia elétrica, e seu uso, devendo esse mandamento constitucional ser compatibilizado com a competência legislativa concorrente dos demais entes federados, em matéria ambiental, quando for o caso.

16.5.3 Competências administrativas

Coube à União instituir sistema nacional de gerenciamento de recursos hídricos e definir critérios de outorga de direitos de seu uso.[33]

Todavia, alguns Estados se adiantaram, estabelecendo suas políticas estaduais de recursos hídricos e seus sistemas de gerenciamento. A primeira norma foi editada pelo Estado de São Paulo – Lei nº 7.663, de 30-12-1991. Somente em 8-1-1997 foi editada a Política Nacional de Recursos Hídricos – Lei nº 9.433, que instituiu o Sistema Nacional de Gerenciamento de Recursos Hídricos.

16.6 CÓDIGO DE ÁGUAS

O Decreto nº 24.643, de 10-7-1934, denominado Código de Águas, tratou dos vários aspectos jurídicos relativos a esse recurso, seja em matéria de direito civil – álveo e margens, acessão, águas pluviais, servidão etc. – seja em sede de direito administrativo – águas nocivas, penalidades, outorga do direito de uso de água etc. O projeto de lei que originou esse diploma legal remonta à primeira década do século XX e, durante décadas, aguardou a aprovação pelo Congresso Nacional.

Curiosamente, foi baixado por decreto pelo Governo de Getúlio Vargas, que aproveitou o projeto de lei que tramitava no Congresso Nacional para estabelecer regras sobre geração de energia elétrica, na promessa de transformar o Brasil em um país industrializado.

Embora tenha sido um instrumento moderno à época de sua edição, o Código de Águas não foi regulamentado[34] em todas as matérias. Basicamente, a sua regulamentação restringiu-se à energia elétrica, estabelecendo-se, ao longo de décadas, uma sólida política energética no país. Os outros usos da água ficaram relegados a um segundo plano, o que ocasionou um desequilíbrio ambiental que o país enfrenta até hoje, na luta contra a poluição e a escassez desse recurso.

O desenvolvimento da indústria ocorrido no país no século XX, por força da própria energia elétrica, e o consequente crescimento das cidades transformaram o meio ambiente

---

33. CF/88, art. 21, XIX.
34. A regulamentação do Código de Águas limitou-se predominantemente à energia elétrica.

e a qualidade dos rios e lagos, que passaram a receber os esgotos domésticos e resíduos das indústrias. Mesmo com a instituição das normas ambientais, a partir da década de 1980, era necessário estabelecer novas regras para as águas, pois o Código de Águas não mais oferecia instrumentos aptos a promover a gestão e a sua proteção, nas condições em que já se encontravam os recursos hídricos.

16.7 POLÍTICA NACIONAL DE RECURSOS HÍDRICOS

16.7.1 Fundamentos da política

A Lei nº 9.433/97, que instituiu a Política Nacional e o Sistema de Gerenciamento de Recursos Hídricos,[35] alterou de forma substancial o ordenamento jurídico aplicável às águas, cristalizando princípios de gestão de recursos hídricos consagrados, produto de conferências internacionais e da discussão no âmbito da sociedade civil, da comunidade científica e dos Poderes Públicos.

16.7.1.1 Domínio público das águas

A Lei nº 9.433/97 retoma o preceito constitucional que confere à água a natureza de bem de domínio público[36] e, como tal, adstrito ao regime jurídico de direito público, o que implica nas seguintes consequências jurídicas, quanto ao seu uso:

> necessidade de autorização do Poder Público para as derivações, lançamentos de efluentes para diluição e qualquer atividade que implique a alteração do regime hídrico, consubstanciada na outorga do direito de uso de recursos hídricos, observadas as condições estabelecidas na legislação ambiental e nos processos de licenciamento ambiental;

> sujeição dos usuários à fiscalização e à aplicação de penalidades, quando infringirem as normas relativas ao uso e à proteção da água.

Além dessas regras, cabe salientar que a água constitui um recurso ambiental, sujeitando-se à proteção estabelecida no art. 225 da Constituição, que impõe ao Poder Público e à coletividade o dever de defender o meio ambiente e preservá-lo para as presentes e futuras gerações. Sobre as águas incide o interesse difuso à manutenção da qualidade ambiental.

16.7.1.2 Bem de valor econômico

Considerando que a água vem se tornando um **bem escasso**, impõe-se uma discussão acerca de seu valor econômico. A medida de valor pode ser aferida a partir do interesse que existe sobre determinado bem, com vistas à satisfação de uma necessidade.

Quando um objeto desperta o interesse de mais de uma pessoa, caracteriza-se um *conflito de interesses*, cabendo ao direito estabelecer as regras de solução desse conflito. A água preexiste ao direito, pois é elemento da natureza. À medida que o homem, no desenvolvimento de suas atividades, dela necessita, e considerando que há cada vez mais pessoas dela necessitando e, portanto, maior demanda, o conflito de interesses sobre a água tende a ser cada vez mais intenso. Em um segundo estágio de conflito, havendo vários tipos de

---

35. Ver capítulo sobre o Sistema Nacional de Gerenciamento de Recursos Hídricos.
36. Lei nº 9.433/97, art. 1º, I.

uso, ocorre muitas vezes que os mesmos são incompatíveis entre si, como no caso da irrigação e da navegação, cabendo, também aí, solucionar os impasses.

O direito, pois, deve não apenas dizer que a água é material suscetível de valoração, como também impor, para a sua utilização, restrições, seja de cunho administrativo, seja de natureza financeira, como é o caso da cobrança pelo uso dos recursos hídricos, com vistas a proceder ao controle do uso e evitar a escassez e injustiças, como a falta de acesso à água para as necessidades básicas, como o consumo humano.

A Lei nº 9.433/97 adota, em seu art. 1º, inciso II, como o fundamento da Política Nacional de Recursos Hídricos, que "*a água é um recurso natural limitado, dotado de valor econômico*". Esse valor econômico refere-se à instituição da **cobrança**, em face da escassez desse bem. Na medida em que a demanda excede a disponibilidade hídrica, é imperioso racionalizar o uso, servindo a cobrança como instrumento, entre outros, do reconhecimento do valor econômico e do incentivo a essa racionalização.[37]

16.7.1.3 Prioridades no uso da água

Não obstante seja a água um bem de valor econômico, é também essencial à vida. A lei determina que, "*em situações de **escassez**, a prioridade é o consumo humano e a dessedentação de animais*".[38] Essa disposição, de cunho emergencial, significa que, em tempos normais, a gestão das águas deve proporcionar o uso múltiplo, considerando-se, sempre, que o *recurso é limitado*.[39]

Cabe à autoridade administrativa declarar uma situação de escassez, na motivação do ato relativo ao art. 1º, III, da Lei nº 9.433/97, no respectivo processo. O conceito, assim, permanece em aberto sob o prisma legal, configurando tal ato uma manifestação do poder discricionário. Na consecução do interesse público, ou seja, na solução que melhor atenda às necessidades coletivas, a Administração Pública não pode ficar tolhida diante de fórmulas rígidas, pois o próprio interesse público é essencialmente mutável.

16.7.1.4 Bacia hidrográfica: gestão descentralizada e participativa

A bacia hidrográfica pode ser definida como a "*espaço geográfico delimitado pelo respectivo divisor de águas cujo escoamento superficial converge para seu interior sendo captado pela rede de drenagem que lhe concerne*".[40] Segundo Eugene P. Odum e Gary W. Barrett, é a "*área de ambiente terrestre drenada por um riacho ou rio*".[41] No que se refere aos aspectos ecológicos a considerar na gestão ambiental dessa área, os autores citados chamam ainda atenção para o fato de que "*toda a bacia de drenagem e não só o corpo da água ou a mancha de vegetação – deve ser considerada a unidade mínima do ecossistema quando se trata da compreensão humana e gestão de recurso*".[42] Trata-se, pois, não apenas de uma porção geográfica do espaço, mas o objeto de uma série de normas ambientais, de proteção e gestão,

---

37. Lei nº 9.433/97, art. 19, I e II.
38. Lei nº 9.433/97, art. 1º, III.
39. Lei nº 9.433/97, art. 1º, II.
40. Portaria ANA nº 149/2015, que aprova a "Lista de Termos para o Thesaurus de Recursos Hídricos". Disponível em: <http://arquivos.ana.gov.br/imprensa/noticias/20150406034300_Portaria_149-2015.pdf>. Acesso em: 20 mar. 2024.
41. ODUM, Eugene P.; BARRETT, Gary W. *Fundamentos da ecologia*. Trad. da 5. ed. norte-americana. São Paulo: Thomson Learning, 2007, p. 32.
42. ODUM, Eugene P.; BARRETT, Gary W. *Fundamentos da ecologia*. Trad. da 5. ed. norte-americana. São Paulo: Thomson Learning, 2007, p. 31.

a serem compreendidas e aplicadas de modo integrado. Daí a Lei nº 9.433/97 ter expressamente inserido, entre as diretrizes norteadoras da política de águas:

a integração da gestão de recursos hídricos com a gestão ambiental;[43]

a articulação do planejamento de recursos hídricos com o dos setores usuários e com os planejamentos regional, estadual e nacional;[44]

a articulação da gestão de recursos hídricos com a do uso do solo.[45]

Além das questões relativas à integração e à articulação de planos, normas e decisões, o princípio que adota a bacia hidrográfica como unidade territorial de implementação das políticas de recursos hídricos enseja outra dificuldade, tendo em vista que se trata de um conceito da geografia e não do direito.

Dificultando ainda mais a compreensão do tema, tampouco a geografia define o limite territorial da bacia hidrográfica.[46] Como exemplo, pode-se mencionar a bacia hidrográfica do rio Atibaia, no Estado de São Paulo, que é parte da bacia hidrográfica do rio Piracicaba, que integra a bacia do rio Tietê, que faz parte da bacia do rio Paraná, integrante da bacia do rio da Prata. Para se definir uma bacia hidrográfica, é necessário indicar, expressamente, a sua delimitação.

À parte disso, a divisão administrativa vigente no país refere-se a União, Estados, Distrito Federal e Municípios. Ao incorporar a bacia hidrográfica e, mais ainda, ao instituir comitês de bacia hidrográfica com funções deliberativas nesses espaços geográficos, a lei introduziu uma nova instância de decisões, que não corresponde às esferas tradicionais do Poder Público. A divisão em bacias hidrográficas pode não observar, inclusive, o território de um Município, que pode pertencer, em tese, a mais de uma bacia.

O critério adotado na Constituição Federal para definir o domínio das águas, de acordo com a sua localização, implica que, em uma mesma bacia hidrográfica, podem localizar-se corpos hídricos de domínios distintos. Considerando que a gestão dos recursos hídricos é responsabilidade do ente federado detentor de seu domínio, evidencia-se a necessidade de coordenar a gestão, no âmbito de cada bacia. Fica clara também a importância da negociação e da articulação institucional, para ultrapassar os entraves impostos pelas normas legais incidentes sobre os mesmos territórios – bacias hidrográficas.[47] Sem falar no domínio das águas subterrâneas, que pertencem aos Estados. Esse é um grande desafio da gestão das águas no Brasil.

Como já se disse, até a edição das políticas de recursos hídricos, as decisões sobre esses recursos pertenciam unicamente à União ou aos Estados, de acordo com o domínio das águas. Somente aos entes detentores do domínio hídrico cabiam as decisões, fosse de planejamento, fosse de controle.

A partir da edição das políticas públicas sobre águas, os Poderes Públicos federal e estaduais abriram mão de uma parte[48] de sua competência para delegar a órgãos colegiados

---

43. Lei nº 9.433/97, art. 3º, III.
44. Lei nº 9.433/97, art. 3º, IV.
45. Lei nº 9.433/97, art. 3º, V.
46. A definição do limite territorial das bacias hidrográficas está fixada no art. 37 da Lei nº 9.433/97, apenas para fins de delimitação da área de atuação dos comitês de bacia hidrográfica.
47. GRANZIERA, Maria Luiza Machado. Articulação e negociação institucional na efetividade das políticas ambientais. *Revista de Informação Legislativa*, nº 172, p. 109-117, out./dez. 2006.
48. O *exercício* do poder de polícia permanece com o Poder Público – órgãos gestores.

– comitês de bacias hidrográficas e conselhos de recursos hídricos, formados por outros atores que não apenas os detentores do domínio da água – as decisões relativas sobretudo ao planejamento dos recursos hídricos, tomando por referência as bacias hidrográficas. Como forma de estabelecer o grau de abrangência dos comitês, o art. 37 da Lei nº 9.433/97 define as respectivas áreas de atuação:

I – a totalidade de uma bacia hidrográfica.

II – sub-bacia hidrográfica de tributário do curso de água principal da bacia, ou de tributário desse tributário.

III – grupo de bacias ou sub-bacias hidrográficas conjuntas.[49]

Dessa forma, em termos de atuação de comitês de bacia hidrográfica, agências de água e cobrança pelo uso de recursos hídricos, tem-se que os comitês propõem, entre outros itens relativos à gestão,[50] os valores da cobrança e o plano de aplicação dos mesmos em sua área de atuação. Sendo preço público e, portanto, receita pública, o produto da cobrança não apenas é definido[51] no âmbito dos comitês, como também é estabelecida a sua aplicação em projetos e obras específicos. Ou seja, a descentralização decorre do poder de decisão dos comitês e conselhos sobre uma receita pública, por pessoas – Municípios, sociedade civil, usuários – que não detêm o domínio da água, mas que estão organizadas em comitês de bacia hidrográfica, órgãos de Estado. Essa, a nosso ver, é a dimensão da *gestão descentralizada e participativa*.

Esse modelo de gestão de bens ambientais, especificamente a água, estabelece um novo paradigma da relação público-privado: se antes da edição das políticas de recursos hídricos o usuário reportava-se somente ao Poder Público, no que se refere ao uso da água, no sistema vigente o compromisso permanece junto ao Poder Público, mas ocorre em um cenário em que todos mantêm compromissos recíprocos, no âmbito da bacia hidrográfica. Na gestão das águas, portanto, além das atividades de comando e controle, decorrentes do exercício do poder de polícia, o sistema em vigor apresenta uma nova forma de estabelecer compromissos. O fato de participar de um comitê de bacia hidrográfica significa, também, um compromisso ético perante todos os demais atores que desenvolvem atividades na mesma bacia e que nela têm interesse, aprofundando a ideia de recurso hídrico compartilhado (no que diz respeito ao interesse sobre o bem)[52].

A efetividade da Política Nacional de Recursos Hídricos passa pelo princípio da boa-fé, pela negociação entre os entes interessados na bacia hidrográfica e pela articulação institucional. O sucesso dessa forma de administrar os recursos hídricos depende do entendimento de que todos fazem parte de uma mesma bacia hidrográfica e, como tal, devem buscar soluções negociadas e resultados compartilhados. Não há milagres. Além do comando e controle, em que se impõem regras e se punem as infrações, no sistema de

---

49. O ato de criação de um comitê de bacia hidrográfica deve indicar em um mapa a área geográfica da bacia hidrográfica sob sua atuação.

50. Como o enquadramento em classes preponderantes de uso ou as prioridades para outorga de direito de uso de recursos hídricos.

51. Sujeito à homologação do respectivo conselho.

52. Segundo gráfico de 2020 sobre a Evolução dos Comitês de Bacia Hidrográfica, são 228 comitês estaduais e 10 interestaduais. Sendo que em 2019 foram criados dois novos comitês: o CBH do rio Araguari (o primeiro do Estado do Amapá) e o CBH do Rio Marapanim (o primeiro do estado do Pará); e em 2020, o CBH do Alto Paraguai (o décimo primeiro de bacia do estado de Mato Grosso). Disponível em: <https://relatorio-conjuntura-ana-2021.webflow.io/capitulos/gestao-da-agua>. Acesso em: 20 mar. 2024.

gerenciamento de recursos hídricos os pontos fortes são a negociação e o acordo, com vistas ao alcance de objetivos comuns, tendo em vista que os recursos hídricos são escassos e suscetíveis à degradação e todos deles necessitam.

16.8 INSTRUMENTOS DE GESTÃO DE RECURSOS HÍDRICOS

Para implantar a Política Nacional de Recursos Hídricos, a lei definiu instrumentos que podem ser classificados em: (1) de planejamento, que têm por finalidade organizar os usos dos recursos hídricos; (2) de controle, com vistas a garantir que os usos da água estejam em conformidade com as normas aplicáveis; e (3) econômicos, que induzem o usuário ao uso racional.

A aplicação dos instrumentos da Política de Recursos Hídricos compete aos órgãos e entidades, públicas e privadas, que compõem o Sistema de Gerenciamento de Recursos Hídricos. Essa atuação deve marcar um diferencial, no que se refere à melhoria e à recuperação dos aspectos de qualidade e quantidade dos recursos hídricos, a partir da edição das respectivas leis.

Além disso, a tramitação administrativa de alguns instrumentos, como os planos de recursos hídricos, as outorgas, o enquadramento dos corpos hídricos em classes e mesmo a cobrança, impõe a negociação nos órgãos colegiados, dos quais participam os diversos atores com interesses na água. Essa participação confere legitimidade às decisões.

16.8.1 Planos de recursos hídricos

Os planos de recursos hídricos constituem instrumentos técnicos que abordam um espaço determinado: a bacia hidrográfica cuja delimitação deve ser especificada, um Estado da Federação ou o território nacional. Tais instrumentos têm por conteúdo mínimo:

diagnóstico da situação atual dos recursos hídricos;[53]

análise de alternativas de crescimento demográfico, de evolução de atividades produtivas e de modificações dos padrões de ocupação do solo;[54]

balanço entre disponibilidades e demandas futuras dos recursos hídricos, em quantidade e qualidade, com identificação de conflitos potenciais;[55]

metas de racionalização de uso, aumento da quantidade e melhoria da qualidade dos recursos hídricos disponíveis;[56]

medidas a serem tomadas, programas a serem desenvolvidos e projetos a serem implantados, para o atendimento das metas previstas;[57]

prioridades para outorga de direitos de uso de recursos hídricos;[58]

diretrizes e critérios para a cobrança pelo uso dos recursos hídricos;[59]

propostas para a criação de áreas sujeitas a restrição de uso, com vistas à proteção dos recursos hídricos.[60]

---

53. Lei nº 9.433/97, art. 7º, I.
54. Lei nº 9.433/97, art. 7º, II.
55. Lei nº 9.433/97, art. 7º, III.
56. Lei nº 9.433/97, art. 7º, IV.
57. Lei nº 9.433/97, art. 7º, V.
58. Lei nº 9.433/97, art. 7º, VIII.
59. Lei nº 9.433/97, art. 7º, IX.
60. Lei nº 9.433/97, art. 7º, X.

DIREITO AMBIENTAL • Maria Luiza Machado Granziera

Os planos de recursos hídricos devem ser aprovados pelo órgão colegiado competente: (1) Conselho Nacional de Recursos Hídricos, no caso do Plano Nacional;[61] (2) Conselho Estadual de Recursos Hídricos, de acordo com lei estadual, na hipótese de o plano abranger o território de uma Unidade da Federação; e (3) Comitê de Bacia Hidrográfica, para o plano de bacia hidrográfica, cujo território deve estar devidamente delimitado, no que se refere à atuação do respectivo comitê.

Aos órgãos colegiados cabe não apenas a aprovação dos planos, mas também o acompanhamento da sua implementação. Trata-se de um processo que se desenvolve ao longo do tempo, na medida em que podem – e devem – ser feitas atualizações dos planos, para adequá-los às necessidades verificadas.

16.8.2 Qualidade da água: enquadramento dos corpos hídricos

Enquadrar um corpo hídrico em classes de uso significa estabelecer patamares de qualidade relacionados com os usos pretendidos; seja para os lançamentos – *padrões* – ou para os corpos receptores – *classes* –, conforme fixado na Resolução CONAMA nº 357, de 17-3-2005, aplicável a águas doces,[62] salinas[63] e salobras.[64] Na medida em que se definem usos mais exigentes, melhor deve ser a qualidade da água.

Para as águas doces, a Resolução CONAMA nº 357/05 prevê cinco classes e para as águas salinas e as águas salobras, quatro classes. Em cada classe são indicados os usos preponderantes, aos quais deve corresponder um certo nível de qualidade.

O objetivo do enquadramento é assegurar às águas qualidade compatível com os usos mais exigentes a que forem destinadas e diminuir os custos de combate à poluição das águas, mediante ações preventivas permanentes.[65]

O enquadramento de um corpo de água pode manter a qualidade atual ou definir a qualidade, a ser alcançada ao longo do tempo, por meio da fixação das metas a serem atingidas. Para tanto, há que estabelecer um cronograma, indicando-se as fontes que financiarão as ações necessárias ao atingimento das metas, além de acompanhamento e fiscalização do Poder Público.

16.8.2.1 Usos da água

Embora o recurso hídrico seja um importante componente da economia, como insumo dos processos produtivos, é também de vital importância para a manutenção da biodiversidade, nos diversos ecossistemas terrestres e aquáticos.

Conforme anteriormente exposto, a Resolução CONAMA nº 357/05 estabelece classes de águas doces, salinas e salobras. Para águas doces, essas classes são: Especial, Classe 1, Classe 2, Classe 3 e Classe 4; e para águas salinas e salobras: Especial, Classe 1, Classe 2 e Classe 3. Para cada classe, a referida resolução define os usos, as finalidades preponderan-

---

61. A Resolução do Conselho Nacional de Recursos Hídricos (CNRH) nº 58, de 30-1-2006, aprovou o primeiro Plano Nacional de Recursos Hídricos (PNRH). Este Plano já passou por duas revisões, nas quais foram estabelecidas Prioridades para os Ciclos: 2012-2015 e 2016-2020. Todavia, o último ciclo foi prorrogado para 2021 pela Resolução 216, de 11-9-2020. O atual PNRH 2022-2040 foi aprovado pela Resolução CNRH nº 232, de 22-3-2022.
62. Águas com salinidade igual ou inferior a 0,5%.
63. Águas com salinidade igual ou superior a 30%.
64. Águas com salinidade superior a 0,5 % e inferior a 30%.
65. Lei nº 9.433/97, art. 9º.

tes, e as exigências que assegurem tais usos, no que se refere à qualidade da água. Em alguns casos, como será visto, contempla-se também a proteção das comunidades aquáticas.

O **abastecimento para consumo humano**, um dos usos prioritários da água, com desinfecção (classe especial) ou após tratamento simplificado (classe 1), convencional (classe 2) ou ainda convencional ou avançado (classe 3), é definido para as águas doces. Esse uso, após tratamento convencional ou avançado, é permitido também para a classe 1 das águas salobras. A **dessedentação de animais**, outro uso prioritário da água, porém menos exigente que o consumo humano, em termos de qualidade, é previsto para a classe 3 das águas doces.

O **equilíbrio natural das comunidades aquáticas** será preservado nas águas doces, salinas e salobras de classe especial e protegido na classe 1 das águas salinas e salobras e na classe 2 das águas doces.

A **preservação dos ambientes aquáticos** em unidades de conservação de proteção integral é uma das finalidades da classe especial das águas doces, salinas e salobras. Considerando as finalidades e as restrições impostas às atividades humanas nessa categoria de espaços protegidos, o enquadramento dos corpos hídricos deve ser compatível com a sua proteção máxima.

A **recreação de contato primário**, como natação, esqui aquático e mergulho, conforme Resolução CONAMA nº 274, de 29-11-2000, em que a possibilidade de o banhista ingerir água é elevada, é prevista para as classes 1 das águas doces, salinas e salobras e para a classe 2 das águas doces. A **recreação de contato secundário**, *"associada a atividades em que o contato com a água é esporádico ou acidental e a possibilidade de ingerir água é pequena, como na pesca e na navegação (tais como iatismo)"*[66] é uso previsto para a classe 2 de águas salinas e salobras e para a classe 3 das águas doces.

A **irrigação de hortaliças** que são consumidas cruas e de **frutas** que se desenvolvam rentes ao solo e que sejam ingeridas cruas sem remoção de película é um uso compatível com a classe 1 das águas doces e salobras. Já a irrigação de hortaliças, plantas frutíferas e de parques, jardins, campos de esporte e lazer, com os quais o público possa vir a ter contato direto, ajusta-se aos usos previstos para a classe 2 das águas doces e salobras, excetuando-se, para essas últimas, a irrigação de hortaliças e plantas frutíferas. A **irrigação de culturas arbóreas, cerealíferas e forrageiras** é prevista para a classe 3 das águas doces.

A **proteção das comunidades aquáticas em terras indígenas** é uma das finalidades das águas doces de classe 1.

A **aquicultura**,[67] *"cultivo ou a criação de organismos cujo ciclo de vida, em condições naturais, ocorre total ou parcialmente em meio aquático"*,[68] e a atividade de **pesca** são usos previstos para a classe 2 das águas doces e para a classe 1 das águas salinas e salobras. A **pesca amadora**, "exploração de recursos pesqueiros com fins de lazer ou desporto",[69] é uso previsto para a classe 2 de águas salinas e salobras e para a classe 3 das águas doces.

---

66. Resolução CONAMA nº 357/05, art. 2º, XXXI.
67. A Resolução CONAMA nº 413, de 26-6-2009, alterada pela Resolução CONAMA nº 459/13, regulamenta o licenciamento ambiental da aquicultura.
68. Resolução CONAMA nº 357/05, art. 2º, VI.
69. Resolução CONAMA nº 357/05, art. 2º, XXVIII.

A **navegação** e a **harmonia paisagística**, usos menos exigentes quanto à qualidade da água, são preponderantes para as classes 3 das águas salinas e salobras e para a classe 4 das águas doces.

Cabe ponderar que a situação real de grande parte dos corpos hídricos do país possui qualidade abaixo do previsto nos padrões fixados, o que significa que muitos esforços são ainda necessários para que se atinjam níveis mínimos de qualidade hídrica no país.

Compete às Agências de Água ou às Entidades Delegatárias[70] com funções equivalentes às Agências de Água – exceto a cobrança – formular uma proposta de enquadramento dos corpos hídricos ao Comitê de Bacia Hidrográfica, para encaminhamento ao Conselho Nacional ou Conselhos Estaduais de Recursos Hídricos, de acordo com o respectivo domínio.[71] Como outros temas de interesse da bacia hidrográfica, esse instrumento insere-se no escopo das deliberações dos Comitês de Bacia Hidrográfica e dos respectivos Conselhos de Recursos Hídricos, quando previsto.

Cabe salientar, ainda, que o enquadramento de corpos hídricos em classes de usos preponderantes consiste na intersecção lógica entre as Políticas Nacionais de Recursos Hídricos e do Meio Ambiente, pois esse instrumento trata especificamente da qualidade da água. Tanto assim que as resoluções que definem os padrões de qualidade e lançamento são de responsabilidade do Conselho Nacional do Meio Ambiente (CONAMA) e não do Conselho Nacional de Recursos Hídricos (CNRH)[72]. O desafio que se coloca, é que existe no Brasil ainda, uma enorme dificuldade quanto às decisões concretas de buscar a qualidade das águas, investindo-se, efetivamente, recursos financeiros compatíveis com essa tarefa. Se a ONU declara o direito à água potável e ao saneamento básico como direitos humanos, esse tema deve ser considerado como prioridade na gestão pública e não apenas um princípio com o qual as pessoas concordam.

16.8.3 Outorga do direito de uso de recursos hídricos

Os rios e outros corpos hídricos são bens públicos de uso comum.[73] Qualquer pessoa pode utilizá-los, independentemente de identificação, desde que observe as normas administrativas vigentes. O uso privativo, em benefício de alguém, subtrai a possibilidade de outros utilizarem o mesmo bem. Por meio da outorga do direito de uso de recursos hídricos, o Poder Público atribui ao interessado, público ou privado, o direito de utilizar privativamente esse recurso, fixando as respectivas condições e limites, em face da necessidade de controle desse bem público.

A outorga do direito de uso de recursos hídricos foi introduzida no direito pátrio pelo Código de Águas, em seu art. 43.[74] A derivação ou captação de água de curso natural ou depósito superficial consiste em toda retirada de água, proveniente de qualquer corpo

---

70. Ver item relativo às Entidades Delegatárias, no capítulo sobre Sistema Nacional de Gerenciamento de Recursos Hídricos.
71. Lei nº 9.433/97, art. 44, XI, *a*.
72. Conselho Nacional de Recursos Hídricos é órgão consultivo e deliberativo, integrante da Estrutura Regimental do Ministério do Desenvolvimento Regional, conforme art. 1º do Decreto nº 10.000, de 3-9-2019.
73. Código Civil, Lei nº 10.406, de 10-01-2002, art. 99, I.
74. Decreto nº 24.643/34, art. 43: "*As águas públicas não podem ser derivadas para as aplicações da agricultura, da indústria e da higiene, sem a existência de concessão administrativa, no caso de utilidade pública e, não se verificando esta, de autorização administrativa, que será dispensada, todavia, na hipótese de derivações insignificantes*".

hídrico.[75][76] Assim como o licenciamento ambiental, a outorga do direito de uso de recursos hídricos é exercício do poder de polícia sobre bens ou interesses públicos, fundamentado no princípio da supremacia do interesse público sobre o do particular.

A outorga é exigida para os usos que alterem a qualidade, a quantidade ou o regime das águas.[77] À medida que a água é entendida como um bem finito e escasso, o controle do seu uso é uma garantia de sobrevivência. Daí a necessidade de um aparato institucional capaz de cadastrar os usuários, classificar os tipos de usos e conhecer as quantidades captadas e lançadas, implantando um sistema de outorgas consistente.

Cabe à Agência Nacional de Águas e Saneamento Básico (ANA) conceder outorgas em corpos hídricos de domínio da União, podendo delegar aos Estados e ao Distrito Federal essa competência. Nas águas de domínio estadual, ou do Distrito Federal, compete aos órgãos e entidades incumbidos legal e regimentalmente exercer essa atividade.[78]

16.8.3.1 *Usos insignificantes ou de pouca expressão*

Nem todos os usos são passíveis de serem outorgados. A lei dispensa essa obrigação para os usos relativos à satisfação das necessidades de pequenos núcleos populacionais, distribuídos no meio rural. Dessa forma, para as derivações, captações e lançamentos insignificantes[79] ou de pouca expressão e as acumulações de volumes de água considerados insignificantes, cabe aos Comitês efetuar a respectiva proposta ao Conselho de Recursos Hídricos.[80]

A expressão *derivações insignificantes* foi utilizada pelo Código de Águas de 1934, em uma época em que as vazões de água no país eram mais que suficientes para atender às necessidades da população. Ao longo do tempo, foi repetida pelas normas posteriores. Todavia, entre 1901 e 2000, a população brasileira saltou de 17,4 para 169,6 milhões de pessoas[81], e em 2022, já ultrapassa 214 milhões[82]. Ao mesmo tempo, no século XX, o Produto Interno Bruto do País multiplicou-se por cem, e o PIB per capita, por 12.

Considerando os dados acima, e também que as quantidades de água existentes no país permanecem as mesmas, porém comprometidas com grande poluição, não é mais possível aceitar essa terminologia. Não há mais uso que seja insignificante. As questões relacionadas com a água vêm assumindo importância cada vez maior, em face das tragé-

---

75. Ver Resolução CNRH nº 16, de 8-5-2001.
76. Instrução Normativa MMA nº 4/2000, art. 2º, VIII.
77. Nos termos do art. 12 da Lei nº 9.433/97, sujeitam-se a outorga a derivação ou captação de parcela de água existente em um corpo de água para consumo final, inclusive abastecimento público, ou insumo de processo produtivo; a extração de aquífero para consumo final ou insumo de processo produtivo; o lançamento em corpo de água de esgotos e demais resíduos líquidos ou gasosos, tratados ou não, com o fim de sua diluição, transporte ou disposição final; o aproveitamento dos potenciais hidrelétricos; e outros usos que alterem o regime, a quantidade ou a qualidade da água existente em um corpo de água.
78. Lei nº 9.433/97, art. 14, *caput* e § 1º.
79. Usos insignificantes são as "derivações, captações, lançamentos e acumulações consideradas insignificantes pelos Comitês de Bacia Hidrográfica ou, na falta destes, pelo poder outorgante, devendo constar do Plano de Recursos Hídricos da respectiva bacia (art. 2º, XXX da Instrução Normativa MMA 04/2000)".
80. Lei nº 9.433/97, art. 12, § 1º.
81. IBGE. Estatísticas do Século XX. p. 31. Disponível em: <https://biblioteca.ibge.gov.br/visualizacao/livros/liv37312.pdf>. Acesso em: 12 mar. 2024.
82. Projeção da População do Brasil. Disponível em: <www.ibge.gov.br/apps/populacao/projecao/index.html>. Acesso em: 12 mar. 2024.

dias que ocorrem pela falta de acesso à água e é necessário estabelecer conceitos claros que indiquem claramente a importância desse recurso.

Como essa expressão foi usada para dispensar a outorga de direito de uso de recursos hídricos, caberia rever a legislação para adotar, por exemplo a expressão *usos dispensados de outorga*, afastando a ideia de insignificância.

16.8.3.2 Outorgas preventivas

A Lei nº 9.984, de 17-7-2000, introduziu a figura da *outorga preventiva*, espécie de **reserva de água administrativa**, para uso futuro. A outorga preventiva se destina a reservar uma vazão que poderá ser outorgada. A ANA, assim como os Estados, em águas sob seu domínio, poderá emitir outorgas preventivas, com a finalidade de declarar a disponibilidade de água para os usos requeridos.[83]

Para a utilização de potencial de energia hidráulica e a construção de eclusa ou de outro dispositivo de transposição hidroviária de níveis em corpo de água em corpo hídrico de domínio da União, é necessária a declaração de reserva de disponibilidade hídrica. No caso de aproveitamentos de potenciais hidráulicos, a declaração deverá ser solicitada Agência Nacional de Energia Elétrica (ANEEL); quando se tratar da construção e operação direta de eclusa ou de outro dispositivo de transposição hidroviária de níveis, pelo Ministério dos Transportes; e quando se tratar de concessão da construção seguida da exploração de serviços de eclusa ou de outro dispositivo de transposição hidroviária de níveis, pela Agência Nacional de Transportes Aquaviários.[84]

16.8.3.3 Natureza jurídica das outorgas

Os recursos hídricos, como bens públicos, não são passíveis de alienação. O uso privativo é de natureza precária e varia de acordo com a finalidade do uso. A outorga, assim, *"não implica a alienação parcial das águas que são inalienáveis, mas o simples direito de seu uso"*.[85]

A outorga do direito de uso de recursos hídricos classifica-se como **autorização administrativa**,[86] por meio do qual o detentor do domínio do recurso hídrico – União ou Estado –, tomando como referências as prioridades de uso fixadas no Plano de Recursos Hídricos, devidamente aprovado pelo respectivo Comitê de Bacia Hidrográfica, confere ao interessado o direito de utilizar privativamente água, com vistas ao atendimento de interesse público ou particular.

Nas outorgas de direito de uso de recursos hídricos de domínio da União, serão respeitados os seguintes limites de prazos, contados da data da publicação dos respectivos atos administrativos de autorização:

até dois anos, para início da implantação do empreendimento objeto da outorga;

em até seis anos, para conclusão da implantação do empreendimento projetado; e

em até 35 anos, para vigência da outorga do direito de uso, podendo ser prorrogado, pela ANA, respeitando-se as prioridades estabelecidas nos Planos de Recursos Hídricos.[87]

---

83. Lei nº 9.984/00, art. 6º.
84. Lei nº 9.984/00, art. 7º, com redação dada pela Lei nº 13.081/2015.
85. Lei nº 9.433/97, art. 18.
86. Lei nº 9.984/00, art. 5º.
87. Lei nº 9.984/00, art. 5º.

Os prazos de vigência das outorgas são fixados em função da natureza e do porte do investimento, considerando-se, também, quando for o caso, o período de retorno desse investimento.[88] As outorgas dos concessionários de serviços públicos e de geração de energia elétrica vigorarão por prazos coincidentes com os dos correspondentes contratos de concessão ou ato administrativo de autorização.[89]

Sobre a segurança jurídica quanto aos prazos de vigência das outorgas, há que considerar que o instituto da *autorização*, utilizado pela lei, é inadequado, pois a outorga é figura *sui generis* do direito administrativo, pelas suas especificidades, em função das finalidades dos diversos usos da água. Mais útil e claro seria adotar a denominação de *outorga de direito de uso de recursos hídricos*, sem a preocupação de enquadrá-lo em institutos outros que, de resto, já possuem uma conceituação tormentosa.

16.8.3.4 Suspensão da outorga

O art. 15 da Lei nº 9.433/97 relacionou as hipóteses de suspensão total ou parcial das outorgas, em definitivo ou por prazo determinado. Constituem motivos de suspensão:

não cumprimento, pelo outorgado, dos termos da outorga;

ausência de uso por três anos consecutivos;

necessidade premente de água para atender a situações de calamidade, inclusive as decorrentes de condições climáticas adversas;

necessidade de se prevenir ou reverter grave degradação ambiental;

necessidade de se atender a usos prioritários, de interesse coletivo, para os quais não se disponha de fontes alternativas; e

necessidade de serem mantidas as características de navegabilidade do corpo de água.

A primeira e a segunda hipóteses referem-se ao estrito cumprimento dos termos da outorga pelo interessado. É o regular exercício do poder de polícia das águas, em que a autoridade que concedeu a outorga tem o poder-dever de fiscalizar a utilização do recurso.

No que se refere à possibilidade de suspensão da outorga, todas as ações relativas às águas devem considerar, necessariamente, as condições do clima, que afetam diretamente o regime hídrico e, consequentemente, as vazões e a disponibilidade da água.

Se ocorrer qualquer fato externo à outorga, que venha dificultar para o Poder Público o gerenciamento do balanço hídrico, caberá a sua suspensão. O mesmo se aplica quando a ocorrência afetar não o aspecto quantidade, mas o aspecto qualidade do recurso hídrico, que, conforme já foi visto, é também recurso ambiental, passível de proteção.

16.9 COBRANÇA PELO USO DE RECURSOS HÍDRICOS

16.9.1 Objetivos da cobrança

A Lei nº 9.433/97 instituiu a cobrança como um dos instrumentos da Política Nacional Recursos Hídricos com os seguintes objetivos:[90]

---

88. Lei nº 9.984/00, art. 5º, § 1º.
89. Lei nº 9.984/00, art. 5º, § 4º.
90. Lei nº 9.433/97, art. 19.

reconhecer a água como bem econômico e dar ao usuário uma indicação de seu real valor;

incentivar a racionalização do uso da água;

obter recursos financeiros para o financiamento dos programas e intervenções contemplados nos planos de recursos hídricos.

A Resolução do Conselho Nacional de Recursos Hídricos (CNRH) nº 48, de 21-3-2005, acrescentou mais dois objetivos para a cobrança, de cunho voltado às questões ambientais:

estimular o investimento em despoluição, reuso, proteção e conservação, bem como a utilização de tecnologias limpas e poupadoras dos recursos hídricos, de acordo com o enquadramento dos corpos de águas em classes de usos preponderantes; e

induzir e estimular a conservação, o manejo integrado, a proteção e a recuperação dos recursos hídricos, com ênfase para as áreas inundáveis e de recarga dos aquíferos, mananciais e matas ciliares, por meio de compensações e incentivos aos usuários[91].

O instrumento da cobrança pelo uso de recursos hídricos deverá estar compatibilizado e integrado com os demais instrumentos da política de recursos hídricos.[92] Disso decorre que, na sua implementação, outros instrumentos como, por exemplo, a outorga de direito de uso da água e o plano de recursos hídricos já devem estar implantados.

16.9.2 Natureza jurídica do produto da cobrança

A natureza do produto da cobrança é a de preço público, pois se trata de fonte de exploração de bem de domínio público. Sua natureza é negocial e se desenvolve por meio de uma sistemática de proposições e aprovações, no âmbito de Sistema de Gerenciamento de Recursos Hídricos.

A cobrança pode ser entendida, além de instrumento econômico, como instrumento de controle, na medida em que consiste em um preço público, imposto aos usuários da água, em valores propostos pelos Comitês de Bacia Hidrográfica e aprovados pelo Conselho Nacional de Recursos Hídricos no que se refere ao domínio da União, cabendo a cada Estado definir a sistemática de cobrança pelas águas de domínio estadual.

16.9.3 Aplicação dos recursos da cobrança

Toda a principiologia que rege a Política Nacional e o Sistema de Gestão dos Recursos Hídricos, fundamentada na Lei nº 9.433/97, leva ao entendimento de que os recursos obtidos a partir da cobrança pelo uso da água encontram-se, em tese, adstritos a uma destinação específica, que seria a aplicação:

no financiamento de estudos, programas, projetos e obras incluídos nos Planos de Recursos Hídricos; e

no pagamento das despesas de implantação e custeio administrativo dos órgãos e entidades integrantes do Sistema Nacional de Gerenciamento de Recursos Hídricos, limitado a sete e meio por cento, na forma do artigo 22, § 1º, da Lei nº 9.433/97.

Ou seja, no mínimo 92,5% dos recursos da cobrança devem ser destinados aos estudos, programas, projetos e obras contidas nos Planos de Recursos Hídricos.

---

91. Resolução CNRH nº 48/05, art. 2º, IV e V.
92. Lei nº 9.433/97, art. 3º.

A lei apenas menciona, em seu art. 22, que os recursos da cobrança serão aplicados, *prioritariamente*, na bacia hidrográfica em que foram gerados. Esse dispositivo é insuficiente para vincular a necessária transferência à bacia interessada, causando insegurança jurídica aos usuários pagadores e comprometendo toda a estrutura jurídico-institucional da Política Nacional de Recursos Hídricos.

Do ponto de vista do usuário pagador, constata-se que a disposição a pagar é proporcional à certeza de que os recursos beneficiarão a bacia hidrográfica onde ocorreu a arrecadação.[93] E a Lei nº 9.433/97, como já verificado, não assegura a **aplicação dos recursos da cobrança na bacia hidrográfica em que os mesmos foram arrecadados**.

Embora as finalidades da cobrança prendam-se fundamentalmente aos aspectos de reconhecimento da água como bem de valor econômico e incentivo à racionalização do uso, existe uma real necessidade de recursos financeiros para que se proceda a recuperação e melhoria dos aspectos quantidade e qualidade das águas. É o que se estabelece no inciso III do citado art. 19, que trata da obtenção de recursos para o financiamento dos programas e intervenções contemplados nos planos de recursos hídricos.

Dessa forma, o inciso III, ao mencionar o financiamento de programas e intervenções contidos nos planos de recursos hídricos, já estabelecia, desde logo, um liame de ordem jurídica entre a cobrança, os recursos financeiros arrecadados e a sua aplicação nos estudos, projetos e obras previstos no plano de recursos hídricos.

Vislumbrando o espírito do legislador, ao eleger a bacia hidrográfica como a unidade territorial para implementação da Política Nacional de Recursos Hídricos e atuação do Sistema Nacional de Gerenciamento de Recursos Hídricos,[94] só se pode entender que o plano de que trata a lei, no inciso I do art. 22, é o da bacia hidrográfica onde foram arrecadados os valores propostos pelo respectivo comitê.

Indo além, cabe aos Comitês de Bacia Hidrográfica aprovar o Plano de Recursos Hídricos da Bacia[95] e sugerir os valores a serem cobrados.[96] E mais: às Agências de Água compete apresentar a proposta ao(s) respectivo(s) Comitê(s) de Bacia Hidrográfica do plano de aplicação dos recursos arrecadados com a cobrança pelo uso de recursos hídricos.[97] A aplicação dos valores da cobrança, portanto, deve ocorrer na própria bacia em que houve a arrecadação.

Existe, assim, uma contradição entre os termos *prioritariamente* e os citados dispositivos legais. O fato de a lei estabelecer que os recursos financeiros serão *prioritariamente* aplicados na bacia hidrográfica onde foram gerados implica que o repasse dos mesmos, na bacia hidrográfica de origem, constitui ato discricionário da autoridade, ou seja, poderá ocorrer desde que haja conveniência e oportunidade do mesmo, porém sem qualquer fixação de limites mínimos.[98] Havendo, pois, qualquer motivo plausível para não repassar os

---

93. De modo geral, há forte rejeição à criação de mais um *imposto*. Assim, é fundamental que o produto da cobrança retorne à bacia onde foi arrecadado, que seja um recurso *carimbado*, livre de desvios ou de aplicação em outros setores.
94. Lei nº 9.433/97, art. 1º, V.
95. Lei nº 9.433/97, art. 38, III.
96. Lei nº 9.433/97, art. 38, VI.
97. Lei nº 9.433/97, art. 44, XI, *c*.
98. O termo *prioritariamente* constitui o que se denomina em direito de *conceito jurídico indeterminado*. Trata-se de palavras de pouca precisão, que pouco contribuem para que se conheçam o conteúdo e o alcance de uma norma jurídica.

recursos, não é impossível que a bacia onde ocorreu a arrecadação venha a receber parcela pouco representativa, uma vez que inexiste a vinculação.

Em vista dessa situação, foi preciso buscar meios legais para obter a garantia do retorno dos recursos oriundos da cobrança à bacia hidrográfica em que os mesmos se originaram, por meio de transferências automáticas. Cabem, aqui, alguns esclarecimentos adicionais acerca da natureza pública dos recursos da cobrança.

O recurso hídrico é um bem de domínio público, na forma do estabelecido na Constituição Federal, ao fixar que as águas pertencem à União ou aos Estados ou Distrito Federal, de acordo com sua localização.[99] Na Lei nº 9.433/97, a dominialidade pública ficou expressamente definida, ao estabelecer que "*a água é um bem de domínio público*".[100]

Sendo de natureza pública os recursos hídricos, são também públicas as receitas auferidas por sua utilização. Consequentemente, essas receitas, arrecadadas pelo órgão competente no que toca às águas de domínio da União – Agência Nacional de Águas e Saneamento Básico –, constituem parcela do Tesouro Nacional, submetendo-se ao Sistema de Conta Única.

Cabia verificar, sob os aspectos do direito financeiro, como garantir que esses valores fossem efetivamente aplicados no setor de recursos hídricos em observância às disposições da Lei nº 9.433/97 e retornassem à bacia hidrográfica em que foram arrecadados, ou *como transformar a receita em despesa*.

A primeira questão referia-se à garantia de que os recursos decorrentes da cobrança, ainda que alocados no Tesouro Nacional, (1) não pudessem ser contingenciados e que (2) fossem preservados, mesmo em exercícios financeiros posteriores ao da arrecadação. Essas dúvidas solucionaram-se com a edição da Lei de Responsabilidade Fiscal – Lei Complementar nº 101, de 4-5-2000 –, que determina que os recursos legalmente vinculados a finalidade específica serão *utilizados exclusivamente* para atender ao objeto de sua vinculação, ainda que em *exercício diverso* daquele em que ocorrer o ingresso.[101] Todavia, a Lei Complementar nº 101/00 dispõe que lei deve estabelecer expressamente o comprometimento dos recursos, indicando a sua destinação. Faltava, pois, complementar essa etapa no processo de conferir segurança jurídica no que concerne aos recursos da cobrança.

A Lei nº 9.984/00 determina que as receitas provenientes da cobrança pelo uso de recursos hídricos de domínio da União serão mantidas à disposição da ANA, na Conta Única do Tesouro Nacional, enquanto não forem destinadas para as respectivas programações.[102]

Restou verificar se o dispositivo acima mencionado se enquadrava nas determinações fixadas no parágrafo único do art. 8º da Lei de Responsabilidade Fiscal, garantindo assim que não haveria, por exemplo, um contingenciamento de valores, comprometendo a sustentabilidade da Política de Recursos Hídricos.

Ao fixar que as receitas provenientes da cobrança pelo uso dos recursos hídricos de domínio da União *permanecessem à disposição* da ANA até a sua destinação nas respectivas programações, não se garantia que esses recursos se preservassem após o exercício

---

99. CF/88, arts. 20, III, e 26, I.
100. Lei nº 9.433/97, art. 1º, I.
101. LC nº 101/00, art. 8º, parágrafo único.
102. Lei nº 9.984/00, art. 21.

financeiro em que foram gerados e nem se impedia eventual contingenciamento. Tratava--se de norma programática, pois não se estava indicando, objetivamente, que os recursos seriam destinados especificamente aos projetos, programas ou obras objeto de um plano de aplicação, previamente aprovado pelo Comitê de Bacia Hidrográfica, juntamente com o plano de recursos hídricos e o plano de aplicação dos valores da cobrança. Não havia finalidade específica nem vinculação indicada na Lei, o que significava que, na legislação então em vigor, inexistia qualquer garantia de que os recursos financeiros obtidos por meio da cobrança seriam preservados ou em linguagem figurativa, *carimbados*.

Era necessário fixar, em uma nova lei, tal obrigação. Havendo um dispositivo que obrigasse expressamente a destinação dos recursos obtidos a partir da cobrança pelo uso dos recursos hídricos aos estudos, planos, programas e obras contidos nos planos de aplicação, que constituem uma parte dos planos de recursos hídricos, devidamente aprovados pelo respectivo comitê de bacia hidrográfica, a Lei de Responsabilidade Fiscal asseguraria a transferência automática, de natureza vinculante – e não o repasse, que é de natureza discricionária – de recursos financeiros do Tesouro Nacional para a Agência de Águas da Bacia.

Além disso, era necessário implantar um mecanismo institucional de controle para a transferência dos recursos do Tesouro Nacional para uma conta bancária em nome da Agência de Águas.

A Agência de Águas deveria celebrar contrato de gestão ou instrumento equivalente com a ANA, no qual seria fixada uma série de obrigações a serem cumpridas. A Agência Nacional de Águas exerceria o acompanhamento e o controle do cumprimento das condições do contrato de gestão, cabendo a ela proceder às autorizações para as transferências.

Aqui, uma sutileza: a transferência é automática. A finalidade é garantida. Todavia, dependia de uma autorização do ente controlador dessa conta – Agência Nacional de Águas–, fundamentada no cumprimento do contrato de gestão ou em outro compromisso que viesse a ser celebrado entre a Agência de Águas e a Agência Nacional de Águas (ANA), para que a Agência de Água pudesse receber os recursos.

Todas essas questões foram suscitadas quando da implantação da cobrança na bacia hidrográfica do rio Paraíba do Sul, em experiência pioneira, já consolidada.

Tendo em vista que a Lei nº 9.433/97 estabelece, nas Disposições Gerais e Transitórias, que *"O Conselho Nacional de Recursos Hídricos e os Conselhos Estaduais de Recursos Hídricos poderão delegar a organizações sem fins lucrativos relacionadas no art. 47 desta Lei, por prazo determinado, o exercício de funções de competência das Agências de Água, enquanto esses organismos não estiverem constituídos"*,[103] formulou-se um modelo institucional que busca resolver (1) os problemas suscitados pelo termo *prioritariamente* mencionado no art. 22; (2) o risco de contingenciamento dos valores arrecadados e (3) a sua permanência de um exercício financeiro para outro.

A Lei nº 10.881/04 veio trazer soluções para esses entraves. Em dispositivo específico, conferiu a necessária consistência no fluxo financeiro da cobrança pelo uso de recursos hídricos, assegurando *"à entidade delegatária as transferências da ANA provenientes das receitas da cobrança pelos usos de recursos hídricos em rios de domínio da União, [pela de-*

---

103. Lei nº 9.433/97, art. 51 (Redação dada pela Lei nº 10.881, de 2004)

rivação ou captação de parcela da água existente em um corpo de água para consumo final, inclusive abastecimento público, ou insumo de processo produtivo, o lançamento em corpo de água de esgotos e demais resíduos líquidos ou gasosos, tratados ou não, com o fim de sua diluição, transporte ou disposição final e outros usos que alterem o regime, a quantidade ou a qualidade da água existente em um corpo de água, que tenham sido] arrecadadas na(s) respectiva(s) bacia(s) hidrográfica(s)".[104]

Mais que isso, menciona-se expressamente, nesse diploma legal, em seu art. 4º, § 3º, que se aplica a essas transferências o disposto no § 2º do art. 9º da Lei Complementar nº 101, de 2000, segundo o qual *"não serão objeto de limitação as despesas que constituam obrigações constitucionais e legais do ente, inclusive aquelas destinadas ao pagamento do serviço da dívida, e as ressalvadas pela Lei de Diretrizes Orçamentárias".*

Trata-se de obrigação legal, pois o § 1º do art. 4º da Lei nº 10.881/04 assegura expressamente à Entidade Delegatária as transferências da ANA, provenientes das receitas da cobrança por derivação ou captação, lançamento de esgotos e resíduos e outros usos que alterem o regime, a quantidade ou a qualidade dos recursos hídricos. Decorrendo de lei, ficam os **valores oriundos da cobrança livres de contingenciamento**, vinculando-se à aplicação na bacia hidrográfica em que foram gerados.

No que se refere às pessoas a serem alocadas nas instituições, o art. 5º dispõe que a ANA poderá designar servidor do seu quadro de pessoal para auxiliar a implementação das atividades da entidade delegatária, pelo prazo máximo de seis meses, admitida uma prorrogação.

O servidor designado fará jus à remuneração na origem e ajuda de custo para deslocamento e auxílio-moradia, em conformidade com a legislação vigente.

A Resolução nº 424 da Agência Nacional de Águas (ANA), de 4-8-2004, aprova o regulamento para aquisição e alienação de bens e para a contratação de obras e serviços pelas entidades delegatárias das funções de Agência de Água, nos termos do art. 9º da Lei nº 10.881, de 9-6-2004. A contratação de obras e serviços e a aquisição e alienação de bens efetuar-se-ão, pois, mediante seleção de fornecedores, sendo dispensado tal procedimento nos casos expressamente previstos no Regulamento, a saber, conforme o art. 13:

1. operação envolvendo concessionária de serviços públicos e o objeto do contrato pertinente ao da concessão;

2. operação envolvendo empresas públicas, entidades paraestatais, entidades sem fins lucrativos na área de pesquisa científica e tecnológica, organizações sociais, universidades ou centros de pesquisa públicos nacionais;

3. aluguel ou aquisição de imóvel destinado a uso próprio;

4. aquisição de equipamentos e componentes cujas características técnicas sejam específicas em relação aos objetivos a serem alcançados;

5. aquisição de materiais, equipamentos ou serviços diretamente do produtor, empresa ou representante comercial exclusivo;

6. complementação de obras ou serviços e aquisição de materiais, componentes e/ou equipamentos para substituição ou ampliação, já padronizados pela entidade delegatária;

7. compras, execução de obras ou serviços ou alienação de bens que envolvam valores estimados inferiores a R$ 16.000,00 (dezesseis mil reais), reajustados nos mesmos termos do art. 10;

---

104. Lei nº 10.881/04, art. 4º, § 1º.

16 • ÁGUAS   **273**

8. contratação de serviços profissionais especializados e firmas de notória especialização;

9. emergência, quando caracterizada a urgência de atendimento de situação que possa ocasionar prejuízos à entidade delegatária ou comprometer a segurança de pessoas, obras, serviços ou equipamentos;

10. não acudirem interessados à seleção de fornecedores.

As modalidades serão estabelecidas de acordo com o valor estimado de cada contratação, a saber:

Pedido de Cotação: quando o valor for inferior a R$ 30.000,00; e

Coleta de Preços: através de ato convocatório, quando o valor estimado for igual ou superior a R$ 30.000,00.[105]

16.9.3.1 Condições para a implantação da cobrança pelo uso de recursos hídricos

A Resolução do Conselho Nacional de Recursos Hídricos (CNRH) nº 48, de 21-3-2005, que estabelece critérios gerais para a cobrança pelo uso dos recursos hídricos, fixa as seguintes condicionantes do início da cobrança em uma bacia hidrográfica:

proposição das acumulações, derivações, captações e lançamentos considerados insignificantes ou de **pouca expressão** pelo respectivo Comitê de Bacia Hidrográfica e sua aprovação pelo respectivo Conselho de Recursos Hídricos, para os fins previstos no § 1º do art. 12 da Lei nº 9.433/97;

processo de regularização de usos de recursos hídricos sujeitos à outorga na respectiva bacia, incluindo o cadastramento dos usuários da bacia hidrográfica;

definição do **programa de investimentos** no respectivo Plano de Recursos Hídricos, devidamente aprovado;

aprovação, pelo competente Conselho de Recursos Hídricos, da proposta de cobrança, tecnicamente fundamentada, encaminhada pelo respectivo Comitê de Bacia Hidrográfica no que se refere à base técnica sobre a qual serão discutidos os valores; o parágrafo único do art. 6º determina que os **órgãos e entidades gestores de recursos hídricos deverão elaborar estudos técnicos para subsidiar a proposta** dos valores a serem cobrados pelo uso de recursos hídricos, com base nos mecanismos e quantitativos sugeridos pelo Comitê de Bacia Hidrográfica ao respectivo Conselho de Recursos Hídricos;

implantação da respectiva Agência de Bacia Hidrográfica ou da entidade delegatária do exercício de suas funções.[106]

16.10 ÁGUAS SUBTERRÂNEAS

Praticamente, todos os países do mundo utilizam águas subterrâneas para suprir suas necessidades, no atendimento total ou suplementar do abastecimento público e de atividades como irrigação, produção de energia, turismo, indústria etc.

Pode-se considerar inevitável a intensificação do uso dessas águas no futuro, em virtude da escassez das águas superficiais, o que já é verificado em diversos locais em que essa exploração vem sendo feita por meio da abertura de poços artesianos, nem sempre de forma organizada e controlada.

São consideradas subterrâneas as águas que ocorrem natural ou artificialmente no subsolo, de forma suscetível de extração e utilização pelo homem.[107] São "*suprimento de*

---

105. Resolução ANA nº 424/04, art. 9º, I e II.
106. CNRH nº 48/05, art. 6º, I, II, III, IV e V.
107. Lei nº 6.134, de 2-6-1988, sobre a preservação dos depósitos naturais de águas subterrâneas do Estado de São Paulo, art. 1º.

água doce sob a superfície da terra, em um aquífero ou no solo, que forma um reservatório natural para o uso do homem".[108] De acordo com o disposto no inciso II do art. 2º da Instrução Normativa MMA 04/2000, são as "*águas que transitam no subsolo infiltradas através do solo ou de suas camadas subjacentes, armazenadas na zona de saturação e suscetíveis de extração e utilização*". São "*águas que ocorrem naturalmente ou artificialmente no subsolo*".[109] Conforme o IBGE, trata-se de *água presente no subsolo ocupando a zona saturada dos aquíferos, e movendo-se sob o efeito da força gravitacional. Difere da água do solo, pois nesta as forças que a comandam são as eletroquímicas, tais como capilaridade e adsorção*.[110] A UNESCO, citada na Lista de Termos para o Thesaurus de Recursos Hídricos, aprovada pela Portaria ANA nº 149/2015 a define como *água que ocupa a zona saturada do solo*.

As águas subterrâneas localizam-se, no subsolo, contidas em aquíferos, extratos subterrâneo de terra, cascalho ou rocha porosa que contêm água.[111] Trata-se de rochas cuja permeabilidade permite a retenção de água, dando origem a águas interiores ou freáticas;[112] são formações porosas (camadas ou extratos) de rocha permeável – areia ou cascalho –, capazes de armazenar e fornecer quantidades significativas de água,[113] ou corpos hidrogeológicos com capacidade de acumular e transmitir água através dos seus poros, fissuras ou espaços resultantes da dissolução e carreamento de materiais rochosos.[114] De acordo com a Portaria ANA nº 149/2015, que aprovou a "Lista de Termos para o Thesaurus de Recursos Hídricos", aquífero pode ser definido como *uma ou mais camadas subterrâneas de rocha ou outros estratos geológicos suficientemente porosos e permeáveis para permitirem um fluxo significativo de águas subterrâneas ou a captação de quantidades significativas de águas subterrâneas* (Diretiva 2000/60/CE do Parlamento Europeu e do Conselho).

Em virtude das dificuldades no conhecimento do regime dos aquíferos e não estando totalmente implementadas as políticas de recursos hídricos no país, principalmente em âmbito dos Estados, muitos usuários irregulares de águas subterrâneas vêm explorando esses recursos, sem que os Poderes Públicos tenham, ainda, um mapeamento correto dos poços existentes e da qualidade das águas exploradas, assim como de eventual contaminação desse recurso.

A ausência de controle provoca principalmente o rebaixamento do aquífero e a escassez, além dos riscos de contaminação do subsolo e das águas abaixo dele, expondo um número indeterminado de pessoas a essa contaminação, com sérios reflexos em sua saúde. Isso se deve ao fato de que, diferentemente dos rios e lagos, que se renovam e se autodepuram em poucos dias, os aquíferos não possuem tal capacidade, tornando-se preocupante o uso das águas subterrâneas sem considerar a natureza potencialmente poluidora de determinadas atividades.

---

108. MOREIRA, Iara Verocai Dias. *Vocabulário básico de meio ambiente*. Rio de Janeiro: Fundação Estadual de Engenharia do Meio Ambiente, 1990, p. 19.
109. Resolução CNRH nº 15/2001, art. 1º, I.
110. IBGE. Vocabulário Básico de Recursos Naturais e Meio Ambiente (2004). Disponível em: <https://biblioteca.ibge.gov.br/visualizacao/livros/liv4730.pdf>. Acesso em: 13 mar. 2024.
111. MOREIRA, Iara Verocai Dias. *Vocabulário básico de meio ambiente*. Rio de Janeiro: Fundação Estadual de Engenharia do Meio Ambiente, 1990, p. 25.
112. MOREIRA, Iara Verocai Dias. *Vocabulário básico de meio ambiente*. Rio de Janeiro: Fundação Estadual de Engenharia do Meio Ambiente, 1990, p. 25.
113. Departamento Nacional de Águas e Energia Elétrica (DNAEE). *Glossário de termos hidrológicos*. Brasília, 1976, nº 38.
114. Resolução CNRH nº 15/2001, art. 1º, III.

16.10.1 Domínio das águas subterrâneas

Embora a repartição constitucional do domínio de corpos hídricos cause dificuldades ou pelo menos um esforço adicional na articulação institucional, quando da gestão desse recurso no âmbito das bacias hidrográficas, há, nessa repartição, uma lógica estabelecida pela geografia.

A cada Estado pertencem as águas contidas em seu território. Essa é a regra básica. Todavia, o domínio estadual das águas subterrâneas sequer acompanha um critério geográfico, pois é sabido que a localização dos aquíferos pode ultrapassar os limites políticos e as fronteiras estaduais. Esse fato gera um risco, na medida em que cada Estado pode decidir, em princípio, sobre as outorgas do direito de uso de águas, no que tange às águas subterrâneas.

A Resolução do Conselho Nacional de Recursos Hídricos (CNRH) nº 15, de 11-1-2001, na busca de soluções integradas para a gestão das águas subterrâneas, determina que, na aplicação dos instrumentos da Política Nacional de Recursos Hídricos, devem ser consideradas, sem dissociação, as águas superficiais, subterrâneas e meteóricas incorporando-se medidas que assegurem a promoção da gestão integrada, de acordo com as seguintes diretrizes:

os Planos de Recursos Hídricos deverão conter, no mínimo, os dados e informações necessárias ao gerenciamento integrado das águas;

o enquadramento dos corpos de água subterrânea em classes dar-se-á segundo as características hidrogeológicas dos aquíferos e os seus respectivos usos preponderantes, a serem especificamente definidos;

nas outorgas de direito de uso de águas subterrâneas deverão ser considerados critérios que assegurem a gestão integrada das águas, visando evitar o comprometimento qualitativo e quantitativo dos aquíferos e dos corpos de água superficiais a eles interligados;

a cobrança pelo uso dos recursos hídricos subterrâneos deverá obedecer a critérios estabelecidos em legislação específica;

os Sistemas de Informações de Recursos Hídricos no âmbito federal, estadual e do Distrito Federal deverão conter, organizar e disponibilizar os dados e informações necessários ao gerenciamento integrado das águas.[115]

No que se refere à gestão das águas subterrâneas, a citada norma estabelece a obrigação de os sistemas de gerenciamento promoverem a uniformização de diretrizes e critérios para coleta dos dados e elaborarem os estudos hidrogeológicos necessários à identificação e caracterização da bacia hidrogeológica, no caso de existirem aquíferos subjacentes a duas ou mais bacias hidrográficas.[116]

A outra regra estabelecida na citada resolução determina que os Comitês de Bacia Hidrográfica envolvidos deverão buscar *o intercâmbio e a sistematização dos dados gerados para a perfeita caracterização da bacia hidrogeológica*.[117]

Essas normas evidenciam a necessidade de uniformização de dados a coletar, de modo a instruir os processos decisórios de forma equivalente, em cada Estado, se for esse o caso. É essencial para a segurança das águas subterrâneas, devendo ser complementada,

---

115. Resolução CNRH nº 15/01, art. 3º, I, II, III, IV e V.
116. Resolução CNRH nº 15/01, art. 4º.
117. Resolução CNRH nº 15/01, art. 4º, parágrafo único.

ainda, por normas que tratem dos sistemas de decisão acerca da gestão dessas águas, inclusive com a adoção de procedimentos administrativos padronizados, relativos, por exemplo, às outorgas do direito de uso de recursos hídricos, fiscalização, definição de infrações e aplicação de penalidades.

Desse modo, a atividade administrativa de controle das águas subterrâneas, nos diversos Entes da Federação, ficaria adstrita a regras equivalentes, o que poderia conferir maior segurança à proteção dos aquíferos.

No caso dos aquíferos transfronteiriços ou subjacentes a duas ou mais Unidades da Federação, o Sistema Nacional de Gerenciamento de Recursos Hídricos (SINGRH) promoverá a integração dos diversos órgãos dos governos federal, estaduais e do Distrito Federal, que têm competências no gerenciamento de águas subterrâneas.[118]

Nos termos do art. 5º, § 2º, da Resolução, nos aquíferos transfronteiriços, a aplicação dos instrumentos da Política Nacional de Recursos Hídricos dar-se-á em conformidade com as disposições constantes nos acordos celebrados entre a União e os países vizinhos.

16.10.2 Aquífero Guarani

As águas subterrâneas, além de sua importância intrínseca, em face da qualidade das águas, e dos riscos que as ameaçam, vêm atraindo a atenção da comunidade internacional para, entre outros, o Sistema Aquífero Guarani (SAG), que está localizado entre os paralelos 16º S e 32º S e os meridianos 47º W e 60º W, e estende-se por área de cerca de 738.000 km² no Brasil, distribuída nos Estados do Rio Grande do Sul (155.000 km²), Santa Catarina (44.000 km²), Paraná (120.000 km²), São Paulo (143.000 km²), Minas Gerais (38.500 km²), Mato Grosso do Sul (190.000 km²), Mato Grosso (7.200 km²) e Goiás (40.000 km²). Sua área de ocorrência avança também para Argentina (228.000 km²), Paraguai (88.000 km²) e Uruguai (36.000 km²).[119]

Sendo um importante manancial, não totalmente conhecido, inclusive quanto aos usos em curso e eventuais contaminações, e considerando o compartilhamento do mesmo pelos países que compõe o Mercosul, há um desafio a enfrentar, com vistas à proteção desse recurso.

Nota-se um aumento do número de usuários, como resultado do crescimento demográfico e do aumento do consumo industrial e agrícola. Esse quadro tende a evoluir, em virtude da crescente contaminação das águas superficiais, fazendo com que as fontes do Aquífero Guarani se tornem cada vez mais atrativas.

Talvez o Aquífero Guarani seja o maior reservatório de água doce do mundo. Vem sendo utilizado para usos diversos como abastecimento público, industrial, irrigação, calefação e recreação. Em um cenário crescente no que se refere à probabilidade de aumento de usos, cabe um esforço intergovernamental para manter uma exploração equilibrada, com captações de quantidade inferior à recarga das chuvas, de modo que assegure a sustentabilidade do Aquífero Guarani e seus benefícios às populações atuais e futuras, habitantes

---

118. Resolução CNRH nº 15/01, art. 5º.
119. Agência Nacional de Águas (ANA). *Estudo de Vulnerabilidade Natural à Contaminação e Estratégias de Proteção do Sistema Aquífero Guarani nas Áreas de Afloramento*. Dez./2014, p. 7.

dos quatro países que o compartilham. É patente, pois, a necessidade de um arcabouço jurídico-institucional adequado à gestão sustentável desses recursos, em nível internacional.

16.10.2.1 Projeto Aquífero Guarani

Em razão dos problemas e necessidades sucintamente apontadas, os Governos dos países que compartilham o aquífero buscaram apoio junto ao *Global Environment Facility* (GEF), ou Fundo para o Meio Ambiente Mundial (FMAM), para preparar o Projeto de Proteção Ambiental e Desenvolvimento Sustentável do Sistema Aquífero Guarani. O apoio foi concretizado por intermédio do Banco Mundial, como agência implementadora dos recursos, e da Organização dos Estados Americanos (OEA), como agência executora internacional.[120]

Considerando que o projeto tem por objetivo impulsionar mudanças institucionais significativas, em virtude da atual carência de uma gestão coordenada e de marcos jurídico-institucionais para tanto, no Sistema Guarani, os futuros desenvolvimentos institucionais a serem formulados como componentes desse projeto serão fundamentais para determinar seu êxito a longo prazo. Ademais, o projeto proposto deverá contribuir para o avanço de políticas relacionadas com as águas subterrâneas transfronteiriças nos quatro países desenvolvendo-se marcos jurídicos institucionais e nacionais para as águas subterrâneas, os quais ora inexistem, ora são distintos.

As principais reformas políticas e institucionais almejadas no âmbito do Sistema Aquífero Guarani são o reconhecimento do Sistema como portador de recursos transfronteiriços valiosos e a criação de um modelo para a gestão coordenada do mesmo, que inclua arranjos jurídicos e institucionais conjuntos, além do intercâmbio de dados.

A longo prazo, os benefícios previstos são o abastecimento sustentável de água potável para a população, a água de alta qualidade para a indústria, o abastecimento sustentável de água termal para turismo, indústria e Municípios e menores possibilidades de conflito devido ao uso das águas do Sistema Aquífero Guarani nas zonas transfronteiriças.

A curto e médio prazo, os participantes na gestão do Sistema Aquífero Guarani serão considerados beneficiários. Por meio de programas de capacitação e de educação, sua capacidade para contribuir na gestão sustentável do Sistema aumentará consideravelmente. O Projeto está desenhado de maneira que a experiência gerada seja integrada na base de conhecimentos técnicos dos quatro países.

Os efeitos globais de uma melhoria na gestão do Sistema Aquífero Guarani estão relacionados à gestão e ao desenvolvimento sustentável integrado desse recurso transfronteiriço.

A meta principal do Projeto é o estabelecimento de um modelo conjunto entre os quatro países para a gestão do Sistema Aquífero Guarani, objetivo este que permitiria uma série de benefícios. Outros benefícios devem ser obtidos através da execução das atividades de todos os componentes do Projeto, e terão validade, independentemente do consenso em torno de um acordo entre os quatro países. Também estarão relacionados ao forta-

---

120. CPRM. Projeto de Proteção Ambiental e Desenvolvimento Sustentável do Sistema Aquífero Guarani – PSAG. Disponível em: <http://www.cprm.gov.br/publique/Noticias/Projeto-de-Protecao-Ambiental-e-Desenvolvimento-Sustentavel-do-Sistema-Aquifero-Guarani---PSAG-938.html?from_info_index=2641>. Acesso em: 3 abril 2022.

lecimento e à participação das entidades subnacionais, incluindo as entidades estatais e/ou provinciais, as empresas de abastecimento de água, instituições acadêmicas e de pesquisa e organizações não governamentais na execução do Projeto. Sua participação assegurará que o aquífero seja gerenciado de forma descentralizada e sustentável, o que inclui especificamente as províncias da Argentina, as quais têm a responsabilidade jurídica da gestão dos recursos hídricos, e os oito Estados envolvidos no Brasil.

O resultado final do Projeto consiste em possibilitar que os quatro países disponham de um modelo de gestão para o Sistema Aquífero Guarani (SAG), através de um Programa de Ações Estratégicas (PAE), incluindo aspectos técnicos, científicos, institucionais, financeiros e legais para sua proteção e uso sustentável.

O Acordo-Quadro sobre Meio Ambiente do Mercosul, celebrado em Assunção em 22-6-2001, tem como objetivo o desenvolvimento sustentável e a proteção do meio ambiente mediante a articulação entre as dimensões econômica, social e ambiental, contribuindo para uma qualidade melhor do meio ambiente e de vida das populações. Foi promulgado no Brasil pelo Decreto nº 5.208, de 17-9-2004. Esse instrumento já é um avanço nos propósitos de garantir a proteção do Aquífero Guarani, na medida em que inclui, em suas áreas temáticas, a gestão sustentável dos recursos naturais, abrangendo, portanto, os recursos hídricos[121] do Aquífero Guarani.

16.10.2.2 Acordo sobre o Aquífero Guarani

Em 2-8-2010, Argentina, Brasil, Paraguai e Uruguai assinaram um acordo de gestão conjunta do Sistema Aquífero Guarani. Além de reafirmar a soberania sobre seus recursos naturais,[122] as partes reconheceram a necessidade de concertar suas ações para a preservação e o aproveitamento sustentável do SAG sem causar danos transfronteiriços,[123] seguindo preceitos já adotados pela AG/ONU na Resolução sobre Direito dos Aquíferos Transfronteiriços[124] e apoiados no Acordo-Quadro sobre Meio Ambiente do Mercosul.[125]

As partes adotaram também o princípio do uso equitativo,[126] o dever de reparação dos danos causados,[127] o dever de informar[128] e o dever de cooperar e negociar.[129] Por fim, as partes decidiram criar, no âmbito do Tratado da Bacia do Prata, uma Comissão conjunta com a finalidade de coordenar a implementação do Acordo. A entrada em vigor do Acordo ocorre no trigésimo dia contado a partir da data em que tenha sido depositado o quarto instrumento de ratificação.[130-131-132]

---

121. Anexo do Decreto nº 5.208, de 17-9-2004.
122. Acordo sobre o Aquífero Guarani, Preâmbulo e arts. 1, 2 e 3.
123. Acordo sobre o Aquífero Guarani, Preâmbulo e arts. 3, 5, 6.
124. Resolução Assembleia Geral das Nações Unidas nº 63/124.
125. Acordo sobre o Aquífero Guarani, Preâmbulo e art. 3.
126. Acordo sobre o Aquífero Guarani, art. 4.
127. Acordo sobre o Aquífero Guarani, art. 7.
128. Acordo sobre o Aquífero Guarani, arts. 8, 9 e 10.
129. Acordo sobre o Aquífero Guarani, arts. 10, 11, 12, 13 e 14.
130. Acordo sobre o Aquífero Guarani, art. 21.
131. O Paraguai ratificou o Acordo pela Lei 6037/2018. Disponível em: <https://www.bacn.gov.py/leyes-paraguayas/9691/ley-n-6037-aprueba-el-acuerdo-sobre-el-acuifero-guarani#:~:text=Las%20Partes%20promover%C3%A1n%20la%20conservaci%C3%B3n,equitativo%20de%20sus%20recursos%20h%C3%ADdricos.>. Acesso em: 13 mar. 2024.
132. O Brasil editou o Decreto Legislativo nº 52, de 2017, aprovando o texto do Acordo sobre o Aquífero Guarani e o promulgou por meio do Decreto nº 11.893, de 23-1-2014.

16.11 CRIME AMBIENTAL E INFRAÇÕES ADMINISTRATIVAS

A Lei nº 9.605/98 estabelece em seu art. 54, como crime, *"causar poluição de qualquer natureza em níveis tais que resultem ou possam resultar em danos à saúde humana, ou que provoquem a mortandade de animais ou a destruição significativa da flora"*. A pena estabelecida é a reclusão, de um a quatro anos, e multa, admitida a forma culposa, à qual se aplica a pena de detenção, de seis meses a um ano, e multa.

Nos termos do § 2º, se o crime, entre outras hipóteses, *"causar poluição hídrica que torne necessária a interrupção do abastecimento público de água de uma comunidade, a pena estabelecida é de reclusão, de um a cinco anos"*. Nos termos do § 3º incorre nas mesmas penas *"quem deixar de adotar, quando assim o exigir a autoridade competente, medidas de precaução em caso de risco de dano ambiental grave ou irreversível"*.

O Decreto nº 6.514/08 estabelece no art. 61 infração administrativa que corresponde ao crime de poluição acima mencionado, impondo-se ao infrator multa de R$ 5.000,00 a R$ 50.000.000,00, e incorrendo nas mesmas quem *"causar poluição hídrica que torne necessária a interrupção do abastecimento público de água de uma comunidade"*.[133]

O art. 49 da Lei nº 9.433/97 estabelece como infração das normas de utilização de recursos hídricos superficiais ou subterrâneos:

derivar ou utilizar recursos hídricos para qualquer finalidade, sem a respectiva outorga de direito de uso;

iniciar a implantação ou implantar empreendimento relacionado com a derivação ou a utilização de recursos hídricos, superficiais ou subterrâneos, que implique alterações no regime, quantidade ou qualidade dos mesmos, sem autorização dos órgãos ou entidades competentes;

utilizar-se dos recursos hídricos ou executar obras ou serviços relacionados com os mesmos em desacordo com as condições estabelecidas na outorga;

perfurar poços para extração de água subterrânea ou operá-los sem a devida autorização;

fraudar as medições dos volumes de água utilizados ou declarar valores diferentes dos medidos;

infringir normas estabelecidas no regulamento desta Lei e nos regulamentos administrativos, compreendendo instruções e procedimentos fixados pelos órgãos ou entidades competentes;

obstar ou dificultar a ação fiscalizadora das autoridades competentes no exercício de suas funções.

Segundo determina o art. 50 da Lei nº 9.433/97[134], a infração de qualquer disposição legal ou regulamentar referente à execução de obras e serviços hidráulicos, derivação ou utilização de recursos hídricos de qualquer domínio, ou pelo não atendimento das solicitações feitas, sujeita o infrator, a critério da autoridade competente, às seguintes penalidades, independentemente de sua ordem de enumeração:

advertência por escrito, na qual serão estabelecidos prazos para correção das irregularidades;

multa, simples ou diária, proporcional à gravidade da infração, de R$ 100,00 a R$ 50.000.000,00;

embargo provisório, por prazo determinado, para execução de serviços e obras necessários ao efetivo cumprimento das condições de outorga ou para o cumprimento de normas referentes ao uso, controle, conservação e proteção dos recursos hídricos;

---

133. Decreto nº 6.514/08, art. 62, III.
134. Note-se que o artigo 50 da Lei nº 9.433/1997 foi alterado pela Lei nº 14.066/2020. O valor máximo da multa, simples ou diária, foi aumentado de R$ 10.000,00 para R$ 50.000.000,00 e a abrangência de sua aplicação foi ampliada para qualquer corpo d'água, independente do domínio.

embargo definitivo, com revogação da outorga, se for o caso, para repor incontinenti, no seu antigo estado, os recursos hídricos, leitos e margens, nos termos dos arts. 58 e 59 do Código de Águas[135] ou tamponar os poços de extração de água subterrânea.[136]

---

135. Decreto nº 24.643/34, art. 58: "A administração pública respectiva, por sua própria força e autoridade, poderá repor incontinenti no seu antigo estado, as águas públicas, bem como o seu leito e margem, ocupados por particulares, ou mesmo pelos Estados ou municípios: (a) quando essa ocupação resultar da violação de qualquer lei, regulamento ou ato da administração; (b) quando o exigir o interesse público, mesmo que seja legal, a ocupação, mediante indenização, se esta não tiver sido expressamente excluída por lei. Parágrafo único. Essa faculdade cabe à União, ainda no caso do art. 40, nº II, sempre que a ocupação redundar em prejuízo da navegação que sirva, efetivamente, ao comércio. Art. 59. Se julgar conveniente recorrer ao juízo, a administração pode fazê-lo tanto no juízo petitório como no juízo possessório".

136. Em tramitação na Câmara dos Deputados, há o Projeto de Lei nº 7.915/2010, que dispõe sobre a criminalização de condutas envolvendo recursos hídricos, propondo inclusão de tipos penais na Lei nº 9.433/1997 (Artigo 50-A). Disponível em: <https://www.camara.leg.br/proposicoesWeb/fichadetramitacao?idProposicao=486909>. Acesso em: 29 mar. 2022.

17

SOLO

17.1 CONCEITO DE SOLO

Recurso ambiental previsto na Lei nº 6.938/81, o solo pode ser definido como "*parcela dinâmica e tridimensional da superfície terrestre, que suporta e mantém as plantas. Seu limite superior é a superfície terrestre, e o inferior é definido pelos limites da ação dos agentes biológicos e climáticos, enquanto seus extremos laterais limitam-se com outros solos, onde se verifica a mudança de uma ou mais das características diferenciais*".[1]

O solo é produto da desagregação das rochas da superfície da Terra. Os efeitos do sol, o resfriamento das chuvas e a ação do vento são fatores do fenômeno denominado *intemperismo*, responsável pela fragmentação das rochas que são reduzidas a partículas pequenas, e pela alteração das propriedades físico-químicas do solo.[2]

Segundo Odum e Barrett, "*o solo não é apenas um fator do ambiente para os organismos, mas também é produzido por eles. De um modo geral, 'solo' é o resultado líquido da ação do clima e dos organismos, especialmente a vegetação e os micróbios, sobre a rocha-mãe na superfície da Terra*".[3]

17.2 IMPORTÂNCIA E RISCOS

Considerando que o solo abriga ou faz parte integrante dos ecossistemas, a sua proteção diz respeito à manutenção do equilíbrio ambiental, assim como ao desenvolvimento sustentável, na medida em que o seu uso deve perpetuar-se para as gerações futuras, pois é do solo que a humanidade retira grande parte de seu sustento.

Para Odum e Barrett, "*às vezes, é conveniente pensar que a ecosfera inclui a atmosfera, a hidrosfera e a pedosfera, sendo esta última o solo. Cada uma é formada por um componente vivo e outro não vivo, que são mais facilmente separados em teoria do que na prática. A relação entre os componentes biótico e abiótico é íntima no solo, formado por organismos vivos misturados com produtos de sua degradação*".[4]

A **erosão do solo**, entendida como o "*processo de desagregação do solo e transporte dos sedimentos pela ação mecânica da água dos rios (erosão fluvial), da água da chuva (erosão pluvial), dos ventos (erosão eólica), do degelo (erosão glacial), das ondas e correntes do*

---

1. IBGE. Vocabulário básico de recursos naturais e meio ambiente (2004). Disponível em: <https://biblioteca.ibge.gov.br/visualizacao/livros/liv4730.pdf>. Acesso: 13 mar. 2024.
2. AMABIS, José Mariano; MARTHO, Gilberto Rodrigues. *Biologia das populações*. 2. ed. São Paulo: Moderna, 2004, p. 365.
3. ODUM, Eugene P.; BARRETT, Gary W. *Fundamentos da ecologia*. Trad. da 5. ed. norte-americana. São Paulo: Thomson Learning, 2007, p. 187.
4. ODUM, Eugene P.; BARRETT, Gary W. *Fundamentos da ecologia*. Trad. da 5. ed. norte-americana. São Paulo: Thomson Learning, 2007, p. 187.

mar (erosão marinha)",[5] é um processo natural, mas pode constituir um grave risco quando não se tomarem os cuidados necessários no manejo desse precioso recurso.

Embora o solo tenha a capacidade de produzir alimentos das mais variadas espécies, a camada de solo cultivável é extremamente frágil e de pequena extensão. É fundamental, pois, o cuidado no uso do solo para garantir sua manutenção para as atuais e futuras gerações.

A matéria é relevante e a Resolução CONAMA nº 420, de 28-12-2009 dispõe sobre critérios e valores orientadores de **qualidade do solo** quanto à presença de substâncias químicas e estabelece diretrizes para o gerenciamento ambiental de áreas contaminadas por essas substâncias em decorrência de atividades antrópicas.

Segundo a norma, "*a proteção do solo deve ser realizada de maneira preventiva, a fim de garantir a manutenção da sua funcionalidade ou, de maneira corretiva, visando restaurar sua qualidade ou recuperá-la de forma compatível com os usos previstos*".[6]

Cabe salientar que essa norma estabeleceu as **funções principais do solo**[7], de forma a explicitar a importância nos cuidados em seu manejo:

servir como meio básico para a sustentação da vida e de *habitat* para pessoas, animais, plantas e outros organismos vivos;

manter o ciclo da água e dos nutrientes;

servir como meio para a produção de alimentos e outros bens primários de consumo;

agir como filtro natural, tampão e meio de absorção, degradação e transformação de substâncias químicas e organismos;

proteger as águas superficiais e subterrâneas;

servir como fonte de informação quanto ao patrimônio natural, histórico e cultural;

constituir fonte de recursos minerais; e

servir como meio básico para a ocupação territorial, práticas recreacionais e propiciar outros usos públicos e econômicos.

O fato de uma norma que regula a Política Nacional do Meio Ambiente precisar indicar a função do solo pode até ser interessante, e ter uma função didática. Mas pode explicitar, também, um divórcio entre o homem e a natureza, ou uma profunda ignorância daqueles que lidam com a terra sobre a importância e os riscos que corre esse recurso natural.

A relação do homem com a terra é tão antiga que é de admirar que seja necessária uma regra jurídica para dar ênfase ao valor do solo para a manutenção da vida.

17.3 DOMÍNIO DO SOLO

A defesa *do solo* é objeto das competências legislativas concorrentes entre União, Estados e Distrito Federal, estabelecidas na Constituição.[8]

---

5. MOREIRA, Iara Verocai Dias. *Vocabulário básico de meio ambiente*. Rio de Janeiro: Fundação Estadual de Engenharia do Meio Ambiente, 1990, p. 90. A Portaria ANA nº 149/2015, que aprova a "Lista de Termos para o *Thesaurus* de Recursos Hídricos", define erosão como "desgaste e transporte de elementos do solo pela ação da água, glaciares, vento e ondas".
6. Resolução CONAMA nº 420/09, art. 3º.
7. Resolução CONAMA nº 420/09, art. 3º, parágrafo único.
8. CF/88, art. 24, VI.

Já o solo urbano é matéria que ficou a cargo do Município, a quem compete *"promover, no que couber, adequado ordenamento territorial, mediante planejamento e controle do uso, do parcelamento e da sua ocupação".*[9]

Conforme determina o Código Civil, o solo consiste em um *bem imóvel*, assim como *"tudo quanto se lhe incorporar natural ou artificialmente".*[10] O regime jurídico aplicável a esse recurso ambiental pode ser de direito privado ou de direito público, de acordo com o seu domínio. Assim, por exemplo, em uma fazenda produtora de café de domínio particular, assim será a situação dominial do solo; em uma Unidade de Conservação de domínio público, como uma Estação Ecológica, o solo acompanhará o regime público; em uma Área de Preservação Permanente (APP), o solo será de domínio público ou privado, de acordo com o domínio da propriedade. Todavia, no que se refere ao domínio, o solo não abrange as jazidas, minas e demais recursos minerais, os potenciais de energia hidráulica, os monumentos arqueológicos e outros bens regidos por normas especiais.

Independentemente de seu domínio ser público ou privado, o solo, como recurso ambiental, assim considerado pela Política Nacional do Meio Ambiente,[11] implica a obrigação do Poder Público e da sociedade de protegê-lo, na medida em que compõe o meio ambiente ecologicamente equilibrado, bem de uso comum do povo.

17.4 POLÍTICA NACIONAL DE RESÍDUOS SÓLIDOS

Ao contrário da água e do ar, que diluem os efluentes e as emissões atmosféricas, levando para longe a poluição após um certo espaço de tempo, as substâncias lançadas no solo ali permanecem, por tempo indeterminado, pondo em risco quaisquer atividades que venham a ser desenvolvidas posteriormente no local.

Um dos problemas que se colocam em relação aos resíduos sólidos é sua destinação final ou disposição final,[12] que deve ser feita de forma ambientalmente adequada. Aí se coloca outra questão: os aterros para disposição de resíduos – aterro sanitário para o lixo urbano ou aterro industrial para os resíduos provenientes dos processos produtivos – ocupam o espaço e afugentam a população de suas áreas adjacentes, que passam a ser habitadas apenas por aqueles que não puderam acomodar-se em outras regiões. Em outras palavras, todas as atividades humanas – residências, comércio, indústria, agricultura, energia nuclear etc. – geram resíduos. Mas ninguém os quer muito perto.

Tradicionalmente, o conceito de resíduos estava relacionado às substâncias produzidas pelos processos industriais, como "externalidades negativas", isto é, poluição. Atualmente, nota-se um desdobramento da questão. A partir da segunda metade do século passado, muitos países experimentaram a noção da facilidade: eletrodomésticos que auxiliavam os afazeres da casa, produtos descartáveis, que não precisavam mais ser lavados e guardados, como fraldas, garrafas, a utilização desmesurada dos sacos plásticos, por sua

---

9. CF/88, art. 30, VIII.
10. Lei nº 10.406, de 10-1-2002, art. 79.
11. Lei nº 6.938/81, art. 3º, V.
12. O art. 3º da Lei nº 12.305/10 estabelece conceitos diferentes para essas expressões: destinação final ambientalmente adequada é a destinação de resíduos que inclui a reutilização, a reciclagem, a compostagem, a recuperação e o aproveitamento energético ou outras destinações admitidas pelos órgãos competentes do SISNAMA, do SNVS e do Suasa, entre elas a disposição final, que consiste na distribuição ordenada de rejeitos em aterros, observando normas operacionais específicas de modo a evitar danos ou riscos à saúde pública e à segurança e a minimizar os impactos ambientais adversos.

praticidade. Ao longo das décadas, passou a ser mais barato substituir um aparelho – televisão, computador, telefone celular – que consertá-lo[13].

Em uma sociedade capitalista, como o Brasil, esses fatos soaram, de início, como a efetiva chegada da modernidade. E foi-se criando uma cultura de substituição de bens e um padrão de consumo claramente insustentáveis. Quando se percebeu que essa *modernidade* tem efeitos muito deletérios para o meio ambiente, a cultura do consumo fácil já se encontrava arraigada na sociedade. Daí a luta para ajustar os padrões de consumo à sustentabilidade do uso dos recursos ambientais, na medida em que novos "resíduos" surgem no cenário mundial.

Um grande avanço ocorrido na legislação ambiental do país foi a edição da Lei nº 12.305, de 2-8-2010, que instituiu a **Política Nacional de Resíduos Sólidos**, trazendo a matéria para o âmbito do desenvolvimento sustentável. Ao declarar o valor econômico e social dos resíduos sólidos, que passam juridicamente de simples lixo a bem, adota-se uma perspectiva de proteção ambiental e desenvolvimento social, capaz de transformar efetivamente a cadeia produtiva, muitas vezes distante da preocupação com o futuro.

A lei trata de duas abordagens relativas ao tema: (1) a poluição e os impactos ambientais ocasionados por resíduos sólidos e (2) o consumo sustentável, que implica a adoção de **padrões sustentáveis de produção e consumo** de bens e serviços e a **responsabilidade compartilhada** pelo ciclo de vida do produto.

Nos termos da lei, *resíduos sólidos* é a denominação genérica de qualquer "*material, substância, objeto ou bem descartado, resultante de atividades humanas em sociedade, a cuja destinação final se procede, se propõe proceder ou se está obrigado a proceder, nos estados sólido ou semissólido, bem como gases contidos em recipientes e líquidos cujas particularidades tornem inviável o seu lançamento na rede pública de esgotos ou em corpos d'água, ou exijam para isso soluções técnica ou economicamente inviáveis em face da melhor tecnologia disponível*".[14]

A Política Nacional de Resíduos Sólidos, embora possua características próprias, da mesma forma que a Política Nacional de Recursos Hídricos, integra a Política Nacional do Meio Ambiente e articula-se com a Política Nacional de Educação Ambiental, regulada pela Lei nº 9.795/99 e com as Diretrizes Nacionais para o Saneamento Básico, reguladas pela Lei nº 11.445/07.[15] Articula-se também com a Lei nº 11.107/05, que dispõe sobre consórcios públicos e oferece modelos institucionais para as questões relativas aos resíduos sólidos. Além disso, cabe destacar a Lei nº 7.802/89, alterada pela Lei nº 9.974/00, que dispõe sobre agrotóxicos, e a Lei nº 9.966/00, que dispõe sobre a prevenção, o controle e a fiscalização da poluição causada por lançamento de óleo e outras substâncias nocivas ou perigosas em águas sob jurisdição nacional, além das normas estabelecidas pelos órgãos

---

13. Outro complicador é "a obsolescência programada", entendida como "redução artificial da durabilidade de produtos ou do ciclo de vida de seus componentes pelo fabricante, para que seja forçada a recompra prematura". "[...], além de produzir efeitos indesejados para o consumidor, obrigando-o a adquirir novos produtos de forma desnecessária, também implica em danos potenciais ao Meio Ambiente sadio e equilibrado, para as atuais e futuras gerações (solidariedade intergeracional). A proteção ao Meio Ambiente, consagradora dos chamados direitos de solidariedade, prevista no art. 225 da Constituição Federal, pressupõe o deslocamento parcial da visão clássico-liberal dos direitos fundamentais, de oposição em face dos entes estatais, para a esfera particular, fruto de sua estrutura direito-dever." (TJ-SP, AC 1006150-16.2018.8.26.0562, 27ª Câmara de Direito Privado, Des. Rel. Alfredo Attié, j. 05.12.2020)

14. Lei nº 12.305/10, art. 3º, XVI.

15. Alterada pela Lei nº 14.026, de 15-7-2020.

do Sistema Nacional do Meio Ambiente (Sisnama), do Sistema Nacional de Vigilância Sanitária (SNVS), do Sistema Unificado de Atenção à Sanidade Agropecuária (Suasa) e do Sistema Nacional de Metrologia, Normalização e Qualidade Industrial (Sinmetro).[16]

A atual política de resíduos sólidos tem por objeto a gestão integrada e o gerenciamento ambientalmente adequado dos resíduos sólidos. No art. 4º, a lei menciona que a União agirá isoladamente ou em cooperação com Estados, Municípios e o Distrito Federal. A nosso ver, a cooperação deverá ocorrer sempre. Até porque a diversidade de situações existentes nas diferentes regiões do Brasil deve ser objeto de decisões locais, em que se melhor conhecem os problemas e as soluções possíveis.

No que se refere à informação, a lei determina a atuação conjunta da União, Estados, Distrito Federal e Município na organização e manutenção, de forma conjunta, do Sistema Nacional de Informações sobre a Gestão de Resíduos Sólidos (Sinir), articulado com o Sinisa e Sinima. A informação, em matéria ambiental, é de suprema importância, pois é a partir dela que as decisões podem ser tomadas de modo concreto e objetivo. No entanto, o acesso a esse conhecimento técnico é dificultoso, até pela incompatibilidade das bases de dados entre União, Estados e Municípios e entre instituições diferentes do mesmo Ente Federado. Como esses sistemas foram implantados em épocas diversas, adotaram-se sistemas nem sempre compatíveis, o que dificulta e muito o avanço na implementação das políticas ambientais. Esse ponto é crucial, pois a falta de informações convém ao poluidor e ao degradador, e não à sociedade.

17.4.1 Princípios

Dentre os princípios mencionados, cabe destacar aqui aqueles introduzidos pela nova lei.[17] O **protetor-recebedor**[18] refere-se aos serviços ambientais,[19] em que é possível receber recursos financeiros em contraprestação a ações voltadas à proteção do meio ambiente. Objetivamente, propõe-se pagamento às atividades dos catadores de materiais recicláveis, e outras correlatas, que beneficiam a sociedade, na medida em que minimizam os volumes de resíduos encaminhados aos aterros.

A **visão sistêmica**,[20] na gestão dos resíduos sólidos, que considere as variáveis ambiental, social, cultural, econômica, tecnológica e de saúde pública expande a compreensão sobre essa matéria, pois os problemas gerados não se limitam ao meio ambiente.

O princípio da **ecoeficiência**[21] refere-se aos esforços para garantir a oferta de produtos e serviços que tenham preços competitivos e sejam capazes de trazer qualidade de vida à população e reduzir o impacto ambiental e do consumo dos recursos naturais a um nível equivalente à capacidade de o planeta sustentar-se. Esse é o grande desafio da agenda internacional, para este século.

---

16. Lei nº 12.305/10, art. 2º.
17. O princípio da responsabilidade compartilhada pelo ciclo de vida do produto será objeto de análise em item específico neste capítulo.
18. Lei nº 12.305/10, art. 6º, II.
19. Ver capítulo sobre Instrumentos Econômicos da Política Ambiental.
20. Lei nº 12.305/10, art. 6º, III.
21. Lei nº 12.305/10, art. 6º, V.

A Lei nº 12.305/10 reconhece o **resíduo sólido reutilizável e reciclável** como um **bem econômico** e de **valor social**, gerador de trabalho e renda e promotor de cidadania.[22] Trata-se de uma importante inovação legislativa, introduzindo para o mundo jurídico a noção de que nem tudo que é jogado no lixo é realmente rejeito. A não adoção dos processos de reutilização, reciclagem e outras atividades equivalentes, visando ao reaproveitamento dos resíduos, assim como o seu tratamento, passa a caracterizar a omissão, enquadrando-se na responsabilidade pelo ciclo de vida do produto, o que abrange toda uma cadeia de agentes, que participam desse ciclo: fabricantes, importadores, distribuidores e comerciantes, os consumidores e os titulares dos serviços públicos de limpeza urbana e de manejo de resíduos sólidos.[23]

17.4.2 Diretrizes da Política

17.4.2.1 Ordem de prioridades

A lei estabelece uma ordem de prioridades em relação ao que fazer com os resíduos sólidos. A **não geração** de resíduos implica uma mudança de comportamento de toda a sociedade, no que se refere desde a industrialização (processo produtivo que produza menos resíduos) até o consumo final dos produtos, passando por toda a cadeia produtiva. Na mesma linha pode ser colocada a **redução** de resíduos.

A **reutilização** consiste no *"processo de aproveitamento dos resíduos sólidos sem sua transformação biológica, física ou físico-química [...]".*[24] Na vida das pessoas, a reutilização é o contraponto da noção do *descartável.*

A **reciclagem** é um *"processo de transformação dos resíduos sólidos que envolve a alteração de suas propriedades físicas, físico-químicas ou biológicas, com vistas à transformação em insumos ou novos produtos".*[25] Juntamente com a reutilização, a reciclagem possui um forte componente social, por intermédio da atuação de cooperativas ou de outras formas de associação de catadores de materiais reutilizáveis e recicláveis, cuja criação e desenvolvimento são incentivados pela lei.[26]

O **tratamento** dos resíduos sólidos e a **disposição final ambientalmente adequada dos rejeitos**[27] referem-se à distribuição ordenada de rejeitos em aterros, observando normas operacionais específicas de modo a evitar danos ou riscos à saúde pública e à segurança e a minimizar os impactos ambientais adversos.

Note-se que a expressão **disposição final ambientalmente adequada dos rejeitos** está contida na expressão **destinação final ambientalmente adequada**, que significa a destinação de resíduos incluindo a reutilização, a reciclagem, a compostagem, a recuperação e o aproveitamento energético ou outras destinações admitidas pelos órgãos competentes do SISNAMA, do SNVS e do SUASA, entre elas a disposição final, observando normas operacionais específicas de modo a evitar danos ou riscos à saúde pública e à segurança e a minimizar os impactos ambientais adversos.

---

22. Lei nº 12.305/10, art. 6º, VIII.
23. Lei nº 12.305/10, art. 30.
24. Lei nº 12.305/10, art. 3º, XVIII.
25. Lei nº 12.305/10, art. 3º, XIV.
26. Lei nº 12.305/10, art. 7º, VI.
27. Lei nº 12.305/10, art. 3º, VIII.

Essa ordem de prioridades é obrigatória para os Estados, Distrito Federal e Municípios, assim como as demais diretrizes estabelecidas na lei,[28] o que lhe confere, no que tange às regras principiológicas, a natureza de norma geral, aplicável a todo o território nacional.

17.4.2.2 Resíduos e energia: biogás

A **recuperação energética dos resíduos sólidos urbanos** é incentivada pela lei, sob a condição de que tenha sido comprovada sua viabilidade técnica e ambiental e com a implantação de programa de monitoramento de emissão de gases tóxicos aprovado pelo órgão ambiental.[29]

O biogás, composto principalmente por metano (CH4) e gás carbônico (CO2), é um dos produtos da decomposição anaeróbia (ausência de oxigênio gasoso) da matéria orgânica – lixo, esterco etc., que ocorre por meio da ação de determinadas espécies de bactérias. A vantagem desse sistema é a possibilidade de diminuição da quantidade de resíduos contidos em aterros e o aproveitamento energético dessa queima, utilizada para a operação do próprio aterro, e outras atividades, de acordo com a potência gerada. Além disso, tal prática evita a emissão de significativas quantidades de metano, potente gás de efeito estufa, para a atmosfera.

Com a adoção do Protocolo de Kyoto, a queima de resíduos de aterros transformou-se em atividade econômica, na medida em que essa queima pode transformar-se em créditos de carbono, objeto do Mecanismo de Desenvolvimento Limpo (MDL), um dos instrumentos previstos no Protocolo de Kyoto para implementar a Convenção-Quadro das Nações Unidas sobre Mudança de Clima.

17.4.2.3 Atribuições do Distrito Federal e dos Municípios

Ao Distrito Federal e aos Municípios compete efetuar a gestão integrada dos resíduos sólidos gerados nos respectivos territórios, sem prejuízo das competências de controle e fiscalização dos órgãos federais e estaduais do SISNAMA, do SNVS e do SUASA, bem como da responsabilidade do gerador pelo gerenciamento de resíduos [...].[30] Essa atribuição implica não apenas o exercício da titularidade sobre os serviços de saneamento básico,[31] mas também a manifestação do município sobre os planos de gerenciamento de resíduos sólidos, perante os órgãos e entidades licenciadoras.

Cumpre salientar que essa norma não conflita com a Lei Complementar nº 140/11, já que esta última nada especifica sobre resíduos. Considerando os dispositivos que impõem a obrigação dos municípios de *"controlar a produção, a comercialização e o emprego de técnicas, métodos e substâncias que comportem risco para a vida, a qualidade de vida e o meio ambiente, na forma da lei",*[32] assim como *"exercer o controle e fiscalizar as atividades e empreendimentos cuja atribuição para licenciar ou autorizar, ambientalmente, for cometida*

---

28. Lei nº 12.305/10, art. 9º, § 2º.
29. Lei nº 12.305/10, art. 9º, § 1º.
30. Lei nº 12.305/10, art. 10.
31. De acordo com o art. 8º do Decreto nº 10.936, de 12-1-2022, o sistema de coleta seletiva será implantado pelo titular do serviço público de limpeza urbana e manejo de resíduos sólidos (§ 1º,I), cabendo ao gerador segregar os resíduos de acordo com o que for estabelecido (§ 2º).
32. Lei Complementar nº 140/11, art. 9º, XII.

288 DIREITO AMBIENTAL • Maria Luiza Machado Granziera

ao Município,[33] o entendimento deve ser no sentido de que permanecem em vigor as atribuições municipais previstas na Lei nº 12.305/10.

17.4.2.4 Atribuições dos Estados

No âmbito da responsabilidade pelos resíduos sólidos, e na linha de racionalizar as soluções para essa questão, a lei estabeleceu para os Estados a incumbência de promover a integração da organização, do planejamento e da execução das funções públicas de interesse comum relacionadas à gestão dos resíduos sólidos nas regiões metropolitanas, aglomerações urbanas e microrregiões, nos termos da lei complementar estadual prevista no art. 25, § 3º, da CF/88.

Considerando que nos espaços territoriais acima mencionados é mais racional buscar soluções que atendam a mais de um município, a figura do **consórcio público**, instituída pela Lei nº 11.107/05, é uma alternativa a ser objeto de estudo, na medida em que pode congregar municípios e o Estado, na solução das questões relativas aos resíduos sólidos.

A Lei nº 12.305/10 estabelece para os Estados o dever de *controlar e fiscalizar as atividades dos geradores sujeitas a licenciamento ambiental pelo órgão estadual do SISNAMA*.[34] Esse dispositivo, todavia, deve ser revisto, na medida em que a Lei Complementar nº 140/11 modificou a regra anterior – art. 10 da Lei nº 6.938/81 –, que adotou um sistema de competências para o licenciamento especificamente para a União, os Estados, o DF e os Municípios, passando a estabelecer que "*a construção, instalação, ampliação e funcionamento de estabelecimentos e atividades utilizadores de recursos ambientais, efetiva ou potencialmente poluidores ou capazes, sob qualquer forma, de causar degradação ambiental dependerão de prévio licenciamento ambiental*". Com a redistribuição da competência que pertencia aos Estados, a norma deve estender-se aos demais Entes Federativos.

17.4.3 Planos de resíduos sólidos a cargo da União, Estados, Distrito Federal e Municípios

O planejamento de resíduos sólidos previstos na lei engloba várias esferas do poder: Plano Nacional de Resíduos Sólidos, planos estaduais, planos microrregionais e de regiões metropolitanas ou aglomerações urbanas, planos intermunicipais, planos municipais de gestão integrada de resíduos sólidos, planos de gerenciamento de resíduos sólidos.[35]

A **gestão integrada de resíduos sólidos** é relativa ao "*conjunto de ações voltadas para a busca de soluções para os resíduos sólidos, de forma a considerar as dimensões política, econômica, ambiental, cultural e social, com controle social e sob a premissa do desenvolvimento sustentável*".[36] Refere-se ao exercício das competências do Poder Público na organização das questões relativas aos resíduos sólidos em seus territórios.

O **gerenciamento de resíduos sólidos** consiste no "*conjunto de ações exercidas, direta ou indiretamente, nas etapas de coleta, transporte, transbordo, tratamento e destinação final ambientalmente adequada dos resíduos sólidos e disposição final ambientalmente adequada dos rejeitos, de acordo com plano municipal de gestão integrada de resíduos sólidos ou com*

---

33. Lei Complementar nº 140/11, art. 9º, XIII.
34. Lei nº 12.305/10, art. 11, II.
35. Lei nº 12.305/10, art. 20.
36. Lei nº 12.305/10, art. 3º, XI.

plano de gerenciamento de resíduos sólidos, exigidos na forma [da] Lei.[37] Ou seja, trata-se de instrumento a cargo dos geradores de resíduos.

O **Plano Nacional de Resíduos Sólidos** a ser elaborado pela União, sob a coordenação do Ministério do Meio Ambiente.[38] O Decreto nº 11.043, de 13-4-2022 aprovou o Plano Nacional de Resíduos sólidos, cujo horizonte é de 20 anos, abordando o seguinte conteúdo mínimo:[39]

1. diagnóstico da situação atual dos resíduos sólidos;

2. proposição de cenários, incluindo tendências internacionais e macroeconômicas;

3. metas de redução, reutilização, reciclagem, entre outras, com vistas a reduzir a quantidade de resíduos e rejeitos encaminhados para disposição final ambientalmente adequada;

4. metas para o aproveitamento energético dos gases gerados nas unidades de disposição final de resíduos sólidos;

5. metas para a eliminação e recuperação de lixões, associadas à inclusão social e à emancipação econômica de catadores de materiais reutilizáveis e recicláveis;

6. programas, projetos e ações para o atendimento das metas previstas;

7. normas e condicionantes técnicas para o acesso a recursos da União, para a obtenção de seu aval ou para o acesso a recursos administrados, direta ou indiretamente, por entidade federal, quando destinados a ações e programas de interesse dos resíduos sólidos;

8. medidas para incentivar e viabilizar a gestão regionalizada dos resíduos sólidos;

9. diretrizes para o planejamento e demais atividades de gestão de resíduos sólidos das regiões integradas de desenvolvimento instituídas por lei complementar, bem como para as áreas de especial interesse turístico;

10. normas e diretrizes para a disposição final de rejeitos e, quando couber, de resíduos;

11. meios a serem utilizados para o controle e a fiscalização, no âmbito nacional, de sua implementação e operacionalização, assegurado o controle social.

A lei estabelece conteúdos mínimos, na mesma linha do Plano Nacional, para os Estados, o Distrito Federal, as microrregiões, as regiões metropolitanas e aglomerações urbanas e os Municípios – planos intermunicipais e municipais. Tais planos não possuem caráter obrigatório, mas sua existência é condição para o acesso aos recursos da União. A autonomia constitucional não permitiria à União determinar aos Estados, Distrito Federal ou aos Municípios a elaboração de planos. Assim, estabeleceu-se um instrumento econômico voltado a estimular os entes federados a seguir as normas editadas pela União.

Nos planos estaduais, cabe destacar a indicação de *"zonas favoráveis para a localização de unidades de tratamento de resíduos sólidos ou de disposição final de rejeitos"* e *"áreas degradadas em razão de disposição inadequada de resíduos sólidos ou rejeitos a serem objeto de recuperação ambiental"*, em conformidade com os demais instrumentos de planejamento territorial, especialmente o zoneamento ecológico-econômico e o zoneamento costeiro.[40]

É louvável a inserção desse dispositivo, devido à importância do cuidado na localização de aterros sanitários, para impedir que o chorume e outros resíduos ali produzidos venham a poluir o lençol freático. Além disso, verifica-se ser muito comum a instalação

---

37. Lei nº 12.305/10, art. 3º, X.
38. Decreto nº 10.936,/22, art. 45, *caput*.
39. Lei nº 12.305/10, art. 15.
40. Lei nº 12.305/10, art. 17, XI.

de lixões em áreas de fragilidade ambiental – margens de rios, áreas úmidas e outras, que ficam sujeitas a graves danos ambientais cabendo, pois, a sua recuperação.

Releva notar que o problema se agrava na Zona Costeira, pelo adensamento demográfico existente nesse território. Poucos são os municípios que incluem, em seus Planos Diretores e outras normas municipais, dispositivos que expressem a preocupação com os fatores relativos à Zona Costeira.

Ainda sobre a localização, os planos municipais mencionam a identificação de áreas favoráveis para disposição final ambientalmente adequada de rejeitos, observado o Plano Diretor de que trata o art. 182, § 1º, da CF/88 e o zoneamento ambiental, se houver.[41]

17.4.4 Planos de gerenciamento de resíduos sólidos

A elaboração dos planos de gerenciamento de resíduos sólidos é atribuição de uma série de pessoas, públicas ou privadas, que geram resíduos sólidos em suas atividades produtivas, tais como as empresas de construção civil, os geradores de resíduos dos serviços públicos de saneamento básico, resíduos industriais, resíduos dos serviços de saúde e resíduos da mineração, entre outros.[42]

O Plano constitui **parte integrante do processo de licenciamento ambiental** do empreendimento ou atividade pelo órgão competente do SISNAMA,[43] sendo que, nos casos em que houver dispensa do licenciamento, a sua aprovação caberá ao órgão ou entidade municipal responsável. Considerando que especialmente a disposição final de rejeitos tem impacto direto nos Municípios, os órgãos e as entidades estaduais e federais, responsáveis pelo licenciamento, devem ouvi-los, quanto a essa etapa.[44]

A elaboração, implementação, operacionalização e monitoramento de todas as suas etapas, incluído o controle da disposição final ambientalmente adequada dos rejeitos, deve ficar a cargo de responsável técnico devidamente habilitado.[45]

Os planos de gestão integrada de resíduos sólidos, elaborados pelos Municípios ou grupos de Municípios, devem ser observados na elaboração dos planos de gerenciamento objeto deste item.[46]

Independentemente da existência ou não do plano municipal, a lei estabelece a obrigação de apresentar o plano de gerenciamento de resíduos sólidos ao órgão licenciador[47] para as seguintes atividades:

geradores de resíduos sólidos originados nos serviços públicos de saneamento básico, exceto aqueles gerados em atividades domésticas em residências urbanas e da varrição, limpeza de logradouros e vias públicas e outros serviços de limpeza urbana;

geradores de resíduos sólidos industriais, gerados nos processos produtivos e instalações industriais;

geradores de resíduos sólidos originados em serviços de saúde, conforme definido em regulamento ou em normas estabelecidas pelos órgãos do SISNAMA e do SNVS;

---

41. Lei nº 12.305/10, art. 19, II.
42. Lei nº 12.305/10, art. 20.
43. Lei nº 12.305/10, art. 24.
44. Lei nº 12.305/10, art. 24, § 2º.
45. Lei nº 12.305/10, art. 22.
46. Lei nº 12.305/10, art. 21, § 1º.
47. Lei nº 12.305/10, art. 21, § 2º.

geradores de resíduos sólidos originários da mineração, em atividade de pesquisa, extração ou bene-ficiamento de minérios;

estabelecimentos comerciais e de prestação de serviços que gerem resíduos perigosos ou resíduos que, mesmo caracterizados como não perigosos, por sua natureza, composição ou volume, não sejam equiparados aos resíduos domiciliares pelo Poder Público municipal;

empresas de construção civil, nos termos do regulamento ou de normas estabelecidas pelos órgãos do SISNAMA;

responsáveis pelos terminais alfandegários, rodoviários, e ferroviários, portos, aeroportos, passagens de fronteira e, nos termos do regulamento ou de normas estabelecidas pelos órgãos do SISNAMA e, se couber, do SNVS, as empresas de transporte;

responsáveis por atividades agrossilvopastoris, se exigido pelo órgão competente do SISNAMA, do SNVS ou do SUASA.

Em se tratando de um plano de gerenciamento de resíduos sólidos de uma atividade, entende-se que deve ser apresentado no início do procedimento do licenciamento ambiental, para a obtenção da Licença Prévia (LP). O conteúdo mínimo do plano de gerenciamento de resíduos sólidos deve indicar:

a descrição do empreendimento ou atividade;

o diagnóstico dos resíduos sólidos gerados ou administrados, contendo sua origem, volume e caracterização, incluindo os passivos ambientais a eles relacionados e as medidas saneadoras desses passivos;

explicitação dos responsáveis em cada etapa do gerenciamento de resíduos sólidos e definição dos procedimentos operacionais relativos às etapas do gerenciamento de resíduos sólidos sob responsabilidade do gerador;

identificação das soluções consorciadas ou compartilhadas com outros geradores;

ações preventivas e corretivas a serem executadas em situações de gerenciamento incorreto ou acidentes;

metas e procedimentos relacionados à minimização da geração de resíduos sólidos, à reutilização e à reciclagem;

se couber, ações relativas à responsabilidade compartilhada pelo ciclo de vida dos produtos;

periodicidade de sua revisão, observado, se couber, o prazo de vigência da respectiva Licença de Operação (LO).[48]

As informações geradas nos planos de gerenciamento de resíduos sólidos são de grande utilidade para os órgãos e entidades de controle ambiental, na medida em que adquirem maior conhecimento dos detalhes relativos a cada atividade, no que se refere à geração, transporte e disposição final. Quanto ao controle da implementação e à operacionalização dos planos, é obrigação dos geradores manter atualizadas e disponíveis ao órgão municipal competente e ao órgão licenciador as respectivas informações. Mais que isso, como forma de facilitar a transmissão das informações, a lei prevê a implementação de um sistema declaratório com periodicidade, no mínimo, anual, a ser objeto de regulamento.[49]

---

48. A menção ao prazo de vigência da LO *se couber* aplica-se, a nosso ver, às atividades em operação quando da edição da Lei nº 12.305/10, as quais, ao solicitar a renovação da licença, deverão apresentar o Plano de Gerenciamento de Resíduos Sólidos. Além disso, a revisão do Plano de Gerenciamento de Resíduos Sólidos deverá ser apresentada por todas as atividades, em operação antes ou após a edição da lei, no momento da renovação de suas Licenças de Operação.

49. Lei nº 12.305/10, art. 23, § 1º.

17.4.5 Responsabilidade dos geradores e do Poder Público

A lei determina que o Poder Público, o setor empresarial e a coletividade são responsáveis pela efetividade das ações voltadas à observância da Política Nacional de Resíduos Sólidos e das diretrizes e demais determinações ali estabelecidas e em seu regulamento.[50] Todavia, cada qual exercerá essa responsabilidade de acordo com sua natureza.

Em matéria de resíduos sólidos, vigora o princípio segundo o qual o gerador de resíduos é responsável por eles *do berço ao túmulo*. Essa expressão, que tem origem no direito ambiental americano – *from cradle to grave* –, significa que a responsabilidade do gerador de resíduos não se encerra nem com a disposição final nem com a entrega do resíduo a um transportador, mesmo que o contrato possua cláusula específica sobre a transferência de responsabilidade, para que este transporte os resíduos até o local de sua disposição final.[51]

A razão desse sistema de responsabilidade, no que tange aos resíduos sólidos, tem a ver com o fato de que, como anteriormente mencionado, o solo que os recebe não tem a mesma capacidade de autodepuração de outros corpos receptores, como é o caso da atmosfera, beneficiada pelo vento, e dos recursos hídricos, em que as correntes auxiliam a diluição dos efluentes.[52]

Aplica-se, aqui, o princípio do poluidor-pagador, na medida em que é obrigação do gerador tomar todas as providências necessárias à prevenção de qualquer dano e assumir a respectiva responsabilidade, na hipótese de ocorrência de poluição ou degradação ambiental.

Segundo a Política Nacional de Resíduos Sólidos, **gerador de resíduos sólidos** é a pessoa física ou jurídica, de direito público ou privado, que gera resíduos sólidos por meio de suas atividades, nelas incluído o consumo.[53] Ressalta-se a abrangência do conceito, ao incluir o consumidor como gerador de resíduos e, portanto, também responsável por sua destinação final.

No que se refere à **responsabilidade do Poder Público**, o titular dos serviços públicos de limpeza urbana e de manejo de resíduos sólidos é responsável pela organização e prestação direta ou indireta desses serviços, observados o respectivo plano municipal de gestão integrada de resíduos sólidos, a e as disposições da Lei nº 12.305/10 e seu regulamento.[54] São atividades ínsitas à titularidade dos serviços públicos a regulação, a prestação dos serviços, a fiscalização e o controle, podendo haver delegação.[55]

A Lei atribui ainda ao titular dos serviços públicos de limpeza urbana e de manejo de resíduos sólidos, no âmbito da responsabilidade compartilhada pelo ciclo de vida dos produtos, observado, se houver, o plano municipal de gestão integrada de resíduos sólidos,[56] as seguintes obrigações:

---

50. Lei nº 12.305/10, art. 25.
51. Lei nº 12.305/10, art. 27, § 1º.
52. O caso *Love Canal* é emblemático como tragédia ambiental envolvendo resíduos industriais e contaminação do solo. A construção de casas e uma escola sobre um antigo depósito de resíduos tóxicos no Estado de New York, nos anos 50, gerou, 30 anos depois, consequências danosas à saúde das pessoas e ao meio ambiente. Disponível em: <https://www.epa.gov/history/love-canal>. Acesso em: 5 abril 2022.
53. Lei nº 12.305/10, art. 3º, IX.
54. Lei nº 12.305/10, art. 26.
55. Sobre o exercício da titularidade dos serviços de saneamento básico, ver o capítulo sobre Saneamento Básico.
56. Lei nº 12.305/10, art. 36.

adotar procedimentos para reaproveitar os resíduos sólidos reutilizáveis e recicláveis oriundos dos serviços públicos de limpeza urbana e de manejo de resíduos sólidos;

estabelecer sistema de coleta seletiva;

articular com os agentes econômicos e sociais medidas para viabilizar o retorno ao ciclo produtivo dos resíduos sólidos reutilizáveis e recicláveis oriundos dos serviços de limpeza urbana e de manejo de resíduos sólidos;

realizar as atividades de responsabilidade dos fabricantes, importadores, distribuidores e comerciantes nos sistemas de logística reversa dos produtos e embalagens, mediante remuneração pelo setor empresarial, conforme definido no respectivo **acordo setorial**, que consiste no ato de natureza contratual firmado entre o Poder Público e fabricantes, importadores, distribuidores ou comerciantes, tendo em vista a implantação da responsabilidade compartilhada pelo ciclo de vida do produto;

implantar **sistema de compostagem** para resíduos sólidos orgânicos e articular com os agentes econômicos e sociais formas de utilização do composto produzido;

dar **disposição final ambientalmente adequada** aos resíduos e rejeitos oriundos dos serviços públicos de limpeza urbana e de manejo de resíduos sólidos.

Para o cumprimento do disposto nos itens 1 a 4 acima, a lei determina ao titular dos serviços públicos de limpeza urbana e de manejo de resíduos sólidos que priorize a organização e o funcionamento de **cooperativas ou de outras formas de associação de catadores** de materiais reutilizáveis e recicláveis formadas por pessoas físicas de baixa renda, bem como sua contratação, que é beneficiada pela dispensa de licitação, conforme dispõe o art. 24, XXVII da Lei nº 8.666/93.

A participação do Poder Público na criação e no funcionamento das cooperativas e outras formas de associação de catadores, como obrigação em nível de prioridade, é um avanço memorável da lei, pois instrumentaliza o princípio que reconhece o resíduo sólido reutilizável e reciclável como um bem econômico e de valor social, gerador de trabalho e renda e promotor de cidadania.[57]

A **responsabilidade da coletividade** refere-se basicamente aos serviços de limpeza urbana, cabendo aos geradores desses resíduos colocá-los, devidamente embalados, à disposição da coleta. O ato de colocar os resíduos domiciliares à disposição do prestador de serviços de limpeza urbana caracteriza a cessação da responsabilidade, o mesmo ocorrendo quando o usuário do serviço devolve o produto após o uso, nos casos previstos para a **logística reversa**.[58]

Quando o Poder Público estabelecer **sistema de coleta seletiva** pelo plano municipal de gestão integrada de resíduos sólidos e na aplicação do art. 33, os consumidores são obrigados[59] a:

I – acondicionar adequadamente e de forma diferenciada os resíduos sólidos gerados;

II – disponibilizar adequadamente os resíduos sólidos reutilizáveis e recicláveis para coleta ou devolução.

Para tanto, poderão ser instituídos **incentivos econômicos** aos consumidores que participam desse sistema, na forma de lei municipal.[60] Esse dispositivo prevê, dessa forma,

---

57. Lei nº 12.305/10, art. 6º, VIII.
58. Lei nº 12.305/10, art. 28.
59. Lei nº 12.305/10, art. 35.
60. Lei nº 12.305/10, art. 35, parágrafo único.

a criação de um instrumento econômico para apoiar a implementação das obrigações fixadas pela lei.

A **responsabilidade dos setores produtivos**, geradores de resíduos sólidos, inclui a implementação e a operacionalização integral do plano de gerenciamento de resíduos sólidos aprovado pelo órgão ou entidade competente.[61] No caso de o prestador de serviços públicos de limpeza urbana vir a realizar alguma etapa do gerenciamento de resíduos objeto do plano, mediante contrato específico, deverá seguir as obrigações impostas na legislação ambiental e na respectiva licença concedida.[62]

Na ocorrência de qualquer dano, a contratação de serviços de coleta, armazenamento, transporte, transbordo, tratamento ou destinação final de resíduos sólidos, ou de disposição final de rejeitos, celebrado mediante remuneração, não isenta o gerador – pessoa física ou jurídica da responsabilidade por danos que vierem a ser provocados pelo gerenciamento inadequado dos respectivos resíduos ou rejeitos.[63] O Poder Público não fica desonerado de atuar, subsidiariamente, com vistas a minimizar ou cessar o dano, logo que tome conhecimento de evento lesivo ao meio ambiente ou à saúde pública relacionado ao gerenciamento de resíduos sólidos.[64]

Aqui, uma questão a destacar: embora a lei determine ao Poder Público que atue na ocorrência de dano, caberá ao gerador ressarci-lo integralmente pelos gastos decorrentes das ações empreendidas.[65] Essa regra consiste em expressa manifestação dos princípios do **poluidor pagador** e da reparação integral.

17.4.6 Resíduos sólidos industriais e passivos ambientais

Como se sabe, a atividade industrial desenvolveu-se muito antes do advento das normas ambientais. Um forte crescimento industrial ocorreu no Brasil, principalmente a partir da década de 1950. Assim como em outros países, os efeitos da poluição industrial alertaram para a necessidade de controlar as atividades que causam impacto ao meio ambiente. Todavia, a poluição do solo foi a última a ser sentida, após as constatações dos danos provocados pela poluição do ar e da água.

Uma questão a destacar em matéria de disposição de resíduos industriais e que tem a ver com o fato de a legislação ambiental ser posterior ao desenvolvimento da indústria consiste nos chamados *passivos ambientais* – total de dívidas contraídas, em razão de a empresa encontrar-se em desconformidade com a legislação ambiental. Em outras palavras, há indústrias que antes do advento da legislação ambiental lançaram substâncias tóxicas no solo, o que na época, não era considerado ilícito. Todavia, a partir da implementação das normas ambientais, tal situação passou a caracterizar-se juridicamente como dano ambiental, o que implica responsabilidade administrativa, civil e penal.

No que se refere à responsabilidade, podem-se indicar **três situações** distintas em que os resíduos gerados em processos industriais são encontrados. Em cada uma delas, as consequências jurídicas são específicas, envolvendo ou não a existência de passivos am-

---

61. Lei nº 12.305/10, art. 27.
62. Lei nº 12.305/10, art. 19, § 5º.
63. Lei nº 12.305/10, art. 27, § 1º.
64. Lei nº 12.305/10, art. 29.
65. Lei nº 12.305/10, art. 29, parágrafo único.

bientais. Trata-se dos *geradores de resíduos sem passivo preexistente*, dos *geradores com passivos preexistentes* e dos *sítios órfãos contaminados*.

17.4.6.1 Geradores sem passivo preexistente

Trata-se de processos industriais em plena operação, em que os resíduos produzidos são imediatamente destinados pelo gerador, sem passivos ambientais preexistentes.

Se o resíduo é gerado em um processo industrial em operação, fazendo-se a destinação correta dos resíduos, imediatamente após sua geração, não há que se falar em passivos ambientais. Por suposto, o licenciamento ambiental de todas as fases da atividade deve estar em situação de regularidade.

Aplica-se a essa hipótese, pois, o aparato jurídico-institucional no que se refere a regulamentos e procedimentos de licenciamento ambiental, transporte e destinação ou disposição final de resíduos.

17.4.6.2 Geradores em operação ou desativados, com passivos ambientais preexistentes

Nessa segunda hipótese, o gerador está identificado, pois o empreendimento encontra-se em pleno funcionamento. E, existindo passivos preexistentes, recai sobre o mesmo a respectiva responsabilidade. O mesmo ocorre se o empreendimento estiver desativado.

Daí a necessidade de dar-se uma disposição final ambientalmente adequada e urgente aos resíduos, pois, configurada a ocorrência de poluição, encontram-se esses geradores adstritos à responsabilidade administrativa, civil e penal, que pode vir a comprometer a viabilidade do próprio negócio. Nessa linha, é possível, por meio de autodenúncia por parte das empresas, celebrar termos de ajustamento de conduta com os órgãos e entidades ambientais e o Ministério Público, com vistas a adequar essa situação à legislação em vigor.

17.4.6.3 Áreas órfãs contaminadas

Área órfã contaminada é aquela cujos responsáveis pela disposição não sejam identificáveis ou individualizáveis.[66] Há inúmeras situações em que não é possível identificar o gerador do resíduo, cabendo indicar dois exemplos:

> área órfã contaminada, em que no passado funcionou indústria com processos geradores de resíduos, hoje desativada, por falência ou outro motivo, sendo atualmente impossível a identificação dos responsáveis, que não mais se encontram no local;
>
> áreas públicas ou particulares, em que foram lançados resíduos industriais. Nesses casos, ainda que identificável o proprietário do terreno, supostamente responsável por culpa *in vigilando*, já que permitiu o lançamento de resíduos indesejáveis em área de sua propriedade, a definição dos responsáveis por certo gerará processos judiciais e perícias de alto custo, que não agilizarão a recuperação da área contaminada.

Quando se configura a **impossibilidade de identificação do gerador**, para fins de responsabilização pelo dano ambiental, o Poder Público passa a ser indiretamente responsável pelas medidas a serem tomadas, necessárias à destinação dos resíduos, sob pena de ocorrência de danos à saúde, ao meio ambiente e às atividades econômicas locais. O fundamento dessa afirmação encontra-se no art. 225 da Constituição Federal, ao dispor

---

66. Lei nº 12.305/10, art. 3º, III.

que *todos têm direito ao meio ambiente ecologicamente equilibrado, bem de uso comum do povo e essencial à qualidade de vida, impondo-se ao Poder Público e à coletividade o dever de defendê-lo e preservá-lo para as presentes e futuras gerações.*

Considerando que o Poder Público, ao cobrar impostos dos contribuintes, aufere receita, e tendo em vista que as pessoas responsáveis pelos passivos, que realmente deveriam se responsabilizar, não mais são passíveis de identificação, é o Poder Público, em nome da coletividade, em tese, o responsável pelo equacionamento da questão, até porque na maior parte dos casos deixou de exercer suas atribuições, relativas ao exercício do poder de polícia, configurando-se a omissão, mais uma razão para que o mesmo assuma os ônus.

Cumpre salientar que a "responsabilidade extracontratual do Estado corresponde à obrigação de reparar danos, causados a terceiros em decorrência de comportamentos comissivos ou omissivos, materiais ou jurídicos, lícitos ou ilícitos, imputáveis aos agentes públicos".[67] No caso em tela, o comportamento seria omissivo, material e ilícito, na medida em que se deixou de exercer o **poder-dever** de fiscalizar as atividades efetiva ou potencialmente poluidoras.[68]

Isso vale, inclusive, para os casos de passivos ambientais ocorridos anteriormente à edição da Lei nº 6.938/81. Ainda que, à época, o ato de lançar resíduo industrial não caracterizasse o ato como ilegal, a partir do momento da vigência da lei tornou-se obrigatório o equacionamento dos passivos então existentes, pois é pacífico o entendimento de que não há direito adquirido em matéria ambiental e a poluição eventualmente existente deve ser eliminada com urgência.

17.4.7 Responsabilidade compartilhada

A **responsabilidade compartilhada** pelo ciclo de vida dos produtos foi um dos conceitos inovadores trazidos pela Lei nº 12.305/10, sendo definida como o conjunto de atribuições individualizadas e encadeadas dos fabricantes, importadores, distribuidores e comerciantes, dos consumidores e dos titulares dos serviços públicos de limpeza urbana e de manejo dos resíduos sólidos, para minimizar o volume de resíduos sólidos e rejeitos gerados, bem como para reduzir os impactos causados à saúde humana e à qualidade ambiental decorrentes do ciclo de vida dos produtos.[69]

Em outras palavras, a Lei nº 12.305/10 estabeleceu papel específico para cada um dos atores envolvidos no ciclo de vida dos produtos,[70] quais sejam, fabricantes, importadores, distribuidores e comerciantes, consumidores e municípios: enquanto **fabricantes e importadores** darão destinação ambientalmente adequada aos produtos e embalagens,[71] **distribuidores e comerciantes** são responsáveis pela devolução dos produtos e embalagens para fins de destinação final pelos fabricantes e/ou importadores.[72] Os **consumidores**

---

67. DI PIETRO, Maria Sylvia Zanella. *Direito administrativo*. 24. ed. São Paulo: Atlas, 2011, p. 643.
68. SÚMULA 652 -STJ: "A responsabilidade civil da Administração Pública por danos ao meio ambiente, decorrente de sua omissão no dever de fiscalização, é de caráter solidário, mas de execução subsidiária" (REsp 1.071.741/SP. Rel. Min. Herman Benjamin. 1ª Seção, j. 02.12.2021).
69. Lei nº 12.305/10, art. 3º, XVII.
70. Lei nº 12.305/10, art. 3º, IV – *Ciclo de vida do produto: série de etapas que envolvem o desenvolvimento do produto, a obtenção de matérias-primas e insumos, o processo produtivo, o consumo e a disposição final.*
71. Lei nº 12.305/10, art. 33, § 6º.
72. Lei nº 12.305/10, art. 33, § 5º.

têm sua responsabilidade limitada à devolução do produto após o uso.[73] Já o **município** responsabiliza-se pelos resíduos oriundos dos serviços públicos de limpeza urbana e de manejo de resíduos sólidos, pela sua atuação nos acordos setoriais e termos de compromissos firmados e pela implementação do sistema de coleta seletiva, entre outros.[74]

Note-se que a lei estabeleceu um encadeamento de responsabilidades. Entretanto, ao determinar que a responsabilidade compartilhada deve ser implementada de *forma individualizada*,[75] a lei também reconhece as ações ou omissões individuais de cada um desses atores.

Dessa forma, a responsabilidade dos fabricantes, importadores, distribuidores e comerciantes abrange:

investimentos no desenvolvimento, na fabricação e na colocação no mercado de produtos: (a) que sejam aptos, após o uso pelo consumidor, à reutilização, à reciclagem ou a outra forma de destinação ambientalmente adequada; (b) cuja fabricação e uso gerem a menor quantidade de resíduos sólidos possível;

divulgação de informações relativas às formas de evitar, reciclar e eliminar os resíduos sólidos associados a seus respectivos produtos;

recolhimento dos produtos e dos resíduos remanescentes após o uso, assim como sua subsequente destinação final ambientalmente adequada, no caso de produtos objeto de sistema de logística reversa;

compromisso de, quando firmados acordos ou termos de compromisso com o Município, participar das ações previstas no plano municipal de gestão integrada de resíduos sólidos, no caso de produtos ainda não inclusos no sistema de logística reversa.[76]

Aqui há um ponto a ser ressaltado. Verifica-se que a responsabilidade compartilhada engloba a **logística reversa**, entretanto, não se restringe a ela, uma vez que abrange obrigações mais amplas, tais como investir no desenvolvimento de produtos que gerem a menor quantidade de resíduos possível e divulgar informações sobre como evitar a produção e reciclar resíduos sólidos associados aos seus produtos.[77]

17.4.8 Logística reversa

Finalmente, após tanta resistência, aprovou-se uma norma que exige, dos fabricantes de certos produtos, que os recolham após a sua vida útil. A **logística reversa**, nos termos da lei é

um instrumento de desenvolvimento econômico e social caracterizado por um conjunto de ações, procedimentos e meios destinados a viabilizar a coleta e a restituição dos resíduos sólidos ao setor empresarial, para reaproveitamento, em seu ciclo ou em outros ciclos produtivos, ou outra destinação final ambientalmente adequada.[78]

Pode-se entender, assim, que a logística reversa decorre da responsabilidade compartilhada, no que se refere ao ciclo de vida dos produtos.

---

73. Lei nº 12.305/10, art. 33, § 4º.
74. Lei nº 12.305/10, art. 36.
75. Lei nº 12.305/10, art. 30.
76. Lei nº 12.305/10, art. 31.
77. Lei nº 12.305/10, art. 31.
78. Lei nº 12.305/10, art. 3º, XII.

Nessa linha, a lei estabeleceu a obrigação de estruturar e implementar sistemas de logística reversa mediante **retorno dos produtos após o uso pelo consumidor**, de forma independente do serviço público de limpeza urbana e de manejo dos resíduos sólidos. Essa obrigação foi imposta aos fabricantes, importadores, distribuidores e comerciantes de:

agrotóxicos, seus resíduos e embalagens, assim como outros produtos cuja embalagem, após o uso, constitua resíduo perigoso, observadas as regras de gerenciamento de resíduos perigosos previstas em lei ou regulamento, em normas estabelecidas pelos órgãos do SISNAMA, do SNVS e do SUASA, ou em normas técnicas;

pilhas e baterias;

pneus;[79]

óleos lubrificantes, seus resíduos e embalagens;

lâmpadas fluorescentes, de vapor de sódio e mercúrio e de luz mista;

produtos eletroeletrônicos e seus componentes.[80]

Para implementar a logística reversa, uma **cadeia de ações** deve ser estabelecida. Assim, após o uso dos referidos produtos e embalagens, os consumidores deverão efetuar sua devolução aos comerciantes ou distribuidores dos mesmos. Esses, por sua vez, deverão efetuar sua devolução aos fabricantes ou aos importadores; os fabricantes e os importadores darão destinação ambientalmente adequada aos produtos e às embalagens em questão, sendo o rejeito encaminhado para a disposição final ambientalmente adequada, na forma estabelecida pelo órgão competente do SISNAMA e, se houver, pelo plano municipal de gestão integrada de resíduos sólidos.[81]

Esse sistema poderá ser estendido a produtos comercializados em embalagens plásticas, metálicas ou de vidro e a outros produtos e embalagens. Para tanto, serão considerados, prioritariamente, o grau e a extensão do impacto à saúde pública e ao meio ambiente dos resíduos gerados. Essa matéria será objeto de regulamento, acordos setoriais e termos de compromisso a serem firmados entre o Poder Público e o setor empresarial. Nos termos do Decreto nº 10.936/22, art. 18, os sistemas de logística reversa serão implementados e operacionalizados por meio de (1) acordos setoriais, (2) regulamentos editados pelo Poder Público ou (3) termos de compromisso.

Nos termos do art. 56, da Lei nº 12.305/10, a logística reversa relativa a lâmpadas fluorescentes, de vapor de sódio e mercúrio e de luz mista e aos produtos eletroeletrônicos e seus componentes será implementada progressivamente segundo cronograma estabelecido em regulamento.[82]

Além do regulamento, cabe destacar, como instrumentos para a implementação da logística reversa previstos na lei, os (1) acordos setoriais e (2) termos de compromisso.

O acordo setorial consiste em um ato de natureza contratual firmado entre o poder público e fabricantes, importadores, distribuidores ou comerciantes, tendo em vista a

---

79. A Resolução CONAMA nº 416, de 30-9-2009, dispõe sobre a prevenção à degradação ambiental causada por pneus inservíveis e sua destinação ambientalmente adequada.
80. Lei nº 12.305/10, art. 33.
81. O Decreto nº 10.936, de 12-1-2022, que regulamenta a Lei nº 12.305/10, revogou o Decreto nº 7.404/10. O novo Decreto cria O Programa Nacional de Logística Reversa.
82. O Decreto nº 10.240, de 12-2-2020, estabelece normas para a implementação de sistema de logística reversa obrigatória de produtos eletroeletrônicos de uso doméstico e seus componentes.

implantação da responsabilidade compartilhada pelo ciclo de vida do produto.[83] Nota-se que, embora se caracterize como contrato, deve ser considerada, além dos interesses individuais, a dimensão difusa que envolve o direito fundamental ao meio ambiente ecologicamente equilibrado.[84]

Os termos de compromisso referem-se à mesma temática dos acordos setoriais, porém em menor escala. Nessa linha, o Poder Público poderá celebrar termos de compromisso com os fabricantes, importadores, distribuidores ou comerciantes visando ao estabelecimento de sistema de logística reversa quando não houver, em uma mesma área de abrangência, acordo setorial ou regulamento específico; ou para fixar compromissos e metas mais exigentes que o previsto em acordo setorial ou regulamento.[85]

O Decreto nº 10.936, de 12-1-2022, trouxe nova regulamentação ao sistema de logística reversa previsto no art. 33 da Lei nº 12.305/10, anteriormente regulamentado pelo Decreto nº 9.177/17, estabelecendo normas para assegurar a isonomia na fiscalização e no cumprimento das obrigações imputadas aos fabricantes, aos importadores, aos distribuidores e aos comerciantes de produtos, seus resíduos e suas embalagens sujeitos à logística reversa obrigatória.[86] Ficou estabelecida a obrigação de que os não signatários de acordo setorial ou termo de compromisso firmado com a União devem estruturar e implementar sistemas de logística reversa, consideradas as mesmas obrigações imputáveis aos signatários e aos aderentes de acordo setorial firmado com a União.[87]

O novo Decreto altera vários dispositivos do Decreto nº 6.514, de 22-7-2008, sobre infrações relativas à poluição e outras Infrações Ambientais quanto a resíduos sólidos. Entre tais alterações, está a redação do artigo 62 do Decreto nº 6.514/08, que inclui a penalização para o descumprimento de obrigação prevista no sistema de logística reversa,[88] implementado nos termos do disposto na Lei nº 12.305 de 2010, em conformidade com as responsabilidades específicas estabelecidas para o referido sistema. Segundo o art. 61, do Decreto 6514/08, as multas que podem variar de R$ 5.000,00 (cinco mil reais) a R$ 50.000.000,00 (cinquenta milhões de reais).

O Decreto nº 10.936, de 12-1-2022, institui o Programa Nacional de Logística Reversa (PNLR), coordenado pelo Ministério do Meio Ambiente[89] e integrado ao Sistema Nacional de Informações Sobre a Gestão dos Resíduos Sólidos – Sinir e ao Plano Nacional de Resíduos Sólidos - Planares[90]. Como instrumento de coordenação e de integração dos sistemas de logística reversa, pretende *otimizar a implementação e a operacionalização da infraestrutura física e logística; proporcionar ganhos de escala; e possibilitar a sinergia entre os sistemas*[91]. Institui também o Programa Coleta Seletiva Cidadã, pelo qual devem os órgãos e as entidades da administração pública federal, direta e indireta, *separar os resíduos*

---

83. Lei nº 12.305/10, art. 3º, I.
84. SOLER, Fabricio Dorado; MACHADO FILHO, José Valverde; LEMOS, Patrícia Faga Iglecias. Acordos setoriais, regulamentos e termos de compromisso. In: PHILIPPI JR., Arlindo (Coord.). *Política nacional, gestão e gerenciamento de resíduos sólidos.* São Paulo: Manole, 2014. p. 88.
85. Decreto nº10.936/22, art. 25.
86. Decreto nº 10.936/22, art. 27.
87. Decreto nº 10.936/22, art. 28.
88. Decreto nº 10.936/22, art. 90, XII.
89. Decreto nº 10.936/22, art. 12, § 2º.
90. Decreto nº 10.936/22, art. 12, *caput.*
91. Decreto nº 10.936/22, art. 12, § 1º.

reutilizáveis e recicláveis; e destinar resíduos reutilizáveis e recicláveis, prioritariamente, às associações e às cooperativas de catadores de materiais recicláveis".[92]

No estado de São Paulo, a diretoria da Companhia Ambiental do Estado de São Paulo (CETESB), responsável pelo licenciamento estatual ambiental de atividades potencialmente poluidoras, por meio da Decisão de Diretoria nº 076/2018/C, de 04-04-2018, definiu que a estruturação e implementação da logística reversa é fator condicionante para a emissão ou renovação das licenças de operação de uma ampla gama de empreendimentos.[93] Toda a prestação de informações sobre logística reversa será realizada por meio de um sistema eletrônico, com formulários equivalentes a termos de compromisso. Apesar do avanço em termos legais, será necessário observar como se dará a sua implementação e a fiscalização dos dados apresentados pelos atores nos formulários.

17.5 MOVIMENTAÇÃO TRANSFRONTEIRIÇA DE RESÍDUOS PERIGOSOS

Resíduos perigosos são os que, em razão de suas características de inflamabilidade, corrosividade, reatividade, toxicidade, patogenicidade, carcinogenicidade, teratogenicidade e mutagenicidade, apresentam significativo risco à saúde pública ou à qualidade ambiental, de acordo com lei, regulamento ou norma técnica.[94]

Nesse aspecto, é de se estranhar o critério meramente quantitativo a respeito dos resíduos sólidos perigosos utilizado pelo Decreto nº 10.936/22, ao dispor que *"Para fins do disposto nesta Seção, não são considerados geradores de resíduos perigosos aqueles que gerarem, em peso, mais de noventa e cinco por cento de resíduos não perigosos em relação ao total dos resíduos sólidos gerados."*[95]

A Lei nº 12.305/10 dispõe, no art. 39, que *as pessoas jurídicas que operam com resíduos sólidos obrigam-se a elaborar plano de gerenciamento de resíduos perigosos.*

Em uma dimensão planetária, uma situação que explicita o exercício do poder econômico dos países ricos sobre os menos desenvolvidos consiste na exportação de resíduos tóxicos, o que causa duplo prejuízo: além do risco de contaminação inerente a esses resíduos, as condições de defesa sanitária locais dos países importadores nem sempre são suficientemente capazes de defender as populações menos favorecidas dos malefícios causados pelas substâncias perigosas importadas.

Essa preocupação manifestou-se no Princípio 14 da Declaração do Rio de Janeiro de 1992, nos seguintes termos:

> Os Estados devem cooperar de forma efetiva para desestimular ou prevenir a realocação e a transferência, para outros Estados, de atividades e substâncias que causem degradação ambiental grave ou que sejam prejudiciais à saúde humana.

---

92. Decreto nº 10.936/22, art. 40.
93. Decisão de Diretoria nº 076/2018/C, 1.2. O presente Procedimento aplica-se aos fabricantes ou responsáveis pela importação, distribuição ou comercialização dos seguintes produtos, desde que estes empreendimentos sejam sujeitos ao licenciamento ambiental ordinário pela CETESB: a) produtos que, após o consumo, resultem em resíduos considerados de significativo impacto ambiental, e de produtos cujas embalagens são consideradas como sendo de significativo impacto ambiental ou componham a fração seca dos resíduos sólidos urbanos ou equiparáveis, de acordo com a relação constante do Artigo 2º, § único da Resolução SMA no 45, de 23 de junho de 2015; b) tintas imobiliárias, cujas embalagens vazia estão sujeitas à logística reversa conforme a Resolução CONAMA 307/2002 e suas alterações.
94. Lei nº 12.305/10, art. 13, II, *a.*
95. Decreto nº 10.936, de 12-1-2022, art. 66, parágrafo único.

Como forma de colocar em discussão o tema, sob os auspícios do Programa das Nações Unidas para o Meio Ambiente, a Convenção de Basileia sobre o Controle de Movimentos Transfronteiriços de Resíduos Perigosos e seu Depósito, foi concluída em Basileia, Suíça, em 22-3-1989.

O Governo brasileiro promulgou com reservas[96] esse ato internacional através do Decreto nº 875, de 19-7-1993, preconizando que o movimento transfronteiriço de resíduos perigosos e outros resíduos seja reduzido ao mínimo compatível com a administração ambientalmente saudável e eficaz desses resíduos e que seja efetuado de maneira a proteger a saúde humana e o meio ambiente dos efeitos adversos que possam resultar desse movimento. Posteriormente, o Decreto nº 4.581, de 27-1-2003, promulgou a Emenda ao Anexo I e a Adoção dos Anexos VIII e IX à Convenção.

A Convenção de Basileia preconiza que o movimento transfronteiriço de resíduos perigosos e outros resíduos seja reduzido ao mínimo compatível com a administração ambientalmente saudável e eficaz desses resíduos e que seja efetuado de maneira a proteger a saúde humana e o meio ambiente dos efeitos adversos que possam resultar desse movimento.

Essas ponderações sobre a Convenção de Basileia constam dos *considerando* da Resolução CONAMA nº 452, de 2-7-2012, que dispõe sobre os procedimentos de controle da importação de resíduos, conforme as normas adotadas pela Convenção da Basileia sobre o Controle de Movimentos Transfronteiriços de Resíduos Perigosos e seu Depósito. Destaca-se que a referida Resolução CONAMA nº 452/12, ao conceituar *resíduo perigoso*, constitui o *regulamento* mencionado no art. 13, II, *a*, da Lei nº 12.305/10, atualizando os procedimentos para o controle da importação de resíduos, de acordo com os termos da Convenção da Basileia.

A Resolução CONAMA nº 452/12 estabelece a seguinte classificação para os resíduos sólidos:[97]

I – Resíduos Perigosos – Classe I: são aqueles que se enquadrem em qualquer categoria contida no Anexo I (da Resolução), a menos que não possuam quaisquer das características descritas no Anexo III, bem como os resíduos listados nos Anexos II e IV;

II – Resíduos Não Inertes – Classe IIA: são aqueles que não se enquadram nas classificações de Resíduos Perigosos – Classe I ou de Resíduos Inertes – Classe IIB;

III – Resíduos Inertes – Classe IIB: quaisquer resíduos que, quando amostrados de uma forma representativa, segundo a ABNT NBR 10.007, e submetidos a um contato dinâmico e estático com água destilada ou desionizada, à temperatura ambiente, conforme ABNT NBR 10.006, não tiverem nenhum de seus constituintes solubilizados a concentrações superiores aos padrões de potabilidade da água, excetuando-se aspecto, cor, turbidez, dureza e sabor, conforme Anexo G da ABNT NBR 10.004;

IV – Outros Resíduos: são os resíduos coletados de residências ou os resíduos oriundos de sua incineração, conforme o Anexo II;

---

96. O Brasil manifestou, no item 2 do art. 1º do Decreto nº 875/93, a preocupação ante as deficiências da Convenção. Observa que seu articulado corresponderia melhor aos propósitos anunciados no preâmbulo caso apontasse para a solução do problema da crescente geração de resíduos perigosos e estabelecesse um controle mais rigoroso dos movimentos de tais resíduos. O art. 4º, § 8º, e o art. 11, em particular, contêm dispositivos excessivamente flexíveis, deixando de configurar um compromisso claro dos Estados envolvidos na exportação de resíduos perigosos com a gestão ambientalmente saudável desses resíduos.

97. Resolução CONAMA nº 452/12, art. 2º.

DIREITO AMBIENTAL • Maria Luiza Machado Granziera

V – Rejeitos: resíduos sólidos que, depois de esgotadas todas as possibilidades de tratamento e recuperação por processos tecnológicos disponíveis e economicamente viáveis, não apresentem outra possibilidade que não a disposição final ambientalmente adequada;

VI – Resíduos Controlados: são os resíduos controlados pelo Instituto Brasileiro do Meio Ambiente e dos Recursos Naturais Renováveis (IBAMA) e sujeitos à restrição de importação, podendo ser classificados em Classe IIA ou Classe IIB;

Além disso, a lei fixou as seguintes definições, relacionadas com a operação e manipulação de resíduos:

Destinador de Resíduos: pessoa física ou jurídica, de direito público ou privado, que exerce atividades de destinação ambientalmente adequada de resíduos sólidos;

Importadores de Resíduos: são os Destinadores de Resíduos ou os terceiros por eles contratados.

Reciclagem: processo de transformação dos resíduos sólidos que envolve a alteração de suas propriedades físicas, físico-químicas ou biológicas, com vistas à transformação em insumos ou novos produtos, observadas as condições e os padrões estabelecidos pelos órgãos competentes do Sistema Nacional do Meio Ambiente (SISNAMA) e, se couber, do Sistema Nacional de Vigilância Sanitária (SNVS) e do Sistema Unificado de Atenção à Sanidade Agropecuária (SUASA).

A Resolução CONAMA nº 452/12 proíbe a importação dos Resíduos Perigosos – Classe I e de rejeitos, em todo o território nacional, sob qualquer forma e para qualquer fim, conforme determina a Lei nº 12.305/10,[98] permitindo que as listas de resíduos e de características de periculosidade constantes dos Anexos I – Resíduos Perigosos Classe I – e III – Lista das Características Perigosas – sejam ampliadas, mediante avaliação e deliberação do Conselho Nacional do Meio Ambiente (CONAMA).[99]

Também é proibida a importação de resíduos definidos como Outros Resíduos, sob qualquer forma e para qualquer fim, salvo nos casos previstos em acordos bilaterais firmados pelo Brasil.[100]

17.6 PROTEÇÃO DO SOLO AGRÍCOLA

Um dos usos mais importantes do solo, e provavelmente o mais antigo, é a agricultura, atividade que propiciou o desenvolvimento das civilizações. A partir do momento em que as comunidades passaram de coletoras e caçadoras em agricultoras, os alimentos produzidos no âmbito de uma comunidade passaram a ser suficientes para alimentar não apenas aqueles que estavam alocados no cultivo da terra, mas também os demais habitantes, que puderam, dessa forma, ocupar-se com outros afazeres que não a sobrevivência, tais como a organização política, a escrita, a ciência, as artes etc.

Existem práticas agrícolas milenares cuja adoção protege o solo. É o caso das curvas de nível, nas agriculturas em áreas elevadas, em que as plantas ficam dispostas em linhas paralelas ao solo e não perpendicularmente a ele. É o caso das plantações de arroz em terraços, largamente utilizadas nos países asiáticos. Esse modo de cultivar a terra impede ou minimiza a *erosão do solo*.

Impende citar que a Constituição Federal definiu a **função social da propriedade rural**, incluindo a proteção do meio ambiente. Essa medida não deixa de provocar um

---

98. Resolução CONAMA nº 452/12, art. 3º.
99. Resolução CONAMA nº 452/12, art. 3º, parágrafo único.
100. Resolução CONAMA nº 452/12, art. 4º.

conflito entre a necessidade de um uso sustentável do solo e dos outros recursos ambientais e o desenvolvimento do agronegócio, que, ao mesmo tempo em que atinge cifras inimagináveis nos mercados interno e internacional, apresenta-se como um risco concreto à observância do desenvolvimento sustentável, inscrito no *caput* do art. 225 da CF/88 e no art. 1.228 do Código Civil. Não que o agronegócio seja necessariamente conflitante com a proteção ambiental. É perfeitamente possível o equilíbrio entre ambos. O que causa o conflito é uma busca desenfreada pelo lucro, sem considerar quaisquer outras variáveis ambientais, culturais e sociais, entre outras.

Juridicamente, à luz dos preceitos constitucionais, não há dúvida quanto à obrigação dos agricultores e pecuaristas de cumprir as regras de proteção ambiental, até porque elas são benéficas para suas propriedades e o seu futuro. Politicamente, porém, os conflitos vêm se acirrando e o que se verifica é uma perda dos valores ambientais, que passam a dar lugar à produção agrícola sem limites – o que inclui o desmatamento – levando a uma utilização abusiva do solo, pelo emprego de fertilizantes e agrotóxicos, e ocasionando o empobrecimento e a exaustão desse recurso ambiental, sem falar no desmatamento de biomas constitucionalmente protegidos, como a Floresta Amazônica e as consequências dessa degradação.

17.6.1 Política agrícola

A Lei nº 8.171, de 17-1-1991, "*fixa os fundamentos, define os objetivos e as competências institucionais, prevê os recursos e estabelece as ações e instrumentos da política agrícola, relativamente às atividades agropecuárias, agroindustriais e de planejamento das atividades pesqueira e florestal*".[101] A atividade agrícola está definida como "*a produção, o processamento e a comercialização de produtos, subprodutos e derivados, serviços e insumos agrícolas, pecuários, pesqueiros e florestais*".[102]

Entre os objetivos da Política Agrícola, destacam-se a proteção do meio ambiente, a garantia de seu uso racional e o estímulo à recuperação dos recursos naturais.[103]

No que se refere à pesquisa agrícola, a Lei nº 8.171/91 determina que essa atividade observe as características regionais e gere tecnologias voltadas para a sanidade animal e vegetal, respeitando a preservação da saúde e do meio ambiente.[104] A Lei nº 8.171/91 aborda vários temas relativos à proteção não apenas do solo, mas dos recursos naturais, dispondo sobre:

1. integração dos Poderes Públicos com as comunidades na preservação do meio ambiente e conservação dos recursos naturais;

2. regulamentação e fiscalização do uso racional do solo, da água, da fauna e da flora;

3. estabelecimento de zoneamentos agroecológicos com a fixação de critérios para o disciplinamento da ocupação espacial pelas diversas atividades produtivas, bem como para a instalação de novas hidrelétricas;

4. proteção e recuperação das áreas em processo de desertificação;

5. programas de educação ambiental, dirigidos à população;

---

101. Lei nº 8.171, de 17-1-1991, art. 1º.
102. Lei nº 8.171/91, art. 1º, parágrafo único.
103. Lei nº 8.171/91, art. 3º, IV.
104. Lei nº 8.171/91, art. 12, IV.

6. produção de sementes e mudas de essências nativas;

7. programas de estímulo e incentivo à preservação das nascentes dos cursos d'água e do meio ambiente e o aproveitamento de dejetos animais para conversão em fertilizantes;

8. responsabilidade dos proprietários, dos beneficiários da reforma agrária e dos ocupantes temporários dos imóveis rurais pela fiscalização e uso racional dos recursos naturais;

9. reconhecimento das bacias hidrográficas como unidades básicas de planejamento do uso, da conservação e da recuperação dos recursos naturais;

10. condicionamento da prestação de serviços e aplicação de recursos pelo Poder Público em atividades agrícolas ao uso tecnicamente indicado, ao manejo racional dos recursos naturais e à preservação do meio ambiente;

11. responsabilização das empresas que exploram economicamente águas represadas e as concessionárias de energia elétrica pelas alterações ambientais por elas provocadas e obrigação de recuperar o meio ambiente, na área de abrangência de suas respectivas bacias hidrográficas;

12. Programa de Garantia da Atividade Agropecuária (PROAGRO).[105]

Vários são os temas tratados, que se articulam com outras políticas públicas, como a de recursos hídricos, ao proteger as nascentes e reconhecer a bacia hidrográfica como núcleo de planejamento e gestão, e a de educação ambiental. A política agrícola também incorpora os princípios do poluidor pagador e da reparação integral.

17.6.2 Fertilizantes e agrotóxicos

17.6.2.1 *Conceito de agrotóxicos*

As atividades agrícolas modernizaram-se ao longo do tempo. O desenvolvimento tecnológico viabilizou a produção de fertilizantes e agrotóxicos, com o objetivo de aumentar a eficiência dos recursos plantados e a produtividade de alimentos de origem agrícola. Os fertilizantes buscam corrigir o empobrecimento ou a pobreza dos nutrientes naturais do solo, e os agrotóxicos combatem as pragas que atacam as plantações.

A expressão *agrotóxicos e afins* refere-se aos *"produtos e aos agentes de processos físicos, químicos ou biológicos, destinados ao uso nos setores de produção, no armazenamento e beneficiamento de produtos agrícolas, nas pastagens, na proteção de florestas, nativas ou implantadas, e de outros ecossistemas e também de ambientes urbanos, hídricos e industriais, cuja finalidade seja alterar a composição da flora ou da fauna, a fim de preservá-las da ação danosa de seres vivos considerados nocivos e às substâncias e produtos empregados como desfolhantes, dessecantes, estimuladores e inibidores de crescimento"*.[106]

Note-se que, em princípio, os agrotóxicos possuem uma função protetora do ambiente, além de evitar perdas na produção de alimentos. Contudo, se por um lado essas substâncias propiciam um melhor abastecimento de alimentos em muitas partes do mundo – ficando claro que nem todos os países garantem o direito à alimentação de seus habitantes –, por outro, a sua utilização indiscriminada pode causar a contaminação dos alimentos produzidos, prejudicando a qualidade da vida dos consumidores, que poderão ser afetados física e mentalmente. Ou seja, a forma de utilização do agrotóxico condiciona os riscos de danos ao ambiente e à saúde.

---

105. Lei nº 8.171/91, art. 59, modificado pela Lei nº 12.058/09.
106. Lei nº 7.802/89, art. 2º, I, *a* e *b*.

Ainda no campo dos riscos, os agrotóxicos podem contaminar a água, através da percolação para os lençóis freáticos ou carreados pela chuva até os corpos hídricos, sobretudo aqueles cujas margens são desprovidas da proteção das matas ciliares. Os agrotóxicos podem ainda poluir o próprio solo, se usados excessivamente, e o ar atmosférico, pela ação do vento.

Por essas razões, cabe ao Poder Público o dever de regulamentar a utilização dessas substâncias, com vistas a proteger o ambiente e a saúde humana da contaminação. Mais que isso, é necessário informar os agricultores acerca dos riscos e benefícios desses produtos.

17.6.2.2 Regime jurídico dos agrotóxicos

A Constituição Federal determina que as atividades de produção, comercialização e o emprego de técnicas, métodos e substâncias que possam representar um risco para a qualidade da vida humana e para o meio ambiente devem ser controlados e monitorados pelo Poder Público.[107]

Os agrotóxicos, como substâncias que implicam riscos em todas as etapas de sua vida útil – da industrialização ao descarte de embalagens –, devem ter a sua produção, comercialização e uso regulados pelo Estado, no que diz respeito ao emprego e circulação. Neste ciclo, inclui-se ainda o descarte de substâncias e embalagens, que também podem causar danos e prejuízos ao ser humano e ao ambiente.

A Lei nº 12.305/10, conforme já tratado neste capítulo, impõe aos fabricantes, importadores, distribuidores e comerciantes de agrotóxicos, seus resíduos e embalagens, assim como outros produtos cuja embalagem, após o uso, constitua resíduo perigoso, a obrigação de *"estruturar e implementar sistemas de logística reversa, mediante retorno dos produtos após o uso pelo consumidor, de forma independente do serviço público de limpeza urbana e de manejo dos resíduos sólidos"*.[108]

A Constituição estabelece a competência material comum da União, Estados, Distrito Federal e Municípios, no que tange aos agrotóxicos.[109] No campo normativo infraconstitucional, a Lei nº 7.802, de 11-7-1989, alterada pela Lei nº 9.974, de 6-6-2000, e regulamentada pelo Decreto nº 4.074, de 4-1-2002, estabelece os direitos e deveres dos agentes econômicos que utilizam os agrotóxicos como insumos na cadeia produtiva agrícola.

A citada lei determina que a competência para legislar sobre agrotóxicos é concorrente entre a União, os Estados e o Distrito Federal,[110] cabendo aos Municípios legislar supletivamente sobre o seu uso e armazenamento.[111] Pondere-se que esses dispositivos não podem contrariar o disposto nos arts. 24, VI e XII, e 30, I, da CF/88, razão pela qual devem ser interpretados em sentido idêntico ao da norma constitucional.

Todo agrotóxico e os respectivos componentes dependerão de autorização administrativa por meio de registro público federal para ser produzidos, exportados, importados, comercializados e utilizados.[112]

---

107. CF/88, art. 225, § 1º, V.
108. Lei nº 12.305/10, art. 33, *caput* e inciso I.
109. CF/88, art. 23, VI – proteger o meio ambiente e combater a poluição em quaisquer de suas formas.
110. Lei nº 7.802/89, art. 10.
111. Lei nº 7.802/89, art. 11.
112. Lei nº 7.802/89, art. 3º.

Na falta de proibição constitucional ou legal em âmbito federal, os Estados podem exigir também o registro estadual para os agrotóxicos. Em Acórdão que analisou a competência dos Estados para exigir o registro de agrotóxicos, assim se pronunciou o STJ:

> A União, os Estados e o Distrito Federal, nos termos do art. 10 da Lei nº 7.802/89, detêm competência concorrente para legislar sobre agrotóxicos e proteção ao meio ambiente, cabendo à União fixar normas gerais e aos Estados suplementar a legislação federal no que couber. Aparentemente, não há óbice constitucional ou legal a que os Estados Membros exijam o registro prévio de agrotóxicos no órgão ambiental ou de agricultura estadual, ainda que haja registro prévio no Ministério da Agricultura.[113]

A legislação, na mesma linha, define que os requisitos para a efetivação do registro e a sua revalidação serão estabelecidos pelos Ministérios da Agricultura, Pecuária e Abastecimento, Saúde e do Meio Ambiente, manifestando-se cada um a respeito dos assuntos de sua competência.[114] Os Estados e Municípios promoverão, por meio de seus órgãos competentes, o registro dos fornecedores de agrotóxicos e de serviços de aplicação de agrotóxicos.[115]

O princípio da precaução é adotado na Lei nº 7.802/89, ao não permitir o registro de agrotóxicos, seus componentes e afins,

> para os quais o Brasil não disponha de métodos para desativação de seus componentes, de modo a impedir que os seus resíduos remanescentes provoquem riscos ao meio ambiente e à saúde pública, nem de antídoto ou tratamento eficaz;
>
> que revelem características teratogênicas, carcinogênicas ou mutagênicas, de acordo com os resultados atualizados de experiências da comunidade científica;
>
> que provoquem distúrbios hormonais, danos ao aparelho reprodutor, de acordo com procedimentos e experiências atualizadas na comunidade científica;
>
> que se revelem mais perigosos para o homem do que os testes de laboratório, com animais, tenham podido demonstrar, segundo critérios técnicos e científicos atualizados;
>
> cujas características causem danos ao meio ambiente.[116]

Cabe observar que a Lei nº 7.802, de 11-7-1089, é regulamentada pelo Decreto nº 4.074, de 4-1-2002, o qual foi modificado pelo Decreto nº 10.833, de 7-10-2021, que por sua vez simplifica o processo de aprovação de agrotóxicos no Brasil.

17.6.2.3 Responsabilidade pelas embalagens de agrotóxicos

A Lei nº 7.802/89 conferiu especial atenção às embalagens de agrotóxicos. Após o uso dessas substâncias, a permanência das embalagens no solo pode causar danos a pessoas e ao ambiente. Trata-se de um caso em que os cuidados pós-consumo não se referem apenas às embalagens, mas também aos resíduos de substâncias tóxicas nelas contidos. Daí a necessidade de uma regulamentação específica para as embalagens dos agrotóxicos e afins, que devem atender a uma série de requisitos,[117] como a resistência material que impeça vazamentos, o lacre e a obrigação de devolução das embalagens vazias aos estabelecimentos comerciais ou ao importador em que foram adquiridas as substâncias.[118]

---

113. AgRg na MC 12.968/PR, Rel. Ministro CASTRO MEIRA, Segunda Turma, julgado em 25-9-2007, *DJ* de 5-10-2007, p. 245.
114. Decreto nº 4.074/02, art. 2º.
115. Lei nº 7.802/89, art. 4º.
116. Lei nº 7.802/89, art. 3º, § 6º.
117. Lei nº 7.802/89, art. 6º, *caput*.
118. Lei nº 7.802/89, art. 6º, §§ 2º e 3º, incluídos pela Lei nº 9.974, de 2000.

As empresas produtoras e comercializadoras de agrotóxicos, seus componentes e afins são responsáveis: (1) pela destinação das embalagens vazias dos produtos por elas fabricados e comercializados, após a devolução pelos usuários; (2) pelos produtos apreendidos pela ação fiscalizatória; e (3) pelos produtos impróprios para utilização ou em desuso, com vistas à sua reutilização, reciclagem ou inutilização.[119] Essas obrigações não excluem a responsabilidade do usuário, na devolução das embalagens ao fabricante ou importador, conforme previsto na Lei nº 12.305/10.

Quanto aos estabelecimentos destinados ao recebimento de embalagens de agrotóxicos e afins, vazias ou contendo resíduos, coube à Resolução CONAMA nº 465/2014, de 05-12-2014, estabelecer requisitos e critérios técnicos mínimos necessários para o licenciamento ambiental, trazendo especificidades que envolvem desde programas de capacitação de todos os agentes envolvidos na operação, monitoramento periódico da saúde de todos os trabalhadores; e monitoramento de solo e da água nas áreas; até a proibição da instalação de postos e centrais em áreas de mananciais.

17.7 RESÍDUOS SÓLIDOS URBANOS

Segundo dados da Associação Brasileira de Empresas de Limpeza Pública e Resíduos Especiais (Abrelpe), a geração de RSU no Brasil, durante o ano de 2022, alcançou um total de aproximadamente 81,8 milhões de toneladas, o que corresponde a 224 mil toneladas diárias. Com isso, cada brasileiro produziu, em média, 1,043 kg de resíduos por dia.[120]

Destinar adequadamente os resíduos sólidos urbanos[121] tem sido uma das grandes preocupações do Poder Público municipal, como meio de prevenir a ocorrência de danos à saúde da população e ao meio ambiente. Sem falar nos riscos à qualidade dos recursos hídricos, seja pela poluição de rios, na drenagem urbana, seja pela contaminação das águas subterrâneas, com a percolação do chorume produzido nos lixões e que atinge os lençóis freáticos, atualmente considerados as grandes fontes de água potável do futuro.

Outro problema, ainda mais grave, é a possibilidade de, em lixões, a população de seu entorno ir buscar alimentos e materiais para comercializar, atividade de altíssimo risco para a saúde. A existência de lixões a céu aberto, em vez de aterros sanitários mantidos e controlados pelo Poder Público, ainda que sob delegação a terceiros, é uma das características de subdesenvolvimento de que o Brasil ainda não conseguiu se livrar.

A Lei nº 12.305/10 estipulou prazo para que os Municípios providenciassem a eliminação dos lixões, ao estabelecer em seu art. 54 que a disposição ambientalmente adequada dos rejeitos deveria ser implantada em até quatro anos após a publicação da lei. No entanto, com nova redação dada pela Lei nº 14.026, de 15-7-2020, o prazo para a implementação dessa disposição final passou para 31 de dezembro de 2020, prevendo, porém, exceções.[122]

---

119. Lei nº 7.802/89, art. 6º, § 5º, incluído pela Lei nº 9.974, de 2000.
120. ABRELPE. Panorama dos Resíduos Sólidos no Brasil 2022, P. 16. Disponível em: https://abrelpe.org.br/download-panorama-2022/. Acesso em: 12 mar. 2024.
121. Nos termos da Lei nº 12.305/10, art. 13, I, c, resíduos sólidos urbanos são: (1) os resíduos domiciliares, ou seja, aqueles originários de atividades domésticas em residências urbanas, bem como (2) os resíduos de limpeza urbana, em outras palavras, os originários da varrição, limpeza de logradouros e via públicas e outros serviços de limpeza urbana.
122. Segundo o mesmo artigo, há exceções *"para os Municípios que até essa data tenham elaborado plano intermunicipal de resíduos sólidos ou plano municipal de gestão integrada de resíduos sólidos e que disponham de mecanismos de cobrança que garantam sua sustentabilidade econômico-financeira, nos termos do art. 29 da Lei nº 11.445, de 5 de janeiro de 2007, para os quais ficam definidos os seguintes prazos: I – até 2 de agosto de 2021, para capitais de Estados e Municípios inte-*

Ainda se verificam práticas de destinação inadequada de resíduos sólidos *"presentes em todas as regiões do país, com lixões a céu aberto ainda em pleno funcionamento, prejudicando a saúde de 77,5 milhões de pessoas, com um custo anual na casa dos bilhões de dólares para tratamento de saúde e mitigação da contaminação ambiental".*[123]

Na realidade, a existência de lixões já caracteriza poluição, nos termos do art. 3º, III, da Lei nº 6.968/81, na medida em que provocam a degradação da qualidade ambiental, pois prejudicam a saúde, a segurança e o bem-estar da população, criam condições adversas às atividades sociais e econômicas, afetam desfavoravelmente a biota, assim como as condições estéticas ou sanitárias do meio ambiente. Portanto, banir lixões é obrigação dos poderes públicos municipais há décadas, e não apenas em razão da Lei de Resíduos Sólidos.

Dessa forma, o prazo concedido para que os Municípios se adequassem à legislação e procedessem à disposição ambientalmente adequada dos rejeitos vai ao encontro dos princípios adotados não apenas pela Política Nacional de Resíduos Sólidos, mas pela Política Nacional do Meio Ambiente, considerando as diferenças locais e regionais e a visão sistêmica na gestão que considera as variáveis ambiental, social, cultural, econômica, tecnológica e de saúde pública. Esses Municípios, que ainda possuem lixões, estão sujeitos às sanções administrativas e penais cabíveis, conforme será tratado a seguir.

A Lei nº 11.445/07, que se articula com a Política Nacional de Resíduos Sólidos, estabelece as diretrizes para o saneamento e inclui, no escopo do *saneamento básico*, os serviços de limpeza urbana e o manejo de resíduos sólidos, definindo-os como o conjunto de *"atividades e pela disponibilização e manutenção de infraestruturas e instalações operacionais de coleta, varrição manual e mecanizada, asseio e conservação urbana, transporte, transbordo, tratamento e destinação final ambientalmente adequada dos resíduos sólidos domiciliares e dos resíduos de limpeza urbana".*[124]

São atividades específicas da limpeza urbana e manejo de resíduos sólidos –*"constituídos pelas atividades e pela disponibilização e manutenção de infraestruturas e instalações operacionais de coleta, varrição manual e mecanizada, asseio e conservação urbana, transporte, transbordo, tratamento e destinação final ambientalmente adequada dos resíduos sólidos domiciliares e dos resíduos de limpeza urbana"*[125] – os serviços:[126]

de coleta, transbordo e transporte dos resíduos;

de triagem para fins de reúso ou reciclagem, de tratamento, inclusive por compostagem, e de disposição final dos resíduos;

de varrição de logradouros públicos, de limpeza de dispositivos de drenagem de águas pluviais, de limpeza de córregos e outros serviços, tais como poda, capina, raspagem e roçada, e de outros eventuais serviços de limpeza urbana, bem como de coleta, de acondicionamento e de destinação final ambientalmente adequada dos resíduos sólidos provenientes dessas atividades.

---

grantes de Região Metropolitana (RM) ou de Região Integrada de Desenvolvimento (Ride) de capitais; II – até 2 de agosto de 2022, para Municípios com população superior a 100.000 (cem mil) habitantes no Censo 2010, bem como para Municípios cuja mancha urbana da sede municipal esteja situada a menos de 20 (vinte) quilômetros da fronteira com países limítrofes; III – até 2 de agosto de 2023, para Municípios com população entre 50.000 (cinquenta mil) e 100.000 (cem mil) habitantes no Censo 2010; e IV - até 2 de agosto de 2024, para Municípios com população inferior a 50.000 (cinquenta mil) habitantes no Censo 2010" (Redação dada pela Lei nº 14.026, de 15-7-2020).

123. ABRELPE. Panorama dos Resíduos Sólidos no Brasil 2021. p. 48. Disponível em: <https://abrelpe.org.br/panorama-2021/>. Acesso em: 10 mar. 2024.
124. Redação dada pela Lei nº 14.026, de 15-7-2020.
125. Lei nº 11.445/07, art. 3º, *caput*, inciso I, alínea "c". Redação dada pela Lei nº 14.026/20.
126. Lei nº 11.445/07, art. 7º, redação dada pela Lei nº 14.026/20.

Cabe ao Poder Público, *a priori*, a responsabilidade pelos resíduos sólidos urbanos. Todavia, ele poderá atribuir aos geradores de determinados resíduos uma responsabilidade específica,[127] no caso dos resíduos industriais, hospitalares ou ainda de grandes geradores, como, por exemplo, os *shopping centers*. Nesses casos, os geradores, no âmbito do Plano de Gerenciamento de Resíduos Sólidos, previsto na Lei nº 12.305/10, deverão contratar empresas especializadas para a coleta de seus resíduos, já que os serviços urbanos estão dimensionados para coletar o lixo residencial e comercial até um certo volume.

17.8 RESÍDUOS DE SERVIÇOS DE SAÚDE

Os resíduos provenientes dos serviços de saúde representam um fator de risco à sociedade, em função das substâncias utilizadas ou descartadas nessas entidades. A Resolução CONAMA nº 358, de 29-4-2005, estabelece regras sobre o tratamento e a disposição final desses resíduos.

O campo de aplicação da norma consiste nos *"serviços relacionados com o atendimento à saúde humana ou animal, inclusive os serviços de assistência domiciliar e de trabalhos de campo; laboratórios analíticos de produtos para saúde; necrotérios, funerárias e serviços onde se realizem atividades de embalsamamento (tanatopraxia e somatoconservação); serviços de medicina legal; drogarias e farmácias, inclusive as de manipulação; estabelecimentos de ensino e pesquisa na área de saúde; centros de controle de zoonoses; distribuidores de produtos farmacêuticos; importadores, distribuidores e produtores de materiais e controles para diagnóstico in vitro; unidades móveis de atendimento à saúde; serviços de acupuntura; serviços de tatuagem, entre outros similares"*.[128] Excetuam-se da abrangência da norma *"as fontes radioativas seladas, que devem seguir as determinações da Comissão Nacional de Energia Nuclear (CNEN), e as indústrias de produtos para a saúde, que devem observar as condições específicas do seu licenciamento ambiental"*.[129]

As obrigações decorrentes do gerenciamento dos resíduos de serviço de saúde cabem aos *geradores de resíduos e aos responsáveis legais*, sendo a norma muito clara ao dispor que tais obrigações vigoram *desde a geração do resíduo até a sua disposição final*, de forma a atender aos requisitos ambientais e de saúde pública e saúde ocupacional.

A norma determina ainda que as obrigações dos geradores não excluem a responsabilização solidária de todos aqueles, pessoas físicas e jurídicas que, direta ou indiretamente, causem ou possam causar degradação ambiental, em especial os transportadores e operadores das instalações de tratamento e disposição final.[130] Cabe também aos serviços de saúde elaborar os Planos de Gerenciamento de Resíduos sólidos, na forma dos arts. 13, I, *g* e 20, I da Lei nº 12.305/10.

17.9 RESÍDUOS ELETRÔNICOS

Os resíduos eletrônicos constituem, atualmente, um grande fator de poluição, na medida em que cada vez mais são descartáveis os aparelhos celulares, televisores, computado-

---

127. Lei nº 11.445/07, art. 6º.
128. Resolução CONAMA nº 358/05, art. 1º.
129. Resolução CONAMA nº 358/05, art. 1º, parágrafo único.
130. Resolução CONAMA, nº 385/05, art. 3º.

res e outros. Seus componentes contêm substâncias como, por exemplo, o mercúrio, que, se descartadas incorretamente, provocam danos à saúde e ao ambiente.

O Decreto nº 10.240, de 12-2-2020, regulamenta o inciso VI do *caput* do art. 33 e o art. 56 da Lei nº 12.305/10, estabelecendo normas para a implementação de sistema de logística reversa obrigatória de produtos eletroeletrônicos de uso doméstico e seus componentes.

17.10 SANÇÕES ADMINISTRATIVAS

O art. 62 do Decreto 6.514, de 22-7-2008, prevê multa de R$ 5.000,00 a R$ 50.000.000,00 para quem lançar resíduos sólidos, líquidos ou gasosos ou detritos, óleos ou substâncias oleosas em desacordo com as exigências estabelecidas em leis ou atos normativos,[131] bem como para quem deixar, aquele que tem obrigação, de dar destinação ambientalmente adequada a produtos, subprodutos, embalagens, resíduos ou substâncias quando assim determinar a lei ou ato normativo.[132]

Nos casos de importação de pneu usado ou reformado em desacordo com a legislação[133] e de comercialização, transporte, armazenamento, guarda ou manutenção em depósito de pneu usado ou reformado, importado nessas condições,[134] a multa será de R$ 400,00 por unidade.

Especificamente em relação aos agrotóxicos, a Lei nº 7.802/89, em seu art. 17, estabelece sanções administrativas para o caso de infração aos seus dispositivos, *sem prejuízo das responsabilidades civil e penal cabíveis*. A infração acarretará ainda, isolada ou cumulativamente, nos termos previstos em regulamento, independentemente das medidas cautelares de estabelecimento e apreensão do produto ou alimentos contaminados, a aplicação das seguintes sanções:

advertência;

multa de até 1.000 vezes o Maior Valor de Referência (MVR), aplicável em dobro em caso de reincidência;

condenação de produto;

inutilização de produto;

suspensão de autorização, registro ou licença;

cancelamento de autorização, registro ou licença;

interdição temporária ou definitiva de estabelecimento;

destruição de vegetais, partes de vegetais e alimentos, com resíduos acima do permitido;

destruição de vegetais, partes de vegetais e alimentos, nos quais tenha havido aplicação de agrotóxicos de uso não autorizado, a critério do órgão competente.

17.11 CRIMES

O art. 56 da Lei de Crimes Ambientais estabelece que constitui crime "*produzir, processar, embalar, importar, exportar, comercializar, fornecer, transportar, armazenar, guardar,*

---

131. Decreto nº 6.514/08, art. 62, V.
132. Decreto nº 6.514/08, art. 62, VI.
133. Decreto nº 6.514/08, art. 70.
134. Decreto nº 6.514/08, art. 70, § 1º.

ter em depósito ou usar produto ou substância tóxica, perigosa ou nociva à saúde humana ou ao meio ambiente, em desacordo com as exigências estabelecidas em leis ou nos seus regulamentos".

A Lei nº 12.305/10 alterou o § 1º do dispositivo, determinando que incorre nas mesmas penas – reclusão, de um a quatro anos, e multa – quem abandona os produtos ou substâncias acima referidos ou os utiliza em desacordo com as normas ambientais ou de segurança,[135] bem como aquele que manipula, acondiciona, armazena, coleta, transporta, reutiliza, recicla ou dá destinação final a resíduos perigosos de forma diversa da estabelecida em lei ou regulamento.[136]

Também constitui crime *"produzir, comercializar, transportar, aplicar, prestar serviço, dar destinação a resíduos e embalagens vazias de **agrotóxicos**, seus componentes e afins, em descumprimento às exigências estabelecidas na legislação pertinente".* O agente estará sujeito à pena de reclusão, de dois a quatro anos, além de multa.[137]

Note-se que a ação percorre toda a cadeia produtiva, desde a fabricação até o destino final das embalagens, o que explicita os riscos que envolvem todas as fases do uso dos agrotóxicos.

Também constitui crime do empregador, profissional responsável ou prestador de serviço que deixar de promover as medidas necessárias de proteção à saúde e ao meio ambiente, aplicando-se a pena de reclusão de dois a quatro anos, além de multa de 100 a 1.000 MVR. Em caso de culpa, será punido com pena de reclusão de um a três anos, além de multa de 50 a 500 MVR.[138]

---

135. Lei nº 9.605/98, art. 56, § 1º, I.
136. Lei nº 9.605/98, art. 56, § 1º, II.
137. Lei nº 7.802/89, art. 15, com a redação dada pela Lei nº 9.974/2000.
138. Lei nº 7.802/89, art. 16.

18

ATMOSFERA E CLIMA

18.1 CONSIDERAÇÕES INICIAIS

Este capítulo tratará da atmosfera, um dos recursos objeto da tutela da Política Nacional do Meio Ambiente. Assim como os demais bens ambientais, possui regras sobre seu domínio, uso e sua proteção.

Há, porém, uma especificidade adicional que vem causando preocupação à comunidade internacional: o aquecimento global e as mudanças climáticas, que, embora tenham sua origem na atmosfera, causam efeitos em todos os outros recursos ambientais e ecossistemas: biodiversidade, águas internas e marítimas, florestas, solo.

Dessa forma, este capítulo abordará inicialmente da atmosfera, da mesma forma como foram tratados os demais recursos naturais nos capítulos anteriores e, em uma segunda etapa, abordará as questões relativas ao **aquecimento global** e às **mudanças climáticas**.

18.2 CONCEITO DE ATMOSFERA

A atmosfera, recurso ambiental definido na Lei nº 6.938/81, consiste em uma camada de gases que envolvem o planeta. É formada por gás nitrogênio – N2 – correspondendo a aproximadamente 77% do total; gás oxigênio – O2 –, equivalente a 21% do total – e dióxido de carbono – CO2 – em quantidade aproximada a 0,04% do total, além de outros gases.[1]

18.3 REGIME JURÍDICO DA ATMOSFERA

A defesa dos recursos naturais, a proteção do meio ambiente e o controle da poluição são objeto da competência legislativa concorrente entre União, Estados e Distrito Federal, estabelecida na Constituição,[2] o que implica que a atmosfera se insere nesse rol.

Não incide domínio sobre a atmosfera, o que faz com que a mesma se caracterize como uma *res nullius*, não pertencendo, portanto, a ninguém. Todavia, por constituir um recurso ambiental, assim considerado pela Política Nacional do Meio Ambiente,[3] é um bem de interesse difuso, sobre o qual incide o direito de todos, ensejando a obrigação do Poder Público e da sociedade de protegê-lo.

Com referência às competências materiais, cabe à União, aos Estados, ao Distrito Federal e aos Municípios proteger o meio ambiente e combater a poluição em qualquer de suas formas,[4] incluindo a atmosférica.

---

1. AMABIS, José Mariano; MARTHO, Gilberto Rodrigues. *Fundamentos da biologia moderna*. 2. ed. São Paulo: Moderna, 2001, p. 613.
2. CF/88, art. 24, VI.
3. Lei nº 6.938/81, art. 3º, V.
4. CF/88, art. 23, VI.

18.4 IMPORTÂNCIA E RISCOS

O ar é um bem fundamental aos seres vivos em seus processos respiratórios. A falta do ar pode ocasionar a morte em segundos. No caso dos vegetais, as moléculas do ar são elementos essenciais para a fotossíntese e respiração.

O lançamento de poluentes na atmosfera, em índices muito acima da capacidade natural de diluição e depuração, é fonte de doenças, prejudica a vida das pessoas e onera o sistema público de saúde.

O lançamento de poluentes afeta da mesma forma a saúde dos demais seres vivos e o meio ambiente. Na década de 1970, a cidade de Cubatão – SP, onde se localiza um polo petroquímico, foi considerada a mais poluída do mundo, com incidência de várias doenças na população, inclusive a anencefalia. O enxofre lançado na atmosfera, associado à alta pluviometria da região, propiciava a ocorrência contínua de chuva ácida, destruindo a vegetação da Mata Atlântica e pondo em risco a Serra do Mar que, sem cobertura vegetal em certos locais, tendia a desmoronar.

Esse quadro modificou-se, mas deve ser lembrado como um exemplo da negligência do Poder Público e dos empreendedores das atividades econômicas ali desenvolvidas em relação ao meio ambiente local, caracterizado por área de estuário, Mata Atlântica, Serra do Mar, manguezais e Zona Costeira. Somente a implantação da legislação ambiental, associada a um clamor da sociedade para que essa situação se revertesse, possibilitaram uma convivência razoável entre esse frágil espaço, a comunidade e as atividades industriais ali desenvolvidas.

18.5 QUALIDADE DO AR

A Resolução CONAMA nº 5, de 15-6-1989,[5] instituiu o Programa Nacional de Controle da Qualidade do Ar (PRONAR), com vistas a servir de *instrumento básico da gestão ambiental para proteção da saúde e bem-estar das populações e melhoria da qualidade de vida*.[6]

O objetivo desse programa, segundo o texto da Resolução, é *"permitir o desenvolvimento econômico e social do país de forma ambientalmente segura, pela limitação dos níveis de emissão de poluentes por fontes de poluição atmosférica, com vistas à melhoria na qualidade do ar, ao atendimento aos padrões estabelecidos e ao não comprometimento da qualidade do ar em áreas consideradas não degradadas"*.[7]

Em complementação à Resolução nº 5/89, a Resolução CONAMA nº 491, de 19-11-2018,[8] define *padrão de qualidade do ar* como *"um dos instrumentos de gestão da qualidade do ar, determinado como valor de concentração de um poluente específico na atmosfera, as-*

---

5. Complementada pelas Resoluções nº 03/90, nº 08/90, e nº 436/11. Itens 2.2.1 e 2.3 revogados pela Resolução CONAMA nº 491/2018.
6. Resolução CONAMA nº 5/89, art. 1º.
7. Resolução CONAMA nº 5/89, art. 1º.
8. Revogou a Resolução CONAMA nº 03/90 e os itens 2.2.1 e 2.3 da Resolução Conama nº 05/1989. A Resolução CONAMA 491/2018 implementou valores de qualidade do ar, que foram recomendados pela Organização Mundial da Saúde (OMS) em *"Air quality guidelines for particulate matter, ozone, nitrogen dioxide and sulfur dioxide: Global update 2005"*. Disponível em: <https://apps.who.int/iris/bitstream/handle/10665/69477/WHO_SDE_PHE_OEH_06.02_eng.pdf?sequence=1>. Acesso em: 9 mar. 2024.

sociado a um intervalo de tempo de exposição, para que o meio ambiente e a saúde da população sejam preservados em relação aos riscos de danos causados pela poluição atmosférica".[9]

Além disso, definiu *poluente atmosférico* como sendo *"qualquer forma de matéria em quantidade, concentração, tempo ou outras características, que tornem ou possam tornar o ar impróprio ou nocivo à saúde, inconveniente ao bem-estar público, danoso aos materiais, à fauna e flora ou prejudicial à segurança, ao uso e gozo da propriedade ou às atividades normais da comunidade".*[10] Essa definição deve ser compreendida complementarmente à estabelecida no art. 3º, III, da Lei nº 6.938/81, que conceitua genericamente a poluição.

A Resolução CONAMA nº 491/2018 estabelece, ainda, que os órgãos ambientais estaduais e distrital deverão elaborar, em até 3 anos a partir da entrada em vigor da Resolução, um Plano de Controle de Emissões Atmosféricas, considerando os Padrões de Qualidade definidos da Resolução, bem como as diretrizes contidas no PRONAR.[11] Além disso, o Plano de Controle de Emissões Atmosféricas deverá conter: 1. abrangência geográfica e regiões a serem priorizadas; 2. identificação das principais fontes de emissão e respectivos poluentes atmosféricos; e 3. diretrizes e ações com respectivos objetivos, metas e prazos de implementação.[12-13]

Merece atenção o fato de que, em 22-9-2021, a Organização Mundial da Saúde (OMS) publicou as novas Diretrizes Globais de Qualidade do Ar,[14] reiterando os danos que a poluição atmosférica causa na saúde humana e recomendando valores toleráveis de concentração de poluentes no ar ainda menores. No entanto, segundo relatório publicado por *IQ Air*[15] –primeiro grande relatório global de qualidade do ar baseado nessas novas diretrizes –, o mundo ultrapassou níveis aceitáveis de qualidade do ar em 2021.

18.6 POLUIÇÃO POR VEÍCULOS AUTOMOTORES

A Resolução CONAMA nº 18, de 6-5-1986,[16] considerando, entre outros fatores, que a emissão de poluentes por veículos automotores contribui para a contínua deterioração da qualidade do ar, especialmente nos centros urbanos, e que a utilização de tecnologias adequadas, de uso comprovado, permite atender às necessidades de controle da poluição, bem como de economia de combustível, instituiu, em caráter nacional, o Programa de Controle da Poluição do Ar por Veículos Automotores (PROCONVE), com os objetivos de:

---

9.   Resolução CONAMA nº 491/2018, art. 2º, II.
10. Resolução CONAMA nº 491/2018, art. 2º, I.
11. Resolução CONAMA Nº 491/2018, art. 5º, § 1º.
12. Resolução CONAMA Nº 491/2018, art. 5º, § 2º.
13. A validade da Resolução 491/2018 foi contestada pela Procuradoria-Geral da República (PGR). Em uma ação protocolada em 2019 (ADI 6148, número único 7000227-15.2019.1.00.0000), o órgão sustentou que a norma está defasada em relação aos padrões internacionais e não protege adequadamente o meio ambiente brasileiro dos efeitos da poluição. O STF decidiu que o Conselho Nacional do Meio Ambiente (Conama) deverá fazer uma nova resolução sobre os padrões de qualidade do ar, poia a atual é insuficiente para a proteção ao ar no país. Com a decisão, a Resolução 491/2018 continuará em vigor, mas o Conama terá prazo de 24 meses para atualizar as regras em relação aos padrões atuais da Organização Mundial da Saúde (OMS), editados em 2021.
14. WHO – World Health Organization. *WHO global air quality guidelines: particulate matter (PM2.5 and PM10), ozone, nitrogen dioxide, sulfur dioxide and carbon monoxide*. 2021. Disponível em: <https://apps.who.int/iris/handle/10665/345329>. Acesso em: 9 mar. 2024.
15. IQ AIR. *2021 World Quality Report – Region & City PM2.5 Ranking*. Disponível em: <https://www.iqair.com/us/world-air-quality-report>. Acesso em: 9 mar. 2024.
16. Complementada ou alterada pelas Resoluções CONAMA nºs 8/93, 16/93, 16/95, 282/01, 315/02, 354/04 e 414/09, que reestruturam a Comissão de Acompanhamento e Avaliação do PROCONVE-CAP em seus objetivos, competência, composição e funcionamento.

reduzir os níveis de emissão de poluentes por veículos automotores visando ao atendimento aos Padrões de Qualidade do Ar, especialmente nos centros urbanos;

promover o desenvolvimento tecnológico nacional, tanto na engenharia automobilística como em métodos e equipamentos para ensaios e medições da emissão de poluentes;

criar programas de inspeção e manutenção para veículos automotores em uso;

promover a conscientização da população com relação à questão da poluição do ar por veículos automotores;

estabelecer condições de avaliação dos resultados alcançados;

promover a melhoria das características técnicas dos combustíveis líquidos, postos à disposição da frota nacional de veículos automotores, visando à redução de emissões poluidoras da atmosfera.

A Lei nº 8.723, de 28-10-1993,[17] com vistas a reduzir os níveis de emissão de monóxido de carbono, óxido de nitrogênio, hidrocarbonetos, álcoois, aldeídos, fuligem, material particulado e outros compostos poluentes nos veículos comercializados no país, estabeleceu limites e prazos[18] para os fabricantes de motores, veículos automotores e combustíveis observarem no desenvolvimento de suas atividades.

A Resolução CONAMA nº 282, de 12-7-2001, estabelece os requisitos para os conversores catalíticos destinados à reposição. A Resolução CONAMA nº 291, de 25-10-2001, regulamenta os conjuntos para conversão de veículos para o uso do gás natural.

No que se refere às motocicletas, a Resolução CONAMA nº 297, de 26-2-2002,[19] estabelece os limites para emissões de gases poluentes por ciclomotores, motociclos e veículos similares novos.

Novas etapas do PROCONVE foram instituídas pela Resolução CONAMA nº 315, de 29-10-2002,[20] para serem atendidas nas homologações dos veículos automotores novos, nacionais e importados, leves e pesados, destinados exclusivamente ao mercado interno brasileiro, com os seguintes objetivos:[21]

reduzir os níveis de emissão de poluentes pelo escapamento e por evaporação, visando ao atendimento aos padrões nacionais de qualidade ambiental vigentes;

promover o desenvolvimento tecnológico nacional, tanto na engenharia de projeto e fabricação como em métodos e equipamentos para o controle de emissão de poluentes;

promover a adequação dos combustíveis automotivos comercializados, para que resultem em produtos menos agressivos ao meio ambiente e à saúde pública, e que permitam a adoção de tecnologias automotivas necessárias ao atendimento do exigido pela Resolução.

A Resolução CONAMA nº 403, de 11-11-2008,[22] estabeleceu novos limites máximos de emissão de poluentes para os motores do ciclo *diesel* destinados a veículos automotores pesados novos, nacionais e importados, denominada Fase P-7 do Programa de Controle da Poluição do Ar por Veículos Automotores (PROCONVE), com vigência a partir de 1º de janeiro de 2012.

---

17. Alterada pelas Leis nºs 10.203, de 22-2-2001, 10.464, de 24-5-2002, 10.696, de 2-7-2003, 12.490, de 16-9-2011, e 13.033, de 24-9-2014.
18. Lei nº 8.723/93, art. 1º.
19. Complementada pela Resolução nº 342/03 e Resolução nº 432/11.
20. Complementada pela Resolução nº 354/04.
21. Resolução CONAMA nº 315, art. 1º. Complementada pela Resolução nº 354, de 2004.
22. Complementada pela Resolução nº 415/09.

A Resolução CONAMA nº 415, de 24-9-2009, dispõe sobre nova fase (PROCONVE L6) de exigências do Programa de Controle da Poluição do Ar por Veículos Automotores (PROCONVE) para veículos automotores leves novos de uso rodoviário.

A Resolução CONAMA nº 418, de 25-11-2009,[23] estabelece critérios para a elaboração de Planos de Controle de Poluição Veicular (PCPV), para a implantação de Programas de Inspeção e Manutenção de Veículos em Uso (I/M) pelos órgãos estaduais e municipais de meio ambiente e determina novos limites de emissão e procedimentos para a avaliação do estado de manutenção de veículos em uso.

Em 14-07-2011, foram editadas duas resoluções complementares à Resolução CONAMA nº 297/2002. A Resolução CONAMA nº 432/2011 estabeleceu novas fases de controle de emissões de gases poluentes por ciclomotores, motociclos e veículos similares novos. Essas duas Resoluções CONAMA – 297/2002 e 432/2011– foram alteradas pela Resolução CONAMA 493, de 24-06-2019. Note-se que esta Resolução também estabelece a Fase PROMOT M5 de exigências do Programa de Controle da Poluição do Ar por Motociclos e Veículos similares (PROMOT) para controle de emissões de gases poluentes e de ruído por ciclomotores, motociclos. Já a Resolução CONAMA nº 433/2011 determinou a inclusão de máquinas agrícolas e rodoviárias novas no Programa de Controle da Poluição do Ar por Veículos Automotores (PROCONVE), fixando os limites máximos de emissão de ruídos.

A recente Resolução CONAMA nº 490, de 16-11-2018, estabeleceu novas exigências para o controle de emissões de gases poluentes e de ruídos para veículos automotores pesados novos. A resolução regulamenta a nova fase do PROCONVE – Fase P8 - e começará a ser aplicada em 2022, com o objetivo de limitar poluentes e ruídos dos novos veículos de uso rodoviário destinados ao transporte de passageiros (ônibus) e mercadorias (caminhões).

18.7 QUEIMA DE RESÍDUOS

A queima de resíduos, ao mesmo tempo em que é uma das formas de destinação final, pode provocar sérios danos ambientais. A Lei nº 12.305/10 proíbe expressamente a queima a céu aberto ou em recipientes, instalações e equipamentos não licenciados para essa finalidade, como forma de destinação ou disposição final de resíduos sólidos ou rejeitos.[24]

A Resolução CONAMA nº 316, de 29-10-2002,[25] nessa linha, estabelece normas sobre os procedimentos e critérios para o funcionamento de sistemas de tratamento térmico de resíduos, definidos como *"todo e qualquer processo cuja operação seja realizada acima da temperatura mínima de 800 graus Celsius".*[26]

Essa norma tem por objetivo disciplinar, entre outros, os processos de tratamento térmico de resíduos, estabelecendo procedimentos operacionais, limites de emissão e critérios de desempenho, controle, tratamento e disposição final de efluentes, de modo a minimizar os impactos ao meio ambiente e à saúde pública, resultantes destas atividades.[27]

---

23. Alterada pelas Resoluções nº 426/10, nº 435/11 e nº 451/12.
24. Lei nº 12.305/10, art. 47, III.
25. Alterada pela Resolução CONAMA nº 386/06.
26. Resolução CONAMA nº 316/02, art. 2º, III.
27. Resolução CONAMA nº 316/02, art. 1º.

18.8 CAMADA DE OZÔNIO

A camada de ozônio encontra-se a *cerca de 20 a 35 km da superfície da Terra*[28] e consiste em uma camada que protege a Terra dos raios ultravioleta, que no ser humano causa, entre outros males, o câncer de pele.

O clorofluorcarbono (CFC), considerado no passado uma substância inerte, foi largamente utilizado pela indústria, sobretudo como propelente em aerossóis e nos compressores de geladeiras. Mais tarde, descobriu-se que esse gás é o grande responsável pela destruição da camada de ozônio. Hoje, muitas regiões da Terra sofrem esses efeitos, como a Antártida e o sul do Brasil.

No plano internacional, com o objetivo de proteger a camada de ozônio mediante a adoção de medidas voltadas ao controle de modo equitativo das emissões globais de substâncias que a destroem, visando à sua eliminação a partir de desenvolvimentos no conhecimento científico, a Convenção de Viena para a Proteção da Camada de Ozônio foi realizada em 1985, e o Protocolo de Montreal sobre Substâncias que Destroem a Camada de Ozônio em 1987, com a participação do Brasil.

O Decreto Legislativo nº 91, de 15-12-1989, aprovou os textos da Convenção e do Protocolo, passando seu conteúdo a vigorar no país por meio do Decreto nº 99.280, de 6-6-1990.

O objetivo da Convenção de Viena e do Protocolo de Montreal consistia no compromisso para a completa eliminação do CFC até janeiro de 2010, entre outras medidas. Além do CFC, o Protocolo de Montreal tratou dos gases halônios, também prejudiciais à camada de ozônio. As emendas e alterações quanto a aspectos técnicos realizados no texto do Protocolo, na reunião realizada em Londres em 1990, foram adotadas pelo Decreto nº 181, de 24-7-1991.

Com base na necessidade da preservação da camada de ozônio da atmosfera, nos termos do Protocolo de Montreal, a Portaria nº 534 do Ministério da Saúde, de 19-9-1988, proibiu, em todo o território nacional, *"a fabricação e a comercialização de produtos cosméticos, de higiene, perfumes e saneantes domissanitários sob a forma de aerossóis que contenham propelentes à base de clorofluorcarbonos – CFC"*. A Portaria nº 647, de 30-6-1989 especificou as substâncias referidas na Portaria nº 534/88.

A Resolução CONAMA nº 267, de 14-9-2000,[29] que revogou as Resoluções nºs 13/95 e 229/97, proibiu o uso das substâncias especificadas nos Anexos A e B do Protocolo de Montreal, nocivas à camada de ozônio, exceto para casos de *usos essenciais*, como a utilização em medicamentos específicos e controle de incêndios na navegação aérea e marítima.[30]

18.9 INFRAÇÕES ADMINISTRATIVAS

O Decreto nº 6.514, de 22-7-2008, que dispõe sobre infrações e sanções administrativas ambientais, determina, em seu art. 58, que a infração de fazer uso de fogo em áreas

---

28. Ministério do Meio Ambiente. *A Camada de Ozônio*. Disponível em: <https://antigo.mma.gov.br/clima/protecao-da--camada-de-ozonio/a-camada-de-ozonio.html>. Acesso em: 9 mar. 2024.
29. Alterada pela Resolução nº 340/03.
30. Resolução CONAMA nº 267/00, art. 4º.

agropastoris sem autorização do órgão competente ou em desacordo com a obtida importa na aplicação da multa de R$ 1.000,00 por hectare ou fração.

O art. 61 estabelece que causar poluição de qualquer natureza em níveis tais que resultem ou possam resultar em danos à saúde humana, ou que provoquem a mortandade de animais ou a destruição significativa da biodiversidade, sujeita o infrator à multa de R$ 5.000,00 a R$ 50.000.000,00. Incorre nas mesmas multas quem causar poluição atmosférica que provoque a retirada, ainda que momentânea, dos habitantes das áreas afetadas, ou que provoque, de forma recorrente, significativo desconforto respiratório ou olfativo devidamente atestado pelo agente autuante.[31]

18.10 CRIMES CONTRA A ATMOSFERA

O art. 54 da Lei de Crimes Ambientais estabelece o crime de poluição, nos seguintes termos:

Causar poluição de qualquer natureza em níveis tais que resultem ou possam resultar em danos à saúde humana, ou que provoquem a mortandade de animais ou a destruição significativa da flora:

Pena – reclusão, de um a quatro anos, e multa.

Nos termos do § 1º, se o crime é culposo, a pena prevista é a detenção, de seis meses a um ano, e multa.

O § 2º desse dispositivo prevê que, se o crime causar poluição atmosférica que provoque a retirada, ainda que momentânea, dos habitantes das áreas afetadas, ou que cause danos diretos à saúde da população, ou lance resíduos gasosos, em desacordo com as exigências estabelecidas em leis ou regulamentos, a pena será de reclusão, de um a cinco anos, incorrendo nas mesmas penas previstas quem deixar de adotar, quando assim o exigir a autoridade competente, medidas de precaução em caso de risco de dano ambiental grave ou irreversível.

O art. 252 do Código Penal prevê o seguinte crime:

Expor a perigo a vida, a integridade física ou o patrimônio de outrem, usando de gás tóxico ou asfixiante, impondo-se a pena de reclusão, de um a quatro anos, e multa.

De acordo com o disposto no parágrafo único, se o crime é culposo, a pena é a detenção, de três meses a um ano.

18.11 AQUECIMENTO GLOBAL E MUDANÇAS CLIMÁTICAS

O nitrogênio e o oxigênio são os principais gases que compõem a atmosfera, mas há outros em menor porção, como o dióxido de carbono (CO_2), o ozônio (O_3), o metano (CH_4) e o óxido nitroso (N_2O), juntamente com o vapor d'água (H_2O), que formam na atmosfera uma camada que aprisiona parte do calor do Sol, garantindo que a temperatura média gire em torno de 15º C. Sem a presença desses gases, nosso planeta seria um ambiente gelado, com temperaturas médias abaixo de zero, o que implicaria um desenvolvimento reduzido da biodiversidade. Esse fenômeno é chamado de *efeito estufa*. Daí a denominação desses gases de Gases de Efeito Estufa (GEE). O efeito estufa é, portanto, um fenômeno natural.

---

31. Decreto nº 6.514/08, art. 62, II. (Redação dada pelo Decreto nº 6.686, de 10-12-2008).

Entretanto, a partir da Revolução Industrial e das consequentes mudanças no modo de vida, iniciou-se um ciclo de liberação intensiva de GEE na atmosfera. As florestas começaram a ser destruídas, para aproveitamento da madeira e uso da terra pela agricultura intensiva, atividades que são grandes responsáveis pela liberação de CO2, CH4 e N2O. Cresceram as atividades industriais e a utilização de veículos automotores, ambas dependentes de combustíveis fósseis e principais responsáveis pela liberação de CO2 e CH4. No Brasil, historicamente, a maior parcela das emissões de GEE é proveniente da mudança do uso da terra, como conversão de florestas para uso agropecuário. *Entretanto, observou-se uma redução significativa das emissões deste setor nos últimos anos, o que contribuiu com o aumento da participação relativa do setor Energia na emissão total de CO2 para o ano de 2010.*[32]

Esse aumento expressivo da emissão de GEE (comparado a períodos anteriores) e a consequente intensificação do efeito estufa têm levado a alterações relevantes no sistema climático.[33] O sistema climático é complexo e interativo, envolvendo desde atmosfera e superfície terrestre até os seres vivos.[34] Alterações em um ponto do planeta podem afetar o globo inteiro em razão da circulação da água dos oceanos e dos ventos.[35]

O aumento da temperatura média do planeta veio intensificar a ocorrência de vários eventos naturais como furacões e tempestades, além do aumento do nível do mar. As alterações estão atingindo um patamar que leva a comunidade internacional a afirmar que as mudanças climáticas são o desafio da atual geração. A título de exemplo, para a América Latina há a seguinte previsão:

> Ponto crítico da Amazônia: A floresta amazônica poderá mudar abruptamente para ecossistemas adaptados à seca e ao fogo, menos densos em carbono. [...]
>
> No século XXI, as magnitudes e taxas de mudança climática associadas a cenários de médias e altas emissões, implicam um alto risco de mudanças abruptas e irreversíveis no nível regional na composição, estrutura e função dos ecossistemas marinhos, terrestres e de água doce, incluindo zonas úmidas [...] incluem a degradação da floresta amazônica.[36] (tradução livre)

Como bem menciona Quoc Dinh em seu capítulo introdutório sobre o Direito Internacional do Meio Ambiente, o homem começou a produzir normas de conservação e uso sustentável dos recursos ambientais conforme os problemas foram ocorrendo ou surgindo, sem se dar conta de suas interconexões. Apenas mais recentemente, uma abordagem global das questões ambientais começou a ser adotada.[37]

---

32. BRASIL. Ministério da Ciência e Tecnologia. Coordenação-Geral de Mudanças Globais do Clima. *Terceira comunicação nacional do Brasil à Convenção-Quadro das Nações Unidas sobre Mudança do Clima*. Vol. III. Brasília, 2016, p. 42.

33. Nos termos da Convenção-Quadro sobre Mudanças Climáticas, art. 1, 2, 'Mudança do clima' significa uma mudança de clima que possa ser direta ou indiretamente atribuída à atividade humana que altere a composição da atmosfera mundial e que se some àquela provocada pela variabilidade climática natural observada ao longo de períodos comparáveis.

34. INTERGOVERNMENTAL PANEL ON CLIMATE CHANGE. *What factors determine Earth's Climate?* Disponível em: <https://archive.ipcc.ch/publications_and_data/ar4/wg1/en/faq-1-1.html>. Acesso em: 9 mar. 2024.

35. Exemplo interessante sobre este ponto é a demonstração de como a poeira do deserto do Saara pode influenciar as chuvas na Amazônia, apontado por um estudo que contou com um professor da Universidade de São Paulo. Disponível em: <http://www.inovacaotecnologica.com.br/noticias/noticia.php?artigo=poeira-saara-influencia-chuvas-floresta-amazonica&id=010125090603>. Acesso em: 9 mar. 2024.

36. INTERGOVERNMENTAL PANEL ON CLIMATE CHANGE. *Climate change 2014*: synthesis report, p. 28. Disponível em: <https://archive.ipcc.ch/pdf/assessment-report/ar5/syr/SYR_AR5_FINAL_full_wcover.pdf>. Acesso em: 9 mar. 2024. p. 75-79.

37. DINH, N. Q.; DAILLIER P.; PELLET, A. *Droit International Public*. 7. ed. Paris: LGDJ, 2002, p. 1300.

O aquecimento global e as mudanças climáticas são um exemplo essencial dessa interconexão que demanda tratamento global. A intensificação da liberação de Gases de Efeito Estufa na atmosfera está intimamente relacionada ao avanço do aquecimento global, o qual provoca mudanças na dinâmica dos ecossistemas, que, por sua vez, levam à redução da biodiversidade, mudança no regime das águas e degradação do solo, entre outros efeitos relevantes.

Os problemas causados pelas mudanças climáticas têm impacto sobre a população rural, especialmente dos países mais pobres, pois ela depende do regime de chuvas para a manutenção de seu cultivo, já que não existe o acesso à irrigação mecanizada; sobre a população urbana, em razão de enchentes e avanço do nível do mar, por exemplo; e também sobre o setor produtivo, que está adaptado às condições atuais, sem considerar o cenário futuro. E está cientificamente comprovado que as regiões mais pobres e menos desenvolvidas serão o maior alvo das mudanças climáticas.[38] Vale lembrar que essas questões, embora hoje estejam em destaque na mídia, já constituíam uma preocupação manifestada no Relatório Brundtland, documento preparatório da Conferência Rio/92.

18.11.1 IPCC

O Painel Intergovernamental sobre Mudanças Climatológicas – cuja sigla (IPCC) refere-se à versão inglesa, *Intergovernmental Panel on Climate Change* – foi criado em 1988, pelo Programa das Nações Unidas sobre Meio Ambiente e pela Organização Meteorológica Mundial (conhecida por WMO, também interligada ao sistema da ONU), diante da preocupação com três pontos principais: (1) disponibilização de informação científica sobre as mudanças climáticas, (2) impactos ambientais e socioeconômicos das mudanças climáticas e (3) formulação de estratégias. Os trabalhos desenvolvidos pelo IPCC influenciaram fortemente a criação da Convenção-Quadro das Nações Unidas sobre Mudança do Clima, bem como o posterior Protocolo de Kyoto[39] e, atualmente, auxiliam o órgão técnico da Convenção.

Trata-se de um órgão científico intergovernamental constituído por um grupo de pesquisadores que analisa e avalia informações científicas, técnicas e socioeconômicas do mundo todo que sejam relevantes para a compreensão das mudanças climáticas. Desse trabalho resultam relatórios especiais, relatórios de metodologia, documentos técnicos e a construção de previsões que incluam futuras mudanças climáticas antropogênicas, forças motrizes subjacentes e opções de resposta.[40]

O relatório de avaliação publicado em 2014 demonstrou que há 95% de certeza científica de que o aquecimento global é causado pelas ações humanas.[41]

---

38. INTERGOVERNMENTAL PANEL ON CLIMATE CHANGE. *Climate change 2014*: synthesis report, p. 54. Disponível em: <https://archive.ipcc.ch/pdf/assessment-report/ar5/syr/SYR_AR5_FINAL_full_wcover.pdf>. Acesso em: 9 mar. 2024.
39. INTERGOVERNMENTAL PANEL ON CLIMATE CHANGE. *16 Years of Scientific Assessment in Support of the Climate Convention*. Dezembro de 2004. Disponível em: <https://www.ipcc.ch/site/assets/uploads/2019/03/16th-anniversary-brochure.pdf>. Acesso em: 9 mar. 2024.
40. INTERGOVERNMENTAL PANEL ON CLIMATE CHANGE. *Activities*. Disponível em: <https://www.ipcc.ch/activities/>. Acesso em: 9 mar. 2024.
41. INTERGOVERNMENTAL PANEL ON CLIMATE CHANGE. *Climate Change 2014*: synthesis report. p. V. Disponível em: <https://archive.ipcc.ch/pdf/assessment-report/ar5/syr/SYR_AR5_FINAL_full_wcover.pdf>. Acesso em: 9 mar. 2024.

A cada novo relatório, o IPCC apresenta a dimensão atualizada da crise climática e propõe ações urgentes para enfrentamento. O relatório AR6 WGIII [42], publicado em abril de 2022, aponta que "as emissões globais de GEE atingirão o pico entre 2020 e, o mais tardar, antes de 2025, em vias globais modeladas que limitam o aquecimento a 1,5°C (> 50%) sem excesso ou limitado, e naquelas que limitam o aquecimento a 2°C (> 67%)".[43] Assevera ainda que as emissões de GEE devem aumentar além de 2025, se não forem fortalecidas políticas além daquelas implementadas até o final de 2020.

A fim de que governos, empresas e sociedade consigam mitigar os efeitos das mudanças climáticas, esse relatório do IPCC apresenta as seguintes diretrizes:

Expandir o uso de energia limpa: toda a geração de eletricidade deve ser de baixo carbono até 2050, com as redes sendo alimentadas principalmente por fontes renováveis;

Descarbonizar a indústria: inovar para melhorar a eficiência energética, reduzir a demanda de materiais em geral (economia circular), implementar tecnologias de captura e armazenamento de carbono e fazer a transição para processos de baixo carbono;

Incentivar construções verdes: promover construções zero carbono, com aquecimento elétrico, eletrodomésticos e iluminação mais eficientes e uso circular de materiais, além de adaptar construções antigas para que tenham essas tecnologias;

Redesenhar as cidades para viabilizar o transporte de zero e baixo carbono: investir em cidades mais compactas e com opções de eletromobilidade, alternativas de biocombustíveis ou combustíveis sintéticos;

Conservar a natureza e melhorar os sistemas alimentares: proteger e restaurar os ecossistemas e aprimorar práticas de manejo sustentável para reduzir as emissões na produção de alimentos, diminuir o desperdício e fomentar a transição para dietas mais sustentáveis.[44]

18.12 CONVENÇÃO-QUADRO SOBRE MUDANÇA DO CLIMA

A Convenção-Quadro sobre Mudança do Clima foi adotada durante a Conferência do Rio de Janeiro sobre Meio Ambiente e Desenvolvimento em 1992 e promulgada no Brasil pelo Decreto Federal nº 2.652, de 01-07-1998. Seu principal objetivo é estabilizar as concentrações de GEE (incluindo itens não controlados pelo Protocolo de Montreal) na atmosfera de modo a evitar consequências danosas ao sistema climático.[45] Os princípios básicos da convenção são o desenvolvimento sustentável; a responsabilidade comum, porém diferenciada;[46] e a precaução.[47]

---

42. INTERGOVERNMENTAL PANEL ON CLIMATE CHANGE. *Climate Change 2022:* Mitigation of Climate Change. Summary for Policymakers. Disponível em: <https://www.ipcc.ch/report/ar6/wg3/downloads/report/IPCC_AR6_WGIII_SPM.pdf>. Acesso em: 9 mar. 2024.

43. INTERGOVERNMENTAL PANEL ON CLIMATE CHANGE. *Climate Change 2022:* Mitigation of Climate Change. Summary for Policymakers. p. 21. Disponível em: <https://www.ipcc.ch/report/ar6/wg3/downloads/report/IPCC_AR6_WGIII_SPM.pdf>. Acesso em: 9 mar. 2024.

44. MATTAR, Hélio. O papel do indivíduo na mitigação da crise climática. **Folha de São Paulo**. Ano 102, n. 34.054, 31/05/2022. Colunas e Blogs. São Paulo. Disponível em: <https://www1.folha.uol.com.br/colunas/helio-mattar/2022/05/o-papel-do-individuo-na-mitigacao-da-crise-climatica.shtml>. Acesso em: 9 mar. 2024.

45. Convenção-Quadro das Nações Unidas sobre Mudanças Climáticas, art. 2.

46. Ao adotar esse princípio, a Convenção considerou que os países em desenvolvimento devem também contribuir para a redução das emissões de GEE, porém na medida das suas possibilidades, pois é conhecido que tais países enfrentam mais dificuldades que os países desenvolvidos e dispõem de menos recursos.

47. Convenção-Quadro das Nações Unidas sobre Mudança do Clima, art. 3.

Por constituir uma convenção-quadro, não continha o detalhamento necessário para assegurar uma efetiva diminuição na emissão dos gases de efeito estufa. Assim, os Estados apenas assumiram compromissos genéricos, dos quais se destacam:

Apresentar inventários nacionais de emissões antropogênicas de GEE;[48]

Implementar medidas de mitigação e adaptação às mudanças climáticas;[49]

Desenvolver e aplicar práticas e processos que controlam, reduzem ou previnem emissões em todos os setores relevantes, incluindo energia, transporte, indústria, agricultura, florestamento e gestão de resíduos;[50]

Preservar reservatórios naturais de GEE, como biomassa, florestas e oceanos;[51]

Apresentar comunicações à Conferência das Partes contendo informações sobre a implementação da Convenção.

Seguindo a aplicação do princípio da responsabilidade comum, porém diferenciada, os países desenvolvidos e outros países parte da Convenção relacionados nos Anexos I e II assumiram compromissos adicionais,[52] principalmente fazer com que suas emissões antropogênicas de GEE retornassem aos níveis em que estavam em 1990.

Embora os países em desenvolvimento tenham se comprometido menos no âmbito da Convenção, sua participação nas negociações e a progressiva assunção de obrigações mais restritivas são extremamente relevantes no cenário internacional, pois grande parte desses países apresenta uma alta taxa de crescimento urbano e industrial combinada com falta de estrutura normativa e administrativa para lidar com as consequências (como é o caso do Brasil).

Note-se que há uma clara divisão entre países em desenvolvimento e países desenvolvidos. Os primeiros alegam que os desenvolvidos, depois de terem devastado a natureza para garantir sua posição de hegemonia econômica, pretendem que, neste novo cenário, os países em desenvolvimento sacrifiquem seu crescimento econômico em nome da comunidade internacional. Assim, discute-se incessantemente quem vai pagar essa conta.

Tal discurso, no entanto, perde consistência quando se verifica que diversos estudos comprovam que adotar medidas preventivas, como reduzir as emissões de GEE, são muito mais benéficas e menos custosas do que adotar medidas futuras de reparação.[53]

Os entraves na regulação e no controle das mudanças climáticas estão relacionados, portanto, à própria estrutura da sociedade atual. Reduzir emissões de GEE implica reverter nossa dependência dos derivados do petróleo e, certamente, afeta interesses de grandes corporações. Implica ainda rever o conceito de uso intensivo da terra, o consumo exagerado de energia e de materiais e, sobretudo, investir intensivamente em novas tecnologias.

Planos e políticas sobre mudanças climáticas eficientes devem articular-se com outras políticas, como de resíduos sólidos e biodiversidade, envolvendo os mais diversos atores sociais, como consumidores, pequenos produtores e grandes corporações. Isso explica

---

48. Convenção-Quadro das Nações Unidas sobre Mudança do Clima, art. 4,1(a).
49. Convenção-Quadro das Nações Unidas sobre Mudança do Clima, art. 4,1(b).
50. Convenção-Quadro das Nações Unidas sobre Mudança do Clima, art. 4,1(c).
51. Convenção-Quadro das Nações Unidas sobre Mudança do Clima, art. 4,1(d).
52. Convenção-Quadro das Nações Unidas sobre Mudança do Clima, art. 4, itens 2 a 5.
53. Programa das Nações Unidas para o Meio Ambiente (PNUD). *Global Environment Outlook 5: Environment for the future we want (GEO-5)*, 2012.

as dificuldades em se adotarem regulações para as mudanças climáticas e em alcançar um acordo sobre a questão, muito embora os problemas estejam avançando rapidamente.

Assim, é possível afirmar que o Brasil deu um grande e exemplar passo ao assumir, em sua Política Nacional de Mudança do Clima um compromisso voluntário de redução e limitação das emissões de GEE. Releva apontar que o Brasil ocupou um papel de destaque desde 1992 nas negociações multilaterais de desenvolvimento sustentável, principalmente sobre mudanças climáticas. A permanência do país como referência na pauta será objeto de destaque nacional e internacionalmente nos próximos anos, especialmente em relação ao cumprimento das metas assumidas no Acordo de Paris, como será visto neste capítulo.

18.13 PROTOCOLO DE KYOTO: ANTES E DEPOIS DE 2012

Assim como a Convenção sobre Diversidade Biológica, a Convenção-Quadro sobre Mudança do Clima adotou a técnica da evolução normativa gradual. Desse modo, medidas mais específicas ficaram a cargo das partes, que as discutem durante as Conferências das Partes.[54]

Após discussões que foram iniciadas logo na 1ª Conferência das Partes em 1995, adotou-se o primeiro protocolo na 3ª Conferência (1997), o Protocolo de Kyoto, que foi promulgado no Brasil pelo Decreto Federal nº 5.445, de 12-5-2005. Nesse Protocolo foram detalhadas as obrigações dos países desenvolvidos e reafirmados os compromissos assumidos pelos países em desenvolvimento, quando da assinatura da Convenção. Foram também adotados mecanismos de flexibilização para auxiliar o seu cumprimento.

Aos países desenvolvidos e outros países incluídos no Anexo I da Convenção coube a meta[55] de reduzir, entre 2008 e 2012, as emissões de gases causadores de GEE em pelo menos 5% em relação aos níveis apresentados em 1990.

Coube ao próprio Estado definir como proceder internamente para a redução, sendo que o Protocolo apenas ofereceu um rol exemplificativo de medidas e setores de mitigação, tais como: (1) eficiência energética, (2) práticas sustentáveis de manejo florestal, florestamento e reflorestamento e (3) pesquisa, promoção, desenvolvimento e aumento do uso de formas novas e renováveis de energia.[56]

Os *mecanismos de flexibilização* previstos no Protocolo são os seguintes:

Implementação conjunta: os países do Anexo I podem transferir para ou adquirir de qualquer outro desses países unidades de redução de emissões resultantes de projetos visando à redução das emissões antrópicas por fontes ou o aumento das remoções antrópicas por sumidouros de gases de efeito estufa;[57]

Comércio de emissões:[58] os países do Anexo B do Protocolo podem negociar entre si parte das suas permissões de emissões;[59]

---

54. Convenção-Quadro das Nações Unidas sobre Mudança do Clima, arts. 7 e 17.
55. Nos termos do Protocolo de Quioto à Convenção-Quadro das Nações Unidas sobre Mudança do Clima, art. 3º, as metas são denominadas "compromissos quantificados de limitação e redução de emissões".
56. Protocolo de Quioto à Convenção-Quadro das Nações Unidas sobre Mudança do Clima, art. 2 (1.a).
57. Protocolo de Quioto à Convenção-Quadro das Nações Unidas sobre Mudança do Clima, art. 6 (1).
58. Cabe mencionar aqui que a Lei nº 12.651/12, art. 3º, inciso XXVII, definiu crédito de carbono como *título de direito sobre bem intangível e incorpóreo transacionável*.
59. Protocolo de Quioto à Convenção-Quadro das Nações Unidas sobre Mudança do Clima, art. 17.

Mecanismo de Desenvolvimento Limpo (MDL): seu objetivo principal é assistir às Partes incluídas no Anexo I da Convenção para que cumpram suas metas de limitação e redução de emissões promovendo atividades de projetos que resultem em reduções certificadas de emissões nos países em desenvolvimento (partes que não constam no Anexo I).[60]

O Brasil, como país em desenvolvimento, participou somente deste último mecanismo de flexibilização.

Conforme previsto nessa primeira fase, o Protocolo de Kyoto estabeleceria reduções nas emissões de gases causadores de GEE até 2012. Para evitar a extinção dos compromissos assumidos com o Protocolo, em dezembro de 2011 foi realizada a 17ª Conferência da ONU sobre Mudanças Climáticas (COP-17), em Durban, que estabeleceu um segundo período de compromissos para dar continuidade aos objetivos do Protocolo de Kyoto, evitando um retrocesso na questão das mudanças climáticas.

Os acordos para definir o escopo e o prazo de tais compromissos seriam estabelecidos no final de 2012, em Doha, Catar, na 18ª Conferência da ONU sobre Mudanças Climáticas (COP-18), que reuniu 194 países, e onde foi aprovada a prorrogação do período de validade do Protocolo de Kyoto até 2020, embora Japão, Rússia, Canadá e Nova Zelândia tenham se desvinculado do acordo.

Apesar da prorrogação do documento, a partir da COP 19, realizada em 2013 na cidade de Varsóvia, Polônia, passou-se a discutir a substituição do Protocolo de Kyoto, por outro acordo que melhor equacionasse a questão. De fato, o principal objetivo da COP 19 foi iniciar o planejamento do novo tratado para substituir o Protocolo de Kyoto,[61] dessa vez corrigindo impasses como, por exemplo, o princípio de diferenciação das responsabilidades entre países desenvolvidos e em desenvolvimento. Esse novo documento, cujo rascunho foi aprovado na COP 20, em 2014, na cidade de Lima, Peru, constituiu a base para a criação de um plano mundial firmado em 2015, na COP 21 em Paris.[62]

Paralelamente a isso, os Estados Unidos e a China, países não signatários do Protocolo de Kyoto, assinaram no final de 2014, em Pequim, um acordo com ações também voltadas para combater as mudanças climáticas, que inclui reduções de suas emissões de gases do efeito estufa na atmosfera. Essa foi uma importante iniciativa e constituiu o primeiro anúncio de corte das emissões de gases poluentes por parte da China. O acordo, que foi negociado durante meses pelos dois países, pretende promover um pacto em nível global, aumentando as expectativas para a COP 21.[63]

18.14 O ACORDO DE PARIS

Entre novembro e dezembro de 2015, foi realizada a COP-21, em Paris. A conferência resultou na aprovação por 195 países Parte do "Acordo de Paris", cujo objetivo é fortalecer

---

60. Protocolo de Quioto à Convenção-Quadro das Nações Unidas sobre Mudança do Clima, art. 12.
61. G1. COP 19 decide que países preparem contribuições para cortar emissões. Disponível em: <http://g1.globo.com/natureza/noticia/2013/11/paises-reunidos-na-cop-19-aprovam-acordo-para-frear-mudanca-do-clima.html>. Acesso em: 9 mar. 2024.
62. G1. Países ricos cedem e COP 20 aprova "rascunho zero" de acordo climático. Disponível em: <http://g1.globo.com/natureza/noticia/2014/12/paises-reunidos-na-cop-20-aprovam-rascunho-zero-de-acordo-climatico.html>. Acesso em: 9 mar. 2024.
63. G1. EUA e China anunciam acordo para reduzir emissão de gases poluentes. Disponível em: <http://g1.globo.com/natureza/noticia/2014/11/eua-e-china-anunciam-acordo-para-reduzir-emissao-de-gases-poluentes.html>. Acesso em: 9 mar. 2024.

a resposta global à ameaça da mudança do clima, no contexto do desenvolvimento sustentável e dos esforços para erradicar a pobreza. [64] O acordo reforça os princípios da igualdade, das responsabilidades comuns porém diferenciadas, das respectivas capacidades, e das diferentes circunstâncias nacionais na implementação das seguintes metas:

> Manter o aumento da temperatura média global bem abaixo dos 2°C acima dos níveis pré-industriais e buscar esforços para limitar o aumento da temperatura a 1,5 °C acima dos níveis pré-industriais, reconhecendo que isso reduziria significativamente os riscos e impactos das mudanças climáticas;

> Aumentar a capacidade de adaptar-se aos impactos adversos das mudanças climáticas e fomentar a resiliência ao clima e o desenvolvimento de baixas emissões de gases de efeito estufa, de uma forma que não ameace a produção de alimentos;

> Promover fluxos financeiros consistentes com um caminho de baixas emissões de gases de efeito estufa e de desenvolvimento resiliente ao clima.[65]

O Acordo de Paris entrou em vigor em 04-11-2016, ao ser ratificado por 95 países, ultrapassando o limite de pelo menos 55 países responsáveis por 55% das emissões de GEE, previsto como condição para a vigência. A rápida entrada em vigor do novo Acordo surpreendeu positivamente, tendo em vista os oito anos que se passaram entre a aprovação do Protocolo de Kyoto (1997) e sua entrada em vigor (2005). Nesse novo acordo, os governos se comprometeram com a construção de seus próprios compromissos de redução de emissão de GEE, a partir das chamadas Pretendidas Contribuições Nacionalmente Determinadas (NDC, em inglês).

> A mudança do paradigma político foi a principal inovação e o grande trunfo do Acordo de Paris, em relação ao seu antecessor, o Protocolo de Quioto. Conforme explica MARCOVITCH (2016), desde a COP-20, em Lima, no Peru, foi substituída a habitual estratégia de repetir modelos anteriores – que fracassou em Copenhague. Ao contrário do sistema *top-down*, adotado em Quioto, que impunha obrigações de cima para baixo aos governos e desconsiderava autonomias nacionais, em Paris prevaleceu a lógica *bottom-up*, que converteu "intenções voluntárias" em "metas assumidas" pelos governos.[66]

O Brasil, após a aprovação pelo Congresso Nacional, concluiu em 12-09-2016 o processo de ratificação. Com a ratificação, o País assumiu como objetivo cortar as emissões de gases de efeito estufa em 37% até 2025, com o indicativo de redução de 43% até 2030 – ambos em comparação aos níveis de 2005.[67] Para isso, o país se comprometeu a aumentar a participação de bioenergia sustentável na sua matriz energética para aproximadamente 18% até 2030, restaurar e reflorestar 12 milhões de hectares de florestas, bem como alcançar uma participação estimada de 45% de energias renováveis na composição da matriz energética em 2030.[68]

A COP-22, realizada em Marrakesh (Marrocos) em novembro de 2016, logo após a entrada em vigor do Acordo de Paris, teve como principal objetivo o avanço na imple-

---

64. MINISTÉRIO DO MEIO AMBIENTE. *Acordo de Paris*. Disponível em: <https://antigo.mma.gov.br/clima/convencao-das--nacoes-unidas/acordo-de-paris>. Acesso em: 9 mar. 2024.
65. Acordo de Paris, art. 2 (1, a, b, c).
66. SANTOS, André de Castro dos. *Os acordos internacionais sobre mudanças climáticas frente ao desenvolvimento do setor elétrico no Brasil*. Dissertação (Mestrado em Direito) - Faculdade de Direito, Universidade de São Paulo, 2018. p. 82.
67. MINISTÉRIO DO MEIO AMBIENTE. *Acordo de Paris*. Disponível em: <https://antigo.mma.gov.br/clima/convencao-das--nacoes-unidas/acordo-de-paris>. Acesso em: 9 mar. 2024.
68. MINISTÉRIO DO MEIO AMBIENTE. *Acordo de Paris*. Disponível em: <http://www.mma.gov.br/clima/convenco-das-na-coes-unidas/acordo-de-paris>. Acesso em: 9 mar 2024. Para mais informações sobre as metas assumidas pelo Brasil, acessar "Pretendida Contribuição Nacionalmente Determinada para Consecução do Objetivo da Convenção-Quadro das Nações Unidas sobre Mudança do Clima": <https://www.gov.br/mre/pt-br/arquivos/documentos/clima/brasil--indc-portugues.pdf>. Acesso em: 9 mar. 2024.

mentação do Acordo. Durante o encontro, os países desenvolvidos também reafirmaram a meta de mobilizar 100 bilhões de dólares por ano para ajudar no financiamento de projetos climáticos, melhorar a capacidade e a tecnologia no mundo inteiro.[69]

Realizada em Bonn, na Alemanha, a Conferência das Nações Unidas sobre Mudanças Climáticas (COP-23), seguiu o processo de implementação do Acordo, com a apresentação de medidas como uma aliança de mais de 20 países – incluindo Canadá, Finlândia, França, México e Reino Unido – pela eliminação do carvão como fonte de energia tradicional, bem como pela inclusão de uma moratória para que não seja construída mais nenhuma usina de energia de carvão. Além disso, foi criada a aliança denominada 'Plataforma Biofuturo' na qual 19 países – incluindo Brasil, China, Egito, França, Índia, Marrocos e Moçambique – pretendem desenvolver metas para biocombustíveis e um plano de ação para alcançá-las.[70]

De acordo com Ana Maria Nusdeo, ainda é difícil antever o funcionamento dos mecanismos de redução de GEE previstos no Acordo de Paris, uma vez que será necessário estabelecer quantificações das metas previstas pelos países nos NDC, para que, por exemplo, as transferências de mitigação sejam viáveis.[71]

Atualmente, 184 países Parte ratificaram o Acordo de Paris, inclusive a China e os Estados[72] Unidos.[73] Nos termos do acordo, a COP compromete-se com a realização periódica do balanço global da implementação do Acordo de Paris. O primeiro balanço global ocorrerá em 2023 e de cinco em cinco anos daí em diante.[74]

Em 2021, ocorreu a 26ª Conferência das Nações Unidas sobre Mudanças Climáticas (COP26), em Glasgow, na Escócia.[75] Alertou-se para a urgência de planos mais ousados para a meta de limitar o aquecimento global em até 1,5 ºC. e encurtamento de prazo para enfrentar as mudanças climáticas, entendidas como emergência global.[76] O Governo Brasileiro anunciou um aumento da meta de reduzir as emissões de carbono de 43% para 50% até 2030 e a neutralização das emissões de carbono até 2050.[77] Para tanto, o Ministério do Meio Ambiente apresentou as seguintes diretrizes para a agenda estratégica voltada à neutralidade climática:

Zerar o desmatamento ilegal até 2028: 15% por ano até 2024, 40% em 2025 e 2026, e 50% em 2027, comparando com o ano de 2022;

---

69. ONU. Em declaração final da COP22, países prometem avançar na implementação do Acordo de Paris. Disponível em: <https://brasil.un.org/pt-br/74994-em-declaracao-final-da-cop22-paises-prometem-avancar-na-implementacao-do-acordo-de-paris>. Acesso em: 9 mar. 2024.

70. ONU. Conferência da ONU é encerrada com 'urgência renovada' contra mudanças climáticas. Disponível em: <https://brasil.un.org/pt-br/78295-conferencia-da-onu-e-encerrada-com-urgencia-renovada-contra-mudancas-climaticas>. Acesso em: 9 mar. 2024.

71. NUSDEO, Ana Maria de Oliveira. Direito ambiental & economia. Curitiba: Juruá, 2018. p. 190.

72. O presidente dos Estados Unidos, Donald Trump, declarou à imprensa, em 2017, que os Estados Unidos sairiam do Acordo. Todavia, sob o aspecto legal, essa saída somente poderá se formalizar em novembro de 2020.

73. UNFCCC. Paris Agreement - Status of Ratification. Disponível em: <https://unfccc.int/process/the-paris-agreement/status-of-ratification>. Acesso em:27 jun. 2022.

74. Acordo de Paris, art. 14 (1).

75. Com atraso de um ano por conta da Pandemia do COVID-19.

76. NAÇÕES UNIDAS BRASIL. Guia para a COP26: O que é preciso saber sobre o maior evento climático do mundo. Disponível em: <https://brasil.un.org/pt-br/156377-guia-para-cop26-o-que-e-preciso-saber-sobre-o-maior-evento-climatico-do-mundo>. Acesso em: 27 jun. 2022.

77. GOVERNO DO BRASIL. Brasil se compromete a reduzir emissões de carbono em 50%, até 2030. Disponível em: <https://www.gov.br/casacivil/pt-br/assuntos/noticias/2021/novembro/brasil-se-compromete-a-reduzir-emissoes-de-carbono-em-50-ate-2030>. Acesso em: 27 jun. 2022.

Restaurar e reflorestar 18 milhões de hectares de florestas até 2030;

Alcançar, em 2030, a participação de 45% a 50% das energias renováveis na composição da matriz energética;

Recuperar 30 milhões de hectares de pastagens degradadas;

Incentivar a ampliação da malha ferroviária.[78]

A Conferência do Clima do Egito (COP 27) teve resultados importantes, mas foram postergados tópicos urgentes. Cabe destacar, como um avanço, a criação de um fundo de perdas e danos, que beneficia os países mais vulneráveis, mais impactados pelos desastres climáticos. Com o Plano de Implementação de Sharm Al-Sheik, reconheceu-se que os países que mais contribuíram para a mudança do clima devem se responsabilizar por isso.

No que se refere a perdas e danos, cabe mencionar a operacionalização da Rede de Santiago, criada na COP 25, em Madri, com o objetivo de prover assistência técnica e transferência de tecnologia para apoiar os países mais vulneráveis no enfrentamento as emergências climáticas.

Em relação à agenda de Adaptação Climática, foi criada uma estrutura para o alcance da meta global de adaptação. Na agenda de Mitigação também há avanços importantes a serem considerados com o estabelecimento de um programa de trabalho com o objetivo de acelerar a implementação de medidas de mitigação.

O Plano de Implementação de Sharm Al Sheik reconheceu a urgência em garantir a segurança alimentar e o combate à fome, uma vez que os sistemas agrícolas são fortemente impactados pelas mudanças climáticas, tema relacionado com florestas e agricultura. O plano inclui o pagamento por serviços ambientais, conservação e proteção dos sistemas de água doce, além de reconhecer as sinergias entre as agendas de biodiversidade e clima. Reforça, ainda, a necessidade do incentivo à transição para uma economia de baixo carbono e o uso de energias renováveis.

Ao final, o texto reafirma o objetivo de conter o aquecimento global em 1,5°C, a necessidade de medidas rápidas e profundos cortes nas emissões dos gases do efeito estufa. Ressalta-se que não houve nenhuma mudança em relação ao uso de combustíveis fósseis ou processos de descarbonização, deixando o chamado, feito em Glasgow, sem resposta.

Já em relação ao mercado de carbono, o Artigo 6 trouxe alguns avanços e segue debatendo mecanismos que sejam determinantes para os critérios de adicionalidade e integridade, incluindo estabelecimento de disposições para abordar o monitoramento, permanência e reversões liberadas na atmosfera.

Na 28ª Conferência do Clima da ONU (COP 28), realizada em Dubai, nos Emirados Árabes, ocorreu uma avanço, no que se refere às emissões de carbono. Cerca de 200 países, por meio do "Consenso dos Emirados Árabes Unidos", concordaram em eliminar gradualmente os combustíveis fósseis de suas matrizes energéticas, porém com ressalvas. Evidentemente, o tema é polêmico e os interesses de grandes empresas de petróleo tendem a dificultar os acordos. Todavia, trata-se de uma questão de sobreviv6encia da vida no planeta, como a conhecemos.

---

78. GOVERNO DO BRASIL. *Brasil se compromete a reduzir emissões de carbono em 50%, até 2030.* Disponível em: <https://www.gov.br/casacivil/pt-br/assuntos/noticias/2021/novembro/brasil-se-compromete-a-reduzir-emissoes-de-carbono-em-50-ate-2030>. Acesso em: 9 mar. 2024.

Nesse sentido, destaca-se a menção explícita à necessidade de considerar, como parâmetros para os acordos, a ciência, o compromisso de triplicar as energias renováveis e duplicar a eficiência energética até 2030, além de criar uma nova arquitetura para o financiamento climático.

O "Consenso dos Emirados Árabes" também definiu que cabe primeiramente aos países ricos buscar a meta de zero emissões. Embora ainda não haja a clareza necessária para o cumprimento do acordo, trata-se de um importante avanço na busca do alcance das metas do Acordo de Paris, de 2015.

18.15 ADAPTAÇÃO E MITIGAÇÃO DAS MUDANÇAS CLIMÁTICAS NO BRASIL E A POLÍTICA NACIONAL SOBRE MUDANÇA DO CLIMA

O Brasil tem aumentado gradualmente seu comprometimento com a redução de emissões e aparelhado o Estado para cumprir as obrigações assumidas na Convenção.

Inicialmente, foi criada em 1994, no âmbito da Comissão Interministerial para o Desenvolvimento Sustentável, a Coordenação-Geral de Mudanças Globais do Clima, que ficou sob responsabilidade do Ministério da Ciência e Tecnologia,[79] atual Ministério da Ciência, Tecnologia, Inovações e Comunicações. Após a assinatura do Protocolo de Kyoto, surgiu a necessidade de se coordenarem as ações no âmbito federal e de apontar uma Autoridade Nacional responsável pelos procedimentos relativos ao MDL. Assim, foi criada a Comissão Interministerial de Mudança Global do Clima,[80] passando a Coordenação-Geral de Mudanças Globais do Clima a exercer a função de Secretaria Executiva da Comissão Interministerial.

As principais funções da Comissão eram:

Emitir parecer sobre proposta de políticas setoriais, instrumentos legais e normas que contenham componente relevante para a mitigação da mudança global do clima e para adaptação do país aos seus impactos;[81]

Fornecer subsídios às posições do Governo nas negociações no âmbito da Convenção-Quadro sobre Mudanças Climáticas;[82]

Definir critérios de elegibilidade adicionais para projetos de MDL conforme estratégias nacionais de desenvolvimento sustentável;[83]

Apreciar pareceres sobre projetos que resultem em redução de emissões e que sejam considerados elegíveis para o MDL e aprová-los, se for o caso;[84]

Realizar articulação com entidades representativas da sociedade civil.[85]

Posteriormente, o MCT adotou o Plano de Ação de Ciência, Tecnologia e Inovação para o Desenvolvimento Nacional (PACTI 2007-2010), cujo eixo estratégico *Pesquisa, Desenvolvimento e Inovação em Áreas Estratégicas* contém o Programa Nacional de Mudanças Climáticas. Seu objetivo foi "*expandir a capacidade científica, tecnológica e institucional*

---

79. Decreto nº 1.160, de 21-6-1994, art. 4º, II, revogado.
80. Decreto não numerado de 7-7-1999. Revogado pelo Decreto nº 10.223, de 5-2-2020.
81. Decreto não numerado de 7-7-1999, art. 3º, I. Revogado pelo Decreto nº 10.223, de 5-2-2020.
82. Decreto não numerado de 7-7-1999, art. 3º, II. Revogado pelo Decreto nº 10.223, de 5-2-2020.
83. Decreto não numerado de 7-7-1999, art. 3º, III. Revogado pelo Decreto nº 10.223, de 5-2-2020.
84. Decreto não numerado de 7-7-1999, art. 3º, IV. A Comissão é, portanto, a Autoridade Nacional Designada para aprovação de projetos de MDL no Brasil.
85. Decreto não numerado de 7-7-1999, art. 3º, V.

do Brasil na área de mudança global do clima, de forma a ampliar o conhecimento sobre a questão, identificar os impactos sobre o país, e subsidiar políticas públicas de enfrentamento do problema nos planos nacional e internacional".[86]

O Decreto 11.550, de 5-6-2023, norma em vigor sobre a matéria, dispõe que o Comitê Interministerial sobre Mudança do Clima – CIM, de caráter permanente, tem a finalidade de acompanhar a implementação das ações e das políticas públicas no âmbito do Poder Executivo federal relativas à Política Nacional sobre Mudança do Clima – PNMC.

18.15.1 Política nacional sobre mudança do clima

Foi instituída, pela Lei nº 12.187, de 29-12-2009, a Política Nacional sobre Mudança do Clima, que buscou reforçar no plano nacional as diretrizes já adotadas na Convenção-Quadro e no Protocolo de Kyoto e detalhar algumas especificidades nacionais. Um de seus pontos mais relevantes é a assunção expressa de um **compromisso voluntário nacional** de adotar medidas de mitigação que levem à redução entre 36,1% e 38,9% as emissões projetadas para 2020.[87]

Tendo em vista a meta mencionada, a PNMC estabeleceu os seguintes objetivos:

Compatibilização do desenvolvimento econômico-social com a proteção do sistema climático;[88]

Fortalecimento das remoções antrópicas por sumidouros de GEE no território nacional;[89]

Implementação de medidas para promover a adaptação à mudança do clima, com a participação e a colaboração dos agentes econômicos e sociais;[90]

Preservação, conservação e recuperação dos recursos ambientais;[91]

Consolidação e expansão das áreas legalmente protegidas e incentivo aos reflorestamentos e à recomposição da cobertura vegetal em áreas degradadas;[92]

Estímulo ao desenvolvimento do Mercado Brasileiro de Redução de Emissões.[93]

É importante notar que, dos seis objetivos acima listados, dois possuem estreita relação com os objetivos traçados pelo Brasil para cumprir metas de proteção e uso sustentável dos recursos da biodiversidade. Isso demonstra como as mudanças climáticas estão relacionadas com a gestão dos ecossistemas e afetam a biodiversidade.

Devem sempre fundamentar as ações tomadas no âmbito da PNMC os princípios da **precaução**, da **prevenção**, da **participação cidadã**, do **desenvolvimento sustentável** e das **responsabilidades comuns**, porém diferenciadas.[94]

Dentre os instrumentos adotados pela PNMC, destacam-se, pelo critério de novidade, os seguintes:

1. O Fundo Nacional sobre Mudança do Clima;[95]

---

86. BRASIL. Ministério da Ciência e Tecnologia. Coordenação-Geral de Mudanças Globais do Clima. *Segunda comunicação nacional do Brasil à Convenção-Quadro das Nações Unidas sobre Mudança do Clima.* Brasília, 2010, p. 6.
87. Lei nº 12.187/09, art. 12.
88. Lei nº 12.187/09, art. 4º, I.
89. Lei nº 12.187/09, art. 4º, IV.
90. Lei nº 12.187/09, art. 4º, V.
91. Lei nº 12.187/09, art. 4º, VI.
92. Lei nº 12.187/09, art. 4º, VII.
93. Lei nº 12.187/09, art. 4º, VIII.
94. Lei nº 12.187/09, art. 3º.
95. Lei nº 12.187/09, art. 6º, II.

2. Medidas fiscais e tributárias, incluindo alíquotas diferenciadas, isenções, compensações e incentivos, a serem estabelecidos em lei específica;[96]

3. Linhas de crédito e financiamento específicas de agentes financeiros públicos e privados;[97]

4. Medidas que estimulem o desenvolvimento de processos e tecnologias, dentre as quais o **estabelecimento de critérios de preferência nas licitações e concorrências públicas para as propostas que propiciem maior economia de energia, água e outros recursos naturais e redução da emissão de gases de efeito estufa e de resíduos.**[98]

A PNMC foi regulamentada pelo Decreto nº 7.390, de 9-12-2010, revogado recentemente pelo Decreto nº 9.578, de 22-11-2018. Sua aplicação deve levar em conta os seguintes planos de ação para a prevenção e controle do desmatamento nos biomas e planos setoriais de mitigação e de adaptação às mudanças climáticas:[99] Plano de Ação para a Prevenção e Controle do Desmatamento na Amazônia Legal (PPCDAm);[100] Plano de Ação para a Prevenção e Controle do Desmatamento e das Queimadas no Cerrado (PPCerrado);[101] Plano Decenal de Expansão de Energia (PDE);[102] Plano Setorial de Mitigação e de Adaptação às Mudanças Climáticas para a Consolidação de uma Economia de Baixa Emissão de Carbono na Agricultura (Plano ABC);[103] e Plano de Redução de Emissões da Siderurgia.[104]Um ponto importante do Decreto é o detalhamento das metas de redução de emissões por setor – mudança de uso da terra, energia, agropecuária e processos industriais e tratamento de resíduos.[105] Ademais, passa a ser dever do executivo contemplar as previsões do Decreto na elaboração dos planos plurianuais e Leis Orçamentárias Anuais.[106]

18.15.2 Ações de mitigação e adaptação

No que se refere à emissão de GEE, o Brasil apresenta uma vantagem em relação aos outros países em desenvolvimento com elevados índices de crescimento econômico: sua matriz energética é dominada por uma fonte considerada limpa – a hidrelétrica –, enquanto China e Índia, por exemplo, dependem, em larga medida, de combustíveis fósseis.

Além do MDL, o Brasil pode fazer uso das **Ações de Mitigação Nacionalmente Apropriadas** (conhecidas pela sigla do equivalente em inglês *Nationally Appropriate Mitigation Actions*, NAMA) para cumprir a meta voluntária da PNMC.[107] Em janeiro de 2010, o Brasil comunicou ao Secretariado da Convenção-Quadro que pretende empreender as seguintes NAMA: (1) Redução do desmatamento na Amazônia, (2) redução do desmatamento no Cerrado, (3) recuperação de pastos, (4) integração lavoura-pecuária, (5) plantio direto, (6) fixação biológica de N2, (7) eficiência energética, (8) incremento do uso de

---

96. Lei nº 12.187/09, art. 6º, VI.
97. Lei nº 12.187/09, art. 6º, VII.
98. Lei nº 12.187/09, art. 6º, XII.
99. As ações contidas nos planos vêm detalhadas no Decreto nº 9.578/18, art. 19, §1º, sendo que sua coordenação caberá ao Comitê Interministerial sobre Mudança do Clima.
100. Decreto nº 9.578, art. 17, I.
101. Decreto nº 9.578, art. 17, II.
102. Decreto nº 9.578, art. 17, III. Revogado pelo Decreto nº 11.075, de 19-5-2022, já revogado pelo Decreto 11.550/22.
103. Decreto nº 9.578, art. 17, IV.
104. Decreto nº 9.578, art. 17, V.
105. Decreto nº 9.578, art. 18.
106. Decreto nº 7.390/10, art. 22.
107. O Brasil adotou voluntariamente, como meio de alcançar os objetivos da Política Nacional sobre Mudança do Clima – PNMC ações de mitigação das emissões de gases de efeito estufa, com vistas em reduzir entre 36,1% e 38,9% suas emissões projetadas até 2020, conforme art. 12, da Lei nº 12.187/09.

biocombustíveis, (9) expansão da oferta de energia por usinas hidrelétricas, (10) fontes alternativas de energia e (11) siderurgia (substituição do carvão do desmatamento por carvão de florestas plantadas).[108]

Mesmo adotando as mais diversas formas de mitigação das mudanças climáticas, reconhece-se a impossibilidade de, a curto e médio prazo, se reduzirem as emissões antropogênicas a níveis irrisórios. Assim, seus efeitos permanecerão em razão do acúmulo existente, somado às emissões futuras. Nesse sentido, concomitantemente às medidas de mitigação, é necessário desenvolver e implementar medidas adequadas de **adaptação às mudanças**.

O Brasil aprovou, em 10-05-2016, o **Plano Nacional de Adaptação à Mudança do Clima,**[109] [110] com os seguintes objetivos:

> Orientar a ampliação e disseminação do conhecimento científico, técnico e tradicional apoiando a produção, gestão e disseminação de informação sobre o risco associado à mudança do clima, e o desenvolvimento de medidas de capacitação de entes do governo e da sociedade em geral;

> Promover a coordenação e cooperação entre órgãos públicos para gestão do risco associado à mudança do clima, por meio de processos participativos com a sociedade, visando à melhoria contínua das ações para a gestão do risco associado à mudança do clima; e

> Identificar e propor medidas para promover a adaptação e a redução do risco associado à mudança do clima.[111]

Foram elaborados documentos com diretrizes específicas do Programa de Adaptação para 11 setores: Agricultura, Recursos Hídricos, Segurança Alimentar e Nutricional, Biodiversidade, Cidades, Gestão de Risco de Desastres, Indústria e Mineração, Infraestrutura, Povos e Populações Vulneráveis, Saúde e Zonas Costeiras. Para cada um, foram estabelecidas metas, iniciativas necessárias para atingir as metas e, também, entidade responsável pela implementação.[112]

Nos próximos itens, são detalhados os instrumentos de mitigação existentes e já adotados pelo governo brasileiro.

18.15.2.1 Mecanismo de Desenvolvimento Limpo (MDL)

O Mecanismo de Desenvolvimento Limpo (MDL) é um mecanismo de flexibilização criado no Protocolo de Kyoto com o objetivo de auxiliar os países desenvolvidos a alcançarem suas metas de redução e limitação das emissões de GEE, concomitantemente à implementação do desenvolvimento sustentável em países em desenvolvimento.[113] O me-

---

108. BRASIL. Ministério da Ciência e Tecnologia. Coordenação-Geral de Mudanças Globais do Clima. *Segunda comunicação nacional do Brasil à Convenção-Quadro das Nações Unidas sobre Mudança do Clima.* Brasília, 2010, p. 358.

109. Portaria MMA nº 150, de 10-05-2016.

110. A Portaria MMA nº 150/2016 instituiu o Grupo Técnico de Adaptação à Mudança do Clima, de caráter permanente e consultivo, com objetivo de promover a articulação entre órgãos e entidades, públicas e privadas, para promover a implementação, monitorar, avaliar e revisar o Plano Nacional de Adaptação à Mudança do Clima. Esse grupo é composto por: I-Ministério do Meio Ambiente, que o coordenará; II-Ministério da Ciência, Tecnologia e Inovação; e III-Fórum Brasileiro de Mudança do Clima. O novo Decreto do MMA não fala sobre adaptação à mudança climática, o que deixa uma lacuna na gestão desse assunto tão relevante e que já estava em pleno andamento, até 2018.

111. Portaria MMA nº 150, de 10-05-2016, art. 2º.

112. Ministério do Meio Ambiente. Plano Nacional de Adaptação à Mudança do Clima. Disponível em: <https://www.gov.br/mma/pt-br/assuntos/ecossistemas-1/biomas/arquivos-biomas/plano-nacional-de-adaptacao-a-mudanca-do-clima-pna-vol-i.pdf>. Acesso em: 9 mar.2024.

113. Protocolo de Kyoto, art. 12(2).

canismo foi projetado da seguinte forma: atividades de projeto são realizadas em países em desenvolvimento, resultando em Reduções Certificadas de Emissões (RCE) – mais conhecidas como Créditos de Carbono – as quais podem ser adquiridas pelos países desenvolvidos para a contabilização das suas emissões.

Para que as reduções sejam certificadas, elas devem preencher os requisitos de participação voluntária de cada parte envolvida – **voluntariedade;**[114] **apresentação de benefícios reais**, mensuráveis e de longo prazo relacionados com a mitigação da mudança do clima;[115] e serem adicionais às que ocorreriam na ausência da atividade certificada de projeto[116] – **adicionalidade**.[117] É necessário, ainda, que o projeto apresente medidas para a implementação do desenvolvimento sustentável.

As modalidades de projeto e os procedimentos do MDL foram definidos na Decisão 17/CP.7, adotada na 7ª Conferência das Partes.[118] Suas disposições foram internalizadas no Brasil pela Resolução nº 1 da Comissão Interministerial de Mudança Global do Clima. Mais tarde, na COP-9, foi adotada a Decisão 19/CP.9, que definiu modalidades e procedimentos para as atividades de florestamento e reflorestamento. Essa decisão foi internalizada pela Resolução nº 2 da Comissão Interministerial. O procedimento administrativo para análise e aprovação de projetos no âmbito da Comissão Interministerial está regulado pelas Resoluções de nºs 4 a 8, desta mesma Comissão.

Primeiramente, os participantes do projeto apresentaram um Documento de Concepção de Projeto. Seus componentes principais são: (1) descrição geral da atividade do projeto, (2) cálculo para referência de emissões, (3) duração da atividade, (4) apresentação do plano de monitoramento da redução das emissões, (5) cálculos estimativos das emissões atuais e futuras, (6) análise do impacto ambiental e (7) informações sobre comentários dos atores sociais.

Em seguida, o Documento é submetido à auditoria realizada por uma Entidade Operacional Designada, ou seja, uma entidade com qualificações suficientes para analisar esses documentos, e que seja credenciada pelo Conselho Executivo do MDL. Finda a auditoria, a Entidade emite um Relatório de Validação, em que se conclui pela validação ou não do Documento.

O Documento de Concepção de Projeto é então finalmente apresentado à Comissão Interministerial, juntamente com outros documentos. Após análise, a Comissão decide por emitir ou não a Carta de Aprovação. Após a etapa administrativa interna descrita, a Entidade Operacional está autorizada a requerer o Registro do Projeto no Conselho Executivo do MDL.

Seguem-se ainda as etapas de **monitoramento das atividades** de redução e de verificação e certificação das reduções.[119] O monitoramento é realizado pelos participantes ou

---

114. Protocolo de Kyoto, art. 12(5a).
115. Protocolo de Kyoto, art. 12(5b).
116. Protocolo de Kyoto, art. 12(5c).
117. Para maiores detalhes acerca das discussões sobre o critério de adicionalidade, recomenda-se a leitura de SALES, Rodrigo; SABBAG, Bruno Kerlakian. Environmental requirements and additionality under the clean development mechanism: a legal review under the UNFCCC, the Kyoto Protocol and the Brazilian legal framework on climate change. *Yearbook of International Environmental Law*. Oxford, 2005.
118. Essa decisão fez parte do conjunto de acordos que ficou conhecido como Acordos de Marrakesh.
119. Para maiores detalhes sobre os procedimentos apontados, recomenda-se a leitura de SABBAG, Bruno Kerlakian. O Protocolo de Kyoto e seus créditos de carbono. *Manual Jurídico Brasileiro de Mecanismo de Desenvolvimento Limpo*. 2

terceiros contratados, que devem preparar um **Relatório de Monitoramento**. Tal relatório deve ser submetido a uma **Entidade Operacional** designada para validação. Realizada a validação e emitido o **Relatório de Validação**, procede-se à certificação e emissão do respectivo Relatório de Certificação, que contém o requerimento ao Conselho Executivo do MDL para a emissão das RCE.

Dados de 2016 apontam o Brasil como o terceiro país que mais recepciona atividades de projeto de MDL, ficando atrás apenas da Índia e da China. Os projetos aqui desenvolvidos respondem por 4,4% do total mundial.[120] Tais dados ainda mostram que existem cerca de 339 atividades de projeto no Brasil em fase de validação ou fase posterior no ciclo MDL.[121] Setores que concentram projetos são de geração de energia limpa por hidrelétricas, biogás, usinas eólicas e uso de gás de aterro sanitário.[122]

Apesar do objetivo de reduzir emissões de GEE, releva considerar se os investimentos em projetos de MDL de fato foram benéficos para os países hospedeiros. É o que destaca André de Castro dos Santos, uma vez que no Brasil a construção de hidrelétricas na Amazônia e o incentivo à monocultura de cana-de-açúcar para a fabricação de etanol foram exemplos de projetos de MDL, causando importantes impactos socioambientais locais. O autor destaca, ainda, que,

> Embora tenha sido idealizado como forma de contribuir com o desenvolvimento sustentável de países menos desenvolvidos, a partir do financiamento de países ricos, os aspectos econômicos deste mecanismo sobrepuseram-se ao seu objetivo de promover a diminuição de emissões globais de GEE. Ou seja, os créditos de carbono decorrentes do investimento em MDL geraram verdadeiras "permissões de emitir" aos países investidores, que pouco se esforçaram para, de fato, tornar suas economias ambientalmente mais sustentáveis.[123]

Na segunda fase do Protocolo de Kyoto, a partir de 2012, houve uma significativa queda nos projetos de MDL apresentados e registrados. Em 2012, 1.747 projetos de MDL haviam sido registrados, enquanto em 2017 o número é de apenas 53.[124] Esse fato deve-se, principalmente, pelo enfraquecimento do Protocolo de Kyoto a partir deste momento e, também, pela ausência de previsão do MDL no Acordo de Paris.

Apesar da ausência do MDL no Acordo de Paris, sua validade se estende enquanto o Protocolo de Kyoto estiver em vigor.[125] No âmbito do Acordo de Paris, as Partes se comprometeram a desenvolver um mecanismo para contribuir para a mitigação das emissões

---

ed. São Paulo: LTr, 2008.

120. BRASIL, Ministério da Ciência, Tecnologia, Inovações e Comunicações. Status dos projetos do Mecanismo de Desenvolvimento Limpo (MDL) no Brasil, 2016. Disponível em: <https://www.gov.br/mcti/pt-br/acompanhe-o-mcti/cgcl/arquivos/mecanismo-de-desenvolvimento-limpo/status-dos-projetos-do-mdl-no-brasil-janeiro-2016.pdf/view>. Acesso em: 9 mar. 2024.

121. BRASIL, Ministério da Ciência, Tecnologia, Inovações e Comunicações. Status dos projetos do Mecanismo de Desenvolvimento Limpo (MDL) no Brasil, 2016. Disponível em: <https://www.gov.br/mcti/pt-br/acompanhe-o-mcti/cgcl/arquivos/mecanismo-de-desenvolvimento-limpo/status-dos-projetos-do-mdl-no-brasil-janeiro-2016.pdf/view>. Acesso em: 9 mar. 2024.

122. BRASIL, Ministério da Ciência, Tecnologia, Inovações e Comunicações. Status dos projetos do Mecanismo de Desenvolvimento Limpo (MDL) no Brasil, 2016. Disponível em: <https://www.gov.br/mcti/pt-br/acompanhe-o-mcti/cgcl/arquivos/mecanismo-de-desenvolvimento-limpo/status-dos-projetos-do-mdl-no-brasil-janeiro-2016.pdf/view>. Acesso em: 9 mar. 2024.

123. SANTOS, André de Castro dos. *Os acordos internacionais sobre mudanças climáticas frente ao desenvolvimento do setor elétrico no Brasil.* Dissertação (Mestrado em Direito) - Faculdade de Direito, Universidade de São Paulo, 2018. p. 63-64.

124. UNFCCC. Annual Report of the EB to the CMP (FCCC/KP/CMP/2017/5). Disponível em: <http://unfccc.int/resource/docs/2017/cmp13/eng/05.pdf>. Acesso em: 9 mar.2024.

125. NUSDEO, Ana Maria de Oliveira. Direito ambiental & economia. Curitiba: Juruá, 2018. p. 189.

de gases de efeito estufa e para apoiar o desenvolvimento sustentável. Este mecanismo terá por objetivo:

(a) Promover a mitigação das emissões de gases de efeito estufa, fomentando simultaneamente o desenvolvimento sustentável;

(b) Incentivar e facilitar a participação na mitigação das emissões de gases de efeito estufa por entidades públicas e privadas autorizadas por uma Parte;

(c) Contribuir para a redução dos níveis de emissão na Parte anfitriã, que irá beneficiar de atividades de mitigação, resultando em reduções de emissões que também podem ser utilizadas por outra Parte para cumprir sua contribuição nacionalmente determinada; e

(d) Entregar uma mitigação conjunta em emissões globais.[126]

No Relatório Anual sobre Mecanismos de Desenvolvimento Limpo, de 2017, o Comitê Executivo recomendou que os países Parte do Acordo de Paris considerem a experiência adquirida e as lições aprendidas com o MDL no novo mecanismo. Além disso, afirma que as Partes podem seguir utilizando o MDL para cumprir suas obrigações relacionadas ao Protocolo de Kyoto e também para alcançar os novos objetivos do desenvolvimento sustentável.[127]

18.15.2.2 Eficiência energética e geração de energia limpa

Desde a década de 1980, medidas de eficiência energética e de redução da dependência de derivados do petróleo têm sido implementadas pelo Brasil. Embora tais medidas possam ser aplicadas no âmbito de atividades de projeto de MDL, o Brasil continua as desenvolvendo independentemente dos projetos.

Em relação à redução da dependência de derivados do petróleo, destaca-se o pesado investimento no desenvolvimento de tecnologia (incluindo a *flex fuel*, exportada para outros países) e incentivo do uso do etanol. Em 2004 foi criado o Programa Nacional de Produção e Uso do Biodiesel, que tem como objetivo a implementação de forma sustentável, tanto técnica, como econômica, da produção e uso do biodiesel, com enfoque na inclusão social e no desenvolvimento regional, via geração de emprego e renda.[128] De acordo com a Agência Nacional do Petróleo, Gás Natural e Biocombustíveis, a mistura biodiesel no diesel comum que era de 2% entre janeiro e junho de 2008, atingiu, a partir de março de 2017, 8%, conforme Lei nº 13.263/2016, que alterou dispositivos da Lei nº 13.033/2014. Segundo estabelecido pela Resolução CNPE nº 16, de 2018, o percentual mínimo de adição obrigatória de biodiesel para 2022 é 14%, devendo chegar a 15% em 2023. [129] No entanto, em 2022, Governo reduziu os 14% previstos originalmente pela Resolução para 10% de mistura de biodiesel.[130]

---

126. Acordo de Paris, art. 6 (4).
127. UNFCCC. Annual Report of the EB to the CMP (FCCC/KP/CMP/2017/5). Disponível em: <http://unfccc.int/resource/docs/2017/cmp13/eng/05.pdf>. Acesso em:03 jul. 2022.
128. Secretaria Especial de Agricultura Familiar e do Desenvolvimento Agrário. *O que é o Programa Nacional de Produção e Uso do Biodiesel (PNPB)?* Disponível em: <https://www.gov.br/agricultura/pt-br/assuntos/agricultura-familiar/biodiesel/programa-nacional-de-producao-e-uso-do-biodiesel-pnpb#:~:text=O%20PNPB%20%C3%A9%20um%20programa,gera%C3%A7%C3%A3o%20de%20emprego%20e%20renda>. Acesso em:03 jul. 2022..
129. Resolução CNPE nº 16, 29-10-2018, art. 2º.
130. PAMPLONA, Nicola. Governo reduz mistura de biodiesel para conter alta do diesel em 2022: Percentual obrigatório será de 10% em vez dos 14% previstos originalmente. *Folha de São Paulo.* 29-11-2021. Disponível em: <https://www1.folha.uol.com.br/mercado/2021/11/governo-reduz-mistura-de-biodiesel-para-conter-alta-do-diesel-em-2022.sht-

Com o propósito de estabelecer diferencial de competitividade para os biocombustíveis, para promover a redução de emissão de gases de efeito estufa derivada da queima de combustíveis fósseis, foi inserido novo inciso VIII no § 1º do art. 225 da Constituição Federal, pela Emenda Constitucional nº 123, de 14-07-2022, impondo-se ao Poder Público:

> manter regime fiscal favorecido para os biocombustíveis destinados ao consumo final, na forma de lei complementar, a fim de assegurar-lhes tributação inferior à incidente sobre os combustíveis fósseis, capaz de garantir diferencial competitivo em relação a estes, especialmente em relação às contribuições de que tratam a alínea "b" do inciso I e o inciso IV do *caput* do art. 195 e o art. 239 e ao imposto a que se refere o inciso II do caput do art. 155 desta Constituição.[131]

No campo da eficiência energética, existe, desde 1985, o Programa Nacional de Conservação de Energia Elétrica – Procel, que desenvolve uma série de atividades de combate ao desperdício de energia elétrica.[132]

Ainda visando à eficiência energética, novas fontes de energia renovável estão recebendo investimentos: uso moderno da biomassa, pequenas centrais hidrelétricas (PCHs), energia eólica, energia solar (incluindo fotovoltaica), energia maremotriz e a energia geotérmica.

De acordo com o 1º Relatório de Monitoramento e Avaliação do Plano Nacional de Adaptação à Mudança do Clima, o setor de Energia realizou as seguintes iniciativas:

> Plano Decenal de Expansão de Energia (PDE) 2026 para o período de 2017 a 2026, que incorporou as NDC no que compete à energia;
>
> Projeto Sistemas Energéticos para o Futuro: instituído no âmbito do Acordo Básico de Cooperação Técnica entre o Brasil e a Alemanha com o objetivo de fortalecer o papel das fontes renováveis e promover o aumento da eficiência energética;
>
> Proposta de estudo para o desenvolvimento metodológico sobre o impacto da mudança do clima no âmbito do setor elétrico, considerando os aspectos energéticos e antrópicos em uma bacia hidrográfica, desenvolvido com o apoio do Banco Mundial (BIRD).[133]

É importante mencionar que medidas como o PROCONVE[134] também auxiliam na redução das emissões globais, na medida em que controlam as emissões produzidas por veículos automotores.

18.15.2.3 Parcerias internacionais: captura de CO2 e utilização do metano

Com a finalidade de incrementar as medidas de mitigação e promover a capacitação e a transferência de tecnologia, o Brasil tem participado de parcerias internacionais para captura de CO2 e utilização de gás de aterro sanitário.

---

ml#:~:text=O%20governo%20decidiu%20alterar%20o,pre%C3%A7o%20do%20combust%C3%ADvel%20nas%20bombas%20.>. Acesso em: 9 mar. 2024.

131. Constituição Federal, art. 225, § 1º, VIII.
132. A Lei nº 13.280, de 3-05-2016, alterou dispositivos da Lei nº 9.991/2000, determinando que 20% dos recursos que as distribuidoras de eletricidade devem investir em ações de Eficiência Energética deverão ser destinados ao Procel.
133. MINISTÉRIO DO MEIO AMBIENTE. *Plano Nacional de Adaptação à Mudança do Clima: 1º relatório de monitoramento e avaliação 2016 – 2017*. Brasília, 2017. Disponível em: <https://www.gov.br/mma/pt-br/assuntos/climaozoniodesertificacao/clima/arquivos/relatoriomonitoramento.pdf>. Acesso em: 9 mar. 2024.
134. Programas de Controle de Emissões Veiculares.

O *Carbon Sequestration Leadership Forum* (CSLF) reúne 25 países do mundo todo, mais a Comissão Europeia, que tenham em comum o fato de serem grandes utilizadores ou produtores de combustíveis fósseis e que estejam dispostos a investir em pesquisa, desenvolvimento e tecnologia. O foco do Fórum é desenvolver e disponibilizar tecnologias eficientes para a separação e captura de CO_2, bem como para seu transporte e armazenagem. O Fórum também incentiva a construção de ambientes legais, regulatórios, financeiros e institucionais condutores do desenvolvimento tecnológico.[135]

Embora seja importante mitigar as emissões de CO_2, pois se trata de um dos gases de efeito estufa mais presentes na atmosfera, um dos maiores vilões do aquecimento global é o metano (CH_4), pois o seu potencial para aumento do aquecimento chega a ser oito vezes maior do que o do CO_2, o que o torna responsável por 1/3 do aquecimento atual da atmosfera. Nesse sentido, adicionalmente a outras políticas e instrumentos existentes para auxiliar redução das emissões desse GEE (como as atividades de projeto de MDL), foi criada a parceria Metano para os Mercados. A parceria evoluiu e expandiu para a atualmente denominada **Global Methane**.

Essa parceria envolve os setores público e privado, sendo o Brasil um dos participantes mais ativos. Seu objetivo é promover tecnologias efetivas para recuperação e uso do metano como energia limpa em quatro setores: agricultura, minas de carvão, aterros sanitários e sistemas de gás e óleo. Suas atividades incluem treinamentos e construção de capacidade de auxílio direto em projetos.[136]

18.15.2.4 Redução do desmatamento

Embora as florestas sejam grandes estoques naturais de CO_2, a redução do desmatamento ou a manutenção de floresta em pé não pode ser objeto de atividades de projeto de MDL. Assim, o Brasil busca investimento por meio de cooperação bilateral e outros tipos de parceria para a mitigação nessa área, especialmente porque *"a redução do desmatamento é, sem dúvida, menos restritiva ao crescimento econômico do que restrições ao consumo de energia e a processos industriais, as quais alguns países emergentes temem adotar neste momento"*.[137]

No que concerne às iniciativas internas, além das medidas tomadas para o cumprimento das obrigações assumidas pelo Brasil, no âmbito da Convenção sobre Diversidade Biológica, como a criação do Sistema de Unidades de Conservação e o reforço das áreas protegidas já existentes, destacam-se os seguintes programas: Programa de Prevenção e Controle às Queimadas e aos Incêndios Florestais (Proarco), instituído pelo Decreto nº 2.959, de 10-2-1999, e o Plano de Ação para a Prevenção e o Controle do Desmatamento na Amazônia Legal.[138] Em relação a este último Plano, vale mencionar a instituição da Operação Arco Verde pelo Decreto nº 7.008, de 12-11-2009, que visa promover modelos

---

135. Disponível em: <http://www.cslforum.org/>. Acesso em: 03 jul. 2022.
136. Disponível em: <https://www.globalmethane.org/ A>. Acesso em: 9 mar 2024.
137. IPEA, *Desafios do desenvolvimento*: responsabilidade de todos. 2010. Ano 7. Edição 61 – 13-8-2010. Disponível em: <http://www.ipea.gov.br/desafios/index.php?option=com_content&view=article&id=279:clima-responsabilidade--de-todos&catid=28&Itemid=23>. Acesso em: 9 mar. 2024.
138. BRASIL. Ministério do Meio Ambiente. *Plano de Ação para a prevenção e controle do desmatamento na Amazônia Legal*. Brasília. 4ª fase (2016 – 2020). Disponível em: <http://redd.mma.gov.br/images/central-de-midia/pdf/artigos/enred-d-ppcdam.pdf>. Acesso em: 9 mar. 2024.

produtivos sustentáveis nos Municípios considerados prioritários para o controle e a redução do desmatamento na Amazônia Legal.[139]

Observando a extrema importância da Redução das Emissões decorrentes do Desmatamento e da Degradação Florestal, o governo da Noruega, em parceria com o Programa das Nações Unidas para o Meio Ambiente, criou o **REDD**, com o propósito de financiar as iniciativas dos países em desenvolvimento nessa área. Com a expansão do REDD, já então chamado de **REDD+**, para um projeto multilateral, ao fim de 2009, havia USD 24 milhões disponíveis para os projetos. O Brasil tem sido um dos países que mais defende a expansão dos fundos destinados ao REDD+ nos fóruns internacionais e foi um dos beneficiados com estes fundos em 2010.[140]

Com o Acordo de Paris, o Brasil assumiu o compromisso de atingir o desmatamento ilegal zero até 2030 e de promover o manejo florestal sustentável. O reconhecimento pelo cumprimento dessa e das demais metas, tornará o País apto a captar mais recursos, a título de recompensa pelos resultados de REDD+ e de assegurar a manutenção e o aumento dos estoques de carbono.[141]

18.16 RECURSOS FINANCEIROS

Algumas das ações de mitigação acima descritas, como o MDL, o REDD e as parcerias internacionais são, por si sós, formas de transferências de recursos e, portanto, mecanismos que viabilizam o financiamento de técnicas e novas tecnologias para a redução de emissões de GEE. Adicionalmente, a Política Nacional sobre Mudança do Clima prevê, dentre outros, os seguintes instrumentos: Fundo Nacional sobre Mudança do Clima,[142] linhas de crédito e financiamento específicas de agentes financeiros públicos e privados[143] e dotações específicas para ações em mudança do clima no orçamento da União.[144]

O Fundo Nacional sobre Mudança do Clima foi criado pela Lei nº 12.114, de 9-12-2009, e regulamentado pelo Decreto nº 9.578, de 22-11-2018, "*com a finalidade de assegurar recursos para apoio a projetos ou estudos e financiamento de empreendimentos que visem à mitigação da mudança do clima e à adaptação à mudança do clima e aos seus efeitos*".[145] O fundo é composto pelos seguintes recursos:

Uma porcentagem da participação especial nas concessões para exploração e produção de petróleo de que trata a Lei nº 9.478, de 6-8-1997, art. 50, § 2º, inciso II;[146]

Dotações orçamentárias consignadas ao Fundo na Lei Orçamentária Anual da União e em seus créditos adicionais;[147]

---

139. Decreto nº 7.008/09, art. 1º.
140. Para maiores informações sobre o REDD, recomenda-se consultar: <http://www.un-redd.org/>. Acesso em: 9 mar. 2024.
141. Ministério do Meio Ambiente. Prevenção e Controle do Desmatamento. Disponível em: <http://combateaodesmatamento.mma.gov.br/>. Acesso em: 9 mar. 2024.
142. Lei nº 12.187/09, art. 6º, II.
143. Lei nº 12.187/09, art. 6º, VII.
144. Lei nº 12.187/09, art. 6º, IX.
145. Lei nº 12.114/09, art. 2º. Detalhes sobre como os recursos do fundo serão aplicados estão previstos na Lei nº 12.114/09, art. 5º.
146. Lei nº 12.114/09, art. 3º, I Decreto nº 9.578/18, art. 6º, I. Em ambos, a previsão é de 60% (sessenta por cento).
147. Lei nº 12.114/09, art. 3º, II. Decreto nº 9.578/18, art. 6º, II.

Recursos decorrentes de acordos, ajustes, contratos, convênios, termos de parceria ou outros instrumentos congêneres previstos em lei, celebrados com órgãos e entidades da administração pública federal, estadual, distrital ou municipal;[148]

Doações realizadas por entidades nacionais e internacionais, públicas ou privadas;[149]

Empréstimos de instituições financeiras nacionais e internacionais;[150]

Reversão dos saldos anuais não aplicados;[151]

Recursos oriundos de juros e amortizações de financiamentos;[152]

Rendimentos auferidos com a aplicação dos recursos do Fundo;[153] e

Recursos de outras fontes.

Ressalta-se que o Decreto nº 10.143, de 28-11-2019, trouxe mudanças quanto a atribuições desse Fundo e composição do Comitê Gestor.

Não obstante a previsão dos demais instrumentos mencionados, o Brasil ainda depende largamente de transferências de recursos de países desenvolvidos,[154] seja por meio de parcerias com agências especializadas – como a *Japan International Cooperation Agency*[155] e a *GTZ*[156] –, de transferências diretas ou dotações de fundos internacionais – como o *Global Environment Facility* e o *Green Climate Fund (GCF)*.[157]

Ademais, assim como no caso da biodiversidade, existem outros fundos nacionais cujos recursos não são diretamente direcionados para questões de mudanças climáticas, mas podem ser usados para ações que refletem na mitigação de emissão de GEE, como o Fundo Amazônia.[158]

O Fundo Amazônia é uma iniciativa brasileira, instituída por meio do Decreto nº 6.527/08 e alterações posteriores, decorrente de compromissos assumidos na 12ª Conferência das Partes (COP) da Convenção-Quadro das Nações Unidas sobre Mudança do Clima, Quênia-2006, para a realização de ações de prevenção, monitoramento e combate ao desmatamento, bem como para a promoção da conservação e do uso sustentável no bioma amazônico. Durante a COP Quênia, o Governo brasileiro apresentou proposta de captação de recursos de países desenvolvidos para países detentores de florestas tropicais. Essas contribuições se dariam por um sistema à parte do Protocolo de Kyoto, de forma que não fossem abatidas das suas cotas previstas naquele instrumento.

---

148. Lei nº 12.114/09, art. 3º, III. Decreto nº 9.578/18, art. 6º, III.

149. Lei nº 12.114/09, art. 3º, IV. Decreto nº 9.578/18, art. 6º, VI.

150. Lei nº 12.114/09, art. 3º, V. Decreto nº 9.578/18, art. 6º, V.

151. Lei nº 12.114/09, art. 3º, VI. Decreto nº 9.578/18, art. 6º, VI.

152. Lei nº 12.114/09, art. 3º, VII. Decreto nº 9.578/18, art. 6º, VII.

153. Lei nº 12.114/09, art. 3º, VIII. Incluído pela Lei nº 13.800, de 04-01-2019, conversão da Medida Provisória nº 851/18.

154. BRASIL. Ministério da Ciência e Tecnologia. Coordenação-Geral de Mudanças Globais do Clima. *Segunda comunicação nacional do Brasil à Convenção-Quadro das Nações Unidas sobre Mudança do Clima*. Brasília, 2010, v. 1 e 2.

155. Disponível em: <http://www.jica.go.jp/brazil/portuguese/office/activities/brazil01.html>. Acesso em: 9 mar. 2024.

156. Disponível em: <http://www.giz.de/en/>. Acesso em: 9 mar. 2024.

157. Em março de 2018 o Brasil teve o projeto "Financial Instruments for Brazil Energy Efficient Cities (FinBRAZEEC)" aprovado pelo Green Climate Fund, com o objetivo de promover a eficiência energética e ajudar o Brasil a atingir sua meta de NDC, reduzindo a demanda de energia. De acordo com o projeto, será criada uma linha de crédito que catalisa os investimentos do setor privado e canaliza empréstimos para ajudar as cidades a adotarem parcerias- público-privadas padronizadas e replicáveis para a iluminação pública. Para maiores informações sobre o Green Climate Fund conferir: <https://www.greenclimate.fund/home>. Acesso em:03 jul. 2022..

158. Para maiores informações sobre o Fundo, conferir: <http://www.fundoamazonia.gov.br/pt/home/>. Acesso em: 9 mar. 2024.

Semelhante à proposta apresentada no COP 12, foi determinado que as doações para o Fundo Amazônia fossem vinculadas à redução de emissões verificáveis de desmatamento na Amazônia. O volume de financiamento estimado pelo Ministério do Meio Ambiente na época foi de US$ 21 bilhões até o ano 2021. O governo da Noruega comprometeu-se a realizar uma doação inicial de US$ 110 milhões para o Fundo, com o objetivo de contribuir com até US$ 1 bilhão em um período de dez anos.

Em outubro do mesmo ano, foi formalizada a criação do Comitê Orientador do Fundo Amazônia (COFA) e realizadas suas primeiras reuniões. O Comitê é composto de forma tripartite por nove órgãos do Governo Federal, representantes dos nove estados da Amazônia Legal que contenham plano estadual de prevenção e combate ao desmatamento e seis representantes da sociedade civil.

18.17 MUDANÇAS CLIMÁTICAS E BIODIVERSIDADE

As mudanças climáticas são uma das grandes ameaças à biodiversidade: considerando-se que a vida na Terra depende de uma conjunção de fatores bióticos e abióticos, qualquer alteração do seu equilíbrio (como mudança no regime das chuvas e aumento da temperatura média global) pode levar à perda inestimável de espécies. No passado, já ocorreu na Terra uma situação de grande aumento da concentração de CO2, provocando aumento de temperatura. Cientistas conseguiram reproduzir o cenário e confirmar que tal aumento teve importantes efeitos sobre a manutenção da biodiversidade.[159] Ademais, também foi comprovado que as mudanças ocorridas nas últimas décadas do século XX já afetaram a biodiversidade.[160]

Conforme relatado pelo IPCC, em decorrência das mudanças climáticas, em um cenário futuro, "há risco de perda de ecossistemas e biodiversidade e de bens, funções e serviços ecossistêmicos" (tradução livre).[161] Note-se que uma das principais causas de aumento de emissões de GEEs no Brasil é também uma das principais causas do atual ritmo de perda de biodiversidade: a mudança no uso da terra.

O Relatório do Sistema de Estimativas de Emissões e Remoções de Gases de Efeito Estufa (SEEG), do Observatório do Clima, entre os anos de 1990 a 2020, "mudança de uso da terra e florestas" e "agropecuária" foram as duas categorias que mais causaram emissões nocivas de CO2 e (t) GWP-AR5 no Brasil.[162]

Reduzir a emissão de GEEs, estabilizar o aumento da temperatura para possibilitar a adaptação das espécies e, portanto, reduzir as perdas de biodiversidade ao mínimo, é objetivo da Convenção-Quadro sobre Mudanças Climáticas, auxiliando direta e indiretamente no cumprimento das metas da CDB. Ao mesmo tempo, sabe-se que perdas de biodiversidade afetam as mudanças climáticas.[163]

---

159. BRASIL. Ministério do Meio Ambiente. Secretaria de Biodiversidade e Florestas. *Inter-relações entre biodiversidade e mudanças climáticas*. Brasília, 2007, p. 11, 38-41.

160. BRASIL. Ministério do Meio Ambiente. Secretaria de Biodiversidade e Florestas. *Inter-relações entre biodiversidade e mudanças climáticas*. Brasília, 2007, p. 12, 41-47, 59-71.

161. INTERGOVERNMENTAL PANEL ON CLIMATE CHANGE. *Climate Change 2014*: synthesis report, p. 65. Disponível em: <https://archive.ipcc.ch/pdf/assessment-report/ar5/syr/SYR_AR5_FINAL_full_wcover.pdf>. Acesso em: 9 mar. 2024.

162. OBSERVATÓRIO DO CLIMA. Relatório do Sistema de Estimativas de Emissões e Remoções de Gases de Efeito Estufa (SEEG). Disponível em: <https://plataforma.seeg.eco.br/total_emission#>. Acesso em: 9 mar. 2024.

163. BRASIL. Ministério do Meio Ambiente. Secretaria de Biodiversidade e Florestas. *Inter-relações entre biodiversidade e mudanças climáticas*. Brasília, 2007, p. 73-75.

É, portanto, do próprio interesse dos signatários da Convenção-Quadro preservar, por exemplo, as áreas marinhas – que hoje são responsáveis pela absorção de praticamente metade do carbono produzido pela humanidade.[164] Grandes florestas tropicais são outro importante sumidouro de CO2 e, assim, mecanismos como o REDD interligam a CDB e a Convenção-Quadro.

Do exposto, verifica-se que manter a biodiversidade e reduzir a emissão de GEEs não significa frear o crescimento, mas sim manter as vantagens que a natureza proporciona, ou seja, preservar para continuar a usufruir dos serviços ambientais. Essa percepção, no entanto, precisa ser construída e tornar-se visível para todos os setores da sociedade. Uma atitude importante é estimular as discussões sobre biodiversidade nos encontros internacionais sobre mudanças climáticas e vice-versa, como aconteceu nas últimas Conferências das partes da CDB e da Convenção-Quadro. Ademais, no plano interno, é necessário promover treinamento adequado para todos aqueles que lidam com gestão ambiental, alertando para a intensa relação entra as duas áreas do Direito Ambiental.

---

164. BRASIL. Ministério do Meio Ambiente. Secretaria de Biodiversidade e Florestas. *Inter-relações entre biodiversidade e mudanças climáticas*. Brasília, 2007, p. 11. Para maiores informações sobre esse tema, consulte NELLEMANN, C. et al. *Blue carbon*: a rapid response assessment. United Nations Environment Programme, 2009.

PATRIMÔNIO CULTURAL

19.1 CONCEITO DE PATRIMÔNIO CULTURAL

A cultura, para os propósitos deste tema, pode ser definida como "*o complexo de padrões de comportamento, das crenças, das instituições doutros valores espirituais e materiais transmitidos coletivamente e característicos de uma sociedade*".[1] Esse conceito aplica-se às práticas agrícolas, ao manejo florestal e conhecimentos ancestrais, entre outros, experimentados pelas comunidades tradicionais por gerações, e que são extremamente relevantes para o tema do meio ambiente.

O conceito de patrimônio histórico e artístico nacional foi estabelecido pelo Decreto-lei nº 25, de 30-11-1937, como "*o conjunto dos bens móveis e imóveis existentes no país e cuja conservação seja de interesse público, quer por sua vinculação a fatos memoráveis da história do Brasil, quer por seu excepcional valor arqueológico ou etnográfico, bibliográfico ou artístico*".[2] O patrimônio cultural consiste, assim, no conjunto de bens e valores materiais e imateriais, desenvolvidos no âmbito de uma sociedade, que lhe conferem identidade, a serem preservados e transmitidos às gerações futuras.

"*A degradação ou o desaparecimento de um bem do patrimônio cultural [...] constitui um empobrecimento nefasto do patrimônio de todos os povos do mundo*".[3] A perda de um elemento cultural equivale à extinção de uma espécie. É irrecuperável, pois nem sempre está registrado e, mesmo que tenha sido objeto de estudo ou documentação, a partir do momento em que deixa de ser reconhecido pela comunidade, não há como recuperá-lo.

O Brasil possui uma diversidade notável de culturas, costumes, artes, conhecimentos tradicionais e religiões, produto da miscigenação intensa de raças e culturas, que até hoje caracteriza o país.

A manutenção desse patrimônio corre duas espécies de riscos: (1) pela falta de políticas de fomento às culturas regionais e (2) pelo desenvolvimento das atividades econômicas, que muitas vezes expulsam as populações de seus locais ancestrais, catapultando-as para as periferias das metrópoles.

---

1. FERREIRA, Aurélio Buarque de Holanda. *Novo dicionário da língua portuguesa*. 2. ed. Rio de Janeiro: Nova Fronteira, 1986, p. 508.
2. Decreto-lei nº 25/37, art. 1º.
3. UNESCO. Convenção Relativa à Proteção do Patrimônio Mundial, Cultural e Natural.1972. p.1 .Disponível em: <https://whc.unesco.org/archive/convention-pt.pdf>. Acesso em: 12 mar. 2024.

19.2 DIREITO INTERNACIONAL

19.2.1 A noção de patrimônio comum

Os desafios que a humanidade enfrenta atualmente dificilmente conseguem ou conseguirão ser superados com base nos postulados tradicionais de reciprocidade ou interesses mútuos em uma dimensão estritamente interestados. A proteção das presentes e futuras gerações e da própria sobrevivência da humanidade requer a adoção de conceitos novos, como *patrimônio da humanidade, desenvolvimento sustentável, global commons, equidade intergeracional.* No que diz respeito à expressão *patrimônio comum* e ao termo *commons*, a ideia subjacente é que eles ultrapassam as dimensões espaciais e temporais, exigindo uma atenção especial em um cenário de cooperação e solidariedade em nível global. [4]

O Tratado Constitutivo da Organização das Nações Unidas para a Educação, a Ciência e a Cultura (UNESCO), fundada em 16-11-1945 destaca o propósito dessa nova instituição, de *fazer avançar, através das relações educacionais, científicas e culturais entre os povos do mundo, os objetivos da paz internacional, e do bem-estar* **comum** *da humanidade.*

Na segunda metade do século XX, consolidou-se o conceito de *patrimônio comum da humanidade.* Trata-se de uma categoria de territórios (*res communis*), que não se submete a nenhum controle soberano. É o caso do alto-mar, que não pertence a ninguém e pode ser utilizado por todos,[5] dos Fundos Marinhos e Oceânicos e seu subsolo fora dos Limites da Jurisdição Nacional,[6] da Lua e Demais Corpos Celestes[7] e da Antártida, por exemplo.

Esses bens, que pertencem a toda a humanidade, encontram-se adstritos ao *princípio da não apropriação nacional.* De acordo com essa formulação, os Estados participantes das Convenções que trataram especificamente dos bens mencionados abriram mão de apropriar-se dos mesmos, em função de suas características de interesse comum. Além da não apropriação, esses regimes internacionais comportam obrigações livremente assumidas pelos Estados, de conservação e gestão racional, sem que se exijam contrapartidas.

Segundo Kiss e Beurier, a *"finalidade é servir a um objetivo maior, que é o interesse comum de toda a humanidade: prevenir as tensões internacionais que possam pôr em perigo a paz, respeitar e fazer respeitar a dignidade e os direitos fundamentais, impedir a super exploração destrutiva e egoísta dos recursos naturais".*[8]

A ideia do patrimônio comum, nascida no direito internacional, explicita, para os direitos internos, o direito de todos sobre determinados bens que, por suas características, não podem ser excluídos de uma tutela de natureza pública, independentemente de seu domínio.

19.2.2 Patrimônio da humanidade

Partindo do conceito de *patrimônio comum da humanidade,* porém sob outra ótica, realizou-se em 1972 a Convenção Relativa à Proteção do Patrimônio Mundial, Cultural e

---

4. CANÇADO TRINDADE, Antonio Augusto. International Law for Humankind – Towards a New Jus Gentium. Second Revised Edition. The Hague Academy of International Law Monographs, Volume 6. 2010, pp. 327-328.
5. SHAW, Malcolm N. Direito Internacional. São Paulo; Martins Fontes, 2010, p. 340.
6. Resolução da Assembleia Geral das Nações Unidas 2749 (XXV), de 1970.
7. Resolução da Assembleia Geral das Nações Unidas 1692 (XVIII), de 1970.
8. BEURIER, Jean-Pierre. *Droit international de l'environnement.* 5. ed. Paris: Pedone, 2017, p. 28.

Natural, em Paris, aprovada no Brasil pelo Decreto Legislativo nº 74, de 30-6-1977, e promulgada pelo Decreto nº 80.978, de 12-12-1977. Essa outra ótica diz respeito ao regime jurídico dos bens de valor natural ou cultural – que compõem a lista do Patrimônio Mundial. Ao contrário dos Fundos Marinhos, da Antártida e da Lua, os bens do Patrimônio Mundial pertencem e são controlados e protegidos pelos Estados em que se localizam.

Todavia, pelo fato de se inserirem no âmbito do interesse da humanidade, em face dos valores naturais ou culturais que encerram, constituem, por declaração da UNESCO, *patrimônio da humanidade*.[9] A Convenção Relativa à Proteção do Patrimônio Mundial, Cultural e Natural assim define *patrimônio cultural*:[10]

> os monumentos: obras arquitetônicas, esculturas ou pinturas monumentais, objetos ou estruturas arqueológicas, inscrições, grutas e conjuntos de valor universal excepcional do ponto de vista da história, da arte ou da ciência;

> os conjuntos: grupos de construções isoladas ou reunidas, que, por sua arquitetura, unidade ou integração à paisagem, têm um valor universal excepcional do ponto de vista da história, da arte ou da ciência;

> os locais de interesse: obras do homem, ou obras conjugadas do homem e da natureza, e as zonas, incluindo os locais de interesse arqueológico, com um valor universal excepcional do ponto de vista histórico, estético, etnológico ou antropológico.

Assim ficou definido o patrimônio natural,[11] à luz da Convenção:

> os monumentos naturais constituídos por formações físicas e biológicas ou por conjuntos de formações de valor universal excepcional do ponto de vista estético ou científico;

> as formações geológicas e fisiográficas e as zonas estritamente delimitadas que constituam *habitat* de espécies animais e vegetais ameaçadas de valor universal excepcional do ponto de vista estético ou científico;

> os locais de interesse ou as áreas naturais estritamente delimitadas detentoras de valor universal excepcional do ponto de vista da ciência, da conservação ou da beleza natural.

Fazem parte do *patrimônio natural e cultural da humanidade*, entre outros: as Missões Jesuíticas dos Guaranis – San Ignacio Mini, Santa Ana, Nossa Senhora de Loreto e Santa María Mayor, na Argentina, e as Ruínas de São Miguel das Missões, no Brasil; o Parque Nacional do Iguaçu, tanto na Argentina como no Brasil; o Parque Nacional da Serra da Capivara, no Piauí; a Reserva da Mata Atlântica; a Mata Atlântica – Reservas do Sudeste; as Ilhas Atlânticas Brasileiras: Reservas de Fernando de Noronha e Atol das Rocas; a Costa do Descobrimento; as cidades de Brasília, Ouro Preto, Olinda, os centros históricos das cidades de Salvador, Goiás, São Luís; o Santuário de Bom Jesus, em Congonhas, o Conjunto Moderno da Pampulha (2016), em Belo Horizonte; e o Sítio Arqueológico Cais do Valongo (2017), no centro do Rio de Janeiro.

O patrimônio cultural e natural constitui, assim, um valor universal, de interesse de toda a humanidade, porém adstrito à soberania dos Estados em que estão localizados esses bens específicos, competindo a cada país identificar, proteger, conservar, valorizar e transmitir às gerações futuras o patrimônio cultural e natural situado em seu território.

---

9. UNESCO. *Patrimônio Mundial no Brasil*. Disponível em: <https://pt.unesco.org/fieldoffice/brasilia/expertise/world-heritage-brazil>. Acesso: 10 mar. 2024.

10. Convenção Relativa à Proteção do Patrimônio Mundial, Cultural e Natural, art. 1º.

11. Convenção Relativa à Proteção do Patrimônio Mundial, Cultural e Natural, art. 2º.

No que se refere ao financiamento das ações de proteção, o Estado deve dispor de recursos internos. Todavia, havendo necessidade, poderá recorrer a assistência e cooperação internacionais especialmente nos planos financeiro, artístico, científico e técnico.[12]

19.3 O PATRIMÔNIO CULTURAL NA CONSTITUIÇÃO DE 1988

O art. 216 da Constituição define como componentes do patrimônio cultural brasileiro os bens de natureza material e imaterial, tomados individualmente ou em conjunto, portadores de referência à identidade, à ação, à memória dos diferentes grupos formadores da sociedade brasileira, nos quais se incluem:

as formas de expressão;

os modos de criar, fazer e viver;

as criações científicas, artísticas e tecnológicas;

as obras, objetos, documentos, edificações e demais espaços destinados às manifestações artístico-culturais;

os conjuntos urbanos e sítios de valor histórico, paisagístico, artístico, arqueológico, paleontológico, ecológico e científico.

Nota-se um avanço na conceituação de patrimônio cultural, em relação àquele estabelecido pelo Decreto-lei nº 25/37, restrito ao *"conjunto dos bens móveis e imóveis existentes no país e cuja conservação seja de interesse público, pela vinculação a fatos memoráveis da história do Brasil, ou por seu excepcional valor arqueológico ou etnográfico, bibliográfico, ou artístico".*[13] A CF/88 expande a proteção jurídica abarcando os bens de natureza imaterial.

Merece destaque o reconhecimento, em nível constitucional, da diversidade dos grupos que compõem a sociedade brasileira, assim como sua cultura, o que já é uma forma, ainda que em nível principiológico, de valorizar culturas cujos valores não se assentem, necessariamente, na lógica do enriquecimento apenas como meio de aumento do consumo.

O valor ecológico de um bem, inserido na definição de patrimônio cultural pela Constituição Federal, exprime que todo o meio ambiente, em princípio, compõe o patrimônio cultural. A CF/88 integrou, dessa forma, os conceitos do patrimônio natural ao patrimônio cultural, o que possui sentido, na medida em que há bens que encerram as duas características, como, por exemplo, uma prática de manejo florestal ou a organização da pesca em certas localidades, utilizada pelas comunidades tradicionais.

O conceito estabelecido na Constituição Federal foi além, referindo-se expressamente a valores muito subjetivos, como as *formas de expressão* ou de *criar, fazer e viver*. A Constituição refletiu, nas palavras de Édis Milaré, a *"diversidade e riqueza de bens culturais construídas incessantemente num país de dimensões continentais e variada formação étnica, que se pretende ver preservada".*[14]

A Constituição Federal reconhece os valores culturais das comunidades indígenas, inclusive a língua, ao determinar que o ensino fundamental regular seja ministrado em

---

12. Convenção Relativa à Proteção do Patrimônio Mundial, Cultural e Natural, art. 4º.

13. Daí a abordagem do patrimônio cultural no Título III, embora esse elemento não esteja expressamente indicado no rol dos recursos ambientais fixados no art. 3º, V, da Lei nº 6.938/81.

14. MILARÉ, Édis. *Direito do ambiente*. 10. ed. São Paulo: Revista dos Tribunais, 2015, p. 569.

língua portuguesa, assegurada às comunidades indígenas também a utilização de suas línguas maternas e processos próprios de aprendizagem.[15]

19.3.1 Competências

No que se refere à competência administrativa comum, cabe à União, Estados, Distrito Federal e Municípios proteger os documentos, as obras e outros bens de valor histórico, artístico e cultural, os monumentos, as paisagens naturais notáveis e os sítios arqueológicos[16] e impedir a evasão, a destruição e a descaracterização de obras de arte e de outros bens de valor histórico, artístico ou cultural.[17] Em nível federal, o Instituto do Patrimônio Histórico e Artístico Nacional (IPHAN) sucedeu a Secretaria do Patrimônio Histórico e Artístico Nacional (SPHAN), nas competências previstas no Decreto-lei nº 25, de 30-11-1937, no Decreto-lei nº 3.866, de 29-11-1941,[18] na Lei nº 4.845, de 19-11-1965, que proíbe a saída, para o exterior, de obras de arte e ofícios produzidos no país, até o fim do período monárquico, e na Lei nº 3.924, de 26-7-1961, que dispõe sobre os monumentos arqueológicos e pré-históricos.

O Instituto do Patrimônio Histórico e Artístico Nacional (IPHAN) é uma autarquia federal, vinculada ao Ministério da Cultura, com atuação administrativa em todo o território nacional[19]. Segundo o Decreto nº 11.178, de 18-8-2022, art. 2º, do Anexo I, é de incumbência dessa autarquia:

preservar o patrimônio cultural do País, nos termos do disposto no art. 216 da Constituição;

coordenar a implementação e a avaliação da Política Nacional de Patrimônio Cultural;

promover a identificação, o reconhecimento, o cadastramento, o tombamento e o registro do patrimônio cultural do País;

promover a salvaguarda e a conservação do patrimônio cultural acautelado pela União;

promover a difusão do patrimônio cultural do País, com vistas à preservação, à salvaguarda e à apropriação social;

promover a educação, a pesquisa e a formação de pessoal qualificado para a gestão, a preservação e a salvaguarda do patrimônio cultural;

elaborar as diretrizes, as normas e os procedimentos para a preservação do patrimônio cultural acautelado pela União, de forma a buscar o compartilhamento de responsabilidades entre os entes federativos e a comunidade;

fiscalizar e monitorar o patrimônio cultural acautelado pela União e exercer o poder de polícia administrativa nos casos previstos em lei;

manifestar-se, quando provocado, no âmbito do processo de licenciamento ambiental federal, estadual, distrital e municipal quanto à avaliação de impacto e à proteção dos bens culturais acautelados em âmbito federal e à adequação das propostas de medidas de controle, mitigação e compensação; e

fortalecer a cooperação nacional e internacional no âmbito do patrimônio cultural.

---

15. CF/88, art. 210, § 2º.
16. CF/88, art. 23, III.
17. CF/88, art. 23, IV.
18. Essa norma, em art. único, autoriza o Presidente da República, atendendo a motivos de interesse público, a determinar, de ofício ou em grau de recurso, interposto por qualquer legítimo interessado, seja cancelado o tombamento de bens pertencentes à União, aos Estados, aos Municípios ou a pessoas naturais ou jurídicas de direito privado, feito no Serviço do Patrimônio Histórico e Artístico Nacional, de acordo com o Decreto-lei nº 25/37.
19. Decreto nº 11.178/22 Anexo I, art. 1º.

A competência para legislar sobre a proteção do patrimônio histórico, cultural, artístico, turístico e paisagístico[20] e sobre a responsabilidade por dano ao meio ambiente, ao consumidor, a bens e direitos de valor artístico, estético, histórico, turístico e paisagístico[21] é de natureza concorrente. Aos Municípios compete promover a proteção do patrimônio histórico-cultural local, observada a legislação e a ação fiscalizadora federal e estadual,[22] o que, nas palavras de Maria Sylvia Zanella Di Pietro significa que eles não possuem competência legislativa nessa matéria, mas devem utilizar os instrumentos de proteção previstos na legislação federal e estadual.[23]

Ao Poder Público, com a colaboração da comunidade, compete promover e proteger o patrimônio cultural brasileiro, por meio de inventários, registros, vigilância, tombamento e desapropriação, e de outras formas de acautelamento e preservação.[24] Esse leque de ações, indicadas pela Constituição como forma de proteger o patrimônio cultural, é abrangente e inclui, no mesmo dispositivo, atividades bastante distintas.

Os *inventários*[25] – instrumentos de conhecimento e pesquisa, utilizados e adaptados a cada situação– e o *registro*[26] referem-se ao conhecimento que se deve ter acerca dos bens que compõem o patrimônio cultural. A informação é imprescindível, pois, sem que se saiba da existência de um determinado bem, fica impossível protegê-lo. A pesquisa acadêmica, assim com a pesquisa de campo, buscando informações sobre o vasto patrimônio cultural brasileiro, é necessária e implica custos de pessoal e equipamentos, além da manutenção e conservação dos documentos.

O Poder Público, no cumprimento de suas atribuições, deve promover o *financiamento* dessas atividades, garantindo o desenvolvimento dos inventários e registros, e estabelecendo, por meio de lei, os incentivos necessários à produção e o conhecimento de bens e valores culturais.[27] Nessa linha, a Constituição faculta aos Estados e ao Distrito Federal vincular a fundo estadual de fomento à cultura até cinco décimos por cento de sua receita tributária para o financiamento de programas e projetos culturais. Todavia, fica vedada a aplicação desses recursos no pagamento de: (1) despesas com pessoal e encargos sociais; (2) serviço da dívida; (3) qualquer outra despesa corrente não vinculada diretamente aos investimentos ou ações apoiadas.[28]

Cabe à Administração Pública, gestora da documentação governamental, tomar as providências para franquear sua consulta a quem dela necessite, o que vai ao encontro do princípio do *direito à informação*, previsto no art. 5º, XIV, da Constituição Federal.[29]

Outra ação prevista na Constituição Federal, como medida de efetividade de proteção ao patrimônio cultural, consiste na *vigilância*, que significa a *observância, o cuidado*. É

---

20. CF/88, art. 24, VII.
21. CF/88, art. 24, VIII.
22. CF/88, art. 30, IX.
23. DI PIETRO, Maria Sylvia Zanella. *Direito administrativo*. 23. ed. São Paulo: Atlas, 2010, p. 137.
24. CF/88, art. 216, § 1º.
25. INSTITUTO DO PATRIMÔNIO HISTÓRICO E ARTÍSTICO NACIONAL (IPHAN). Inventário Nacional de Referências Culturais (INRC). Disponível em: <http://portal.iphan.gov.br/uploads/ckfinder/arquivos/Manual_do_INRC.pdf>. Acesso em: 10 mar. 2024.
26. INSTITUTO DO PATRIMÔNIO HISTÓRICO E ARTÍSTICO NACIONAL (IPHAN). Registro de Bens Culturais de Natureza Imaterial. Disponível em: <http://portal.iphan.gov.br/pagina/detalhes/687/>. Acesso em: 10 mar. 2024.
27. CF/88, art. 216, § 3º.
28. CF/88, art. 216, § 6º, incluído pela Emenda Constitucional nº 42, de 19-12-2003.
29. Ver capítulo sobre os Princípios Informadores do Direito Ambiental.

dever de todos zelar e exercer outras *formas de acautelamento* e *preservação* do patrimônio público, não apenas o cultural.

Os valores de uma cultura são preciosos na manutenção das estruturas sociais e na própria identidade dos grupos culturais. A depredação de bens culturais indica a falta de autoestima e o sentimento de exclusão social ou cultural das pessoas. Contudo, essas questões devem ser resolvidas por meio do acesso à educação de boa qualidade e pela implantação de políticas de inclusão social e de punição àqueles que infringirem as normas de proteção. Esses males não podem servir de justificativa para que se aceite, como parte de uma culpa social, a depredação do patrimônio cultural.

Causar danos a um bem do patrimônio cultural é destruir um valor que pertence a todos, ignorando valores reconhecidos pela comunidade internacional. Ao Estado cabe, pois, o **poder-dever** de exercer a fiscalização, aplicando punições àqueles que causam danos ao patrimônio cultural, não permitindo que o Brasil venha a perder bens de valor incalculável, que pertencem, também, às futuras gerações. Nesse sentido, a Constituição determina que os danos e ameaças ao patrimônio cultural sejam punidos, na forma da lei,[30] o que remete, de antemão, à responsabilidade por dano ambiental, prevista no § 3º do art. 255 da CF/88.

O texto constitucional menciona, ainda, o **tombamento** e a **desapropriação**, instrumentos do direito administrativo, fundamentados no **princípio da supremacia do interesse público sobre o do particular** que servem de mecanismo para impor limitações ao exercício do direito de propriedade. O traço de distinção entre esses dois institutos é a situação de compatibilidade ou não da proteção que se pretende conferir a um bem de valor cultural com a propriedade privada. Se compatível, cabe o tombamento. Ao contrário, o bem deverá ser desapropriado, cabendo a seu dono o ressarcimento devido.

A Constituição ainda cuidou, no dispositivo que trata do patrimônio cultural, de uma fração de comunidades tradicionais – *quilombolas*. Especialmente com relação às antigas comunidades, a Constituição tombou todos os documentos e os sítios detentores de reminiscências históricas desses povos.[31] Esse dispositivo vai ao encontro do disposto no art. 68 do Ato das Disposições Transitórias da Constituição, que reconhece *"aos remanescentes das comunidades dos quilombos que estejam ocupando suas terras [...] a propriedade definitiva, devendo o Estado emitir-lhes os títulos respectivos"*. O espaço ocupado pelas comunidades quilombolas é o elemento identificador de sua cultura, que ali se desenvolveu ao longo do tempo.

19.4 TOMBAMENTO

O instituto do tombamento constitui instrumento de que se serve a Administração Pública para gravar um bem que possua um **reconhecido valor cultural**, entre outros, estabelecendo um novo regime jurídico de natureza pública, na medida em que ele encerra um interesse público em sua proteção e conservação.

---

30. CF/88, art. 216, § 4º.
31. CF/88, art. 216, § 5º.

Tombar é arrolar, inventariar, registrar.[32] Conforme ensina Hely Lopes Meirelles, o termo *tombamento* e a expressão *Livro do Tombo* têm sua origem no direito português,[33] onde os documentos de valor histórico e cultural são registrados no Livro do Tombo – Livro do Arquivo, guardado na Torre do Tombo, em Lisboa, ou nela arquivados.

Ainda que o Decreto-lei nº 25/37 não tenha previsto o tombamento de bens em razão de seu valor ecológico, em face das disposições do art. 216 da CF/88 essa modalidade passou a ser admitida. Contudo, a legislação ambiental prevê institutos de proteção mais bem estruturados, na medida em que contêm normas mais específicas sobre a proteção e a gestão desses bens, como é o caso do Sistema de Unidades de Conservação, por exemplo.

19.4.1 Natureza jurídica do tombamento

O tombamento consiste em um **ato administrativo** da autoridade legalmente competente para essa decisão que, no âmbito de um processo administrativo, promove o encadeamento formal de atos que culminam com a declaração do tombamento – o ato final do processo.

Qualquer bem – público ou privado – poderá ser objeto de um processo administrativo de tombamento: "*as coisas pertencentes às pessoas naturais, bem como às pessoas jurídicas de direito privado e de direito público interno*".[34] Basta que esse bem expresse um dos valores estabelecidos no art. 216 da Constituição.

O tombamento constitui também uma **limitação ao exercício do direito de propriedade**, na medida em que a decisão – de tombar um determinado bem – altera o seu regime jurídico, submetendo-o a uma regra especial de proteção – voltada ao interesse público – em que se restringe o exercício absoluto do direito de propriedade.

19.4.2 Procedimento

Se o bem a ser tombado estiver sob o domínio público da União, Estados, Distrito Federal e Municípios, o tombamento far-se-á de ofício, por ordem da autoridade competente, devendo ser notificada a entidade a quem pertencer, ou sob cuja guarda estiver a coisa tombada, a fim de produzir os necessários efeitos.[35]

Coloca-se aqui uma questão acerca da possibilidade de um Município proceder ao tombamento de bem pertencente a outro Ente Federado, à luz do princípio contido no § 2º do art. 2º do Decreto-lei nº 3.365/41, pelo qual "*a desapropriação de bens públicos deve observar a hierarquia existente entre as entidades políticas*" – vedação de desapropriação em ordem inversa. A distinção a fazer consiste no fato de não ocorrer, no tombamento, qualquer transferência de domínio do bem tombado, ao contrário do que ocorre na desapropriação.

---

32. FERREIRA, Aurélio Buarque de Holanda. *Novo dicionário da língua portuguesa*. 2. ed. Rio de Janeiro: Nova Fronteira, 1986, p. 1687.
33. MEIRELLES, Hely Lopes. *Direito administrativo brasileiro*. 32. ed. São Paulo: Malheiros, 2006, p. 574, nota de rodapé nº 82.
34. Decreto-lei nº 25/37, art. 2º.
35. Decreto-lei nº 25/37, art. 5º.

Em acórdão que apreciou caso em que o Município tombara bem de domínio estadual, sustentando o recorrente não poder tal ente tombar bem de propriedade do Estado, o entendimento do Superior Tribunal de Justiça (STJ) foi no sentido de que:

> Não se pode impedir o Município de zelar pela proteção de um bem que está situado nos limites de sua territorialidade, e que representa parte de sua história. Por outro lado, o fato do bem pertencer ao Estado do Rio de Janeiro não constitui óbice ao tombamento realizado pelo Município de Niterói, haja vista que além de não existir vedação legal nesse sentido, repise-se, o mais importante é o interesse público que deve ser protegido, mesmo que por mais de uma esfera estatal, sendo completamente descabida a cogitação de hierarquia verticalizada articulada pelo Estado do Rio de Janeiro.[36]

O bem de domínio privado pode ser tombado por duas formas, ou tipos de procedimento. No primeiro caso o tombamento é **voluntário** e ocorrerá *"sempre que o proprietário o pedir e a coisa se revestir dos requisitos necessários para constituir parte integrante do patrimônio histórico e artístico nacional [...], ou sempre que o mesmo proprietário anuir, por escrito, à notificação, que se lhe fizer, para a inscrição da coisa em qualquer dos Livros do Tombo".*[37]

A segunda hipótese versa sobre o **procedimento compulsório**[38], e independe da vontade de seu proprietário, implicando que, no respectivo processo administrativo, haverá a garantia de ampla defesa e do contraditório, conferindo-se àquele todos os meios de apresentar argumentos contra a decisão administrativa, se não estiver de acordo com ela.

19.4.3 Efeitos jurídicos do tombamento

O Decreto-lei nº 25/37 estabelece os efeitos jurídicos do tombamento, dispondo sobre o registro, a proteção e transformação do bem tombado, sua movimentação, a visibilidade e a fiscalização, impondo, para o proprietário, obrigações de fazer, de não fazer e suportar; para os vizinhos, a obrigação de não fazer e, para o órgão competente, obrigações de fazer.

19.4.3.1 Registro

O primeiro efeito do tombamento definitivo de um bem de propriedade particular consiste na respectiva *transcrição em livro*, a cargo dos oficiais do registro de imóveis e na averbação ao lado da transcrição do domínio.[39] Tais bens *"só podem ser considerados como integrantes do patrimônio cultural após a inscrição nos respectivos livros de registro".*[40]

Uma vez tombado o bem, passa o mesmo a reger-se por um novo regime jurídico. Em nível federal, a sistemática do tombamento prevê quatro tipos de registro:

> no Livro do Tombo Arqueológico, Etnográfico e Paisagístico: bens pertencentes às categorias de arte arqueológica, etnográfica, ameríndia e popular;
>
> no Livro do Tombo Histórico, para os bens de interesse histórico e as obras de arte histórica;
>
> no Livro do Tombo das Belas Artes, para a arte erudita, nacional ou estrangeira; e
>
> no Livro do Tombo das Artes Aplicadas, as obras que se incluírem na categoria das artes aplicadas, nacionais ou estrangeiras.[41]

---

36. Recurso em Mandado de Segurança nº 18.952 – RJ (2004/0130728-5).
37. Decreto-lei nº 25/37, art. 7º.
38. Decreto-lei nº 25/37, art. 8º.
39. Decreto-lei nº 25/37, art. 13.
40. Decreto-lei nº 25/37, art. 1º, § 1º.
41. Decreto-lei nº 25/37, art. 4º.

Os Estados e Municípios, quando for o caso, estabelecerão regras próprias sobre o processo de tombamento dos bens localizados em seu território.

19.4.3.2 Proteção e transformação do bem tombado

Cabe ao proprietário do bem tombado protegê-lo da *destruição, demolição e mutilação*, não podendo sequer *repará-lo, pintá-lo ou restaurá-lo*, sem prévia autorização especial do Serviço do Patrimônio Histórico e Artístico Nacional.[42] Uma questão a colocar refere-se à situação do detentor do domínio do bem tombado, quando, ao ser obrigado a proceder à sua conservação, não possui os recursos financeiros necessários. Nesse caso, admite-se que o Poder Público assuma o encargo, quando se comprovar tal situação.

19.4.3.3 Movimentação do bem tombado

No que se refere à alienabilidade das obras históricas ou artísticas tombadas, de propriedade de pessoas naturais ou jurídicas de direito privado,[43] *"a coisa tombada não poderá sair do País, senão por curto prazo, sem transferência de domínio e para fim de intercâmbio cultural, a juízo do Conselho Consultivo do Serviço do Patrimônio Histórico e Artístico Nacional"*.[44] A exportação não autorizada ou com finalidades diferentes da fixada na autorização implica o *sequestro* do bem.[45]

Se o bem tombado for de domínio público, a inalienabilidade já é característica de sua natureza. Dessa forma,

> somente pode ser transferido de um ente para outro. Além disso, como o *tombamento* não implica [...] transferência da propriedade, inexiste a limitação constante no art. 1º, § 2º, do DL 3.365/1941, que proíbe o Município de desapropriar bem do Estado.[46]

19.4.3.4 Visibilidade

A partir do tombamento de um imóvel, *"não se poderá, na vizinhança da coisa tombada, fazer construção que lhe impeça ou reduza a visibilidade"*.[47] Esse dispositivo refere-se à proteção da paisagem. Não teria cabimento ser um bem tombado e, ao seu lado, serem construídos imóveis que causassem a perda da visão desse componente do patrimônio cultural. Haveria, nessa hipótese, um desvio de finalidade, considerando o interesse público envolvido na proteção do bem tombado.

Nesse sentido é o acórdão do Tribunal Regional Federal da 1ª Região, no caso em que analisou a possibilidade de serem construídos imóveis próximos ao conjunto arquitetônico do Pelourinho, na cidade de Salvador: *"sendo o imóvel tombado pela então SPHAN, não podem ser feitas obras descaracterizadoras de suas formas arquitetônicas, e sim tão só obras de conservação"*.[48]

---

42. Decreto-lei nº 25/37, art. 17.
43. Decreto-lei nº 25/37, art. 12.
44. Decreto-lei nº 25/37, art. 14.
45. Decreto-lei nº 25/37, art. 15.
46. RMS 18952/RJ – Recurso Ordinário em Mandado de Segurança 2004/0130728-5. *DJ* 30-5-2005, p. 266. *RDR*, v. 32, p. 204.
47. Decreto-lei nº 25/37, art. 18.
48. AC 95.01.31834-6/BA, Rel. Juiz Tourinho Neto, Terceira Turma, *DJ* de 29-3-1996, p. 19876.

A questão se resolve na análise de cada caso, verificando se de fato ocorreu ou ocorrerá o comprometimento e em qual extensão da visibilidade do bem tombado. Como exemplo, cita-se a Ação Civil Pública que pede a demolição de uma construção de mais de 16 anos, próxima a um conjunto arquitetônico tombado. Segundo o TRF da 1ª Região, a regra seria a demolição: *"a obrigação de demolir obra feita em desacordo com o art. 17 do DL 25/37 é decorrência lógica do descumprimento da obrigação de não fazer imposta por este mesmo artigo, desde que daí decorra dano ao patrimônio protegido, cabendo ao proprietário nos termos do art. 19 do mesmo Decreto-lei"*. Todavia, após o exame do caso concreto, e verificando-se *"o laudo pericial e as fotografias juntadas ao processo [que] mostram que o imóvel do Apelante não está em desarmonia com o Conjunto Arquitetônico, pelo contrário, há na região imóveis maiores em tamanho e volume, conclui que seria injusto e sem sentido que no presente se determinasse a demolição de um andar de uma obra que já existe há 16 anos, apenas pela falta de prévia autorização, mas sem que a obra tenha ferido a harmonia estética ou arquitetônica do local em que se encontra"*.[49]

19.4.3.5 Vigilância

O ato do tombamento sujeita o bem tombado à vigilância permanente do órgão competente, que poderá inspecioná-lo sempre que for julgado conveniente. O proprietário não poderá criar obstáculos à inspeção.[50]

19.5   INDENIZAÇÃO POR TOMBAMENTO

Para tratar da possibilidade de o Poder Público indenizar o particular pelo ato administrativo do tombamento de um bem de propriedade deste, há que se retornar à natureza jurídica do tombamento. Trata-se de uma limitação ao exercício do direito de propriedade, com o objetivo de proteger o bem, em face de seu valor como patrimônio cultural. De acordo com a localização do bem e a sua natureza, a limitação imposta poderá ou não se tornar onerosa demais para o proprietário, caracterizando um prejuízo, passível de indenização.

Se o imóvel se encontra localizado em um conjunto arquitetônico tombado, em que todos os imóveis compõem um todo, como é o caso de Ouro Preto, declarado Patrimônio Comum da Humanidade, não há que falar em indenização. Todavia, tratando-se de uma casa localizada na Avenida Paulista, em São Paulo, que remeta à Era do Café, considerando que praticamente todas as casas anteriormente ali localizadas, algumas de raro valor arquitetônico, já foram substituídas por edifícios, é cabível a indenização, compatível com o preço de mercado.

A resposta, pois, dependerá do exame fático, pois há que ficar comprovada nos autos a existência de efetivo dano ao exercício do direito de propriedade, em face da limitação imposta. O STJ pronunciou-se no sentido de que *"a limitação gera obrigação de indenizar quando resulta em prejuízo para o proprietário. A verificação de prejuízo e de sua extensão é questão de prova"*.[51]

---

49.   AC 2003.01.00.036434-1/MG, Rel. Juiz Federal Cesar Augusto Bearsi, Quinta Turma, *DJ* de 7-12-2007, p. 52.

50.   Decreto-lei nº 25/37, art. 20.

51.   Recurso Especial 435.128/SP, Rel. Min. Luiz Fux.

19.6 SANÇÕES ADMINISTRATIVAS

As infrações administrativas previstas para o patrimônio cultural estão previstas no Decreto nº 6.514, de 22-7-2008. A primeira delas, fixada no art. 72, corresponde a:

Destruir, inutilizar ou deteriorar:

bem especialmente protegido por lei, ato administrativo ou decisão judicial; ou

arquivo, registro, museu, biblioteca, pinacoteca, instalação científica ou similar protegido por lei, ato administrativo ou decisão judicial:

Multa de R$ 10.000,00 a R$ 500.000,00.

O art. 73 do Decreto nº 6.514/08, estabelece a infração relativa a:

Alterar o aspecto ou estrutura de edificação ou local especialmente protegido por lei, ato administrativo ou decisão judicial, em razão de seu valor paisagístico, ecológico, turístico, artístico, histórico, cultural, religioso, arqueológico, etnográfico ou monumental, sem autorização da autoridade competente ou em desacordo com a concedida:

Multa de R$ 10.000,00 a R$ 200.000,00.

O art. 74 do citado decreto define como infração administrativa:

Promover construção em solo não edificável, ou no seu entorno, assim considerado em razão de seu valor paisagístico, ecológico, artístico, turístico, histórico, cultural, religioso, arqueológico, etnográfico ou monumental, sem autorização da autoridade competente ou em desacordo com a concedida.

Multa de R$ 10.000,00 a R$ 100.000,00.

Consistem em infração punível por multa de R$ 1.000,00 a R$ 50.000,00 *"pichar, grafitar ou por outro meio conspurcar edificação alheia ou monumento urbano (...). Se o bem for tombado, a multa é aplicada em dobro"*.[52]

19.7 CRIMES CONTRA O PATRIMÔNIO CULTURAL

A Lei nº 9.605/98 estabeleceu especificamente dois crimes contra o Patrimônio Cultural. O primeiro deles, fixado no art. 62, corresponde à infração administrativa prevista no art. 72 do Decreto nº 6.514/08:

Destruir, inutilizar ou deteriorar:

bem especialmente protegido por lei, ato administrativo ou decisão judicial; ou

arquivo, registro, museu, biblioteca, pinacoteca, instalação científica ou similar protegido por lei, ato administrativo ou decisão judicial:

Pena – reclusão, de um a três anos, e multa.

Parágrafo único. Se o crime for culposo, a pena é de seis meses a um ano de detenção, sem prejuízo da multa.

Nos termos do art. 17 do Decreto-lei nº 25/37, não podem as coisas tombadas ser destruídas, demolidas ou mutiladas. A ação é comissiva e pressupõe a vontade de destruir, inutilizar ou deteriorar. O objeto da tutela é tanto o bem protegido por lei como o local onde se guardam os bens protegidos: museu, biblioteca, pinacoteca, arquivo, registro, instalação científica que também sejam protegidos por lei, ato administrativo ou ainda decisão judicial. É reconhecida a forma culposa do crime.

---

52. Dec. nº 6.514/08, art. 75, *caput* e parágrafo único.

O art. 63 da Lei de Crimes Ambientais corresponde à infração estabelecida no art. 73 do Decreto nº 6.514/08, estabelecendo como crime:

Alterar o aspecto ou estrutura de edificação ou local especialmente protegido por lei, ato administrativo ou decisão judicial, em razão de seu valor paisagístico, ecológico, turístico, artístico, histórico, cultural, religioso, arqueológico, etnográfico ou monumental, sem autorização da autoridade competente ou em desacordo com a concedida:

Pena – reclusão, de um a três anos, e multa.

A ação estabelecida como crime refere-se à segunda parte do *caput* do art. 17 do Decreto-lei nº 25/37: *reparar, pintar ou restaurar sem prévia autorização* especial do Serviço do Patrimônio Histórico e Artístico Nacional o bem tombado.

Se o reparo, a pintura ou a restauração ou ainda qualquer outra ação venha a alterar o aspecto ou a estrutura do bem tombado, fica configurado o ilícito penal.

Também configura crime, fixado no art. 64 da Lei de Crimes Ambientais,

Promover construção em solo não edificável, ou no seu entorno, assim considerado em razão de seu valor paisagístico, ecológico, artístico, turístico, histórico, cultural, religioso, arqueológico, etnográfico ou monumental, sem autorização da autoridade competente ou em desacordo com a concedida:

Pena – detenção, de seis meses a um ano, e multa.

A ação que corresponde à prevista no art. 74 do Decreto nº 6.514/08 não se restringe a construir, mas a promover, sem a devida autorização do órgão competente, a construção em local não edificável, contrariando norma protetora do patrimônio cultural e histórico, entre outros.

Parte IV

Instrumentos da Política Nacional do Meio Ambiente

20

Administração Pública
e Meio Ambiente

Ao Estado compete, entre outras atribuições, a de proteger o meio ambiente. É matéria constitucional, cabendo à Administração Pública, por intermédio de seus agentes, que atuam sob o regime jurídico de direito público, a atividade concreta e imediata voltada à consecução dos interesses da sociedade.

A Constituição Federal, no art. 225, em seu § 1º, estabelece uma série de medidas, necessárias para assegurar a efetividade do direito ao meio ambiente ecologicamente equilibrado, incumbindo o Poder Público de executá-las. Segundo Blanca Lozano Cutanda, *"o cumprimento desse mandato constitucional se leva a cabo fundamentalmente mediante normas de direito público e o papel central que desempenha a Administração, o que é consequência do caráter de interesse ou bem jurídico coletivo que possui o meio ambiente e da necessidade de que sua proteção se realize"*.[1]

Cabe, pois, à Administração Pública, pôr em execução a vontade do Estado contida na lei, por meio de atos concretos e abstratos, visando ao atendimento do interesse público, precipuamente sob as regras do direito público. Sendo o objetivo da proteção ambiental evitar o dano – poluição e degradação –, o Estado dispõe, para tanto, de funções específicas, voltadas a determinados âmbitos de atuação administrativa, que se traduzem, à luz da Política Nacional do Meio Ambiente, nos instrumentos previstos no art. 9º da Lei nº 6.938/81.

20.1 FUNÇÕES DA ADMINISTRAÇÃO PÚBLICA

20.1.1 Funções de prestação

As *funções de prestação*, em matéria ambiental, referem-se às atividades públicas atinentes à implantação dos instrumentos da política, que não os de controle, mas aqueles voltados à formulação e execução de ações de proteção e melhoria das condições ambientais. Tais atividades incluem (1) a elaboração de estudos e (2) a execução de atividades concretas, embasadas em estudos, por meio dos quais o Estado presta à sociedade os serviços atinentes à melhoria da qualidade ambiental.

As funções de prestação não se confundem com o exercício do poder de polícia. Há uma distinção entre função de controle ambiental (função protetora) e a função de prestar à sociedade uma resposta às necessidades de proteção ambiental. Enquanto as ações relativas ao exercício do poder de polícia encontram-se claramente delimitadas pela lei, as ações de prestação encerram inúmeras atividades, também previstas nas normas, e sob a

---

1. CUTANDA, Blanca Lozano. *Derecho ambiental administrativo*. 4. ed. Madrid: Dykinson, 2003, p. 91.

responsabilidade do Poder Público sem, todavia, detalhar as atividades e fixar prazos para que estas se efetivem. Saliente-se ainda que o exercício do poder de polícia não é desvinculado das funções de prestação: há casos em que é necessário o controle ambiental para assegurar que as ações realizadas no âmbito da função de prestação sejam efetivas.

É o que ocorre, por exemplo, com as Unidades de Conservação. Compete aos órgãos e entidades do SISNAMA, no âmbito de suas respectivas atribuições, definir esses espaços de acordo com a sua fragilidade ambiental e outros valores detectados, dar encaminhamento aos processos administrativos cabíveis, realizar as audiências públicas necessárias, instruindo os processos de modo a fornecer a base técnica à decisão política de criação do espaço, seja do Executivo – decreto, seja do Legislativo – lei.

A partir da criação da Unidade de Conservação, a elaboração do Plano de Manejo encerra uma função de prestação. A lei estabelece toda a regra sobre as Unidades de Conservação, mas não dispõe sobre os prazos para que os Poderes Públicos iniciem os processos de sua implantação, salvo no caso dos Planos de Manejo. No Brasil, muito poucos são os espaços protegidos que efetivamente se encontram implantados, com a garantia da proteção que deu ensejo à criação da Unidade de Conservação.

Outra vertente da atuação do Poder Público consiste na fiscalização e na imposição de penalidades aos infratores, o que garante a proteção da UC, ficando clara a relação existente entre a função de prestação e a função protetora. Todavia, em ambos os casos, há uma série de medidas de efetividade da lei a serem implementadas o mais urgente possível, para impedir a degradação dessas áreas protegidas.

As ações relativas à prestação assumem as mais variadas formas: desde a implantação dos sistemas de informação e monitoramento, até o efetivo funcionamento de um comitê de bacia hidrográfica, já instituído por lei ou decreto, de acordo com as normas do Ente Federativo envolvido.

20.1.2 Funções protetoras ou de polícia administrativa

As funções protetoras ou de polícia administrativa estão relacionadas com *"as ações orientadoras ou limitadoras dos interesses econômicos particulares, que se integrem aos interesses gerais ambientais em um modelo de desenvolvimento sustentável"*.[2] Em poucas palavras, trata-se do exercício do poder de polícia ambiental. O licenciamento ambiental vai estabelecer, em cada caso, as condicionantes passíveis de viabilizar o empreendimento, com o mínimo de impacto. O regulamento da lei, fixando padrões e outras regras, indica os limites da atuação do particular nas atividades que utilizam os recursos naturais. A definição das infrações administrativas e respectivas sanções serve para coibir o abuso que tem por efeito a ocorrência do dano.

20.1.3 Funções de fomento

Apenas o controle administrativo não soluciona a complexa missão de evitar os danos ambientais: é necessária a intervenção na economia, obrigando ou induzindo os meios de produção a introduzir em seus custos o valor dos recursos naturais utilizados, o que le-

---

2.   CUTANDA, Blanca Lozano. *Derecho ambiental administrativo*. 4. ed. Madrid: Dykinson, 2003, p. 94.

20 • ADMINISTRAÇÃO PÚBLICA E MEIO AMBIENTE

varia a uma utilização mais racional. Um exemplo de medida governamental nesse sentido consiste na cobrança pelo uso de recursos hídricos, prevista na Lei nº 9.433/97.[3]

As funções de fomento dizem respeito aos incentivos, inclusive econômicos, auxílios financeiros, subvenções e outros instrumentos de cunho econômico, que o Estado põe à disposição dos cidadãos e empresas com vista a estimular certos comportamentos que, não sendo obrigatórios, passam a ser adotados, em razão de algum benefício que produzem.

Neste capítulo será abordada a atuação preventiva da Administração Pública, na busca de exigir o cumprimento das normas ambientais e, quando for o caso, aplicar penalidades pela inobservância da lei em vigor.[4]

20.2   PODER DE POLÍCIA AMBIENTAL

Uma das formas de controle do cumprimento das normas ambientais é exercida pela Administração Pública por meio do poder de polícia administrativa que, para Celso Antônio Bandeira de Mello, pode ser definido como:

> A atividade da Administração Pública, expressa em atos normativos ou concretos, de condicionar, com fundamento em sua supremacia geral e na forma da lei, a liberdade e a propriedade dos indivíduos, mediante ação ora fiscalizadora, ora preventiva, ora repressiva, impondo coercivamente aos particulares um dever de abstenção (*non facere*) a fim de conformar-lhes os comportamentos aos interesses sociais consagrados no sistema normativo.[5]

O conceito legal desse instituto encontra-se no Código Tributário Nacional, que assim o define:

> Art. 78. Poder de polícia é a atividade da administração pública que, limitando ou disciplinando direito, interesse ou liberdade, regula a prática de ato ou abstenção de fato, em razão de interesse público concernente à segurança, à higiene, à ordem, aos costumes, à disciplina da produção e do mercado, ao exercício de atividades econômicas dependentes de concessão ou autorização do Poder Público, à tranquilidade pública ou ao respeito à propriedade e aos direitos individuais ou coletivos.

O poder de polícia, no sentido moderno dessa expressão, reporta, se não apenas à garantia de segurança, tranquilidade e salubridade pública, também ao reconhecimento do Estado em um papel mais amplo, na promoção do bem-estar geral, fixando não só a ordem pública, mas também a ordem econômica e social.

O **princípio da supremacia do interesse público sobre o particular** constitui a essência do exercício do poder de polícia. Cabe à Administração Pública controlar as atividades dos particulares, em nome de toda a comunidade, no intuito de atender ao interesse público, o que poderia ser traduzido, *grosso modo*, pela proteção do meio ambiente, evitando-se a degradação e a poluição, e garantindo-se o uso dos bens ambientais para as atuais e futuras gerações. A ideia é *não pôr em perigo o interesse geral*, o que pode ser traduzido em **evitar o dano**.

Celso Antônio Bandeira de Mello explica a relação que existe entre o controle e o bem-estar da população. Tratando da matéria genericamente, ensina o autor que:

---

3.   Ver Capítulo sobre Instrumentos Econômicos da Política Ambiental.
4.   As questões atinentes à atuação repressiva da Administração Pública são objeto do Capítulo sobre Responsabilidade Administrativa por Dano Ambiental.
5.   MELLO, Celso Antônio Bandeira de. *Curso de direito administrativo*. 30. ed. São Paulo: Malheiros, 2013, p. 853.

Através da Constituição e das leis os cidadãos recebem uma série de direitos. Cumpre, todavia, que o seu exercício seja compatível com o bem-estar social. Em suma, é necessário que o uso da liberdade e da propriedade esteja entrosado com a utilidade coletiva, de tal modo que não implique uma barreira capaz de obstar a realização dos objetivos públicos.[6]

O poder de polícia consiste na execução de vários tipos de ação, de natureza preventiva (de fiscalização)[7] ou repressiva, sempre sob a responsabilidade e o comando da Administração Pública, não cabendo a delegação a terceiros, salvo se autorizado por lei. A lei confere fundamento à atuação da Administração, à medida que ninguém é obrigado a fazer ou deixar de fazer alguma coisa, senão em virtude de lei, nos termos do art. 5º, II, da Constituição Federal.

Cabe à lei dispor sobre o poder de polícia, estabelecendo os direitos e obrigações, tanto da Administração como do particular. O exercício do poder de polícia é, todavia, restrito ao Poder Executivo, tanto na regulação e controle de atividades lícitas, como na repressão de atividades ilícitas. Em matéria ambiental, são as seguintes as ações relativas ao exercício do poder de polícia:[8]

a fixação, por meio de regulamento de lei, e sempre nos termos desta, de procedimentos administrativos e de normas e padrões ambientais, que permitam ao administrador exercer o controle sobre as atividades, licenciando-as ou não, assim como impondo as respectivas condições e limites, em caso positivo;

o exercício do órgão competente, nos termos da legislação ambiental, para licenciar empreendimentos potencial ou efetivamente poluidores;

a fiscalização do cumprimento das normas, regulamentos e limites estabelecidos pela própria administração, em cada caso concreto;

a aplicação das penalidades cabíveis, no caso de desrespeito à regra instituída, de acordo com o disposto na lei.

Os dois primeiros itens – regulamento e licenciamento – referem-se ao poder de polícia preventivo, em que a Administração atua com vistas a evitar a ocorrência de dano. Todas as ações relativas ao exercício do poder de polícia em matéria ambiental são atribuídas aos órgãos e entidades do Sistema Nacional do Meio Ambiente (SISNAMA), de acordo com as respectivas competências e finalidades legalmente fixadas nos seus atos de criação.

20.3 PROCESSO ADMINISTRATIVO

A proteção do meio ambiente é atribuição que a Administração Pública cumpre por intermédio dos órgãos e entidades componentes do SISNAMA, de acordo com as respectivas competências legais. O processo administrativo é o instrumento de que se utiliza a Administração, seja nos casos de **prestação** – ações atinentes à consecução das políticas, como é o caso da criação de espaços protegidos –, seja nos casos de **controle de atividades** – licenciamento ambiental ou aplicação de penalidades por infração ambiental; seja nos casos de fomento, em que se inserem.

---

6.   MELLO, Celso Antônio Bandeira de. *Curso de direito administrativo*. 30. ed. São Paulo: Malheiros, 2013, p. 834.
7.   O Supremo Tribunal de Justiça publicou a Súmula nº 652 consolidando o seguinte entendimento: "A responsabilidade civil da Administração Pública por danos ao meio ambiente, decorrente de sua omissão no dever de fiscalização, é de caráter solidário, mas de execução subsidiária". (Súmula n. 652, Primeira Seção, julgado em 2/12/2021, DJe de 6/12/2021).
8.   Essas atividades, ínsitas da Administração Pública, realizam-se mediante a tramitação de processos administrativos.

Em que pese a importância de proteger o meio ambiente, punindo infratores das normas ambientais, o Estado de direito impõe à Administração Pública deveres relativos ao cumprimento da lei e dos princípios que lhe dão fundamento. Nesses deveres incluem-se o de observar os direitos do particular, a quem é assegurada a utilização dos instrumentos de defesa, quando se sentir de alguma forma prejudicado em seus direitos, no que tange à tramitação de um processo administrativo.

Isso significa que, além dos princípios informadores do direito ambiental, objeto de capítulo próprio nesta obra, outros **princípios**, ínsitos ao direito administrativo, devem ser observados pelos órgãos e entidades do SISNAMA: (1) *legalidade;*[9] (2) *finalidade*; (3) *motivação*; (4) *razoabilidade e proporcionalidade*; (5) *moralidade*; (6) *ampla defesa e contraditório*; (7) *segurança jurídica*; (8) *interesse público* e (9) *eficiência.*[10]

O processo administrativo foi equiparado ao processo judicial pela Constituição Federal, ao determinar que:

> Aos litigantes, em processo judicial ou administrativo, e aos acusados em geral são assegurados o contraditório e ampla defesa, com os meios e recursos a ele inerentes.[11]

A norma que rege a matéria é a Lei nº 9.784, de 29-1-1999, que fixou as normas básicas sobre o processo administrativo no âmbito da Administração Federal Direta e Indireta.[12] Sua finalidade refere-se a duas funções do processo: (1) meio de atingir as finalidades da Administração e (2) instrumento de defesa dos direitos do particular interessado.

O processo administrativo, qualquer que seja seu objeto, constitui uma sucessão de fases e atos que culminam com a edição de um ato final. No que se refere à terminologia, pode-se denominar *processo* quando, no resultado final, houver a participação do particular contrapondo-se à Administração e *procedimento* para definir simplesmente um conjunto de atos e fatos que culminam com um resultado final.[13]

A Lei nº 9.784/99 define como **órgão** a unidade de atuação integrante da estrutura da Administração direta e da estrutura da Administração indireta;[14] como **entidade** a unidade de atuação dotada de personalidade jurídica,[15] **autoridade** o servidor ou agente público dotado de poder de decisão[16] e **interessados** as pessoas físicas ou jurídicas que iniciam o processo como titulares de direitos ou interesses individuais ou no exercício do direito de representação; *"aqueles que, sem terem iniciado o processo, têm direitos ou interesses que possam ser afetados pela decisão a ser adotada"*; *"as organizações e associações representativas, no tocante a direitos e interesses coletivos"* e *"as pessoas ou as associações legalmente constituídas quanto a direitos ou interesses difusos".*[17]

Na condução dos processos administrativos, deve a Administração observar os critérios indicados na Lei nº 9.784/99, que se referem e explicitam o conteúdo dos princípios citados:

---

9. CF/88, art. 37.
10. Lei nº 9.784/99, art. 2º.
11. CF/88, art. 5º, LV.
12. A Lei nº 9.784/99 aplica-se à Administração Pública Federal. Alguns Estados editaram normas sobre processo administrativo, como é o caso de São Paulo, Lei nº 10.177, de 30-12-1998.
13. DINAMARCO, Cândido Rangel. *A instrumentalidade do processo*. 4. ed. São Paulo: Malheiros, 1994, p. 126 ss.
14. Lei nº 9.784/99, art. 1º, § 2º, I.
15. Lei nº 9.784/99, art. 1º, § 2º II.
16. Lei nº 9.784/99, art. 1º, § 2º III.
17. Lei nº 9.784/99, art. 9º, I, II, III e IV.

1. a atuação do administrador deve ocorrer conforme a lei e o Direito,[18] o que vai ao encontro do princípio constitucional da **legalidade**;

2. deve-se buscar o atendimento a fins de interesse geral, vedada a renúncia total ou parcial de poderes ou competências, salvo autorização em lei,[19] o que identifica o princípio da **finalidade**;

3. é obrigatória a objetividade no atendimento do interesse público, vedada a promoção pessoal de agentes ou autoridades.[20] Esse critério reporta-se à **impessoalidade**, em que se deixam de considerar as pessoas envolvidas e seus respectivos interesses em observância ao interesse geral;

4. a atuação do Poder Público deve ocorrer também segundo padrões éticos de probidade, decoro e boa-fé.[21] Esse dispositivo explicita o princípio da **moralidade**;

5. a divulgação oficial dos atos administrativos, ressalvadas as hipóteses de sigilo previstas na Constituição,[22] trata do princípio do **direito à informação**;

6. a adequação entre meios e fins, vedada a imposição de obrigações, restrições e sanções em medida superior àquelas estritamente necessárias ao atendimento do interesse público,[23] refere-se aos princípios da **razoabilidade** e da **proporcionalidade**;

7. a indicação dos pressupostos de fato e de direito que determinarem a decisão[24] tem por fundamento o princípio da **motivação**;

8. a observância das formalidades essenciais à garantia dos administrados e a adoção de formas simples, suficientes para proporcionar adequado grau de certeza, segurança e respeito aos seus direitos,[25] referem-se aos **princípios do formalismo moderado e da segurança jurídica**;

9. a garantia dos direitos à comunicação, à apresentação de alegações finais, à produção de provas e à interposição de recursos, nos processos de que possam resultar sanções e nas situações de litígio,[26] reporta-se à **ampla defesa** e ao **contraditório**;

10. a proibição de cobrança de despesas processuais, ressalvadas as previstas em lei, permite que qualquer pessoa, independentemente de sua situação financeira, possa exercer os seus direitos, garantindo-se dessa forma o **direito de petição**;[27]

11. a impulsão, de ofício, do processo administrativo, sem prejuízo da atuação dos interessados, refere-se ao princípio da **oficialidade**.[28]

Como se verifica, o processo administrativo constitui um instrumento de *"garantia dos administrados ante as prerrogativas públicas"*[29] e se condiciona à existência de um Poder Executivo concatenado com os demais poderes e submetido à lei,[30] noção que se mescla com a expressão *due process of law*, originária do direito anglo-saxão, significando que *o processo, qualquer que seja o âmbito de sua tramitação, deve ser conduzido com a estrita observância dos termos da lei.*[31]

---

18. Lei nº 9.784/99, art. 2º, parágrafo único, I.
19. Lei nº 9.784/99, art. 2º, parágrafo único, II.
20. Lei nº 9.784/99, art. 2º, parágrafo único, III.
21. Lei nº 9.784/99, art. 2º, parágrafo único, IV.
22. Lei nº 9.784/99, art. 2º, parágrafo único, V.
23. Lei nº 9.784/99, art. 2º, parágrafo único, VI.
24. Lei nº 9.784/99, art. 2º, parágrafo único, VII.
25. Lei nº 9.784/99, art. 2º, parágrafo único, VIII e IX.
26. Lei nº 9.784/99, art. 2º, parágrafo único, X.
27. Lei nº 9.784/99, art. 2º, parágrafo único, XI e CF/88, art. 5º, XXXIV.
28. Lei nº 9.784/99, art. 2º, parágrafo único, XII.
29. MELLO, Celso Antônio Bandeira de. *Curso de direito administrativo*. 30. ed. São Paulo: Malheiros, 2013, p. 494.
30. Inicialmente, a submissão do poder à lei origina-se na Carta Magna de 1215, que vedava qualquer restrição de direito de cidadão, salvo em razão de disposição da lei do lugar. Em 1354, essa expressão foi substituída pela fórmula *due process of law*, adotada até os dias de hoje.
31. CF/88, art. 5º, LIV.

20.4 INSTRUMENTOS DE POLÍTICA NACIONAL DO MEIO AMBIENTE

Os instrumentos previstos no art. 9º da Lei nº 6.938/81 encerram **funções de prestação** – zoneamento ambiental, criação de espaços territoriais especialmente protegidos,[32] sistema nacional de informações, Cadastro Técnico Federal de Atividades e Instrumento de Defesa Ambiental, Relatório de Qualidade do Meio Ambiente, prestação de informações, Cadastro Técnico Federal; **funções de controle** – estabelecimento de padrões de qualidade ambiental, avaliação de impactos ambientais, licenciamento e revisão de atividades, penalidades disciplinares ou compensatórios e **funções de fomento** – incentivos à produção e instalação de equipamentos e à criação ou absorção de tecnologia, voltados para a melhoria da qualidade ambiental e instrumentos econômicos, como a concessão florestal, servidão ambiental, seguro ambiental e outros.

A aplicação dos instrumentos é feita por meio de processos administrativos sistemáticos inerentes à Administração Pública.

---

32. Tendo em vista a extensão do tema, os espaços protegidos são objeto de parte específica deste livro.

PADRÕES AMBIENTAIS

21.1 CONCEITO DE PADRÃO

Padrão é, em sentido estrito, o nível ou grau de qualidade de um elemento (substância ou produto) que é próprio ou adequado a determinado propósito.[1]

Nem sempre a ocorrência de degradação ambiental ou de poluição é visível a olho nu. Há casos em que é necessária a análise química, biológica ou física de determinada situação para identificar se realmente ocorreu algum desequilíbrio ambiental, que provocou danos.

Para caracterizar legalmente o desequilíbrio, com vistas a impor as respectivas responsabilidades, é preciso conhecer, de antemão, a situação de equilíbrio anterior e principalmente os limites existentes entre esses dois momentos, pois só assim será possível efetuar comparações.

21.1.1 Padrões de Qualidade

Os padrões de qualidade previstos para o meio receptor, seja ele água, ar ou solo, têm como objetivo estabelecer limites que garantam a manutenção das diversas formas de vida e os usos e necessidades humanas.

A Resolução CONAMA nº 357/2005, que dispõe sobre a classificação dos corpos de água e diretrizes ambientais para o seu enquadramento, define padrão como *valor limite adotado como requisito normativo de um parâmetro de qualidade de água ou efluente*,[2] na qual o parâmetro de qualidade da água é classificado de acordo com substâncias ou outros indicadores representativos da qualidade da água,[3] tais como concentrações mínimas de oxigênio dissolvido e densidade de cianobactérias.[4]

Quanto ao padrão de qualidade do ar, a Resolução CONAMA nº 491/2018 definiu-o como *um dos instrumentos de gestão da qualidade do ar, determinado como valor de concentração de um poluente específico na atmosfera, associado a um intervalo de tempo de exposição, para que o meio ambiente e a saúde da população sejam preservados em relação aos riscos de danos causados pela poluição atmosférica.*[5] Considera-se como poluente atmosférico *qualquer forma de matéria em quantidade, concentração, tempo ou outras características, que tornem ou possam tornar o ar impróprio ou nocivo à saúde, inconveniente ao*

---

1. MOREIRA, Iara Verocai Dias. *Vocabulário básico de meio ambiente*. Rio de Janeiro: Fundação Estadual de Engenharia do Meio Ambiente (FEEMA), 1990, p. 149.
2. Resolução CONAMA nº 357/2005, art. 2º, XXVI.
3. Resolução CONAMA nº 357/2005, art. 2º, XXVII.
4. Resolução CONAMA nº 357/2005, art. 14, I e II.
5. Resolução CONAMA nº 491/2018, art. 2º, II.

bem-estar público, danoso aos materiais, à fauna e flora ou prejudicial à segurança, ao uso e gozo da propriedade ou às atividades normais da comunidade.[6]

A concentração de poluentes atmosféricos leva em consideração, entre outros, as partículas em suspensão e a concentração de monóxido de carbono. A Resolução CONAMA nº 491/2018 prevê *padrões de qualidade do ar intermediários – PI* (padrões estabelecidos como valores temporários a serem cumpridos em etapas) e *padrão de qualidade do ar final – PF* (valores guia definidos pela Organização Mundial da Saúde – OMS em 2005)[7].

Coube à Resolução CONAMA nº 420/2009 definir critérios e valores orientadores de qualidade do solo quanto à presença de substâncias químicas. Para isso, determina que os órgãos ambientais competentes dos Estados e do Distrito Federal devem instituir Valores Orientadores de Referência de Qualidade, de Prevenção e de Investigação.[8] De acordo com o Anexo I, que regulamenta tal obrigação, devem ser considerados os seguintes parâmetros para caracterização do solo, sem excluir a possibilidade de inclusão de novos parâmetros de acordo com as peculiaridades regionais: carbono orgânico, pH em água, capacidade de troca catiônica e teores de argila, site, areia e de óxidos de alumínio, ferro e manganês.[9] A resolução tem especial preocupação com os impactos das substâncias químicas à saúde humana, determinando o estabelecimento de um aporte diário tolerável a seres humanos de uma substância presente no ar, na água, no solo ou em alimentos ao longo da vida, sem efeito deletério comprovado à saúde humana.

21.1.2 Padrões de emissão

Os padrões de emissão estão associados ao princípio da prevenção, pois estabelecem uma linha divisória entre as externalidades negativas provocadas pela atividade e a garantia de salubridade ambiental. Em outras palavras, não se impede que poluentes sejam lançados no ambiente, desde que em quantidades tais que não venham a causar danos.

21.2 COMPETÊNCIA PARA FIXAÇÃO DE PADRÕES

A fixação de padrões ambientais compete aos Poder Público, como parte do exercício do poder de polícia. A partir da edição da lei, estabelecem-se as atribuições dos órgãos e entidades de controle ambiental (poder regulatório) tanto para fixar os padrões como para fiscalizar o cumprimento da norma, no âmbito da sistemática de comando-controle. Importante frisar que a existência de limites para poluir reforça a ideia realista de que a legislação ambiental não proíbe nem o uso dos recursos naturais nem descargas de poluentes.

21.2.1 Conama

O Conselho Nacional do Meio Ambiente (CONAMA) é o órgão consultivo e deliberativo do Sistema Nacional do Meio Ambiente (SISNAMA) instituído pela Lei nº 6.938/01.

---

6. Resolução CONAMA nº 491/2018, art. 2º, I.
7. Resolução CONAMA nº 491/2018, art. 2º, III e IV.
8. Resolução CONAMA nº 420/2009, art. 8º.
9. Resolução CONAMA nº 420/2009, Anexo I – Procedimento para o Estabelecimento de Valores de Referência de Qualidade do Solo, 2- Seleção de parâmetros para caracterização do solo.

Compete ao órgão deliberar sobre normas e padrões compatíveis com o meio ambiente ecologicamente equilibrado e essencial à sadia qualidade de vida.[10]

Nos termos da Política Nacional do Meio Ambiente, o CONAMA deve estabelecer normas, critérios e padrões relativos ao controle e à manutenção da qualidade do meio ambiente com vistas ao uso racional dos recursos ambientais, principalmente os hídricos.[11] De acordo com o regimento interno do órgão, as Resoluções, como as citadas acima sobre padrões de qualidade, são os atos pelos quais o CONAMA delibera sobre questões vinculadas a diretrizes e normas técnicas, critérios e padrões relativos à proteção ambiental e ao uso sustentável dos recursos ambientais.

21.2.2 Estados e Municípios

Política Nacional do Meio Ambiente, conferiu aos Estados e Municípios competência para definir padrões relacionados ao meio ambiente. Os Estados, na esfera de suas competências e nas áreas de sua jurisdição, devem elaborar normas supletivas e complementares quanto aos padrões relacionados com o meio ambiente, observados os que forem estabelecidos pelo CONAMA.[12] Por sua vez, os Municípios, observadas as normas e os padrões federais e estaduais, também poderão elaborar as normas relacionadas ao interesse local.[13]

21.3 FUNÇÃO DOS PADRÕES AMBIENTAIS

O papel dos padrões ambientais é estabelecer parâmetros, geralmente representados por números, que indicam determinado estado de equilíbrio ambiental, permitindo-se que, no âmbito das atividades licenciadas, seja possível o lançamento de efluentes ou de partículas nos corpos receptores – corpos d'água, atmosfera e solo – em quantidades que sejam, em princípio, seguras do ponto de vista da qualidade ambiental.

Em certos casos, como na fixação de limites de som, identifica-se o objetivo de proteger o bem-estar das pessoas[14], evitando que a poluição sonora venha incomodar e mesmo causar doenças.

No direito brasileiro, os padrões adquirem uma importância especial na medida em que o "*lançamento de matérias ou energia **em desacordo** com os padrões ambientais estabelecidos*" caracteriza a ocorrência de *poluição*".[15]

---

10. Lei nº 6.938/81, art. 6º, II, com redação dada pela Lei nº 8.028/90.
11. Lei nº 6.938/81, art. 8º, VII.
12. Lei nº 6.938/81, art. 6º, § 1º.
13. Lei nº 6.938/81, art. 6º, § 2º.
14. BELL, Stuart; McGILLIVRAY, Donald; PEDERSEN, Ole; LEES, Emma; STOKES, Elen; Environmental Law. 9a. ed. Oxford: Oxford Press, 2017, p. 235.
15. Ver os capítulos sobre Águas, Solo, Atmosfera e Clima e Meio Ambiente Urbano, que comentam as normas específicas sobre os padrões ambientais para recursos hídricos, solo, ruídos e emissões atmosféricas.

22

AVALIAÇÃO DE IMPACTO AMBIENTAL (AIA)

22.1 AVALIAÇÃO DE IMPACTO AMBIENTAL

Toda a questão ambiental envolve o conhecimento dos efeitos das atividades humanas no meio ambiente. Ao longo da história, não havia a preocupação com tais impactos sobre o equilíbrio do meio ambiente. Apenas quando já havia danos, principalmente à saúde das pessoas, como ocorreu na cidade de Londres, na Revolução Industrial, em face da fuligem e da fumaça produzida pelos motores a carvão, é que se começou a verificar um nexo de causalidade entre esses dois fatores: atividade econômica e desequilíbrio ambiental, com impactos na saúde humana.

Na construção do Direito Ambiental ficou clara a importância do conhecimento científico dos efeitos danosos que as atividades causavam ao meio ambiente, pois dele decorreu a imposição de medidas compensatórias e mitigadoras que poderiam viabilizar a atividade, ao mesmo tempo em que evitavam prejuízos ambientais. Na medida em que o conhecimento e as técnicas de avaliação de impacto evoluíram, novos conceitos foram se desenvolvendo, tornando-se a base desse novo ramo do Direito. Assim, a proteção do ambiente – seja com base na prevenção, seja com base na precaução – foi se tornando mais factível.

O Princípio 17 da Declaração do Rio/92 estabelece que a avaliação do impacto ambiental, como instrumento nacional, será efetuada para as atividades planejadas que possam vir a ter um impacto adverso significativo sobre o meio ambiente e estejam sujeitas à decisão de uma autoridade nacional competente.

Segundo Iara Verocai Dias Moreira, a Avaliação de Impacto Ambiental consiste em um

> instrumento da política ambiental, formado por um conjunto de procedimentos capaz de assegurar, desde o início do processo, que se faça um exame sistemático dos impactos ambientais de uma ação proposta (projeto, programa, plano ou política) e de suas alternativas, e que os resultados sejam apresentados de forma adequada ao público e aos responsáveis pela tomada de decisão, e por ele considerados. Além disso, os procedimentos devem garantir a adoção das medidas de proteção do meio ambiente determinadas, no caso de decisão sobre a implantação do projeto.[1]

A Avaliação de Impacto Ambiental (AIA) está inserida como instrumento na Política Nacional do Meio Ambiente, constituindo uma das bases de aplicação do art. 170, VI, da Constituição Federal, que condiciona a ordem econômica à defesa do meio ambiente e, consequentemente, aos princípios da prevenção e da precaução. Aplica-se tanto a em-

---

1. MOREIRA, Iara Verocai Dias. *Vocabulário básico de meio ambiente*. Rio de Janeiro: Fundação Estadual de Engenharia do Meio Ambiente (FEEMA), 1990, p. 33.

preendimentos de resultado físico como obras ou projetos de agricultura, assim como a atividades não vinculadas a esse tipo de resultado, como políticas, projetos e planos. Sujeitam-se à avaliação os projetos públicos e particulares, industriais ou de outra natureza, em área urbana ou rural, considerada crítica de poluição ou não.

É na análise dos impactos que poderão ser causados por um determinado empreendimento que poderá ser verificada, com maior certeza, a viabilidade de sua instalação, sob os aspectos ambientais. Além disso, nessa avaliação são formuladas as alternativas e as medidas relativas à mitigação dos impactos, por meio de ajustes a fazer no projeto, de modo a diminuir os riscos. Também nesse instrumento cabe estabelecer as medidas compensatórias dos danos inerentes ao empreendimento.

A Avaliação de Impacto Ambiental, ainda que estabelecida na lei como um instrumento da política, é mais que isso. Representa mais a necessidade de analisar, previamente, os impactos de quaisquer atividades humanas passíveis de causar danos ao meio ambiente do que um documento a ser produzido. E, a partir daí buscar soluções para garantir a não ocorrência de danos ao meio ambiente. Além disso, a AIA é o gênero, do qual os demais tipos de estudos[2] são espécies.

Cabe ao regulamento da lei estabelecer os tipos de estudos concretos que configuram como instrumentos de avaliação de impactos, e cuja profundidade e detalhamento variarão de acordo com o tipo de atividade e a potencialidade ou efetividade de risco ao meio ambiente.

Considerando que a responsabilidade dos estudos que procedem à Avaliação de Impacto Ambiental é da Administração Pública, tal atividade somente pode ocorrer mediante um processo administrativo. No caso em tela, o processo é o de licenciamento ambiental. Dessa forma, todas as análises ambientais prévias, definidas pelos regulamentos, devem ser apresentadas pelo empreendedor durante a tramitação do processo de licenciamento ambiental.

---

2.   Ver capítulo sobre Estudos Ambientais.

ESTUDOS AMBIENTAIS

Os **Estudos Ambientais** constituem espécies do gênero **Avaliação de Impactos Ambientais**, conforme mencionado no parágrafo anterior. Constatada a necessidade de um conhecimento científico sobre as dinâmicas dos empreendimentos e os impactos no ambiente e na saúde humana, tornou-se necessário especificar, a partir das características de cada atividade e respectivos riscos, o grau de profundidade e complexidade que os estudos devem conter.

Trata-se, pois, de "**todos e quaisquer estudos relativos aos aspectos ambientais relacionados a localização, instalação, operação e ampliação de uma atividade ou empreendimento, apresentados como subsídios para a análise da licença requerida, tais como: relatório ambiental, plano e projeto de controle ambiental, relatório ambiental preliminar, diagnóstico ambiental, plano de manejo, plano de recuperação de área degradada e análise preliminar de risco**".[1]

Na medida em que se colocam os estudos ambientais no âmbito da localização, instalação, operação e ampliação de uma atividade ou empreendimento, como subsídio de uma análise por parte do órgão ou entidade de controle ambiental, com vistas à emissão de uma licença, entende-se que esses estudos devem fazer parte do processo de licenciamento ambiental que, por definição, é o instrumento da Política Nacional do Meio Ambiente destinado a licenciar "**a localização, instalação, ampliação e a operação de empreendimentos e atividades utilizadoras de recursos ambientais, consideradas efetiva ou potencialmente poluidoras ou daquelas que, sob qualquer forma, possam causar degradação ambiental, considerando as disposições legais e regulamentares e as normas técnicas aplicáveis ao caso**".[2]

Cabe verificar, nesse passo, quais os estudos ambientais previstos na legislação, suas características e conteúdo exigível.

23.1 ESTUDO PRÉVIO DE IMPACTO AMBIENTAL

Instrumento de caráter constitucional, o Estudo Prévio de Impacto Ambiental (Epia), nova denominação do Estudo de Impacto Ambiental (EIA),[3] ocorre no âmbito do processo de licenciamento ambiental. O Epia constitui detalhamento adicional do próprio procedimento do licenciamento, nos casos em que a Administração Pública entender necessário.

A Constituição Federal estabeleceu, entre as competências do Poder Público, para assegurar o direito ao meio ambiente ecologicamente equilibrado, a exigência, "**na forma da lei, para instalação de obra ou atividade potencialmente causadora de *significativa***

---

1. Resolução CONAMA nº 237/97, art. 1º, III.
2. Resolução CONAMA nº 237/97, art. 1º, I.
3. Nesta obra, usaremos as duas denominações, indistintamente.

DIREITO AMBIENTAL • Maria Luiza Machado Granziera

degradação do meio ambiente, estudo prévio de impacto ambiental, a que se dará publicidade".[4]

A Resolução CONAMA nº 1, de 23-1-1986, exige a realização de Estudo de Impacto Ambiental e respectivo Relatório de Impacto Ambiental (RIMA) para o licenciamento de atividades modificadoras do meio ambiente. Nota-se que a norma constitucional tornou, sob o prisma terminológico, mais técnica a questão, na medida em que qualquer atividade humana, inclusive respirar, modifica o meio ambiente, sem necessariamente causar danos. O que deve depender do EIA são as atividades que causam ou podem causar impactos significativos. A mencionada Resolução estabelece uma lista de caráter exemplificativo dos empreendimentos sujeitos ao EIA/RIMA. Cabe ao órgão licenciador, ou ao Ministério Público, determinar a execução do EIA/RIMA de acordo com a complexidade do projeto. Sendo exemplificativa a lista, outros empreendimentos, sempre a critério do órgão ou entidade ambiental, poderão sujeitar-se à exigência de apresentação do EIA/RIMA.

Nos termos do artigo 1º da Resolução CONAMA nº 1/86,

considera-se impacto ambiental qualquer alteração das propriedades físicas, químicas e biológicas do meio ambiente, causada por qualquer forma de matéria ou energia resultante das atividades humanas que, direta ou indiretamente, afetem a saúde, a segurança e o bem-estar da população, as atividades sociais e econômicas, a biota, as condições estéticas e sanitárias do meio ambiente e a qualidade dos recursos ambientais.

A Resolução CONAMA nº 237/97 estabeleceu lista de empreendimentos sujeitos ao licenciamento em seu anexo, com a mesma característica de ser exemplificativa da lista fixada pela Resolução CONAMA nº 1/86, em seu artigo 2º.

Milaré e Benjamin indicam alguns dos objetivos principais do Epia:

identificação das implicações negativas do projeto e suas alternativas;

avaliar os benefícios e custos ambientais;

sugerir medidas mitigadoras;

informar os setores interessados;

informar o público de maneira geral; e

influenciar o processo decisório administrativo com o suprimento de informações úteis.[5]

Ainda segundo Milaré e Benjamin, o Epia atua fundamentalmente na esfera da discricionariedade da Administração Pública, orientando, informando, fundamentando e restringindo a decisão administrativa. Não a integra, não é componente interior da decisão administrativa, mas é parte do procedimento decisório, conferindo-lhe fundamento técnico.[6] Os citados autores ressaltam que o Epia:

[...] não aniquila, por inteiro, a discricionariedade administrativa em matéria ambiental. O seu conteúdo e conclusões não extinguem a apreciação da conveniência e oportunidade que a Administração Pública pode exercer, como, por exemplo, na escolha de uma entre múltiplas alternativas, optando,

---

4. CF/88, art. 225, § 1º, IV.
5. MILARÉ, Édis; BENJAMIN, Antonio Herman V. *Estudo prévio de impacto ambiental*: teoria, prática e legislação. São Paulo: Revista dos Tribunais, 1993, p. 76.
6. MILARÉ, Édis; BENJAMIN, Antonio Herman V. *Estudo prévio de impacto ambiental*: teoria, prática e legislação. São Paulo: Revista dos Tribunais, 1993, p. 67.

inclusive, por uma que não seja ótima em termos estritamente ambientais. Trata-se de um esforço mais de integração do que de dominação.[7]

Segundo Paulo de Bessa Antunes,

qualquer decisão a ser tomada deverá, necessariamente, ter como base os estudos elaborados pela equipe técnica. Tais estudos, contudo, têm caráter de demonstração de opções para a ação administrativa a ser desenvolvida. Neste ponto, é necessário que se examine quais são os objetivos da Política Nacional do Meio Ambiente. Tais objetivos, como se sabe, são a compatibilização entre o desenvolvimento econômico sustentado, a proteção do meio ambiente assegurando que o mesmo seja sadio e equilibrado e a promoção social do ser humano.[8]

No mesmo sentido, Paulo Affonso Leme Machado afirma que

O Estudo de Impacto Ambiental é um procedimento público. Dessa forma não é possível entender-se como tal um estudo privado efetuado por uma equipe multidisciplinar sob encomenda do proponente do projeto, uma vez que é imprescindível a intervenção inicial do órgão público ambiental desde o início do procedimento.[9]

Ou seja, o EIA/RIMA não vincula a decisão administrativa do licenciamento. Todavia, essa decisão não pode contrariar os preceitos do direito ambiental nem do direito administrativo, incluídas aí as regras vigentes sobre os processos administrativos.[10]

23.1.1 Conteúdo do EPIA

A abrangência do EIA não se limita ao exame das consequências de determinado empreendimento sobre o meio físico e biótico do local de implantação. O EIA deve conter o diagnóstico ambiental da área de influência do projeto e contemplar as alternativas tecnológicas e de localização deste, confrontando-o com a hipótese de sua não execução, inclusive quanto ao aspecto socioeconômico, nos termos do art. 6º da Resolução CONAMA nº 01, de 23-1-1986, que estabelece as atividades técnicas básicas que deverão constar do Epia, indicando o conteúdo de cada uma delas, conforme segue:

Diagnóstico ambiental da área de influência do projeto e completa descrição e análise dos recursos ambientais e suas interações, tal como existem, de modo a caracterizar a situação ambiental da área, antes da implantação do projeto, considerando: (a) o meio físico – o subsolo, as águas, o ar e o clima, destacando os recursos minerais, a topografia, os tipos e aptidões do solo, os corpos d'água, o regime hidrológico, as correntes marinhas, as correntes atmosféricas; (b) o meio biológico e os ecossistemas naturais – a fauna e a flora, destacando as espécies indicadoras da qualidade ambiental, de valor científico e econômico, raras e ameaçadas de extinção e as áreas de preservação permanente; (c) o meio socioeconômico – o uso e ocupação do solo, os usos da água e a socioeconomia, destacando os sítios e monumentos arqueológicos, históricos e culturais da comunidade, as relações de dependência entre a sociedade local, os recursos ambientais e a potencial utilização futura desses recursos;

Análise dos impactos ambientais do projeto e de suas alternativas, através de identificação, previsão da magnitude e interpretação da importância dos prováveis impactos relevantes, discriminando: os impactos positivos e negativos (benéficos e adversos), diretos e indiretos, imediatos e a médio e longo prazos, temporários e permanentes; seu grau de reversibilidade; suas propriedades cumulativas e sinérgicas; a distribuição dos ônus e benefícios sociais.

---

7. MILARÉ, Édis; BENJAMIN, Antonio Herman V. *Estudo prévio de impacto ambiental*: teoria, prática e legislação. São Paulo: Revista dos Tribunais, 1993, p. 68.
8. ANTUNES, Paulo de Bessa. Natureza jurídica do estudo prévio de impacto ambiental. *Revista Direito Ambiental*. São Paulo, 1996, nº 1, p. 84-85.
9. MACHADO, Paulo Affonso Leme. *Direito Ambiental Brasileiro*. 26. ed. São Paulo: Malheiros, 2018, pp. 280-281.
10. Ver Lei nº 9.784/99, art. 2º.

DIREITO AMBIENTAL • Maria Luiza Machado Granziera

Definição das medidas mitigadoras dos impactos negativos, entre elas os equipamentos de controle e sistemas de tratamento de despejos, avaliando a eficiência de cada uma delas.

Elaboração do programa de acompanhamento e monitoramento dos impactos positivos e negativos, indicando os fatores e parâmetros a serem considerados.

No que se refere ao diagnóstico ambiental da área de influência do projeto, cumpre ressaltar, de antemão, a necessidade de uma definição prévia de qual seja a sua abrangência. **Influência**, do latim **influentia**, significa a **ação de uma coisa sobre outra**[11] ainda **efeito modificador produzido por agentes físicos ou da natureza sobre os seres humanos e as coisas.**[12] Determinar exatamente a delimitação geográfica dessa área pode ser controverso, pois, por exemplo, o empreendimento pode ter repercussões socioeconômicas em toda uma região e, sob o prisma ambiental, causar impacto muito reduzido. É preciso, pois, definir em conjunto com o órgão licenciador os limites geográficos a serem abrangidos pelo Epia.

O segundo conjunto de atividades concerne às análises dos impactos ambientais do projeto e de suas alternativas. É a comparação entre o fator ambiental e o fator econômico, em que deverão ser propostas alternativas, de modo que se compatibilizem essas variáveis, de acordo com o princípio do desenvolvimento sustentável.[13]

No que tange às medidas mitigadoras dos impactos negativos, inclui-se a tecnologia a serviço do meio ambiente como forma de minimizar as possibilidades de dano ambiental, sem impedir a realização do empreendimento.

A partir do Estudo Prévio de Impacto Ambiental, deve ser elaborado um Relatório de Impacto Ambiental (RIMA), que constitui um resumo do Epia, abordando os pontos fundamentais do estudo, com linguagem acessível. A finalidade do RIMA é facilitar o acesso à informação acerca do projeto proposto e, portanto, deverá ficar disponível para consulta da sociedade civil no órgão ambiental competente.

O Epia, como estudo ambiental que tem por finalidade apresentar com clareza as características do projeto para servir de apoio à decisão quanto ao licenciamento da atividade, deve:

atender à legislação e aos princípios e diretrizes da Lei nº 6.938/81;

contemplar todas as alternativas tecnológicas de localização, confrontando-as com a hipótese de não execução do projeto;

identificar todos os impactos ambientais gerados nas fases de implantação do projeto;

definir a área de influência;

considerar os planos e programas governamentais propostos e a implantar na área de influência do projeto e sua compatibilidade.[14]

23.1.2 Audiências públicas

A audiência pública, referida na Resolução CONAMA nº 1/86, e regulamentada pela Resolução CONAMA nº 09, de 13-12-1987, tem por finalidade expor aos interessados o

---

11. FREIRE, Laudelino. *Grande e novíssimo dicionário da língua portuguesa*. Rio de Janeiro: A Noite, 1941, v. 3, p. 2970.
12. MICHAELIS. Dicionário Brasileiro da Língua Portuguesa. Melhoramentos, 2022. Disponível em: <https://michaelis.uol.com.br/moderno-portugues/busca/portugues-brasileiro/influencia>. Acesso em: 11 mar. 2024.
13. Resolução CONAMA nº 1/86, art. 6º, II.
14. Resolução CONAMA nº 1/86, art. 5º.

conteúdo do projeto ou empreendimento em análise e do seu referido RIMA, dirimindo dúvidas e recolhendo dos presentes as críticas e sugestões.

Realiza-se a audiência pública sempre que o órgão de meio ambiente licenciador julgar necessário, quando for solicitado por entidade civil, pelo Ministério Público ou por 50 ou mais cidadãos.[15] Se solicitada a audiência e o órgão licenciador não a realizar, a licença concedida não terá validade,[16] sendo vedado, pois, o início da implantação do empreendimento, enquanto essa situação não for regularizada.

Sob o aspecto processual, a Resolução CONAMA nº 09/87 estabelece uma série de procedimentos a serem cumpridos:

> direção da audiência pelo representante do órgão ou entidade licenciadora;
>
> exposição objetiva do projeto e do RIMA;
>
> abertura das discussões com os interessados presentes, cabendo uma regulamentação sobre as manifestações, a ser apresentada no edital da audiência;
>
> lavratura de ata ao final de cada audiência, em que serão anexados todos os documentos escritos e assinados que forem entregues ao presidente dos trabalhos durante a sessão.[17]

Das audiências públicas participam os Conselhos de Meio Ambiente, órgãos colegiados integrantes do SISNAMA. O fator político, assim, permeia e, se não condiciona, influi para mais ou para menos, dependendo do caso, no processo de tomada de decisão. Esse fator marca a diferença com que hoje se tratam as políticas públicas, em que não mais o Poder Executivo decide isoladamente, mas em um cenário que conta com a participação da sociedade civil.

Saliente-se que essa participação não vincula, necessariamente, a decisão administrativa que será tomada com base na discricionariedade administrativa, adotando ou não os resultados da audiência pública. Nos termos do art. 5º da resolução em tela, a ata da(s) audiência(s) pública(s) e seus anexos servirão de base, juntamente com o RIMA, para a análise e parecer final do licenciador quanto à aprovação ou não do projeto.

23.2 PLANO DE RECUPERAÇÃO DE ÁREA DEGRADADA (PRAD)

A Constituição Federal, em seu art. 225, § 2º, determina que **"aquele que explorar recursos minerais fica obrigado a recuperar o meio ambiente degradado, de acordo com solução técnica exigida pelo órgão público competente, na forma da lei".**

O art. 2º, VIII, da Lei nº 6.938/81 inclui, entre os princípios da política ambiental, a recuperação de áreas degradadas. De acordo com o ordenamento jurídico brasileiro, essa solução técnica deve ser apresentada no início do processo de licenciamento ambiental.

O Decreto nº 97.632, de 10-4-1989, que regulamentou o citado dispositivo da Lei nº 6.938/81, exige, em seu art. 1º, que os empreendimentos que se destinam à exploração de recursos minerais deverão, quando da apresentação do Estudo de Impacto Ambiental (EIA) e do Relatório de Impacto Ambiental (RIMA), submeter à aprovação do órgão ambiental competente o Plano de Recuperação de Área Degradada (PRAD).

---

15. Resolução CONAMA nº 9/87, art. 2º.
16. Resolução CONAMA nº 9/87, art. 2º, § 2º.
17. Resolução CONAMA nº 09/87, arts. 3º e 4º.

A recuperação deverá ter por objetivo o retorno do sítio degradado a uma forma de utilização, de acordo com um plano preestabelecido para o uso do solo, visando à obtenção de uma estabilidade do meio ambiente.[18]

À luz das normas acima mencionadas, as Resoluções CONAMA n°s 9 e 10, ambas datadas de 6-12-1990, disciplinam o licenciamento das atividades de lavra e beneficiamento mineral, com vistas ao atendimento do princípio do desenvolvimento sustentável.

A título de esclarecimento, essas duas resoluções tiveram por base a classificação das espécies minerais adotadas pelo Código de Minas – Decreto-lei n° 227, de 28-2-1967. A Resolução CONAMA n° 9/90 aplica-se à extração e à pesquisa de minerais das Classes I, III, IV, V, VI, VII, VIII e IX,[19] excluída expressamente do seu âmbito a permissão de lavra garimpeira. A Resolução n° 10/90 disciplina especificamente o licenciamento da lavra de minérios Classe II – destinados à construção civil.

Tendo sido revogada a classificação de minerais contida no art. 5° do Decreto-lei n° 227/67 pelo art. 3° da Lei n° 9.314, de 14-11-1996, as resoluções citadas perderam seu objeto.

23.3 RELATÓRIO AMBIENTAL PRELIMINAR (RAP)

A Lei n° 11.284, de 2-3-2006, prevê que a licença prévia para uso sustentável da unidade de manejo será requerida pelo órgão gestor, mediante a apresentação de relatório ambiental preliminar ao órgão ambiental competente integrante do Sistema Nacional do Meio Ambiente (SISNAMA).[20]

O Relatório Ambiental Preliminar (RAP) encontra-se descrito na legislação ambiental do Estado de São Paulo. Trata-se de estudos técnicos e científicos elaborados por equipe multidisciplinar que, além de oferecerem instrumentos para a análise da viabilidade ambiental do empreendimento ou atividade, destinam-se a avaliar sistematicamente as consequências das atividades ou empreendimentos considerados potencialmente causadores de degradação do meio ambiente, em que são propostas medidas mitigadoras com vistas à sua implantação.[21]

23.4 AVALIAÇÃO AMBIENTAL ESTRATÉGICA (AAE)

No direito brasileiro, a regra é a análise de cada empreendimento, caso a caso, sem uma visão geral dos efeitos do conjunto. A Avaliação Ambiental Estratégica (AAE) tem por objeto a macrovisão sobre políticas, planos e programas, verificando os impactos de sua implementação e estabelecendo estratégias para a minimização de danos ao ambiente. Por exemplo, se a companhia estadual de saneamento deve cumprir um programa de implantação de estações de tratamento de esgoto em uma determinada região, seria desejável

---

18. Decreto n° 97.632/89, art. 3°.
19. A título de mero esclarecimento, a classificação de minerais contida no art. 5° do Decreto-lei n° 227/67, revogada pelo art. 3° da Lei n° 9.314/96, era a seguinte: Classe I – jazidas de substâncias minerais metalíferas; Classe II – jazidas de substâncias minerais de emprego imediato na construção civil; Classe III – jazidas de fertilizantes; Classe IV – jazidas de combustíveis fósseis sólidos; Classe V – jazidas de rochas betuminosas e pirobetuminosas; Classe VI – jazidas de gemas e pedras ornamentais; Classe VII – jazidas de minerais industriais, não incluídas nas classes precedentes; Classe VIII – jazidas de águas minerais; Classe IX – jazidas de águas subterrâneas.
20. Lei n° 11.284/06, art. 18.
21. Resolução SMA n° 49, de 29-05-2014, art. 2°, IV.

um estudo acerca do impacto do conjunto das obras, seus benefícios e externalidades negativas, as formas previstas para a disposição final do lodo do esgoto, ao invés de licenciamentos pontuais de cada sistema.

23.5   RELATÓRIO DE CONTROLE AMBIENTAL (RCA)

A Resolução CONAMA nº 23, de 7-12-1994, que institui procedimentos específicos para o licenciamento de atividades relacionadas a exploração e lavra de jazidas de combustíveis líquidos e gás natural, prevê, entre os estudos a serem apresentados pelo empreendedor, o Relatório de Controle Ambiental (RCA), "**contendo a descrição da atividade de perfuração, riscos ambientais, identificação dos impactos e medidas mitigadoras**".[22]

23.6   ESTUDO DE VIABILIDADE AMBIENTAL (EVA)

Na mesma Resolução CONAMA nº 23/94 exige-se o Estudo de Viabilidade Ambiental, elaborado pelo empreendedor, contendo plano de desenvolvimento da produção para a pesquisa pretendida, com "**avaliação ambiental e indicação das medidas de controle a serem adotadas**".[23]

23.7   RELATÓRIO DE AVALIAÇÃO AMBIENTAL (RAA)

O Relatório de Avaliação Ambiental, elaborado pelo empreendedor, deve conter o diagnóstico ambiental da área onde já se encontra implantada a atividade, a descrição dos novos empreendimentos ou ampliações, a identificação e avaliação do impacto ambiental e as medidas mitigadoras a serem adotadas, considerando a introdução de outros empreendimentos,[24] conforme dispõe a Resolução CONAMA nº 23/94.

23.8   PROJETO DE CONTROLE AMBIENTAL (PCA)

Elaborado pelo empreendedor de petróleo e gás, e contendo os projetos executivos de minimização dos impactos ambientais avaliados nas fases da Licença Prévia para Perfuração (LPPER), Licença Prévia de Produção para Pesquisa (LPPRO) e Licença de Instalação (LI), com seus respectivos documentos,[25] tem por fundamento a Resolução CONAMA nº 23/94.

23.9   PLANO EMERGENCIAL INDIVIDUAL PARA INCIDÊNCIA DE POLUIÇÃO POR ÓLEO (PEI)

A Lei nº 9.966, de 28-4-2000, dispõe sobre a prevenção, o controle e a fiscalização da poluição causada por lançamento de óleo e outras substâncias nocivas ou perigosas em águas sob jurisdição nacional. Essa norma determina que "**os portos organizados, instalações portuárias e plataformas, bem como suas instalações de apoio, deverão dispor de planos de emergência individuais para o combate à poluição por óleo e substâncias**

---

22.   Resolução CONAMA nº 23/94, art. 6º, II.
23.   Resolução CONAMA nº 23/94, art. 6º, III.
24.   Resolução CONAMA nº 23/94, art. 6º, IV.
25.   Resolução CONAMA nº 23/94, art. 6º, V.

nocivas ou perigosas, os quais serão submetidos à aprovação do órgão ambiental competente".[26]

A Resolução CONAMA nº 398, de 11-6-2008, que revogou a Resolução CONAMA nº 293/01, dispõe sobre o conteúdo mínimo do Plano de Emergência Individual para incidentes de poluição por óleo em águas sob jurisdição nacional, originados em portos organizados, instalações portuárias, terminais, dutos, sondas terrestres, plataformas e suas instalações de apoio, refinarias, estaleiros, marinas, clubes náuticos e instalações similares, e orienta a sua elaboração[27].

---

26. Lei nº 9.966/00, art. 7º.
27. Em caso de acidentes que causem poluição por óleo de maiores proporções, em que a ação individualizada dos agentes diretamente envolvidos não se mostrar suficiente para o enfrentamento do problema, deverá ser acionado o Plano Nacional de Contingência (PNC). Tal plano foi instituído pelo Decreto nº 8.127, de 22-10-2013, mas alterado pelo Decreto nº 10.950, de 22-01-2022, o qual dispõe sobre o Plano Nacional de Contingência para Incidentes de Poluição por Óleo em Águas sob Jurisdição Nacional (PNC), fixando responsabilidades, estrutura organizacional, diretrizes, procedimentos e ações. Os objetivos do PCN é: "I – permitir a atuação coordenada de órgãos da administração pública e de entidades públicas e privadas na ampliação da capacidade de resposta em incidentes de poluição por óleo que possam afetar as águas sob jurisdição nacional; II – minimizar danos ambientais; e III – evitar prejuízos para a saúde pública." (Decreto nº 10.950/22, art. 1º).

24
Licenciamento Ambiental

O licenciamento ambiental é um dos mais importantes instrumentos de gestão do meio ambiente. Possui natureza técnica, na medida em que analisa os impactos que um empreendimento poderá causar em determinado território, de acordo com seu porte e características. Utiliza, para tanto, parâmetros definidos pelas várias ciências que dão suporte técnico ao direito ambiental. Ao mesmo tempo, constitui um tipo de processo administrativo, submetido ao regime jurídico de direito público, no âmbito do comando-controle.

A atividade econômica e a proteção do ambiente não são conceitos antagônicos. Muito pelo contrário, é a atividade econômica exercida de modo ambientalmente adequado que assegura a sustentabilidade do desenvolvimento, alcançando as futuras gerações. Esse tema já se encontra devidamente cristalizado, tendo como paradigma o Relatório Brundtland, estudo que aprimorou esse conceito, na preparação da Conferência do Rio de Janeiro sobre Meio Ambiente e Desenvolvimento, em 1992.[1]

O licenciamento ambiental é o instrumento de análise dos empreendimentos e atividades potencial ou efetivamente degradadores ou poluidores, à luz da necessidade da proteção do ambiente, de acordo com a lei. No processo de licenciamento dos empreendimentos, por órgãos e entidades de controle ambiental, discutem-se todas as questões relativas ao uso dos recursos naturais, à poluição e à degradação ambiental, assim como as medidas compensatórias e mitigadoras dos impactos identificados como passíveis de ocorrer.

Essa necessidade de proteção fica cada vez mais clara à medida que o tempo passa. O descaso com os riscos ambientais implica consequências graves, como hoje se constata, em relação ao aquecimento global, por exemplo. Muitos técnicos advertiam os governos, sem ser devidamente ouvidos. Como se verifica hoje, não se tratava de exagero ambientalista, mas de um fato concreto, que hoje pode pôr em risco, além de muitas atividades do homem, a sobrevivência de inúmeras espécies e ecossistemas.

Daí a necessidade de melhor compreender a função do licenciamento ambiental, principalmente no que se refere ao desenvolvimento econômico, considerando que degradar o ambiente para promover um crescimento afoito pode causar, no futuro, danos irreparáveis, inviabilizando muitas outras atividades humanas e prejudicando as futuras gerações.

É nessa linha que a Conferência das Nações Unidas sobre Meio Ambiente e Desenvolvimento (Rio/92) introduziu o princípio da precaução, segundo o qual:

> De modo a proteger o meio ambiente, o princípio da precaução deve ser amplamente observado pelos Estados, de acordo com suas capacidades. Quando houver ameaça de danos sérios ou irreversíveis,

---

1. Esse relatório foi publicado no Brasil sob o título: *Nosso futuro comum*, pela Fundação Getulio Vargas, em 1991.

a ausência de absoluta certeza científica não deve ser utilizada como razão para postergar medidas eficazes e economicamente viáveis para prevenir a degradação ambiental.[2]

Vale ressaltar que o licenciamento ambiental não se destina a inviabilizar a implantação de um empreendimento. A sua função precípua é a de buscar todos os meios possíveis para essa implantação, a menos que os riscos de dano evidenciem falta de segurança quanto aos efeitos desse empreendimento no futuro.

Todavia, muitas são dificuldades relacionadas com a tramitação desse procedimento. A complexidade do próprio licenciamento ambiental, a morosidade dos órgãos e entidades ambientais pela falta de técnicos para analisar os estudos ambientais, e a paralisação do licenciamento em decorrência de decisões judiciais são fatores, entre outros, que vêm provocando movimentos para flexibilizar esse importante instrumento de gestão ambiental. [3]

24.1 NOÇÃO E FUNDAMENTOS DO LICENCIAMENTO AMBIENTAL

A figura do licenciamento de atividades poluidoras surgiu pela primeira vez no direito brasileiro na Lei nº 6.803, de 2-7-1980, que estabeleceu as diretrizes básicas para o zoneamento industrial nas áreas críticas de poluição. Todavia, essa norma não detalhou o processo administrativo necessário para efetivá-lo, cabendo à Lei nº 6.938/81 e seus regulamentos fixar a estrutura legal e administrativa em que aquele se assenta.

A conceituação do instituto encontra-se hoje no art. 2º, I, da Lei Complementar nº 140/11. Trata-se de

procedimento administrativo destinado a licenciar atividades ou empreendimentos utilizadores de recursos ambientais, efetiva ou potencialmente poluidores ou capazes, sob qualquer forma, de causar degradação ambiental.

O licenciamento ambiental decorre do exercício do poder de polícia, fundamentado nos princípios da prevenção e da supremacia do interesse público sobre o particular. Como manifestação do exercício desse poder, o licenciamento ambiental é mecanismo de **comando-controle** e restrição da atividade humana e tem por fundamento impedir que esta venha a ser danosa ao meio ambiente.

No que toca ao princípio da prevenção, a função do licenciamento refere-se à necessidade de assegurar ao máximo – pois a experiência prática demonstra não ser possível a garantia total[4] – que a atividade econômica possa realizar-se com todos os benefícios que proporciona o desenvolvimento econômico e social, sem prejudicar a capacidade do meio ambiente de atender às necessidades das gerações futuras, o que o coloca, também, a serviço do princípio do desenvolvimento sustentável.

---

2. Conferência das Nações Unidas sobre Meio Ambiente e Desenvolvimento – Rio/92, Princípio 15.
3. Sobre o tema, ver: LIMA, Maria Isabel Leite Silva de; REI, Fernando. *40 anos de licenciamento ambiental: um reexame necessário.* Rev. Direito Econ. Socioambiental, Curitiba, v. 8, n. 2, p. 378-410, maio/ago. 2017, p. 394.
4. A corroborar essa ideia, o art. 36 da Lei nº 9.985, de 18-7-2000, que instituiu o Sistema Nacional de Unidades de Conservação (SNUC), determina um pagamento a título de compensação ambiental (por dano à biodiversidade), no licenciamento de empreendimentos de significativo impacto ambiental, assim considerado pelo órgão ambiental competente, com fundamento em estudo de impacto ambiental e respectivo relatório – EIA/RIMA –, para apoiar a implantação e manutenção de unidade de conservação de Proteção Integral. Ver também a Resolução Conama nº 371, de 5-4-2006.

24 • LICENCIAMENTO AMBIENTAL 383

Se a atividade estiver em desacordo com as normas, critérios, padrões e princípios da legislação ambiental, presume-se que seja contrária ao interesse público e que, portanto, não poderá ser licenciada, já que o interesse público se sobrepõe ao particular.

24.2 PROCEDIMENTO ADMINISTRATIVO

Os objetivos da Política Nacional do Meio Ambiente são a preservação, a melhoria e a recuperação da qualidade ambiental propícia à vida, com a finalidade de assegurar condições ao desenvolvimento socioeconômico, à segurança nacional e à proteção da dignidade da vida humana.[5] Em matéria de licenciamento ambiental, trata-se de: (1) compatibilizar o desenvolvimento econômico e social com a preservação da qualidade do meio ambiente e do equilíbrio ecológico; e (2) estabelecer critérios e padrões de qualidade ambiental e normas relativas ao uso e manejo de recursos ambientais.

Esses dispositivos traduzem a ideia, entre outros princípios formadores do direito ambiental, do desenvolvimento sustentável, cabendo um necessário procedimento, no âmbito do Sistema Nacional do Meio Ambiente, para verificar seu efetivo cumprimento, com base nas normas, critérios e padrões ambientais em vigor, para cada atividade ou empreendimento realizado. É nesse campo que incide o licenciamento ambiental.

O fundamento legal desse instrumento encontra-se no art. 10 da Lei nº 6.938/81, que determina: *A construção, instalação, ampliação e funcionamento de estabelecimentos e atividades utilizadores de recursos ambientais, efetiva ou potencialmente poluidores ou capazes, sob qualquer forma, de causar degradação ambiental dependerão de prévio licenciamento ambiental.*[6]

A finalidade do licenciamento ambiental é, assim, estabelecer um padrão de comparações entre **o que é** – características do empreendimento ou atividade – e **o que deve ser** – compatibilidade com a legislação ambiental em vigor, normas, critérios e padrões ambientais –, de modo a verificar se o empreendimento ou a atividade em exame está em consonância com as normas ambientais e se sua implementação e funcionamento não causarão danos ao ambiente.

O procedimento administrativo do licenciamento ambiental é formado por um conjunto de atos sucessivos, ora da parte da Administração, ora da parte do empreendedor, cumprindo-se uma série de requisitos que podem, ou não, resultar na expedição das licenças ambientais. Nos termos do art. 10 da Resolução CONAMA nº 237/97, esse procedimento obedecerá às seguintes etapas:

definição pelo órgão ambiental competente, com a participação do empreendedor, dos documentos, projetos e estudos ambientais necessários ao início do processo de licenciamento correspondente à licença a ser requerida;

requerimento da licença ambiental pelo empreendedor, acompanhado dos documentos, projetos e estudos ambientais pertinentes, dando-se a devida publicidade;

análise pelo órgão ambiental competente, integrante do SISNAMA, dos documentos, projetos e estudos ambientais apresentados e a realização de vistorias técnicas, quando necessárias;

solicitação de esclarecimentos e complementações pelo órgão ambiental competente, integrante do SISNAMA, uma única vez, em decorrência da análise dos documentos, projetos e estudos ambientais

---

5. Lei nº 6.938/81, art. 2º.
6. O art. 10, da Lei nº 6.938/81, teve seu *caput* modificado e seus parágrafos revogados pela LC nº 140/11.

apresentados, quando couber, podendo haver a reiteração da mesma solicitação caso os esclarecimentos e complementações não tenham sido satisfatórios;

audiência pública, quando couber, de acordo com a regulamentação pertinente;

solicitação de esclarecimentos e complementações pelo órgão ambiental competente, decorrentes de audiências públicas, quando couber, podendo haver reiteração da solicitação quando os esclarecimentos e complementações não tenham sido satisfatórios;

emissão de parecer técnico conclusivo e, quando couber, parecer jurídico;

deferimento, ou indeferimento, do pedido de licença, dando-se a devida publicidade.

O procedimento acima descrito aplica-se, no que couber, aos três tipos de licenças estabelecidos pelo art. 19 do Decreto nº 99.274/90, que regulamentou a Lei nº 6.938/81:

Licença Prévia (LP) na fase preliminar do planejamento da atividade, contendo requisitos básicos a serem atendidos nas fases de localização, instalação e operação, observados os planos municipais, estaduais ou federais de uso do solo;

Licença de Instalação (LI) autorizando o início da implantação, de acordo com as especificações constantes do Projeto Executivo aprovado;

Licença de Operação (LO) autorizando, após as verificações necessárias, o início da atividade licenciada e o funcionamento de seus equipamentos de controle de poluição, de acordo com o previsto nas licenças Prévia e de Instalação.

A LP refere-se a uma fase anterior a qualquer ato material em relação ao empreendimento. Existe um projeto e um local pretendido para a sua implantação. Nesse passo, deve ser analisado o empreendimento à luz dos planos municipais, estaduais ou federais de uso do solo. Após a emissão da LP, a critério do órgão licenciador, estabelece-se uma série de requisitos a serem observados pelo empreendedor e cujo cumprimento será fiscalizado quando das fases de licenciamentos posteriores.

A finalidade da LI é autorizar o início da implantação do projeto, de acordo com o projeto executivo aprovado. E, de acordo com o inciso XXVI do artigo 6º, da Lei nº 14.133/2021, o Projeto Executivo é o

conjunto de elementos necessários e suficientes à execução completa da obra, com o detalhamento das soluções previstas no projeto básico, a identificação de serviços, de materiais e de equipamentos a serem incorporados à obra, bem como suas especificações técnicas, de acordo com as normas técnicas pertinentes.

Na fase da Licença de Instalação de um empreendimento, será verificada a observância às exigências fixadas na Licença Prévia como condição essencial de sua concessão. Além disso, será aferido se houve cumprimento das normas e dos padrões de qualidade e emissões estabelecidos pela legislação federal ou estadual. O mesmo ocorre na LO. Após as verificações necessárias, é autorizado o início da atividade.[7]

---

7. A Deliberação Normativa CONSEMA 01, de 30/04/2019, define quais atividades e empreendimentos de baixo impacto ambiental podem se utilizar do licenciamento simplificado (Anexo Único) e quais os requisitos para tal procedimento no Estado de São Paulo. Para essa forma de licenciamento, a CETESB disponibilizou a ferramenta Via Rápida Ambiental, pela qual é possível a obtenção da Licença ou Autorização de forma automática, auto declaratória e sem custos (Disponível em: <https://cetesb.sp.gov.br/licenciamentoambiental/via-rapida-ambiental-vra/>. Acesso em: 02 nov. 2022).

24.3 VINCULAÇÃO E DISCRICIONARIEDADE NA LICENÇA AMBIENTAL

A terminologia utilizada pela legislação é a da *licença ambiental*. Todavia, está longe de ser pacífico o entendimento desse instituto como *licença*, sob o enfoque do direito administrativo.

Dispõe o art. 1º, II, da Resolução CONAMA nº 237/97, que a licença ambiental[8] consiste em

> ato administrativo pelo qual o órgão ambiental competente estabelece as condições, restrições e medidas de controle ambiental que deverão ser obedecidas pelo empreendedor, pessoa física ou jurídica, para localizar, instalar, ampliar e operar empreendimentos ou atividades utilizadoras dos recursos ambientais consideradas efetiva ou parcialmente poluidoras ou aquelas que, sob qualquer forma, possam causar degradação ambiental.

Conforme Hely Lopes Meirelles,[9]

> licença é o ato administrativo vinculado e definitivo, pelo qual o Poder Público, verificando que o interessado atendeu a todas as exigências legais, faculta-lhe o desempenho de atividades ou a realização de fatos materiais antes vedados ao particular, como, por exemplo, o exercício de uma profissão, [ou] a construção de um edifício em terreno próprio.

A licença resulta de um direito subjetivo do interessado, razão pela qual a Administração não pode negá-la quando o requerente satisfaz todos os requisitos legais para sua obtenção e, uma vez expedida, traz a presunção de ser definitiva. Sua invalidação só pode ocorrer por ilegalidade na expedição do alvará, por descumprimento do titular na execução da atividade ou por interesse público superveniente, caso em que se impõe a respectiva indenização.[10]

Ocorre que nem sempre a norma jurídica, em especial a norma ambiental, é objetiva e precisa. Vários textos legais atribuem à autoridade pública o poder de definir, no caso concreto, algumas exigências referentes ao licenciamento. Muitas vezes, em face da própria complexidade que envolve as questões relativas a meio ambiente, não basta a simples observância dos padrões fixados na norma, mas uma verificação muito mais aprofundada acerca das eventuais ações sinergéticas.

A própria Resolução CONAMA nº 237/97 revela tal possibilidade, quando estabelece, no art. 12, que "*o órgão ambiental competente definirá, se necessário, procedimentos específicos para as licenças ambientais, observadas a natureza, características e peculiaridades da atividade ou empreendimento e, ainda, a compatibilização do processo de licenciamento com as etapas de planejamento, implantação e operação*".

As ciências ambientais são recentes, assim como as normas legais destinadas à proteção do meio ambiente. A cada momento é possível descobrir novas tecnologias, assim como efeitos da atividade humana sobre o ambiente. Esse dinamismo exige, além do cum-

---

8.   Embora a Lei Complementar nº 140/11 traga o conceito de *licenciamento ambiental*, a lei não trata do conceito de *licença ambiental*.
9.   MEIRELLES, Hely Lopes. *Direito administrativo brasileiro*. 39. ed. São Paulo: Malheiros, 2013, p. 198.
10. Vale ressaltar que as licenças acima referidas – LP, LI e LO – não são os únicos níveis de licenças exigíveis, em matéria ambiental: tanto no campo normativo como no campo administrativo, a Resolução Conama nº 237/97 prevê detalhamentos específicos. Segundo dispõe o art. 9º, o Conama definirá, quando necessário, licenças ambientais específicas, observadas a natureza, características e peculiaridades da atividade ou empreendimento e, ainda, a compatibilização do processo de licenciamento com as etapas de planejamento, implantação e operação.

primento das normas legais, uma atuação normativa dos órgãos e entidades responsáveis pelo controle ambiental nos processos de licenciamento, caso a caso.

Muitas vezes, são necessários testes e exames técnicos para comprovar a ocorrência de um efeito no ambiente ou, ao contrário, assegurar a ausência de efeitos deletérios de uma determinada atividade. Não basta apenas seguir a norma: é necessário verificar, em cada caso concreto, se a simples aplicação da norma não impõe danos ao meio ambiente.

Por exemplo, em lançamentos de efluentes em corpos hídricos, há um padrão fixado para a quantidade máxima da substância A por litro. Se apenas uma indústria lança essa substância em determinado trecho do rio, provavelmente o padrão fixado é adequado. Mas se no mesmo local implantam-se várias indústrias que lançam a mesma substância, é certo que o órgão ambiental deverá, em cada caso, restringir os lançamentos, com vistas a evitar que o corpo hídrico fique poluído com carga excessiva da substância A em relação ao seu enquadramento.

A isso se dá o nome de *discricionariedade técnica* e tem por fundamento o dinamismo das relações entre as atividades humanas e o meio ambiente. Se por um lado é benéfica, pois tem por objetivo a proteção do meio ambiente, não deixa, por outro, de estabelecer insegurança jurídica ao empreendedor, que poderia ficar à mercê do entendimento de um técnico, porventura mais radical, em seu sentido de proteção ambiental.

A rigor, esse impasse soluciona-se pelo fato de que, sendo o licenciamento um processo administrativo, encontra-se adstrito às regras fixadas na Lei nº 9.784, de 29-1-1999, que regula o processo administrativo no âmbito da Administração Federal.[11]

Conforme determina o art. 2º da citada norma, a Administração Pública obedecerá, dentre outros, aos princípios da legalidade, finalidade, motivação, razoabilidade, proporcionalidade, moralidade, ampla defesa, contraditório, segurança jurídica, interesse público e eficiência. E o parágrafo único estabelece os critérios a serem observados nos processos administrativos.[12]

O art. 50 da Lei nº 9.784/99 determina que os atos administrativos devem ser motivados. No que se refere ao licenciamento ambiental, cabe indicar os fatos e os fundamentos jurídicos, quando:

neguem, limitem ou afetem direitos ou interesses;

imponham ou agravem deveres, encargos ou sanções;

decidam recursos administrativos;

decorram de reexame de ofício;

deixem de aplicar jurisprudência firmada sobre a questão, ou discrepem de pareceres, laudos, propostas e relatórios oficiais;

importem anulação, revogação, suspensão ou convalidação de ato administrativo.

Não há que falar, portanto, no caso das licenças ambientais, em atos essencialmente vinculados, por serem da categoria das licenças, mas em atos que podem ser vinculados, se todos os parâmetros a serem considerados constarem objetivamente das normas. Podem,

---

11. No Estado de São Paulo, vigora a Lei nº 10.177, de 30-12-1998, que dispõe sobre o processo administrativo nessa Unidade da Federação.
12. Ver capítulo sobre Administração Pública e Meio Ambiente.

todavia, ser discricionários, se a própria norma estatuir a possibilidade de escolha, pelo administrador, dentre alternativas legalmente fixadas.

Não se trata, nesta última hipótese, do instituto da licença, mas sim de uma autorização que, conforme Hely Lopes Meirelles,[13]

> é o ato administrativo discricionário e precário pelo qual o Poder Público torna possível ao pretendente a realização de certa atividade, serviço ou utilização de determinados bens particulares ou públicos, de seu exclusivo ou predominante interesse, que a lei condiciona à aquiescência prévia da Administração, tais como o uso especial de bem público, o porte de arma, o trânsito por determinados locais etc.

Na autorização, embora o interessado satisfaça as exigências administrativas, o Poder Público decide discricionariamente sobre a conveniência ou não do atendimento da pretensão do interessado ou da cassação do ato autorizado, na forma da Lei, diversamente do que ocorre com a licença e a admissão em que, satisfeitas as prescrições legais, fica a Administração obrigada a licenciar ou a admitir.

Além disso, cabe a indenização quando, por interesse público, a licença tiver de ser revogada. Ora, isso não se aplica ao direito ambiental, pois **não há direito adquirido de poluir ou degradar**.

Para Celso Antônio Bandeira de Mello, autorização *"é o ato unilateral pelo qual a Administração, discricionariamente, faculta o exercício de atividade material, tendo, como regra, caráter precário"*.[14] Ressalta o autor, contudo, que a discricionariedade é liberdade dentro da lei, nos limites da norma legal, e pode ser definida como *"certa margem de liberdade de avaliação ou decisão segundo critérios de conveniência e oportunidade formulados"*[15] [pela Administração].

O que diferencia a autorização da licença é o caráter vinculado desta última, em que se reconhece um direito preexistente que apenas passa a ter existência formal e sujeito a indenização, se revogado. Já a autorização refere-se não a um direito existente, mas a um interesse que, uma vez objeto de autorização, passa a constituir um direito por força tão somente do ato administrativo da autorização, restrito aos limites impostos.

Existindo a possibilidade de discricionariedade, no ato da concessão da licença ambiental pode ocorrer negociação entre a autoridade competente e o empreendedor, pois o licenciamento se dá no âmbito da gestão ambiental e o órgão licenciador pode ter a autorização legal para fazer exigências adicionais visando à compatibilização do empreendimento com os planos e programas em vigor, no que se refere à proteção ambiental.

Dessa forma, negociam-se prazos, assim como as etapas de implantação das medidas de proteção – como filtros e estações de tratamento de efluentes –, a recuperação de matas ciliares e outras ações de proteção ambiental que são exigidas de acordo com a lei, mas adequando-se, muitas vezes, às possibilidades reais do empreendedor. Contudo, não se poderá exigir menos do que a lei determina.

Outro ponto a destacar, na discussão sobre a natureza jurídica da licença ambiental, é que o art. 19 da Resolução CONAMA nº 237/97 estabelece que o órgão ambiental competente, mediante decisão motivada, poderá realizar ações distintas: (1) modificar os

---

13. MEIRELLES, Hely Lopes. *Direito administrativo brasileiro*. 39. ed. São Paulo: Malheiros, 2013, p. 198.
14. MELLO, Celso Antônio Bandeira de. *Curso de direito administrativo*. 30. ed. São Paulo: Malheiros, 2013, p. 444.
15. MELLO, Celso Antônio Bandeira de. *Curso de direito administrativo*. 30. ed. São Paulo: Malheiros, 2013, p. 434.

condicionantes e as medidas de controle e adequação; e (2) suspender ou cancelar uma licença expedida.

A suspensão ou o cancelamento de uma licença expedida ocorre durante sua vigência. Se ela não estiver em vigor, não poderá ser nem suspensa nem cancelada. Já a modificação dos condicionantes e das medidas de controle e adequação não pode ocorrer durante a vigência de uma licença. Vejamos.

Em primeiro lugar, parece haver um equívoco de conceitos. *Medidas de controle e adequação* constituem, em verdade, condicionantes para a obtenção, ou renovação, de uma licença. O órgão ambiental fixa uma série de condicionantes que, entre outras, podem constituir medidas de controle e adequação. Podem ser também medidas de compensação,[16] ou ainda obrigações de cunho socioeconômico.[17]

Sendo condições, antecedem a expedição da licença. E nunca poderão ser modificadas durante a vigência desta: são modificadas sempre antes da sua expedição. Na hipótese de a licença ter sido suspensa, ou cancelada, novas condicionantes poderão ser impostas (modificadas), se o interessado quiser regularizar sua situação.

Note-se que a atuação do administrador público, seja na suspensão ou no cancelamento de licença, seja na modificação de condicionantes, fica condicionada à ocorrência de uma das situações previstas na norma, devendo ser o ato motivado nos termos da Lei de Processo Administrativo.

As hipóteses descritas no dispositivo são:

descumprimento da norma – legal ou contida no processo de licenciamento, objeto de ato discricionário;

incorreção nas informações fornecidas ao órgão ambiental; e

ocorrência de algum fato que implique riscos não previstos anteriormente – se tivessem sido previstos, já teria sido tomada a providência necessária.

Todas as hipóteses referem-se a um momento posterior à expedição da licença. Para a hipótese 2, a licença foi expedida com erro, por engano. É nula, visto que as informações que propiciaram a sua expedição eram falsas, ou insuficientes. A partir do conhecimento do erro, decreta-se seu cancelamento.

Já nas hipóteses 1 e 3, a licença foi expedida corretamente. Não há vício. Mas fatos posteriores à sua expedição demonstram que ela não pode continuar vigente. Nesse caso, ou o empreendedor descumpriu as condições fixadas na própria licença – lançamentos fora dos limites fixados, por exemplo – e, portanto, feriu a norma legal, ou a atividade legalmente licenciada tornou-se perigosa, seja para o meio ambiente, seja para a saúde. A razão para isso pode ser, por exemplo, uma enchente que ameaça fazer ruir uma barragem de rejeitos, próxima a um corpo hídrico.

Não há que falar, nesse caso, em direito subjetivo. A licença não pode gerar direito adquirido. Nesse sentido, ela é precária, não porque pode ser anulada a qualquer tempo, pela simples vontade do administrador, mas porque a atividade licenciada, ainda que estando conforme as normas legais, pode causar danos, o que o licenciamento ambiental busca justamente evitar.

---

16. Recuperação de vegetação, fornecimento de mudas de espécies nativas, recuperação de área degradada etc.

17. Implantar programa de comunicação social, educação ambiental etc.

Dessa forma, a licença ambiental é ato administrativo de natureza muito mais próxima da **autorização** que da licença. Pelas próprias características do direito ambiental, essa figura não se enquadra perfeitamente nos institutos tradicionais do Direito Administrativo, muito anteriores à existência do Direito Ambiental. Daí a necessidade de compreender a licença editada nos processos de licenciamento ambiental como um ato específico, que empresta características de outros institutos, mas que contém regime jurídico próprio. Esse fato não é isolado e se aplica, da mesma maneira, às outorgas de direito de uso de recursos hídricos, entre outros institutos.

24.4 COMPETÊNCIA PARA EMITIR A LICENÇA AMBIENTAL

A Lei Complementar nº 140/11 alterou a regra sobre a competência para o licenciamento ambiental fixada na Lei nº 6.938/81, substituindo a redação do art. 10 para o seguinte:

> A construção, instalação, ampliação e funcionamento de estabelecimentos e atividades utilizadores de recursos ambientais, efetiva ou potencialmente poluidores ou capazes, sob qualquer forma, de causar degradação ambiental dependerão de prévio licenciamento ambiental.[18]

Dessa forma, conforme já mencionado no Capítulo sobre o Meio Ambiente na Constituição de 1988, os Estados não são mais os entes prioritários na atividade de licenciamento ambiental, que pela nova lei passou a ser distribuída entre a União, os Estados, Distrito Federal e os Municípios. A LC nº 140/11 estabelece as seguintes possibilidades de cooperação:

> **atuação supletiva**, relativa à ação do ente da Federação que se substitui ao ente federativo originariamente detentor das atribuições, nas hipóteses de: (a) inexistência de órgão ambiental capacitado ou conselho de meio ambiente no Estado ou no Distrito Federal, devendo a União desempenhar as ações administrativas estaduais ou distritais até a sua criação; (b) inexistindo órgão ambiental capacitado ou conselho de meio ambiente no Município, o Estado deve desempenhar as ações administrativas municipais até a sua criação; e (c) inexistindo órgão ambiental capacitado ou conselho de meio ambiente no Estado e no Município, a União deve desempenhar as ações administrativas até a sua criação em um daqueles entes federativos.
>
> **atuação subsidiária**, relacionada com a ação do ente da Federação que visa a auxiliar no desempenho das atribuições decorrentes das competências comuns, quando solicitado pelo ente federativo originariamente detentor das atribuições definidas na Lei Complementar.

A Lei Complementar nº 140/11 estabeleceu uma divisão de atribuições entre a União, Estados e Municípios, com vistas a *evitar a sobreposição de atos relacionados com a atuação entre os entes federativos, de forma a evitar conflitos de atribuições e garantir uma atuação administrativa eficiente.*[19] Deve-se elogiar essa medida, já que até então, um único empreendimento era passível, em tese, de ser obrigado a licenciar-se perante mais de um ente político, em geral União e Estado, no caso de empreendimentos de maior abrangência, ou Estado e município, na hipótese daqueles de abrangência local.

As atribuições fixadas na lei complementar são passíveis de delegação de competência[20] por meio de convênio, desde que o ente destinatário da delegação disponha de conselho de meio ambiente e de órgão ambiental capacitado a executar as ações administrativas

---

18. Lei Complementar nº 140/11, art. 20.
19. Lei Complementar nº 140/11, art. 3º, III.
20. Lei Complementar nº 140/11, art. 4º, VI.

a serem delegadas, assim entendido o que possui técnicos próprios ou em consórcio, devidamente habilitados e em número compatível com a demanda das ações administrativas a serem delegadas.[21]

Assim, fica claro na lei que o licenciamento ambiental somente pode ser realizado por um único ente federativo, nos termos da divisão de atribuições fixadas. No que se refere ao licenciamento ambiental, percebe-se um avanço, na medida em que se esclarece a divisão de atribuições.

---

21. Lei Complementar nº 140/11, art. 5º.

25

INSTRUMENTOS ECONÔMICOS DA POLÍTICA AMBIENTAL

25.1 FALHAS DE MERCADO E POLÍTICAS AMBIENTAIS

Antes de passar à análise dos instrumentos econômicos, é necessário apresentar alguns conceitos básicos de economia aplicados à área ambiental em especial, com vistas a tornar mais compreensíveis os mecanismos econômicos relativos às políticas de meio ambiente.

Inicialmente, convém notar que, do ponto de vista da Economia, os recursos naturais, assim como os demais recursos disponíveis na Terra, são limitados. Isso significa que, na medida em que a demanda por eles aumenta, diminui a sua capacidade de autorrecuperação ou a *resiliência ecológica*. O fulcro da questão consiste no respeito aos limites do equilíbrio ambiental. A escassez refere-se aos riscos de perda desse equilíbrio.

Daí ser necessário alocar os recursos ambientais de modo eficiente. Na alocação, calculam-se os custos de oportunidade, ou seja, custos de realizar uma opção em detrimento de outra. Um bom exemplo sobre esse princípio aplicado à área ambiental é o conflito "*uso da terra para agricultura versus preservação de floresta em pé*".

A alocação de recursos através do mercado é considerada a forma mais eficiente de fazê-la. Entretanto, o funcionamento do mercado nem sempre é perfeito, ocasionando o que os economistas chamam de *falhas de mercado*. Segundo Ana Maria de Oliveira Nusdeo, "*consideram-se falhas ou imperfeições de mercado as situações nas quais os mercados reais não funcionam conforme as previsões do chamado modelo ideal de mercado competitivo*".[1]

Uma das espécies de falha de mercado são as **externalidades**, que podem ser negativas ou positivas. Em teoria econômica, "*externalidades são custos ou benefícios que se transferem de determinadas unidades do sistema econômico para outras, ou para a comunidade como um todo, fora do mercado*".[2]

Quando se faz referência ao meio ambiente, uma **externalidade negativa** ocorre quando há uso de um recurso natural sem que o usuário arque com todos os custos dele decorrentes. É o caso, por exemplo, de uma empresa que lança efluentes (dentro dos padrões legais) em um corpo d'água para diluição, em uma bacia hidrográfica em que não tenha sido instituída a cobrança pelo uso de recursos hídricos. Nesse caso, o usuário não paga pelo uso desse bem ambiental, em detrimento de toda a sociedade. Considerando

---

1. NUSDEO, Ana Maria de Oliveira. O uso dos instrumentos econômicos nas normas de proteção ambiental. *Revista da Faculdade de Direito da Universidade de São Paulo*, v. 101, p. 359 jan./dez. 2006.

2. NUSDEO, Ana Maria de Oliveira. O uso dos instrumentos econômicos nas normas de proteção ambiental. *Revista da Faculdade de Direito da Universidade de São Paulo*, v. 101, p. 359, jan./dez. 2006.

que o meio ambiente ecologicamente equilibrado é um direito de todos, qualquer impacto ambiental implica um custo social.[3]

A externalidade negativa na área ambiental tradicionalmente não é computada nem no custo da produção nem no preço do bem ou serviço produzido. Assim, o agente que utiliza o recurso não é afetado economicamente, mas toda a sociedade carregará o fardo dos efeitos da externalidade, seja direta ou indiretamente. Neste último caso, o Estado, utilizando recursos orçamentários, tentará, na medida do possível, a correção do dano provocado, inclusive buscando evitar a escassez do bem ambiental afetado, transferindo os custos indiretamente para a sociedade como um todo.

Voltemos ao exemplo da poluição hídrica. Quando a indústria ou o serviço de saneamento básico lança efluentes, poluindo o corpo receptor, este poderá deixar de servir aos usos mais exigentes, como o abastecimento público de uma cidade a jusante. Nesse caso, será necessário buscar novo manancial para fornecer água potável às populações.

Daí a ideia de *internalizar as externalidades*, que consiste em impor ao usuário dos recursos naturais o financiamento, no todo ou em parte, dos custos que o uso gerou, como forma de alcançar justiça social.

Já **externalidade positiva** refere-se aos benefícios gerados pela atividade, como a geração de empregos, a colocação de produtos no mercado e a movimentação da economia.

Com o intuito de corrigir as distorções, no caso de impactos negativos ao meio ambiente, o Estado passa a intervir na Economia, por meio de normas que limitam ou condicionam a atuação dos agentes econômicos e normas que fornecem bens públicos à sociedade, criando áreas protegidas, por exemplo.

Sob o aspecto econômico, a política pública, nessa linha, consiste na *"ação governamental que intervém na esfera econômica para atingir objetivos que os agentes econômicos não conseguem obter atuando livremente, cabendo a correção das falhas de mercado, com vistas a melhorar a eficiência econômica"*.[4]

25.2 INSTRUMENTOS DE COMANDO-CONTROLE E INSTRUMENTOS ECONÔMICOS

Os **instrumentos de comando-controle** vieram para modificar uma situação em que as externalidades negativas das atividades antrópicas eram suportadas pela sociedade, e os empreendedores estavam livres de assumir os custos sociais da poluição e da degradação ambiental. As políticas ambientais vieram, dessa forma, restringir e direcionar a atividade econômica, impondo aos usuários de recursos naturais obrigações antes inexistentes, relativas a evitar danos ao meio ambiente. Um instrumento básico dessa política é o licenciamento ambiental, que impõe medidas compensatórias e mitigadoras dos danos, com fundamento nos princípios poluidor pagador e da prevenção. Trata-se, pois, da imposição de comportamentos, inclusive no que se refere aos padrões e limites ambientais e, no caso

---

3. Ronaldo Seroa da Motta define custo social como o *"custo da sociedade incorrido para atingir o objetivo pretendido pela intervenção governamental, considerando também os custos de implementação, institucional, cultural e político. Benefício social seria, assim, o benefício da sociedade por atingir o objetivo da política pública"*. MOTTA, Ronaldo Seroa da. Instrumentos econômicos e política ambiental. *Revista de Direito Ambiental*, v. 20, São Paulo: Revista dos Tribunais, out./dez. 2000, p. 86-87.

4. MOTTA, Ronaldo Seroa da. Instrumentos econômicos e política ambiental. *Revista de Direito Ambiental*, v. 20, São Paulo: Revista dos Tribunais, p. 87, out./dez. 2000.

de seu descumprimento, de sanções. Essa situação ocorre no âmbito do exercício do poder de polícia.

Esse controle, todavia, embora necessário, é insuficiente para assegurar a proteção dos recursos ambientais no que diz respeito sobretudo à sustentabilidade, pois muito da sua eficiência depende da **fiscalização**, o que nem sempre é realizado a contento, por uma série de razões administrativas e políticas, em um país de dimensões continentais.

Dessa forma, foram desenhadas outras medidas, com vistas a promover a eficiência das ações, bem como a equidade na distribuição dos recursos, além de estimular o cumprimento das normas ambientais de comando-controle. Os **instrumentos econômicos** vieram justamente nessa direção.

Em relação às normas de comando-controle, as regras relativas aos instrumentos econômicos avançam no sentido de incentivar ações voluntárias a serem desenvolvidas por atores sociais de naturezas diferentes: empreendedores, usuários de recursos naturais e comunidades tradicionais, estas últimas consideradas protetoras de recursos ambientais relevantes. Por meio desses instrumentos, as pessoas passam a ter comportamentos mais condizentes com a lógica da proteção ambiental. Pode-se afirmar que essa estrutura normativa busca incentivar os *bons comportamentos* e não sancionar os comportamentos deletérios.

Os **instrumentos econômicos** distinguem-se dos **instrumentos de comando-controle** no que se refere aos campos de aplicação. Há mecanismos que interferem na atuação dos empreendedores e que ensejam impactos no custo da produção, mas que não são instrumentos econômicos. Todos os instrumentos relacionados ao exercício do poder de polícia – regulamentos, licenciamento ambiental e estudos ambientais, fiscalização e aplicação de sanções administrativas – também causam impacto nos custos da produção, seja pela adoção de tecnologias mais modernas e menos poluentes, seja pelo pagamento de multas, na ocorrência de um ilícito administrativo. Mas não constituem instrumentos econômicos, que, segundo Ronaldo Seroa da Motta, *"atuam diretamente no custo de produção e consumo (aumentando ou reduzindo) dos agentes econômicos cujas atividades estão compreendidas nos objetivos da política".*[5]

Ressalte-se que o citado autor utilizou o termo *diretamente*, que nesse caso refere-se a instrumentos fixados com o objetivo de causar impacto no custo de empreendimentos. O instrumento econômico, dessa forma, não atua no campo da obrigatoriedade, como é o caso dos instrumentos relativos ao exercício do poder de polícia, atividade vinculada da Administração Pública, que também impactam os custos, porém de modo indireto. Há que enfatizar, assim, o caráter indutor dos comportamentos desejados pela política ambiental – instrumentos econômicos –, por oposição aos instrumentos de controle.[6]

25.3 O PRINCÍPIO DO PROTETOR-RECEBEDOR

Dessa nova forma de olhar o direito ambiental surge um novo princípio: o **protetor-recebedor**, como um contraponto ao poluidor-pagador, princípio típico do comando-

---

5. MOTTA, Ronaldo Seroa da. Instrumentos econômicos e política ambiental. *Revista de Direito Ambiental*, v. 20. São Paulo: Revista dos Tribunais, p. 88, out./dez. 2000.
6. NUSDEO, Ana Maria de Oliveira. O uso dos instrumentos econômicos nas normas de proteção ambiental. *Revista da Faculdade de Direito da Universidade de São Paulo*, v. 101, p. 359. jan./dez. 2006.

-controle. O núcleo do princípio protetor-recebedor consiste na proteção e manutenção do meio ambiente, sem que necessariamente a atuação do protetor-recebedor esteja associada a um dano.

A Lei nº 12.305/10 menciona, entre os princípios orientadores da Política Nacional de Resíduos Sólidos, o protetor-recebedor.[7] Embora sejam recentes tanto a norma como o princípio mencionado, entende-se que a aplicação do protetor-recebedor em resíduos sólidos refere-se aos serviços prestados pelas cooperativas e associações de reciclagem e à previsão, por leis municipais, de incentivos econômicos aos consumidores que participam do sistema de coleta seletiva. Cabe ressaltar que, aqui, a proteção à Natureza seria no sentido de minimizar os impactos causados pelos resíduos sólidos, utilizando-se a reciclagem como instrumento de proteção.

25.4 VALORAÇÃO DOS RECURSOS NATURAIS E DOS BENS AMBIENTAIS

A abordagem dos instrumentos econômicos em matéria ambiental refere-se ao fato de que o uso cada vez mais intenso dos recursos naturais tende a levá-los à **escassez**, impondo uma valoração de cunho econômico a bens que anteriormente eram considerados dádiva da Natureza.

A partir de uma visão neoclássica de Economia, a valoração dos bens ambientais associa-se a um custo de oportunidade, no que se refere à escolha entre utilizar e preservar, e aos custos associados a cada tema: utilizar e preservar, incluindo-se as necessidades das futuras gerações.

Esse é o caso da iniciativa *Economia dos Ecossistemas e da Biodiversidade* (conhecida pela sigla em inglês TEEB). Trata-se de estudos que buscam quantificar economicamente os benefícios da biodiversidade, alertando a Humanidade para os custos da sua perda e da degradação dos ecossistemas. A partir desses dados, o TEEB pretende fornecer bases adequadas para a valoração dos ecossistemas e para a análise custo-benefício entre preservar ou utilizar sustentavelmente e devastar.[8]

É importante notar que essa valoração é controversa. Questiona-se o caráter utilitário e mercantilizador dessa visão, ou seja, a ideia de que, para preservar ou utilizar adequadamente um recurso natural, seria sempre necessário precificar a natureza. Ademais, está em jogo a consideração de quais elementos devem entrar no cálculo.

Não deixa, no entanto, de ser um instrumento adicional em busca da utilização sustentável dos recursos naturais e uma garantia a mais para as gerações futuras. Conforme bem apontado por um estudo encomendado pela Convenção sobre Diversidade Biológica, *"bens e serviços de ecossistemas têm importante valor econômico, mesmo quando alguns destes bens e a maioria dos serviços não são comercializados pelo mercado e não têm etiquetas de preço para alertar a sociedade sobre as mudanças em seu suprimento ou sobre as condições dos ecossistemas que os produzem"*.[9]

A partir da valoração, é possível, por um lado, estimular os agentes econômicos a preservarem bens públicos e a internalizarem as externalidades através de instrumentos

---

7. Lei nº 12.305/10, art. 6º, II.
8. Para maiores informações, conferir: <http://www.teebweb.org/about/the-initiative/>. Acesso em: 04 dez. 2022.
9. BRASIL. Ministério do Meio Ambiente. Secretaria de Biodiversidade e Florestas. *Inter-relações entre biodiversidade e mudanças climáticas*. Brasília, 2007, p. 11.

econômicos, e, por outro, também conscientizar a sociedade em geral a respeito daquilo que consome. Note-se ainda que a valoração pode abranger elementos socioculturais, dada a importância e relevo das populações tradicionais, cujo modo de vida contribui para a manutenção de ecossistemas.

25.5 PAGAMENTO POR SERVIÇOS AMBIENTAIS

Serviços ambientais são definidos como *"fluxo de materiais, energia e informação de estoques de capital natural que são combinados ao capital de serviços humanos para produzir bem-estar aos seres humanos.*[10] Tais serviços podem ser classificados da seguinte forma:

serviços de apoio: mantêm as condições de vida na Terra;

serviços reguladores: como o controle natural do clima e da erosão do solo, por exemplo;

serviços de suprimento: provisão de alimentos e remédios naturais, por exemplo;

serviços culturais: proporcionam benefícios não materiais, como sistemas de conhecimento, valores estéticos, patrimônio cultural, recreação e valores comunitários e simbólicos.[11]

Os programas de Pagamento por Serviços Ambientais (PSA) podem ser conceituados como transações entre duas ou mais partes envolvendo a remuneração àqueles que promovem a conservação, recomposição, incremento ou manejo de áreas de vegetação considerada apta a fornecer certos serviços ambientais.[12] Esses programas, se bem estruturados, podem contribuir à preservação e ao fluxo de ecossistemas e ao mesmo tempo gerar renda a certos grupos.[13]

A lógica da compensação pela proteção ambiental está relacionada ao princípio do protetor recebedor, sendo que o pagamento por serviços ambientais é um dos instrumentos econômicos da política ambiental que incorpora essa ideia. Importante destacar que o PSA, ao remunerar o proprietário ou posseiro de terras, quando ele adotar métodos de produção compatíveis com a proteção do ambiente, sobretudo no que se refere aos projetos sobre água e florestas, não se está concedendo qualquer valor a título de assistencialismo, muito menos se concedendo um benefício exclusivamente ao agente.[14]

Anteriormente à Política Nacional de Pagamento por Serviços Ambientais, de 13-01-2021, já existiam no direito brasileiro exemplos de modelos institucionais que se utilizam do pagamento de serviços ambientais, como é o caso do Projeto Produtor de Água, desenvolvido pela Agência Nacional de Águas (ANA), e que tem como foco a redução da erosão e do assoreamento de mananciais no meio rural. Seu objetivo é propiciar a melhoria da qualidade da água e o aumento das vazões médias dos rios em bacias hidrográficas

---

10. CONSTANZA, Robert et al. *The Value of the world's ecosystem services and natural capital.* In: Nature, v. 387, nº 6630, 1997, p. 253-260.
11. BRASIL. Ministério do Meio Ambiente, Secretaria de Biodiversidade e Florestas. *Inter-relações entre biodiversidade e mudanças climáticas.* Brasília, 2007, p. 11. A abordagem dos instrumentos econômicos em matéria ambiental refere-se ao fato, conforme já mencionado, de que o uso cada vez mais intenso dos recursos naturais tende a levá-los à escassez, impondo uma valoração de cunho econômico a bens que anteriormente eram considerados como dádiva da Natureza.
12. NUSDEO, Ana Maria de Oliveira. *Pagamento por serviços ambientais. Sustentabilidade e disciplina jurídica.* São Paulo: Atlas, 2012. p. 69.
13. NUSDEO, Ana Maria de Oliveira. *Direito ambiental & economia.* Curitiba: Juruá, 2018. p. 160.
14. LIMA, Maria Isabel Leite Silva de; GRANZIERA, Maria Luiza Machado. Direito Humano à Água e a Perspectiva Econômica para a Sustentabilidade Hídrica. *Revista do CNMP: água, vida e direitos humanos* – n. 7 (2018), p. 13-36. Brasília: Conselho Nacional do Ministério Público, 2018. Disponível em: <http://www.cnmp.mp.br/portal/images/revista_final.pdf>. Acesso em: 10 mar. 2024.

de importância estratégica para o País. Trata-se de um programa de adesão voluntária de produtores rurais que se proponham a adotar práticas e manejos conservacionistas em suas terras com vistas à conservação de solo e água. Como os benefícios advindos dessas práticas ultrapassam as fronteiras das propriedades rurais e chegam aos demais usuários da bacia, o Programa prevê a remuneração dos produtores participantes.[15]

O Código Florestal, Lei nº 12.651/2012, também criou o Programa de Apoio e Incentivo à Preservação e Recuperação do Meio Ambiente, que prevê o pagamento ou incentivo a serviços ambientais como retribuição, monetária ou não, às atividades de conservação e melhoria dos ecossistemas e que gerem serviços ambientais.[16] Ao ser contemplado dentro do Código Florestal, o PSA atinge escala nacional, mas sua aplicação ainda depende da prévia definição a respeito das condições gerais de funcionamento.[17]

O Mecanismo de Desenvolvimento Limpo (MDL), abordado no Capítulo sobre Atmosfera e Clima, é uma modalidade de pagamento por serviços ambientais. Da mesma forma, a **repartição de benefícios decorrentes do acesso ao patrimônio genético e ao conhecimento tradicional associado**, objeto de análise no Capítulo sobre Biodiversidade.

A Lei 14.119, de 13-01-2021, marco legal federal sobre o tema, institui a Política Nacional de Pagamento por Serviços Ambientais (PNPSA), além de prever o estabelecimento do Programa Federal de Pagamento por Serviços Ambientais (PFPSA), criar o Cadastro Nacional de Pagamento por Serviços Ambientais (CNPSA) e dispor sobre os Contratos de Pagamento por Serviços Ambientais. A PNPSA apresenta os seguintes objetivos (art. 4º):

orientar a atuação do poder público, das organizações da sociedade civil e dos agentes privados em relação ao pagamento por serviços ambientais, de forma a manter, recuperar ou melhorar os serviços ecossistêmicos em todo o território nacional;

estimular a conservação dos ecossistemas, dos recursos hídricos, do solo, da biodiversidade, do patrimônio genético e do conhecimento tradicional associado;

valorizar econômica, social e culturalmente os serviços ecossistêmicos;

evitar a perda de vegetação nativa, a fragmentação de habitats , a desertificação e outros processos de degradação dos ecossistemas nativos e fomentar a conservação sistêmica da paisagem;

incentivar medidas para garantir a segurança hídrica em regiões submetidas a escassez de água para consumo humano e a processos de desertificação;[18]

contribuir para a regulação do clima e a redução de emissões advindas de desmatamento e degradação florestal;

reconhecer as iniciativas individuais ou coletivas que favoreçam a manutenção, a recuperação ou a melhoria dos serviços ecossistêmicos, por meio de retribuição monetária ou não monetária, prestação de serviços ou outra forma de recompensa, como o fornecimento de produtos ou equipamentos;

estimular a elaboração e a execução de projetos privados voluntários de provimento e pagamento por serviços ambientais, que envolvam iniciativas de empresas, de Organizações da Sociedade Civil de Interesse Público (Oscip) e de outras organizações não governamentais;

---

15. AGÊNCIA NACIONAL DE ÁGUAS. *Programa Produtor de Água*. Disponível em: <http://produtordeagua.ana.gov.br/Portals/0/DocsDNN6/documentos/Folder%20-%20Programa%20Produtor%20de%20%C3%81gua.pdf>. Acesso em: 10 mar. 2024.
16. Lei nº 12.651/2012, art. 41, I.
17. TEJEIRO, Guillermo; STANTON, Marcia (org.) et al. *Sistemas Estaduais de Pagamento por Serviços Ambientais: Diagnóstico, lições aprendidas e desafios para a futura legislação*. São Paulo: Instituto O Direito por um Planeta Verde, 2014. p. 140.
18. Lei º 14.119/21, art. 4º, V.

estimular a pesquisa científica relativa à valoração dos serviços ecossistêmicos e ao desenvolvimento de metodologias de execução, de monitoramento, de verificação e de certificação de projetos de pagamento por serviços ambientais;

assegurar a transparência das informações relativas à prestação de serviços ambientais, permitindo a participação da sociedade;

estabelecer mecanismos de gestão de dados e informações necessários à implantação e ao monitoramento de ações para a plena execução dos serviços ambientais;

incentivar o setor privado a incorporar a medição das perdas ou ganhos dos serviços ecossistêmicos nas cadeias produtivas vinculadas aos seus negócios;

incentivar a criação de um mercado de serviços ambientais;

fomentar o desenvolvimento sustentável.

No que se refere à remuneração, cabe ponderar que nem sempre o pagamento em espécie é o mais adequado. A transferência de tecnologia, a capacitação e mesmo o desenvolvimento conjunto de projetos entre empreendedor e comunidade são outras formas de remuneração.

O artigo 3º da Lei 14.119/21 prevê várias modalidades de pagamento por serviços ambientais, tais como: pagamento direto, monetário ou não monetário; prestação de melhorias sociais a comunidades rurais e urbanas; compensação vinculada a certificado de redução de emissões por desmatamento e degradação; títulos verdes (*green bonds*); comodato; Cota de Reserva Ambiental (CRA).[19] Outras modalidades de pagamento poderão ser estabelecidas por atos normativos do órgão gestor da PNPSA. Apesar das diversas iniciativas que já existiam em âmbito estadual e municipal, a regulamentação é importante para prever um quadro de regras e definições que fomentem e articulem arranjos, além de trazer condições para informação e monitoramento sobre eles, afinando-os a outras políticas públicas, como a de mudanças climáticas e de proteção à biodiversidade.[20]

Iniciativas referentes ao pagamento de serviços ambientais são sempre oportunas. Todavia, há que se ter em mente que as regras devem ser estabelecidas de forma consistente, não se limitando a favorecer só os grandes produtores ou empreendedores, mas também o pequeno produtor e mesmo o cidadão, que poderão tirar parte de seu sustento dos serviços ambientais.[21]

Trata-se, assim, de assegurar não apenas a eficiência na alocação de recursos naturais, como também e, principalmente, a **equidade na distribuição dos benefícios** que eles proporcionam, como forma de buscar o verdadeiro desenvolvimento sustentável.

---

19. Instituída pela Lei nº 12.651, de 25 de maio de 2012.
20. A PNPSA, em suas diretrizes, estabelece que *essa Política "deverá integrar-se às demais políticas setoriais e ambientais, em especial à Política Nacional do Meio Ambiente, à Política Nacional da Biodiversidade, à Política Nacional de Recursos Hídricos, à Política Nacional sobre Mudança do Clima, à Política Nacional de Educação Ambiental, às normas sobre acesso ao patrimônio genético, sobre a proteção e o acesso ao conhecimento tradicional associado e sobre a repartição de benefícios para conservação e uso sustentável da biodiversidade e, ainda, ao Sistema Nacional de Unidades de Conservação da Natureza e aos serviços de assistência técnica e extensão rural."* (Lei 14.119/21, art. 4º, § 1º).
21. A Lei nº 12.512/11 instituiu o Programa de Apoio à Conservação Ambiental, também conhecido como "Bolsa Verde", cujos beneficiários são apenas famílias em situação de extrema pobreza, entre elas ribeirinhos, extrativistas, populações indígenas, quilombolas e outras comunidades tradicionais. Esse programa tem como objetivos (art. 1º): I – incentivar a conservação dos ecossistemas, entendida como sua manutenção e uso sustentável; II – promover a cidadania, a melhoria das condições de vida e a elevação da renda da população em situação de extrema pobreza que exerça atividades de conservação dos recursos naturais no meio rural; e III – incentivar a participação de seus beneficiários em ações de capacitação ambiental, social, educacional, técnica e profissional.

INSTRUMENTOS TÉCNICOS DA POLÍTICA AMBIENTAL

A proteção ambiental, embora encerre toda uma filosofia sobre a necessidade de manutenção do equilíbrio entre o conjunto de condições, leis, influências e interações de ordem física, química e biológica, que permite, abriga e rege a vida em todas as suas formas,[1] inclui temas de natureza técnica, nos quais a matemática, a química e a biologia ocupam papel de destaque nos estudos sobre diagnósticos, tendências e propostas a efetuar, com vistas a tornar efetivas as normas e os princípios norteadores do direito ambiental.

A Lei nº 6.938/81 estabeleceu, nos instrumentos da Política Nacional do Meio Ambiente, elementos técnicos, cuja função é não apenas apoiar as decisões de governo, como também trazer à população os necessários conhecimentos e informações que lhe permitam, nos termos que a lei autoriza, sobretudo a Lei nº 10.650/2003, participar dos processos decisórios em matéria ambiental.

26.1 SISTEMA NACIONAL DE INFORMAÇÕES SOBRE O MEIO AMBIENTE

26.1.1 Cadastro Técnico Federal de Atividades e Instrumentos de Defesa Ambiental

A Lei nº 6.938/81 institui dois cadastros técnicos federais,[2] destinados a: (1) Atividades e Instrumentos de Defesa Ambiental e (2) Atividades Potencialmente Poluidoras ou Utilizadoras de Recursos Ambientais.

O **Cadastro Técnico Federal de Atividades e Instrumentos de Defesa Ambiental** é de caráter obrigatório e tem o objetivo de proceder ao registro de pessoas físicas ou jurídicas que se dedicam às seguintes atividades:

consultoria técnica sobre problemas ecológicos e ambientais;

à indústria e ao comércio de equipamentos, aparelhos e instrumentos destinados ao controle de atividades efetiva ou potencialmente poluidoras.

O **Cadastro Técnico Federal de Atividades Potencialmente Poluidoras ou Utilizadoras de Recursos Ambientais**, também de caráter obrigatório, tem por finalidade o registro de pessoas físicas ou jurídicas que se dedicam a atividades potencialmente poluidoras e/ou à extração, produção, transporte e comercialização de produtos potencialmente perigosos ao meio ambiente, assim como de produtos e subprodutos da fauna e flora.

A competência para a administração desses cadastros é do Instituto Brasileiro do Meio Ambiente e Recursos Naturais Renováveis (IBAMA). A Instrução Normativa IBA-

---

1. Lei nº 6.938/81, art. 3º, I.
2. Lei nº 6.938/81, art. 17, I e II, com a redação dada pela Lei nº 7.804/89.

MA nº 10, de 27-05-2013, determina em seu art. 13 que o registro dos cadastros seja feito via Internet.

26.1.2 Relatório de Qualidade do Meio Ambiente (RQMA)

O objetivo desse instrumento da política ambiental é informar a sociedade acerca da situação da qualidade ambiental dos diversos ecossistemas brasileiros ou, mais intrinsecamente, dos seus compartimentos ambientais, com fundamento no **princípio da informação**.

Em regra, o conjunto de relatórios anuais possibilitará uma visão abrangente sobre a evolução da qualidade ambiental no Brasil, auxiliando na avaliação do êxito dos programas de controle ambiental implantados. A competência de divulgar anualmente esse documento foi conferida ao Instituto Brasileiro do Meio Ambiente e Recursos Naturais Renováveis (IBAMA).

26.1.3 Garantia da prestação de informações relativas ao meio ambiente

A Lei nº 10.650, de 16-4-2003, regulamentando a matéria no tema do meio ambiente, dispõe sobre o acesso público aos dados e informações ambientais existentes nos órgãos e entidades integrantes do Sistema Nacional do Meio Ambiente (SISNAMA).

A norma obriga os órgãos e entidades da Administração Pública direta, indireta e fundacional, integrantes do SISNAMA, a permitir o acesso público aos documentos, expedientes e processos administrativos que tratem de matéria ambiental e a fornecer todas as informações ambientais que estejam sob sua guarda, em meio escrito, visual, sonoro ou eletrônico, especialmente as relativas[3] a:

qualidade do meio ambiente;

políticas, planos e programas potencialmente causadores de impacto ambiental;

resultados de monitoramento e auditoria nos sistemas de controle de poluição e de atividades potencialmente poluidoras, bem como de planos e ações de recuperação de áreas degradadas;

acidentes, situações de risco ou de emergência ambientais;

emissões de efluentes líquidos e gasosos e produção de resíduos sólidos;

substâncias tóxicas e perigosas;

diversidade biológica;

organismos geneticamente modificados.

O acesso às informações é permitido a *"qualquer indivíduo, independentemente da comprovação de interesse específico, considerando o fato de o meio ambiente constituir interesse difuso".*[4]

A forma de solicitar as informações consiste na apresentação de requerimento escrito junto ao órgão ou entidade, pois os processos administrativos são de natureza formal. Nesse documento, o interessado deve assumir a obrigação de não utilizar as informações colhidas para fins comerciais, sob as penas da lei civil, penal, de direito autoral e de pro-

---

3.   Lei nº 10.650/03, art. 2º.
4.   Lei nº 10.650/03, art. 2º, § 1º.

priedade industrial, assim como de citar as fontes, caso, por qualquer meio, venha a divulgar os dados.

O fornecimento de informações sujeita-se ao recolhimento de valor correspondente ao ressarcimento dos recursos despendidos para o seu fornecimento, devidamente fixado em normas e tabelas específicas.[5]

As informações solicitadas somente poderão ser negadas em caso de sigilo comercial, industrial, financeiro ou qualquer outro sigilo protegido por lei, bem como o relativo às comunicações internas dos órgãos e entidades governamentais, devendo essa condição de sigilo ficar explícita quando do seu fornecimento aos órgãos e entidades de controle ambiental pelos empreendedores.[6]

Com vistas a garantir o direito à informação, e adotando os princípios do direito administrativo, atinentes aos processos administrativos objeto da Lei nº 9.784, de 29-1-1999, a Lei nº 10.650/03 determina que "*o indeferimento de pedido de informações ou consulta a processos administrativos deverá ser motivado, sujeitando-se a recurso hierárquico, no prazo de quinze dias, contado da ciência da decisão, dada diretamente nos autos ou por meio de carta com aviso de recebimento, ou em caso de devolução pelo Correio, por publicação em Diário Oficial*".[7]

Além da possibilidade de o indivíduo solicitar informações à Administração Pública, a lei determina que os órgãos ambientais competentes integrantes do SISNAMA elaborem e divulguem relatórios anuais relativos à qualidade do ar e da água e, na forma da regulamentação, outros elementos ambientais,[8] acerca do Relatório de Qualidade do Meio Ambiente.

Cabe ainda mencionar que os dados e as informações resultantes do monitoramento exercido sob responsabilidade municipal, estadual ou federal na zona costeira comporão o subsistema *Gerenciamento Costeiro*, integrante do Sistema Nacional de Informações sobre o Meio Ambiente (SINIMA).[9]

---

5. Lei nº 10.650/03, art. 9º.
6. Lei nº 10.650/03, art. 2º, § 3º.
7. Lei nº 10.650/03, art. 5º.
8. Lei nº 10.650/03, art. 8º.
9. Lei nº 7.661/88, art. 8º.

ZONEAMENTO

27.1 ASPECTOS CONSTITUCIONAIS

A Constituição Federal atribui à União a competência material para *"elaborar e executar planos nacionais e regionais de ordenação do território e de desenvolvimento econômico e social"*.[1] A regulação do uso do solo, associada às normas de desenvolvimento econômico e social, está intrinsecamente ligada à matéria do zoneamento, sobretudo o zoneamento ambiental, denominado Zoneamento Ecológico-Econômico (ZEE).

27.2 CONCEITO DE ZONEAMENTO

Pode-se conceituar o termo *zoneamento* como a divisão de um determinado território em setores reservados a certas atividades. Trata-se de matéria atinente à disciplina jurídica do uso e ocupação do solo e, portanto, tradicionalmente, instrumento do direito urbanístico. José Afonso da Silva estabeleceu o seguinte conceito para o *zoneamento urbano*:

> Procedimento urbanístico destinado a fixar os usos adequados para as diversas áreas do solo municipal. Ou: destinado a fixar as diversas áreas para o exercício das funções urbanas elementares.[2]

27.3 DO ZONEAMENTO URBANO AO AMBIENTAL

O zoneamento nasceu como instrumento da ordenação do solo urbano. Na medida em que a poluição era provocada há muito pelas indústrias nos perímetros urbanos de certas cidades, vislumbrou-se a necessidade de buscar meios para proteger a população dos efeitos danosos dessas atividades poluidoras, estabelecendo-se medidas de controle ambiental.

O reflexo dessa preocupação deu-se com a Lei nº 6.151, de 4-12-1974, que, ao aprovar o II Plano Nacional de Desenvolvimento (II PND), abordou o desafio de compatibilizar *"o desenvolvimento em alta velocidade com um mínimo de efeitos danosos à ecologia"*.[3] Essa decisão já é um rebatimento das questões discutidas na Conferência de Estocolmo, realizada dois anos antes, o que remete ao impacto que esse encontro internacional causou, catalisando vários movimentos pró-ambiente.

De acordo com o II PND, a política ambiental deveria ser seguida, entre outras condições, nos seguintes termos: *"política de meio ambiente na área urbana, para evitar a ação poluidora, no ar e na água, principalmente em decorrência da instalação de unidades industriais, em locais inapropriados e de congestionamento do tráfego urbano"*.[4]

---

1. CF/88, art. 21, IX.
2. SILVA, José Afonso da. *Direito urbanístico brasileiro*. 8. ed. São Paulo: Malheiros, 2018, p. 242.
3. SILVA, José Afonso da. *Direito ambiental constitucional*. 7. ed. São Paulo: Malheiros, 2009, p. 276.
4. Lei nº 6.151/74.

Na linha de estabelecer regras para controlar a poluição, o Decreto-lei nº 1.413, de 14-8-1975, que dispõe sobre o controle da poluição do meio ambiente provocada por atividades industriais, determinou, para áreas críticas, a adoção de um *esquema de zoneamento urbano*. A sistemática fixada pela norma previa, para *as situações existentes,* a possibilidade *"de viabilizar alternativa adequada de nova localização, nos casos mais graves, assim como, em geral, estabelecer prazos razoáveis para a instalação dos equipamentos de controle da poluição".*[5]

Posteriormente, a Lei nº 6.938/81 incluiu o *zoneamento ambiental* como um instrumento da política ambiental.[6] Ficou, dessa forma, ampliada a abrangência do zoneamento urbano, para alcançar a proteção ambiental, seguindo a mesma regra, qual seja, a de dividir uma determinada porção do território nacional, segundo um critério legalmente estabelecido, em zonas, onde o uso do solo e a implantação de atividades e empreendimentos ficam sujeitos a regras e níveis específicos de proteção.

27.4 NATUREZA JURÍDICA DO ZONEAMENTO

É digna de nota a opinião de José Afonso da Silva, para quem a competência do Poder Público para proceder ao zoneamento – seja urbano, seja de caráter ambiental –, muito mais que ao exercício do poder de polícia, alinha-se ao reconhecimento da intervenção do Estado na ordem econômica e social.[7]

Ao fazer essa afirmação, entende-se que o autor está explicitando a própria natureza do zoneamento, que deve em um primeiro momento ser técnica, pois há que fazer estudos sobre o espaço a ser objeto do zoneamento, identificando o meio físico, as fragilidades ambientais e ao mesmo tempo verificando os tipos de atividades ali existentes ou a serem implantadas. Esse estudo técnico deve servir de apoio à decisão política, no que respeita à política pública de uso e ocupação de solo, articulada com a regra da proteção ambiental que se deseja implantar.

É certo que os atos administrativos atinentes ao zoneamento encontram-se na essência do poder de polícia, pois envolvem a fiscalização do cumprimento das regras e aplicação de penalidades. Todavia, o zoneamento decorre de uma política pública, que vai proteger ou privilegiar algum valor, ficando claro que a decisão é de caráter discricionário, respeitado o conteúdo do ordenamento jurídico. Por exemplo, o zoneamento urbano não pode estabelecer um distrito industrial em Área de Preservação Permanente (APP) ou próximo a Unidade de Conservação pois estará ferindo preceito constitucional que trata da proteção de espaços e da biodiversidade que esses contêm.

27.4.1 Zoneamento e direito adquirido

Como já se disse, por meio do zoneamento, o Poder Público interfere no uso e na ocupação do espaço, conduzindo o desenvolvimento de atividades e estabelecendo restrições.

---

5.   Decreto-lei nº 1.413/75, art. 4º.
6.   Lei nº 6.938/81, art. 9º, II.
7.   SILVA, José Afonso da. *Direito ambiental constitucional.* 7. ed. São Paulo: Malheiros, 2009, p. 272.

A partir da edição de um decreto fundamentado em lei que fixa o zoneamento de certo espaço, altera-se ali o exercício do direito de uso da propriedade. Qualquer atividade ou empreendimento, ou ainda tipo de ocupação, que se pretenda implantar na área, deve estar em conformidade com a nova regra, sob pena de não ser autorizada.

A questão que se coloca diz respeito às atividades previamente existentes que, com o novo zoneamento, deixaram de ser permitidas. Um ponto a destacar, nesse passo, refere-se ao **direito adquirido**, protegido pela Constituição Federal contra a lei nova que o prejudique, assim como o ato jurídico perfeito e a coisa julgada.[8]

A análise dessa questão há que ser feita em face do direito de todos ao meio ambiente ecologicamente equilibrado, sopesado com a proteção do direito adquirido. Cabe, pois, tratar do tema descrevendo algumas situações fáticas.

Um exemplo é o restaurante que existe há décadas, em local transformado em zona estritamente residencial. Desde que esteja cumprindo os regulamentos da legislação ambiental, poderá ali permanecer. Mas, se a atividade provoca ruído acima do permitido, o problema deixa de ser o zoneamento, enveredando para a poluição sonora.

Vamos imaginar que uma outra atividade – indústria metalúrgica, por exemplo – encontra-se instalada e em funcionamento, devidamente licenciada e em situação de conformidade com todas as normas e padrões aplicáveis. Editado um novo zoneamento que exclui esse tipo de indústria, como fica a situação jurídica da empresa?

A finalidade do zoneamento é a proteção contra a poluição provocada pela indústria, no meio urbano. Se esta estiver em total conformidade com as normas ambientais, supõe-se, *a priori*, que não está poluindo. Nesse caso, a indústria não será obrigada a buscar outra localização, a menos que seja desapropriada, com o pagamento da respectiva indenização.[9]

Indo além, a formulação do Direito Ambiental não tem por objetivo a não poluição, mas a poluição em níveis aceitáveis, fixando, para tanto, os padrões de lançamento e de qualidade ambiental. Tem-se, então, uma indústria que polui dentro do que em geral é legalmente aceitável, mas que, a partir do zoneamento estabelecido, tornou-se inaceitável a sua permanência sob a nova configuração daquela área. O órgão ambiental poderá, quando da renovação da licença, tornar mais exigentes os padrões, em face da localização. Se a indústria cumprir, permanece. Se não conseguir cumprir, perde a licença e a autorização do Poder Público para funcionar naquele local. Ou seja, há o direito adquirido de permanecer no local, em caso de alteração do zoneamento, mas não há o direito adquirido de poluir.

Sobre direito adquirido e a teoria do fato consumado, cabe destacar recentes acórdãos do STJ, no sentido de que: "1. a proteção ao meio ambiente não difere entre área urbana ou rural, porquanto ambos merecem a atenção em favor da garantia da qualidade de vida proporcionada pelo texto constitucional, pelo Código Florestal e pelas demais normas legais sobre o tema; 2. não há falar em direito adquirido à manutenção de situação que gere prejuízo ao meio ambiente; 3. a simples manutenção de construção em área de preservação permanente "impede sua regeneração, comportamento de que emerge obri-

---

8.   CF/88, art. 5º, XXXVI: "A lei não prejudicará o direito adquirido, o ato jurídico perfeito e a coisa julgada."
9.   No mesmo sentido, MEIRELLES, Hely Lopes. *Direito administrativo brasileiro*. 39. ed. São Paulo: Malheiros, 2013, p. 660; MACHADO, Paulo Affonso Leme. *Direito ambiental brasileiro*. 26. ed. São Paulo: Malheiros, 2018, p. 257-258.

gação propter rem de restaurar na sua plenitude e indenizar o meio ambiente degradado e terceiros afetados, sob o regime de responsabilidade civil objetiva."[10]

A jurisprudência vem negando a alegação de fato consumado como fator excludente da responsabilidade pela ocupação de áreas protegidas. No caso de ocupação declarada irregular pelo zoneamento, aplica-se a mesma ideia. Importante ressaltar, todavia, a situação legal de ocupação na origem: se na instalação da atividade foi observada a legislação vigente à época, ela permanece. Se a ocupação ocorreu de modo ilegal, como é o caso do tema do acórdão acima mencionado (ocupação de APP), daí o fato consumado não serve como excludente da responsabilidade.

27.5 ZONEAMENTO EM UNIDADES DE CONSERVAÇÃO

Não há que se confundir o zoneamento com a instituição de Espaços Territoriais Especialmente Protegidos. A distinção se encontra na própria regra de criação desses dois institutos. O *zoneamento* refere-se à divisão de uma área previamente determinada: o território de um Município, de Estado, do Distrito Federal, uma bacia hidrográfica e mesmo uma Unidade de Conservação (UC), espécie do gênero Espaços Territoriais Especialmente Protegidos. O zoneamento restringe-se à divisão desse espaço, estabelecendo os tipos de uso para cada zona.

Os Espaços Territoriais Especialmente Protegidos são objeto: (1) de criação pelo *só efeito da lei*, de acordo com a sua localização, como é o caso das Áreas de Preservação Permanente (APP); (2) de instituição específica por ato administrativo, com base em lei, como ocorre com a Reserva Legal (RL); (3) criação por norma jurídica específica – lei ou decreto, conforme o estabelecido para as Unidades de Conservação (UC) ou ainda por (4) ato internacional, previsto em convenção internacional de que o Brasil faça parte, devidamente ratificada e promulgada.

O zoneamento é aplicável em Unidades de Conservação, cuja Lei nº 9.985/00 assim o define, especificamente para essa finalidade:

> definição de setores ou zonas em uma unidade de conservação com objetivos de manejo e normas específicos, com o propósito de proporcionar os meios e as condições para que todos os objetivos da unidade possam ser alcançados de forma harmônica e eficaz.[11]

O zoneamento de certas Unidades de Conservação, como as Áreas de Proteção Ambiental (APA), que possuem grandes extensões, com Municípios e áreas produtivas em seu interior, é a condição de efetividade da sua proteção. É o zoneamento que vai ordenar o espaço, restringindo o uso em áreas mais frágeis ambientalmente e permitindo certos usos em outras, de acordo com a sua compatibilidade com o tipo de proteção almejado.

27.6 ZONEAMENTO ECOLÓGICO-ECONÔMICO (ZEE)

O Decreto nº 4.297, de 10-7-2002, com as alterações introduzidas pelos Decretos nº 6.288, de 6-12-2007, e 7.378, de 1-12-2010,[12] regulamenta o art. 9º, inciso II, da Lei nº 6.938/81, estabelecendo critérios para o Zoneamento Ecológico-Econômico (ZEE) do

---

10. AgInt no Recurso Especial nº 1.545.177 - PR (2015/0180904-0). Relator: OG Fernandes. 13/11/2018. No mesmo sentido: REsp 1.454.281/MG, Rel. Min. Herman Benjamin, Segunda Turma, DJe 9/9/2016.
11. Lei nº 9.985/00, art. 2º, XVI.
12. O Decreto nº 7.378/10 aprovou o Macrozoneamento Ecológico-Econômico da Amazônia Legal.

Brasil, definindo nessa norma como um *"instrumento de organização do território a ser obrigatoriamente seguido na implantação de planos, obras e atividades públicas e privadas".*[13]

27.6.1 Obrigatoriedade e vinculação

O ZEE, na forma como foi concebido, constitui instrumento de organização do território, de caráter obrigatório[14] e vinculado.[15] É obrigatório na implantação de planos, obras e atividades públicas e privadas. Sua função é estabelecer medidas e padrões de proteção ambiental destinados a assegurar a qualidade ambiental, dos recursos hídricos e do solo e a conservação da biodiversidade, garantindo o desenvolvimento sustentável e a melhoria das condições de vida da população que devem ser observadas em todas as atividades de planejamento.[16]

A vinculação do ZEE refere-se à organização das decisões dos agentes públicos e privados quanto a planos, programas, projetos e atividades que, direta ou indiretamente, utilizem recursos naturais, assegurando a plena manutenção do capital e dos serviços ambientais dos ecossistemas.[17]

Embora o Decreto nº 4.297/02 não disponha sobre a matéria, para assegurar essa obrigatoriedade no cumprimento e a vinculação aos elementos relativos ao meio ambiente mencionados na norma, em todos os processos de planejamento de uso do espaço, o Zoneamento Ecológico-Econômico deveria ser editado por meio de **lei**. Nessa linha, o Decreto nº 4.297/02 menciona que, para fins de uniformidade e compatibilização com as políticas públicas federais, o Poder Público Federal poderá reconhecer os ZEE estaduais, regionais e locais, desde que tenham cumprido os requisitos ali estabelecidos, entre os quais se destaca a *aprovação pela Assembleia Legislativa Estadual.*[18]

Aqui cabe uma reflexão: o **decreto** não pode definir o que deve ser matéria de **lei**. Entretanto, o Decreto nº 4.297/02, ao exigir a aprovação pela Assembleia Legislativa Estadual para que o Poder Público Federal reconheça ZEEs estaduais, regionais e locais, acaba por fazer essa exigência. Esse tipo de inconsistência gera insegurança jurídica, uma vez que a validade desse dispositivo pode ser questionada.

27.6.2 Princípios

O ZEE é um instrumento do desenvolvimento sustentável, na medida em que, na distribuição espacial das atividades econômicas, deve levar em conta a importância ecológica, as limitações e as fragilidades dos ecossistemas, estabelecendo vedações, restrições e alternativas de exploração do território – limitações ao exercício do direito de propriedade – e determinando, quando for o caso, inclusive, a relocalização de atividades incompatíveis com suas diretrizes gerais.

Além disso, aplicam-se ao ZEE os princípios da função socioambiental da propriedade, da prevenção, da precaução, do poluidor-pagador, do usuário-pagador, da participa-

---

13. Decreto nº 4.297/02, art. 2º.
14. Decreto nº 4.297/02, art. 2º.
15. Decreto nº 4.297/02, art. 3º.
16. Decreto nº 4.297/02, art. 2º.
17. Decreto nº 4.297/02, art. 3º.
18. Decreto nº 4.297/02, art. 6º-B, II, incluído pelo Decreto nº 6.288/07.

ção informada, do acesso equitativo e da integração, orientando-se esse instrumento pela Constituição Federal, arts. 21, IX, 170, VI, 186, II, e 225, e pela Política Nacional do Meio Ambiente.[19]

27.6.3 Elaboração e implantação

Os processos de elaboração e de implementação do ZEE possuem três fatores preponderantes: (1) a participação dos diferentes níveis da administração pública e da sociedade civil, devidamente integrados na ações atribuídas a cada um; (2) a busca da sustentabilidade ecológica, econômica e social, compatibilizando o crescimento econômico e a proteção dos recursos naturais; (3) a base científico-multidisciplinar, que indicará, sob os aspectos técnicos, os caminhos mais adequados ou seguros em favor das presentes e futuras gerações, em decorrência do reconhecimento de valor intrínseco à biodiversidade e a seus componentes.

27.6.4 Competências

A elaboração e execução do ZEE nacional e dos ZEE regionais constitui competência do Poder Público Federal, nas hipóteses em que tiver por objeto biomas brasileiros ou territórios abrangidos por planos e projetos prioritários estabelecidos pelo Governo Federal,[20] permitida a articulação e cooperação com os Estados.[21]

No âmbito dessa cooperação e articulação, cabe à União reunir e sistematizar as informações geradas, inclusive pelos Estados e Municípios, em um único banco de dados,[22] bem como disponibilizá-las publicamente,[23] o que remete ao conteúdo da Lei nº 10.650/03, que dispõe sobre o acesso público aos dados e informações ambientais existentes nos órgãos e entidades integrantes do Sistema Nacional do Meio Ambiente (SISNAMA).

Cabe mencionar que a LC nº 140/11 estabelece, como ação administrativa da União, *elaborar o zoneamento ambiental de âmbito nacional e regional.*[24] Aos Estados a norma determina como ação administrativa a elaboração do *zoneamento ambiental de âmbito estadual, em conformidade com os zoneamentos de âmbito nacional e regional*[25] e aos Municípios, *elaborar o Plano Diretor, observando os zoneamentos ambientais.*[26]

Nota-se, nesses dispositivos, que a articulação e a cooperação entre os Entes Federativos são fundamentais, já que o zoneamento pressupõe a fixação de regras para espaços contidos no município, mas que se inserem no território do Estado e, de modo mais abrangente, no próprio Estado Brasileiro. A cooperação e a articulação dessa forma, devem necessariamente ocorrer na definição do zoneamento, para evitar distorções que apenas prejudicariam a gestão desses espaços.

Cabe citar o Estatuto da Metrópole, que estabelece diretrizes gerais para o planejamento, a gestão e a execução das funções públicas de interesse comum em regiões me-

---

19. Decreto nº 4.297/02, art. 5º.
20. Decreto nº 4.297/02, art. 6º. Redação dada pelo Decreto nº 6.288/07.
21. Decreto nº 4.297/02, art. 6º, § 1º. Redação dada pelo Decreto nº 6.288/07.
22. Decreto nº 4.297/02, art. 6º, § 3º.
23. Decreto nº 4.297/02, art. 6º, § 2º. Redação dada pelo Decreto nº 6.288/07.
24. Lei Complementar nº 140/11, art. 7º, IX.
25. Lei Complementar nº 140/11, art. 8º, IX.
26. Lei Complementar nº 140/11, art. 9º, IX.

tropolitanas e em aglomerações urbanas instituídas pelos Estados, além de normas gerais sobre o plano de desenvolvimento urbano integrado e outros instrumentos de governança interfederativa, assim como critérios para o apoio da União a ações que envolvam governança interfederativa no campo do desenvolvimento urbano. A **governança interfederativa**, mencionada nessa norma, é justamente a articulação e a cooperação que deve ocorrer, em regiões metropolitanas. Todavia, esse conceito, ainda que não se aplique a outras situações, serve para orientar os poderes públicos nas necessárias negociações sobre o zoneamento.

27.6.5 Alteração do ZEE

O Decreto nº 4.297/02, em seu art. 19, estabelece regras para a alteração dos produtos do ZEE e mudanças nos limites das zonas e indicação de novas diretrizes gerais e específicas.

As alterações, segundo mesmo artigo, somente poderão ser realizadas após decorrido o prazo mínimo de dez anos de conclusão do ZEE ou de sua última modificação. A exceção refere-se à hipótese de ampliação do rigor da proteção ambiental da zona a ser alterada, ou de atualizações decorrentes de aprimoramento técnico-científico. Parece ser essa uma forma de vincular as alterações do zoneamento ambiental a critérios objetivos de proteção e não às pressões políticas sem fundamento técnico, voltadas apenas a flexibilizar a norma. Aplica-se aqui o princípio da **motivação**, em que qualquer alteração no ZEE, antes do prazo legalmente fixado, deve ser precedida de uma justificativa técnica, explicitando ou a ampliação do rigor ou as atualizações técnicas.

Se o Decreto não exige que o ZEE tenha a forma de lei – e nem poderia, conforme acima exposto. Entretanto, passa a exigi-lo quando de sua alteração, decorridos os 10 anos. As alterações não apenas ficam condicionadas à realização de consulta pública, como também à aprovação pela comissão estadual do ZEE e pela Comissão Coordenadora do ZEE, mediante processo legislativo de iniciativa do Poder Executivo.[27] Aqui mais uma vez o decreto disciplina matéria que deveria ser restrita à lei.

Um ponto a ressaltar consiste na determinação de que a alteração do ZEE não poderá reduzir o percentual da reserva legal definido em legislação específica, nem as áreas protegidas, com Unidades de Conservação ou não.[28]

27.6.6 Questões institucionais

O Decreto nº 4.297/02 define ainda os pressupostos técnicos, institucionais e financeiros a serem considerados na execução e implantação do ZEE.[29] Em relação aos pressupostos institucionais, os executores de ZEE deverão apresentar:[30]

> **arranjos institucionais** que assegurem a sua inserção em programa de gestão territorial. Para tanto, deverá ser criada uma comissão de coordenação estadual, com caráter deliberativo e participativo, e de coordenação técnica, com equipe multidisciplinar;

---

27. Decreto nº 4.297/02, art. 19, § 1º.
28. Decreto nº 4.297/02, art. 19, § 3º.
29. Decreto nº 4.297/02, art. 7º.
30. Decreto nº 4.297/02, art. 9º.

base de **informações compartilhadas** entre os diversos órgãos da administração pública, o que pressupõe uma troca sistematizada de informações;

proposta de **divulgação da base de dados** e dos resultados do ZEE;

compromisso de encaminhamento periódico dos resultados e produtos gerados à Comissão Coordenadora do ZEE.

Esses pressupostos encerram uma questão crucial na efetividade das políticas públicas, em que se insere o desenvolvimento sustentável: o papel da Administração Pública no cumprimento do *poder-dever* de formular as regras do jogo, visando alcançar um interesse que seja compatível com o ordenamento jurídico vigente. Ainda que a sociedade tenha participação nas decisões, o que é salutar, a responsabilidade pela condução do Estado é do Poder Público, que para tanto recebeu mandato.

Se há uma política ambiental legalmente estabelecida e estruturada, as ações da Administração Pública são vinculadas a essa proteção, ainda que, circunstancialmente, outros interesses, como a expansão da área urbana ou das fronteiras agrícolas estejam em jogo.

O Estado de Direito pressupõe que administradores, juízes e outros agentes sociais, no exercício de suas funções públicas, busquem a efetividade das normas, incluídas aí aquelas que protegem o meio ambiente, em cumprimento do disposto no art. 170 da CF/88, que condiciona as atividades econômicas à proteção ambiental[31]. O que não pode acontecer é o administrador descolar-se ilegalmente das regras legais para formular políticas que se desviam das finalidades legais do Estado, estabelecidas no art. 3º da CF/88.

A implantação e a execução do zoneamento ambiental, nessa ordem de ideias, assim como os demais instrumentos da política ambiental, devem considerar suas finalidades, no desenvolvimento das ações. No que se refere ao desenvolvimento sustentável, a pergunta a ser feita consiste em: *como estará essa área em cem anos, ou duzentos considerando as atuais decisões sobre o uso do solo e a autorização das atividades?*

---

31. Merece destaque a inclusão do ZEE em políticas para resiliência climática, como mais um instrumento que pode contribuir para o enfrentamento dos impactos das mudanças climáticas. Ver: Política Estadual de Mudanças Climáticas - Estado de São Paulo (Lei nº 13.798, de 9-11-2009). Disponível em: <https://www.al.sp.gov.br/repositorio/legislacao/lei/2009/lei-13798-09.11.2009.html>. Acesso em: 10 mar. 2024.

Parte V

ESPAÇOS TERRITORIAIS ESPECIALMENTE PROTEGIDOS

Conceito e Fundamento Legal dos Espaços Protegidos

O ordenamento jurídico brasileiro não define os espaços territoriais especialmente protegidos, tendo cabido à doutrina fazê-lo. Segundo José Afonso da Silva, trata-se de *"áreas geográficas públicas ou privadas (porção do território nacional) dotadas de atributos que requeiram sua sujeição, pela lei, a um regime jurídico de interesse público que implique sua relativa imodificabilidade e sua utilização sustentada, tendo em vista a preservação e proteção da integridade de amostras de toda a diversidade de ecossistemas, a proteção ao processo evolutivo das espécies, a preservação e proteção dos recursos naturais"*.[1]

Os espaços territoriais especialmente protegidos consistem em porções do território – nacional, estadual ou municipal – destacadas das demais áreas pelo Poder Público mediante lei ou decreto, com vistas à proteção de valores relacionados com o meio ambiente. Em face do interesse público envolvido, relativo ao direito de todos ao meio ambiente ecologicamente equilibrado, esses espaços submetem-se a um regime jurídico especial, de direito público, que impõe restrições ao uso do solo e dos outros recursos naturais ali existentes.[2]

O fato de um espaço ser declarado como protegido não lhe garante a proteção. Há inúmeras ações do Poder Público, necessárias para garantir que a proteção não ocorra apenas na burocracia. Em verdade, está-se falando de *espaços a serem protegidos*.

A criação desses espaços visa, precipuamente, à **proteção da biodiversidade**. Outros elementos são também considerados, na medida em que *"a existência das diversas espécies garante uma série de serviços ambientais, como conservação do solo, regulação do clima, polinização, controle de pragas e doenças e ciclagem de nutrientes [...]. Essa diversidade também é responsável pela manutenção dos ambientes naturais"*.[3]

São diversos os fatos geradores da proteção dos espaços. Podem consistir nas características físicas ou bióticas de uma determinada área que, por sua relevância ambiental, ensejam um regime jurídico específico, ou simplesmente na necessidade de manutenção da cobertura vegetal do território brasileiro, como é o caso da reserva legal. Seguem alguns exemplos de situações que ensejam a proteção dos espaços:

existência de **ecossistemas raros**, que abrigam espécies em extinção. Nessa lógica, as reservas biológicas, reguladas pela Lei do SNUC, visam proteger esses bens ambientais;

---

1. SILVA, José Afonso da. *Direito ambiental constitucional*. 7. ed. São Paulo: Malheiros, 2009, p. 230.
2. Conforme o art. 2º da Convenção sobre Diversidade Biológica, área protegida significa uma área definida geograficamente que é destinada, ou regulamentada, e administrada para alcançar objetivos específicos de conservação.
3. BENSUSAN, Nurit. Biodiversidade, recursos genéticos e outros bichos esquisitos. In: RIOS, Aurélio Virgílio Veiga (Org.). *O direito e o desenvolvimento sustentável*: curso de direito ambiental. São Paulo: Peirópolis; Brasília, DF: IEB – Instituto Internacional de Educação do Brasil, 2005, p. 38.

existência de vegetação remanescente de um **bioma** degradado. A Lei nº 11.428/06 dispõe sobre o uso e proteção da Mata Atlântica;

incidência de **fragilidades ambientais**, em que os recursos naturais ali existentes não resistem aos usos comumente adotados. A expressão *fragilidade ambiental* diz respeito à *"susceptibilidade do meio ambiente a qualquer tipo de dano, inclusive à poluição. Daí a definição de ecossistemas ou áreas frágeis como aqueles que, por suas características, são particularmente sensíveis aos impactos ambientais adversos, de baixa resiliência e pouca capacidade de recuperação [...], como os lagos, as lagunas, as encostas de forte declividade, as restingas, os manguezais [...]"*,[4] as águas subterrâneas;

necessidade de proteção de bens ambientais específicos. Os sítios Ramsar, por exemplo, têm por finalidade a proteção de aves migratórias dependentes das áreas úmidas;

necessidade de manutenção da **cobertura vegetal protetora** de recursos hídricos e da estrutura do solo, como é o caso das **Áreas de Preservação Permanente (APP)**, definidas no art. 3º, II, da Lei nº 12.651/12 (Código Florestal), que revogou a Lei nº 4.771/65;

necessidade de manutenção da cobertura vegetal, nas propriedades privadas, com o objetivo de assegurar o uso econômico de modo sustentável dos recursos naturais do imóvel rural, auxiliar a conservação e a reabilitação dos processos ecológicos e promover a conservação da biodiversidade, bem como o abrigo e a proteção de fauna silvestre e da flora nativa, como é o caso da **Reserva Legal**;[5]

necessidade de compatibilizar a existência de **populações tradicionais** e a proteção de áreas com riqueza em biodiversidade. As Reservas Extrativistas e de Desenvolvimento Sustentável têm por finalidade promover o uso sustentável dos espaços, com a manutenção das populações tradicionais nesses locais.

A existência de espaços protegidos não significa que, nas áreas restantes, as atividades humanas não sofram restrições. Não se trata de reservar uma fração do território, destinando-a à preservação, e promover usos incompatíveis com o equilíbrio ambiental nas demais. Ao contrário, a legislação ambiental brasileira prevê, para todas as atividades que de alguma forma causem impactos efetivos ou potenciais ao meio ambiente, a submissão a processos administrativos específicos, como o licenciamento ambiental,[6] e a estudos ambientais, como Estudo Prévio de Impacto Ambiental (EPIA).[7]

Por meio desses instrumentos, o empreendedor fica obrigado a executar ações compensatórias e mitigadoras dos impactos, que possam garantir a implantação do empreendimento, com os benefícios econômicos a ele inerentes, mantendo-se, porém, estável o equilíbrio do meio ambiente, através do cumprimento das condicionantes impostas, cujo objetivo é o atendimento ao princípio do desenvolvimento sustentável.

Nos casos em que a proteção incide sobre a propriedade privada, as restrições impostas constituem uma **limitação administrativa ao exercício do direito de propriedade**, ancorada no princípio da supremacia do interesse público sobre o particular.

A CF/88, em seu art. 186, estabelece que a função social é cumprida quando a propriedade rural atende aos requisitos ali mencionados, destacando-se *"a utilização adequada dos recursos naturais disponíveis e preservação do meio ambiente"*.[8] O Estatuto da Cidade, Lei nº 10.257/01, em seu art. 2º, determina que a política urbana tem por objetivo ordenar o pleno desenvolvimento das funções sociais da cidade e da propriedade urbana,

---

4. MOREIRA, Iara Verocai Dias. *Vocabulário básico de meio ambiente*. Rio de Janeiro: Fundação Estadual de Engenharia do Meio Ambiente, 1990, p. 104-105.
5. Conforme Lei nº 12.651/12, art. 3º, III.
6. Lei nº 6.938/81, art. 10.
7. CF/88, art. 225, § 1º, IV.
8. CF/88, art. 186, II.

mediante diretrizes ali estabelecidas, com destaque para a *"proteção, preservação e recuperação do meio ambiente natural e construído, do patrimônio cultural, histórico, artístico, paisagístico e arqueológico".*[9]

A natureza e a intensidade das restrições dependerão: (1) do regime jurídico de proteção estabelecido para cada área e (2) do zoneamento efetuado, nos casos em que for aplicável.

A Constituição Federal determina, como uma das medidas de efetividade do *"direito ao meio ambiente ecologicamente equilibrado"* a definição de *"espaços territoriais e seus componentes, a serem especialmente protegidos".*[10] Na Lei nº 6.938/81, a criação de espaços territoriais especialmente protegidos é um instrumento da política ambiental.[11]

Desde logo, o texto constitucional estabelece que somente a lei poderá suprimir esses espaços ou alterar o seu regime jurídico.[12] Essa medida tem por objetivo impedir que atos isolados do Poder Executivo alterem a proteção estabelecida, sem abrir a possibilidade de ampla discussão com a sociedade, no âmbito do processo legislativo.

A Constituição veda, também, qualquer uso que possa comprometer a integridade dos atributos que deram base técnica à proteção e que devem estar claramente definidos já nos atos de criação dos espaços.[13]

A *base técnica* mencionada na Constituição, como fundamento para a definição de um espaço protegido e do regime jurídico a ele imposto, é tema relevante. Com exceção das Áreas de Preservação Permanente (APP), definidas pelo art. 3º, II, da Lei nº 12.651/12, apenas em função de sua localização, conforme a própria lei já determina, o regime de proteção dos demais espaços há que ser estabelecido caso a caso, por meio de processo administrativo específico, que tramita no âmbito do Poder Público – federal, estadual ou municipal.

Nesse processo, um estudo de caráter técnico deve indicar as características da área, os bens ambientais e as fragilidades existentes, os riscos a que está exposta e descrever os ecossistemas, entre outras informações. O estudo irá pautar desde a delimitação geográfica do espaço a proteger até o regime jurídico a ser estabelecido, definindo-se as atividades ali permitidas. Portanto, a decisão política para a criação de um espaço protegido deve partir de estudos técnicos, os quais definirão *a base técnica* mencionada na CF/88.

Os espaços protegidos pelo direito brasileiro estão previstos em vários diplomas legais, com formas de criação, finalidades e regimes jurídicos distintos: na Constituição Federal, em seu art. 225, § 1º, III e § 4º; na Lei nº 12.651/12, que revogou a Lei nº 4.771/65 e define as Áreas de Preservação Permanente (APP) e a Reserva Legal; na Lei nº 9.985, de 18-7-2000, que dispõe sobre o Sistema Nacional de Unidades de Conservação (SNUC) e as Reservas da Biosfera; na Lei nº 6.766, de 19-12-1979[14], que dispõe sobre loteamentos, e na Lei nº 11.428, de 22-12-2006, que trata da Mata Atlântica, entre outros.

---

9. Lei nº 10.257/01, art. 2º, XII.
10. CF/88, art. 225, § 1º, III.
11. Lei nº 6.938/81, art. 9º, VI, com a redação dada pela Lei nº 7.804, de 18-7-1989.
12. CF/88, art. 225, § 1º, III.
13. CF/88, art. 225, § 1º, III.
14. Alterada pela Lei nº 13.465/2017.

29

ÁREAS DE PRESERVAÇÃO PERMANENTE (APP)

29.1 ALTERAÇÕES DO CÓDIGO FLORESTAL[1]

Conforme já detalhado no Capítulo sobre Flora e Florestas, a Lei nº 12.651/12, que revogou o Código Florestal (Lei nº 4.771/65) alterou significativamente o tratamento jurídico aplicável às áreas especialmente protegidas, ensejando uma série de debates acerca de supostas violações constitucionais introduzidas pela nova norma.

De um modo geral, criticou-se o retrocesso na proteção ambiental, com a supressão de certas áreas especialmente protegidas e, mais grave, a anistia a infrações ambientais ocorridas no passado.

Nesse contexto, a Procuradoria-Geral da República ajuizou 3 ações diretas de inconstitucionalidade (ADI),[2] apontando ofensas à Constituição em diversos dispositivos da Lei nº 12.651/12. Posteriormente, uma quarta ADI foi ajuizada pelo Partido Socialismo e Liberdade (PSOL), questionando dispositivos da mesma lei.[3] A Lei foi, ainda, objeto de uma ação declaratória de constitucionalidade (ADC)[4], proposta pelo Partido Progressista. O julgamento das ações do controle concentrado de constitucionalidade foi concluído pelo **STF em 28-02-2018**, reconhecendo a validade de vários dispositivos, declarando alguns trechos inconstitucionais e atribuindo *interpretação conforme* a Constituição Federal em relação a outros itens.

Considerando a relevância das modificações instituídas, bem como a polêmica que causaram e ainda causam, é importante verificar como ficou o tratamento jurídico das APP após a entrada em vigor da Lei nº 12.651/12. Sendo assim, após a conceituação e definição das APP, passaremos a analisar os dispositivos mais polêmicos da nova lei, supostas inconstitucionalidades e o **entendimento do STF** sobre elas, e como as modificações introduzidas impactam na proteção dessas áreas. Em seguida, os demais temas relativos a APP serão tratados à luz da lei vigente.

De qualquer modo, após a definição, pelo STF, do que se encontra em vigor em relação ao Código Florestal, o desafio é implementar a norma, aplicando seus dispositivos e garantindo, minimamente, segurança jurídica para todas as partes.

---

1. Mais informações sobre o histórico da Lei nº 12.651/12 no capítulo sobre Flora e Florestas.
2. ADIs nᵒˢ 4.901, 4.902 e 4.903.
3. ADI nº 4.937.
4. ADC nº 42.

29.2 CONCEITO E DELIMITAÇÃO DAS APP

O conceito legal de Área de Preservação Permanente (APP) é dado pela Lei nº 12.651/12, que dispõe sobre a proteção da vegetação nativa. Trata-se de

> área protegida, coberta ou não por vegetação nativa, com a função ambiental de preservar os recursos hídricos, a paisagem, a estabilidade geológica e a biodiversidade, facilitar o fluxo gênico de fauna e flora, proteger o solo e assegurar o bem-estar das populações humanas.[5]

Ao estabelecer uma **função ambiental** para as Áreas de Preservação Permanente, a lei admite a relevância desses espaços para a proteção da vegetação, da água, da estabilidade geológica, da fauna e da flora, entre outros. Essa função não decorre de decisão política, mas do conhecimento científico da inter-relação necessária entre os vários elementos que compõem os recursos ambientais. Os ecossistemas se desenvolvem em locais específicos e não necessariamente se manteriam em quaisquer outras condições.

Daí a importância de se entender o reflexo da função ambiental na **manutenção do equilíbrio** entre os vários recursos naturais, constituindo o núcleo essencial do meio ambiente e que não pode (ou não poderia) ser objeto de relativização, já que se encontra protegido em nível constitucional. A função ambiental, portanto, está associada ao equilíbrio.

Há que mencionar, também, que não se está apenas tratando do meio ambiente, de forma isolada. A atividade agrícola precisa de um solo protegido, da água, da floresta e da fauna, pois esses elementos são essenciais para uma produção sustentável. Um exemplo disso consiste na polinização. Sem a presença de insetos e pássaros, fica comprometida a produção de certos produtos agrícolas, pois o homem ainda não sabe realizar esse serviço ambiental.

Segundo Herman Benjamin, *o objeto da função ambiental – bem ambiental – é identificado ora com o meio ambiente, como categoria única e global, ora com partes ou fragmentos deste (uma determinada montanha, um córrego específico, um ecossistema localizado). Tal é decorrência da forma macro ou micro com que se analise a questão.* No caso em tela está-se fazendo uma relação necessária entre o solo e a vegetação, associada à fauna.

Continuando, Herman Benjamin ensina que o *meio ambiente, como bem objeto da função ambiental, é gênero amplo (macrobem) que acolhe uma infinitude de outros bens – numa relação assemelhada à dos átomos e moléculas –, menos genéricos e mais materiais (microbens): são "a atmosfera, as águas interiores, superficiais e subterrâneas, os estuários, o mar territorial, o solo, o subsolo, os elementos da biosfera, a fauna e a flora", ou em outras palavras, os elementos da hidrosfera, da litosfera, da atmosfera, da biosfera e, quiçá, também de uma antroposfera. Assim, de uma maneira muito geral, pode-se dizer que o objeto (macro) da função jurídica ambiental é o bem ambiental, isto é, o meio ambiente como realidade abstrata e proteiforme.*[6]

Quanto ao domínio, as Áreas de Preservação Permanente acompanham a propriedade do solo, o que significa que ocorre APP em áreas de propriedade privada e também pública, assim como nas Unidades de Conservação e outros espaços protegidos. Em termos

---

5.   Lei nº 12.651/12, art. 3º, II.
6.   BENJAMIN, Antonio Herman Vasconcelos e. Função Ambiental. In: *Dano ambiental*: prevenção, reparação e repressão. São Paulo: RT, 1993, p. 60.

de normas aplicáveis, prevalece a legislação mais restritiva, com vistas à maior proteção dos elementos que exercem as funções ambientais da APP.

Embora permaneça na posse do espaço, o proprietário não poderá fazer intervenções na área nem suprimir sua vegetação, observando-se, todavia, as exceções previstas na Lei nº 12.651/12, relativas às hipóteses de supressão de cobertura vegetal, por motivo de utilidade pública, interesse social e baixo impacto ambiental.[7]

Pela limitação administrativa imposta ao uso, não se prevê nenhum tipo de indenização aos respectivos proprietários, tendo em vista ser a proteção dessas áreas um reflexo da função social e ambiental da propriedade. Conforme entendimento do STJ,

> constatada a inexistência de apossamento administrativo ou de qualquer prejuízo [...] não se configura proibição, mas condicionamento do uso da propriedade e [...] há que ser reconhecida a ausência de interesse dos autores para a propositura de ação por desapropriação indireta.[8]

No que se refere especificamente à cobertura vegetal, a Lei nº 12.651/12 estabelece que a APP é área *coberta ou não por vegetação nativa*, ou seja, o espaço pode ser coberto por vegetação exótica. A inexistência da vegetação não descaracteriza juridicamente a APP: a proteção do espaço é sempre obrigatória, cabendo a recomposição da cobertura vegetal nessas áreas,[9] pois é a relação entre o solo, a vegetação e os ecossistemas que ali se desenvolvem que pode garantir o cumprimento da sua **função ambiental**. A proteção das APP refere-se, pois, ao espaço geográfico que reúne, organicamente, o solo e a vegetação.

A Lei nº 12.651/12 dispõe que *a vegetação situada em APP deve ser mantida pelo proprietário da área, possuidor ou ocupante a qualquer título, pessoa física ou jurídica, de direito público ou privado*.[10] Cabe ressaltar que a lei caracteriza essa obrigação como de *natureza real, transmitida ao sucessor, em caso de transferência do domínio ou posse do imóvel*.[11]

29.2.1 APP definidas por sua localização

As Áreas de Preservação Permanente (APP) previstas no art. 4º da Lei nº 12.651/12 possuem uma característica única em relação aos demais espaços protegidos pelo direito brasileiro, na medida em que se caracterizam como APP em função apenas de sua localização, de acordo com o previsto no Código Florestal. A Lei nº 12.651/12 assim estabelece a localização das APP:

> I – as faixas marginais de qualquer curso d'água natural perene e intermitente, excluídos os efêmeros, **desde a borda da calha do leito regular**, em largura mínima de:
>
> a) 30 metros, para os cursos d'água de menos de 10 metros de largura;
>
> b) 50 metros, para os cursos d'água que tenham de 10 a 50 metros de largura;
>
> c) 100 metros, para os cursos d'água que tenham de 50 a 200 metros de largura;
>
> d) 200 metros, para os cursos d'água que tenham de 200 a 600 metros de largura;
>
> e) 500 metros, para os cursos d'água que tenham largura superior a 600 metros;
>
> II – as áreas no entorno dos lagos e lagoas naturais, em faixa com largura mínima de:

---

7. Ver item relativo à Supressão de Vegetação em APP.
8. STJ – 2ª T.: EDcl nos EDcl no REsp nº 161.545/SP, Rel. Min. Francisco Peçanha Martins, j. 24-9-2002, *DJ* 11-11-2002, p. 171.
9. Lei nº 12.651/12, art. 7º, § 1º.
10. Lei nº 12.651/12, art. 7º, *caput*.
11. Lei nº 12.651/12, art. 7º, § 2º.

a) 100 metros, em zonas rurais, exceto para o corpo d'água com até 20 hectares de superfície, cuja faixa marginal será de 50 metros;

b) 30 metros, em zonas urbanas;

III – as áreas no entorno dos reservatórios d'água artificiais, decorrentes de barramento ou represamento de cursos d'água naturais, na faixa **definida na licença ambiental** do empreendimento;[12]

IV – as áreas no entorno das nascentes e dos olhos d'água **perenes**, qualquer que seja sua situação topográfica, no raio mínimo de 50 metros;[13]

V – as encostas ou partes destas com declividade superior a 45°, equivalente a 100% na linha de maior declive;

VI – as restingas, como fixadoras de dunas ou estabilizadoras de mangues;

VII – os manguezais, em toda a sua extensão;

VIII – as bordas dos tabuleiros ou chapadas, até a linha de ruptura do relevo, em faixa nunca inferior a 100 metros em projeções horizontais;

IX – no topo de morros, montes, montanhas e serras, com altura mínima de 100 metros e inclinação média maior que 25°, as áreas delimitadas a partir da curva de nível correspondente a 2/3 da altura mínima da elevação sempre em relação à base, sendo esta definida pelo plano horizontal determinado por planície ou espelho d'água adjacente ou, nos relevos ondulados, pela cota do ponto de sela mais próximo da elevação;

X – as áreas em altitude superior a 1.800 metros, qualquer que seja a vegetação;

XI – em veredas, a faixa marginal, em projeção horizontal, com largura mínima de 50 metros, a partir do espaço permanentemente brejoso e encharcado.

29.2.2 APP declaradas de interesse social

O art. 6º, da Lei nº 12.651/12, também dispõe sobre as APP, porém de modo diverso, prevendo a possibilidade de sua instituição não por sua localização, mas quando *declaradas de interesse social por ato do Chefe do Poder Executivo*,[14] em função de uma das seguintes finalidades:

conter a erosão do solo e mitigar riscos de enchentes e deslizamentos de terra e de rocha;

proteger as restingas ou veredas;

proteger várzeas;

abrigar exemplares da fauna ou da flora ameaçados de extinção;

proteger sítios de excepcional beleza ou de valor científico, cultural ou histórico;

formar faixas de proteção ao longo de rodovias e ferrovias;

assegurar condições de bem-estar público;

auxiliar a defesa do território nacional, a critério das autoridades militares;

proteger áreas úmidas, especialmente as de importância internacional.

A sistemática atual é, em primeiro lugar, que a área esteja *coberta com florestas ou outras formas de vegetação*. A partir daí, uma vez declarada de interesse social por ato do Poder Executivo, seu reconhecimento como APP decorre da própria Lei nº 12.651/12.

---

12. Dada interpretação conforme a Constituição pelo STF no julgamento da ADI nº 4.903, em 28-02-2018, para que se reconheça que, quanto às APP dos reservatórios artificiais, deverão ser observados os padrões mínimos de proteção estabelecidos pelo órgão federal competente, qual seja, o Conselho Nacional de Meio Ambiente (CONAMA).
13. Dada interpretação conforme a Constituição pelo STF no julgamento da ADI nº 4.903, em 28-02-2018, para que abranja a proteção das nascentes e olhos d'água intermitentes e das nascentes, ainda que não deem origem a curso d'água ou que não tenham origem no afloramento do lençol freático.
14. Lei nº 12.651/12, art. 6º.

29.3 O REGIME JURÍDICO DAS APP SEGUNDO A LEI Nº 12.651/12

A Lei nº 12.651/12, ao substituir o antigo Código Florestal (Lei nº 4.771/65) introduziu significativas alterações no regime jurídico aplicável às APP, comprometendo em certos casos a sua função ambiental e conferindo, na prática, um padrão de proteção ambiental mais flexível e menos restritivo do que o anteriormente existente.

O Código Florestal de 1965 mostrou-se extremamente moderno quando de sua edição, pois teve uma preocupação com o meio ambiente em época anterior, inclusive, aos movimentos ambientalistas que deflagraram a Conferência da ONU sobre Meio Ambiente Humano em 1972.

É certo que, por décadas, o Poder Público deixou de fazer cumprir as disposições do Código, por diversos motivos, inclusive a necessidade de expansão da fronteira agrícola, nas regiões Centro-Oeste e Norte. Todavia, não concordamos que essa omissão signifique que a norma não era adequada. Muito pelo contrário, há situações de danos ambientais irreversíveis, como desertificação e deslizamentos de morros, com mortes de pessoas no país, e assoreamento de rios, provocados justamente pela não aplicação do Código Florestal.

Além disso, deve-se lembrar que os movimentos ambientalistas se acirraram em nível mundial nas últimas décadas, e a comunidade internacional vem trabalhando com vistas à recuperação de florestas, da fauna e de outros elementos da biosfera. O Brasil tem sido agente expressivo nesses movimentos, sobretudo em relação às mudanças climáticas e à proteção da biodiversidade.

A ciência e a tecnologia, como vêm avançando, são meios adequados para buscar a produtividade agrícola, sem a necessidade de expansão de novas áreas e a destruição da vegetação nativa. Cabiam, pois, ajustes no Código Florestal, e efetivamente a Lei nº 12.651/12 avançou em alguns temas. Contudo, não poderia ter ocorrido a desconstrução de conceitos fundamentais para a garantia do equilíbrio ambiental constitucionalmente protegido.

Os espaços protegidos, objeto da Constituição Federal, não existem por acaso. Sua criação fundamenta-se na necessidade de proteger os *processos ecológicos essenciais*,[15] as fragilidades ambientais, as espécies em extinção, entre outros. Tanto a Constituição reconhece essa necessidade que veio determinar que a supressão dos espaços somente pode ocorrer *mediante lei*, e não por outro ato.[16] Entendia-se à época que as casas legislativas seriam guardiãs dos preceitos constitucionais, no que toca ao meio ambiente.

Por essa razão, a decisão de alterar, ainda que por lei, a proteção de espaços já consagrados anteriormente como necessários à manutenção do equilíbrio ambiental, não pode deixar de considerar todas as variáveis que tratem dos efeitos dessa alteração, até porque muitos deles podem ser irreversíveis. Daí evocar-se o princípio da proibição do retrocesso em matéria ambiental.

Por outro lado, merece crítica a ideia de que qualquer modificação na lei ambiental constitua retrocesso. Mudar a metragem da APP, por exemplo, não significa, necessariamente, um retrocesso. O retrocesso, em nosso entendimento, deve estar associado ao con-

---

15. CF/88, art. 225, § 1º, I.
16. CF/88, art. 225, § 1º, III.

ceito de risco em relação ao equilíbrio ambiental, que é a dimensão objetiva e essencial do meio ambiente. Dessa forma, se a diminuição da metragem de APP comprovadamente não implica riscos ao equilíbrio ambiental, entendemos que não há retrocesso. Por outro lado, se essa diminuição pode resultar em danos, aí sim, ocorre o retrocesso.

Mas há outra questão a levantar, além do retrocesso ambiental em si. A Lei nº 12.651/12 partiu de uma técnica legislativa que gerou uma norma confusa, ambígua, de difícil interpretação lógica. Além disso, as poucas regras acerca da proteção ficam invariavelmente condicionadas à discricionariedade administrativa dos agentes ambientais. Mais que retrocesso ambiental, a lei é instrumento de **insegurança jurídica**, já que, assim como é árdua a sua leitura, árdua também vem sendo a sua aplicação por magistrados, por promotores de justiça, gestores públicos e por advogados.

29.3.1 Nascentes e olhos d'água

O art. 4º, IV, da Lei nº 12.651/12 estabelece como APP as *áreas no entorno das nascentes e dos olhos d'água **perenes**, qualquer que seja sua situação topográfica, no raio mínimo de 50 (cinquenta) metros.* Diante de tal redação, se a lei somente trata das nascentes e olhos d'água *perenes*, conclui-se que, ao contrário da legislação anterior, foram excluídos da proteção ambiental das APP as *nascentes e os olhos d'água **não perenes***.

A legislação em vigor define *nascente* em seu **art. 3º, XVII** como *o afloramento natural do lençol freático que apresenta perenidade e **dá início a um curso d'água***. Ou seja, nota-se também que foram excluídos da proteção ambiental as nascentes que *não dão origem a um curso d'água*.

Na prática, a exclusão de tais áreas do conceito de APP implica uma enorme redução nas áreas especialmente protegidas. Isso porque, mesmo quando nascentes não dão origem a um curso d'água, elas podem dar origem a áreas úmidas e alagados, com relevante importância para os ecossistemas, aves migratórias e outros processos ecológicos essenciais, que demandam igual proteção jurídica.

Além disso, as nascentes e olhos d'água intermitentes, ou seja, que não fluem em determinada época do ano, possuem função ambiental durante a época do ano em que existem. Por essa razão, e devido à sua fragilidade ambiental elas deveriam ser objeto de maior proteção.

Esse tema foi objeto da ADI nº 4.903, que questionou a constitucionalidade do art. 3º, XVII e do art. 4º, IV da Lei nº 12.651/12. No julgamento, concluído em 18-02.2018, o STF conferiu a tais dispositivos interpretação conforme a Constituição, para que abranja a **proteção das nascentes e olhos d'água intermitentes e das nascentes, ainda que não deem origem a curso d'água ou que não tenham origem no afloramento do lençol freático**.

Cabe salientar ainda que a Lei nº 12.651/12, ao tratar das **áreas consolidadas** em APP, tema que será abordado mais adiante, admite a manutenção de atividades agrossilvipastoris, de ecoturismo ou de turismo rural nesses espaços, sendo obrigatória a recomposição do raio mínimo de 15 m.[17]

---

17. Lei nº 12.651/12, art. 61-A, § 5º. Incluído pela Lei nº 12.727, de 2012.

29 • ÁREAS DE PRESERVAÇÃO PERMANENTE (APP) | 423

Ou seja, a recomposição de uma APP utilizada para as atividades mencionadas fica restrita a 15 m em vez de 50 m, que é a exigência da lei para as APP que foram protegidas ao longo do tempo. Na prática, a área de proteção da nascente, considerando um raio de 50 m, corresponde a 7.854 m², quando o raio de 15 m corresponde a uma área de 706,9 m², ou seja, aproximadamente 11 vezes menos.

29.3.2 Reservatórios artificiais e para geração de energia elétrica

Segundo a legislação anterior, os reservatórios artificiais deveriam possuir APP de, no mínimo, 30 metros em áreas urbanas consolidadas e 100 metros em áreas rurais.[18] O art. 4º, III, da Lei nº 12.651/12, considera APP em áreas rurais ou urbanas:

> III – as áreas no entorno de reservatórios d'água artificiais, decorrentes de barramento ou represamento de cursos d'água naturais, na faixa definida no licenciamento ambiental do empreendimento.

Nota-se que o referido dispositivo legal não estipula qualquer **metragem mínima** de APP a ser observada, deixando tal definição para o órgão ou entidade responsável pela emissão da licença ambiental. Segundo a Procuradoria-Geral da República, na ADI nº 4.903, a não definição de parâmetros mínimos a serem observados quanto à área de APP abre a possibilidade de que sejam fixadas faixas de proteção inferiores às anteriormente previstas.

É verdade, por outro lado, que o fato de não haver metragem mínima a ser observada pela licença ambiental, não significa, de plano, que as APP foram desproporcionalmente restringidas pela nova lei, uma vez que cabe ao órgão técnico ambiental definir caso a caso as metragens devidas para cada reservatório. Estudos técnicos devem embasar tecnicamente cada decisão.

Entretanto, deve-se ter em conta que muitos órgãos e entidades de controle ambiental ainda carecem de capacitação técnica e equipamentos adequados para proceder aos estudos necessários com vistas a definir a dimensão de uma APP, cumprindo-se, assim, sua função ambiental. Entende-se, portanto, que no contexto nacional, a metragem mínima, fixada em lei, seria um elemento de garantia de que o órgão licenciador não estabeleceria metragens que descaracterizassem a **função ambiental da APP**.

O Supremo Tribunal Federal, no julgamento da ADI nº 4.903 e da ADC nº 42, concluído em 28-02-2018, decidiu pela constitucionalidade da redação dada pela Lei nº 12.651/12. Contudo, concedeu ao dispositivo interpretação conforme a Constituição, para que se reconheça que, quanto às áreas de preservação permanente dos reservatórios artificiais, deverão ser observados os padrões mínimos de proteção estabelecidos pelo órgão federal competente, qual seja, o Conselho Nacional de Meio Ambiente.

Cabe, portanto, ao CONAMA determinar os padrões mínimos de APP para reservatórios artificiais e aos Poderes Públicos, destinarem recursos para os órgãos e entidades ambientais, para que possam de fato, cumprir a obrigação de proteger a função ambiental

---

18. Nos termos da Lei nº 4.771/65, art. 2º, *b*, consideravam-se APP as florestas e demais formas de vegetação natural situadas ao redor das lagoas, lagos ou reservatórios d'água naturais ou artificiais. A delimitação de tais áreas havia sido definida pela Resolução CONAMA nº 302/2002, em seu art. 3º, I, como *a área com largura mínima em projeção horizontal, no entorno de reservatórios artificiais, medida a partir do nível máximo normal de 30 metros para os reservatórios artificiais situados em áreas urbanas consolidadas e 100 metros para áreas rurais.*

das APP nos processos de licenciamento e autorização de supressão de vegetação. Caso contrário, estará caracterizado o retrocesso.

Outro ponto a ser destacado refere-se aos §§ 1º e 4º, do art. 4º, do Código Florestal. O art. 4º, § 1º, da Lei nº 12.651/12 extingue APP *no entorno de reservatórios artificiais de água que não decorram de barramento ou represamento de cursos de água naturais*. Da mesma forma, o art. 4º, § 4º, da referida lei, extingue APP em reservatórios de água naturais ou artificiais de superfície inferior a 1 hectare. Tais exceções não eram observadas na legislação anterior, de modo que se pode afirmar que a nova lei suprime uma área anteriormente protegida.

Em primeiro lugar, indaga-se qual teria sido o critério norteador dessas normas. A descaracterização dessas áreas como APP não faz qualquer sentido, pois a função ecológica do entorno de um lago ou uma lagoa de superfície inferior a 1 hectare (ou seja, 10 mil metros quadrados) não pode ser considerada menos importante do que a função ecológica do entorno de lagos e lagoas de maior proporção. Pode sim haver lagos de pequena proporção, cujo entorno possua importante função ambiental em um determinado ecossistema ou bioma. Sob o mesmo raciocínio, não há sentido em determinar que o entorno de reservatórios que não decorram de represamento não tenham sua importância ambiental.

O novo tratamento jurídico das áreas em questão extingue da proteção das APP espaços que anteriormente eram protegidos, o que coloca em risco espaços que podem ter grande importância ambiental, deflagrando, nesse caso, um evidente retrocesso na proteção ambiental. Ainda assim, no âmbito da ADI nº 4.903 e da ADC nº 42, os parágrafos acima mencionados foram declarados constitucionais pelo STF em 28-02-2018.

Em relação às APP dos reservatórios d'água artificiais para abastecimento e **geração de energia elétrica**, estabelece o **art. 5º**, da Lei nº 12.651/12:

> Na implantação de reservatório d'água artificial destinado a geração de energia ou abastecimento público, é obrigatória a aquisição, desapropriação ou instituição de servidão administrativa pelo empreendedor das Áreas de Preservação Permanente criadas em seu entorno, conforme estabelecido no licenciamento ambiental, observando-se a faixa **mínima de 30 (trinta) metros e máxima de 100 (cem) metros em área rural, e a faixa mínima de 15 (quinze) metros e máxima de 30 (trinta) metros em área urbana.**

Ao impor uma faixa máxima de APP, a ser definida no procedimento de licenciamento ambiental, o que não ocorria na legislação anterior, o dispositivo ora analisado pode inviabilizar o cumprimento da função ambiental da APP em áreas que demandem uma área de proteção mais extensa do que a determinada. Na prática, isso significa que, ainda que os estudos técnicos ambientais elaborados para embasar a concessão das licenças demonstrem a necessidade de faixas maiores que 100 m em área rural, ou 30 m em área urbana, o administrador estará limitado na sua decisão.

Há casos em que, para que se cumpra, efetivamente, a função ambiental do entorno de certos reservatórios, será necessária uma faixa maior que o limite máximo imposto pela lei.

Não obstante, ainda sobre reservatórios d'água artificiais para abastecimento e **geração de energia elétrica**, estabelece o **art. 62**, da Lei nº 12.651/12:

> Para os reservatórios artificiais de água destinados a geração de energia ou abastecimento público que foram registrados ou tiveram seus contratos de concessão ou autorização assinados anteriormen-

29 • ÁREAS DE PRESERVAÇÃO PERMANENTE (APP)   425

te à Medida Provisória nº 2.166-67, de 24 de agosto de 2001, **a faixa da Área de Preservação Permanente será a distância entre o nível máximo operativo normal**[19] **e a cota máxima maximorum.**[20]

A lei, dessa forma, cria um divisor no tratamento legal das APP dos reservatórios artificiais para abastecimento e geração de energia elétrica: 1. para aqueles registrados ou cujos contratos de concessão ou autorização tenham sido assinados **antes da edição da MP nº 2.166-67/01**, aplica-se a regra do art. 5º, observando-se a faixa de 30 a 100 metros em área rural, e de 15 a 30 metros em área urbana; 2. para os demais casos, aplica-se a regra do art. 62.

Para entender a sistemática adotada pelo art. 62 de definição da faixa de APP, deve-se ter em conta que a expressão **nível máximo operativo normal** significa o nível máximo de água em um reservatório, sem atingir a capacidade plena, com vistas a manter a segurança em caso de novas precipitações e a expressão **cota máxima maximorum** é a maior cota de água que um reservatório consegue suportar, em casos de enchentes.

Ocorre que a distância entre nível máximo operativo normal e a cota máxima maximorum, em alguns casos, pode ser insignificante ou até inexistente. Nessas hipóteses, a nova legislação compromete e pode até extinguir as APP no entorno dos reservatórios registrados ou cujos contratos de concessão ou autorização tenham sido assinados **antes da edição da MP nº 2.166-67/01**, solapando assim suas funções ambientais.

Essa divisão de tratamento jurídico com base em uma mera data – edição de uma Medida Provisória – é casuísmo, sem qualquer fundamento técnico ou jurídico. Mais uma vez, ao declarar a constitucionalidade de tais dispositivos, objetos da ADI nº 4.903, o STF validou o tratamento legal das áreas em questão, colocando em risco espaços de importância ambiental.

29.3.3 Áreas com inclinação entre 25° e 45°

O **art. 11,** da Lei nº 12.651/12, estabelece que em *áreas de inclinação entre 25° e 45°, serão permitidos o manejo florestal sustentável e o exercício de atividades agrossilvipastoris, bem como a manutenção da infraestrutura física associada ao desenvolvimento das atividades, observadas boas práticas agronômicas, sendo vedada a conversão de novas áreas, excetuadas as hipóteses de utilidade pública e interesse social.*

Na lei anterior, tais atividades eram vedadas, como forma de preservar a integridade e função ambiental dessas áreas íngremes, dada a sua fragilidade.[21] Retoma-se aqui o conceito de função ambiental da APP, que é também garantir a *estabilidade geológica*, conforme a própria Lei nº 12.651/12 menciona em ser art. 3º, II.

Segundo a Procuradoria-Geral da República, na ADI nº 4.903, *a intenção declarada durante os debates no Congresso Nacional visava contemplar culturas tradicionalmente cultivadas em locais com inclinação entre 25° e 45°, como café, maçã e uva. No entanto, o crité-*

---

19. Nível máximo de água em um reservatório, sem atingir a capacidade plena, com vistas a manter a segurança em caso de novas precipitações.
20. Cota máxima *maximorum* é a maior cota de água disponível para a maior cheia.
21. Lei nº 4.771/65, art.10.

rio de cultivo tradicional nessas áreas não foi sequer mencionado, bastando a antiguidade da atividade agrossilvipastoril.[22]

Por outro lado, há que se considerar que nem toda a atividade desenvolvida nas *áreas de inclinação entre 25º e 45º* descaracteriza a proteção ambiental dessas áreas, como por exemplo o exercício das culturas tradicionais. Sendo assim, as atividades desenvolvidas em *áreas de inclinação entre 25º e 45º*, desde que não comprometam a sua função ambiental, podem ser autorizadas pelo ordenamento jurídico, lembrando-se que, na prática, tais atividades são desenvolvidas há várias décadas. Entretanto, devem-se restringir as demais atividades, que efetivamente podem comprometer a função ambiental das áreas em questão.

Nesse sentido, concordamos com o entendimento da Procuradoria-Geral da República para uma interpretação conforme a Constituição, de modo a proibir certas atividades e autorizar outras, dependendo dos impactos que as mesmas causarão em cada caso específico. O entendimento do STF, no julgamento da ADI nº 4.903, em 28-02-32018, reconheceu a necessidade de interpretação conforme a Constituição nesse caso, para que seja admitido nas áreas com inclinação entre 25º e 45º apenas o **manejo florestal sustentável**, tal como previsto no Código Florestal de 1965.

29.3.4 Faixas marginais de cursos d'água

Determina o **art. 4º, I**, da Lei nº 12.651/12:

Considera-se Área de Preservação Permanente, em zonas rurais ou urbanas, para os efeitos desta Lei:

I – **as faixas marginais de qualquer curso d'água** natural perene e intermitente, excluídos os efêmeros, desde a borda da calha do leito regular em largura mínima de: (*Incluído pela Lei nº 12.727, de 2012*).

a) 30 (trinta) metros, para os cursos d'água de menos de 10 (dez) metros de largura;

b) 50 (cinquenta) metros, para os cursos d'água que tenham de 10 (dez) a 50 (cinquenta) metros de largura;

c) 100 (cem) metros, para os cursos d'água que tenham de 50 (cinquenta) a 200 (duzentos) metros de largura;

d) 200 (duzentos) metros, para os cursos d'água que tenham de 200 (duzentos) a 600 (seiscentos) metros de largura;

e) 500 (quinhentos) metros, para os cursos d'água que tenham largura superior a 600 (seiscentos) metros.

No que se refere às **faixas marginais de qualquer curso d'água**, cabe salientar que, embora as larguras mínimas tenham sido mantidas pela nova lei, houve uma profunda alteração no que concerne à sua referência de base. A Lei nº 4.771/65 estabelecia que o cálculo das faixas seria medido *desde o seu nível mais alto em faixa marginal. O nível mais alto* significa a *cota máxima do rio no período de enchente*. Ou seja, a APP, no direito anterior, constituía uma área seca da margem do rio, durante todo o ano, na qual a vegetação poderia se desenvolver.

A Lei nº 12.651/12 modificou esse conceito, estabelecendo que o cálculo da faixa marginal deve ser feito *desde a borda da calha do leito regular*, ou seja, considerando

---

22. Nos termos da Resolução CONAMA nº 458, de 16-7-2013, art. 2º, V, trata-se de *ações realizadas em conjunto ou não relativas à agricultura, à aquicultura, à pecuária, à silvicultura e demais formas de exploração e manejo da fauna e da flora, destinadas ao uso econômico, à preservação e à conservação dos recursos naturais renováveis.*

um período médio entre a enchente e a seca. Isso significa, na prática, que a APP incluirá uma faixa naturalmente coberta de água durante uma parte do ano, na qual a vegetação é composta por gramíneas e em geral não consegue se desenvolver durante o ano inteiro.

Dessa forma, tal como redigido, ocorreria uma diminuição real na faixa da APP, já que uma parte da proteção é destinada para áreas cuja vegetação é escassa e não cumpre a função da APP. Contudo, no julgamento da ADI nº 4.903, o STF corrigiu o retrocesso ambiental nesse caso, ao dar interpretação conforme a Constituição ao termo ***leito regular***, definido no art. 3º, XIX, da Lei nº 12.651/12. De acordo com a decisão da Suprema Corte, o termo "leito regular" deve ser compreendido como **leito maior**, na forma anteriormente prevista na legislação.

Cabe destacar ainda que a Lei nº 14.285, de 29-12-2021, acrescentou o § 5º ao artigo 22 da Lei nº 11.952/2009, atribuindo aos municípios a determinação dos limites das APPs marginais a qualquer curso d'água natural em área urbana.

29.3.5 Intervenção em APP por interesse social, utilidade pública e baixo impacto

A Lei nº 12.651/12 dispõe que a *intervenção ou a supressão de vegetação nativa em Área de Preservação Permanente somente ocorrerá nas hipóteses de utilidade pública, de interesse social ou de baixo impacto ambiental.*[23] A questão do desmatamento em APP é abordada utilizando-se dois termos distintos: *intervenção* e *supressão. Suprimir* é eliminar, extinguir. Quando se menciona a expressão *suprimir a vegetação*, está-se referindo à eliminação da cobertura vegetal da área.

Já o termo *intervir* possui vários significados, que, com certo esforço de hermenêutica, podem ser traduzidos, para o texto legal em tela, como *modificar, por ato decorrente de poder.* Embora o termo *modificar* não conste da lei, a ideia de intervenção só pode referir-se a uma modificação, que em tese, poderia ser para uma maior ou para uma menor proteção.

Vegetação é o *conjunto de vegetais que ocupam uma determinada área; é a comunidade de plantas de um lugar.*[24] A rigor, o sentido da expressão *preservação permanente* refere-se a um espaço geográfico cuja cobertura vegetal deve ser necessariamente mantida, para garantir a proteção do solo, dos recursos hídricos e a estabilidade geológica, entre outros fatores.

Preservação é a *ação de proteger, contra a destruição e qualquer forma de dano ou degradação, um ecossistema, uma área geográfica definida ou espécies animais e vegetais ameaçadas de extinção, adotando-se medidas preventivas legalmente necessárias e as medidas de vigilância adequadas.*[25] Essa proteção deve ser duradoura e não pode deixar de existir, sob pena de graves danos à natureza. Daí a expressão **preservação permanente**.

A Lei nº 12.651/12 define da seguinte forma a expressão *utilidade pública:*[26]

---

23. Lei nº 12.651/12, art. 8º.
24. MOREIRA, Iara Verocai Dias. *Vocabulário básico de meio ambiente*. Rio de Janeiro: Fundação Estadual de Engenharia do Meio Ambiente, 1990, p. 204.
25. MOREIRA, Iara Verocai Dias. *Vocabulário básico de meio ambiente*. Rio de Janeiro: Fundação Estadual de Engenharia do Meio Ambiente, 1990, p. 164.
26. Lei nº 12.651/12, art. 3º, VIII.

as atividades de segurança nacional e proteção sanitária;

as obras de infraestrutura destinadas às concessões e aos serviços públicos de transporte, sistema viário, inclusive aquele necessário aos parcelamentos de solo urbano aprovados pelos Municípios, saneamento, energia, telecomunicações, radiodifusão, bem como mineração, exceto, neste último caso, a extração de areia, argila, saibro e cascalho;[27]

atividades e obras de defesa civil;

atividades que comprovadamente proporcionem melhorias na proteção das funções ambientais das APP;

outras atividades similares devidamente caracterizadas e motivadas em procedimento administrativo próprio, quando inexistir alternativa técnica e locacional ao empreendimento proposto, definidas em **ato do Chefe do Poder Executivo federal**.

No que se refere ao item 5 acima, a lei em vigor introduziu uma nova forma de regulamentar a supressão de vegetação em APP nos casos de utilidade pública (e interesse social), transferindo a competência normativa do Conselho Nacional do Meio Ambiente (CONAMA) para a Presidência da República. O CONAMA vem regulamentando, ao longo de décadas, todas as normas ambientais, com a participação de diversos segmentos da sociedade. Essa sistemática foi adotada com base nos princípios da **participação social** e da **transparência da Administração Pública**.

A lei, agora, remete a definição de outras atividades de utilidade pública, além das relacionadas no texto legal, a Decreto Presidencial. Trata-se de uma alteração relevante no sistema de decisões sobre as normas ambientais. Ao transferir as decisões do CONAMA para a Presidência da República, a sociedade civil perde espaço na formulação das políticas públicas ambientais.

Ainda sobre a utilidade pública, a nova lei determina que *a supressão de vegetação nativa protetora de nascentes, dunas e restingas **somente** poderá ser autorizada em casos de utilidade pública.*[28] O uso do termo *somente* dá a ideia errônea que se está protegendo tais espaços. Em verdade, é bem amplo o campo de abrangência da utilidade pública, o que põe em risco a proteção de áreas tão frágeis.

Outro ponto a ser destacado, refere-se ao conceito de atividades consideradas de utilidade pública, trazido pela Lei nº 12.651/12. A redação original da Lei trazia hipóteses de utilidade pública que incluíam *obras de infraestrutura destinadas à gestão de resíduos e às instalações necessárias à realização de competições esportivas estaduais, nacionais ou internacionais.*[29]

Indaga-se se atividades voltadas à **realização de competições esportivas,** como a construção de um estádio de futebol, configuram, de fato, hipóteses de intervenção excepcional em APP. Se por um lado, atividades como transporte e transmissão de energia elétrica, serviços públicos de grande relevância, muitas vezes não têm outra alternativa

---

27. No julgamento das ADI nº 4.903 e nº 4.937 e da ADC nº 42, o STF suprimiu do conceito de utilidade pública "gestão de resíduos" e "instalações necessárias à realização de competições esportivas estaduais, nacionais ou internacionais". A redação original do art. 3º, VIII, *b*, era "*as obras de infraestrutura destinadas às concessões e aos serviços públicos de transporte, sistema viário, inclusive aquele necessário aos parcelamentos de solo urbano aprovados pelos Municípios, saneamento, gestão de resíduos, energia, telecomunicações, radiodifusão, instalações necessárias à realização de competições esportivas estaduais, nacionais ou internacionais, bem como mineração, exceto, neste último caso, a extração de areia, argila, saibro e cascalho;*".
28. Lei nº 12.651/12, art. 8º, § 1º.
29. Lei nº 12.651/12, art. 3º, VIII, *b*.

senão a utilização de APP, não se vê justificativa para não se buscar outros locais para a implantação de atividades esportivas, de modo a não degradar as APP.

O Supremo Tribunal Federal alterou a redação do art. 3º, VIII, "b", da Lei nº 12.651/12, no julgamento das ADI nºˢ 4.937 e 4.903 e da ADC nº 42, suprimindo a **gestão de resíduos** e as **instalações necessárias à realização de competições esportivas das atividades de utilidade pública**. Ademais, conferiu interpretação conforme a Constituição à possibilidade de intervenção ou supressão de vegetação em APP, condicionando o rol exemplificativo de atividades de utilidade pública à inexistência de alternativa técnica ou locacional, comprovada mediante processo administrativo próprio.

A lei define **interesse social**,[30] da seguinte forma:

as atividades imprescindíveis à proteção da integridade da vegetação nativa, tais como prevenção, combate e controle do fogo, controle da erosão, erradicação de invasoras e proteção de plantios com espécies nativas;

a exploração agroflorestal sustentável praticada na pequena propriedade ou posse rural familiar ou por povos e comunidades tradicionais, desde que não descaracterize a cobertura vegetal existente e não prejudique a função ambiental da área;

a implantação de infraestrutura pública destinada a esportes, lazer e atividades educacionais e culturais ao ar livre em áreas urbanas e rurais consolidadas, observadas as condições estabelecidas na Lei;

a regularização fundiária de assentamentos humanos ocupados predominantemente por população de baixa renda em áreas urbanas consolidadas, observadas as condições estabelecidas na Lei nº 11.977, de 7-7-2009;

implantação de instalações necessárias à captação e condução de água e de efluentes tratados para projetos cujos recursos hídricos são partes integrantes e essenciais da atividade;

as atividades de pesquisa e extração de areia, argila, saibro e cascalho, outorgadas pela autoridade competente;

outras atividades similares devidamente caracterizadas e motivadas em procedimento administrativo próprio, quando inexistir alternativa técnica e locacional à atividade proposta, definidas **em ato do Chefe do Poder Executivo federal**.

Aqui, também, em relação ao item 7 acima, ocorre a mesma transferência de atribuição normativa do CONAMA para a Presidência da República.

Cabe notar que a Resolução CONAMA nº 369/06, que dispunha sobre os casos de utilidade pública, interesse social ou baixo impacto ambiental, que possibilitava a intervenção ou supressão de vegetação em APP, tinha como fundamento as disposições da Lei nº 4.771/65 naquilo que remetia à competência do CONAMA para o detalhamento adicional da lista dessas atividades. A Lei nº 12.651/12 definiu que outras hipóteses de utilidade pública e interesse social, além da lista ali contida, serão fixadas por decisão do chefe do Poder Executivo Federal e não mais pelo CONAMA, ao qual agora compete apenas regulamentar atividades eventuais ou de baixo impacto ambiental além das previstas no Código Florestal.[31]

A Lei nº 12.651/12, ao retirar do CONAMA a competência para estabelecer novas hipóteses de utilidade pública e interesse social, revogou tacitamente os artigos da Resolução CONAMA nº 369/06 que tratavam desse assunto. Segundo Edis Milaré, no que diz respei-

---

30. Lei nº 12.651/12, art. 3º, IX.
31. Lei nº 12.651/12, art. 3º, X, *k*.

to às hipóteses de baixo impacto ambiental, por serem idênticas nas duas normas, também revogaram as previsões da Resolução, uma vez que *o novo Código Florestal permite edição de ato do CONAMA apenas para disciplinar "outras ações ou atividades similares" de baixo impacto ambiental (art. 2º, X, k).*[32]

No mesmo sentido, a Advocacia Geral da União emitiu a Orientação Jurídica Normativa nº 48/2013/PFE/IBAMA, de 08-04-2013, no qual

> [...] Conclui-se que, a partir da entrada em vigor do novo Código Florestal, está tacitamente revogado o art. 2º da Resolução CONAMA 369/2006, que perdeu seu fundamento de validade com a revogação da Lei nº 4.771/1965.
>
> Quanto aos demais dispositivos da Resolução CONAMA 369/2006, há de se verificar se guardam compatibilidade com o novo Código Florestal, caso em que não restará operada a revogação tácita. Em relação ao tema objeto de análise, entende-se que os arts. 5º e 6º da Resolução, que tratam das medidas mitigadoras e compensadoras, permanecem vigentes por serem plenamente compatíveis com o novo disciplinamento da matéria traçado pelo Código Florestal de 2012.

Em sede de Ação Civil Pública que discutia a necessidade de recuperação de APP suprimida por um reservatório hidrelétrico, o Tribunal Regional Federal da 1ª Região posicionou-se em sentido semelhante acerca da vigência dos dispositivos da Resolução CONAMA nº 369 que tratavam de utilidade pública, interesse social e baixo impacto ambiental.

> A Lei 4.771/1965 foi revogada, "in totum", pela Lei 12.651/2012 que restringiu a competência do CONAMA para dispor sobre utilidade pública ou interesse social em matéria ambiental, permitindo apenas que certas ações ou atividades possam ser reconhecidas como eventuais e de baixo impacto ambiental em ato do Conselho Nacional do Meio Ambiente ou dos Conselhos Estaduais de Meio Ambiente, nos termos do art. 3º, inciso X, letra "k", da lei 12.651/2012, razão pela qual foi derrogada a Resolução CONAMA 369/2006.[33]

Quanto à pequena propriedade ou posse rural familiar, o Código Florestal admitiu o plantio de culturas temporárias e sazonais de vazante de ciclo curto na faixa de terra que fica exposta no período de vazante dos rios ou lagos, desde que não implique supressão de novas áreas de vegetação nativa, seja conservada a qualidade da água e do solo e seja protegida a fauna silvestre.[34] No entanto, o STF deu interpretação conforme a Constituição ao dispositivo, no sentido de que seja aplicado somente para comunidades tradicionais (vazantéiros), sendo ainda reconhecido que tal intervenção excepcional se justifica tão somente em virtude da importância dessa atividade para a manutenção material e cultural dessas comunidades.[35]

Assim como nos casos de utilidade pública, o STF, em interpretação conforme a Constituição[36], determinou que a intervenção ou supressão de vegetação em APP nos casos de interesse social está condicionada à inexistência de alternativa técnica ou locacional, comprovada mediante processo administrativo próprio.

As **atividades eventuais** ou de **baixo impacto ambiental** em APP consistem em:[37]

---

32. MILARÉ, Édis. *Direito do ambiente*. 10. ed. São Paulo: Revista dos Tribunais, 2015. p. 1317.
33. TRF-1 - AC: 28132020104013804 MG 0002813-20.2010.4.01.3804, Relator: Desembargador Federal Jirair Aram Meguerian, Data de Julgamento: 24/02/2014, Sexta Turma, Data de Publicação: e-DJF1 p.1537 de 14/03/2014.
34. Lei nº 12.651/12, art. 4º, § 5º.
35. ADI nº 4.903 e ADC nº 42.
36. ADI nº 4.903 e ADC nº 42.
37. Lei nº 12.651/12, art. 3º, X.

1. abertura de pequenas vias de acesso interno e suas pontes e pontilhões, quando necessárias à travessia de um curso d'água, ao acesso de pessoas e animais para a obtenção de água ou à retirada de produtos oriundos das atividades de manejo agroflorestal sustentável;

2. implantação de instalações necessárias à captação e condução de água e efluentes tratados, desde que comprovada a outorga do direito de uso da água, quando couber;

3. implantação de trilhas para o desenvolvimento do ecoturismo;

4. construção de rampa de lançamento de barcos e pequeno ancoradouro;

5. construção de moradia de agricultores familiares, remanescentes de comunidades quilombolas e outras populações extrativistas e tradicionais em áreas rurais, onde o abastecimento de água se dê pelo esforço próprio dos moradores;

6. construção e manutenção de cercas na propriedade;

7. pesquisa científica relativa a recursos ambientais, respeitados outros requisitos previstos na legislação aplicável;

8. coleta de produtos não madeireiros para fins de subsistência e produção de mudas, como sementes, castanhas e frutos, respeitada a legislação específica de acesso a recursos genéticos;

9. plantio de espécies nativas produtoras de frutos, sementes, castanhas e outros produtos vegetais, desde que não implique supressão da vegetação existente nem prejudique a função ambiental da área;

10. exploração agroflorestal e manejo florestal sustentável, comunitário e familiar, incluindo a extração de produtos florestais não madeireiros, desde que não descaracterizem a cobertura vegetal nativa existente nem prejudiquem a função ambiental da área;

11. outras ações ou atividades similares, reconhecidas como eventuais e de baixo impacto ambiental em ato do Conselho Nacional do Meio Ambiente – CONAMA ou dos Conselhos Estaduais de Meio Ambiente.

No caso das atividades eventuais ou de baixo impacto ambiental, manteve-se a designação do CONAMA para a caracterização de novas atividades.

Um ponto a destacar refere-se à **excepcionalidade** que deveria caracterizar as hipóteses de intervenção e supressão de vegetação em APP. A lei utiliza o termo *excepcionalmente* apenas para estabelecer que *a intervenção ou a supressão de vegetação nativa em Área de Preservação Permanente –* **restinga e manguezal** *– poderá ser autorizada, excepcionalmente, em locais onde a função ecológica do manguezal esteja comprometida, para execução de obras habitacionais e de urbanização, inseridas em projetos de regularização fundiária de interesse social, em áreas urbanas consolidadas ocupadas por população de baixa renda.*[38]

No que se refere ao baixo impacto ambiental, a competência para reconhecer outras ações ou atividades similares pertencia aos Conselhos Estaduais de Meio Ambiente.[39] Com a publicação da Lei nº 12.651/12, tal competência foi estendida ao CONAMA.[40] Cabe ainda salientar que a Lei nº 4.771/65 associava o baixo impacto à eventualidade.[41] Esse tratamento foi modificado pela Lei nº 12.651/12, ao conceituar no inciso X do art. 3º atividades eventuais ou de baixo impacto ambiental. Isso significa que para caracterizar-se uma atividade de baixo impacto ambiental não é necessário comprovar sua eventualidade, o que aumenta o leque de possibilidade de intervenção e supressão de vegetação em APP.

---

38. Lei nº 12.651/12, art. 8º, § 2º, que teve a sua constitucionalidade reconhecida por unanimidade pelo STF, no julgamento da ADI nº 4.902 e da ADC nº 42.
39. Resolução CONAMA, nº 369/06, art. 11, XI.
40. Lei nº 12.651/12, art. 3º, X, *k*.
41. Lei nº 4.771/65, art. 4º, § 3º.

Ainda sobre a Resolução CONAMA nº 369/06, o critério básico para que se eliminasse a cobertura vegetal da APP era a **excepcionalidade**, traço de distinção entre uma necessidade especial e uma situação comum.

A rigor, sempre haverá hipóteses de interesse social ou utilidade pública que possam justificar a supressão da vegetação em APP. É preciso, todavia, que essa hipótese encerre uma excepcionalidade, um fato incomum, claramente caracterizado no processo, que dê ensejo à eliminação da vegetação. O cumprimento da função ambiental das APP é a regra; só excepcionalmente pode ser descaracterizada.

Nesse sentido, a interpretação conforme a Constituição dada pelo STF[42] a essas hipóteses – condicionando à inexistência de alternativa técnica ou locacional, comprovada mediante processo administrativo próprio – retoma o disposto no art. 4º, da Lei nº 4.771/65 previa que *a supressão de vegetação em área de preservação permanente somente poderá ser autorizada em caso de utilidade pública ou de interesse social, devidamente caracterizados e motivados em procedimento administrativo próprio, quando* **inexistir alternativa técnica e locacional** *ao empreendimento proposto.*

Esse era o principal questionamento da Procuradoria-Geral da República, na ADI nº 4.903,[43] pois entendia que a omissão da Lei acabava por flexibilizar a intervenção em APP por interesse social e utilidade pública.

Já o **art. 8º**, da Lei nº 12.651/12, foi, por unanimidade do STF, declarado constitucional, apesar de não prever expressamente a autorização das intervenções em APP, na **hipótese de inexistência de alternativa técnica ou locacional**. Apenas estabelece que *a intervenção ou a supressão de vegetação nativa em Área de Preservação Permanente somente ocorrerá nas hipóteses de utilidade pública de interesse social ou de baixo impacto ambiental previstas nesta Lei.*

No campo processual administrativo para viabilizar a supressão da vegetação em APP, a lei não exige a motivação técnica do interesse social, da utilidade pública ou do baixo impacto. Tampouco a norma mencionava, até o julgamento das ADI em 28-02-2018, que a autorização para a supressão deveria ocorrer em um *procedimento administrativo próprio.*

Vale ressaltar a importância da decisão do STF em retomar a necessidade de comprovação da **inexistência de alternativa técnica ou locacional**, comprovada mediante processo administrativo próprio. A caracterização e a motivação consistem em justificativas lógicas que o empreendedor deve indicar no pedido de autorização para suprimir a cobertura vegetal em APP. Embora a norma não explicite, cabe a descrição da situação física e biótica da área, das fragilidades ambientais existentes, das compensações e medidas mitigatórias a serem propostas.

Tendo em vista que a Área de Preservação Permanente (APP) possui a função de proteger os recursos hídricos, a paisagem, a estabilidade geológica, a biodiversidade, o fluxo gênico de fauna e flora, do solo e o bem-estar das populações humanas, a simples supressão da vegetação já constitui, efetiva ou potencialmente, um dano a esses bens e

---

42. ADI nº 4.902 e ADC nº 42.
43. Lei nº 4.771/65, art. 4º: *A supressão de vegetação em área de preservação permanente somente poderá ser autorizada em caso de utilidade pública ou de interesse social, devidamente caracterizados e motivados em procedimento administrativo próprio, quando inexistir alternativa técnica e locacional ao empreendimento proposto.*

valores ambientais. Por presunção legal, nos casos em que não for respeitado o processo administrativo próprio para autorizar a intervenção ou supressão de vegetação, esse dano produz efeitos jurídicos no que se refere à responsabilização do agente, prevista no § 3º do art. 225 da CF/88.[44]

De acordo com o princípio da precaução, se não ficar caracterizado com segurança que a supressão da cobertura vegetal que dará lugar a um empreendimento não causará danos irrecuperáveis, não deve ser autorizada essa supressão da vegetação nem, consequentemente, ser licenciada a atividade. Ainda que a Lei nº 12.651/12 tenha flexibilizado a proteção das APP, o art. 225 da CF/88 e os princípios e objetivos da Política Nacional do Meio Ambiente permanecem em vigor.

A Resolução CONAMA nº 369/06 havia condicionado a autorização da intervenção ou supressão de vegetação em APP pelo órgão ambiental competente ao atendimento dos requisitos previstos na legislação aplicável, bem como no Plano Diretor, no Zoneamento Ecológico-Econômico e no Plano de Manejo das Unidades de Conservação, se existentes, nos casos de utilidade pública, interesse social e intervenção ou supressão de vegetação eventual e de baixo impacto ambiental.[45]

Apesar de a Lei nº 12.651/12 ter retirado a competência do CONAMA para estabelecer novas hipóteses de utilidade pública e interesse social, conforme acima mencionado, esses instrumentos (Plano Diretor, no Zoneamento Ecológico-Econômico e no Plano de Manejo das Unidades de Conservação) devem pautar sempre a decisão administrativa, tendo em vista que estão previstos em outras normas ambientais. Se um projeto não estiver em consonância com tais normas, não poderá ser aprovado. Além disso, outras condições fixadas na Resolução CONAMA nº 369/06 permanecem obrigatórias para o empreendedor: (1) o atendimento às condições e padrões aplicáveis aos corpos de água; (2) a inexistência de risco de agravamento de processos como enchentes, erosão ou movimentos acidentais de massa rochosa; e (3) inscrição da Reserva Legal, desde que nos termos da Lei nº 12.651/12.[46]

Na falta de uma lei sobre a vegetação nativa que proteja efetivamente esse recurso natural, o remédio é valer-se das disposições gerais sobre o licenciamento ambiental. É poder discricionário dos órgãos e entidades a fixação das medidas mitigadoras e compensatórias a serem adotadas pelo empreendedor.

É preciso ter bem claro que essa discricionariedade administrativa deve atender estritamente à proteção ambiental e aos princípios da razoabilidade, da proporcionalidade e da finalidade que informam a Administração Pública, a quem compete, por intermédio do Sistema Nacional do Meio Ambiente (SISNAMA), autorizar – ou não – a supressão da cobertura vegetal em APP.

A razoabilidade refere-se às decisões de mérito. O administrador exerce o **poder discricionário**, *em que a disciplina legal deixa[-lhe] certa liberdade para decidir-se em face das circunstâncias concretas do caso, impondo-lhe e simultaneamente facultando-lhe a utiliza-*

---

44. CF/88, art. 225, § 3º: *As condutas e atividades consideradas lesivas ao meio ambiente sujeitarão os infratores, pessoas físicas ou jurídicas, a sanções penais e administrativas, independentemente da obrigação de reparar os danos causados.*
45. Resolução CONAMA nº 369/06, art. 2º, I, II e III
46. Resolução CONAMA nº 369/06, art. 3º, II, III e IV.

ção de critérios próprios para avaliar ou decidir quanto ao que lhe pareça ser o melhor meio de satisfazer o interesse público que a norma legal visa a realizar.[47]

A atuação do administrador, na tramitação do processo de supressão de vegetação, deve revestir-se de **razoabilidade**, no sentido de, ao tomar uma decisão, visar à conveniência e à adequação da mesma aos fins de interesse público focados. Por outro lado, deve evitar a tomada de uma decisão que desnecessariamente e sem fundamento legal prejudique os objetivos da supressão. A **proporcionalidade** é o reflexo da razoabilidade no caso concreto, em que o administrador busca uma solução proporcionalmente adequada como resposta ao pedido de supressão.

A razoabilidade e a proporcionalidade têm a ver com a imposição de obrigação – medida compensatória ou mitigadora –, equivalente à supressão da cobertura vegetal: se for muito exigente, sem uma razão de ordem técnica, pode inviabilizar o empreendimento; se for pouco exigente, em relação aos efeitos da supressão da vegetação, deixará de garantir a efetividade à proteção do meio ambiente. Em qualquer dos casos, ocorreria o desvio da finalidade, que é justamente permitir, de modo sustentável, e em caráter excepcional, a implantação de empreendimentos de utilidade pública, interesse social ou baixo impacto em Áreas de Preservação Permanente.

Daí a necessidade de definir os critérios, a serem adotados pelos órgãos ambientais, para indicar as medidas mitigadoras e compensatórias a serem adotadas pelo empreendedor. Tais decisões devem ser objeto de articulação institucional entre os órgãos e entidades do SISNAMA, competentes para tais decisões. Somente estudos conjuntos e a troca de experiências, considerando as diferenças regionais, podem conferir efetividade à proteção das APP, no exercício do poder discricionário dos administradores públicos.

A título de exemplo, em um rio de domínio da União, que forme a divisa entre dois Estados, em cada margem o respectivo órgão estadual possui competência para autorizar a intervenção na área ou supressão de vegetação. Embora os espaços sejam administrados por Entes Federados distintos, os ecossistemas são em geral os mesmos e necessitam do mesmo tipo de proteção. Assim, deve haver um acordo prévio, entre os órgãos estaduais, sobre as autorizações de supressão de vegetação como um mínimo de garantia de preservação dos bens ambientais ali existentes. Esta é apenas uma de inúmeras situações que podem ocorrer, cabendo a elaboração de diretrizes consistentes, entre os órgãos e entidades de meio ambiente, para assegurar a proteção às APP.

A matéria que envolve a eliminação de vegetação em APP foi objeto de acórdão do Supremo Tribunal Federal (STF), em que se discutiu a constitucionalidade da MP nº 2.166-67/01, já revogada.[48] A questão trazida ao crivo do STF pelo Procurador-Geral da República versava sobre o fato de a citada MP delegar à Administração Pública a autorização para suprimir vegetação em APP, quando a Constituição Federal exige lei para a supressão de espaços protegidos.[49]

A decisão do Tribunal Pleno foi na linha de que ao órgão ambiental cabe autorizar a supressão de vegetação em casos concretos, em processos administrativos, conforme

---

47. MELLO, Celso Antônio Bandeira de. *Curso de direito administrativo*. 30. ed. São Paulo: Malheiros, 2013, p. 436-437.
48. STF – Pleno: ADI-MC 3540/DF, Rel. Min. Celso de Mello, j. 1º-9-2005, *DJ* 3-2-2006, p. 14.
49. CF/88, art. 225, § 1º, III.

estabelecido na Lei nº 4.771/65 e na MP nº 2.166-67/01[50], que constitui a *lei* a que se refere a Constituição Federal, quando trata da supressão de espaços. A argumentação acerca da inconstitucionalidade da MP nº 2.166-67/01 não prevaleceu, uma vez que a competência conferida aos órgãos ambientais não atinge a supressão dos espaços protegidos, estes sim objeto do art. 225, § 1º, III, mas da vegetação existente nesses espaços.

Aqui, duas questões se destacam. Uma refere-se ao fato de que somente a lei pode suprimir um espaço preservado. A outra diz respeito à argumentação de que a supressão da vegetação não estaria vinculada à supressão da APP.

A questão suscitada junto ao STF teve uma solução coerente com o ordenamento jurídico brasileiro. A MP que alterou a Lei nº 4.771/65 seria, de fato, a *lei* exigida pela Constituição Federal, para suprimir um espaço protegido. Daí o STF ter confirmado a constitucionalidade da Medida Provisória nº 2.166-67/01.

Todavia, o argumento de que a supressão de vegetação refere-se simplesmente ao uso da área, nada tendo a ver com a eliminação do espaço, quer dizer, da proteção a ele conferida, parece equivocado, pois sem cobertura vegetal, como já se disse, e com a implantação de um empreendimento, seja ele de interesse social, utilidade pública ou mesmo de baixo impacto, a função ambiental legalmente fixada pode ser eliminada.

Independentemente das justificativas e das possibilidades que a lei prevê, a supressão de cobertura vegetal em APP representa a possibilidade de perda da função ambiental dessas áreas. Eliminar vegetação de APP é eliminar a proteção do espaço, que passará a ter outra finalidade, que não a de cunho ambiental.

De acordo com a ADI formulada, o STF solucionou a questão. Mas indaga-se: a vegetação nas Áreas de Preservação Permanente não seria a essência da proteção desses espaços físicos? Como pode a APP cumprir a função legal e ambiental de preservar os recursos hídricos, a paisagem, a estabilidade geológica, a biodiversidade, o fluxo gênico de fauna e flora, proteger o solo e assegurar o bem-estar das populações humanas não só com a supressão da cobertura vegetal, mas com a construção de um empreendimento – loteamentos, atividades minerárias, obras de infraestrutura destinadas aos serviços públicos de transporte, saneamento e energia etc.?

Reitere-se que, por lei, decidiu-se pela imposição de uma série de condicionantes para autorizar a eliminação da cobertura vegetal. Isso é positivo, na medida em que a norma estipula todas as condições a serem cumpridas, ressaltando-se que a excepcionalidade há que ser o fator fundamental para a análise do órgão ambiental.

O que não veio à baila, até porque não era esse o objeto da ação, mas que é de fundamental importância, foi o leque de alternativas para a supressão da vegetação em APP, ainda que submetidas a processo administrativo. Se os órgãos ambientais não forem extremamente cautelosos em suas decisões, a proteção a que esses espaços estão destinados poderá tornar-se algo próximo do irrelevante.

A discricionariedade técnica conferida ao órgão ambiental implica que o mesmo deve estar plenamente capacitado para proceder às análises necessárias, constantes de cada processo administrativo de autorização de supressão de cobertura vegetal, o que nem sempre é um fato comprovado.

---

50. Ambas revogadas pela Lei 12.651/2012.

DIREITO AMBIENTAL • Maria Luiza Machado Granziera

É, pois, de fundamental importância o papel da Administração Pública nos processos administrativos, em que se exerce a discricionariedade técnica. No caso concreto é que o órgão pode aferir se, realmente, os danos não serão irrecuperáveis, restringindo-se o desmatamento das APP e autorizando-se apenas o estritamente necessário.

29.3.6 Áreas consolidadas em APP

O art. 3º, IV, da Lei nº 12.651/12, conceitua **área rural consolidada** como *área de imóvel rural, com ocupação antrópica preexistente a 22 de julho de 2008, com edificações, benfeitorias ou atividades agrossilvipastoris, admitida, neste último caso, a adoção do regime de pousio.*[51]

O conceito trazido com a nova lei merece ser aprofundado. A ocupação antrópica, ocorrida antes de 22 de julho de 2008, deve apresentar pelo menos um dos três elementos:

Edificação – obra coberta destinada a abrigar atividade humana, ou qualquer instalação, equipamento e material.[52]

Benfeitoria – obra útil realizada em propriedade, e que a valoriza, ou obra feita em coisas móveis ou imóveis com o fim de as conservar, melhorar ou embelezar.[53]

Atividade agrossilvipastoril – plantação de florestas, inclusive com espécies exóticas e quaisquer atividades de pecuária e agricultura. Para a atividade agrossilvipastoril, a lei admite ainda a adoção do regime de pousio, ou seja, a prática de interrupção temporária de atividades ou usos agrícolas, pecuários ou silviculturais, por no máximo 5 anos, para possibilitar a recuperação da capacidade de uso ou da estrutura física do solo.[54]

Esse conceito é utilizado em diversos dispositivos da Lei nº 12.651/12, em especial, naqueles relativos às APP e Reserva Legal. Questiona-se, em primeiro lugar, qual o sentido de vincular o conceito jurídico de área rural consolidada a uma data (22 de julho de 2008), lembrando-se que tal data refere-se à edição do Decreto nº 6.514/2008, que dispõe sobre infrações e sanções administrativas ao meio ambiente,[55] o que não justifica o tratamento diferenciado aos danos ambientais ocorridos antes e depois de sua edição.

Parece que a imposição dessa data extrapola o limite da razoabilidade, pois qual o sentido de que um desmatamento que tenha ocorrido em 20 de julho de 2008 não precise ser recuperado, enquanto um desmatamento de 23 de julho de 2008 precise? Qual a lógica desse conceito?

Mais que isso, existe nessa flexibilização uma afronta ao **princípio da isonomia**, pois o produtor rural, não importa a dimensão da sua posse ou propriedade, que tenha investido na preservação da APP em sua área ao longo do tempo, permanece obrigado a observar todas as regras de proteção. Já o que degradou as áreas que deveriam estar protegidas, além de ficar livre da responsabilização pelos seus atos, fica obrigado a recuperar apenas par-

---

51. Segundo a Lei nº 12.651/12, art. 3º, XXIV, pousio é a *prática de interrupção temporária de atividades ou usos agrícolas, pecuários ou silviculturais, por no máximo 5 (cinco) anos, para possibilitar a recuperação da capacidade de uso ou da estrutura física do solo.*

52. Lei nº 16.642, de 9-5-2017, art. 3º, X. Essa lei aprova o Código de Obras e Edificações do Município de São Paulo. Embora esse conceito tenha sido elaborado para o Município de São Paulo, ou seja, área urbana, ele se aplica também às zonas rurais. Disponível em: <http://legislacao.prefeitura.sp.gov.br/leis/lei-16642-de-09-de-maio-de-2017>. Acesso em: 10 mar. 2024.

53. FERREIRA, Aurélio Buarque de Holanda. *Dicionário da Língua Portuguesa*. 3. ed. Rio de Janeiro: Nova Fronteira, 1999.

54. Lei nº 12.651/12, art. 3º, XXIV.

55. Ver capítulo sobre Flora e Florestas para mais informações sobre o histórico do Decreto nº 6.514/2008.

cialmente as áreas degradadas, podendo dar continuidade às suas atividades localizadas em área de proteção que foram descaracterizadas como tal, a que a lei denomina, agora, de *áreas rurais consolidadas.*

Os arts. 61-A a 65 tratam das áreas consolidadas de APP, ou seja, disciplinam as áreas rurais com ocupação antrópica nesses espaços (com edificações, benfeitorias ou atividades agrossilvipastoris) anteriormente a 22 de julho de 2008.

Dispõe o art. 61-A[56] que *nas Áreas de Preservação Permanente é autorizada, exclusivamente, a continuidade das atividades agrossilvipastoris, de ecoturismo e de turismo rural em áreas rurais consolidadas até 22 de julho de 2008.*

Os parágrafos que se seguem (§§ 1º a 7º) tratam da recomposição de áreas consolidadas em APP, de acordo com a dimensão da propriedade e a importância ambiental dessas áreas. Os parâmetros utilizados reduzem até as medidas mínimas impostas pela própria Lei nº 12.651/12, em seu art. 4º, permitindo que quaisquer intervenções irregulares ocorridas nas chamadas áreas rurais consolidadas sejam anistiadas, e sua recuperação, parcialmente dispensada. Isso fere os princípios da responsabilidade e da reparação do dano, que dão fundamento ao art. 225 da CF/88.

Cumpre alertar que a norma determina, de antemão, que se **suspendam as sanções** decorrentes das infrações cometidas antes de 22 de julho de 2008, relativas à supressão irregular de vegetação em Áreas de Preservação Permanente, de Reserva Legal e de Uso Restrito, a partir da assinatura do termo de compromisso, mesmo que não se tenha iniciado qualquer ação de recuperação ambiental.[57] Essa regra vale também para o período entre a publicação da Lei e a implantação do PRA em cada Estado e no Distrito Federal.[58]

Além disso, a lei permite a manutenção de residências e infraestruturas associadas às atividades mencionadas, inclusive o acesso a elas, **independentemente das áreas de recuperação**, desde que não ofereçam risco à vida ou à integridade das pessoas.[59] Cabe verificar o sentido do termo *independentemente*. O que é independente está livre de qualquer pendência ou sujeição. Não está obrigada a obedecer determinada regra. Se for considerada essa a exegese do dispositivo, tem-se que as residências e infraestruturas mencionadas podem avançar nos espaços que deveriam ser recuperados, a menos que haja risco à vida ou à integridade das pessoas.

Essa regra desconstrói os princípios da própria Lei nº 12.651/12, no que concerne ao desenvolvimento sustentável e com a afirmação do compromisso soberano do Brasil com a preservação de suas florestas, entre outros. Poderia ter sido estabelecida a possibilidade de uma compensação pela ocupação da APP com residências ou infraestruturas, como, por exemplo, o aumento da faixa marginal correspondente à área das construções. Afinal, essa regra vale para qualquer propriedade, seja qual for a sua dimensão e, a rigor, não haveria impedimento para essa compensação.

---

56. Constitucionalidade reconhecida pelo STF no julgamento da ADI nº 4.947 e ADC nº 42, concluídos em 28-02-2018.
57. Decreto nº 7.830/12, arts. 12 e 13.
58. Lei nº 12.651/12, art. 59, § 5º, dada interpretação conforme a Constituição nas ADI nº 4.937 e nº 4.902 e ADC nº 42, de modo a afastar, no decurso da execução dos termos de compromissos subscritos nos programas de regularização ambiental, o risco de decadência ou prescrição, seja dos ilícitos ambientais praticados antes de 22.7.2008, seja das sanções deles decorrentes, aplicando-se extensivamente o disposto no § 1º do art. 60 da Lei 12.651/2012, segundo o qual "a prescrição ficará interrompida durante o período de suspensão da pretensão punitiva".
59. Lei nº 12.651/12, art. 61-A, § 12. Constitucionalidade reconhecida pelo STF no julgamento da ADIn nº 4.947 e ADC nº 42, concluídos em 28-02-2018.

Nas palavras de Paulo de Bessa Antunes, *os critérios adotados pelo artigo ora comentado não são de natureza ambiental, haja vista que a dimensão da propriedade ou posse não é parâmetro seguro para que sejam adotadas medidas de proteção de cursos d'água, no que tange à fixação das coberturas de matas ciliares.*[60]

O art. 61-B estabelece um limite máximo a ser recuperado, garantindo, aos proprietários e possuidores rurais que, em 22 de julho de 2008, desenvolviam atividades agrossilvipastoris nas áreas consolidadas em APP, que a recomposição dessas áreas não ultrapassará 10% da área total do imóvel (para imóveis rurais de até dois módulos fiscais) e 20% da área total do imóvel (para imóveis rurais de 2 a 4 módulos fiscais). Note-se que tal disposição é extremamente generalizada, pois a lei não diferencia espaços mais sensíveis nem ecologicamente mais relevantes, adotando, como critério único para a imposição de tais limites, somente a dimensão da propriedade rural.

Cumpre aqui observar que, conforme exposto nos debates acerca do projeto de lei que deu origem à Lei nº 12.651/12, a intenção do legislador, ao elaborar o conceito de área rural consolidada, era tirar da ilegalidade uma enorme quantidade de proprietários e possuidores rurais, que estavam ilegais de acordo com a legislação anterior.

Conforme já mencionado, medidas como a Resolução do Banco Central nº 3.545/08,[61] que estabeleceu a exigência de documentação comprovando a regularidade ambiental para fins de financiamento agropecuário, e a edição do Decreto nº 6.514/08, que definiu multas e penalidades para propriedades que não tivessem sua reserva legal averbada no registro do imóvel, ou APP sem cobertura vegetal, foram motivo de fortes pressões para que houvesse uma flexibilização das normas ambientais.

Merece crítica essa alternativa escolhida pelo legislador para tirar da ilegalidade esse universo de proprietários e possuidores rurais, pois, ao fazê-lo dessa forma, todos os danos cometidos contra o meio ambiente no passado foram simplesmente perdoados. E pior, as áreas que já estavam comprometidas por desmatamentos irregulares, que já não cumpriam sua função ambiental da forma como deveriam, não serão jamais recuperadas, de acordo com a lei. Os proprietários e possuidores passam a ser considerados legais, mas os perigos de erosão, desertificação e assoreamentos continuam presentes, assim como todo impacto ambiental causado pelos desmatamentos cometidos. Melhor seria implantar instrumentos econômicos para recuperar as APP degradadas, através de políticas públicas de incentivo para sua recuperação.

Nesse contexto, dá-se total razão a Paulo Affonso Leme Machado, ao afirmar que *perdoar não significa entender que tudo está certo e que se pode fazer o que quiser, ainda que cause prejuízo. O perdão admissível é o que leva a alguma reparação da falta. Legalizar uma atividade tão perigosa fere a organização do país, pois incentiva a ilegalidade e encoraja a prática de comportamentos desrespeitosos ao meio ambiente.*[62] Sobretudo em matéria ambiental, em um país megadiverso como é o Brasil, não se vê fundamento lógico para esse dispositivo da lei.

---

60. ANTUNES, Paulo de Bessa. *Comentários ao novo código florestal*. São Paulo: Atlas, 2013, p. 264-265.
61. A Resolução do Banco Central nº 3.545/08 foi revogada, em 1-5-2021, pela Resolução CMN nº 4.903/2021. Disponível em: <https://www3.bcb.gov.br/normativo/detalharNormativo.do?N=108019002&method=detalharNormativo>. Acesso em: 10 mar. 2024.
62. Disponível em: <http://www.senado.gov.br/noticias/Jornal/emdiscussao/codigo-florestal/aprovadas-regras-claras--polemicas-area-rural-consolidada/criticas-ao-conceito-de-area-rural-consolidada.aspx>. Acesso em: 10 mar. 2024.

29.4 ASPECTOS TRIBUTÁRIOS

As Áreas de Preservação Permanente (APP) são isentas do pagamento do Imposto Territorial Rural (ITR). A Política Agrícola, instituída pela Lei nº 8.171, de 17-1-1991, determina a isenção, em seu art. 104.

A Lei nº 9.393, de 19-12-1996, que dispõe sobre o ITR, estabelece que a área tributável constitui a área total do imóvel, menos as áreas de preservação permanente e de reserva legal.[63]

A Instrução Normativa SRF nº 256, de 11-12-2002, que exclui a Área de Preservação Permanente da tributação do ITR, em seu art. 9º, I, dispõe que, para ser excluída da tributação deve ser obrigatoriamente informada em Ato Declaratório Ambiental (ADA), protocolado pelo sujeito passivo no Instituto Brasileiro do Meio Ambiente e dos Recursos Naturais Renováveis (IBAMA), observada a legislação pertinente.[64]

Já no que se refere ao Imposto Predial e Territorial Urbano (IPTU), de competência municipal, fica a cargo de cada Município estabelecer ou não a respectiva isenção.

29.5 CRIMES CONTRA AS APP

A Lei de Crimes Ambientais, nº 9.605, de 12-2-1998, caracteriza como crimes as seguintes ações, relativas às Áreas de Preservação Permanente (APP):

> Art. 38. Destruir ou danificar floresta considerada de preservação permanente, mesmo que em formação, ou utilizá-la com infringência das normas de proteção:
>
> Pena – detenção, de um a três anos, ou multa, ou ambas as penas cumulativamente.
>
> Parágrafo único. Se o crime for culposo, a pena será reduzida à metade.

O bem tutelado consiste na floresta de preservação permanente, ainda que em formação. Sobre esse tema, o Supremo Tribunal Federal pronunciou-se quanto ao entendimento da extensão do termo *floresta*, estabelecendo que o *elemento normativo 'floresta', constante do tipo injusto do art. 38 da Lei nº 9.605/98, é a formação arbórea densa, de alto porte, que recobre a área de terra mais ou menos extensa.*

O elemento central, nesse caso específico, é o fato de ser constituída de árvores de grande porte. Dessa forma, não abarca a vegetação rasteira.[65] Os danos provocados à vegetação rasteira, em APP, ficam, pois, adstritos à responsabilidade civil e administrativa.

As condutas de *destruir* e *danificar* constituem *crimes de dano*, ao passo que *utilizar* é *crime de perigo*. O uso pode ou não causar o dano. Mas impõe risco ao meio ambiente.

O elemento subjetivo é o dolo genérico, consistente na vontade livre e consciente de praticar uma das condutas previstas no tipo.[66] Há previsão de crime culposo no parágrafo único.

> Art. 39. Cortar árvores em floresta considerada de preservação permanente, sem permissão da autoridade competente:
>
> Pena – detenção, de um a três anos, ou multa, ou ambas as penas cumulativamente.

---

63. Lei nº 9.393/96, art. 10, § 1º, II, *a*, com redação dada pela Lei nº 12.844/13.
64. Instrução Normativa SRF nº 256, de 11-12-2002, art. 9º, § 3º, I (Redação dada pela Instrução Normativa RFB nº 861, de 17 de julho de 2008).
65. STJ – 5ª T., REsp. 783.652/SP, Rel. Min. Felix Fisher, j. 16-5-2006, *DJ* 19-6-2006, p. 196, RE 783.652-SP (2005/0150298).
66. FREITAS, Vladimir Passos de; FREITAS, Gilberto Passos de. *Crimes contra a natureza*. 9. ed. revista, atualizada e ampliada. São Paulo: Revista dos Tribunais, 2012, p. 147 ss.

Note-se que o dispositivo do art. 39 não menciona expressamente o estágio de *floresta em formação* como bem tutelado. Há, pois, que excluir essa hipótese, *visto que em Direito Penal é vedada a aplicação analógica em prejuízo do acusado*.[67]

A conduta *cortar árvores* significa seccionar seu tronco de modo que a copa perca contato com a raiz. É separar do todo; é derrubar. A hipótese descrita refere-se à falta de autorização do órgão competente. Ou seja, ainda que excepcionalmente, e em caso de utilidade pública, interesse social ou supressão de vegetação de pequeno impacto, a falta de autorização em processo administrativo formal constitui crime. O elemento subjetivo é o dolo, não sendo prevista a forma culposa.

> Art. 44. Extrair de florestas de domínio público ou consideradas de preservação permanente, sem prévia autorização, pedra, areia, cal ou qualquer espécie de minerais:
>
> Pena – detenção, de seis meses a um ano, e multa.

A conduta refere-se a retirar pedra, areia, cal ou qualquer espécie de minerais sem a competente autorização, das APP, causando dano ao meio ambiente. O elemento subjetivo é o dolo, não se prevendo a modalidade de culpa.

> Art. 48. Impedir ou dificultar a regeneração natural de florestas e demais formas de vegetação:
>
> Pena – detenção, de seis meses a um ano, e multa.

A conduta refere-se ao ato de obstruir ou inviabilizar a regeneração da floresta, ou torná-la mais penosa. Regeneração natural de uma floresta é a recomposição das espécies arbóreas por abandono da área, sem plantio de mudas.

O elemento subjetivo é o dolo, ou seja, a intenção de impedir ou dificultar a regeneração da floresta de modo natural.

Rogério da Cruz Caradori observa que a redação do dispositivo confere extrema amplitude ao tipo penal, já que a grama, por exemplo, é parte integrante da expressão *demais formas de vegetação*.[68]

> Art. 50. Destruir ou danificar florestas nativas ou plantadas ou vegetação fixadora de dunas, protetora de mangues, objeto de especial preservação:
>
> Pena – detenção, de três meses a um ano, e multa.

A Lei nº 9.605/98 inovou, ao legislar sobre florestas nativas ou plantadas ou ainda vegetação fixadora de dunas, protetora de mangues sob preservação especial.

Dunas são *acumulações arenosas litorâneas, produzidas pelo vento, a partir do retrabalhamento de praias ou restingas.*[69] A Resolução CONAMA nº 303/02 assim define duna: *unidade geomorfológica de constituição predominante arenosa, com aparência de cômoro ou colina, produzida pela ação dos ventos, situada no litoral ou no interior do continente, podendo estar recoberta, ou não, por vegetação.*[70]

Os manguezais constituem *ecossistemas formados por uma associação muito especial de animais e plantas que vive na faixa entre marés das costas tropicais baixas, ao longo de*

---

67. FREITAS, Vladimir Passos de; FREITAS, Gilberto Passos de. *Crimes contra a natureza*. 9. ed. revista, atualizada e ampliada. São Paulo: Revista dos Tribunais, 2012, p. 156.
68. CARADORI, Rogério da Cruz. *Instrumentos de controle na proteção legal de florestas*. São Paulo: Atlas, 2010, p. 154.
69. MOREIRA, Iara Verocai Dias. *Vocabulário básico de meio ambiente*. Rio de Janeiro: Fundação Estadual de Engenharia do Meio Ambiente, 1990, p. 81.
70. Resolução CONAMA nº 303/02, art. 2º, X.

estuários, deltas, águas salobras interiores, lagoas e lagunas.[71] Conforme a Lei nº 12.651/12, trata-se de *ecossistema litorâneo que ocorre em terrenos baixos, sujeitos à ação das marés, formado por vasas lodosas recentes ou arenosas, às quais se associa, predominantemente, a vegetação natural conhecida como mangue, com influência fluviomarinha, típica de solos limosos de regiões estuarinas e com dispersão descontínua ao longo da costa brasileira, entre os Estados do Amapá e de Santa Catarina.*[72]

O elemento subjetivo é o dolo genérico, não sendo prevista a forma culposa.

Art. 50-A.[73] Desmatar, explorar economicamente ou degradar floresta, plantada ou nativa, em terras de domínio público ou devolutas, sem autorização do órgão competente:

Pena – reclusão de 2 (dois) a 4 (quatro) anos e multa.

§ 1º Não é crime a conduta praticada quando necessária à subsistência imediata pessoal do agente ou de sua família.

§ 2º Se a área explorada for superior a 1.000 ha (mil hectares), a pena será aumentada de 1 (um) ano por milhar de hectare.

O crime ora previsto pode incidir sobre uma Área de Preservação Permanente se, quanto ao domínio, tratar-se de terras devolutas ou da União. Ou seja, ainda que excepcionalmente, e em caso de utilidade pública, interesse social ou supressão de vegetação de pequeno impacto, a falta de autorização para desmatar em processo administrativo formal constitui crime.

Quanto à definição do sujeito ativo, a conduta descrita não constitui crime *quando necessária à subsistência imediata pessoal do agente ou de sua família.*

29.6 INFRAÇÕES ADMINISTRATIVAS CONTRA APP

O Decreto nº 6.514/08, que dispõe sobre as infrações e sanções administrativas ao meio ambiente, estabeleceu, nas infrações administrativas contra a flora, dispositivos específicos para as Áreas de Preservação Permanente (APP), que serão aqui brevemente comentados. Releva notar que outros dispositivos do mesmo decreto, embora não se refiram expressamente às APP, também se aplicam a esses espaços, cabendo a leitura do presente item juntamente com o item relativo às Infrações Administrativas contra a Flora.

O art. 43 do Decreto nº 6.514/08 define como infração administrativa a seguinte conduta:

Destruir ou danificar florestas ou demais formas de vegetação natural ou utilizá-las com infringência das normas de proteção em área considerada de preservação permanente, sem autorização do órgão competente, quando exigível, ou em desacordo com a obtida.

A redação do dispositivo, embora não idêntico, remete ao art. 38 da Lei de Crimes Ambientais.[74] A multa estabelecida é de R$ 5.000,00 a R$ 50.000,00, por hectare ou fração. A conduta é destruir ou causar dano à vegetação natural, em qualquer estágio sucessional, vale dizer, a vegetação secundária, neste último caso nos estágios inicial, médio ou avança-

---

71. MOREIRA, Iara Verocai Dias. *Vocabulário básico de meio ambiente*. Rio de Janeiro: Fundação Estadual de Engenharia do Meio Ambiente, 1990, p. 25.
72. Lei nº 12.651/12, art. 3º, XIII.
73. Incluído pela Lei nº 11.284, de 2-3-2006.
74. Lei nº 9.605/98, art. 38: *Destruir ou danificar floresta considerada de preservação permanente, mesmo que em formação, ou utilizá-la com infringência das normas de proteção.*

do de regeneração, sem a devida autorização. No que se refere às APP, o fulcro da infração refere-se à não obtenção ou infringência da devida autorização, concedida pelo órgão ou entidade competente.

A infração contida no art. 44 refere-se a:

Cortar árvores em área considerada de preservação permanente ou cuja espécie seja especialmente protegida, sem permissão da autoridade competente:

A redação do dispositivo remete ao art. 39 da Lei de Crimes Ambientais,[75] embora a infração administrativa abranja as espécies especialmente protegidas, qualquer que seja a sua localização. A multa fixada para essa infração é de R$ 5.000,00 a R$ 20.000,00 por hectare ou fração, ou R$ 500,00 por árvore, metro cúbico ou fração, cabendo ao agente administrativo definir o critério a ser adotado, passível de modificação quando do julgamento do processo.

O art. 45 estabelece, como infração administrativa,

Extrair de florestas de domínio público ou áreas de preservação permanente, sem prévia autorização, pedra, areia, cal ou qualquer espécie de minerais:

A redação do dispositivo é praticamente idêntica à do art. 44 da Lei de Crimes Ambientais.[76] A multa simples estipulada na norma é de R$ 5.000,00 a R$ 50.000,00 por hectare ou fração. Definindo-se no decreto em tela a multa simples, não cabe a multa diária. Todavia, aplica-se ao caso a medida administrativa de caráter preventivo de **embargo**, nas hipóteses previstas no art. 108 do Decreto nº 6.514/08.[77]

---

75. Lei nº 9.605/98, art. 39: *Cortar árvores em floresta considerada de preservação permanente, sem permissão da autoridade competente.*
76. Lei nº 9.605/98, art. 44: *Extrair de florestas de domínio público ou consideradas de preservação permanente, sem prévia autorização, pedra, areia, cal ou qualquer espécie de minerais.*
77. Ver capítulo sobre Responsabilidade Administrativa por Dano Ambiental.

30
RESERVA LEGAL

30.1 ALTERAÇÕES DO CÓDIGO FLORESTAL

Conforme já detalhado no Capítulo sobre Flora e Florestas, a Lei nº 12.651/12 alterou significativamente o tratamento jurídico aplicável às áreas especialmente protegidas na lei anterior, deflagrando uma série de debates acerca de supostas violações cometidas à Constituição pela nova norma.

De um modo geral, criticou-se o retrocesso na proteção ambiental, com a supressão de certas áreas especialmente protegidas e, mais grave, a anistia a infrações ambientais ocorridas no passado.

Nesse contexto, a Procuradoria-Geral da República ajuizou três ações diretas de inconstitucionalidade (Adi), impugnando diversos dispositivos da Lei nº 12.651/12.[1] Posteriormente, uma quarta Adi foi ajuizada pelo Partido Socialismo e Liberdade (PSOL), questionando dispositivos da mesma lei,[2] além de uma ação declaratória de constitucionalidade (ADC) proposta pelo Partido Progressista, visando à declaração de constitucionalidade dos dispositivos questionados nas demais ações do controle concentrado.[3] Todas essas ações foram objeto de julgamento pelo STF, concluído em 28-02-2018, que resultou no reconhecimento da legalidade de vários dispositivos, na declaração de alguns trechos inconstitucionais e na atribuição de interpretação conforme outros itens, expostos ao longo deste capítulo.

30.2 CONCEITO E ENQUADRAMENTO DA RESERVA LEGAL

A Reserva Legal é definida pela Lei nº 12.651/12 como *área localizada no interior de uma propriedade ou posse rural, delimitada nos termos do art. 12*, com a *função de assegurar o **uso econômico de modo sustentável** dos recursos naturais do imóvel rural, auxiliar a conservação e a reabilitação dos processos ecológicos e promover a conservação da biodiversidade, bem como o abrigo e a proteção de fauna silvestre e da flora nativa.*[4]

A origem da destinação de uma área à proteção da vegetação nativa encontra-se no art. 23 do Código Florestal de 1934, segundo o qual *nenhum proprietário de terras cobertas de matas poderá abater mais de três quartas partes da vegetação existente*, embora muitas exceções estivessem ali previstas. O Código Florestal de 1965 estabeleceu limitações administrativas sobre a propriedade, tanto na Bacia Amazônica como em outras regiões do país. A Lei nº 7.803/89 alterou o Código Florestal de 1965, acrescentando dois parágrafos – 2º e 3º – ao art. 16 com a seguinte redação:

---

1. ADIs nº 4.901, 4.902 e 4.903.
2. ADI nº 4.937.
3. ADC nº 42.
4. Lei nº 12.651/12, art. 3º, III.

§ 2º A reserva legal, assim entendida a área de, no mínimo, 20% de cada propriedade, onde não é permitido o corte raso, deverá ser averbada à margem da inscrição de matrícula do imóvel, no registro de imóveis competente, sendo vedada, a alteração de sua destinação, nos casos de transmissão, a qualquer título ou de desmembramento da área.

§ 3º Aplica-se às áreas de cerrado a reserva legal de 20% para todos os efeitos legais.

A Medida Provisória nº 2.166-67/2001, que também alterou o Código Florestal de 1965, inseriu novas normas para a Reserva Legal, estabelecendo um verdadeiro regime jurídico para esse espaço protegido, hoje alterado pela Lei nº 12.651/12.

Na lei de 1965, a **função da Reserva Legal** vinculava-se ao uso sustentável dos recursos naturais, à conservação e reabilitação dos processos ecológicos, à conservação da biodiversidade e ao abrigo e proteção de fauna e flora nativas. A Lei nº 12.651/12 reafirmou o princípio do desenvolvimento sustentável no uso econômico dos recursos naturais e manteve a obrigatoriedade de manutenção de um percentual da área coberta por vegetação nativa. Todavia, no decorrer dos dispositivos que regem o instituto da Reserva Legal, a norma flexibilizou as regras para sua utilização.

A sistemática da imposição da Reserva Legal, prevista na Lei nº 12.651/12, determina que *todo imóvel rural deve manter área com cobertura de vegetação nativa, a título de Reserva Legal*,[5] sem prejuízo da aplicação das normas sobre as Áreas de Preservação Permanente, observados os seguintes percentuais mínimos em relação à área do imóvel:

1. localizado na Amazônia Legal:

a) 80%, no imóvel situado em área de florestas;

b) 35%, no imóvel situado em área de cerrado;

c) 20%, no imóvel situado em área de campos gerais;

2. localizado nas demais regiões do País: 20%.

30.3 REGIME JURÍDICO DA RESERVA LEGAL

A Reserva Legal, como a Área de Preservação Permanente (APP), impõe restrições ao uso da propriedade, sem gerar indenização; trata-se de **limitação administrativa** ao exercício do direito de propriedade. A função social da propriedade rural inclui a preservação ambiental e o uso racional dos recursos naturais, conforme determina a CF/88, no art. 186, II e o art. 1.228, § 1º, do Código Civil.

Uma questão a colocar refere-se à obrigatoriedade da Reserva Legal em áreas de domínio público. Nessa linha, há que distinguir as áreas rurais destinadas a finalidades específicas, como é o caso das Unidades de Conservação, que inclusive ensejam maior proteção, e as que não possuem qualquer uso de natureza pública, consagradas como **dominiais**, quer dizer, que se assemelham às áreas de domínio privado, salvo no que se refere à pessoa que detém seu domínio. Neste último caso, não caberia qualquer exceção à regra, cabendo a implantação da Reserva Legal, em áreas públicas ou privadas.

Todavia, a Lei nº 12.651/12 dispensou *os empreendimentos de abastecimento público de água e tratamento de esgoto* da constituição de Reserva Legal.[6] Da mesma forma, não será exigida Reserva Legal relativa *às áreas adquiridas ou desapropriadas por detentor de*

---

5. Lei nº 12.651/12, art. 12.
6. Lei nº 12.651/12, art. 12, § 6º, declarado constitucional pelo STF na ADI nº 4.901 e na ADC nº 42.

concessão, permissão ou autorização para exploração de potencial de energia hidráulica, nas quais funcionem empreendimentos de geração de energia elétrica, subestações ou sejam instaladas linhas de transmissão e de distribuição de energia elétrica.[7] O mesmo se aplica *às áreas adquiridas ou desapropriadas com o objetivo de implantação e ampliação de capacidade de rodovias e ferrovias.*[8]

Essa dispensa de instituição de Reserva Legal não possui fundamento técnico em relação ao conceito do instituto, nem à sua função, já que o que impõe a Reserva Legal é o fato de a propriedade ou posse rural estar localizada em zona rural. Nada tem a ver com a natureza da atividade ou empreendimento, mas com a necessidade de perpetuar a vegetação nativa, em face de sua importância à manutenção dos processos ecológicos essenciais, da produção de água e da proteção do próprio solo, ou seja, do equilíbrio ambiental – macrobem, núcleo essencial da questão relativa ao meio ambiente na Constituição Federal.

O argumento defendido pela Procuradoria-Geral da República, na Adi nº 4.901 foi que, *se a eventual implantação dos empreendimentos de que trata a norma provoca redução das áreas com vegetação nativa que seriam mantidas como reserva legal, deve(ria) ser exigida, no processo de licenciamento ambiental, a **devida compensação**, mediante a preservação de área equivalente, ainda que isso demande a aquisição de outras áreas. A dispensa trazida pelo art. 12, §§ 6º, 7º e 8º diminuirá as funções ecossistêmicas das propriedades afetadas e prejudicará a conservação de biomas em extensas áreas.*[9] Todavia, O STF que declarou constitucional tais dispensas.

A **localização** e a **delimitação** da área destinada à Reserva Legal são propostas pelo proprietário ou posseiro e devem ser aprovadas pelo órgão ambiental estadual competente, que deverá considerar, em primeiro lugar, a **função social**, que se cumpre quando a propriedade rural atende, simultaneamente, segundo critérios e graus de exigência estabelecidos em lei, aos requisitos previstos no art. 186 da CF/88. Essa análise ocorre quando da inclusão do imóvel no Cadastro Ambiental Rural (CAR).[10]

A aprovação da localização da Reserva Legal pelo órgão ou entidade estadual deve pautar-se em critérios técnicos, legalmente fixados levando em consideração os seguintes estudos e critérios:[11]

> o plano de bacia hidrográfica;
>
> o Zoneamento Ecológico-Econômico;
>
> a formação de corredores ecológicos com outra Reserva Legal, com Área de Preservação Permanente, com Unidade de Conservação ou com outra área legalmente protegida;
>
> as áreas de maior importância para a conservação da biodiversidade; e
>
> as áreas de maior fragilidade ambiental.

A **função ambiental** da Reserva Legal deve ser otimizada, devendo localizar-se nas proximidades ou em contiguidade com outros espaços protegidos, com vistas a garantir a transferência de genes entre as populações de mesma espécie. Para tanto, a lei estabelece os estudos que devem pautar a localização desse espaço a ser protegido. A definição do

---

7. Lei nº 12.651/12, art. 12, § 7º, declarado constitucional pelo STF na ADI nº 4.901 e na ADC nº 42.
8. Lei nº 12.651/12, art. 12, § 8º, declarado constitucional pelo STF na ADI nº 4.901 e na ADC nº 42.
9. ADI nº 4.901, p. 18.
10. Lei nº 12.651/12, art. 14, § 1º.
11. Lei nº 12.651/12, art. 14.

local a ser destinado à Reserva Legal, pois, deve garantir a proteção ao meio ambiente e o cumprimento da sua função ambiental.[12]

O Código Florestal admite a instituição da Reserva Legal em regime de **condomínio** ou coletiva entre propriedades rurais.[13] O condomínio é uma instituição do Direito Civil, regido pelo Código Civil, e consiste na propriedade comum de um imóvel, por mais de uma pessoa.[14] Sendo proibido alterar a destinação da Reserva Legal, nos casos de transmissão, a qualquer título, de desmembramento ou de retificação da área, a área de Reserva Legal do imóvel original pode permanecer em sistema de condomínio. E, no parcelamento de imóveis rurais, a área de Reserva Legal poderá ser agrupada em regime de condomínio entre os adquirentes.[15] Ainda, em caso de fracionamento do imóvel rural, a qualquer título, inclusive para assentamentos pelo Programa de Reforma Agrária, será considerada a área do imóvel antes do fracionamento.

A lei dispõe que a Reserva Legal deve ser conservada com **cobertura de vegetação nativa** pelo proprietário do imóvel rural, possuidor ou ocupante a qualquer título, pessoa física ou jurídica, de direito público ou privado.[16] Note-se que se admite a **exploração econômica** da Reserva Legal mediante **manejo sustentável**, previamente aprovado pelo órgão competente do SISNAMA,[17] desde que adotadas *práticas de exploração seletiva nas modalidades de manejo sustentável sem propósito comercial para consumo na propriedade e manejo sustentável para exploração florestal com propósito comercial.*[18]

Essa regra permite que os proprietários e possuidores de imóveis rurais possam usufruir da vegetação da Reserva Legal em consumo próprio,[19] o que se coaduna com a ideia de diferenciar o tratamento legal dos pequenos proprietários e posseiros. A lei prevê que, para fins de manejo de Reserva Legal na pequena propriedade ou posse rural familiar, os órgãos integrantes do SISNAMA deverão estabelecer procedimentos simplificados de elaboração, análise e aprovação de tais planos de manejo.[20]

É permitida a livre coleta de produtos florestais não madeireiros, tais como frutos, cipós, folhas e sementes, desde que observados os limites fixados.[21] O manejo florestal sustentável da vegetação da Reserva Legal com propósito comercial depende de autorização do órgão competente e deverá atender às seguintes diretrizes e orientações:[22]

não descaracterizar a cobertura vegetal e não prejudicar a conservação da vegetação nativa da área;

assegurar a manutenção da diversidade das espécies;

conduzir o manejo de espécies exóticas com a adoção de medidas que favoreçam a regeneração de espécies nativas.

---

12. A Lei nº 8.629, de 25-2-1993 regulamenta os dispositivos da Constituição sobre reforma agrária, prevendo a possibilidade de desapropriação da propriedade que não cumprir a função social, respeitados os dispositivos constitucionais. A norma considera preservação do meio ambiente a manutenção das características próprias do meio natural e da qualidade dos recursos ambientais, na medida adequada à manutenção do equilíbrio ecológico da propriedade e da saúde e qualidade de vida das comunidades vizinhas.
13. Lei nº 12.651/12, art. 16, incluído pela Lei nº 12.727/12.
14. Lei nº 10.406/02, arts. 1.314 a 1.358.
15. Lei nº 12.651/12, art. 16, parágrafo único.
16. Lei nº 12.651/12, art. 17.
17. Lei nº 12.651/12, art. 17, § 1º.
18. Lei nº 12.651/12, art. 20.
19. Lei nº 12.651/12, art. 17, § 1º.
20. Lei nº 12.651/12, art. 17, § 2º.
21. Lei nº 12.651/12, art. 21.
22. Lei nº 12.651/12, art. 22.

Além disso, o manejo sustentável para exploração florestal eventual sem propósito comercial, para consumo no próprio imóvel, independe de autorização dos órgãos competentes, devendo apenas ser declarados previamente ao órgão ambiental a motivação da exploração e o volume explorado, limitada a exploração anual a 20 metros cúbicos.[23]

Após tratar da pequena propriedade ou posse, o Código Florestal passa a tratar de outro tema, obrigando a suspensão imediata das atividades em área de Reserva Legal desmatada irregularmente **após 22 de julho de 2008**.[24] A lei exige a suspensão de atividades ilegais, em áreas desmatadas em desconformidade com a norma. Até aí, está correto. Aliás, não haveria necessidade de uma lei estabelecer tal regra, já que os poderes públicos têm o dever-poder de fazê-lo. O que causa espanto é o fato de essa suspensão ser obrigatória apenas para quem desmatou após uma data específica, que é justamente a data de publicação do Decreto nº 6.514/08, sobre sanções administrativas ambientais.

A Lei nº 12.651/12 é severa ao tratar dos infratores após a edição do Decreto nº 6.514/08, estabelecendo que, *sem prejuízo das sanções administrativas, cíveis e penais cabíveis, deverá ser iniciado o processo de recomposição da Reserva Legal em até 2 anos contados a partir da data da publicação da Lei, devendo tal processo ser concluído nos prazos estabelecidos pelo Programa de Regularização Ambiental (PRA).*[25] Porém, simplesmente dá anistia os responsáveis por danos ambientais ocasionados **antes** da data da edição do referido decreto.

Trata-se de flagrante desrespeito ao princípio da isonomia, respaldado pela declaração de constitucionalidade do dispositivo pelo STF, pois a nova Lei concede ao proprietário ou posseiro rural que averbou a Reserva Legal, e manteve a mata nativa, um tratamento menos favorável que o dispensado àquele que deixou de cumprir a lei anterior. A lei em vigor beneficia aqueles que em 22-8-2008 se encontravam em situação irregular, concedendo benefícios para a recomposição parcial das áreas degradadas.

30.4 INCLUSÃO DAS ÁREAS DE PRESERVAÇÃO PERMANENTE (APP) NO CÔMPUTO DA RESERVA LEGAL

A nova Lei nº 12.651/12 permite a **inclusão das Áreas de Preservação Permanente – APP no cômputo da Reserva Legal**. De antemão, é importante salientar que não há que se confundir a Reserva Legal com a Área de Preservação Permanente (APP). Trata-se de espaços protegidos sob regimes jurídicos distintos, claramente estabelecidos pela Lei nº 12.651/12. As *Áreas de Preservação Permanente e Áreas de Reserva Legal desempenham funções ecossistêmicas diversas, porém complementares. Juntas, compõem o mosaico de áreas protegidas mínimas para conferir sustentabilidade às propriedades rurais.*[26] O direito anterior excluía as Áreas de Preservação Permanente – APP do cômputo da Reserva Legal, salvo em propriedade em que a soma da vegetação nativa em APP excedesse a limites fixados na lei.[27]

---

23. Lei nº 12.651/12, art. 23.
24. Lei nº 12.651/12, art. 17, § 3º, declarado constitucional pelo STF na ADIns nº 4.902 e 4.903 e na ADC nº 42.
25. Lei nº 12.651/12, art. 17, § 4º.
26. ADI 4.901, p. 19.
27. Assim a Lei nº 4.771/65 estabelecida a extensão das APP nas propriedades rurais para a dispensa de instituição de Reserva Legal: 1. Oitenta por cento da propriedade rural localizada na Amazônia Legal; 2. Cinquenta por cento da propriedade rural localizada nas demais regiões do País; e 3. Vinte e cinco por cento de pequena propriedade, a

DIREITO AMBIENTAL • Maria Luiza Machado Granziera

Agora, o novo Código Florestal possibilita o cômputo das Áreas de Preservação Permanente no cálculo do percentual da Reserva Legal do imóvel, abrangendo, nesse caso, a regeneração, a recomposição e a compensação.[28] Para que se possa viabilizar essa inclusão, o proprietário rural deve observar os seguintes requisitos:

o benefício previsto não poderá implicar a conversão de novas áreas para o uso alternativo do solo;

a área a ser computada deve estar conservada ou em processo de recuperação, conforme comprovação do proprietário ao órgão estadual integrante do SISNAMA; e

o proprietário ou possuidor deve ter requerido inclusão do imóvel no Cadastro Ambiental Rural (CAR), nos termos da Lei nº 12.561/12.

O cômputo das APP na Reserva Legal aplica-se às modalidades de *regeneração, recomposição* e *compensação* das áreas degradadas.[29] Na modalidade de regeneração não há previsão de espécies nativas para a regularização ambiental. Entretanto, obrigações acessórias tais como o cercamento da área, poderão ser exigidas para garantir tal regeneração. Já na modalidade de *recomposição* o entendimento é no sentido de que não basta que o proprietário rural permita que a área se regenere naturalmente, sendo necessário o efetivo plantio de espécies para recompô-la. A modalidade de *compensação* será tratada mais adiante.

Ao contrário da APP, que ocorre indistintamente em área urbana ou rural, a Reserva Legal incide unicamente sobre as propriedades e posses localizadas em área rural. Todavia, se o imóvel rural estiver localizado em perímetro urbano definido por lei municipal, o proprietário ou posseiro é obrigado a manter a Reserva Legal, que só será extinta quando ocorrer o registro do parcelamento do solo para fins urbanos, aprovado segundo a legislação específica e consoante as diretrizes do plano diretor.[30] A transformação das Reservas Legais em áreas verdes, nas expansões urbanas, é um dos instrumentos passíveis de adoção pelo Poder Público Municipal,[31] de acordo com as normas municipais.

O art. 15 da Lei nº 12.651/12 impacta de forma relevante a vegetação nativa existente nas propriedades e posses rurais, na medida em que, de acordo com as características do terreno, a área de Reserva Legal pode tender a zero.

Em uma área montanhosa localizada na Região Sudeste, por exemplo, em que a extensão de APP seja superior a 20%, o titular fica desobrigado de manter a Reserva Legal, mas tão somente as APP. Em uma propriedade ou posse da Região Sudeste que tenha 18% de APP, a Reserva Legal será de apenas 2%. Uma propriedade que tenha 10% de APP, a Reserva Legal será de 10%. Ou seja, em qualquer hipótese há uma perda real de vegetação nativa.

A Lei ainda estabelece que o *regime de proteção da Área de Preservação Permanente não se altera nessa hipótese.*[32] Esse dispositivo é ainda mais grave, pois a APP, ao contrário da Reserva Legal, está sujeita à intervenção e à supressão de vegetação, nos casos de utilidade pública, interesse social e atividades eventuais e de baixo impacto. Dizer que a

---

norma em vigor permite que se calcule a APP como Reserva Legal, o que tem o efeito de reduzir dramaticamente os espaços protegidos nos imóveis rurais.

28. Lei nº 12.651/12, art. 15, declarado constitucional pelo STF na ADI nº 4.901.
29. Lei nº 12.651/12, art. 15, § 3º.
30. Lei nº 12.651/12, art. 19.
31. Lei nº 12.651/12, art. 25, II.
32. Lei nº 12.651/12, art. 15, § 1º.

APP permanece como tal, significa que, além da redução da área de Reserva Legal, a área de APP computada como Reserva Legal não está livre da intervenção nem da supressão.

30.5 REDUÇÃO DA RESERVA LEGAL NA AMAZÔNIA LEGAL

Sobre os imóveis rurais situados em área de floresta na Amazônia Legal, quando o Estado possuir Zoneamento Ecológico-Econômico (ZEE) aprovado segundo a metodologia unificada fixada em norma federal e mais de 65% do seu território ser ocupado por unidades de conservação da natureza de domínio público, devidamente regularizadas, e por terras indígenas homologadas, o **poder público estadual** poderá **reduzir a Reserva Legal** para até 50%, ouvido o Conselho Estadual de Meio Ambiente.[33] O prazo fixado para os Estados elaborarem e aprovarem o ZEE é de 5 anos, contados da publicação da Lei.[34] Note-se que a lei nada esclarece sobre as modalidades de recuperação da Reserva Legal.

A lei prevê também a possibilidade de o **poder público federal** alterar os percentuais de Reserva Legal dos imóveis localizados em área de floresta na Amazônia Legal. Quando indicado pelo ZEE estadual a Reserva Legal poderá ser reduzida para até 50%, exclusivamente para fins de regularização, mediante *recomposição*, *regeneração* ou *compensação*, aplicando-se apenas aos imóveis com área rural consolidada, excluídas as áreas prioritárias para conservação da biodiversidade e dos recursos hídricos e os corredores ecológicos.[35] Nessa hipótese, são expressamente mencionadas a *recomposição*, *regeneração* e a *compensação*.

O ZEE estadual poderá dar base para o poder público federal **ampliar as áreas de Reserva Legal em até 50%** dos percentuais previstos na Lei, para cumprimento de metas nacionais de proteção à biodiversidade ou de redução de emissão de gases de efeito estufa.[36]

Além disso, a lei determina que no caso dos imóveis situados em área de floresta na Amazônia Legal, o proprietário ou possuidor de imóvel rural que mantiver Reserva Legal conservada e averbada em área superior aos percentuais exigidos no referido inciso poderá instituir servidão ambiental sobre a área excedente, e Cota de Reserva Ambiental.[37]

30.6 REGULARIZAÇÃO DA RESERVA LEGAL

Segundo o **direito anterior**, a área destinada à Reserva Legal poderia ou não estar coberta com vegetação. Em função de sua finalidade legal – uso sustentável dos recursos naturais, conservação e reabilitação dos processos ecológicos, conservação da biodiversidade e abrigo e proteção da fauna e flora nativos –, era, todavia, obrigatória a sua recuperação, quando houvesse desmatamento.

A inexistência de cobertura vegetal na Reserva Legal não desobrigava o seu proprietário das obrigações inerentes à recuperação. Tampouco o novo proprietário, que tivesse adquirido terras sem a demarcação da Reserva Legal, ficava desonerado de sua instituição. Esse é o entendimento do Superior Tribunal de Justiça (STJ), no caso em que o novo pro-

---

33. Lei nº 12.651/12, art. 12, § 5º, declarado constitucional pelo STF na ADI nº 4.901.
34. Lei nº 12.651/12, art. 13, § 2º.
35. Lei nº 12.651/12, art. 13, I.
36. Lei nº 12.651/12, art. 13, II.
37. Lei nº 12.651/12, art. 13, § 1º, declarado constitucional pelo STF nas ADIs nº 4.901 e 4.937.

450 DIREITO AMBIENTAL • Maria Luiza Machado Granziera

prietário arguiu ilegitimidade passiva para a ação que o obrigava a proceder à recomposição da Reserva Legal.

De acordo com o STJ,

em se tratando de reserva florestal legal, a responsabilidade por eventual dano ambiental ocorrido nessa faixa é objetiva, devendo o proprietário, ao tempo em que conclamado para cumprir obrigação de reparação ambiental, responder por ela. O novo adquirente do imóvel é parte legítima para responder ação civil pública que impõe obrigação de fazer consistente no reflorestamento da reserva legal, pois assume a propriedade com ônus restritivo.[38]

Sobre o mesmo tema, entende o STJ que

essa legislação, ao determinar a separação de parte das propriedades rurais para constituição da reserva florestal legal, resultou de uma feliz e necessária consciência ecológica que vem tomando corpo na sociedade em razão dos efeitos dos desastres naturais ocorridos ao longo do tempo, resultado da degradação do meio ambiente efetuada sem limites pelo homem. Tais consequências nefastas, paulatinamente, levam à conscientização de que os recursos naturais devem ser utilizados com equilíbrio e preservados em intenção da boa qualidade de vida das gerações vindouras.[39]

Cabe observar que a aquisição de uma área rural equivale à aquisição de qualquer outro empreendimento. O adquirente assume todos os ônus existentes quando da transmissão da propriedade. São os chamados *passivos*: trabalhista, tributário, previdenciário etc. A falta de Reserva Legal em propriedade rural é um passivo ambiental, da mesma forma que a disposição de resíduos tóxicos que contaminam o solo nos fundos do terreno de uma indústria. Cabe ao adquirente verificar a regularidade do bem que está comprando em relação aos vários campos obrigacionais regidos por lei, inclusive o ambiental.

O Superior Tribunal de Justiça tem repetido com constância que o adquirente de imóvel rural, transferido desmatado, tem legitimidade para figurar no polo passivo de ação civil pública, por esse dano ambiental, visto que a obrigação de repará-lo é transmitida quando da aquisição do bem, independentemente da existência ou não de culpa (responsabilidade objetiva) (cf. Constituição Federal de 1988, art. 225; cf. Lei nº 4.771/65, art. 29; Lei nº 8.171/91, art. 99; Lei nº 6.938/81, art. 14).[40]

O Tribunal de Justiça do Estado de São Paulo do mesmo modo vem, reiteradamente, decidindo no sentido de que

a obrigação de manutenção de área de reserva legal, na extensão da lei, deve ser considerada como a possuir caráter *propter rem*, ou seja, obrigação inerente ao imóvel e que se transfere do alienante ao adquirente, de modo tal que aquele que perpetua a lesão ao meio ambiente cometida por outrem está, ele mesmo, praticando o ilícito.[41]

Importante colocar que a obrigação de repor a vegetação em área de Reserva Legal – e também de APP – não se confunde com a responsabilidade por dano ambiental, relacio-

---

38. STJ – 2ª T., RMS 18301/MG Rel. Min. João Otávio de Noronha, j. 24-8-2005, *DJ* 3-10-2005, p. 157. Ainda no mesmo sentido, conferir REsp 1.090.968 – SP, Relator Ministro Luiz Fux, decisão de 15-6-2010.
39. STJ – 1ª T., REsp 927.979/MG, Rel. Min. Francisco Falcão, j. 15-5-2007, *DJ* 31-5-2007, p. 410.
40. O acórdão citado menciona que, por amostragem, podem ser citados os seguintes precedentes: AgRg no REsp 504.626-PR, Rel. Min. Francisco Falcão; Edcl no AgRg no REsp 255.170-SP, Rel. Min. Luiz Fux, Esp 264.173-PR, Rel. Min. José Delgado, REsp 222.349-PR, Rel. Min. José Delgado, REsp 263.383-PR, Rel. Min. João Otávio de Noronha, REsp 195.274-PR, Rel. Min. João Otávio de Noronha, REsp 327.254-PR, Rel. Min. Eliana Calmon, REsp 282.781-PR, Rel. Min. Eliana Calmon, REsp 18.567-SP, Rel. Min. Eliana Calmon, Ag 522.980-PR, Rel. Min. Castro Filho, REsp 217.858-PR, Rel. Min. Franciulli Netto, REsp nº 522.980-PR (Julgamento em 7 de junho de 2005).
41. Apelação Cível nº 412.547.5/3-00, Igarapava – SP. Voto 20.181, Des. José Geraldo de Jacobina Rabello.

nado ao desmatamento anterior. O novo proprietário não pode ser responsabilizado pelas ações do proprietário anterior. Apenas fica obrigado a reparar o dano, isto é, recompor a vegetação. [42]

Vistos alguns posicionamentos dos tribunais sobre o direito anterior, julgados esses que descrevem a lógica da Reserva Legal, passamos a comentar os termos da Lei nº 12.651/12, no que concerne à regularização da Reserva Legal.

Os arts. 66 a 68 tratam das Áreas Consolidadas em Áreas de Reserva Legal. Segundo esses dispositivos, a sua aplicabilidade alcança aquelas propriedades ou posses rurais que, em 22 de julho de 2008, **detinham** área de Reserva Legal em extensão inferior ao fixado no art. 12 da lei.

Aqui, uma observação. O entendimento acerca desse dispositivo é que ele se refere à Reserva Legal formalmente instituída, isto é, **averbada na matrícula do imóvel**. Já nos casos em que a propriedade rural possuía mata nativa correspondente ao percentual devido de reserva legal, porém sem averbação em 22 de julho de 2008, como foi o caso de muitas propriedades pelo Brasil, tais dispositivos não se aplicam.

A aplicação de tais artigos ainda está condicionada à comprovação de que a área a ser recuperada constitui uma **área rural consolidada**, nos termos do art. 3º, IV, ou seja, *área de imóvel rural com ocupação antrópica preexistente a 22 de julho de 2008, com edificações, benfeitorias ou atividades agrossilvipastoris, admitida, neste último caso, a adoção do regime de pousio.*

Dessa forma, o art. 66 dispõe que o proprietário ou possuidor de imóvel rural, enquadrado na hipótese acima, **poderá** regularizar sua situação, independentemente da adesão ao Plano de Recuperação Ambiental (PRA), adotando as seguintes alternativas, isolada ou conjuntamente:

recompor a Reserva Legal;

permitir a regeneração natural da vegetação na área de Reserva Legal;

compensar a Reserva Legal.

Note-se que, ao contrário dos dispositivos que tratam da Reserva Legal na Amazônia, a Lei aqui prevê as três formas de regularização da Reserva Legal. Além disso, determina que a **obrigação** prevista tem natureza real e é transmitida ao sucessor no caso de transferência de domínio ou posse do imóvel rural,[43] o que se coaduna com o entendimento da doutrina e jurisprudência no sentido de a obrigação de instituir e recuperar a Reserva Legal ter a natureza de *propter rem*, conforme já mencionado. A lei trata da modalidade de recomposição da Reserva Legal, determinando que esta deverá atender aos critérios estipulados pelo órgão competente do SISNAMA e ser concluída em até 20 anos, abrangendo, a cada 2 anos, no mínimo 1/10 da área total necessária à sua complementação.[44] Veja-se que a lei aqui é expressa ao exigir o plantio de espécies.

---

42. REI, Fernando; GRANZIERA, Maria Luiza Machado. A obrigação de recuperar a degradação ambiental é do titular da propriedade do imóvel, mesmo que não tenha contribuído para a deflagração do dano, tendo em conta sua natureza *propter rem*. In: Teses Jurídicas dos Tribunais superiores – Direito Ambiental, I. PADILHA, Norma Sueli (Coord.). São Paulo: Revista dos Tribunais, 2017, pp. 244-245.

43. Lei nº 12.651/12, art. 66, § 1º.

44. Lei nº 12.651/12, art. 66, § 2º.

DIREITO AMBIENTAL • Maria Luiza Machado Granziera

Além disso, a lei permite que a recomposição seja realizada mediante o plantio intercalado de espécies nativas com **exóticas ou frutíferas**, em sistema agroflorestal, devendo (1) o plantio de espécies exóticas ser combinado com as espécies nativas de ocorrência regional; e (2) a área recomposta com espécies exóticas não exceder 50% da área total a ser recuperada.[45] Por fim, a lei estabelece que a recomposição da Reserva Legal confere direito à sua exploração econômica.[46]

A permissão para utilizar vegetação exótica na Reserva Legal foi objeto da Adi nº 4.901. O STF declarou a constitucionalidade do dispositivo, a despeito da argumentação da Procuradoria-Geral da República de que *viola o dever geral de proteção ambiental previsto no art. 225, caput, da Constituição da República; as exigências constitucionais de reparação dos danos ambientais causados (art. 225, § 3º) e de restauração de processos ecológicos essenciais (art. 225, § 1º, I); a vedação de utilização de espaço especialmente protegido de modo a comprometer os atributos que justificam sua proteção (art. 225, § 1º, III); a exigência constitucional de que a propriedade atenda sua função social, bem como o princípio da vedação do retrocesso em matéria socioambiental.*[47]

30.7 RECOMPOSIÇÃO DA RESERVA LEGAL

O antigo Código Florestal (Lei nº 4.771/65) definia de forma didática as modalidades de *regeneração*, *recomposição* e *compensação* da Reserva Legal em seu art. 44,[48] sendo que a *recomposição* era caracterizada pelo plantio de espécies nativas.[49]

Com o advento da Lei nº 12.651/12, o Decreto regulamentador nº 7.830/12, ao dispor sobre o Sistema de Cadastro Ambiental Rural (CAR), define a **recomposição** como *restituição de ecossistema ou de comunidade biológica nativa degradada ou alterada a condição não degradada, que pode ser diferente de sua condição original.*[50] Todavia, não esclarece como deve ser feita a restituição de ecossistema ou de comunidade biológica nativa degradada ou alterada, não mencionando se tal modalidade se caracteriza pelo plantio de espécies nativas.

Nosso entendimento é no sentido de que, considerando uma interpretação sistemática da Lei nº 12.651/12, aplica-se sim o efetivo plantio a essa modalidade, até porque, quando a lei trata de *regeneração*, esse termo vem acompanhado pelo termo *natural*,[51] não abrangendo, portanto, o plantio de mudas. Além disso, em diversos momentos a Lei nº

---

45. Lei nº 12.651/12, art. 66, § 3º, declarado constitucional pelo STF na ADI nº 4.901 e na ADC nº 42.
46. Lei nº 12.651/12, art. 66, § 4º.
47. ADI 4.901, p. 23.
48. Lei nº 4.771/65, art. 44. O proprietário ou possuidor de imóvel rural com área de floresta nativa, natural, primitiva ou regenerada ou outra forma de vegetação nativa em extensão inferior ao estabelecido nos incisos I, II, III e IV do art. 16, ressalvado o disposto nos seus §§ 5º e 6º, deve adotar as seguintes alternativas, isoladas ou conjuntamente: (*Redação dada pela Medida Provisória nº 2.166/67, de 2001*)

    I – **recompor** a reserva legal de sua propriedade mediante o plantio, a cada três anos, de no mínimo 1/10 da área total necessária à sua complementação, com espécies nativas, de acordo com critérios estabelecidos pelo órgão ambiental estadual competente; (*Incluído pela Medida Provisória nº 2.166/67, de 2001*)

    II – **conduzir a regeneração natural** da reserva legal; e (*Incluído pela Medida Provisória nº 2.166/67, de 2001*)

    III – **compensar** a reserva legal por outra área equivalente em importância ecológica e extensão, desde que pertença ao mesmo ecossistema e esteja localizada na mesma microbacia, conforme critérios estabelecidos em regulamento. (*Incluído pela Medida Provisória nº 2.166/67, de 2001*).
49. Lei nº 4.771/65, art. 44, I.
50. Decreto nº 7.830/12, art. 2º, VIII.
51. Lei nº 12.651/12, art. 31, § 1º, V; art. 61-A, § 13; art. 66, II etc.

12.651/12 associa a **recomposição** ao plantio de espécies, como no caso do art. 66, § 3º,[52] no qual a lei estabelece que *a recomposição poderá ser realizada mediante o **plantio** intercalado de espécies nativas com exóticas ou frutíferas.*

O dispositivo em questão (Lei nº 12.651/12, art. 12, § 4º) menciona a possibilidade de o poder público reduzir a Reserva Legal para até 50% para fins de recomposição, ou seja, na modalidade em que ocorre o efetivo plantio de espécies. Todavia, não se abordam as modalidades de *regeneração* e *compensação*. A adoção dessas duas alternativas de cumprimento da Reserva Legal, pois, ficaram excluídas da possibilidade de redução da Reserva Legal, prevista no § 4º do art. 12.

Analisando-se esse dispositivo, pode-se inferir que o legislador optou por condicionar o benefício de redução da área de Reserva Legal somente à modalidade *recomposição* da mata nativa, por ser essa a forma mais rápida de recuperação, com o efetivo plantio de espécies. Não caberia aí a *regeneração*, em que não se realiza qualquer plantio e, portanto, é normalmente mais demorada. Na mesma linha, exclui-se a compensação, como forma de garantir que a regularização da Reserva Legal, ocorra na própria área a ser recuperada.

30.8   COMPENSAÇÃO DA RESERVA LEGAL

A compensação da Reserva Legal é feita pelo proprietário ou posseiro de um determinado imóvel rural, mediante a utilização de um espaço coberto de vegetação existente em outra propriedade, que a ele é concedido para compensar a falta de cobertura vegetal no percentual exigido em sua propriedade.

A compensação da Reserva Legal de uma propriedade X é feita em propriedade Y diversa da primeira, sem prejuízo da instituição da Reserva Legal dessa segunda propriedade. A norma exige que a localização da área de compensação ocorra no mesmo bioma.[53] O Código Florestal revogado, Lei nº 4.771/65, exigia que a compensação fosse feita em área equivalente em importância ecológica e extensão, desde que pertencesse ao mesmo **ecossistema** e estivesse localizada na mesma **microbacia**.[54] Essa regra tinha por finalidade assegurar que a compensação da Reserva Legal em Y fosse feita em área próxima a X, evitando que houvesse espaços muito extensos desprovidos de cobertura vegetal.

Na nova lei, ao adotar-se o **bioma** como critério para compensação, permite-se uma abrangência muito grande na escolha dos espaços, uma vez que os biomas brasileiros são extensos e possuem, em seu interior, características extremamente diversas. Por exemplo, o bioma Mata Atlântica compreende desde as florestas de araucária no Sul, até a zona da mata do Nordeste.

A lei determina ainda que a compensação da Reserva Legal deverá ser precedida pela inscrição da propriedade no CAR e poderá ser feita mediante:[55]

aquisição de Cota de Reserva Ambiental (CRA);

arrendamento de área sob regime de servidão ambiental ou Reserva Legal;

doação ao poder público de área localizada no interior de Unidade de Conservação de domínio público pendente de regularização fundiária;

---

52.   Declarado constitucional pelo STF na ADI nº 4.901.

53.   Lei nº 12.651/12, art. 66, § 6º, II, declarado constitucional pelo STF na ADI nº 4.901 e na ADC nº 42.

54.   Lei nº 4.771/65, art. 44, III. Revogado.

55.   Lei nº 12.651/12, art. 66, § 5º, declarado constitucional pelo STF na ADI nº 4.901 e na ADC nº 42.

cadastramento de outra área equivalente e excedente à Reserva Legal, em imóvel de mesma titularidade ou adquirida em imóvel de terceiro, com vegetação nativa estabelecida, em regeneração ou recomposição, desde que localizada no mesmo bioma.

Para que se possa utilizar a compensação, a lei impõe os seguintes requisitos entre as áreas a serem compensadas:[56]

serem equivalentes em extensão à área da Reserva Legal a ser compensada;

estarem localizadas no mesmo bioma da área de Reserva Legal a ser compensada;

se fora do Estado, estarem localizadas em áreas identificadas como prioritárias pela União ou pelos Estados.

O primeiro requisito é lógico, pois no que se refere à extensão da área, é esperado que a lei exija a equivalência entre a Reserva Legal a ser compensada e a área de compensação. No que se refere à compensação no mesmo bioma, conforme já mencionado, apesar da tentativa de resguardar a biodiversidade, esse critério flexibiliza demasiadamente a escolha dos espaços a serem objeto de compensação.

O item 3, todavia, é mais polêmico ao permitir que a compensação de Reserva Legal se dê em outro Estado, o que não era possível na vigência do Código Florestal de 1965.

Além da questão ecológica, há que se verificar o tema à luz do direito administrativo, em relação à proteção do meio ambiente entre os entes federativos. Se o órgão ou a entidade ambiental de um estado autorizar a instituição de uma compensação de Reserva Legal em outro Estado, sob a tutela de outro órgão ou entidade, como garantir o controle dessa compensação de forma plena e eficaz?

Na linha de garantir a devida proteção à vegetação nativa, a Procuradoria-Geral do Estado de São Paulo emitiu parecer no sentido de que a *compensação da Reserva Legal em imóvel localizado em Estado diverso do imóvel objeto da regularização ambiental somente poderá ser autorizada pelo Poder Público, caso haja um convênio em vigor firmado entre ambos os Estados, a fim de que seja assegurado o controle efetivo da manutenção da Reserva Legal compensatória, uma vez que o poder de polícia somente pode ser exercido no âmbito do território de cada Estado.*[57] No mesmo sentido, o Decreto nº 64.842, de 5-3-2020, que regulamenta a regularização ambiental de imóveis rurais no Estado de São Paulo dispõe, em seu art. 7º, II, que a compensação de Reserva Legal proposta fora do Estado de São Paulo observará, além da localização no mesmo bioma e outros requisitos, também a necessidade de celebração de convênio entre o Estado de São Paulo e o Estado onde estará localizada a Reserva Legal compensada.[58]

Ainda sobre o item 3 transcrito, a definição de **áreas prioritárias** buscará favorecer, entre outros, a recuperação de bacias hidrográficas excessivamente desmatadas, a criação de corredores ecológicos, a conservação de grandes áreas protegidas e a conservação ou recuperação de ecossistemas ou espécies ameaçados.[59] Mais uma vez, aqui, a lei remete a proteção da vegetação a um ato administrativo discricionário, qual seja a definição de áreas prioritárias, que é feita a partir de estudos técnicos, em que é necessária a aplicação

---

56. Lei nº 12.651/12, art. 66, § 6º, declarado constitucional pelo STF na ADI nº 4.901 e na ADC nº 42.
57. Parecer PGE GDOC 18487-403348/2013.
58. Decreto nº 64.842, de 5-3-2020, art. 7, II.
59. Lei nº 12.651/12, art. 66, § 7º.

de recursos financeiros e capacitação dos órgãos e entidades do SISNAMA, sob pena de não se realizarem.

Na hipótese de imóveis de domínio público, a compensação efetuada fora dos limites do Estado poderá ser feita mediante concessão de direito real de uso ou doação, por parte da pessoa jurídica de direito público proprietária de imóvel rural que não detém Reserva Legal em extensão suficiente, ao órgão público responsável pela Unidade de Conservação de área localizada no interior de Unidade de Conservação de domínio público, a ser criada ou pendente de regularização fundiária.[60]

A compensação pode ainda ser implementada mediante o arrendamento de área sob regime de servidão florestal ou Reserva Legal, ou aquisição de Cotas de Reserva Ambiental (CRA). Nessa linha, o art. 35 da Lei nº 11.428/06 (com redação dada pela Lei nº 12.651/12), que dispõe sobre a utilização e proteção da vegetação nativa do Bioma Mata Atlântica, prevê a possibilidade, a critério do proprietário, de computar as áreas de Mata Atlântica sujeitas à restrição para efeito da Reserva Legal. O seu excedente pode ser utilizado para fins de compensação ambiental ou instituição de Cota de Reserva Ambiental (CRA). Segundo o dispositivo legal mencionado, a conservação, em imóvel rural ou urbano, da vegetação primária ou da vegetação secundária em qualquer estágio de regeneração do Bioma Mata Atlântica, cumpre função social e é de interesse público.

30.9   FLEXIBILIZAÇÃO DA RESERVA LEGAL

A lei ainda estabelece que, nos imóveis rurais que detinham, em 22 de julho de 2008, área de até quatro módulos fiscais e que possuam remanescente de vegetação nativa em percentuais inferiores aos previsto no art. 12,[61] a Reserva Legal será constituída com a área ocupada com a vegetação nativa existente em 22 de julho de 2008, vedadas novas conversões para uso alternativo do solo.[62]

Ou seja, a lei estabeleceu o seguinte benefício para os imóveis mencionados: a possibilidade de a Reserva Legal ser constituída com a área ocupada com vegetação nativa, sem a necessidade de recuperar o percentual estabelecido em lei. Os requisitos previstos na lei, para que seja concedido esse benefício, são:

1. ser imóvel rural que, em 22 de julho de 2008, possuía área de até 4 módulos fiscais; e

2. possuir remanescente de vegetação nativa em percentuais inferiores ao estabelecido em lei.

Questiona-se como ficam os imóveis rurais de até 4 módulos fiscais que não possuíam qualquer remanescente de vegetação nativa em Reserva Legal, em 22 de julho de 2008. Em outras palavras, estariam esses imóveis desobrigados de recuperar a Reserva Legal?

Entendemos que não. A análise do texto legal leva à conclusão de que o benefício em questão é válido apenas para os imóveis que possuíam alguma área com remanescente de vegetação nativa em sua Reserva Legal. Se a propriedade suprimiu a totalidade da vegetação, ela não preenche um dos requisitos impostos pela lei (item 2 acima), devendo,

---

60. Lei nº 12.651/12, art. 66, § 8º.
61. Lei nº 12.651/12, art. 12, I – localizado na Amazônia Legal: a) 80% (oitenta por cento), no imóvel situado em área de florestas; b) 35% (trinta e cinco por cento), no imóvel situado em área de cerrado; c) 20% (vinte por cento), no imóvel situado em área de campos gerais; II – localizado nas demais regiões do País: 20% (vinte por cento).
62. Lei nº 12.651/12, art. 67, declarado constitucional pelo STF na ADIs nº 4.901 e 4.902 e na ADC nº 42.

portanto, recuperar a totalidade do percentual de Reserva Legal, aplicando-se, nesse caso, o art. 12 da Lei nº 12.651/12.

Cabe considerar que a lei, ao não estabelecer um percentual mínimo razoável para que a vegetação nativa remanescente fosse passível de regularizar a Reserva Legal, gerou um efeito perverso. Assim, quem manteve 0,5% da vegetação, ficou desobrigado de recuperar a Reserva Legal. Já quem não manteve nenhuma vegetação nativa, fica obrigado a repor até 80%, nos imóveis localizados em área de florestas na Amazônia.

Esse dispositivo onera, e muito, o pequeno proprietário que não possuía remanescente de vegetação nativa em Reserva Legal e, agora, terá que recuperar a vegetação nos percentuais previstos no art. 12, da Lei nº 12.651/12. Entretanto, não se pode esquecer que essa norma utiliza a referência **módulo fiscal** para transmitir a ideia de **pequena propriedade ou posse rural familiar**, conceito esse fixado na própria lei como[63] *aquela explorada mediante o trabalho pessoal do agricultor familiar e empreendedor familiar rural, incluindo os assentamentos e projetos de reforma agrária*, e que atenda ao disposto no art. 3º da Lei nº 11.326, de 24-6-2006.[64] Ocorre que o **módulo fiscal** pode alcançar dimensões muito relevantes, como será explicado a seguir.

O módulo fiscal foi instituído pela Lei nº 4.504, de 30-11-1964 – Estatuto da Terra, sendo a dimensão expressa em hectares por Município, mediante os seguintes critérios:[65]

o tipo de exploração predominante no Município: (a) hortifrutigranjeira; (b) cultura permanente; (c) cultura temporária; (d) pecuária; (e) florestal;

a renda obtida no tipo de exploração predominante;

outras explorações existentes no Município que, embora não predominantes, sejam expressivas em função da renda ou da área utilizada;

o conceito de propriedade familiar.

O Decreto nº 84.685, de 6-5-1980, trata do Imposto sobre a Propriedade Territorial Rural – ITR definindo as alíquotas correspondentes ao número de módulos fiscais do

---

63. Lei nº 12.651/12, art. 3º, V.
64. Lei nº 11.326/06 – art. 3º Para os efeitos desta Lei, considera-se agricultor familiar e empreendedor familiar rural aquele que pratica atividades no meio rural, atendendo, simultaneamente, aos seguintes requisitos: I – não detenha, a qualquer título, área maior do que 4 módulos fiscais; II – utilize predominantemente mão de obra da própria família nas atividades econômicas do seu estabelecimento ou empreendimento; III – tenha percentual mínimo da renda familiar originada de atividades econômicas do seu estabelecimento ou empreendimento, na forma definida pelo Poder Executivo; IV – dirija seu estabelecimento ou empreendimento com sua família. § 1º O disposto no inciso I do caput deste artigo não se aplica quando se tratar de condomínio rural ou outras formas coletivas de propriedade, desde que a fração ideal por proprietário não ultrapasse 4 módulos fiscais. § 2º São também beneficiários desta Lei; I – silvicultores que atendam simultaneamente a todos os requisitos de que trata o caput deste artigo, cultivem florestas nativas ou exóticas e que promovam o manejo sustentável daqueles ambientes; II – aquicultores que atendam simultaneamente a todos os requisitos de que trata o caput deste artigo e explorem reservatórios hídricos com superfície total de até 2ha ou ocupem até 500m3 de água, quando a exploração se efetivar em tanques-rede; III – extrativistas que atendam simultaneamente aos requisitos previstos nos incisos II, III e IV do caput deste artigo e exerçam essa atividade artesanalmente no meio rural, excluídos os garimpeiros e faiscadores; IV – pescadores que atendam simultaneamente aos requisitos previstos nos incisos I, II, III e IV do caput deste artigo e exerçam a atividade pesqueira artesanalmente; V – povos indígenas que atendam simultaneamente aos requisitos previstos nos incisos II, III e IV do caput do art. 3º; VI – integrantes de comunidades remanescentes de quilombos rurais e demais povos e comunidades tradicionais que atendam simultaneamente aos incisos II, III e IV do caput do art. 3º. § 3º O Conselho Monetário Nacional – CMN pode estabelecer critérios e condições adicionais de enquadramento para fins de acesso às linhas de crédito destinadas aos agricultores familiares, de forma a contemplar as especificidades dos seus diferentes segmentos. § 4º Podem ser criadas linhas de crédito destinadas às cooperativas e associações que atendam a percentuais mínimos de agricultores familiares em seu quadro de cooperados ou associados e de matéria-prima beneficiada, processada ou comercializada oriunda desses agricultores, conforme dispostos pelo CMN.
65. Lei nº 4.504/64, art. 50, § 2º, com redação dada pela Lei nº 6.746/79.

imóvel, de acordo com a tabela ali estabelecida e a tabela anexa à Instrução Especial/IN-CRA/n° 20, de 28-5-1980, determina o módulo fiscal de cada município. O que é importante ressaltar nesse tema é que os módulos fiscais ali estabelecidos variam entre 5 ha, no caso de capitais e municípios de regiões metropolitanas, até 110 ha. Vale dizer que a grande maioria dos módulos fiscais encontra-se entre 30 ha e 70 ha.

Assim, um imóvel rural de quatro módulos fiscais pode ter, de acordo com a tabela da Instrução Especial/INCRA/n° 20/80, até 440 ha, o que não corresponde, exatamente, à noção de uma pequena propriedade ou posse rural familiar. Dessa forma, sob o argumento de proteger e beneficiar os pequenos, a Lei n° 12.651/12, ao adotar o parâmetro dos quatro módulos fiscais, concedeu anistias e outros benefícios às grandes propriedades. O critério utilizado pela lei, pois, foi incompatível com a ideia de conferir tratamento mais benéfico aos pequenos produtores.

Um ponto polêmico foi a lei ter determinado que os proprietários ou possuidores de imóveis rurais que realizaram supressão de vegetação nativa respeitando os percentuais de Reserva Legal previstos pela legislação em vigor à época em que ocorreu a supressão são dispensados de promover a recomposição, compensação ou regeneração para os percentuais exigidos na Lei.[66]

Tais situações podem ser comprovadas por documentos, tais como a *descrição de fatos históricos de ocupação da região, registros de* comercialização, *dados agropecuários da atividade, contratos e documentos bancários relativos à produção, e por todos os outros meios de prova em direito admitidos.*[67]

No caso dos proprietários ou possuidores de imóveis rurais, na Amazônia Legal, e seus herdeiros necessários que possuam índice de Reserva Legal maior que 50% de cobertura florestal e não realizaram a supressão da vegetação nos percentuais previstos pela legislação em vigor à época, será possível utilizar a área excedente de Reserva Legal também para fins de constituição de servidão ambiental, Cota de Reserva Ambiental (CRA) e outros instrumentos congêneres previstos na Lei.[68]

O dispositivo trata de inúmeras situações distintas, relacionadas com supressão de vegetação nativa e delimitação de espaço protegido – Reserva Legal – em propriedades e posses rurais, com ocorrência: (1) anterior ao Código Florestal de 1934; (2) durante a vigência do Código Florestal de 1934; (3) entre a edição do Código Florestal de 1965 e 18-7-1989, quando os percentuais de Reserva Legal foram alterados pela Lei n° 7.803/89.

Ao longo do tempo, os preceitos legais se modificaram, sendo que, por exemplo, em certo momento, o percentual do espaço protegido referia-se ao total da cobertura vegetal – *vegetação existente* e não ao total da área da propriedade. Outro exemplo a mencionar é o fato de que a Reserva Legal só passou a ser exigível no bioma Cerrado a partir de 1989.

Poderia haver casos em que eventualmente se discutisse a possibilidade de concessão de anistia parcial ou total, no que se refere, por exemplo, às obrigações relativas a desmatamento de uma parcela da área para obtenção do título da terra. A favor dessa ideia, cada situação deve ser avaliada de acordo não apenas com o cumprimento do percentual de

---

66. Lei n° 12.651/12, art. 68, declarado constitucional pelo STF na ADI n° 4.901 e na ADC n° 42.
67. Lei n° 12.651/12, art. 68, § 1°.
68. Lei n° 12.651/12, art. 68, § 2°.

Reserva Legal, mas considerando outras obrigações relativas à propriedade. Mas isso só pode ocorrer caso a caso, e não em uma lei de âmbito nacional, de caráter geral.

Para implementar a discussão, vejamos o caso do Bioma Cerrado. Quando iniciou-se a sua exploração agrícola, nos anos 60, seus atributos ecológicos eram razoavelmente desconhecidos. Hoje é indiscutível a riqueza ecológica do Cerrado e é necessário buscar meios de proteger a sua biodiversidade. Nesse caso, antes de 1989, não havia obrigação de proteger nenhum percentual nas propriedades e posses rurais. Pode-se aceitar essa anistia sem qualquer contraprestação? É legítimo simplesmente anistiar todas as propriedades e posses que desmataram anteriormente a 1989, lembrando que, nessa época, a exploração do cerrado já estava bastante adiantada?

Entendemos que não. O art. 68, na forma como foi colocado, generalizou todas as situações – tanto no aspecto temporal como no aspecto de cumprimento de obrigações relacionadas ao direito de propriedade – em um mesmo bloco, concedendo anistia geral a todos e ignorando que a **recuperação da vegetação nativa** é parte integrante dos *processos ecológicos essenciais*.

A Constituição Federal, ao tratar desses processos *ecológicos essenciais*, é muito clara ao dispor que sua **preservação** e **restauração** é condição necessária para assegurar a **efetividade do direito de todos ao meio ambiente ecologicamente equilibrado** que constitui, como já mencionado o núcleo essencial do meio ambiente, que não pode ser relativizado por lei.

A interpretação do dispositivo e a aplicação do direito aos casos concretos devem considerar o preceito constitucional que permanece, não podendo ser aceita a anistia ali estabelecida como direito adquirido de maneira genérica.

30.10 CADASTRO AMBIENTAL RURAL (CAR)

A lei anterior obrigava a averbação da Reserva Legal na matrícula do imóvel. Era uma forma de assegurar não apenas que seria destinada uma parcela da propriedade ou posse à proteção da vegetação nativa, como permitia a publicidade desse espaço. A nova lei modificou a sistemática anterior, cabendo, em seu lugar, o *registro da área de Reserva Legal no órgão ambiental competente por meio de inscrição no Cadastro Ambiental Rural* (CAR), vedada a alteração de sua destinação, nos casos de transmissão, a qualquer título, ou de desmembramento, com as exceções previstas na Lei.[69]

O CAR consiste no *registro público eletrônico de âmbito nacional, obrigatório para todos os imóveis rurais, com a finalidade de integrar as informações ambientais das propriedades e posses rurais, compondo base de dados para controle, monitoramento, planejamento ambiental e econômico e combate ao desmatamento.*[70]

A inscrição da Reserva Legal no CAR será feita mediante a apresentação de planta e memorial descritivo, contendo a indicação das coordenadas geográficas com pelo menos um ponto de amarração, conforme ato do Chefe do Poder Executivo.[71] Na posse, a área de Reserva Legal é assegurada por termo de compromisso firmado pelo possuidor com o

---

69. Lei nº 12.651/12, art. 18.
70. Lei nº 12.651/12, art. 29.
71. Lei nº 12.651/12, art. 18, § 1º.

órgão competente do SISNAMA, com força de título executivo extrajudicial, que explicite, no mínimo, a localização da área de Reserva Legal e as obrigações assumidas pelo possuidor por força do previsto na Lei,[72] sendo que a transferência da posse implica a sub-rogação das obrigações assumidas no termo de compromisso.[73]

Um ponto importante consiste no fato de que o registro da Reserva Legal no CAR desobriga a averbação no Cartório de Registro de Imóveis. No período entre a data da publicação da Lei e o registro no CAR, o proprietário ou possuidor rural que desejar fazer a averbação terá direito à gratuidade deste. Isso significa que há um vácuo legislativo, uma vez que o CAR não estava implantado quando da publicação da lei. Assim, teoricamente, poder-se-ia entender que na efetivação do CAR, inexiste a obrigação de averbar a Reserva Legal, mas apenas o direito de fazê-lo, gratuitamente.

30.10.1 Servidão ambiental

O instituto da **servidão**, objeto do direito civil, proporciona utilidade para o prédio dominante e grava o prédio serviente, que pertence a diverso dono e constitui-se mediante declaração expressa dos proprietários, ou por testamento, e subsequente registro no Cartório de Registro de Imóveis.[74]

A servidão instituída pelo **Código Civil** refere-se a uma necessidade de uso da propriedade serviente pela dominante, como é o caso, por exemplo, da servidão de passagem para propiciar o acesso da propriedade a uma estrada, viabilizando, assim, a sua utilização econômica para escoamento da produção. O dono do imóvel serviente não possui a faculdade de extinguir a servidão, salvo nos casos previstos nos arts. 1.387 a 1.389 do Código Civil.[75]

A servidão constitui, também, uma das formas de **limitação administrativa** que altera o caráter exclusivo do direito de propriedade,[76] na medida em que o proprietário deixa de usufruir de uma parcela de sua propriedade, em decorrência de um ato jurídico. Ressalte-se que não é essa a acepção a considerar na servidão ambiental, ainda que o interesse relativo ao instituto da Reserva Legal seja de natureza pública.

A Lei nº 6.938/81, alterada pela Lei nº 12.651/12, instituiu, entre os instrumentos da Política Nacional do Meio Ambiente, a *servidão ambiental*,[77] cujo regime jurídico é definido pelo art. 9-A.[78] Na Lei nº 4.771/65, utilizava-se a expressão *reserva florestal*, o que

---

72. Lei nº 12.651/12, art. 18, § 2º.
73. Lei nº 12.651/12, art. 18, § 3º.
74. Lei nº 10.406/02, art. 1.378 e Lei nº 6.015/73, art. 167, II, 23.
75. Lei nº 10.406/02, art. 1.387: *Salvo nas desapropriações, a servidão, uma vez registrada, só se extingue, com respeito a terceiros, quando cancelada. [...]. Art. 1.388. O dono do prédio serviente tem direito, pelos meios judiciais, ao cancelamento do registro, embora o dono do prédio dominante lho impugne: I – quando o titular houver renunciado a sua servidão; II – quando tiver cessado, para prédio dominante, a utilidade ou a comodidade, que determinou a constituição da servidão; III – quando o dono do prédio serviente resgatar a servidão. Art. 1.389. Também se extingue a servidão, ficando ao dono do prédio serviente a faculdade de fazê-la cancelar, mediante a prova da extinção: I – pela reunião dos dois prédios no domínio da mesma pessoa; II – pela supressão das respectivas obras por efeito de contrato, ou de outro título expresso; III – pelo não uso, durante dez anos contínuos.*
76. SILVA, José Afonso da. *Direito urbanístico brasileiro*. 8. ed. São Paulo: Malheiros, 2018, p. 419.
77. Lei nº 6.938/81, art. 9º, XIII, alterada pela Lei nº 11.284/06.
78. Lei nº 6.938, art. 9º-A: O proprietário ou possuidor de imóvel, pessoa natural ou jurídica, pode, por instrumento público ou particular ou por termo administrativo firmado perante órgão integrante do SISNAMA, limitar o uso de toda a sua propriedade ou de parte dela para preservar, conservar ou recuperar os recursos ambientais existentes, instituindo servidão ambiental. § 1º O instrumento ou termo de instituição da servidão ambiental deve incluir, no

criou confusão na interpretação da lei, pois embora com nome distinto, esse instituto se caracterizava como a servidão ambiental fixada pela Política Nacional do Meio Ambiente.

A servidão ambiental, no âmbito de aplicação da Lei nº 12.651/12, tem a função de instrumento de compensação da Reserva Legal.

30.10.2 Cota de Reserva Ambiental (CRA)

A Cota de Reserva Ambiental (CRA), regulada pela Lei nº 12.651/12, é a atual denominação da Cota de Reserva Florestal prevista na revogada Lei nº 4.771/65, e constitui uma das formas de compensação da Reserva Legal. Nesse sentido, a Lei nº 12.651/12 determina que a Cota de Reserva Florestal (CRF) emitida nos termos do art. 44-A, da Lei nº 4.771/65, passa a ser considerada, pelo efeito desta Lei, como Cota de Reserva Ambiental.[79]

Trata-se de título nominativo representativo de **área com vegetação nativa**, existente ou em processo de recuperação:

> sob regime de servidão ambiental;
>
> correspondente à área de Reserva Legal instituída voluntariamente sobre a vegetação que exceder os percentuais exigidos no art. 12 da Lei;
>
> protegida na forma de Reserva Particular do Patrimônio Natural (RPPN);
>
> existente em propriedade rural localizada no interior de Unidade de Conservação de domínio público que ainda não tenha sido desapropriada.[80]

A responsabilidade pela emissão da CRA é do órgão ou entidade competente do SIS-NAMA,[81] desde que regeneração ou recomposição da área sejam viáveis e comprováveis.[82] O beneficiário é o proprietário de imóvel incluído no CAR que mantenha área nas condições previstas no art. 44 da lei.

No que se refere ao parâmetro de metragem, cada Cota de Reserva Ambiental corresponderá a 1 hectare:[83]

> de área com vegetação nativa primária ou com vegetação secundária em qualquer estágio de regeneração ou recomposição;
>
> de áreas de recomposição mediante reflorestamento com espécies nativas.

O órgão ou entidade emitente deve proceder ao registro da CRA obrigatoriamente no prazo de 30 dias, contado da data da sua emissão, em bolsas de mercadorias de âmbito

---

mínimo, os seguintes itens: I – memorial descritivo da área da servidão ambiental, contendo pelo menos um ponto de amarração georreferenciado; II – objeto da servidão ambiental; III – direitos e deveres do proprietário ou possuidor instituidor; IV – prazo durante o qual a área permanecerá como servidão ambiental. 2º A servidão ambiental não se aplica às Áreas de Preservação Permanente e à Reserva Legal mínima exigida. § 3º A restrição ao uso ou à exploração da vegetação da área sob servidão ambiental deve ser, no mínimo, a mesma estabelecida para a Reserva Legal. § 4º Devem ser objeto de averbação na matrícula do imóvel no registro de imóveis competente: I – o instrumento ou termo de instituição da servidão ambiental; II – o contrato de alienação, cessão ou transferência da servidão ambiental. § 5º Na hipótese de compensação de Reserva Legal, a servidão ambiental deve ser averbada na matrícula de todos os imóveis envolvidos. § 6º É vedada, durante o prazo de vigência da servidão ambiental, a alteração da destinação da área, nos casos de transmissão do imóvel a qualquer título, de desmembramento ou de retificação dos limites do imóvel. § 7º As áreas que tenham sido instituídas na forma de servidão florestal, nos termos do art. 44-A da Lei nº 4.771/65, passam a ser consideradas, pelo efeito desta Lei, como servidão ambiental.

79. Lei nº 12.651/12, art. 44, § 3º.
80. Lei nº 12.651/12, art. 44.
81. Lei nº 12.651/12, art. 45.
82. Lei nº 12.651/12, art. 46, § 2º.
83. Lei nº 12.651/12, art. 46.

nacional ou em sistemas de registro e de liquidação financeira de ativos autorizados pelo Banco Central do Brasil.[84]

A CRA pode ser transferida, onerosa ou gratuitamente, a pessoa física ou a pessoa jurídica de direito público ou privado, mediante termo assinado pelo titular da CRA e pelo adquirente.[85]

Determina a lei que a CRA só pode ser utilizada para compensar Reserva Legal de imóvel rural situado no mesmo bioma da área à qual o título está vinculado.[86] Essa previsão foi objeto das ADIs nº 4.901 e 4.937 e da ADC nº 42, nas quais o STF, no julgamento concluído em 28-02-2018, por maioria dos votos, decidiu por dar interpretação conforme a Constituição, para permitir compensação apenas entre áreas com identidade ecológica.

A utilização de CRA para compensação da Reserva Legal será averbada na matrícula do imóvel no qual se situa a área vinculada ao título e na do imóvel beneficiário da compensação, cabendo ao proprietário do imóvel rural em que se situa a área vinculada à CRA a responsabilidade plena pela manutenção das condições de conservação da vegetação nativa da área que deu origem ao título.[87]

A Cota de Reserva Ambiental permanece inalterada em caso de transmissão *inter vivos* ou *causa mortis* do imóvel, mantendo-se o vínculo de área contida no imóvel.[88]

A Lei nº 12.651/12 prevê as seguintes hipóteses para o cancelamento da Cota de Reserva Ambiental,[89] cabendo a averbação na matrícula do imóvel no qual se situa a área vinculada ao título e do imóvel no qual a compensação foi aplicada:[90]

por solicitação do proprietário rural, em caso de desistência de manter áreas nas condições previstas nos incisos I e II do art. 44;

automaticamente, em razão de término do prazo da servidão ambiental;

por decisão do órgão competente do SISNAMA, no caso de degradação da vegetação nativa da área vinculada à CRA cujos custos e prazo de recuperação ambiental inviabilizem a continuidade do vínculo entre a área e o título, independentemente da aplicação das devidas sanções administrativas e penais decorrentes de infração à legislação ambiental.[91]

30.11 RESERVA LEGAL E REFORMA AGRÁRIA

A Lei nº 8.629, de 25-2-1993, regulamenta os dispositivos constitucionais relativos à reforma agrária, excluindo a Reserva Legal das áreas desapropriáveis para reforma agrária.

Contudo, é prevista a desapropriação da propriedade rural que não cumprir os requisitos inerentes à função social, entre os quais *a utilização adequada dos recursos naturais disponíveis e preservação do meio ambiente,*[92] esta última entendida como *a manutenção das características próprias do meio natural e da qualidade dos recursos ambientais, na me-*

---

84. Lei nº 12.651/12, art. 47.
85. Lei nº 12.651/12, art. 48.
86. Lei nº 12.651/12, art. 48, § 2º, dada interpretação conforme a Constituição pelo STF no julgamento das ADIs nº 4.901 e 4.937 e da ADC nº 42, para permitir compensação apenas entre áreas com identidade ecológica.
87. Lei nº 12.651/12, art. 48, § 4º.
88. Lei nº 12.651/12, art. 49, § 2º.
89. Lei nº 12.651/12, art. 50.
90. Lei nº 12.651/12, art. 50, § 3º.
91. Lei nº 12.651/12, art. 50, § 2º.
92. Ver Capítulo sobre as Áreas de Preservação Permanente (APP).

dida adequada à manutenção do equilíbrio ecológico da propriedade e da saúde e qualidade de vida das comunidades vizinhas.[93]

Para fins de cômputo do aproveitamento racional e adequado da propriedade, que impede a desapropriação, ficam também excluídas as áreas de efetiva preservação permanente e demais áreas protegidas por legislação relativa à conservação dos recursos naturais e à preservação do meio ambiente.[94]

30.12 ASPECTOS TRIBUTÁRIOS

A área destinada à Reserva Legal é isenta do pagamento do Imposto Territorial Rural (ITR). A Política Agrícola, instituída pela Lei nº 8.171/91, determina tal isenção em seu art. 104.

A Lei nº 9.393, de 19-12-1996, que dispõe sobre o ITR, estabelece que a área tributável constitui a área total do imóvel, menos as áreas de preservação permanente e de reserva legal.[95]

A Instrução Normativa SRF nº 256, de 11-12-2002, alterada pela IN RFB nº 861, de 17-7-08, exclui a Reserva Legal da tributação do ITR, e dispõe que *são áreas de reserva legal aquelas cuja vegetação não pode ser suprimida, podendo apenas ser utilizada sob regime de manejo florestal sustentável, de acordo com princípios e critérios técnicos e científicos estabelecidos.*[96]

Sobre esse tema, cabe citar Acórdão, do ano de 2013, do Superior Tribunal de Justiça (STJ), no qual foi decidido que a isenção do ITR referente à área de Reserva Legal está condicionada à sua prévia averbação na matrícula do imóvel, conforme exigido pela Lei 4.771/65.[97] Segundo o referido acórdão, a necessidade de registro da Reserva Legal foi mantida pela Lei nº 12.651/12, porém agora, por meio do CAR.

Em seu voto, o ministro Benedito Gonçalves, relator do caso, destacou que, diversamente do que ocorre com as APP, as quais são instituídas por disposição legal, a caracterização da área de reserva legal exige seu prévio registro junto ao poder público. Assim, segundo o ministro, não havendo o registro, que tem por objetivo a identificação da área destinada à reserva legal, não se pode cogitar de regularidade da área protegida e, consequentemente, de direito à isenção tributária correspondente. *A inércia do proprietário em não registrar a reserva legal de sua propriedade rural constitui irregularidade e, como tal, não pode ensejar a aludida isenção fiscal, sob pena de premiar contribuinte infrator da legislação ambiental.*[98]

30.13 INDENIZAÇÃO DE COBERTURA VEGETAL DE APP E RL

Há que verificar ainda se, pela limitação ao direito de exploração da vegetação nos espaços protegidos, caberia indenizar a cobertura vegetal existente, além da terra nua, em caso de desapropriação.

---

93. Lei nº 8.629/93, art. 9, § 3º.
94. Lei nº 8.629/93, art. 10, IV.
95. Lei nº 9.393/96, art. 10, § 1º, II, *a*.
96. Instrução Normativa SRF nº 256, de 11-12-2002, arts. 9º, II e 11.
97. STF – REsp 1027051/SC, Rel. Ministro Humberto Martins, Rel. p/ Acórdão Ministro Mauro Campbell Marques, Segunda Turma, julgado em 7-4-2011, *DJe* 17-5-2011.
98. Disponível em: <https://www.lexml.gov.br/urn/urn:lex:br:superior.tribunal.justica;secao.1:acordao;e-resp:2013-08-28;1027051-1307045>. Acesso em: 20 abr. 2024 .

No âmbito do STJ, encontram-se três posicionamentos distintos:

aplicabilidade da indenização pela cobertura vegetal, pois *deixar de indenizar as florestas seria punir quem as preservou, homenageando aqueles que as destruíram;*[99]

inaplicabilidade da indenização: *na área denominada Serra do Mar, onde se localizam restos da Mata Atlântica, cujas terras de composição calcária e aguda elevação, não permitem um fácil manuseio, e que, por isso mesmo, vinham sendo submetidas a uma desordenada e predatória devastação, com a derrubada exacerbada da vegetação, a um só tempo agregadora do solo escarpado e abrigadora da fauna; [...] sendo tais limitações ditadas por lei, anterior à aquisição da propriedade pelos Autores, poderá conduzir à expropriação pelo Estado? Penso que não, pois não há, no meu entender, proibição de uso, mas condicionamento do uso, como, aliás, estão hoje todas as propriedades rurais, variando as limitações às condições ambientais de área geográfica onde se situam.*[100]

Ou seja, a limitação não se configura proibição, mas condicionamento do uso da propriedade. Assim, não se indeniza a cobertura vegetal;

aplicabilidade da indenização, quando ficar comprovada a possibilidade de uso. *A indenização é a pedra angular da desapropriação e se destina a promover o equilíbrio entre a situação anterior e posterior do expropriado e não a atender às expectativas da especulação imobiliária;*[101] *[...] a indenização pela cobertura vegetal [...] somente será devida caso comprovada a viabilidade do seu aproveitamento econômico, hipótese definitivamente afastada na hipótese dos autos, considerando a dificuldade de acesso ao imóvel, a topografia com declives acentuados e a inexistência de valor comercial para a lenha nativa;*[102] *[...] a cobertura vegetal nativa somente será objeto de indenização em separado caso comprovado que vinha sendo explorada pelo expropriado anteriormente ao processo expropriatório, hipótese que também não se enquadra na situação verificada nos presentes autos.*[103]

O posicionamento do STF, todavia, é no sentido de indenizar a cobertura vegetal localizada nas Áreas de Preservação Permanente (APP), em caso de desapropriação.

Em acórdão sobre esse tema, cabe destacar a seguinte passagem, que expõe, com clareza, a questão:

revela-se inaceitável a não indenização de parte da cobertura vegetal sob o argumento de que não poderia ser explorada, consubstanciando-se coisa fora do comércio. Se por um lado, a existência de matas de preservação permanente impede sua exploração extrativa ou o uso do solo para fins agrícolas, por outro, sem dúvida, implica em agregação de valores outros ao imóvel, como área de potencial turístico e ecológico. O certo, de qualquer modo, é que a cobertura vegetal pertence aos proprietários, estando resguardada pelo direito de propriedade constitucionalmente assegurado, não sendo passível de expropriação pelo Estado sem a correspondente justa e prévia indenização em dinheiro.[104]

O trecho acima reproduzido dispensa maiores comentários, na medida em que coloca, de modo cristalino, a natureza jurídica da APP: trata-se de uma limitação ao direito de propriedade, mas não de negação ao mesmo. Assim, não pode o proprietário ser prejudicado pelo fato de ter mantido, em sua propriedade, a cobertura vegetal e, consequentemente, sua função ambiental legalmente prevista.[105]

---

99. REsp. 77.359/SP. Min. Humberto Gomes de Barros.
100. EDREsp. 161.545/SP.
101. REsp 196.456/SP.
102. REsp 595.748/SP.
103. EDREsp 254.246/SP.
104. RE 267817, de 29-12-2002. Relator: Min. Maurício Corrêa. No mesmo sentido, RE 369.469 – Agr/SP, Relator: Min. Eros Grau, 31-8-2004; RE 100717, Relator Francisco Rezek, 10-4-1984, RE 134297, Relator: Ministro Celso de Mello, 22-9-1995.
105. Em dezembro de 2019, o STF reafirmou seu entendimento de justa indenização sobre APPs desapropriadas para a instalação da Estação Ecológica Jureia-Itatins. Disponível em: <https://redir.stf.jus.br/paginadorpub/paginador.jsp?-

30.14 INFRAÇÕES ADMINISTRATIVAS ESPECÍFICAS CONTRA A FLORA EM RESERVA LEGAL

O Decreto nº 6.514/08, que revogou o Decreto nº 3.179/99, estabeleceu infrações administrativas específicas contra a Reserva Legal. A partir da edição da Lei nº 12.651/12, muitas áreas anteriormente protegidas a título de Reserva Legal estão fora da tutela legal. Assim as infrações administrativas permanecem, porém incidirão em um número muito menor de hectares em relação ao direito anterior.

O art. 51 trata de atividade em área de Reserva Legal sem a aprovação do órgão ou entidade competente, ou ainda em desacordo com tal ato, dispondo que:

> Destruir, desmatar, danificar ou explorar floresta ou qualquer tipo de vegetação nativa ou de espécies nativas plantadas, em área de reserva legal ou servidão florestal, de domínio público ou privado, sem autorização prévia do órgão ambiental competente ou em desacordo com a concedida.[106]
>
> A multa fixada é de R$ 5.000,00 por hectare ou fração.

Dessa forma, a aprovação prévia do órgão ambiental competente aplica-se unicamente à exploração de floresta ou qualquer tipo de vegetação nativa ou de espécies nativas plantadas. A infração, para essa hipótese, consiste na falta da autorização ou na atividade em desacordo com o autorizado.

No que se refere à destruição, desmatamento e imposição de danos, a florestas ou qualquer tipo de vegetação em Reserva Legal, a infração consubstancia-se com a simples constatação de tais ocorrências, não se aplicando a parte do dispositivo que menciona a falta de autorização. O órgão ou entidade ambiental não poderia autorizar o que a lei proíbe.

O Decreto nº 6.686/08 introduziu o art. 51-A, que fixa multa de R$ 1.000,00 por hectare ou fração a quem *executar manejo florestal sem autorização prévia do órgão ambiental competente, sem observar os requisitos técnicos estabelecidos em PMFS ou em desacordo com a autorização concedida.*

O art. 55, alterado pelos Decretos nºˢ 7.029/09, 7.497/11, 7.640/11 e 7.719/12 consistiu em uma inovação, na medida em que responsabilizou administrativamente o proprietário de área rural, que ainda não havia regularizado a situação relativa à Reserva Legal. Todavia, a infração administrativa *deixar de averbar a reserva legal* está descaracterizada, em função da nova lei.

30.15 REFLEXÕES SOBRE APP E RESERVA LEGAL

O Brasil convive com o desmatamento desde o século XVI, o que causou a redução de biomas importantes, como a Mata Atlântica, a índices da ordem de 22% de sua cobertura original, sendo que apenas 7% encontra-se em bom estado de conservação,[107] expondo muitas espécies à extinção. Os níveis de eliminação da cobertura vegetal da Amazônia são computados pelas áreas de campos oficiais de futebol. Esse desmatamento, aliado à insistência em consolidar a vocação do solo brasileiro à monocultura, que comprovadamente

---

docTP=TP&docID=751929078>. Acesso em: 20 abr. 2024.

106. Com a redação dada pelo Decreto nº 6.686/08.

107. MINISTÉRIO DO MEIO AMBIENTE. Mapa de Vegetação Nativa na Área de Aplicação da Lei no. 11.428/2006 – Lei da Mata Atlântica. Disponível em: <https://antigo.mma.gov.br/images/arquivos/biomas/mata_atlantica/mapa_mata_atlantica_lei_11428_2006_e_decreto6660_2008.pdf>. Acesso em: 20 abr. 2024.

não contribui para a conservação dos recursos naturais, nem para uma economia sustentável, quando confrontado com a riqueza da biodiversidade do país, impõe uma reflexão sobre o futuro.

O uso do solo não pode implicar a sua destruição. A exploração do imóvel rural não pode inviabilizar a agricultura para os tempos futuros. É necessária a adoção de práticas sustentáveis, como pura manifestação do princípio do desenvolvimento sustentável, de modo que as futuras gerações não sejam prejudicadas e possam utilizar o solo agriculturável em suas atividades.

Em termos de propriedade rural, está-se falando dos herdeiros dos atuais proprietários. Deve-se usar bem, para usar sempre. A Reserva Legal exerce esse papel: o de assegurar equilíbrio ambiental às propriedades rurais, como meio de garantir a continuidade de sua utilização.

Diga-se de passagem que a degradação ambiental, agora autorizada da forma como ocorreu na Lei nº 12.651/12, gerará, ao longo do tempo, a perda da biodiversidade, da produção de água e da floresta nativa, mas também a degradação do solo agrícola, já que a Natureza não consegue se equilibrar se for excessiva a agressão ao seu equilíbrio.

O Brasil é um país megadiverso e como tal se comportam seus atributos naturais, que necessitam de um equilíbrio adequado a essa característica. Se o país fosse formado por desertos, a lógica seria outra. Mas não é possível fazer essa transição. Se o solo brasileiro é fértil, esse fato não está desconectado da biodiversidade. Destruir esse bem pode gerar desequilíbrio e pobreza que, dessa forma, tenderão a avançar, pois a infertilidade das terras não propicia nem riqueza nem desenvolvimento, sobretudo dos menos favorecidos.

Diante do conteúdo desses dispositivos mencionados, sobretudo a anistia, e pensando no futuro da qualidade ambiental do país, incluindo o solo agrícola, na ótica da necessidade de um solo fértil para que se propicie um desenvolvimento sustentável, só se pode concluir que o acordo político, que culminou com a aprovação da Lei Florestal, priorizou uma realidade brasileira de desrespeito à Lei propondo soluções imediatistas, em detrimento das futuras gerações e afrontou **preceitos constitucionais**, como a dignidade da pessoa humana,[108] os valores sociais do trabalho e da livre iniciativa;[109] a construção de uma sociedade livre, justa e solidária;[110] a garantia do desenvolvimento nacional;[111] a erradicação da pobreza e da marginalização e a redução das desigualdades sociais e regionais[112] e a promoção do bem de todos.[113]

---

108. CF/88, art. 1º, III.
109. CF/88, art. 1º, IV.
110. CF/88, art. 3º, I.
111. CF/88, art. 3º, II.
112. CF/88, art. 3º, III.
113. CF/88, art. 3º, IV.

SISTEMA NACIONAL DE UNIDADES DE CONSERVAÇÃO (SNUC)

31.1 CONCEITO

O Sistema Nacional de Unidades de Conservação, instituído pela Lei nº 9.985, de 18-7-2000,[1] não apenas fixa critérios e regras para a criação e implantação desses espaços, como também estabelece as condições para sua gestão, com vistas a dar efetividade à sua proteção. A Lei do SNUC não é o primeiro diploma legal a tratar das unidades de conservação e, com exceção da Reserva de Fauna, da Reserva de Desenvolvimento Sustentável e do Refúgio de Vida Silvestre, não as criou. Apenas sistematizou a matéria, agrupando os diversos tipos em duas categorias e dispondo sobre os vários temas que lhes dizem respeito.

Segundo Herman Benjamin, a experiência internacional reconhece quatro finalidades principais às unidades de conservação: conservação da natureza, aproveitamento (= gozo) público, pesquisa científica e uso econômico sustentável de seus componentes.[2]

A Unidade de Conservação (UC) é conceituada na lei como:

> espaço territorial e seus recursos ambientais, incluindo as águas jurisdicionais, com características naturais relevantes, legalmente instituído pelo Poder Público, com objetivos de conservação e limites definidos, sob regime especial de administração, ao qual se aplicam garantias adequadas de proteção.[3]

Em se tratando de uma manifestação do princípio da supremacia do interesse público sobre o particular, o Poder Público é competente para instituir, alterar e mesmo extinguir as Unidades de Conservação, em áreas de domínio público ou privado.

As denominadas *características naturais relevantes* reportam-se aos bens ambientais a serem protegidos. Para cada tipo de Unidade de Conservação é definida a respectiva finalidade, em função da natureza dos bens a serem protegidos.

No que se refere à definição da área, é imperativa a fixação de seus *limites*, para permitir a sua identificação em mapas, estabelecendo-se, com clareza, o espaço que será objeto de proteção especial e seu entorno.

O regime jurídico das UC diz respeito ao conjunto de regras impostas pela lei, regulamentos de uma forma geral e pelos planos de manejo para cada espaço específico, de acordo com a categoria e o tipo de Unidade de Conservação. Essas normas devem determinar as finalidades de proteção, o regime do domínio – público ou privado – e as regras

---

1. Regulamentada pelo Decreto nº 4.340, de 22-8-2002.
2. BENJAMIN, Antonio Herman Vasconcelos e. Introdução à Lei do Sistema Nacional de Unidades de Conservação (SNUC). In: *Direito ambiental das áreas protegidas*. Coord. Antonio Herman Vasconcelos e Benjamin. Rio de Janeiro: Forense Universitária, 2001, p. 298.
3. Lei nº 9.985/00, art. 2º, I.

de gestão, considerando, inclusive, o tratamento a ser conferido às populações tradicionais que habitam o local.

O *regime administrativo especial* inclui também as atribuições dos órgãos públicos, os conselhos, a possibilidade de gestão compartilhada entre os órgãos e entidades da Administração Pública e as Organizações da Sociedade Civil de Interesse Público (OSCIP), assim como as obrigações dos gestores com o objetivo de tornar efetiva a proteção dos bens ambientais e culturais de que se ocupa a Lei do SNUC.

O ponto central de discussão a respeito das Unidades de Conservação refere-se à sua **gestão**, que está intimamente ligada à efetividade da Lei. A implantação do espaço é fundamental, tanto quanto o desenvolvimento de mecanismos administrativos relacionados com a proteção do espaço, no que se refere às atividades de gestão, como, por exemplo, as condições de uso da área, quando cabível, a comunicação junto às populações tradicionais, a fiscalização, a imposição de penalidades, a educação ambiental.

Todas essas atividades implicam despesa. Por um lado, não há proteção ambiental de espaços sem a decisão política de implementar administrativa e tecnicamente uma Unidade de Conservação, aplicando recursos financeiros e disponibilizando pessoal capacitado.

Por outro lado, a criação de uma Unidade de Conservação origina oportunidades de desenvolvimento sustentável e geração de renda para o ente federativo e para a comunidade local.[4] Tem-se, em alguns estados do Brasil, o **Imposto sobre Circulação de Mercadorias e Serviços - ICMS Ecológico**, que proporciona uma espécie de compensação financeira no repasse de valores arrecadados por este imposto aos municípios que possuem restrições para expandir atividades econômicas devido à presença de UC.

Outra iniciativa nesse sentido é a declaração de UC como **Sítios Ramsar**,[5] que possibilitam obtenção de apoio para o desenvolvimento de pesquisas, o acesso a fundos internacionais para o financiamento de projetos e a criação de um cenário favorável à cooperação internacional.[6]Ainda assim, observa-se que há um desafio para a gestão de Unidades de Conservação, seja do ponto de vista da otimização de recursos, seja pela dificuldade de se estabelecer mecanismos administrativos para a proteção do espaço.

Esses problemas não são apenas brasileiros, mas fazem parte do cenário em que a luta pela preservação ambiental ainda não foi plenamente incorporada nos setores políticos e econômicos. Como já se afirmava em 1987, no Relatório Brundtland, "*o desafio que se impõe hoje às nações já não é mais decidir-se se a conservação é uma boa ideia, mas sim implementá-la no interesse nacional e com os meios disponíveis em cada país*".[7]

---

4. Para mais informações "Contribuições do Turismo em Unidades de Conservação Federais para a Economia Brasileira - Efeitos dos Gastos dos Visitantes em 2015" – ICMBio, 2017. Disponível em: <https://www.gov.br/icmbio/pt-br/centrais-de-conteudo/contribuicao-do-turismo-em-uc-federais-para-a-economia-brasileira-pdf-pdf>. Acesso em: 8 maio 2023. Cf. "Contribuições do Turismo em Unidades de Conservação para a Economia Brasileira – Efeitos dos Gastos dos Visitantes em 2018". Disponível em: https://www.gov.br/icmbio/pt-br/centrais-de-conteudo/contribui-c-3-a7-c3-b5es-economicas-do-turismo-final-web-pdf. Acesso em: 11 mar. 2024.
5. Ver capítulo sobre Sítios Ramsar.
6. MINISTÉRIO DO MEIO AMBIENTE E MUDANÇA DO CLIMA. *Sítios Ramsar Brasileiros*. Disponível em: <https://www.gov.br/mma/pt-br/assuntos/ecossistemas-1/areas-umidas/sitios-ramsar-brasileiros>. Acesso em: 11 mar. 2024.
7. Comissão Mundial sobre Meio Ambiente e Desenvolvimento. *Nosso futuro comum*. 2. ed. Rio de Janeiro: FGV, 1991, p. 162.

31 • SISTEMA NACIONAL DE UNIDADES DE CONSERVAÇÃO (SNUC)

A Lei nº 13.668/18[8] incluiu na Lei nº 11.516/07 o art. 14-C, segundo o qual *poderão ser concedidos serviços, áreas ou instalações de unidades de conservação federais para a exploração de atividades de visitação voltadas à educação ambiental, à preservação e conservação do meio ambiente, ao turismo ecológico, à interpretação ambiental e à recreação em contato com a natureza, precedidos ou não da execução de obras de infraestrutura, mediante procedimento licitatório regido pela Lei nº 8.987/1995.* Trata-se de uma forma de transferir à iniciativa privada a exploração de atividades em unidades de conservação, desonerando a estrutura administrativa, que ficará obrigada, todavia, a proceder à gestão dos contratos.

31.2 CRIAÇÃO DAS UNIDADES DE CONSERVAÇÃO

A criação de espaços protegidos é um dos instrumentos estabelecidos pela Lei nº 6.938/81, que não previa a necessidade de lei para sua supressão e alteração.[9] A Constituição Federal avançou nessa matéria, determinando que somente a lei poderá suprimir a proteção ou alterar o regime jurídico dos espaços protegidos, em que se incluem as Unidades de Conservação.[10]

A expressão *Unidades de Conservação* foi instituída pela Resolução CONAMA nº 11, de 3-12-1987,[11] que declarou como Unidades de Conservação as seguintes categorias de Sítios Ecológicos de Relevância Cultural, criadas por atos do Poder Público: (1) Estações Ecológicas; (2) Reservas Ecológicas; (3) Áreas de Proteção Ambiental, especialmente suas zonas de vida silvestre e os Corredores Ecológicos; (4) Parques Nacionais, Estaduais e Municipais; (5) Reservas Biológicas; (6) Florestas Nacionais, Estaduais e Municipais; (7) Monumentos Naturais; (8) Jardins Botânicos; (9) Jardins Zoológicos; e (10) Hortos Florestais. Posteriormente, a Lei nº 7.797, de 10-7-1989, que instituiu o Fundo Nacional do Meio Ambiente,[12] estabeleceu as Unidades de Conservação como uma das prioridades na aplicação de seus recursos financeiros.

A Lei nº 9.985/00 sistematizou de modo definitivo a matéria. Note-se que os Jardins Botânicos, os Jardins Zoológicos e os Hortos Florestais não foram contemplados na Lei do SNUC, o que não significa que tenha sido revogada a proteção desses espaços. O entendimento é que eles encontram-se adstritos a regras específicas, em vigor, caracterizando-se como áreas de proteção especial.

José Afonso da Silva, ao conceituar os **Jardins Botânicos** como *"espaços fechados onde se cultivam plantas e flores seletas para estudo e exposição"*, pondera que esses espaços possuem um "objetivo conservacionista na medida em que constituem terrenos de cultivo de espécies florísticas que tendem à extinção ou que mereçam especial referência".[13]

Os **Jardins Zoológicos** constituem *"qualquer coleção de animais silvestres mantidos vivos em cativeiro ou em semiliberdade e expostos à visitação pública".*[14] Embora caiba ao

---

8. Conversão da Medida Provisória nº 809/2017.
9. Lei nº 6.938/81, art. 9º, VI. Redação dada pela Lei nº 7.804/89.
10. CF/88, art. 225, § 1º, III.
11. Revogada pela Resolução CONAMA nº 428/10.
12. Lei nº 7.797, de 10-7-1989, art. 5º, I.
13. SILVA, José Afonso da. *Direito ambiental constitucional*. 7. ed. São Paulo: Malheiros, 2009, p. 261.
14. Lei nº 7.173, de 14-12-1983, art. 1º.

Poder Público instalar e manter esses espaços, excepcionalmente poderão funcionar jardins zoológicos pertencentes a pessoas jurídicas de direito privado ou físicas.[15]

No que se reporta à fauna, o reconhecimento oficial do Jardim Zoológico não significa nenhuma transferência de propriedade por parte do Estado,[16] mantida a propriedade da União, conforme determina a Lei de Proteção à Fauna.[17]

O **Horto Florestal** não é objeto de uma norma genérica. Seu regime jurídico é definido pelos atos de criação de cada espaço, especificamente. José Afonso da Silva define como a unidade fechada destinada a proteger e conservar os espécimes vegetais sob sua responsabilidade, a produzir mudas de essências florestais, auxiliar os interessados nos serviços de reflorestamento, organizando planos de trabalho, oferecendo-lhes mudas e prestando-lhes todo concurso necessário aos trabalhos de ordenamento das matas da região respectiva, entre outros.[18]

As Unidades de Conservação são criadas por ato do Poder Público,[19] quer dizer, mediante lei – ato do Poder Legislativo – ou por decreto – ato do Poder Executivo – nas esferas federal, estadual ou municipal. O ato de criação de uma Unidade de Conservação deve fundamentar-se em estudos técnicos e em consulta pública que permitam identificar a localização, a dimensão e os limites mais adequados para a unidade. Há então, dois fatores relevantes: (1) de cunho técnico e (2) de natureza política.

Os **estudos técnicos**, de responsabilidade do órgão proponente, constituem o instrumento de apoio às decisões políticas, no ato de criação da UC. Seu escopo mínimo, portanto, deve incluir:

a descrição da característica natural mais significativa, que poderá fundamentar a denominação da Unidade, identificando-se, também, quando for o caso, a denominação mais antiga ou as designações indígenas ancestrais;

a categoria de manejo a ser proposta, em face dos estudos realizados sobre o espaço; e

a caracterização do território, com vistas a auxiliar na definição de sua área e seus limites.

Os estudos deverão conter, também, informações conclusivas sobre as populações tradicionais beneficiárias, quando se tratar de Reserva Extrativista ou de Desenvolvimento Sustentável[20] e a população tradicional residente, no caso de Florestas Nacionais, Estaduais e Municipais.[21]

As **consultas públicas** constituem a manifestação de um fator político e também técnico nas decisões acerca da criação da UC, na medida em que sua finalidade é *"subsidiar a definição da localização, da dimensão e dos limites mais adequados para a unidade".*[22] A consulta pública é obrigatória, exceto para a criação de Estação Ecológica ou Reserva Biológica.[23]

---

15. Lei nº 7.173, de 14-12-1983, art. 2º.
16. Lei nº 7.173, de 14-12-1983, art. 3º.
17. Lei nº 5.197, de 3-1-1967.
18. SILVA, José Afonso da. *Direito ambiental constitucional*. 7. ed. São Paulo: Malheiros, 2009, p. 262.
19. Lei nº 9.985/00, art. 22.
20. Decreto nº 4.340/02, art. 2º, II.
21. Decreto nº 4.340/02, art. 2º, III.
22. Decreto nº 4.340/02, art. 5º.
23. Lei nº 9.985/00, art. 22, § 4º.

31 • SISTEMA NACIONAL DE UNIDADES DE CONSERVAÇÃO (SNUC)

Cabe ao órgão ou entidade do Poder Público, responsável pela criação e implantação das áreas, organizar a consulta pública ou, a seu critério, outras formas de ouvir a população local e outros interessados. Nessa linha, deve fornecer informações adequadas e inteligíveis à população local e a outras partes interessadas.[24]

Além das consultas públicas, são **fatores políticos** as negociações no Executivo, quando a criação da UC se der por decreto, ou durante o processo legislativo, se a criação ocorrer por meio de lei.

31.3 LIMITAÇÕES ADMINISTRATIVAS PROVISÓRIAS

As discussões necessárias, no campo técnico e também junto à população interessada, que antecedem a decisão final sobre a criação – ou não – de uma Unidade de Conservação avançam no tempo. Trata-se de processos que podem desenvolver-se por anos. O espaço de tempo entre as primeiras manifestações sobre a definição de um espaço protegido e a efetiva criação da Unidade de Conservação, devidamente limitada no espaço, traz insegurança jurídica aos proprietários e posseiros das áreas em questão. Com vistas a diminuir as tensões, a Lei nº 9.985/00, em seu art. 22-A, incluído pela Lei nº 11.132/05, instituiu as **limitações administrativas provisórias**.

Com fundamento nesse dispositivo, o Poder Público poderá, ressalvadas as atividades agropecuárias e outras atividades econômicas em andamento e obras públicas licenciadas, na forma da lei, impor limitações administrativas provisórias ao exercício de atividades e empreendimentos efetiva ou potencialmente causadores de degradação ambiental, para a realização de estudos com vistas à criação de Unidade de Conservação, quando, a critério do órgão ambiental competente, houver risco de dano grave aos recursos naturais existentes.

Nas limitações administrativas provisórias *"não serão permitidas atividades que importem em exploração a corte raso da floresta e demais formas de vegetação nativa"*,[25] na área em que foi estabelecida a limitação, as atividades agropecuárias e outras atividades econômicas em andamento e obras públicas licenciadas. O prazo para essas prospecções, todavia, tem duração limitada: a lei prevê o prazo máximo de sete meses, improrrogáveis. Se nesse período de tempo não houver uma definição, extingue-se a limitação provisória. Mas nada impede que, posteriormente, outro processo seja instalado, visando a uma nova discussão.

31.4 ALTERAÇÃO E EXTINÇÃO DAS UNIDADES DE CONSERVAÇÃO

As Unidades de Conservação de Uso Sustentável[26] podem ser transformadas total ou parcialmente em Unidades do Grupo de Proteção Integral, por instrumento normativo do mesmo nível hierárquico do que criou a unidade, desde que obedecidos os procedimentos de consulta estabelecidos na lei.[27]

A mesma regra vale para a ampliação dos limites de uma Unidade de Conservação, sem modificação dos seus limites originais, exceto pelo acréscimo proposto. O instru-

---

24. Decreto nº 4.340/02, art. 5º, § 2º.
25. Lei nº 9.985/00, art. 22-A, § 1º.
26. Ver item sobre Unidades de Uso Sustentável.
27. Lei nº 9.985/00, art. 22, § 5º.

mento normativo do mesmo nível hierárquico do que criou a unidade é hábil para esse procedimento.

Além disso, o procedimento adotado deve observar os requisitos de realização de **consulta pública** estabelecidos na lei, conforme mencionado. O Supremo Tribunal Federal (STF) posicionou-se em questão referente a decreto presidencial que ampliou os limites da Estação Ecológica do Taim,[28] declarando nulo o ato, por falta de estudos técnicos e realização de **consulta pública**. A argumentação do Governo era no sentido de que o art. 22, § 4º, da Lei do SNUC dispensava esses requisitos para a criação da estação ecológica e reserva biológica e que, portanto, aplicava-se também aos casos de ampliação desses espaços.

O entendimento do STF foi que, apesar do teor do § 4º, seu objeto refere-se apenas à criação e não à alteração das Unidades de Conservação, que é efetivamente regida pelo § 6º, segundo o qual a *"ampliação dos limites de uma Unidade de Conservação, sem modificação dos seus limites originais, exceto pelo acréscimo proposto, pode ser feita por instrumento normativo do mesmo nível hierárquico do que criou a unidade, desde que obedecidos os procedimentos de consulta estabelecidos no § 2º do art. 22".*[29]

Caso similar, envolvendo o Parque Nacional da Chapada dos Veadeiros, foi também objeto de análise do STF. A questão referia-se à anulação de Decreto de 27-9-2001, que ampliou os limites do Parque, sem a realização de consulta pública. O entendimento da corte foi no sentido de que *"um parecer do Conselho Consultivo [...] não pode substituir a consulta exigida na lei, pois aquele conselho não tem poderes para representar a população local".*[30] Esse acórdão explicita a importância da participação da sociedade nas decisões concernentes às Unidades de Conservação, a ponto de anular o ato de ampliação desse espaço, pela falta da participação da sociedade no respectivo processo.

A Constituição Federal condiciona a extinção e a supressão de espaços protegidos à edição de uma lei, regra que se repete na Lei do SNUC,[31] que menciona o termo *desafetação* e a expressão *redução dos limites*. A *afetação* é instituto do direito administrativo, e se aplica aos bens públicos, quando um certo bem é destinado a uma utilização da categoria de uso comum ou especial. A desafetação consiste na retirada do bem de uso comum de seu destino estabelecido no ato de afetação, tornando-o da categoria especial ou dominial,[32] ou na retirada de um bem de uso especial para torná-lo de uso dominial.

Tanto a afetação como a desafetação aplicam-se aos bens de domínio público.[33] Nas Unidades de Conservação, onde o regime jurídico for incompatível com a propriedade privada, esses institutos se aplicam, desde que o domínio tenha efetivamente se transferido ao Poder Público. Todavia, nos casos em que se permite a propriedade privada, não há que falar nesse instituto. O termo mais correto, nesses casos, seria a *extinção da proteção dos espaços*, já que o espaço, propriamente dito, não se extingue nunca, salvo se houver um cataclisma. Faltou propriedade ao legislador, pois o interesse é sempre público, no caso das

---

28. Localizada no Estado do Rio Grande do Sul e criada pelo Decreto nº 92.963/86.
29. STF – Pleno: MS 24665/DF, Rel. Min. Marco Aurélio, Rel. p/ Acórdão Min. Cezar Peluso, j. 1º-12-2004, *DJ* 6-10-2006, p. 33.
30. STF – Pleno: MS 24.184/DF, Rel. Min. Ellen Gracie, j. 13-8-2003, *DJ* 27-2-2004, p. 22.
31. Art. 22, § 7º.
32. MELLO, Celso Antônio Bandeira de. *Curso de direito administrativo*. 30. ed. São Paulo: Malheiros, 2013, p. 931.
33. Nas concessões de serviços públicos, bens adquiridos pelo concessionário são afetados ao serviço, e ao final da concessão revertem ao Poder Público.

UC. Mas o domínio nem sempre o é. O fato de haver previsão legal de Unidades de Conservação cujo regime dominial admita a propriedade privada submete essa propriedade às regras previstas na legislação, no que se refere à proteção ambiental, interesse difuso consagrado na legislação brasileira.

31.5 GESTÃO DAS UNIDADES DE CONSERVAÇÃO

A responsabilidade pela gestão das Unidades de Conservação é dos órgãos e entidades do Sistema Nacional de Meio Ambiente (SISNAMA), quer dizer, a Administração Pública federal, estadual e municipal, cujos órgãos e entidades detenham competência para tanto. Para as Unidades de Conservação instituídas pela União, a competência para o exercício do poder de polícia ambiental foi conferida ao Instituto Chico Mendes de Conservação da Biodiversidade.[34] As Unidades de Conservação instituídas pelos Estados e pelos Municípios são de responsabilidade dos respectivos órgãos e entidades ambientais.

Embora a atribuição para gerir as Unidades de Conservação seja do Poder Público, a Lei nº 9.985/00 prevê a hipótese de gestão compartilhada por Organizações da Sociedade Civil de Interesse Público (OSCIP),[35] com objetivos afins aos da unidade, mediante instrumento a ser firmado com o órgão responsável por sua gestão.[36]

Nos termos da Lei federal nº 9.790, de 23-3-1999, Organização da Sociedade Civil de Interesse Público é uma qualificação que o Ministério da Justiça outorga a pessoas jurídicas de direito privado, sem fins lucrativos, cujas atividades sociais tenham, além de observado o princípio da universalização dos serviços no respectivo âmbito de atuação, pelo menos, uma das seguintes finalidades, conforme fixado no art. 3º da norma:

promoção da assistência social, da cultura, defesa e conservação do patrimônio histórico e artístico;

promoção gratuita da educação e da saúde, observando-se a forma complementar de participação das organizações de que trata a mesma lei;

promoção da segurança alimentar e nutricional;

defesa, preservação e conservação do meio ambiente e promoção do desenvolvimento sustentável;

promoção do voluntariado, do desenvolvimento econômico e social e combate à pobreza;

experimentação, não lucrativa, de novos modelos socioprodutivos e de sistemas alternativos de produção, comércio, emprego e crédito;

promoção de direitos estabelecidos, construção de novos direitos e assessoria jurídica gratuita de interesse suplementar;

promoção da ética, da paz, da cidadania, dos direitos humanos, da democracia e de outros valores universais;

estudos e pesquisas, desenvolvimento de tecnologias alternativas, produção e divulgação de informações e conhecimentos técnicos e científicos que digam respeito às atividades acima mencionadas;

estudos e pesquisas para o desenvolvimento, a disponibilização e a implementação de tecnologias voltadas à mobilidade de pessoas, por qualquer meio de transporte.[37]

A OSCIP que pretenda gerir uma Unidade de Conservação deve ter, entre seus objetivos institucionais, a proteção do meio ambiente ou a promoção do desenvolvimento

---

34. Lei nº 11.516, de 28-8-2007.
35. No Estado de São Paulo, o Decreto estadual nº 48.766, de 1º-7-2004 instituiu o Programa de Gestão Compartilhada de Unidades de Conservação do Estado de São Paulo por Organizações da Sociedade Civil de Interesse Público (OSCIP).
36. Lei nº 9.985/00, art. 30.
37. Incluído pela Lei nº 13.019, de 31-07-2014.

sustentável. Muitos dos objetivos descritos na Lei nº 9.790/99 coadunam-se direta ou indiretamente com essa exigência, sobretudo nas UC onde há a presença das populações tradicionais. Como exemplo, o anexo do Decreto nº 6.040, de 7-2-2007, que instituiu a Política Nacional de Desenvolvimento Sustentável dos Povos e Comunidades Tradicionais, estabelece, como um de seus princípios, "a segurança alimentar e nutricional como direito dos povos e comunidades tradicionais ao acesso regular e permanente a alimentos de qualidade, em quantidade suficiente, sem comprometer o acesso a outras necessidades essenciais, tendo como base práticas alimentares promotoras de saúde, que respeitem a diversidade cultural e que sejam ambiental, cultural, econômica e socialmente sustentáveis".[38]

Para qualificar-se como Organização da Sociedade Civil de Interesse Público, além da observância dos princípios de Direito Administrativo,[39] deverá constar no estatuto da pessoa jurídica uma série de normas, dentre as quais:[40]

a adoção de práticas de gestão administrativa, necessárias e suficientes a coibir a obtenção, de forma individual ou coletiva, de benefícios ou vantagens pessoais, em decorrência da participação no respectivo processo decisório;

a constituição do conselho fiscal ou órgão equivalente, dotado de competência para opinar sobre os relatórios de desempenho financeiro e contábil, e sobre as operações patrimoniais realizadas, emitindo pareceres para os organismos superiores da entidade;

a previsão de que, em caso de dissolução da entidade, o respectivo patrimônio líquido será transferido a outra pessoa jurídica qualificada como Organização da Sociedade Civil de Interesse Público, preferencialmente que tenha o mesmo objeto social da extinta;

a possibilidade de se instituir remuneração para os dirigentes da entidade que atuem efetivamente na gestão executiva e para aqueles que a ela prestam serviços específicos;

prestação de contas de todos os recursos públicos e bens de origem pública conforme determina o art. 70 da CF, ou seja, pelos sistemas de controle interno e externo, onde o Legislativo é auxiliado pelo Tribunal de Contas.

A entidade que recebe do Poder Público a qualificação como Organização da Sociedade Civil de Interesse Público celebra, com o órgão ambiental responsável pela UC, um instrumento contratual denominado Termo de Parceria, destinado à formação de vínculo de cooperação entre as partes, para o fomento e a execução das atividades de interesse público desenvolvidas pela entidade assim qualificada.[41]

31.5.1 Termo de parceria

No termo de parceria, firmado entre o Poder Público e as Organizações da Sociedade Civil de Interesse Público, deverão constar os direitos, responsabilidades e obrigações das partes signatárias.

São cláusulas obrigatórias do termo de parceria:[42]

a do objeto, que especificará o programa de trabalho proposto pela entidade;

a de estipulação das metas e dos resultados a serem alcançados e os respectivos prazos de execução ou cronograma;

---

38. Anexo do Decreto nº 6.040/07, art. 1º, III.
39. Princípios da legalidade, impessoalidade, moralidade, publicidade, economicidade e da eficiência.
40. Lei nº 9.790/99 art. 4º.
41. Lei nº 9.790/99, art. 9º.
42. Lei nº 9.790/99, art. 10º, § 2º.

a de previsão expressa dos critérios objetivos de avaliação de desempenho a serem utilizados, mediante indicadores de resultado;

a de previsão de receitas e despesas a serem realizadas em seu cumprimento;

a que estabelece obrigações da OSCIP, entre as quais a de apresentar ao Poder Público, ao término de cada exercício, relatório sobre a execução do objeto do termo de parceria;

a de publicação, na imprensa oficial do Município, do Estado ou da União, de extrato do termo de parceria e de demonstrativo da sua execução física e financeira.

Para assumir a gestão de uma UC, além de ter, entre seus objetivos institucionais, a proteção do meio ambiente ou a promoção do desenvolvimento sustentável, a OSCIP:

deve comprovar a realização de atividades de proteção do meio ambiente ou desenvolvimento sustentável, preferencialmente na Unidade de Conservação ou no mesmo bioma;[43] e

não pode ter representação no Conselho da Unidade de Conservação.[44]

A celebração do termo de parceria não constitui uma delegação de poderes envolvendo interesse público a uma entidade privada. A responsabilidade permanece com o órgão ambiental. O que se transfere são as atividades relativas à gestão da UC, sob o controle do Poder Público.

O órgão ambiental é incumbido de acompanhar e fiscalizar a execução do objeto do termo de parceria, realizando a gestão desse contrato. Se observada qualquer irregularidade ou ilegalidade na utilização de recursos ou bens de origem pública pela organização parceira, os responsáveis pela fiscalização cientificarão o Tribunal de Contas respectivo e o Ministério Público, sob pena de responsabilidade solidária.

Havendo indícios de malversação de bens ou recursos de origem pública, os bens da OSCIP, a pedido do Ministério Público ou da Advocacia-Geral da União, serão decretados indisponíveis e os bens dos seus dirigentes serão sequestrados, bem como aqueles de agente público ou terceiro, que possam ter enriquecido ilicitamente ou causado dano ao patrimônio público, além de outras medidas consubstanciadas na Lei nº 8.429/92 e na Lei Complementar nº 64/90.[45, 46]

31.5.2 Conselhos

No Sistema de Unidades de Conservação, além do Poder Público, a sociedade civil participa não apenas da criação, por meio das consultas públicas, como também do gerenciamento desses espaços, juntamente com o Poder Público. Daí a Lei nº 9.985/00 ter previsto os Conselhos – Consultivo e Deliberativo –, cujas disposições na lei não são claras e tampouco sistemáticas. Os conselhos são órgãos colegiados, sem personalidade jurídica. Embora órgãos de Estado, deles participam representantes da sociedade civil organizada. Os conselhos da UC reúnem-se em sessões públicas, com pauta preestabelecida no ato de convocação, devendo as reuniões ser realizadas em local de fácil acesso,[47] para viabilizar a presença de todos os interessados.

---

43. Decreto nº 4.340/02, art. 22.
44. Decreto nº 4.340/02, art. 17, § 4º.
45. Lei nº 9.790/99, arts. 12 e 13.
46. A Lei Complementar nº 64/90 fixa os casos de inelegibilidade para cargos públicos.
47. Decreto nº 4.340/02, art. 18.

A **função consultiva** restringe-se à edição de pareceres, que podem ou não ser adotados pelo Poder Público. Não há obrigatoriedade de cumprimento da recomendação ou parecer. Já a **função deliberativa** é mais forte institucionalmente, na medida em que confere vinculação às decisões administrativas, que não podem ser descumpridas.

Nos Conselhos de UC participa o Poder Público, nos três níveis dos Entes Federados, nas áreas de pesquisa científica, educação, defesa nacional, cultura, turismo, paisagem, arquitetura, arqueologia e povos indígenas e assentamentos agrícolas.

A representação da sociedade civil deve contemplar, quando couber, a comunidade científica e as organizações não governamentais ambientalistas com atuação comprovada na região da unidade, a população residente e do entorno, a população tradicional, os proprietários de imóveis no interior da unidade, os trabalhadores e o setor privado atuantes na região e os representantes dos Comitês de Bacia Hidrográfica.[48]

Ressalta-se a menção expressa aos representantes dos Comitês de Bacia Hidrográfica, colegiados com atribuições no planejamento de recursos hídricos. A efetividade da proteção de um espaço passa pela articulação institucional dos órgãos e entidades que sobre ele atuam. Os Conselhos de UC e os Comitês de Bacia Hidrográfica são órgãos de Estado, voltados à gestão descentralizada, com maior atenção às questões locais, o que pode propiciar mais objetividade nas decisões e recomendações.

Essa ampla e diversificada participação nos Conselhos incorpora um fator relevante, qual seja, que a proteção dos espaços não se restringe ao meio biótico e físico, mas alcança o meio social, formado pelas populações tradicionais ali residentes, junto com sua cultura, seus conhecimentos e técnicas ancestrais.

As Unidades de Conservação de Proteção Integral devem ter, obrigatoriamente, um Conselho Consultivo, presidido pelo órgão responsável por sua administração, constituído por representantes de órgãos públicos, de organizações da sociedade civil, por proprietários de terras localizadas em Refúgio de Vida Silvestre ou Monumento Natural, quando for o caso, e por populações tradicionais residentes (enquanto não reassentadas).[49]

Para cada modalidade de Unidade de Conservação a lei estabeleceu uma regra, sem grandes detalhamentos. A Área de Proteção Ambiental (APA) deverá ter um Conselho (sem designação específica), presidido pelo órgão responsável por sua administração e constituído por representantes dos órgãos públicos, de organizações da sociedade civil e da população residente.[50]

Para a Área de Relevante Interesse Ecológico (ARIE), a lei não menciona essa exigência. A Floresta Nacional deverá ter um Conselho Consultivo, presidido pelo órgão responsável por sua administração e constituído por representantes de órgãos públicos, de organizações da sociedade civil e, quando for o caso, das populações tradicionais residentes.[51]

A Reserva Extrativista será gerida por um Conselho Deliberativo, presidido pelo órgão responsável por sua administração e constituído por representantes de órgãos públicos, de organizações da sociedade civil e das populações tradicionais residentes na área,

---

48. Decreto nº 4.340/02, art. 17, § 2º.
49. Lei nº 9.985/00, art. 29.
50. Lei nº 9.985/00, art. 15, § 5º.
51. Lei nº 9.985/00, art. 17, § 5º.

conforme se dispuser em regulamento e no ato de criação da unidade.[52] Para a Reserva de Fauna, a lei não exige a constituição de Conselho. Já Reserva de Desenvolvimento Sustentável deverá ser gerida por um Conselho Deliberativo, presidido pelo órgão responsável por sua administração e constituído por representantes de órgãos públicos, de organizações da sociedade civil e das populações tradicionais residentes na área, conforme se dispuser em regulamento e no ato de criação da unidade.[53] Para a Reserva Particular do Patrimônio Natural (RPPN), a lei não exige a constituição de Conselho, até por que se trata de área instituída por iniciativa particular.

No que se refere ao papel dos Conselhos de UC em relação à gestão compartilhada com OSCIP, a eles cabe opinar, no caso de Conselho Consultivo, ou ratificar, no caso de Conselho Deliberativo, a contratação e os dispositivos do termo de parceria. Devem, também, acompanhar a gestão por OSCIP e recomendar a rescisão do termo de parceria, quando constatada irregularidade. Essas funções assemelham-se àquelas previstas na Lei nº 10.881/04, que dispõe sobre as Entidades Delegatárias, organizações civis de recursos hídricos que recebem autorização do Conselho Nacional de Recursos Hídricos (CNRH) para celebrar contrato de gestão com a Agência Nacional de Águas, exercendo as funções de Agência de Águas. Nesse modelo, aos Comitês de Bacia Hidrográfica cabe indicar a entidade e acompanhar a gestão do contrato.[54]

31.5.3 Plano de Manejo

O principal instrumento de gestão das Unidades de Conservação constitui o Plano de Manejo, documento técnico mediante o qual, com fundamento nos objetivos gerais de uma Unidade de Conservação, se estabelecem o zoneamento e as normas que devem presidir o uso da área, bem como o manejo dos recursos naturais, inclusive a implantação das estruturas físicas necessárias à gestão da unidade.[55] Manejo, de acordo com a Lei do SNUC, consiste em "todo e qualquer procedimento que vise assegurar a conservação da diversidade biológica e dos ecossistemas".[56]

A elaboração do Plano de Manejo é fundamental para que se efetivem as regras de proteção das UC. De nada adianta instituir um espaço, designando-o como de proteção integral ou desenvolvimento sustentável, sob as regras do SNUC, se não houver, especificamente para ele, a partir do conhecimento técnico que deu causa à decisão de inseri-lo em um regime jurídico protecionista, um planejamento sobre as possibilidades de uso, os desafios relativos à proteção dos bens que se encontram em risco e outras decisões atinentes a transformar, de fato, a Unidade em um espaço efetivamente protegido.

Além da elaboração do Plano de Manejo, dois fatores são imprescindíveis para garantir a proteção de um espaço: (1) a alocação de recursos financeiros para implementá-lo e (2) a sua integração ao seu entorno, dando notícia à população de sua importância e fragilidade. Afinal, a fiscalização dos espaços protegidos pelo Poder Público sempre será insuficiente, se não houver o apoio da comunidade.

---

52. Lei nº 9.985/00, art. 18, § 2º.
53. Lei nº 9.985/00, art. 20, § 4º.
54. Ver Capítulo sobre o Sistema Nacional de Gerenciamento de Recursos Hídricos.
55. Lei nº 9.985/00, art. 2º, XVII.
56. Lei nº 9.985/00, art. 2º, VIII.

A responsabilidade pela elaboração e implantação do Plano de Manejo é do Poder Público, a quem compete aplicar recursos humanos e financeiros na formulação desses documentos. Todavia, isso não significa que só a Administração Pública contribua para a elaboração do plano. A lei garante a *ampla participação* da população residente na elaboração, atualização e implementação do Plano de Manejo das Reservas Extrativistas, das Reservas de Desenvolvimento Sustentável, das Áreas de Proteção Ambiental e, quando couber, das Florestas Nacionais e das Áreas de Relevante Interesse Ecológico.[57]

O art. 28 da Lei nº 9.985/00 proíbe, nas Unidades de Conservação, quaisquer alterações, atividades ou modalidades de utilização em desacordo com os seus objetivos, o seu Plano de Manejo e seus regulamentos. Esse dispositivo é um tanto óbvio, pois, na medida em que uma lei dispõe sobre a criação e o funcionamento de um determinado objeto, é evidente que essa lei deve ser cumprida e não pode ser desrespeitada.

A rigor, um Plano de Manejo deveria ser apresentado o mais cedo possível, a partir da criação da unidade de conservação. A lei concede um prazo de elaboração de cinco anos a partir do ato de criação da área.[58] No período que antecede a elaboração do Plano de Manejo, "todas as atividades e obras desenvolvidas nas Unidades de Conservação de Proteção Integral devem se limitar àquelas destinadas a garantir a integridade dos recursos que a unidade objetiva proteger, assegurando-se às populações tradicionais porventura residentes na área as condições e os meios necessários para a satisfação de suas necessidades materiais, sociais e culturais".[59]

A abrangência do plano de manejo não se limita à área da UC. Deve considerar a zona de amortecimento e os corredores ecológicos, incluindo medidas com o fim de promover sua integração à vida econômica e social das comunidades vizinhas.

Daí a necessidade de planejamento na criação de Unidades de Conservação. É preciso ver o entorno da área que se deseja proteger, pois, de acordo com as características da região, a criação de várias unidades, mesmo de naturezas diferentes, formando corredores ecológicos ou mosaicos, pode otimizar a proteção que se pretende assegurar.

Cabe ao Plano de Manejo, também, incluir medidas com o fim de promover a integração da UC à vida econômica e social das comunidades vizinhas. Assim como é necessário vislumbrar o entorno de uma Unidade de Conservação, no que se refere às fragilidades ambientais, cabe verificar quais as populações do entorno e as respectivas atividades econômicas e necessidades, buscando eventuais sinergias.

No Plano de Manejo deve estar indicado, com a máxima clareza possível, como será o regime de uso da área, se não houver restrição total da presença humana, em cada segmento. O plano também poderá dispor sobre as "atividades de liberação planejada e cultivo de organismos geneticamente modificados nas Áreas de Proteção Ambiental (APA) e nas zonas de amortecimento das demais categorias de Unidade de Conservação", observadas as informações contidas na decisão técnica da Comissão Técnica Nacional de Biossegurança (CTNBio) sobre:

---

57. Lei nº 9.985/00, art. 27, § 2º.
58. Lei nº 9.985/00, art. 27, § 3º.
59. Lei nº 9.985/00, art. 28, parágrafo único.

o registro de ocorrência de ancestrais diretos e parentes silvestres;

as características de reprodução, dispersão e sobrevivência do organismo geneticamente modificado;

o isolamento reprodutivo do organismo geneticamente modificado em relação aos seus ancestrais diretos e parentes silvestres;

situações de risco do organismo geneticamente modificado à biodiversidade.[60]

Permite-se, assim, o uso de organismos geneticamente modificados nos espaços acima referidos. Todavia, cabe ao Plano de Manejo definir como deverá ocorrer essa atividade, utilizando-se das informações técnicas editadas pelo órgão competente.

As autorizações para exploração comercial de produtos, subprodutos ou serviços, nas Unidades de Conservação de domínio público, condicionam-se à sua previsão no Plano de Manejo, mediante decisão do órgão executor e ouvido o Conselho da Unidade de Conservação.[61]

31.6 CORREDORES ECOLÓGICOS, ZONAS DE AMORTECIMENTO E DE TRANSIÇÃO

Uma das diretrizes que regem o Sistema Nacional de Unidades de Conservação (SNUC) é a busca da proteção de "grandes áreas por meio de um conjunto integrado de Unidades de Conservação de diferentes categorias, próximas ou contíguas, e suas respectivas zonas de amortecimento e corredores ecológicos, integrando as diferentes atividades de preservação da natureza, uso sustentável dos recursos naturais e restauração e recuperação dos ecossistemas".[62]

A lógica que permeia os espaços territoriais especialmente protegidos não se restringe a cada espaço individualmente, mas refere-se à possibilidade de interação entre eles, sejam Unidades de Conservação, Áreas de Preservação Permanente (APP), Reservas Legais e outras. O importante é que se possa otimizar o desenvolvimento da biodiversidade pela contiguidade ou pela proximidade dessas áreas.

Corredores ecológicos são definidos como "porções de ecossistemas naturais ou seminaturais, ligando Unidades de Conservação, que possibilitam entre elas o fluxo de genes e o movimento da biota, facilitando a dispersão de espécies e a recolonização de áreas degradadas, bem como a manutenção de populações que demandam para sua sobrevivência áreas com extensão maior do que aquela das unidades individuais".[63] Sua finalidade é otimizar a proteção ambiental conferida a cada espaço protegido.

As Unidades de Conservação, exceto a Área de Proteção Ambiental e Reserva Particular do Patrimônio Natural, devem possuir uma zona de amortecimento e, quando conveniente, corredores ecológicos.[64]

31.6.1 Zona de amortecimento e zona de transição

O entorno de uma Unidade de Conservação possui dois regimes jurídicos distintos: o da zona de amortecimento e o da zona de transição. O primeiro – zona de amortecimento – foi instituído pela Lei do SNUC.

---

60. Lei nº 9.985/00, art. 27, § 4º, com a redação dada pela Lei nº 11.460/07.
61. Decreto nº 4.340/02, art. 26.
62. Lei nº 9.985/00, art. 5º, XIII.
63. Lei nº 9.985/00, art. 2º, XIX.
64. Lei nº 9.985/00, art. 25.

A **zona de amortecimento** é o "entorno de uma unidade de conservação, onde as atividades humanas estão sujeitas a normas e restrições específicas, com o propósito de minimizar os impactos negativos sobre a unidade".[65] Trata-se de uma limitação administrativa ao exercício do direito de propriedade, sob o argumento da proteção ambiental, evitando-se a ocorrência de danos a esses espaços em decorrência das atividades desenvolvidas nas proximidades.

Tal faixa exerce o papel de *elemento de transição* entre a Unidade de Conservação e seu entorno, impedindo a contaminação, os efeitos de queimadas e outros danos decorrentes de usos do solo que, se ocorrerem em área de fragilidade ambiental, podem causar a sua degradação. Todas as Unidades de Conservação, exceto a Área de Proteção Ambiental (APA) e a Reserva Particular do Patrimônio Nacional (RPPN), devem ter definida no plano de manejo a respectiva zona de amortecimento.

O segundo regime jurídico do entorno das UC – **zona de transição** – é previsto no Decreto nº 99.274/90, que regulamentou as Leis nºs 6.902/81 e 6.938/81. O citado decreto determina que, "nas áreas circundantes das Unidades de Conservação, num raio de dez quilômetros, qualquer atividade que possa afetar a biota ficará subordinada às normas editadas pelo Conama". Dessa forma, independentemente da existência da zona de amortecimento e de sua extensão, em qualquer área circundante a uma UC há que ser observada a regra do CONAMA aplicável ao caso.[66]

A Resolução CONAMA nº 428/10 determina que *"o licenciamento de empreendimentos de significativo impacto ambiental que possam afetar Unidade de Conservação (UC) específica ou sua Zona de Amortecimento (ZA), assim considerados pelo órgão ambiental licenciador, com fundamento em Estudo de Impacto Ambiental e respectivo Relatório de Impacto Ambiental (EIA/RIMA), só poderá ser concedido após autorização do órgão responsável pela administração da UC ou, no caso das Reservas Particulares de Patrimônio Natural (RPPN), pelo órgão responsável pela sua criação".[67]*

Embora a norma não mencione, os Conselhos devem ser ouvidos, pois, entre as atribuições desses órgãos colegiados, encontra-se: *"manifestar-se sobre obra ou atividade potencialmente causadora de impacto na unidade de conservação, em sua zona de amortecimento, mosaicos ou corredores ecológicos".[68]*

Cabe salientar que ambos os regimes jurídicos encontram-se em vigor e não se confundem. Márcia Dieguez Leuzinger estabelece a distinção entre esses dois espaços de entorno das UC:

> Enquanto a zona de transição, anterior ao SNUC, com limites legalmente definidos, possui como única finalidade a defesa da biota, exigindo o licenciamento de atividades que possam afetá-la, a zona de amortecimento tem um espectro bem mais amplo, de incidência e limites indeterminados, podendo o órgão ambiental competente estabelecer restrições às atividades nela praticadas, necessárias à minimização dos impactos negativos sobre a UC.[69]

---

65. Lei nº 9.985/00, art. 2º, XVIII.
66. Decreto nº 99.274/90, art. 27.
67. Resolução CONAMA nº 428/10, art. 1º.
68. Decreto nº 4.340/02, art. 20, VIII.
69. LEUZINGER, Márcia Dieguez. Zonas de amortecimento e zonas de transição em unidades de conservação. *Revista de Interesses Difusos, Temas Polêmicos*, p. 2245, jan./fev. 2003.

A Lei do SNUC determina que os limites da zona de amortecimento e dos corredores ecológicos e as respectivas normas poderão ser definidas no ato de criação da unidade ou posteriormente.[70] Contudo, a supremacia do interesse público sobre o particular não confere ao Poder Público o direito de causar-lhe dano. Dessa forma, todas as imposições e restrições devem ser fixadas no ato de criação. O *poder de definir posteriormente* dá ao administrador uma discricionariedade indevida e insegurança jurídica para todos os interessados no espaço: proprietários e posseiros, incluídas aí as populações tradicionais. O termo *posteriormente* merece ser suprimido do texto legal, de modo que todas as regras fiquem explicitadas de antemão, em atendimento ao princípio da publicidade, que se reflete na transparência da gestão pública.

31.6.2 Zoneamento

Estabelecer o zoneamento é definir *"os setores ou zonas em uma Unidade de Conservação com objetivos de manejo e normas específicos, com o propósito de proporcionar os meios e as condições para que todos os objetivos da unidade possam ser alcançados de forma harmônica e eficaz".*[71]

A partir da criação de uma UC, há que proceder ao seu zoneamento, tarefa atribuída ao Plano de Manejo, assim como criar normas que devem reger o uso da área e o manejo dos recursos naturais, inclusive a implantação das estruturas físicas necessárias à gestão da unidade.

31.7 MOSAICO DE UNIDADES DE CONSERVAÇÃO

No mesmo espaço geográfico poderão existir mais de uma Unidade de Conservação, criadas por entes políticos distintos. A superposição de normas jurídicas sobre os mesmos espaços, com vistas à proteção da área, se por um lado indica a importância dos bens ambientais a serem preservados, por outro enseja a necessidade de articulação institucional entre os entes que criaram esses espaços, para unificar a sua gestão.

Para fazer frente a esse tema, e também aos casos em que existe proximidade entre as UC, a Lei do SNUC estabelece que, "quando existir um conjunto de UC de categorias diferentes ou não, próximas, justapostas ou sobrepostas, e outras áreas protegidas públicas ou privadas, constituindo um mosaico, a gestão do conjunto deverá ser feita de forma integrada e participativa, considerando-se os seus distintos objetivos de conservação, de forma a compatibilizar a presença da biodiversidade, a valorização da sociodiversidade e o desenvolvimento sustentável no contexto regional".[72]

O mosaico deve ser reconhecido por ato do Ministério do Meio Ambiente, a pedido dos órgãos gestores das Unidades de Conservação.[73] O Decreto nº 4.340/02 prevê, para o mosaico, um Conselho com caráter consultivo e a função de atuar como instância de gestão integrada das Unidades de Conservação que o compõem.[74]

---

70. Lei nº 9.985/00, art. 25, § 2º.
71. Lei nº 9.985/00, art. 2º, XVI.
72. Lei nº 9.985/00, art. 26.
73. Decreto nº 4.340/02, art. 8º.
74. Decreto nº 4.340/02, art. 9º.

Entre outras atribuições, cabe ao Conselho de Mosaico propor diretrizes e ações para compatibilizar, integrar e otimizar:

as atividades desenvolvidas em cada unidade de conservação, tendo em vista, especialmente: (a) os usos na fronteira entre unidades; (b) o acesso às unidades; (c) a fiscalização; (d) o monitoramento e avaliação dos planos de manejo; (e) a pesquisa científica; e (f) a alocação de recursos advindos da compensação referente ao licenciamento ambiental de empreendimentos com significativo impacto ambiental;

a relação com a população residente na área do mosaico.

O mosaico é uma forma de compatibilizar os usos de um espaço quando a complexidade das características físicas e bióticas ensejar regimes de proteção específicos e a sua compatibilização com atividades econômicas.

É o caso, por exemplo, do Grande Mosaico Carajás, localizado no sudeste do Estado do Pará. Em área onde se iniciou de forma mais intensa a exploração de minério de ferro ao final dos anos 1970, foram conservados os recursos naturais, inicialmente para proteção da própria atividade minerária. Em face do desmatamento ocorrido nessa região, nos anos 1980, para o uso de agricultura e pecuária, o espaço passou a ser praticamente o único preservado na região. Com a implementação da legislação ambiental, foram instituídas várias Unidades de Conservação no local, bem como a Reserva Indígena Xikrin, como forma de compatibilizar a exploração de minério com a conservação da natureza.

O mencionado mosaico é composto pela Floresta Nacional Carajás,[75] que inclui, em seus objetivos de manejo, a pesquisa, a lavra, o beneficiamento, o transporte e a comercialização de recursos minerais; pela Floresta Nacional Tapirapé-Aquiri,[76] em que se reforça a continuidade das atividades de mineração; e pela Floresta Nacional de Itacaiúnas,[77] cujos objetivos são o manejo de uso múltiplo e de forma sustentável dos recursos naturais renováveis, a manutenção da biodiversidade, a proteção dos recursos hídricos, a recuperação de áreas degradadas, a educação florestal e ambiental, a manutenção de amostras do ecossistema amazônico e o apoio ao desenvolvimento sustentável dos recursos naturais das áreas limítrofes à Floresta Nacional. Compõem também o mosaico a Área de Proteção Ambiental do Igarapé Gelado[78] e a Reserva Biológica do Tapirapé.[79]

Outro exemplo de mosaico refere-se à antiga Estação Ecológica da Jureia-Itatins, no litoral sul do Estado de São Paulo. Essa área, que foi preservada do crescimento urbano da Baixada Santista porque inicialmente seria destinada à construção de usinas nucleares, transformou-se em um dos espaços mais conservados do Estado.

Todavia, não se procedeu à implementação efetiva da estação ecológica, principalmente pela presença das populações tradicionais e por questões relativas à desapropriação de áreas, o que gerou incertezas quanto à proteção do espaço e do futuro das populações alocadas. A solução foi a instituição, pela Lei Estadual nº 12.406, de 12-12-2006, de um mosaico, formado pela Reserva de Desenvolvimento Sustentável do Despraiado, o Parque Estadual do Itinguçu, o Parque Estadual do Prelado, a Reserva

---

75. Instituída pelo Decreto nº 2.486, de 2-2-1998.
76. Instituída pelo Decreto nº 97.720, de 5-5-1989.
77. Instituída pelo Decreto nº 2.480, de 2-2-1988.
78. Instituída pelo Decreto nº 97.718, de 5-5-1989.
79. Instituída pelo Decreto nº 97.719, de 5-5-1989.

de Desenvolvimento Sustentável da Barra do Una e a Estação Ecológica da Jureia-Itatins, que, no entanto, foi julgada inconstitucional por questões formais relativas ao processo legislativo.

Somente com a edição da Lei Estadual nº 14.982, de 8-4-2013, foi instituído o atualmente vigente Mosaico de Unidades de Conservação da Jureia-Itatins, constituído pela Estação Ecológica da Jureia-Itatins, Parque Estadual do Itinguçu, Parque Estadual do Prelado, Reservas de Desenvolvimento Sustentável (RDS) do Despraiado, Reserva de Desenvolvimento Sustentável (RDS) da Barra do Una e Refúgio Estadual de Vida Silvestre das Ilhas do Abrigo e Guararitama, com área total de 97.213 ha.[80] A Lei Estadual nº 14.982/13 buscou solucionar a questão da presença das populações tradicionais garantindo o seu direito de reassentamento no Mosaico, mediante prévia aprovação dos Conselhos Deliberativos dessas unidades.[81]

31.8   DESAPROPRIAÇÃO

Entre as Unidades de Conservação há aquelas cujo regime jurídico de proteção é incompatível com a propriedade privada. Nesses casos, a desapropriação é obrigatória: parque, reserva biológica, estação ecológica, floresta nacional, reserva extrativista e reserva de fauna. Em outros casos, é cabível a desapropriação, sem ser obrigatória: monumento natural, refúgio de vida silvestre e reserva de desenvolvimento sustentável. A RPPN é sempre de propriedade privada.

Desde que se verifique a necessidade de desapropriar uma área, cabe, o quanto antes, proceder ao pagamento do seu valor correspondente. Assim, é necessário que haja previsão orçamentária para fazer frente a essa despesa.

A lei excluiu das indenizações referentes à regularização fundiária das Unidades de Conservação, derivadas ou não de desapropriação:

as espécies arbóreas declaradas imunes de corte pelo Poder Público;[82]

as expectativas de ganhos e lucro cessante;

o resultado de cálculo efetuado mediante a operação de juros compostos;

as áreas que não tenham prova de domínio inequívoco e anterior à criação da unidade.[83]

Cabe ainda mencionar que, segundo a Lei nº 12.651/12, a área com vegetação nativa, existente ou em processo de recuperação, em propriedade rural localizada no interior de Unidade de Conservação de domínio público e que ainda não tenha sido desapropriada, pode ser objeto de emissão de Cota de Reserva Ambiental (CRA),[84] que é uma das formas de compensação da Reserva Legal.

---

80. Lei Estadual nº 14.982/13, art. 11.
81. Lei Estadual nº 14.982/13, art. 12.
82. Ver RE 267817, de 29-12-2002, Relator: Min. Maurício Corrêa. No mesmo sentido, RE 369.469 – Agr/SP, Relator: Min. Eros Grau, 31-8-2004; RE 100717, Relator Francisco Rezek, 10-4-1984. RE 134297, Relator: Ministro Celso de Mello, 22-9-1995, mencionados no item Indenização de Cobertura Vegetal de APP e RL, e que se estende às árvores imunes de corte.
83. Lei nº 9.985/00, art. 45.
84. Lei nº 12.651/12, art. 44, IV. Declarado constitucional na ADIn nº 4.937 e na ADC nº 42.

31.9 COMPENSAÇÃO AMBIENTAL

31.9.1 Conceito de compensação

Compensar é *"reparar um mal com um bem correspondente"*,[85] dando-se algo em troca daquilo que foi perdido. O fundamento para a compensação ambiental seria a perda de biodiversidade, que não é restituída nem pelas medidas compensatórias nem pelas mitigadoras exigidas no processo de licenciamento ambiental.

A compensação ambiental encontra base legal no art. 36 da Lei Federal nº 9.985/00, que determina que, nos casos de licenciamento ambiental de empreendimentos de significativo impacto ambiental, o empreendedor é obrigado a apoiar a implantação e manutenção de Unidade de Conservação do Grupo de Proteção Integral. As Unidades de Conservação de Uso Sustentável de posse e domínio públicos também serão objeto da compensação ambiental, em virtude do interesse público, especialmente se localizadas na Amazônia Legal[86] e, também, no caso de o empreendimento afetá-las diretamente, ou afetar diretamente a sua zona de amortecimento.

A aplicação dos recursos da compensação ambiental deve obedecer a uma ordem de prioridades específicas, assim definidas pelo Decreto Federal nº 4.340/02:[87]

regularização fundiária e demarcação das terras;

elaboração, revisão ou implantação de plano de manejo;

aquisição de bens e serviços necessários à implantação, gestão, monitoramento e proteção da unidade, compreendendo sua área de amortecimento;

desenvolvimento de estudos necessários à criação de nova unidade de conservação; e

desenvolvimento de pesquisas necessárias para o manejo da unidade de conservação e área de amortecimento.

31.9.2 Histórico da compensação ambiental

A compensação ambiental, instrumento de gestão ambiental e de financiamento de atividades de proteção do meio ambiente, não foi criado pela Lei do SNUC. A Resolução CONAMA nº 10, de 3-12-1987, estabelecia que, para fazer face à reparação dos danos ambientais causados pela destruição de florestas e outros ecossistemas, o licenciamento de obras de grande porte, assim consideradas pelo órgão licenciador com fundamento no RIMA, teria como um dos seus pré-requisitos a implantação de uma Estação Ecológica pela entidade ou empresa responsável pelo empreendimento, preferencialmente junto à área.

O valor a ser aplicado seria proporcional ao dano ambiental a ressarcir e não poderia ser inferior a 0,5% dos custos totais previstos para a implantação dos empreendimentos. A resolução nada esclarecia quanto à definição dos *custos totais previstos para a implantação do empreendimento.*

---

85. Dicionário *Aurélio*, versão eletrônica.
86. Lei nº 9.985/00, art. 36, § 4º. Incluído pela Lei nº 13.668, de 28-05-2018.
87. Decreto nº 4.340/02, art. 33.

Caberia à entidade ou empresa responsável pelo empreendimento encarregar-se da manutenção da Estação Ecológica, diretamente ou por convênio com entidade do Poder Público capacitada para isso.

A Resolução CONAMA nº 2, de 18-4-1996[88], revogou a Resolução nº 10/87, mantendo, todavia, a obrigatoriedade da implantação de uma Unidade de Conservação de domínio público e uso indireto, preferencialmente uma Estação Ecológica. O valor aplicado não poderia ser inferior a 0,5% dos custos totais previstos para implantação do empreendimento, sendo que 15% dessa quantia poderiam ser aplicados na implantação de sistemas de fiscalização, controle e monitoramento da qualidade ambiental no entorno das Unidades de Conservação. Tampouco nessa resolução foi explicitada a definição dos *custos totais previstos para a implantação do empreendimento*.

A Lei do SNUC, ao retomar essa matéria, prevê não a implantação de uma Unidade de Conservação pelo empreendedor, mas **o apoio** na implantação e manutenção de Unidade de Conservação da categoria de Proteção Integral, *nos casos de licenciamento ambiental de empreendimentos de **significativo impacto ambiental**, assim considerado pelo órgão ambiental competente, com fundamento em estudo de impacto ambiental e respectivo relatório – EIA/RIMA.*[89]

O foco da compensação ambiental são as Unidades de Conservação de Proteção Integral. Mas as Unidades de Conservação de Uso Sustentável enquadram-se também como beneficiárias dos recursos da compensação ambiental quando elas ou sua zona de amortecimento forem afetadas pelo empreendimento.

Em 2018, a Lei nº 13.668/18 inseriu o § 4º ao art. 36 da Lei do SNUC, autorizando a possibilidade de o empreendedor, em virtude do interesse público, cumprir a sua obrigação mediante o apoio à implantação e à manutenção de unidade de conservação de posse e domínio públicos do grupo de Uso Sustentável, especialmente as localizadas na Amazônia Legal. Com isso, abre-se a possibilidade de a compensação ambiental ocorrer, também, nas florestas nacionais, as reservas extrativistas, as reservas de fauna, as reservas de desenvolvimento sustentável, as áreas de relevante interesse ecológico e as áreas de proteção permanente.

31.9.3 Natureza jurídica[90]

A compensação ambiental prevista no art. 36 da Lei nº 9.985/00 constitui uma obrigação que pode assumir duas naturezas distintas. Consiste em uma **obrigação de dar** nos casos em que os valores são repassados pelo empreendedor ao órgão ou entidade responsável pelas UC de proteção integral ou de uso sustentável. Será **obrigação de fazer**, quando couber ao empreendedor a realização direta das ações definidas pelo Poder Público, como será detalhado neste capítulo.

Não há uma relação direta ou mesmo indireta entre o empreendimento e o impacto, embora ambos sejam variáveis da mesma equação que determina o valor das obrigações

---

88. Revogada pela Resolução CONAMA nº 371/06.
89. Lei nº 9.985/00, art. 36.
90. Até a terceira edição, mencionava-se que a compensação financeira ora estudada constituía uma forma de compensar a perda difusa da biodiversidade causada pelo novo empreendimento. Essa posição, todavia, evoluiu e, a partir da quarta edição, a questão passou a ser abordada sobre nova ótica, conforme detalhado no presente item.

a serem cumpridas pelo empreendedor, prevista no art. 31 do Decreto nº 4.340/02, com a redação dada pelo Decreto nº 6.848/09.

Dessa forma, não se trata de uma compensação por dano específico, mas de **um apoio financeiro destinado ao Poder Público pelo uso de recursos naturais**, a ser calculado com base no valor do empreendimento, como mera referência, em decorrência do cumprimento da obrigação de dar ou de fazer.

Ou seja, trata-se de uma contribuição financeira que aplica o **princípio do usuário- -pagador**,[91] traduzida na execução das ações definidas em procedimento específico, voltado ao apoio da implantação e manutenção das UC de Proteção Integral e também de Uso Sustentável de posse e domínio público, em virtude do interesse público.

A compensação ambiental do art. 36 não se confunde, portanto, com a reparação *in natura* ou a indenização por um dano ambiental já causado, pois o pagamento é efetuado previamente à instalação do empreendimento e, consequentemente, à ocorrência de dano. E, mesmo que sejam identificados eventuais impactos nos estudos ambientais sobre o empreendimento, não há relação lógica, expressa em moeda corrente, entre tais impactos e os valores a serem compensados. Daí a ideia de se caracterizar a compensação como aplicação do princípio usuário-pagador.

Segundo a lei, o montante a ser pago não poderia ser inferior a 0,5% dos custos totais previstos para a **implantação do empreendimento**, devendo o órgão ambiental licenciador fixar o percentual, de acordo com o grau de impacto ambiental causado pelo empreendimento, conforme definido no Estudo Prévio de Impacto Ambiental.

Surgiu disso a dúvida quanto à expressão *implantação do empreendimento*. Afinal, quais despesas estariam ali contidas? A Resolução CONAMA nº 371/06, que revogou a Resolução CONAMA nº 2/87, regulamentou a compensação, determinando que (1) os investimentos destinados à melhoria da qualidade ambiental e à mitigação dos impactos causados pelo empreendimento, exigidos pela legislação ambiental, integrarão os seus custos totais para efeito do cálculo da compensação ambiental;[92] e (2) os investimentos destinados à elaboração e implementação dos planos, programas e ações, não exigidos pela legislação ambiental, mas estabelecidos no processo de licenciamento ambiental para mitigação e melhoria da qualidade ambiental, não integrarão os custos totais para efeito do cálculo da compensação ambiental.[93]

As expressões *não pode ser inferior a meio por cento dos custos totais previstos para a implantação do empreendimento* e *o percentual* foram considerados inconstitucionais pelo STF, na ADI nº 3.378, proposta pela Confederação Nacional da Indústria (CNI). Se a ideia inicial era derrubar a cobrança da compensação financeira, a decisão do STF pode ter tornado a situação ainda mais insegura, no que se refere à imposição de um limite máximo a ser cobrado dos empreendimentos. Pelo acórdão, os valores passaram a não ter piso nem teto, ficando o cálculo para as demonstrações a serem feitas nos estudos ambientais elaborados no âmbito do processo de licenciamento.

---

91. MACHADO, Paulo Affonso Leme. *Direito ambiental brasileiro*. 26. ed. São Paulo: Malheiros, 2018, p. 1026.
92. Resolução CONAMA nº 371/06, art. 3º, § 1º.
93. Resolução CONAMA nº 371/06, art. 3º, § 2º.

O Decreto n° 6.848, de 14-5-2009, alterando o Decreto n° 4.340/02, e de certa forma ignorando o teor do acórdão, fixou **novas regras** para o cálculo da compensação ambiental, por meio da aplicação da seguinte fórmula:[94]

CA = VR x GI, onde:

CA = Valor da Compensação Ambiental;

VR = somatório dos investimentos necessários para implantação do empreendimento, não incluídos os investimentos referentes aos planos, projetos e programas exigidos no procedimento de licenciamento ambiental para mitigação de impactos causados pelo empreendimento, bem como os encargos e custos incidentes sobre o financiamento do empreendimento, inclusive os relativos às garantias, e os custos com apólices e prêmios de seguros pessoais e reais; e

GI = Grau de Impacto nos ecossistemas, podendo atingir valores de 0 a 0,5%.

Na medida em que o cálculo da compensação ambiental deixou de computar os valores relativos aos custos da mitigação dos impactos ambientais negativos, assim como o custo do financiamento, reduziu-se o valor a ser pago pelo empreendedor.

Cabe ponderar, aqui, uma inconsistência da norma, pois o custo de um empreendimento não tem, necessariamente, relação direta com os impactos ambientais que ele causará, mitigáveis ou não. Pode-se até afirmar que as tecnologias limpas, mais avançadas, custam mais caro que os sistemas obsoletos. O critério utilizado – valor do empreendimento – nada tem a ver com o dano futuro, mesmo aquele de natureza difusa, relativa à biodiversidade perdida, que é justamente o que justifica a cobrança.

Já que não há relação direta ou mesmo indireta entre o empreendimento e o dano, pode-se afirmar que não se trata, na verdade, de uma compensação, mas de **um preço a pagar pelo uso de recursos naturais**, a ser calculado com base no valor do empreendimento, como mera referência. Essa posição seria mais lógica, pois ficaria fora da teoria da reparação do dano, que exige uma relação direta entre o prejuízo causado e a reparação.

Caberia verificar, caso a caso, o dano potencial, para fixar os valores de compensação.

Os recursos da compensação devem ser aplicados na seguinte ordem de prioridades:

regularização fundiária e demarcação das terras;

elaboração, revisão ou implantação de plano de manejo;

aquisição de bens e serviços necessários a implantação, gestão, monitoramento e proteção da unidade, compreendendo sua área de amortecimento;

desenvolvimento de estudos necessários à criação de nova Unidade de Conservação; e

desenvolvimento de pesquisas necessárias para o manejo da Unidade de Conservação e área de amortecimento.[95]

O regulamento do SNUC distingue, para fins de aplicação dos recursos da compensação, as UC de domínio público das de domínio privado. No caso de Unidades de Conservação em áreas de domínio privado, os recursos da compensação somente poderão custear as seguintes atividades na Reserva Particular do Patrimônio Natural (RPPN), Monumento Natural, Refúgio de Vida Silvestre, Área de Relevante Interesse Ecológico (ARIE) e Área de Proteção Ambiental (APA):

---

94. Decreto n° 4.340/02, art. 31-A, acrescido pelo Decreto n° 6.848/09.
95. Decreto n° 4.340/02, art. 33.

elaboração do plano de manejo ou das atividades de proteção da unidade;

realização das pesquisas necessárias para o manejo da unidade, sendo vedada a aquisição de bens e equipamentos permanentes;

implantação de programas de educação ambiental;

financiamento de estudos de viabilidade econômica para uso sustentável dos recursos naturais da unidade afetada.

31.9.4 Desafios do modelo da aplicação dos recursos da compensação ambiental

Conforme já tratado, a compensação ambiental prevista no art. 36 da Lei nº 9.985/00 é um instrumento de gestão ambiental voltado à conservação da biodiversidade, na implantação e na manutenção das Unidades de Conservação (UC) de Proteção Integral e de Uso Sustentável de posse e domínio público, em virtude do interesse público. Ao longo do tempo, a efetividade na aplicação de recursos da compensação ambiental foi prejudicada por vários fatores, relacionados principalmente à falta de uma clara regulamentação dos procedimentos **de aplicação dos recursos** da compensação ambiental. De acordo com a sistemática adotada até 2013, duas alternativas se apresentavam:

o empreendedor poderia optar pela execução direta por meios próprios, de acordo com o plano estabelecido pelo órgão licenciador, podendo, para tanto, utilizar-se de terceiros, inclusive, instituições financeiras, preferencialmente oficiais; ou

depositar o valor arbitrado em conta escritural de compensação ambiental em seu nome junto à Caixa Econômica Federal, para execução indireta das obrigações. O ICMBio, nessa sistemática, passava a aplicar os valores nas ações definidas na deliberação específica do Comitê.

Ocorre que, por decisão do Tribunal de Contas da União, no Acórdão nº 1.853/13, relativo ao Processo nº 14.293/2012-9, determinou-se que o ICMBio se abstivesse *de autorizar os empreendedores a cumprirem a obrigação de apoiar a implantação e manutenção de unidade de conservação estabelecida no art. 36 da Lei 9.985/00 mediante depósito do valor da compensação ambiental em contas escriturais abertas na Caixa Econômica Federal em nome do empreendimento.* O argumento para tal decisão é o fato de que não há previsão de tal procedimento na referida lei e no decreto que a regulamenta.

Além disso, o TCU determinou ao MMA e ao ICMBio, com relação ao saldo existente nas contas escriturais de compensação ambiental na Caixa Econômica Federal, que adotassem as providências necessárias à incorporação desses valores à Conta Única e ao orçamento fiscal da União e à correspondente aplicação nas finalidades a que se vinculam, com estrita observância da legislação orçamentária e financeira pertinente.

O ICMBio, juntamente com o Ministério do Meio Ambiente, apresentou pedido de reexame junto ao TCU, que possui efeito suspensivo e, em tese, permitiria a continuidade daquele procedimento, até o julgamento final. Todavia, a decisão do ICMBio foi de não mais celebrar Termos de Compromisso com os empreendedores, até que o TCU julgasse seu pedido.

Como resultado, os empreendedores, proibidos de adotar a sistemática da celebração do Termo de Compromisso e depósito em conta na CAIXA, também não aceitavam a execução por meios próprios, tendo em vista as dificuldades operacionais relacionadas com as Unidades de Conservação.

Demais disso, surgiu um problema de ordem jurídica. Como a aplicação prioritária dos valores refere-se predominantemente à regularização fundiária, conforme determina o Decreto nº 4.340/02, tal atividade inclui atos privativos de servidores públicos no que se refere ao reassentamento, assistência das pessoas e ações correlatas. Criou-se, assim, uma impossibilidade jurídica da efetivação das Compensações Ambientais, cabendo aguardar a decisão final do TCU sobre a matéria.

Em verdade, nem a Lei nº 9.985/00 nem os decretos regulamentadores dessa norma trataram da questão da aplicação dos recursos. Nem determinaram que o empreendedor deveria proceder diretamente às ações fixadas no processo específico, nem trataram da Conta da Caixa Econômica Federal. A legislação havia deixado brechas jurídicas para interpretações diversas, ensejando a judicialização dessas questões, seja pelo STF ou mesmo pelo TCU, o que acabaram por não solucionar as questões mais críticas.

Como forma de contornar esse impasse, em 2014 foi publicada a Instrução Normativa ICMBio nº 10/14 objetivando regular os procedimentos administrativos instaurados para a celebração dos termos de compromisso para cumprimento das obrigações referentes à compensação ambiental, no âmbito das UC federais. A nova IN voltou a prever a possibilidade de cumprimento da compensação ambiental mediante depósito. Tal cumprimento, no entanto, possuía caráter provisório durante a vigência do efeito suspensivo do Acórdão do TCU nº 1.853/13, conforme já tratado.

Essa questão ficou solucionada com a edição da Lei nº 13.668/18,[96] que alterou a Lei nº 11.516/07 e a Lei nº 9.985/00, para dispor sobre a destinação e a aplicação dos recursos de compensação ambiental pelo ICMBio. Conforme dispõem os artigos adicionados à Lei nº 11.516/07, o ICMBio está autorizado a selecionar instituição financeira oficial, dispensada a licitação, para criar e administrar fundo privado a ser integralizado com recursos oriundos da compensação ambiental de que trata o art. 36 da Lei do SNUC, destinados às unidades de conservação instituídas pela União.

De acordo com o ICMBio, essa medida destravará a aplicação dos recursos da compensação ambiental. Pelas regras vigentes até então, para o cumprimento das exigências do licenciamento ambiental, os empreendedores eram obrigados a executar diretamente as atividades de compensação nas unidades de conservação indicadas. Essa execução direta é considerada de difícil aplicação. Assim, os empreendedores poderão optar por depositar os recursos da compensação ambiental em uma instituição financeira oficial, quitando assim suas obrigações.[97]

Nos termos do art. 14-A, a instituição financeira será responsável pela execução, direta ou indireta, e pela gestão centralizada dos recursos de compensação ambiental destinados às unidades de conservação instituídas pela União e poderá, para a execução indireta, firmar contrato com instituições financeiras oficiais regionais.

Os valores devidos a título de compensação ambiental serão fixados pelo órgão licenciador e desoneram o empreendedor das obrigações relacionadas à compensação ambiental.[98] Tais valores serão atualizados pelo Índice Nacional de Preços ao Consumidor Amplo

---

96. Conversão da Medida Provisória nº 809/2017.
97. ICMBio. *Presidente sanciona lei da compensação ambiental*. 29-05-2018. Disponível em: <https://www.gov.br/icmbio/pt-br/assuntos/noticias/ultimas-noticias/presidente-sanciona-lei-da-compensacao-ambiental>. Acesso em: 11 mar. 2024.
98. Lei nº 11.516/07, art. 14-A, § 2º, inserido pela Lei nº 13.668/18.

Especial (IPCA-E) a partir da data de fixação da compensação ambiental pelo órgão licenciador.[99]

Os poderes da instituição financeira oficial se estendem, também, para promover as desapropriações dos imóveis privados indicados pelo ICMBio que estejam inseridos na unidade de conservação destinatária dos recursos de compensação ambiental.[100]

31.10 POPULAÇÕES TRADICIONAIS

Uma das questões mais candentes, no que toca às Unidades de Conservação, refere-se às populações tradicionais, assim considerados, basicamente, os grupos de pessoas que retiram da floresta e dos recursos naturais que a compõem a sua subsistência, no todo ou em parte. Quando o Poder Público decide criar uma Unidade de Conservação com regime jurídico incompatível com a presença humana, expõe-se o conflito sobre esse tema.

Essa questão é complexa, já no conceito da expressão **comunidades tradicionais**. Inicialmente, a Lei nº 9.985/00 tentou estabelecer a seguinte definição: "grupos humanos culturalmente diferenciados, vivendo há, no mínimo, três gerações em um determinado ecossistema, historicamente reproduzindo seu modo de vida, em estreita dependência do meio natural para sua subsistência e utilizando os recursos naturais de forma sustentável".[101]

Esse dispositivo foi vetado. Conforme as razões do veto, "*o conteúdo da disposição é tão abrangente que nela, com pouco esforço de imaginação, caberia toda a população do Brasil*". De fato, determinados grupos humanos, apenas por habitarem continuadamente em um mesmo ecossistema, não podem ser definidos como população tradicional, para os fins do Sistema Nacional de Unidades de Conservação da Natureza.

Ainda segundo as considerações sobre o veto, "*o conceito de ecossistema não se presta para delimitar espaços para a concessão de benefícios, assim como o número de gerações não deve ser considerado para definir se a população é tradicional ou não, haja vista não trazer consigo, necessariamente, a noção de tempo de permanência em determinado local, caso contrário, o conceito de populações tradicionais se ampliaria de tal forma que alcançaria, praticamente, toda a população rural de baixa renda, impossibilitando a proteção especial que se pretende dar às populações verdadeiramente tradicionais*".

Em que pese a lógica da argumentação anteriormente transcrita, permanecia, na prática, o problema. A Lei nº 11.284/06, que dispõe sobre a gestão das florestas públicas, definiu as *comunidades locais* como "*as populações tradicionais e outros grupos humanos, organizados por gerações sucessivas, com estilo de vida relevante à conservação e à utilização sustentável da diversidade biológica*".[102] A Lei nº 11.428/06 retomou a questão, definindo "*população tradicional como população vivendo em estreita relação com o ambiente natural, dependendo de seus recursos naturais para a sua reprodução sociocultural, por meio de atividades de baixo impacto ambiental*".[103]

---

99. Lei nº 11.516/07, art. 14-B, inserido pela Lei nº 13.668/18.
100. Lei nº 11.516/07, art. 14-A, § 3º, inserido pela Lei nº 13.668/18.
101. Lei nº 9.985/00, art. 2º, XV.
102. Lei nº 11.284/06, art. 3º, X.
103. Lei nº 11.428/06, art. 3º, II.

O Decreto nº 6.040, de 7-2-2007, que institui a Política Nacional de Desenvolvimento Sustentável dos Povos e Comunidades Tradicionais, definiu-os, no art. 3º, I, como *"grupos culturalmente diferenciados e que se reconhecem como tais, que possuem formas próprias de organização social, que ocupam e usam territórios e recursos naturais como condição para sua reprodução cultural, social, religiosa, ancestral e econômica, utilizando conhecimentos, inovações e práticas gerados e transmitidos pela tradição".*

A Lei do SNUC determina que as populações tradicionais residentes em Unidades de Conservação nas quais a permanência não seja permitida serão indenizadas ou compensadas pelas benfeitorias existentes e devidamente realocadas pelo Poder Público, em local e condições acordados entre as partes.[104]

A questão que se coloca, em relação às populações tradicionais, refere-se à necessidade ou não de excluí-las dos espaços territoriais especialmente protegidos.[105] Existem basicamente duas correntes sobre a matéria:

as populações tradicionais compõem os próprios ecossistemas e o manejo que realizam na floresta não é danoso ao equilíbrio ambiental;

a presença humana nesses espaços é incompatível com a proteção que se deseja garantir.

O direito brasileiro, ao estabelecer duas categorias de Unidades de Conservação – Proteção Integral e Uso Sustentável –, possibilitou que as populações tradicionais permanecessem nos espaços por elas ocupados, se essa presença se coadunasse com o regime jurídico estabelecido para o espaço. Dessa forma, caberia manter as populações tradicionais nos espaços protegidos, elegendo-se, para tanto, as subcategorias de Uso Sustentável, compatíveis com essa presença.

Ocorre que não foi essa a lógica que permeou a escolha das subcategorias de espaços protegidos. Muitos deles tiveram o seu regime jurídico definido, sem considerar essas populações, que foram obrigadas a retirar-se do espaço, sofrendo as consequências da perda da referência cultural e das formas tradicionais de subsistência. Considerando que em muitos casos essas populações ocupam as áreas sem título de propriedade, não recebem indenização quando de seu reassentamento, não tendo como se instalar em outras áreas com o mínimo de dignidade.

Com vistas a contornar esse problema, a lei determina que o Poder Público, por meio do órgão competente, priorizará o reassentamento das populações tradicionais a serem realocadas.[106] E, até que seja possível efetuar o reassentamento, serão estabelecidas normas e ações específicas destinadas a compatibilizar a presença das populações tradicionais residentes com os objetivos da unidade, sem prejuízo dos modos de vida, das fontes de subsistência e dos locais de moradia destas populações, assegurando-se a sua participação na elaboração das referidas normas e ações.[107]

Apenas as populações tradicionais residentes na unidade no momento da sua criação terão direito ao reassentamento. Enquanto não forem reassentadas, as condições de permanência das populações tradicionais em Unidade de Conservação de Proteção Integral

---

104. Lei nº 9.985/00, art. 42.
105. Sobre esse tema, ver DIEGUES, Antonio Carlos. *O mito moderno da natureza intocada.* São Paulo: Hucitec, NUPAUB/CEC, 2004.
106. Lei nº 9.985/00, ar.t. 42, § 1º.
107. Lei nº 9.985/00, art. 42, § 2º.

serão reguladas por termo de compromisso, negociado entre o órgão executor e as populações, ouvido o Conselho da Unidade de Conservação.

Há dúvida quanto à efetividade dessa *ajuda* conferida às populações tradicionais. Melhor seria se, na escolha das subcategorias das UC, fosse considerada a possibilidade dessas populações permanecerem na área, optando-se por categorias que permitissem sua presença no espaço protegido. É uma forma mais realista de pensar os espaços protegidos e proteger esses grupos da exclusão social.

O art. 3º do Anexo do Decreto nº 6.040/07 estabelece, entre os objetivos específicos da Política Nacional de Desenvolvimento Sustentável dos Povos e Comunidades Tradicionais:

> garantir aos povos e comunidades tradicionais seus territórios e o acesso aos recursos naturais que tradicionalmente utilizam para sua reprodução física, cultural e econômica; e
>
> solucionar e/ou minimizar os conflitos gerados pela implantação de Unidades de Conservação de Proteção Integral em territórios tradicionais e estimular a criação de Unidades de Conservação de Uso Sustentável.

Essa diretriz vem corroborar o posicionamento segundo o qual as populações tradicionais devem permanecer, em regra, em seus territórios, independentemente da proteção a ser conferida aos mesmos. Até porque, se esses grupos habitam regiões cujo nível de preservação é tal que dá ensejo à instituição de uma Unidade de Conservação de Proteção Integral, há que ponderar que eles não oferecem riscos, devendo ser muito bem avaliada e talvez até valorizada a sua permanência no espaço.

31.11 EXPLORAÇÃO DE BENS AMBIENTAIS

A Lei do SNUC autoriza a exploração comercial de produtos, subprodutos ou serviços obtidos ou desenvolvidos a partir dos recursos naturais, biológicos, cênicos ou culturais ou da exploração da imagem de Unidade de Conservação, exceto na Área de Proteção Ambiental e Reserva Particular do Patrimônio Natural, mas condiciona essa exploração à prévia autorização do órgão ambiental responsável.[108] Estabelece também que o explorador deverá pagar por isso, salvo em razão de finalidade científica, educativa ou cultural.

As novas autorizações para exploração comercial de produtos, subprodutos ou serviços, em UC de domínio público, só serão permitidas se previstas no plano de manejo.[109] O Decreto nada menciona sobre aquelas de domínio privado, bem como as Áreas de Proteção Ambiental (APA) e Reservas Particulares do Patrimônio Natural (RPPN), cujas atividades do proprietário têm por limite as regras vigentes para o espaço específico.

31.12 CATEGORIAS DE UNIDADES DE CONSERVAÇÃO

O Sistema Nacional de Unidades de Conservação (SNUC) prevê duas categorias: **Proteção Integral** e **Desenvolvimento Sustentável**. Cada UC possui regime jurídico próprio, devidamente indicado na Lei do SNUC. A quantidade de subcategorias de Unidade de Conservação não significa uma proteção maior. Somente a gestão feita de modo a atender os objetivos legalmente previstos assegura, de fato, a proteção dos espaços.

---

108. Lei nº 9.985/00, art. 33.
109. Decreto nº 4.340/02, art. 26.

As **Unidades de Proteção Integral** objetivam a preservação da natureza, admitindo apenas o uso indireto dos seus recursos naturais, basicamente relacionado com a pesquisa.[110] A lei conceituou a Proteção Integral como a *"manutenção dos ecossistemas livres de alterações causadas por interferência humana, admitido apenas o uso indireto dos seus atributos naturais".*[111]

Em princípio, nas **Unidades de Proteção Integral**, em níveis maiores ou menores, de acordo com a caracterização de cada subcategoria, é restrita a atividade humana, não se admitindo a presença nem das populações tradicionais. Trata-se da forma mais restritiva de proteção, o que indica maior fragilidade dos bens ambientais a serem protegidos. Aqui, repete-se o que já foi dito: se a população tradicional habita uma área muito preservada, é porque de alguma forma contribuiu para essa preservação. Expulsá-la não garante a continuidade de proteção dos bens ambientais, mas causa danos irreversíveis à organização cultural dessas pessoas, além de comprometer sua sobrevivência. As decisões sobre a instituição das UC não podem desconsiderar esses fatos.

O grupo das Unidades de Proteção Integral é composto pelas seguintes categorias de unidade de conservação:

Estação Ecológica;

Reserva Biológica;

Parque Nacional;

Monumento Natural;

Refúgio de Vida Silvestre.[112]

As **Unidades de Uso Sustentável** têm por objetivo básico a compatibilização da conservação da natureza com o uso sustentável de parcela dos seus recursos naturais.[113] Conceitualmente, *"uso sustentável é a exploração do ambiente de maneira a garantir a perenidade dos recursos ambientais renováveis e dos processos ecológicos, mantendo a biodiversidade e os demais atributos ecológicos, de forma socialmente justa e economicamente viável".*[114]

O grupo das Unidades de Uso Sustentável possui as seguintes categorias de unidade de conservação:

Área de Proteção Ambiental;

Área de Relevante Interesse Ecológico;

Floresta Nacional;

Reserva Extrativista (RESEX);

Reserva de Fauna;

Reserva de Desenvolvimento Sustentável;

Reserva Particular do Patrimônio Natural (RPPN).[115]

---

110. Lei nº 9.985/00, art. 7º, § 1º.
111. Lei nº 9.985/00, art. 2º, VI.
112. Lei nº 9.985/00, art. 8º.
113. Lei nº 9.985/00, art. 7º, § 2º.
114. Lei nº 9.985/00, art. 2º, XI.
115. Lei nº 9.985/00, art. 14.

31.12.1 Unidades de proteção integral

31.12.1.1 Estação Ecológica

A Lei nº 6.513, de 20-12-1977, menciona as **Estações Ecológicas** como bens de interesse turístico. Mais tarde, a Lei nº 6.902, de 27-4-1981, definiu esses espaços como "*áreas representativas de ecossistemas brasileiros, destinadas à realização de pesquisas básicas e aplicadas de Ecologia, à proteção do ambiente natural e ao desenvolvimento da educação conservacionista*"[116]. No mínimo 90% de cada espaço deveria ser destinado, em caráter permanente, e definido em ato do Poder Executivo, à preservação integral da biota[117].

Na área restante, poderia ser autorizada a realização de pesquisas ecológicas que viessem a acarretar modificações no ambiente natural, condicionadas a um plano de zoneamento aprovado[118]. As pesquisas científicas e outras atividades realizadas nas Estações Ecológicas levariam sempre em conta a necessidade de não colocar em perigo a sobrevivência das populações das espécies ali existentes.[119]

De acordo com a Lei do SNUC, a Estação Ecológica tem por finalidade "*a preservação da natureza e a realização de pesquisas científicas*".[120] Para tanto, a sua posse e domínio são públicos, cabendo a desapropriação das áreas particulares incluídas em seus limites. Seu regime jurídico, quanto à presença humana, é dos mais restritivos, pois a lei proíbe a visitação pública, exceto quando o objetivo for de cunho educacional, de acordo com o plano de manejo ou o regulamento específico. A realização de pesquisa científica nesse espaço condiciona-se à autorização prévia do órgão responsável pela administração da unidade.

A ideia que permeia o conceito de Estação Ecológica refere-se a um espaço livre da intervenção humana, sendo permitida a alteração dos ecossistemas locais apenas no caso de: (1) medidas que visem à restauração de ecossistemas modificados; (2) manejo de espécies com o fim de preservar a diversidade biológica; (3) coleta de componentes dos ecossistemas com finalidades científicas; e (4) pesquisas científicas cujo impacto sobre o ambiente seja maior do que aquele causado pela simples observação ou pela coleta controlada de componentes dos ecossistemas, em uma área correspondente a no máximo 3% da extensão total da unidade e até o limite de 1.500 ha.

31.12.1.2 Reservas biológicas

A Reserva Biológica tem regime jurídico muito semelhante ao da Estação Ecológica. Sua finalidade é a preservação integral da biota e demais atributos naturais existentes em seus limites, sem interferência humana direta ou modificações ambientais.[121] A exceção apontada pela lei versa sobre: (1) medidas de recuperação de ecossistemas alterados e (2) ações de manejo necessárias para recuperar e preservar o equilíbrio natural, a diversidade biológica e os processos ecológicos naturais.

---

116. Lei nº 6.902/81, art. 1º, *caput*.
117. Lei nº 6.902/81, art. 1º, § 1º.
118. Lei nº 6.902/81, art. 1º, § 2º.
119. Lei nº 6.902/81, art. 1º, § 3º.
120. Lei nº 9.985/00, art. 9º.
121. Lei nº 9.985/00, art. 10.

Assim como a Estação Ecológica, a posse e o domínio da Reserva Biológica são públicos, cabendo a desapropriação das áreas particulares existentes em seus limites. É também proibida a visitação pública, exceto com objetivos educacionais, de acordo com regulamento específico. A norma não menciona o Plano de Manejo, o que se entende como uma falha da lei, pois é esse o instrumento destinado a estabelecer, entre outros temas, as condições de funcionamento das Unidades de Conservação. Apenas menciona o regulamento da lei e as condições fixadas pelo órgão gestor da UC.

A pesquisa científica, da mesma forma que na Estação Ecológica, depende de autorização prévia do órgão responsável pela administração da unidade e está sujeita às condições e restrições por este estabelecidas, bem como àquelas previstas em regulamento.

Em verdade, a Estação Ecológica e a Reserva Biológica poderiam ser fundidas em um único tipo de Unidade de Conservação, tendo em vista sua similaridade. O importante, mais que criar uma diversidade de categorias dos espaços protegidos, é dar consistência a esses espaços, não pelo número de subcategorias, mas pela efetividade das ações voltadas à proteção.

31.12.1.3 Parque Nacional

Os parques foram os primeiros espaços protegidos pela legislação brasileira. O Código Florestal de 1934 definia os **Parques Nacionais, Estaduais** ou **Municipais** como *"monumentos públicos naturais, que perpetuam em sua composição florística primitiva, trechos do país, que, por circunstâncias peculiares, o mereçam"*.

O primeiro Parque Nacional brasileiro foi criado em Itatiaia, na divisa entre os Estados de Minas Gerais e Rio de Janeiro, em 1937. Os outros espaços instituídos nessa época são: o Parque Nacional do Iguaçu, no Paraná, e o Parque Nacional da Serra dos Órgãos, no Rio de Janeiro, ambos em 1939. A finalidade desses espaços, inspirado no modelo americano, consistia em *"garantir que os seus recursos naturais fossem preservados intactos, e sem a interferência humana, e assegurar a preservação do hábitat de algumas espécies"*.[122]

O Código Florestal de 1965, revogado pela Lei nº 12.651/12, também dispunha sobre os Parques Nacionais, Estaduais e Municipais, fixando a competência do Poder Público para criá-los com a finalidade de *"resguardar atributos excepcionais da natureza, conciliando a proteção integral da flora, da fauna e das belezas naturais com a utilização para objetivos educacionais, recreativos e científicos"*.

O Decreto nº 58.054, de 23-3-1966, que promulgou a Convenção para a Proteção da Flora, Fauna e das Belezas Cênicas dos Países da América, define os Parques Nacionais como *"as regiões estabelecidas para a proteção e conservação das belezas cênicas naturais e da flora e fauna de importância nacional, das quais o público pode aproveitar-se melhor ao serem postas sob a superintendência oficial"*.

O Decreto nº 84.017, de 21-9-1979, instituiu o Regulamento dos Parques Nacionais com o objetivo principal de preservar os ecossistemas naturais contra quaisquer alterações que os desvirtuem e conceitua os parques como *"as áreas geográficas extensas e delimitadas, dotadas de atributos naturais excepcionais, objeto de preservação permanente, submetidas à condição de inalienabilidade e indisponibilidade no seu todo. Os Parques Nacionais*

---

122. SANTILLI, Juliana. *Socioambientalismo e novos direitos*. São Paulo: Peirópolis, 2005, p. 26.

496   DIREITO AMBIENTAL • MARIA LUIZA MACHADO GRANZIERA

destinam-se a fins científicos, culturais, educativos e recreativos e, criados e administrados pelo Governo Federal, constituem bens da União destinados ao uso comum do povo, cabendo às autoridades, motivadas pelas razões de sua criação, preservá-los e mantê-los intocáveis".[123]

O citado decreto estabeleceu, para os parques, um modelo de zoneamento a ser definido no Plano de Manejo com a descrição detalhada de cada zona.[124] A questão que se coloca, e que diz respeito à efetividade das normas ambientais, é que, apesar de sua existência e detalhamento, as mesmas deixam de ser aplicadas, *já que a maior parte dos parque nacionais não foi regularizada sob o ponto de vista fundiário, nem conta com vigilância e infraestrutura adequada*, como observa José Eduardo Ramos Rodrigues.[125]

Na Lei do SNUC, o Parque Nacional[126] possui natureza diferenciada dos dois tipos de Unidade de Conservação já abordados – Estação Ecológica e Reserva Biológica. Seu objetivo básico consiste na preservação de ecossistemas naturais de grande relevância ecológica e beleza cênica, possibilitando a realização de pesquisas científicas e o desenvolvimento de atividades de educação e interpretação ambiental, de recreação em contato com a natureza e de turismo ecológico. Sua posse e domínio são públicos, cabendo a desapropriação das áreas particulares.

A visitação pública não é proibida, mas sujeita-se às normas e restrições estabelecidas no plano de manejo, às estabelecidas pelo órgão responsável por sua administração e àquelas previstas em regulamento. A pesquisa científica também depende de autorização prévia do órgão responsável pela administração da unidade, que impõe as condições e restrições cabíveis além daquelas previstas em regulamento.

---

123. Decreto nº 84.017/79, art. 1º, §§ 1º e 2º.
124. Decreto nº 84.017/79, art. 7º: "O Plano de Manejo indicará detalhadamente o zoneamento de área total do Parque Nacional que poderá, conforme o caso, conter no todo, ou em parte, as seguintes zonas características: I – Zona Intangível – É aquela onde a primitividade da natureza permanece intacta, não se tolerando quaisquer alterações humanas, representando o mais alto grau de preservação. Funciona como matriz de repovoamento de outras zonas onde já são permitidas atividades humanas regulamentadas. Esta zona é dedicada à proteção integral de ecossistemas, dos recursos genéticos e ao monitoramento ambiental. O objetivo básico do manejo é a preservação garantindo a evolução natural. II – Zona Primitiva – É aquela onde tenha ocorrido pequena ou mínima intervenção humana, contendo espécies da flora e da fauna ou fenômenos naturais de grande valor científico. Deve possuir as características de zona de transição entre a Zona Intangível e a Zona de Uso Extensivo. O objetivo geral do manejo é a preservação do ambiente natural e ao mesmo tempo facilitar as atividades de pesquisa científica, educação ambiental e proporcionar formas primitivas de recreação. III – Zona de Uso Extensivo – É aquela constituída em sua maior parte por áreas naturais, podendo apresentar alguma alteração humana. Caracteriza-se como uma zona de transição entre a Zona Primitiva e a Zona de Uso Intensivo. O objetivo do manejo é a manutenção de um ambiente natural com mínimo impacto humano, apesar de oferecer acesso e facilidade públicos para fins educativos e recreativos. IV – Zona da Uso Intensivo – É aquela constituída por áreas naturais ou alteradas pelo homem. O ambiente é mantido o mais próximo possível do natural, devendo conter: centro de visitantes, museus, outras facilidades e serviços. O objetivo geral do manejo é o de facilitar a recreação intensiva e educação ambiental em harmonia com o meio. V – Zona Histórico-Cultural – É aquela onde são encontradas manifestações históricas e culturais ou arqueológicas, que serão preservadas, estudadas, restauradas e interpretada para o público, servindo à pesquisa, educação e uso científico. O objetivo geral do manejo é o de proteger sítios históricos ou arqueológicos, em harmonia com o meio ambiente. VI – Zona de Recuperação – É aquela que contém áreas consideravelmente alteradas pelo homem. Zona provisória, uma vez restaurada, será incorporada novamente a uma das zonas permanentes. As espécies exóticas introduzidas deverão ser removidas e a restauração deverá ser natural ou naturalmente agilizada. O objetivo geral de manejo é deter a degradação dos recursos ou restaurar a área. VII – Zona de Uso Especial – É aquela que contém as áreas necessárias à administração, manutenção e serviços do Parque Nacional, abrangendo habitações, oficinas e outros. Estas áreas serão escolhidas e controladas de forma a não conflitarem com seu caráter natural e devem localizar-se, sempre que possível, na periferia do Parque Nacional. O objetivo geral de manejo é minimizar o impacto da implantação das estruturas ou os efeitos das obras no ambiente natural ou cultural do Parque."
125. RODRIGUES, José Eduardo Ramos. *Sistema nacional de unidades de conservação*. São Paulo: Revista dos Tribunais, 2006, p. 161.
126. A lei prevê que os parques criados pelos Estados e Municípios denominam-se, respectivamente, Parque Estadual e Parque Natural Municipal.

31.12.1.4 Monumento Natural

Os **Monumentos Naturais** estão definidos no Decreto nº 58.054, de 23-3-1966, que promulgou a Convenção para a Proteção da Flora, Fauna e das Belezas Cênicas dos Países da América, como *"as regiões, os objetos, ou as espécies vivas de animais ou plantas, de interesse estético ou valor histórico ou científico, aos quais é dada proteção absoluta, com o fim de conservar um objeto específico ou uma espécie determinada de flora ou fauna, declarando uma região, um objeto, ou uma espécie isolada, monumento natural inviolável, exceto para a realização de investigações científicas devidamente autorizadas, ou inspeções oficiais".*[127]

O objetivo fundamental do Monumento Natural é preservar sítios naturais raros, singulares ou de grande beleza cênica.[128] Embora de proteção integral, o Monumento Natural pode ser constituído por áreas particulares, desde que seja possível compatibilizar os objetivos da unidade com a utilização da terra e dos recursos naturais do local pelos proprietários.[129]

A visitação pública no Monumento Natural está sujeita às condições e restrições estabelecidas no plano de manejo da unidade, às normas estabelecidas pelo órgão responsável por sua administração e àquelas previstas em regulamento.[130]

31.12.1.5 Refúgio de Vida Silvestre

A finalidade do **Refúgio de Vida Silvestre**, inovação da Lei do SNUC, é a proteção de ambientes naturais onde se asseguram condições para a existência ou reprodução de espécies ou comunidades da flora local e da fauna residente ou migratória.

Assim como os Monumentos Naturais, pode ser constituído por áreas particulares, desde que seja possível compatibilizar os objetivos da unidade com a utilização da terra e dos recursos naturais do local pelos proprietários. Também aqui a visitação pública está sujeita às normas e restrições estabelecidas no plano de manejo, às normas estabelecidas pelo órgão responsável por sua administração e àquelas previstas em regulamento. A pesquisa científica depende de autorização prévia do órgão responsável pela administração da unidade e está sujeita às condições e restrições por este estabelecidas, bem como àquelas previstas em regulamento.

31.12.2 Unidades de uso sustentável

31.12.2.1 Área de Proteção Ambiental (APA)

A Lei nº 6.902/81 já estabeleceu que o Poder Executivo, quando houver relevante interesse público, poderá declarar determinadas áreas do território nacional como de interesse para a proteção ambiental, a fim de assegurar o bem-estar das populações humanas e conservar ou melhorar as condições ecológicas locais.[131] Essa é a origem das **Áreas de Proteção Ambiental** (APA).

---

127. Decreto nº 58.054, de 23-3-1966, art. I, 3.
128. Lei nº 9.985/00, art. 12.
129. Lei nº 9.985/00, art. 12, § 1º.
130. Lei nº 9.985/00, art. 12, § 3º.
131. Lei nº 6.902/81, art. 8º.

A citada lei já esboça o zoneamento a ser efetuado nas APAs, definindo que, para cada uma delas, dentro dos princípios constitucionais que regem o exercício do direito de propriedade, o Poder Executivo estabelecerá normas, limitando ou proibindo:

a implantação e o funcionamento de indústrias potencialmente poluidoras, capazes de afetar mananciais de água;

a realização de obras de terraplenagem e a abertura de canais, quando essas iniciativas importarem em sensível alteração das condições ecológicas locais;

o exercício de atividades capazes de provocar uma acelerada erosão das terras e/ou um acentuado assoreamento das coleções hídricas;

o exercício de atividades que ameacem extinguir na área protegida as espécies raras da biota regional.[132]

Tendo em vista que as Áreas de Proteção Ambiental (APA) são áreas extensas, inclusive abrangendo áreas urbanas, essas disposições coibiram de fato o avanço das atividades humanas, garantindo a proteção ambiental nesses espaços.

A Lei nº 6.938/81 citou as APA como exemplos de espaços territoriais especialmente protegidos pelo Poder Público federal, estadual e municipal,[133] junto com as áreas de relevante interesse ecológico e as reservas extrativistas.

O Decreto nº 99.274, de 6-6-1990, estabelece que "o ato que declarar a Área de Proteção Ambiental mencionará a sua denominação, limites geográficos, principais objetivos e as proibições e restrições de uso dos recursos ambientais nela contidos".[134] Além disso, caberá à entidade supervisora e fiscalizadora da Área de Proteção Ambiental orientar e assistir os proprietários, a fim de que os objetivos da legislação pertinente sejam atingidos.[135]

Por ser dotada de atributos abióticos, bióticos, estéticos ou culturais especialmente importantes para a qualidade de vida e o bem-estar das populações humanas, a APA tem por finalidade proteger a diversidade biológica, disciplinar o processo de ocupação e assegurar a sustentabilidade do uso dos recursos naturais.[136]

Embora a Lei do SNUC mencione que esses espaços possuem certo grau de ocupação humana, há APA que incluem a totalidade de territórios municipais,[137] sendo que o domínio dos espaços pode ser de natureza pública ou privada. Daí a regra de que a fixação de normas e restrições para a utilização de uma propriedade privada localizada em uma Área de Proteção Ambiental deve observar a Constituição Federal.[138]

As condições para a realização de pesquisa científica e visitação pública nas áreas sob domínio público devem ser estabelecidas pelo órgão gestor da unidade. Nas áreas sob propriedade privada, cabe ao proprietário fixar as condições para pesquisa e visitação pelo público, observadas as exigências e restrições legais a que fica adstrito o exercício do direito de propriedade, em função da instituição do espaço protegido.

---

132. Lei nº 6.902/81, art. 9º.
133. Lei nº 6.938/81, art. 9º, VI, com a redação dada pela Lei nº 7.804, de 1989.
134. Decreto nº 99.274/90, art. 29.
135. Decreto nº 99.274/90, art. 30.
136. Lei nº 9.985/00, art. 15.
137. Como é o caso da APA Cabreúva e Jundiaí, no Estado de São Paulo.
138. Lei nº 9.985/00, art. 15, § 2º.

31.12.2.2 Área de Relevante Interesse Ecológico (ARIE)

A **Área de Relevante Interesse Ecológico** foi inicialmente prevista no art. 9º, VI, da Lei nº 6.938/81.[139] O Decreto nº 89.336, de 31-1-1984, define essas áreas como "aquelas que possuam características naturais extraordinárias ou abriguem exemplares raros da biota regional, exigindo cuidados especiais de proteção por parte do Poder Público".[140]

Para fins de declaração de uma ARIE, a preferência foi dada àquelas que, além dos requisitos já mencionados, tiverem *extensão inferior a 5.000 ha* e houver ali *pequena ou nenhuma ocupação humana* por ocasião do ato declaratório. Quando localizadas no perímetro de Áreas de Proteção Ambiental (APA), as ARIE integrarão a Zona de Vida Silvestre, destinada à melhor salvaguarda da biota nativa.[141] A finalidade das ARIEs é manter os ecossistemas naturais de importância regional ou local e regular o uso admissível dessas áreas, de modo a compatibilizá-lo com os objetivos da conservação ambiental.[142]

Ao contrário da APA, a Área de Relevante Interesse Ecológico tem em geral extensão pequena, com pouca ou nenhuma ocupação humana. A Lei do SNUC repete os atributos fixados no Decreto nº 89.336/84: *características naturais extraordinárias ou que abriga exemplares raros da biota regional*. Da mesma forma definiu seus objetivos, na linha de *"manter os ecossistemas naturais de importância regional ou local e regular o uso admissível dessas áreas, de modo a compatibilizá-lo com os objetivos de conservação da natureza"*.[143]

Ainda assim, não há incompatibilidade com essa categoria de espaço protegido e a propriedade privada. Todavia, a lei assegura a possibilidade de imposição de normas e restrições para a utilização de uma propriedade privada localizada em uma Área de Relevante Interesse Ecológico, desde que respeitados os limites constitucionais.[144]

31.12.2.3 Floresta Nacional

As Florestas Nacionais foram originalmente previstas no Código Florestal de 1965, que determinava a criação de **"Florestas Nacionais, Estaduais e Municipais**, com fins econômicos, técnicos ou sociais, inclusive reservando áreas ainda não florestadas e destinadas a atingir aquele fim".[145]

O Decreto nº 1.298, de 27-10-1994, aprovou o Regulamento das Florestas Nacionais (FLONA), definindo-as como *"áreas assim delimitadas pelo Governo Federal, submetidas à condição de inalienabilidade e indisponibilidade, em parte ou no todo, constituindo-se bens da União, administradas pelo Instituto Brasileiro do Meio Ambiente e dos Recursos Naturais Renováveis IBAMA, sob a supervisão do Ministério do Meio Ambiente e da Amazônia Legal"*.[146, 147]

---

139. Com a redação dada pela Lei nº 7.804/89.
140. Decreto nº 89.336/84, art. 2º.
141. Decreto nº 89.336/84, art. 2º, § 2º.
142. Decreto nº 89.336/84, art. 3º.
143. Lei nº 9.985/00, art. 16.
144. Lei nº 9.985/00, art. 16, § 2º.
145. Lei nº 4.771/65, art. 5º, *b*, revogado pela Lei do SNUC.
146. Atual Ministério do Meio Ambiente. As atribuições relativas às Unidades de Conservação pertencem ao Instituto Chico Mendes de Conservação da Biodiversidade – Instituto Chico Mendes, por força da Lei nº 11.516, de 28-8-2007.
147. Decreto nº 1.298/94, art. 1º, § 1º.

A área declarada como FLONA deve ser provida de cobertura vegetal nativa ou plantada, com os objetivos de:

promover o manejo dos recursos naturais, com ênfase na produção de madeira e outros produtos vegetais;

garantir a proteção dos recursos hídricos, das belezas cênicas e dos sítios históricos e arqueológicos; e

fomentar o desenvolvimento da pesquisa científica básica e aplicada, da educação ambiental e das atividades de recreação, lazer e turismo.[148]

O decreto mencionado prevê que a administração das FLONA, dentro dos objetivos já citados, visa:

demonstrar a viabilidade do uso múltiplo e sustentável dos recursos florestais e desenvolver técnicas de produção correspondente;

recuperar áreas degradadas e combater a erosão e sedimentação;

preservar recursos genéricos *in situ* e a diversidade biológica e assegurar o controle ambiental nas áreas contíguas.[149]

O plano de manejo é mencionado como o instrumento que regerá a preservação e o uso racional e sustentável das FLONA.[150]

Segundo a Lei do SNUC, a Floresta Nacional é de posse e domínio públicos, devendo ser desapropriadas as áreas particulares.[151] Possui cobertura florestal de espécies predominantemente nativas e tem como objetivo básico o uso múltiplo sustentável dos recursos florestais e a pesquisa científica, com ênfase em métodos para exploração sustentável de florestas nativas.

É admitida a permanência de populações tradicionais que a habitam quando de sua criação, em conformidade com o disposto em regulamento e no plano de manejo da unidade. A visitação pública é permitida, condicionada às normas estabelecidas para o manejo da unidade pelo órgão responsável por sua administração. A pesquisa é permitida e incentivada, sujeitando-se à prévia autorização do órgão responsável pela administração da unidade, às condições e restrições por este estabelecidas e àquelas previstas em regulamento.

31.12.2.4 Reserva Extrativista

A **Reserva Extrativista** foi inicialmente prevista no art. 9º, VI, da Lei nº 6.938/81.[152] O Decreto nº 98.897, de 30-1-1990, definiu-a como *"espaço territorial destinado à exploração autossustentável e conservação dos recursos naturais renováveis, por população extrativista"*.[153]

A criação das Reservas Extrativistas deve ocorrer em áreas consideradas de interesse ecológico e social, ou seja, que possuam características naturais ou exemplares da biota que possibilitem a exploração autossustentável desses recursos, sem prejuízo da conservação ambiental.

---

148. Decreto nº 1.298/94, art. 1º.
149. Decreto nº 1.298/94, art. 1º, § 2º.
150. Decreto nº 1.298/94, art. 3º.
151. Lei nº 9.985/00, art. 17, § 1º.
152. Com a redação dada pela Lei nº 7.804/89.
153. Decreto nº 98.897/90, art. 1º.

De acordo com a Lei do SNUC, a Reserva Extrativista é uma área utilizada por populações extrativistas tradicionais, cuja subsistência baseia-se no extrativismo e, complementarmente, na agricultura de subsistência e na criação de animais de pequeno porte. Seus objetivos estão voltados, pois, à preservação dessas comunidades, inclusive nos aspectos culturais, assegurando-lhes o uso sustentável dos recursos naturais da unidade.[154]

A Reserva Extrativista é de domínio público – as áreas particulares incluídas em seus limites devem ser desapropriadas –,[155] mas o seu regime jurídico prevê sua *"utilização pelas populações extrativistas tradicionais, cuja subsistência baseia-se no extrativismo e, complementarmente, na agricultura de subsistência e na criação de animais de pequeno porte"*.[156] A visitação pública é permitida, desde que *"compatível com os interesses locais e de acordo com o disposto no Plano de Manejo da área"*.[157]

A pesquisa científica é permitida e incentivada, sujeitando-se à prévia autorização do órgão responsável pela administração da unidade, às condições e restrições por este estabelecidas e às normas previstas em regulamento.

O plano de manejo da unidade será aprovado pelo seu Conselho Deliberativo. São proibidas a exploração de recursos minerais e a caça amadorística ou profissional.

A exploração comercial de recursos madeireiros só será admitida em bases sustentáveis e em situações especiais e complementares às demais atividades desenvolvidas na Reserva Extrativista, conforme o disposto em regulamento e no plano de manejo da unidade.

31.12.2.5 Reserva de Fauna

A **Reserva de Fauna** foi introduzida pela Lei do SNUC. Trata-se de área natural com populações animais de espécies nativas, terrestres ou aquáticas, residentes ou migratórias, adequadas para estudos técnico-científicos sobre o manejo econômico sustentável de recursos faunísticos.[158] É de posse e domínio públicos, sendo que as áreas particulares incluídas em seus limites devem ser desapropriadas.[159] A visitação pública pode ser permitida, desde que compatível com o manejo da unidade e de acordo com as normas estabelecidas pelo órgão responsável por sua administração.[160] Todavia, a lei proíbe o exercício da caça amadorística ou profissional.[161]

Considerando que a Reserva de Fauna refere-se à proteção de bens regulados por outros diplomas legais, a comercialização dos produtos e subprodutos resultantes das pesquisas obedecerá ao disposto nas leis sobre fauna e seus regulamentos.[162]

31.12.2.6 Reserva de Desenvolvimento Sustentável

Além da Reserva Extrativista, outro exemplo de Unidade de Conservação que abriga populações tradicionais, cuja existência baseia-se em sistemas sustentáveis de exploração

---

154. Lei nº 9.985/00, art. 18.
155. Lei nº 9.985/00, art. 18, § 1º.
156. Lei nº 9.985/00, art. 18.
157. Lei nº 9.985/00, art. 18, § 3º.
158. Lei nº 9.985/00, art. 19.
159. Lei nº 9.985/00, art. 19, § 1º.
160. Lei nº 9.985/00, art. 19, § 2º.
161. Lei nº 9.985/00, art. 19, § 3º.
162. Lei nº 9.985/00, art. 19, § 4º.

DIREITO AMBIENTAL • Maria Luiza Machado Granziera

dos recursos naturais, desenvolvidos ao longo de gerações e adaptados às condições ecológicas locais e que desempenham um papel fundamental na proteção da natureza e na manutenção da diversidade biológica,[163] consiste na **Reserva de Desenvolvimento Sustentável**, criada pela Lei nº 9.985/00.

A Reserva de Desenvolvimento Sustentável, de domínio público,[164] tem como objetivo preservar a natureza e, ao mesmo tempo, assegurar as condições e os meios necessários para a reprodução e a melhoria dos modos e da qualidade de vida e exploração dos recursos naturais pelas populações tradicionais.[165] Também objetiva valorizar, conservar e aperfeiçoar o conhecimento e as técnicas de manejo do ambiente, desenvolvidos por essas populações, sendo que o uso das áreas por elas ocupadas deve ser objeto de regulamento.

Na Reserva de Desenvolvimento Sustentável, vigoram as seguintes condições:

é permitida e incentivada a visitação pública, desde que compatível com os interesses locais e de acordo com o disposto no plano de manejo da área;

é permitida e incentivada a pesquisa científica voltada à conservação da natureza, à melhor relação das populações residentes com seu meio e à educação ambiental, sujeitando-se à prévia autorização do órgão responsável pela administração da unidade, às condições e restrições por este estabelecidas e às normas previstas em regulamento;

deve ser sempre considerado o equilíbrio dinâmico entre o tamanho da população e a conservação; e

é admitida a exploração de componentes dos ecossistemas naturais em regime de manejo sustentável e a substituição da cobertura vegetal por espécies cultiváveis, desde que sujeitas ao zoneamento, às limitações legais e ao plano de manejo da área.[166]

O plano de manejo da Reserva de Desenvolvimento Sustentável definirá as zonas de proteção integral, de uso sustentável e de amortecimento e corredores ecológicos, e será aprovado pelo Conselho Deliberativo da unidade.

31.12.2.7 Reserva Particular do Patrimônio Natural (RPPN)

A **Reserva Particular do Patrimônio Natural** (RPPN) foi introduzida pelo Decreto nº 98.914, de 31-1-1990, revogado pelo Decreto nº 1.922, de 5-6-1996, que o substituiu. Em 5 de abril de 2006, foi publicado o Decreto nº 5.746/06, que passou a regulamentar as RPPN constituídas após a sua vigência. Segundo o art. 32, as RPPN constituídas antes da sua vigência, exceto nos casos de reformulação ou aprovação de novo plano de manejo, permaneceram reguladas pelo Decreto nº 1.922/96. No presente item será tratada a RPPN sob o enfoque do Decreto nº 5.746/06.

O Decreto nº 5.746/06 define esse espaço como *unidade de conservação de domínio privado, com o objetivo de conservar a diversidade biológica, gravada com perpetuidade, por intermédio de Termo de Compromisso averbado à margem da inscrição no Registro Público de Imóveis.*[167]

A Lei do SNUC define a RPPN como *"área privada, gravada com perpetuidade, com o objetivo de conservar a diversidade biológica"*.[168] O gravame constará de termo de compro-

---

163. Lei nº 9.985/00, art. 20.
164. Lei nº 9.985/00, art. 20, § 2º.
165. Lei nº 9.985/00, art. 20, § 1º.
166. Lei nº 9.985/00, art. 20, § 5º.
167. Decreto nº 5.746/06, art. 1º.
168. Lei nº 9.985/00, art. 21.

misso assinado perante o órgão ambiental, que verificará a existência de interesse público, e será averbado à margem da inscrição no Registro de Imóveis.

As RPPN poderão ser criadas pelos órgãos integrantes do Sistema Nacional de Unidades de Conservação da Natureza (SNUC), sendo que, no âmbito federal, serão declaradas instituídas mediante portaria do Instituto Brasileiro do Meio Ambiente e dos Recursos Naturais Renováveis (IBAMA).[169]

A RPPN foi classificada na Lei do SNUC como Unidade de Conservação de Uso Sustentável, em face do disposto no inciso III do § 2º do art. 21, que previa "a extração de recursos naturais, exceto madeira, que não coloque em risco as espécies ou os ecossistemas que justificaram a criação da unidade". Foi vetado esse dispositivo, sob o argumento que este "desvirtua completamente os objetivos dessa unidade de conservação, como, também, dos propósitos do seu instituidor. Por outro lado, tal permissão alcançaria a extração de minérios em área isenta de ITR e, certamente, o titular da extração, em tese, estaria amparado pelo benefício". Dessa forma, as únicas atividades permitidas são a pesquisa científica e a visitação com objetivos turísticos, recreativos e educacionais, o que caracteriza a RPPN como uma UC de Proteção Integral, muito semelhante à Estação Ecológica e à Reserva Biológica.

O reconhecimento de uma área como RPPN condiciona-se à tramitação de um processo de iniciativa do proprietário junto ao órgão ou entidade responsável, instruído pelos documentos e requerimentos relacionados no art. 3º do Decreto nº 5.746/06. O ato de reconhecimento da RPPN é publicado no *Diário Oficial*. A partir desse ato, o proprietário deverá promover a averbação do termo de compromisso celebrado com o órgão ambiental no Cartório de Registro de Imóveis, gravando a área do imóvel reconhecida como Reserva, em caráter perpétuo.

Os órgãos integrantes do SNUC, sempre que possível e oportuno, prestarão orientação técnica e científica ao proprietário de Reserva Particular do Patrimônio Natural para a elaboração de um plano de manejo ou de proteção e de gestão da unidade.

A área destinada à RPPN é isenta de Imposto Territorial Rural (ITR), nos termos do art. 104, parágrafo único, da Lei nº 8.171/91,[170] e da Lei nº 9.393/96,[171] que exclui da tributação as áreas de interesse ecológico para a proteção dos ecossistemas, assim declaradas mediante atos dos órgãos competentes, federais ou estaduais, e que ampliem as restrições de uso da APP e Reserva Legal. Nas áreas urbanas, sujeitas ao pagamento de Imposto Territorial e Predial Urbano (IPTU), lei municipal poderá isentar as RPPN desse tributo.

A Cota de Reserva Ambiental (CRA), título nominativo representativo de área com vegetação nativa, existente ou em processo de recuperação, prevista na Lei nº 12.651/12, pode ser emitida para a RPPN.[172]

---

169. Decreto nº 5.746/06, art. 2º.
170. Apesar de o art. 104, da Lei nº 8.171/91 mencionar que "*São isentas de tributação e do pagamento do Imposto Territorial Rural as áreas dos imóveis rurais consideradas de preservação permanente e de reserva legal, previstas na Lei nº 4.771, de 1965*", que foi revogada pela Lei nº 12.651/12, entende-se que a isenção do ITR sobre áreas de preservação permanente e reserva legal permanece vigente, uma vez que esses institutos (APP e reserva legal), foram recepcionados pela nova Lei.
171. Lei nº 9.393/96, art. 10, § 1º, II, *a*, com redação dada pela Lei nº 12.844/13.
172. Lei nº 12.651/12, art. 44, III. Declarado constitucional na ADI nº 4.937 e na ADC nº 42.

31.13 SNUC E CRIMES AMBIENTAIS

A Lei do SNUC procedeu a duas modificações, ou tentativas de modificação, na Lei nº 9.605/98: a alteração do art. 40, cuja proposta de alteração teve o *caput* vetado, e a inclusão de um art. 40-A, que também teve o seu *caput* vetado.

Ambos os dispositivos referiam-se a causar significativo dano à flora, à fauna e aos demais atributos naturais das Unidades de Conservação e suas zonas de amortecimento, sendo que o art. 40 referia-se às de Proteção Integral e o art. 40-A às de Uso Sustentável.

O veto do *caput* do art. 40-A ocorreu em face do entendimento de que "*tanto a nova redação que se pretende dar ao* caput *do art. 40 como a redação dada ao* caput *do art. 40-A da Lei nº 9.605/98 afrontam todos os princípios que regem o direito penal, que exigem que a norma penal estabeleça de modo claro e objetivo a figura penal, o delito que se deseja reprimir, excluindo-se do seu aplicador a definição de sua ocorrência ou não*". Em ambas as alterações o legislador utilizou-se da expressão *causar dano significativo*, de natureza puramente subjetiva, deixando ao alvedrio do aplicador da lei penal definir se a conduta do suposto infrator configura ou não o delito, tornando imprecisa a sua definição. Em suma, sua vigência importaria introduzir na legislação penal brasileira fator inarredável de insegurança na relação do cidadão com o Estado, em função da indefinição da figura delituosa que se deseja coibir.

> Art. 40. Causar dano direto ou indireto às Unidades de Conservação e às áreas de que trata o art. 27 do Decreto nº 99.274, de 6 de junho de 1990, independentemente de sua localização:
>
> Pena – reclusão, de um a cinco anos.
>
> § 1º Entende-se por Unidades de Conservação de Proteção Integral as Estações Ecológicas, as Reservas Biológicas, os Parques Nacionais, os Monumentos Naturais e os Refúgios de Vida Silvestre.[173]
>
> § 2º A ocorrência de dano afetando espécies ameaçadas de extinção no interior das Unidades de Conservação de Proteção Integral será considerada circunstância agravante para a fixação da pena.[174]
>
> § 3º Se o crime for culposo, a pena será reduzida à metade.
>
> Art. 40-A. Vetado.
>
> § 1º Entende-se por Unidades de Conservação de Uso Sustentável as Áreas de Proteção Ambiental, as Áreas de Relevante Interesse Ecológico, as Florestas Nacionais, as Reservas Extrativistas, as Reservas de Fauna, as Reservas de Desenvolvimento Sustentável e as Reservas Particulares do Patrimônio Natural.[175]
>
> § 2º A ocorrência de dano afetando espécies ameaçadas de extinção no interior das Unidades de Conservação de Uso Sustentável será considerada circunstância agravante para a fixação da pena.[176]
>
> § 3º Se o crime for culposo, a pena será reduzida à metade.[177]

31.14 INFRAÇÕES ADMINISTRATIVAS COMETIDAS EXCLUSIVAMENTE EM UNIDADES DE CONSERVAÇÃO

O Decreto nº 6.514/08, que revogou o Decreto nº 3.197/99, estabeleceu as infrações administrativas que assim se caracterizam quando cometidas em Unidade de Conservação.

---

173. Redação dada pela Lei nº 9.985/00.
174. Redação dada pela Lei nº 9.985/00.
175. Parágrafo incluído pela Lei nº 9.985/00.
176. Parágrafo incluído pela Lei nº 9.985/00.
177. Parágrafo incluído pela Lei nº 9.985/00.

31 • SISTEMA NACIONAL DE UNIDADES DE CONSERVAÇÃO (SNUC)

O art. 84 fixou, como infração administrativa, "introduzir em unidade de conservação espécies alóctones".[178] O texto não condiciona a imposição de penalidade a algum efeito deletério ao ambiente. A simples introdução de espécie exótica, independentemente dos danos que possa causar, já configura ação ilícita, passível da aplicação de multa em valor que varia entre R$ 2.000,00 e R$ 100.000,00.

A norma determinou ainda que, em algumas categorias de Unidades de Conservação – áreas de proteção ambiental, florestas nacionais, reservas extrativistas e reservas de desenvolvimento sustentável –, não se aplica o dispositivo, pois o seu regime jurídico não é de grande restrição. Além disso, no que se refere às demais categorias de Unidade de Conservação, admite-se a introdução dos animais e plantas necessários à administração e às respectivas atividades, de acordo com o que se dispuser em regulamento e no plano de manejo.[179]

Também se admitem, nas áreas particulares localizadas em refúgios de vida silvestre, monumentos naturais e reservas particulares do patrimônio natural, a criação de animais domésticos e o cultivo de plantas considerado compatível com as finalidades da unidade, sempre de acordo com o que dispuser o seu plano de manejo.

O art. 85 do Decreto nº 6.514/08 diz respeito especificamente ao objeto do art. 22-A da Lei nº 9.985/00,[180] que trata das limitações administrativas provisórias, impostas pelo prazo máximo de sete meses, enquanto tramitam os estudos e as discussões relativas às decisões relativas à instituição de uma nova UC, quando houver necessidade de proteger o espaço de danos iminentes. Dessa forma, constitui infração administrativa:

> Violar as limitações administrativas provisórias impostas às atividades efetiva ou potencialmente causadoras de degradação ambiental nas áreas delimitadas para realização de estudos com vistas à criação de unidade de conservação.

A multa fixada varia entre R$ 1.500,00 e R$ 1.000.000,00, aplicável também a "quem explora a corte raso a floresta ou outras formas de vegetação nativa em área objeto da limitação administrativa provisória".[181]

A realização de pesquisa científica, envolvendo ou não coleta de material biológico, em Unidade de Conservação sem a devida autorização, quando esta for exigível, impõe, nos termos do art. 86, a multa de R$ 500,00 a R$ R$ 10.000,00.[182] A exceção fixada é relativa às áreas de proteção ambiental e às reservas particulares do patrimônio natural, quando as atividades de pesquisa científica não envolverem a coleta de material biológico.[183]

O art. 87, alterado pelo Decreto nº 6.686/08, estabelece como infração administrativa:

> Explorar comercialmente produtos ou subprodutos não madeireiros, ou ainda serviços obtidos ou desenvolvidos a partir de recursos naturais, biológicos, cênicos ou culturais em unidade de conservação

---

178. Alóctene significa a espécie não nativa.
179. Decreto nº 6.514/08, art. 84, § 1º.
180. Lei nº 9.985/00, art. 22-A: o Poder Público poderá, ressalvadas as atividades agropecuárias e outras atividades econômicas em andamento e obras públicas licenciadas, na forma da lei, decretar limitações administrativas provisórias ao exercício de atividades e empreendimentos efetiva ou potencialmente causadores de degradação ambiental, para a realização de estudos com vistas na criação de Unidade de Conservação, quando, a critério do órgão ambiental competente, houver risco de dano grave aos recursos naturais ali existentes.
181. Decreto nº 6.514/08, art. 85, parágrafo único.
182. Decreto nº 6.514/08, art. 86.
183. Decreto nº 6.514/08, art. 86, § 2º.

sem autorização ou permissão do órgão gestor da unidade ou em desacordo com a obtida, quando esta for exigível.

O fulcro da infração consiste na falta de autorização do órgão ou entidade competente para o desenvolvimento das atividades descritas no dispositivo, em Unidade de Conservação, exceto as áreas de proteção ambiental e as reservas particulares do patrimônio natural.[184] Disso decorre que ao Poder Público compete, no ato que autorizar a atividade, definir as formas possíveis e adequadas de exploração comercial, de acordo com as normas aplicáveis. A multa prevista para quem cometer a infração varia entre R$ 1.500,00 e R$ 100.000,00.

A infração prevista no art. 88 concerne ao uso comercial da imagem da Unidade de Conservação, disciplinada no art. 33 da Lei nº 9.985/00,[185] excluídas as áreas de proteção ambiental e reservas particulares do patrimônio natural:[186]

Explorar ou fazer uso comercial de imagem de unidade de conservação sem autorização do órgão gestor da unidade ou em desacordo com a recebida.

A multa prevista na norma varia entre R$ 5.000,00 e R$ 2.000.000,00.

O art. 89 reporta-se ao disposto na Lei nº 11.460, de 21-3-2007, que dispõe sobre o plantio de organismos geneticamente modificados em unidades de conservação, consistindo infração administrativa:

Realizar liberação planejada ou cultivo de organismos geneticamente modificados em áreas de proteção ambiental, ou zonas de amortecimento das demais categorias de unidades de conservação, em desacordo com o estabelecido em seus respectivos planos de manejo, regulamentos ou recomendações da Comissão Técnica Nacional de Biossegurança (CTNBio).

A multa aplicável varia entre R$ 1.500,00 e R$ 1.000.000,00, e será aumentada ao triplo se o ato ocorrer no interior de unidade de conservação de proteção integral,[187] ao quádruplo se o organismo geneticamente modificado, liberado ou cultivado irregularmente em unidade de conservação possuir na área ancestral direto ou parente silvestre ou se representar risco à biodiversidade.[188] O decreto em tela determina ainda que o Poder Executivo estabelecerá os limites para o plantio de organismos geneticamente modificados nas áreas que circundam as unidades de conservação até que seja fixada sua zona de amortecimento e aprovado o seu respectivo plano de manejo.[189]

O art. 90 impõe a aplicação de multa de R$ 500,00 a R$ 10.000,00 a quem:

Realizar quaisquer atividades ou adotar conduta em desacordo com os objetivos da unidade de conservação, o seu plano de manejo e regulamentos.

Note-se que a norma enquadra como infração administrativa qualquer atividade ou conduta que esteja em desacordo com os atos que estabelecem os objetivos e que regulamentam as Unidades de Conservação: o plano de manejo, que consiste em "documento

---

184. Decreto nº 6.514/08, art. 87, parágrafo único.
185. Lei nº 9.985/00, art. 33: a exploração comercial de produtos, subprodutos ou serviços obtidos ou desenvolvidos a partir dos recursos naturais, biológicos, cênicos ou culturais ou da exploração da imagem de unidade de conservação, exceto Área de Proteção Ambiental e Reserva Particular do Patrimônio Natural, dependerá de prévia autorização e sujeitará o explorador a pagamento, conforme disposto em regulamento
186. Decreto nº 6.514/08, art. 88, parágrafo único.
187. Decreto nº 6.514/08, art. 89, § 1º.
188. Decreto nº 6.514/08, art. 89, § 2º.
189. Decreto nº 6.514/08, art. 89, § 3º.

técnico mediante o qual, com fundamento nos objetivos gerais de uma unidade de conservação, se estabelece o seu zoneamento e as normas que devem presidir o uso da área e o manejo dos recursos naturais, inclusive a implantação das estruturas físicas necessárias à gestão da unidade"[190] e outros regulamentos.

O art. 91, alterado pelo Decreto nº 6.686/08, fixa a infração de "causar dano à unidade de conservação", aplicando-se multa de R$ 200,00 a R$ 100.000,00.

O art. 92 impõe a multa de R$ 1.000,00 a R$ 10.000,00 a quem:

Penetrar em unidade de conservação conduzindo substâncias ou instrumentos próprios para caça, pesca ou para exploração de produtos ou subprodutos florestais e minerais, sem licença da autoridade competente, quando esta for exigível.

Da mesma forma, incorre nas mesmas penalidades "quem penetrar em unidade de conservação cuja visitação pública ou permanência sejam vedadas pelas normas aplicáveis ou ocorram em desacordo com a licença da autoridade competente".[191]

O art. 93 estabelece que as infrações previstas no Decreto nº 6.514/08, exceto as específicas das Unidades de Conservação, ora estudadas, quando cometidas ou afetarem unidade de conservação ou sua zona de amortecimento, terão os valores de suas respectivas multas aplicado em dobro, ressalvados os casos em que a determinação de aumento do valor da multa seja superior a este.

---

190. Lei nº 9.985/00, art. 2º, XVII.
191. Decreto nº 6.514/08, art. 92, parágrafo único.

RESERVAS DA BIOSFERA

32.1 CONCEITO

A Biosfera ou Ecosfera constitui o *"sistema biológico maior e mais próximo da autossuficiência, incluindo os organismos vivos da Terra interagindo com o ambiente físico como um todo"*.[1, 2]

A Lei do SNUC dispõe sobre as Reservas da Biosfera, que não se confundem com as Unidades de Conservação. Trata-se de regimes jurídicos completamente diferentes. A definição legal de Reserva da Biosfera consiste em um *"modelo de gestão integrada, participativa e sustentável dos recursos naturais, que tem por objetivos básicos a **preservação da biodiversidade** e o **desenvolvimento das atividades de pesquisa científica**, para aprofundar o conhecimento dessa diversidade biológica, o monitoramento ambiental, a educação ambiental, o desenvolvimento sustentável e a melhoria da qualidade de vida das populações"*.[3]

As Reservas da Biosfera são áreas de ecossistemas terrestres e/ou marinhos reconhecidas pelo programa MaB[4]/UNESCO como importantes em nível mundial para a conservação da biodiversidade e o desenvolvimento sustentável e que devem servir como áreas prioritárias para experimentação e demonstração dessas práticas. Consistem no principal instrumento do Programa MaB e compõem uma **rede mundial de áreas** voltadas à pesquisa cooperativa, à conservação do patrimônio natural e cultural e à promoção do desenvolvimento sustentável.

As Reservas da Biosfera são produto da *Conferência sobre a Biosfera*, realizada pela UNESCO, em Paris, em setembro de 1968, que gerou o Programa Homem e Biosfera (MaB), lançado em 1971. Esse programa de cooperação científica internacional versa sobre as interações existentes entre o homem e o seu meio. Seu objetivo é o entendimento dos mecanismos dessas interações, buscando compreender as repercussões das ações humanas sobre os ecossistemas mais representativos do planeta.

32.2 REGIME JURÍDICO

São requisitos para que uma área seja declarada pela UNESCO como Reserva da Biosfera:

ter dimensões suficientes;

zoneamento apropriado;

políticas;

planos de ação definidos; e

---

1. ODUM, Eugene P.; BARRETT, Gary W. *Fundamentos de ecologia*. São Paulo: Thomson Learning, 2007, p. 6.
2. Ver o capítulo sobre Biodiversidade.
3. Lei nº 9.885/00, art. 41.
4. *Man and the Biosphere.*

um sistema de gestão que seja participativo, envolvendo os vários segmentos do governo e da sociedade.[5]

As Reservas da Biosfera devem cumprir de forma integrada três funções:

contribuir para conservação da biodiversidade, incluindo os ecossistemas, espécies e variedades, bem como as paisagens onde se inserem;

fomentar o desenvolvimento econômico que seja sustentável do ponto de vista sociocultural e ecológico; e

criar condições logísticas para a efetivação de projetos demonstrativos, para a produção e difusão do conhecimento e para a educação ambiental, bem como para as pesquisas científicas e o monitoramento nos campos da conservação e do desenvolvimento sustentável.[6]

Para cumprir suas funções deve ser efetuado o zoneamento do território das Reservas da Biosfera, incluindo: (1) Zonas Núcleo – uma ou mais áreas legalmente protegidas, com perímetro definido, cuja função principal é a proteção da biodiversidade. Correspondem basicamente aos parques e outras Unidades de Conservação de proteção integral; (2) Zonas de Amortecimento – estabelecidas no entorno das zonas núcleo, ou entre elas, e têm por objetivos simultâneos minimizar o impacto sobre estes núcleos e promover a qualidade de vida das populações da área, especialmente as comunidades tradicionais. Em geral, correspondem às áreas de mananciais, APAS, áreas tombadas e outras regiões de interesse socioambiental; e (3) Zonas de Transição, sem limite fixo, destinam-se prioritariamente ao monitoramento e à educação ambiental, visando integrar de forma mais harmônica as zonas mais internas da Reserva com áreas externas, onde predominam usos e ocupação mais intensivos (urbanização, agricultura, indústria).[7]

32.3 GESTÃO

O gerenciamento das Reservas da Biosfera é coordenado pela Comissão Brasileira para o Programa *O Homem e a Biosfera* (COBRAMAB), com a finalidade "*de planejar, coordenar e supervisionar as atividades relativas ao Programa*".[8] Cabe também à COBRAMAB apoiar a criação e instalar o sistema de gestão de cada uma das Reservas da Biosfera reconhecidas no Brasil e coordenar a Rede Nacional de Reservas da Biosfera.

O citado decreto prevê a atuação de conselhos deliberativos, comitês regionais e estaduais.[9]

Aos **conselhos deliberativos** compete: (1) aprovar a estrutura do sistema de gestão de sua Reserva e coordená-lo; (2) propor à COBRAMAB macrodiretrizes para a implantação das Reservas da Biosfera; (3) elaborar planos de ação da Reserva da Biosfera, propondo prioridades, metodologias, cronogramas, parcerias e áreas temáticas de atuação, de acordo como os objetivos básicos do espaço; (4) reforçar a implantação da Reserva da Biosfera pela proposição de projetos-piloto em pontos estratégicos de sua área de domínio; e (5)

---

5. UNESCO. *O Programa Mab e as Reservas da Biosfera*. Disponível em: <http://www.rbma.org.br/mab/unesco_01_oprograma.asp>. Acesso em: 21 maio 2023.
6. UNESCO. *O Programa Mab e as Reservas da Biosfera*. Disponível em: <http://www.rbma.org.br/mab/unesco_01_oprograma.asp>. Acesso em: 12 mar. 2024.
7. UNESCO. *O Programa Mab e as Reservas da Biosfera*. Disponível em: <http://www.rbma.org.br/mab/unesco_01_oprograma.asp>. Acesso em: 12 mar. 2024.
8. Decreto nº 4.340/02, art. 42.
9. Decreto nº 4.340/02, art. 43, §§ 1º e 2º.

implantar, nas áreas de domínio da Reserva da Biosfera, os princípios básicos relativos à proteção desse espaço.[10]

Os **comitês regionais e estaduais** são incumbidos de: (1) apoiar os governos locais no estabelecimento de políticas públicas relativas às Reservas da Biosfera; e (2) apontar áreas prioritárias e propor estratégias para a implantação das Reservas da Biosfera, bem como para a difusão de seus conceitos e funções.[11]

32.4 RESERVAS DA BIOSFERA NO BRASIL

Existem 727Reservas de Biosfera no mundo[12] e, ainda que sejam declaradas pela UNESCO, são propostas por iniciativa de cada país, cabendo-lhe integralmente a sua administração, de acordo com os princípios do Programa MaB. As Reservas da Biosfera existentes no território brasileiro abrangem2.064.161 km^2, cerca de 24% do território do país, sendo mais de metade da soma das áreas das demais RBs da Rede Mundial.[13] As Reservas da Biosfera brasileiras são as seguintes:

RB Mata Atlântica: a primeira criada no Brasil em 1991 e ampliada várias vezes. Atualmente abrange uma área com cerca de 895.266km^2, formando um grande corredor ecológico em 17 Estados brasileiros.[14]

RB do Cinturão Verde de SP: Em 1993 a UNESCO reconheceu a Reserva da Biosfera do Cinturão Verde de São Paulo como parte integrante da RB da Mata Atlântica, mas com identidade própria, dadas as peculiaridades do entorno de uma das maiores metrópoles do mundo. Além de São Paulo, os 23.335 km^2 a RB do Cinturão Verde envolve outros 77 municípios, abriga 25 milhões de pessoas, ou seja, cerca de 60% da população paulista e são produzidos aproximadamente 19% do PIB do Brasil. As ações da RBCVSP se concentram em 3 focos principais: a) facilitação da integração de projetos governamentais e não governamentais visando fortalecer iniciativas socioambientais sustentáveis, tais como o projeto *Programa de Jovens*, Meio Ambiente e Integração Social (PJ-MAIS), que promove a integração social e meio ambiente, a conservação e recuperação dos ecossistemas por meio da inclusão social e protagonismo juvenil e do desenvolvimento do chamado *ecomercado* de trabalho local; b) desenvolvimento de pesquisas, com destaque para a tais como a Avaliação Subglobal da RBCV no âmbito da regional segundo parâmetros da Avaliação Ecossistêmica do Milênio, envolvendo mais de 70 cientistas e técnicos de 35 diversas instituições de pesquisa e seus cientistas e, c) o incentivo e a proposição de criação de Unidades de Conservação Estadual e Municipal, entre outras iniciativas que inspirem políticas públicas sustentáveis.[15]

RB Cerrado: Localizada em regiões do Distrito Federal e dos Estados de Goiás, Tocantins, Maranhão e Piauí. O bioma Cerrado, por força das formas de exploração agrícola e pecuária de forte impacto ambiental, e de baixa capacidade de geração de emprego e renda, já apresenta uma grande perda de sua diversidade biológica riquíssima, combinada a um conjunto de paisagens precioso, que precisa ser conservado. Mesmo sob intensa pressão, ainda habitam nesta região diversas comunidades tradicionais, tais como quilombolas, indígenas e geraizeiros, entre outros, que detêm amplo conhecimento sobre o território, seus recursos, sua fauna e sua flora e que vêm, há séculos, conservando e manejando sua rica diversidade biológica e suas paisagens deslumbrantes. Nele nascem 3 das principais bacias

---

10. Decreto nº 4.340/02, art. 44.
11. Decreto nº 4.340/02, art. 45.
12. REDE BRASILEIRA DE RESERVAS DA BIOSFERA. 2021. Disponível em: <https://reservasdabiosfera.org.br/a-rbrb/>. Acesso em: 14 mar. 2024.
13. REDE BRASILEIRA DE RESERVAS DA BIOSFERA. 2021. Disponível em: <https://reservasdabiosfera.org.br/a-rbrb/>. Acesso em: 14 mar. 2024.
14. REDE BRASILEIRA DE RESERVAS DA BIOSFERA. *Reserva da Biosfera da Mata Atlântica*. 2021. Disponível em: <https://reservasdabiosfera.org.br/reserva/rb-mata-atlantica/>. Acesso em: 12 mar. 2024.
15. REDE BRASILEIRA DE RESERVAS DA BIOSFERA. *Reserva da Biosfera do Cinturão Verde da Cidade de São Paulo*. 2021. Disponível em: <https://reservasdabiosfera.org.br/reserva/rb-cinturao-verde/>. Acesso em: 18 mar. 2024.

hidrográficas brasileiras: Paraná, São Francisco e Tocantins. Sua área é de aproximadamente 300.000 km²;[16]

RB Pantanal: Criada em 2000, abrange os Estados do Mato Grosso, do Mato Grosso do Sul e pequena parcela de Goiás. Cobre a região de abrangência do Pantanal Mato-Grossense e de áreas de influência das cabeceiras dos rios que estruturam o sistema hídrico da planície pantaneira. Esta Reserva da Biosfera trabalha para promover a sustentabilidade das atividades da pecuária (praticada na região desde o século XVIII) e do turismo na planície pantaneira, consideradas como fatores importantes para a conservação da biodiversidade pantaneira. Área de 264.176 km²;[17]

RB Caatinga: Criada em 2001, envolvendo 9 estados do Nordeste além do Norte de Minas Gerais, abrange uma área de 286.837 km². Suas prioridades, além da conservação da rica biodiversidade regional, são a sustentabilidade das atividades econômicas tradicionais praticadas na região, para o melhor desempenho da apicultura, com incentivo às práticas de recaatingamento, principalmente do Umbuzeiro e o Licurizeiro, que fazem parte da cadeia alimentar humana e da fauna. Destaca-se ainda o artesanato de couro, barro, madeira e tecido, o combate à desertificação e o estudo e a divulgação de dados sobre esses importantes ecossistemas.[18]

RB Amazônia Central: Criada em 2001 e localizada na área do Projeto Corredor Ecológico Central da Amazônia, no Estado do Amazonas. O elemento estrutural de seus territórios é o conjunto de Áreas Protegidas contínuas, formado pelo Parque Nacional do Jaú, pela Estação Ecológica de Anavilhanas, pelas Reservas Ecológicas do Rio Negro, Javari-Solimões e de Juami-Japurá, pela Reserva Biológica de Uatumã, pela Floresta Nacional de Tefé e pelas Reservas de Desenvolvimento Sustentável de Mamirauá e Amanã, entre outras. Seu principal objetivo é a conservação dessas porções estratégicas de cobertura florestal, de imensa biodiversidade. Uma importante iniciativa é o apoio ao reconhecimento do papel estratégico do conhecimento, pelas populações tradicionais, dos usos terapêuticos da biodiversidade local. Com isso, além de promover a exploração econômica de seus produtos florestais, pelo manejo sustentável, apoia as atividades para a conservação da biodiversidade, para o fortalecimento da bioprospecção, da biotecnologia e de bionegócios. Área: 198.072 km².[19]

RB Serra do Espinhaço: Criada em 2005, abrange 172 municípios no estado de Minas Gerais, em um total de 101.905 km². Está localizada na direção Norte-Sul numa extensão de cerca de 1.200 km a partir da região de Belo Horizonte (MG) até a Bahia. A largura da Serra do Espinhaço varia de alguns quilômetros a mais de 100 km em alguns pontos. Ao longo de sua extensão, elevações com picos atingindo até 2.017 m propiciam uma enorme diversidade de condições climáticas e de chuva. A Serra do Espinhaço não é um bloco único, havendo uma descontinuidade no norte de Minas Gerais, que divide a cordilheira em dois segmentos. Os seus aspectos culturais, em uma perspectiva histórica, a sua dinâmica biogeográfica e as suas relações intrínsecas com os biomas da Mata Atlântica e do Cerrado, ambos considerados Hotspots mundiais. Neste, destacam-se os Campos Rupestres, fitofisionomia com grande número de espécies ameaçadas e endêmicas, em um ambiente de baixa resiliência, configurando-se, dessa forma, como um Centro de Endemismo Mundial.[20]

A criação de Reservas da Biosfera na Caatinga e no Cerrado é de fundamental importância, na medida em que esses importantes biomas foram deixados de lado pela Constituição Federal, no que se refere ao Patrimônio Nacional, objeto do art. 225, § 4º.

---

16. SEMA – SECRETARIA DE ESTADO DO MEIO AMBIENTE E PROTEÇÃO ANIMAL DO DISTRITO FEDERAL. 2019. Disponível em: <https://www.sema.df.gov.br/sobre-a-reserva-da-biosfera-do-cerrado-rbc/>. Acesso em: 18 mar. 2024.

17. REDE BRASILEIRA DE RESERVAS DA BIOSFERA. *Reserva da Biosfera do Pantanal*. 2021. Disponível em: <https://reservasdabiosfera.org.br/reserva/rb-pantanal/>. Acesso em: 18 mar. 2024.

18. *REDE BRASILEIRA DE RESERVAS DA BIOSFERA. Reserva da Biosfera da Caatinga*. 2021. Disponível em: <https://reservasdabiosfera.org.br/reserva/rb-caatinga/>. Acesso em: 18 mar. 2024.

19. REDE BRASILEIRA DE RESERVAS DA BIOSFERA. *Reserva da Biosfera da Amazônia Central*. 2021. Disponível em: <https://reservasdabiosfera.org.br/reserva/rb-amazonia-central/>. Acesso em: 18 mar. 2024.

20. REDE BRASILEIRA DE RESERVAS DA BIOSFERA. *Reserva da Biosfera da Serra do Espinhaço*. 2021. Disponível em: <https://reservasdabiosfera.org.br/reserva/rb-serra-do-espinhaco/>. Acesso em: 18 mar. 2024.

SÍTIOS RAMSAR. ZONAS ÚMIDAS

33.1 ZONAS ÚMIDAS

Recurso de grande importância econômica, cultural e científica, as zonas úmidas estão entre os ambientes mais produtivos do mundo. São armazéns naturais de diversidade ecológica, além de proporcionarem sistemas de apoio à vida das comunidades, cumprindo **funções ecológicas fundamentais**, como a regulação dos regimes hidrológicos.

A conservação das zonas úmidas tem como premissa a **utilização sustentável**, que proporcione benefícios à humanidade de forma compatível com a manutenção das propriedades naturais do ecossistema. O uso humano das zonas úmidas deve permitir a obtenção de benefícios de forma contínua para as gerações presentes, mantendo-se, ao mesmo tempo, o potencial necessário para atender às necessidades das gerações futuras.

A Convenção Sobre Zonas Úmidas de Importância Internacional Especialmente como Hábitat de Aves Aquáticas – Convenção de Ramsar – é o mais antigo tratado internacional tendo por objeto a proteção dos ecossistemas.[1] Foi concluída na cidade de Ramsar, Irã, em 1971, entrando em vigor em 1975, após os sete primeiros Estados terem se tornado Partes Contratantes.[2] No Brasil, a Convenção Ramsar entrou em vigor pelo Decreto nº 1.905, de 16-5-1996, após sua aprovação pelo Decreto Legislativo nº 33, de 16-6-1992. O objeto protegido pela Convenção Ramsar é o espaço – zona úmida – e a biodiversidade que ali se desenvolve, fundamentalmente as aves migratórias que a utilizam.

Zonas úmidas, para efeito da Convenção, são "*as áreas de pântanos, charcos, turfas e corpos d'água, naturais ou artificiais, permanentes ou temporários, com água estagnada ou corrente, doce, salobra ou salgada, incluindo-se estuários, planícies costeiras inundáveis, ilhas e áreas marinhas costeiras, com menos de seis metros de profundidade na maré baixa . Aves aquáticas são todos os pássaros ecologicamente dependentes de zonas úmidas*".[3]

A Lei nº 12.651/12 definiu **áreas úmidas** "*como pantanais e superfícies terrestres cobertas de forma periódica por águas, cobertas originalmente por florestas ou outras formas de vegetação adaptadas à inundação*".[4]

A cada três anos realiza-se uma Conferência das Partes (COP), em que se discutem os progressos na conservação das zonas úmidas, é analisada a situação atual dos sítios da Lista Ramsar e são elaborados relatórios, resoluções e recomendações para sua implementação. O 10º Encontro da Conferência das Partes (COP10) teve lugar em Changwon, Coreia do Sul, em 2008, quando se aprovou o Plano Estratégico para 2009-2015. A COP11 ocorreu em Bucharest, Romênia, em 2012. A COP de 2015 foi realizada em Punta Del

---

1. GURUSWAMY, Lakshman. *International environmental law in a nutshell*. St. Paul, MN: West Publishing, 2007, p. 174.
2. Austrália, Finlândia, Grécia, Irã, Noruega, África do Sul e Suécia.
3. Convenção Ramsar, art. 1.
4. Lei nº 12.651/12, art. 3º, XXV. Incluído pela Lei nº 12.727/12.

33.2 DEFINIÇÃO DOS SÍTIOS RAMSAR

Este, no Uruguai (COP12), na qual aprovou-se o Plano Estratégico para 2016-2024. A COP13, sediada em Dubai, Emirados Árabes, ocorreu de outubro de 2018. E ainda, como resultado da COP 14, realizada em Wuhan (China) e Genebra, (Suíça), destacam-se a Declaração de Wuhan e o Quadro Estratégico Global para a Conservação das Zonas Úmidas 2025-2030.

33.2 DEFINIÇÃO DOS SÍTIOS RAMSAR

Os Sítios Ramsar – zonas úmidas de importância internacional – são definidos em uma lista elaborada com base nas indicações das Partes onde se encontram enumerados todos os espaços designados para a proteção.

A seleção dessas zonas se dá por iniciativa dos Estados-Membros e fundamenta-se em critérios gerais ou específicos, sob os aspectos ecológicos, botânicos, zoológicos, imunológicos ou hidrológicos, priorizando-se as áreas que sejam relevantes, em qualquer época do ano, para aves aquáticas, migratórias ou não.

Para a inclusão e atualização de sítios à Lista Ramsar, cada Estado-Membro, por meio de seu Ponto Focal Nacional, deve preencher um formulário online e enviá-lo à Equipe Regional da Secretaria. Esta analisa as informações apresentadas e, junto com o Estado, trabalha para garantir que estejam corretas e completas. O Secretariado Ramsar assegura que os dados e o mapa atendam aos padrões estabelecidos pela Conferência das Partes, antes de publicar as informações no Site no Serviço de Informação dos Sites Ramsar.[5]

33.3 GESTÃO DOS SÍTIOS RAMSAR

No que toca à estrutura institucional, a Convenção de Ramsar, além da Conferência das Partes, possui um Comitê Permanente, eleito durante a COP para mandatos de três anos, que se reúne uma vez por ano, no escritório oficial da Convenção, localizado na Suíça. Conta, ainda, com dois órgãos assessores que elaboram orientações técnicas para ajudar a COP e o Comitê Permanente: o Grupo de Exame Técnico e Científico e o Grupo de Supervisão das atividades de Comunicação, Educação, Conscientização e Participação.[6]

As atividades diárias da Convenção Ramsar são realizadas por uma Secretaria, encarregada pela coordenação. O escritório está sediado na União Internacional para a Conservação da Natureza (IUNC), na Suíça, e trabalha em regime de cooperação com organizações associadas, tais como: International Water Management Institute (IWMI), *World Wide Fund for Nature* (WWF), *Birdlife International* e *International Union for Conservation of Nature* (UICN). Dois mecanismos de financiamento estão previstos na Convenção: o Fundo de Pequenas Doações – *Small Grant Fund* (SGF) – e a iniciativa Zonas Úmidas para o Futuro – *Wetlands For the Future* (WWF).

33.4 PROTEÇÃO DOS SÍTIOS RAMSAR NO BRASIL

A Convenção Ramsar foi assinada pelo Brasil em 2-2-1971, aprovada pelo Decreto Legislativo nº 33, de 16-6-1992, ratificada em 24-5-1993 e promulgada pelo Decreto nº

---

5. RAMSAR CONVENTION ON WETLANDS. *Using the Ramsar Sites Information Service*. Disponível em: <https://www.ramsar.org/sites/default/files/documents/library/rsis_tutorial_e_1.pdf>. Acesso em: 18 mar. 2024 .
6. RAMSAR CONVENTION ON WETLANDS. The bodies of the Convention, Disponível em: <https://www.ramsar.org/about/the-bodies-of-the-convention>. Acesso em: 18 mar. 2024.

1.905, de 16-5-1996. Atualmente no Brasil há 27 zonas úmidas declaradas Sítios de Importância Internacional – Sítios Ramsar –, sendo o primeiro país do mundo em superfície na Lista Ramsar – 24.646.410 hectares.

Os Sítios Ramsar situados em território nacional são:[7]

1. Reserva de Desenvolvimento Sustentável do Mamirauá (AM);

2. Área de Proteção Ambiental da Baixada Maranhense (MA);

3. Parque Nacional da Lagoa do Peixe (RS);

4. Área de Proteção Ambiental das Reentrâncias Maranhenses (MA);

5. Parque Estadual Marinho do Parcel de Manuel Luís e Baixios do Mestre Álvaro e Tarol (MA);

6. Parque Nacional do Araguaia - Ilha do Bananal (TO);

7. Parque Nacional do Pantanal Mato-Grossense (MT);

8. Reserva Particular do Patrimônio Natural (RPPN) do SESC Pantanal (MT);

9. Parque Nacional de Abrolhos (BA);

10. Parque Estadual do Rio Doce (MG);

11. Reserva Particular do Patrimônio Nacional (RPPN) Fazenda Rio Negro (MS);

12. Parque Nacional do Cabo Orange (AP);

13. Reserva Biológica Atol das Rocas (RN);

14. Parque Nacional do Viruá (RR);

15. Parque Nacional de Anavilhanas (AM);

16. Reserva Biológica do Guaporé (RO);

17. Estação Ecológica do Taim (RS);

18. Estação Ecológica de Guaraqueçaba (PR);

19. Lund-Warming/APA Carste de Lagoa Santa (MG);

20. APA Cananéia - Iguape – Peruíbe (SP);

21. APA Estadual de Guaratuba (PR);

22. Parque Nacional de Ilha Grande (MS/PR)

23. Parque Nacional Marinho de Fernando de Noronha (PE);

24. Rio Negro (AM) - Sítio Ramsar Regional;

25. Estuário do Amazonas e seus Manguezais (AP até CE) - Sítio Ramsar Regional;

26. Rio Juruá (AM)

27. Estação Ecológica de Taimã (MT)

Embora o Brasil possua 27 Sítios Ramsar de importância internacional em seu território, não existem, no direito pátrio, mecanismos efetivos de proteção específica para essas áreas, fundamentados na Convenção Ramsar. Todavia, tais espaços territoriais não se encontram desprotegidos, na medida em que outros mecanismos legais de proteção são aplicados a eles.

Como medida de proteção, a designação dos Sítios Ramsar brasileiros, até 2017, foi feita de modo a que os mesmos correspondessem, em localização, a Unidades de Conservação preexistentes.[8] Dessa forma, a proteção jurídica dos Sítios Ramsar no Bra-

---

7.   Informação constante do endereço eletrônico: <https://www.gov.br/mma/pt-br/assuntos/ecossistemas-1/areas-u-midas/sitios-ramsar-brasileiros>. Acesso em: 4 abr. 2024.

8.   Com exceção do Parque Estadual do Parcel de Manuel Luís, cuja área como Sítio Ramsar é menor que a do Parque.

sil não decorria apenas da Convenção, mas da legislação ambiental, máxime a Lei do SNUC.[9]

A partir de 2018, no entanto, um novo conceito foi desenvolvido, com o objetivo de criar Sítios Ramsar em **âmbito regional**, incluindo áreas protegidas e outras áreas úmidas de importância internacional, como foi o caso do Rio Negro (AM) e do Estuário do Amazonas e seus Manguezais (AP até CE).[10]

Durante os 20 anos que decorreram da ratificação da Convenção (1993) até 2013, o Brasil havia designado 12 Sítios Ramsar. Contudo, a partir de 2015 outras 13 zonas úmidas foram designadas nesses termos, sendo nove delas apenas em 2017. Essa estratégia de introdução de novas áreas na Lista de Ramsar faculta ao Brasil a obtenção de apoio para o desenvolvimento de pesquisas, o acesso a fundos internacionais para o financiamento de projetos e a criação de um cenário favorável à cooperação internacional.

Cabe registrar que a Lei nº 12.651, de 25-5-2012, prevê a possibilidade de um ato do Poder Executivo declarar uma região de áreas úmidas, especialmente as de importância internacional, coberta com florestas ou outras formas de vegetação como de interesse social, hipótese em que essa área ficaria caracterizada como Área de Preservação Permanente (APP).[11]

Trata-se de uma novidade na legislação sobre florestas, que cria desse modo a possibilidade de haver uma restrição adicional ao uso dos Sítios Ramsar no Brasil, que passariam a submeter-se ao regime jurídico das Áreas de Preservação Permanente, desde que, é claro um ato do Poder Executivo assim estabelecesse. Todavia, analisando o teor da nova norma, que em muitas passagens, abriu novas possibilidades de desconsideração da função ambiental das APP, é de se indagar se o novo dispositivo, que em princípio deveria proteger as áreas úmidas, não está autorizando a supressão da vegetação em APP, mesmo em unidades de conservação de proteção integral.

Embora se considere sempre que deve valer a norma mais restritiva, valerá, na prática, o que for autorizado pelo órgão ou entidade licenciadora. Nesse passo, cabe não apenas aos Poderes Públicos, mas à sociedade e principalmente ao Ministério Público acompanhar os procedimentos de licenciamento ambiental para se certificar de que os compromissos assumidos pelo Brasil, perante a comunidade internacional, no que diz respeito aos sítios Ramsar, estão sendo internamente cumpridos.

Serão descritas aqui os Sítios Ramsar, fazendo correspondência com as Unidades de Conservação, quando houver, e servindo de exemplos de espaços territoriais especialmente protegidos.

33.4.1 Reserva de Desenvolvimento Sustentável de Mamirauá (RDSM)

A Reserva de Desenvolvimento Sustentável de Mamirauá (RDSM), criada pelo Governo do Estado do Amazonas pelo Decreto nº 12.836/90, é coberta por florestas inun-

---

9. GRANZIERA, Maria Luiza Machado; ADAME, Alcione; GALLO, Gabriela Neves. Direito ambiental internacional. Conservação dos espaços e da biodiversidade. Convenção RAMSAR. In: *Direito, sociobiodiversidade e soberania da Amazônia.* Manaus: CONPEDI, 2006, p. 159-160.

10. MINISTÉRIO DO MEIO AMBIENTE E MUDANÇA DO CLIMA.. *Sítios Ramsar Brasileiros.* Disponível em: <https://www.gov.br/mma/pt-br/assuntos/ecossistemas-1/areas-umidas/sitios-ramsar-brasileiros>. Acesso em: 04 jun. 2023.

11. Lei nº 12.651/12, art. 6º, IX, incluído pela Lei nº 12.727/12.

dadas (várzeas), abriga uma biodiversidade que inclui espécies endêmicas e ameaçadas da flora e da fauna, como répteis, peixes, aves e mamíferos, como o uacari-branco. Inicialmente, foi constituída como Estação Ecológica. No entanto, como essa modalidade de Unidade de Conservação não permite a presença humana dentro de seus limites, em 1996 foi transformada em Reserva de Desenvolvimento Sustentável, uma categoria então inédita de Unidade de Conservação no Brasil, posteriormente incorporada pela Lei do SNUC.

Seu principal objetivo é a proteção da várzea amazônica. Está localizada na confluência dos rios Solimões e Japurá, entre as bacias do rio Solimões e do rio Negro, com área de 1.124.000 ha. Vizinha a ela, a RDS Amaná liga a RDS Mamirauá ao Parque Nacional do Jaú, e, fora essas três áreas contíguas ou muito próximas, existem mais oito Unidades de Conservação federais ou estaduais na região, constituindo um bloco de floresta oficialmente protegida de 6.500.000 ha. Esse bloco de reservas contíguas também foi declarado Reserva da Biosfera pelo Programa MaB da Unesco – RB Amazônia Central e Sítio Natural do Patrimônio Mundial pela IUCN e Unesco, além de constar da Lista Ramsar.

A principal característica da RDSM é a variação do nível das águas de seus rios, que enchem entre 10 e 12 metros da estação seca para a estação das cheias todos os anos, daí essa área ter sido designada Sítio Ramsar em 1993, pois possui as características das Zonas Úmidas de Importância Internacional – especialmente como *habitat* de aves aquáticas, protegidas pela referida Convenção.

33.4.2 Área de Proteção Ambiental da Baixada Maranhense

Criada pelo Decreto Estadual nº 11.900 de 11-6-1991, reeditado em 5-10-1991, e com uma área de 1.775.035,9 ha, a Baixada Maranhense estende-se por 20 mil quilômetros quadrados nos baixos cursos dos rios Mearim e Pindaré, e médios e baixos cursos dos rios Pericumã e Aura. A APA da Baixada Maranhense localiza-se na região continental de oeste a sudeste da baía de São Marcos e abrange 32 Municípios. Localizada na Amazônia Legal maranhense, na transição entre os biomas amazônico e cerrado, tem como característica marcante a ocorrência de terras baixas, planas, inundáveis, caracterizada por campo, mata de galeria, manguezais e bacias lacustres. Na época das chuvas suas terras baixas ficam alagadas, restando apenas ilhas de terras firmes onde a presença de aves é abundante, daí sua inclusão na Lista Ramsar em 1993.

Dentro da APA da Baixada Maranhense encontra-se a Reserva Extrativista do Frexal, criada pelo Decreto Estadual nº 536/92, com área aproximada de 9.542 ha. O processo histórico de criação desta Reserva está ligado à luta da comunidade negra do Frexal para ser reconhecida como remanescente das comunidades quilombolas que existiram na região.

33.4.3 Parque Nacional da Lagoa do Peixe

Criado pelo Decreto nº 93.546/86, atendendo à sugestão do Instituto Brasileiro do Meio Ambiente e Recursos Naturais Renováveis (IBAMA), tornou-se Sítio Ramsar em 1993. Localizado na planície costeira do Rio Grande do Sul, totaliza uma área de 34.400 ha.[12] Ao todo, o Parque tem cerca de 62 km de extensão e 6 km de largura em média, abrangendo porções dos Municípios de Mostardas, Tavares e São José do Norte.

---

12. Ramsar Sites Information Service. *Lagoa do Peixe*. Disponível em: <https://rsis.ramsar.org/ris/603>. Acesso em: 14 mar. 2024.

O Parque está localizado em uma extensa planície costeira arenosa, situada entre a lagoa dos Patos e o Oceano Atlântico. Sua paisagem é composta por mata de restinga, banhados, campos de dunas, lagoas de água doce e salobra, além de praias e uma área marinha. Apesar da denominação, lagoa do Peixe é, na verdade, uma laguna, por causa da comunicação com o mar. É relativamente rasa, com 60 centímetros de profundidade em média. Possui 35 quilômetros de comprimento e 2 quilômetros de largura, e é formada por sucessão de pequenas lagoas interligadas, caracterizando, assim, um reservatório natural de água salobra. A área é um berçário para o desenvolvimento de espécies marinhas, entre as quais camarão-rosa, tainha e linguado, e atrai variadas espécies de aves, que encontram na lagoa e em suas marismas farta alimentação.

As águas salobras repletas de plânctons, crustáceos e peixes atraem bandos de aves de várias partes do continente. Já foram catalogadas 275 espécies, das quais 35 são migratórias. Do Chile e da Argentina chegam flamingos, as batuíras de coleira-dupla, de peito-avermelhado e de papo-ferrugíneo; da América do Norte migram mais de dez espécies de maçaricos (caso do maçarico-de-papo-vermelho), batuíras e o trinta-réis-boreal.[13]

33.4.4 Área de Proteção Ambiental das Reentrâncias Maranhenses

A Área de Proteção Ambiental das Reentrâncias Maranhenses foi criada pelo Decreto Estadual nº 11.901, de 11-6-1991,[14] com uma área de 2.680.911,2 ha. Caracteriza-se por uma zona costeira irregular com ilhas, estuários, dunas e praias cobertas por grandes extensões de mangue que abrigam várias espécies de peixes, crustáceos e moluscos, além de aves migratórias, sendo explorada economicamente pelas populações locais.

Localizada no litoral ocidental maranhense, de Alcântara até a foz do rio Gurupi, engloba 11 Municípios. Sua região costeira é recortada por baías, enseadas e estuários, possuindo extensos manguezais com elevada produtividade pesqueira em toda a costa ocidental maranhense, abundância de aves litorâneas, algumas ameaçadas de extinção, além de terras baixas e planas no Município de Carutapera, características que lhe renderam a designação de Sítio Ramsar em 1993.

33.4.5 Parque Estadual Marinho do Parcel de Manuel Luís, incluindo os Baixios do Mestre Álvaro e Tarol

Criado pelo Decreto Estadual nº 11.902 de 11-6-1991, no Município de Cururupu, Estado do Maranhão com uma área de 45.937,9 ha, constitui área de afloramentos rochosos que dão origem a extenso banco de corais, favorecendo a ocorrência de algas, cnidários e esponjas, sendo ambiente propício à reprodução de várias espécies de peixes, inclusive ameaçadas.

Localiza-se no litoral ocidental do Estado, a 45 milhas da costa maranhense. Nas formações de corais existentes, encontra-se uma variedade de peixes multicolorida, tais como peixe-papagaio, sargentino, peixe-borboleta, e outros de maior porte, como meros e garoupas, além de tartarugas marinhas. Seu objetivo principal é a preservação da biodiver-

---

13. Informação constante do endereço eletrônico: <http://parnalagoadopeixe.blogspot.com/p/blog-page_30.html>. Acesso em: 15 mar. 2024.
14. Reeditado em 9-10-1991.

sidade, do patrimônio genético dos recifes de corais e a garantia das atividades pesqueiras. Foi designado Sítio Ramsar em 1999, com área inferior à do Parque, totalizando 34.556 ha.

33.4.6 Parque Nacional do Araguaia – Ilha do Bananal

A Ilha do Bananal é a maior ilha fluvial do mundo. A diversidade da flora e fauna representa a zona de transição entre floresta tropical úmida da Bacia Amazônica e as savanas lenhosas com floresta de galeria. A área é extremamente rica para aves aquáticas, residentes e migratórias. Por ser um local de transição entre os biomas Amazônia e Cerrado, apresenta alta diversidade de fauna e flora. O Corredor Ecológico Araguaia-Bananal é composto pelas seguintes áreas protegidas: Parque Nacional do Araguaia, Área de Proteção Ambiental Meandros do Rio Araguaia, Parque Estadual do Cantão, duas APAs estaduais e quatro reservas indígenas. Foi declarado Sítio Ramsar em 4-10-1993, com área de 562.312 ha.

O Parque Nacional do Araguaia, criado pelo Decreto nº 47.570, de 31-12-1959, teve sua área alterada pelos Decretos nºs 68.873/71, 71.879/73 e 84.844/80. Possui atualmente uma área de 557.714 ha, abrangendo parte dos Municípios de Pium e Lagoa da Confusão. Localizado na ilha do Bananal, faz parte do Sítio Ramsar designado em 1993.

Esse espaço constitui uma área de tensão ecológica entre o Cerrado e a Amazônia, sujeita a inundações periódicas, abrigando notável diversidade de fauna, incluindo espécies endêmicas e ameaçadas de extinção, como peixes, aves aquáticas e mamíferos. Apresenta também fisionomias como o cerradão, matas ciliares, matas de igapó e floresta pluvial tropical, abrigando fauna heterogênea, rico na avifauna, com predominância de espécies ligadas ao meio aquático, com período de chuvas que vai de novembro a março.

33.4.7 Parque Nacional do Pantanal Mato-Grossense

Criado pelo Decreto nº 88.392/81 e designado Sítio Ramsar em 1993, foi proclamado Patrimônio da Humanidade em 2000, por suas formações únicas e raras, sendo representativo dos processos geológicos em curso, de evolução biológica e de interação entre o homem e seu entorno natural. Constitui extensão de Cerrado e florestas estacionais, periodicamente alagada. Representa a maior concentração de fauna do neotrópico, incluindo espécies ameaçadas de extinção, mamíferos, aves, répteis e peixes.

Constituindo a mais extensa área úmida contínua do planeta, o Parque Nacional do Pantanal Mato-Grossense compreende 135.000 hectares preservados numa imensa planície de áreas alagáveis, sendo todo ele parte da bacia do rio Paraguai. Está localizado no Município de Poconé, no Estado do Mato Grosso, na confluência dos rios Paraguai e Cuiabá.

Por suas características – únicas no gênero – teve sua área de conservação recentemente ampliada com a aquisição, pela The Nature Conservancy (TNC), de duas áreas próximas não alagáveis, essenciais para a reprodução, principalmente da fauna terrestre.

33.4.8 Reserva Particular do Patrimônio do SESC Pantanal

Designada em 2003 como o primeiro Sítio Ramsar brasileiro em área privada, a Reserva Particular do Patrimônio do SESC Pantanal possui uma área de 107.996 hectares. É também reconhecida como Unidade de Conservação pelo Governo Federal. Abriga fauna e flora exuberantes.

A área preservada é constituída por rios permanentes, lagos, planícies e florestas inundáveis. Localiza-se no Município de Barão de Melgaço, a 128 km de Cuiabá, e seu raio de atuação vai até a cidade de Poconé.

33.4.9 Parque Nacional Marinho de Abrolhos

Criado pelo Decreto nº 88.218, 6-4-1983, com área de 266 milhas náuticas quadradas, o Parque Nacional Marinho dos Abrolhos, no Estado da Bahia, possui a finalidade de resguardar atributos excepcionais da natureza, conciliando a proteção integral da flora, da fauna e das belezas naturais com a utilização para objetivos educacionais, recreativos e científicos. Declarado Sítio Ramsar em 2-2-2010, com área de 91,300 ha. Inclui um mosaico de ambientes marinhos e costeiros como corais, mangues, praias e bancos de areias. Abriga várias espécies em extinção de tartarugas e peixes. A área também faz parte da Reserva da Biosfera da Mata Atlântica.

33.4.10 Parque Estadual do Rio Doce

O **Parque Estadual do Rio Doce** está situado na porção sudoeste do Estado de Minas Gerais, a 248 km de Belo Horizonte, na região do Vale do Aço, inserido nos municípios de Marliéria, Dionísio e Timóteo. A unidade de conservação abriga a maior floresta tropical de Minas Gerais, com 35,973 ha e é a primeira unidade de conservação estadual criada em Minas Gerais, pelo Decreto-Lei nº 1.119, de 14-7-1944. Tornou-se sítio Ramsar em 15-3-2010. Abriga 42 lagos naturais, 10 comunidades vegetais, incluindo o Jacarandá da Bahia, 325 espécies de pássaros, e no mínimo 77 de mamíferos, como a onça pintada. Além disso, sua área é abrangida pela Reserva da Biosfera da Mata Atlântica.

33.4.11 Reserva Particular do Patrimônio Natural (RPPN) Fazenda Rio Negro

Com área de 7.000 ha, a **Fazenda Rio Negro**, no Estado de Mato Grosso do Sul, foi transformada em RPPN no ano de 2001, tendo sido declarada Sítio Ramsar em 22-5-2009.A região é caracterizada pela existência de baías e salinas, localizadas às margens do rio Negro, afluente da margem direita do rio Paraguai. Ela está inserida na bacia do rio Negro, afluente da margem direita do rio Paraguai, sendo que o tipo de paisagem é denominada como Pantanal da Nhecolândia. Dentro dos limites da RPPN Fazenda Rio Negro é possível observar uma grande quantidade de espécies de aves, mamíferos de médio e grande porte, de répteis e invertebrados. A compilação dos resultados das pesquisas realizadas na reserva revela que existem pelo menos 367 espécies de aves e 74 de mamíferos, habitando uma região que tem como principal fisionomia vegetal a savana.[15]

33.4.12 Parque Nacional Cabo Orange

Criado pelo Decreto nº 84.913, de 15-07-1980, o Parque Nacional Cabo Orange possui uma área de 619.000 ha, um perímetro de 590 km e está localizado no extremo norte do Estado do Amapá na fronteira com a Guiana Francesa e na foz do Rio Oiapoque.

---

15. WIKIPARQUES. *Reserva Particular do Patrimônio Natural Fazenda Rio Negro*. Disponível em: <http://www.wikiparques. org/wiki/Reserva_Particular_do_Patrim%C3%B4nio_Natural_Fazenda_Rio_Negro>. Acesso em: 15 mar. 2024.

Abrange parte dos Municípios de Calçoene (14,7%) e Oiapoque (9,8%). Possui uma faixa de cerca de 200 km de extensão adentrando ao mar em 10 km, sendo que 100% do litoral do Município de Oiapoque e 76% do litoral de Calçoene encontram-se no interior do PN-CO.[16] Tornou-se sítio Ramsar em 2-2-2013.

33.4.13 Reserva Biológica Atol das Rocas

A Reserva Biológica do Atol das Rocas foi criada pelo Decreto nº 83.549, de 05-06-1979, com uma área de 37.065 hectares, localizada a 144 milhas náuticas (267km) da cidade de Natal, no Rio Grande do Norte. Foi Declarada Patrimônio Mundial da UNES-CO (2001) pelo fato de representar ecossistema insular oceânico com águas altamente produtivas, que fornecem alimentos para atuns, tubarões, cetáceos e tartarugas marinhas que migram para a costa atlântica oriental da África. Constituem em verdadeiros "oásis" da vida marinha em um oceano relativamente estéril, contribuindo para a reprodução, dispersão e colonização de organismos marinhos no Atlântico Sul tropical.[17]

Abriga a maior concentração de aves matinhas tropicais do Atlântico ocidental, com aproximadamente 150.000 aves de 29 espécies. É um importante local de reprodução e alimentação para o tubarão limão (Negaprion brevirostris) e abriga cinco espécies endêmicas de peixes. Foi designado Sítio Ramsar em 11-12-2015, com 35.186,4 ha.[18]

33.4.14 Parque Nacional do Viruá

O Parque Nacional do Viruá está localizado na região ecológica megadiversa de "Campinaranas", na parte baixa de Rio Branco (RR), na porção média do Rio Negro. Com área de 216.427 hectares e bioma amazônico, o PARNA foi criado pelo Decreto sem número de 29-04-1998. Em 22-03-2017 foi designado Sítio Ramsar, abrangendo a totalidade da área do parque.

Abrange um mosaico de ecossistemas de florestas e não-florestas úmidas, representativo de um sistema geoecológico único na Amazônia e desempenha um papel importante no controle de inundações, deposição de sedimentos e outros ciclos naturais. O local apresenta níveis excepcionais de biodiversidade, especialmente em peixes com 500 espécies, e aves com 530 espécies, das quais 28 são endêmicas. Fornece recursos pesqueiros e mantém populações relevantes de espécies como a ameaçada ariranha (Pteronura brasiliensis) e a onça (Panthera onca).[19]

33.4.15 Parque Nacional de Anavilhanas

A Estação Ecológica de Anavilhanas foi criada pelo Decreto nº 86.061, de 02-06-1981, passou à categoria de Parque Nacional por meio da Lei nº 11.799, de 29-10-2008,

---

16. Instituto Chico Mendes de Conservação da Biodiversidade. *Plano de Manejo Integrado do Fogo do Parque Nacional Cabo Orange.* 2022. Disponível em: <https://www.gov.br/icmbio/pt-br/assuntos/biodiversidade/unidade-de-conservacao/unidades-de-biomas/marinho/lista-de-ucs/parna-do-cabo-orange/Plano_de_Manejo_Integrado_do_Fogo_versao_final_Bruno.pdf>. Acesso em: 14 mar. 2024.
17. Instituto Chico Mendes de Conservação da Biodiversidade. *Plano de Manejo para a Reserva Biológica do Atol das Rocas.* Disponível em: <https://www.gov.br/icmbio/pt-br/assuntos/biodiversidade/unidade-de-conservacao/unidades-de-biomas/marinho/lista-de-ucs/rebio-atol-das-rocas/arquivos/rebio_atol-das-rocas.pdf>. Acesso em: 14 mar. 2024.
18. Ramsar Sites Information Service. *Atol das Rocas Biological Reserve.* Disponível em: <https://rsis.ramsar.org/ris/2259?language=en>. Acesso em: 14 mar. 2024.
19. Ramsar Sites Information Service. *Viruá National Park.* Disponível em: <https://rsis.ramsar.org/ris/2295?language=en>. Acesso em:24 jun. 2023.

contendo 350,469.8 ha. O Parque Nacional de Anavilhanas, no estado do Amazonas, protege parte da região fluvial e de Terra Firme do baixo rio Negro e, por ser delimitada por outras UCs e localizar-se no centro do Mosaico de Áreas Protegidas do Baixo Rio Negro, tem importante papel de articulador de ações visando o desenvolvimento e a conservação da região.[20]

De grande beleza cênica, o local, designado Sítio Ramsar em 22-03-2017, contém várias formações florestais, lagos e ecossistemas ribeirinhos. Nas ilhas Anavilhanas, no rio Negro, foram registradas 48 espécies de aves, além do gato-maracajá (*Leopardus wiedii*) e do peixe-boi amazônico (*Trichechus inunguis*), o maior herbívoro de água doce da América do Sul e endêmico da bacia do rio. As principais pressões sobre os recursos naturais do local incluem o desmatamento nas ilhas do arquipélago, a pesca comercial, a caça, o tráfico de espécies silvestres e as atividades de mineração de extração de areia.[21]

33.4.16 Reserva Biológica do Guaporé

Criada pelo Decreto nº 87.587, de 20-09-1982, a Reserva Biológica do Guaporé possui 615.771,56 hectares. Localizada em Rondônia, é uma das maiores e mais notáveis áreas protegidas do Brasil. É composta por amostras representativas de florestas sazonalmente inundadas por rios de águas claras e prados inundados, ambos tipos de zonas húmidas que são muito característicos da Amazônia brasileira.

O local é de grande importância para a conservação da diversidade biológica, pois abriga uma rica e diversificada flora e fauna, incluindo espécies ameaçadas de extinção, como o macaco-aranha-preto (*Ateles chamek*) e a ariranha (*Pteronura brasiliensis*). Foi resignado Sítio Ramsar em 22-03-2017, com uma área correspondente a 600.000 há.[22]

33.4.17 Estação Ecológica do Taim

A Estação Ecológica do Taim foi criada pelo Decreto nº 92.963, de 21-07-1986 e teve sua área ampliada pelo Decreto sem número de 05-06-2017, totalizando 32.797 hectares, localizada nos Municípios de Rio Grande e Santa Vitória do Palmar, Estado do Rio Grande do Sul. Foi designada Sítio Ramsar em 22-03-2017, quando ainda possuía dimensão de 10.938.6 ha.

É uma área de conservação de importância mundial, preservando áreas úmidas e lagoas, campos, dunas e florestas e abrigando uma grande diversidade de espécies vegetais e animais na Mata Atlântica. Sua notável avifauna inclui espécies que migram do hemisfério norte, migrantes do Cone Sul do continente e outras que vivem no local o ano todo. Espécies ameaçadas de extinção como o albatroz-de-nariz-amarelo (*Thalassarche chlororhynchos*) e o tuco-tuco das dunas (*Ctenomys flamarioni*) são encontradas na UC. A Estação Ecológica do Taim é uma área central da Reserva da Biosfera da Mata Atlântica; desem-

---

20. Instituto Chico Mendes de Conservação da Biodiversidade. *Plano de Manejo do Parque Nacional de Anavilhanas*. Disponível em: <https://www.gov.br/icmbio/pt-br/assuntos/biodiversidade/unidade-de-conservacao/unidades-de--biomas/amazonia/lista-de-ucs/parna-de-anavilhanas/arquivos/plano_manejo_parna_de_anavilhanas.pdf>. Acesso em: 14 mar. 2024.
21. Ramsar Sites Information Service. *Anavilhanas National Park*. Disponível em: <https://rsis.ramsar.org/ris/2296>. Acesso em: 14 mar. 2024.
22. Ramsar Sites Information Service. *Guaporé Biological Reserve*. Disponível em: <https://rsis.ramsar.org/ris/2297>. Acesso em: 14 mar. 2024.

penha um papel muito importante na conservação da biodiversidade, na manutenção do equilíbrio ecológico da área, na produção de alimentos, na contenção de inundações e no controle da poluição. [23]

33.4.18 Estação Ecológica de Guaraqueçaba

A Estação Ecológica de Guaraqueçaba foi criada pelo Decreto nº 87.222, de 31-05-1982, e teve sua área acrescida da Ilha das Bananas e da Ilha da Galheta pelo Decreto nº 93.053, de 31-05-1986. Com a promulgação da Lei nº 9.513, de 20-11-1997, parte da sua área original foi incorporada ao Parque Nacional do Superagui (PR) e o restante, aproximadamente 4.370 hectares, foi designado Sítio Ramsar em 05-06-2017.

Localizada no litoral do Estado do Paraná, faz parte das Reservas da Mata Atlântica, declarada Patrimônio da Mundial Natural desde 1999. Esse Sítio Ramsar contém os mais importantes habitats para a conservação da biodiversidade *in-situ* na região, e possui uma grande diversidade de espécies endêmicas e migratórias, como as ameaçadas de extinção, como a tartaruga verde (*Chelonia mydas*) e o golfinho toninha (*Pontoporia blainvillei*). A área contém ainda, ecossistemas terrestres, de água doce, costeiros e marinhos, como florestas e manguezais, importantes para diferentes espécies, incluindo peixes e invertebrados, como ostras e caranguejos.[24]

33.4.19 Lund–Warming/APA Carste de Lagoa Santa

Localizada no estado de Minas Gerais, na inserção entre o cerrado e a mata atlântica, a APA Carste de Lagoa Santa foi criada pelo Decreto nº 98.881, de 25-01-1990, e teve alteração na sua área com a promulgação do Decreto nº 1.876, de 25-04-1996. Foi designada Sítio Ramsar em 05-06-2017, com área de 23.865,4 ha.

Apresenta múltiplas bacias de águas superficiais que inundam sazonalmente, formando um sistema de lagos temporários que conferem ao local seu alta riqueza de biodiversidade e beleza cênica. Centenas de cavernas, abrigos e importantes sítios arqueológicos e paleontológicos são encontrados na APA, contendo um grande número de fósseis, artefatos e desenhos dos primeiros assentamentos humanos. A UC também abriga espécies ameaçadas, como o macaco Sauá-de-cara-preta (*Callicebus personatus*).[25]

33.4.20 APA Cananéia - Iguape – Peruíbe

A Área de Proteção Ambiental de Cananéia-Iguape-Peruíbe foi criada pelo Decreto nº 90.347, de 23-10-1984 e ampliada pelo Decreto nº 91.982, de 06-11-1985. Os 202.309 hectares que se estendem do estado de São Paulo ao Paraná, contém o maior remanescente de Mata Atlântica, possuindo o título de Patrimônio Mundial Natural das Reservas da Mata Atlântica e, também, de Reserva da Biosfera da UNESCO.

---

23. Ramsar Sites Information Service. *Taim Ecological Station*. Disponível em: <https://rsis.ramsar.org/ris/2298>. Acesso em: 14 mar. 2024.
24. Ramsar Sites Information Service. *Guaraqueçaba Ecological Station*. Disponível em: <https://rsis.ramsar.org/ris/2305>. Acesso em: 14 mar. 2024.
25. Ramsar Sites Information Service. *Lund Warming*. Disponível em: <https://rsis.ramsar.org/ris/2306>. Acesso em: 14 mar. 2024.

O local possui manguezais, estuários, rios, canais de lagoas, planícies costeiras, cachoeiras e ilhas marinhas e costeiras. Também conta com florestas de restinga, dunas e o trecho mais extenso e conservado da Mata Atlântica do país. Este mosaico de paisagens úmidas de grande diversidade natural e notável beleza cênica abriga espécies ameaçadas e endêmicas como o mico-leão-preto (*Leontopithecus caissara*), a ave ameaçada de extinção grazina-de-barriga-branca (*Pterodroma incerta*) e o tucano-de-bico-preto (*Ramphastos vitellinus*).[26]

33.4.21 APA Estadual de Guaratuba

Localizada no litoral sul estado do Paraná, a APA Estadual de Guaratuba foi criada pelo Decreto Estadual no 1.234, de 27 de março de 1992, englobando todo o município de Guaratuba e parte dos municípios de Matinhos, Tijucas do Sul, São José dos Pinhais e Morretes. Com 38.329,3 há, foi designada Sítio Ramsar em 21-09-2017.

A região possui serras com campos de altitude, rios, cachoeiras, represas, baía, planícies costeiras, manguezais e sítios arqueológicos, além de abrigar dois parques: o Parque Nacional Saint Hilaire/Lange e o Parque Estadual do Boguaçu. Os manguezais são bem preservados, bem como as florestas periodicamente inundadas, pântanos e mais de 3.000 hectares dos últimos remanescentes de florestas de caixeta (*Tabebuia cassinoides*). É considerada a área mais importante preservação da ave bicudinho-do-brejo (*Stymphalornis acutirostris*), abrigando cerca de 42% da sua população mundial. Embora possa ser considerado um habitat bem preservado em comparação com outras baías no Brasil, ameaças como pesca excessiva, poluição, turismo desregulado e ocupação de áreas de manguezal estão presentes.[27]

33.4.22 Parque Nacional de Ilha Grande

O Parque Nacional de Ilha Grande, criado pelo Decreto sem número de 30-09-1997, está localizado na Bacia do Rio Paraná, na divisa dos estados do Paraná e Mato Grosso do Sul sobre o arquipélago fluvial de Ilha Grande. Abrange nove municípios: Guaíra, Altônia, São Jorge do Patrocínio, Alto Paraíso e Icaraíma, no estado do Paraná e Mundo Novo, Eldorado, Itaquirai e Naviraí, no Mato Grosso do Sul. A proteção da região está ligada à longa luta pela preservação de áreas de várzeas do Rio Paraná, anteriormente afetadas pelo Lago de Itaipu que acabou com as Sete Quedas.[28]

Os 78.875 hectares de Parque estão inseridos no complexo ecossistema que integra o Corredor de Biodiversidade do Rio Paraná. É composto por aproximadamente 180 ilhas, além de margens de rios, lagos naturais e pântanos de água doce. O Parque Nacional, designado Sítio Ramsar em 30-09-2017, protege dois tipos de ambiente que hoje são raros e degradados no Médio-Sul brasileiro: matas ciliares e várzeas. Além da beleza cênica, essas áreas são locais de reprodução e alimentação importantes para várias espécies de peixes.

---

26. Ramsar Sites Information Service. *Environmental Protection Area of Cananéia-Iguape-Peruíbe*. Disponível em: <https://rsis.ramsar.org/ris/2310>. Acesso em: 14 mar. 2024.

27. Ramsar Sites Information Service. *Guaratuba*. Disponível em: <https://rsis.ramsar.org/ris/2317>. Acesso em: 14 mar. 2024

28. Instituto Chico Mendes de Conservação da Biodiversidade. *Parna de Ilha Grande*. Disponível em: <https://www.gov.br/icmbio/pt-br/assuntos/biodiversidade/unidade-de-conservacao/unidades-de-biomas/mata-atlantica/lista-de-ucs/parna-de-ilha-grande>. Acesso em: 15 mar. 2024.

33 • SÍTIOS RAMSAR. ZONAS ÚMIDAS **525**

Também abriga várias espécies ameaçadas de extinção, incluindo o cervo-do-pantanal (*Blastocerus dichotomus*), símbolo do Parque Nacional, o bugio ruivo (*Alouatta fusca*) e o gambá-do-sudeste (*Philander frenata*), que é endêmico da Mata Atlântica.[29]

33.4.23 Parque Nacional Marinho de Fernando de Noronha

O Território Federal de Fernando de Noronha foi declarado Área de Proteção Ambiental pelo Decreto n° 97.522, de 5-06-1986. Com a edição do Decreto n° 96.693, de 14-09-1988, foi criado o Parque Nacional Marinho de Fernando de Noronha, contendo 10.929,47 hectares.

Designado Sítio Ramsar em 25-01-2018, o arquipélago é um refúgio para muitas espécies endêmicas devido à sua localização isolada. Das 28 espécies de coral que ocorrem no Brasil, dez são encontradas em todas as fases de suas vidas nessa região. Há também grandes concentrações de golfinhos-rotadores (*Stenella longirostris*) e golfinhos-pintados-pantropicais (*Stenella attenuata*) e uma área onde as baleias-jubarte (*Megaptera novaeangliae*) se reproduzem e criam seus filhotes. O local também é listado como Patrimônio Mundial Natural UNESCO.[30]

33.4.24 Rio Negro – Sítio Ramsar Regional

O Sítio Ramsar Regional do Rio Negro, designado em 19-03-2018[31], faz parte da nova estratégia brasileira de preservação de zonas úmidas, uma vez que não há correspondência exata entre o Sítio e uma Unidade de Conservação. Totalizando mais de 12 milhões de hectares da bacia amazônica, inclui uma variedade de zonas úmidas que são particulares à região, como as florestas de igapó, savanas edáficas e arquipélagos fluviais, e compreende mais de 20 Unidades de Conservação.

Com mais de 1.500 km de extensão, o Rio Negro é maior rio de águas negras do mundo e suporta uma das maiores florestas tropicais preservadas. Sua rica biodiversidade inclui espécies de aves ameaçadas globalmente, como o formigueiro-de-peito-cinza (*Myrmoborus lugubris*), e plantas como a castanha-do-pará (*Bertholletia excelsa*). Três mamíferos ameaçados de extinção estão presentes: a ariranha gigante (*Pteronura brasiliensis*), o mico-de-cara-preta (*Saguinus bicolor*) e o macaco-aranha-de-barriga-branca (*Ateles belzebuth*). Essa zona úmida também contribui para a regulamentação climática da floresta amazônica, da qual depende a estabilidade do planeta, além de fornecer, direta ou indiretamente, água e transporte fluvial para pelo menos seis municípios brasileiros.[32]

33.4.25 Estuário do Amazonas e seus Manguezais – Sítio Ramsar Regional

Denominado Sítio Ramsar Regional, o litoral do Brasil, do Amapá ao Ceará, recebeu a designação em 19-03-2018,[33] como Estuário do Amazonas e seus Manguezais. Localiza-

---

29. Ramsar Sites Information Service. *Ilha Grande National Park*. Disponível em: <https://rsis.ramsar.org/ris/2316>. Acesso em: 15 mar. 2024.
30. Ramsar Sites Information Service. *Fernando de Noronha Archipelago*. Disponível em: <https://rsis.ramsar.org/ris/2333>. Acesso em: 15 mar. 2024.
31. Anunciado no 8° Fórum Mundial da Água, no Rio de Janeiro, entre 17 e 23 de março de 2018.
32. Ramsar Sites Information Service. *Rio Negro*. Disponível em: <https://rsis.ramsar.org/ris/2335>. Acesso em: 15 mar. 2024.
33. Anunciado no 8° Fórum Mundial da Água, no Rio de Janeiro, entre 17 e 23 de março de 2018.

do no arquipélago de Marajó, o maior arquipélago fluvio-marítimo do mundo, na foz do rio Amazonas, consiste em um corredor de 23 unidades de conservação com uma área combinada de mais de 3,8 milhões de hectares. Neste trecho do litoral encontra-se uma das maiores formações contínuas de mangue do mundo, com mais de 8.900 km², e extensão de 700 km, equivalente a 70% dos manguezais do Brasil.

O local fica ao lado de outros Sítios Ramsar, como o Parque Nacional do Cabo Orange, a APA da Baixada Maranhense, a APA das Reentrâncias Maranhenses e o Parque Estadual Marinho do Parcel de Manuel Luiz e Baixios do Mestre Alvaro e Tarol. Cerca de 40 espécies encontradas nessa área estão ameaçadas tanto nacionalmente como globalmente, e outras 21 estão listadas como ameaçadas no Livro Vermelho da Fauna Brasileira Ameaçada de Extinção do Ministério do meio Ambiente, entre elas, espécies marinhas, de água doce e terrestres, incluindo mamíferos, répteis, aves e peixes.[34]

33.5   NOVOS SÍTIOS RAMSAR

Seguindo a tendência brasileira de expansão dos Sítios Ramsar, em 29-09-2018, o Ponto Focal Nacional da Convenção Ramsar indicou o Rio Juruá, no Estado do Amazonas, para inclusão na lista de áreas úmidas protegidas. A bacia hidrográfica do Rio Juruá, localizada entre os estados do Acre e do Amazonas, compreende uma área de 2,1 milhões de hectares e é composto por três Unidades de Conservação: a Reserva de Desenvolvimento Sustentável (RDS) Uacari e as Reservas Extrativistas (Resex) Baixo Rio Juruá e Alto Rio Juruá, além da Terra Indígena Dení.[35]

A Estação Ecológica de Taimã, unidade de conservação federal no Estado do Mato Grosso, é uma das maiores extensões úmidas do planeta, sendo o quarto sítio de pantanal reconhecido como Sítio Ramsar.[36] A designação da área como parte da Lista Ramsar se deu em 21-10-2018, durante a 13ª Reunião da Conferência das Partes da Convenção de Ramsar, realizada em Dubai, Emirados Árabes. A Esec de Taimã possui 237 espécies de aves e 131 espécies de peixes identificadas.[37]

---

34. Ramsar Sites Information Service. *Amazon Estuary and its Mangroves*. Disponível em: <https://rsis.ramsar.org/ris/2337>. Acesso em: 15 mar. 2024.
35. Ramsar Sites Information Service. *Rio Juruá*. Disponível em: <https://rsis.ramsar.org/ris/2362>. Acesso em: 15 mar. 2024.
36. MINISTÉRIO DO MEIO AMBIENTE E MUDANÇA DO CLIMA.. *Sítios Ramsar Brasileiros*. Disponível em: <https://www.gov.br/mma/pt-br/assuntos/ecossistemas-1/areas-umidas/sitios-ramsar-brasileiros>. Acesso em: 15 mar. 2024.
37. ICMBIO. Esec de Taiamã é designada como Sítio Ramsar. Disponível em: <https://www.icmbio.gov.br/esectaiama/destaques/36-esec-de-taiama-e-designada-como-sitio-ramsar.html>. Acesso em: 15 mar. 2024.

34

Espaços Territoriais do
Patrimônio Nacional

34.1 CONCEITO DE PATRIMÔNIO NACIONAL

O § 4º do art. 225 da Constituição Federal estabelece que a Floresta Amazônica brasileira, a Mata Atlântica, a Serra do Mar, o Pantanal Mato-Grossense e a Zona Costeira são *"patrimônio nacional, e sua utilização far-se-á, na forma da lei, dentro de condições que assegurem a preservação do meio ambiente, inclusive quanto ao uso dos recursos naturais".*

Ao eleger os espaços territoriais acima mencionados como **patrimônio nacional**, há que verificar o alcance da norma e o sentido aplicado ao termo *patrimônio.*

Segundo Michel Prieur, o conceito de patrimônio diz respeito ao *"legado das gerações precedentes, que devemos transmitir intacto às gerações futuras. [...] Os bens ou espaços qualificados como 'patrimônio' pelo direito ambiental são objeto de uma particular atenção, não somente pelo proprietário jurídico mas também e principalmente pela coletividade".*[1]

A interpretação a ser conferida ao § 4º do art. 225, dessa forma, é que, por sua importância e fragilidade ambiental, os espaços territoriais nele previstos merecem tratamento especial e regras de utilização definidas em lei.

Não constituem áreas sob o domínio da União, nem necessariamente sua gestão deve ser por ela efetuada. Tampouco esse dispositivo confere, especialmente, competência jurisdicional da União para solucionar conflitos.[2] O sentido de patrimônio nacional refere-se ao **valor ambiental** que esses espaços possuem por sua diversidade biológica, pelo fato de constituírem biomas únicos e pela beleza paisagística, entre outros fatores.

A lista dos territórios mencionados que necessitam de proteção ambiental não se encerra no § 4º do art. 225. Embora não integrem o texto constitucional, há outros biomas importantes como o **Cerrado, Caatinga, Domínio das Araucárias** e **os Pampas e Pradarias** que deveriam ser inseridos nesse dispositivo constitucional, sobretudo pelo fato de estarem ameaçados pelo avanço da fronteira agrícola.

34.2 MATA ATLÂNTICA

Após mais de uma década de tentativas, foi editada a Lei nº 11.428, de 22-12-2006, que dispõe sobre a utilização e proteção da vegetação nativa do Bioma Mata Atlântica, regulamentando parte do § 4º do art. 225 da CF/88. Antes vigorava o Decreto nº 750, de 10-2-1993,[3] que, embora atacado por inconstitucionalidade, não deixou de prestar um

---

1. PRIEUR, Michel. *Droit de l'environnement*. 3. ed. Paris: Dalloz, 1996, p. 71-72.
2. RE 300.244-9 – Santa Catarina (STF), 20-11-2001; RE 134.297 (STF), 13-6-1995.
3. Revogado pelo Decreto nº 6.660, de 21-11-2008, que regulamenta a Lei nº 11.428/06.

importante serviço à proteção desse patrimônio nacional, que vem sendo dilapidado desde o século XVI. A lei, pois, é o instrumento constitucionalmente previsto para tratar da matéria.

Não há consenso acerca da cobertura vegetal remanescente do Bioma. Números encontrados variam entre 29% [4] e 12,4% [5]. Na Mata Atlântica existem 1.362 espécies da fauna brasileira já catalogadas, com 270 espécies de mamíferos, 850 de aves, 200 de répteis e 370 de anfíbios, sendo que 567 espécies só ocorrem nesse bioma. Possui, ainda, cerca de 20 mil espécies vegetais, equivalente a 35% das espécies existentes no Brasil.[6]

Todavia, à luz do fato de ser a Mata Atlântica um patrimônio nacional, cuja utilização far-se-á, *na forma da lei, dentro de condições que assegurem a preservação do meio ambiente, inclusive quanto ao uso dos recursos naturais,* nota-se que os instrumentos explicitados pela lei estão mais voltados a *como suprimir a vegetação* do que a *como recuperá-la.* Cabe lembrar que se trata também de área considerada Patrimônio Comum da Humanidade e Reserva da Biosfera.

Cabe salientar, ainda, a falta de instrumentos econômicos claros, efetivos, consistentes e passíveis de implementação sem grandes dificuldades. Se a lei demorou 18 anos para ser aprovada, é de estranhar que toda a parte relativa às possibilidades de corte e supressão da vegetação esteja claramente definida e os instrumentos econômicos que efetivamente poderiam conferir o aumento das áreas providas de vegetação tenham sido apenas previstos na lei e relegados a uma regulamentação futura. Nessa linha, o Decreto nº 6.660/08 limita-se a mencionar que "*os projetos de recuperação de vegetação nativa da Mata Atlântica, inclusive em área de preservação permanente e reserva legal, são elegíveis para os fins de incentivos econômicos eventualmente previstos na legislação nacional e nos acordos internacionais relacionados à proteção, conservação e uso sustentável da biodiversidade e de florestas ou de mitigação de mudanças climáticas*".[7]

34.2.1 Caracterização do objeto da lei

O Bioma Mata Atlântica é formado pelas seguintes formações florestais nativas e ecossistemas associados: floresta ombrófila[8] densa; floresta ombrófila mista, também denominada de mata de araucárias; floresta ombrófila aberta; floresta estacional semidecidual e floresta estacional decidual, bem como os manguezais, as vegetações de restingas, campos de altitude, brejos interioranos e encraves florestais do Nordeste.[9] A delimitação desses espaços é estabelecida em mapa do Instituto Brasileiro de Geografia e Estatística (IBGE).[10]

---

4. MINISTÉRIO DO MEIO AMBIENTE E MUDANÇA DO CLIMA: *Mata Atlântica* <https://www.gov.br/mma/pt-br/assuntos/ecossistemas-1/biomas/mata-atlantica>. Acesso em: 19 mar. 2024.
5. SOS MATA ATLÂNTICA. ATLAS DOS REMANESCENTES FLORESTAIS DA MATA ATLÂNTICA PERÍODO 2021-2022. RELATÓRIO TÉCNICO. Disponível em: <https://cms.sosma.org.br/wp-content/uploads/2023/05/SOSMAAtlas-da-Mata--Atlantica_2021-2022-1.pdf>. Acesso em: 19 mar. 2024.
6. MINISTÉRIO DO MEIO AMBIENTE E MUDANÇA DO CLIMA. *Mata Atlântica*. Disponível em: <https://www.gov.br/mma/pt-br/assuntos/ecossistemas-1/biomas/mata-atlantica>. Acesso em: 19 mar. 2024.
7. Decreto nº 6.660/08, art. 46.
8. O termo *ombrófila* relaciona-se à compatibilidade com a chuva.
9. O Decreto nº 6.660/08 traz, em seu art. 1º, outras formações vegetais: refúgios vegetacionais e áreas de tensão ecológica.
10. Lei nº 11.428/06, art. 2º e Decreto nº 6.660/08, art. 1º.

As restingas, como *fixadoras de dunas e estabilizadoras de mangues*[11] e os *mangue-zais, em toda sua extensão,*[12] encontram-se sob a proteção da Lei nº 12.651/12. Segundo a referida norma, esses espaços caracterizam-se como Áreas de Preservação Permanente (APP), o que significa que a sua proteção deve ser regida pela Lei mais restritiva. Dessa forma, em cada caso concreto, tanto a Lei nº 11.428/06 como a Lei nº 12.651/12 devem ser analisadas, verificando-se a disposição mais restritiva, a qual deverá, portanto, ser adotada.

Para melhor compreensão do texto legal, cabe estabelecer algumas definições dos termos por ela utilizados. **Nativa** é a vegetação natural, *"aquela constituída por espécies au-tóctones de determinado local que se desenvolvem sem interferência antrópica".*[13] Esse conceito refere-se à localização do desenvolvimento das espécies.

Vegetação primária é a que *"evoluiu sob condições ambientais reinantes ou paleocli-máticas sem ter sofrido interferência do homem",*[14] isto é, trata-se da vegetação no estado em que o homem a encontrou. A **vegetação secundária** é a que *"ocupa o lugar da vegetação primária, face à interferência antrópica"*, quer dizer, *"é a vegetação que vem substituir a pri-mária, quando esta sofre corte ou supressão".*[15]

A Lei da Mata Atlântica distingue a vegetação primária da secundária, para estabelecer os procedimentos a serem observados no seu corte, supressão e exploração. No caso da **vegetação secundária**, cabe ainda levar em conta o estágio de regeneração: avançado, médio ou inicial.[16] A regeneração refere-se à *"renovação ou restauração das estruturas [...], principalmente em caso de perda ou mutilação".*[17] O nível de proteção imposto pela lei aumenta gradativamente da vegetação secundária, em estágio inicial de regeneração, até a vegetação primária, esta objeto de maior cuidado.

Tal classificação permanece em qualquer circunstância, independentemente de perda da vegetação em caso de desmatamento por incêndio ou qualquer outro tipo de intervenção não autorizada ou licenciada.[18] Essa regra afasta a argumentação de que, não mais existindo a cobertura vegetal, primária ou secundária, os espaços ficam liberados para outros usos. Esse mecanismo legal impede que atividades criminosas ameacem o Bioma Mata Atlântica.

Por outro lado, determina a lei que os novos empreendimentos que impliquem o corte ou a supressão de vegetação do Bioma Mata Atlântica deverão ser implantados preferencialmente em áreas já substancialmente alteradas ou degradadas.[19] Esse dispositivo há que ser interpretado considerando-se apenas as áreas já degradadas anteriormente à edição da Lei da Mata Atlântica, para garantir consonância com o tema abordado no parágrafo anterior.[20]

---

11. Lei nº 12.651/12, art. 4º, VI.
12. Lei nº 12.651/12, art. 4º, VII.
13. ACADEMIA DE CIÊNCIAS DO ESTADO DE SÃO PAULO. *Glossário de ecologia.* 2. ed. ACIESP, nº 183, 1997, p. 248.
14. ACADEMIA DE CIÊNCIAS DO ESTADO DE SÃO PAULO. *Glossário de ecologia.* 2. ed. ACIESP, nº 183, 1997, p. 248.
15. ACADEMIA DE CIÊNCIAS DO ESTADO DE SÃO PAULO. *Glossário de ecologia.* 2. ed. ACIESP, nº 183, 1997, p. 248.
16. Lei nº 11.428/06, art. 8º.
17. ACADEMIA DE CIÊNCIAS DO ESTADO DE SÃO PAULO. *Glossário de ecologia.* 2. ed. ACIESP, nº 183, 1997, p. 201.
18. Lei nº 11.428/06, art. 5º.
19. Lei nº 11.428/06, art. 12.
20. Essa questão será abordada no item relativo à Localização de novos empreendimentos.

34.2.2 Âmbito de aplicação da lei

A aplicabilidade da Lei nº 11.428/06 abrange as áreas de Mata Atlântica, com remanescentes de vegetação nativa no estágio primário e nos estágios secundário inicial, médio e avançado de regeneração.

A definição das áreas de incidência da lei é iniciativa do Conselho Nacional do Meio Ambiente (CONAMA) que, por meio da Resolução nº 388, de 23-2-2007, convalidou as resoluções que definem de modo específico a vegetação primária e secundária nos estágios inicial, médio e avançado de regeneração da Mata Atlântica, nos diversos Estados brasileiros.[21]

---

21. (1) Resolução nº 10, de 1º-10-1993: estabelece os parâmetros para análise dos estágios de sucessão da Mata Atlântica; (2) Resolução nº 1, de 31-1-1994: define vegetação primária e secundária nos estágios pioneiro, inicial, médio e avançado de regeneração da Mata Atlântica, a fim de orientar os procedimentos de licenciamento de exploração da vegetação nativa no Estado de São Paulo; (3) Resolução nº 2, de 18-3-1994: define formações vegetais primárias e estágios sucessionais de vegetação secundária, com finalidade de orientar os procedimentos de licenciamento de exploração da vegetação nativa no Estado do Paraná; (4) Resolução nº 4, de 4-5-1994: define vegetação primária e secundária nos estágios inicial, médio e avançado de regeneração da Mata Atlântica, a fim de orientar os procedimentos de licenciamento de atividades florestais no Estado de Santa Catarina; (5) Resolução nº 5, de 4-5-1994: define vegetação primária e secundária nos estágios inicial, médio e avançado de regeneração da Mata Atlântica, a fim de orientar os procedimentos de licenciamento de atividades florestais no Estado da Bahia; (6) Resolução nº 6, de 4-5-1994: estabelece definições e parâmetros mensuráveis para análise de sucessão ecológica da Mata Atlântica no Estado do Rio de Janeiro; (7) Resolução nº 12, de 4-5-1994: aprova o Glossário de Termos Técnicos elaborado pela

Câmara Técnica Temporária para Assuntos da Mata Atlântica; (8) Resolução nº 25, de 7-12-1994: define vegetação primária e secundária nos estágios inicial, médio e avançado de regeneração da Mata Atlântica, a fim de orientar os procedimentos de licenciamento de atividades florestais no Estado do Ceará; (9) Resolução nº 26, de 7-12-1994: define vegetação primária e secundária nos estágios inicial, médio e avançado de regeneração da Mata Atlântica, a fim de orientar os procedimentos de licenciamento de atividades florestais no Estado do Piauí; (10) Resolução nº 28, de 7-12-1994: Define vegetação primária e secundária nos estágios inicial, médio e avançado de regeneração da Mata Atlântica, a fim de orientar os procedimentos de licenciamento de atividades florestais no Estado de Alagoas; (11) Resolução nº 29, de 7-12-1994: define vegetação primária e secundária nos estágios inicial, médio e avançado de regeneração da Mata Atlântica, considerando a necessidade de definir o corte, a exploração e a supressão da vegetação secundária no estágio inicial de regeneração no Estado do Espírito Santo; (12) Resolução nº 30, de 7-12-1994: define vegetação primária e secundária nos estágios inicial, médio e avançado de regeneração da Mata Atlântica, a fim de orientar os procedimentos de licenciamento de atividades florestais no Estado do Mato Grosso do Sul; (13) Resolução nº 31, de 7-12-1994: define vegetação primária e secundária nos estágios inicial, médio e avançado de regeneração da Mata Atlântica, a fim de orientar os procedimentos de licenciamento de atividades florestais no Estado de Pernambuco; (14) Resolução nº 32, de 7-12-1994: define vegetação primária e secundária nos estágios inicial, médio e avançado de regeneração da Mata Atlântica, a fim de orientar os procedimentos de licenciamento de atividades florestais no Estado do Rio Grande do Norte; (15) Resolução nº 33, de 7-12-1994: define estágios sucessionais das formações vegetais que ocorrem na região de Mata Atlântica no Estado do Rio Grande do Sul, visando viabilizar critérios, normas e procedimentos para o manejo, utilização racional e conservação da vegetação natural; (16) Resolução nº 34, de 7-12-1994: define vegetação primária e secundária nos estágios inicial, médio e avançado de regeneração da Mata Atlântica, a fim de orientar os procedimentos de licenciamento de atividades florestais no Estado de Sergipe; (17) Resolução nº 7, de 23-7-1996: aprova os parâmetros básicos para análise da vegetação de restingas no Estado de São Paulo; e (18) Resolução nº 261, de 30-6-1999: aprova parâmetro básico para análise dos estágios sucessivos de vegetação de restinga para o Estado de Santa Catarina; (19) Resolução nº 392, de 25-6-2007: define vegetação primária e secundária nos estágios inicial, médio e avançado de regeneração de Mata Atlântica no Estado de Minas Gerais; (20) Resolução nº 391, de 25-6-2007: define vegetação primária e secundária nos estágios inicial, médio e avançado de regeneração no Estado da Paraíba; (21) Resolução nº 388, de 23-2-2007: dispõe sobre a convalidação das Resoluções que definem a vegetação primária e secundária nos estágios inicial, médio e avançado de regeneração de Mata Atlântica, para fins do disposto no art. 4º da Lei nº 11.428/06; (22) Resolução nº 417, de 23-11-2009 (Complementada pelas Resoluções nº 437, nº 438, nº 439, nº 440, nº 441, nº 442, nº 443, nº 444, nº 445, nº 446, nº 447 e nº 453, de 2012): dispõe sobre parâmetros básicos para definição de vegetação primária e dos estágios sucessionais secundários da vegetação de Restinga na Mata Atlântica e (23) Resolução nº 423, de 12-4-2010: dispõe sobre os parâmetros básicos para identificação e análise da vegetação primária e dos estágios sucessionais da vegetação secundária nos campos de altitude associados ou abrangidos pela Mata Atlântica.

34.2.3 Objetivos e princípios

A Lei nº 11.428/06 dispõe sobre o uso e a proteção da Mata Atlântica, o que remete ao princípio do desenvolvimento sustentável, mencionado como objetivo geral. Outros objetivos consistem na salvaguarda da biodiversidade, da saúde humana, dos valores paisagísticos, estéticos e turísticos, do regime hídrico e da estabilidade social.

Em face da importância desses bens ambientais, e considerando os níveis atuais de destruição da Mata Atlântica, qualquer supressão na área de incidência da lei há que ser cuidadosamente analisada, sob pena de, em alguns anos, ser desnecessário haver um diploma legal de proteção, por não mais existir o seu objeto: o Bioma Mata Atlântica.

A Lei nº 11.428/06 estabelece, em seu bojo, a função socioambiental da propriedade, fortalecendo, também aqui, o conceito de que esta deve considerar (1) o meio ambiente, sobretudo em um bioma cuja biodiversidade é das mais ricas do mundo e se encontra em perigo de extinção, e (2) as populações tradicionais que nele se localizam.[22] Mais adiante é tratada a questão do direito de propriedade.[23]

Nesse ponto, o art. 35, alterado pela Lei nº 12.651/12, merece reparo. Segundo esse dispositivo, a conservação, em imóvel rural ou urbano, da vegetação primária ou da vegetação secundária em qualquer estágio de regeneração do Bioma Mata Atlântica cumpre função social e é de interesse público,[24] podendo, a critério do proprietário, as áreas sujeitas à restrição de que trata a Lei nº 11.428/06 ser computadas para efeito da Reserva Legal e seu excedente utilizado para fins de compensação ambiental ou instituição de cota de que trata o Código Florestal. Cabe lembrar que a Reserva Legal é instituto aplicável somente à propriedade rural, não atingindo a de natureza urbana. Além disso, embora a lei não mencione, caberá, sempre, autorização do órgão ambiental para a localização da Reserva Legal, seja Mata Atlântica ou não.

Outros princípios mencionados na lei ensejam dúvidas, pois não estão articulados entre si, dando a impressão de que foram simplesmente listados, sem uma real preocupação com a sua aplicabilidade e coerência.

A **equidade intergeracional** diz respeito à necessidade de garantir, às gerações futuras, os mesmos direitos que as gerações atuais possuem, no que se refere ao meio ambiente. Daí o uso do termo *equidade*, que somente é garantida na medida em que a aplicação da Lei nº 11.428/06 efetivamente assegurar, no mínimo, a manutenção da área de Mata Atlântica existente na data de sua publicação. Caso contrário, não haverá equidade com respeito às próximas gerações.

A **prevenção** e a **precaução**, princípios ínsitos do Direito Ambiental, referem-se, respectivamente, às possibilidades de (1) autorizar uma determinada atividade, mediante o cumprimento das condicionantes – medidas mitigadoras e compensatórias definidas pelo órgão ambiental –, que possam assegurar que ela não causará danos ambientais e (2) negar a implantação de uma atividade, quando não houver certeza de que ela não causará danos

---

22. A função social da propriedade rural está detalhada no art. 186 da CF/88 e a da propriedade urbana deve ser definida no Plano Diretor, conforme determina o art. 182, § 2º, da CF/88.
23. Lei nº 11.428/06, art. 6º, parágrafo único.
24. O interesse público corresponde à expressão *patrimônio nacional*, inscrita no art. 225, § 4º, da CF/88.

futuros ao meio ambiente. Esses princípios aplicam-se aos casos de pedido de supressão de vegetação na Mata Atlântica, que somente devem ser autorizados mediante a sua estrita observância.

O princípio do **usuário-pagador** é mencionado na lei, sem, contudo, explicitar-se qual ou quais bens ambientais terão o uso passível de ser cobrado. Para que se possa cobrar pelo uso de um bem ambiental, não basta a menção ao princípio do usuário-pagador. É necessário que se edite uma lei definindo as condições básicas dessa cobrança, as hipóteses em que isso se aplica, as sanções e todas as demais condições que confiram a base legal desse instrumento.

A **gestão democrática** é outro princípio mencionado. Todavia, a Lei nº 11.428/06 não prevê nenhum mecanismo de participação social sistemática na gestão desse espaço e nas decisões sobre a supressão de vegetação da Mata Atlântica, o que leva a crer que tal participação não terá rebatimento expressivo na aplicação da norma. Pode-se apontar, porém, como exceção, a participação pública assegurada nos conselhos de meio ambiente, órgãos competentes para manifestar-se sobre os Estudos Prévios de Impacto Ambiental, exigidos nos processos de supressão de vegetação com vistas a atividades efetiva ou potencialmente causadoras de significativa degradação ambiental. Os conselhos das unidades de conservação localizados na Mata Atlântica também constituem exceção.

A **celeridade procedimental** refere-se aos processos administrativos de licenciamento ambiental e supressão de vegetação, que se regem, além das normas ambientais, pelas leis relativas aos processos administrativos, sendo que a norma federal aplicável a essa matéria é a Lei nº 9.784, de 29-1-1999.

Ao tratar da **gratuidade** dos serviços administrativos prestados ao pequeno produtor rural e às populações tradicionais, a lei não detalha a forma de identificação dessas pessoas, sobretudo no que diz respeito às últimas. Afinal, como um membro de população tradicional deve identificar-se para obter os benefícios previstos na lei? É preciso criar mecanismos atinentes a essa identificação, que garantam aos membros desses grupos o acesso aos benefícios legalmente concedidos.

Antonio Roberto Sanches Jr. aponta a existência de um Cadastro Geral de Ocupantes do Mosaico de Unidades de Conservação Jureia-Itatins,[25] que descreve as localidades, o número de famílias, o total de indivíduos e situação fundiária.[26]

34.2.4 Populações tradicionais, pequeno produtor rural e posseiros

Nota-se, na Lei nº 11.428/06, uma preocupação com a vertente social do meio ambiente, tendo-se estabelecido o conceito de *população tradicional* como a *"população vivendo em estreita relação com o ambiente natural, dependendo de seus recursos naturais para a sua reprodução sociocultural, por meio de atividades de baixo impacto ambiental".*[27]

---

25. A Lei nº 12.406, de 12-12-2006, que criou o Mosaico Jureia-Itatins foi julgada inconstitucional em 10 de junho de 2007, data do acórdão que julgou procedente a ADIN – Ação Direta de Inconstitucionalidade nº 153.336 por problemas formais em seu encaminhamento. O Mosaico foi reestabelecido pela Lei nº 14.982/2013.
26. SANCHES JR., Antonio Roberto. *A tutela jurídica do mosaico de unidades de conservação de Jureia-Itatins*. Dissertação de Mestrado apresentada à Universidade Católica de Santos (UNISANTOS), 2008, p. 35-41.
27. Lei nº 11.428/06, art. 3º, II.

Registra-se um avanço na legislação ambiental, lembrando que o conceito fixado na Lei do SNUC para essa expressão foi vetado.[28]

Cabe ainda salientar que o Decreto nº 6.040/07, que instituiu a Política Nacional de Desenvolvimento Sustentável dos Povos e Comunidades Tradicionais, fixou a seguinte definição para povos e comunidades tradicionais: *"grupos culturalmente diferenciados e que se reconhecem como tais, que possuem formas próprias de organização social, que ocupam e usam territórios e recursos naturais como condição para sua reprodução cultural, social, religiosa, ancestral e econômica, utilizando conhecimentos, inovações e práticas gerados e transmitidos pela tradição".*[29]

O Decreto nº 6.660, de 21-11-2008, que regulamenta a Lei da Mata Atlântica, estabelece as condições para o corte e a supressão de vegetação secundária em estágio médio de regeneração para o exercício de atividades ou usos agrícolas, pecuários ou silviculturais imprescindíveis à subsistência de pequeno produtor rural e populações tradicionais e de suas famílias.[30]

Outro conceito fixado pela lei é o do **pequeno produtor rural**, definido como *"aquele que, residindo na zona rural, detenha a posse de gleba rural não superior a 50 hectares, explorando-a mediante o trabalho pessoal e de sua família, admitida a ajuda eventual de terceiros, bem como as posses coletivas de terra considerando-se a fração individual não superior a 50 hectares, cuja renda bruta seja proveniente de atividades ou usos agrícolas, pecuários ou silviculturais ou do extrativismo rural em 80% no mínimo".*[31] A área da gleba ora mencionada – 50 ha – é a mesma definida no art. 191 da Constituição Federal, que dispõe sobre o usucapião.

34.2.5 Regime jurídico de corte, supressão e exploração

Embora toda a principiologia da Lei nº 11.428/06 esteja substancialmente voltada à proteção do Bioma Mata Atlântica, incluída aí a salvaguarda da biodiversidade, da saúde humana, dos valores paisagísticos, estéticos e turísticos, do regime hídrico e da estabilidade social, a norma não impede a supressão da vegetação, desde que nas hipóteses e formas autorizadas.

Como já foi dito, a Lei da Mata Atlântica estabelece uma série de regras para o corte, a supressão e a exploração da vegetação primária e da secundária, esta última nos estágios avançado, médio e inicial de regeneração. Uma vedação a destacar refere-se ao corte e à supressão da vegetação primária e da secundária, nos estágios avançado e médio de regeneração, nas seguintes hipóteses:

1. quando a vegetação:[32]

a) abrigar espécies da flora e da fauna silvestres ameaçadas de extinção, em território nacional ou em âmbito estadual, assim declaradas pela União ou pelos Estados, e a intervenção ou o parcelamento puserem em risco a sobrevivência dessas espécies;

---

28. Lei nº 9.985/00, art. 2º, XV: dispositivo objeto de veto: população tradicional: grupos humanos culturalmente diferenciados, vivendo há, no mínimo, três gerações em um determinado ecossistema, historicamente reproduzindo seu modo de vida, em estreita dependência do meio natural para sua subsistência e utilizando os recursos naturais de forma sustentável.
29. Decreto nº 6.040/07, art. 3º I.
30. Decreto nº 6.660/08, art. 30.
31. Lei nº 11.428/06, art. 3º, I.
32. Lei nº 11.428/06, art. 11, I.

534 DIREITO AMBIENTAL • Maria Luiza Machado Granziera

b) exercer a função de proteção de mananciais ou de prevenção e controle de erosão;

c) formar corredores entre remanescentes de vegetação primária ou secundária em estágio avançado de regeneração;

d) proteger o entorno das Unidades de Conservação; ou

e) possuir excepcional valor paisagístico, reconhecido pelos órgãos executivos competentes do Sistema Nacional do Meio Ambiente (SISNAMA);

2. quando o proprietário ou posseiro não cumprir os dispositivos da legislação ambiental, em especial as exigências do Código Florestal[33] no que respeita às Áreas de Preservação Permanente (APP) e à Reserva Legal.[34]

Em ambos os casos, a proteção parece ser menor do que deveria. As hipóteses descritas no item 1 constituem situações de risco ou de perigo a que se expõem os bens ambientais, seja uma espécie ameaçada de extinção, seja o entorno de uma unidade de conservação. Trata-se apenas de graus diferentes de perigo, que está sempre presente nessas situações.

O fato de haver risco independe do grau de regeneração da vegetação, daí o entendimento de que a regra deveria valer, também, para as áreas com vegetação em estágio inicial de regeneração. Aliás, considerando os níveis de destruição da Mata Atlântica, a vegetação secundária em estágio inicial de regeneração não é menos importante que as demais.

É louvável a regra do parágrafo único do art. 11, relativa à atuação do Poder Público, na adoção das medidas necessárias para proteger as espécies ameaçadas de extinção, assim como no fomento e apoio às ações dos proprietários de áreas que estejam mantendo ou sustentando a sobrevivência dessas espécies. Faltou mencionar os posseiros, ou, em uma expressão mais adequada, possuidores,[35] que podem ter idêntica situação à dos proprietários em relação à proteção ambiental.

No que se refere ao item 2, que proíbe o corte e a supressão da vegetação quando houver inobservância das regras aplicáveis às Áreas de Preservação Permanente (APP), indaga-se se o proprietário que ignora as regras da Lei nº 12.651/12 estará preocupado em preservar sua cobertura vegetal. A regra está correta, mas fica clara a necessidade de uma fiscalização eficaz.

Além disso, em relação a esse tema, embora a lei cite expressamente a Lei nº 4.771/65, revogada pela Lei nº 12.651/12,[36] menciona a *legislação ambiental* como um todo. Nessa linha, pode-se entender que o controle poderia ser feito por meio do Cadastro Ambiental Rural (CAR). A seguir, será indicado o regime jurídico aplicável a corte e supressão da vegetação primária e secundária, esta última nos três estágios de regeneração: avançado, médio e inicial.

34.2.5.1 *Vegetação primária*

A vegetação primária, como já se disse, é objeto de maior proteção pela Lei da Mata Atlântica. Sua eliminação somente será autorizada em **caráter excepcional**, quando neces-

---

33. Embora a Lei nº 11.428/06 mencione a Lei nº 4.771/65, revogada pela Lei nº 12.651/12, deve-se considerar que o sistema de proteção das APP e da Reserva Legal permanece em vigor, porém nos termos da nova Lei Florestal.
34. Lei nº 11.428/06, art. 11, II.
35. O termo correto seria *possuidores*, ou seja, aqueles que se encontram na posse de um imóvel, sem deter o domínio da coisa.
36. Embora a Lei nº 4.771/65 tenha sido revogada pela Lei nº 12.651/12, deve-se considerar que o sistema de proteção das APP permanece em vigor, porém nos termos da nova Lei Florestal.

sária à realização de obras, projetos ou atividades de utilidade pública, pesquisas científicas e práticas preservacionistas.[37]

Para o **corte e a supressão** de cobertura vegetal exige-se a realização do Estudo Prévio de Impacto Ambiental/Relatório de Impacto Ambiental (EIA/RIMA). Entende-se que, pela regra estabelecida, qualquer supressão dessa categoria de vegetação implica, potencialmente, uma significativa degradação do meio ambiente. Ou seja, o EIA/RIMA será sempre exigível, além das condições previstas no art. 14, dispositivo expressamente citado no parágrafo único do art. 20.

Os casos de interesse social não podem ensejar a eliminação da vegetação primária. Essa regra confere maior segurança jurídica à proteção do Bioma, pois as hipóteses de utilidade pública que estão aptas a iniciar um processo de autorização para a supressão da cobertura vegetal estão expressamente definidas no art. 20 da lei. E os casos de interesse social dependem, ainda, de regulamentação do CONAMA.

Na proposta de declaração de utilidade pública para obras essenciais de infraestrutura de interesse nacional, destinadas aos serviços públicos de transporte, saneamento e energia, declaradas pelo Poder Público federal ou dos Estados, caberá ao proponente indicar de forma detalhada a alta relevância e o interesse nacional.

Cabe lembrar que são vedados o corte e a supressão da vegetação nas hipóteses relacionadas no art. 11, relativas à exposição de bens ambientais a risco, inclusive de extinção das espécies e descumprimento do Código Florestal, no que se reporta às áreas de Preservação Permanente e à Reserva Legal.

É vedada, ainda, a supressão de vegetação primária do Bioma Mata Atlântica para fins de loteamento ou edificação, nas regiões metropolitanas e áreas urbanas consideradas como tal em lei específica.[38]

34.2.5.2 *Vegetação secundária em estágio avançado de regeneração*

Para a vegetação secundária em estágio avançado de regeneração, **o corte, a supressão e a exploração** do Bioma Mata Atlântica somente serão autorizados em caráter excepcional, quando necessários à execução de obras, atividades ou projetos de utilidade pública, pesquisa científica e práticas preservacionistas.[39]

A lei menciona expressamente a aplicabilidade do art. 14, que impõe as condições para a respectiva autorização, para os casos de corte e supressão e a obrigatoriedade da realização do Estudo Prévio de Impacto Ambiental.

Nos perímetros urbanos aprovados após a data de início de vigência da Lei nº 11.428/06, seja em áreas urbanas, seja em regiões metropolitanas, é vedada a supressão de vegetação secundária em estágio avançado de regeneração do Bioma Mata Atlântica para fins de loteamento ou edificação.[40]

Já nos perímetros urbanos aprovados anteriormente à data de início de vigência da Lei, a supressão dependerá de prévia autorização do órgão estadual competente e somente

---

37. Lei nº 11.428/06, art. 20.
38. Lei nº 11.428/06, art. 30.
39. Lei nº 11.428/06, art. 21.
40. Lei nº 11.428/06, art. 30, II.

será admitida, para fins de loteamento ou edificação, no caso de empreendimentos que garantam a preservação de vegetação nativa em estágio avançado de regeneração em no mínimo 50% da área total coberta por esta vegetação, atendidos o disposto no Plano Diretor do Município e demais normas urbanísticas e ambientais aplicáveis.[41]

Nesse caso, aplicam-se também:

a compensação ambiental, prevista no art. 17;

as vedações do art. 11, relativas às situações de risco já mencionadas; e

a regra do art. 12, aplicável ao corte ou supressão de qualquer categoria de vegetação do Bioma Mata Atlântica.

Os novos empreendimentos deverão ser implantados preferencialmente em áreas já substancialmente alteradas ou degradadas.

Permite-se também o corte eventual para fins de práticas preservacionistas e de pesquisa científica, conforme regulamento do Conselho Nacional do Meio Ambiente e autorização do órgão competente do SISNAMA.[42]

A supressão de vegetação secundária em estágio avançado de regeneração para fins de atividades minerárias somente será admitida mediante:

licenciamento ambiental, condicionado à apresentação de Estudo Prévio de Impacto Ambiental/Relatório de Impacto Ambiental (EIA/RIMA), pelo empreendedor, e desde que demonstrada a inexistência de alternativa técnica e locacional ao empreendimento proposto;

adoção de medida compensatória que inclua a recuperação de área equivalente à área do empreendimento, com as mesmas características ecológicas, na mesma bacia hidrográfica e sempre que possível na mesma microbacia hidrográfica, independentemente do pagamento da compensação ambiental prevista no art. 36 da Lei do SNUC.[43]

A bem da verdade, a redação do art. 32 é desnecessária, pois as exigências ali estabelecidas já constam de outros diplomas legais e da própria lei da Mata Atlântica, como é o caso da obrigação de demonstrar a inexistência de alternativa técnica e locacional ao empreendimento proposto e a adoção de medida compensatória que inclua a recuperação de área equivalente à área do empreendimento, com as mesmas características ecológicas, na mesma bacia hidrográfica e, sempre que possível, na mesma microbacia hidrográfica.

O licenciamento ambiental é instrumento da Política Nacional do Meio Ambiente; o EIA/RIMA é não só instrumento da política ambiental, como também é previsto na Constituição Federal. E a compensação ambiental prevista na Lei do SNUC é exigível nos casos de licenciamento ambiental de empreendimentos de significativo impacto ambiental, assim considerado pelo órgão ambiental competente, com fundamento em estudo de impacto ambiental e respectivo relatório – EIA/RIMA –, independentemente da localização do empreendimento – se em área de Mata Atlântica ou não.

Estranho notar que, já que se pretendeu relacionar as obrigações de cunho ambiental inerentes à mineração, faltou o instrumento específico dessa atividade, que é o Plano de Recuperação de Área Degradada (PRAD).[44]

---

41. Lei nº 11.428/06, art. 30, I.
42. Lei nº 11.428/06, art. 19.
43. Lei nº 11.428/06, art. 32.
44. O Decreto federal nº 97.632/89, que regulamentou o art. 2º, VIII, da Lei nº 6.938/81 (recuperação de áreas degradadas), exige, em seu art. 1º, que os empreendimentos que se destinam à exploração de recursos minerais deverão,

34.2.5.3 Vegetação secundária em estágio médio de regeneração

As autorizações para **corte, supressão e exploração** da vegetação secundária em estágio médio de regeneração somente serão obtidas:

em caráter excepcional, quando necessárias à execução de obras, atividades ou projetos de utilidade pública ou de interesse social, pesquisa científica e práticas preservacionistas;

quando necessárias ao pequeno produtor rural e populações tradicionais para o exercício de atividades ou usos agrícolas, pecuários ou silviculturais imprescindíveis à sua subsistência e de sua família, ressalvadas as áreas de preservação permanente e, quando for o caso, após averbação da reserva legal.[45]

Nas regiões metropolitanas e áreas urbanas, a Lei nº 11.428/06 determina que o parcelamento do solo para fins de loteamento ou qualquer edificação em área de vegetação secundária, em estágio médio de regeneração, deve obedecer ao disposto no Plano Diretor do Município e a demais normas aplicáveis, e dependerá de prévia autorização do órgão estadual competente.

Aplicam-se ainda a essa hipótese as regras dos arts. 11, 12 e 17, já mencionadas no item anterior, relativo à vegetação secundária em estágio avançado de regeneração.

A lei estabelece tratamentos jurídicos distintos em perímetros urbanos aprovados antes e depois da data de início de sua vigência. Antes da vigência da lei, para fins de loteamento ou edificação, os empreendimentos devem garantir a preservação de vegetação nativa em no mínimo 30% da área total coberta por essa vegetação.[46]

Já nos perímetros urbanos delimitados após o início de vigência da Lei, a supressão fica condicionada à manutenção de vegetação em estágio médio de regeneração em no mínimo 50% da área total coberta por esta vegetação.[47]

Assim como já mencionado e comentado no item anterior, a lei permite a atividade minerária nas áreas cobertas pela vegetação secundária em estágio médio de regeneração, nas mesmas condições em que se permite a mineração em qualquer área não tutelada pela proteção especial, sem qualquer restrição adicional.

34.2.5.4 Vegetação secundária em estágio inicial de regeneração

No que se refere à vegetação secundária em estágio inicial de regeneração, o corte, a supressão e a exploração serão autorizados pelo órgão estadual competente, sem que a lei tenha fixado condições específicas. Cabe acentuar que prevalecem as disposições do art. 14, relativas ao processo administrativo de autorização da supressão de cobertura vegetal, ainda que não expressamente citado, e a realização do Estudo Prévio de Impacto Ambiental, na hipótese de obra ou atividade potencialmente causadora de significativa degradação do meio ambiente.[48]

---

quando da apresentação do Estudo de Impacto Ambiental (EIA) e do Relatório de Impacto Ambiental (RIMA), submeter à aprovação do órgão ambiental competente o Plano de Recuperação de Área Degradada (PRAD).

45. Lei nº 11.428/06, art. 23.
46. Lei nº 11.428/06, art. 31, § 1º.
47. Lei nº 11.428/06, art. 31, § 2º.
48. Lei nº 11.428/06, art. 15.

Será admitida a prática agrícola do *pousio*[49] nos Estados da Federação onde tal procedimento é utilizado tradicionalmente, de acordo com o regulamento instituído no Decreto nº 6.660/08. A compensação ambiental não se aplica aos casos previstos no inciso III do art. 23 da Lei nº 11.428/06 ou de corte ou supressão ilegais.

34.2.6 Utilidade pública e interesse social

Assim como a Lei nº 12.651/12 procedeu em relação às Áreas de Preservação Permanente, a Lei da Mata Atlântica introduz a possibilidade de autorizar, para as categorias de vegetação definidas na lei, a sua supressão nos casos de utilidade pública e interesse social,[50] assim conceituados:

utilidade pública:[51]

a) atividades de segurança nacional e proteção sanitária;

b) as obras essenciais de infraestrutura de interesse nacional destinadas aos serviços públicos de transporte, saneamento e energia, declaradas pelo Poder Público federal ou dos Estados.

interesse social:[52]

a) as atividades imprescindíveis à proteção da integridade da vegetação nativa, tais como: prevenção, combate e controle do fogo, controle da erosão, erradicação de invasoras e proteção de plantios com espécies nativas, conforme resolução do Conselho Nacional do Meio Ambiente (CONAMA);

b) as atividades de manejo agroflorestal sustentável praticadas na pequena propriedade ou posse rural familiar que não descaracterizem a cobertura vegetal e não prejudiquem a função ambiental da área;

c) demais obras, planos, atividades ou projetos definidos em resolução do Conselho Nacional do Meio Ambiente.

A lista de empreendimentos não é taxativa para os casos de interesse social, pois a norma admite que o Conselho Nacional do Meio Ambiente defina as *demais obras, planos, atividades ou projetos* e *as atividades imprescindíveis à proteção da integridade da vegetação nativa*, da mesma forma que ocorre com a Lei nº 12.651/12[53]. Nesse caso, uma resolução específica deverá estabelecer os casos de interesse social mencionados na lei.

34.2.7 A regra do art. 14

O art. 14 da Lei da Mata Atlântica estabelece as condições a serem observadas em qualquer caso de supressão de vegetação. A primeira delas consiste na comprovação de inexistência de alternativa técnica e locacional ao empreendimento proposto, situação a ser devidamente caracterizada e motivada no processo de licenciamento ambiental.[54]

---

49. Nos termos da Lei nº 11.428/06, art. 3º, III, *pousio* constitui a prática que prevê a interrupção de atividades ou usos agrícolas, pecuários ou silviculturais do solo por até dez anos para possibilitar a recuperação de sua fertilidade.
50. A *atividade de baixo impacto ambiental*, prevista na Lei nº 12.651/12, art. 3º, X, não foi contemplada na Lei da Mata Atlântica, para fins de supressão de vegetação em APP.
51. Lei nº 11.428/06, art. 3º, VII.
52. Lei nº 11.428/06, art. 3º, VIII.
53. "Art. 3º - Para os efeitos desta Lei, entende-se por: IX - interesse social: g) outras atividades similares devidamente caracterizadas e motivadas em procedimento administrativo próprio, quando inexistir alternativa técnica e locacional à atividade proposta, definidas em ato do Chefe do Poder Executivo federal".
54. Decreto nº 6.660/08, art. 48.

Também devem ser caracterizados e comprovados a utilidade pública e/ou o interesse social,[55] quando aplicável.

Importa mencionar que, além dos critérios da utilidade pública e interesse social, há outras regras específicas para o corte e a supressão de cada categoria de vegetação – primária ou secundária –, assim como para os três estágios de regeneração desta última – avançado, médio e inicial.

A supressão de cobertura vegetal dependerá de autorização do órgão ambiental estadual competente, em procedimento administrativo próprio. É prevista a anuência prévia, quando couber, do órgão federal ou municipal de meio ambiente. A Lei da Mata Atlântica avançou em relação à Medida Provisória nº 2.166-67/01,[56] no que se refere à supressão de vegetação em APP, na medida em que exige expressamente a elaboração de Estudo Prévio de Impacto Ambiental (EPIA) na hipótese de obra ou atividade potencialmente causadora de significativa degradação do meio ambiente, documento ao qual se dará publicidade, assegurada a participação pública.[57] A Lei da Mata Atlântica, dessa forma, segue com mais fidelidade a CF/88 e a Lei nº 6.938/81, que exigem o EPIA para atividade efetiva ou potencialmente causadora de significativo impacto sobre o meio ambiente.

34.2.8 Áreas urbanas

A supressão de vegetação em área urbana dependerá de autorização do órgão ambiental municipal competente, desde que o Município possua conselho de meio ambiente, com caráter deliberativo e plano diretor, mediante anuência prévia do órgão ambiental estadual, fundamentada em parecer técnico.

34.2.9 Compensação ambiental

A lei estabelece ainda o instrumento da compensação ambiental para a supressão de vegetação primária ou secundária, em estágios médio ou avançado de regeneração. Essa compensação deve ser feita mediante a destinação de uma área equivalente à extensão da área desmatada, com as mesmas características ecológicas, na mesma bacia hidrográfica, sempre que possível na mesma microbacia hidrográfica.[58] Em áreas urbanas, a compensação deve ocorrer no mesmo Município ou em uma região metropolitana, quer dizer, no mesmo Estado. Há, portanto, que considerar: (1) a possibilidade de recuperação de área de Mata Atlântica degradada ou (2) a transformação de área não incluída na Lei nº 11.428/06 em área de Mata Atlântica.

Segundo o Decreto nº 6.660/08, a área destinada a título de compensação ambiental poderá constituir Reserva Particular do Patrimônio Natural, prevista na Lei do SNUC ou servidão florestal em caráter permanente, *conforme previsto no Código Florestal.*[59]

---

55. A supressão de vegetação por motivo de interesse social é vedada para a vegetação primária e para a secundária em estágio avançado de regeneração.
56. Revogada pela Lei nº 12.651/12.
57. Lei nº 11.428/06, art. 15.
58. Lei nº 11.428/06, art. 17.
59. Decreto nº 6.660/08, art. 27. Apesar de o Decreto mencionar a Lei nº 4.771/65, revogada pela Lei nº 12.651/12, o regime de servidão florestal ainda permanece vigente, sob a denominação servidão ambiental, em decorrência do art. 78, da Lei nº 12.651/12, que altera o art. 9º-A da Lei nº 6.938/81 estabelecendo, em seu § 7º, que *as áreas que tenham sido instituídas na forma de **servidão florestal**, nos termos do art. 44-A da Lei nº 4.771, de 15 de setembro de 1965, passam a ser consideradas, pelo efeito desta Lei, como de **servidão ambiental**.*

Verificada pelo órgão ambiental a impossibilidade da compensação ambiental, será exigida a reposição florestal, com espécies nativas, em área equivalente à desmatada, na mesma bacia hidrográfica, e, sempre que possível, na mesma microbacia hidrográfica.[60] As microbacias são unidades geográficas naturais onde os fatores ambientais, econômicos e sociais encontram-se em condições homogêneas e, por isso, mais apropriadas para o estabelecimento de planos de uso e manejo, monitoramento e avaliação das interferências humanas no meio ambiente. Representam *"unidades sistêmicas que permitem a identificação e o conhecimento das inter-relações dos fluxos de energia e dos demais fatores envolvidos no processo produtivo, com vistas a compatibilizar as atividades humanas com a preservação ambiental"*.[61]

O pequeno produtor rural e as populações tradicionais ficam dispensados da compensação ambiental para o exercício de atividades ou usos agrícolas, pecuários ou silviculturais imprescindíveis à sua subsistência e de sua família. Todavia, permanecem obrigatórias as regras vigentes para as Áreas de Preservação Permanente e, quando for o caso, para o registro da Reserva Legal, no órgão ambiental competente, por meio de inscrição no Cadastro Ambiental Rural (CAR),[62] nos termos da Lei nº 12.651/12, ou ainda a celebração de um Termo de Compromisso, firmado pelo possuidor, com o órgão competente do SISNAMA.[63, 64]

A compensação ambiental tampouco se aplica aos casos de corte ou supressão ilegais,[65] que se encontram sob a responsabilização civil, administrativa e penal, conforme disposto no art. 225, § 3º, da Constituição Federal e das normas infraconstitucionais que regem a matéria. Não é, portanto, instrumento de reparação de dano ambiental.

34.2.10 Coleta de subprodutos florestais

No Bioma Mata Atlântica, é livre a coleta de subprodutos florestais como frutos, folhas ou sementes, bem como as atividades de uso indireto, desde que não coloquem em risco as espécies da fauna e flora. A lei determina que devem ainda ser observadas as limitações legais específicas e em particular as relativas ao acesso ao patrimônio genético, à proteção e ao acesso ao conhecimento tradicional associado e à biossegurança,[66] temas tratados pela Lei nº 11.105, de 24-3-2005.[67] O Decreto nº 6.660/08 instituiu a regulamentação da coleta em seu art. 2º.

34.2.11 Pesquisa científica e práticas preservacionistas

O corte eventual de vegetação primária ou secundária nos estágios médio e avançado de regeneração do bioma, para fins de práticas preservacionistas e de pesquisa científica, é

---

60. Lei nº 11.428/06, art. 17, § 1º.
61. ROCHA, J. S. M. da. *Manual de Manejo Integrado de Bacias Hidrográficas*. Santa Maria: UFSM, 1997.
62. Lei nº 12.651/12, art. 18.
63. Lei nº 12.651/12, art. 18, § 2º.
64. Lei nº 11.428/06, arts. 17, § 2º, e 23, III.
65. Lei nº 11.428/06, art. 17, § 2º.
66. Lei nº 11.428/06, art. 18.
67. Essa norma estabelece normas de segurança e mecanismos de fiscalização de atividades que envolvam organismos geneticamente modificados (OGM) e seus derivados, cria o Conselho Nacional de Biossegurança (CNBS), reestrutura a Comissão Técnica Nacional de Biossegurança (CTNBio) e dispõe sobre a Política Nacional de Biossegurança (PNB). Ver capítulo sobre Biodiversidade.

admitido, devendo essa matéria ser regulamentada pelo Conselho Nacional do Meio Ambiente. Essa atividade fica submetida à autorização do órgão competente do SISNAMA.[68]

34.2.12 Áreas urbanas e regiões metropolitanas

Entre as condições de proteção e uso da Mata Atlântica, voltadas a assegurar o equilíbrio do meio ambiente, cumpre destacar o disciplinamento da ocupação rural e urbana, de forma a harmonizar o crescimento econômico com a manutenção do equilíbrio ecológico.[69]

Nas áreas urbanas e regiões metropolitanas localizadas na Mata Atlântica, é proibida a supressão de vegetação primária para fins de loteamento ou edificação. A definição e localização das áreas urbanas é feita por meio dos Planos Diretores e leis de zoneamento, e a das regiões metropolitanas, por leis estaduais. Dessa forma, depende de cada Município, na elaboração de seu Plano Diretor, estabelecer os limites de suas áreas urbanas, e o consequente congelamento das mesmas para a expansão urbana nas áreas de Mata Atlântica. De qualquer modo, os termos da Lei nº 11.428/06 sobrepõem-se aos Planos Diretores e outras normas urbanísticas em sentido contrário.

Segundo a Lei nº 11.428/06, os projetos que envolvam conservação de remanescentes de vegetação nativa, pesquisa científica ou áreas a serem restauradas, implementados em Municípios que possuam **plano municipal de conservação e recuperação da Mata Atlântica**, devidamente aprovado pelo Conselho Municipal de Meio Ambiente, serão beneficiados com recursos do Fundo de Restauração do Bioma Mata Atlântica.[70]

A supressão de vegetação no estágio médio de regeneração situada em área urbana dependerá de autorização do órgão ambiental municipal competente, desde que o Município possua conselho de meio ambiente, com caráter deliberativo e Plano Diretor, mediante anuência prévia do órgão ambiental estadual competente, fundamentada em parecer técnico.[71] Evidentemente, a decisão do órgão ambiental municipal deve coadunar-se com as normas de uso e ocupação do solo e do Plano Diretor, quando existente, sob pena de nulidade do ato. Inexistindo estrutura administrativa municipal para tratar das questões ambientais, cabe ao órgão ou entidade estadual proceder à autorização.

34.2.13 Localização de novos empreendimentos

O art. 12 da Lei determina que os novos empreendimentos que impliquem o corte ou a supressão de vegetação do Bioma Mata Atlântica deverão ser implantados preferencialmente em áreas já substancialmente alteradas ou degradadas. Essa regra, cujo objetivo seria a preservação das áreas providas de cobertura vegetal, não atingirá os propósitos protecionistas, se mantida a redação ora em vigor.

Os termos *preferencialmente* e *substancialmente* são conceitos jurídicos indeterminados, na medida em que necessitam de uma explicação, de um esclarecimento adicional. O que significa, objetivamente, a palavra *preferencialmente*? Qual o limite da preferência?

---

68. Lei nº 11.428/06, art. 19.
69. Lei nº 11.428/06, art. 7º, IV.
70. Lei nº 11.428/06, art. 38.
71. Lei nº 11.428/06, art. 14, § 2º.

DIREITO AMBIENTAL • Maria Luiza Machado Granziera

Quando um empreendimento não deve obter a licença ambiental por não estar localizado em área *substancialmente* alterada ou degradada?

A norma jurídica há que ser precisa. No mínimo, deveriam ter sido fixados os critérios de aferição daquilo que é *preferencial*[72] e *substancial*,[73] para instruir o administrador público no exercício do poder discricionário. Na forma como está, qualquer justificativa, para aprovar ou proibir um novo empreendimento pode ser, em princípio, utilizada. Isso gera insegurança jurídica e não protege nem o meio ambiente nem os interesses empresariais, não garantindo, dessa forma, o desenvolvimento sustentável. Cabe, pois, explicitar esses conceitos em regulamento, para que a regra possa ter a efetividade necessária. O Decreto nº 6.660/08 não trouxe essa complementação.

34.2.14 Incentivos econômicos

As regras vigentes para o corte e a supressão da vegetação da Mata Atlântica, abrangidas pela Lei nº 11.428/06, são bastante detalhadas. Todavia, não há clareza quanto aos mecanismos econômicos que garantirão a proteção e o uso sustentável da Mata Atlântica.

O art. 33 apenas prevê que o Poder Público estimulará, com incentivos econômicos, a proteção e o uso sustentável do Bioma Mata Atlântica. E menciona que tais instrumentos não desoneram os proprietários e posseiros das normas estabelecidas na legislação ambiental, como se essa menção fosse necessária.

A lei prevê que, na regulamentação dos incentivos econômicos ambientais, serão observadas as seguintes características da área beneficiada:

a importância e representatividade ambientais do ecossistema e da gleba;

a existência de espécies da fauna e flora ameaçadas de extinção;

a relevância dos recursos hídricos;

o valor paisagístico, estético e turístico;

o respeito às obrigações impostas pela legislação ambiental;

a capacidade de uso real e sua produtividade atual.[74]

Além disso, os incentivos não excluem ou restringem outros benefícios, abatimentos e deduções em vigor, em especial as doações a entidades de utilidade pública efetuadas por pessoas físicas ou jurídicas.

O proprietário ou posseiro que tenha vegetação primária ou secundária em estágios avançado e médio de regeneração do Bioma Mata Atlântica receberá das instituições financeiras benefícios creditícios, entre os quais prioridade na concessão de crédito agrícola, para os pequenos produtores rurais e populações tradicionais. Será necessário, na regulamentação da lei, explicitar o modo de identificar, formalmente, os representantes desses grupos.

Os critérios, condições e mecanismos de controle dos benefícios serão definidos, anualmente, sob pena de responsabilidade, pelo órgão competente do Poder Executivo, após anuência do órgão competente do Ministério da Fazenda.[75]

---

72. Que têm precedência, primazia.
73. Importante, considerável.
74. Lei nº 11.428/06, art. 33, § 1º.
75. Lei nº 11.428/06, art. 41, parágrafo único.

Trata-se de mais um mecanismo econômico não explicitado na norma, ficando a cargo do Poder Executivo a definição de critérios, condições e mecanismos de controle dos benefícios, o que reforça a ideia de que não houve a preocupação do legislador na formulação de mecanismos concretos, que possam efetivamente propiciar, no mínimo, a manutenção dos percentuais de Mata Atlântica existentes.

O dispositivo que trata dos incentivos creditícios tampouco é completo, dispondo apenas que o proprietário ou posseiro que tenha vegetação primária ou secundária em estágios avançado e médio de regeneração do Bioma Mata Atlântica receberá das instituições financeiras o benefício creditício da prioridade na concessão de crédito agrícola, para os pequenos produtores rurais e populações tradicionais. Mais uma vez, tem-se um conceito jurídico indeterminado. O termo *prioridade* não fornece indicações seguras para que se aplique o dispositivo legal.

34.2.15 Fundo de Restauração do Bioma Mata Atlântica

O Fundo de Restauração do Bioma Mata Atlântica destina-se ao financiamento de projetos de restauração ambiental e de pesquisa científica. São recursos do Fundo:[76]

dotações orçamentárias da União;

recursos resultantes de doações, contribuições em dinheiro, valores, bens móveis e imóveis, que venham a receber de pessoas físicas e jurídicas, nacionais ou internacionais;

rendimentos de qualquer natureza, que venham a auferir como remuneração decorrente de aplicações do seu patrimônio;

outros, destinados em lei.

Serão beneficiados com recursos do Fundo de Restauração do Bioma Mata Atlântica os projetos que envolvam conservação de remanescentes de vegetação nativa, pesquisa científica ou áreas a serem restauradas, implementados em Municípios que possuam plano municipal de conservação e recuperação da Mata Atlântica, devidamente aprovado pelo Conselho Municipal de Meio Ambiente.[77]

Tem-se então, pela norma mencionada, que recursos federais serão aplicados de acordo com decisão dos conselhos municipais de meio ambiente de Municípios que possuam plano municipal de conservação e recuperação da Mata Atlântica, que foi objeto de regulamentação pelo Decreto nº 6.660/08. Entretanto, não explicita como se dariam as decisões do conselho municipal, o que leva a crer que se trata de um fundo com sério risco de não sair do papel se não for regulamentado, o que reforça a ideia de que a Lei da Mata Atlântica não busca a proteção do Bioma, mas apenas define, processualmente, as condições de corte e supressão da vegetação.

A lei confere prioridade ao apoio a projetos destinados à conservação e recuperação das Áreas de Preservação Permanente (APP), Reservas Legais, Reservas Particulares do Patrimônio Natural e áreas do entorno de Unidades de Conservação. O termo *prioridade*, mais uma vez utilizado, é conceito jurídico indeterminado, cabendo um esclarecimento adicional.

---

76. Lei nº 11.428/06, art. 37.
77. Lei nº 11.428/06, art. 38.

Os projetos poderão beneficiar áreas públicas e privadas e serão executados por órgãos públicos, instituições acadêmicas públicas e organizações da sociedade civil de interesse público que atuem na conservação, restauração ou pesquisa científica no Bioma Mata Atlântica. Há que definir a forma de comprovar essa atuação: basta que conste do estatuto social da entidade ou deve ser apresentado um atestado de realização de atividade nessa área? Caberá ao regulamento definir a sistemática a ser adotada, considerando a necessidade de as regras serem objetivas. O Decreto nº 6.660/08 não tratou da matéria.

Como se vê, há muito o que detalhar na questão dos incentivos econômicos, para que sua aplicação venha a ser, de fato, um diferencial da Lei nº 11.428/06.

34.2.16 Aspectos tributários

A Lei da Mata Atlântica alterou o art. 10 da Lei nº 9.393/96,[78] que dispõe sobre o Imposto Territorial Rural (ITR), isentando da tributação as áreas: (1) sob regime de servidão ambiental[79] e (2) cobertas por florestas nativas, primárias ou secundárias em estágio médio ou avançado de regeneração.

Além disso, o mesmo art. 10, ao determinar a área tributável[80] como a que for passível de exploração agrícola, pecuária, granjeira, aquícola ou florestal, exclui as áreas:

de preservação permanente e de reserva legal;

de interesse ecológico para a proteção dos ecossistemas, assim declaradas mediante ato do órgão competente, federal ou estadual, e que ampliem as restrições de uso previstas na alínea anterior;

comprovadamente imprestáveis para qualquer exploração agrícola, pecuária, granjeira, aquícola ou florestal, declaradas de interesse ecológico mediante ato do órgão competente, federal ou estadual;

sob regime de servidão ou ambiental; e

cobertas por florestas nativas, primárias ou secundárias em estágio médio ou avançado de regeneração.

alagadas para fins de constituição de reservatório de usinas hidrelétricas autorizada pelo poder público.

34.2.17 Infrações

Embora a Lei nº 11.428/06 não seja nada clara quanto aos mecanismos econômicos, que ficaram para regulamentação, as penalidades para as infrações dos dispositivos que regem os **benefícios econômicos** ambientais foram instituídas, *sem prejuízo das sanções penais e administrativas cabíveis.*

A sanção consiste na multa civil de três vezes o valor atualizado recebido, ou do imposto devido em relação a cada exercício financeiro, além das penalidades e demais acréscimos previstos na legislação fiscal.[81]

A pessoa física ou jurídica doadora ou propositora de projeto ou proposta de benefício é considerada responsável solidária pela inadimplência ou irregularidade. A existência de pendências ou irregularidades na execução de projetos de proponentes no órgão com-

---

78. O art. 10 da Lei nº 9.393/96 também foi alterado pela Lei nº 12.651/12, com redação dada pela Lei nº 12.844/13.
79. Alterado pela Lei nº 12.651/12, que suprimiu a expressão *servidão florestal.*
80. A IN SRF nº 256 confere a essas áreas a denominação de *aproveitáveis.*
81. Lei nº 11.428/06, art. 34.

petente do SISNAMA suspenderá a análise ou concessão de novos incentivos, até a efetiva regularização.

34.2.18 Aspectos criminais

A Lei da Mata Atlântica, em seu art. 42, dispõe que a ação ou omissão das pessoas físicas ou jurídicas que importem inobservância aos preceitos da Lei da Mata Atlântica e a seus regulamentos ou resultem em dano à flora, à fauna e aos demais atributos naturais sujeitam os infratores às sanções previstas em lei, em especial as dispostas na Lei nº 9.605/98 e seus decretos regulamentadores. O dispositivo não criou nenhum tipo penal. Apenas, pedagogicamente, lembra que atos lesivos ao meio ambiente, ocorridos na área de abrangência da lei, remetem à responsabilidade criminal, conforme os tipos previstos na Lei de Crimes Ambientais.

Já o art. 43 da Lei nº 11.428/06 incluiu, efetivamente, na Lei nº 9.605/98, um crime ambiental no art. 38-A, com a seguinte redação:

> Art. 38-A. Destruir ou danificar vegetação primária ou secundária, em estágio avançado ou médio de regeneração, do Bioma Mata Atlântica, ou utilizá-la com infringência das normas de proteção:
>
> Pena – detenção, de 1 (um) a 3 (três) anos, ou multa, ou ambas as penas cumulativamente.
>
> Parágrafo único. Se o crime for culposo, a pena será reduzida à metade.

O art. 38-A praticamente inseriu a Mata Atlântica no regime jurídico penal que já tutelava as florestas de preservação permanente. O elemento subjetivo consiste no dolo, ou seja, a intenção de eliminar a vegetação ou causar dano. Releva notar que a vegetação secundária em estágio inicial de regeneração não é incluída no tipo. A forma culposa é prevista, reduzindo a pena à metade.

34.3 ZONA COSTEIRA

Como a Mata Atlântica, a Zona Costeira integra o **patrimônio nacional**, definido no § 4º do art. 225 da CF/88. Segundo Paulo Affonso Leme Machado, *"a regra geral constitucional [de patrimônio nacional] tem sua importância não só por indicar ao administrador público, aos particulares e ao juiz que o desenvolvimento econômico não deve ser predatório, como torna claro que a gestão do litoral não interessa somente a seus ocupantes diretos mas a todo brasileiro, esteja ele onde estiver, pois se trata de 'patrimônio nacional'"*.[82]

Não é de estranhar essa regra, já que a história do Brasil, considerados os últimos 500 anos, tem sua origem no litoral desde o Descobrimento, e nele foram desenvolvidas as atividades econômicas, sociais e políticas que traçaram os contornos da nação brasileira. A conquista do interior ocorreu posteriormente, como uma aventura cheia de riscos, que poucos ousaram enfrentar, no início.

34.3.1 Caracterização da Zona Costeira

O espaço litorâneo do Brasil – faixa de aproximadamente 8.500 km – é onde se encontram as maiores aglomerações urbanas – 25% da população brasileira, correspondendo a um contingente aproximado de 42 milhões de habitantes, em uma área de 324.000

---

82. MACHADO, Paulo Affonso Leme. *Direito ambiental brasileiro*. 26. ed. São Paulo: Malheiros, 2018, p. 1.120.

km².[83] *"Os variados ecossistemas localizados nesse espaço caracterizam-se pela abundância de recursos naturais renováveis, os quais são responsáveis pela sobrevivência de populações humanas, pela reprodução de diferentes espécies de animais e pela conservação da vegetação nativa".*[84]

Pelo litoral escoam-se as riquezas brasileiras através de estradas e portos. As atividades de extração de petróleo e gás se intensificam na costa brasileira, muitas vezes próximo ao litoral. Da mesma forma, muitos polos petroquímicos[85] e cloroquímicos[86] situam-se próximos do mar, além das usinas nucleares Angra 1 e Angra 2.

Nessa área, muitas pessoas buscam o lazer, propiciado pelas praias e paisagens notáveis. Nos meses de verão, as populações urbanas se multiplicam, gerando uma demanda de serviços de saneamento – coleta de lixo, água e esgoto – nem sempre atendida, causando a poluição das praias por coliformes fecais e atraindo vetores de doenças em função do esgoto não tratado e do lixo não recolhido.

A pressão de condomínios de casas de lazer, ao longo de toda a costa brasileira, é uma das causas de degradação ambiental. Paralelamente, as invasões de populações de baixa renda em áreas de preservação ou de risco é outra realidade, que, embora seja consequência de problemas de cunho social, não deixa de causar danos ao ambiente.[87]

Na Zona Costeira encontram-se outros biomas e espaços que compõem o patrimônio nacional[88] – a Mata Atlântica e a Serra do Mar –, florescem os mangues, localizam-se importantes complexos estuarinos-lagunares que são fonte de biodiversidade. Essa situação de antagonismos entre fragilidades ambientais e atividades poluidoras, somada à pressão urbana, torna a Zona Costeira um espaço de extrema importância no que se refere à garantia de um uso sustentável, que proporcione um equilíbrio entre as forças e os valores ali existentes.

Em termos de delimitação espacial, a zona costeira brasileira corresponde ao espaço geográfico de interação do ar, do mar e da terra, incluindo seus recursos renováveis ou não, abrangendo uma faixa marítima e uma faixa terrestre, com os seguintes limites:[89]

> **faixa marítima**: espaço que se estende por 12 milhas náuticas, medidas a partir das *linhas de base* – estabelecidas de acordo com a Convenção das Nações Unidas sobre o Direito do Mar, a partir das quais se mede a largura do mar territorial[90] –, compreendendo, dessa forma, a totalidade do mar territorial;

---

83. BRASIL. Antigo Ministério do Meio Ambiente. *Plano de Ação Federal da Zona Costeira do Brasil (PAF-ZC)*. Disponível em: <https://antigo.mma.gov.br/images/arquivo/80033/Plano%20de%20Acao%20Federal%20PAF-ZC/PAF-ZC%202005.pdf>. Acesso em: 20 mar. 2024. O PAF-ZC (II PAF-ZC) foi estabelecido em 2005, a revisão do referido instrumento foi aprovada na 45ª sessão do GI-GERCO, em 4-4-2013. Sua atualização com a efetiva participação dos setores tornou-se prioritária e iniciou-se em maio de 2014 sob a coordenação do Departamento de Zoneamento Territorial do Ministério do Meio Ambiente e apoio da Secretaria de Planejamento e Investimentos Estratégicos do Ministério do Planejamento. Disponível em: <https://antigo.mma.gov.br/images/arquivo/80247/PAF/Livro%20PAF-ZC_FINAL.pdf>. Acesso em: 20 mar. 2024. Também foi lançado o IV Plano de Ação Federal para a Zona Costeira (IV PAF-ZC) para o período de 2017-2019. Disponível em: <https://antigo.mma.gov.br/images/arquivo/80105/PAF-ZC%202017-2019.pdf>. Acesso em: 20 mar. 2024.
84. SÃO PAULO. Secretaria do Meio Ambiente. *Zoneamento ecológico econômico do litoral norte*. Disponível em: <http://arquivos.ambiente.sp.gov.br/cpla/2011/05/Zoneamento-Ecologico-Economico_Litoral-Norte.pdf>. Acesso em: 20 mar. 2024.
85. Como Cubatão, em São Paulo, e Camaçari, na Bahia.
86. Como o Polo Cloroquímico de Maceió, em Alagoas.
87. Ver capítulo sobre Meio Ambiente Urbano.
88. CF/88, art. 225, § 4º.
89. Lei nº 7.661, de 16-5-1988, art. 2º, parágrafo único, e Decreto nº 5.300/04, art. 3º.
90. Decreto nº 5.300/04, art. 2º, VI.

34 • ESPAÇOS TERRITORIAIS DO PATRIMÔNIO NACIONAL

faixa terrestre: espaço compreendido pelos limites dos Municípios que sofrem influência direta dos fenômenos ocorrentes na Zona Costeira.

34.3.2 Plano Nacional de Gerenciamento Costeiro (PNGC)

A Constituição Federal, ao determinar que a utilização do patrimônio nacional, em que se inclui a Zona Costeira, seja feita, na forma da lei, dentro de condições que assegurem a preservação do meio ambiente, inclusive quanto ao uso dos recursos naturais, ensejou a formulação de uma norma que regulamentasse o uso desse extenso e complexo espaço.

Antes da promulgação do texto constitucional, a estratégia do Governo foi editar uma lei que tratasse de forma genérica o espaço litorâneo do país, como parte integrante da Política Nacional para os Recursos do Mar (PNRM) e da Política Nacional do Meio Ambiente (PNMA). Nesse nicho regulatório foi instituído o Plano Nacional de Gerenciamento Costeiro (PNGC),[91] em 1988.

O objetivo específico do PNGC consiste em orientar a utilização racional dos recursos na Zona Costeira, de forma a contribuir para elevar a qualidade da vida de sua população e a proteção do seu patrimônio natural, histórico, étnico e cultural. A vocação desse plano é orientada para a proteção da qualidade de vida, assim como do meio ambiente, entendido de forma abrangente, na medida em que menciona os recursos ambientais e o patrimônio cultural e histórico.

Saliente-se que a norma menciona, também, o ***patrimônio étnico***, expressão cujo significado deve ser compreendido. *Etnia é "comunidade ou grupo de pessoas caracterizadas por uma homogeneidade sociocultural com língua, religião e modo de agir próprios; grupo étnico"*[92]. Ao incidir a ideia de cultura no significado de etnia, o objeto a ser protegido consiste no patrimônio cultural dos grupos humanos. Pode-se inferir, da norma, que o que se pretende proteger são, em verdade, as populações tradicionais e seus conhecimentos ancestrais. Sendo que várias dessas populações encontram-se localizadas na Zona Costeira, parece ser esse o sentido da expressão *patrimônio étnico*.

Segundo a Lei nº 7.661/88, o principal instrumento de proteção da Zona Costeira é o zoneamento[93] de usos e atividades, dando-se prioridade para *conservação e a proteção*[94] dos bens ambientais, cuja lista fixada na lei é exemplificativa, pois a norma, ao citá-los, utiliza a expressão *entre outros*.

Os recursos naturais, renováveis e não renováveis, expressamente citados na norma, consistem nos recifes, parcéis e bancos de algas, nas ilhas costeiras e oceânicas, nos sistemas fluviais, estuarinos e lagunares, nas baías e enseadas, nas praias, nos promontórios, costões e grutas marinhas, nas restingas e nas dunas. Também as florestas litorâneas, manguezais e pradarias submersas[95] fazem parte do conjunto a ser protegido. Note-se que os bens protegidos estendem da área terrestre à área marinha, considerando a interdependência existente entre esses dois espaços, no que se refere à biodiversidade e ao desenvolvimento dos ecossistemas.

---

91. Lei nº 7.661/88, art. 1º.
92. Michaelis Online. *Dicionário Brasileiro da Língua Portuguesa*. Melhoramentos, 2018.
93. Ver capítulo sobre Zoneamento.
94. Lei nº 7.661/88, art. 3º.
95. Lei nº 7.661/88, art. 3º, I.

Além dos bens naturais, a lei expressamente menciona, como objetos cuja proteção deve ser considerada no zoneamento, os *"sítios ecológicos de relevância cultural e demais unidades naturais de preservação permanente"*.[96] As expressões utilizadas na redação desse dispositivo não são adotadas pela legislação ambiental brasileira, que se vale das *Unidades de Conservação* – objeto basicamente da Lei nº 9.985/00 – e das *Áreas de Preservação Permanente* (APP), previstas na Lei nº 12.651/12. Esse fato não retira, contudo, a aplicabilidade do dispositivo, já que as normas citadas são bastante específicas ao tratar da proteção desses espaços.

A lei prevê a criação de *unidades de conservação permanente*, com vistas a evitar a degradação ou o uso indevido dos ecossistemas, do patrimônio e dos recursos naturais da Zona Costeira, na forma da legislação em vigor.[97] Aqui também a terminologia utilizada não é a corrente no ordenamento jurídico. Se for cabível criar uma unidade de conservação, a norma aplicável é a Lei do SNUC.

Devem ser também protegidos os monumentos que integrem o patrimônio natural, histórico, paleontológico, espeleológico, arqueológico, étnico, cultural e paisagístico.[98]

O detalhamento da Lei de Gerenciamento Costeiro e as regras de operacionalização foram estabelecidos pelo PNGC I, objeto da Resolução nº 1/90 da Comissão Interministerial para os Recursos do Mar (CIRM) de 21-11-1990, ouvido o Conselho Nacional do Meio Ambiente (CONAMA). Nesse documento predominava uma visão *"descentralizadora, de modo que todas as ações eram repassadas aos agentes executivos, principalmente aos governos estaduais, não restando ao governo federal nenhum campo de atuação específico, a não ser o estabelecimento de diretrizes muito gerais"*.[99]

34.3.2.1 Atribuições da administração

A elaboração e a atualização do PNGC são atribuídas ao Grupo de Coordenação, dirigido pela Secretaria da Comissão Interministerial para os Recursos do Mar (SECIRM), cuja composição e forma de atuação são objeto de decreto do Poder Executivo.[100]

A Comissão Interministerial para os Recursos do Mar (CIRM), instituída pelo Decreto nº 74.557, de 12-9-1974, revogado pelo Decreto nº 3.939, de 26-9-2001, que o substituiu, deve apreciar o PNGC, a ela encaminhado pelo Grupo de Coordenação, com audiência do Conselho Nacional do Meio Ambiente (CONAMA),[101] o que insere o Plano no âmbito do Sistema Nacional do Meio Ambiente (SISNAMA), com a participação da sociedade civil organizada.

A implantação do PNGC deve ser efetuada com a participação da União, dos Estados, dos Territórios e dos Municípios, por meio de órgãos e entidades integradas ao SISNAMA.[102] Salienta-se aqui a necessidade de uma articulação institucional sistematizada,

---

96. Lei nº 7.661/88, art. 3º, II.
97. Lei nº 7.661/88, art. 9º.
98. Lei nº 7.661/88, art. 3º, III.
99. SÃO PAULO. Secretaria do Meio Ambiente. *Zoneamento ecológico econômico do litoral norte*. Disponível em: <http://arquivos.ambiente.sp.gov.br/cpla/2011/05/Zoneamento-Ecologico-Economico_Litoral-Norte.pdf>. Acesso em: 20 mar. 2024.
100. Lei nº 7.661/88, art. 4º.
101. Lei nº 7.661/88, art. 4º, § 1º
102. Lei nº 7.661/88, art. 4º, § 2º.

de longa duração, considerando que o Plano é um processo dinâmico e sofre alterações e correções ao longo do tempo.

O Decreto nº 5.300, de 7-12-2004, que regulamentou a Lei nº 7.661/88, define as competências do Ministério do Meio Ambiente,[103] do Instituto Brasileiro do Meio Ambiente e Recursos Naturais Renováveis (IBAMA)[104] e do Poder Público Estadual e Municipal no tocante às atividades relativas ao Plano Nacional de Gerenciamento Costeiro.

Ao Poder Público Estadual, na esfera de suas competências e nas áreas de sua jurisdição, cabe planejar e executar as atividades de gestão da Zona Costeira em articulação com os Municípios e com a sociedade.[105] A norma é clara ao estabelecer a necessidade de articulação com os Municípios.

O Poder Público municipal deverá observar as normas e os padrões federais e estaduais, e planejará e executará suas atividades de gestão da zona costeira em articulação com os órgãos estaduais, federais e com a sociedade.[106]

Embora um decreto do Executivo federal não tenha o condão de estabelecer competências para os Estados e Municípios, a norma serve para indicar as ações a serem desenvolvidas pelos Entes Federados. O princípio da cooperação pode ser invocado, nesse caso, para que se incorporem atribuições dos Estados e Municípios nessa matéria, já que os objetivos da Lei nº 7.661/88 referem-se à organização do uso e da proteção da Zona Costeira, patrimônio constitucionalmente reconhecido como de âmbito e interesse nacional.

34.3.2.2 *Planos Municipais e Estaduais de Gerenciamento Costeiro*

A Lei nº 7.661/88 constitui, no que se refere às competências legislativas concorrentes da União e dos Estados e Distrito Federal, previstas no art. 24 da CF/88 e do Município, fixadas no art. 30 da CF/88, uma norma geral, embora essa figura jurídica esteja prevista no § 1º do art. 24 e não abranja expressamente o art. 30. Nessa linha, é prevista a elaboração, por lei, de Planos Estaduais ou Municipais de Gerenciamento Costeiro, observadas as normas e diretrizes do Plano Nacional e o disposto na Lei nº 7.661/88.

As normas e diretrizes sobre o uso do solo, do subsolo e das águas, bem como as limitações à utilização de imóveis, poderão ser estabelecidas nos Planos de Gerenciamento Costeiro, Nacional, Estadual e Municipal, prevalecendo sempre as disposições de natureza mais restritiva. Essa regra explicita o princípio que vigora em matéria de competência legislativa ambiental, de se adotar a norma que melhor proteja o meio ambiente, que é a finalidade precípua. No caso da Lei nº 7.661/88, a própria norma estabelece esse entendimento, de que a regra mais restritiva é a que melhor protege o ambiente, configurando essa, no caso específico, uma presunção legal.

Os Planos Estaduais e Municipais de Gerenciamento Costeiro[107] devem estabelecer:

os princípios, objetivos e diretrizes da política de gestão da Zona Costeira da sua área de atuação;

o Sistema de Gestão Costeira na sua área de atuação;

os instrumentos de gestão;

---

103. Decreto nº 5.300/04, art. 11.
104. Decreto nº 5.300/04, art. 12.
105. Decreto nº 5.300/04, art. 13.
106. Decreto nº 5.300/04, art. 14.
107. Decreto nº 5.300/04, art. 8º.

as infrações e penalidades previstas em lei;

os mecanismos econômicos que garantam a sua aplicação.

O conteúdo dos Planos, sejam eles estaduais ou municipais, remete ao princípio da cooperação e à articulação técnica e política. Mesmo considerando as dimensões da Zona Costeira brasileira, é praticamente impossível implementar planos não coordenados, que não tenham passado por uma instância de análises técnicas conjuntas e que não tenham sido objeto de um acordo político.

O planejamento de um espaço tão disputado para as atividades econômicas e para a instalação de cidades, com valores ambientais tão importantes, enfrenta naturalmente uma situação de conflito. Talvez a Zona Costeira seja uma das regiões brasileiras em que o princípio do desenvolvimento sustentável encontre maiores dificuldades em ser aplicado.

É preciso, pois, que os aspectos técnicos do planejamento e os riscos ambientais sejam muito bem explicitados e a população cobre sistematicamente, da classe política, decisões voltadas não ao imediatismo dos empreendimentos imobiliários ou industriais, mas à perenidade de valores que, uma vez destruídos, perdem-se para sempre, alijando as futuras gerações de sua fruição e pondo em risco a permanência da vida nessa região.

Estabelecendo os Estados e Municípios os respectivos Planos de Gerenciamento Costeiro, a eles cabe designar ou instituir órgãos ou entidades competentes *para executá-los*,[108] como medida de efetividade da lei. Todavia, a formulação dos planos é atividade nevrálgica para assegurar que a sua implementação garanta o *direito de todos ao meio ambiente ecologicamente equilibrado*.[109] O plano há que ser realista e factível, proporcionalmente, inclusive, à capacidade do Poder Público para implementar suas diretrizes e fiscalizar as ações desenvolvidas no espaço. O instrumento desconectado com o cenário que vigora tem muito menos chances de tornar-se exequível.

34.3.2.3 *Compatibilização das normas em vigor*

Tanto na elaboração como na execução do Plano Nacional de Gerenciamento Costeiro (PNGC) devem ser observados as normas, os critérios e os padrões relativos ao controle e à manutenção da qualidade do meio ambiente estabelecidos pelo CONAMA.

Importa ressaltar que os padrões mencionados não estão, necessariamente, definidos nas resoluções do CONAMA, mas se encontram também em leis e decretos federais, estaduais e municipais.

Nessa linha, a *urbanização, a ocupação e uso do solo, parcelamento e remembramento do solo* são matéria do Estatuto da Cidade, como norma geral, e das normas municipais, incluindo as leis de uso e ocupação do solo e o plano diretor. As atividades relacionadas à exploração e proteção do *subsolo* encontram-se em regras próprias, como é o caso do Código de Mineração.

As *águas doces, salinas e salobras* localizadas no interior do continente têm como marco regulatório a Lei nº 9.433/97 e as leis estaduais sobre políticas e sistemas de gerenciamento de recursos hídricos. Para as *águas* interiores, consideradas as contidas no mar territorial, que por sua vez compreende uma faixa de doze milhas marítimas de largura,

---

108. Lei nº 7.661/88, art. 5º, § 1º.
109. CF/88, art. 225.

medidas a partir da linha de baixa mar do litoral continental e insular brasileiro, conforme dispõe a Lei nº 8.617, de 4-1-1993, no que se refere à poluição por óleo, vigora o Decreto nº 83.540, de 4-6-1979, que regulamenta a aplicação da Convenção Internacional sobre Responsabilidade Civil em Danos Causados por Poluição por Óleo, de 1969.

As normas que regulam a *transmissão e a distribuição de energia* são editadas pela Agência Nacional de Energia Elétrica (ANEEL). *A habitação* é objeto de políticas federais, estaduais e municipais e as diretrizes do *saneamento básico* foram estabelecidas pela Lei nº 11.445/07. *O patrimônio natural, étnico*[110] *e paisagístico* é protegido pelas normas ambientais. O patrimônio *histórico e artístico* é regido pelo Decreto-lei nº 25/37.

O sistema viário e de transporte, o sistema de produção, o turismo, a recreação e o lazer são objetos de políticas públicas específicas, nem sempre estabelecidas por norma legal.[111]

Ainda há que se considerar a relação entre o PNGC e outros instrumentos para a proteção da Zona Costeira, como o Zoneamento Ecológico-Econômico Costeiro e o Plano de Gestão Costeira,[112] que serão detalhados no item sobre os instrumentos da gestão costeira. Nas palavras de Marcelo Sodré, *em resumo, o Plano de Gerenciamento é o Documento que estabelece os princípios da política pública; o Zoneamento Ecológico-Econômico Costeiro é o documento que baliza o processo de ordenamento territorial para cumprir as metas da política pública estabelecida; e o Plano de gestão é o documento pelo qual organizam-se as ações concretas para a obtenção de metas.*[113]

Como se pode verificar, na simples indicação das normas que incidem sobre qualquer tipo de zoneamento que se pretenda efetuar, inclusive o costeiro, há uma complexa rede normativa a ser observada e principalmente interpretada da maneira que for mais adequada à proteção ambiental.

Muitas dessas normas, como o Estatuto da Cidade, a Lei do SNUC e a Lei de Águas, incluem, nos processos decisórios, a participação da sociedade em conselhos de recursos hídricos, de Unidades de Conservação, comitês de bacia hidrográfica e audiências públicas. Em cada órgão colegiado há um determinado tipo de organização e representatividade, poderes deliberativos ou apenas consultivos, cuidando de temas específicos, mas que devem manter um olhar para o todo, quando inseridos na Zona Costeira.

Aqui também se apresenta uma clara necessidade não apenas de articulação institucional, mas também de uma verdadeira coordenação, a cargo do órgão responsável pela formulação do PNGC – Grupo de Coordenação, dirigido pela Secretaria da Comissão Interministerial para os Recursos do Mar (SECIRM). Ainda que esse órgão não participe diretamente dos órgãos do SISNAMA e dos colegiados, é necessária uma comunicação institucional sistemática e direta entre todos os atores envolvidos com o PNGC.

Não é difícil imaginar quão complexa é a gestão da Zona Costeira, que possui interfaces com setores distintos, com políticas próprias, cabendo um esforço considerável de articulação institucional, inclusive entre os Estados e Municípios envolvidos, para estabe-

---

110. Note-se que aqui se repete o termo *étnico*.
111. Lei nº 7.661/88, art. 5º.
112. Previsto no item 4.7 do PNGC II. Disponível em: <https://antigo.mma.gov.br/images/arquivo/80033/0.PNGC-II97%20 Resolucao05_97.CIRM.pdf>. Acesso em: 21 mar. 2024.
113. SODRÉ, Marcelo Gomes. Zoneamento Ecológico-Econômico na Zona Costeira. In: GRANZIERA, Maria Luiza Machado; GONÇALVES, Alcindo; MORE, Rodrigo (Org). *Desafios ambientais da zona costeira*. São Paulo: Essential Idea, 2014, p. 90-91.

DIREITO AMBIENTAL • Maria Luiza Machado Granziera

lecer procedimentos comuns, com vistas a assegurar a preservação dos ecossistemas, da saúde pública e do meio ambiente.

34.3.3 Licenciamento de atividades na Zona Costeira

A Lei nº 7.661/88 estabeleceu regras específicas de licenciamento para parcelamento e remembramento do solo, construção, instalação, funcionamento e ampliação de atividades, com alterações das características naturais da Zona Costeira.[114] Essas regras devem ser observadas pelos Municípios localizados na Zona Costeira, quando da formulação de suas leis sobre uso e ocupação do solo e Plano Diretor.

O licenciamento ambiental das atividades acima mencionadas condiciona-se à elaboração do Estudo de Impacto Ambiental (EIA) e à apresentação do respectivo Relatório de Impacto Ambiental (RIMA), devidamente aprovado, na forma da lei.[115] Além disso, é obrigatória a observância das demais normas específicas federais, estaduais e municipais, respeitando as diretrizes dos Planos de Gerenciamento Costeiro.

Como *sanção* para a *falta* ou o *descumprimento*, ainda que parcial, das normas fixadas para o licenciamento, a lei prevê a *interdição, embargo ou demolição*, sem prejuízo da cominação de *outras penalidades previstas* em lei.[116]

34.3.4 Responsabilidade por dano ambiental causado na Zona Costeira

O **princípio da reparação integral** encontra-se expresso na Lei. Qualquer atividade que provoque a degradação dos ecossistemas, do patrimônio e dos recursos naturais da Zona Costeira gerará, para seu autor, a obrigação de *reparar o dano causado*.

Além da reparação do dano, a lei prevê ainda que o agente fica sujeito às *penalidades previstas no art. 14 da Lei nº 6.938/81*, elevado o limite máximo da multa ao valor correspondente a 100.000 Obrigações do Tesouro Nacional (OTN), sem prejuízo de outras sanções previstas em lei.

34.3.5 Praias

A praia, definida pela lei como "*a área coberta e descoberta periodicamente pelas águas, acrescida da faixa subsequente de material detrítico, tal como areias, cascalhos, seixos e pedregulhos, até o limite onde se inicie a vegetação natural, ou, em sua ausência, onde comece um outro ecossistema*",[117] teve sua natureza jurídica alterada, passando a constituir, a partir da edição da Lei nº 7.661/88, um "*bem público de uso comum do povo, assegurado, sempre, livre e franco acesso a ela e ao mar, em qualquer direção e sentido, ressalvados os trechos considerados de interesse de segurança nacional ou incluídos em áreas protegidas por legislação específica*".[118]

Essa regra mudou a ordem da ocupação do litoral, pois havia vastas áreas de praia de acesso proibido pelos proprietários de imóveis localizados junto a esses espaços, privando

---

114. Lei nº 7.661/88, art. 6º.
115. Lei nº 7.661/88, art. 6º, § 2º.
116. Lei nº 7.661/88, art. 6º, § 1º.
117. Lei nº 7.661/88, art. 10, § 3º.
118. Lei nº 7.661/88, art. 10.

a população de ter contato com o mar pela praia. Como medida de assegurar o acesso às praias, o Decreto nº 5.300/04 determina ao Poder Público Municipal que, em conjunto com o órgão ambiental, assegure no âmbito do planejamento urbano o acesso às praias e ao mar, ressalvadas as áreas de segurança nacional ou áreas protegidas por legislação específica. Os critérios[119] a serem considerados são:

nas áreas a serem loteadas, o projeto do loteamento deve identificar os locais de acesso à praia;

nas áreas já ocupadas por loteamentos à beira-mar, sem acesso à praia, o Poder Público Municipal, em conjunto com o órgão ambiental, definirá as áreas de servidão de passagem, responsabilizando-se por sua implantação;

nos imóveis rurais, condomínios e quaisquer outros empreendimentos à beira-mar, o proprietário será notificado pelo Poder Público Municipal, para prover os acessos à praia, com prazo determinado, segundo condições estabelecidas em conjunto com o órgão ambiental.

34.3.5.1 Impedimento do acesso às praias

O impedimento do acesso às praias é objeto, como fator de aumento de pena,[120] da Lei nº 9.605/98, que estabelece, para o crime de "*causar poluição de qualquer natureza em níveis tais que resultem ou possam resultar em danos à saúde humana, ou que provoquem a mortandade de animais ou a destruição significativa da flora*", a pena de reclusão, de um a quatro anos, e multa. Para esse tipo penal, é prevista a forma culposa, em que o agente se sujeita à pena de detenção, de seis meses a um ano, e multa.

A menção específica sobre a garantia do uso público e **acesso às praias**, que aumenta a pena acima fixada para a reclusão de um a cinco anos, mas que de resto não configura necessariamente a ocorrência de poluição, é específica para o tipo referido no § 2º, inciso IV do art. 54, relativo a *dificultar ou impedir o uso público das praias*.

34.3.6 Gerenciamento costeiro

34.3.6.1 Princípios

Os princípios fundamentais da gestão da Zona Costeira[121] são aqueles estabelecidos na Política Nacional de Meio Ambiente, na Política Nacional para os Recursos do Mar e na Política Nacional de Recursos Hídricos. Além disso, o gerenciamento costeiro deve garantir a observância dos compromissos internacionais assumidos pelo Brasil na matéria e dos direitos de liberdade de navegação, além da utilização sustentável dos recursos costeiros.

No que toca aos aspectos técnicos e políticos, vigora o princípio da *integração da gestão dos ambientes terrestres e marinhos da Zona Costeira*, com a construção e manutenção de mecanismos participativos e na compatibilidade das políticas públicas, em todas as esferas de atuação.[122] Este dispositivo contém elementos que compõem a articulação técnica sobre as ações atinentes à gestão, à participação social nos processos decisórios e à compatibilização das políticas públicas quando de sua formulação.

---

119. Decreto nº 5.300/04, art. 21.
120. Lei nº 9.605/98, art. 54, § 2º, IV.
121. Decreto nº 5.300/04, art. 5º.
122. Decreto nº 5.300/04, art. 5º, IV.

DIREITO AMBIENTAL • Maria Luiza Machado Granziera

Em termos ecológicos, dois princípios devem ser citados, ambos voltados à manutenção dos meios físicos e bióticos, cuja fragmentação administrativa, nos processos de gerenciamento, pode gerar danos efetivos ou deixar de propiciar benefícios. Dessa forma, cabe:

> considerar, **na faixa marítima**, a área de ocorrência de processos de transporte sedimentar e modificação topográfica do fundo marinho e aquela onde o efeito dos aportes terrestres sobre os ecossistemas marinhos é mais significativo;[123]

> não fragmentar, na **faixa terrestre**, a unidade natural dos ecossistemas costeiros, de forma a permitir a regulamentação do uso de seus recursos, respeitando sua integridade.[124]

Ainda sob o aspecto ecológico, destaca-se o *princípio da preservação, conservação e controle de áreas* que sejam representativas dos ecossistemas da Zona Costeira, com recuperação e reabilitação das áreas degradadas ou descaracterizadas.[125] Embora o texto não mencione expressamente, trata-se da criação de espaços protegidos, conforme a Lei do SNUC, pois de outro modo fica ainda mais frágil a efetividade da proteção.

No que diz respeito aos aspectos da socioeconomia, caberá considerar, na faixa terrestre, as áreas marcadas por atividade socioeconômica-cultural de características costeiras e sua área de influência imediata, em função dos efeitos dessas atividades sobre a conformação do território costeiro.[126]

Não se poderia deixar de tratar da atenção a ser conferida aos *limites municipais*, em face *da operacionalidade das articulações necessárias ao processo de gestão*.[127] Todavia, há que ficar sempre claro que, não obstante a autonomia municipal, a Zona Costeira é espaço a ser gerido de modo integrado, mediante ações voltadas sistematicamente à articulação político-institucional.

O **princípio da precaução** é expressamente mencionado, cabendo a adoção de medidas eficazes para impedir ou minimizar a degradação do meio ambiente, sempre que houver perigo de dano grave ou irreversível, mesmo na falta de dados científicos completos e atualizados.[128]

Cabe um elogio à regra que estabelece, como princípio aplicável ao gerenciamento costeiro, o **comprometimento e a cooperação entre as esferas de governo**, e dessas com a **sociedade**, no estabelecimento de políticas, planos e programas federais, estaduais e municipais. O texto é bastante claro e revela a responsabilidade daqueles que exercem funções públicas perante a sociedade, na organização de uma vida melhor, tanto sob os aspectos econômicos e sociais, mas com respeito aos valores ambientais e culturais.

Nessa linha, dispõe o decreto que o estabelecimento do processo de gestão das atividades socioeconômicas na Zona Costeira seja feito de forma integrada, descentralizada e participativa, de modo a contribuir para elevar a qualidade de vida de sua população e a proteção de seu patrimônio natural, histórico, étnico e cultural.[129]

---

123. Decreto nº 5.300/04, art. 5º, V.
124. Decreto nº 5.300/04, art. 5º, VI.
125. Decreto nº 5.300/04, art. 5º, IX.
126. Decreto nº 5.300/04, art. 5º, VII.
127. Decreto nº 5.300/04, art. 5º, VIII.
128. Decreto nº 5.300/04, art. 5º, X.
129. Decreto nº 5.300/04, art. 6º, II.

Outro ponto de fundamental importância refere-se ao princípio que determina a incorporação da dimensão ambiental nas políticas setoriais voltadas à gestão integrada dos ambientes costeiros e marinhos, compatibilizando-as com o Plano Nacional de Gerenciamento Costeiro (PNGC).[130] Já foi ressaltada, no Capítulo sobre o Conceito de Direito Ambiental, a interdependência que vigora entre os ecossistemas e espécies. Daí o conceito de meio ambiente reportar-se, em verdade, a uma situação de equilíbrio entre os meios físico e biótico. A regra ora estabelecida impõe que a formulação das políticas de gerenciamento costeiro seja feita de modo que considere as demais, ou melhor, que a construção das várias políticas públicas seja feita de maneira integrada com a política ambiental.

O decreto em tela menciona ainda que o gerenciamento costeiro tem por objetivo o "*controle sobre os agentes causadores de poluição ou degradação ambiental que ameacem a qualidade de vida na zona costeira*",[131] atividade relativa ao exercício do poder de polícia.

34.3.6.2 Instrumentos da gestão da Zona Costeira

O Decreto nº 5.300/04 determina que a gestão da Zona Costeira deve utilizar os instrumentos ali estabelecidos, de forma articulada e integrada. Revela-se, no teor do decreto, uma ênfase à integração e à articulação, seja da atuação dos órgãos e entidades gestoras, seja na formulação das políticas públicas. A cada dispositivo o tema volta à baila, deixando clara a tendência a se estabelecer, em norma jurídica, e de modo claro e preciso, a necessidade de os Entes Federativos, por intermédio de suas estruturas administrativas, viabilizarem um pacto, na busca da melhoria da qualidade de vida de uma parte substancial da população brasileira, que habita a Zona Costeira.

O único ponto a lamentar é que essas regras tenham sido baixadas por Decreto, e não pelo processo legislativo, o que tornaria muito mais efetivas as normas. Sendo o fundamento de tais ações um decreto e não uma lei, há que se contar com a boa-fé das autoridades para fazer valer os preceitos ali fixados.

O **Plano Nacional de Gerenciamento Costeiro (PNGC)** consiste no "*conjunto de diretrizes gerais aplicáveis nas diferentes esferas de governo e escalas de atuação, orientando a implementação de políticas, planos e programas voltados ao desenvolvimento sustentável da zona costeira*".[132]

O **Plano de Ação Federal da Zona Costeira (PAF)** deve conter o "*planejamento de ações estratégicas para a integração de políticas públicas incidentes na zona costeira, buscando responsabilidades compartilhadas de atuação*".[133]

O **Plano Estadual de Gerenciamento Costeiro (PEGC)** "*implementa a Política Estadual de Gerenciamento Costeiro, define responsabilidades e procedimentos institucionais para a sua execução, tendo como base o PNGC*".[134]

O **Plano Municipal de Gerenciamento Costeiro (PMGC)** deve implementar "*a Política Municipal de Gerenciamento Costeiro, define responsabilidades e procedimentos institucionais para a sua execução, tendo como base o PNGC e o PEGC, devendo observar, ain-*

---

130. Decreto nº 5.300/04, art. 6º, III.
131. Decreto nº 5.300/04, art. 6º, IV.
132. Decreto nº 5.300/04, art. 7º, I.
133. Decreto nº 5.300/04, art. 7º, II.
134. Decreto nº 5.300/04, art. 7º, III.

da, os demais planos de uso e ocupação territorial ou outros instrumentos de planejamento municipal".[135]

O **Sistema de Informações do Gerenciamento Costeiro (SIGERCO)** é *"componente do Sistema Nacional de Informações sobre Meio Ambiente – (SINIMA), que integra informações georreferenciadas sobre a zona costeira".*[136]

O **Sistema de Monitoramento Ambiental da Zona Costeira (SMA)** consiste em uma *"estrutura operacional de coleta contínua de dados e informações, para o acompanhamento da dinâmica de uso e ocupação da zona costeira e avaliação das metas de qualidade socioambiental".*[137]

O **Relatório de Qualidade Ambiental da Zona Costeira (RQA-ZC)** *"consolida, periodicamente, os resultados produzidos pelo monitoramento ambiental e avalia a eficiência e eficácia das ações da gestão".*[138]

O **Zoneamento Ecológico-Econômico Costeiro (ZEEC)** *"orienta o processo de ordenamento territorial, necessário para a obtenção das condições de sustentabilidade do desenvolvimento da zona costeira, em consonância com as diretrizes do Zoneamento Ecológico-Econômico do território nacional, como mecanismo de apoio às ações de monitoramento, licenciamento, fiscalização e gestão".*[139] O ZEEC deve abranger as interações entre as faixas terrestre e marítima da zona costeira, considerando as orientações contidas no Anexo I do Decreto. Um ponto a destacar, entre os instrumentos de gestão, é a participação social na elaboração do ZEEC.[140]

O **macrodiagnóstico da Zona Costeira** reúne informações, em escala nacional, sobre as características físico-naturais e socioeconômicas da Zona Costeira, com a finalidade de orientar ações de preservação, conservação, regulamentação e fiscalização dos patrimônios naturais e culturais.[141]

34.3.7 Orla marítima

O Decreto nº 5.300/04 dispõe ainda sobre a orla marítima, definida como a *"faixa contida na Zona Costeira, de largura variável, compreendendo uma porção marítima e outra terrestre, caracterizada pela interface entre a terra e o mar".*[142]

Os limites da orla marítima fixados pela norma obedecem aos seguintes critérios, podendo sofrer alterações, em função de características geomorfológicas, devidamente justificadas:[143]

marítimo: isóbata de dez metros, profundidade na qual a ação das ondas passa a sofrer influência da variabilidade topográfica do fundo marinho, promovendo o transporte de sedimentos;

terrestre: cinquenta metros em áreas urbanizadas ou duzentos metros em áreas não urbanizadas, demarcados na direção do continente a partir da linha de preamar ou do limite final de ecossistemas, tais

---

135. Decreto nº 5.300/04, art. 7º, IV.
136. Decreto nº 5.300/04, art. 7º, V.
137. Decreto nº 5.300/04, art. 7º, VI.
138. Decreto nº 5.300/04, art. 7º, VII.
139. Decreto nº 5.300/04, art. 7º, VIII.
140. Decreto nº 5.300/04, art. 9º.
141. Decreto nº 5.300/04, art. 7º, IX
142. Decreto nº 5.300/04, art. 22.
143. Decreto nº 5.300/04, art. 23.

34 • ESPAÇOS TERRITORIAIS DO PATRIMÔNIO NACIONAL

como as caracterizadas por feições de praias, dunas, áreas de escarpas, falésias, costões rochosos, restingas, manguezais, marismas, lagunas, estuários, canais ou braços de mar, quando existentes, onde estão situados os terrenos de marinha e seus acrescidos.

A importância da gestão da orla marítima é indiscutível. Segundo o art. 24 do decreto em tela, seu objetivo é planejar e implementar ações nas áreas que apresentem maior demanda por intervenções na zona costeira, a fim de disciplinar o uso e ocupação do território.

Nessa linha, a norma condiciona a realização ou a implantação de *obras e serviços de interesse público* à sua compatibilidade com o Zoneamento Ecológico Econômico (ZEE) e outros instrumentos similares de ordenamento do uso do território.[144]

Além disso, institui-se um instrumento de gestão da orla marítima – Plano de Intervenção –, com base no reconhecimento das características naturais, nos tipos de uso e ocupação existentes e projetados, contemplando as seguintes informações:

caracterização socioambiental: diagnóstico dos atributos naturais e paisagísticos, formas de uso e ocupação existentes, com avaliação das principais atividades e potencialidades socioeconômicas;

classificação: análise integrada dos atributos naturais com as tendências de uso, de ocupação ou preservação, conduzindo ao enquadramento em classes genéricas e à construção de cenários compatíveis com o padrão de qualidade da classe a ser alcançada ou mantida;

estabelecimento de diretrizes para intervenção: definição do conjunto de ações articuladas, elaboradas de forma participativa, a partir da construção de cenários prospectivos de uso e ocupação, podendo ter caráter normativo, gerencial ou executivo.

É de se ressaltar que o Plano de Intervenção será elaborado "*em conformidade com o planejamento federal, estadual e municipal da zona costeira*".[145] Já em áreas não contempladas por Plano de Intervenção, o órgão ambiental requisitará estudos que permitam a caracterização e classificação da orla marítima para o licenciamento ambiental de empreendimentos ou atividades.[146]

34.3.8 Zona Costeira e a Lei nº 12.651/12

A Lei nº 12.651/12, que dispõe sobre a proteção da vegetação nativa, aborda recursos da Zona Costeira, ao tratar dos **apicuns e salgados** e o uso antrópico desses espaços, bem como da restinga e do mangue. A lei determina que a *Zona Costeira é patrimônio nacional, [...], devendo sua ocupação e exploração dar-se de modo ecologicamente sustentável.*[147]

*De acordo com a lei, **apicuns** são áreas de solos hipersalinos situadas nas regiões entremarés superiores, inundadas apenas pelas marés de sizígias, que apresentam salinidade superior a 150 partes por 1.000, desprovidas de vegetação vascular.*[148] ***Salgados ou marismas tropicais hipersalinos*** *são definidos como áreas situadas em regiões com frequências de inundações intermediárias entre marés de sizígias e de quadratura, com solos cuja salinidade varia entre 100 e 150 partes por 1.000, onde pode ocorrer a presença de vegetação herbácea específica.*[149]

---

144. Decreto nº 5.300/04, art. 33.
145. Decreto nº 5.300/04, art. 25, parágrafo único.
146. Decreto nº 5.300/04, art. 34.
147. Lei nº 12.651/12, art. 11-A, incluído pela Lei nº 12.727/12.
148. Lei nº 12.651/12, art. 3º, XIV.
149. Lei nº 12.651/12, art. 3º, XV.

*A **restinga** consiste no depósito arenoso paralelo à linha da costa, de forma geralmente alongada, produzido por processos de sedimentação, onde se encontram diferentes comunidades que recebem influência marinha, com cobertura vegetal em mosaico, encontrada em praias, cordões arenosos, dunas e depressões, apresentando, de acordo com o estágio sucessional, estrato herbáceo, arbustivo e arbóreo, este último mais interiorizada.[150] Por fim, o **manguezal**, segundo a lei, consiste no ecossistema litorâneo que ocorre em terrenos baixos, sujeitos à ação das marés, formado por vasas lodosas recentes ou arenosas, às quais se associa, predominantemente, a vegetação natural conhecida como mangue, com influência fluviomarinha, típica de solos limosos de regiões estuarinas e com dispersão descontínua ao longo da costa brasileira, entre os Estados do Amapá e de Santa Catarina.[151]*

Colocados os conceitos legais, que de resto possuem complexidade razoável para um entendimento por parte dos juristas não iniciados na biologia, cabe verificar o contexto em que foram inseridas essas áreas na lei protetora da vegetação nativa.

O art. 11-A, que menciona a Zona Costeira como patrimônio nacional, permite a utilização dos **apicuns** e **salgados** em atividades de **carcinicultura**[152] e **salinas**.[153] Para tanto, exige a observância dos requisitos fixados na lei.[154]

Em primeiro lugar, a lei determina que a área total ocupada em cada Estado não pode ser superior a 10% dessa modalidade de fitofisionomia no bioma amazônico e a 35% no restante do país. Em um primeiro momento, assim, verifica-se que a lei está impondo um limite para a ocupação das áreas de apicuns e salgados, revelando, assim, o reconhecimento da necessidade de protegê-los de um uso excessivo.

Todavia, a norma exclui desse cômputo as áreas de ocupação consolidada mencionada no §6º do mesmo dispositivo legal, que assegura a regularização das atividades e empreendimentos de carcinicultura e salinas cuja ocupação e implantação tenham ocorrido antes de 22 de julho de 2008, desde que o empreendedor, pessoa física ou jurídica, comprove sua localização em apicum ou salgado e se obrigue, por termo de compromisso, a proteger a integridade dos manguezais arbustivos adjacentes.[155]

Isso significa que com base no **princípio da prevenção**, a lei estabeleceu um limite para a proteção dos apicuns e salgados a partir de um critério lógico, valendo os percentuais fixados. Assim, se é possível ocupar 35% dessas áreas com atividades de carcinicultura e salinas, isso deveria significar que 65% dessas áreas estariam destinadas à proteção dos espaços em questão. Porém, não é essa a regra imposta pela lei, pois não se estabelece qualquer limite para o que foi degradado ilegalmente antes da data de 22-7-2008. Somente um diagnóstico da extensão das áreas consolidadas por meio, por exemplo, do Zoneamento Ecológico-Econômico, de que trata o § 5º, mostrará o real percentual de áreas que efetivamente permanecem protegidas. Aqui se repete a técnica legislativa de anunciar a proteção para, em seguida, desconstruir qualquer possibilidade de efetivar essa proteção. Retorna-se ao ponto: a data de edição de um decreto sobre sanções administrativas não

---

150. Lei nº 12.651/12, art. 3º, XVI.
151. Lei nº 12.651/12, art. 3º, XIII.
152. Cultura de camarão.
153. Produção de sal.
154. Lei nº 12.651/12, art. 11-A, § 1º, incluído pela Lei nº 12.727/12.
155. Lei nº 12.651/12, art. 11-A, § 1º, I, incluído pela Lei nº 12.727/12

pode ser utilizada como critério para definir uma política florestal, pois fere o princípio da isonomia em que deve se assentar o Estado brasileiro.

Em segundo lugar, a lei exige, como condição para que as atividades de carcinicultura e salinas sejam viabilizadas, *a salvaguarda da absoluta integridade dos manguezais arbustivos e dos processos ecológicos essenciais a eles associados, bem como da sua produtividade biológica e condição de berçário de recursos pesqueiros.*[156]

Em terceiro lugar, *o licenciamento da atividade e das instalações deve ser feito pelo órgão ambiental estadual, cientificado o Instituto Brasileiro do Meio Ambiente e dos Recursos Naturais Renováveis (IBAMA) e, no caso de uso de terrenos de marinha ou outros bens da União, realizada regularização prévia da titulação perante a União.*[157]

Em quarto lugar, uma condição óbvia: o *recolhimento, tratamento e disposição adequados dos efluentes e resíduos.*[158] Essas obrigações devem fazer parte do conjunto de condicionantes em qualquer procedimento de licenciamento ambiental.

A lei impõe a *garantia da manutenção da qualidade da água e do solo, respeitadas as Áreas de Preservação Permanente.*[159] Essa obrigação tampouco é específica de empreendimentos relacionados com salina e carcinicultura. A manutenção da qualidade dos recursos naturais, nomeadamente água e solo, faz parte do licenciamento ambiental, da mesma forma que as ações relacionadas aos recursos hídricos. A lei em nada acrescenta no que se refere à proteção da Zona Costeira.

Por fim, a lei exige *respeito às atividades tradicionais de sobrevivência das comunidades locais.*[160] Há de se convir que não haveria necessidade de inserir também essa regra, já que o Decreto nº 6.040, de 7-1-2007, instituiu uma política pública de âmbito nacional sobre o Desenvolvimento Sustentável dos Povos e Comunidades Tradicionais. De acordo com esse diploma, *as ações e atividades voltadas para o alcance dos objetivos da Política Nacional de Desenvolvimento Sustentável dos Povos e Comunidades Tradicionais deverão ocorrer de forma intersetorial, integrada, coordenada, sistemática e observar uma série de princípios ali estabelecidos.*

Um desses princípios consiste no *reconhecimento, na valorização e no respeito à diversidade socioambiental e cultural dos povos e comunidades tradicionais, levando-se em conta, dentre outros aspectos, os recortes etnia, raça, gênero, idade, religiosidade, ancestralidade, orientação sexual e atividades laborais, entre outros, bem como a relação desses em cada comunidade ou povo, de modo a não desrespeitar, subsumir ou negligenciar as diferenças dos mesmos grupos, comunidades ou povos ou, ainda, instaurar ou reforçar qualquer relação de desigualdade.*[161] Parece clara a disposição do Governo a proteção dessas populações.

Em um licenciamento ambiental, procedimento administrativo que tramita no âmbito da Administração Pública, independentemente do tipo de empreendimento a ser licenciado, o órgão ou entidade competente não poderia deixar de observar o decreto mencionado. Cada vez mais, os aspectos socioambientais fazem parte intrínseca das con-

---

156. Lei nº 12.651/12, art. 11-A, § 1º, II, incluído pela Lei nº 12.727/12.
157. Lei nº 12.651/12, art. 11-A, § 1º, III, incluído pela Lei nº 12.727/12.
158. Lei nº 12.651/12, art. 11-A, § 1º, IV, incluído pela Lei nº 12.727/12.
159. Lei nº 12.651/12, art. 11-A, § 1º, V, incluído pela Lei nº 12.727/12.
160. Lei nº 12.651/12, art. 11-A, § 1º, VI, incluído pela Lei nº 12.727/12.
161. Decreto nº 6.040/07, Anexo, art. 1º, I.

dicionantes ambientais. Não haveria, pois, necessidade de inserir essa obrigação na lei que trata da vegetação nativa.

A lei estabelece ainda prazo e condições de renovação para as licenças ambientais,[162] as hipóteses em que será obrigatória a apresentação de Estudo Prévio de Impacto Ambiental (EPIA) e Relatório de Impacto Ambiental (RIMA)[163] e prevê a possibilidade de alteração dos condicionantes ambientais e as medidas de controle e adequação nos casos mencionados.[164] Tais regras, claramente de natureza regulamentar, encontram-se na Resolução CONAMA 237/97, e se referem ao licenciamento em geral, sem especificar qualquer atividade ou empreendimento.

Ou seja, o Capítulo III – Do Uso Ecologicamente Sustentável dos Apicuns e Salgados estabelece apenas uma regra de proteção, que são os limites de percentuais de áreas a serem ocupadas por atividades, e que valem para o futuro. Além disso, fixou-se uma série de regras óbvias e já constantes de outros diplomas legais, sobre os apicuns e salgados, sem nenhuma serventia adicional. Assim, da análise dos dispositivos verificados, pode-se concluir que o real objetivo do capítulo foi conceder anistia, utilizando-se o critério de data, qual seja, 22-7-2008, para excluir da responsabilização por dano ambiental aqueles que ocuparam indiscriminadamente as áreas de apicuns e salgados.

A lei veda *a manutenção, licenciamento ou regularização, em qualquer hipótese ou forma, de ocupação ou exploração irregular em apicum ou salgado*, ressalvadas as exceções ali previstas.[165] Se não eram espaços protegidos, embora haja uma discussão técnica a respeito da necessária interação entre apicuns, salgados e mangues, não haveria empecilho para que os empreendimentos de carcinicultura e salinas fossem regularmente instalados, inclusive com as devidas licenças ambientais. Dessa forma, se existe irregularidade, talvez seja porque não foram cumpridas obrigações relativas ao licenciamento, como o tratamento adequado de efluentes, a implantação de medidas mitigadoras e compensatórias, entre outras.

Ora, então por que a lei estabelece de plano a possibilidade de manutenção, licenciamento ou regularização dessas áreas, sem exigir ao menos um compromisso de ajuste com o órgão ou entidade ambiental? Resta uma pergunta: como ficaria um Estado da Federação com mais de 35% das áreas de salgados e apicuns já ocupadas anteriormente à data fatídica de 22-7-2008?

Essa anistia, concedida a atividades poluidoras e degradadoras como é o caso da carcinicultura, em situação irregular, sem que ao menos a lei estabeleça uma condição mais esclarecedora acerca da irregularidade, transfere o **custo social** da poluição e da degradação da Zona Costeira para a sociedade como um todo, ignorando, entre outros, o princípio do poluidor pagador, que dá fundamento à responsabilidade civil, administrativa e criminal, previsto no § 3º do art. 225, da CF.

---

162. Lei nº 12.651/12, art. 11-A, § 2º, incluído pela Lei nº 12.727/12.
163. Lei nº 12.651/12, art. 11-A, § 3º, incluído pela Lei nº 12.727/12.
164. Lei nº 12.651/12, art. 11-A, § 4º, incluído pela Lei nº 12.727/12.
165. Lei nº 12.651/12, art. 11-A, § 7º, incluído pela Lei nº 12.727/12.

Parte VI

MEIO AMBIENTE URBANO

URBANISMO E MEIO AMBIENTE

A expressão **meio ambiente urbano** refere-se às cidades. O processo de criação e desenvolvimento dos espaços escolhidos pelo homem para a implantação das cidades é altamente complexo e envolve aspectos políticos, sociais, econômicos, culturais e religiosos, entre outros, os quais extrapolam a questão ambiental. O papel do direito ambiental não é apontar, isoladamente, a solução das questões urbanas, mas servir de instrumento para ancorar o planejamento e a gestão das cidades, no que se refere à melhoria da qualidade da vida nesses espaços.

Segundo José Afonso da Silva, embora as primeiras cidades remontem a 3.500 a.C., a urbanização, como hoje é entendida, constitui *"fenômeno tipicamente moderno, que se manifestou apenas a partir da segunda metade do século XIX"*.[1] Como a grande maioria das cidades foi criada e desenvolveu-se muito antes da vigência das normas ambientais, e mesmo da preocupação com o urbanismo, a ecologia e a sustentabilidade, o seu crescimento, ao longo do tempo, deu-se sem uma consideração sistemática desses temas. Mesmo a saúde pública era negligenciada, a ponto de populações inteiras serem dizimadas por doenças que resultavam das péssimas condições sanitárias nas cidades, como foi o caso da peste bubônica na Idade Média.

Independentemente da época em que ocorre, a criação de uma urbe modifica definitivamente o ambiente natural. Mas estabelece, por outro lado, um **novo ambiente**, no qual se instalam as habitações, as ruas e avenidas, o comércio, a indústria, os templos religiosos, os prédios públicos, os monumentos, as escolas, os hospitais, os equipamentos urbanos e também se preserva ou se recupera parte do meio ambiente natural, por meio dos espaços territoriais especialmente protegidos, como as Áreas de Preservação Permanente (APP) e as Unidades de Conservação. Esse novo ambiente – ou o *meio ambiente urbano* – também enseja uma proteção específica, tendo em vista a presença das pessoas em densidades maiores que no campo e os cuidados que devem ser tomados com a saúde pública em face dessa proximidade.

Nesse sentido cabe mencionar recente julgado do STJ a propósito de construção irregular em APP de área urbana: *a proteção ao meio ambiente não difere entre área urbana ou rural, porquanto ambos merecem a atenção em favor da garantia da qualidade de vida proporcionada pelo texto constitucional, pelo Código Florestal e pelas demais normas legais sobre o tema.*[2]

---

1.   SILVA, José Afonso da. *Direito urbanístico brasileiro*. 8. ed. São Paulo: Malheiros, 2018, p. 19-20.
2.   REsp 1.527.846 / SC. Relatora: Regina Helena Costa, 22-5-2018.

35.1 DIREITO AMBIENTAL E DIREITO URBANÍSTICO

A organização das cidades é regida pelo direito urbanístico, matéria que estuda as relações jurídicas que se dão em seu território, no que toca às ações do Poder Público, em relação ao uso do espaço urbano. José Afonso da Silva indica dois aspectos desse ramo do direito:

> o direito urbanístico objetivo, que consiste no conjunto de normas jurídicas reguladoras da atividade do Poder Público destinada a ordenar os espaços habitáveis – o que vale dizer: conjunto de normas jurídicas reguladoras da atividade urbanística;
>
> o direito urbanístico como ciência, que busca o conhecimento sistematizado daquelas normas e princípios reguladores da atividade urbanística.[3]

A relação entre o direito ambiental e o direito urbanístico tem como ponto de partida o Decreto-lei nº 1.413, de 14-8-1975, que dispõe sobre o controle da poluição do meio ambiente provocada por atividades industriais. Em seu art. 4º, estabelece que, *"nas áreas críticas, será adotado esquema de zoneamento urbano, objetivando, inclusive, para as situações existentes, viabilizar alternativa adequada de nova localização, nos casos mais graves, assim como, em geral, estabelecer prazos razoáveis para a instalação dos equipamentos de controle da poluição"*.

Nessa época, as indústrias estavam, em sua maioria, instaladas em espaços urbanos, causando transtornos à população. O Decreto-lei nº 1.413/75 veio, como um desdobramento do II Plano Nacional de Desenvolvimento (PND), estabelecido pela Lei nº 6.151/74, abordar esse tema, indicando, ainda que de modo incipiente, a necessidade de organizar o uso e a ocupação do solo urbano, considerando a variável ambiental.

Posteriormente, a Lei nº 6.803, de 2-7-1980, detalhando o Decreto-lei nº 1.413/75, estabeleceu que *"as zonas destinadas à instalação de indústrias serão definidas em esquema de zoneamento urbano, aprovado por lei, que compatibilize as atividades industriais com a proteção ambiental"*.

A Lei nº 6.766, de 19-12-1979, introduziu regras para a implantação de loteamentos, consolidando uma tendência a considerar, no planejamento urbano, as questões ambientais, o que foi cristalizado pelo Estatuto da Cidade, Lei nº 10.257, de 10-7-2001.

Serão abordados neste livro, de forma sistemática, apenas os temas do direito urbanístico que focalizam de forma mais expressiva os aspectos legais da proteção ambiental das cidades, considerando, também, a segurança e a saúde de seus habitantes.

35.2 A CIDADE NO BRASIL

As questões ambientais urbanas não se referem apenas ao desenvolvimento econômico, mas refletem também problemas sociais, que se explicitam com muito mais força nas cidades que em outros espaços. Por exemplo, se um rio que corta a urbe encontra-se poluído, o seu entorno sofre de imediato todos os impactos decorrentes da poluição. A fumaça dos veículos a *diesel* e outros combustíveis invade as residências e os locais de trabalho imediatamente ao seu lançamento. O transbordamento de um rio afeta toda a população, sobretudo aquela instalada em suas margens. As pessoas

---

3.   SILVA, José Afonso da. *Direito urbanístico brasileiro*. 8. ed. São Paulo: Malheiros, 2018, p. 37.

menos favorecidas, pela impossibilidade de pagar por áreas mais condizentes com a habitação, buscam os espaços protegidos ou mesmo de risco, como fundos de vale e encostas de morros.

No entanto, verifica-se nas cidades um paradoxo. Embora no espaço urbano pessoas morem, trabalhem, transitem e busquem o lazer, passando ali a maior parte de suas vidas, nem sempre a noção do meio ambiente urbano está perfeitamente assimilada.

Parece que as preocupações com o meio ambiente ficam fora dos limites urbanos: a rigor, ninguém se opõe, em princípio, à proteção das florestas, da fauna, da flora, da atmosfera e dos recursos hídricos. Mas esses mesmos recursos ambientais, quando situados dentro dos limites das cidades, por razões nada lógicas, em certos momentos deixam de ser considerados como um objeto de proteção, não apenas pela população, como também e principalmente pelo Poder Público, como se fosse um fator externo à vida urbana. Reclama-se do trânsito e da poluição, mas poucos se prontificam a deixar seus carros em casa ou a pôr em evidência os problemas do transporte público, para que ele seja melhorado e então possa ser utilizado por mais pessoas.

Esse aparente descolamento entre a urbe e o meio ambiente implica uma reflexão sobre sustentabilidade ambiental urbana. Afinal, o que significa uma cidade ambientalmente sustentável? É possível assegurar a sustentabilidade de um núcleo urbano sem considerar as questões do meio ambiente? Qual a relação entre a ocupação do solo e a sustentabilidade ambiental? Qual o papel de cada um nessa matéria?

O Brasil possui 5.570 Municípios.[4] Aproximadamente 61% da população brasileira habitam os centros urbanos hoje[5], quando em 1970 apenas 30,5% viviam nas cidades.[6] Com o desenvolvimento da indústria e a falta de condições no meio rural, o país assistiu, a partir do final da década de 1950, a um êxodo rural sem precedentes.[7]

Esse adensamento, que na maioria das vezes ocorreu sem planejamento nem controle, se de um lado ofereceu a uma parcela da população acesso ao trabalho e, para alguns, melhores condições de vida, por outro lado causou um desequilíbrio urbano que não se conseguiu ainda solucionar, inclusive no que toca às questões ambientais.

Couberam às pessoas menos favorecidas as áreas mais afastadas, as áreas de risco, a habitação em favelas e cortiços, muitas vezes de forma ilegal. Como na maior parte das vezes não há emprego para todos, consolidou-se uma periferia pobre, sem equipamentos urbanos adequados e, também em função da pobreza e da falta de perspectivas, muito violenta. Esse é o cenário de muitas cidades do Brasil, nos tempos atuais, e um dos maiores desafios para os poderes públicos no século XXI.

Em termos de sustentabilidade ambiental, o controle das atividades industriais tem melhorado sobremaneira as condições de salubridade, com o tratamento de efluentes in-

---

4. INSTITUTO BRASILEIRO DE GEOGRAFIA E ESTATÍSTICA (IBGE). *Cidades*. Disponível em: <https://cidades.ibge.gov.br/brasil/panorama>. Acesso em: 19 mar. 2024..

5. AGÊNCIA IBGE. De 2010 a 2022, população brasileira cresce 6,5% e chega a 203,1 milhões. Atualizado em 10-08-2023. Disponível em: https://agenciadenoticias.ibge.gov.br/agencia-noticias/2012-agencia-de-noticias/noticias/37237-de-2010-a-2022-populacao-brasileira-cresce-6-5-e-chega-a-203-1-milhoes >. Acesso em 19 mar. 2024.

6. INSTITUTO BRASILEIRO DE GEOGRAFIA E ESTATÍSTICA (IBGE). Classificação e caracterização dos espaços rurais e urbanos do Brasil – *uma primeira aproximação (2017)*. Disponível em: <https://www.ibge.gov.br/apps/rural_urbano/>. Acesso em: 15 set. 2018.

7. Havia aumentado a oferta de empregos para dar suporte à indústria, viabilizada pela energia hidrelétrica, em algumas regiões do país, principalmente no Sudeste.

dustriais, a implantação de sistemas de filtros em chaminés, equipamentos de proteção aos trabalhadores, sistemas de circuito fechado para o reuso da água[8] e outras medidas, adotadas pelos empreendedores ou definidas nos processos de licenciamento ambiental, como condições para as respectivas autorizações.

Contudo, muitos problemas permanecem na maior parte das cidades brasileiras. Lixões a céu aberto,[9] esgoto lançado nos rios urbanos sem qualquer tipo de tratamento, poluição atmosférica pelo lançamento de gás carbônico (CO_2), excesso de tráfego e de ruídos, ocupações ilegais em áreas que deveriam estar protegidas, loteamentos clandestinos em áreas de proteção ou de risco, falta de espaços verdes e vias sem qualquer arborização, enchentes, painéis de propaganda que infestam as grandes avenidas, áreas construídas muito além das taxas de ocupação autorizadas são ainda elementos do cotidiano em grande parte dos centros urbanos do país.

Esse cenário e os seus rebatimentos na saúde das pessoas, no sossego público e, de uma forma geral, na **qualidade de vida** revela a importância de buscar alternativas realistas para tornar mais equilibrado e menos caótico o espaço urbano.

35.3   AS CIDADES E SUA PROTEÇÃO NO PLANO INTERNACIONAL

A **Carta de Atenas**, documento formulado durante o IV Congresso Internacional de Arquitetura Moderna, na cidade de Atenas, Grécia, em 1933, *"transformou-se em um verdadeiro código de princípios para os urbanistas"*.[10] Seu art. 77 indica as funções da cidade: habitação, trabalho, recreação e circulação.

Retomando esse tema, Le Corbusier, ao tratar da criação de um instrumental de urbanismo para uso da sociedade da máquina, estabelece as unidades de habitação, trabalho, lazer, circulação e paisagem.[11, 12]

As unidades de habitação constituem a morada e os prolongamentos da morada que, segundo Le Corbusier,

> é um continente que responde a certas condições e estabelece relações úteis entre o meio cósmico e os fenômenos biológicos humanos. [...] Imóvel ou circulante, [o ser humano] tem necessidade de uma superfície, bem como de uma altura de locais apropriada a seus gestos. Móveis ou arranjos são como que o prolongamento de seus membros ou de suas funções. Necessidades biológicas impostas por hábitos milenares, e que serviram, pouco a pouco, para constituir sua própria natureza, requerem a presença de elementos e de condições precisos, sob a ameaça de estiolamento: sol, espaço, vegetação. Para seus pulmões, uma determinada qualidade de ar. Para seus ouvidos, um quantum suficiente de silêncio. Para seus olhos, uma luz favorável e assim por diante.[13]

---

8.   A Norma Técnica ABNT nº 15527, de 24-9-2007, fornece os requisitos para o aproveitamento de água de chuva de coberturas em áreas urbanas para fins não potáveis. Aplica-se a usos não potáveis em que as águas de chuva podem ser utilizadas após tratamento adequado como, por exemplo, descargas em bacias sanitárias, irrigação de gramados e plantas ornamentais, lavagem de veículos, limpeza de calçadas e ruas, limpeza de pátios, espelhos d'água e usos industriais.

9.   A Lei nº 12.305/12, que instituiu a Política Nacional de Resíduos Sólidos, estabeleceu no art. 54 o prazo de quatro anos (encerrado em agosto/2014) para os municípios implantarem a disposição final ambientalmente adequada dos rejeitos.

10.   DI SARNO, Daniela Campos Libório. *Elementos de direito urbanístico*. São Paulo: Manole, 2004, p. 13.

11.   LE CORBUSIER. *Planejamento urbano*. 3. ed. São Paulo: Perspectiva, 2004, p. 65-98.

12.   Ver capítulo sobre Paisagem Urbana e Poluição Visual.

13.   LE CORBUSIER. *Planejamento urbano*. 3. ed. São Paulo: Perspectiva, 2004, p. 67.

Essas palavras traduzem, com precisão, as questões ambientais que envolvem as habitações, desde o direito à moradia até a qualidade desse morar. Mas Le Corbusier vai além, quando menciona os prolongamentos da morada, necessidades mais recentes do ser humano que, *"no atual estágio de seu comportamento de civilizado e de suas relações sociais, [...] exige serviços complementares, exteriores à sua morada"*. Esses prolongamentos da morada possuem duas naturezas: (1) *"essencialmente material: abastecimento, serviço doméstico, serviço sanitário, manutenção e melhoria física do corpo"* e (2) *"alcance espiritual: creche, escola maternal, escola primária, oficina da juventude"*.

As unidades de trabalho referem-se às oficinas, manufaturas e fábricas, onde ocorre a transformação das matérias-primas; aos escritórios, onde se realizam o trabalho de administração pública e atividades privadas e às lojas e armazéns, em que se opera o comércio. Os trabalhos agrícolas, que se desenvolvem no próprio solo, na maior parte das vezes fora da cidade, requerem dispositivos de acúmulo e de distribuição de produtos, de armazenamento e manutenção de máquinas,[14] principalmente quando localizados no perímetro urbano.

Essas unidades de trabalho, segundo Le Corbusier, devem oferecer não só *condições de higiene*, mas também de *alegria no trabalho*. *"O trabalho não deve impor-se como uma sanção, uma punição ou o pagamento de uma dívida"*.[15] O meio ambiente do trabalho, na escala em que for considerada, de acordo com as dimensões do estabelecimento, é aqui tratado em sua essência: *sendo ele a chave da existência, seria melhor que fosse encarado alegremente e, com a cooperação da organização, da boa vontade e da imaginação, se tornasse um exercício alegre*, como já é para alguns.[16] Assim como as unidades de morada, as unidades de trabalho não podem prescindir da luz, do ar adequado, do controle dos ruídos.

As unidades de lazer consistem nos equipamentos esportivos, nos lazeres espirituais, como as bibliotecas, teatros e clubes, cafés e restaurantes.

Considerando que Le Corbusier chama a atenção, desde logo, para a ruptura ocorrida na história – *"intervenção súbita em uma vida ritmada pelo andar do cavalo, pela velocidade na produção e no transporte de pessoas e das coisas"*,[17] as unidades de circulação têm por finalidade dissipar a confusão existente entre as velocidades naturais (o passo do homem) e as velocidades mecânicas (automóveis, ônibus [...] bicicletas e motocicletas), incluindo-se as relações com outros tipos de transporte, como o metrô.

Percebe-se, nas reflexões de Le Corbusier sobre as funções da cidade, um forte componente de ordem ambiental, no desenvolvimento de temas relativos ao urbanismo, ficando claras as relações entre essa disciplina e o direito ambiental.

Tanto a Conferência das Nações Unidas sobre o Meio Ambiente Humano, realizada em Estocolmo, em 1972, como a Conferência do Rio de Janeiro sobre o Meio Ambiente e Desenvolvimento, de 1992, trataram, direta ou indiretamente, das cidades.

A **Declaração de Estocolmo de 1972** abordou a necessidade de planejar os agrupamentos urbanos e a urbanização, com vistas a evitar repercussões prejudiciais ao meio

---

14. LE CORBUSIER. *Planejamento urbano*. 3. ed. São Paulo: Perspectiva, 2004, p. 72.
15. LE CORBUSIER. *Planejamento urbano*. 3. ed. São Paulo: Perspectiva, 2004, p. 72.
16. LE CORBUSIER. *Planejamento urbano*. 3. ed. São Paulo: Perspectiva, 2004, p. 72.
17. LE CORBUSIER. *Planejamento urbano*. 3. ed. São Paulo: Perspectiva, 2004, p. 9.

ambiente e propiciar o máximo de benefícios sociais, econômicos e ambientais.[18] Não se podem esgotar os recursos naturais para a satisfação das necessidades atuais, se isso comprometer seu uso pelas gerações futuras. O desenvolvimento sustentável da cidade consiste no crescimento, com o uso de recursos naturais hoje, garantindo-se, porém, através de medidas protetoras, que as futuras gerações possam utilizar os mesmos recursos naturais.

A **Agenda 21**, produto da **Conferência Rio/92**, em seu capítulo 7, estabelece os seguintes programas visando à promoção do desenvolvimento sustentável dos assentamentos humanos:

oferecer a todos habitação adequada;

aperfeiçoar o manejo dos assentamentos humanos;

promover o planejamento e o manejo sustentáveis do uso da terra;

promover a existência integrada de infraestrutura ambiental: água, saneamento, drenagem e manejo de resíduos sólidos;

promover sistemas sustentáveis de energia e transporte nos assentamentos humanos;

promover o planejamento e o manejo dos assentamentos humanos localizados em áreas sujeitas a desastres;

promover atividades sustentáveis na indústria da construção;

promover o desenvolvimento dos recursos humanos e da capacitação institucional e técnica para o avanço dos assentamentos humanos.

A **Agenda 2030**, que estabeleceu os 17 **Objetivos de Desenvolvimento Sustentável (ODS)**, trouxe o "Objetivo 11. Cidades e Comunidades Sustentáveis", cuja finalidade é tornar as cidades e os assentamentos humanos inclusivos, seguros, resilientes e sustentáveis. Para isso, foram estabelecidas as seguintes metas:

Até 2030, garantir o acesso de todos a habitação segura, adequada e a preço acessível, e aos serviços básicos e urbanizar as favelas.

Até 2030, proporcionar o acesso a sistemas de transporte seguros, acessíveis, sustentáveis e a preço acessível para todos, melhorando a segurança rodoviária por meio da expansão dos transportes públicos, com especial atenção para as necessidades das pessoas em situação de vulnerabilidade, mulheres, crianças, pessoas com deficiência e idosos;

Até 2030, aumentar a urbanização inclusiva e sustentável, e a capacidade para o planejamento e a gestão participativa, integrada e sustentável dos assentamentos humanos, em todos os países;

Fortalecer esforços para proteger e salvaguardar o patrimônio cultural e natural do mundo;

Até 2030, reduzir significativamente o número de mortes e o número de pessoas afetadas por catástrofes e diminuir substancialmente as perdas econômicas diretas causadas por elas em relação ao produto interno bruto global, incluindo os desastres relacionados à água, com o foco em proteger os pobres e as pessoas em situação de vulnerabilidade;

Até 2030, reduzir o impacto ambiental negativo per capita das cidades, inclusive prestando especial atenção à qualidade do ar, gestão de resíduos municipais e outros;

Até 2030, proporcionar o acesso universal a espaços públicos seguros, inclusivos, acessíveis e verdes, em particular para as mulheres e crianças, pessoas idosas e pessoas com deficiência;

Apoiar relações econômicas, sociais e ambientais positivas entre áreas urbanas, periurbanas e rurais, reforçando o planejamento nacional e regional de desenvolvimento;

---

18. Declaração de Estocolmo de 1972, Princípio nº 15.

Até 2020, aumentar substancialmente o número de cidades e assentamentos humanos adotando e implementando políticas e planos integrados para a inclusão, a eficiência dos recursos, mitigação e adaptação à mudança do clima, a resiliência a desastres; e desenvolver e implementar, de acordo com o Marco de Sendai para a Redução do Risco de Desastres 2015-2030, o gerenciamento holístico do risco de desastres em todos os níveis;

Apoiar os países menos desenvolvidos, inclusive por meio de assistência técnica e financeira, para construções sustentáveis e robustas, utilizando materiais locais.[19]

Há que considerar que a proteção do meio ambiente se condiciona a fatores sociais e econômicos. A fiscalização pelo Poder Público é relevante, mas está longe de ser a única ação necessária. A efetiva proteção ambiental depende da aplicação de recursos financeiros, seja na proteção, seja na recuperação do meio ambiente, além da conscientização da população sobre esse problema.

Conforme definido na Segunda Conferência das Nações Unidas sobre Assentamentos Humanos (**Habitat II**),[20] o princípio do desenvolvimento sustentável consiste na base de uma cidade viável, no que tange ao crescimento econômico, desenvolvimento social e proteção ambiental.[21]

A Terceira Conferência das Nações Unidas sobre Habitação e Desenvolvimento Urbano Sustentável (**Habitat III**) realizada em 2016 em Quito, Equador, reforçou esse entendimento, ao reconhecer os ODS como um documento importante e propôs uma **Nova Agenda Urbana**, que compreende que as cidades podem ser fonte de solução dos problemas que se enfrentam no mundo na atualidade, e não a sua causa.[22] Nessa linha, vislumbram-se **cidades e assentamentos humanos** respondendo a necessidades relacionadas com direitos humanos e desenvolvimento econômico, destacando-se os seguintes temas:

Cumprimento da **função social e ecológica**, com o alcance progressivo do direito a um padrão de vida adequado, sem discriminação, com acesso universal à água potável segura e acessível e ao saneamento, assim como o acesso a bens públicos e serviços de qualidade;

Participação que gere na população o sentimento de pertencimento, priorizando-se a criação de espaços públicos seguros, inclusivos, acessíveis, verdes e de qualidade;[23]

Aumento das interações sociais e intergeracionais, das expressões culturais e da participação política fomentando a coesão social, a inclusão e a segurança em sociedades pacíficas e pluralistas;

Garantia da igualdade de gênero e empoderamento das mulheres e das meninas, garantindo a elas participação plena e efetiva e a igualdade de direitos em todos os campos e a liderança em todos os

---

19. NAÇÕES UNIDAS – BRASIL.. *Transformando Nosso Mundo: A Agenda 2030 para o Desenvolvimento Sustentável*. Disponível em: <https://brasil.un.org/sites/default/files/2020-09/agenda2030-pt-br.pdf>. Acesso em: 15 mar. 2024..
20. A Conferência Habitat I realizou-se em Vancouver, Canadá, em 1976.
21. Conferência Habitat II, realizada em Istambul em 1996, Princípio III.
22. A Nova Agenda Urbana, aprovada na Habitat III, apresenta uma mudança de paradigma baseada na ciência das cidades; estabelece normas e princípios para planejamento, construção, desenvolvimento, gestão e melhoria das áreas urbanas nos seus cinco pilares de aplicação principal: políticas urbanas nacionais, legislação e regulamentos planejamento urbano e design, economia local e finanças municipais e implementação local. Informações disponíveis em: <http://habitat3.org/> Acesso em: 15 mar. 2024.
23. Cabe destacar que a Lei nº 10.257/01, em seu art. 41, § 3º, incluído pela Lei nº 13.146/2015, dispõe que as cidades obrigadas a formular Plano Diretor devem possuir plano de rotas acessíveis, compatível com o plano diretor no qual está inserido, que disponha sobre os passeios públicos a serem implantados ou reformados pelo poder público, com vistas a garantir acessibilidade da pessoa com deficiência ou com mobilidade reduzida a todas as rotas e vias existentes, inclusive as que concentrem os focos geradores de maior circulação de pedestres, como os órgãos públicos e os locais de prestação de serviços públicos e privados de saúde, educação, assistência social, esporte, cultura, correios e telégrafos, bancos, entre outros, sempre que possível de maneira integrada com os sistemas de transporte coletivo de passageiros. Nota-se, aqui, um avanço na legislação brasileira, compatível com os objetivos da Habitat III.

níveis de tomada de decisões, além de trabalho decente e com remuneração igual para trabalho igual ou trabalho de igual valor para todas as mulheres e prevenindo e eliminando todas as formas de discriminação, violência e assédio contra mulheres e meninas em espaços privados e públicos;

Atendimento aos desafios e oportunidades do **crescimento econômico sustentado**, inclusivo e sustentável, atual e futuro, apoiando-se na urbanização para promover transformações estruturais, produtividade elevada, atividades com valor agregado e eficiência energética, mobilizando as economias locais e tendo em conta a contribuição da economia informal, em apoio a uma transição viável para a economia formal;

Desenvolvimento urbano e territorial equilibrado, sustentável e integrado em todos os níveis;

Planejamento e investimento com vistas ao alcance de uma **mobilidade urbana sustentável,** segura e acessível para todos, conectando efetivamente pessoas, lugares, bens, serviços e oportunidades econômicas;

Redução e gestão do risco de desastres, construção de resiliência e capacidade de resposta a perigos naturais e provocados pelo homem, fomentando a mitigação e adaptação às alterações climáticas;

Proteção, conservação, restauração e promoção dos **ecossistemas, água, habitats naturais e biodiversidade**, minimizando os impactos ambientais e adotando medidas para o alcance de padrões sustentáveis de consumo e produção.

Nota-se, nesses objetivos, uma grande abrangência de temas, todos relacionados com a vida urbana, com reflexos diretos na vida das pessoas. Os desafios são imensos, mas parece ser esse o caminho: mais inclusão, garantia de igualdade de gênero, planejamento que contemple a melhoria da vida das pessoas, incluindo o lazer, crescimento econômico sustentável. Fica o desafio para os gestores públicos buscarem esses objetivos, cabendo à sociedade trabalhar também nessa direção, em cooperação e com o sentimento de que abismos sociais são mola propulsora de desastres que afetam a todos.

O Município à Luz da Constituição Federal

36.1 AUTONOMIA MUNICIPAL

O Estado Federativo brasileiro, como estabelecido na Constituição de 1988, coloca o Município na categoria de Ente integrante da Federação, em *união indissolúvel com os Estados e o Distrito Federal.*[1] Tendo em vista sua capacidade de auto-organização, por meio da lei orgânica, tornou-se completa a autonomia municipal, definida no art. 18, que dispõe sobre a organização político-administrativa da República Federativa do Brasil, que compreende *a União, os Estados, o Distrito Federal e os Municípios, todos autônomos.*

36.2 SAÚDE

Meio ambiente, cidades e saúde pública são temas que receberam tratamento constitucional específico. O art. 225 trata do *direito de todos ao meio ambiente ecologicamente equilibrado e à sadia qualidade de vida,* para as atuais e futuras gerações, o que pressupõe uma sustentabilidade ambiental, ancorada, entre outros fatores, na saúde. Já o art. 200 estabelece a participação do Sistema Único de Saúde na formulação de políticas e na execução de ações de saneamento básico, um dos principais fatores de degradação ambiental, sobretudo nas cidades. Dessa forma, pode-se afirmar que a interface entre saúde pública e o meio ambiente urbano encontra-se no saneamento básico, cujas diretrizes foram estabelecidas pela Lei nº 11.445/07,[2] sendo que o município exerce importante papel na implantação dessa norma, ao prestar os serviços públicos de abastecimento de água potável, esgotamento sanitário, limpeza urbana e manejo de resíduos sólidos, além da drenagem e manejo das águas pluviais urbanas.

36.3 COMPETÊNCIAS

A Constituição Federal determina à União a competência para *"elaborar e executar planos nacionais e regionais de ordenação do território e de desenvolvimento econômico e social".*[3] Esse nível de planejamento possui caráter geral, de diretriz, em que a União indica os caminhos a serem percorridos pelos Estados e Municípios no desenvolvimento normativo e político dessas matérias.

O tratamento conjunto dessas duas categorias de planos – de ordenação do território e de desenvolvimento econômico e social – denota uma *vinculação adequada no nível*

---

1. CF/88, art. 1º.
2. Alterada pela Lei nº 14.026, de 15-07-2020.
3. CF/88, art. 21, IX.

federal,[4] explicitando a relação intrínseca que existe entre a utilização dos espaços e o desenvolvimento econômico e social. A má ordenação do território ou a falta de ordenação, assim como do desenvolvimento econômico, são causas de desequilíbrio, na medida em que a expansão, seja urbana, seja econômica, sem a fixação de limites pelo Poder Público, gera abusos e, consequentemente, risco de danos à sociedade e ao meio ambiente. As normas protetoras do meio ambiente, dessa forma, devem permear as diretrizes orientadoras tanto da ocupação do espaço urbano como do desenvolvimento econômico.

A Constituição Federal prevê também a competência da União para *"instituir diretrizes para o desenvolvimento urbano, inclusive habitação, saneamento básico e transportes urbanos"*.[5] O termo *diretrizes* pode ser compreendido no sentido de normas gerais. Ou seja, a expressão *instituir diretrizes* equivale a *estabelecer normas gerais*. Vale dizer que compete à União estabelecer um tratamento em nível nacional da matéria e a cada ente político – Estados, Distrito Federal e Municípios – detalhar essa norma, de acordo com as características e necessidades locais ou regionais.

Ao mesmo tempo, o art. 24, I, dispõe que *"compete à União, aos Estados e ao Distrito Federal legislar concorrentemente"* sobre, entre outros temas, o *direito urbanístico*, seguindo o sistema das normas gerais, conforme aponta o § 1º do citado art. 24.[6]

Aos Municípios compete *"legislar sobre assuntos de interesse local"*[7] e *"organizar e prestar, diretamente ou sob regime de concessão ou permissão, os serviços públicos de **interesse local"**.*[8] A expressão *interesse local* enseja algumas reflexões. O interesse municipal ou local em uma determinada matéria há que ser entendido como o *predominante*, embora outros entes federados tenham também interesse nela. De fato, nenhum Município é isolado. A autonomia não exclui a cooperação, a articulação nem a interação com os demais entes – União, Estado e os demais Municípios. Segundo Fernanda Dias Meneses de Almeida,

> é inegável que mesmo atividades e serviços tradicionalmente desempenhados pelos Municípios, como transporte coletivo, polícia das edificações, fiscalização das condições de higiene de restaurantes e similares, coleta de lixo, ordenação do uso do solo urbano etc., dizem secundariamente com o interesse estadual e nacional.[9]

Completando a afirmação, cabe salientar os interesses de outros Municípios, do Estado e da União, além do interesse metropolitano, quando for o caso. Os serviços de saneamento prestados diretamente ou mediante delegação a terceiros pelo Município, por exemplo, possuem relação direta com a proteção ambiental da bacia hidrográfica onde são lançados os esgotos. Se não houver um tratamento adequado, todos os que estiverem a jusante dos pontos de lançamento sofrerão as consequências dessa poluição.

O mesmo ocorre com a competência para promover, no que couber, adequado ordenamento territorial, mediante planejamento e controle de uso do parcelamento e da ocupação do solo urbano.[10] Além das normas gerais a serem observadas, o Município

---

4. SILVA, José Afonso da. *Direito urbanístico brasileiro*. 8. ed. São Paulo: Malheiros, 2018, p. 56.
5. CF/88, art. 21, XX.
6. CF/88, art. 24, § 1º: No âmbito da legislação concorrente, a competência da União limitar-se-á a estabelecer normas gerais.
7. CF/88, art. 30, I.
8. CF/88, art. 30, V.
9. ALMEIDA, Fernanda Dias Menezes de. *Competências na Constituição de 1988*. São Paulo: Atlas, 1991, p. 124.
10. CF/88, art. 30, VIII.

insere-se em uma região – que pode ser metropolitana ou uma bacia hidrográfica às quais pertencem outros Municípios, muitas vezes outros Estados, sem falar nos biomas e demais espaços protegidos. Daí a necessidade de discutir os temas relativos aos vários interesses locais de modo articulado, para que se possa chegar à definição do que seja o *interesse comum*, correspondente a toda uma região e não unicamente a um Município.[11]

O ordenamento jurídico pátrio atribui claramente a competência dos Municípios para o uso e a ocupação do solo. Mas a autonomia municipal não pode justificar medidas municipais internas que venham a prejudicar o entorno. Por analogia, o princípio da limitação da soberania territorial dos Estados,[12] expresso nas Declarações de Estocolmo de 1972 e do Rio/92 e, também, na Convenção sobre Diversidade Biológica, há que ser invocado como fundamento da necessidade da busca dos interesses regionais: se há limitação à soberania, obviamente a autonomia municipal segue a mesma linha.

A competência dos Estados para legislar concorrentemente com a União sobre direito urbanístico[13] abre-lhes *"a possibilidade de estabelecer normas de coordenação dos planos urbanísticos no nível de suas regiões administrativas"*,[14] além da competência para instituir regiões metropolitanas, aglomerações urbanas e microrregiões.

Nesse cenário, a Lei nº 13.089, de 12-1-2015, que instituiu o Estatuto da Metrópole, prevê que as regiões metropolitanas e as aglomerações urbanas deverão contar com plano de desenvolvimento urbano integrado, aprovado mediante lei estadual no âmbito da estrutura de governança Inter federativa.

Abre-se aqui uma interessante possibilidade de o Estado conduzir a articulação institucional, inclusive por meio de parcerias e convênios com os Municípios, assim como acordos de cooperação, já que os recursos técnicos dos Estados, salvo exceções, tendem a ser mais desenvolvidos que aqueles dos Municípios. Cabe destacar, nesse contexto, o **consórcio público**.

A Lei nº 11.107, de 6-4-2005, regulamentada pelo Decreto nº 6.017, de 17-1-2007, dispõe sobre as normas gerais de contratação de consórcios públicos, o que significa que sua aplicação possui abrangência nacional. Consórcio público é a *"pessoa jurídica formada exclusivamente por entes da Federação, para estabelecer relações de cooperação federativa, inclusive a realização de objetivos de interesse comum, constituída como associação pública, com personalidade jurídica de direito público e natureza autárquica, ou como pessoa jurídica de direito privado sem fins econômicos"*.[15]

Somente podem participar do consórcio público, como seus consorciados, os entes federados: União, Estados, Distrito Federal e Municípios. A possibilidade de consórcios públicos de Municípios, ou desses com o Estado configura uma alternativa para a gestão de atividades comuns. Essa possibilidade de criação de uma *pessoa jurídica, de direito público ou privado*, amplia o exercício de competências dos entes integrantes do consórcio,

---

11. Para mais informações sobre a necessidade de articulação entre Municípios e Estados integrantes de uma região metropolitana ou aglomeração urbana, ver capítulo sobre Instrumentos da Política Urbana à Luz da Proteção Ambiental.
12. De acordo com a Carta das Nações Unidas e com os princípios do direito internacional, os Estados têm o direito soberano de explorar seus próprios recursos, de acordo com a sua política ambiental, desde que as atividades levadas a efeito, dentro da jurisdição ou sob seu controle não prejudiquem o meio ambiente de outros Estados ou de zonas situadas fora de toda a jurisdição nacional.
13. CF/88, art. 24, I.
14. SILVA, José Afonso da. *Direito urbanístico brasileiro*. 8. ed. São Paulo: Malheiros, 2018, p. 58.
15. Decreto nº 6.017/07, art. 2º.

inclusive com a previsão legal de outorgar concessão, permissão ou autorização, obras ou serviços públicos. As obrigações contraídas por ente da Federação com o consórcio público na prestação de serviços públicos são constituídas e reguladas no contrato de programa.[16]

Ainda em matéria da competência legislativa do Município, a ele compete **suplementar a legislação federal e a estadual no que couber**.[17] Normas suplementares são aquelas editadas na ausência de norma geral. O art. 24, em seus parágrafos, discorre sobre a regra que vigora para a competência suplementar dos Estados e do Distrito Federal, determinando que a competência da União para legislar sobre normas gerais não exclui a competência suplementar dos Estados.[18] A questão que se coloca diz respeito à competência legislativa dos municípios em matéria ambiental. O fato de não se ter mencionado o município no art. 24 excluiria sua competência em matéria ambiental? Entende-se que não.

O art. 30, ao estabelecer a competência para legislar sobre assuntos de interesse local,[19] não exclui nenhum tema, restringindo apenas essa competência a um interesse que seja predominantemente local. O mesmo se dá com a competência para promover, no que couber, adequado ordenamento territorial, mediante planejamento e controle do uso, do parcelamento e da ocupação do solo urbano.[20] A expressão *no que couber* refere-se ao limite da competência municipal, que consiste em seu espaço territorial e na eventual competência de outro ente federado sobre determinado tema. Fora isso, o município poderá e deverá, ao estabelecer suas normas de uso e ocupação do solo, proteger o meio ambiente. Dessa forma, desde que a matéria esteja no rol do art. 24, e, portanto, adstrita ao regime das normas gerais e suplementares, e o tema seja de predominante interesse local, possui o município competência legislativa em matéria ambiental.

A Lei nº 6.938/81, em seu art. 6º, § 2º, regulamenta essa matéria, ao determinar que os Municípios, observadas as normas e os padrões federais e estaduais, poderão elaborar as normas supletivas e complementares e padrões relacionados com o meio ambiente, observados os que forem estabelecidos pelo CONAMA. Na mesma linha, a Lei nº 7.661, de 16-5-1988, confere aos Estados e Municípios a possibilidade de instituir, através de lei, os respectivos Planos Estaduais ou Municipais de Gerenciamento Costeiro, observadas as normas e diretrizes do Plano Nacional, e designar os órgãos competentes para a execução desses planos.[21]

Cabem ainda ao Município as competências materiais comuns expressas no art. 23, tais como, no que se refere ao meio ambiente:

proteger o meio ambiente e combater a poluição em qualquer de suas formas;[22]

preservar as florestas, a fauna e a flora;[23]

promover programas de construção de moradias e a melhoria das condições habitacionais e de saneamento básico.[24]

---

16. Lei nº 11.107/05, art. 13.
17. CF/88, art. 30, II. (Vide ADPF 672).
18. CF/88, art. 24, § 2º.
19. CF/88, art. 30, I.
20. CF/88, art. 30, VIII.
21. Lei nº 7.661/88, art. 5º, § 1º.
22. CF/88, art. 23, VI.
23. CF/88, art. 23, VII.
24. CF/88, art. 23, IX.

São grandes as discussões acerca do âmbito de atuação do Município em matéria ambiental, no que se refere à competência comum, o que suscita a necessidade de uma troca contínua de informações e a adoção de procedimentos comuns, na busca de soluções equivalentes para problemas correlatos. No que se refere ao licenciamento ambiental, objeto de capítulo específico neste livro, a existência de conflitos de competência reforça a necessidade dessa troca.

Todavia, há outros campos de competência exclusiva dos Municípios, que dizem respeito à gestão das cidades, com forte impacto no meio ambiente. Trata-se da definição da política urbana, do exercício da titularidade dos serviços de saneamento básico,[25] da ordenação do uso e ocupação do solo, da fiscalização das construções civis, do controle da poluição sonora e visual, da regulamentação da conduta humana, responsabilizando os donos de animais domésticos pela limpeza da cidade, obrigando-os a recolher as fezes depositadas nas calçadas por seus cães e gatos, entre outras, com a efetiva aplicação de penalidades aos infratores.

Disso decorre que tanto a competência da União para instituir diretrizes voltadas ao desenvolvimento urbano como a competência concorrente da União, Estados e Distrito Federal para legislar sobre direito urbanístico referem-se a normas principiológicas, a serem observadas, em verdade, pelos Municípios, já que a estes a Constituição atribuiu, no art. 182, a competência para a execução da política de desenvolvimento urbano, conforme as diretrizes fixadas em lei.

---

25. Sobre a decisão do STF acerca da ADI 1.842-RJ, que versou sobre a titularidade do saneamento básico em regiões metropolitanas, ver capítulo sobre o Saneamento Básico. O artigo 8º, inciso I, da Lei nº 11.445/2007, alterada pela Lei nº 14.026/2020, dispõe que a titularidade dos serviços públicos de saneamento básico é exercida pelos Municípios e o Distrito Federal, no caso de interesse local.

POLÍTICA URBANA

O art. 182 da Constituição dispõe que a política de desenvolvimento urbano tem por objetivo *"ordenar o pleno desenvolvimento das funções sociais da cidade e garantir o bem--estar de seus habitantes"*.[1]

A Constituição estabelece, ainda, o Plano Diretor como *"o instrumento básico da política de desenvolvimento e de expansão urbana"*[2] e determina que *"a propriedade urbana cumpre sua função social quando atende às exigências fundamentais de ordenação da cidade expressas no plano diretor"*[3], que todavia é obrigatório para cidades com mais de 20 mil habitantes e nas demais hipóteses mencionadas pelo Estatuto da Cidade, como será visto adiante.

37.1 ESTATUTO DA CIDADE

O Estatuto da Cidade, Lei nº 10.257/01, regulamentou os arts. 182 e 183 da Constituição Federal, estabelecendo normas de ordem pública e interesse social que regulam o uso da propriedade urbana em prol do bem coletivo, da segurança e do bem-estar dos cidadãos, bem como do equilíbrio ambiental,[4] o que significa a confirmação da preocupação com o meio ambiente nas discussões relativas às cidades, em nível de norma geral.

Trata-se de lei inovadora, na medida em que estabelece regras gerais para a gestão dos Municípios, deixando, todavia, para estes a definição de sua própria política urbana, o que implica a reflexão, tanto do Poder Público como da sociedade, sobre esse tema fundamental. Conforme as argumentações de Raquel Rolnik,

> ao invés de declarar a crença em um suposto planejamento urbano racional e salvador e desfiar um receituário dos passos e instrumentos que garantem uma cidade perfeita e sem conflitos, estabelece de forma clara e aberta formas possíveis de diálogo entre planejamento e gestão, planejamento e política. O texto apresenta, assim, o amadurecimento dos agentes técnicos, sociais e políticos diante dos desafios da gestão da cidade brasileira.[5]

O Estatuto da Cidade se aplica a todo o território nacional, devendo os Municípios, responsáveis pela definição das respectivas políticas de desenvolvimento urbano, buscar obrigatoriamente o pleno desenvolvimento das funções sociais da cidade – conforme definido no Plano Diretor e demais normas municipais – e o bem-estar dos seus habitantes.

---

1. O Distrito Federal, ente federado com regime jurídico específico, estabelece as normas distritais, que equivalem às municipais, já que as cidades localizadas no DF não possuem a condição jurídica de Municípios.
2. CF/88, art. 182, § 1º.
3. CF/88, art. 182, § 2º.
4. Lei nº 10.257, de 10-7-2001, art. 1º, parágrafo único.
5. ROLNIK, Raquel. Planejamento e gestão: um diálogo de surdos? In: MOREIRA, Mariana (Coord.). *Estatuto da Cidade.* São Paulo: Fundação Prefeito Faria Lima – CEPAM, 2001, p. 119.

No tocante ao planejamento, o Estatuto da Cidade fixou diretrizes gerais de política urbana, relacionando as normas de natureza urbanística com as de proteção ambiental. Para tanto, não apenas atribuiu uma função ambiental à propriedade urbana, como também estabeleceu os respectivos instrumentos para a sua consecução. Seu objetivo é regular o uso da propriedade urbana em favor do equilíbrio ecológico e da sadia qualidade de vida, que desempenhará sua função socioambiental de forma a evitar a poluição e a degradação ambiental.

37.2 OBJETIVOS E DIRETRIZES DA POLÍTICA URBANA

A política urbana tem por objetivo ordenar o pleno desenvolvimento das funções sociais da cidade e da propriedade urbana, mediante diretrizes estabelecidas no art. 2º do Estatuto da Cidade. A efetividade dos instrumentos criados pelo Estatuto da Cidade depende de sua inclusão nos Planos Diretores municipais e leis municipais específicas regulamentando a sua aplicação.

37.2.1 Garantia de direitos

Garantir o direito à terra urbana, à moradia, ao saneamento ambiental, à infraestrutura urbana, aos transportes e aos serviços públicos, ao trabalho e ao lazer constitui uma diretriz com vistas ao alcance da cidade sustentável.[6]

O direito à cidade fundamenta-se na função social da propriedade. É direito difuso, preconizando a meta fundamental da República Brasileira para o desenvolvimento urbano: tornar as cidades mais justas, humanas, democráticas e sustentáveis.[7]

O alcance desses direitos reflete, assim, uma sociedade ideal, ou pelo menos mais justa no que se refere às relações entre o Poder Público e o cidadão. Não há dúvida quanto à necessidade de transformar esses objetivos em realidade. Seu alcance passa por uma imbricada rede de poder, interesses, conflitos sociais, disponibilidade de recursos financeiros, entre outros fatores.

A variável ambiental é apenas uma fração das questões abordadas, mas é importante ressaltar que o meio ambiente é causa e consequência. É causa na medida em que, havendo degradação ambiental, a qualidade de vida piora, as condições sanitárias impõem riscos à saúde, os preços dos imóveis baixam. De outro lado, o não exercício da cidadania, deixando-se de lado a participação da sociedade nas decisões relativas aos novos empreendimentos, por exemplo, pode vir a ter, como consequência, sérios danos ao meio ambiente urbano.

Dessa forma, se a lista relativa às diretrizes a serem observadas na busca da cidade sustentável envolve questões que extrapolam o tema ambiental, o meio ambiente é um fator transversal da melhoria ou da queda da qualidade da vida nas cidades.

---

6. Lei nº 10.257/01, art. 2º, I.
7. COMISSÃO DE DESENVOLVIMENTO URBANO DA CÂMARA DOS DEPUTADOS; MINISTÉRIO DAS CIDADES; CAIXA ECONÔMICA FEDERAL; INSTITUTO PÓLIS. *Estatuto da cidade*: guia de implementação pelos municípios e cidadãos. 3. ed. Brasília: Câmara dos Deputados, 2005, p. 32.

37.2.2 A gestão democrática

37.2.2.1 Participação social na construção da política urbana

Entre as inovações estabelecidas pelo Estatuto da Cidade, destaca-se a participação da sociedade – população e associações representativas dos diversos segmentos da comunidade – nas decisões e acompanhamento de atividades relativas ao planejamento, sobretudo no Plano Diretor e em audiências públicas sobre processos de implantação de empreendimentos, constituindo a gestão democrática uma das diretrizes gerais da política urbana. Essa participação é alcançada nos Municípios que possuem, em sua estrutura administrativa, comissões e conselhos para discutir questões de cunho ambiental.

O Estatuto da Cidade prevê também o **controle social**, garantida a participação de comunidades, movimentos e entidades da sociedade civil, quando houver dispêndio por parte do Poder Público municipal, na aplicação dos instrumentos fixados na lei.[8] Do conteúdo da norma infere-se que o controle social, na hipótese do art. 4º, § 3º, do Estatuto da Cidade, não tem natureza de controle prévio, não cabendo à sociedade organizada aprovar a execução da despesa, competência exclusiva do Poder Público.

Isso significa que o dispositivo mencionado impõe apenas que se dê publicidade às despesas já efetuadas, de forma que toda a população tenha acesso a esse tipo de informação. Pode-se vislumbrar que uma forma transparente de o Poder Público sujeitar-se ao controle social quando houver dispêndio por parte do Poder Público municipal, na aplicação dos instrumentos fixados na lei, é apresentar as respectivas despesas no endereço eletrônico do Município.

Nas **operações urbanas consorciadas**,[9] que constituem o conjunto de intervenções e medidas coordenadas pelo Poder Público municipal, relacionadas ao uso e ocupação do solo, prevê-se a participação dos proprietários, moradores, usuários permanentes e investidores privados, com o objetivo de alcançar em uma área transformações urbanísticas estruturais, melhorias sociais e a valorização ambiental.[10, 11] A forma de controle da operação, obrigatoriamente compartilhado com a representação da sociedade civil, constitui um dos itens obrigatórios da lei específica que aprovar a operação urbana consorciada.[12]

A lei estabelece que poderão ser previstas nas operações urbanas consorciadas, entre outras medidas:[13]

a modificação de índices e características de parcelamento, uso e ocupação do solo e subsolo, bem como alterações das normas edilícias, considerado o impacto ambiental delas decorrente;

a regularização de construções, reformas ou ampliações executadas em desacordo com a legislação vigente;

a concessão de incentivos a operações urbanas que utilizam tecnologias visando à redução de impactos ambientais, e que comprovem a utilização, nas construções e uso de edificações urbanas, de

---

8. Lei nº 10.257/01, art. 4º, § 3º.
9. A menção às operações consorciadas neste capítulo refere-se unicamente à participação social.
10. Lei nº 10.257/01, art. 32, § 1º.
11. Nas regiões metropolitanas ou nas aglomerações urbanas instituídas por lei complementar estadual, poderão ser realizadas operações urbanas consorciadas interfederativas (Lei nº 10.257/01, art. 34-A, incluído pela Lei nº 13.089/15).
12. Lei nº 10.257/01, art. 33, VII.
13. Lei nº 10.257/01, art. 32, § 2º, III, incluído pela Lei nº 12.836/13.

tecnologias que reduzam os impactos ambientais e economizem recursos naturais, especificadas as modalidades de *design* e de obras a serem contempladas.

É também prevista a participação na formulação do **Plano Diretor**, que é parte integrante do processo de planejamento municipal, na medida em que inclui o plano plurianual, as diretrizes orçamentárias e o orçamento anual participativo.

Na fiscalização de sua **implementação**, o Estatuto da Cidade prevê a promoção de audiências públicas e debates com a participação da população e de associações representativas dos vários segmentos da comunidade, constituindo essa uma obrigação dos Poderes Executivo e Legislativo.[14]

37.2.2.2 Instrumentos da gestão democrática da cidade

O objetivo precípuo a ser perseguido e alcançado na gestão democrática da cidade refere-se à criação de uma rede de conselhos, comissões e grupo de estudos, que têm origem nas associações de bairro e de moradores, sindicatos e outros segmentos organizados da sociedade civil. A lei estabelece quatro instrumentos destinados à garantia da gestão democrática da cidade:[15]

órgãos colegiados de política urbana, nos níveis nacional, estadual e municipal;

debates, audiências e consultas públicas, relativas aos vários processos decisórios;

conferências sobre assuntos de interesse urbano, nos níveis nacional, estadual e municipal;

iniciativa popular de projeto de lei e de planos, programas e projetos de desenvolvimento urbano.

37.2.3 Sustentabilidade ambiental, social e econômica

O Estatuto da Cidade estabelece, entre as diretrizes a serem adotadas na implantação e condução da política urbana, *"a adoção de padrões de produção e consumo de bens e serviços e de expansão urbana compatíveis com os limites da sustentabilidade ambiental, social e econômica do Município e do território sob sua área de influência"*.[16] Esse dispositivo aborda dois temas distintos, com impactos no meio ambiente: consumo responsável, que se relaciona, entre outros temas, à produção de resíduos sólidos, e a expansão urbana, concernente ao uso e ocupação do solo.

Os problemas relacionados com os resíduos sólidos possuem forte conexão com as áreas urbanas, pois as atividades ali desenvolvidas são geradoras de grande parte desses resíduos. A Lei nº 12.305/10 insere o Município em posição de destaque na gestão integrada dos resíduos sólidos gerados no respectivo território,[17] cabendo-lhe a obrigação de elaborar o plano municipal de gestão integrada de resíduos sólidos, como condição de acesso a recursos da União.[18]

No que se refere à expansão urbana, a sua ocorrência sem planejamento é uma das causas responsáveis pela degradação de ecossistemas, desmatamento e outros danos ao ambiente. A lei menciona claramente que devem ser observados os limites da sustentabilidade ambiental, social e econômica do município e de seu território. Cabe ao Poder Públi-

---

14. Lei nº 10.257/01, art. 40, § 4º, I.
15. Lei nº 10.257/01, art. 43.
16. Lei nº 10.257/01, art. 2º, VIII.
17. Lei nº 12.305/10, art. 10.
18. Lei nº 12.305/10, art. 18.

co municipal, primeiramente, planejar o crescimento das cidades e, a partir daí, tomar as medidas necessárias a impedir a degradação, que não é apenas ambiental, mas afeta toda a população.

37.2.4 Desafios a transpor

A gestão democrática prevista na lei não ocorre de modo pacífico. Há vários interesses e forças políticas envolvidos na gestão municipal, influenciando o Poder Público, que, em realidade, não se compõe de um único pensamento. No âmbito do Poder Público, existe um sem-número de ideias e interesses, que refletem os poderes estabelecidos. A definição da política e da gestão urbana há que ocorrer considerando os princípios do direito urbanístico e do direito ambiental.

A participação da sociedade, na formulação e no acompanhamento dos planos e programas, embora prevista legalmente, há que ser conquistada. É necessário exigir do Poder Público um espaço de negociação, cabendo a este a obrigação de organizar essa participação. O interesse em participar da política urbana é da própria sociedade, que exercerá um papel de controladora do Poder Público. Este somente abrirá espaços se for pressionado para isso.

Em que pese a previsão legal da participação social na construção da política urbana, cada cidade reflete sua população. Se os moradores cobram do Poder Público medidas para melhorar a sua qualidade de vida, certamente o Município terá mais chances de ser *sustentável*. Até porque, nas cidades, os poderes Executivo e Legislativo encontram-se muito mais próximos de toda a população.

O Estatuto da Cidade, como já foi dito, estabelece regras de natureza principiológica. Cabe aos Municípios adotar e implementar os instrumentos previstos e detalhados na norma geral. Nada está pronto. A cada Município cabe construir a sua política urbana, de acordo com a sua realidade, nos moldes estabelecidos no Estatuto da Cidade, que serve apenas como um parâmetro para as decisões de nível municipal, o que implica o exercício de um poder discricionário, com a participação social.

Por derradeiro, cabe mencionar que o Plano Diretor, para cumprir sua finalidade, depende de dois fatores:

consistência em seu conteúdo;

vontade política para sua execução.

O conteúdo do Plano Diretor deve estar adequado à legislação federal, naquilo que a norma geral estabeleceu. Como exemplo, cita-se a faixa *non aedificandi* de 30 metros em APP de área urbana, que não pode ser alterada pelo Município. A adoção de faixa menor – 15 metros – em Planos Diretores leva o particular a erro, pois as construções são ilegais à luz da legislação federal, ensejando problemas futuros ao proprietário.

As regras estabelecidas devem ser claras e objetivas, pois o Plano Diretor já está regulamentando o Estatuto da Cidade. Normas muito genéricas não propiciam o seu cumprimento, e dão fundamento à sua não aplicação por parte dos administradores.

Nas palavras de Edson Ricardo Saleme,

a fluência das relações de mercado tornam as municipalidades sujeitas a interesses capitalistas que resultam na esgotabilidade dos recursos e põe em risco a preservação dos sistemas naturais. O Plano Diretor, ao invés de muito genérico e altamente abstrato, a exemplo dos atualmente existentes, deveria conter elementos mais precisos e capazes de combater tais práticas lesivas ao meio ambiente municipal.[19]

Qualquer decisão política acerca da organização da cidade causa impacto na população, que deve estar atenta para essas medidas, cobrando do Poder Público medidas voltadas ao interesse geral. Para isso, a população deve ter acesso a informações claras sobre as políticas públicas e ter espaço para discuti-las. A educação, como sempre, é um condicionante da participação concreta da sociedade na construção de cidades mais justas, seguras e sustentáveis.

37.2.5 Cooperação entre Poder Público e iniciativa privada

Uma diretriz da política urbana consiste na adoção de padrões de produção e consumo de bens e serviços e de expansão urbana compatíveis com os limites da sustentabilidade ambiental, social e econômica do Município e do território sob sua área de influência. Trata-se de um desafio, na medida em que é necessário coadunar esses limites com as pressões econômicas geradas pela produção.

Para o empreendedor, o objetivo final tradicional é alcançar o lucro. Cabe ao Poder Público conduzir o desenvolvimento econômico, de forma sustentável, induzindo a geração de empregos e o desenvolvimento social, mas não ações que impliquem atividades que venham a causar danos ambientais, propiciando custos adicionais ao Poder Público, e em última análise à sociedade, na recuperação de tais danos, que repercutem, principalmente, na saúde da população, pondo em risco a vida das gerações futuras.

Na condução do desenvolvimento, o Poder Público pode estabelecer parcerias com o setor privado, por meio dos contratos de gestão, celebrados com as **Organizações Sociais** (OS), conforme previsto na Lei nº 9.637, de 15-5-1998, pelos Termos de Parceria, celebrados com as **Organizações da Sociedade Civil de Interesse Público** (OSCIP), objeto da Lei nº 9.790, de 23-3-1999, bem como pelas **Parcerias Público-Privadas** (PPP), instituídas pela Lei nº 11.079, de 30-12-2004.

O acordo social sobre os limites do crescimento e a atuação do Poder Público, não apenas coibindo as atividades danosas, mas fomentando aquelas que são menos poluidoras e degradadoras do ambiente, são condicionantes da sustentabilidade. Sem esses elementos, a perspectiva é a degradação urbana, com todos os malefícios que a acompanham, o que não interessa ao cidadão, contribuinte dos altos impostos que vigoram no país.

Uma boa notícia é que o conceito de responsabilidade social começa a alterar esse quadro, na medida em que as empresas têm tido a oportunidade de implantar projetos sociais, com o objetivo, entre outros, de diminuir as desigualdades. Indiretamente, se efetuada de forma coordenada pelo Poder Público, essa atuação pode contribuir para a sustentabilidade das cidades, envolvendo *"preocupações de caráter político-social, tais como a proteção do consumidor, controle da poluição, segurança e qualidade de produtos, assistência médica e social, defesa de grupos minoritários etc."*[20]

---

19. SALEME, Edson Ricardo. Controle de execução do plano diretor do município na defesa da biodiversidade. In: BENJAMIN, Antonio Herman Vasconcelos (Coord.). *Direitos humanos e meio ambiente*. São Paulo: Imprensa Oficial do Estado, 2006, p. 101.
20. DONAIRE, Denis. *Gestão ambiental na empresa*. 2. ed. São Paulo: Atlas, 1999, p. 13.

Cabe ainda destacar que o impacto ambiental é requisito considerado e avaliado nos projetos básicos de obras e serviços, nos termos da Lei nº 8.666/93, que institui normas sobre licitações e contratos com a Administração Pública.[21]

37.2.6 Ordenação e controle do uso do solo

A ordenação e o controle do uso do solo referem-se à competência legislativa e administrativa dos Municípios. As normas municipais sobre o uso do solo devem buscar a sustentabilidade ambiental para o espaço urbano, evitando também danos na área rural e no território de outros Municípios vizinhos ou sob o risco de sofrer impactos, como, por exemplo, os localizados na mesma bacia hidrográfica.

As condições a serem evitadas, mencionadas no Estatuto da Cidade, que a legislação municipal deve considerar, são objeto da atuação administrativa, municipal ou mesmo estadual. É o caso, por exemplo, da **instalação de empreendimentos ou atividades que possam funcionar como polos geradores de tráfego, sem a previsão da infraestrutura correspondente**. O licenciamento ambiental, processo no qual se apresentam o Estudo de Impacto Ambiental (EIA) e o Estudo de Impacto de Vizinhança (EIV) é instrumento da política ambiental cuja finalidade é exatamente analisar os projetos submetidos ao órgão ou entidade competente, fixando as alterações necessárias, para viabilizar o empreendimento, quando cabível. É o caso típico dos *shoppings centers*, que provocam aumento do fluxo de veículos no entorno. O mesmo se aplica à **proximidade de usos incompatíveis ou inconvenientes**.

O **parcelamento do solo** e a **edificação** são atividades submetidas aos órgãos e entidades licenciadoras que, a partir das normas fixadas, vão impedir a instalação desses empreendimentos, se ficar confirmado que eles provocarão o uso excessivo ou inadequado em relação à infraestrutura urbana.

Evitar a **poluição** e a **degradação ambiental** depende não apenas do licenciamento ambiental, mas também da fiscalização, lembrando que as normas que regem essa matéria são, em sua maioria, federais ou estaduais. Para evitar a utilização inadequada dos imóveis urbanos é necessário que uma norma estabeleça os limites do uso.

A **retenção especulativa de imóvel urbano**, que resulte na sua subutilização ou não utilização, é matéria de intervenção do Poder Público, que adotaria as medidas fixadas no Estatuto da Cidade, como o IPTU progressivo e a desapropriação. A **deterioração das áreas urbanizadas** é tema a tratar nos Planos Diretores e em outras normas municipais, sobre a organização do território, cabendo o planejamento das áreas urbanas e a implantação de projetos de revitalização de áreas urbanas degradadas.

O Estatuto da Cidade, ao tratar da ordenação e controle do uso do solo, evidenciou a necessidade de o Poder Público estabelecer regras sobre essas matérias, com vistas a evitar riscos.[22]

Esse mandamento refere-se diretamente ao exercício do poder de polícia, que compreende as ações do Poder Público, restringindo e controlando as atividades, com o fim de evitar abusos e a ocorrência de danos à comunidade. Trata-se de *poder-dever* dos poderes

---

21. Lei nº 8.666/93, art. 12, VII.
22. Lei nº 10.257/01, art. 2º, VI.

municipais não apenas para estabelecer as regras atinentes a uso e ocupação do solo, mas, em consonância com o disposto no art. 30, VIII, da Constituição Federal, fazê-lo mediante planejamento e controle do uso, do parcelamento e da ocupação do solo urbano. Mas também se refere às políticas públicas federais, estaduais e municipais de valorização da dignidade humana, em que a escola, o serviço de saúde e o emprego são fatores preponderantes para o cuidado e a sustentabilidade ambiental, social e econômica.

38

Instrumentos da Política Urbana à Luz da Proteção Ambiental

38.1 PLANEJAMENTO

Planejar o desenvolvimento da cidade tem por objetivo evitar e corrigir as distorções do crescimento urbano e seus impactos, inclusive sobre o meio ambiente. A ordenação e o controle do uso do solo disciplinam a instalação e o desenvolvimento dos empreendimentos e atividades no espaço da cidade, a fim de conter o avanço da poluição e de outros danos ambientais. Não se trata de estabelecer *modelos ideais de funcionamento das cidades*. O planejamento deve *contemplar os conflitos*, buscando a *correção dos desequilíbrios* detectados.[1]

O planejamento municipal ocupa importante papel entre os instrumentos da política urbana, orientando a atuação do Poder Público, que deverá observar, como diretriz, "*o planejamento do desenvolvimento das cidades, da distribuição espacial da população e das atividades econômicas do Município e do território sob sua área de influência, de modo a evitar e corrigir as distorções do crescimento urbano e seus efeitos negativos sobre o meio ambiente*".[2]

Os instrumentos de planejamento previstos no art. 4º do Estatuto da Cidade constituem

planos nacionais, regionais e estaduais de ordenação do território e de desenvolvimento econômico e social;

planejamento das regiões metropolitanas, aglomerações urbanas e microrregiões;

planejamento municipal, em especial: a) plano diretor; b) disciplina do parcelamento, do uso e da ocupação do solo; c) zoneamento ambiental; d) plano plurianual; e) diretrizes orçamentárias e orçamento anual; f) gestão orçamentária participativa; g) planos, programas e projetos setoriais; h) planos de desenvolvimento econômico e social.

Planejar não é uma atividade autônoma, desvinculada de obrigações, a ser efetuada discricionariamente pelo Poder Público, ou seja, se for conveniente e oportuno. Ao contrário, de acordo com os princípios gerais da atividade econômica, **o planejamento não só é obrigatório, como também vincula a Administração Pública**. Segundo dispõe a Constituição Federal, *o Estado, como agente normativo e regulador da atividade econômica, exercerá, na forma da lei, as funções de fiscalização, incentivo e planejamento, sendo este*

---

1. COMISSÃO DE DESENVOLVIMENTO URBANO DA CÂMARA DOS DEPUTADOS; MINISTÉRIO DAS CIDADES; CAIXA ECONÔMICA FEDERAL; INSTITUTO PÓLIS. *Estatuto da Cidade*: guia de implementação pelos municípios e cidadãos. 3. ed. Brasília: Câmara dos Deputados, 2005, p. 33.
2. Lei nº 10.257/01, art. 2º, IV.

determinante para o setor público e indicativo para o setor privado.[3] Ou seja, não só é obrigatório planejar, mas as ações do setor público são vinculadas aos planos estabelecidos, o que nem sempre ocorre na prática.

Paradoxalmente, muitos dos problemas urbanos, inclusive os ambientais, são fruto da falta de planejamento. Dos problemas verificados, que prejudicam a sustentabilidade urbana, podem-se citar:

a descontinuidade dos programas. A cada mudança do Executivo municipal, não é raro o cancelamento dos programas em vigor e sua substituição por outros, com demora na respectiva implantação;

a falta de aparato administrativo (pessoas treinadas e equipamentos), para fazer frente às necessidades da população, impedindo abusos, mantendo áreas verdes, evitando novas invasões, com a utilização de técnicas de negociação com a população;

a falta de vontade política de realmente melhorar a qualidade de vida da população urbana.

O Estatuto da Cidade traz para o direito em vigor alguns princípios relativos à necessidade de planejar as cidades de forma séria e concreta. Não apenas planejar, mas também garantir que a cidade, na implantação dos planos, alcance efetivamente a desejada sustentabilidade. Mas as diretrizes definidas na lei, por si apenas, não mudam o quadro das cidades brasileiras: é cada Município, na elaboração e execução de sua política urbana, ouvindo a sociedade, o ente responsável por essas mudanças.

A racionalização dos gastos, decorrente de um planejamento bem efetuado e devidamente cumprido, é uma condicionante não apenas do equilíbrio ambiental, mas também da própria sustentabilidade do Poder Público e da melhoria da qualidade de vida das pessoas. Os recursos orçamentários devem ser utilizados em conformidade com a Lei do Orçamento do Município, em projetos e obras que possam melhorar as condições da vida na cidade. O princípio da eficiência, fixado no art. 37 da Constituição Federal,[4] tem esse caráter: *o da boa administração.*[5] A aplicação de recursos deve ser feita considerando o planejamento, fase em que se estudam alternativas, buscando a melhor e mais eficiente forma de, em última análise, aplicar os recursos públicos, visando ao bem-estar da população.[6] A inobservância dessa regra implica a sujeição do agente às penalidades previstas na Lei de Improbidade Administrativa,[7] na Lei de Ação Civil Pública[8] e na Ação Popular.[9]

Todavia, não se trata de tarefa simples. É tradicional a incapacidade do Estado brasileiro para proceder ao planejamento e implantar, de fato, as atividades planejadas, contrariando a própria Constituição Federal. É verdade que planos são elaborados. Mas entre sua formulação e sua implantação ainda existe uma distância às vezes abissal.

Em relação à sustentabilidade do meio ambiente, o planejamento, pelo Município, deve levar em conta sua expansão proporcionalmente à quantidade de recursos naturais disponíveis, além, é claro, da capacidade financeira do Poder Público para fazer frente às demandas de equipamentos urbanos, transporte, saúde, educação etc. de sua população.

3.　CF/88, art. 174.
4.　O princípio da eficiência foi introduzido pela EC nº 19, de 4-6-1998.
5.　MELLO, Celso Antônio Bandeira de. *Curso de direito administrativo.* 39. ed. São Paulo: Malheiros, 2013, p. 125.
6.　Ver capítulo sobre os Meios Processuais de Defesa do Meio Ambiente.
7.　Lei nº 8.429, de 2-6-1992, alterada pela Lei nº 14.230, de 25-10-2021.
8.　Lei nº 7.347, de 24-7-1985.
9.　Lei nº 4.717, de 29-6-1965.

38.2 PLANO DIRETOR

A CF/88 aponta o Plano Diretor como o instrumento básico da política de desenvolvimento e expansão urbana, devendo o seu conteúdo definir as exigências a serem atendidas pela propriedade urbana, a fim de cumprir sua função social.[10, 11]

A função social da propriedade urbana, ao contrário do que a Constituição Federal determina para a propriedade rural,[12] deve ser definida no âmbito do Plano Diretor. Obviamente, o plano de cada Município deve ser adequado à realidade e necessidades locais, sendo fundamental a participação popular no acompanhamento da formulação desde a Lei Orgânica do Município até o Plano Diretor, explicitando para o Poder Público seus anseios.

Mas permanece a dúvida: qual é, exatamente, a função social da propriedade urbana? Quais obrigações de fazer e não fazer são subjacentes a esse conceito? O que deve conter o Plano Diretor de uma cidade que possa garantir que as propriedades localizadas nesse espaço cumprirão sua função social?

O Estatuto da Cidade estabelece que a ordenação e o controle do uso do solo devem ser organizados de forma a evitar:[13]

a utilização inadequada dos imóveis urbanos;

a proximidade de usos incompatíveis ou inconvenientes;

o parcelamento do solo, a edificação ou o uso excessivos ou inadequados em relação à infraestrutura urbana;

a instalação de empreendimentos ou atividades que possam funcionar como polos geradores de tráfego, sem a previsão da infraestrutura correspondente;

a retenção especulativa de imóvel urbano, que resulte na sua subutilização ou não utilização;

a deterioração das áreas urbanizadas;

a poluição e a degradação ambiental;

a exposição da população a riscos e desastres.[14]

As situações acima descritas constituem o desvio de finalidade da propriedade urbana, pois propiciam a degradação do meio ambiente. Mas a política urbana não pode restringir-se a proibições. Há que avançar, estabelecendo mecanismos que induzam o aproveitamento do espaço urbano de modo a garantir o cumprimento dos princípios e diretrizes fixados no Estatuto da Cidade. Tais mecanismos, que constituem ações inerentes à função de prestação, formuladas de acordo com as características de cada cidade, devem:

democratizar o uso, ocupação e a posse do solo urbano, de modo a conferir oportunidade de acesso ao solo urbano e à moradia;

---

10.   V. Lei nº 10.257/01, art. 39.
11.   CF/88, art. 182, § 2º.
12.   CF/88, art. 186: *A função social é cumprida quando a propriedade rural atende, simultaneamente, segundo critérios e graus de exigência estabelecidos em lei, aos seguintes requisitos: I – aproveitamento racional e adequado; II – utilização adequada dos recursos naturais disponíveis e preservação do meio ambiente; III – observância das disposições que regulam as relações de trabalho; IV – exploração que favoreça o bem-estar dos proprietários e dos trabalhadores.*
13.   Lei nº 10.257/01, art. 2º, VI.
14.   Lei nº 10.257/01, art. 2º, VI, *h*, incluído pela Lei nº 12.608, de 2012, que institui a Política Nacional de Proteção e Defesa Civil (PNPDEC); dispõe sobre o Sistema Nacional de Proteção e Defesa Civil (SINPDEC) e o Conselho Nacional de Proteção e Defesa Civil (CONPDEC).

promover a justa distribuição dos ônus e encargos decorrentes das obras e serviços de infraestrutura urbana;

recuperar para a coletividade a valorização imobiliária decorrente da ação do Poder Público.[15]

Parece claro que um dos pontos fundamentais da questão se refere à garantia de acesso à moradia, estabelecendo-se políticas habitacionais realistas, com a fixação de mecanismos econômicos que permitam não apenas o aumento da renda como também linhas populares de financiamento que confiram esse acesso ao trabalhador.

Estão obrigadas a formular o Plano Diretor[16] as cidades:

com mais de 20 mil habitantes;

integrantes de regiões metropolitanas e aglomerações urbanas;

onde o Poder Público municipal pretenda utilizar os instrumentos previstos no § 4º do art. 182 da Constituição Federal;[17]

integrantes de áreas de especial interesse turístico;

inseridas na área de influência de empreendimentos ou atividades com significativo impacto ambiental de âmbito regional ou nacional;

incluídas no cadastro nacional de Municípios com áreas suscetíveis à ocorrência de deslizamentos de grande impacto, inundações bruscas ou processos geológicos ou hidrológicos correlatos.

Aqui se coloca uma questão. Se o Plano Diretor é o instrumento básico da política urbana, mas é obrigatório apenas para um determinado universo de cidades, como ficam aquelas que estão excluídas desse campo obrigacional? Estariam dispensadas de estabelecer uma política urbana?

Sobre esse tema, cabe ponderar que não é apenas o Plano Diretor o instrumento capaz de definir regras para o desenvolvimento e equilíbrio das cidades. Há outros instrumentos, previstos no ordenamento jurídico pátrio, que podem conduzir as ações atinentes à política urbana: o **Plano Plurianual**, as **diretrizes orçamentárias** e os **orçamentos anuais**[18] são exemplos de instrumentos de planejamento municipal.

À União cabe editar lei dispondo sobre o Plano Plurianual, cujo objetivo é estabelecer os programas e as metas governamentais de longo prazo. É planejamento conjuntural para a promoção do desenvolvimento econômico, do equilíbrio entre as diversas regiões do país e da estabilidade econômica.[19]

A lei que instituir o Plano Plurianual deverá estabelecer, por regiões, as diretrizes, objetivos e metas da administração pública federal para as despesas de capital e outras delas decorrentes e para as relativas aos programas de duração continuada.[20] Os planos e programas nacionais, regionais e setoriais serão elaborados em consonância com o Plano

---

15. COMISSÃO DE DESENVOLVIMENTO URBANO DA CÂMARA DOS DEPUTADOS; MINISTÉRIO DAS CIDADES; CAIXA ECONÔMICA FEDERAL; INSTITUTO PÓLIS. *Estatuto da Cidade*: guia de implementação pelos municípios e cidadãos. 3. ed. Brasília: Câmara dos Deputados, 2005, p. 46.
16. Lei nº 10.257/01, art. 41, alterado pela Lei nº 12.608/12.
17. CF/88, art. 182, § 4º: I – parcelamento ou edificação compulsórios; II – imposto sobre a propriedade predial e territorial urbana progressivo no tempo; III – desapropriação com pagamento mediante títulos da dívida pública de emissão previamente aprovada pelo Senado Federal, com prazo de resgate de até dez anos, em parcelas anuais, iguais e sucessivas, assegurados o valor real da indenização e os juros legais.
18. CF/88, art. 165.
19. TORRES, Ricardo Lobo. *Curso de direito financeiro e tributário*. 7. ed. Rio de Janeiro: Renovar, 2000, p. 148.
20. CF/88, art. 165, § 1º.

Plurianual e apreciados pelo Congresso Nacional[21] e, paralelamente, pelas Assembleias Legislativas e Câmaras Municipais.

A Lei de Diretrizes Orçamentárias (LDO) estabelece as metas e prioridades da administração pública, orientando a elaboração da lei orçamentária anual. *"Pelo seu caráter de instrumento de formulação de políticas públicas, a LDO se caracteriza como uma lei muito mais importante do que a orçamentária, à qual cabe apenas traduzir em valores e ações específicas as grandes opções de alocação definidas pela LDO, ao fixar as prioridades e metas da Administração para o exercício seguinte".*[22]

A Lei Orçamentária Anual compreende o orçamento fiscal, bem como o orçamento para o investimento das empresas estatais que, compatibilizados com o Plano Plurianual, terão entre suas funções a de reduzir desigualdades inter-regionais, segundo critério populacional.[23] É um detalhamento das diretrizes estabelecidas na LDO.

Além das normas relativas a planejamento e orçamento, as leis de zoneamento e uso e ocupação do solo, assim como a atuação do Poder Público municipal, na fiscalização das atividades, são também instrumentos igualmente importantes para estabelecer e fazer cumprir as bases da função social da propriedade urbana.

A implementação do Plano Diretor deve ser fiscalizada, devendo os Poderes Legislativo e Executivo municipais garantir:[24]

a promoção de audiências públicas e debates com a participação da população e de associações representativas dos vários segmentos da comunidade;

a publicidade quanto aos documentos e informações produzidos;

o acesso de qualquer interessado aos documentos e informações produzidos.

O Plano Diretor integra o processo de planejamento municipal, e deve ser observado na elaboração do Plano Plurianual, das diretrizes orçamentárias e do orçamento anual,[25] já que o aporte de recursos financeiros é necessário para fazer frente às ações que visam à garantia da sustentabilidade urbana. Essa lei deverá ser revista a cada dez anos, no mínimo.[26]

Conforme estabelece o Estatuto da Cidade, o Plano Diretor é o instrumento catalisador das condições de vida desejadas pelos habitantes. Trata-se do produto de uma negociação pública, em que os habitantes definem o que desejam para sua cidade. Deve, pois, o Plano Diretor ser entendido não apenas como um *"instrumento de gestão urbana e ambiental, mas sobretudo como o processo compreensivo e participativo no qual pode se dar o enfrentamento dos diversos conflitos existentes acerca do uso e ocupação do solo urbano e de seus recursos".*[27]

Aqui também a cidadania é fundamental: como exercer o direito de participar das discussões sobre o planejamento das cidades se não se tem o conhecimento básico para tanto? Obviamente, é louvável e essencial que a lei preveja a participação popular. Mas é

---

21. CF/88, art. 165, § 4º.
22. SANCHES, Osvaldo Maldonado. *Dicionário de orçamento, planejamento e áreas afins*. Brasília: Prisma, 1997, p. 143.
23. CF/88, art. 165, § 7º.
24. Lei nº 10.257/01, art. 40, § 4º.
25. Lei nº 10.257/01, art. 40, § 1º.
26. Lei nº 10.257/01, art. 40, § 3º.
27. FERNANDES, Edésio. Desenvolvimento sustentável e política ambiental no Brasil: confrontando a questão urbana. In: LIMA, André (Org.). *O direito para o Brasil socioambiental*. Porto Alegre: Sergio Antonio Fabris Editor, 2002, p. 361.

preciso capacitar o cidadão para que este possa, com discernimento, opinar e ser ouvido. As informações, ainda que de caráter técnico, devem ser claras de modo que todos possam compreender as questões colocadas e opinar. É obrigação do Poder Público divulgar as reuniões e audiências, destacando a importância dessa participação. Se isso não ocorre, os Planos Diretores deixam de cumprir seu papel.

O Estatuto da Cidade indica ainda, entre os instrumentos relativos à gestão urbana, alguns que se referem direta ou indiretamente à proteção ambiental: (1) servidões e limitações administrativas; (2) tombamento de imóveis ou mobiliário urbano;[28] (3) instituição de Unidades de Conservação Municipais[29] e de zonas especiais de interesse social; (4) Estudo Prévio de Impacto Ambiental (EIA);[30] (5) zoneamento ambiental[31] e Estudo Prévio de Impacto de Vizinhança (EIV).

38.3 ESTUDO PRÉVIO DE IMPACTO DE VIZINHANÇA (EIV)

A finalidade do EIV é estudar as consequências benéficas ou deletérias que a implantação de um novo empreendimento pode causar na cidade, buscando formas de, sem inviabilizá-lo, minimizar os impactos, buscando compensações, de modo a proteger o meio ambiente urbano. É instrumento do princípio da **prevenção**, assim como o licenciamento ambiental. Evidentemente, se não ficar claro que o empreendimento tem condições de ser implantado sem causar danos irreversíveis à urbe, sua implantação não será autorizada, com fundamento no princípio da **precaução**.

O Estatuto da Cidade estabelece as diretrizes que devem reger as leis municipais que regularão a sua aplicação e as hipóteses em que o EIV será cabível, de acordo com as características da cidade, suas fragilidades ambientais e suas questões econômicas. Lembre-se que o art. 170, VI, da Constituição condiciona a ordem econômica, fundada na valorização do trabalho humano e na livre-iniciativa, e que tem por fim assegurar a todos uma existência digna, conforme os ditames da justiça social, a princípios a serem observados, entre os quais o da *"defesa do meio ambiente, inclusive mediante tratamento diferenciado conforme o impacto ambiental dos produtos e serviços e de seus processos de elaboração e prestação"*.[32]

Quanto aos critérios mínimos a serem analisados no Estudo Prévio de Impacto de Vizinhança (EIV), a lei federal estabelece os seguintes, como conteúdo mínimo:[33]

adensamento populacional;

equipamentos urbanos e comunitários;

uso e ocupação do solo;

valorização imobiliária;

geração de tráfego e demanda por transporte público;

ventilação e iluminação;

paisagem urbana e patrimônio natural e cultural.

---

28. Ver capítulo sobre o Patrimônio Cultural.
29. Ver capítulo sobre o Sistema Nacional de Unidades de Conservação (SNUC).
30. Ver capítulo sobre Estudos Ambientais.
31. Ver capítulo sobre Zoneamento.
32. Redação dada pela Emenda Constitucional nº 42, de 19-12-2003.
33. Lei nº 10.257/01, art. 37.

Os critérios definidos na lei são aspectos diferentes de um único fator: o equilíbrio possível entre o aumento das demandas relativas aos serviços públicos e equipamentos urbanos disponíveis, no que diz respeito à sustentabilidade legal, econômica e ambiental urbana.

Como exemplo, a análise e a quantificação do adensamento populacional a ser provocado por um empreendimento indicarão as condições que a cidade possui para fazer frente às novas necessidades de vias de circulação e de abastecimento de água ou energia.

Desnecessário ressaltar a importância da participação da população nas discussões acerca da lei que instituir o EIV no Município, para que todos os interesses vigentes na cidade possam confrontar-se e ser discutidos, chegando-se finalmente a um acordo possível, que represente um mínimo da vontade dos cidadãos. Essa participação, porém, depende do interesse e do comprometimento da sociedade.

Esse instrumento da política urbana, objeto do Estatuto da Cidade, não exclui outros instrumentos similares, previstos nas normas ambientais, como, por exemplo, o Estudo de Impacto Ambiental (EIA). A esse respeito já se pronunciou o Supremo Tribunal Federal (STF), em ação direta de inconstitucionalidade,[34] onde questionou-se a Lei Complementar nº 434/99, do Município de Porto Alegre:

> considerando-se a importância do EIA como poderoso instrumento preventivo ao dano ecológico e a consagração, pelo constituinte, da preservação do meio ambiente como valor e princípio, conclui-se que a competência conferida ao Município para legislar em relação a esse valor só será legítima se, no exercício dessa prerrogativa, esse ente estabelecer normas capazes de aperfeiçoar a proteção à ecologia, nunca, de flexibilizá-la ou abrandá-la.

Cabe salientar que a competência para analisar o EIV é municipal, enquanto exigir o EIA pode ser de competência de outro ente federativo, nos termos da Lei Complementar nº 140/11.

38.4 REGULARIZAÇÃO FUNDIÁRIA

A regularização fundiária, antes regulamentada pela Lei nº 11.977, de 7-7-2009, passou a ser objeto da Lei nº 13.465, de 11-07-2017[35], que dispõe sobre a regularização fundiária rural e urbana. Além de promover alterações na Lei nº 8.629/1993, que dispõe sobre a regulamentação dos dispositivos constitucionais relativos à reforma agrária, a Lei nº 13.465/2017 institui normas gerais e procedimentos aplicáveis à **Regularização Fundiária Urbana (Reurb)**, a qual *abrange medidas jurídicas, urbanísticas, ambientais e sociais destinadas à incorporação dos núcleos urbanos informais ao ordenamento territorial urbano e à titulação de seus ocupantes*[36]. Para isso, os poderes públicos *formularão e desenvolverão no espaço urbano as políticas de suas competências de acordo com os princípios de sustentabilidade econômica, social e ambiental e ordenação territorial, buscando a ocupação do solo de maneira eficiente, combinando seu uso de forma funcional.*[37]

---

34. STF – 2ª T., RE-AgR nº 396.541/RS, Rel. Min. Carlos Velloso, j. 14-6-2005, *DJ* 5-8-2005, p. 104.
35. A Lei nº 13.465, de 11-07-2017, por sua vez, teve seu texto alterado por outras: Lei nº 14.118, de 12-1-2021; Lei nº 14.382, de 27-6-2022, e Lei nº 14.620, de 13-7-2023.
36. Lei nº 13.465/2017, art. 9º.
37. Lei nº 13.465/2017, art. 9º, §1º.

A Lei que instituiu a **Regularização Fundiária Urbana (Reurb)** definiu que o projeto de regularização fundiária deve considerar as características da ocupação e da área ocupada para definir parâmetros urbanísticos e ambientais específicos, além de identificar os lotes, as vias de circulação e as áreas destinadas a uso público, quando for o caso. Quanto ao conteúdo, deve abordar, entre outros:

estudo preliminar das desconformidades e da situação jurídica, urbanística e ambiental;

projeto urbanístico;

proposta de soluções para questões ambientais, urbanísticas e de reassentamento dos ocupantes, quando for o caso;

estudo técnico ambiental, para os fins previstos nesta Lei, quando for o caso;

cronograma físico de serviços e implantação de obras de infraestrutura essencial, compensações urbanísticas, ambientais e outras, quando houver, definidas por ocasião da aprovação do projeto de regularização fundiária.[38]

O Estatuto da Cidade trata da **regularização fundiária** e urbanização de áreas ocupadas por população de baixa renda mediante o estabelecimento de normas especiais de urbanização, uso e ocupação do solo e edificação, consideradas a situação socioeconômica da população e as normas ambientais.[39]

Todos os artigos que tratavam dessa matéria – arts. 15 ao 20 – foram vetados por contrariarem o interesse público, sobretudo por não ressalvarem o direito à concessão de uso especial os imóveis públicos afetados ao uso comum do povo, como praças e ruas, assim como áreas urbanas de interesse da defesa nacional, da preservação ambiental ou destinadas a obras públicas. Seria mais do que razoável, em caso de ocupação dessas áreas, possibilitar a satisfação do direito à moradia em outro local, como prevê o art. 17 em relação à ocupação de áreas de risco.[40]

Interessa-nos tratar aqui da regularização fundiária, nos casos em que couber a remoção de pessoas. O art. 17, vetado, dispunha sobre essa matéria, indicando, como única razão da remoção, haver ocupação em área de risco, ignorando-se, dessa forma, os espaços territoriais legalmente protegidos e seus componentes, vale dizer, sem considerar as normas ambientais, e contrariando flagrantemente a diretriz fixada no art. 2º, XIV, do Estatuto da Cidade.

O tema voltou à baila pela Medida Provisória nº 2.220, de 4-9-2001[41], que dispõe sobre a matéria vetada e faculta ao Poder Público promover o reassentamento das populações que estejam alocadas em imóvel de interesse à preservação ambiental e à proteção dos ecossistemas naturais.[42] Essa norma constitui enorme avanço em relação ao art. 17, vetado, pois trata, além de outros temas, da proteção ambiental.

A questão que se coloca, nesse passo, é que se facultou ao Poder Público o oferecimento de outra área para assentar as pessoas. A norma urbanística deve combinar com os preceitos do direito ambiental, que não admitem a possibilidade de causar degradação ambiental sem a responsabilização do agente.

---

38. Lei nº 13.465/2017, art. 35.
39. Lei nº 10.257/01, art. 2º, XIV.
40. Veto aos arts. 15 a 20 do Estatuto da Cidade.
41. Alterada pela Lei nº 13.465, de 2017.
42. MP nº 2.220/01, art. 5º.

Em acórdão que analisa caso de ocupação – loteamento irregular – em área protegida na Região Metropolitana de São Paulo, o STJ[43] exarou o seguinte entendimento:

A destruição ambiental verificada nos limites do Reservatório Billings – que serve de água grande parte da cidade de São Paulo –, provocando assoreamentos, somados à destruição da Mata Atlântica, impõe a condenação dos responsáveis, ainda que, para tanto, haja necessidade de se remover famílias instaladas no local de forma clandestina, em decorrência de loteamento irregular implementado na região.

Não se trata tão somente de restauração de matas em prejuízo de famílias carentes de recursos financeiros, que, provavelmente deixaram-se enganar pelos idealizadores de loteamentos irregulares na ânsia de obterem moradias mais dignas, mas de preservação de reservatório de abastecimento urbano, que beneficia um número muito maior de pessoas do que as residentes na área de preservação. No conflito entre o interesse público e o particular há de prevalecer aquele em detrimento deste quando impossível a conciliação de ambos.

Conforme pondera Luiz Roberto da Mata, *"se o município possuir em seu patrimônio um imóvel que possa receber as pessoas removidas, deve ser feita a elas a concessão de direito de uso de tal imóvel [...]*,[44] *na forma legalmente prevista".*

O tema está longe de ser pacífico, mas permitir a ocupação irregular em áreas protegidas não beneficia ninguém a longo prazo, já que os invasores tampouco terão direito aos equipamentos urbanos obrigatórios para os loteamentos, o que não os conduz a uma boa qualidade de vida e de saúde.

A Lei nº 12.651/12 admite intervenção ou supressão de vegetação nativa em Área de Preservação Permanente (APP), entre outros, para fins de regularização fundiária de assentamentos humanos ocupados predominantemente por população de baixa renda em áreas urbanas consolidadas.[45]

Cabe ainda lembrar outra situação de conflito, relativa aos problemas de adaptação das populações retiradas de áreas protegidas e reassentadas em outro local sem que tenham qualquer identificação com essa nova área. Se não for feito um longo trabalho social com essas comunidades, as pessoas terminam retornando ao local de origem, reiniciando os problemas e perpetuando sua exclusão.

38.5   USO E OCUPAÇÃO DO SOLO

O solo constitui um dos recursos naturais definidos pela Lei nº 6.938/81. A Política Nacional do Meio Ambiente tem por objetivo, entre outros, o princípio da racionalização do seu uso.[46] O termo *racional* diz respeito à razão, ao discernimento do homem, a quem cabe ponderar sobre a melhor escolha a ser feita, entre as alternativas possíveis. Usar o solo com racionalidade, assim como qualquer recurso ambiental, tem a ver com não causar dano, garantindo que ele continue a gerar os benefícios que propicia.

O solo urbano não possui as mesmas características do solo em área rural. O objetivo da proteção do solo urbano refere-se à ocupação racional desse espaço, cuidando-se para que a implantação da cidade seja feita de forma sustentável. É o caso da impermeabilização

---

43. STJ – 2ª T., REsp nº 403.190-SP, Rel. Min. João Otávio de Noronha, j. 27-6-2006, *DJ* 14-8-2006, p. 259.
44. MATA, Luiz Roberto da. O Estatuto da Cidade à luz do direito ambiental. In: COUTINHO, Rogério; ROCCO, Rogério (Org.). *O direito ambiental das cidades.* Rio de Janeiro: DP&A, 2004, p. 110.
45. Lei nº 12.651/12, arts. 3º, IX, *d* e 8º.
46. Lei nº 6.938/81, art. 2º, II.

do solo, que impede que as águas da chuva penetrem na terra, causando acidentes, alagamentos, deslizamentos de terra, aquecimento da área urbana e dificultando o crescimento da flora nas ruas e parques.

A cidade, desse modo, não pode constituir um espaço totalmente coberto pelo cimento. Há que se preservar o solo urbano e isso é feito por meio de normas que tratam do uso e ocupação do solo e das normas sobre construções.

À parte disso, o solo urbano possui a característica de ter valor próximo à de uma *commodity*, na medida em que a especulação imobiliária faz subir os preços por m² de forma muito impactante no acesso à moradia. Segundo Nadia Somekh, "*a disputa pelo espaço nas cidades provocou a transformação da terra em mercadoria*".[47] O impacto disso é que as populações em situação de vulnerabilidade vão buscar abrigo em áreas de risco, ou espaços protegidos pela legislação ambiental, cuja ocupação é proibida. Esse tipo de ocupação, por exemplo, em áreas de mananciais, causa danos ambientais, como a poluição hídrica pelo lançamento de esgotos *in natura*, o que configura um dos efeitos deletérios dessa desigualdade.

O parcelamento do solo urbano, regido pela Lei nº 6.766, de 19-12-1979, estabelece normas gerais sobre a matéria e conduz a ocupação do solo de modo a proteger a população dos acidentes que decorrem do mau uso do solo. Essa norma determina que o parcelamento do solo urbano poderá ser feito mediante loteamento ou desmembramento.

38.5.1 Loteamento e desmembramento

Loteamento é a subdivisão de gleba em lotes destinados a edificação, com abertura de novas vias de circulação, de logradouros públicos ou prolongamento, modificação ou ampliação das vias existentes.[48]

O **lote** é a parcela de solo cujas dimensões e respectiva infraestrutura básica devem atender aos índices urbanísticos definidos pelo Plano Diretor ou lei municipal para a zona em que se situe, observada a área mínima de 125 m² e frente mínima de 5 metros, salvo quando a legislação estadual ou municipal determinar maiores exigências, ou quando o loteamento se destinar a urbanização específica ou edificação de conjuntos habitacionais de interesse social, previamente aprovados pelos órgãos públicos competentes.[49]

No que se refere à localização das construções, as leis municipais de zoneamento definem, para cada zona em que se divida o território do Município, os usos permitidos e os índices urbanísticos de parcelamento e ocupação do solo, que incluirão, obrigatoriamente, as áreas mínimas e máximas de lotes e os coeficientes máximos de aproveitamento.[50]

A Lei nº 6.766/1979, dispõe ainda que, que, *no caso de lotes integrantes de condomínio de lotes, poderão ser instituídas limitações administrativas e direitos reais sobre coisa alheia em benefício do poder público, da população em geral e da proteção da paisagem urbana, tais como servidões de passagem, usufrutos e restrições à construção de muros.*[51]

---

47. SOMEKH, Nadia. Função social da propriedade e da cidade. In: MOREIRA, Mariana (Coord.). *Estatuto da Cidade*. São Paulo: FUNDAÇÃO PREFEITO FARIA LIMA – CEPAM, 2001, p. 84.
48. Lei nº 6.766/79, art. 2º, § 1º.
49. Lei nº 6.766/79, art. 4º, II.
50. Lei nº 6.766/79, art. 4º, § 1º, redação dada pela Lei nº 9.785/99.
51. Lei nº 6.766/79, art. 4º, § 4º, incluído pela Lei nº 13.465/2017.

38 • INSTRUMENTOS DA POLÍTICA URBANA À LUZ DA PROTEÇÃO AMBIENTAL

Essas regras, vigentes para os loteamentos autorizados pelo Poder Público, que tenham se submetido aos respectivos processos administrativos junto às prefeituras municipais, podem garantir um mínimo de salubridade das ocupações e o equilíbrio ambiental urbano.

A Lei nº 6.766/79 estabelece regras para a implantação de loteamentos, mas, evidentemente, daqueles loteamentos legais, submetidos à análise do Poder Público por meio de um processo administrativo e estabelecendo-se, no respectivo licenciamento, as regras de ocupação e de proteção aos recursos hídricos e ao meio ambiente. Porém, os loteamentos clandestinos, que não se submetem a esse processo, ficam fora do alcance da lei.

Sob o aspecto ambiental, em um loteamento clandestino não haverá preocupação em manter faixas *non edificandi* em margens de rio ou outras áreas de preservação permanente, não haverá tratamento de esgotos e nem água encanada. Em verdade, o loteamento é clandestino justamente para que o loteador deixe de cumprir as obrigações inerentes ao loteamento, de modo a oferecer a gleba por um preço acessível às pessoas de baixa renda, que por sua vez se submetem à má qualidade de vida. Cabe ponderar que a Lei nº 6.766/79, ao atribuir ao loteador o custo da implantação do empreendimento, para depois doar os equipamentos urbanos à prefeitura, deu causa ao seu descumprimento.

Se não houver fiscalização e medidas de controle da ocupação, a norma torna-se inócua, não por seu conteúdo, mas pela ilegalidade que grassa no campo do uso e ocupação do solo. Daí a necessidade de planejar e controlar a ocupação, cabendo investimentos na estrutura administrativa responsável pelo exercício do poder de polícia e aplicação de políticas públicas de cidadania e inclusão social.

Sobre essa matéria, o Superior Tribunal de Justiça (STJ) manifestou-se em caso de loteamento clandestino localizado na Região Metropolitana de São Paulo, em área urbana e de proteção de mananciais do reservatório do Guarapiranga, em que o Estado exerce competências relativas à disciplina da aprovação de loteamentos e desmembramentos, nas áreas indicadas no art. 13 da Lei nº 6.766/79,[52] com a redação dada pela Lei nº 9.785/99. No caso em tela, o entendimento da citada Corte é o seguinte:

> o Município, em se tratando de Ação Civil Pública para obrigar o proprietário de imóvel a regularizar parcelamento do solo, em face do modo clandestino como o mesmo ocorreu, sem ter sido repelido pela fiscalização municipal, é parte legítima para figurar no polo passivo da demanda;
>
> o Município tem o **poder-dever** de agir para que loteamento urbano irregular passe a atender o regulamento específico para a sua constituição;
>
> o exercício dessa atividade é vinculada.

Também foi analisado o caso à luz do art. 40 da Lei nº 6.766/79.[53] Embora o *caput* desse dispositivo utilize o termo ***poderá*** *regularizar loteamento ou desmembramento não*

---

52. Lei nº 6.766/79, art. 13: Aos Estados caberá disciplinar a aprovação pelos Municípios de loteamentos e desmembramentos nas seguintes condições: I – quando localizados em áreas de interesse especial, tais como as de proteção aos mananciais ou ao patrimônio cultural, histórico, paisagístico e arqueológico, assim definidas por legislação estadual ou federal; II – quando o loteamento ou desmembramento localizar-se em área limítrofe do Município, ou que pertença a mais de um Município, nas regiões metropolitanas ou em aglomerações urbanas, definidas em lei estadual ou federal; III – quando o loteamento abranger área superior a 1.000.000 m² (um milhão de metros quadrados). Parágrafo único. No caso de loteamento ou desmembramento localizado em área de Município integrante de região metropolitana, o exame e a anuência prévia à aprovação do projeto caberão à autoridade metropolitana.

53. Art. 40. A Prefeitura Municipal, ou o Distrito Federal quando for o caso, se desatendida pelo loteador a notificação, poderá regularizar loteamento ou desmembramento não autorizado ou executado sem observância das determina-

autorizado ou executado sem observância das determinações do ato administrativo de licença, a posição do STJ é que:

> as determinações contidas no art. 40 da Lei nº 6.766/79 consistem num dever-poder do Município, pois, consoante dispõe o art. 30, VIII, da Constituição da República, compete-lhe *"promover, no que couber, adequado ordenamento territorial, mediante planejamento e controle do uso, do parcelamento e da ocupação do solo urbano"*;
>
> da interpretação sistemática dos arts. 13 da Lei nº 6.766/79 e 225 da CF extrai-se necessidade de o Estado interferir, repressiva ou preventivamente, quando o loteamento for edificado em áreas tidas como de interesse especial, tais como as de proteção aos mananciais.[54]

Apesar das várias questões políticas e sociais subjacentes ao caso em tela, não há como o Município e o Estado eximirem-se da responsabilidade de dar respostas rápidas à ilegalidade. O descaso e a demora na tomada de providências, junto com a impunidade dos infratores, configuram um verdadeiro estímulo para a clandestinidade e uma exclusão social ainda maior.

Em outro julgado, versando sobre o mesmo tema, o STJ pronunciou-se entendendo que:

> O exercício dessa atividade fiscalizadora, certamente, é de natureza vinculada, e não discricionária, não cabendo ao Município a possibilidade de não fiscalizar ou deixar de combater a implantação irregular do parcelamento do solo urbano. A omissão ou o descumprimento do ente municipal desse poder-dever enseja a sua responsabilização pelo desrespeito a interesses difusos referentes à ordem urbanística.[55]

Confira-se, a propósito, excerto do voto condutor proferido pelo Ministro José Delgado no REsp 194.732/SP:[56]

> Não merece, ao meu pensar, prevalecer a tese do acórdão hostilizado no sentido de que tal atividade fiscalizadora e de impor regularização do parcelamento do solo, é de natureza discricionária. Entendo que, no caso, o Município exerce atividade obrigatória por disposição legal, por conseguinte, de natureza vinculada, pelo que a sua omissão implica em responsabilidades civis. Não se pode deixar cair no vazio, portanto, sem expressão de eficácia e efetividade, que, de acordo com o art. 30, VIII, da CF, em se tratando de controle urbanístico, o Município tem o poder-dever de impedir parcelamentos do solo

---

ções do ato administrativo de licença, para evitar lesão aos seus padrões de desenvolvimento urbano e na defesa dos direitos dos adquirentes de lotes. § 1º A Prefeitura Municipal, ou o Distrito Federal quando for o caso, que promover a regularização, na forma deste artigo, obterá judicialmente o levantamento das prestações depositadas, com os respectivos acréscimos de correção monetária e juros, nos termos do § 1º do art. 38 desta Lei, a título de ressarcimento das importâncias despendidas com equipamentos urbanos ou expropriações necessárias para regularizar o loteamento ou desmembramento. § 2º As importâncias despendidas pela Prefeitura Municipal, ou pelo Distrito Federal quando for o caso, para regularizar o loteamento ou desmembramento, caso não sejam integralmente ressarcidas conforme o disposto no parágrafo anterior, serão exigidas na parte faltante do loteador, aplicando-se o disposto no art. 47 desta Lei. § 3º No caso de o loteador não cumprir o estabelecido no parágrafo anterior, a Prefeitura Municipal, ou o Distrito Federal quando for o caso, poderá receber as prestações dos adquirentes, até o valor devido. § 4º A Prefeitura Municipal, ou o Distrito Federal quando for o caso, para assegurar a regularização do loteamento ou desmembramento, bem como o ressarcimento integral de importâncias despendidas, ou a despender, poderá promover judicialmente os procedimentos cautelares necessários aos fins colimados. § 5º A regularização de um parcelamento pela Prefeitura Municipal, ou Distrito Federal, quando for o caso, não poderá contrariar o disposto nos arts. 3º e 4º desta Lei, ressalvado o disposto no § 1º desse último (Incluído pela Lei nº 9.785, 29-1-1999).

54. STJ – 2ª T., REsp 333.056/SP, Rel. Min. Castro Meira, j. 13-12-2005, *DJ* 6-2-2006, p. 233. No mesmo sentido, REsp 131697/SP, Rel. Min. João Otávio de Noronha, *DJ* 13-6-2005; STJ – 2ª T., REsp nº 124.714/SP, Rel. Min. Francisco Peçanha Martins, j. 22-8-2000, *DJ* 25-9-2000, p. 84; STJ – 2ª T., REsp nº 259.982-SP, Rel. Min. Franciulli Netto, j. 8-6-2004, *DJ* 27-9-2004, p. 287.

55. STJ – 1ª T., REsp nº 447.433/SP, Rel. Min. Denise Arruda, j. 1º-6-2006, *DJ* 22-6-2006, p. 178.

56. STJ – 1ª T., REsp nº 194.732/SP, Rel. Min. José Delgado, j. 23-2-1999, *DJ* 21-6-1999, p. 83.

sem o seu licenciamento e de agir, em caso de parcelamento clandestino, para que seja feita a regularização, impondo que os regulamentos de postura sejam obedecidos e aplicando as multas devidas, incluindo-se punições outras de natureza administrativa se previstas na lei *de regência de tal situação.*

Dessa forma, o entendimento jurisprudencial a respeito da exegese do art. 40 da Lei nº 6.766/79[57] é no sentido de que

> as exigências contidas no art. 40 da Lei nº 6.766/99 encerram um **dever** da municipalidade de, mesmo que para fins sociais, regularizar loteamento urbano, visto que, nos termos do art. 30, VIII, da Constituição Federal, compete-lhe promover o adequado ordenamento territorial mediante planejamento, controle do uso, do parcelamento e da ocupação do solo urbano.[58]

Não obstante as posições assumidas pelos tribunais, a realidade brasileira, sobretudo nos grandes centros urbanos, tem sido a invasão de áreas, muitas vezes pertencentes ao próprio Poder Público, por populações em situação de vulnerabilidade. Se não há fiscalização por parte dos poderes municipais, para evitar tais ocupações, haverá não apenas a degradação das cidades, mas essas populações ficam sujeitas a acidentes, sobretudo quando a ocupação ocorre nas margens de rios e encostas de morros.

Todavia, a necessidade de controle não se refere apenas às populações vulneráveis: há loteamentos destinados a outras camadas sociais que da mesma forma desrespeitam as regras estabelecidas.

A infraestrutura básica dos parcelamentos é constituída pelos equipamentos urbanos de escoamento das águas pluviais, iluminação pública, esgotamento sanitário, abastecimento de água potável, energia elétrica pública e domiciliar e vias de circulação.[59] A ocupação do solo deve contar com os elementos que garantam um mínimo de salubridade à população e também equilíbrio ambiental. Mesmo para os parcelamentos situados nas zonas habitacionais declaradas por lei como de interesse social (ZHIS),[60] ou seja, das populações menos favorecidas, a infraestrutura básica consistirá,[61] no mínimo, em:

> vias de circulação;
>
> escoamento das águas pluviais;
>
> rede para o abastecimento de água potável; e
>
> soluções para o esgotamento sanitário e para a energia elétrica domiciliar.[62]

Além disso, com vistas a evitar acidentes e demais danos, seja à população e seus bens, seja ao ambiente urbano, não se permite o parcelamento do solo:

> em terrenos alagadiços e sujeitos a inundações, antes de tomadas as providências para assegurar o escoamento das águas;
>
> em terrenos que tenham sido aterrados com material nocivo à saúde pública, sem que sejam previamente saneados;

---

57. Ainda sobre este tema, conferir REsp 1.113.789 – SP, Relator Ministro Castro Meira, em decisão de 16-6-2009.
58. STJ – 2ª T., REsp nº 131.697/SP, Rel. Min. João Otávio de Noronha, j. 7-4-2005, *DJ* 13-6-2005, p. 216.
59. Lei nº 6.766/79, art. 2º, § 5º, com a redação dada pela Lei nº 11.445/07.
60. A Resolução CONAMA nº 412, de 13-5-2009, estabelece critérios e diretrizes para o licenciamento ambiental de novos empreendimentos destinados à construção de habitações de interesse social.
61. Lei nº 6.766/79, art. 2º, § 6º, incluído pela Lei nº 9.785, de 29-1-1999.
62. Embora a lei não seja expressa, as *soluções* mencionadas são aquelas ambientalmente viáveis, de acordo com as normas ambientais em vigor.

em terreno com declividade igual ou superior a 30%, salvo se atendidas exigências específicas das autoridades competentes;

em terrenos onde as condições geológicas não aconselham a edificação; e

em áreas de preservação ecológica ou naquelas onde a poluição impeça condições sanitárias suportáveis, até a sua correção.[63]

Como se verifica, não faltam normas para orientar o Poder Público no controle e fiscalização do uso do solo. O que falta, em grande parte das cidades, é a presença da municipalidade, para coibir ocupações ilegais e evitar desastres.

Já o **desmembramento** é a subdivisão de gleba em lotes destinados a edificação, com aproveitamento do sistema viário existente, desde que não implique na abertura de novas vias e logradouros públicos, nem no prolongamento, modificação ou ampliação dos já existentes. [64]

38.6 ESTATUTO DA METRÓPOLE

Após um longo período de trâmite no Senado Federal, foi publicada a Lei nº 13.089, de 12-1-2015,[65] instituindo o Estatuto da Metrópole, que estabelece as diretrizes gerais para o planejamento, a gestão e a execução das funções públicas de interesse comum em regiões metropolitanas e em aglomerações urbanas, além de normas gerais sobre o plano de desenvolvimento urbano integrado, bem como critérios para o apoio da União às iniciativas voltadas à governança interfederativa.[66]

O art. 25, § 3º, da CF/88 já tratava desse tema ao prever a possibilidade de instituição pelos Estados, mediante lei complementar, de regiões metropolitanas, aglomerações urbanas e microrregiões, constituídas por agrupamentos de municípios limítrofes, para integrar a organização, o planejamento e a execução de funções públicas de interesse comum. Entretanto, faltavam detalhamentos sobre as formas de execução dessas funções públicas de interesse comum. Segundo a justificativa do Projeto de Lei que deu origem ao Estatuto da Metrópole:

> É urgente que uma complementação, voltada para a regulamentação do universo das unidades regionais, de características essencialmente urbanas, dote o País de uma normatização que, de forma dinâmica e continuada, uniformize, articule e organize a ação dos entes federativos naqueles territórios em que funções de interesse comum tenham de ser necessariamente compartilhadas.

Conforme já tratado nesta obra,[67] aos Municípios compete *legislar sobre assuntos de interesse local.*[68] Entretanto, em unidades regionais como as regiões metropolitanas, muitas vezes boa parte da infraestrutura urbana e outras funções públicas acabam por se interligar, sendo inviável que as políticas públicas relacionadas sejam realizadas isoladamente por um Município, ou sem causar impacto aos Municípios limítrofes.[69] É o caso, por exemplo, da infraestrutura do saneamento básico, cujo sistema de redes não obedece aos limites

---

63. Lei nº 6.766/79, art. 3º, parágrafo único.
64. Lei nº 6.766/79, art. 2º, § 2º.
65. Alterada pela Lei nº 13.683, de 19-06-2018 e ainda pela Lei nº 14.026, de 15-7-2020.
66. Lei nº 13.089/15, art. 1º.
67. Ver capítulo sobre O Município à Luz da Constituição Federal.
68. CF/88, art. 30, I.
69. Conforme definição de função pública de interesse comum estabelecida no art. 2º, II, da Lei nº 13.089/15..

de cada Município e tampouco o lançamento de esgotos *in natura* se limita a afetar apenas o Município que não tratou o seu próprio esgoto.[70]

Parece claro, portanto, que a administração dessas unidades regionais deve ser feita de forma integrada, considerando todos os entes federativos afetados pelas ações de seus integrantes, o que revela a importância da edição da lei em comento.

38.6.1 Instituição e governança interfederativa de regiões metropolitanas e aglomerações urbanas

Segundo a Lei nº 13.089/15, as regiões metropolitanas e aglomerações urbanas, ao encontro do já definido na CF/88, devem ser instituídas mediante Lei Complementar Estadual,[71] precedida de estudos técnicos e audiências públicas que envolvam todos os municípios pertencentes à unidade territorial,[72] prevendo, no mínimo:

os Municípios que integram a unidade territorial urbana;

os campos funcionais ou funções públicas de interesse comum que justificam a instituição da unidade territorial urbana;

a conformação da estrutura de governança interfederativa, incluindo a organização administrativa e o sistema integrado de alocação de recursos e de prestação de contas; e

os meios de controle social da organização, do planejamento e da execução de funções públicas de interesse comum.[73]

Uma vez instituídas, deve ter início um processo de articulação entre os Municípios que a integram e o Estado que a instituiu, de modo a promover o que a lei chamou de **governança interfederativa**,[74] definida como o *compartilhamento de responsabilidades e ações entre entes da Federação em termos de organização, planejamento e execução de funções públicas de interesse comum.*[75] Segundo Edson Saleme, *o propósito mais desafiante da Lei nº Lei nº 13.089/15 foi lançar as primeiras sementes relacionadas à governança interfederativa no campo do desenvolvimento urbano.*[76]

Segundo a lei, a governança interfederativa deve respeitar os seguintes princípios:

prevalência do interesse comum sobre o local;

compartilhamento de responsabilidades e de gestão para a promoção do desenvolvimento urbano integrado;[77]

autonomia dos entes da Federação;

observância das peculiaridades regionais e locais;

gestão democrática da cidade, consoante os arts. 43 a 45 da Lei nº 10.257, de 10 de julho de 2001;

efetividade no uso dos recursos públicos;

busca do desenvolvimento sustentável.

---

70. Para mais informações sobre a questão do saneamento básico em regiões integradas, bem como a ADIN STF nº 1.842-RJ, que discutiu a titularidade dos serviços de saneamento básico em regiões metropolitanas, aglomerações urbanas e microrregiões ver capítulo sobre Saneamento Básico.
71. Lei nº 13.089/15, art. 3º.
72. Lei nº 13.089/15, art. 3º, §2º. Incluído pela Lei nº 13.683/18.
73. Lei nº 13.089/15, art. 5º.
74. Lei nº 13.089/15, art. 3º, §1º.
75. Lei nº 13.089/15, art. 2º, IV.
76. SALEME, Edson Ricardo. Comentários ao Estatuto da Cidade. Belo Horizonte: Arraes, 2018, p. 239.
77. Redação dada pela Lei nº 13.683/18.

Aqui cabe uma observação. Ao mesmo tempo em que a lei insere o princípio da prevalência do interesse comum sobre o interesse local, ela trata da autonomia dos entes da federação como um princípio a ser respeitado. Considerando que o Município possui competência constitucional para legislar sobre assuntos de interesse local, a prevalência do interesse comum sobre o local pode gerar atritos na interpretação da norma. Por exemplo, no caso em que certa matéria for de interesse comum, poderá o Estado legislar impondo obrigações aos Municípios?

O STF, ao se pronunciar sobre essa questão em 2013, enfatizou que

> *"a criação de uma região metropolitana não pode, em hipótese alguma, significar o amesquinhamento da autonomia política dos municípios dela integrantes, materializado no controle e na gestão solitária pelo estado das funções públicas de interesse comum".*[78]

Assim, apesar de ser clara a necessidade de articulação entre os entes que compõem uma unidade regional urbana, os limites constitucionais devem ser respeitados. Ao mesmo tempo, não parece lógico *pretender-se que, instituídas essas unidades,* os Municípios que as compõem continuem a exercer isoladamente as competências que lhes foram atribuídas em princípio, uma vez que nessas circunstâncias estabelece-se uma comunhão superior de interesses, daí por que a autonomia a eles reservada sofre naturais limitações oriundas do próprio destino dos conglomerados de que façam parte.[79]

Como forma de regulamentar essa questão e evitar possíveis inconstitucionalidades, a Lei nº 12.089/15 previu uma estrutura administrativa básica para a governança interfederativa das regiões metropolitanas e das aglomerações urbanas composta por:[80]

instância executiva composta pelos representantes do Poder Executivo dos entes federativos integrantes das unidades territoriais urbanas;

instância colegiada deliberativa com representação da sociedade civil;

organização pública com funções técnico-consultivas; e

sistema integrado de alocação de recursos e de prestação de contas.

A norma prevê, também, que União apoiará as iniciativas dos Estados e dos Municípios voltadas à governança interfederativa, por meio da promoção da instituição de um sistema nacional de informações urbanas e metropolitanas, observadas as diretrizes do plano plurianual, as metas e as prioridades fixadas pelas leis orçamentárias anuais.[81]

Além disso, dentre os instrumentos, a Lei nº 13.089/15 previu o Plano de Desenvolvimento Urbano Integrado,[82] aprovado mediante lei estadual,[83] considerando a área urbana e rural[84] que compõe essas unidades territoriais, contemplando, no mínimo:

---

78. Voto do Ministro Joaquim Barbosa na ocasião do julgamento da Adin STF nº 1.842-RJ.
79. Cf. Voto do Ministro Maurício Corrêa na ocasião do julgamento da Adin STF nº 1.842-RJ.
80. Lei nº 13.089/15, art. 8º.
81. Lei nº 13.089/15, art. 16-A. Incluído pela Lei nº 13.683/18.
82. Lei nº 13.089/15, art. 2º, VI – *plano de desenvolvimento urbano integrado*: instrumento que estabelece, com base em processo permanente de planejamento, viabilização econômico-financeira e gestão, as diretrizes para o desenvolvimento territorial estratégico e os projetos estruturantes da região metropolitana e aglomeração urbana (Redação dada pela Lei nº 13.683/18).
83. Lei nº 13.089/15, art. 10.
84. Lei nº 13.089/15, art. 12.

as diretrizes para as funções públicas de interesse comum, incluindo projetos estratégicos e ações prioritárias para investimentos;

o macrozoneamento da unidade territorial urbana;

as diretrizes quanto à articulação dos Municípios no parcelamento, uso e ocupação no solo urbano;

as diretrizes quanto à articulação intersetorial das políticas públicas afetas à unidade territorial urbana;

a delimitação das áreas com restrições à urbanização visando à proteção do patrimônio ambiental ou cultural, bem como das áreas sujeitas a controle especial pelo risco de desastres naturais, se existirem;[85]

o sistema de acompanhamento e controle de suas disposições; e

diretrizes mínimas para implementação de efetiva política pública de regularização fundiária urbana, nos termos da Lei nº 13.465, de 11 de julho de 2017.[86]

O plano deve ser elaborado de forma conjunta e cooperada por representantes do Estado, dos Municípios integrantes da unidade regional e da sociedade civil organizada e será aprovado pela instância colegiada deliberativa já aqui tratada, antes do envio à respectiva Assembleia Legislativa estadual.[87] Uma vez aprovado, o plano inclusive obriga o Município a compatibilizar seu plano diretor com o plano de desenvolvimento urbano integrado da unidade territorial urbana a que pertence.[88]

Cabe destacar, ainda, que o Estatuto da Metrópole alterou a Lei nº 10.257/01 – Estatuto da Cidade, para incluir a possibilidade, por lei estadual específica, de realização de operações urbanas consorciadas interfederativas.[89]

---

85. Redação dada pela Lei nº 13.683/18.
86. Incluído pela Lei nº 13.683/18.
87. Lei nº 13.089/15, art. 10, § 4º. Redação dada pela Lei nº 13.683/18.
88. Lei nº 13.089/15, art. 10, § 3º.
89. Lei nº 10.257/01, arts. 32 a 34-A.

Poluição Sonora

É certo que a vida nas cidades implica uma renúncia ao silêncio que se tem quando em contato com a natureza, em que as exceções são ruídos de animais e das intempéries. Nas cidades, os veículos, as construções civis, a movimentação de helicópteros e aviões, os estabelecimentos comerciais e de lazer, os cultos religiosos e as indústrias provocam ruído a ponto de muitas vezes comprometerem a saúde e as atividades normais dos cidadãos, configurando a **poluição sonora**, causadora de distúrbios físicos e psicológicos.

39.1 CARACTERIZAÇÃO DA POLUIÇÃO SONORA

Lembre-se de que, dentre as hipóteses de caracterização jurídica de poluição, tem-se a degradação da qualidade ambiental resultante de atividades que direta ou indiretamente: (1) prejudiquem a saúde, a segurança e o bem-estar da população; (2) criem condições adversas às atividades sociais e econômicas; e (3) lancem matérias ou energia em desacordo com os padrões ambientais estabelecidos.[1]

A produção de ruídos e seu impacto na saúde e no equilíbrio ambiental não são de fácil aferição, muito menos no que se refere às medidas necessárias para coibir os abusos e evitar danos. A própria conceituação de ruído apresenta dificuldades. Para que haja objetividade no controle, foram estabelecidos **padrões de qualidade**, como instrumentos da Política Nacional do Meio Ambiente.[2] A competência para fixar essas regras é do Conselho Nacional do Meio Ambiente (CONAMA).[3]

39.2 REGULAMENTAÇÃO

A Resolução CONAMA nº 1, de 8-3-1990, dispôs que a emissão de ruídos, em decorrência de quaisquer atividades industriais, comerciais, sociais ou recreativas, inclusive as de propaganda política, obedecerá, no interesse da saúde e do sossego público, aos padrões, critérios e diretrizes ali estabelecidos.

Essa norma definiu, como prejudiciais à saúde e ao sossego público, os ruídos com níveis superiores aos considerados aceitáveis pela norma NBR 10.152[4] – Avaliação do Ruído em Áreas Habitadas, visando ao conforto da comunidade, da Associação Brasileira de Normas Técnicas (ABNT).

Além disso, na execução dos projetos de construção ou de reformas de edificações, proibiu-se que o nível de som produzido ultrapassasse os níveis estabelecidos pela mesma norma técnica.

---

1. Lei nº 6.938/81, art. 3º, III, alíneas *a, b* e *e.*
2. Lei nº 6.938/81, art. 9º, I.
3. Lei nº 6.938/81, art. 8º, VII.
4. A norma NBR 10.152 de 1987, da ABNT, estabelece níveis de ruído para conforto acústico.

Já a emissão de ruídos produzidos por veículos automotores e os produzidos no interior dos ambientes de trabalho[5], ficaram adstritos às normas expedidas, respectivamente, pelo Conselho Nacional de Trânsito (CONTRAN) e pelo órgão competente do Ministério do Trabalho.[6]

Além disso, ficou definido que às entidades e aos órgãos públicos federais, estaduais e municipais competentes, no uso de seu poder de polícia, cabe dispor sobre a emissão ou proibição da emissão de ruídos produzidos por quaisquer meios ou de qualquer espécie, considerando sempre os locais, horários e a natureza das atividades emissoras, com vistas a compatibilizar o exercício das atividades com a preservação da saúde e do sossego público. Para tanto, as medições devem ser efetuadas de acordo com a NBR 10.151[7] – Avaliação do Ruído em Áreas Habitadas, visando ao conforto da comunidade, da ABNT.

A Resolução CONAMA nº 2, de 8-3-1990, instituiu o Programa Nacional Educação e Controle da Poluição Sonora – *SILÊNCIO* – com os objetivos de:

promover cursos técnicos para capacitar pessoal e controlar os problemas de poluição sonora nos órgãos de meio ambiente estaduais e municipais em todo o país;

divulgar junto à população, através dos meios de comunicação disponíveis, matéria educativa e conscientizadora dos efeitos prejudiciais causados pelo excesso de ruído;

introduzir o tema *poluição sonora* nos cursos secundários da rede oficial e privada de ensino, através de um programa de educação nacional;

incentivar a fabricação e uso de máquinas, motores, equipamentos e dispositivos com menor intensidade de ruído quando de sua utilização na indústria, veículos em geral, construção civil, utilidades domésticas etc.;

incentivar a capacitação de recursos humanos e apoio técnico e logístico dentro das polícias civil e militar para receber denúncias e tomar providências de combate à poluição sonora urbana em todo o território nacional; e

estabelecer convênios, contratos e atividades afins com órgãos e entidades que, direta ou indiretamente, possam contribuir para o desenvolvimento do Programa SILÊNCIO.

Esse programa ficou sob a coordenação do Instituto Brasileiro do Meio Ambiente e dos Recursos Naturais Renováveis (IBAMA). Aos Estados e Municípios coube a definição das sub-regiões e áreas de implementação.

No que se refere a eletrodomésticos, a Resolução CONAMA nº 20, de 7-12-1994, instituiu o Selo Ruído, como forma de indicação do nível de potência sonora, medido em decibel – dB(A) –, de uso obrigatório para aparelhos eletrodomésticos.

Ficou a cargo do Instituto Nacional de Metrologia, Normalização e Qualidade Industrial (INMETRO) promover a organização e implantação do Selo Ruído.

O Estatuto da Cidade, em seu art. 36, dispõe sobre o Estudo de Impacto de Vizinhança (EIV), instrumento prévio e necessário à obtenção de licenças e autorizações de empreendimentos e atividades que causem ruído. Tais atividades e empreendimentos devem ser previstos por lei municipal. O que não dispensa a elaboração do Estudo de Impacto Ambiental, como previsto na legislação.

---

5. V. NR-15 (Norma regulamentadora de atividades e operações insalubres). Disponível em: <https://www.gov.br/trabalho-e-emprego/pt-br/acesso-a-informacao/participacao-social/conselhos-e-orgaos-colegiados/comissao-tripartite--partitaria-permanente/arquivos/normas-regulamentadoras/nr-15-atualizada-2022.pdf>. Acesso em: 14 mar. 2024.
6. Resolução CONAMA nº 1/90, IV.
7. A norma NBR 10.151 da ABNT dispõe sobre a fixação das condições exigíveis para avaliação da aceitabilidade do ruído em ambientes externos e internos, com a especificação de um método para a medição.

Paisagem Urbana e Poluição Visual

A paisagem urbana constitui o efeito visual das ruas, prédios, jardins e demais componentes das cidades, assim como a sua integração. O efeito que a paisagem provoca nas pessoas – habitantes ou visitantes – dependerá dessa harmonia. Quanto mais organizada a cidade, melhor será, em princípio, esse impacto na qualidade de vida e no bem-estar da população.

Le Corbusier afirma que as condições naturais devem oferecer uma justa compensação aos fatores artificiais, resultantes da máquina.[1] Julga oportuno inventariar o capital-natureza disponível, fazer a contabilidade dos estoques-natureza: a natureza intervém de modo essencial na função *habitar* (sol, espaço, vegetação). Está presente, também, na função *trabalhar* (vegetação e céu). Desempenha papel importante na função de *cultivar o corpo e o espírito* (locais e paisagens). Acompanha a *circulação* (locais e paisagens).[2] Modernamente, essas funções consistem nos *serviços ambientais*.

A Lei nº 14.223, de 26-9-2006, do Município de São Paulo, que dispõe sobre a ordenação dos elementos que compõem a paisagem urbana do Município de São Paulo, não aborda a relação de harmonia entre os vários elementos que compõem a cidade, nem se atém aos aspectos *naturais*, definindo *paisagem urbana* como:

> o espaço aéreo e a superfície externa de qualquer elemento natural ou construído, tais como água, fauna, flora, construções, edifícios, anteparos, superfícies aparentes de equipamentos de infraestrutura, de segurança e de veículos automotores, anúncios de qualquer natureza, elementos de sinalização urbana, equipamentos de informação e comodidade pública e logradouros públicos, visíveis por qualquer observador situado em áreas de uso comum do povo.[3]

A lei paulistana incorporou à noção de paisagem tudo o que se pode ver numa cidade, natural ou artificialmente criado.[4] É de salientar a abrangência desse conceito, verificando-se que a paisagem urbana é composta por elementos distintos, de naturezas totalmente diversas. Todavia, no espaço da cidade, esses elementos encontram-se em dependência dinâmica, na medida em que formam um todo. Se qualquer um deles sofrer danos, a paisagem fica comprometida. Daí a necessidade de entender a paisagem urbana como uma relação de harmonia entre todos esses elementos.

Quando ocorre um desequilíbrio nessa harmonia, pode-se falar em poluição visual. A Lei nº 6.938/81 define, entre as causas da poluição, "*a degradação da qualidade am-*

---

1. LE CORBUSIER. *Planejamento urbano*. 3. ed. São Paulo: Perspectiva, 2004, p. 88.
2. LE CORBUSIER. *Planejamento urbano*. 3. ed. São Paulo: Perspectiva, 2004, p. 90
3. Lei nº 14.223/06, art. 2º.
4. A Lei não menciona o ser humano, mas menciona a fauna, deixando vaga a localização daquele nesse cenário.

biental resultante de atividades que direta ou indiretamente afetem as condições estéticas ou sanitárias do meio ambiente".[5]

Se a cidade, em seu surgimento, não estabeleceu de antemão um equilíbrio visual, cabe aos administradores criá-lo ou restabelecê-lo, sob pena de permanência da *poluição visual*. Em geral, o que ocorre é a degradação de certos espaços para, em um momento posterior, retomar-se o equilíbrio da paisagem urbana sendo que, nesses casos, essa modificação não é apenas visual: tem por objeto um projeto de revitalização da área, incluindo novas atividades econômicas e a inclusão social, no mínimo com a criação de novos empregos e meios de transporte.

As intervenções urbanas alteram a paisagem de uma cidade, seja pela beleza, seja pela originalidade e muitas vezes pelo inusitado.[6] De uma forma geral, o Brasil não possui, historicamente, a tradição de modificar a paisagem urbana com vistas a uma reformulação, a não ser pelo próprio crescimento natural da urbe, ou o faz de modo muito pontual.

Apenas na última década têm-se verificado algumas alterações urbanas relevantes, com vistas a renovar áreas degradadas. Essas alterações da paisagem urbana têm sido não apenas uma melhoria dos aspectos sociais, pois muitas vezes essas áreas são invadidas pela marginalidade, como constituem um importante foco de expansão do turismo, atividade econômica que aporta recursos, sem a indesejada poluição, desde que se evitem os abusos e o desrespeito à lei.

No Brasil, como exemplos de modificações recentes da paisagem urbana, com a recuperação do patrimônio cultural, destacam-se: (1) Belém do Pará, com a Estação das Docas; (2) Recife, com o Bairro Antigo, em que se restauraram imóveis em ruínas para alojar prédios públicos; (3) Salvador, com a renovação do Pelourinho; e (4) Rio de Janeiro, com a construção do Museu do Amanhã e Porto Maravilha, na Baía de Guanabara.

Na cidade de São Paulo aponta-se uma intervenção importantíssima, de caráter distinto das acima mencionadas, pois tem caráter não estrutural, estabelecida pela Lei n° 14.223/06.[7] Essa norma, como já visto no presente capítulo, dispõe sobre a ordenação dos elementos que compõem a paisagem urbana, visíveis a partir de logradouro público no território do Município de São Paulo. A lei tem sido chamada de *Lei da Cidade Limpa*. Em semanas, a partir da sua edição, os anúncios foram readequados à norma, desaparecendo imensos anúncios luminosos que ocupavam paredes de edifícios e infestavam as ruas e avenidas. A mudança provocada na cidade é sentida quando se vai a outro Município, que não tenha coibido essa poluição visual.

Chama a atenção, além da mudança da paisagem urbana, que se tornou muito menos agressiva para quem está nas ruas, a rapidez e eficácia com que o Poder Público municipal implantou a regra. O que faz refletir sobre a denominada *vontade política* que, se exercida em favor da sociedade, pode produzir efeitos muito benéficos e rapidamente.

A agressividade visual da propaganda excessiva fere, outrossim, o direito do consumidor, que é bombardeado por informações que ele não requisitou.

---

5. Lei n° 6.938/81, art. 3°, III, *d*.
6. A pirâmide construída no pátio do Palácio do Louvre, em Paris, projetada pelo arquiteto chinês Leoh Ming Pei, causou intensas polêmicas nos anos 1980, aumentando substancialmente a presença de turistas que queriam conferir pessoalmente os efeitos dessa escultura em meio a uma construção histórica.
7. Lei n° 14.223/06, art. 1°.

Além disso, as restrições às formas e dimensões dos anúncios organizam a concorrência, na medida em que, se todos os empresários tiverem limites para anunciar seus produtos, não haverá mais necessidade de empreender uma verdadeira guerra pelos espaços urbanos, para conseguir chamar a atenção do consumidor. Sem falar que certos anúncios eram de fato interessantes e, expostos nas vias públicas, desviavam a atenção dos motoristas, expondo-os a riscos de acidentes.

SANEAMENTO BÁSICO

41.1 MEIO AMBIENTE, SANEAMENTO E RECURSOS HÍDRICOS

Meio ambiente, saneamento e recursos hídricos são temas inter-relacionados que, no entanto, regem-se por leis específicas, correspondentes às respectivas políticas públicas. A Lei nº 6.938/81 instituiu a Política Nacional do Meio Ambiente, a Lei nº 9.433/97 estabeleceu a Política Nacional de Recursos Hídricos e a Lei nº 11.445, de 5-1-2007,[1] dispõe sobre as diretrizes nacionais para o saneamento básico.

Não obstante essa especificidade, o meio ambiente deve ser considerado nas ações de gestão das águas assim como no saneamento. No campo normativo, essas três vertentes se integram na Resolução CONAMA nº 357/05, que estabelece padrões de qualidade dos corpos hídricos que recebem os efluentes (corpos receptores), e padrões de lançamento de efluentes.

Cabe salientar que os recursos hídricos não integram os serviços públicos de saneamento básico. O setor do saneamento é um dos **usuários** da água. A utilização de recursos hídricos na prestação desses serviços, inclusive para disposição ou diluição de esgotos e outros resíduos líquidos, é sujeita a outorga de direito de uso.[2]

Embora este capítulo esteja inserido no meio ambiente urbano, pois as grandes questões do saneamento são de fato relativas às cidades, cumpre lembrar que o meio rural não pode prescindir do saneamento, cabendo, nesses casos, soluções específicas, adequadas às necessidades e características locais.

41.2 BREVE HISTÓRICO

Podem-se apontar três períodos distintos do setor do saneamento no Brasil, a partir da segunda metade do século XX: (1) vigência do Plano Nacional de Saneamento (PLANASA); (2) período de vazio normativo e insegurança jurídica, com a desaceleração do PLANASA e (3) vigência da Lei nº 11.445, de 5-1-2007, que aponta para um futuro a ser construído sobre esse marco regulatório.

O modelo institucional do saneamento no Brasil, a partir dos anos 60, foi estabelecido pelo Plano Nacional de Saneamento (PLANASA), instituído em 1969. A sistemática adotada consistia na destinação de recursos financeiros aos Estados da Federação, para que criassem companhias estaduais de saneamento. Para tanto, instituiu-se o Sistema Fi-

---

1. Em 06-07-2018, foi editada a Medida Provisória nº 844/2018, que alterou a Lei nº 11.445/2007, ampliando as atribui ções da ANA, que passa a ser "responsável pela instituição de normas de referência nacionais para a regulação da prestação dos serviços públicos de saneamento básico". A MP nº 844/2018 teve seu prazo de vigência encerrado no dia 19-11-2018, sem que fosse convertida em lei pelo Congresso Nacional. No entanto, em 27-12-2018, foi editada a Medida Provisória nº 868/2018 que novamente ampliou as atribuições da ANA por meio de alterações no marco regulatório de saneamento básico, Lei nº 11.445/2007, e na lei de regulamentação da ANA, Lei nº Lei nº 9.984/2000.
2. Lei nº 11.445/07, art. 4º.

nanceiro de Saneamento (SFS), gerido pelo Banco Nacional da Habitação (BNH). Para obter o financiamento, cada Estado da Federação deveria criar, com base em seus recursos orçamentários, um Fundo de Financiamento para Águas e Esgotos (FAE), além da companhia estadual de saneamento.

Nesse modelo de monopólio, os Estados, por meio de suas empresas de saneamento, prestariam os serviços de saneamento em todos os Municípios, tanto os rentáveis como os deficitários, de modo a garantir a sustentabilidade econômica da empresa. Esse mecanismo de compensações denomina-se *subsídio cruzado*, em que o lucro obtido em um centro urbano mais rentável era aplicado em uma localidade deficitária, como forma de garantir o atendimento a todos. Assim, havia uma única contabilidade a considerar, qual seja, a do prestador do serviço – empresa estadual, independentemente de quais eram os Municípios atendidos. Em princípio, quanto mais Municípios aderissem ao PLANASA, maior o seu sucesso, justamente em face da necessidade de compensar um Município deficitário por um rentável.

Importante salientar que os Municípios celebravam contratos ou convênios com as companhias estaduais, delegando a prestação dos serviços de saneamento – água e o esgoto.[3] Todavia, a política de saneamento era praticamente formulada pelas empresas. Os Municípios, por razões políticas, institucionais ou financeiras, pouco ou nada influenciavam na prestação dos serviços em seu próprio território. Essa situação vigorou até o início da década de 1990, quando a estrutura do PLANASA foi abandonada na prática, sem que se aprovasse nenhuma política para o setor. Com a edição da Lei nº 8.987, de 15-1-1995, que instituiu a possibilidade de delegação de serviços públicos ao particular, estabeleceram-se novas regras para as concessões dos serviços e a necessidade de regulação dos serviços.

41.3 ALGUMAS CONSIDERAÇÕES PRELIMINARES

Este capítulo tem por objeto o **novo marco legal do saneamento básico**, considerando as alterações havidas na Lei nº 11.445/2007, que instituiu as Diretrizes Nacionais para o Saneamento Básico, pela Lei nº 14.026/2020. Essa norma trouxe mudanças significativas em vários aspectos à lei anterior. Como exemplo, podem-se citar a titularidade, a fixação de prazos para o atingimento da universalização dos serviços, as alterações nos contratos, a vedação aos contratos de programa, entre outros tópicos que são aqui abordados.

Com o advento da pandemia da Covid - 19, a questão do saneamento no país tornou-se mais nevrálgica, pois ficou explicitado que 35 milhões de brasileiros não têm acesso à água potável[4], quando uma das formas de prevenção dessa grave doença é a lavagem das mãos e de objetos.

A Lei nº 11.445/2007 estabelece, como um dos princípios fundamentais a serem observados na prestação dos serviços, a *articulação com as políticas de desenvolvimento urbano e regional, de habitação, de combate à pobreza e de sua erradicação, de proteção ambiental, de promoção da saúde, de recursos hídricos e outras de interesse social relevante,*

---

3.   A Lei nº 11.445/07 estendeu a abrangência do saneamento básico para a limpeza urbana e o manejo de resíduos sólidos, bem como a drenagem urbana e o manejo de águas pluviais.

4.   TRATA BRASIL. Água. Disponível em: <http://www.tratabrasil.org.br/saneamento/principais-estatisticas/no-brasil/agua>. Acesso em: 24 fev. 2021.

destinadas à melhoria da qualidade de vida, para as quais o saneamento básico seja fator determinante[5]. Foi incluída pela nova lei nesse dispositivo a política de recursos hídricos, que tem importância para o saneamento, inclusive no que se refere ao planejamento, como será visto.

Do ponto de vista da relação entre saneamento, recursos hídricos, meio ambiente e saúde, há diretrizes introduzidas pela nova lei que também aproximam esses temas, que são interdependentes no âmbito da gestão. Dessa forma, para abordar o saneamento básico no ordenamento jurídico brasileiro, é necessário considerar as interfaces dessa política pública com outras políticas, como é o caso da Política Nacional de Recursos Hídricos, da Política Nacional do Meio Ambiente, da Política de Saúde e da Política Urbana.

Trata-se de políticas públicas, criadas por leis distintas com princípios, diretrizes e objetivos específicos, competências, instrumentos e sistemas de gestão próprios. Sendo leis editadas em épocas diferentes e administrativamente organizadas em formas diversas, criou-se a impressão equivocada de que são temas estanques. Porém, para garantir a melhoria da qualidade e da quantidade de água disponível para o abastecimento, e para garantir a proteção dos corpos hídricos, é necessário que a sua implementação seja feita de modo articulado, pois o denominador comum, afinal, é a água.

A Lei nº 11.445/2007, alterada pela Lei nº 14.026/2020, é **norma geral** vigente para todo o território nacional e estabelece os conceitos, os princípios fundamentais, as regras para o exercício da titularidade e para a prestação regionalizada dos serviços públicos de saneamento básico, assim como as diretrizes para o planejamento. Trata também da regulação dos serviços em seus aspectos econômicos, sociais e técnicos, da participação de órgãos colegiados no controle social e das diretrizes para a política federal de saneamento básico. Os contratos também estão sob o foco da lei de uma maneira mais detalhada.

Cabe salientar ainda que as decisões normativas no campo das políticas públicas de saneamento básico, urbanismo, saúde e recursos hídricos no Brasil não são isoladas, mas fazem parte de uma construção em nível global, capitaneada pela Organização das Nações Unidas (ONU) com vistas à **melhoria da qualidade de vida** das pessoas. É o caso, por exemplo, do Objetivos de Desenvolvimento Sustentável (ODS) – Agenda 2030 - e da Agenda Habitat.

Nos próximos capítulos são abordados, primeiramente, os temas julgados relevantes acerca das Diretrizes Nacionais para o Saneamento Básico, considerando, primeiramente, os **movimentos de cunho internacional** que vêm balizando esse tema no País, e que atuam como fundamentos da norma brasileira.

Em seguida, é feita uma breve caracterização da **natureza jurídica** dos serviços, ressaltando o seu caráter público e sua essencialidade para a saúde da população e a proteção do meio ambiente, sobretudo dos recursos hídricos. No âmbito da Lei nº 11.445/2007, com as modificações introduzidas pela Lei nº 14.026/2020, são caracterizados os quatro serviços de saneamento básico e suas especificidades, com a **descrição das respectivas etapas**.

No tópico seguinte, são abordados os **conceitos** legais e os **princípios** fundamentais da lei, com as alterações introduzidas em 2020.

---

5. Lei nº 11.445/2007, art. 2º, VI.

Na sequência, o tema tratado é a **titularidade dos serviços** e as **atribuições do titular**, compreendendo o planejamento, a organização, a prestação, a regulação e a fiscalização das normas aplicáveis, com uma ênfase em tópico específico, sobre o **papel do município** nas questões relacionadas com o saneamento e a gestão de recursos hídricos.

A **governança** é importante instrumento para o alcance das metas e padrões voltados à melhora dos serviços. Considerando que as ações a serem realizadas envolvem muitos atores, é imprescindível que se estabeleçam ambientes de acordo e negociação.

As **formas de prestação dos serviços** são objeto de um item próprio, que descreve os diversos arranjos institucionais permitidos pela norma para a função de prestação dos serviços de saneamento básico.

O **planejamento** e sua relevância serão abordados, assim como a sua relação com os entes reguladores, nos planos municipais de saneamento básico, instrumento fundamental para o avanço do saneamento no país, na busca da universalização. Em seguida, é abordada a **regulação** em seus aspectos econômicos, sociais e técnicos. Caberá tratar do novo papel da **Agência Nacional de Águas e Saneamento Básico (ANA)** na elaboração das **normas de referência**, assim como abordar os demais entes reguladores, incluindo a Agência de Regulação dos Serviços Públicos Delegados do Estado de Pernambuco (ARPE). Finalmente, será abordada a **fiscalização**.

41.4 DESCRIÇÃO DOS SERVIÇOS E RESPECTIVAS ETAPAS

41.4.1 Abastecimento de Água Potável

Conforme o art. 3º - A, da Lei nº 11.445/2007, incluído pela Lei nº 14.026/2020, consideram-se **serviços públicos de abastecimento de água** a sua distribuição mediante ligação predial, incluídos eventuais instrumentos de medição, bem como, quando vinculados a essa finalidade, as seguintes atividades:

reservação de água bruta;

captação de água bruta;

adução de água bruta;

tratamento de água bruta;

adução de água tratada;

reservação de água tratada.

Destaca-se que o citado dispositivo incluiu a **reservação de água bruta** na relação dos serviços públicos de abastecimento de água. Na definição da Agência Nacional de Águas e Saneamento Básico (ANA), *água bruta é a água encontrada naturalmente nos rios, riachos, lagos, lagoas, açudes e aquíferos, que não passou por nenhum processo de tratamento*[6]. Ou seja, a água que não foi submetida a *processos físicos, químicos ou combinação destes, visando atender ao padrão de potabilidade*[7]. Esse manancial é tutelado pela política de recursos hídricos e a água bruta "reservada" constitui um corpo hídrico com barra-

---

6. ANA. Portaria ANA nº 149/2015, que aprova a "Lista de Termos para o Thesaurus de Recursos Hídricos". Disponível em: <http://arquivos.ana.gov.br/imprensa/noticias/20150406034300_Portaria_149-2015.pdf>. Acesso em: 12 mar. 2024.
7. Portaria de Consolidação MS nº 5/2017, art. 5º, II.

mento, para servir de manancial de determinada captação, o que incorpora, nesses casos, o manancial ao serviço.

O Ministério da Saúde, sobre o Abastecimento de Água, define os sistemas de abastecimento de água (S.A.A) como *obras de engenharia que, além de objetivarem assegurar o conforto às populações e prover parte de infraestrutura das cidades, visam prioritariamente superar os riscos à saúde impostos pela água. Um **sistema de abastecimento de água**, em geral é composto por: **manancial**, captação, adução, tratamento, reservação ou reservatório, rede de distribuição e ligações prediais, estações elevatórias ou de recalque*[8].

Os **padrões de potabilidade**, definidos como o *conjunto de valores permitidos como parâmetro da qualidade da água para consumo humano*[9] são fixados na Portaria de Consolidação nº 5/2017, que estabeleceu a Consolidação das Normas sobre as Ações e os Serviços de Saúde do Sistema Único de Saúde (SUS).

A legislação ambiental – Resolução CONAMA nº 357/2005, que dispõe sobre a **classificação** dos corpos de água e diretrizes ambientais para o seu **enquadramento**, estabelece em seu art. 4º que as águas doces destinadas ao **abastecimento para consumo humano**, com diversos tipos de desinfecção ou tratamento, são as de classe Especial, 1, 2 e 3. As águas de classe 4 destinam-se apenas à navegação e à harmonia paisagística, não sendo permitida a captação para fins de abastecimento público nessas águas.

Isso significa que a legislação ambiental e as normas de saúde interferem nos serviços de saneamento básico, apontando qual o nível de qualidade exigido nos corpos hídricos para o consumo humano e o respectivo tratamento a ser efetuado para cada classe. Se as águas de uma possível fonte de abastecimento estão fora das classes que permitem a captação, o abastecimento fica vedado, com base no entendimento que, a partir de um certo grau de poluição, não é seguro captar água para o abastecimento público. Em outras palavras, o corpo hídrico não pode servir como manancial.

A Política Nacional do Meio Ambiente, Lei nº 6.938/1981, estabeleceu, em seu art. 2º, como princípios a manutenção do equilíbrio ecológico, considerando o meio ambiente como um *patrimônio público a ser necessariamente assegurado e protegido*, tendo em vista o *uso coletivo*, o *planejamento e fiscalização* do uso dos recursos ambientais, a *proteção de áreas ameaçadas* de degradação e a *recuperação das áreas já degradadas*, além de um constante acompanhamento do *estado da qualidade ambiental*.

Na Política Nacional de Recursos Hídricos, essa mesma proteção aparece diretamente nos objetivos estabelecidos no art. 2º da Lei nº 9.433/1997, no que toca à *utilização racional e integrada dos recursos hídricos*, com vistas ao *desenvolvimento sustentável* e a assegurar à atual e às futuras gerações a *necessária disponibilidade de água, em padrões de qualidade adequados aos respectivos usos*. Tal proteção é fundamental, tendo em vista que a água é um recurso natural *limitado*[10], de *domínio público*[11] e que deve estar disponível para

---

8. MINISTÉRIO DA SAÚDE. Glossário Saneamento e Meio Ambiente. Disponível em: <https://www.aguabrasil.icict.fiocruz.br/index.php?pag=sane>. Acesso em: 16 mar. 2024.
9. Portaria de Consolidação MS nº 5/2017, art. 5º, III.
10. Lei nº 9.433/1997, art. 1º, II.
11. Lei nº 9.433/1997, art. 1º, I.

DIREITO AMBIENTAL • Maria Luiza Machado Granziera

proporcionar o *uso múltiplo*[12], sendo que o seu *uso prioritário*, em caso de escassez, deve ser o consumo humano e a dessedentação de animais[13].

Embora haja leis diferentes, tratando de matérias supostamente distintas, os seus conteúdos explicitam de modo inequívoco a integração da gestão água com o meio ambiente e também com a saúde e o saneamento básico.

41.4.2 Esgotamento Sanitário

De acordo com as Diretrizes Nacionais para o Saneamento Básico, o serviço de esgotamento sanitário é constituído pelas atividades e pela disponibilização e manutenção de **infraestruturas e instalações operacionais necessárias à coleta, ao transporte, ao tratamento e à disposição final adequados dos esgotos sanitários**, desde as ligações prediais até sua destinação final para **produção de água de reúso ou seu lançamento de forma adequada no meio ambiente**.

Houve uma alteração da norma, no que se refere à composição dos serviços de esgotamento sanitário. Incluiu-se na lei uma alternativa, inexistente na norma anterior, que é a possibilidade de os esgotos tratados não serem lançados unicamente no ambiente, mas eventualmente serem conduzidos para uma **planta de produção de água de reúso**[14].

A norma não fez qualquer distinção no que se refere à **finalidade** da água de reúso, se para fins potáveis ou não. Em uma interpretação dessa regra, a falta de especificidade indica que não importa a finalidade a que será destinada a água de reúso. Assinala-se que para o **reúso não potável** vigora a Resolução do Conselho Nacional de Recursos Hídricos (CNRH) nº 54/2005, não havendo, até o momento, norma específica sobre o reúso para fins potáveis[15].

A Lei nº 14.026/2020 também alterou a Lei nº 9.984/2000, que criou e definiu novas atribuições para a agora denominada Agência Nacional de Recursos Hídricos e Saneamento Básico. As alterações introduzidas estabeleceram para a ANA a função de instituir **normas de referência** para a regulação dos serviços públicos de saneamento básico por seus titulares e suas entidades reguladoras e fiscalizadoras.

Entre as novas atribuições da ANA, está definir **normas de referência sobre reúso dos efluentes sanitários tratados**, em conformidade com as normas ambientais e de saúde pública. Todavia, esse tema não está incluído na agenda até 2022.

41.4.3 Limpeza Urbana e Manejo de Resíduos Sólidos

Segundo a Lei nº 11.445/2007, alterada pela Lei nº 14.026/2020, consideram-se serviços públicos especializados de **limpeza urbana** e de **manejo de resíduos sólidos** *as atividades operacionais de coleta, transbordo, transporte, triagem para fins de reutilização ou reciclagem, tratamento, inclusive por compostagem, e destinação final dos:*

---

12. Lei nº 9.433/1997, art. 1º, IV.
13. Lei nº 9.433/1997, art. 1º, III.
14. Lei nº 11.445/2007, art. 3º, I, *b*.
15. Sobre esse tema, consultar: GRANZIERA, Maria Luiza Machado. Qualidade da água: um enfoque jurídico e institucional do reúso indireto para fins potáveis. *Revista Novos Estudos Jurídicos*. DOI: 10.14210/nej.v24n2.p453-482.

resíduos domésticos;

resíduos originários de atividades comerciais, industriais e de serviços, em quantidade e qualidade similares às dos resíduos domésticos, que, por decisão do titular, sejam considerados resíduos sólidos urbanos, desde que tais resíduos não sejam de responsabilidade de seu gerador nos termos da norma legal ou administrativa, de decisão judicial ou de termo de ajustamento de conduta; e

resíduos originários dos serviços públicos de limpeza urbana, tais como:

serviços de varrição, capina, roçada, poda e atividades correlatas em vias e logradouros públicos;

asseio de túneis, escadarias, monumentos, abrigos e sanitários públicos;

raspagem e remoção de terra, areia e quaisquer materiais depositados pelas águas pluviais em logradouros públicos;

desobstrução e limpeza de bueiros, bocas de lobo e correlatos;

limpeza de logradouros públicos onde se realizem feiras públicas e outros eventos de acesso aberto ao público; e

outros eventuais serviços de limpeza urbana.

Cabe observar que essa categoria de serviços se distingue de forma estrutural dos serviços de abastecimento de água potável e esgotamento sanitário, o que merece algumas considerações, inclusive quanto à sua regulação e mesmo no que concerne à titularidade e à elaboração de normas de referência pela Agência Nacional de Águas e Saneamento Básico.

A própria natureza dos serviços impõe dificuldades para o seu enquadramento, sobretudo em relação à titularidade, no caso do **interesse comum**. Para os serviços de abastecimento de água potável e esgotamento sanitário, é muito claro o fundamento do interesse comum em regiões metropolitanas, em microrregiões ou aglomerações urbanas, porque muitas vezes o manancial é o mesmo e o despejo de esgotos ocorre em um mesmo corpo hídrico.

No caso da limpeza urbana e do manejo de resíduos sólidos urbanos, não ocorre, necessariamente, essa conexão de estruturas e equipamentos. Daí a dificuldade em organizar esses serviços de forma compulsória, com base no critério regional. A Lei nº 12.305/2010, que instituiu a Política Nacional de Resíduos Sólidos, com forte relação com a lei do saneamento, privilegia as **soluções consorciadas** de forma **voluntária**, estabelecendo a possibilidade de financiamento para os entes que buscarem a organização dos serviços em conjunto.

Como exemplo, o art. 18, § 1º da Lei nº 12.305/2010 estabelece que *serão priorizados no acesso aos recursos da União, os Municípios que optarem por soluções consorciadas intermunicipais para a gestão dos resíduos sólidos, incluída a elaboração e implementação de plano intermunicipal, para integrar a organização, o planejamento e a execução das ações a cargo de Municípios limítrofes na gestão dos resíduos sólidos.*

A Lei nº 11.445/2007 explicitou a possibilidade de os municípios se organizarem mediante a gestão associada. Nessa linha, determina que *o exercício da titularidade dos serviços de saneamento poderá ser realizado também por gestão associada, mediante consórcio público ou convênio de cooperação, nos termos do art. 241 da Constituição Federal, observadas as seguintes disposições*[16]:

---

16. Lei nº 11.445/2007, art. 8º, 1º.

fica admitida a formalização de consórcios intermunicipais de saneamento básico, exclusivamente composto de Municípios, que poderão prestar o serviço aos seus consorciados diretamente, pela instituição de autarquia intermunicipal;

os consórcios intermunicipais de saneamento básico terão como objetivo, exclusivamente, o financiamento das iniciativas de implantação de medidas estruturais de abastecimento de água potável, esgotamento sanitário, limpeza urbana, manejo de resíduos sólidos, drenagem e manejo de águas pluviais, vedada a formalização de contrato de programa com sociedade de economia mista ou empresa pública, ou a subdelegação do serviço prestado pela autarquia intermunicipal sem prévio procedimento licitatório.

Embora a regra sirva para todos os serviços, no caso da limpeza urbana trata-se de alternativa a ser considerada de forma especial, em face das características específicas desses serviços.

Outro ponto a ser indicado refere-se à medição dos serviços, para fins de cobrança do usuário. No abastecimento de água potável, o recurso flui da rede pública para uma tubulação com um hidrômetro acoplado a ela no ponto de ligação predial, medindo a quantidade de água consumida. Aos esgotos produzidos aplica-se a mesma sistemática, sendo que em geral se paga pelos serviços de esgotamento sanitário um percentual daquilo que se paga pelo abastecimento de água. Isso significa que o controle desse serviço é automatizado, cabendo apenas a leitura mensal do hidrômetro.

Por sua vez, os resíduos sólidos urbanos (RSU) produzidos nos domicílios são simplesmente colocados nas calçadas pelo munícipe, para posterior coleta. Estabelecer regras para esse serviço sempre foi mais complexo do que para o abastecimento de água e o esgotamento sanitário, inclusive no que se refere à sua cobrança, em função das discussões acerca da viabilidade ou não de medição dos volumes de resíduos deixados pelo munícipe em sua calçada. Essa polêmica relativa à aferição do volume posto para coleta prejudicou a sustentabilidade dos serviços, na medida que, em muitos casos, o valor cobrado não corresponde às quantidades coletadas, que não são medidas, sendo insuficiente para fazer frente, de modo efetivo, aos custos dos serviços.

41.4.4 Drenagem e manejo de águas pluviais urbanas

A Lei nº 11.445/2007 considera como *serviços públicos de manejo das águas pluviais urbanas* aqueles constituídos por 1 (uma) ou mais das seguintes atividades:

drenagem urbana;

transporte de águas pluviais urbanas;

detenção ou retenção de águas pluviais urbanas para amortecimento de vazões de cheias;

tratamento e disposição final de águas pluviais urbanas.

Os serviços de drenagem possuem algumas particularidades em relação aos demais serviços de saneamento básico: a sua prestação adequada visa à **prevenção de inundações**, por meio de várias ações: obras, manutenção do sistema, educação ambiental, campanhas de comunicação social etc. A eficácia da prestação desses serviços é notada apenas na ocorrência de chuvas fortes. Não é o que acontece, por exemplo, com o abastecimento de água, cuja prestação gera o fornecimento de água nas residências e outros estabelecimentos 24 horas por dia. Na falta de água, imediatamente a mídia é acionada e os responsáveis pela prestação dos serviços são obrigados a dar respostas objetivas sobre o problema ocorrido. O mesmo ocorre com o lixo, que deve ser coletado diariamente, sob pena de graves danos às pessoas e à saúde pública.

Já na drenagem, os serviços de prevenção tendem a ser prestados sem que se deem a eles a devida importância, principalmente pela sazonalidade da ocorrência de chuvas e indeterminação dos locais de ocorrência de inundação. A drenagem bem sucedida, em verdade, não aparece. Apenas quando ocorre a inundação é que a população, sofrendo os seus efeitos, percebe a falha do Poder Público. A falta da prestação do serviço, a má prestação ou ainda, a prestação descontinuada, apenas são percebidas pela população na época das chuvas, e se ocorrerem inundações, em espaços de tempo descontinuados. Assim, o controle social da prestação do serviço não se verifica de forma sistemática, ficando as autoridades municipais como que "desoneradas" da pressão popular, até a ocorrência da próxima tempestade e seus efeitos.

Além disso, os serviços de drenagem urbana, embora entendidos como parte de um saneamento ambiental, não tiveram, ao longo do tempo, um tratamento legal sistemático, principalmente no que se refere à sua compreensão, sob o aspecto jurídico-legal, como espécie de serviço público essencial e sujeito a mecanismos e procedimentos necessários à avaliação sistemática da eficiência e eficácia das ações programadas.

Tampouco a drenagem foi considerada, ao longo dos anos, como parte do planejamento urbano, que necessita de espaços específicos para a adequada vazão das águas das chuvas. Também não se cogitava em definir, com objetividade, as fontes de financiamento desse serviço, cujos recursos financeiros, tradicionalmente, provêm do Tesouro.

A Lei federal nº 11.445/2007 mudou essa lógica, incluindo os serviços de drenagem e manejo de águas pluviais no mesmo patamar de importância e complexidade institucional do abastecimento de água potável, do esgotamento sanitário e dos serviços de limpeza urbana e manejo dos resíduos sólidos.

Embora os serviços públicos de drenagem e manejo das águas pluviais urbanas sejam prestados, em geral, pelas administrações púbicas, sem regimes contratuais mais complexos ou estrutura de remuneração consolidada, as alterações do Marco Legal do Saneamento Básico, possibilitam expressamente a prestação de tais serviços mediante cobrança de tarifa. Com isso, há uma expectativa de que haja *desenvolvimento e aprimoramento no setor, com remuneração adequada do prestador, inclusive sob regime de concessão*[17].

41.5 FUNDAMENTOS DA POLÍTICA DE SANEAMENTO

As questões relacionadas à melhoria e acesso aos serviços de saneamento básico, assim como a qualidade da água para o consumo humano não se restringem ao Brasil. No âmbito da Organização das Nações Unidas (ONU), vêm ocorrendo há décadas esforços no sentido de obter avanços nesses temas, com efetivos resultados e rebatimentos nas políticas públicas brasileiras. De forma direta ou indireta, verifica-se uma relação intrínseca entre os temas tratados e o saneamento básico, com ênfase ao **direito humano à água e ao esgotamento sanitário**.

---

17. GUREVICH, Eduardo Isaías; ROSA, Vanessa. Remuneração dos serviços. In: OLIVEIRA, Carlos Roberto de; GRANZIERA, Maria Luiza Machado. *Novo marco do saneamento básico no Brasil*. Indaiatuba: Foco, 2021, p. 149.

Além da Conferência Internacional sobre Meio Ambiente Humano, em 1972, em Estocolmo, Suécia, em 1977, a ONU realizou uma primeira conferência internacional sobre o tema da água em Mar del Plata, Argentina. A **Declaração de Mar del Plata** trata das diretrizes para a gestão, levando em conta que as demandas do desenvolvimento humano implicam maior atenção na regulação dos recursos hídricos, assim como a *consciência da estreita ligação entre água e meio ambiente, os assentamentos humanos e a produção de alimentos*. Nessa conferência, o **direito à água** foi expressamente reconhecido pela primeira vez em um documento internacional.[18]

Em 1992, a **Conferência de Dublin sobre Água e Desenvolvimento Sustentável**, provida pela ONU, apontou a existência de sérios problemas relacionados à disponibilidade hídrica e estabeleceu princípios para a **gestão sustentável** da água, que influenciaram a formulação das políticas nacional e estaduais de recursos hídricos no Brasil.

São princípios dessa Declaração:

a água doce é um recurso finito e vulnerável, essencial para sustentar a vida, o desenvolvimento e o meio ambiente;

desenvolvimento e gestão da água devem ser baseados numa abordagem participativa que envolva usuários, planejadores e agentes políticos em todos os níveis;

as mulheres desempenham um papel central no fornecimento, gestão e proteção da água;

a água tem valor econômico em todos os seus usos competitivos e deve ser reconhecida como um bem econômico, para evitar desperdício e poluição. A cobrança é uma ferramenta para o uso eficiente e equitativo e um meio de fomentar a conservação e proteção dos recursos hídricos. No entanto, a cobrança pelo uso do recurso não pode comprometer o consumo humano, pois todo ser humano tem o direito fundamental de acesso à água potável e ao saneamento.

Na década de 1980, a ONU convocou nova conferência para tratar de meio ambiente e desenvolvimento. A Comissão instituída para levantar os problemas ambientais e sugerir estratégias, estabelecendo uma agenda global para mudança apresentou como resultado o Relatório Brundtland, documento que apontou para um desenvolvimento econômico que não se dê em detrimento da justiça social e da preservação do planeta. Essa forma de desenvolvimento desejada deveria ser *sustentável,* isto é, *capaz de suprir as necessidades da geração atual sem comprometer a capacidade de atendimento às gerações futuras*[19].

A Conferência das Nações Unidas para o Ambiente e Desenvolvimento (CNUMAD) - Rio/92 aborda os princípios da cooperação, da participação e do direito ao desenvolvimento, a serem exercidos com o atendimento equitativo das necessidades de desenvolvimento e da proteção ambiental para as gerações presentes e futuras. Outras Conferências da ONU foram realizadas, na mesma linha da necessidade de proteger os recursos naturais para as futuras gerações, na busca de um desenvolvimento permanente e sustentável. A Lei nº 11.445/2007 inclui, no seu escopo, tanto a *proteção dos recursos naturais*[20] como o princípio do *desenvolvimento sustentável*[21],

---

18. LAVÍN, Antonio Riva Palacio. El Pacto Internacional de Derechos Económicos, Sociales y Culturales. *Colección del sistema universal de protección de los derechos humanos* – fascículo 4. Ciudad de México: Comisión Nacional de los Derechos Humanos, 2012.
19. COMISSÃO MUNDIAL SOBRE MEIO AMBIENTE E DESENVOLVIMENTO. Nosso futuro comum. 2. ed. Rio de Janeiro: FGV, 1991, p. 9.
20. Lei nº 11.445/2007, arts. 2º, III, 10-A, I, 11, § 2º, II e 54-B, II.
21. Lei nº 11.445/2007, art. 48, II.

Em 2000, a ONU instituiu os Objetivos de Desenvolvimento do Milênio (ODM), com previsão de 15 anos. A meta do Objetivo de Desenvolvimento do Milênio n° 7 menciona *reduzir para metade, até 2015, a proporção de população sem acesso sustentável a água potável segura e a saneamento básico*. Em 28 de Julho de 2010 a Assembleia Geral das Nações Unidas por meio da Resolução A/RES/64/292 declarou a água limpa e segura e o saneamento um direito humano essencial para gozar plenamente a vida e todos os outros direitos humanos[22].

Em continuidade aos ODM, foram instituídos em 2015 os Objetivos do Desenvolvimento Sustentável (ODS) – Agenda 2030, endereçada aos Estados nacionais, governos subnacionais – estados federados, DF, regiões, municípios, sociedade civil e iniciativa privada, dentro das atribuições e realidades de cada um.

São 17 objetivos e 169 metas, sendo que o ODS 6 trata da água limpa e do saneamento básico, refletindo uma visão inovadora das Nações Unidas ao colocar a água como elemento central de temas que possuem relação com diversos outros ODS, como a saúde pública e o meio ambiente. O ODS 6 abrange 8 metas, apresentadas a seguir:

até 2030, alcançar o acesso universal e equitativo a água potável e segura para todos;

até 2030, alcançar o acesso a saneamento e higiene adequados e equitativos para todos, acabar com a defecação a céu aberto, com especial atenção para as necessidades das mulheres e meninas e daqueles em situação de vulnerabilidade;

até 2030, melhorar a qualidade da água, reduzir à metade a proporção de águas residuais não tratadas e aumentar a reciclagem e reutilização segura globalmente;

até 2030, aumentar a eficiência do uso da água e assegurar retiradas sustentáveis e reduzir o número de pessoas que sofrem com a escassez de água;

até 2030, implementar a gestão integrada dos recursos hídricos em todos os níveis, inclusive a transfronteiriça;

até 2020, proteger e restaurar ecossistemas relacionados com a água incluindo montanhas, florestas, zonas úmidas, rios, aquíferos e lagos;

até 2030, ampliar a cooperação internacional e o apoio à capacitação para os países em desenvolvimento em atividades e programas relacionados à água e saneamento;

apoiar e fortalecer a participação das comunidades locais, para melhorar a gestão da água e do saneamento.

A meta 6.1 – até 2030, alcançar o acesso universal e equitativo a água potável e segura para todos – refere-se ao abastecimento de água potável e tem a ver com a qualidade da água, em atendimento aos **padrões de potabilidade**, cuja definição de parâmetros mínimos compete à União[23]. Essa meta também se aplica ao princípio da universalização dos serviços.

A meta 6.2 – até 2030, alcançar o acesso a saneamento e higiene adequados e equitativos para todos, acabar com a defecação a céu aberto, com especial atenção para as necessidades das mulheres e meninas e daqueles em situação de vulnerabilidade -, refere-se aos

---

22. A título de esclarecimento, o conceito de saneamento utilizado pela ONU consiste na provisão de instalações e serviços para o gerenciamento e o descarte de resíduos líquidos e sólidos gerados por atividades humanas. Já a Lei n° 1.445/2007 ao instituir as Diretrizes Nacionais para o Saneamento Básico, aborda o tema sob outra ótica, incluindo no escopo dos serviços o abastecimento de água potável, o esgotamento sanitário, assim como a drenagem e o manejo de águas pluviais.

23. Lei n° 11.445/2007, art. 43, § 1°.

serviços de esgotamento sanitário. Importante considerar a presença da população sem teto nas cidades, e também sem acesso formal a banheiros, em total situação de vulnerabilidade e risco, o que deve ser considerado nos Planos Municipais de Saneamento Básico.

A meta 6.3 – ao tratar da melhoria da qualidade da água, indiretamente refere-se ao tratamento de esgotos e também à proteção de mananciais utilizados na captação de água bruta, uma das etapas dos serviços de abastecimento de água potável.

A meta 6.4. abrange, entre outros itens, o controle de perdas, pois refere-se ao princípio da *eficiência*, termo que é mencionado 24 vezes na Lei nº 11.445/2007.

Além do ODS 6, o ODS 17 refere-se a fortalecer os meios de **implementação** e revitalização da parceria global, mas também local, para o desenvolvimento sustentável. Nessa ótica, cabe destacar:

17.9 Reforçar o apoio internacional para a implementação eficaz e orientada da capacitação em países em desenvolvimento, a fim de apoiar os planos nacionais para implementar todos os objetivos de desenvolvimento sustentável;

17.14 Aumentar a coerência das políticas para o desenvolvimento sustentável;

17.17 Incentivar e promover parcerias públicas, público-privadas e com a sociedade civil eficazes, a partir da experiência de mobilização de recursos dessas parcerias.

Ressalta-se que as metas são globalmente fixadas, mas a sua aplicação tem caráter local. Assim, no que se refere ao saneamento básico, cabe à União, Estados e Municípios, cada qual no âmbito de suas competências, de acordo com as regras de competência estabelecidas na Constituição Federal, buscar o avanço do atendimento dos serviços para toda a população.

Tendo em vista os impactos atuais e futuros, a Nova Agenda Urbana da ONU (Habitat III), na Declaração de Quito sobre cidades e assentamentos urbanos para todos, firmou o compromisso de *promover a conservação e o uso sustentáveis da água por meio da reabilitação dos recursos hídricos nas áreas urbanas, periurbanas e rurais, reduzindo e tratando águas residuais, reduzindo perdas de água, promovendo sua reutilização e aumentando o armazenamento, a retenção e a reposição de água, levando em consideração seu ciclo natural*[24].

Como se percebe, o acesso à água e ao esgotamento sanitário são condicionantes da saúde, e da sustentabilidade das áreas urbanas, compondo um quadro muito claro sobre as relações entre esses fatores e o desenvolvimento da sociedade. E o papel dos Planos de Saneamento Básico (PMSB) vai justamente na direção de estabelecer as bases de ação para o alcance desses objetivos, que fazem parte tanto das agendas globais quanto da legislação brasileira, destacando-se a universalização como o princípio fundamental da norma.

41.6 NATUREZA JURÍDICA DOS SERVIÇOS

De acordo com a Constituição, a competência legislativa para instituir diretrizes para o desenvolvimento urbano, incluindo habitação, **saneamento básico** e transportes urbanos, pertence à União[25]. Independentemente disso, o art. 24 da Constituição estabelece a competência legislativa concorrente da União, Estados e Distrito Federal para legislar sobre temas correlatos ao **saneamento**, como a proteção da saúde e do meio ambiente.

---

24. ORGANIZAÇÃO DAS NAÇÕES UNIDAS. A/RES/71/256, Nova Agenda Urbana. Português, 2019.
25. CF/88, art. 21, XX.

No que se reporta às competências administrativas, é competência comum da União, dos Estados e dos Municípios a promoção de **programas de saneamento básico**[26]. O saneamento possui uma interface marcante com a saúde, cabendo ao Sistema Único de Saúde (SUS) participar da formulação da política e da execução das ações de saneamento básico[27].

O saneamento básico é uma espécie do gênero serviço público. Trata-se de atividade cujo desenvolvimento compete *preferencialmente* ao Poder Público, mas *não exclusivamente*[28], pois é possível que a prestação seja assumida pelo privado, *em regime de concessão ou permissão*. Todavia, a titularidade, em sentido amplo, é do Poder Público, a quem compete regular o serviço.

Segundo Celso Antônio Bandeira de Mello, os serviços públicos são atividades materiais que o Estado [...] assume como próprias, por considerar seu dever prestá-las ou patrocinar-lhes a prestação, a fim de **satisfazer necessidades** [...] do todo social, reputadas como fundamentais em dado tempo e lugar[29].

A finalidade do serviço público é atender a uma necessidade de interesse geral. O traço de distinção entre o serviço público e as outras atividades econômicas é o fato de o primeiro ser **essencial para a comunidade**. A não prestação, a má prestação, ou ainda, a prestação insuficiente do serviço pode causar danos ao patrimônio, à saúde das pessoas e ao meio ambiente.

Os serviços de saneamento básico são necessários para a sobrevivência do grupo social e do próprio Estado. Tanto esse tema é nevrálgico, que a Resolução da Assembleia Geral da ONU A/64/L.63/Rev.1, de jun./2010 declarou o *direito à água potável e ao saneamento*[30] como um direito humano, essencial para a completa satisfação da vida e de todos os direitos humanos. Para tanto, a ONU conclamou os Estados e as organizações internacionais para prover, em particular os países em desenvolvimento, de recursos financeiros, capacidade construtiva e transferência de tecnologia, por meio da assistência e cooperação internacional.

A ONU menciona os Estados nacionais e as organizações internacionais como responsáveis pelo provimento de recursos a países em desenvolvimento. Todavia, não apenas as pessoas jurídicas de direito internacional são atores essenciais nesse processo: tomando o exemplo do Brasil, os governos subnacionais, como os Estados federados e os municípios, de acordo com a Constituição Federal, possuem papel estratégico na **condução coordenada**, visando à execução das ações relacionadas com o saneamento básico, objetivando o alcance da universalização. E é nos Planos Municipais de Saneamento Básico que se estabelecem as ações a serem realizadas, na busca da universalização dos serviços.

Além desses atores, algumas organizações não governamentais (ONG) vêm atuando de forma incisiva na formulação de estratégias voltadas à **sustentabilidade dos manan-**

---

26. CF/88, art. 23, IX.
27. CF/88, art. 200, IV.
28. NOHARA, Irene Patrícia. *Direito Administrativo*. 9. ed. São Paulo: GEN, 2019, p. 508.
29. MELLO, Celso Antônio Bandeira de. *Curso de Direito Administrativo*. 30. ed. São Paulo: Malheiros, 2013, p. 683.
30. Lembrando que, com exceção do Brasil, o termo *água* e a *expressão saneamento básico* referem-se a serviços distintos, sendo que o primeiro trata do abastecimento de água potável e a segunda diz respeito ao apenas ao esgotamento sanitário. A Lei nº 11.445/2007, inclui na expressão *saneamento básico*, quatro serviços distintos: abastecimento de água potável, esgotamento sanitário, limpeza e manejo de resíduos sólidos urbanos e drenagem e manejo de resíduos sólidos.

ciais de água doce para o abastecimento público. Como exemplo, pode-se citar o documento "Análise do Retorno do Investimento na Conservação de Bacias Hidrográficas: Referencial Teórico e Estudo de Caso do Projeto Produtor de Água do Rio Camboriú, Santa Catarina, Brasil", desenvolvido pela The Nature Conservancy (TNC)[31]. Esse estudo tratou de como os prestadores de serviços de abastecimento podem contribuir com a proteção dos mananciais, por meio da aplicação de um percentual da tarifa de água em ação baseadas na natureza, com impacto na diminuição do custo de tratamento.

Estabelecendo um corte na conceituação do saneamento básico, a lei dispõe que tais serviços são aqueles voltados para as comunidades. *Não se caracteriza como serviço público a ação de saneamento executada por meio de soluções individuais, desde que o usuário não dependa de terceiros para operar os serviços, bem como as ações e serviços de saneamento básico de responsabilidade privada, incluindo o manejo de resíduos de responsabilidade do gerador*[32].

41.7 CONCEITOS E PRINCÍPIOS FUNDAMENTAIS DA NORMA

A lei de saneamento incluiu outros princípios fundamentais, como o de seleção competitiva do prestador, o da regionalização da prestação e o da prestação concomitante de água e esgotamento sanitário. Em relação aos conceitos, ocorreu a redefinição daqueles previstos no art. 3º, principalmente o de serviço de saneamento básico – agora detalhado nos novos arts. 3º-A, 3º-B, 3º-C, 3º-D e art. 7º, o de gestão associada e, em especial, o de prestação regionalizada.

Além disso, foram incluídos conceitos urbanísticos estratégicos, como o de núcleo urbano, inclusive o informal e o consolidado, em linha com a legislação de regularização fundiária, além dos conceitos de operação regular do serviço, de serviços de saneamento de interesse comum e de interesse local, entre outros.

41.7.1 Universalização e Integralidade

A **universalização** do acesso e efetiva prestação do serviço é um dos princípios fundamentais da lei[33] e consiste na *ampliação progressiva do acesso de todos os domicílios ocupados ao saneamento básico, em todos os serviços* de interesse comum, *incluídos o tratamento e a disposição final adequados dos esgotos sanitários*[34]. Note-se que a lei trata especificamente nesse dispositivo dos serviços de **interesse comum,** e não explicita os serviços de **interesse local**. Todavia, a inclusão do termo **universalização** na lei é bastante abrangente e aplica-se a vários tópicos da lei como a finalidade dos **subsídios**[35] e a função dos **contratos,** com vistas a viabilizar a universalização dos serviços na área licitada até 31 de dezembro de 2033[36].

---

31. KROEGER Timm; KLEMZ, Claudio; SHEMIE, Daniel; BOUCHER, Timothy; FISHER, Jonathan R. B.; ACOSTA, Eileen, P.; DENNEDY-FRANK, James; CAVASSANI, Andre Targa; GARBOSSA, Luis; BLAINSKI, Everton; SANTOS, Rafaela Comparim; PETRY, Paulo, GIBERTI, Silvana; DACOL, Kelli. *Análise do Retorno do Investimento na Conservação de Bacias Hidrográficas*: Referencial Teórico e Estudo de Caso do Projeto Produtor de Água do Rio Camboriú, Santa Catarina, Brasil. The Nature Conservancy, Arlington, VA.
32. Lei nº 11.445/2007, art. 5º.
33. Lei nº 11.445/2007, art. 2º, I.
34. Lei nº 11.445/2007, art. 3º, III.
35. Lei nº 11.445/2007, art. 3º, VII.
36. Lei nº 11.445/2007, art. 10-B.

Nesse sentido, a lei determina que *os contratos de prestação dos serviços públicos de saneamento básico deverão definir metas de universalização que garantam o atendimento de 99% (noventa e nove por cento) da população com água potável e de 90% (noventa por cento) da população com coleta e tratamento de esgotos até* **31 de dezembro de 2033**, assim como metas quantitativas de não intermitência do abastecimento, de redução de perdas e de melhoria dos processos de tratamento[37].

O custeio da universalização consiste na finalidade da criação de fundos instituídos *por entes da Federação, isoladamente ou reunidos em consórcios públicos*[38]. Além disso, os **Planos Municipais de Saneamento Básico** devem conter *objetivos e metas de curto, médio e longo prazos para a universalização, admitidas soluções graduais e progressivas, observando a compatibilidade com os demais planos setoriais*[39].

Verifica-se, dessa forma, que a Lei nº 14.026/2020, ao alterar as Diretrizes Nacionais para o Saneamento Básico, tem como objetivo principal a *promoção da universalização dos serviços de saneamento básico até* **2033**, *estimulando a realização de investimentos para o desenvolvimento das infraestruturas de saneamento básico no país através da maior participação do setor privado na prestação dos serviços de saneamento*[40]. E os Planos de Saneamento Básico são instrumentos fundamentais para o alcance desse objetivo.

A **integralidade** consiste no *conjunto de* atividades e componentes *de cada um dos diversos serviços de saneamento que propicie à população o acesso a eles em conformidade com suas necessidades e maximize a eficácia das ações e dos resultados*[41].

41.7.2 Conservação dos Recursos Naturais

Ao tratar da forma como deve ser realizada a prestação dos serviços de abastecimento de água, esgotamento sanitário, limpeza urbana e manejo dos resíduos sólidos a Lei nº 11.445/2007 incluiu a **conservação dos recursos naturais**, além da adequação à saúde pública e à proteção do meio ambiente.

O art. 2º, III, é explícito nesse sentido, ao estabelecer, como princípio fundamental, o *abastecimento de água, esgotamento sanitário, limpeza urbana e manejo dos resíduos sólidos realizados de forma adequada à saúde pública, à conservação dos recursos naturais e à proteção do meio ambiente*.

No que se refere aos **contratos** relativos à prestação dos serviços públicos de saneamento básico, esses instrumentos deverão conter, expressamente, sob pena de nulidade, as cláusulas essenciais previstas no art. 23 da Lei nº 8.987/1995, além entre outras disposições, das *metas de expansão dos serviços, de redução de perdas na distribuição de água tratada, de qualidade na prestação dos serviços, de* **eficiência e de uso racional da água**, da *energia e de outros* **recursos naturais**, *do reúso de efluentes sanitários e do aproveitamento de águas de chuva, em conformidade com os serviços a serem prestados*[42].

---

37. Lei nº 11.445/2007, art. 11-B.
38. Lei nº 11.445/2007, art. 13.
39. Lei nº 11.445/2007, art. 19, II.
40. MARQUES, Rui Cunha. A reforma do setor de saneamento no brasil: o reforço da regulação e do papel da ANA. In: OLIVEIRA, Carlos Roberto de; GRANZIERA, Maria Luiza Machado. *Novo marco do saneamento básico no Brasil*. Indaiatuba: Foco, 2021, p. 37.
41. Lei nº 11.445/2007, art. 2º, II.
42. Lei nº 11.445/2007, art. 10-A, I.

DIREITO AMBIENTAL • MARIA LUIZA MACHADO GRANZIERA

Em relação à *condição de validade dos contratos*, ao tratar dos *serviços prestados mediante contratos de concessão ou de programa*, a lei determina que as *normas de regulação* abordem a *inclusão, no contrato, das metas progressivas e graduais de expansão dos serviços, de redução progressiva e controle de perdas na distribuição de água tratada, de qualidade, de eficiência e de **uso racional da água**, da energia e de outros **recursos naturais**, em conformidade com os serviços a serem prestados e com o respectivo plano de saneamento básico*[43].

Além disso, a **disponibilidade**, nas áreas urbanas, de serviços de drenagem e manejo das águas pluviais, tratamento, limpeza e fiscalização preventiva das redes, adequados à saúde pública, refere-se à proteção do meio ambiente e à segurança da vida e do patrimônio público e privado.

41.7.3 Articulação de Políticas

Um princípio a destacar, em relação à **articulação** do saneamento básico *com as políticas públicas*, para as quais o saneamento básico seja fator determinante, foi a inclusão da política de **recursos hídricos**, que passou a constar expressamente do texto legal, junto com o desenvolvimento urbano e regional, de habitação, de combate à pobreza e de sua erradicação, de proteção ambiental, de promoção da saúde e outras de interesse social relevante, destinadas à melhoria da qualidade de vida.

A **articulação de políticas**, nos termos da lei, implica a implementação dos instrumentos de gestão estabelecidos pelas diversas leis, de modo **coordenado**. Todos os atores envolvidos na implementação dessas políticas, pois, necessitam estabelecer conjuntamente processos de governança com vistas a proceder à necessária articulação, considerando, conforme a lei já estabelece, que existe uma forte inter-relação entre elas. Isso se aplica aos Planos Municipais de Saneamento Básico, considerando as diversas interfaces que esse instrumento possui com as políticas municipais de planejamento, finanças, habitação, saúde, educação e meio ambiente, entre outras.

Além disso, a lei deu ênfase à adoção de métodos, técnicas e processos que considerem as **peculiaridades locais e regionais**. Considerando as dimensões do País, é necessário prever que as soluções de saneamento básico para uma região não é necessariamente a ideal para outra área, com características pluviométricas, geológicas, geográficas e econômicas distintas.

O princípio da **integração das infraestruturas e dos serviços com a gestão eficiente dos recursos hídricos** já vigente na lei anterior, apenas confirma a relação intrínseca existente entre o saneamento básico e a gestão de recursos hídricos.

Cabe aqui destacar que, de acordo com o conteúdo do art. 4º da lei 11.445/2007, *os recursos hídricos não integram os serviços públicos de saneamento básico*. De fato, o saneamento é um setor usuário da água, sujeito à outorga de direito de uso de recursos hídricos, instrumento de controle quantitativo e qualitativo das políticas de águas, incluindo a Lei paulista nº 7.663/1991, pioneira no estabelecimento de uma política pública para as águas.

Recursos hídricos são bens públicos e não podem mesmo se confundir com serviços públicos. São regimes jurídicos totalmente distintos. Mas parece que o legislador, se não tinha a intenção de confundir, acabou criando uma ideia equivocada de que

---

43. Lei nº 11.445/2007, art. 11, § 2º, II.

esses temas não conversam. Muito pelo contrário, trata-se de relação intrínseca e tanto isso é verídico que a lei de saneamento, sobretudo com as alterações havidas em 2020, aproximou esses temas, pois é imprescindível que todos os atores envolvidos com o saneamento considerem que existe uma necessária relação dos serviços de saneamento básico com as águas.

41.7.4 Sustentabilidade Econômica dos Serviços

O tema da **sustentabilidade econômica** possui fundamental importância, pois refere-se ao financiamento das medidas necessárias à universalização dos serviços. Nessa linha, muitas das novas regras fixadas na política de saneamento básico dizem respeito à promoção eficaz da sustentabilidade econômico-financeira dos serviços, abordando direta ou indiretamente o relevante tema da **remuneração dos prestadores**. Sem remuneração adequada, não há eficiência operacional nem recursos suficientes e bem utilizados visando o propósito maior – que é o atingimento das metas, com a diminuição, o quanto possível, do enorme déficit no saneamento básico do país[44].

Uma alteração importante, no que se refere à sustentabilidade econômica dos serviços de saneamento básico, refere-se à inclusão, na lei de saneamento, do termo "**disponibilização**" para a *definição dos serviços públicos de abastecimento de água, esgotamento sanitário, limpeza urbana e manejo de resíduos sólidos*[45]. De acordo com a nova regra, esses serviços devem ser pagos pelas atividades relativas à operação das infraestruturas e instalações, mas também por estarem **colocados à disposição do usuário**, *o que tem impacto direto na remuneração do prestador, que poderá cobrar não só pelo serviço prestado, mas também pelo disponibilizado* ainda que não usado *por mera liberalidade do usuário* (*sendo que o pagamento não o exime da obrigação de conexão*)[46].

O artigo 45 estabelece que *as edificações permanentes urbanas serão conectadas às redes públicas de abastecimento de água e de esgotamento sanitário disponíveis e sujeitas ao pagamento de taxas, tarifas e outros preços públicos decorrentes da disponibilização e da manutenção da infraestrutura e do uso desses serviços*. A alteração havida na lei tem por objetivo *assegurar a remuneração do prestador, mesmo na hipótese de existir a infraestrutura, ter sido feito o investimento, haver gastos com operação e manutenção, e o usuário não se conectar à rede, o que naturalmente ocasiona um desequilíbrio na remuneração esperada e devida*[47].

Outra modificação relevante refere-se ao art. 30 da lei. Na redação antiga, a *estrutura de remuneração e de cobrança dos serviços públicos de saneamento básico* poderia considerar os fatores ali estabelecidos. Ou seja, considerar ou não os fatores objetivos e totalmente relacionados com a sustentabilidade dos serviços era uma opção do titular ou regulador. Agora, a lei determina que os seguintes fatores **serão considerados** na *estrutura de remuneração e de cobrança dos serviços*:

---

44. GUREVICH, Eduardo Isaías; ROSA, Vanessa. Remuneração dos serviços. In: OLIVEIRA, Carlos Roberto de; GRANZIERA, Maria Luiza Machado. *Novo marco do saneamento básico no Brasil*. Indaiatuba: Foco, 2021, p. 142.
45. Lei nº 11.445/2007, art. 3º, I, *a*, b e *c*.
46. GUREVICH, Eduardo Isaías; ROSA, Vanessa. Remuneração dos serviços. In: OLIVEIRA, Carlos Roberto de; GRANZIERA, Maria Luiza Machado. *Novo marco do saneamento básico no Brasil*. Indaiatuba: Foco, 2021, p. 143.
47. GUREVICH, Eduardo Isaías; ROSA, Vanessa. Remuneração dos serviços. In: OLIVEIRA, Carlos Roberto de; GRANZIERA, Maria Luiza Machado. *Novo marco do saneamento básico no Brasil*. Indaiatuba: Foco, 2021, p. 143.

categorias de usuários, distribuídas por faixas ou quantidades crescentes de utilização ou de consumo;

padrões de uso ou de qualidade requeridos;

quantidade mínima de consumo ou de utilização do serviço, visando à garantia de objetivos sociais, como a preservação da saúde pública, o adequado atendimento dos usuários de menor renda e a proteção do meio ambiente;

custo mínimo necessário para disponibilidade do serviço em quantidade e qualidade adequadas;

ciclos significativos de aumento da demanda dos serviços, em períodos distintos;

capacidade de pagamento dos consumidores.

Saliente-se *os alarmantes índices de perdas físicas de água e também os danos ambientais por lançamentos de esgoto não tratado in natura, ambos decorrentes da falta de investimento nos sistemas de água e esgoto,* em parte pela existência *de estruturas remuneratórias insuficientes e falhas*[48]. O novo texto tem o objetivo de corrigir essa distorção.

No que se refere ao financiamento, a Lei nº 13.329/2016 incluiu à Lei nº 11.445/2007 os artigos 54-A e 54-B, que tratam do Regime Especial de Incentivos para o Desenvolvimento do Saneamento Básico (REISB). O objetivo é estimular a pessoa jurídica prestadora de serviços públicos de saneamento básico a aumentar seu volume de investimentos por meio da concessão de créditos tributários.

O REISB beneficia as pessoas jurídicas que realizem investimentos voltados para a sustentabilidade e para a eficiência dos sistemas de saneamento básico e em acordo com o Plano Nacional de Saneamento Básico, tais como:

alcance das metas de universalização do abastecimento de água para consumo humano e da coleta e tratamento de esgoto;

preservação de áreas de mananciais e de unidades de conservação necessárias à proteção das condições naturais e de produção de água;

redução de perdas de água e ampliação da eficiência dos sistemas de abastecimento de água para consumo humano e dos sistemas de coleta e tratamento de esgoto.

Verifica-se que o REISB é um importante instrumento legal de viabilização do financiamento da proteção de mananciais pelos prestadores de serviços de saneamento que se enquadrem nas condições impostas pela lei.

41.7.5 Eficiência

O princípio da eficiência consiste em uma das bases de atuação da Administração Pública, fixada no art. 37 da Constituição. Esse vocábulo vincula-se à ideia de ação, para produzir resultado de modo rápido e preciso. Associado à Administração Pública, o princípio da eficiência determina que a Administração deve agir, de modo rápido e preciso, para produzir resultados que satisfaçam as necessidades da população.

O estímulo à **pesquisa**, ao **desenvolvimento** e à utilização de **tecnologias apropriadas**, consideradas a capacidade de pagamento dos usuários, a adoção de soluções graduais e progressivas e a melhoria da qualidade com ganhos de eficiência e redução dos custos para os usuários consiste em um dos princípios elencados na lei que se conectam com a noção de eficiência.

---

48. GUREVICH, Eduardo Isaías; ROSA, Vanessa. Remuneração dos serviços. In: OLIVEIRA, Carlos Roberto de; GRANZIERA, Maria Luiza Machado. *Novo marco do saneamento básico no Brasil*. Indaiatuba: Foco, 2021, p. 145.

A **transparência das ações**, baseada em sistemas de informações e processos decisórios institucionalizados também propicia um melhor nível de eficiência nos serviços, pois garante que as decisões ficam mais próximas de se pautarem pela impessoalidade e objetividade.

A **segurança**, **qualidade**, **regularidade** e **continuidade** dos serviços, já previstos na Lei nº 8.987/1995, que dispõe sobre as concessões de serviços públicos, também se referem ao princípio da eficiência, assim como ao **serviço adequado**, definido como aquele que *satisfaz as condições de regularidade, continuidade, eficiência, segurança, atualidade, generalidade, cortesia na sua prestação e modicidade das tarifas*[49].

Um ponto a considerar, em termos de eficiência, é que a prestação dos serviços, incluindo a manutenção de redes de água, esgoto e drenagem deve ser também planejada e monitorada, para evitar retrabalhos e custos desnecessários. O pessoal terceirizado pelos prestadores deve ser **capacitado** para realizar os serviços de forma rápida e efetiva. Sem esse foco na ponta do serviço, todo o investimento fica prejudicado. Esse é um tema a ser desenvolvido nos Planos Municipais de Saneamento Básico.

41.7.6 Controle Social

O controle social consiste no *conjunto de mecanismos e procedimentos que garantem à sociedade informações, representações técnicas e participação nos processos de formulação de políticas, de planejamento e de avaliação relacionados com os serviços públicos de saneamento básico*[50]. Cabe aos titulares dos serviços *estabelecer os mecanismos e os procedimentos de controle social na formulação de suas políticas públicas*[51].

O conceito de regulação é entendido como a *intervenção do Estado nas ordens econômica e social com a finalidade de se alcançarem eficiência e equidade, traduzidas como universalização na provisão de bens e serviços públicos de natureza essencial por parte de prestadores de serviço estatais e privados*[52]. A regulação, nos termos da Lei nº 11.445/2007, contribui diretamente para a introdução de mecanismos de eficiência, assegurando qualidade a preços mais acessíveis, além de maior eficácia das ações para a melhoria das condições de salubridade e bem-estar social[53].

A respeito desses efeitos, *os serviços de saneamento básico estão intrinsecamente atrelados a interesses difusos, uma vez que são ferramenta essencial para a manutenção do meio ambiente equilibrado, para a garantia de saúde pública da população, para a adequada ocupação e uso do solo urbano e para o bem-estar das pessoas*[54].

A introdução da expressão **controle social** na política pública de saneamento básico denota *a relevância dada a alguns dos principais atores envolvidos na prestação de servi-*

---

49. Lei nº 8.987/1995, art. 6º, 1º.
50. Lei nº 11.445/2007, art. 3º, IV.
51. Lei nº 11.445/2007, art. 9º, V.
52. GALVÃO JUNIOR, Alceu de Castro; PAGANINI, Wanderley da Silva. *Aspectos conceituais da regulação dos serviços de água e esgoto no Brasil*. Disponível em: <https://www.scielo.br/scielo.php?script=sci_arttext&pid=S1413-41522009000100009>. Acesso em: 20 mar. 2024.
53. GALVÃO JUNIOR, Alceu de Castro; PAGANINI, Wanderley da Silva. *Aspectos conceituais da regulação dos serviços de água e esgoto no Brasil*. Disponível em: <https://www.scielo.br/scielo.php?script=sci_arttext&pid=S1413-41522009000100009>. Acesso em: 20 mar. 2024.
54. SOUZA, Mariana Campos de. Controle social nas normas de referência da ANA. In: OLIVEIRA; Carlos Roberto de; GRANZIERA, Maria Luiza Machado. *Novo Marco do Saneamento Básico no Brasil*. Indaiatuba: Foco, 2021, p. 185.

ços públicos de saneamento básico: *os seus usuários, diretamente afetados, na medida que usufruem dos serviços, e o restante da comunidade, que sofre os efeitos diretos e indiretos da sua prestação*. Essa preocupação não é recente no contexto empresarial. Pelo menos desde a década de 1970, discute-se a responsabilidade social das empresas. Atualmente, o controle social pode ser identificado entre o que se conhece como atributos ESG: *environmental, social and governance*[55].

No que se refere aos mecanismos de controle social dos serviços de saneamento básico, merece destaque a participação de órgãos colegiados, audiência e consulta públicas das propostas e estudos **dos planos de saneamento** e das minutas de edital e de contratos de prestação dos serviços públicos de saneamento básico.

Em relação às audiências e consultas públicas, é condição de validade de contratos de prestação dos serviços de saneamento básico a *realização prévia de audiência e de consulta públicas sobre o edital de licitação e a minuta do contrato*[56].

A lei busca garantir a divulgação das propostas dos Planos Municipais de Saneamento Básico e dos respectivos estudos, dispondo sobre a realização de audiências ou consultas públicas. *Quanto à necessidade de divulgação de documentos relativos aos planos de saneamento básico por audiência e consulta públicas, dado o que o dispõe o art. 19, § 5º, da Lei 11.445, de 2007, o Decreto 7.217, de 2010, que regulamenta a Lei, determina que tal divulgação se efetive "por meio da disponibilização integral de seu teor a todos os interessados, inclusive por meio da rede mundial de computadores – internet e por audiência pública", o que evidencia a importância de que sejam realizadas tanto a consulta quanto a audiência públicas*[57]. Cabe citar que os *documentos considerados sigilosos em razão de interesse público relevante, mediante prévia e motivada decisão ficam excluídos a obrigatoriedade de publicação*[58].

Cabe ainda o exercício do controle social no que se refere à regulação e à fiscalização dos serviços. Segundo a lei, deve ser assegurada *a publicidade dos relatórios, estudos, decisões e instrumentos equivalentes que se refiram a regulação e fiscalização, bem como dos direitos e deveres dos usuários e prestadores*[59]. Nesse mesmo dispositivo, é previsto *o acesso às informações por qualquer do povo, independentemente da existência de interesse direto. Essa determinação expressa o* **interesse difuso** *em torno dos serviços públicos de saneamento básico, diante dos efeitos por eles gerados a toda a coletividade*[60].

Aos usuários é assegurado *o acesso a informações sobre os serviços prestados, o prévio conhecimento dos seus direitos, deveres e penalidades a que estão sujeitos, o acesso a manual de prestação dos serviços e de atendimento ao usuário e o acesso a relatório periódico sobre a qualidade da prestação dos serviços*[61].

---

55. Souza, Mariana Campos. Controle social nas Normas de referência da ANA. In: OLIVEIRA, Carlos Roberto de; GRANZIERA, Maria Luiza Machado. *Novo marco do saneamento básico no Brasil*. Indaiatuba: Foco, 2021, p. 183.
56. Lei nº 11.445/2007, art. 11.
57. Souza, Mariana Campos. Controle social nas Normas de referência da ANA. In: OLIVEIRA, Carlos Roberto de; GRANZIERA, Maria Luiza Machado. *Novo marco do saneamento básico no Brasil*. Indaiatuba: Foco, 2021, p. 187.
58. Lei nº 11.4452007, art. 26, § 1º.
59. Lei nº 11.445, art. 26.
60. Souza, Mariana Campos. Controle social nas Normas de referência da ANA. In: OLIVEIRA, Carlos Roberto de; GRANZIERA, Maria Luiza Machado. *Novo marco do saneamento básico no Brasil*. Indaiatuba: Foco, 2021, p. 187.
61. Lei nº 11.445, art. 27.

Cabe ainda destacar outro importante mecanismo de controle social que é o Sistema Nacional de Informações em Saneamento Básico (SNIS), que reúne dados e informações a respeito das condições de prestação dos serviços públicos de saneamento básico em todo o país.

Em termos de norma de regulação sobre controle social, cabe destacar a Resolução da Agência Reguladora dos Serviços de Saneamento das Bacias dos Rios Piracicaba, Capivari e Jundiaí (ARES-PCJ) nº 01/2011, que dispõe sobre a instalação e funcionamento dos Conselhos de Regulação e Controle Social, no âmbito dos municípios por ela regulados, conselhos de caráter consultivo que participação do processo decisório da agência. Além da atuação dos Conselhos de Regulação e Controle Social, a ARES – PCJ adota como outros mecanismos de controle social as audiências e consultas públicas, objeto da Resolução ARES-PCJ nº 161/2016, que dispõe sobre formas e mecanismos de Controle Social a serem adotados pela Agência Reguladora dos Serviços de Saneamento das Bacias dos Rios Piracicaba, Capivari e Jundiaí (ARES-PCJ).

41.7.7 Perdas, Racionalização do Consumo, Eficiência Energética e Reúso

A redução e controle das **perdas de água**, inclusive na distribuição de água tratada, o estímulo à **racionalização** de seu consumo pelos usuários e o fomento à **eficiência energética**, ao **reuso** de efluentes sanitários e ao **aproveitamento de águas de chuva**, consistem uma inovação incluída nas Diretrizes Nacionais para o Saneamento Básico.

No que se refere às perdas de água nos sistemas de abastecimento, a Lei nº 14.026/2020 tornou obrigatório para os contratos relativos a serviços de saneamento básico (especialmente no tocante ao abastecimento de água) que sejam estabelecidas *metas de redução de perdas na distribuição de água tratada*[62]. Para tanto, o cumprimento dessas metas deve ser *acompanhado anualmente pelo ente regulador*[63], que deve *estabelecer normas sobre a matéria*. A redução progressiva de perdas deve ser tratada expressamente nas normas de regulação[64]. E considerando que as políticas federais deverão contemplar a matéria, verifica-se a importância que as alterações do Marco Legal de Saneamento Básico deram à questão.

Cabe ainda citar o princípio da **prestação concomitante** dos serviços de abastecimento de água e de esgotamento sanitário, que vem suprir uma lacuna importante, na medida em que coloca os serviços de esgotamento sanitário no mesmo nível de essencialidade que o abastecimento de água potável. A introdução desse princípio também impacta a qualidade dos corpos hídricos, incluindo os mananciais, considerando a necessidade de tratar os esgotos.

41.7.8 Prestação Regionalizada

A **prestação regionalizada** dos serviços tem a ver com a *geração de ganhos de escala e à garantia da universalização e da viabilidade técnica e econômico-financeira dos serviços*[65], um dos princípios fundamentais das Diretrizes Nacionais para o Saneamento Básico. Nos termos da Lei nº 11.445/2007, a **prestação regionalizada** consiste na *modalidade de pres-*

---

62. Lei nº 11.445/2007, art. 10-A, I e 11-B.
63. Lei nº 11.445/2007, art. 11-B, § 5º.
64. Lei nº 11.445/2007, arts. 12, IV, 23, XIV, e 43, § 2º.
65. Lei nº 11.445/2007, art. 2º, XIV.

tação integrada de um ou mais componentes dos serviços públicos de saneamento básico em determinada região cujo território abranja mais de um Município[66].

A ideia que permeia a prestação regionalizada no País refere-se à necessidade de superar a situação de inequívoco atraso na implementação do serviço de saneamento básico e as limitações dos municípios (financeiras, de capacidade organizacional e de escala, dentre outras), por meio da comunhão de esforços, ou seja, pelo incentivo à regionalização[67]. A prestação regionalizada constitui sem dúvida uma orientação do novo marco regulatório, presente em vários dispositivos legais introduzidos ou modificados pela Lei nº 14.026/2020.

Essa modalidade de prestação de serviços pode ser estruturada, de acordo com a lei, nos seguintes formatos:

região metropolitana, aglomeração urbana ou microrregião: unidade instituída pelos Estados mediante lei complementar, de acordo com o § 3º do art. 25 da Constituição Federal, composta de agrupamento de Municípios limítrofes e instituída nos termos da Lei nº 13.089/ 2015 (Estatuto da Metrópole);

unidade regional de saneamento básico: unidade instituída pelos Estados mediante lei ordinária, constituída pelo agrupamento de Municípios não necessariamente limítrofes, para atender adequadamente às exigências de higiene e saúde pública, ou para dar viabilidade econômica e técnica aos Municípios menos favorecidos;

bloco de referência: agrupamento de Municípios não necessariamente limítrofes, estabelecido pela União nos termos do § 3º do art. 52 da Lei e formalmente criado por meio de gestão associada voluntária dos titulares.

Para os fins da Lei, *as unidades regionais de saneamento básico devem apresentar sustentabilidade econômico-financeira e contemplar, preferencialmente, pelo menos 1 (uma) região metropolitana, facultada a sua integração por titulares dos serviços de saneamento*[68]. É prevista uma **estrutura de governança** para as unidades regionais de saneamento básico, que deverá seguir o disposto na Lei nº 13.089/ 2015 (Estatuto da Metrópole).

Na hipótese de os Chefes dos Poderes Executivos da União, dos Estados, do Distrito Federal e dos Municípios formalizarem a gestão associada para o exercício de funções relativas aos serviços públicos de saneamento básico, fica dispensada, em caso de convênio de cooperação, a necessidade de autorização legal[69].

Conforme dispõe a Lei nº 11.445/2007, *a integração pelos titulares dos serviços de saneamento às unidades regionais estabelecidas pelos Estados é facultativa*[70]. Todavia, para que possam receber *recursos públicos federais e os financiamentos com recursos da União ou com recursos geridos ou operados por órgãos ou entidades da União* uma das condições consiste na *adesão pelos titulares dos serviços públicos de saneamento básico à estrutura de governança correspondente em até 180 (cento e oitenta) dias contados de sua instituição, nos casos de **unidade regional de saneamento básico**, blocos de referência e gestão associada*[71].

---

66. Lei nº 11.445/2007, art. 3º, VI.
67. SAMPAIO, Patrícia Regina Pinheiro. Reforma do marco legal e o incentivo à prestação regionalizada. In: OLIVEIRA, Carlos Roberto de; GRANZIERA, Maria Luiza Machado. *Novo marco do saneamento básico no Brasil*. Indaiatuba: Foco, 2021, p. 178.
68. Lei nº 11.445/2007, art. 8º, § 2º.
69. Lei nº 11.445/2007, art. 8º, § 4º.
70. Lei nº11.445/2007, art. 8º, § 2º.
71. Lei nº11.445/2007, art. 50, VIII.

O art. 10 do Decreto nº 11.599, de 1-7-2023 estabelece o conjunto de condições para a prestação de apoio técnico e financeiro com vista à adaptação dos serviços públicos de saneamento básico às disposições legais.

A Lei nº 14.026/2020, no âmbito das modificações efetuadas na Lei nº 11.445/2007, criou o Comitê Interministerial de Saneamento Básico (Cisb), colegiado que, sob a presidência do Ministério do Desenvolvimento Regional, tem a finalidade de assegurar a implementação da política federal de saneamento básico e de articular a atuação dos órgãos e das entidades federais na alocação de recursos financeiros em ações de saneamento básico[72].

Ao Cisb caberá[73]:

coordenar, integrar, articular e avaliar a gestão, em âmbito federal, do Plano Nacional de Saneamento Básico;

acompanhar o processo de articulação e as medidas que visem à destinação dos recursos para o saneamento básico, no âmbito do Poder Executivo federal

garantir a racionalidade da aplicação dos recursos federais no setor de saneamento básico, com vistas à universalização dos serviços e à ampliação dos investimentos públicos e privados no setor;

elaborar estudos técnicos para subsidiar a tomada de decisões sobre a alocação de recursos federais no âmbito da política federal de saneamento básico;

avaliar e aprovar orientações para a aplicação dos recursos federais em saneamento básico.

O Decreto nº 10.430/2020 regulamentou a matéria, dispondo que, no exercício de suas competências, o Comitê Interministerial de Saneamento Básico atuará para:

promover a articulação entre o Plano Nacional de Saneamento Básico, o Plano Nacional de Resíduos Sólidos e o Plano Nacional de Recursos Hídricos, com base em estudos e relatórios apresentados pela Agência Nacional de Águas e Saneamento Básico, em observância ao disposto no § 12 do art. 4º-A da Lei nº 9.984/2000[74];

assegurar que a alocação de recursos em saneamento básico, administrados ou geridos por órgãos e entidades da administração pública federal, considere: progressivamente, as diretrizes da política federal de saneamento básico e os critérios de elegibilidade, priorização e seleção definidos no Plano Nacional de Saneamento Básico, no Plano Nacional de Resíduos Sólidos e no Plano Nacional de Recursos Hídricos; e os critérios de promoção da saúde pública, de maximização da relação benefício-custo e de maior alcance para a população brasileira com vistas à universalização do acesso às infraestruturas de saneamento;

priorizar planos, programas e projetos que visem à implantação e à ampliação da oferta dos serviços e das ações de saneamento básico nas áreas ocupadas por populações de baixa renda, incluídos os núcleos urbanos informais consolidados, quando não se encontrarem em situação de risco;

simplificar e uniformizar os procedimentos para candidatura e acesso aos recursos federais, observados os princípios da eficiência e da transparência no uso de recursos públicos; e

aperfeiçoar os critérios de elegibilidade e priorização para o acesso a recursos federais, em observância ao disposto no art. 50 da Lei nº 11.445/2007.

Além disso, o Comitê Interministerial de Saneamento Básico, em sua atuação, deverá observar o disposto no art. 50 da Lei nº 11.445/ 2007, e em sua regulamentação, inclusive promovendo a observância às normas de referência a serem editadas pela Agência Nacional de Águas e Saneamento Básico, nos termos do disposto no art. 4º-A da Lei nº 9.984/2000.

---

72. Lei nº 11.445/2007, art. 53-A.
73. Lei nº 11.445/2007, art. 53-B.
74. Lei nº 9.984/2000, art. 4º-A, § 12º: A ANA contribuirá para a articulação entre o Plano Nacional de Saneamento Básico, o Plano Nacional de Resíduos Sólidos e o Plano Nacional de Recursos Hídricos.

632 DIREITO AMBIENTAL • Maria Luiza Machado Granziera

Nota-se, na nova redação da Lei nº 11.445/2007, um esforço relevante da União para o alcance da universalização dos serviços de saneamento básico no País. Para tanto, acena com a possibilidade de transferência de recursos aos titulares dos serviços, estabelecendo, porém, condicionantes relacionados com a adoção das normas de referência da ANA, e outros comportamentos previstos na lei, como é o caso do art. 50, em que se estabelecem as hipóteses para os repasses.

41.7.9 Seleção Competitiva dos Prestadores de Serviço

A **seleção competitiva** do prestador dos serviços consiste em um princípio introduzido pela nova lei e possui conexão com a exigência de processo prévio de licitação em qualquer caso. De acordo com a nova regra, a prestação por entidade que não integre a administração do titular depende da celebração de **contrato de concessão**, mediante **prévia licitação** *com observância dos princípios da legalidade, moralidade, publicidade, igualdade, do julgamento por critérios objetivos e da vinculação ao instrumento convocatório*[75].

O art. 10 da Lei nº 11.445/2007 estabelece que *a prestação dos serviços públicos de saneamento básico por entidade que não integre a administração do titular depende da celebração de contrato de concessão, **mediante prévia licitação**, nos termos do art. 175 da Constituição Federal, vedada a sua disciplina mediante contrato de programa, convênio, termo de parceria ou outros instrumentos de natureza precária. Dessa forma, os contratos de programa regulares vigentes permanecem em vigor até o advento do seu termo contratual*[76].

Além disso, foi vedada a disciplina mediante contrato de programa, convênio, termo de parceria ou outros instrumentos de natureza precária[77]. Havia a expectativa de veto para esse dispositivo, o que não ocorreu.

41.8 TITULARIDADE DOS SERVIÇOS

Por sua própria natureza, o serviço público é estatal e tem como titular uma pessoa jurídica de direito público (União, Estados, Distrito Federal ou Municípios), que o presta diretamente ou por meio de terceiros, de acordo com a lei que rege o serviço específico.

A política pública de saneamento é formada por uma estrutura de cinco pilares: o planejamento, a organização, a regulação, a fiscalização e a prestação do serviço. *A princípio, cabe ao titular do serviço público tomar as decisões políticas necessárias a estruturar esses grupos de tarefas administrativas e distribui-las, quando considerar conveniente, mas sempre levando em conta algumas balizas, a saber: 1. o planejamento é indelegável, embora possa ser realizado com apoio técnico de terceiros ou de forma conjunta; a prestação pode ser direta, indireta ou associada e 3. a regulação é obrigatória para qualquer tipo de prestação, mas não poderá ser cumulada nas mãos daquele que presta o serviço, ou seja, nenhum prestador, estatal ou não, regulará a si mesmo*[78].

---

75. Lei nº 8.987/1995, art. 14.
76. Lei nº 11.445/2007, art. 10, § 3º.
77. Lei nº 11.445/2007, art. 10.
78. MARRARA, Thiago. Mosaico regulatório": as normas de referência da ANA para a regulação dos serviços públicos de saneamento básico à luz da lei 14.026/2020. In: OLIVEIRA, Carlos Roberto de; GRANZIERA, Maria Luiza Machado. *Novo marco do saneamento básico no Brasil*. Indaiatuba: Foco, 2021, p. 63.

A **titularidade** de um serviço público refere-se à **identificação do ente federado**, a quem competem todas as ações inerentes ao serviço, inclusive a decisão de prestá-lo diretamente ou por intermédio de terceiros delegados. Enseja o planejamento, a regulamentação, a prestação do serviço e sua fiscalização.

Por muito tempo, a titularidade do serviço público de saneamento básico foi objeto de conflito entre os Municípios, por intermédio dos Departamentos de Água e Esgotos, autarquias e companhias municipais de saneamento e, de outro lado, os Estados, no que se refere às companhias estaduais de saneamento.

As teses variavam entre duas posições extremas:

cada Município, independentemente de sua localização, inclusive o pertencente a regiões metropolitanas, aglomerações urbanas e microrregiões, e de haver ou não ligação do sistema com outro Município, é o titular dos serviços;

o Estado é o titular de todo e qualquer serviço de saneamento, cujos equipamentos não estejam inteiramente contidos nos limites geográficos de um único Município.

A dúvida decorria de uma interpretação da Constituição Federal, que indicou expressamente quais serviços encontram-se sob a titularidade da União e dos Estados, limitando-se a dispor que a organização e prestação dos serviços públicos de interesse local cabe aos Municípios, diretamente ou sob o regime da concessão ou permissão[79]. Paralelamente, a Constituição transferiu aos Estados a competência para instituir regiões metropolitanas, aglomerações urbanas e microrregiões, agrupando Municípios limítrofes, para integrar a organização, o planejamento e a execução de funções públicas de interesse comum[80].

Não havendo consenso nessa matéria, a questão acabou sendo encaminhada para o Supremo Tribunal Federal (STF)[81]. A grande discussão entre os Ministros do STF, com a apresentação de argumentos que muitas vezes não se articulam, revela a complexidade do tema e a dificuldade de equacionamento dessa matéria, no que se refere a uma definição da titularidade dos serviços de saneamento básico. A partir da decisão do STF, embora o acórdão de 2013 não tenha se expressado de forma clara, convencionou-se que a titularidade pertencia ao município, ainda que em regiões metropolitanas, microrregiões ou aglomerações urbanas, sem se estabelecer qualquer parâmetro normativo para ordenar as relações entre os entes federados nesses espaços.

Posteriormente, em 30 de agosto de 2019, o STF julgou a ADI 2.077/BA e confirmou a titularidade municipal dos serviços de saneamento básico, declarando inconstitucional norma da Constituição do Estado da Bahia que pretendia deslocar a competência/titularidade de tais serviços aos Estados, em prejuízo dos Municípios.

A Lei nº 14.026/2020, na linha de finalmente solucionar a questão, estabeleceu expressamente os sujeitos que atualmente detêm a titularidade dos serviços, conforme segue:

a. Município, no caso de interesse local e,

b. Estado e Municípios, no caso de interesse comum

---

79. CF/88, art. 30, V.
80. CF/88, art. 25, § 3º.
81. Ação direta de inconstitucionalidade contra Lei Complementar n. 87/1997, Lei n. 2.869/1997 e Decreto n. 24.631/1998, todos do Estado do Rio de Janeiro, que instituem a Região Metropolitana do Rio de Janeiro e a Microrregião dos Lagos e transferem a titularidade do poder concedente para prestação de serviços públicos de interesse metropolitano ao Estado do Rio de Janeiro.

Os serviços públicos de saneamento básico de **interesse local** referem-se às *funções públicas e serviços cujas infraestruturas e instalações operacionais atendam a um único Município*[82]. Nesses casos, cabe ao município exercer a titularidade dos serviços de forma total e independente, tendo em vista que todos os equipamentos e estruturas necessárias a prestação dos serviços encontram-se localizados em um único território. Em relação ao interesse local, não se verificam muitas questões novas, já que o entendimento que prevalecia anteriormente ao novo Marco do Saneamento Básico consistia na titularidade municipal.

Note-se que o artigo 8º-A, do Marco Legal do Saneamento Básico, autoriza a adesão facultativa dos titulares dos serviços públicos de saneamento de interesse local às estruturas das formas de **prestação regionalizada**, ou seja, *abre-se a possibilidade de um novo desenho de parceria, evidenciando-se a liberdade ao Município, mesmo exercendo plenamente a titularidade local sobre os serviços públicos de saneamento básico, de se associar a uma estrutura de prestação regionalizada*, o que propicia uma série de benefícios de *maior eficiência e economicidade*[83].

Já o **interesse comum** diz respeito aos *serviços de saneamento básico prestados em regiões metropolitanas, aglomerações urbanas e microrregiões instituídas por lei complementar estadual, em que se verifique o compartilhamento de instalações operacionais de infraestrutura de abastecimento de água e/ou de esgotamento sanitário entre 2 (dois) ou mais Municípios, denotando a necessidade de organizá-los, planejá-los, executá-los e operá-los de forma conjunta e integrada pelo Estado e pelos Municípios que compartilham, no todo ou em parte, as referidas instalações operacionais*[84].

Aqui tem-se uma inovação introduzida pelo novo Marco do Saneamento Básico, no sentido de refletir, no campo normativo, uma realidade do País, no que concerne às regiões metropolitanas, aglomerações urbanas e microrregiões.

Segundo Oliveira, *a principal conclusão da análise é que a lei atualizadora do Marco Legal do Saneamento Básico assimilou a posição do Supremo Tribunal Federal quanto ao exercício da titularidade dos serviços públicos de saneamento básico, reconhecendo a natureza de interesse local, quando se trata de Município isolado, como também de interesse comum, quando se trata de Municípios integrantes de regiões metropolitanas e demais arranjos cooperativos, partilhando-se a competência com o Estado*[85]. De fato, é necessário estabelecer regras para que os municípios localizados nesses territórios, juntamente com o Estado, possam buscar **soluções comuns para os problemas compartilhados**.

Todavia, como já foi mencionado, a Lei nº 11.445/2007 admite, para qualquer caso – interesse local ou comum –, o *exercício da titularidade dos serviços* também por **gestão associada**, mediante **consórcio público** ou **convênio de cooperação**, nos termos do art. 241 da Constituição Federal.

---

82. Lei nº 11.445, art. 3º, XV.
83. OLIVEIRA, Raul Miguel Freitas de. A titularidade dos serviços de saneamento básico na lei de atualização do marco legal do saneamento básico. In: OLIVEIRA; Carlos Roberto de; GRANZIERA, Maria Luiza Machado. *Novo Marco do Saneamento Básico No Brasil*. Indaiatuba: Foco, 2021, p. 166.
84. Lei nº 11.445, art. 3º, XIV.
85. OLIVEIRA, Raul Miguel Freitas de. A titularidade dos serviços de saneamento básico na lei de atualização do marco legal do saneamento básico. In: OLIVEIRA; Carlos Roberto de; GRANZIERA, Maria Luiza Machado. *Novo Marco do Saneamento Básico no Brasil*. Indaiatuba: Foco, 2021, p. 155.

41.9 O PAPEL DO MUNICÍPIO

Em relação aos municípios, cabe aqui traçar um paralelo entre os serviços de saneamento básico e a gestão de recursos hídricos, pois ambos os temas são conexos. A compreensão da importância do município, em matéria de gestão de águas, extrapola os órgãos colegiados – comitês de bacia hidrográfica e conselhos de recursos hídricos - e tem sido menos estudada do que deveria, criando-se uma existência paralela e nem sempre articulada entre os detentores do domínio da água – União e Estados – e os entes municipais.

Os municípios são responsáveis pelo planejamento urbano, inclusive pelo uso e ocupação do entorno dos mananciais, e pela titularidade dos serviços de saneamento básico. Mas não detêm a titularidade dos recursos hídricos. Essa *desconexão marginalizou o papel dos municípios na governança da água e, em alguns casos, permitiu que se desenvolvam políticas [municipais] que violam diretamente as regulamentações aplicáveis à bacia*[86].

É importante notar que no meio ambiente urbano:

há maior demanda do recurso, seja para o abastecimento público, seja para a indústria;

ocorrem impactos negativos relevantes nos corpos hídricos no que se refere à canalização de córregos, loteamentos clandestinos ou não, invasões, lançamento de resíduos sólidos urbanos e de esgoto doméstico sem tratamento;

a qualidade da água nos corpos hídricos depende da qualidade dos serviços de saneamento básico, seja no tratamento do esgoto doméstico, seja na coleta, transporte e tratamento de resíduos sólidos urbanos, seja ainda na drenagem, em função das cargas difusas que são carreadas para os rios e lagos nas épocas de chuva;

as mudanças climáticas causam cada vez mais impactos para a população, por meio dos chamados efeitos danosos das águas, como das enchentes, que anualmente causam mortes e sérios prejuízos, e da escassez hídrica.

Nesse sentido, é de fundamental importância considerar a figura do município como ator relevante nas questões relacionadas com a gestão de recursos hídricos. Além das questões relacionadas aos serviços de saneamento básico, o Município possui a competência constitucional para *promover, no que couber, adequado ordenamento territorial, mediante planejamento e controle do uso, do parcelamento e da ocupação do solo urbano*[87].

Compete ao município, portanto, inventariar e diagnosticar qual a vocação ecológica das diferentes áreas ou espaços da cidade, definindo quais os seus usos e limitações para que o objetivo seja cumprido. Essa atribuição implica, portanto, que a organização do espaço urbano é condição básica para a proteção ambiental e, consequentemente, dos corpos hídricos e da própria população, cabendo a esse ente federativo um papel relevante na proteção das águas, matéria prima do abastecimento urbano.

O reconhecimento dessa inter-relação resultou na inclusão, em 2012, no Estatuto da Cidade - Lei nº 10.257/2001, da obrigação de o **plano diretor** ser compatível com as disposições insertas no **plano de recursos hídricos** da bacia hidrográfica em que se situa o município, formulado consoante a Lei nº 9.433/1997, que instituiu a Política Nacional

---

86. GARCÍA, María Mancilla; HILEMAN, Jacob; BODIN, Örjan; NILSSON, Annika; JACOBI, Pedro Roberto. The unique role of municipalities in integrated watershed governance arrangements a newresearch frontier. Ecology and Society, Vol. 24, nº. 1 (Mar 2019). "...served to marginalize the role of municipalities in water governance and, in some cases, enabled them to develop policies that directly violate national regulatory statutes or those of the basin."

87. CF/88, art. 30, VIII.

de Recursos Hídricos. Esse instrumento, portanto, tornou-se uma *importante ferramenta para o planejamento urbano em bases sustentáveis, pois, se elaborado considerando a variável ambiental no processo de controle do uso e ocupação do solo, incorpora à tradicional função econômica da propriedade privada a dimensão socioambiental*[88].

41.10 ATRIBUIÇÕES DO TITULAR: PODERES E DEVERES

Os titulares dos serviços de saneamento básico são responsáveis pela *formulação da respectiva política pública de saneamento básico*[89], organizando para isso os serviços públicos com planejamento e definindo a sua forma de prestação, de regulação e fiscalização. Os objetivos consistem em cidades limpas, livres de enchentes, com esgotos coletados e tratados e água fornecida a todos, nos padrões legais de potabilidade.

Essas atribuições referem-se ao planejamento dos serviços, à regulação, à prestação propriamente dita e à fiscalização. Cada uma dessas atividades é distinta das outras, com características próprias. Mas todas se inter-relacionam e são obrigatórias para o titular, já que a Lei nº 11.445/07, alterada pela Lei nº 14.026/2020, fixa expressamente no art. 9º as ações relativas à titularidade, e que serão objeto de análise em itens específicos neste texto.

41.10.1 Planos municipais de Saneamento Básico

Cabe ao titular elaborar o **plano de saneamento básico.** Esse dispositivo foi ampliado para incluir a função de estabelecer metas e indicadores de desempenho e mecanismos de aferição de resultados, a serem obrigatoriamente observados na execução dos serviços prestados de forma direta ou por concessão, o que se refere à eficiência na prestação dos serviços, que por sua vez está diretamente relacionada à universalização.

Trata-se de uma inovação importante, pois não é apenas aplicável aos contratos, que de resto já possuíam essas condições na própria Lei de Saneamento e por força da Lei nº 8.987/1995, que dispõe sobre o regime de concessão e permissão da prestação de serviços públicos previstos no art. 175 da Constituição Federal. Agora, de forma explícita, passa a ter validade para os serviços prestados de forma direta, isto é, mediante órgão ou entidade de sua administração direta ou indireta, inclusive consórcio público do qual participe[90].

Observe-se que essa atividade de planejamento se liga diretamente ao artigo 19 que descreve o **conteúdo mínimo do plano de saneamento básico**, contemplando mecanismos de aferição do cumprimento das metas e indicadores de desempenho citados. Portanto, essa regra do artigo 9º, inciso I, é genérica e encontra seu suporte de efetivação nos incisos I a V, do artigo 1991. Este tema será desenvolvido com maior profundidade no item 11.1.

---

88. MACHADO, Paulo Affonso Leme. Direito ambiental brasileiro. 26 ed., rev., ampl., e atual. São Paulo: Malheiros, 2018, p. 256.
89. Lei nº 11.445/2007, art. 9º.
90. Decreto nº 7.217/2010, art. 31, I.
91. OLIVEIRA, Raul Miguel Freitas de. A titularidade dos serviços de saneamento básico na lei de atualização do marco legal do saneamento básico. In: OLIVEIRA; Carlos Roberto de; GRANZIERA, Maria Luiza Machado. Novo Marco do Saneamento Básico No Brasil. Indaiatuba: Foco, 2021, p. 168.

41.10.2 Prestação dos Serviços

O titular deve prestar diretamente os serviços, ou conceder a sua prestação. O Decreto nº 7.217/2010, que regulamenta a Lei nº 11.445/2007, estabelece em seu art. 38 que *os serviços de saneamento básico poderão ser executados pelo titular*:

diretamente, mediante órgão ou entidade de sua administração direta ou indireta, inclusive consórcio público do qual participe; ou

mediante delegação, por meio de convênio de cooperação, a órgão ou entidade de outro ente da Federação ou a consórcio público do qual não participe, instituído para gestão associada de serviços públicos.

Em ambos os casos, cabe ao titular definir a entidade responsável pela regulação e fiscalização da prestação dos serviços públicos de saneamento básico. O novo texto da lei retirou a parte relativa à previsão dos procedimentos de atuação do órgão regulador que, presume-se, ficará a cargo do próprio órgão ou entidade reguladora definir.

41.10.3 Definição de Parâmetros Visando à Garantia da Saúde

Compete ao titular definir os parâmetros a serem adotados para a garantia do atendimento essencial à saúde pública, inclusive quanto ao volume mínimo per capita de água para abastecimento público, observadas as normas nacionais relativas à potabilidade da água.

41.11   DIREITOS E DEVERES DOS USUÁRIOS

Os direitos e deveres dos usuários são matéria da regulação. Nos casos de delegação dos serviços mediante contrato, trata-se de *cláusulas essenciais para obtenção e utilização do serviço*[92]. São **direitos** e **obrigações** dos usuários[93]:

receber serviço adequado;

receber do poder concedente e da concessionária informações para a defesa de interesses individuais ou coletivos;

obter e utilizar o serviço, com liberdade de escolha entre vários prestadores de serviços, quando for o caso, observadas as normas do poder concedente;

levar ao conhecimento do poder público e da concessionária as irregularidades de que tenham conhecimento, referentes ao serviço prestado;

comunicar às autoridades competentes os atos ilícitos praticados pela concessionária na prestação do serviço;

contribuir para a permanência das boas condições dos bens públicos através dos quais lhes são prestados os serviços.

levar ao conhecimento do Poder Público e da concessionária as irregularidades de que tenham ciência, referentes ao serviço prestado;

comunicar às autoridades competentes os atos ilícitos praticados pela concessionária na prestação de serviços;

contribuir para a manutenção das boas condições dos bens públicos afetados aos serviços.

---

92.   Lei nº 8.987/1995, art. 23, VI.
93.   Lei nº 8.987/1995, art. 7º.

A Lei paulista nº 10.294/1999 trata da defesa dos usuários do serviço público, aplicando-se aos serviços públicos prestados por particular, mediante concessão, permissão, autorização ou qualquer outra forma de delegação, e prestados pela Administração direta e indireta.

A Lei Federal nº 13.460/2017 dispõe sobre a participação, proteção e defesa dos usuários de serviços públicos, aplicando-se à Administração direta e indireta da União, dos Estados, do Distrito Federal e dos Municípios[94] e aplicando-se subsidiariamente aos serviços públicos prestados por particulares[95].

Essa norma estabelece as **diretrizes** a serem observadas por agentes públicos e prestadores de serviços públicos[96]; apresenta lista de direitos e deveres dos usuários[97]; apresenta obrigação aos órgãos e entidades prestadores da divulgação da Carta de Serviços aos Usuários, com a finalidade de informar ao usuário sobre os serviços prestados, as formas de acesso a esses serviços e seus compromissos e padrões de qualidade de atendimento ao público[98]; prevê atribuições de ouvidorias na matéria[99]; aventa a participação de usuários mediante conselhos de usuários, sem prejuízo de outras formas de participação[100]; prevê avaliação continuada dos serviços públicos, realizada pelos prestadores[101].

41.12 SISTEMA DE INFORMAÇÕES

Outra atribuição do titular consiste em implementar sistema de informações sobre os serviços públicos de saneamento básico, articulado com o Sistema Nacional de Informações em Saneamento Básico (SNIS), o Sistema Nacional de Informações sobre a Gestão dos Resíduos Sólidos (SINIR) e o Sistema Nacional de Gerenciamento de Recursos Hídricos (SINGREH), observadas a metodologia e a periodicidade estabelecidas pelo Ministério do Desenvolvimento Regional[102].

Nota-se, nessa nova regra, a intenção do legislador de integrar os sistemas de informações ambientais, tendo em vista que tal articulação deve beneficiar o setor tanto na execução de ações, quanto na contribuição à produção de mais informações ambientais, com maior qualidade, resvalando na consolidação de canais propícios à transparência, participação da sociedade civil e colaboração entre os entes federativos.

Inovando ainda mais, no mesmo artigo 9º estabelece, no parágrafo único, a possibilidade de o titular dos serviços públicos receber **cooperação técnica** do respectivo Estado, como também basear-se em estudos fornecidos pelos prestadores dos serviços. Nessa segunda hipótese, supõe-se que se trata de prestação indireta por meio de concessionária. Nesse ponto a lei apenas explicitou aquilo que, normalmente, costuma ser previsto nos instrumentos contratuais de concessão, como obrigação contratual da concessionária.

No que concerne à governança e disponibilização de informação sobre o setor de saneamento, várias ações e melhorias são previstas no novo quadro jurídico, como a cria-

---

94. Lei nº 13.460/2017, art. 1º, §1º.
95. Lei nº 13.460/2017, art. 1º, §3º.
96. Lei nº 13.460/2017, art. 5º.
97. Lei nº 13.460/2017, arts. 6º e 8º, respectivamente.
98. Lei nº 13.460/2017, art. 7º § 1º.
99. Lei nº 13.460/2017, art. 13.
100. Lei nº 13.460/2017, art. 18.
101. Lei nº 13.460/2017, art. 23.
102. Lei nº 11.445/2007, art. 9º, VI.

ção do Comitê Interministerial de Saneamento Básico (CISB) e a substituição do Sistema Nacional de Informações sobre Saneamento (SNIS) pelo Sistema Nacional de Informações em Saneamento Básico (SNISA)[103], cujas informações são *públicas, gratuitas, acessíveis a todos e devem ser publicadas na internet, em formato de dados abertos*[104].

A Lei nº 11.445, de 05 de janeiro de 2007, em seu art. 53, instituiu o Sistema Nacional de Informações em Saneamento Básico – SINISA, para o qual foram estabelecidos os seguintes objetivos essenciais:

Coletar e sistematizar dados relativos às condições da prestação dos serviços públicos de saneamento básico;

Disponibilizar estatísticas, indicadores e outras informações relevantes para a caracterização da demanda e da oferta de serviços públicos de saneamento básico;

Permitir e facilitar o monitoramento e avaliação da eficiência e da eficácia da prestação dos serviços de saneamento básico.

O SINISA se constitui na evolução do atual Sistema Nacional de Informações sobre 5319 Saneamento – SNIS, com as ampliações de escala e de escopo, complementações de 5320 informações e indicadores, coletando informações junto aos titulares, prestadores e entes 5321 reguladores e fiscalizadores dos serviços públicos de saneamento básico. 5322

Segundo consta do sítio do SNIS (www.snis.gov.br/institucional), acessado em março de 2021, 5323 o SINISA substituirá o atual sistema utilizado para diagnóstico do setor saneamento, o 5324 Sistema Nacional de Informações sobre Saneamento – SNIS, a partir de 2021.

41.13 INTERVENÇÃO E RETOMADA DA OPERAÇÃO DOS SERVIÇOS

A intervenção e a retomada da operação dos serviços consistem em um poder discricionário dos titulares dos serviços públicos prestados sob a forma contratual, com o fim *de assegurar a adequação na prestação do serviço, bem como o fiel cumprimento das normas contratuais, regulamentares e legais pertinentes*[105].

Segundo Mello, essa medida *justifica-se quando indispensável para assegurar a continuidade dos serviços, sua normalidade ou o adequado cumprimento das obrigações assumidas pela concessionária, por não existir outro meio mais hábil capaz de salvaguardar os aludidos interesses*[106].

Cabe ao titular intervir e retomar a **operação dos serviços delegados**, por indicação da entidade reguladora, nos casos e nas condições previstas na legislação e nos contratos. Ocorre que a Lei nº 8.987/1995 que, como já dito, dispõe sobre o regime de concessão e permissão da prestação de serviços públicos, não oferece maiores detalhes sobre o tema. Dessa forma, a intervenção associa-se a fatos ocorridos no âmbito do contrato de concessão, e que se referem aos **serviços adequados**, além do **fiel cumprimento** das normas contidas nos contratos, nos regulamentos e nas leis.

---

103. Lei nº 11.445/2007, art. 53.
104. Lei nº 11.445/2007, art. 53, 1º.
105. Lei nº 8.987/1995, art. 32.
106. MELLO, Celso Antônio Bandeira de. *Curso de Direito Administrativo*. 30. ed. São Paulo: Malheiros, 2013, pg. 748.

No que se refere aos serviços adequados, segundo a Lei nº 8.987/1995, trata-se do serviço que satisfaz as condições de regularidade, continuidade, eficiência, segurança, atualidade, generalidade, cortesia na sua prestação e modicidade das tarifas.[107]

A **regularidade** dos serviços indica que a sua prestação não deve sofrer alterações. A **continuidade** refere-se à não interrupção da prestação dos serviços. Em termos de abastecimento de água potável, o fornecimento não deve ser interrompido. No que se refere à limpeza urbana. E ao manejo de resíduos sólidos urbanos, tampouco é possível que os serviços sofram qualquer tipo de descontinuidade, pois há impactos na saúde das pessoas, nesses ocorrências. Nessa linha aplica-se a ressalva mencionada para a regularidade dos serviços, já que o fornecimento de água estará sempre condicionado à não ocorrência de eventos que possam comprometer a disponibilidade hídrica.

A **segurança** na prestação dos serviços implica os cuidados que a concessionária deve ter com os sistemas instalados, sobretudo com a manutenção dos equipamentos, pois qualquer falha pode causar problemas no fornecimento contratado, sobretudo nos casos de abastecimento de água e esgotamento sanitário, comprometendo a regularidade e a continuidade dos serviços, independentemente das condições climáticas. É obrigação contratual da concessionária zelar pela segurança na prestação do serviço, respondendo pelos danos que causar, conforme previsto na Constituição Federal.[108]

Pode-se afirmar que a **atualidade** na prestação dos serviços refere-se à utilização de equipamentos com tecnologias modernas voltadas, por exemplo, ao uso racional da água. A renovação dos sistemas, com vistas a evitar o desperdício do recurso, assim como a manutenção dos equipamentos, são fatores preponderantes para garantir a observância do princípio. No caso do esgotamento sanitário, novas tecnologias de tratamento e a possibilidade de reúso dos efluentes prevista na Lei nº 11.445/2007[109], são formas de inovar na prestação dos serviços, garantindo a sua atualidade.

A **generalidade** encontra-se associada ao atendimento de todos, de acordo com as necessidades. A **cortesia** por parte dos prestadores dos serviços públicos refere-se à urbanidade no tratamento dos usuários, na prontidão no atendimento às demandas, na informação de problemas e falhas e no encaminhamento de soluções.

A **modicidade tarifária** decorre da própria regulação do serviço. É a norma da concessão, imposta no edital de licitação e no respectivo contrato, que definirá os parâmetros para o cálculo da tarifa, suas revisões e reajustes.

Finalmente, a **eficiência** dos serviços refere-se à qualidade da sua prestação, por parte da concessionária. A eficiência pode ser indicada, para o caso em tela, como o cumprimento do conjunto de obrigações relacionadas com a prestação dos serviços e das metas fixadas.

O Decreto nº 7.217/2010, que regulamentou a Lei nº 11.445/2007, estabelece em seu art. 39, § 2º, que *é condição de validade para a celebração de contratos de concessão e de programa cujos objetos sejam a prestação de serviços de saneamento básico que as normas prevejam*, entre outros itens, *as hipóteses de intervenção e de retomada dos serviços*[110].

---

107. Lei nº 8.987/95, art. 6º, § 1º.
108. CF/88, art. 37, § 6º.
109. Lei nº 11.445/2007, art. 3º, I, *b*.
110. Decreto nº 7.217/2010, art. 39, § 2º, IV.

Isso significa que, além do serviço adequado, o contrato de concessão deverá conter as hipóteses de intervenção e retomada dos serviços, ou seja, caberá ao titular dos serviços inserir essa regra quando da formulação dos editais de licitação. Assim, fica garantida a validade contrato, permitindo-se a sua celebração.

No que se refere ao **procedimento**, o qual deverá ser concluído no prazo de até cento e oitenta dias, sob pena de considerar-se inválida a intervenção[111], a Lei nº 8.987/1995 dispõe que *a intervenção far-se-á por decreto do poder concedente, que conterá a designação do interventor, o prazo da intervenção e os objetivos e limites da medida*[112].

Uma vez declarada a intervenção, o *poder concedente deverá, no prazo de trinta dias, instaurar* **procedimento administrativo** *para comprovar as causas determinantes da medida e apurar responsabilidades, assegurado o* **direito de ampla defesa**. Como se pode verificar, trata-se de procedimento administrativo cujos pressupostos encontram-se na Constituição Federal[113], na Lei federal nº 9784/1999, que regula o processo administrativo no âmbito da Administração Pública Federal e na Lei estadual de São Paulo nº 10.177/1998, que regula o processo administrativo no âmbito da Administração Pública Estadual.

Na hipótese de se comprovar que a *intervenção não observou os pressupostos legais e regulamentares será declarada sua nulidade,* o serviço deve ser *imediatamente devolvido à concessionária, sem prejuízo de seu direito à indenização*[114]. Ao final da intervenção, se não for extinta a concessão, a administração do serviço será devolvida à concessionária, precedida de prestação de contas pelo interventor, que responderá pelos atos praticados durante a sua gestão[115].

41.14 A GOVERNANÇA NAS REGIÕES METROPOLITANAS

Antes de tratar especificamente da governança interfederativa, objeto do Estatuto da Metrópole e também da Lei nº 11.445/2007, será feita uma breve abordagem desse conceito.

O termo *governança* vem sendo utilizado não apenas no setor privado, mas também no setor público, como uma ferramenta a ser adotada quando o consenso é necessário. O conceito de governança foi definido inicialmente pela Comissão sobre Governança Global, instituída pela Organização das Nações Unidas (ONU) no início dos anos 1990. Trata-se do *processo por meio do qual atores estatais e não estatais interagem para conceber e implementar políticas públicas no âmbito de um dado conjunto de regras informais que moldam e são moldadas pelo poder*[116].

A ideia da governança não se limita a arranjos institucionais no âmbito de uma organização. Tampouco se refere apenas a constituir mecanismos internos que produzam resultados mais efetivos em diversos aspectos, como transparência, controle e fiscalização.

---

111. Lei nº 8.987/1995, art. 33, § 2º.
112. Lei nº 8.987/1995, art. 32, parágrafo único.
113. CF/88, art. 5º, LV.
114. Lei nº 8.987/1995, art. 33, § 1º.
115. Lei nº 8.987/1995, art. 34.
116. BANCO INTERNACIONAL PARA RECONSTRUÇÃO E DESENVOLVIMENTO/BANCO MUNDIAL. Relatório de Desenvolvimento Mundial. Governança e a Lei, p. 3. Grupo Banco Mundial, 2017. Disponível em: <https://openknowledge.worldbank.org/bitstream/handle/10986/25880/210950ovPT.pdf?sequence=15&isAllowed=y>. Acesso em: 24 jun. 2021.

DIREITO AMBIENTAL • Maria Luiza Machado Granziera

Embora esses aspectos sejam relevantes, a governança vai além e compreende três pontos essenciais[117]:

> a governança é meio e processo capaz de produzir resultados eficazes que, no caso do saneamento básico, consiste na efetiva melhoria dos serviços de saneamento básico, com impactos positivos na saúde e no meio ambiente, sobretudo nos recursos hídricos;

> na governança é fundamental a participação ampliada, compreendendo, no caso do saneamento, além do Estado e Municípios, os órgãos e entidades, públicas e privadas, prestadoras dos serviços e, no segmento da participação e controle social, as organizações não governamentais, a comunidade científica e as associações;

> sua ação se desenvolve na busca do consenso e da persuasão nas relações e ações, muito mais do que a coerção ou a obrigação de fazer.

Construir a governança interfederativa, no caso do saneamento básico, é estabelecer novas formas de organização interna e processos de participação e tomada de decisões. Muitas vezes é preciso mudar culturas, comportamentos e atitudes. O sentido da governança é criar um ambiente em que seja possível aos vários atores discutir questões e problemas complexos, buscando, em conjunto, soluções acordadas e efetivas.

Pode-se indicar como eixos centrais das discussões entre os entes federados – Estados e Municípios - o respeito às diferenças, a confiança entre os membros e os atores envolvidos e a transparência.

Como parâmetro a ser observado, cita-se o trabalho elaborado no âmbito do Tribunal de Contas da União (TCU), no qual se menciona a governança no setor público como o conjunto de mecanismos de liderança, estratégia e controle postos em prática para avaliar, direcionar e monitorar a atuação da gestão, com vistas à condução de políticas públicas e à prestação de serviços de interesse da sociedade. A governança, dessa forma, está relacionada a três funções básicas[118]:

> avaliar o ambiente, os cenários, o desempenho e os resultados atuais e futuros;

> direcionar e orientar a preparação, a articulação e a coordenação de políticas e planos, alinhando as funções organizacionais às necessidades das partes interessadas e assegurando o alcance dos objetivos estabelecidos; e

> monitorar os resultados, o desempenho e o cumprimento de políticas e planos, confrontando-os com as metas estabelecidas e as expectativas das partes interessadas.

A Lei nº 13.089/2015 instituiu o Estatuto da Metrópole, estabelecendo diretrizes gerais para o planejamento, a gestão e a **execução das funções públicas de interesse comum** em regiões metropolitanas e em aglomerações urbanas. Além disso, institui normas gerais sobre o plano de desenvolvimento urbano integrado e outros instrumentos de governança interfederativa, assim como critérios para o apoio da União a ações que envolvam governança interfederativa no campo do desenvolvimento urbano. A governança interfederativa, mencionada nessa norma, é justamente a articulação e a cooperação que devem ocorrer, em regiões metropolitanas.

---

117. GONÇALVES, Alcindo; COSTA, Jose Augusto Fontoura. *Governança Global e Regimes Internacionais, Ciências Humanas e Sociais*. São Paulo: Almedina, 2011, p. 53.

118. TRIBUNAL DE CONTAS DA UNIÃO (TCU). Governança pública: referencial básico de governança aplicável a órgãos e entidades da administração pública e ações indutoras de melhoria. Brasília: TCU, Secretaria de Planejamento, Governança e Gestão, 2014, p. 42. Disponível em: <https://portal.tcu.gov.br/data/files/FA/B6/EA/85/1CD4671023455957E18818A8/Referencial_basico_governanca_2_edicao.PDF>. Acesso em: 20 mar. 2024.

41 • SANEAMENTO BÁSICO

Pode-se considerar que um dos propósitos mais desafiantes da Lei nº 13.089/2015 consiste em lançar as primeiras sementes relacionadas à **governança interfederativa** no campo do desenvolvimento urbano[119], que se conecta totalmente com o saneamento básico.

Com a nova definição da titularidade dos serviços de saneamento básico, não será possível avançar no desenvolvimento das ações necessárias, quando ocorrer a hipótese de interesse comum, sem tratar da governança.

41.15 FORMAS DE PRESTAÇÃO DE SERVIÇOS

O titular dos serviços de saneamento básico[120] poderá prestar os serviços de saneamento básico mediante os modelos institucionais a seguir relacionados:

administração direta concentrada: refere-se à prestação dos serviços por intermédio de órgão do titular dos serviços, facultada a contratação de terceiros no regime da Lei nº 14.133/2021, nova Lei de Licitações e Contratos Administrativos, que revogou a Lei nº 8.666/1993;

administração direta descentralizada: refere-se 1. à criação por lei, de uma pessoa jurídica com finalidade específica para prestar um serviço público, em geral autarquia, empresa pública ou sociedade de economia mista que integre a administração do titular. Nesse caso ocorre delegação dos serviços, por meio de lei;

administração indireta, em que o titular delega os serviços por contrato de concessão ou permissão, mediante licitação prévia na modalidade concorrência pública, no regime da Lei nº 14.133/2021;

Cabe destacar que possibilidade de gestão associada de serviços públicos, mediante contrato de programa foi vedada no novo marco regulatório do saneamento básico.

Nos termos do art. 10 da Lei nº 11.445/2007, com a nova redação dada pela Lei nº 14.026/2020, *a prestação dos serviços públicos de saneamento básico por entidade que não integre a administração do titular depende da celebração de contrato de concessão, mediante prévia licitação, nos termos do art. 175 da Constituição Federal, vedada a sua disciplina mediante contrato de programa, convênio, termo de parceria ou outros instrumentos de natureza precária.*

Os contratos de programa em vigor, quando estiverem regulares, permanecem vigentes até o advento do seu termo contratual[121].

41.15.1 Serviços Prestados Diretamente, pelo Município

Quando os serviços são prestados por órgão da prefeitura ou por empresa pública ou ainda autarquia municipal, a delegação dos serviços ocorre por lei. Nesses modelos, **não há contrato**, metas, prazos, nem uma relação entre a tarifa, o custeio e os investimentos necessários. Mas os prestadores dos serviços têm a obrigação de observar o PMSB, competindo à Agência Reguladora que recebeu delegação do município verificar o cumprimento desse plano.

As revisões tarifárias a serem realizadas pela Agência Reguladora nos casos de prestação direta ou indireta (autarquia ou empresa municipal), não se baseiam em um contra-

---

119. SALEME, Edson Ricardo. *Comentários ao Estatuto da Cidade*. Belo Horizonte: Arraes, 2018, p. 239.
120. Decreto nº 7217/2010, art. 38.
121. Lei nº 11.445/2007, art. 10, § 3º.

to com as condições e parâmetros claramente fixados, como ocorre no caso das empresas estaduais – contrato de programa, vedados pela lei, mas mantidos aqueles em vigor – e dos prestadores privados – contrato de concessão.

Nesses casos, as decisões sobre a revisão tarifária dos serviços prestados pelos municípios resvalam para um vazio normativo, dificultando qualquer tentativa de instituir um modelo de financiamento da proteção de mananciais a partir da tarifa. É necessário que a norma de regulação institua fórmulas paramétricas que permitam os cálculos necessários e objetivos, e que possam tratar do financiamento das ações necessárias, como a proteção dos mananciais, incluindo parte desses custos na tarifa.

Esse tema ainda é incipiente e nem todas as Agências Reguladoras possuem tais mecanismos. Cabe destacar que a ARES-PCJ editou a Resolução nº 115/2015, que fixa uma normativa sobre condições, procedimentos e metodologia de cálculo das tarifas a serem observados pelos prestadores dos serviços públicos de abastecimento de água e esgotamento sanitário, exceto aqueles com contratos de concessão e de parceria público-privada, nos municípios associados à Agência Reguladora PCJ, quando da solicitação de reajuste e revisão tarifária.

41.15.2 Serviços Prestados Mediante Contrato

Os serviços cuja prestação é regida por contrato referem-se à prestação de forma indireta, mediante concessão ou permissão, sempre precedida de licitação.

A **concessão de serviço público** consiste na delegação de sua prestação, feita pelo poder concedente, mediante licitação, na modalidade concorrência ou diálogo competitivo, a pessoa jurídica ou consórcio de empresas que demonstre capacidade para seu desempenho, por sua conta e risco e por prazo determinado[122].

A **concessão de serviço público precedida da execução de obra pública** refere-se à construção, total ou parcial, conservação, reforma, ampliação ou melhoramento de quaisquer obras de interesse público, delegados pelo poder concedente, mediante licitação, na modalidade concorrência ou diálogo competitivo, a pessoa jurídica ou consórcio de empresas que demonstre capacidade para a sua realização, por sua conta e risco, de forma que o investimento da concessionária seja remunerado e amortizado mediante a exploração do serviço ou da obra por prazo determinado[123].

A **permissão de serviço público** consiste na delegação, a título precário, mediante licitação, da prestação de serviços públicos, feita pelo poder concedente à pessoa física ou jurídica que demonstre capacidade para seu desempenho, por sua conta e risco[124].

Os contratos de programa, previstos na lei anterior, foram vedados, não mais cabendo a possibilidade de contratação sem prévio processo licitatório. Cabe salientar que essa nova regra não impede de empresas estatais venham a participar de licitações com vistas a celebrar contratos de concessão. O que está vedada é a possibilidade de celebração de contratos de programa, ou mesmo qualquer outra modalidade, sem licitação prévia.

---

122. Lei nº 8.97/1995, art. 2º, II.
123. Lei nº 8.97/1995, art. 2º, III.
124. Lei nº 8.97/1995, art. 2º, IV.

Quando a delegação se realiza mediante contratos, esses instrumentos têm como objetivo detalhar as regras da prestação dos serviços, os prazos, a política tarifária, as obrigações de cada parte, entre outros aspectos, como o estabelecimento de metas progressivas e graduais de expansão dos serviços, de qualidade, de eficiência e de uso racional da água, da energia e de outros recursos naturais, em conformidade com os serviços a serem prestados.

São **condições de validade** dos contratos que tenham por objeto a prestação de serviços públicos de saneamento básico, entre outras, *as condições de sustentabilidade e equilíbrio econômico-financeiro da prestação dos serviços, em regime de eficiência, o sistema de cobrança e a composição de taxas e tarifas, a sistemática de reajustes e de revisões de taxas e tarifas e política de subsídios*[125].

Nos termos do art. 10-B da Lei nº 11.445/2007, os *contratos em vigor, incluídos aditivos e renovações*, autorizados nos termos da Lei, bem como aqueles provenientes de licitação para prestação ou concessão dos serviços públicos de saneamento básico, *estarão condicionados à* **comprovação da capacidade econômico-financeira** *da contratada, por recursos próprios ou por contratação de dívida, com vistas a viabilizar a universalização dos serviços na área licitada até 31 de dezembro de 2033*. A lei estabelece de forma clara a necessidade de capacidade econômico-financeira por parte do prestador, para que se possa garantir a viabilização da universalização dos serviços de saneamento básico.

Na mesma linha de buscar a garantia do alcance da universalização dos serviços, a lei dispõe que os *contratos de prestação dos serviços públicos de saneamento básico deverão definir metas de* universalização *que garantam o atendimento de 99% (noventa e nove por cento) da população com água potável e de 90% (noventa por cento) da população com coleta e tratamento de esgotos até 31 de dezembro de 2033, assim como metas quantitativas de não intermitência do abastecimento, de redução de perdas e de melhoria dos processos de tratamento*[126]. Essa regra, embora mencione os contratos, refere-se na verdade à formulação dos editais de licitação, atribuição que pertence ao titular dos serviços.

Além das concessões previstas na Lei nº 8.987/1995, cabe destacar as **Parcerias Público-Privadas (PPP)**, objeto da Lei nº 11.079/2004. Trata-se de contratos de concessão, porém com características específicas, aplicando-se a elas o regime jurídico das concessões previstos na Lei nº 8.987/1995.

Segundo essa norma, em seu art. 2º, parceria público-privada é o contrato administrativo de concessão, na modalidade patrocinada ou administrativa. A Concessão patrocinada é a concessão de serviços públicos ou de obras públicas de que trata a Lei nº 8.987/1995, quando envolver, adicionalmente à tarifa cobrada dos usuários, contraprestação pecuniária do parceiro público ao parceiro privado. A Concessão administrativa é o contrato de prestação de serviços de que a Administração Pública seja a usuária direta ou indireta, ainda que envolva execução de obra ou fornecimento e instalação de bens.

Aplica-se a adoção desse tipo de contrato quando o valor do contrato for superior a R$ 10.000.000,00 (dez milhões de reais); quando período de prestação do serviço seja

---

125. Lei nº 11.445/2007, art. 11.
126. Lei nº 11.445/2007, art. 11-B.

superior a 5 (cinco) anos; não podendo ter como objeto único o fornecimento de mão-de-
-obra, o fornecimento e instalação de equipamentos ou a execução de obra pública.

Nos termos do art. 10-B da Lei nº 11.445/2007, *os contratos em vigor, incluídos aditivos e renovações, autorizados nos termos da Lei, bem como aqueles provenientes de licitação
para prestação ou concessão dos serviços públicos de saneamento básico, estarão condicionados à* **comprovação da capacidade econômico-financeira** *da contratada, por recursos
próprios ou por contratação de dívida, com vistas a viabilizar a universalização dos serviços
na área licitada até 31 de dezembro de 2033, nos termos do § 2º do art. 11-B, que dispõe
que os contratos firmados por meio de procedimentos licitatórios que possuam metas diversas
daquelas previstas no caput deste artigo, inclusive contratos que tratem, individualmente,
de água ou de esgoto, permanecerão inalterados nos moldes licitados, e o titular do serviço
deverá buscar alternativas para atingir as metas definidas no caput deste artigo, incluídas as
seguintes*:

prestação direta da parcela remanescente

licitação complementar para atingimento da totalidade da meta;

aditamento de contratos já licitados, incluindo eventual reequilíbrio econômico-financeiro, desde que
em comum acordo com a contratada

O Decreto nº 11.598, de 12-7-2023 regulamentou o art. 10-B da Lei nº 11.445/2007,
para estabelecer a metodologia para comprovação da capacidade econômico-financeira
dos prestadores de serviços públicos de abastecimento de água potável ou de esgotamento
sanitário, considerados os contratos em vigor, com vistas a viabilizar o cumprimento das
metas de universalização.

41.16 PLANEJAMENTO: RELEVÂNCIA

O planejamento dos serviços de saneamento básico consiste no conjunto de atividades atinentes à identificação, qualificação, quantificação, organização e orientação de todas as ações, públicas e privadas, por meio das quais o serviço público deve ser prestado ou
colocado à disposição de forma adequada[127]. De todas as funções inerentes ao saneamento
básico, a cargo do titular, o planejamento é o único **não passível de delegação**.

O processo de planejamento do saneamento básico envolve a elaboração, entre outros, de:

Plano Nacional de Saneamento Básico, elaborado pela União;

Planos Municipais de Saneamento Básico.

No âmbito federal, o Plano Nacional de Saneamento Básico (PLANSAB) deve ser
compatível com os planos de recursos hídricos de bacias hidrográficas[128], destacando-se
os seguintes conteúdos[129]:

diretrizes e orientações para o equacionamento dos condicionantes de natureza político-institucional,
legal e jurídica, econômico-financeira, administrativa, cultural e tecnológica com impacto na consecução das metas e objetivos estabelecidos;

---

127. Decreto nº 7.217/2010, art. 2º, I.
128. Decreto nº 7.217/2010, art. 57, § 1º.
129. Lei nº 11.445/2007, art. 52, I, e Decreto nº 7.217/2010, art. 60.

proposição de programas, projetos e ações necessários para atingir os objetivos e as metas da política federal de saneamento básico, com identificação das fontes de financiamento, de forma a ampliar os investimentos públicos e privados no setor;

diretrizes para o planejamento das ações de saneamento básico em áreas de especial interesse turístico;

mecanismos e procedimentos, incluindo indicadores numéricos, para avaliação sistemática da eficiência e eficácia das ações programadas;

ações da União relativas ao saneamento básico nas áreas indígenas, nas reservas extrativistas da União e nas comunidades quilombolas;

proposta de revisão de competências setoriais dos diversos órgãos e entidades federais que atuam no saneamento ambiental, visando racionalizar a atuação governamental.

A finalidade do Plano Nacional de Saneamento Básico – PLANSAB é estabelecer um conjunto de diretrizes, metas e ações para o alcance de níveis crescentes dos serviços de saneamento básico no território nacional e a sua universalização[130].

Segundo o Ministério do Desenvolvimento Regional (MDR), o Plano Nacional de Saneamento Básico (PLANSAB) consiste no planejamento integrado *do saneamento básico, considerando seus quatro componentes: abastecimento de água potável, esgotamento sanitário, coleta de lixo e manejo de resíduos sólidos e drenagem e manejo das águas pluviais urbanas, e possui o horizonte de 2019 a 2033.*

41.16.1 Fiscalização do Cumprimento do PMSB

Em termos da lei de saneamento, um ponto importante a ressaltar refere-se à atribuição da entidade reguladora e fiscalizadora dos serviços na verificação do cumprimento dos planos de saneamento por parte dos prestadores de serviços, na forma das disposições legais, regulamentares e contratuais[131]. Na mesma linha, o Decreto nº 7.217/2010 estabelece que o disposto no plano de saneamento básico é vinculante para o Poder Público que o elaborou e para os delegatários dos serviços públicos de saneamento básico[132].

Quando a prestação dos serviços é realizada por meio de um modelo institucional baseado em **contrato de concessão**, as metas e mecanismos de aferição de seu cumprimento, assim como a equação econômico-financeira do contrato estão definidas. É certo que o contrato deve espelhar o conteúdo do Plano de Saneamento. Mas nesses casos, o ente regulador, aos proceder à revisão tarifária ou ao controle do cumprimento das metas terá muito mais instrumentos de avaliação.

Nos casos de **prestação direta** pelo município, isto é, por intermédio de departamentos, ou direta por descentralização, ou seja, por autarquias ou empresas municipais, não há contrato. O Plano Municipal de Saneamento Básico, dessa forma, é o único instrumento capaz de balizar e viabilizar qualquer tipo de controle sobre o cumprimento de metas. Daí a importância de frisar que a Lei nº 11.445/2007 estabelece expressamente essa competência dos entes reguladores.

41.16.2 Conteúdo dos Planos Municipais de Saneamento Básico (PMSB)

No âmbito local, os planos municipais de saneamento básico deverão ser compatíveis com os planos das bacias hidrográficas e com planos diretores dos Municípios em que es-

---

130. Decreto nº 8.141/2013, revogado pelo Decreto nº 10.473/2020.
131. Lei nº 11.445/2007, art. 20, parágrafo único.
132. Decreto nº 7.217/2010, art. 25, § 5º.

tiverem inseridos, ou com os planos de desenvolvimento urbano integrado das unidades regionais por eles abrangidas [133], e devem apresentar o seguinte conteúdo:

diagnóstico da situação e de seus impactos nas condições de vida, utilizando sistema de indicadores de saúde, epidemiológicos, ambientais, inclusive hidrológicos, e socioeconômicos e apontando as causas das deficiências detectadas;

metas de curto, médio e longo prazos, com o objetivo de alcançar o acesso universal aos serviços, admitidas soluções graduais e progressivas e observada a compatibilidade com os demais planos setoriais;

programas, projetos e ações necessários para atingir os objetivos e as metas, de modo compatível com os respectivos planos plurianuais e com outros planos governamentais correlatos, identificando possíveis fontes de financiamento;

ações para situações de emergências e contingências; e

mecanismos e procedimentos para avaliação sistemática da eficiência e eficácia das ações programadas.

Esse conteúdo é abrangente e deve ser analisado à luz do principal objetivo das Diretrizes Nacionais para o Saneamento Básico, que é a **universalização** dos serviços, apesar de todos os entraves existentes. Nesse sentido, o Plano de Saneamento é o instrumento que pode viabilizar, de fato, um avanço na situação de cada Município, pois as ações a serem empreendidas deverão pautar-se em seu conteúdo. Para tanto, deve mapear as dificuldades e apontar caminhos, seja de natureza técnica, seja de ordem institucional.

41.16.3 Relação entre os Planos Municipais de Saneamento Básico, os Planos de Bacia Hidrográfica e os Planos Diretores

A gestão dos recursos hídricos constitui elemento fundamental na própria prestação do serviço de saneamento básico, sendo imprescindível para as prestadoras dos serviços de abastecimento de água (e seu prévio tratamento) a disponibilidade hídrica para a captação de sua matéria prima. A Lei nº 9.433/1997, marco legal da gestão dos recursos hídricos no País, estabelece que a água é um bem de domínio público e recurso natural limitado, dotado de valor econômico, e sua gestão tem como uma de suas prioridades o atendimento do consumo humano em caso de escassez e a garantia de disponibilidade hídrica às gerações atual e futuras.

A Lei nº 11.445/2007 tem como princípio fundamental a **universalização** de acesso à água e sua integralidade. *A garantia do acesso à água de qualidade é, portanto, uma atribuição do Estado, consubstanciando-se em serviço público essencial destinado a satisfação de necessidades essenciais e condição para implementação da saúde pública*[134].

As atividades de planejamento e gerenciamento de recursos hídricos são geralmente motivadas pela percepção de que há problemas para resolver e oportunidades para obter aumento dos benefícios do uso de água e do território[135]. O **planejamento** seria a forma

---

133. Lei nº 11.445/2007, art. 19 § 3º.

134. PRADO, Ivan Pereira; MENEGUIN, Fernando. *Os serviços de saneamento básico, sua regulação e o federalismo brasileiro.* Disponível em: <https://www12.senado.leg.br/publicacoes/estudos-legislativos/tipos-de-estudos/textos-para-discussao/td248>. Acesso em: 15 mar. 2024.

135. LOUCKS, Daniel P.; VAN BEEK, Eelco. *Water resources systems planning and management*: an introduction to methods, models and applications. UNESCO, 2005. Disponível em: <http://unesdoc.unesco.org/images/0014/001434/143430e.pdf>. Acesso em: 15 mar. 2024.

de *conciliar recursos escassos com necessidades abundantes*. Trata-se de uma função técnica que demanda um esforço de previsão, de harmonização e de programação, além da implementação de ações. É o que se pode chamar de gerenciamento, e que se aplica aos Planos Municipais de Saneamento Básico.

Antes que qualquer plano possa ser desenvolvido, os **objetivos** devem estar inseridos em um acordo: quais usos serão protegidos, quais índices de qualidade serão buscados, quais compromissos devem ser acertados entre os usos conflitantes. Conhecidos os objetivos, e tendo havido consenso, é necessário buscar um caminho para realizá-los. Por essa razão, há a necessidade de traçar **diretrizes de implementação do plano,** buscando estratégias factíveis e acordadas entre todos os atores envolvidos, garantida a participação da sociedade civil, para que os instrumentos e demais ações propostas possam ser implementadas. E sobretudo ajustar os meios de acesso aos recursos financeiros necessários à implementação das medidas definidas em comum acordo.

Há uma relação intrínseca entre União e Estados, responsáveis pela gestão das águas e pela implementação dos instrumentos de gestão das políticas de águas, e os Municípios, a quem compete o ordenamento territorial e a atuação como titulares de serviços de saneamento básico que, se não prestados de forma adequada, de acordo com as características regionais, são os principais agentes causadores da poluição hídrica, com riscos à saúde e pressionando o Sistema Único de Saúde (SUS).

A elaboração do plano de bacia hidrográfica, por sua vez, deve considerar a situação de cada município e os estudos realizados em âmbito local para a elaboração de seus próprios instrumentos de planejamento municipal, identificando aqueles que, por exemplo, possuem assentamentos irregulares no entorno de mananciais e, ainda, não tratam seus esgotos e que não prestam de forma correta os serviços de limpeza urbana, manejo de resíduos sólidos e drenagem urbana. Para tanto, a articulação entre os técnicos deve ser sistemática. Trata-se, em realidade, de um trabalho de mão dupla.

A Resolução do Conselho Nacional de Recursos Hídricos (CNRH) nº 145/2012, norma que estabelece as diretrizes para a elaboração de Planos de Recursos Hídricos de Bacias Hidrográficas, regulamentando a Lei nº 9.433/1997 nesse aspecto, ao tratar da *articulação para harmonização do plano de recursos hídricos da bacia com outros planos e estudos,* dispõe que os *planos de bacia devem considerar os demais planos, programas, projetos e estudos existentes relacionados à gestão ambiental, aos **setores usuários**, ao desenvolvimento regional, ao uso do solo, à gestão dos sistemas estuarinos e zonas costeiras, incidentes na área de abrangência das respectivas bacias hidrográficas*[136].

Indiretamente, a norma menciona temas relacionados com a competência dos municípios, como o uso do solo e mesmo os setores usuários, pois o **saneamento é um importante usuário da água**. Mas não fica explícita a relação intrínseca entre os impactos que o mau planejamento do uso do solo e a prestação deficiente dos serviços de saneamento básico causam na qualidade dos recursos hídricos.

Além disso, a citada resolução menciona a palavra *saneamento* apenas quando trata do conteúdo do diagnóstico da situação dos recursos hídricos, que deverá incluir, entre

---

136. Resolução CNRH nº 145/2012, art. 8º.

outros, a *avaliação do saneamento ambiental*[137]. A Lei nº 9.433/1997 é bastante clara nessa matéria, ao dispor que *na implementação da Política Nacional de Recursos Hídricos, os Poderes Executivos do Distrito Federal e dos municípios promoverão a integração das políticas locais de saneamento básico, de uso, ocupação e conservação do solo e de meio ambiente com as políticas federal e estaduais de recursos hídricos*[138].

Os planos de recursos hídricos constituem instrumentos técnicos que abordam um espaço determinado: a **bacia hidrográfica**, cuja delimitação deve ser especificada no ato de criação do respectivo comitê de bacia hidrográfica - plano de bacia hidrográfica - responsável por sua gestão, um Estado da Federação - plano estadual de recursos hídricos - ou ainda o território nacional - plano nacional de recursos hídricos. Os planos de bacia hidrográfica estão sob a responsabilidade dos órgãos e entidades federais e estaduais, de acordo com o domínio do curso de água principal.

Trata-se, dessa forma, do **instrumento orientador** das ações a serem realizadas na bacia hidrográfica, com vistas, em última análise, à melhoria da qualidade e quantidade do recurso. Na Política Nacional de Recursos Hídricos fixou-se, como norma jurídica, que o Plano de Recursos Hídricos é o instrumento que vem em primeiro lugar, por sua importância[139].

No âmbito municipal, ou seja, em cada município que forma o território da bacia hidrográfica, é obrigatória a elaboração de um Plano Municipal de Saneamento Básico. Esse instrumento possui um foco de busca da **universalização** e melhoria da **qualidade** dos serviços. Como uma forma lógica de fazer a conexão entre os dois instrumentos de planejamento, a Lei nº 11.445/2007 determina que *os planos de saneamento básico deverão ser compatíveis com os planos das bacias hidrográficas em que estiverem inseridos*[140].

Trata-se, no âmbito do saneamento básico, da única disposição legal que expressamente coloca o plano de recursos hídricos da bacia hidrográfica como um instrumento a ser observado pelos municípios. Essa questão é relevante na medida em que as Diretrizes Nacionais para o Saneamento Básico tratam de *serviços públicos que são, em sua essência, estreitamente relacionados com os recursos hídricos, muito além constituir um setor usuário da água, submetido à obtenção de outorgas de direito de uso de recursos hídricos e à cobrança pelo uso da água*[141].

41.16.4 Arranjo Institucional para a Implementação do Plano Municipal de Saneamento Básico: Identificação dos atores

No Plano Municipal de Saneamento Básico, é necessário estabelecer um processo de governança acerca da sua implementação. Tanto nos planos de bacia hidrográfica, como nos planos municipais de saneamento básico, as ações propostas referem-se a temas diversos, a serem realizadas por atores distintos. Por isso é importante que o plano contenha

---

137. Resolução CNRH nº 145/2012, art. 11, III.
138. Lei n º 9.433/1997, art. 31.
139. POMPEU, Cid Tomanik. *Direito de águas no Brasil*. 2. ed. São Paulo: Revista dos Tribunais, 2010. p. 234.
140. Lei nº 11.445/2007, art. 19, § 3º.
141. GRANZIERA, Maria Luiza Machado; JEREZ, Daniela Malheiros. Implementação de Políticas Públicas: desafios para integração dos planos diretores, de saneamento básico e de bacia hidrográfica. *Revista Brasileira de Políticas Públicas*, Brasília, v. 9, n. 3 p.230-248, 2019.

estratégias de implementação, com vistas ao alcance da eficiência e eficácia das ações propostas.

No âmbito dos **municípios**, várias são as secretarias municipais envolvidas com a implementação do plano de saneamento: planejamento, obras, saúde, meio ambiente, serviços, educação e outras, de acordo com a organização político-administrativa de cada município.

Somente se houver um sistema de **articulação permanente** entre essas secretarias municipais, para compreender com exatidão o âmbito e os limites da participação de cada uma delas, haverá êxito na implementação e o plano poderá ser considerado como um diferencial em relação à qualidade, não apenas dos serviços públicos de saneamento e de desenvolvimento urbano, mas também dos recursos hídricos do entorno do território, com importantes rebatimentos na saúde e bem-estar da população.

Além disso, muitas ações a serem implementadas necessitam de apoio financeiro ou técnico de outros entes, seja o Estado, seja a União, seja um organismo de fomento. Dessa forma, é necessário mapear os atores envolvidos em todas as etapas de implementação do Plano Municipal de Saneamento Básico.

O mesmo se pode dizer do *plano de bacia hidrográfica*. O plano de ações, que indica o rol de atividades a serem desenvolvidas em curto, médio e longo prazos, diz respeito à atuação de inúmeros atores, inclusive os municípios localizados nesse espaço geográfico. Na sua implementação, por exemplo, no que diz respeito às *metas de racionalização de uso*[142], se o plano dispuser que há obrigatoriedade de implantação, pelos usuários, de programas de racionalização do uso de recursos hídricos, com metas estabelecidas nos atos de outorga, caberá aos municípios ou aos prestadores por meio de contrato, na qualidade de usuários do recurso, implantar tais metas e promover incentivos e fomentos a ações voltadas à redução de perdas e desperdícios nos sistemas urbanos de abastecimento de água.

Outro exemplo de ação que necessita de articulação para a sua implementação é a proposta de criação de *áreas sujeitas a restrição de uso*, com vistas à proteção dos recursos hídricos. Os parques lineares, correspondentes aos trechos urbanos dos rios, enquadram-se nessa categoria. *E a competência para criá-los é dos municípios, de acordo com as diretrizes de seu plano diretor, a menos que se trate de um rio muito importante em região metropolitana. Esse sistema de decisões deve, portanto, ser construído em conjunto desde o início, mediante a comunicação, e a articulação no âmbito dos sistemas de gestão, incluindo a União, se houver corpos hídricos de domínio da União, os Estados e os Municípios. Sem o exercício da governança, dificilmente esses interesses comuns poderão tornar-se realidade*[143].

Os Planos Municipais de Saneamento Básico também possuem relevância na medida em que cabe a esses instrumentos tecer um *diagnóstico da situação e de seus impactos nas condições de vida, utilizando sistema de indicadores sanitários, epidemiológicos, ambientais e socioeconômicos e apontando as causas das deficiências detectadas*[144]. Nesses instrumentos, é possível identificar não apenas a situação dos serviços, mas também as dificuldades

---

142. Lei nº 9.433/97, art. 7º, IV.
143. GRANZIERA, Maria Luiza Machado; JEREZ, Daniela Malheiros. Implementação de Políticas Públicas: desafios para integração dos planos diretores, de saneamento básico e de bacia hidrográfica. *Revista Brasileira de Políticas Públicas*, Brasília, v. 9, n. 3 p.230-248, 2019.
144. Lei nº 11.445/2007, art. 19, I.

existentes para a implementação do plano de ações previsto. Essa análise implica um levantamento da situação institucional do município, sobretudo em casos de conurbação, em que muitas vezes os problemas e soluções podem estar localizados fora do território do município.

Nesse sentido, os Planos devem focar, também, o **arranjo institucional de governança** necessário para a sua implementação, pois esse é o objetivo do planejamento. Deve também observar o Plano de Recursos Hídricos da Bacia Hidrográfica e verificar as possíveis **parcerias** com outros municípios e demais atores, como associações técnicas e a sociedade civil, com vista ao alcance da efetividade das ações.

Esse conteúdo encontra-se no dispositivo que inclui os *mecanismos e procedimentos para a avaliação sistemática da eficiência e eficácia das ações programadas*[145]. Se serão avaliadas a eficiência e eficácia das ações é preciso verificar, de antemão, ainda no processo de planejamento, quais as dificuldades existentes e que poderão comprometer as ações, se não forem sanadas.

41.17 REGULAÇÃO DOS SERVIÇOS

A regulação é importante instrumento de política, capaz de fomentar a universalização dos serviços de saneamento básico, serviço público essencial à qualidade de vida da população[146]. *Consiste em **todo e qualquer ato que discipline ou organize determinado serviço público**, incluindo suas características, padrões de qualidade, impacto socioambiental, direitos e obrigações dos usuários e dos responsáveis por sua oferta ou prestação e fixação e revisão do valor de tarifas e outros preços públicos*[147].

Nos termos da Lei nº 11.445/2007, cabe ao titular dos serviços, entre outras atribuições, *definir a **entidade responsável pela regulação e fiscalização** da prestação dos serviços públicos de saneamento básico*[148]. Note-se que essa obrigação engloba a prestação direta e a indireta, o que significa que, em qualquer caso, é **obrigatória a definição do ente regulador** pelo titular dos serviços. Disso decorre que as funções de prestação e de regulação não podem se confundir em uma única pessoa. É a autonomia dos entes reguladores que lhes garante o estabelecimento de regras, incluindo a revisão tarifária, voltadas à universalização dos serviços e uma fiscalização independente.

Essa atividade implica o estabelecimento de **normas específicas**, com o objetivo de garantir que a prestação dos serviços seja adequada às necessidades locais, verificadas no diagnóstico dos planos municipais de saneamento básico e respectivas propostas, devendo-se considerar a **universalização** de seu acesso como princípio primordial do saneamento básico. No caso de consórcios públicos, a regulação deve ser elaborada de forma a atender ao conjunto de Municípios, considerando-se as especificidades e necessidades verificadas.

---

145. A título de esclarecimentos, a eficiência é a relação entre o esforço empregado na execução de uma ação e os resultados alcançados. A eficácia consiste na relação entre os objetivos definidos pela política e os resultados por ela alcançados. A efetividade refere-se aos impactos, no ambiente ou na sociedade, oriundos das ações da política.
146. PRADO, Ivan Pereira; MENEGUIN, Fernando. *Os serviços de saneamento básico, sua regulação e o federalismo brasileiro*. Disponível em: <https://www12.senado.leg.br/publicacoes/estudos-legislativos/tipos-de-estudos/textos-para-discussao/td248>. Acesso em: 18 mar. 2024.
147. Decreto nº 7.217/2010, art. 2º, II.
148. Lei nº 11.445/2007, art. 9º.

São **objetivos** da regulação[149]:

estabelecer padrões e normas para a adequada prestação e a expansão da qualidade dos serviços e para a satisfação dos usuários, com observação das normas de referência editadas pela ANA;

garantir o cumprimento das condições e metas estabelecidas nos contratos de prestação de serviços e nos planos municipais ou de prestação regionalizada de saneamento básico;

prevenir e reprimir o abuso do poder econômico, ressalvada a competência dos órgãos integrantes do Sistema Brasileiro de Defesa da Concorrência;

definir tarifas que assegurem tanto o equilíbrio econômico-financeiro dos contratos quanto a modicidade tarifária, por mecanismos que gerem eficiência e eficácia dos serviços e que permitam o compartilhamento dos ganhos de produtividade com os usuários.

Um fator importante no papel dos entes reguladores, como já foi mencionado, refere-se à atribuição, à *entidade reguladora e fiscalizadora dos serviços*, da **verificação do cumprimento dos planos de saneamento** *por parte dos prestadores de serviços, na forma das disposições legais, regulamentares e contratuais*[150].

Note-se que o dispositivo não faz nenhuma distinção acerca da natureza do prestador nem da sua relação jurídica com o titular, o que significa que essa regra **se aplica a todos os modelos institucionais** permitidos, ou seja, com ou sem contrato estabelecendo direito e obrigações para as partes. Nesse âmbito, as *disposições legais* referem-se às normas municipais que delegaram à Agência Reguladora a competência relativa à regulação dos serviços e as normas *regulamentares* são as normas da Agência Reguladora, também obrigatórias (vinculantes) para o município.

É, portanto, dever dos entes reguladores observar o conteúdo da lei, no que se refere a verificar o cumprimento dos planos de saneamento, mesmo no caso de prestação de serviços não estruturada por **contrato**.

As normas de regulação devem coadunar-se com a natureza dos serviços, suas características e os impactos que a falta da prestação, a má prestação (aspecto qualitativo) ou a prestação insuficiente (aspecto quantitativo) causam na saúde pública, no meio ambiente urbano e na qualidade de vida dos munícipes. Nesse sentido, é fundamental fixar as atividades específicas referentes à regulação e à fiscalização dos serviços.

A definição da *entidade responsável pela regulação e fiscalização desses serviços, independentemente da modalidade de sua prestação*[151] é atribuição do titular dos serviços públicos de saneamento básico. A função de regulação será desempenhada por **entidade de natureza autárquica** dotada de **independência decisória** e **autonomia administrativa, orçamentária e financeira**, que deverá atender aos princípios de transparência, tecnicidade, celeridade e objetividade das decisões[152].

No Brasil, até a edição da Lei nº 14.026/2020, 5.570 municípios, nas mais variadas situações econômicas, financeiras, sociais, geográficas, hidrológicas e ambientais, vinham - e ainda vêm - exercendo a titularidade dos serviços de saneamento básico. O sucesso do exercício dessa titularidade, todavia, condiciona-se à existência de uma estrutura técnica

---

149. Lei nº 11.445/2007, art. 22.
150. Lei nº 11.445, art. 20, parágrafo único.
151. Lei nº 11.445/2007, art. 8º, § 5º.
152. Lei nº 11.445/2007, art. 21.

e financeira para fazer frente aos desafios impostos pelo saneamento básico[153], o que nem sempre ocorre de maneira satisfatória.

A ideia de estabelecer agências de regulação de serviços de saneamento básico consiste em um avanço, na medida em que permite a fixação de regras a serem cumpridas pelos prestadores de serviços, no que se refere aos aspectos técnicos e financeiros, incluindo a qualidade dos serviços, com o consequente bem-estar da população.

Nessa linha, foi incluído no Marco Regulatório um dispositivo específico [154] estabelecendo, para o titular, a obrigação de definir a entidade responsável pela regulação e fiscalização dos serviços, independentemente da modalidade de sua prestação. Ressalta-se que essa obrigação se aplica a qualquer modalidade de prestação, e não unicamente aos contratos.

A atuação do Ente Regulador tem uma importante vertente econômico-financeira, no que se refere à definição das tarifas relativas dos serviços. Havendo independência decisória, pode-se afirmar que as **normas de regulação** são **obrigatórias e vinculantes** para os prestadores de serviços.

41.18 AGÊNCIA NACIONAL DE ÁGUAS E SANEAMENTO BÁSICO (ANA) E AS NORMAS DE REFERÊNCIA

Até a edição da Lei nº 14.026/2020, cada município brasileiro vinha – e vem – exercendo a titularidade sem qualquer parâmetro previamente estabelecido. Os que possuem melhores condições financeiras e estruturais conseguem atingir minimamente as metas fixadas nos planos municipais de saneamento básico. Mas a grande maioria padece da falta de estrutura, recursos técnicos e financeiros e capacitação para fazer frente aos desafios.

No cenário nacional existem ainda mais de 1.800 municípios que não delegaram as funções de regulação a uma entidade reguladora, o que pressupõe a fixação de tarifas sem critérios técnicos, falta de metas para investimentos e fiscalização precária dos serviços. No estado de São Paulo, aproximadamente 200 municípios não delegaram a regulação do saneamento básico a um ente regulador.

A estrutura geral da regulação dos serviços públicos de saneamento, sob titularidade municipal, levou a um cenário de multiplicação de entes e órgãos reguladores e, por consequência, a uma fragmentação e a uma diversidade muito evidente dos estilos, estratégias, processos e ambientes de regulação. Além disso, segundo Marrara, *o contexto atual se caracteriza por alta assimetria procedimental, material e organizacional, bem como por custos significativos de transação, já que os agentes econômicos interessados em transitar por diferentes Municípios terão que realizar investimentos significativos para compreender e dominar tecnicamente o arcabouço regulatório aplicável ao mesmo serviço nas diferentes localidades[155].*

---

153. OLIVEIRA, Carlos Roberto de; GRANZIERA, Maria Luiza Machado. *Novo marco do saneamento básico no Brasil.* Indaiatuba: Foco, 2021, p. II – Apresentação.

154. Lei nº 11.445/2007, art. 8º, § 5º.

155. MARRARA, Thiago. Mosaico regulatório: as normas de referência da ANA para a regulação dos serviços públicos de saneamento básico à luz da lei 14.026/2020. In: OLIVEIRA, Carlos Roberto de; GRANZIERA, Maria Luiza Machado. *Novo marco do saneamento básico no Brasil.* Indaiatuba: Foco, 2021, p. 65.

Na linha de estabelecer **parâmetros gerais de regulação**, a Lei nº 14.026/2020 estabeleceu uma inovação de cunho institucional. Alterando a Lei nº 9.984/2000, criou novas atribuições à agora denominada Agência Nacional de Águas e Saneamento Básico (ANA), no que se refere à formulação de **normas de referência**.

Dessa forma, a ANA instituirá *normas de referência para a regulação dos serviços públicos de saneamento básico por seus titulares e suas entidades reguladoras e fiscalizadoras, observadas as diretrizes para a função de regulação estabelecidas na Lei nº 11.445*[156].

O fato de haver agora uma entidade federal responsável por estabelecer regras gerais de regulação, confere uma **nova visão e perspectiva** para o setor, que sempre esteve pulverizado pelo imenso número de municípios em situações as mais diversas, e sem uma regra que pautasse o conjunto de suas ações.

As normas de referência, a serem formuladas pela ANA, são endereçadas aos titulares e aos reguladores, que por sua vez estabelecerão suas regras de acordo com a realidade local[157]. Cria-se aqui uma **oportunidade** para que as normas de referência possam orientar as ações para uma real **melhoria das condições** do saneamento básico no Brasil.

Segundo a lei, o **escopo** das normas de referência a serem editadas pela ANA consiste em:

padrões de qualidade e eficiência na prestação, na manutenção e na operação dos sistemas de saneamento básico;

regulação tarifária dos serviços públicos de saneamento básico, com vistas a promover a prestação adequada, o uso racional de recursos naturais e o equilíbrio econômico-financeiro e a universalização do acesso ao saneamento básico;

padronização dos instrumentos negociais de prestação de serviços públicos de saneamento básico firmados entre o titular do serviço público e o delegatário, os quais contemplarão metas de qualidade, eficiência e ampliação da cobertura dos serviços, bem como especificação da matriz de riscos e dos mecanismos de manutenção do equilíbrio econômico financeiro das atividades;

metas de universalização dos serviços públicos de saneamento básico para concessões que considerem, entre outras condições, o nível de cobertura existente, a viabilidade econômico-financeira da expansão da prestação do serviço e o número de Municípios atendidos;

critérios para a contabilidade regulatória;

redução progressiva e controle da perda de água;

metodologia de cálculo de indenizações devidas em razão dos investimentos realizados e ainda não amortizados ou depreciados;

governança das entidades reguladoras, conforme os princípios estabelecidos no art. 21 da Lei nº 11.445/2007 – transparência, tecnicidade, celeridade e objetividade das decisões;

reúso dos efluentes sanitários tratados, em conformidade com as normas ambientais e de saúde pública;

parâmetros para a determinação de caducidade na prestação dos serviços públicos de saneamento básico;

normas e metas de substituição do sistema unitário pelo sistema separador absoluto de tratamento de efluentes;

sistema de avaliação do cumprimento de metas de ampliação e universalização da cobertura dos serviços públicos de saneamento básico;

---

156. Lei nº 9.984/2000, art. 4º-A.
157. Lei nº 11.445/2007, art. 25-A.

conteúdo mínimo para prestação universalizada e para a sustentabilidade econômico-financeira dos serviços públicos de saneamento básico.

A ANA é responsável pela implementação da Política Nacional de Recursos Hídricos e a Lei nº 9.433/1997 estabelece, como objetivo dessa Política, *assegurar à atual e às futuras gerações a necessária disponibilidade de água, em padrões de qualidade adequados aos respectivos usos*[158]. Considerando a relação intrínseca entre os serviços de saneamento básico e os recursos hídricos, o escopo das normas de referência indiretamente aborda as questões relacionadas com a quantidade e a qualidade da água.

Ao mencionar o **serviço adequado**, e **os padrões de qualidade e eficiência** na prestação dos serviços, fica implícito que os mananciais devem ter qualidade e os esgotos devem ser tratados, pois a Lei nº 11.445/2007 dispõe que o esgotamento sanitário é constituído pelas *atividades e pela disponibilização e manutenção de infraestruturas e instalações operacionais necessárias à coleta, ao transporte, ao tratamento e à disposição final adequados dos esgotos sanitários, desde as ligações prediais até sua destinação final para produção de água de reúso ou seu lançamento de forma adequada no meio ambiente.*

A lei associa a regulação tarifária à prestação adequada, ao uso racional de recursos naturais, ao equilíbrio econômico-financeiro e à universalização do acesso ao saneamento básico. A tarifa deve fazer frente, pois, às ações necessárias para que a prestação dos serviços seja adequada. Entende-se que aqui não está descartada a universalização, mas apenas a adaptação da forma de como é oferecido o serviço às características locais. Aliás, quando se menciona a universalização do abastecimento de água potável, não basta o investimento em redes e adutoras. É preciso haver água segura correndo pelo sistema de distribuição. Por isso é necessário dar importância à proteção dos mananciais de água bruta, no que se refere à qualidade da água a ser captada.

Em relação ao **uso racional de recursos naturais**, percebem-se duas vertentes: 1. a necessidade de cuidar dos mananciais, que são a fonte dos serviços de abastecimento de água potável e que de sua proteção depende a universalização dos serviços de água e 2. a necessidade de tratar os esgotos, para não poluir os corpos hídricos. Da mesma forma, devem ser banidos os lixões, que poluem água e solo.

Trazer a questão das **perdas de água** para o escopo das normas de referência coloca esse grave e negligenciado tema em evidência. Aqui se coloca uma questão controversa que é buscar água a quilômetros de distância de grandes centros, restringindo o acesso da população local a esse recurso no futuro, ao invés de investir na solução de perdas de água nos sistemas de abastecimento.

Um ponto fundamental a ser comentado consiste na **governança**, forma pela qual os indivíduos e as instituições, públicas e privadas, administram as questões comuns e muitas vezes complexas, prevenindo ou solucionando conflitos. O papel das agências reguladoras, seja em relação aos titulares, seja em relação aos usuários dos serviços, é essencial no estabelecimento de diálogos voltados à melhoria das condições do saneamento, ouvindo as pessoas e esclarecendo dúvidas, em processos de participação ampliada.

As **normas de referência**, para a regulação do saneamento básico[159], deverão:

---

158. Lei nº 9.433/1997, art. 2º, I.
159. Lei nº 9.984/2000, art. 4-A, § 3º.

promover a prestação adequada dos serviços, com atendimento pleno aos usuários, observados os princípios da regularidade, da continuidade, da eficiência, da segurança, da atualidade, da generalidade, da cortesia, da modicidade tarifária, da utilização racional dos recursos hídricos e da universalização dos serviços;

estimular a livre concorrência, a competitividade, a eficiência e a sustentabilidade econômica na prestação dos serviços;

estimular a cooperação entre os entes federativos com vistas à prestação, à contratação e à regulação dos serviços de forma adequada e eficiente, a fim de buscar a universalização dos serviços e a modicidade tarifária;

possibilitar a adoção de métodos, técnicas e processos adequados às peculiaridades locais e regionais;

incentivar a regionalização da prestação dos serviços, de modo a contribuir para a viabilidade técnica e econômico-financeira, a criação de ganhos de escala e de eficiência e a universalização dos serviços;

estabelecer parâmetros e periodicidade mínimos para a medição do cumprimento das metas de cobertura dos serviços e do atendimento aos indicadores de qualidade e aos padrões de potabilidade, observadas peculiaridades contratuais e regionais.

estabelecer critérios limitadores da sobreposição de custos administrativos ou gerenciais a serem pagos pelo usuário final, independentemente da configuração de subcontratações ou de subdelegações; e

assegurar a prestação concomitante dos serviços de abastecimento de água e de esgotamento sanitário.

Na implementação da nova lei de saneamento, cabe à ANA a nova função de instituir as normas de referência. Nesse cenário, destaca-se o estímulo à **cooperação** entre os entes federativos. E volta-se a falar da **governança**, pois a cooperação só ocorre se os acordos estiverem previamente pavimentados, no sentido de haver convergência nos interesses, o que vai permitir a cooperação e os resultados de interesse comum.

41.19 AGÊNCIAS DE REGULAÇÃO DOS SERVIÇOS DE SANEAMENTO BÁSICO

Dados recentes compilados pela Agência Nacional de Águas e Saneamento Básico apontam a existência de 72 (setenta e duas) agências reguladoras de saneamento básico no Brasil, sendo: 24 (vinte e quatro) agências estaduais, 1 agência distrital, 34 (trinta e quatro) agências municipais e 13 (treze) agências intermunicipais (consórcios públicos).

41.19.1. A relação entre as Agências e a ANA, à luz do novo Marco Regulatório

A ANA recebeu a nova atribuição, relativa à elaboração de normas de referência para a regulação dos serviços públicos de saneamento básico, quando a política pública de saneamento do País já estava no caminho da implementação, inclusive com a instituição das agências reguladoras, conforme mencionado neste texto.

Não existindo essa instância no Governo Federal, os entes reguladores trataram de estruturar seus sistemas de regulação, instituindo normas sobre os vários aspectos, como parâmetros para revisão tarifária, qualidade dos serviços, penalidades para os infratores etc..

A partir do momento em que a ANA assumiu essa nova atribuição, com um escopo fixado para o estabelecimento das normas de referência, uma questão que permeou as agências regulatórias consistiu na dúvida quanto à divisão de competências, que deveria ficar muito clara, sob pena de surgirem questões jurídicas e um atraso na implementação das regras.

A questão mais nevrálgica dizia respeito a como ocorreria a articulação entre a ANA e as agências reguladoras. A Lei nº 14.026/2020, ao tratar da matéria, incluindo novos dispositivos na Lei nº 9.984/2000, estabeleceu que *no processo de instituição das normas de referência, a ANA*[160]:

avaliará as melhores práticas regulatórias do setor, ouvidas as entidades encarregadas da regulação e da fiscalização e as entidades representativas dos Municípios;

realizará consultas e audiências públicas, de forma a garantir a transparência e a publicidade dos atos, bem como a possibilitar a análise de impacto regulatório das normas propostas;

poderá constituir grupos ou comissões de trabalho com a participação das entidades reguladoras e fiscalizadoras e das entidades representativas dos Municípios para auxiliar na elaboração das referidas normas.

Verifica-se que a lei prevê a articulação entre a ANA e os demais entes reguladores, na medida em que estabelece para a ANA o dever de ouvir essas agências. Além disso, a realização de consultas e audiências públicas garante, em princípio, a existência de discussão sobre os temas relacionados com a competência regulatória da ANA.

Não se pode ignorar que, embora haja fragilidades na estrutura de algumas agências, muitas delas já detêm expertise em regulação e podem colaborar efetivamente com a ANA, na formulação das novas regras.

Cabe assinalar que foi criticado dispositivo que prevê a possibilidade – e não a obrigação - de a ANA constituir *grupos ou comissões de trabalho com a participação das entidades reguladoras e fiscalizadoras e das entidades representativas dos Municípios para auxiliar na elaboração das referidas normas.* Todavia, a articulação entre a ANA e as agências regulatórias vem ocorrendo sistematicamente.

41.20 FISCALIZAÇÃO

A **fiscalização** compreende as atividades de acompanhamento, monitoramento, controle ou avaliação, no sentido de garantir o cumprimento de normas e regulamentos editados pelo Poder Público a utilização, efetiva ou potencial, do serviço público. Trata-se de um ponto de intersecção entre os direitos dos usuários e a atuação do prestador dos serviços, independentemente do modelo institucional adotado. Trata-se da verificação do cumprimento das condições e metas estabelecidas, seja nas normas editadas pelo Ente Regulador, seja nas normas de competência do Município sobre a matéria - parâmetros definidos para a garantia do atendimento essencial à saúde pública, direitos e deveres dos usuários, mecanismos de controle social e sistema de informações sobre os serviços prestados, além do conteúdo dos planos de saneamento básico.

Deve haver uma interface entre as normas editadas pelos titulares dos serviços e as normas editadas pelo Ente Regulador, para uma aplicação harmônica, de forma a respeitar as competências normativas de cada agente.

41.21 CONSIDERAÇÕES FINAIS

As alterações trazidas pela Lei nº 14.026/2020 ao Marco Legal do Saneamento Básico – Lei nº 11.445/2007 trouxeram sensíveis alterações e inovações. Embora a Lei de 2020

---

160. Lei 9.984/2000, art. 4-A, § 4º.

em seu art. 1º estabeleça tratar-se de "atualização" do marco legal original, percebe-se que não houve apenas uma simples alteração, mas mudanças estruturais bastante acentuadas.

Tais inovações são amplas, destacando-se:

estabelecimento da titularidade dos serviços, de forma clara e objetiva;

fixação de prazos para o atingimento da universalização dos serviços;

inclusão de conceitos urbanísticos estratégicos, como o de núcleo urbano, inclusive o informal e o consolidado, em linha com a legislação de regularização fundiária, além dos conceitos de operação regular do serviço, de serviços de saneamento de interesse comum e de interesse local, entre outros;

uniformidade da regulação e novos papeis para a Agência Nacional de Água e Saneamento Básico (ANA);

concorrência e competitividade entre entes públicos e privados na prestação dos serviços públicos de saneamento básico, por meio do contrato de concessão – excluindo-se legalmente o contrato de programa;

incentivo à prestação regionalizada dos serviços; detalhamento do seu regime jurídico e da prestação regional, reconhecendo-se que os titulares têm liberdade para adotar esse modelo;

sistema de financiamento renovado e no regramento para o acesso a recursos federais;

obrigatoriedade de seguir critérios objetivos para a definição das estruturas tarifárias;

estabelecimento de uma estratégia da expansão e promoção da participação do setor privado;

inclusão de incentivos e regras para alavancar a constituição de soluções integradas e da prestação regionalizada dos serviços de saneamento com o objetivo de promover economias de escala e maior racionalidade econômica e financeira dos prestadores;

possibilidade de adoção do uso subsídio cruzado;

relevância para a proteção dos recursos naturais;

inclusão da política de recursos hídricos no rol de temas que devem articular-se com o saneamento básico.

Por sua profundidade e abrangência, as alterações explicitam que se trata de uma nova política, mais estruturada e mais coerente. Todavia, a sua implementação continua sendo um desafio não em razão do que foi modificado, pelo contrário, mas pela necessidade de uma mudança de cultura que envolve os serviços de saneamento básico.

A ANA estabelecerá as normas de referência que, embora de adoção não obrigatória para os municípios e entes reguladores, poderão constituir um avanço, na medida em que passam a uniformizar temas fundamentais, sem tolher os municípios e entes reguladores na produção de normas mais detalhadas, em consonância com as realidades e necessidades locais.

Por seu turno, os cerca de 1.800 municípios que não possuem ente regulador deverão fazer essa opção, definindo com qual agência regulatória firmarão convênios para delegar a regulação dos serviços.

Em relação à sustentabilidade financeira dos serviços, os valores de tarifas passam a ser calculados obrigatoriamente com base em critérios objetivos fixados na lei, não constituindo mais um fator de escolha para o administrador. Além disso, fica claro na nova lei que os serviços poderão ser cobrados se colocados à disposição, o que confere segurança jurídica e financeira para o prestador, ao realizar os investimentos definidos.

Nesse cenário, o papel dos planos municipais de saneamento básico adquire uma maior relevância, na medida em que cabe a esses instrumentos tecer um diagnóstico real da situação dos municípios.

No Plano Municipal de Saneamento Básico é possível identificar não apenas a situação dos serviços, mas também as dificuldades existentes para a implementação do plano de ações previsto. Essa análise implica um levantamento da situação institucional do município, inclusive em casos de conurbação, em que, muitas vezes, os problemas e soluções são externos.

Nesse sentido, os Planos Municipais de Saneamento Básico devem focar, também, o **arranjo institucional de governança** necessário para a sua implementação, pois esse é o objetivo do planejamento: implementação das ações voltadas à universalização. Deve também observar o Plano de Recursos Hídricos da Bacia Hidrográfica e verificar as possíveis parcerias com outros municípios e demais atores, como associações técnicas e a sociedade civil, com vista ao alcance da efetividade das ações.

Da análise do novo Marco Legal do Saneamento Básico, pode-se afirmar que houve um avanço, sobretudo do sentido da eficiência e da sustentabilidade dos serviços, nas vertentes econômica, social e ambiental.

Municípios Localizados na Mata Atlântica

A Lei nº 11.428, de 22-12-2006, que dispõe sobre a utilização e proteção da vegetação nativa do Bioma Mata Atlântica,[1] possui capítulo específico sobre a proteção nas áreas urbanas e regiões metropolitanas localizadas nesse espaço protegido.

A supressão de vegetação primária do Bioma Mata Atlântica é vedada para fins de loteamento ou edificação,[2] nas regiões metropolitanas e áreas urbanas consideradas como tal em lei específica, aplicando-se à supressão da vegetação secundária em estágio avançado de regeneração as seguintes restrições:

> nos perímetros urbanos aprovados até a data de início de vigência da Lei nº 11.428/06, a supressão de vegetação secundária em estágio avançado de regeneração dependerá de prévia autorização do órgão estadual competente e somente será admitida, para fins de loteamento ou edificação, no caso de empreendimentos que garantam a preservação de vegetação nativa em estágio avançado de regeneração em no mínimo 50% (cinquenta por cento) da área total coberta por esta vegetação, ressalvado o disposto nos arts. 11,[3] 12[4] e 17[5] da Lei e atendido o disposto no Plano Diretor do Município e demais normas urbanísticas e ambientais aplicáveis;

> nos perímetros urbanos aprovados após a data de início de vigência da Lei, é vedada a supressão de vegetação secundária em estágio avançado de regeneração do Bioma Mata Atlântica para fins de loteamento ou edificação.

---

1. Ver Capítulo sobre Espaços Territoriais Do Patrimônio Nacional - Mata Atlântica.
2. Lei nº 11.428/06, art. 30.
3. Art. 11. *"O corte e a supressão de vegetação primária ou nos estágios avançado e médio de regeneração do Bioma Mata Atlântica ficam vedados quando: I – a vegetação: (a) abrigar espécies da flora e da fauna silvestres ameaçadas de extinção, em território nacional ou em âmbito estadual, assim declaradas pela União ou pelos Estados, e a intervenção ou o parcelamento puserem em risco a sobrevivência dessas espécies; (b) exercer a função de proteção de mananciais ou de prevenção e controle de erosão; (c) formar corredores entre remanescentes de vegetação primária ou secundária em estágio avançado de regeneração; (d) proteger o entorno das unidades de conservação; ou (e) possuir excepcional valor paisagístico, reconhecido pelos órgãos executivos competentes do Sistema Nacional do Meio Ambiente (SISNAMA); II – o proprietário ou possuidor não cumprir os dispositivos da legislação ambiental, em especial as exigências da Lei nº 4.771, de 15 de setembro de 1965, no que respeita às Áreas de Preservação Permanente e à Reserva Legal. Parágrafo único. Verificada a ocorrência do previsto na alínea a do inciso I deste artigo, os órgãos competentes do Poder Executivo adotarão as medidas necessárias para proteger as espécies da flora e da fauna silvestres ameaçadas de extinção caso existam fatores que o exijam, ou fomentarão e apoiarão as ações e os proprietários de áreas que estejam mantendo ou sustentando a sobrevivência dessas espécies".*
4. Art. 12. *"Os novos empreendimentos que impliquem o corte ou a supressão de vegetação do Bioma Mata Atlântica deverão ser implantados preferencialmente em áreas já substancialmente alteradas ou degradadas".*
5. Art. 17. *"O corte ou a supressão de vegetação primária ou secundária nos estágios médio ou avançado de regeneração do Bioma Mata Atlântica, autorizados por esta Lei, ficam condicionados à compensação ambiental, na forma da destinação de área equivalente à extensão da área desmatada, com as mesmas características ecológicas, na mesma bacia hidrográfica, sempre que possível na mesma microbacia hidrográfica, e, nos casos previstos nos arts. 30 e 31, ambos desta Lei, em áreas localizadas no mesmo Município ou região metropolitana. § 1º Verificada pelo órgão ambiental a impossibilidade da compensação ambiental prevista no caput deste artigo, será exigida a reposição florestal, com espécies nativas, em área equivalente à desmatada, na mesma bacia hidrográfica, sempre que possível na mesma microbacia hidrográfica. § 2º A compensação ambiental a que se refere este artigo não se aplica aos casos previstos no inciso III do art. 23 desta Lei ou de corte ou supressão ilegais".*

Nas regiões metropolitanas e áreas urbanas, assim consideradas em lei, o parcelamento do solo para fins de loteamento ou qualquer edificação em área de vegetação secundária, em estágio médio de regeneração, do Bioma Mata Atlântica, deve obedecer ao disposto no Plano Diretor do Município e demais normas aplicáveis, e dependerá de prévia autorização do órgão estadual competente, ressalvado o disposto nos arts. 11, 12 e 17 da Lei.[6]

A norma estabelece ainda que, nos perímetros urbanos aprovados até a data de início de sua vigência, a supressão de vegetação secundária em estágio médio de regeneração somente será admitida, para fins de loteamento ou edificação, no caso de empreendimentos que garantam a preservação de vegetação nativa em estágio médio de regeneração em no mínimo 30% da área total coberta por esta vegetação.[7]

E, nos perímetros urbanos delimitados após a data de início de vigência da Lei, a supressão de vegetação secundária em estágio médio de regeneração fica condicionada à manutenção de vegetação em estágio médio de regeneração em no mínimo 50% (cinquenta por cento) da área total coberta por essa vegetação.[8]

---

6. Lei nº 11.428/06, art. 31.
7. Lei nº 11.428/06, art. 31, § 1º.
8. Lei nº 11.428/06, art. 31, § 2º.

Infrações Penais e Administrativas Relativas ao Meio Ambiente Urbano

43.1 ORDENAMENTO URBANO

A Lei nº 9.605/98 tipifica crimes contra o ordenamento urbano. O crime previsto no art. 64 refere-se a **construir em solo** em que não se permite a construção, conforme descrito do dispositivo:

> Art. 64. Promover construção em solo não edificável, ou no seu entorno, assim considerado em razão de seu valor paisagístico, ecológico, artístico, turístico, histórico, cultural, religioso, arqueológico, etnográfico ou monumental, sem autorização da autoridade competente ou em desacordo com a concedida.
>
> Pena – reclusão, de um a três anos, e multa.

A ação é não apenas construir, mas promover a construção, sem autorização da autoridade competente.

A esse crime corresponde à infração administrativa prevista no art. 74 do Decreto nº 6.514/08, que fixou a multa de R$ 10.000,00 a R$ 100.000,00 aos infratores.

O outro crime tipificado na Lei de Crimes Ambientais diz respeito aos **aspectos paisagísticos** da cidade:

> Art. 65. Pichar ou por outro meio conspurcar edificação ou monumento urbano:
>
> Pena – detenção, de três meses a um ano, e multa.
>
> Parágrafo único. Se o ato for realizado em monumento ou coisa tombada em virtude do seu valor artístico, arqueológico ou histórico, a pena é de seis meses a um ano de detenção, e multa.

Cabe notar que a Lei nº 12.408/11, que alterou esse artigo, excluiu **a grafitagem** da tipificação do crime, passando a ser reconhecida como manifestação artística, ao invés de conspurcação à paisagem urbana. A referida Lei constitui um avanço na medida em que reconhece, no campo normativo, a evolução das manifestações culturais urbanas.

O Decreto nº 6.514/08 estabeleceu infração correspondente a esse ilícito penal, no art. 75, impondo a multa de R$ 1.000,00 a R$ 50.000,00 aos infratores.

43.2 POLUIÇÃO SONORA

A Lei de Crimes Ambientais prevê o **delito de poluição** no seu art. 54, para quem, intencionalmente ou não, "*causar poluição de qualquer natureza em níveis tais que resultem ou possam resultar em danos a saúde humana*", em que se inclui a poluição sonora, que consiste na produção de som que ultrapasse os limites estabelecidos nas normas técnicas editadas pela Associação Brasileira de Normas Técnicas (ABNT) 10.151 e 101.52. As penas são de reclusão, para o crime doloso, e de detenção, para quem comete o crime culposamente, e podem chegar a até cinco anos de prisão.

O art. 60 prevê ainda o crime de poluição para *"quem construir, reformar, ampliar, instalar ou fazer funcionar, em qualquer parte do território nacional, estabelecimentos, obras ou serviços potencialmente poluidores, sem licença ou autorização dos órgãos ambientais competentes, ou contrariando as normas legais e regulamentares pertinentes"*, em que se incluem os estabelecimentos, obras ou serviços que causem ruído acima dos padrões legalmente aceitos. As penas são de detenção, até um máximo de seis meses, e de multa, cumulativamente ou não.

Em grau menor, a Lei das Contravenções Penais – Decreto-lei nº 3.688/41 – prevê a contravenção de *perturbação do trabalho ou do sossego alheios* para quem *perturbar alguém, o trabalho ou o sossego alheio* nas condições previstas, sujeitando os infratores às penas de prisão simples, de 15 dias a três meses, ou multa, nos termos do art. 42. Em se tratando de infração de natureza penal, haverá necessidade de ser comprovado o dolo na conduta.

O bem que se tutela, nesse caso, é o sossego, a tranquilidade necessária para o exercício das atividades como trabalhar e repousar. O sujeito ativo pode ser qualquer pessoa, sem nenhuma especificidade. O sujeito passivo consiste na coletividade, a quem se pretende assegurar a paz e o sossego.

Há que ponderar que não é qualquer ruído que configura a contravenção. Devem ser utilizados, como meio de aferir a real ocorrência do delito, os padrões fixados nas normas regulamentares sobre a matéria.

43.3 ADMINISTRAÇÃO PÚBLICA

A Lei nº 6.766/79 tipifica no art. 50 o seguinte crime contra **a Administração Pública**:

dar início, de qualquer modo, ou efetuar loteamento ou desmembramento do solo para fins urbanos sem autorização do órgão público competente, ou em desacordo com as disposições desta Lei ou das normas pertinentes do Distrito Federal, Estados e Municípios;

dar início, de qualquer modo, ou efetuar loteamento ou desmembramento do solo para fins urbanos sem observância das determinações constantes do ato administrativo de licença;

fazer, ou veicular em proposta, contrato, prospecto ou comunicação ao público ou a interessados, afirmação falsa sobre a legalidade de loteamento ou desmembramento do solo para fins urbanos, ou ocultar fraudulentamente fato a ele relativo.

Pena – Reclusão, de 1 (um) a 4 (quatro) anos, e multa de 5 (cinco) a 50 (cinquenta) vezes o maior salário mínimo vigente no País.

Parágrafo único. O crime definido neste artigo é qualificado, se cometido:

I – por meio de venda, promessa de venda, reserva de lote ou quaisquer outros instrumentos que manifestem a intenção de vender lote em loteamento ou desmembramento não registrado no Registro de Imóveis competente;

II – com inexistência de título legítimo de propriedade do imóvel loteado ou desmembrado, ressalvado o disposto no art. 18, §§ 4º e 5º, desta Lei, ou com omissão fraudulenta de fato a ele relativo, se o fato não constituir crime mais grave.[1]

---

1. Redação dada pela Lei nº 9.785, de 29-1-1999.

Pena – Reclusão, de 1 (um) a 5 (cinco) anos, e multa de 10 (dez) a 100 (cem) vezes o maior salário mínimo vigente no País.

Além disso, aquele que, *de qualquer modo, concorra para a prática dos crimes previstos* no art. 50 incide nas penas a estes cominadas, considerados em especial os atos praticados na qualidade de mandatário de loteador, diretor ou gerente de sociedade.[2]

43.4 REGISTROS PÚBLICOS

A Lei nº 6.766/79 instituiu ainda crime relativo aos registros públicos:

Art. 52. Registrar loteamento ou desmembramento não aprovado pelos órgãos competentes, registrar o compromisso de compra e venda, a cessão ou promessa de cessão de direitos, ou efetuar registro de contrato de venda de loteamento ou desmembramento não registrado.

Pena – Detenção, de 1 (um) a 2 (dois) anos, e multa de 5 (cinco) a 50 (cinquenta) vezes o maior salário mínimo vigente no País, sem prejuízo das sanções administrativas cabíveis.

O crime acima descrito tem por objetivo proteger a segurança jurídica que os registros públicos devem garantir aos cidadãos. A ação criminosa é privativa do servidor de cartórios de registro de imóveis, a quem compete, por lei, proceder aos registros. Sendo órgãos de natureza pública, seus atos devem observar, entre outros, o princípio da legalidade.

---

2. Lei nº 6.766/79, art. 51.

Parte VII

Responsabilidade em Matéria Ambiental e Meios Processuais de Defesa do Meio Ambiente

44

Dano Ambiental e Responsabilidade

Para tratar da responsabilidade por dano ambiental, há que tecer algumas considerações acerca do conceito de dano em meio ambiente. O dano consiste no prejuízo, na perda do valor de um determinado bem, causada por uma ação – ou omissão – específica. O dano é a alteração de uma coisa, em sentido negativo. O dano ambiental seria um prejuízo causado ao meio ambiente ecologicamente equilibrado.

Já vimos que a legislação ambiental não exige que se deixe intacta a Natureza ou que a qualidade ambiental deva retornar aos níveis anteriores à Revolução Industrial. A lógica norteadora das normas ambientais não segue esse caminho. Se fosse assim, estariam proibidas quaisquer atividades que causassem quaisquer impactos ao ambiente.

Nessa linha, **a função** do direito ambiental é justamente **nortear as atividades humanas, ora impondo limites, no sistema de comando-controle, ora induzindo comportamentos voluntários por meio de instrumentos econômicos, com o objetivo de garantir que essas atividades não causem danos ao meio ambiente, impondo-se a responsabilização e as consequentes penalidades aos transgressores dessas normas.** Por seu turno, o empreendedor deve absorver, ao menos em parte, o custo social que a poluição e a degradação decorrentes de sua atividade causam à sociedade, ainda que respeitando os limites e padrões legalmente fixados.

Os princípios poluidor-pagador, prevenção e precaução, informadores do direito ambiental, vêm fundamentar a necessidade de o empreendedor atuar preventivamente, investindo nos cuidados necessários para que a sua atividade não venha a causar efeitos danosos à sociedade.

Analisando o conteúdo das leis e regulamentos que regem tanto a apropriação como o uso dos recursos ambientais, verifica-se que seu objetivo precípuo é manter o equilíbrio entre os meios físicos e bióticos, conceito subjacente à própria definição de meio ambiente,[1] conservando esses elementos equilibrados para as futuras gerações. Mas não se deixa de licenciar novas atividades e empreendimentos, desde que se cumpram a legislação protetora e as obrigações individualmente fixadas, com vistas a minimizar os efeitos deletérios e compensar os danos eventuais.

Um tema relevante consiste na ocorrência de situação danosa perpetuada ao longo do tempo. Os argumentos que defendem o direito adquirido ou o fato consumado em matéria ambiental são múltiplos, e passam pelos vários direitos assegurados pela Constituição, como é o caso do direito à moradia. A matéria encontra-se consolidada pelo STJ, pela Súmula 613, de 2018, segundo a qual *não se admite a aplicação da teoria do fato consu-*

---

1. Lei nº 6.938/81, art. 3º, I.

mado em tema de Direito Ambiental.[2] Em outras palavras, não há falar em direito adquirido à manutenção de situação que gere prejuízo ao meio ambiente. Do mesmo modo, deve ser afastada a teoria do fato consumado nos casos em que se alega a ineficácia da ação em um único imóvel ante a consolidação da área urbana.[3]

O objetivo perseguido pelo ordenamento jurídico é, pois, garantir a permanência da vida sobre a Terra, assegurando às gerações futuras a possibilidade de também se apropriar e utilizar os recursos naturais.

A legislação impõe compensações e mitigação dos impactos quando da implantação de uma nova atividade, com base no princípio da prevenção. Se não houver certeza quanto aos efeitos deletérios que poderão ocorrer no futuro, durante a operação da atividade, aplica-se o princípio da precaução. Todavia, sempre haverá algum impacto. A corroborar essa ideia, a Lei nº 9.985/2000 exige do empreendedor o pagamento de um percentual do custo do empreendimento, a ser aplicado na implantação de Unidades de Conservação.[4, 5]

O **dano ambiental** equilibra-se, pois, entre essas duas vertentes: por um lado, não se trata de um retorno à Natureza intacta pelo homem; por outro, trata-se de regras para que as atividades do homem não venham a causar prejuízos ao equilíbrio ambiental. Sem dúvida, essa equação não possui uma solução única. Há inúmeros fatores de ordem física, química e biótica que interferem no conceito de dano.

Ou seja, a perda ou o dano sempre ocorrem. A questão é definir quando a intensidade do dano é tal que efetivamente coloque em risco o equilíbrio ambiental, objeto de tutela jurídica, implicando a imposição de responsabilidade ao autor da ação. Resta verificar os graus em que ocorre o desequilíbrio, configurando o conceito jurídico de dano, entendido como o **fato deletério ao ambiente cuja ocorrência gera a responsabilidade do agente**.

Há um sem-número de fatores de ordem física, química e biótica que interferem nos efeitos provocados pela ação humana, ensejando ora uma poluição mais importante, ora efeitos menores, que não chegam a caracterizar o dano ambiental. Permanece a dúvida.

Vejamos agora como a Lei nº 6.938/81 conceitua o poluidor como *a pessoa física ou jurídica, de direito público ou privado, responsável, direta ou indiretamente, por atividade causadora de degradação ambiental.*[6] Nessa definição, repete-se a expressão *atividade causadora de degradação ambiental*, ainda permanecendo em aberto a definição de dano em meio ambiente.

A partir da edição da Lei nº 6.938/81, que instituiu a responsabilidade por dano ao ambiente, cabe aos órgãos e entidades de controle ambiental, assim como ao Ministério Público, no âmbito de suas respectivas atribuições, e analisando cada caso em concreto, caracterizar os fatos como danos ambientais ou não.

O conceito, portanto, depende de um **poder discricionário** da autoridade competente, em cada caso específico. O limite dessa discricionariedade deve ser a motivação técnica, associada ao bom-senso do administrador, que deve perceber a diferença entre um mem-

---

2. Súmula 613, Primeira Seção, aprovada em 09/05/2018, DJe 14/05/2018.
3. Há inúmeros precedentes da mesma natureza sobre essa matéria, como por exemplo o AgInt no Recurso Especial nº 1.527.846 – SC. Min. Regina Helena Costa.
4. Lei nº 9.985/00, art. 36, Decreto nº 4.340/02, art. 31 e Resolução CONAMA nº 371/06.
5. Ver capítulo sobre o Sistema Nacional de Unidades de Conservação (SNUC).
6. Lei nº 6.938/81, art. 3º, IV.

44 • DANO AMBIENTAL E RESPONSABILIDADE **671**

bro de comunidade tradicional retirar a casca de uma árvore em Unidade de Conservação para fazer um chá e o desmatamento que ocorre na Amazônia. É preciso ter razoabilidade e proporcionalidade nas ações, para garantir que a proteção do meio ambiente se efetive, como parte do desenvolvimento econômico e social.

44.1 PREVENÇÃO DO DANO

Antes de detalhar as questões referentes à responsabilização pelos danos ao meio ambiente, objeto dos próximos capítulos, não se pode deixar de ressaltar a importância da prevenção do dano, que antecede qualquer questão atinente à responsabilidade.

Quando a Constituição Federal impõe a proteção ao *meio ambiente ecologicamente equilibrado, bem de uso comum do povo*, a mensagem subjacente consiste no dever de prevenir a ocorrência de qualquer fato que venha a causar dano a esse macrobem, considerando o interesse público nele contido.

Impende pôr em relevo que o princípio poluidor-pagador, previsto na Lei nº 6.938/81, reporta-se à responsabilidade objetiva, quando impõe, *"ao poluidor e ao predador, a obrigação de recuperar e/ou indenizar os danos causados"*.[7] A norma, que introduz o princípio da reparação integral, fala em recuperar e/ou indenizar. Mas, em se tratando da proteção do meio ambiente, prioritariamente deve-se buscar a prevenção.

O princípio poluidor-pagador possui duas vertentes: a reparação e, antes dela a prevenção. Com base na teoria do risco, o empreendedor é obrigado a cumprir as leis ambientais, envidando, para isso, todos os esforços necessários, inclusive investimentos, para evitar o dano.

Em primeiro lugar, deve ser obrigatória a prevenção. Em segundo lugar, a reparação do dano. Somente quando já tiver ocorrido o dano e este tiver um caráter irreversível, é que deve caber a indenização, sempre cumulada com a reparação, se não houver meio de reparar integralmente o dano ocorrido.[8]

44.2 PECULIARIDADES DO DANO AMBIENTAL, RESPONSABILIDADE E QUESTÕES PROCESSUAIS

Se o dano ambiental abrangesse um direito de propriedade, seu titular teria legitimidade para propor ação indenizatória, para fazer valer seus direitos patrimoniais. Se a poluição viesse a causar doenças no meio ambiente do trabalho, os empregados da empresa poderiam propor as ações indenizatórias, como vítimas e, portanto, partes legítimas do processo.

Mas ainda não havia sido formulada uma tutela processual para os interesses difusos, em que se inclui o meio ambiente. Se o dano ocorresse contra um bem natural, sem a possibilidade de que seu titular fosse identificado, como, por exemplo, a mortandade de peixes em um rio, os meios processuais então disponíveis eram insuficientes. Era necessário, portanto, modificar o Direito Processual, no que se referia à legitimidade ativa.

A previsão legal de que *"Ministério Público da União e dos Estados terá legitimidade para propor ação de responsabilidade civil e criminal, por danos causados ao meio ambien-*

---

7. Lei nº 6.938/81, art. 4º, VII.
8. A respeito dessas questões, conferir REsp 625249/PR, Rel. Ministro Luiz Fux, decisão de 15-8-2006.

672 DIREITO AMBIENTAL • Maria Luiza Machado Granziera

te",[9] veio solucionar a questão da **legitimidade ativa** para a propositura de ação de indenização por dano ambiental. Como esse órgão tem como finalidade precípua a tutela dos interesses da coletividade, sua legitimidade para defender o meio ambiente como direito difuso reforça a proteção deste, bem como a prevenção do dano e sua eventual reparação.

44.3 INDEPENDÊNCIA DAS RESPONSABILIDADES

A Constituição Federal determina:

> As condutas e atividades consideradas lesivas ao meio ambiente sujeitarão os infratores, pessoas físicas ou jurídicas, a sanções penais e administrativas, independentemente da obrigação de reparar os danos causados.[10]

O princípio da independência das responsabilidades implica que o mesmo fato pode ocasionar a sanções civis, penais e administrativas, que se aplicam cumulativamente. Essa independência, todavia, não é absoluta. Algumas regras impõem influências entre uma esfera de responsabilidade e outra.

44.3.1 Responsabilidade civil e criminal

A responsabilidade penal interfere na responsabilidade civil, no que toca às questões relativas ao *fato* e à *autoria*. Segundo Nelson Nery e Rosa Maria de Andrade Nery, comentando o antigo CPC, mas com aplicabilidade na norma em vigor, "*quando as questões de existência do fato (materialidade) e de quem seja seu autor (autoria) estiverem decididas no processo penal, essas matérias se projetam no processo civil.*[11] *Nessa parte há influência da coisa julgada penal no processo civil*".[12]

O Código Civil estabelece em seu art. 935:

> A responsabilidade civil é independente da criminal, não se podendo questionar mais sobre a existência do fato, ou sobre quem seja o seu autor, quando estas questões se acharem decididas no juízo criminal.

Havendo decisão no juízo criminal, não mais se discute sobre o fato ou sua autoria. No caso do art. 935, não mais se poderá questionar sobre a existência do fato ou sobre quem seja o seu autor se estas questões se acharem categoricamente decididas no juízo criminal.[13] Essa decisão no juízo criminal refere-se à existência de coisa julgada.

Quando, porém, o réu é absolvido na esfera penal por *não existir prova suficiente para a condenação*,[14] essa absolvição não o exime da responsabilidade civil nem administrativa.

---

9.   Lei nº 6.938/81, art. 14, § 1º.
10.   CF/88, art. 225, § 3º.
11.   NCPC (Lei nº 13.105/2015), art. 315. "Se o conhecimento do mérito depender de verificação da existência de fato delituoso, o juiz pode determinar a suspensão do processo até que se pronuncie a justiça criminal. § 1º Se a ação penal não for proposta no prazo de 3 (três) meses, contado da intimação do ato de suspensão, cessará o efeito desse, incumbindo ao juiz cível examinar incidentemente a questão prévia. § 2º Proposta a ação penal, o processo ficará suspenso pelo prazo máximo de 1 (um) ano, ao final do qual aplicar-se-á o disposto na parte final do § 1º."
12.   NERY JUNIOR, Nelson; NERY, Rosa Maria de Andrade. *Código Civil comentado*. 4. ed. São Paulo: Revista dos Tribunais, 2006, p. 630.
13.   Novo Código Civil – Enunciados aprovados na Jornada de Direito Civil, STJ, no período de 11 a 13 de setembro de 2002, promovida pelo Centro de Estudos Judiciários do Conselho da Justiça Federal (CJF), no período de 11 a 13 de setembro de 2002, sob a coordenação científica do Ministro Ruy Rosado, do STJ, Enunciado 45.
14.   CPP, art. 66: "*Não obstante a sentença absolutória no juízo criminal, a ação civil poderá ser proposta quando não tiver sido, categoricamente, reconhecida a existência material do fato.*"

Note-se que, no direito penal, a responsabilidade depende da comprovação do dolo e, quando previsto no tipo penal, da culpa. Já no direito civil e no direito administrativo, basta que se comprovem a existência do dano, a autoria e a existência de nexo causal. Assim, mesmo que o processo criminal tenha sido encerrado, não há óbice à propositura de ação civil de reparação de danos e tampouco à instauração de procedimento administrativo para aplicação de sanções contra atos violadores das normas ambientais.

Superadas as questões gerais referentes ao dano ambiental em si e à responsabilidade nas três esferas por causar tal dano, passa-se à análise da responsabilidade em cada esfera e dos meios processuais de defesa do meio ambiente.

45

RESPONSABILIDADE CIVIL POR DANO AMBIENTAL

45.1 A RESPONSABILIDADE CIVIL NO DIREITO BRASILEIRO

A responsabilização civil nasce da conjunção de três fatores fundamentais: (a) prática de um ato contrário à Lei (conduta antijurídica), (b) ocorrência de um dano e (c) existência de um nexo causal entre a conduta contrária à lei e o dano ocorrido. Assim, resumidamente, há responsabilidade civil quando é praticado um ato ilícito do qual resulte um dano.

A prática do ato ilícito pode ocorrer por **conduta comissiva ou omissiva**. Na conduta comissiva, o agente executa a ação – ato ilícito – que provoca o dano. Na conduta omissiva, o agente deixa de executar a ação que seria necessária para impedir a ocorrência do dano. Nas duas hipóteses configura-se o ato ilícito.

Independentemente do tipo de conduta, a responsabilidade civil no direito brasileiro pode ser classificada em duas categorias, de acordo com a necessidade de ser verificada a existência de culpa do agente que pratica o ato:

responsabilidade subjetiva: além dos pilares básicos (prática do ilícito, ocorrência do dano e nexo causal), é necessário verificar a existência de culpa (*lato sensu*), o elemento subjetivo; e

responsabilidade objetiva: nesse caso, além dos elementos fundamentais da responsabilidade civil, não é necessário verificar outros elementos, pois a culpa não compõe os pilares dessa espécie de responsabilidade.

Verificada a responsabilidade pelo dano causado, seja objetiva ou subjetiva, nasce o dever de reparar o dano causado, nos termos do art. 927 do Código Civil – Lei nº 10.406, de 10-1-2002: aquele que, por ato ilícito (arts. 186 e 187), causar dano a outrem,[1] fica obrigado a repará-lo.

45.1.1 Responsabilidade subjetiva

O **elemento subjetivo** da conduta do autor do dano consiste em uma ação voluntária, que se traduz na vontade do agente em produzir ou permitir que ocorra o dano, tal como determina o art. 186 do Código Civil:

aquele que, por ação ou omissão voluntária, negligência ou imprudência, violar direito e causar dano a outrem, ainda que exclusivamente moral, comete ato ilícito.

---

1. Em matéria ambiental, o termo *outrem*, mencionado na norma, constitui o meio ambiente ecologicamente equilibrado, bem de uso comum do povo.

Com base no disposto no art. 186 do Código Civil, para a caracterização de um ato ilícito é, pois, necessária a existência – comprovadamente – dos seguintes elementos:

existência de um ato;

ocorrência de um dano;

nexo de causalidade entre o ato e o dano;

caracterização de dolo ou culpa na conduta do autor.

A necessidade de se provar a conduta do autor – dolo ou culpa – configura a responsabilidade subjetiva, que analisa *a priori* a atuação do sujeito – autor do dano, fator condicionante da caracterização dessa categoria de responsabilidade. A responsabilidade subjetiva é considerada como sistema clássico de responsabilização.

45.1.2 Responsabilidade objetiva

Nos termos do disposto no art. 187 do Código Civil, "*comete ato ilícito o titular de um direito que, ao exercê-lo, excede manifestamente os limites impostos pelo seu fim econômico ou social, pela boa-fé ou pelos bons costumes*". Dispensa, assim, para que se configure o ato ilícito, a conduta dolosa ou culposa do autor. Basta que se comprove a existência do nexo de causalidade entre o ato e o dano, de modo que são requisitos para a caracterização da responsabilidade civil objetiva:

existência de um ato;

ocorrência de um dano;

nexo de causalidade entre o ato e o dano.

Outro caso de responsabilidade civil objetiva trazida pelo Código Civil está previsto no art. 43, que prescreve a responsabilidade dos entes federados sobre os atos causados por seus agentes.

Ademais, o Código Civil estabeleceu outra forma de responsabilidade objetiva, introduzindo a **teoria do risco**, segundo a qual aquele que, em sua atividade econômica, expuser a sociedade ao risco é obrigado a reparar eventuais danos que venha a causar. Nos termos do parágrafo único do art. 927:

haverá obrigação de reparar o dano, independentemente de culpa, nos casos especificados em lei, ou quando a atividade normalmente desenvolvida pelo autor do dano implicar, por sua natureza, risco para os direitos de outrem.

Em síntese, a responsabilidade objetiva no Código Civil ocorre nos seguintes casos: (a) **abuso de direito** (art. 187); (b) atos praticados por **agentes dos entes federados** (art. 43); (c) nos casos especificados em lei (art. 927); e (d) quando a atividade implicar **risco** (art. 927, parágrafo único).

Destaque é dado à responsabilidade objetiva decorrente do risco, que, além de se traduzir em socialização do risco ou do dano, pode ser considerada como uma forma de justiça distributiva.[2]

---

2. LEITE, José Rubens Morato. *Dano ambiental*: do individual ao coletivo extrapatrimonial. São Paulo: Revista dos Tribunais, 2000, p. 130.

Note-se que a responsabilidade objetiva foi introduzida de forma mais robusta em relação ao Código anterior, como um reflexo da evolução da sociedade, que impõe maior responsabilidade à pessoa, física ou jurídica, principalmente nas suas relações econômicas, quando envolvem interesses difusos. Essa lógica está contida na Constituição Federal, que, em seu art. 170, condiciona as atividades econômicas à proteção do meio ambiente, ficando clara a obrigatoriedade de se perseguir um desenvolvimento sustentado. Ademais, a responsabilidade objetiva pode incentivar os agentes a agirem preventivamente, e não após o dano, adotando a melhor técnica disponível.

45.1.3 Responsabilidade solidária

O art. 942, do Código Civil, em sua parte final, estabelece que *"se a ofensa tiver mais de um autor, todos responderão solidariamente pela reparação"*. Essa regra caracteriza a responsabilidade solidária. Quando vários agentes tiverem participado de uma ação que venha a causar a poluição ou a degradação ambiental, ou ainda quando não se tiver certeza de qual deles – em um rol de possíveis autores – foi o responsável pelos danos, aplica-se esse conceito.

Na responsabilidade solidária, todos aqueles passíveis de ter cometido o dano serão chamados aos autos. Poderá também o autor da ação ajuizar a demanda em face somente de um único réu, que buscará a solução do conflito chamando os demais autores ao processo ou exercendo direito de regresso posteriormente.

A responsabilidade solidária tem um papel muito importante na reparação dos danos ambientais. Considerando que em muitos casos é praticamente impossível provar o nexo de causalidade entre a conduta antijurídica e o dano (seja porque o dano foi cumulativo, seja porque de um conjunto de condutas decorreu o dano), o estabelecimento da solidariedade passa a ser um elemento flexibilizador e vantajoso para se alcançar a reparação integral do dano ambiental. Questões controversas sobre a responsabilidade solidária por danos e passivos ambientais serão apresentadas mais detalhadamente adiante.

45.2 RESPONSABILIDADE CIVIL PELO DANO AMBIENTAL

Em matéria ambiental, a responsabilidade civil é fundada na responsabilidade objetiva. A responsabilidade pelo risco já estava prevista na Lei nº 6.938/81. Isso se justificava pelo fato de que o sistema de responsabilidade então vigente – subjetiva – não bastava para responsabilizar os autores de danos ambientais. Muitas vezes, o dano ocorria sem que houvesse uma conduta dolosa ou culposa, o que eximia de pronto os autores da responsabilidade pelo dano causado.

Era necessário buscar um meio de alterar essa lógica para as questões ambientais, responsabilizando os autores do dano, independentemente da ocorrência de condutas culposas ou dolosas, pois as especificidades do dano ambiental praticamente impossibilitam a responsabilização do agente, no sistema da responsabilidade subjetiva, fundada na culpa. Assim, o art. 14, § 1º, da citada lei veio trazer soluções a esses problemas:

> Sem obstar a aplicação das penalidades previstas [...], é o poluidor obrigado, independentemente da existência de culpa, a indenizar ou reparar os danos causados ao meio ambiente e a terceiros, afetados por sua atividade.

Essa não foi a primeira vez que se estabeleceu a responsabilidade objetiva por dano. A Lei nº 6.453, de 17-10-1977, que dispõe sobre a responsabilidade por dano nuclear, já determinava como "*exclusiva do operador da instalação nuclear, independentemente da existência de culpa, a responsabilidade civil pela reparação de dano nuclear causado por acidente nuclear*".[3] A Convenção Internacional sobre Responsabilidade Civil em Danos Causados por Poluição por Óleo, de 1969, introduzida no país pelo Decreto nº 79.437, de 28-3-1977, também já havia estabelecido a responsabilidade objetiva.[4]

A Lei nº 11.105/05 também instituiu a responsabilidade objetiva:

Sem prejuízo da aplicação das penas previstas nesta Lei, os responsáveis pelos danos ao meio ambiente e a terceiros responderão, solidariamente, por sua indenização ou reparação integral, independentemente da existência de culpa.[5]

A questão que se coloca diz respeito ao risco que o empreendedor impõe à sociedade, para obter lucro ou benefícios. Em caso de ocorrência de dano, ainda que tenha tomado todos os cuidados, ele é responsável pela recuperação ou indenização decorrente do dano causado.

É importante notar que, em matéria ambiental, o dano pode decorrer de atividade lícita. O empreendedor, ainda que em situação regular quanto ao licenciamento, por exemplo, é responsável em caso de dano provocado por sua atividade. Nessa linha, o § 1º do art. 14 da Lei nº 6.938/81 menciona que o *poluidor* é obrigado a indenizar, sem trazer à baila a necessidade da existência de um ato ilícito. Basta ter o agente provocado o dano.

Em determinados casos, o nexo causal pode também ser dispensado, como no caso da responsabilidade *propter rem*. Nos dizeres do STJ:

É isso que ocorre na esfera ambiental, nos casos em que o adquirente do imóvel é responsabilizado pelos danos ambientais causados nesta propriedade, independentemente de ter sido ele ou o dono anterior o real causador dos estragos.[6]

Nesse caso, vai ser constituída responsabilidade solidária entre o atual proprietário do imóvel e o antigo proprietário, se for o caso, na busca da maior efetividade da proteção ambiental. A solidariedade é fundada na aplicação concomitante dos artigos 3º, IV[7] e 14, § 1º da Lei nº 6.938/81.

45.3 EXCLUDENTES DE RESPONSABILIDADE

O caso fortuito e a força maior são fatos que excluem a responsabilidade do autor de um dano. Em matéria ambiental, porém, esses fatores devem ser analisados à luz da legislação ambiental.

---

3. Lei nº 6.453/77, art. 4º: "*A lei restringiu a responsabilidade à ocorrência do dano nas situações a seguir descritas, que não interferem na culpa ou no dolo do agente: (1) ocorrido na instalação nuclear; (2) provocado por material nuclear procedente de instalação nuclear, quando o acidente ocorrer: (a) antes que o operador da instalação nuclear a que se destina tenha assumido, por contrato escrito, a responsabilidade por acidentes nucleares causados pelo material; (b) na falta de contrato, antes que o operador da outra instalação nuclear haja assumido efetivamente o encargo do material; (3) provocado por material nuclear enviado à instalação nuclear, quando o acidente ocorrer: (a) depois que a responsabilidade por acidente provocado pelo material lhe houver sido transferida, por contrato escrito, pelo operador da outra instalação nuclear; (b) na falta de contrato, depois que o operador da instalação nuclear houver assumido efetivamente o encargo do material a ele enviado.*"
4. Convenção Internacional sobre Responsabilidade Civil em Danos Causados por Poluição por Óleo, artigo III.
5. Lei nº 11.105/05, art. 20.
6. REsp 1.056.540 – GO, Relatora Ministra Eliana Calmon, Primeira Turma, *DJe* 14-9-2009. No mesmo sentido, conferir: REsp 843.036 – PR, Rel. Ministro José Delgado, Primeira Turma, *DJ* 9-11-2006 p. 266.
7. Lei nº 6.938/81, art. 3º: "*Para os fins previstos nesta Lei, entende-se por: [...] IV – poluidor, a pessoa física ou jurídica, de direito público ou privado, responsável, direta ou indiretamente, por atividade causadora de degradação ambiental.*"

O caso fortuito e a força maior estão conceituados no Código Civil como fatos necessários, cujos efeitos não se podiam evitar ou impedir. Diante dessa impossibilidade, entende-se que o autor de um dano não poderia, *a priori*, ser responsabilizado. Essa ideia se confirma na disposição do Código Civil, ao definir, em seu art. 393:

> o devedor não responde pelos prejuízos resultantes de caso fortuito ou força maior, se expressamente não se houver por eles responsabilizado.

Todavia, assim como outros institutos do Direito foram adaptados às características da **tutela específica do meio ambiente**, como forma de conferir efetividade à sua proteção legal, esses fatores de exclusão de responsabilidade devem ser examinados à luz do ordenamento jurídico ambiental, em face dos princípios da precaução e da prevenção.

Há que se analisar a questão à luz do **risco** ao qual a atividade causadora do dano expôs a sociedade e o meio ambiente, ou seja, cada caso deve ser objeto de análise acurada, com vistas a verificar se era ou não possível prever a possibilidade de ocorrência do dano ambiental. Se não ficar claramente evidenciado que o fato ocorrido estava totalmente fora da previsão e do controle do empreendedor, e que nenhum ato seu colaborou para a realização do dano, é cabível a sua responsabilização.

Como exemplo, cita-se a localização de uma barragem de rejeitos industriais às margens de um rio, em bacia sedimentar, em área sujeita a inundações. Em um ano em que as chuvas excedem a média usual, a ocorrência de inundação e vazamento dos rejeitos não pode ser considerada força maior para fins de afastamento da responsabilidade do empreendedor.

Há ainda que verificar como foi feita a manutenção dessa barragem. Por exemplo, um formigueiro que se instala na crista da barragem pode ser o fator determinante do acidente, pois a água encontra canais para penetrar no solo, diminuindo a resistência mecânica e causando o desmoronamento.

A manutenção, nesse caso, é obrigação do empreendedor. É praticamente impossível que o Poder Público venha a fiscalizar todas as atividades no interior de uma empresa. A aplicação do **princípio poluidor-pagador** exige que empreendedor envide todos os esforços possíveis para evitar o dano ambiental, investindo na segurança. Em caso de acidente, as providências tomadas pelo empreendedor serão consideradas.

45.4 REPARAÇÃO DO DANO AMBIENTAL

A reparação de um dano, em direito civil, gera as seguintes obrigações para seu autor:

obrigação de não fazer: cessar a atividade causadora do dano;

obrigação de fazer: recuperar o bem danificado;

obrigação de dar: indenizar, em caso de impossibilidade de recuperação do bem danificado.

A primeira obrigação reporta-se à preferência pela **prevenção** ou não agravamento do dano. Caso seja possível cessar a atividade deletéria, não se pode optar por repará-lo posteriormente, devendo a determinação de cessação ser feita assim que verificada a ocorrência ou iminência da ocorrência de um dano.

Uma vez ocorrido o dano, no entanto, este deve ser reparado por quem lhe deu causa, seja direta e/ou indiretamente. Nos casos em que é possível retornar o bem lesado ao estado anterior ao dano ocorrido, basta a imposição da obrigação de fazer, ou seja, recuperar o bem. A obrigação de fazer, nesse caso, tem primazia sobre as demais.[8]

Nos casos em que a recuperação do meio ambiente lesado não é possível, pode ser imposta obrigação de recuperar cumulada com o pagamento de indenização (obrigação de dar). Embora o § 1º do art. 14 da Lei nº 6.938/81 determine que o poluidor deverá reparar *ou* indenizar, o sentido que deve ser dado ao texto é de obrigações cumulativas e não alternativas. Assim, caso a determinação da obrigação de fazer (reintegração do bem ambiental à situação anterior ao dano) não seja suficiente para reparar adequadamente o dano, é possível também determinar o pagamento de indenização. Assim, o poluidor deverá indenizar e recuperar. Isso se dá, inicialmente, pela disposição do inciso VII do art. 4º da Lei nº 6.938/81, que determina recuperação *e/ou* indenização.

Sobre essa questão, já se manifestou o STJ:

> O sistema jurídico de proteção ao meio ambiente, disciplinado em normas constitucionais (CF, art. 225, § 3º) e infraconstitucionais (Lei 6.938/81, arts. 2º e 4º), está fundado, entre outros, nos princípios da prevenção, do poluidor-pagador e da reparação integral. Deles decorrem, para os destinatários (Estado e comunidade), deveres e obrigações de variada natureza, comportando prestações pessoais, positivas e negativas (fazer e não fazer), bem como de pagar quantia (indenização dos danos insuscetíveis de recomposição in natura), prestações essas que não se excluem, mas, pelo contrário, se cumulam, se for o caso.[9]

Por fim, quando não é mais viável qualquer ato de recuperação, pode-se determinar apenas o pagamento de indenização. Convém ressaltar que a indenização envolve muitas vezes o problema da quantificação, ou seja, questiona-se como valorar economicamente determinados bens ambientais.

Cabe ainda mencionar a possibilidade de reparação de danos ambientais extrapatrimoniais individuais ou coletivos, ou seja, de que se realize a compensação por um dano que afetou a esfera subjetiva de uma pessoa ou da coletividade. O Tribunal de Justiça do Estado de São Paulo já se manifestou confirmando a possibilidade de haver reparação por danos morais difusos em caso de desaparecimento culposo de animal em extinção:

> Há, sim, dano moral difuso, coletivo, pelo desaparecimento de animal raro, de espécie ameaçada de extinção. A indenização pertinente deve ser apta a despertar a consciência da importância da preservação do ecossistema, a estimular, medidas capazes de prevenir ocorrências semelhantes.[10]

Do voto separado, no mesmo caso, do Desembargador Samuel Junior, é possível inferir que a reparação pelo dano ambiental é o exemplo mais claro da reparabilidade de danos morais coletivos. Veja-se:

> O meio ambiente é categoria que exprime uma série de elementos que, em seu conjunto, constituem um valor que transcende a sua mera soma, e que não pode ser traduzido mediante parâmetros econômicos. Isso porque o dano ambiental não implica apenas numa afetação do equilíbrio ecológico, mas de outros valores, que se encontram intrinsecamente vinculados a ele, como qualidade de vida e saúde.[11]

---

8. Conferir STJ, REsp 1.181.820 – MG, Relatora Ministra Nancy Andrighi, Terceira Turma, *DJe* 20-10-2010.
9. REsp 605323 – MG, Rel. Ministro José Delgado, Rel. p/ Acórdão Ministro Teori Albino Zavascki, Primeira Turma, *DJ* 17-10-2005, p. 179.
10. TJSP, Apelação Cível com Revisão nº 390.451-5/7-00, Relator Des. Aguilar Cortez, decisão de 13-11-2008.
11. TJSP, Apelação Cível com Revisão nº 390.451-5/7-00, Relator Des. Aguilar Cortez, decisão de 13-11-2008.

Cabe citar jurisprudência do STJ sobre danos materiais ocasionados por construção de hidrelétrica. Nesse caso, "*o pescador profissional artesanal que exerça a sua atividade em rio que sofreu alteração da fauna aquática após a regular instalação de hidrelétrica (ato lícito) tem direito de ser indenizado, pela concessionária de serviço público responsável, em razão dos prejuízos materiais decorrentes da diminuição ou desaparecimento de peixes de espécies comercialmente lucrativas paralelamente ao surgimento de outros de espécies de menor valor de mercado, circunstância a impor a captura de maior volume de pescado para a manutenção de sua renda próxima à auferida antes da modificação da ictiofauna.*" [12]

Tratando-se de danos ambientais, o STJ reconheceu que o direito ao pedido de reparação, dentro da logicidade hermenêutica, está protegido pelo manto da imprescritibilidade, por se tratar de direito inerente à vida, fundamental e essencial à afirmação dos povos, independentemente de não estar expresso em texto legal.[13] Nessa mesma decisão, concluiu que:

> Em matéria de prescrição cumpre distinguir qual o bem jurídico tutelado: se eminentemente privado seguem-se os prazos normais das ações indenizatórias; se o bem jurídico é indisponível, fundamental, antecedendo a todos os demais direitos, pois sem ele não há vida, nem saúde, nem trabalho, nem lazer, considera-se imprescritível o direito à reparação. O dano ambiental inclui-se dentre os direitos indisponíveis e como tal está dentre os poucos acobertados pelo manto da imprescritibilidade a ação que visa reparar o dano ambiental.

Em 31-05-2018, o STF, no julgamento desse caso, reconheceu a repercussão geral de matéria relativa à prescrição de pedido de reparação de dano ambiental. De acordo com o Ministro Alexandre de Moraes,

> A repercussão geral inserta na controvérsia é indiscutível, seja sob o ângulo jurídico, econômico ou social, devido ao seu impacto na seara das relações jurídicas as quais têm por pano de fundo a pretensão à reparação civil cuja causa de pedir derive de danos causados ao meio ambiente. [...]
>
> De relevo, portanto, estabelecer balizas precisas e seguras sobre a incidência do instituto da prescrição nos peculiares casos envolvendo direitos individuais ou coletivos lesados, direta ou indiretamente, em razão de danos ambientais provocados pela atuação humana na natureza.[14]

Em 17-04-2020, o plenário do Supremo Tribunal Federal julgou o mérito do Recurso Extraordinário nº 654.833-AC, fixando a tese: "É imprescritível a pretensão de reparação civil de dano ambiental"[15], que deverá ser aplicada pelos demais tribunais no julgamento de todos os casos que versem sobre a questão e tramitem no território nacional.

---

12. REsp 1.371.834-PR, Rel. Min. Maria Isabel Gallotti, julgado em 5/11/2015, DJe 14/12/2015.
13. STJ, Recurso Especial nos Embargos de Declaração no REsp nº 1120117. Relator Ministro Felix Fischer, decisão monocrática de 15-08-2011.
14. STF, Repercussão Geral no Recurso Extraordinário nº 654.833 – AC. Relator Ministro Alexandre de Moraes, decisão de 31-05-2018.
15. STF, Repercussão Geral no Recurso Extraordinário nº 654.833-AC. Relator Min. Alexandre de Moraes. Julgado em 17-04-2020. Disponível em: <https://redir.stf.jus.br/paginadorpub/paginador.jsp?docTP=TP&docID=753077366>. Acesso em: 24 set. 2023.

46

RESPONSABILIDADE ADMINISTRATIVA POR DANO AMBIENTAL

46.1 INFRAÇÕES E SANÇÕES ADMINISTRATIVAS

A responsabilidade administrativa refere-se aos efeitos jurídicos a que se sujeita o autor de um dano ambiental perante a Administração Pública. Abrange as infrações e as sanções administrativas, *temas indissoluvelmente ligados*,[1] pois não há infração sem a existência de uma sanção que lhe corresponda. A natureza da infração é de cunho ilícito, o que gera a aplicação de uma sanção, garantindo, assim, a exequibilidade da norma.

As *"penalidades disciplinares ou compensatórias ao não cumprimento das medidas necessárias à preservação ou correção da degradação ambiental"*[2] estão definidas na lei como instrumentos da Política do Meio Ambiente. Mas ainda que não estivessem expressamente mencionadas na lei ambiental, teriam, da mesma forma, essa natureza, pois o exercício do poder de polícia é atividade vinculada da Administração Pública.

A regulamentação da Lei nº 9.605/98, na parte das infrações e sanções administrativas, foi reformulada pelo Decreto nº 6.514, de 22-7-2008, que revogou o Decreto nº 3.179, de 21-9-1999, e diversos outros instrumentos que regiam a matéria de forma esparsa.[3]

Esse foi um avanço na regulamentação da Lei, dando *unidade às normas legais esparsas que versa[va]m sobre procedimentos administrativos em matéria ambiental.*[4] Se existe um ponto nevrálgico a ressaltar na efetividade das normas ambientais, esse ponto consiste na fragilidade dos processos de aplicação de penalidades, causada pela falta de regras claras, passando por regras lenientes, e pela falta de treinamento do pessoal envolvido na fiscalização, o que beneficia, sem dúvida, o infrator, em detrimento do interesse da sociedade. É fundamental, pois, que um regulamento de lei ambiental sobre infrações e sanções administrativas seja claro e suficientemente detalhado.

Sobretudo no que se refere ao processo de apuração de infração ambiental, o Decreto nº 6.514/08 é bastante didático e detalhista. Todavia, verificam-se algumas inconsistências no texto, que serão abordadas ao longo deste capítulo.

---

1. MELLO, Celso Antônio Bandeira de. *Curso de direito administrativo*. 30. ed. São Paulo: Malheiros, 2013, p. 862.
2. Lei nº 6.938/81, art. 9º, IX.
3. A regulamentação da Lei nº 9.605/98, na parte das infrações e sanções administrativas, foi reformulada pelo Decreto nº 6.514, de 22-7-2008, que revogou o Decreto nº 3.179, de 21-9-1999, e os Decretos nºs 3.919, de 14-9-2001, 4.592, de 11-2-2003, e 5.523, de 25-8-2005, além dos arts. 26 e 27 do Decreto nº 5.975, de 30-11-2006, e os arts. 12 e 13 do Decreto nº 6.321, de 21-12-2007. Por sua vez, o Decreto nº 6.514/08 foi alterado pelos Decretos nºs 6.686/08, de 10-12-2008; 7.029, de 10-12-2009; 7.404, de 23-12-2010; 7.497, de 9-6-2011; 7.640, de 9-12-2011; 7.719, de 11-4-2012; 9.179, de 23-10-2017; 9.760, de 11-4-2019; 11.080, de 24-5-2022, e 11.373, de 1-1-2023.
4. Decreto nº 6.514/08, art. 94, parágrafo único.

46.2 INFRAÇÕES ADMINISTRATIVAS E PENAIS

Importa verificar o traço que distingue a infração e a sanção administrativas daquelas que se referem ao Direito Penal. Segundo Celso Antônio Bandeira de Mello, apoiado em Heraldo Garcia Vitta, "*a natureza administrativa de uma infração se reconhece a partir da sanção correspondente. A natureza da sanção se reconhece pela autoridade competente para impô-la, o que significa que as infrações e sanções administrativas não se distinguem das penais, salvo pela autoridade competente para impor a sanção*".[5] Dessa forma, por exemplo, a multa administrativa é imposta pelo agente administrativo julgador e a multa por ilícito penal é fixada pelo juiz.

46.3 AUTORIDADES COMPETENTES. OBRIGAÇÕES

A legislação utiliza a expressão *autoridade competente* para designar o funcionário responsável pela tramitação dos processos administrativos. Nos termos da Lei de Crimes Ambientais,

> São autoridades competentes para lavrar auto de infração ambiental e instaurar processo administrativo os funcionários de órgãos ambientais integrantes do Sistema Nacional de Meio Ambiente – SISNAMA, designados para as atividades de fiscalização, bem como os agentes das Capitanias dos Portos, do Ministério da Marinha.[6]

Essa regra é compatível com o caráter privativo que caracteriza o poder de polícia, em que somente o funcionário dos órgãos e entidades do Poder Público, cujas atribuições encontram-se previstas em lei, é competente para exercê-lo. Além disso, sendo vinculada essa atividade, é obrigatório que a autoridade, ao tomar conhecimento de infração ambiental, promova a sua "*apuração imediata, mediante processo administrativo próprio, sob pena de corresponsabilidade*".[7]

Impende ressaltar a obrigatoriedade de que se reveste a função pública de, ao se conhecer a existência de uma infração à norma, busque-se apurar os fatos, o que poderá ou não resultar na aplicação de penalidade administrativa.

Nem sempre é possível que o funcionário detenha todas as informações acerca da ocorrência das infrações ambientais. A falta de equipamentos e de pessoal suficiente para proceder à fiscalização, ações ilícitas realizadas internamente nos empreendimentos, ou ainda durante o período noturno ou em feriados, são fatores que dificultam o acesso à informação.

Tais condições não impedem, contudo, que essas infrações sejam punidas, pois a lei prevê que "*qualquer pessoa, constatando infração ambiental, poderá dirigir representação às autoridades competentes, para efeito do exercício do poder de polícia*".[8] Note-se que a regra, para qualquer pessoa, que não o funcionário do SISNAMA, é de caráter potestativo e não obrigatório.

Há de destacar ainda as atividades de *fiscalização*, consistentes na *verificação do cumprimento das normas ambientais*, sejam as de cunho geral, estabelecidas nas leis e regula-

---

5. MELLO, Celso Antônio Bandeira de. *Curso de direito administrativo*. 30. ed. São Paulo: Malheiros, 2013, p. 863.
6. Lei nº 9.605/98, art. 70, § 1º.
7. Lei nº 9.605/98, art. 70, § 3º.
8. Lei nº 9.605/98, art. 70, § 2º.

46 • RESPONSABILIDADE ADMINISTRATIVA POR DANO AMBIENTAL

mentos, sejam aquelas estabelecidas no respectivo processo administrativo de licenciamento ambiental de uma atividade.

A **fiscalização**, de caráter essencialmente administrativo, é também exercida pelos agentes dos órgãos/entidades dos poderes executivos Federal, Estaduais e Municipais, pertencentes ao Sistema Nacional de Meio Ambiente (SISNAMA), de acordo com as respectivas competências, fixadas em lei.

Cabe salientar que o órgão ou entidade ambiental competente deve indicar, em ato próprio, qual autoridade administrativa é responsável pelo julgamento da defesa. Todavia, inexistindo competência legal específica, o processo administrativo deverá ser iniciado perante a autoridade de menor grau hierárquico para decidir,[9] conforme determina a Lei nº 9.784/99.

46.4 PROCESSO ADMINISTRATIVO DE APURAÇÃO DE INFRAÇÕES AMBIENTAIS

O Decreto nº 6.514/08 inovou, ao dispor com clareza sobre o processo administrativo federal de apuração de infração ambiental.[10] É digno de nota que, se a Lei nº 6.938/81 definiu, entre os instrumentos da Política Nacional do Meio Ambiente, *"as penalidades disciplinares ou compensatórias para o não cumprimento das medidas necessárias à preservação ou correção da degradação ambiental",*[11] evidentemente estaria prevendo que tais penalidades somente poderiam ser aplicadas mediante a tramitação de um processo administrativo. Todavia, nenhuma norma regulamentando as leis ambientais havia estabelecido expressamente as normas processuais aplicáveis de maneira tão sistemática. Daí o mérito do Decreto nº 6.514/08.

De início, o art. 95 do decreto em tela determina que

o processo será orientado pelos princípios da legalidade, finalidade, motivação, razoabilidade, proporcionalidade, moralidade, ampla defesa, contraditório, segurança jurídica, interesse público e eficiência, bem como pelos critérios mencionados no parágrafo único do art. 2º da Lei nº 9.784, de 29-1-1999.[12]

Essa regra impõe aos órgãos e entidades federais do SISNAMA, em especial aqueles com atribuições de fiscalização e aplicação de sanções, que os respectivos processos tramitem em estrita observância da norma federal aplicável aos processos administrativos. No âmbito dos Estados, vigoram suas respectivas normas, já que a Lei nº 9.784/99 regula apenas o processo administrativo no âmbito da Administração Pública Federal.

46.4.1 Auto de infração

A partir da constatação de uma infração administrativa ambiental, cabe ao servidor lavrar um *auto de infração* – ato administrativo contendo as informações relativas a uma situação irregular detectada por ele – ou por terceiros, mediante comunicação ao órgão ou entidade ambiental – que dá início a um processo administrativo de apuração de infração.

---

9. Lei nº 9.784/99, art. 17.
10. O Decreto nº 6.514/08, em seu art. 2º, repetindo os termos da Lei nº 9.605, de 12-2-1998, define **infração administrativa ambiental** como toda ação ou omissão que viole as regras jurídicas de uso, gozo, promoção, proteção e recuperação do meio ambiente.
11. Lei nº 6.938/81, art. 9º, IX.
12. Ver capítulo sobre Administração Pública e Meio Ambiente.

DIREITO AMBIENTAL • Maria Luiza Machado Granziera

A primeira regra fixada pelo Decreto nº 6.514/08, ao tratar do auto de infração, consiste na obrigação de o servidor, após a lavratura, dar ciência desse documento ao autuado, assegurando o direito ao *"contraditório e a ampla defesa"*,[13] princípios basilares do Estado de Direito, previstos na Constituição Federal.[14] Disso decorre outra razão para a necessidade permanente de treinamento do pessoal envolvido na fiscalização: garantir a validade dos autos de infração.

O auto de infração é um documento formal, que deve conter todas as informações necessárias para identificar com clareza não apenas a ocorrência de um dano, mas também as condições que o caracterizam. Dever ser *"lavrado em impresso próprio, com a identificação do autuado, a descrição clara e objetiva das infrações administrativas constatadas e a indicação dos respectivos dispositivos legais e regulamentares infringidos, não devendo conter emendas ou rasuras que comprometam sua validade"*.[15]

Aplicam-se ao auto de infração as regras relativas à validade dos atos administrativos, no que concerne à **convalidação**. Dessa forma, se contiver um vício sanável, poderá ser *convalidado*, quer dizer, poderá tornar-se legal, mediante alguma providência passível de ser tomada. Segundo Maria Sylvia Zanella Di Pietro, a *convalidação* consiste no *"ato administrativo pelo qual é suprido um vício existente em um ato ilegal, com efeitos retroativos à data em que este foi praticado"*.[16] Como exemplo, cita-se o auto de infração que contém a assinatura do servidor, mas não a sua identificação – nome completo e setor. Se esse servidor possui a competência funcional para a lavratura do auto, nada impede que o nome e o respectivo setor sejam incluídos *a posteriori*, no documento.

Outro exemplo é o caso de uma licença ambiental concedida por agente que não possuía competência funcional para tanto. É um caso claro de vício formal. Todavia, a autoridade competente pode proceder à convalidação, assinando o ato *a posteriori* e conferindo legalidade ao mesmo, a partir de sua publicação. É importante ressaltar que em matéria de auto de infração, nem sempre é possível a convalidação que se opera normalmente em outros campos. Se o agente autuante lavrar o auto de infração sem possuir competência funcional para esse ato, a nulidade pode ser irremediável, na medida em que a situação descrita no auto pode modificar-se logo em seguida à lavratura e o agente competente não pode atestar a sua ocorrência, se não a tiver efetivamente presenciado. Saliente-se que, em matéria ambiental, a descrição do que foi detectado sobre o dano ocorrido deve ser feita pelo agente administrativo, no local e em horário fixados. Muitas vezes, o dano é perceptível apenas por um período de tempo, como é o caso, por exemplo, da poluição em corpo hídrico, ou o lançamento de odores na atmosfera.

No que se refere ao tema da convalidação, que de resto é previsto na Lei nº 9.784/99,[17] cabe uma reflexão. Tanto a lei de processo administrativo citada como o Decreto nº 6.514/08 determinam que a convalidação *poderá* ocorrer nas hipóteses mencionadas. Ora, o que está em jogo é a validade de um ato administrativo. Ou ele possui vício ou não possui. Se estiver viciado, o vício será sanável ou não. Se não for sanável, o ato é nulo. To-

---

13. Decreto nº 6.514/08, art. 96, com a redação alterada pelo Decreto nº 6.686/08.
14. CF/88, art. 5º, LV.
15. Decreto nº 6.514/08, art. 97.
16. DI PIETRO, Maria Sylvia Zanella. *Direito administrativo*. 23. ed. São Paulo: Atlas, 2010, p. 245.
17. Lei nº 9.784/99 – art. 55: *"Em decisão na qual se evidencie não acarretarem lesão ao interesse público nem prejuízo a terceiros, os atos que apresentarem defeitos sanáveis poderão ser convalidados pela própria Administração."*

davia, se o defeito for sanável, a sua convalidação deveria ser obrigatória, e não constituir uma decisão do agente administrativo. A regra estabelecida gera insegurança jurídica não só à administração e ao autuado, como também à proteção ambiental, pois, se o auto de infração contiver um defeito, a sua convalidação dependerá de uma decisão – poder discricionário.

Complementando esse raciocínio, cabe considerar a **finalidade** – um dos elementos do ato administrativo – na decisão de convalidar ou não o auto de infração. Afinal, o objetivo desse documento é iniciar um processo administrativo destinado a apurar a ocorrência de uma infração administrativa que, se confirmada, implicará a imposição da sanção correspondente. O interesse público em questão é a observância da Constituição Federal, que estabeleceu, em seu art. 225, § 3º, a sujeição das pessoas físicas ou jurídicas a sanções administrativas, quando responsáveis por condutas e atividades consideradas lesivas ao meio ambiente. Além disso, a Lei nº 6.938/81 estabeleceu as penalidades como instrumentos da Política Nacional do Meio Ambiente.

Dessa forma, ainda que a Lei nº 9.784/99 admita a discricionariedade administrativa no que se refere à *convalidação*, o entendimento a ser dado é que, em matéria ambiental, a convalidação deve ser obrigatória, sob pena de lesão ao meio ambiente e responsabilização do agente, por força dos dispositivos da Constituição Federal e da Lei nº 6.938/81.

O Decreto nº 6.514/08 estabeleceu uma série de condições para a convalidação, o que reflete uma preocupação com o instituto. Embora a admita quando o auto de infração apresentar *vício sanável*, esta poderá ser feita, "*de ofício pela autoridade julgadora, mediante despacho saneador, devidamente justificado*".[18] Releva notar que o § 3º do art. 100, incluído pelo Decreto nº 6.686/08 dispõe que "*o erro no enquadramento legal da infração não implica vício insanável, podendo ser alterado pela autoridade julgadora mediante decisão fundamentada que retifique o auto de infração*".

O decreto apresenta uma fórmula que pode conferir alguma segurança jurídica ao processo. Em verdade, não se trata de tornar a convalidação do auto de infração um ato vinculado, mas, quando detectada uma nulidade, anular o ato que deu azo à ilegalidade, reaproveitando-se, todavia, o processo, cujo princípio norteador consiste no aproveitamento dos atos processuais, em virtude de sua finalidade que, em matéria ambiental, faz uma grande diferença nas cautelas que se passam a tomar com receio da aplicação das leis.

No que se refere à nulidade, determina o decreto que "*o auto de infração que apresentar vício insanável deverá ser declarado nulo pela autoridade*".[19] Cabe salientar que, nesse caso, *vício insanável* é "*aquele em que a correção da autuação implica modificação do fato descrito no auto de infração*".[20] Isso não significa, contudo, que não se deva buscar a reparação do dano em sede administrativa. Tendo sido declarada a nulidade do auto de infração e "*caracterizada a conduta ou atividade lesiva ao meio ambiente, deverá ser lavrado novo auto, observadas as regras relativas à prescrição*".[21]

Cabe, aqui, fazer uma reflexão sobre as características de um dano ambiental. Uma hipótese é o comerciante que deixa de apresentar declaração de estoque e valores oriundos

---

18. Decreto nº 6.514/08, art. 99, alterado pelo Decreto nº 11.373, de 1-1-2023.
19. Decreto nº 6.514/08, art. 100, alterado pelo Decreto nº 11.080, de 24-5-2022.
20. Decreto nº 6.514/08, art. 100, § 1º.
21. Decreto nº 6.514/08, art. 100, § 2º.

do comércio de animais silvestres.[22] O fato é de natureza jurídica, sendo a informação disponível no órgão ambiental. A qualquer tempo, pode ser verificada a infração e lavrado um novo auto, se o anterior tiver sido anulado.

Situação diametralmente oposta diz respeito a circunstâncias em que não é mais possível lavrar novo auto, pelo desaparecimento dos indícios do dano, após um determinado período de tempo. É o caso, por exemplo, da emissão da fumaça preta. Em segundos, ocorre a sua dissipação na atmosfera e se torna praticamente impossível fazer uma nova autuação. Ou seja, é crucial, em matéria de política de meio ambiente, que o auto de infração seja preenchido em observância a todas as regras previstas.

Se o agente administrativo não estiver devidamente informado sobre os procedimentos administrativos que se encontram sob sua responsabilidade, pouco adiantarão os esforços da Administração Pública na implementação da política ambiental. Se houver a certeza de que o auto de infração será anulado pelo Judiciário ou pela própria Administração, por não ter sido corretamente preenchido, cada vez menos haverá a preocupação com a observância das leis, até porque as medidas destinadas a evitar a poluição aumentam os custos de qualquer empreendimento ou atividade.

O agente autuante, ao lavrar o auto de infração, indicará as sanções cabíveis observando os seguintes fatores, indicados no art. 4º do Decreto nº 6.514/08, alterado pelo Decreto nº 6.686/08:

gravidade dos fatos, tendo em vista os motivos da infração e suas consequências para a saúde pública e para o meio ambiente;

antecedentes do infrator, quanto ao cumprimento da legislação de interesse ambiental; e

situação econômica do infrator.

A partir da lavratura, o auto de infração, os eventuais termos de aplicação de medidas administrativas, o relatório de fiscalização e o documento de comprovação da ciência do autuado serão encaminhados ao setor competente para o processamento da autuação ambiental.[23]

46.4.2 Defesa

O prazo fixado para que o autuado apresente sua defesa ou impugnação contra o auto de infração junto à administração ambiental federal é de 20 dias, contados da data da ciência da autuação,[24] cuja comprovação deve ser juntada ao processo. Após esse prazo, a defesa não será conhecida, aplicando-se essa mesma regra, se a defesa for apresentada (1) por quem não seja legitimado ou (2) perante órgão ou entidade ambiental incompetente.[25]

O Decreto nº 6.514/08 concede um desconto de 30% sobre o valor da penalidade – que consiste na multa – ao autuado, quando este decidir efetuar o pagamento no prazo da defesa[26] – 20 dias. Essa matéria foi anteriormente tratada pela Lei nº 8.005, de 22-3-1990, que dispõe sobre a cobrança e a atualização dos créditos do Instituto Brasileiro do Meio Ambiente e dos Recursos Naturais Renováveis (Ibama). Para os pagamentos efetuados

---

22. Decreto nº 6.514/08, art. 32.
23. Decreto nº 6.514/08, art. 98, alterado pelo Decreto nº 11.080, de 24-5-2022.
24. Decreto nº 6.514/08, art. 113, alterado pelo Decreto nº 11.373, de 1-1-2023.
25. Decreto nº 6.514/08, art. 117.
26. Decreto nº 6.514/08, art. 113, parágrafo único.

após o prazo da defesa, mas ainda no curso do processo pendente de julgamento, o desconto será o mesmo, porém sobre o valor corrigido da penalidade.[27]

Tendo em vista que o processo administrativo de aplicação de penalidades é de natureza formal, a defesa – exercício dos princípios do contraditório e da ampla defesa – deve ser formulada por escrito, devendo conter *os fatos e fundamentos jurídicos que contrariem o disposto no auto de infração e termos que o acompanham, bem como a especificação das provas que o autuado pretende produzir a seu favor, devidamente justificadas.*[28]

46.4.3 Instrução e julgamento

A *instrução do processo* consiste em uma de suas fases, em que são juntados aos autos os documentos pertinentes. O objetivo é proceder ao registro desses documentos e esclarecer os fatos, visando ao ato final, que consiste em uma decisão. O processo administrativo consiste no encadeamento de atos que ora são de competência do agente administrativo, ora cabem ao interessado, que no caso é o autuado. A este caberá a prova dos fatos que tenha alegado, ou seja, o ônus da prova recai sobre o autuado. As provas apresentadas, quando ilícitas, impertinentes, desnecessárias ou protelatórias, poderão ser recusadas, mediante decisão fundamentada da autoridade julgadora competente,[29] aplicando-se, nesse caso, o princípio da *motivação.*

O fato de o ônus da prova recair sobre o autuado não desonera o agente público de suas obrigações. A autoridade julgadora é responsável pela instrução do processo, buscando a juntada de todos os elementos atinentes ao esclarecimento dos fatos,[30] podendo, para tanto, requisitar a produção de provas necessárias à sua convicção, bem como parecer técnico ou contradita do agente autuante, especificando o objeto a ser esclarecido.[31]

Após o encerramento da fase processual da instrução, o autuado tem ainda o direito de manifestar-se em alegações finais, no prazo máximo de dez dias.[32] A decisão, a ser proferida pela autoridade julgadora, não se vincula às sanções inicialmente aplicadas pelo agente autuante, ou mesmo ao valor da multa, podendo, em decisão motivada, de ofício ou a requerimento do interessado, minorar, manter ou majorar o seu valor, respeitados os limites estabelecidos na legislação ambiental vigente.[33] Evidentemente, isso não se aplica aos fatos descritos no auto de infração e comprovados ao longo do processo, mas às sanções – tipo e gradação – entendidas como cabíveis pelo agente autuante. O conteúdo da decisão da autoridade julgadora vincula-se aos fatos. Se as sanções indicadas no auto de infração forem consideradas inadequadas, para mais ou para menos, a autoridade julgadora modificá-las-á.

Nos casos de possibilidade de agravamento da penalidade, isto é, quando a autoridade julgadora aplicar uma sanção mais grave que aquela indicada no auto de infração e sobre a qual o autuado já tenha se pronunciado na defesa, o novo decreto garante-lhe uma nova oportunidade para se defender. Deve, pois, ser cientificado antes da respectiva

---

27. Lei nº 8.005, de 22-3-1990, art. 3º, § 2º.
28. Decreto nº 6.514/08, art. 115.
29. Decreto nº 6.514/08, art. 120, alterado pelo Decreto nº 11.080, de 24-5-2022.
30. Decreto nº 6.514/08, art. 118.
31. Decreto nº 6.514/08, art. 119, com redação dada pelo Decreto nº 11.373, de 1-1-2023..
32. Decreto nº 6.514/08, art. 122, alterado por Decreto nº 6.686/08, Decreto nº 11.080/22 e Decreto nº 11.373/23.
33. Decreto nº 6.514/08, art. 123, com a redação dada pelo Decreto nº 6.686/08.

DIREITO AMBIENTAL • Maria Luiza Machado Granziera

decisão, por meio de aviso de recebimento, por notificação eletrônica ou ainda, por outro meio válido que assegure a certeza da ciência, para que formule, no prazo de dez dias, as suas alegações, antes do julgamento.[34] Note-se que o decreto em análise desce ao detalhe de exigir que a comunicação do agravamento da penalidade seja feita por meios que assegurem a certeza da ciência do agravamento . Essa obrigação refere-se à necessidade de comprovação, no processo, de que houve ciência por parte do autuado, tendo sido a ele conferido o direito de ampla defesa e contraditório, sob pena de nulidade do feito e se aplica a todo e qualquer processo administrativo, quando uma decisão da Administração afetar um direito do interessado.

Cabe considerar a possibilidade de o autuado deixar de apresentar sua defesa, o que em nada altera a ordem das coisas, em relação à decisão acerca da aplicação das penalidades, que será proferida pela autoridade julgadora, no prazo de 30 dias.[35] Apenas deve ser verificado se o autuado foi efetivamente cientificado, pois a falta dessa informação nos autos acarreta a nulidade do julgamento. No que se refere ao prazo fixado para a decisão, a sua inobservância não torna nula a decisão da autoridade julgadora e o processo.[36]

"*A decisão deverá ser motivada, com a indicação dos fatos e fundamentos jurídicos em que se baseia.[37] A motivação deve ser explícita, clara e congruente, podendo consistir em declaração de concordância com fundamentos de anteriores pareceres, informações ou decisões, que, neste caso, serão parte integrante do ato decisório*".[38]

Após o julgamento do auto de infração, "*o autuado será notificado por via postal com aviso de recebimento ou outro meio válido que assegure a certeza de sua ciência para pagar a multa no prazo de cinco dias, a partir do recebimento da notificação, ou para apresentar recurso*".[39]

46.4.4 Recurso

O recurso da decisão proferida pela autoridade julgadora deve ser apresentado à autoridade administrativa julgadora que proferiu a decisão no prazo de 20 dias.[40] Se a autoridade recorrida não reconsiderar a decisão no prazo de 5 dias, encaminhará o processo à autoridade competente para o julgamento em segunda e última instância administrativa,[41] a ser indicada em ato próprio.[42]

Nos termos do art. 127-A[43], o julgamento proferido em primeira instância estará sujeito ao reexame necessário nas hipóteses estabelecidas em regulamento do órgão ou da entidade ambiental competente. Observa-se ainda que o recurso de ofício será interposto mediante declaração na própria decisão[44].

---

34. Decreto nº 6.514/08, art. 123, parágrafo único, com redação dada pelo Decreto nº 11.080/22.
35. Decreto nº 6.514/08, art. 124.
36. Decreto nº 6.514/08, art. 124, § 2º.
37. Decreto nº 6.514/08, art. 125.
38. Decreto nº 6.514/08, art. 125, parágrafo único.
39. Decreto nº 6.514/08, art. 126.
40. Decreto nº 6.514/08, art. 127, alterado pelo Decreto nº 6.686/08.
41. Decreto nº 6.514/08, art. 127, § 1º, incluído pelo Decreto nº 6.686/08, e posteriormente com a redação dada pelo Decreto nº 11.080/22.
42. Decreto nº 6.514/08, art. 127, § 2º, com a redação dada pelo Decreto nº 6.686/08.
43. Decreto nº 6.514/08, art. 127-A, com a redação dada pelo Decreto nº 11.080/22.
44. Decreto nº 6.514/08, art. 127-A, parágrafo único, com a redação dada pelo Decreto nº 6.686/08.

O recurso interposto não terá efeito suspensivo,[45] a menos que se trate de aplicação de multa.[46] Na hipótese de justo receio de prejuízo de difícil ou incerta reparação, a autoridade recorrida ou a imediatamente superior poderá, de ofício ou a pedido do recorrente, conceder efeito suspensivo ao recurso.[47]

Aplica-se ao recurso a mesma regra que vigora para a defesa do autuado, não sendo reconhecido nos casos em que for interposto (1) fora do prazo; (2) perante órgão ambiental incompetente ou (3) por quem não seja legitimado.[48]

46.5 MEDIDAS ADMINISTRATIVAS PREVENTIVAS

O Decreto nº 6.514/08 introduziu uma nova regra determinando que, a partir da constatação da infração ambiental, o agente autuante, no uso do seu poder de polícia, poderá adotar *medidas administrativas*, destinadas a *"prevenir a ocorrência de novas infrações, resguardar a recuperação ambiental e garantir o resultado prático do processo administrativo"*[49] e que são:

apreensão;

embargo de obra ou atividade e suas respectivas áreas;

suspensão de venda ou fabricação de produto;

suspensão parcial ou total de atividades;

destruição ou inutilização dos produtos, subprodutos e instrumentos da infração;

demolição.

Como explicitado no decreto, trata-se de **ato discricionário** do agente administrativo. Ao constatar uma infração ambiental, no exercício do poder de polícia, o agente *poderá* tomar as medidas referidas, se entendê-las necessárias, convenientes e oportunas ao interesse público que, nesse caso específico, consiste na proteção do equilíbrio ambiental.

A questão que se coloca de plano refere-se à possibilidade de exercício do contraditório e da ampla defesa, por parte do infrator, nessa nova figura jurídica. Cabe, pois, tecer algumas considerações acerca dessa matéria, iniciando pela distinção entre as *sanções administrativas* e as chamadas *medidas administrativas* de caráter preventivo.

As **sanções** são impostas após a tramitação do devido processo legal de apuração de infração, garantindo-se ao autuado o direito à ampla defesa e ao contraditório, nos atos definidos no decreto – defesa, defesa em caso de agravamento da multa e recurso. Nos termos da Lei nº 9.605/98, art. 70, § 4º, *"as infrações ambientais são apuradas em processo administrativo próprio, assegurado o direito de ampla defesa e o contraditório [...]*.

As *medidas administrativas* constantes dos arts. 101 a 112 do Decreto nº 6.514/08, embora tenham um fundamento inquestionável, não se enquadram na categoria de sanções, à medida que devem ocorrer concomitantemente à lavratura do auto de infração, sob o fundamento de que, em face do risco ambiental que a infração representa, não é possível aguardar a decisão administrativa. É medida preventiva do dano ambiental, a ser tomada

---

45. Decreto nº 6.514/08, art. 128.
46. Decreto nº 6.514/08, art. 128, § 2º.
47. Decreto nº 6.514/08, art. 128, § 1º.
48. Decreto nº 6.514/08, art. 131.
49. Decreto nº 6.514/08, art. 101, § 1º.

antes do julgamento, entendendo-se necessária a tomada de providências imediatas, com vistas a proteger o ambiente ameaçado.

Pondere-se ainda que o âmbito de aplicação dessas medidas é o da **excepcionalidade**, nas hipóteses em que realmente se verifiquem indícios de que a não atuação imediata da Administração pode implicar a sua ineficácia, em detrimento do equilíbrio ambiental tutelado pelo Direito. Para tanto, a sua aplicação deve ser revestida das formalidades definidas no decreto: lavratura em formulário próprio, a ser estabelecido em regulamento,[50] sem emendas ou rasuras que comprometam sua validade, e contendo, além da indicação dos respectivos dispositivos legais e regulamentares infringidos, os motivos que ensejaram o agente autuante a proceder dessa maneira.[51]

É digno de nota que "*as medidas administrativas que forem aplicadas no momento da autuação deverão ser apreciadas no ato decisório, sob pena de ineficácia*".[52] Nessa linha, o Decreto nº 6.514/08 determina que, "*nos casos de anulação, cancelamento ou revogação da apreensão, o órgão ou a entidade ambiental responsável pela apreensão restituirá o bem no estado em que se encontra ou, na impossibilidade de fazê-lo, indenizará o proprietário pelo valor de avaliação consignado no termo de apreensão*".[53] No caso de apreensão de animais, "*caberá ao órgão ou entidade ambiental estabelecer mecanismos que assegurem a indenização ao proprietário dos animais vendidos ou doados, pelo valor de avaliação consignado no termo de apreensão, caso esta não seja confirmada na decisão do processo administrativo*".[54]

Se houver erro no caso da *destruição ou inutilização dos produtos, subprodutos e instrumentos da infração*, ou da *demolição*, a *ineficácia* declarada não trará de volta os bens destruídos. Daí caber uma análise mais acurada de cada hipótese de medida administrativa, com vistas a verificar seus efeitos imediatos e suas consequências, em caso de a decisão administrativa final entendê-las indevidas.

A análise que segue trata de cada medida administrativa de prevenção, abordando o processo até a decisão.

46.5.1 Apreensão

A Lei de Crimes Ambientais prevê, no capítulo sobre apreensão de produto e do instrumento da infração administrativa ou de crime, a medida de apreensão, dispondo que, "*verificada a infração, serão apreendidos os produtos e instrumentos, lavrando-se os respectivos autos*".[55] A apreensão não é facultativa. A lei determina ao agente público que apreenda os bens ali indicados, a partir do momento em que se verificou a infração. Não se abriu possibilidade para a discricionariedade.

Já o Decreto nº 6.514/08 estabelece as medidas administrativas como atos discricionários do agente administrativo. Ao constatar uma infração ambiental, no uso do poder de polícia, esse *poderá* tomar as medidas referidas, se entendê-las necessárias, convenientes

---

50. Decreto nº 6.514/08, art. 101, § 3º.
51. Decreto nº 6.514/08, art. 101, § 2º.
52. Decreto nº 6.514/08, art. 124, § 1º.
53. Decreto nº 6.514/08, art. 105, parágrafo único.
54. Decreto nº 6.514/08, art. 107, § 3º.
55. Lei nº 9.605/98, art. 25.

e oportunas ao interesse público que, nesse caso específico, consiste na proteção do equilíbrio ambiental.

Considerando que a Lei nº 9.605/98 prevê unicamente a apreensão, e não menciona as demais medidas como atos preventivos, há que entender a *apreensão* como ato vinculado, e as demais, quando for o caso aplicá-las, como objeto da discricionariedade administrativa.

A lei estabelece que, quando capturados vivos, "*os **animais** serão prioritariamente libertados em seu* habitat *ou, sendo tal medida inviável ou não recomendável por questões sanitárias, entregues a jardins zoológicos, fundações ou entidades assemelhadas, para guarda e cuidados sob a responsabilidade de técnicos habilitados.*"[56] Utilizou-se o vocábulo *animais* sem estabelecer qualquer distinção, o que remete à sua aplicabilidade a todas as categorias: fauna silvestre, animais domésticos ou domesticados e animais exóticos.

46.5.1.1 Animais da fauna silvestre

O Decreto nº 6.514/08, ao regulamentar a norma, determina a destinação dos animais apreendidos, considerando a sua natureza. Os **animais da fauna silvestre** serão libertados em seu *habitat* ou entregues a jardins zoológicos, fundações, entidades de caráter científico, centros de triagem, criadouros regulares ou entidades assemelhadas, desde que fiquem sob a responsabilidade de técnicos habilitados, podendo ainda, respeitados os regulamentos vigentes, ser entregues em guarda doméstica provisória.[57] Após a decisão que confirme o auto de infração, os indivíduos pertencentes à fauna silvestre, como bens pertencentes ao Estado brasileiro, nos termos do art. 1º da Lei nº 5.197/67, não retornam aos infratores, mantendo-se a destinação que lhes tenha sido dada. Nesse caso, determina o art. 134, VII, incluído pelo Decreto nº 6.686/08, que "*os animais da fauna silvestre serão libertados em seu habitat ou entregues a jardins zoológicos, fundações, centros de triagem, criadouros regulares ou entidades assemelhadas, desde que fiquem sob a responsabilidade de técnicos habilitados*".

Nos termos do § 5º do art. 107, incluído pelo Decreto nº 6.686/08, "*a libertação dos animais da fauna silvestre em seu habitat natural deverá observar os critérios técnicos previamente estabelecidos pelo órgão ou entidade ambiental competente*".

Pondere-se que, na hipótese de a decisão não confirmar o auto de infração, ou entendê-lo nulo por vício insanável, sendo o animal da fauna silvestre, não caberia a sua devolução ao seu possuidor. Isso só ocorreria no caso de não se confirmar a natureza do animal como indivíduo da fauna silvestre, quando então deveria ser devolvido ao proprietário.

Cabe mencionar recente Acórdão proferido pelo STJ acerca da guarda de animais silvestres em detrimento da reintegração ao seu *habitat* natural diante da ausência de maus-tratos. No julgamento do Recurso Especial nº 1.425.943/RN, o STJ entendeu desarrazoado determinar a apreensão de animais silvestres para questionável reintegração ao seu *habitat* natural, quando comprovada a sua guarda por particular há longo período de tempo sem indícios de maus-tratos. O Ministro Herman Benjamin, relator, entendeu que,

---

56. Lei nº 9.605/98, art. 25, § 1º, com redação dada pela Lei nº 13.052/14.
57. Decreto nº 6.514/08, art. 107, I, alterado pelo Decreto nº 6.686/08.

DIREITO AMBIENTAL • Maria Luiza Machado Granziera

nesse caso, a guarda particular não fere o art. 1º, da Lei nº 5.197/67,[58] tampouco o art. 25 da Lei nº 9.605/98, já tratado.

46.5.1.2 Animais domésticos e os exóticos

Já os **animais domésticos** e os **exóticos**, que forem encontrados em unidade de conservação de proteção integral ou em área de preservação permanente ou ainda quando impedirem a regeneração natural de vegetação em área cujo corte não tenha sido autorizado, como seria o caso da Reserva Legal, poderão ser vendidos[59] ou, ainda, após avaliados, ser doados, mediante decisão motivada da autoridade ambiental, sempre que sua guarda ou venda forem inviáveis econômica ou operacionalmente.[60] Cabe salientar a necessidade de proceder-se à avaliação desses animais, pois se, na decisão do processo, for entendido que a apreensão foi indevida, deverá o proprietário ser indenizado.

No caso de animais domésticos ou exóticos, "*os proprietários deverão ser previamente notificados para que promovam a remoção dos animais do local no prazo assinalado pela autoridade competente*".[61] Não teria sentido apreender o gado que tivesse invadido área protegida. O que é cabível, nesse caso, é mesmo a notificação do proprietário, não apenas para remover os animais do local, como também para reparar ou implantar as necessárias cercas, às próprias expensas, com a finalidade de garantir que não se repita a infração.

Todavia, após a decisão que confirme o auto de infração, os animais domésticos e exóticos que tiverem sido efetivamente apreendidos, sem que se lhes tenha sido dada uma destinação, não retornarão aos infratores, cabendo a sua venda ou doação.[62]

46.5.1.3 Produtos perecíveis ou madeiras

Os **produtos perecíveis ou madeiras apreendidos** serão avaliados e doados a instituições científicas, hospitalares, penais e outras com fins beneficentes.[63] O Decreto nº 6.514/08, ao regulamentar essa norma, determina, considerando a natureza dos bens e ainda o risco de perecimento, que "*os produtos perecíveis e as madeiras sob risco iminente de perecimento serão avaliados e doados*",[64] entendendo-se como beneficiárias as entidades indicadas na Lei de Crimes Ambientais. O decreto em tela considera sob risco de perecimento as madeiras que "*estejam acondicionadas a céu aberto ou que não puderem ser guardadas ou depositadas em locais próprios, sob vigilância, ou ainda quando inviável o transporte e guarda, atestados pelo agente autuante no documento de apreensão*".[65]

A doação deve ocorrer imediatamente à apreensão, em face da própria natureza dos bens, que são perecíveis. Todavia, a lei exige a sua avaliação, para o caso de não confirmação da validade da apreensão, quando caberá o ressarcimento desses bens aos seus proprietários. Releva notar ainda a necessidade de, antes da doação, realizar-se a perícia nos

---

58. Lei nº 5.197/67, art. 1º: *Os animais de quaisquer espécies, em qualquer fase do seu desenvolvimento e que vivem naturalmente fora do cativeiro, constituindo a fauna silvestre, bem como seus ninhos, abrigos e criadouros naturais são propriedades do Estado, sendo proibida a sua utilização, perseguição, destruição, caça ou apanha.*
59. Decreto nº 6.514/08, art. 107, II.
60. Decreto nº 6.514/08, art. 107, § 1º.
61. Decreto nº 6.514/08, art. 103, § 1º.
62. Decreto nº 6.514/08, art. 134, VI.
63. Lei nº 9.605/98, art. 25, § 3º. Renumerado do §2º para §3º pela Lei nº 13.052/14.
64. Decreto nº 6.514/08, art. 107, III.
65. Decreto nº 6.514/08, art. 107, § 4º.

produtos e subprodutos da infração, para assegurar a produção das provas que se façam necessárias no julgamento.[66]

Fica, pois, sem sentido a determinação contida no Decreto nº 6.514/08, dispondo que, após a decisão obtida no âmbito do devido processo legal, que confirme a medida administrativa de apreensão, que *"os produtos perecíveis serão doados"*.[67] Em verdade, eles já deveriam ter sido doados, sob pena de deterioração.

No que tange às madeiras, o art. 134, II, alterado pelo Decreto nº 6.686/08, faculta a sua doação a órgãos ou entidades públicas, a venda ou ainda a sua utilização pela Administração, quando necessária, mediante decisão fundamentada.

O Decreto nº 6.514/08, em seu art. 134, determina que, após a decisão confirmando o auto de infração, as madeiras a que não se tenha dado ainda destinação, poderão ser doadas, vendidas ou utilizadas pela administração quando houver necessidade, conforme decisão motivada da autoridade competente. O decreto em tela não indica claramente de quais madeiras se está tratando, pois não as colocou nem no inciso I, que dispõe sobre os produtos perecíveis nem no inciso II, que estabelece as regras de destinação para os produtos e subprodutos da fauna não perecíveis. Nessa hipótese, abre-se uma outra possibilidade: além da doação, aplicável como única destinação para as madeiras e demais bens perecíveis, caberia a opção pela venda ou ainda por seu uso pela administração, quando necessário, mediante decisão motivada da autoridade competente.

Embora possa entender-se que essa regra seja aplicável a qualquer madeira apreendida, estando ou não sob o risco iminente de perecimento, já que o dispositivo se aplica aos bens que ainda não tenham tido destinação, cabe ponderar que, para a madeira sob risco de perecimento, a sua doação deve ocorrer imediatamente à apreensão, consistindo em atividade vinculada da administração. Ademais, se o bem se encontrava sob o risco iminente de deterioração, após a decisão final, já estaria ela deteriorada, não cabendo nem sua venda e tampouco seu uso pelo Poder Público. Caracteriza-se, aqui, a responsabilidade da administração por falta de diligenciamento na doação desse bem sob risco.

Na Medida Provisória nº 62, de 22-8-2002, não reeditada, previa-se uma alteração no art. 25 da Lei nº 9.605/98, determinando que a madeira apreendida fosse *"levada a leilão e o valor arrecadado revertido ao órgão ambiental responsável pela apreensão"*.[68] Segundo Curt Trennepohl, essa *"medida provisória [...] poderia permitir o aporte de recursos importantes para a autuação e aparelhamento de órgãos ambientais"*,[69] o que remete para a natureza indenizatória da aplicação de sanções. Mais que indenização por meio desse mecanismo, o produto obtido com as vendas em leilão da madeira apreendida poderia ser fonte de recursos para o fortalecimento institucional dos órgãos responsáveis pelas apreensões.

---

66. SIRVINSKAS, Luís Paulo. *Tutela penal do meio ambiente*: breves considerações à Lei nº 9.605, de 12-2-1998. São Paulo: Saraiva, 2004, p. 101.
67. Decreto nº 6.514/08, art. 134, I.
68. MP nº 62, de 22-8-2002, art. 1º.
69. TRENNEPOHL, Curt. *Infrações contra o meio ambiente*: multas e outras sanções administrativas: comentários ao Decreto nº 3.179, de 21-9-1999. São Paulo: Fórum, 2006, p. 80.

46.5.1.4 Produtos e subprodutos da fauna não perecíveis

Os **produtos e subprodutos da fauna não perecíveis** serão destruídos ou doados a instituições científicas, culturais ou educacionais.[70] Podem ser exemplificados como tais as peles, os couros, os ossos, as presas, as penas.

46.5.1.5 Instrumentos utilizados na prática da infração

A Lei de Crimes Ambientais estabelece ainda que os **instrumentos utilizados na prática da infração** serão vendidos, garantida a sua descaracterização por meio da reciclagem.[71] Esses instrumentos, petrechos, equipamentos ou veículos de qualquer natureza a serem apreendidos são aqueles diretamente relacionados com a infração.

Há que verificar o alcance do termo *apreensão* para esses bens. Nas palavras de Curt Trennepohl, "*não é somente medida acautelatória, para evitar que persista a atividade atentatória contra o meio ambiente ecologicamente equilibrado. É também penalidade, com pleno respaldo na Constituição Federal*".[72] O autor citado menciona, ainda, que não se trata de confisco, independentemente de sua relação com o fato ilícito, mas de perda de bens, devidamente regulada por lei, nos termos do art. 5º, XLVI, *b* da Constituição Federal.

A *descaracterização* refere-se apenas aos instrumentos especialmente preparados para a prática do ato ilícito. Por exemplo, um veículo simplesmente utilizado para transportar os instrumentos não estaria enquadrado nessa regra, a menos que contivesse algum tipo de adaptação, como armadilhas ou jaulas. Não teria sentido descaracterizar uma caminhonete sem qualquer adaptação voltada a práticas ilícitas, por exemplo.

Essa posição se confirma na regra do art. 104 do Decreto nº 6.514/08, que admite o uso, autorizado pela autoridade ambiental, do bem apreendido nas hipóteses em que não haja outro meio disponível para a consecução da respectiva ação fiscalizatória por decisão fundamentada, em que se demonstre a existência de interesse público relevante. Além disso, "*os veículos de qualquer natureza que forem apreendidos poderão ser utilizados pela administração ambiental para fazer o deslocamento do material apreendido até local adequado ou para promover a recomposição do dano ambiental*".[73]

No que se refere à descaracterização dos equipamentos utilizados na atividade ilícita, Curt Trennepohl argumenta sobre o fato de o decreto contrariar a Lei. Uma interpretação da norma pode conferir o necessário bom-senso a essa matéria. Para tanto, invoca:[74]

> Código de Processo Penal, que estabelece, como objetos passíveis de apreensão, as coisas obtidas por meios criminosos,[75] os instrumentos utilizados na prática de crimes ou destinados a fins delituosos[76] e os objetos necessários à prova da infração ou à defesa do réu;[77]

---

70. Lei nº 9.605/98, art. 25, § 4º. Renumerado do §3º para §4º pela Lei nº 13.052/14.
71. Lei nº 9.605/98, art. 25, § 5º. Renumerado do §4º para §5º pela Lei nº 13.052/14.
72. TRENNEPOHL, Curt. *Infrações contra o meio ambiente*: multas e outras sanções administrativas: comentários ao Decreto nº 3.179, de 21-9-1999. São Paulo: Fórum, 2006, p. 81.
73. Decreto nº 6.514/08, art. 104, parágrafo único.
74. TRENNEPOHL, Curt. *Infrações contra o meio ambiente*: multas e outras sanções administrativas: comentários ao Decreto nº 3.179, de 21-9-1999. São Paulo: Fórum, 2006, pp. 82-84.
75. Decreto-lei nº 3.689, de 3-10-1941, art. 240, § 1º, *b*.
76. Decreto-lei nº 3.689, de 3-10-1941, art. 240, § 1º, *d*.
77. Decreto-lei nº 3.689, de 3-10-1941, art. 240, § 1º, *e*.

46 • RESPONSABILIDADE ADMINISTRATIVA POR DANO AMBIENTAL

o Código Penal, que determina, como efeito automático da condenação, a perda, em favor da União, dos instrumentos do crime, desde que consistam em coisas cujo fabrico, alienação, uso, porte ou detenção constitua fato ilícito.[78]

Dessa forma, ainda que o novo decreto tenha alterado a redação anterior do dispositivo, incluindo a expressão *quando o instrumento puder ser utilizado na prática de novas infrações*, não cabe a descaracterização de um veículo ou embarcação, a menos que preparado especialmente para a ação ilícita. A exceção a essa regra encontra-se na Constituição Federal, que impõe o confisco de *todo e qualquer bem de valor econômico apreendido em decorrência do tráfico ilícito de entorpecentes e drogas afins e da exploração de trabalho escravo e reversão desses bens a fundo especial com destinação específica, na forma da lei.*[79]

O Decreto nº 6.514/08 dispõe ainda que *"os bens apreendidos deverão ficar sob a guarda do órgão ou entidade responsável pela fiscalização, podendo, excepcionalmente, ser confiados a fiel depositário, até o julgamento do processo administrativo".*[80]

Poderão ser depositários dos bens apreendidos:

órgãos e entidades de caráter ambiental, beneficente, científico, cultural, educacional, hospitalar, penal e militar;[81] ou

próprio autuado, desde que a posse dos bens ou animais não traga risco de utilização em novas infrações.[82]

Após decisão que confirme o auto de infração, *os instrumentos utilizados na prática da infração que estejam [apreendidos e que ainda não tenham sido objeto da destinação], poderão ser destruídos, utilizados pela administração quando houver necessidade, doados ou vendidos, garantida a sua descaracterização, neste último caso, por meio da reciclagem quando o instrumento puder ser utilizado na prática de novas infrações.*[83]

Os demais petrechos, equipamentos, veículos e embarcações descritos na Lei de Crimes ambientais poderão ser utilizados pela administração quando houver necessidade, ou ainda vendidos, doados ou destruídos, conforme decisão motivada da autoridade ambiental.[84]

46.5.2 Embargo de obra ou atividade

O embargo de obra ou atividade e suas respectivas áreas, como medida administrativa, tem por objetivo *"impedir a continuidade do dano ambiental, propiciar a regeneração do meio ambiente e dar viabilidade à recuperação da área degradada"*, devendo restringir-se exclusivamente ao local onde se verificou o ilícito.[85]

Trata-se dos casos em que a localização de uma obra ou atividade agrícola, por exemplo, coincide com um espaço protegido ou a existência de exemplares da fauna silvestre, pondo em risco esses bens ambientais.

---

78. Decreto-lei nº 2.848/40, art. 91, II, *a*.
79. CF/88, art. 243, parágrafo único, com redação dada pela Emenda Constitucional nº 81, de 2014.
80. Decreto nº 6.514/08, art. 105.
81. Decreto nº 6.514/08, art. 106, I.
82. Decreto nº 6.514/08, art. 106, II.
83. Decreto nº 6.514/08, art. 134, IV.
84. Decreto nº 6.514/08, art. 134, V.
85. Decreto nº 6.514/08, art. 108, com a redação dada pelo Decreto nº 6.686/08.

DIREITO AMBIENTAL • Maria Luiza Machado Granziera

A regra deve ser interpretada juntamente com a legislação aplicável ao licenciamento ambiental, obrigatório para *a construção, instalação, ampliação e funcionamento de estabe-lecimentos e atividades utilizadores de recursos ambientais, efetiva ou potencialmente polui-dores ou capazes, sob qualquer forma, de causar degradação ambiental.*[86]

O embargo ora previsto é efetuado pela autoridade competente se a obra ou atividade não tiver obtido a respectiva licença ou ainda se estiver em desacordo com a obtida. O § 4º do art. 101, incluído pelo Decreto nº 6.686/08, estabelece que *"o embargo de obra ou atividade restringe-se nos locais onde efetivamente caracterizou-se a infração ambiental, não alcançando as demais atividades realizadas em áreas não embargadas da propriedade ou posse ou não correlacionados com a infração".*

O Decreto nº 6.514/08 dispõe que, *"no caso de áreas irregularmente desmatadas ou queimadas, o agente autuante embargará quaisquer obras ou atividades nelas localizadas ou desenvolvidas, excetuando as atividades de subsistência".*[87] Essa regra encontra-se no art. 16, que pertence ao Capítulo I – Das Infrações e Sanções Administrativas ao Meio Am-biente –, mais precisamente a Subseção III, que trata das Demais Sanções Administrativas quando, na verdade, o seu conteúdo se refere ao embargo como medida administrativa preventiva. Ao determinar que *"agente autuante embargará"* a prática de atividades, é de se considerar que não se está tratando de uma sanção aplicada após o julgamento do pro-cesso, mas de um ato administrativo concomitante à autuação da infração ambiental, que nesse decreto se refere às *medidas administrativas* de prevenção de dano, tratadas especi-ficamente nos arts. 101 a 112.

Ao embargar a obra ou atividade, *o agente autuante deverá colher todas as provas possíveis de autoria e materialidade, bem como da extensão do dano, apoiando-se em docu-mentos, fotos e dados de localização, incluindo as coordenadas geográficas da área embarga-da, que deverão constar do respectivo auto de infração para posterior georreferenciamento.*[88] Ora, se essas coordenadas da área embargada devem constar de auto de infração, é porque, à época da realização do georreferenciamento, este ainda não havia sido emitido, o que corrobora a afirmação de que não se está falando de uma sanção, mas de uma *medida administrativa* preventiva. Houve, assim, uma impropriedade na organização dos dispo-sitivos do decreto, o que significa que a sanção, para os processos em que houve embargo preventivamente, consiste na confirmação dessa medida administrativa.

O Decreto nº 6.686/08 incluiu ao art. 16 do Decreto nº 6.514/08 o § 2º, que determina que não se aplicará a penalidade de embargo de obra ou atividade, ou de área, nos casos em que a infração se der fora da área de preservação permanente ou reserva legal, salvo quando se tratar de desmatamento não autorizado de mata nativa. Dessa forma, há uma restrição às hipóteses de embargo de obras e atividades considerando que as *áreas irregu-larmente desmatadas ou queimadas* limitam-se às de *preservação permanente ou reserva legal.*

Se efetuado em *"área irregularmente explorada e objeto do Plano de Manejo Florestal Sustentável – PMFS"*, o embargo não exonera seu detentor da execução de atividades de manutenção ou recuperação da floresta, permanecendo em vigor o termo de responsa-

---

86. Lei nº 6.938/81, art. 10, alterado pela LC nº 140/11.
87. Decreto nº 6.514/08, art. 16, com a redação dada pelo Decreto nº 6.686/08.
88. Decreto nº 6.514/08, art. 16, §1º, incluído pelo Decreto nº 6.686/08.

bilidade de manutenção da.[89]Se o infrator descumprir o embargo, no todo ou em parte, dando continuidade às atividades que vinha desenvolvendo antes da autuação, além da multa de R$ 10.000,00 a R$ 1.000.000,00,[90] fica sujeito à aplicação cumulativa das seguintes sanções:[91]

suspensão da atividade que originou a infração e da venda de produtos ou subprodutos criados ou produzidos na área ou local objeto do embargo infringido; e

cancelamento de registros, licenças ou autorizações de funcionamento da atividade econômica junto aos órgãos ambientais e de fiscalização.

46.5.3 Suspensão de venda ou fabricação de produto

A medida administrativa de *suspensão de venda ou fabricação de produto* tem por objetivo *"evitar a colocação no mercado de produtos e subprodutos oriundos de infração administrativa ao meio ambiente"* ou *interromper o uso contínuo de matéria-prima e subprodutos de origem ilegal.*[92]

46.5.4 Suspensão parcial ou total de atividades

A suspensão parcial ou total de atividades constitui medida que visa a impedir a continuidade de processos produtivos em desacordo com a legislação ambiental.[93]

Essa medida ocorre no âmbito do controle ambiental dos órgãos e entidades competentes, toda vez que se detectar a ocorrência de uma infração de dano continuado, como a poluição da água e do ar causada pelo lançamento de efluentes líquidos ou partículas. Cabe salientar que, para esse tipo de dano, em situação corriqueira, aplica-se a multa diária, em procedimento próprio, em que o infrator se compromete a solucionar a questão.

A **suspensão parcial ou total de atividades** há que ser adotada quando esse dano continuado tiver uma intensidade tal que o procedimento da multa diária com o compromisso de regularizar a situação é ineficaz, diante dos riscos a que o ambiente encontra-se exposto. Por exemplo, se ocorre o lançamento de uma fumaça tóxica, ou o desmatamento de um espaço protegido, não cabe a simples imposição da multa. É necessário paralisar a atividade de imediato.

Como a suspensão parcial ou total de atividades implica, por outro lado, um prejuízo financeiro não só ao empreendedor, como aos empregados e fornecedores, a decisão de aplicar essa medida administrativa, antes da tramitação do devido processo legal, deve conter um fundamento suficientemente forte que justifique tal escolha.

Uma questão a colocar refere-se à regularidade das licenças e autorizações necessárias à implantação ou operação da atividade ou execução da obra. Se o Poder Público tiver negado essas licenças, ou estiverem elas ainda em análise, ou ainda se for flagrantemente ilegal a obra ou a atividade, não há como protelar o embargo. Mas, ainda que a licença esteja regular, caberá o embargo se a obra ou a atividade vier a provocar algum tipo de dano ao meio ambiente ou à saúde.

---

89. Decreto n° 6.514/08, art. 17, com a redação dada pelo Decreto n° 6.686/08.
90. Decreto n° 6.514/08, art. 79
91. Decreto n° 6.514/08, art. 18, com a redação dada pelo Decreto n° 6.686/08.
92. Decreto n° 6.514/08, art. 109.
93. Decreto n° 6.514/08, art. 110.

46.5.5 Demolição de obra

A demolição de obra, edificação ou construção não habitada e utilizada diretamente para a infração ambiental no ato da fiscalização possui caráter excepcional e é cabível "*nos casos em que se constatar que a ausência da demolição importa em iminente risco de agravamento do dano ambiental ou de graves riscos à saúde*".[94]

A demolição de uma obra é um ato irreversível. Daí haver necessidade de uma certeza no que se refere à existência da infração, ainda maior que no caso do embargo de obra, pois a anulação posterior do ato implicará a realização de ato ilícito por parte da Administração Pública, com o respectivo dever de indenizar, já que as despesas para a realização da demolição correrão às custas do infrator.[95]

O dispositivo que veda a demolição em edificações residenciais gera dúvidas. Se realmente houver um risco tal que importe em agravamento do dano ambiental – e o decreto não especifica qual tipo de dano –, pode o próprio morador ser vítima. Daí a necessidade de admitir-se, em casos devidamente descritos em atos justificados pela autoridade competente, tal possibilidade.

Embora não explicitado no dispositivo, trata-se de uma clara hipótese em que, no interregno que separa a verificação da infração pelo agente e a imposição da penalidade pela autoridade, é obrigatória a notificação do dono da obra, dando-se prazo para que apresente sua defesa ou se contraponha à descrição ou qualquer outro detalhe contido no relatório, em cumprimento às disposições do art. 5º, LV da Constituição Federal.

46.6 SANÇÕES

O que define a sanção a ser aplicada, em decorrência de uma infração, é a gravidade do dano. A lei não estabelece hierarquia entre as sanções, cabendo ao administrador, com base nos princípios informadores do direito administrativo,[96] aplicar a penalidade adequada.

São as seguintes as sanções administrativas previstas, aplicáveis aos infratores:

1. advertência;

2. multa simples;

3. multa diária;

4. apreensão dos animais, produtos e subprodutos da fauna e flora, instrumentos, petrechos, equipamentos ou veículos de qualquer natureza utilizados na infração;

5. destruição ou inutilização do produto;

6. suspensão de venda e fabricação do produto;

7. embargo de obra ou atividade;

8. demolição de obra;

9. suspensão parcial ou total de atividades;

10. restritiva de direitos.[97]

---

94. Decreto nº 6.514/08, art. 112, com a redação dada pelo Decreto nº 6.686/08.
95. Decreto nº 6.514/08, art. 112, § 2º.
96. Ver capítulo sobre Administração Pública e Meio Ambiente.
97. Lei nº 9.605/98, art. 72.

46.6.1 Advertência

A advertência é a repreensão de alguém em face da ocorrência ou risco de ocorrência de um ato lesivo ao meio ambiente, com vistas a que seu autor tome providências para impedir o dano ou deixar de causá-lo. Sua aplicabilidade, nos termos do Decreto nº 6.514/08 restringe-se às infrações administrativas de *menor lesividade ao meio ambiente*, entendidas como aquelas em que "*a multa consolidada não ultrapasse o valor de R$ 1.000,00 (mil reais) ou, na hipótese de multa por unidade de medida, não exceda o valor referido*".[98]

Cumpre ressaltar que a advertência pode ser aplicada em lugar da multa, observados o valor-limite, cabendo ao agente administrativo tal decisão, que possui caráter discricionário. Conforme jurisprudência do STJ, uma vez "*configurada infração ambiental grave, é possível a aplicação da pena de multa sem a necessidade de prévia imposição da pena de advertência (art. 72 da Lei 9.605/1998).*"[99]

A advertência será aplicada pela inobservância das disposições da Lei e da legislação em vigor, ou de preceitos regulamentares, sem prejuízo das demais sanções administrativas.[100]

Ao lavrar o auto de infração, indicando a sanção de advertência, deve fixar o prazo para que o infrator sane a irregularidade. A partir daí, se o infrator, *por negligência ou dolo*, deixar de sanar as irregularidades, sofrerá a imposição de multa, independentemente da advertência.[101] Note-se que a multa somente será aplicada quando houver culpa ou dolo por parte do infrator, o que significa que, se o descumprimento do prazo para sanar a irregularidade decorrer de fato externo à vontade do infrator, não caberá a aplicação de sanção. Embora não estabelecido no decreto, deve o agente, nessa hipótese, fixar novo prazo para o cumprimento da obrigação, pois o infrator não poderá deixar de sanar a irregularidade.

A redação do decreto deixa uma dúvida quanto ao encerramento do processo relativo à advertência. Uma vez sanada a irregularidade no prazo concedido, com a devida certificação nos autos, determina a norma que cabe o seguimento do processo administrativo para apuração de infrações ambientais. Entende-se que essa regra não é correta, pois uma vez resolvida a questão, deve ser encerrado o processo, nada mais cabendo a fazer nem apurar, em relação à advertência aplicada. A finalidade do processo estaria cumprida.

46.6.2 Multa

A multa é uma sanção de natureza pecuniária cobrada pela Administração Pública, pela ocorrência de uma infração. Considerando que a finalidade da imposição de sanções às infrações de cunho ambiental é desestimular os comportamentos contrários às normas ambientais, não pode a multa ter natureza *confiscatória*, isto é, ter valor tão elevado a ponto de se transformar em *confisco*.[102] Por outro lado, um valor irrelevante de multa é um estímulo ao descumprimento da lei. Como o valor arrecadado pela aplicação de multa não deixa de constituir uma receita pública, de cunho indenizatório, pode servir como

---

98. Decreto nº 6.514/08, art. 5º, § 1º, alterado pelo Decreto nº 11.080/22.
99. REsp 1.318.051-RJ, Rel. Min. Benedito Gonçalves, julgado em 17/3/2015, DJe 12/5/2015.
100. Lei nº 9.605/98, art. 72, § 2º.
101. Decreto nº 6.514/08, art. 5º, § 4º.
102. MELLO, Celso Antônio Bandeira de. *Curso de direito administrativo*. 20. ed. São Paulo: Malheiros, 2006, p. 811.

elemento adicional ao financiamento das ações necessárias à proteção ambiental. Deve, pois, a fixação da multa atender ao **princípio da proporcionalidade** entre a extensão do dano ocorrido e o valor aplicado.

A lei estabelece, para as infrações administrativas, duas espécies de multa – 1. simples e 2. diária –, assim como as hipóteses de aplicabilidade de cada uma delas.

A **multa simples** corresponde a um único pagamento e será aplicada sempre que o agente atuar com *negligência ou dolo*, caracterizando, para essa categoria, a responsabilidade subjetiva, valendo a objetiva para as demais infrações, já que a lei silencia sobre o tema. Cabe multa simples ao infrator quando:

> advertido por irregularidades que tenham sido praticadas, deixar de saná-las, no prazo assinalado por órgão competente do SISNAMA ou pela Capitania dos Portos, do Ministério da Marinha;[103]

> opuser embaraço à fiscalização dos órgãos do SISNAMA ou da Capitania dos Portos, do Ministério da Marinha.[104]

Há que fazer alguns esclarecimentos acerca desses dispositivos legais. As infrações que dão causa à multa simples consistem, primeiramente, no fato de o poluidor não regularizar uma situação de ilícito anteriormente verificada pelo agente do órgão ou entidade de controle ambiental e por ele notificada. O termo *advertido*, adotado pela lei, refere-se a essa notificação e nada tem a ver com a categoria de infração denominada *advertência*. Dessa forma, ressaltando a inexistência de uma hierarquia entre as infrações, a aplicação da multa independe de advertência anterior.

46.6.2.1 Valores e cálculo das multas

A base de cálculo da multa consiste em uma unidade variável, relativa ao objeto lesado: hectare, metro cúbico, quilograma, metro de carvão-mdc, estéreo, metro quadrado, dúzia, estipe, cento, milheiros ou outra medida pertinente, de acordo com o objeto em questão.[105] Essa determinação diz respeito ao **princípio da proporcionalidade**, que deve revestir as decisões quanto à aplicação de penalidades. Nessa linha, "*o órgão ou entidade ambiental poderá especificar a unidade de medida aplicável para cada espécie de recurso ambiental objeto da infração*".[106]

Os valores de multa serão corrigidos periodicamente, com base nos índices estabelecidos na legislação pertinente, sendo o mínimo de R$ 50,00 (cinquenta reais) e o máximo de R$ 50.000.000,00 (cinquenta milhões de reais).[107]

46.6.2.2 Multa diária

A **multa diária** *será aplicada sempre que o cometimento da infração se prolongar no tempo*.[108] Trata-se dos casos em que a **natureza do dano é contínua** – lançamento de efluentes em corpos hídricos ou de fumaça na atmosfera –, sendo possível cessar a causa

---

103. Lei nº 9.605/98, art. 72, § 3º, I.
104. Lei nº 9.605/98, art. 72, § 3º, II.
105. Decreto nº 6.514/08, art. 8º.
106. Decreto nº 6.514/08, art. 8º, parágrafo único.
107. Decreto nº 6.514/08, art. 9º.
108. Lei nº 9.605/98, art. 72, § 5º e Decreto nº 6.514/08, art. 10.

do dano. Para tanto, o infrator deve tomar rapidamente as providências necessárias, pois, enquanto não cessar o dano, pagará multa diária.

O agente que proceder à autuação deve indicar, no auto de infração, o valor da multa-dia,[109] que não poderá ser inferior a R$ 50,00, nem superior a dez por cento do valor da multa simples máxima cominada para a infração.[110]

Nos termos do art. 10, § 4º, com a redação dada pelo Decreto nº 6.686/08, "*a multa diária deixará de ser aplicada a partir da data em que o autuado apresentar ao órgão ambiental documentos que comprovem a regularização da situação que deu causa à lavratura do auto de infração*". Se a situação não tiver sido regularizada, cabe aplicação de multa diária a partir da data em que deixou de ser aplicada. É o que determina a nova redação do § 5º do art. 10.

Cabe salientar que a celebração de termo de compromisso de reparação ou cessação dos danos encerrará a contagem da multa diária. Essa regra é fixada pela nova redação do § 8º do art. 10.

46.6.2.3 Conversão da multa em serviços

A lei permite que autoridade ambiental federal competente para a apuração da infração converta a multa simples em **serviços de preservação, melhoria e recuperação da qualidade do meio ambiente**.[111] O Decreto nº 9.179, de 23-10-2017, alterou o Decreto nº 6.514/08, instituindo o "Programa de Conversão de Multas Ambientais" emitidas por órgãos e entidades da União integrantes do SISNAMA.[112]

Os serviços de preservação, melhoria e recuperação da qualidade do meio ambiente devem ter, no mínimo, um dos seguintes objetivos:

recuperação de áreas degradadas para conservação da biodiversidade e conservação e melhoria da qualidade do meio ambiente;

recuperação de processos ecológicos e de serviços ecossistêmicos essenciais;

recuperação de vegetação nativa;

recuperação de áreas de recarga de aquíferos;

proteção de solos degradados ou em processo de desertificação;

proteção e manejo de espécies da flora nativa e da fauna silvestre; monitoramento da qualidade do meio ambiente e desenvolvimento de indicadores ambientais;

mitigação ou adaptação às mudanças do clima;

manutenção de espaços públicos que tenham como objetivo a conservação, a proteção e a recuperação de espécies da flora nativa ou da fauna silvestre e de áreas verdes urbanas destinadas à proteção dos recursos hídricos;

educação ambiental;

promoção da regularização fundiária de unidades de conservação;

saneamento básico;

garantia da sobrevivência e ações de recuperação e de reabilitação de espécies da flora nativa e da fauna silvestre por instituições públicas de qualquer ente federativo ou privadas sem fins lucrativos; ou

---

109. Decreto nº 6.514/08, art. 10, § 1º.
110. Decreto nº 6.514/08, art. 10, § 2º.
111. Lei nº 9.605/98, art. 72, § 4º.
112. Decreto nº 6.514/08, art. 139, com redação dada pelo Decreto nº 9.179/17.

implantação, gestão, monitoramento e proteção de unidades de conservação.[113]

O decreto em análise dispõe ainda que não será concedida a conversão de multa para reparação de danos por meio da execução de obras ou atividades de recuperação de danos decorrentes da própria infração.[114]

As alterações efetuadas pelos Decretos nº 9.179/17 e nº 11.373/23 no Decreto nº 6.514/08 permitiram que o autuado requeresse a conversão de multa em serviços de preservação, melhoria e recuperação da qualidade do meio ambiente até o momento da sua manifestação em alegações finais.[115] Nesse requerimento, o autuado deverá optar por uma das seguintes opções:

conversão direta, com a implementação, por seus meios, de serviço de preservação, de melhoria e de recuperação da qualidade do meio ambiente, no âmbito de, no mínimo, um dos objetivos previstos no caput do art. 140; ou

conversão indireta, com adesão a projeto previamente selecionado pelo órgão federal emissor da multa, na forma estabelecida no art. 140-B, observados os objetivos previstos no caput do art. 140.[116]

Nessa última hipótese, o Decreto nº 6.514/08 estabelece que o autuado poderá outorgar poderes ao órgão federal emissor da multa para escolha do projeto a ser contemplado.[117]

A decisão de definir ou não o pedido de conversão de multa em serviços é de cunho discricionário, cabendo ao administrador motivá-la, em qualquer hipótese, observada a exceção prevista no art. 141 do decreto.

A autoridade julgadora considerará as peculiaridades do caso concreto, os antecedentes do infrator e o efeito dissuasório da multa ambiental, e poderá, em decisão motivada, deferir ou não o pedido de conversão formulado pelo autuado, observado o disposto no art. 141[118]

Caso a administração pública decida favoravelmente ao pedido, as partes celebrarão termo de compromisso, que estabelecerá os termos da vinculação do autuado ao objeto da conversão de multa pelo prazo de execução do projeto aprovado ou de sua cota-parte no projeto escolhido pelo órgão federal emissor da multa.[119]

Na hipótese de o autuado optar pela implementação de serviço próprio para conversão da multa, o termo de compromisso firmado deverá conter: 1. a descrição detalhada do objeto; 2. o valor do investimento previsto para sua execução; 3. as metas a serem atingidas; e 4. o anexo com plano de trabalho, do qual constarão os cronogramas físico e financeiro de implementação do projeto aprovado.[120] Caso o autuado opte por aderir a um programa já selecionado pelo órgão federal, o termo de compromisso deverá: 1. ser instruído com comprovante de depósito integral ou de parcela em conta garantia em banco público, observado o previsto no § 3º do art. 143, referente ao valor do projeto selecionado ou à respectiva cota-parte de projeto, nos termos definidos pelo órgão federal emissor da

---

113. Decreto nº 6.514/08, art. 140, com redação dada por Decreto nº 9.179/17, Decreto nº 9.760/19 e Decreto nº 11.080/22.
114. Decreto nº 6.514/08, art. 141, com redação dada pelo Decreto nº 9.179/17.
115. Decreto nº 6.514/08, art. 142, com redação dada pelo Decreto nº 11.373/23.
116. Decreto nº 6.514/08, art. 142-A, com redação dada pelo Decreto nº 11.373/23.
117. Decreto nº 6.514/08, art. 142-A, § 2º, incluído pelo Decreto nº 11.373/23.
118. Decreto nº 6.514/08, art. 145, § 1º, com redação dada pelo Decreto nº 11.373/23.
119. Decreto nº 6.514/08, art. 146, com redação dada pelo Decreto nº 9.179/17.
120. Decreto nº 6.514/08, art. 145, § 2º, com redação dada pelo Decreto nº 11.373/23.

multa; 2. conter a outorga de poderes do autuado ao órgão federal emissor da multa para a escolha do projeto a ser apoiado; 3. contemplar a autorização do infrator ao banco público, detentor do depósito do valor da multa a ser convertida, para custear as despesas do projeto selecionado; 4. prever a inclusão da entidade selecionada como signatária e suas obrigações para a execução do projeto contemplado; e 5. estabelecer a vedação do levantamento, a qualquer tempo, pelo autuado ou pelo órgão federal emissor da multa, do valor depositado na conta garantia.[121]

Cabe ressaltar que a celebração do termo de compromisso não põe fim ao processo administrativo e impõe a obrigação ao órgão ambiental de monitorar e avaliar, a qualquer tempo, o cumprimento das obrigações pactuadas,[122] uma vez que a efetiva conversão da multa se concretizará somente após a conclusão do objeto, parte integrante do projeto, a sua comprovação pelo executor e a aprovação pelo órgão federal emissor da multa.[123] A assinatura do termo de compromisso, porém, tem efeito suspensivo em relação à exigibilidade da multa aplicada e implica renúncia ao direito de recorrer administrativamente.[124]

É altamente elogiável a fixação de um rol de atividades a serem executadas no âmbito da conversão da multa simples em serviços. O regulamento anterior, ao silenciar sobre o tema, dava azo à substituição da multa não por serviços, o que já configurava uma ilegalidade, mas pela obrigação de entregar, por exemplo, cestas básicas à comunidade, o que nada tem a ver com a infração. Para o infrator, esse era o melhor dos mundos: não pagava a multa, não precisava prestar qualquer serviço, podendo apenas ordenar que alguém adquirisse as cestas e as entregasse no local determinado. Além disso, o Poder Público deixava de arrecadar a quantia correspondente à multa que, após o devido processo legal, se torna recurso público, adstrito a regras específicas e de aplicação certa.

O termo de compromisso tem natureza contratual, com efeitos na esfera civil e administrativa,[125] devendo conter a indicação do foro competente para dirimir conflitos entre as partes[126] e prever a multa a ser aplicada em decorrência do não cumprimento das obrigações nele pactuadas.[127]

O descumprimento do termo de compromisso implica:[128]

na esfera administrativa, a imediata inscrição do débito em Dívida Ativa para cobrança da multa resultante do auto de infração em seu valor integral, acrescido dos consectários legais incidentes; e

na esfera civil, a execução judicial imediata das obrigações assumidas, tendo em vista seu caráter de título executivo extrajudicial.

Com fundamento no princípio da publicidade, o art. 147 do decreto determina a publicação do extrato do termo de compromisso no Diário Oficial da União.[129]

---

121. Decreto nº 6.514/08, art. 146, §3º-A, com redação dada pelo Decreto nº 11.373/23.
122. Decreto nº 6.514/08, art. 146, §5º, incluído pelo Decreto nº 9.179/17.
123. Decreto nº 6.514/08, art. 146, §6º, incluído pelo Decreto nº 9.179/17.
124. Decreto nº 6.514/08, art. 146, §4º, incluído pelo Decreto nº 9.179/17.
125. Decreto nº 6.514/08, art. 146, § 7º, incluído pelo Decreto nº 9.179/17.
126. Decreto nº 6.514/08, art. 146, §1º, VII, incluído pelo Decreto nº 9.179/17.
127. Decreto nº 6.514/08, art. 146, IV, com redação dada pelo Decreto nº 9.179/17.
128. Decreto nº 6.514/08, art. 146, § 8º, I e II, incluídos pelo Decreto nº 9.179/17.
129. Decreto nº 6.514/08, art. 147, com redação dada pelo Decreto nº 9.179/17.

46.6.2.4 Critérios de aplicação da multa

A Lei de Crimes Ambientais dispõe sobre sanções penais e administrativas. As multas incidem sobre crimes e sobre infrações administrativas. Todavia, há que ter em mente que se trata de coisas distintas aplicadas por autoridades diferentes. Ao juiz cabe aplicar as multas de cunho penal, nos processos criminais. As multas administrativas são aplicadas pelo administrador público.

Conforme expõe Curt Trennepohl, os critérios a serem observados na aplicação das multas previstas no art. 6º da Lei nº 9.605/98 aplicam-se ao juiz de direito, pois se trata de sanções penais. Da mesma forma ocorre no art. 14 da Lei, que dispõe sobre as circunstâncias atenuantes.[130]

A partir do art. 70, a Lei de Crimes Ambientais passa a tratar dos ilícitos, determinando, no *caput* do art. 72, que as infrações administrativas são punidas com as sanções [ali fixadas], observado o disposto no art. 6º da Lei e também do Decreto nº 6.514/08, com a seguinte redação, aplicável à imposição e gradação da penalidade pela autoridade competente que deverá observar:

a gravidade do fato, tendo em vista os motivos da infração e suas consequências para a saúde pública e para o meio ambiente;

os antecedentes do infrator quanto ao cumprimento da legislação de interesse ambiental;

a situação econômica do infrator, no caso de multa.[131]

Essas três condicionantes da definição do valor da multa exigem uma justificativa detalhada, que enquadre a situação fática, devidamente descrita e comprovada nos autos, às hipóteses normativas acima referidas.

Nesse caso, a própria norma invocou os princípios da razoabilidade e da proporcionalidade, a serem considerados na fixação da multa. O administrador deve justificar a decisão, quando fundamentada nessas hipóteses, com base no **princípio da motivação**.

46.6.2.5 Agravamento da multa

O Decreto nº 6.514/08 dispõe sobre o agravamento da multa, determinando as seguintes implicações relativas ao *"cometimento de nova infração ambiental pelo mesmo infrator, no período de cinco anos, contado da data em que a decisão administrativa que o tenha condenado por infração anterior tenha se tornado definitiva"* que implicará:

aplicação da multa em triplo, no caso de cometimento da mesma infração; ou

aplicação da multa em dobro, no caso de cometimento de infração distinta.[132]

46.6.2.6 Destinação dos valores arrecadados

A lei determina que os valores arrecadados em pagamento de multas por infração ambiental deverão ser revertidos ao Fundo Nacional do Meio Ambiente (FNMA),[133] ao

---

130. TRENNEPOHL, Curt. *Infrações contra o meio ambiente*: multas e outras sanções administrativas: comentários ao Decreto nº 3.179, de 21-9-1999. São Paulo: Fórum, 2006, p. 95.
131. Lei nº 9.605/98, art. 6º.
132. Decreto nº 6.514/08, art. 11, redação dada pelo Decreto nº 11.080/22.
133. O Fundo Nacional do Meio Ambiente foi criado pela Lei nº 7.797, de 10-7-1989.

Fundo Naval,[134] aos fundos estaduais ou municipais de meio ambiente, ou correlatos, conforme dispuser o órgão arrecadador.[135]

O objetivo do **Fundo Nacional do Meio Ambiente** (FNMA) é desenvolver os projetos que visem ao uso racional e sustentável de recursos naturais, incluindo a manutenção, melhoria ou recuperação da qualidade ambiental no sentido de elevar a qualidade de vida da população brasileira.[136]

Os recursos do FNMA *deverão ser aplicados através de órgãos públicos dos níveis federal, estadual e municipal ou de entidades privadas.*[137] Para tanto, os respectivos objetivos institucionais devem estar em consonância com os objetivos do Fundo. As entidades privadas não poderão ter fins lucrativos. O Ministério do Meio Ambiente é o órgão competente para administrar o FNMA.

A lei define as seguintes áreas, como prioridades para a aplicação dos recursos do Fundo, estabelecendo, todavia, que, em termos geográficos, os projetos com área de atuação na Amazônia Legal terão prevalência:

Unidade de Conservação;[138]

Pesquisa e Desenvolvimento Tecnológico;[139]

Educação Ambiental;[140]

Manejo e Extensão Florestal;[141]

Desenvolvimento Institucional;[142]

Controle Ambiental;[143]

Aproveitamento Econômico Racional e Sustentável da Flora e Fauna Nativas.[144]

O Conselho Deliberativo do Fundo é um dos órgãos colegiados do MMA e possui, entre suas atribuições, a de estabelecer prioridades e diretrizes para atuação do FNMA, em conformidade com a Política Nacional do Meio Ambiente. Como instância final de decisão, a ele compete o julgamento dos projetos apresentados.

46.6.3 Demais sanções administrativas

No julgamento do processo, em tendo sido garantido o direito à ampla defesa e ao contraditório, a sanção de demolição de obra poderá ser aplicada pela autoridade ambiental, nos seguintes casos:[145]

verificada a construção de obra em área ambientalmente protegida em desacordo com a legislação ambiental; ou

quando a obra ou construção realizada não atenda às condicionantes da legislação ambiental e não seja passível de regularização.

---

134. O Fundo Naval foi criado pelo Decreto nº 20.923, de 8-1-1932.
135. Lei nº 9.605/98, art. 73.
136. Lei nº 7.797/89, art. 1º.
137. Lei nº 7.797/89, art. 3º.
138. Lei nº 7.797/89, art. 5º, I.
139. Lei nº 7.797/89, art. 5º, II.
140. Lei nº 7.797/89, art. 5º, III.
141. Lei nº 7.797/89, art. 5º, IV.
142. Lei nº 7.797/89, art. 5º, V.
143. Lei nº 7.797/89, art. 5º, VI.
144. Lei nº 7.797/89, art. 5º, VII.
145. Decreto nº 6.514/08, art. 19.

A caracterização da demolição como *medida administrativa* de prevenção de dano ou como sanção aplicada no julgamento do processo administrativo deve ser feita à luz da existência de risco iminente. Se apenas for constatada a existência de construção em área protegida ou em desacordo com as normas ambientais, ou ainda quando não tiverem sido atendidas as condicionantes impostas pelo órgão ou entidade ambiental e não for possível a regularização, não há fundamento legal para que o agente administrativo proceda à demolição sem abrir prazo para o infrator apresentar a defesa.

Somente em casos excepcionais – e o traço de excepcionalidade deve ser claramente comprovado nos autos –, a demolição poderá ocorrer antecipadamente, se houver risco de agravamento do dano ambiental causado pela obra a ser demolida. Note-se que o nexo causal deve também ficar demonstrado, ou seja, que a demolição cessará o risco de dano, pois, em caso contrário não haverá qualquer razão para a demolição, previamente ao julgamento.

Cabe ao infrator arcar com as despesas necessárias à realização da demolição. Para tanto deve ser ele notificado para manifestar-se se fará a demolição ou reembolsará os cofres públicos pelos gastos que tenham sido efetuados pela Administração. Essa regra pressupõe que é dado ao infrator o direito de optar pela forma como arcará com a demolição antes que ela ocorra.

As sanções **restritivas de direito** são aplicáveis às pessoas físicas ou jurídicas, por não mais de três anos. Os direitos restringidos em função da aplicação de sanção ambiental administrativa referem-se (1) à possibilidade de obtenção de benefícios, como é o caso da participação de linhas de financiamento em estabelecimentos oficiais de crédito ou dos benefícios e incentivos fiscais; ou (2) às atividades do infrator, no que tange à suspensão ou cancelamento de registro, licença, permissão ou autorização e à proibição de contratar com a Administração Pública.

46.6.4 Prazos prescricionais

A ação da Administração Pública, visando apurar a prática de infrações contra o meio ambiente prescreve em cinco anos, contados da data da prática do ato, ou, no caso de infração permanente ou continuada, do dia em que esta tiver cessado.[146] E, quando o fato objeto da infração também constituir crime, a prescrição de que trata o *caput* reger-se-á pelo prazo previsto na lei penal.

O decreto em tela estabelece que, na hipótese de ocorrer a paralisação do processo por mais de três anos, sem que tenha havido julgamento ou despacho, os autos serão arquivados de ofício ou mediante requerimento da parte interessada. Todavia, é cabível, nesse caso, a apuração da responsabilidade funcional decorrente da paralisação e da reparação dos danos ambientais.

O Decreto nº 6.514/08 define, como início de apuração de infração ambiental pela Administração, a lavratura do auto de infração.[147]

A prescrição é interrompida pelas seguintes situações:[148]

---

146. Decreto nº 6.514/08, art. 21.
147. Decreto nº 6.514/08, art. 21, § 1º.
148. Decreto nº 6.514/08, art. 22.

recebimento do auto de infração ou cientificação do infrator por qualquer outro meio, inclusive edital;

qualquer ato inequívoco da Administração – que implique instrução do processo – que importe apuração do fato; e

pela decisão condenatória recorrível.

RESPONSABILIDADE PENAL POR DANO AO MEIO AMBIENTE

47.1 BREVE HISTÓRICO

Embora somente após a edição da Lei nº 6.938/81 se possa dizer que ficou definida a responsabilidade penal por dano ao ambiente, normas de caráter penal já haviam sido adotadas, de forma esparsa. Aponta-se o Código Criminal do Império, de 1830, que tipificava criminalmente o corte ilegal de madeira. A Lei nº 3.311, de 1886, definiu o crime de incêndio. O Decreto nº 23.793/34 – Código Florestal – dividiu as infrações penais em crimes e contravenções. O Decreto-lei nº 2.848/40 transformou em contravenções os crimes contra as florestas, que posteriormente, em sua maioria, readquiriram o *status* de crimes, pela Lei nº 9.605/98.[1] A Lei de Proteção à Fauna – Lei nº 5.197, de 3-10-1967 –, em seu art. 27, fixava a contravenção da caça profissional, posteriormente transformada em crime.

Além disso, o Código Penal tipifica alguns crimes relacionados com o meio ambiente, embora de maneira indireta. O art. 165, que dispõe sobre **dano em coisa de valor artístico, arqueológico ou histórico**, tipifica como crime:

Art. 165. Destruir, inutilizar ou deteriorar coisa tombada pela autoridade competente em virtude de valor artístico, arqueológico ou histórico:

Pena – detenção, de seis meses a dois anos, e multa.

O art. 250 que prevê o crime de **causar incêndio**, expondo a perigo a vida, a integridade física ou o patrimônio de outrem, fixa, como causa de aumento da pena de reclusão, de três a seis anos, e multa, a ocorrência do **incêndio em lavoura, pastagem, mata ou floresta.**[2]

O art. 259 consiste em **crime de difusão de doença ou praga**:

Art. 259. Difundir doença ou praga que possa causar dano a floresta, plantação ou animais de utilidade econômica:

Pena – reclusão, de dois a cinco anos, e multa.

Modalidade culposa

Parágrafo único. No caso de culpa, a pena é de detenção, de um a seis meses, ou multa.

---

1. SANTOS, Celeste Leite dos; SANTOS, Maria Celeste Cordeiro Leite. *Crimes contra o meio ambiente*: responsabilidade e sanção penal. 3. ed. São Paulo: Juarez de Oliveira, 2002, p. 7.
2. Decreto-lei nº 2.848/40, at. 250, § 1º, II, *h*.

47.2 A LEI DE CRIMES AMBIENTAIS

A Lei nº 9.605/98 veio completar o marco jurídico da proteção do meio ambiente, iniciado pela Lei nº 6.938/81, pelos arts. 170 e 225 da Constituição Federal e pela Lei nº 7.347/85, que, somados às demais normas ambientais, conferem um vasto arcabouço, no que se refere às normas de comportamento em relação aos bens ambientais, à responsabilidade por danos ao ambiente e aos meios judiciais de tutela ambiental.

O entendimento das condutas e atividades lesivas ao meio ambiente como crimes constitui, em princípio, uma alteração importante no ordenamento jurídico pátrio, em favor do meio ambiente. É importante notar que sobre um mesmo dano aplicam-se três tipos de responsabilidade – administrativa, civil e penal –, sendo que as duas primeiras estão muito mais relacionadas com aspectos financeiros – aplicação de multas, indenização etc. Entretanto, a responsabilidade criminal pelo dano ao meio ambiente afeta diretamente a pessoa, que passa à condição de ré, o que significa uma verdadeira sanção social, além da questão jurídica.

Talvez seja essa, de fato, a grande alteração ocorrida. *"O estigma de um processo penal gera efeitos que as demais formas de repressão não alcançam".*[3] Todavia, cumpre salientar que a punibilidade na Lei de Crimes Ambientais está muito mais voltada à restrição de direitos e à prestação de serviços à comunidade do que ao encarceramento da pessoa física.

Em que pese a importância de atribuir ao poluidor a responsabilidade penal, cabe considerar que, em termos de gravidade de penas e valor de multas, pelo menos, essa responsabilização ficou muito aquém do que seria necessário. Por exemplo, as maiores penas – de reclusão[4] – não ultrapassam cinco anos, e estão previstas para os delitos do art. 35, da Lei nº 9.605/98, que tipifica, como crime, pescar *"mediante a utilização de: I – explosivos ou substâncias que, em contato com a água, produzam efeito semelhante; II – substâncias tóxicas, ou outro meio proibido pela autoridade competente"* do art. 40, que estabelece como crime *"causar dano direto ou indireto às Unidades de Conservação"*, e do art. 54, que dispõe sobre *"causar poluição de qualquer natureza em níveis tais que resultem ou possam resultar em danos à saúde humana, ou que provoquem a mortandade de animais ou a destruição significativa da flora"*, no caso específico de ocorrência de uma das agravantes estabelecidas no § 2º[5] do citado dispositivo.

Comparando com outros crimes, para o furto qualificado, previsto no art. 155 do Código Penal, a pena é de reclusão de três a oito anos, se a subtração for de veículo automotor que venha a ser transportado para outro Estado ou para o exterior.[6]

---

3. FREITAS, Gilberto Passos de; FREITAS, Vladimir Passos de. *Crimes contra a natureza* (de acordo com a Lei nº 9.605/98). 9. ed. São Paulo: Revista dos Tribunais, 2012, p. 33.
4. De acordo com o art. 33 do Código Penal – Decreto-lei nº 2.848/40 –, a pena de reclusão deve ser cumprida em regime fechado – em estabelecimento de segurança máxima ou média –, semiaberto – colônia agrícola, industrial ou estabelecimento similar – ou aberto em casa de albergado ou estabelecimento adequado. A de detenção, em regime semiaberto ou aberto, salvo necessidade de transferência a regime fechado – redação dada pela Lei nº 7.209, de 11-7-1984.
5. Forma qualificada aumenta a pena para até cinco anos: Lei nº 9.605/98, art. 54, § 2º, I: *"Tornar uma área, urbana ou rural, imprópria para a ocupação humana; II – causar poluição atmosférica que provoque a retirada, ainda que momentânea, dos habitantes das áreas afetadas, ou que cause danos diretos à saúde da população; III – causar poluição hídrica que torne necessária a interrupção do abastecimento público de água de uma comunidade; IV – dificultar ou impedir o uso público das praias; V – ocorrer por lançamento de resíduos sólidos, líquidos ou gasosos, ou detritos, óleos ou substâncias oleosas, em desacordo com as exigências estabelecidas em leis ou regulamentos."*
6. Decreto-lei nº 2.848/40, art. 155, § 5º, incluído pela Lei nº 9.426, de 1996.

Ou seja, causar dano à saúde humana como decorrência da poluição, ou destruir um ecossistema pela explosão, em atividade pesqueira, pode ser menos grave do que roubar veículo automotor, do ponto de vista da responsabilidade criminal.

Considerando ainda que a Lei de Crimes Ambientais, em seu art. 7º, prevê, para as penas privativas de liberdade inferiores a quatro anos e para os crimes culposos, a possibilidade de transformar-se em **penas restritivas de direitos**, computam-se raros os casos em que realmente alguém fica detido em face de ter cometido crime ambiental. Dessa forma, o que pode servir para impedir, sob o aspecto penal, a atividade ou conduta danosa é muito mais o fato de sofrer um processo criminal do que propriamente ser preso por isso.

Além disso, a extensão da responsabilidade criminal às pessoas jurídicas também altera o quadro anterior, deixando cada vez mais claro que quaisquer atos exercidos em nome do desenvolvimento econômico por meio das atividades empresariais não podem causar poluição e degradação ambiental, sob pena de não só a pessoa jurídica, mas também seus mentores figurarem nos polos passivos das ações criminais.

47.2.1 Conteúdo e alcance da norma

A proteção penal do meio ambiente encontra seu fundamento no § 3º do art. 225 da Constituição. Segundo esse dispositivo, as condutas e atividades consideradas lesivas ao meio ambiente sujeitarão os infratores, pessoas físicas ou jurídicas, a sanções penais e administrativas, independentemente da obrigação de reparar os danos causados.

Inicialmente, cumpre definir qual bem jurídico pretendeu a Constituição tutelar criminalmente, quando impôs ao legislador infraconstitucional a necessidade de formular um ordenamento jurídico penal ambiental, estabelecendo, como ações criminosas, *as condutas e atividades consideradas lesivas ao meio ambiente*. Tem-se, pois, por meio da interpretação do § 3º do art. 225 da Constituição, combinado com o art. 3º, I, da Lei nº 6.938/81, que constituem *"crimes as condutas e atividades consideradas lesivas ao conjunto de condições, leis, influências e interações de ordem física, química e biológica, que permite, abriga e rege a vida em todas as suas formas"*.

O desafio é integrar a noção de *meio ambiente*, que possui forte teor de subjetividade – com os princípios do direito penal, em que só pode haver criminalização de uma ação se ela estiver *clara e completamente* descrita no tipo penal previsto.

Esse desafio foi enfrentado pela Lei de Crimes Ambientais, cuja tutela penal abrange não só a lesão à fauna e à flora, mas também as formas de poluição, as condutas lesivas ao ordenamento urbano e o patrimônio cultural e até mesmo a administração ambiental.

As *condutas e atividades lesivas ao meio ambiente*, de acordo com as regras específicas do Direito Penal, encontram-se, pois, descritas nos tipos penais devidamente descritos na Lei nº 9.605/98.

47.2.2 Norma penal em branco

É certo que o Código Penal, fundamentado na CF/88,[7] dispõe, em seu art. 1º, sobre o princípio da legalidade: *"não há crime sem lei anterior que o defina. Não há pena sem pré-*

---

7.   CF/88, art. 5º, XXXIX.

via cominação legal".[8] O crime e a pena devem estar previstos na lei. A questão a colocar refere-se à descrição do tipo penal na lei.

Em matéria ambiental, é dificultosa a descrição do tipo penal da mesma forma com que se descreve o homicídio ou o furto. Como já foi visto em outros capítulos, o próprio conceito de meio ambiente remete ao estudo de processos físico-químico-biológicos que interferem na interpretação da norma. Nem sempre a norma penal poderá definir todos os elementos do crime. É o que se denomina *norma penal em branco*.

Será necessário valer-se de outras regras jurídicas – regulamentos – que explicitem as condições do tipo penal, para que se possa inferir realmente a ocorrência ou não de crime. É o caso citado por Gilberto Passos de Freitas e Vladimir Passos de Freitas, do art. 32 da Lei nº 9.605/98, que trata dos maus-tratos aos animais. A expressão *maus-tratos* é muito abrangente, e pode causar dúvida quanto a que tipo de maus-tratos a lei se refere. Nessa linha, o Decreto nº 24.645, de 10-7-1934[9], estabelece uma lista de hipóteses de maus-tratos a animais,[10] que se compõe com a norma penal, propiciando-lhe efetividade. Embora se trate de questão controversa, para certos casos relativos aos crimes ambientais, não se vislumbra alternativa.

Outro caso a citar refere-se ao disposto no art. 34 da Lei nº 9.605/98, que proíbe a pesca em época de defeso. A Lei de Crimes Ambientais não estabelece – nem poderia estabelecer – as situações de defeso, em face da diversidade de espécies, das alterações de clima, da localização em que é necessário estabelecer o defeso e outros fatores climáticos e biológicos envolvidos nessas indicações. Somente o regulamento da lei é que pode indicar, caso a caso, os períodos de defeso.

Nos termos da Lei nº 10.779, de 25-11-2003,[11] que dispõe sobre a concessão do benefício de seguro-desemprego ao pescador profissional que exerce a atividade pesqueira de forma artesanal, cabe ao Instituto Brasileiro de Meio Ambiente e dos Recursos Naturais Renováveis (IBAMA) fixar o período de defeso de atividade pesqueira, em relação à espécie marinha, fluvial ou lacustre.[12]

Em matéria ambiental, pois, a norma penal em branco, em certos casos, consiste na única alternativa juridicamente viável para estabelecer, com o necessário detalhe, um determinado tipo penal e assegurar o cumprimento da norma.[13]

---

8. Decreto-lei nº 2.848, de 7-12-1940. Redação dada pela Lei nº 7.209, de 11-7-1984.
9. Conforme mencionado no capítulo sobre Fauna, essa norma, embora denominada *decreto*, possui força de *lei*, pois foi editada pelo Governo Provisório de Getúlio Vargas, que avocava a atividade legislativa. É o caso do Código de Águas, Decreto nº 24.643, de 10-7-1934, e do Código Florestal antigo, Decreto nº 23.793, de 23-1-1934. Tendo valor de lei, somente pode ser revogada por outra lei. Assim, embora o Decreto nº 11, de 18-1-1991, tenha *revogado* o Decreto nº 24.645/34, este permanece em pleno vigor. Não é a terminologia que define o valor de uma norma, mas o momento de sua edição, à Luz da Constituição ou legislação infraconstitucional vigente.
10. Decreto nº 24.645/34, art. 3º.
11. Alterada pela Lei nº 13.134, de 16-06-2015.
12. Lei nº 10.779/03, art. 1º, § 2º.
13. A título de esclarecimento, a doutrina diverge no que diz respeito à utilização de norma penal em branco em matéria ambiental. A favor da utilização dessa técnica, Vladimir Passos de Freitas e Gilberto Passos de Freitas. *Crimes contra a natureza*, 9. ed., rev., atual. e ampl., São Paulo: RT, 2012, p. 37. Em sentido contrário, entendendo não aplicável a técnica da norma penal em branco para os casos de crimes ambientais, Luís Paulo Sirvinskas. *Tutela penal do meio ambiente*: breves considerações atinentes à Lei nº 9.605, de 12 de fevereiro de 1998, 3. ed., rev., atual. e ampl., São Paulo: Saraiva, 2004, p. 40-44. Já alguns autores salientam a grande ocorrência de normas penais em branco em matéria ambiental, pontuando seu efeito negativo, qual seja, a incerteza quanto às condutas tipificadas: Paulo de Bessa Antunes, *Direito ambiental*, 7. ed., rev., ampl. e atual., Rio de Janeiro: Lumen Juris, 2004, p. 897. Também Paulo Affonso Leme Machado – *Direito ambiental brasileiro*, 26. ed., rev., atual. e ampl., São Paulo:

47.2.3 Culpabilidade

A culpabilidade consiste em um juízo de reprovação ou censura social que se faz sobre o agente de um ilícito penal. A Lei de Crimes Ambientais define quem pode ser responsabilizado criminalmente – sujeito passivo da ação penal – por atividades ou condutas lesivas ao meio ambiente. Desse modo, *qualquer pessoa* que, de qualquer forma, *concorra para a prática dos crimes* previstos na Lei incide nas penas a eles cominadas, na medida da sua *culpabilidade*, bem como o diretor, o administrador, o membro de conselho e de órgão técnico, o auditor, o gerente, o preposto ou mandatário de pessoa jurídica, que, sabendo da conduta criminosa de outrem, deixar de impedir a sua prática, quando podia agir para evitá-la.[14]

A lei estabeleceu, nesse dispositivo, alguns critérios. Em primeiro lugar, a regra geral: *qualquer pessoa que concorrer para a prática do crime*. Não é necessário que o execute, basta promover alguma ação que de alguma forma tenha efeito na ação criminosa.

O segundo critério refere-se à culpabilidade, que determina a responsabilidade penal. Não vigora, no direito penal, a responsabilidade objetiva, aplicável no campo da responsabilidade civil. Em matéria penal, é imprescindível que se comprove o elemento subjetivo da conduta – dolo ou a culpa – do agente.

Nos termos do Código Penal, ocorre o crime doloso quando o agente quis o resultado ou assumiu o risco de produzi-lo.[15] Isto é, quando o agente desejou ou assumiu o resultado. No primeiro caso, a sua vontade é dirigida ao resultado; no segundo caso, o agente assume o risco de produzi-lo.[16]

Já o crime culposo ocorre "*quando o agente deu causa ao resultado por imprudência, negligência ou imperícia*".[17] O Código Penal não definiu o crime culposo, mas estabeleceu as circunstâncias em que é cometido. Considerando o crime doloso, em que há intenção por parte do agente, é possível afirmar que no crime culposo, não há propriamente a intenção, mas uma conduta irrecusável, na medida em que não deixou, em função do tipo de atuação, de cometer um crime.

Ressalte-se que a regra para a responsabilização do agente é o dolo. A forma culposa é a exceção. O Código Penal estabelece que, "*salvo os casos expressos em lei, ninguém pode ser punido por fato previsto como crime, senão quando o pratica dolosamente*".[18] Assim, a forma culposa deve constar expressamente do tipo penal.

Malheiros, 2018, p. 896 – aponta a existência de norma penal em branco na seara criminal ambiental, salientando a necessidade de os regulamentos só servirem para integrar a "fiel execução da lei" (art. 84, IV, CF), vedando-se desvios ou autonomias do regulamento à lei penal, para que o Executivo não seja o exclusivo legislador penal. No mesmo sentido de Paulo Affonso Leme Machado, verificam-se os ensinamentos de Luiz Regis Prado – *Direito penal do ambiente*: meio ambiente, patrimônio cultural, ordenação do território e biossegurança (com a análise da Lei nº 11.105/05), São Paulo: RT, 2005, p. 97 –, para quem é possível e necessária a utilização da norma penal em branco para o direito penal ambiental, mas também respeitando estritos limites para que o Poder Executivo não passe a estabelecer tipos penais.

14. Lei nº 9.605/98, art. 2º.
15. Decreto-lei nº 2.848/40, art. 18, I, incluído pela Lei nº 7.209, de 11-7-1984.
16. FREITAS, Gilberto Passos de; FREITAS, Vladimir Passos de. *Crimes contra a natureza* (de acordo com a Lei nº 9.605/98). 9. ed. São Paulo: Revista dos Tribunais, 2012, p. 41.
17. Decreto-lei nº 2.848/40, art. 18, II. Incluído pela Lei nº 7.209, de 11-7-1984.
18. Decreto-lei nº 2.848/40, art. 18, parágrafo único. Incluído pela Lei nº 7.209, de 11-7-1984.

47.2.4 Circunstâncias agravantes das penas

As circunstâncias agravantes da pena encontram-se estabelecidas no art. 15 da Lei nº 9.605/98. A primeira hipótese é a **reincidência específica**, vale dizer, voltar o agente a cometer crimes de natureza ambiental dentro do prazo de cinco anos. A Lei nº 9.605/98 somente menciona a reincidência nos crimes de natureza ambiental. O conceito de reincidência é estabelecido pelos artigos 63[19] e 64,[20] do Código Penal.[21]

Nesse sentido, para que esteja presente a circunstância agravante, deve o agente cometer novo crime ambiental depois de já ter transitado em julgado a sentença que, no país ou no estrangeiro, o tenha condenado por crime anterior da mesma natureza e desde que entre a data do cumprimento ou extinção da pena pelo crime ambiental anterior e a infração posterior não tenha decorrido período de tempo superior a cinco anos, computado o período de prova da suspensão ou do livramento condicional – nestas duas últimas hipóteses, desde que não tenha ocorrido revogação da medida.

Para compreender a extensão da problemática da reincidência, uma questão interessante a levantar consiste no conceito da expressão *crimes de natureza ambiental*. Por tal expressão devem-se entender como crimes apenas os previstos na Lei nº 9.605/98 ou quaisquer outros que envolvam meio ambiente? A indagação se faz necessária, pois, quando do surgimento da Lei nº 9.605/98, não havia lei especialmente destinada ao trato dos crimes ambientais, de maneira que os tipos penais que envolvem condutas lesivas ao meio ambiente se encontravam, até então, previstos em leis que tratavam dos assuntos específicos, que traziam – e ainda trazem – em si as disposições penais respectivas.

Apesar de haver uma tendência protecionista inicial, no sentido de considerar hipótese de reincidência específica quaisquer crimes cometidos contra bens ambientais previstos em qualquer legislação ambiental, uma reflexão mais atenta demonstra que tal posicionamento implica uma insegurança jurídica, na medida em que várias condutas podem ser, ou não, classificadas como crime de natureza ambiental.

Conforme Paulo de Bessa Antunes, vários diplomas legais trazem consigo figuras penais afetas à seara ambiental, tais como a Lei nº 4.947/66, que traz nos arts. 19[22] e 20[23] tipos penais que podem ser classificados como crimes ambientais; menciona a existência de infrações no Código Penal Militar que podem ser classificadas como crime ambiental,

---

19. Decreto-lei nº 2.848/40, art. 63: *"Verifica-se a reincidência quando o agente comete novo crime, depois de transitar em julgado a sentença que, no país ou no estrangeiro, o tenha condenado por crime anterior."* Redação dada pela Lei nº 7.209, de 11-7-1984.
20. Decreto-lei nº 2.848/40, art. 64: *"Para efeito de reincidência: I – não prevalece a condenação anterior, se entre a data do cumprimento ou extinção da pena e a infração posterior tiver decorrido período de tempo superior a 5 (cinco) anos, computado o período de prova da suspensão ou do livramento condicional, se não ocorrer revogação; II – não se consideram os crimes militares próprios e políticos."* Redação dada pela Lei nº 7.209, de 11-7-1984.
21. As disposições do Código Penal aplicam-se subsidiariamente à Lei nº 9.605/98 por determinação de seu art. 79, bem como o princípio da especialidade, cf. art. 12 do Código Penal.
22. Lei nº 4.947/66, art. 19: *"Utilizar, como prova de propriedade ou de direitos a ela relativos, documento expedido pelo IBRA para fins cadastrais ou tributários, em prejuízo de outrem ou em proveito próprio ou alheio: Pena: Reclusão de 2 a 6 anos. Parágrafo único. Se o agente é funcionário público e comete o crime prevalecendo-se do cargo, aumenta-se a pena de sexta parte."*
23. Lei nº 4.947/66, art. 20: *"Invadir, com intenção de ocupá-las, terras da União, dos Estados e dos Municípios: Pena: Detenção de 6 meses a 3 anos. Parágrafo único. Na mesma pena incorre quem, com idêntico propósito, invadir terras de órgãos ou entidades federais, estaduais ou municipais, destinadas à Reforma Agrária."*

47 • RESPONSABILIDADE PENAL POR DANO AO MEIO AMBIENTE

tais como os artigos 268,[24] 269,[25] 273[26] e 274.[27] No mesmo sentido, o citado autor indica o tipo previsto no artigo 10[28] da Lei nº 7.347/85 – Lei da Ação Civil Pública –, que impõe sanção penal à recusa injustificada de dados indispensáveis para a propositura de ação civil quando requeridos pelo Ministério Público.[29]

A Lei de Proteção à Fauna – Lei nº 5.197/67 – prevê tipos penais específicos.[30] A Lei nº 6.453/77[31] prevê os crimes relativos à atividade de exploração de energia nuclear. No mesmo sentido, a Lei de Parcelamento de Solo Urbano – Lei nº 6.766/79 – prevê figu-

---

24. Decreto-lei nº 1.001/69, art. 268: *"Causar incêndio em lugar sujeito à administração militar, expondo a perigo a vida, a integridade física ou o patrimônio de outrem: Pena – reclusão, de três a oito anos. § 1º A pena é agravada: I – se o crime é cometido com intuito de obter vantagem pecuniária para si ou para outrem; II – se o incêndio é: (a) em casa habitada ou destinada a habitação; (b) em edifício público ou qualquer construção destinada a uso público ou a obra de assistência social ou de cultura; (c) em navio, aeronave, comboio ou veículo de transporte coletivo; (d) em estação ferroviária, rodoviária, aeródromo ou construção portuária; (e) em estaleiro, fábrica ou oficina; (f) em depósito de explosivo, combustível ou inflamável; (g) em poço petrolífero ou galeria de mineração; (h) em lavoura, pastagem, mata ou floresta. § 2º Se culposo o incêndio: Pena – detenção, de seis meses a dois anos."*

25. Decreto-lei nº 1.001/69, art. 269: *"Causar ou tentar causar explosão, em lugar sujeito à administração militar, expondo a perigo a vida, a integridade ou o patrimônio de outrem: Pena – reclusão, até quatro anos. § 1º Se a substância utilizada é dinamite ou outra de efeitos análogos: Pena – reclusão, de três a oito anos. § 2º A pena é agravada se ocorre qualquer das hipóteses previstas no § 1º, nº I, do artigo anterior, ou é visada ou atingida qualquer das coisas enumeradas no nº II do mesmo parágrafo. § 3º Se a explosão é causada pelo desencadeamento de energia nuclear: Pena – reclusão, de cinco a vinte anos. § 4º No caso de culpa, se a explosão é causada por dinamite ou substância de efeitos análogos, a pena é detenção, de seis meses a dois anos; se é causada pelo desencadeamento de energia nuclear, detenção de três a dez anos; nos demais casos, detenção de três meses a um ano."*

26. Decreto-lei nº 1.001/69, art. 273: *"Remover, destruir ou inutilizar obstáculo natural ou obra destinada a impedir inundação, expondo a perigo a vida, a integridade física ou o patrimônio de outrem, em lugar sujeito à administração militar: Pena – reclusão, de dois a quatro anos."*

27. Decreto-lei nº 1.001/69, art. 274: *"Causar desabamento ou desmoronamento, em lugar sujeito à administração militar, expondo a perigo a vida, a integridade física ou o patrimônio de outrem: Pena – reclusão, até cinco anos. Parágrafo único. Se o crime é culposo: Pena – detenção, de seis meses a dois anos."*

28. Lei nº 7.347/85, art. 10: *"Constitui crime, punido com pena de reclusão de 1 (um) a 3 (três) anos, mais multa de 10 (dez) a 1.000 (mil) Obrigações Reajustáveis do Tesouro Nacional – ORTN, a recusa, o retardamento ou a omissão de dados técnicos indispensáveis à propositura da ação civil, quando requisitados pelo Ministério Público".*

29. ANTUNES, Paulo de Bessa. *Direito ambiental.* 7. ed. Rio de Janeiro: Lumen Juris, 2004, p. 923.

30. Lei nº 5.197/67, art. 27: *"Constitui crime punível com pena de reclusão de 2 (dois) a 5 (cinco) anos a violação do disposto nos arts. 2º, 3º, 17 e 18 desta lei. [Redação dada pela Lei nº 7.653, de 12-2-1988] § 1º É considerado crime punível com a pena de reclusão de 1 (um) a 3 (três) anos a violação do disposto no artigo 1º e seus parágrafos 4º, 8º e suas alíneas a, b, e c, 10 e suas alíneas a, b, c, d, e, f, g, h, i, j, l, e m, e 14 e seu § 3º desta lei. [Incluído pela Lei nº 7.653, de 12-2-1988] § 2º Incorre na pena prevista no caput deste artigo quem provocar, pelo uso direto ou indireto de agrotóxicos ou de qualquer outra substância química, o perecimento de espécimes da fauna ictiológica existente em rios, lagos, açudes, lagoas, baías ou mar territorial brasileiro. [Incluído pela Lei nº 7.653, de 12-2-1988] § 3º Incide na pena prevista no § 1º deste artigo quem praticar pesca predatória, usando instrumento proibido, explosivo, erva ou substância química de qualquer natureza. [Incluído pela Lei nº 7.653, de 12-2-1988] [o § 4º foi revogado pela Lei nº 7.679, de 23-11-1988] § 5º Quem, de qualquer maneira, concorrer para os crimes previstos no caput e no § 1º deste artigo incidirá nas penas a eles cominadas. [Incluído pela Lei nº 7.653, de 12-2-1988] § 6º Se o autor da infração considerada crime nesta lei for estrangeiro, será expulso do país, após o cumprimento da pena que lhe for imposta, devendo a autoridade judiciária ou administrativa remeter, ao Ministério da Justiça, cópia da decisão cominativa da pena aplicada, no prazo de 30 (trinta) dias do trânsito em julgado de sua decisão."* [Incluído pela Lei nº 7.653, de 12-2-1988].

31. Lei nº 6.453/77, art. 19: *"Constituem crimes na exploração e utilização de energia nuclear os descritos neste Capítulo, além dos tipificados na legislação sobre segurança nacional e nas demais leis. Art. 20. Produzir, processar, fornecer ou usar material nuclear sem a necessária autorização ou para fim diverso do permitido em lei. Pena: reclusão, de quatro a dez anos. Art. 21. Permitir o responsável pela instalação nuclear sua operação sem a necessária autorização. Pena: reclusão, de dois a seis anos. Art. 22. Possuir, adquirir, transferir, transportar, guardar ou trazer consigo material nuclear, sem a necessária autorização. Pena: reclusão, de dois a seis anos. Art. 23. Transmitir ilicitamente informações sigilosas, concernentes à energia nuclear. Pena: reclusão, de quatro a oito anos. Art. 24. Extrair, beneficiar ou comerciar ilegalmente minério nuclear. Pena: reclusão, de dois a seis anos. Art. 25. Exportar ou importar, sem a necessária licença, material nuclear, minérios nucleares e seus concentrados, minérios de interesse para a energia nuclear e minérios e concentrados que contenham elementos nucleares. Pena: reclusão, de dois a oito anos. Art. 26. Deixar de observar as normas de segurança ou de proteção relativas à instalação nuclear ou ao uso, transporte, posse e guarda de material nuclear, expondo a perigo a vida, a integridade física ou o patrimônio de outrem. Pena: reclusão, de dois a oito anos. Art. 27. Impedir ou dificultar o funcionamento de instalação nuclear ou o transporte de material nuclear. Pena: reclusão, de quatro a dez anos."*

ras típicas que podem ser caracterizadas como crimes contra o meio ambiente. A Lei nº 7.643/87 tipifica a pesca de cetáceos nas águas jurisdicionais brasileiras. A Lei nº 7.802/89 estabelece os crimes relativos ao uso de agrotóxicos. A Lei nº 11.105/05 estabelece os crimes relativos ao uso da engenharia genética.

Como se pode verificar, vários são os diplomas legislativos que estabelecem tipos penais relativos ao meio ambiente. Nota específica é que alguns deles não são previstos *especificamente* como *crimes ambientais*, tendo essa caracterização por entendimento doutrinário.

Com isso, a consideração desses tipos penais para fins de caracterização da circunstância agravante a que alude o inciso I do art. 15 da Lei nº 9.605/98 parece ser medida que conduzirá a uma insegurança jurídica incompatível com o Estado Democrático de Direito.

Assim, a causa de aumento de pena – *reincidência nos crimes de natureza ambiental* – somente pode incidir quando o agente já houver cometido crime previsto na própria Lei nº 9.605/98 e, ainda assim, se já transitada em julgado a sentença anterior e cometido o novo crime dentro do período de cinco anos contados da extinção da punibilidade do crime anterior.

As demais circunstâncias agravantes levam em conta fatores do cometimento do delito, quais sejam:

1. objetivando obter **vantagem pecuniária**,[32] ou seja, ter praticado o crime com a finalidade de auferir benefício econômico;

2. **coagindo** outrem para a **execução material da infração**,[33] de maneira que se caracterize a autoria mediata, segundo a qual o agente imediato seja apenas um instrumento para que o autor mediato cometa a infração penal. Saliente-se que, se a coação for irresistível, o autor imediato não será punido, já que a coação exclui a culpa, mas se a coação for resistível estar-se-á diante de uma hipótese de atenuante para o autor imediato;

3. **afetando ou expondo a perigo**, de maneira grave, a **saúde pública** ou o **meio ambiente**,[34] caso em que somente será caracterizada a hipótese de aumento de pena em se tratando de perigo concreto, vale dizer, aquele que efetivamente venha a provocar perigo à saúde pública ou ao meio ambiente;

4. concorrendo para **danos à propriedade alheia;**[35]

5. atingindo **áreas de unidades de conservação** ou áreas sujeitas, por ato do Poder Público, a **regime especial de uso.**[36] As unidades de conservação consistem, na forma da Lei nº 9.985/2000, em *espaços territoriais e seus recursos ambientais, incluindo as águas jurisdicionais, com características naturais relevantes, legalmente instituído pelo Poder Público, com objetivos de conservação e limites definidos, sob regime especial de administração, ao qual se aplicam garantias adequadas de proteção.* O dispositivo abrange as unidade de conservação de uso integral e uso sustentável.[37] Já em se tratando de áreas sujeitas a regime especial de uso, incluem-se todas as que, de alguma forma, estão sujeitas a usos especiais por atos do Poder Público, como é o caso das Áreas de Preservação Permanente (APP) e da Reserva Legal;

6. atingindo **áreas urbanas ou quaisquer assentamentos humanos.**[38] Por área urbana entende-se aquela assim definida em lei municipal, nos termos do art. 32, § 1º, do Código Tributário Nacional.

---

32. Lei nº 9.605/98, art. 15, II, *a.*
33. Lei nº 9.605/98, art. 15, II, *b.*
34. Lei nº 9.605/98, art. 15, II, *c.*
35. Lei nº 9.605/98, art. 15, II, *d.*
36. Lei nº 9.605/98, art. 15, II, *e.*
37. Sobre o veto do art. 40-A da Lei nº 9.605/98 e suas consequências na matéria ora tratada, ver FREITAS, Gilberto Passos de; FREITAS, Vladimir Passos de. Crimes contra a natureza (de acordo com a Lei nº 9.605/98). 9. ed. São Paulo: Revista dos Tribunais, 2012, pp. 159-164.
38. Lei nº 9.605/98, art. 15, II, *f.*

Já por assentamentos humanos podem ser entendidas quaisquer áreas ocupadas por humanos, tais como acampamentos;

7. em período de **defeso à fauna**.[39] Trata-se de época em que as atividades de exploração da fauna aquática são vedadas em razão de ciclos biológicos, tais como o acasalamento e a desova;[40]

8. em **domingos ou feriados**[41,42] ou **à noite**.[43] Tanto no caso dos domingos e feriados, como no caso da noite, a agravante se justifica pela menor fiscalização de que dispõe o Estado, de maneira que se caracterizaria um meio astucioso para o cometimento dos crimes visando à impunidade. Para definir o termo *noite*, pode-se utilizar, por analogia, a definição do art. 212 do Novo Código de Processo Civil (NCPC), que dispõe sobre a prática de atos processuais, no período após as 20h00 e anterior às 6h00. Para Damásio de Jesus, tratando da *noite* no crime de violação de domicílio, este corresponde ao período de completa obscuridade, de escuridão completa, sem luz solar. O que é diferente de *repouso noturno* do crime de furto qualificado, que é o período em que as pessoas se recolhem para o repouso, facilitando o delito.[44] Para os fins de agravante de pena de dano ambiental, parece mais lógico que os termos *feriado* e *noite* se vinculem ao período em que não há fiscalização ou que esta ocorre em menor escala;

9. em **épocas de seca ou inundações**,[45] pois a fragilidade dos ecossistemas nessas situações faz com que os efeitos de crimes ambientais sejam mais intensos;

10. no **interior do espaço territorial especialmente protegido**.[46] Os espaços territoriais especialmente protegidos não encontram seu conceito no ordenamento positivo, mas sim na doutrina. José Afonso da Silva as define como *"áreas geográficas públicas ou privadas (porção do território nacional) dotadas de atributos ambientais que requeiram sua sujeição, pela lei, a um regime jurídico de interesse público que implique sua relativa imodificabilidade e sua utilização sustentada, tendo em vista a preservação e proteção da integridade de amostras de toda a diversidade de ecossistemas, a proteção ao processo evolutivo das espécies, a preservação e proteção dos recursos naturais"*;[47]

11. com o **emprego de métodos cruéis para abate ou captura de animais**.[48] Como métodos cruéis podem ser mencionadas as armadilhas que, com a finalidade de capturarem animais para a venda, acabam por feri-los ou, ainda que a finalidade seja mesmo o abate do animal, isso seja feito de forma que cause sofrimento além do necessário;

12. mediante **fraude ou abuso de confiança**,[49] considerando fraude o ato de enganar alguém, com vistas à obtenção de um ganho;

13. mediante **abuso do direito de licença, permissão ou autorização ambiental**.[50] Quando uma pessoa física ou jurídica obtém alguma espécie de autorização do Poder Público para instalar um empreendimento, deve desenvolver sua atividade dentro dos limites traçados pelo ato do Poder Público. Caso a pessoa extrapole os limites estabelecidos pelo ato governamental, em tal conduta se caracterizando crime, estar-se-á diante da hipótese de agravamento da pena;

14. no **interesse de pessoa jurídica mantida, total ou parcialmente, por verbas públicas ou beneficiada por incentivos fiscais**.[51] Mais que interessado, o Poder Público é responsável pela manutenção do equilíbrio ambiental, de maneira que é aumentada a pena daquele que cometer crime em

---

39. Lei nº 9.605/98, art. 15, II, *g*.
40. Ver Lei nº 10.779/03, alterada pela Lei nº 13.134/15.
41. Lei nº 9.605/98, art. 15, II, *h*.
42. No Recurso Especial nº 693.261 – SC (2004/0088155-8), a manifestação do STJ, sobre o sentido do termo *feriado* é de que, caso o comportamento seja cometido em período que impeça a fiscalização como à noite, domingo ou feriado, o legislador entendeu por majorar a pena do réu.
43. Lei nº 9.605/98, art. 15, II, *i*.
44. JESUS, Damásio E. de. *Direito Penal*. São Paulo: Saraiva, 2004, v. 2, p. 272.
45. Lei nº 9.605/98, art. 15, II, *j*.
46. Lei nº 9.605/98, art. 15, II, *l*.
47. SILVA, José Afonso da. *Direito ambiental constitucional*. 7. ed. São Paulo: Malheiros, 2009, p. 230.
48. Lei nº 9.605/98, art. 15, II, *m*.
49. Lei nº 9.605/98, art. 15, II, *n*.
50. Lei nº 9.605/98, art. 15, II, *o*.
51. Lei nº 9.605/98, art. 15, II, *p*.

DIREITO AMBIENTAL • Maria Luiza Machado Granziera

benefício de entidade que é mantida pelo Poder Público, conduta diametralmente oposta aos fins pelos quais o Poder Público fomenta sua atividade;

15. **atingindo espécies ameaçadas, listadas em relatórios oficiais das autoridades competentes,**[52] como é o caso da Convenção Internacional sobre o Comércio de Espécies em Extinção (CITES), que contém, em seus anexos, listas de espécies animais e vegetais sob risco de extinção, em variados níveis;

16. **facilitação por funcionário público no exercício de suas funções,**[53] aqui entendido o conceito de funcionário público previsto no artigo 327[54] do Código Penal.

47.2.5 Circunstâncias atenuantes

As circunstâncias atenuantes estão descritas no art. 14 da Lei nº 9.605/98:

baixo grau de instrução ou escolaridade do agente.[55] Esse conceito é demasiadamente vago. Para Luiz Regis Prado, deve ser assim caracterizado aquele agente que não concluiu o ensino fundamental;[56]

arrependimento do infrator, manifestado pela espontânea reparação do dano, ou limitação significativa da degradação ambiental causada;[57]

comunicação prévia pelo agente do perigo iminente de degradação ambiental;[58]

colaboração com os agentes encarregados da vigilância e do controle ambiental.[59]

47.2.6 Excludentes da antijuridicidade

A par das excludentes de antijuridicidade presentes no art. 23 do Código Penal – estado de necessidade,[60] legítima defesa,[61] estrito cumprimento de dever legal e exercício regular de direito –, aplicáveis aos crimes de natureza ambiental, a Lei nº 9.605/98, no art. 37, prevê causas específicas de excludentes para o crime de abate de animal,[62] quando realizado:

em estado de necessidade, para saciar a fome do agente ou de sua família;

para proteger lavouras, pomares e rebanhos da ação predatória ou destruidora de animais, desde que legal e expressamente autorizado pela autoridade competente;

por ser nocivo o animal, desde que assim caracterizado pelo órgão competente.

---

52. Lei nº 9.605/98, art. 15, II, *q.*
53. Lei nº 9.605/98, art. 15, II, *r.*
54. Decreto-lei nº 2.848/40, art. 327: "*Considera-se funcionário público, para os efeitos penais, quem, embora transitoriamente ou sem remuneração, exerce cargo, emprego ou função pública. § 1º Equipara-se a funcionário público quem exerce cargo, emprego ou função em entidade paraestatal, e quem trabalha para empresa prestadora de serviço contratada ou conveniada para a execução de atividade típica da Administração Pública. (Incluído pela Lei nº 9.983, de 2000) § 2º A pena será aumentada da terça parte quando os autores dos crimes previstos neste Capítulo forem ocupantes de cargos em comissão ou de função de direção ou assessoramento de órgão da administração direta, sociedade de economia mista, empresa pública ou fundação instituída pelo poder público.*"(Incluído pela Lei nº 6.799, de 1980).
55. Lei nº 9.605/98, art. 14, I.
56. PRADO, Luiz Regis. *Direito penal do ambiente*: meio ambiente, patrimônio cultural, ordenação do território e biossegurança (com análise da Lei nº 11.105/2005). São Paulo: Revista dos Tribunais, 2005, p. 195.
57. Lei nº 9.605/98, art. 14, II.
58. Lei nº 9.605/98, art. 14, III.
59. Lei nº 9.605/98, art. 14, IV.
60. O conceito de estado de necessidade é fixado pelo art. 24 e respectivo § 1º do Código Penal, com a redação dada pela Lei nº 7.209/84: "*Considera-se em estado de necessidade quem pratica o fato para salvar de perigo atual, que não provocou por sua vontade, nem podia de outro modo evitar, direito próprio ou alheio, cujo sacrifício, nas circunstâncias, não era razoável exigir-se, não podendo alegar estado de necessidade quem tinha o dever legal de enfrentar o perigo.*"
61. CP, art. 25: "Entende-se por legítima defesa quem, usando moderadamente os meios necessários, repele injusta agressão, atual ou iminente, a direito seu ou de outrem."
62. Ver capítulo sobre Fauna.

47.3 A PESSOA FÍSICA COMO AUTORA DO DELITO

Além da regra geral que vale para toda e qualquer pessoa, e da necessidade de se comprovar dolo ou culpa do agente, a Lei de Crimes Ambientais definiu expressamente outros sujeitos, como passivos da ação penal. O vínculo entre tais agentes e o delito é de cunho profissional, ou melhor, empresarial, e essa menção expressa tem a ver com a responsabilidade penal das pessoas jurídicas.

São considerados possíveis agentes de um crime ambiental o diretor, o administrador, o membro de conselho e de órgão técnico, o auditor, o gerente, o preposto ou mandatário de pessoa jurídica, que, sabendo da conduta criminosa de outrem, deixar de impedir a sua prática, quando podia agir para evitá-la.

Essa regra explicita que a atuação das pessoas ligadas à atividade empresarial fica diretamente relacionada com a responsabilidade pelos atos que tenham, como consequência, a ocorrência de um dano ao meio ambiente.[63]

47.3.1 Sanções penais aplicáveis às pessoas físicas

Embora a lei não expresse, entende-se que as penas previstas no art. 7º da Lei de Crimes Ambientais referem-se às pessoas físicas, pois tratam, entre outras modalidades, daquelas privativas de liberdade, que só podem ser aplicadas ao indivíduo e nunca à pessoa jurídica.

Em verdade, as *penas privativas de liberdade* podem ser substituídas pelas restritivas de direitos, que são autônomas, nos seguintes casos:

tratar-se de crime culposo ou for aplicada a pena privativa de liberdade inferior a quatro anos;

a culpabilidade, os antecedentes, a conduta social e a personalidade do condenado, bem como os motivos e as circunstâncias do crime indicarem que a substituição seja suficiente para efeitos de reprovação e prevenção do crime.

Dessa forma, como já foi dito, as penas relativas à responsabilidade penal das pessoas físicas serão muito mais voltadas à restrição de direitos do que à privação de liberdade. As penas restritivas de direito das pessoas físicas estão previstas no art. 8º da Lei de Crimes Ambientais.

A **prestação de serviços à comunidade** consiste na atribuição ao condenado de tarefas gratuitas junto a parques e jardins públicos e unidades de conservação, e, no caso de dano da coisa particular, pública ou tombada, na restauração desta, se possível.[64] Observe-se que, para as pessoas físicas, a prestação de serviços à comunidade é espécie do gênero das penas restritivas de direito. Para as pessoas jurídicas, as duas modalidades configuram-se no mesmo nível.

A **interdição temporária de direitos** configura a proibição de o condenado contratar com o Poder Público, de receber incentivos fiscais ou quaisquer outros benefícios, bem como de participar de licitações, pelo prazo de cinco anos, no caso de crimes dolosos, e de três anos, no de crimes culposos.[65]

---

63. O Código Civil define empresário, no art. 966, como *"aquele que exerce profissionalmente a atividade econômica organizada para a produção ou a circulação de bens ou serviços".*
64. Lei nº 9.605/98, art. 9º.
65. Lei nº 9.605/98, art. 10.

Caberá a aplicação da **suspensão parcial ou total de atividades** quando estas não estiverem obedecendo às prescrições legais.[66]

A **prestação pecuniária** é traduzida no pagamento em dinheiro à vítima ou à entidade pública ou privada com fim social, de importância, fixada pelo juiz, não inferior a um salário mínimo nem superior a 360 salários mínimos. O valor pago será deduzido do montante de eventual reparação civil a que for condenado o infrator.[67]

O **recolhimento domiciliar** baseia-se na autodisciplina e senso de responsabilidade do condenado, que deverá, sem vigilância, trabalhar, frequentar curso ou exercer atividade autorizada, permanecendo recolhido nos dias e horários de folga em residência ou em qualquer local destinado a sua moradia habitual, conforme estabelecido na sentença condenatória.[68]

Paulo Affonso Leme Machado[69] lembra ainda que, segundo o Código do Consumidor, aplica-se como pena restritiva de direitos da pessoa física a *"publicação em órgãos de grande circulação ou audiência, às expensas do condenado, de notícia sobre os fatos da condenação",*[70] que a Lei de Crimes Ambientais deixou de prever.

Cabe ao Poder Judiciário estabelecer as penas restritivas de direitos que melhor se aplicam a cada caso concreto, devendo considerar, para isso, o disposto no art. 6º da Lei de Crimes Ambientais, que fixa os seguintes critérios: *"(1) a gravidade do fato, tendo em vista os motivos da infração e suas consequências para a saúde pública e para o meio ambiente; (2) os antecedentes do infrator quanto ao cumprimento da legislação de interesse ambiental e (3) a situação econômica do infrator, no caso de multa",* como aqueles fixados no art. 59 do Código Penal: *(1) culpabilidade, (2) antecedentes, (3) conduta social, (4) personalidade do agente, (5) motivos, (6) circunstâncias e consequências do crime.*

47.4 A PESSOA JURÍDICA COMO AUTORA DO DELITO

A responsabilização da pessoa jurídica pelo cometimento de infrações penais é uma tendência mundial. Gilberto Passos de Freitas e Vladimir Passos de Freitas enumeram, como países que aderiram, sem restrições, à responsabilização penal de pessoas jurídicas a Inglaterra, os Estados Unidos, o Canadá, a Nova Zelândia e a Áustria. Mencionam, ainda, alguns países em que essa tendência vem crescendo, tais como França, Venezuela e Colômbia.[71]

No Brasil, a determinação da responsabilização penal ambiental da pessoa jurídica encontra fundamento constitucional no § 3º do art. 225. Em cumprimento do preceito constitucional, a Lei nº 9.605/98 estabeleceu a responsabilidade penal das pessoas jurídicas, *"sempre que a infração seja cometida por decisão de seu representante legal ou contratual, ou de seu órgão colegiado, no interesse ou benefício da sua entidade".*[72] Não obstante a assunção da responsabilidade penal pela pessoa jurídica, permanecem as pessoas físicas,

---

66. Lei nº 9.605/98, art. 11.
67. Lei nº 9.605/98, art. 12.
68. Lei nº 9.605/98, art. 13.
69. MACHADO, Paulo Affonso Leme. *Direito ambiental brasileiro.* 26. ed. São Paulo: Malheiros, 2018, p. 876.
70. Lei nº 8.078, de 11-9-1990, art. 78, II.
71. FREITAS, Gilberto Passos de; FREITAS, Vladimir Passos de. *Crimes contra a natureza* (de acordo com a Lei nº 9.605/98). 9. ed. São Paulo: Revista dos Tribunais, 2012, p. 69.
72. Lei nº 9.605/98, art. 3º.

ligadas ao delito – autoras, coautoras ou partícipes do mesmo fato –, responsáveis pelas infrações penais praticadas.[73]

São requisitos para que se possa responsabilizar a pessoa jurídica em seara penal:

a infração penal deve ter sido cometida por decisão de seu representante legal ou contratual, ou de seu órgão colegiado; e

a infração deve ter sido cometida no interesse ou benefício da pessoa jurídica.

Sem que estejam presentes essas duas condições, não há que se falar em responsabilização penal da pessoa jurídica, o que, porém, em nenhum momento exclui a responsabilização civil e administrativa pelas mesmas condutas. Apenas a sanção penal não poderá ser imposta.

Além disso, há que considerar que a pessoa jurídica não pode, em nenhuma hipótese, cometer fisicamente qualquer tipo de crime, na medida em que a empresa é uma ficção jurídica. O que ocorre é que uma pessoa física, com algum vínculo jurídico com a empresa, comete uma ação criminosa, cumprindo determinação da direção ou qualquer outro nível de poder na empresa. Dessa forma, a imputação deve ser simultânea, pois deve ficar consagrado o liame necessário entre o agente e o representante legal da empresa.

Uma questão a colocar é a relação necessária entre a responsabilização da pessoa jurídica com a da pessoa física que deu causa ao dano. Em Acórdão de 2013 relativo ao derramamento de 4 milhões de litros de óleo pela Petrobras, poluindo os rios Barigui, Iguaçu e áreas ribeirinhas, o STF reconheceu a possibilidade de se processar penalmente uma pessoa jurídica, mesmo não havendo ação penal em curso contra pessoa física com relação ao crime. A decisão determinou o processamento de ação penal contra a Petrobras, pelo derramamento citado.

A denúncia oferecida pelo Ministério Público Federal do Paraná levou à instauração de ação penal por prática de crime ambiental, buscando a responsabilização criminal do presidente da empresa e do superintendente da refinaria, à época, além da própria Petrobras.

Em *habeas corpus* julgado em 2005 pela 2ª Turma do STF, o presidente da Petrobras havia obtido o trancamento da ação penal, alegando inexistência de relação causal entre o vazamento e sua ação. No STJ, a 6ª Turma havia concedido *habeas corpus* de ofício ao superintendente da empresa, trancando também a ação contra a Petrobras, por entender que o processo penal não poderia prosseguir exclusivamente contra pessoa jurídica.

Contra essa decisão, o Ministério Público Federal interpôs o Recurso Extraordinário (RE) 548.181, de relatoria da Ministra Rosa Weber, que entendeu que a decisão do STJ violou diretamente a Constituição Federal, ao deixar de aplicar um comando expresso, previsto no art. 225, § 3º, segundo o qual as condutas lesivas ao meio ambiente sujeitam as pessoas físicas e jurídicas a sanções penais e administrativas. Para a relatora do RE, a Constituição não estabelece nenhum condicionamento para a previsão, como fez o STJ ao prever o processamento simultâneo da empresa e da pessoa física. Assim, afastou-se o entendimento do STJ segundo o qual a persecução penal de pessoas jurídicas só é possível se estiver caracterizada ação humana individual.[74]

---

73. Lei nº 9.605/98, art. 3º, parágrafo único.
74. STF. *Primeira Turma admite abertura de ação penal contra Petrobras*. Disponível em: <https://mppr.mp.br/Noticia/Primeira-Turma-admite-abertura-de-acao-penal-contra-Petrobras>. Acesso em: 20 mar. 2024.

47.4.1 Sanções penais aplicáveis às pessoas jurídicas

No que diz respeito às sanções penais aplicáveis às pessoas jurídicas, há que se adequar a punição àquele que será punido. Em outras palavras, se o agente é pessoa jurídica, entidade que decorre de uma ficção legal, as penas a serem a ele aplicadas devem adequar-se à sua natureza. Fica, pois, afastada a pena privativa de liberdade,[75] aplicável às pessoas físicas. As sanções penais impostas à pessoa jurídica serão **multa, pena restritiva de direitos** (exceto recolhimento domiciliar) ou **prestação de serviços à comunidade**.[76]

47.4.1.1 Multa

A multa consiste no pagamento de um valor pecuniário quando estabelecida no preceito secundário de cada tipo penal, devendo seu cálculo seguir os critérios do Código Penal,[77] ou seja, em dias-multa, no mínimo, de 10 e, no máximo, de 360, devendo o valor do dia-multa ser fixado pelo juiz, não podendo ser inferior a um trigésimo do maior salário mínimo mensal vigente ao tempo do fato, nem superior a cinco vezes esse salário.[78]

Caso se revele ineficaz, ou seja, se o seu valor for insuficiente em relação ao dano ocorrido, ainda que aplicada no valor máximo, poderá ser aumentada em até três vezes, tendo em vista o valor da vantagem econômica auferida.[79] Essa regra impõe a discricionariedade administrativa, na definição do que seria um valor proporcional ao dano ocorrido, independentemente das multas aplicadas administrativamente.

47.4.1.2 Penas restritivas de direito

As penas restritivas de direitos da pessoa jurídica[80] são:

suspensão parcial ou total de atividades, que será aplicada quando as pessoas jurídicas não estiverem obedecendo às disposições legais ou regulamentares, relativas à proteção do meio ambiente;[81]

interdição temporária de estabelecimento, obra ou atividade, a ser aplicada quando o estabelecimento, obra ou atividade estiver funcionando sem a devida autorização, ou em desacordo com a concedida, ou com violação de disposição legal ou regulamentar;[82]

proibição de contratar com o Poder Público, bem como dele obter subsídios, subvenções ou doações, que não poderá exceder o prazo de dez anos.[83]

47.4.1.3 Prestação de serviços à comunidade

A prestação de serviços à comunidade pela pessoa jurídica[84] consistirá em:

---

75. Não obstante, salienta-se a pequena ocorrência de efetiva privação de liberdade no que diz respeito aos crimes ambientais, na medida em que, pelo montante de pena aplicado a cada um dos tipos penais previstos pela Lei nº 9.605/98, praticamente todos eles poderão ser punidos com penas restritivas de direitos, eis que a substituição da pena privativa de liberdade pela restritiva de direitos é possível sempre que aplicada pena privativa de liberdade inferior a quatro anos, limite não alcançado pela quase totalidade das previsões em abstrato dos tipos penais em tela.
76. Lei nº 9.605/98, art. 21.
77. Lei nº 9.605/98, art. 18.
78. Decreto-lei nº 2.848/40, arts. 49, 50, 58 e 60. Redação dada pela Lei nº 7.209, de 11-7-1984.
79. Lei nº 9.605/98, art. 18.
80. Lei nº 9.605/98, art. 22.
81. Lei nº 9.605/98, art. 22, § 1º.
82. Lei nº 9.605/98, art. 22, § 2º.
83. Lei nº 9.605/98, art. 22, § 3º.
84. Lei nº 9.605/98, art. 23, I a IV.

custeio de programas e de projetos ambientais;

execução de obras de recuperação de áreas degradadas;

manutenção de espaços públicos; e

contribuições a entidades ambientais ou culturais públicas.

Pela análise das sanções que podem ser impostas às pessoas jurídicas, fica claro o caráter pecuniário imposto pelo legislador. E não poderia ser de outra maneira, já que não seria possível a imposição de pena física a quem não seja pessoa natural.

Um fato passível de ocorrer é a pessoa jurídica ter patrimônio reduzido, por motivo de transferência aos sócios e, por isso, ante o sistema do direito societário, não ser atingido por responsabilidades pecuniárias da pessoa jurídica, na medida em que o direito societário trabalha com a separação patrimonial, segundo a qual o patrimônio da pessoa jurídica não se confunde com o patrimônio das pessoas físicas que integram seu quadro societário.

Esse expediente poderia servir de proteção para que os sócios que efetivamente tomam as decisões na pessoa jurídica, por terem seus patrimônios protegidos, não fossem responsabilizados por ações contrárias à legislação ambiental.

Para evitar essa prática, a Lei nº 9.605/98 estabeleceu, para o caso de cometimento de crimes ambientais em que a pessoa jurídica seja condenada ao pagamento de dinheiro e a sua personalidade seja obstáculo ao ressarcimento de prejuízos causados à qualidade do meio ambiente, a possibilidade da desconsideração da personalidade jurídica.[85]

Dessa maneira, se estiver exaurido o patrimônio da pessoa jurídica, sem que tenha sido totalmente paga a condenação por crime ambiental, poderá ser intentada a cobrança em face dos sócios. Ressalte-se que não se trata de liquidação da pessoa jurídica, que permanece constituída, mas sim a busca do pagamento dos valores relativos à condenação por meio da apreensão do patrimônio dos sócios.

Por fim, no que diz respeito às imputações à pessoa jurídica decorrentes de crime ambiental, tem-se a possibilidade de determinação judicial de liquidação forçada quando a pessoa jurídica for constituída ou utilizada, preponderantemente, com o fim de permitir, facilitar ou ocultar a prática de crime definido na Lei nº 9.605/98.

47.5 AÇÃO PENAL

A ação penal para o caso de crimes contra o meio ambiente é pública incondicionada, cabendo, contudo, aplicação das disposições do juizado especial criminal para os crimes ambientais e contravenções penais caracterizados como de menor potencial ofensivo, quais sejam, aqueles para os quais a lei comine pena máxima não superior a dois anos, cumulada ou não com multa.[86]

Nesses casos, de menor potencial ofensivo, a proposta de aplicação imediata de pena restritiva de direitos ou multa – transação penal – somente poderá ser formulada caso tenha havido prévia composição do dano ambiental, nos termos do art. 74 da Lei nº 9.099/95, salvo em caso de comprovada impossibilidade. O benefício vale apenas uma vez, dentro do prazo de cinco anos.[87]

---

85. Lei nº 9.605/98, art. 4º. Sobre desconsideração da pessoa jurídica, ver o art. 50 do CC.
86. Lei nº 9.099/95, art. 61, com a redação dada pela Lei nº 11.313/2006.
87. Lei nº 9.099/95, art. 76, § 2º, II.

DIREITO AMBIENTAL • Maria Luiza Machado Granziera

Além da aplicação imediata de pena restritiva de direitos, poderá o Ministério Público, a quem compete o oferecimento da denúncia, oferecê-la e propor a suspensão condicional do processo desde que:

a pena mínima cominada seja igual ou inferior a um ano;[88]

o acusado não esteja sendo processado ou não tenha sido condenado por outro crime;[89]

não seja reincidente em crime doloso;[90]

a culpabilidade, os antecedentes, a conduta social e personalidade do agente, bem como os motivos e as circunstâncias, autorizem a concessão do benefício;[91]

não seja indicada ou cabível a substituição prevista no art. 44 do Código Penal.[92]

Se oferecida e aceita a suspensão condicional do processo, este ficará suspenso por dois a quatro anos[93] e o autor do crime ficará comprometido:

à reparação do dano, salvo impossibilidade de fazê-lo;

à proibição de frequentar determinados lugares;

à proibição de ausentar-se da comarca onde reside, sem autorização do Juiz;

ao comparecimento pessoal e obrigatório a juízo, mensalmente, para informar e justificar suas atividades.[94]

Além disso, a declaração de extinção de punibilidade, de que trata o § 5º do art. 89 da Lei nº 9.099/95, dependerá de laudo de constatação de reparação do dano ambiental, exceto no caso de impossibilidade de repará-lo. Saliente-se que essa impossibilidade deve ser assim considerada pelas características do local e não em função da pessoa que cometeu o crime.

47.6 CRIMES PREVISTOS NA LEGISLAÇÃO EXTRAVAGANTE

Alguns tipos penais ambientais não se encontram na Lei nº 9.605/98, mas em leis específicas que dispõem a respeito da proteção de determinados bens ambientais. Vejamos as mais comuns.

47.6.1 Energia nuclear

A Lei nº 6.453/77 prevê os crimes relativos à atividade de exploração de energia nuclear. Pela leitura dos tipos penais, resta clara a intenção de proteger a segurança nacional e não especificamente o meio ambiente. Todavia, alguns tipos penais previstos acabam por proteger o meio ambiente de práticas nocivas com a manipulação de energia nuclear.

Nesse sentido, aquele que produzir, processar, fornecer ou usar material nuclear sem a necessária autorização ou para fim diverso do permitido em lei se sujeita à reclusão de quatro a dez anos[95]. Esse tipo penal protege a coletividade, na medida em que o transporte de material nuclear deve ser feito mediante sérios cuidados, eis que seu vazamento pode

---

88. Lei nº 9.099/95, art. 89.
89. Lei nº 9.099/95, art. 89.
90. Decreto-lei nº 2.848/40, art. 77, I.
91. Decreto-lei nº 2.848/40, art. 77, II.
92. Decreto-lei nº 2.848/40, art. 77, III.
93. Lei nº 9.099/95, art. 89.
94. Lei nº 9.099/95, art. 89, § 1º.
95. Lei nº 6.453/77, art. 20.

provocar graves danos ao meio ambiente e a todas as pessoas que tiverem contato com o produto. Ainda, se o responsável pela instalação de uma usina nuclear permitir sua operação sem a necessária autorização, estará sujeito a reclusão, de dois a seis anos[96].

Os atos de possuir, adquirir, transferir, transportar, guardar ou trazer consigo material nuclear, sem a necessária autorização, sujeitam o infrator a reclusão de dois a seis anos[97].

A extração, o beneficiamento ou o comércio ilegal de minério nuclear é crime punido com reclusão, de dois a seis anos[98].

Aquele que exportar ou importar, sem a necessária licença, material nuclear, minérios nucleares e seus concentrados, minérios de interesse para a energia nuclear e minérios e concentrados que contenham elementos nucleares está sujeito a reclusão, de dois a oito anos[99].

Deixar de observar as normas de segurança ou de proteção relativas à instalação nuclear ou ao uso, transporte, posse e guarda de material nuclear, expondo a perigo a vida, a integridade física ou o patrimônio de outrem, é conduta típica punida com reclusão, de dois a oito anos[100], no que, aparentemente é o tipo penal mais voltado para a proteção do meio ambiente e das pessoas.

De alguma forma a maioria dos tipos penais da Lei nº 6.453/77 protege o meio ambiente, na medida em que impede condutas como a comercialização, a manipulação e o transporte de material nuclear sem a devida autorização, que somente seria concedida se tais condutas se adequassem aos padrões de segurança necessários.

47.6.2 Outras normas

A Lei de Parcelamento de Solo Urbano (Lei nº 6.766/79) prevê figuras típicas que podem ser caracterizadas como crimes contra o meio ambiente urbano.[101]

A Lei nº 7.643/87 tipifica a pesca de cetáceos ou qualquer forma de molestamento intencional nas águas jurisdicionais brasileiras, punindo o autor com a pena de dois a cinco anos de reclusão e multa de 50 a 100 Obrigações do Tesouro Nacional (OTN), com perda da embarcação em favor da União, em caso de reincidência.

---

96. Lei nº 6.453/77, art. 21.
97. Lei nº 6.453/77, art. 22.
98. Lei nº 6.453/77, art. 24.
99. Lei nº 6.453/77, art. 25.
100. Lei nº 6.453/77, art. 26.
101. Ver capítulo sobre Infrações Penais e Administrativas.

48

Meios Processuais de Defesa do Meio Ambiente

48.1 O PAPEL DO PODER JUDICIÁRIO

A defesa do meio ambiente, como forma de garantir a continuidade da vida no planeta, tem adquirido contornos cada vez mais amplos, voltados à maior eficácia dos meios de proteção. Nesse sentido, no cenário jurídico destaca-se o papel do Poder Judiciário, como um dos caminhos para o exercício da tutela ambiental.

Por meio das vias processuais, as pessoas legitimadas colocam a questão ambiental sob a tutela do Poder Judiciário que, devidamente provocado, passa a exercer sua competência de dizer o direito aplicável ao caso concreto, protegendo o patrimônio ambiental.

Cabe verificar os meios processuais adequados à proteção do meio ambiente e postos à disposição daqueles que desejam empreender esforços, notadamente por meio de ações judiciais, para a proteção do patrimônio de todos.

48.2 PECULIARIDADES DA TUTELA PROCESSUAL DO MEIO AMBIENTE

Em alguns casos, a pessoa que foi atingida diretamente pela conduta causadora do dano ambiental pode ser individualizada. Assim, nasce uma pretensão à ação cujo titular – seja pessoa jurídica, seja física – tem legitimidade ativa para propor ação ordinária de indenização, como em casos de ocorrência de qualquer outro dano. Entretanto, em decorrência da própria natureza transindividual difusa do direito constitucional ao meio ambiente equilibrado, não é possível determinar o titular do bem jurídico protegido – e, portanto, da pretensão à ação – em praticamente nenhum caso.

Assim, a proteção do meio ambiente se vale de meios processuais adequados, que fazem parte do Processo Coletivo. No caso da proteção do meio ambiente, aplicam-se as seguintes leis: Lei nº 4.717, de 29-6-1965 (Lei da Ação Popular), Lei nº 7.347, de 27-7-85 (Lei da Ação Civil Pública) e Lei nº 12.016, de 7-8-2009 (Mandado de Segurança Individual e Coletivo). Aplicam-se ainda, complementarmente, as disposições do Título III da Lei nº 8.078, de 11-9-90 (Código de Defesa do Consumidor) e, subsidiariamente, o Código de Processo Civil.[1]

---

1. Confira o teor do art. 21, da Lei nº 7.347/85: *"Aplicam-se à defesa dos direitos e interesses difusos, coletivos e individuais, no que for cabível, os dispositivos do Título III da lei que instituiu o Código de Defesa do Consumidor. No mesmo sentido, o art. 90, da Lei nº 8.078/90: Aplicam-se às ações previstas neste título as normas do Código de Processo Civil e da Lei nº 7.347, de 24 de julho de 1985 [...]."*

DIREITO AMBIENTAL • Maria Luiza Machado Granziera

No processo coletivo, a legitimidade processual ativa é extraordinária, o que consiste na *dissociação entre a qualidade de parte e a titularidade do direito material alegado*.[2] Aqui reside a importância de cidadãos bem informados e de um Ministério Público ativo, conforme ficará mais evidenciado nos itens em que serão detalhadas características dos meios processuais acima apontados.

Mais uma peculiaridade a notar é a **imprescritibilidade**[3] [4]das ações coletivas que visem à tutela do meio ambiente, como pontua Hugo Nigro Mazzilli:

> Tratando-se de direito fundamental, indisponível, comum a toda a humanidade, não se submete à prescrição, pois uma geração não pode impor às seguintes o eterno ônus de suportar a prática de comportamentos que podem destruir o próprio *habitat* do ser humano. Também a atividade degradadora contínua não se sujeita a prescrição: a permanência da causação do dano também elide a prescrição, pois o dano da véspera é acrescido diuturnamente.[5]

Outro ponto relevante da tutela processual do meio ambiente é a existência intrínseca de repercussão geral nos recursos extraordinários que envolvam o direito ao meio ambiente ecologicamente equilibrado. Nesse sentido, sem dispensar a análise da repercussão geral em cada recurso extraordinário interposto, em se tratando de meio ambiente, tal repercussão geral da matéria deve ser deduzida para fins de admissão do recurso.

Por fim, é necessário notar que a coisa julgada nos processos coletivos de defesa de direitos difusos tem efeitos *erga omnes* e *secundum eventum litis*. Assim, a coisa julgada atinge toda a coletividade, ainda que não tenha participado do processo, *dependendo do resultado da demanda*.[6]

Dessa maneira, se procedente o pedido, para fins de proteger o meio ambiente, ele beneficiará terceiros. De outro lado, se improcedente o pedido, algumas possibilidades se abrem: (1) se a improcedência for por falta de provas, qualquer legitimado poderá intentar outra ação com idêntico fundamento; (2) se a improcedência não se deu por falta de provas, resta reconhecida a não existência do direito material alegado, pelo que os demais legitimados coletivos ficam obstados ao ajuizamento da mesma ação; (3) não importando o fundamento da improcedência do pedido, qualquer pessoa (de maneira individual) poderá intentar sua ação para a reparação dos danos sofridos em decorrência da lesão ao meio ambiente, pois não foi atingida pela improcedência da ação coletiva.[7]

48.3 AÇÃO POPULAR

Com fundamento na Constituição Federal, a ação popular destina-se à proteção dos bens expressamente determinados pelo próprio texto constitucional: "*o patrimônio público ou de entidade de que o Estado participe, a moralidade administrativa, o meio ambiente e o patrimônio histórico e cultural*".[8] Essa modalidade de meio processual, prevista já na Cons-

---

2. GONÇALVES, Marcus Vinicius Rios. *Novo curso de Direito Processual Civil*. 7. ed. São Paulo: Saraiva, 2010, v. 1, p. 84.
3. A respeito da jurisprudência sobre este tema, ver REsp 1.120.117 – AC, Rel. Eliana Calmon, decisão de 10-11-2009.
4. Ver capítulo sobre Responsabilidade Civil por Dano Ambiental, o que se refere à imprescritibilidade.
5. MAZZILLI, Hugo Nigro. *A defesa dos interesses difusos em juízo*. 17. ed. São Paulo: Saraiva, 2004, p. 515.
6. Lei nº 7.347/85, art. 16, com a redação dada pela Lei nº 9.494, de 10-9-1997; Lei nº 8.078/90, arts. 103 e 104; e Lei nº 4.717/65, art. 18.
7. Lei nº 8.078/90, art. 103.
8. CF/88, art. 5º, LXXIII.

tituição de 1934,[9] foi instituída pela Lei nº 4.717, de 29-6-1965, ainda em vigor e recepcionada pelo art. 5º, LXXIII da Constituição de 1988.[10]

Com a Constituição de 1988, foi ampliado o rol de bens jurídicos cuja tutela processual passou a ser possível por meio da ação popular, incluindo-se o meio ambiente. Verifica-se, portanto, uma evolução no instituto, pois originalmente a ação popular aplicava-se unicamente aos atos lesivos ao erário.

Cabe salientar, no entanto, que, pelas peculiaridades das questões que envolvem o meio ambiente, há que se proceder a uma adequação do procedimento previsto na lei, na medida em que suas regras foram concebidas tendo em vista a proteção somente do erário. Como não houve alteração no texto da norma, há fundamentais diferenças no que diz respeito à chamada ação popular ambiental.

Consideram-se distintas, em face das respectivas diferenças procedimentais, a *ação popular* – destinada à proteção do erário – e a *ação popular ambiental* – destinada à proteção do meio ambiente.[11] Resta verificar quais são essas diferenças, que se prestam justamente à adequação do procedimento ao objeto tutelado, ou seja, as peculiaridades que tornam a ação popular um importante instrumento processual posto à disposição daqueles que desejam ingressar em juízo para proteger o ambiente.

48.3.1 Legitimidade ativa

O primeiro ponto de diferença no que diz respeito às ações populares tradicionais e ambientais refere-se à *legitimatio ad causam*, que é mais abrangente em se tratando da ação popular ambiental que na ação popular tradicional.

Nos termos da Constituição Federal, a legitimidade ativa para a propositura da ação popular é conferida a *qualquer cidadão*. A Lei nº 4.717/65, que também exige, para a propositura da ação popular, o *status* de cidadão, estabelece que "*a prova da cidadania, para ingresso em juízo, será feita com o título eleitoral, ou com documento que a ele corresponda*".[12] Com isso, tem-se que, para a propositura da ação popular, mister se faz a demonstração da qualidade de eleitor, bem como a necessidade de estar em plena regularidade no que diz respeito às obrigações perante a Justiça Eleitoral.

Dada a relevância do bem ambiental, pertencente a todas as pessoas, de maneira indistinta, não se pode restringir o acesso ao Poder Judiciário apenas às pessoas que podem votar. Há que se entender mais amplo o conceito de cidadão do que aquele especificado pela Lei nº 4.717/65, de modo permitir *a qualquer pessoa* o ajuizamento de ação popular para a defesa do meio ambiente, independentemente de regularidade com a Justiça Eleitoral.

---

9. Art. 113. "*A Constituição assegura a brasileiros e a estrangeiros residentes no País a inviolabilidade dos direitos concernentes à liberdade, à subsistência, à segurança individual e à propriedade, nos termos seguintes: [...] 38) Qualquer cidadão será parte legítima para pleitear a declaração de nulidade ou anulação dos atos lesivos do patrimônio da União, dos Estados ou dos Municípios.*"
10. Art. 5º, LXXIII: "*Qualquer cidadão é parte legítima para propor ação popular que vise a anular ato lesivo ao patrimônio público ou de entidade de que o Estado participe, à moralidade administrativa, ao meio ambiente e ao patrimônio histórico e cultural, ficando o autor, salvo comprovada má-fé, isento de custas judiciais e do ônus da sucumbência.*"
11. GOMES JUNIOR, Luiz Manoel; SANTOS FILHO, Ronaldo Fenelon (Coord.). *Ação popular*: aspectos relevantes e controvertidos. São Paulo: RCS Editora, 2006, p. 283-284.
12. Lei nº 4.717/65, do art. 1º, § 3º.

DIREITO AMBIENTAL • Maria Luiza Machado Granziera

Essa é a opinião de Flávia Regina Ribeiro da Silva que pondera que o conceito de cidadão na Carta Política de 1988 não se restringe ao eleitor, mas a qualquer integrante da população brasileira. Segundo a autora, há uma ampla gama de pessoas legitimadas a defenderem os direitos tuteláveis em sede de ação popular ambiental, pelo que é possível inferir que tanto aquele que está com seus direitos políticos suspensos quanto aquele que os perdeu continuam com sua legitimidade ativa *ad causam*, já que o conceito de cidadão é mais amplo que o de eleitor.[13]

Em sentido contrário, Paulo Affonso Leme Machado entende que "*a Constituição não alargou a condição de autor para além do cidadão*",[14] e Rodolfo de Camargo Mancuso, seguindo a mesma corrente, afirma que o "*exercício da ação popular pede concomitância da condição de brasileiro e eleitor*".[15]

A Constituição determina que qualquer cidadão é parte legítima para propor ação popular para a defesa, dentre outras, do meio ambiente. A previsão da tutela ambiental pela Constituição se encontra no art. 225, cujo *caput* determina que "***todos*** *têm direito ao meio ambiente ecologicamente equilibrado, bem de uso comum do povo e essencial à sadia qualidade de vida, impondo-se ao Poder Público e à coletividade o dever de defendê-lo e preservá-lo para as presentes e futuras gerações*".

Compatibilizando os dois dispositivos constitucionais, tem-se que o direito de *todos* pode ser defendido por *todos*, não podendo ser reduzido para somente *aqueles em regularidade com a Justiça Eleitoral*, sob pena de se estar subvertendo o alcance pretendido pelo legislador constituinte, bem como reduzindo o espectro de pessoas aptas à defesa do patrimônio ambiental.

48.3.2 Leis de regência do procedimento

No que diz respeito à legislação de regência do procedimento, verifica-se que a Lei nº 4.717/65 não se aplica inteiramente aos casos relacionados ao meio ambiente, mas apenas de maneira subsidiária. Nesse caso, cabe invocar os instrumentos procedimentais da Lei da Ação Civil Pública[16] e, no que for aplicável, o Código de Defesa do Consumidor.[17,]

Verifica-se, dessa forma, a inaplicabilidade da Lei nº 4.717/65 e a aplicabilidade da Lei da Ação Civil Pública, não sendo necessário o ajuizamento da ação popular contra todos os causadores do dano,[18] na medida em que se trata de responsabilidade solidária, o que permite o ajuizamento contra quaisquer dos causadores do dano que, obrigados a indenizar, resolveriam a questão da proporcionalidade da responsabilidade por meio do

---

13. SILVA, Flávia Regina Ribeiro da. Ação popular ambiental: primeiras abordagens. In: GOMES JUNIOR, Luiz Manoel; SANTOS FILHO, Ronaldo Fenelon (Coord.). *Ação popular*: aspectos relevantes e controvertidos. São Paulo: RCS Editora, 2006, p. 102.
14. MACHADO, Paulo Affonso Leme. *Direito ambiental brasileiro*. 26. ed. São Paulo: Malheiros, 2018, p. 450-451.
15. MANCUSO, Rodolfo de Camargo. *Ação popular*: proteção do erário, do patrimônio público, da moralidade administrativa e do meio ambiente. 5. ed. São Paulo: Revista dos Tribunais, 2003, p. 153.
16. Lei nº 7.347/85.
17. Lei nº 8.078/90.
18. O entendimento, até agora, do art. 6º da Lei nº 4.717/65, é no sentido de estabelecer hipótese de litisconsórcio passivo necessário. Isso macularia de ineficácia a sentença proferida sem que houvesse sido composto o polo passivo plúrimo. Ante a atual solidariedade daqueles que cometem danos ambientais, desnecessária se demonstra a aplicabilidade das regras do litisconsórcio passivo necessário.

exercício de ação regressiva contra os outros coobrigados ou os chamaria ao processo para que integrassem o polo passivo da demanda.

Também se entende inaplicável o prazo prescricional de cinco anos, previsto no art. 21 da Lei nº 4.717/65, porque o patrimônio ambiental é de demasiada importância para se submeter a prazo tão exíguo de perda da respectiva pretensão. Note-se que o Direito Penal quantifica os prazos prescricionais de acordo com a pena imposta ao tipo penal, o que, por sua vez, guarda proporcionalidade à gravidade do crime. Nesse diapasão, é relevante demais o meio ambiente para se sujeitar a um prazo prescricional de apenas cinco anos.

Além disso, com a aplicação da Lei da Ação Civil Pública, o juiz *"poderá conferir efeito suspensivo aos recursos, para evitar dano irreparável à parte".*[19] Assim, a regra é que eventual recurso ocorra apenas no efeito devolutivo, sendo exceção a atribuição do efeito suspensivo, de maneira que a sentença, em regra, admite execução.

Em se tratando do meio ambiente, a aplicação da regra do art. 14, da Lei nº 7.347/85 deve ser ainda mais restrita. Nos casos de condenação do réu em benefício do meio ambiente, a regra quase absoluta deverá ser a concessão somente do efeito devolutivo, apresentando-se o efeito suspensivo apenas como aplicável se reunidos dois requisitos: (1) a não concessão do efeito suspensivo causar dano irreparável ao réu; e (2) a concessão do efeito suspensivo não causar danos maiores ao meio ambiente.

Além disso, ainda que presentes os dois requisitos acima, no caso concreto deverão ser sopesados pelo juiz os danos causados à parte e os danos causados ao meio ambiente, devendo ter sempre prevalência o meio ambiente em detrimento do réu, até porque, ao menos em primeiro grau de jurisdição, restou comprovada a sua responsabilidade pelos danos evidenciados nos autos.

48.3.3 Competência

Para *"o conhecimento da ação popular ambiental, o juízo competente é aquele do local do dano".*[20] A regra de competência estabelecida pelo art. 5º da Lei da Ação Popular deve ser colocada de lado, aplicando-se a Lei da Ação Civil Pública, pois o juízo do local onde ocorreu o dano certamente estará mais apto à colheita de provas. Não se deve perder de vista a finalidade da ação, que é a proteção do meio ambiente.

Sendo o juízo do local do dano mais apto a uma colheita de provas, deve ser esse o juízo fixado para o conhecimento da ação popular ambiental.

48.3.4 Pressupostos para o ajuizamento da ação

Os pressupostos para o ajuizamento da ação popular ambiental não são os mesmos exigidos para o ajuizamento da ação popular comum. Esta exige que os atos possuam dois vícios: (1) a *ilegalidade* e (2) a *lesividade*. Na ação popular ambiental, não há que se falar na necessidade de conjugação desses dois fatores para que se tenham presentes os requisitos para o ajuizamento da demanda. Para qualquer pessoa intentar ação popular ambiental, é necessário tão somente que se encontre presente o dano ao meio ambiente, na medida em que, com o dano, estar-se-á, automaticamente, diante de uma hipótese de ilegalidade.

---

19. Lei nº 7.347/85, art. 14.
20. Lei nº 7.347/85, art. 2º.

DIREITO AMBIENTAL • Maria Luiza Machado Granziera

Importante salientar o que se entende, aqui, por *dano* ao meio ambiente. Não há que se falar em *dano* de maneira absoluta, mas sim da conduta que fere o meio ambiente além dos padrões legalmente admitidos.[21]

48.3.5 Custas

O procedimento relativo às custas, cujo pagamento, conforme determina a lei, deve ser efetuado ao final da ação, constitui matéria não recepcionada pela Constituição Federal, na medida em que o próprio texto constitucional determina que o autor, salvo comprovada má-fé, fica isento de custas judiciais e do ônus da sucumbência.

48.4 AÇÃO CIVIL PÚBLICA

Não resta dúvida de que a Ação Civil Pública, estabelecida pela Lei n° 7.347/85, é o instrumento processual mais eficaz para a defesa do meio ambiente, sobretudo porque legitima o Ministério Público ao ajuizamento da demanda.

Não se pretende tecer comentários mais aprofundados acerca da ação civil pública, mas apenas destacar os principais aspectos dessa ferramenta processual posta à disposição da defesa do meio ambiente.

48.4.1 Finalidade de proteção ao meio ambiente

Diferentemente da Ação Popular, que, quando criada, não previa a tutela do meio ambiente, tendo sido seu rol acrescido por ocasião da Constituição de 1988, a Ação Civil Pública já nasceu destinada à proteção dos direitos difusos, em que se inclui o meio ambiente.[22]

A Lei de Ação Civil Pública pode ter por objeto (1) a condenação em dinheiro pelo dano ambiental, (2) a obrigação de fazer – reparar o dano ocorrido –, e/ou (3) a obrigação de não fazer, para cessar uma atividade danosa ao ambiente.[23]

É de considerar que, antes da indenização, há que se exigir, o quanto possível, o cumprimento das obrigações de fazer e não-fazer, pois o interesse existente é que se proteja o meio ambiente.

A indenização se aplica quando houver impossibilidade – total ou parcial – da recuperação do ambiente após a ocorrência de dano.

48.4.2 Legitimidade ativa

Como forma de incluir outras pessoas que não as vítimas, pois muitas vezes apenas os bens ambientais sofriam danos, a Lei estabeleceu um rol de pessoas legitimadas para a propositura da Ação Civil Pública:

> o Ministério Público, que se não for autor atuará obrigatoriamente no feito e assumirá a demanda caso o autor a abandone;[24]

---

21. Ver capítulo sobre Dano Ambiental e Responsabilidade.
22. Lei n° 7.347/85, art. 1°, I.
23. Lei n° 7.347/85, art. 3°.
24. Lei n° 7.347/85, art. 5°, I., com redação dada pela Lei n° 11.448, de 2007.

a Defensoria Pública;[25]

a União, os Estados, o Distrito Federal e os Municípios;[26]

a autarquia, empresa pública, fundação ou sociedade de economia mista;[27]

a associação que, concomitantemente, esteja constituída há pelo menos um ano nos termos da lei civil (período que pode ser dispensado pelo juiz, quando haja manifesto interesse social evidenciado pela dimensão ou característica do dano, ou pela relevância do bem jurídico a ser protegido) e inclua, entre suas finalidades institucionais, a proteção ao patrimônio público e social, ao meio ambiente, ao consumidor, à ordem econômica, à livre concorrência, aos direitos de grupos raciais, étnicos ou religiosos ou ao patrimônio artístico, estético, histórico, turístico e paisagístico.[28]

Note-se que, visando à máxima efetividade na proteção do meio ambiente, não há necessidade de previsão expressa da defesa do meio ambiente no objetivo institucional da entidade, mas apenas que entre as finalidades esteja a defesa de *valores que incluam direitos difusos e coletivos*".

48.4.3 Custas

A Ação Civil Pública também é isenta de custas, consoante determina o art. 18, que somente prevê esse pagamento às associações que forem autoras e mesmo assim somente em caso de comprovada má-fé, já que todos os demais legitimados são entidades da Administração Pública direta ou indireta, não cabendo sua condenação aos ônus da sucumbência.

48.4.4 Inquérito Civil

O Inquérito Civil consiste em um instrumento de esclarecimento dos fatos, que antecede a propositura da ação. É importante ferramenta posta à disposição do Ministério Público e somente deste, para dar andamento às investigações que antecedem a propositura da Ação Civil Pública, embora não seja obrigatório.

Muito mais força ganha o Inquérito Civil quando a própria lei tipifica a recusa, o retardamento ou a omissão de dados técnicos indispensáveis à propositura da ação civil, quando requisitados pelo Ministério Público, punindo-a com reclusão de um a três anos, mais multa de 10 a 1.000 Obrigações Reajustáveis do Tesouro Nacional (ORTN).

Não há obrigatoriedade de abertura de Inquérito Civil. Essa decisão consiste em um juízo de valor do membro do Ministério Público. Tampouco existe relação de obrigatoriedade entre a abertura do Inquérito Civil e a propositura da Ação Civil Pública. Se ao final do inquérito não houver elementos para a propositura da Ação Civil Pública, cabe pedir seu arquivamento, de maneira fundamentada. Esse arquivamento, todavia, só será definitivo quando homologado pelo Conselho Superior do Ministério Público, a quem deve o inquérito ser remetido em três dias do arquivamento, sob pena de falta grave.[29]

Após o encaminhamento ao Conselho Superior do Ministério Público, poderão as associações legitimadas à Ação Civil Pública oferecer arrazoados a serem juntados aos

---

25. Lei nº 7.347/85, art. 5º, II, com redação dada pela Lei nº 11.448, de 2007.
26. Lei nº 7.347/85, art. 5º, III, incluído pela Lei nº 11.448, de 2007.
27. Lei nº 7.347/85, art. 5º, IV, incluído pela Lei nº 11.448, de 2007.
28. Lei nº 7.347/85, art. 5º, V, com redação da alínea *a* dada pela Lei nº 11.448, de 2007, e da alínea *b* dada pela Lei nº 13.004/14.
29. Lei nº 7.347/85, art. 9º, § 3º.

736 DIREITO AMBIENTAL • MARIA LUIZA MACHADO GRANZIERA

autos do Inquérito Civil. Se, ao final, o Conselho Superior entender pelo ajuizamento da Ação Civil Pública, designará outro membro para promovê-la.[30]

48.4.5 Destinação dos recursos provenientes de condenação

Relevante instrumento para a recomposição dos danos causados ao meio ambiente é a destinação obrigatória dos valores havidos por conta de condenações em Ação Civil Pública ao **Fundo de Defesa de Direitos Difusos (FDD)**, criado pela Lei nº 7.347/85, que será utilizado para reconstituição dos bens lesados. Na esfera federal, esse fundo foi regulamentado pelo Decreto nº 1.306, de 9-11-1994.

Entre as receitas do citado fundo, encontram-se expressamente indicadas as receitas provenientes das condenações judiciais de que tratam os arts. 11 e 13 da Lei nº 7.347/85. O art. 11 refere-se à ação que tenha por objeto o cumprimento de obrigação de fazer ou não fazer, em que o descumprimento da ordem judicial implique execução específica ou cominação de multa diária. Os valores relativos a essa multa constituem receita do FDD. O art. 13 da lei diz respeito às condenações em dinheiro – indenizações por dano causado –, que também constituem receita do FDD.

A gestão do FDD é exercida pelo Conselho Federal Gestor do Fundo de Defesa de Direitos Difusos (CFDD), órgão colegiado integrante da estrutura organizacional do Ministério da Justiça, sendo composto pelos seguintes membros:[31]

um representante da Secretaria Nacional do Consumidor do Ministério da Justiça, que o presidirá;

dois representantes do Ministério do Meio Ambiente e da Amazônia Legal;

um representante do Ministério da Cultura;

um representante do Ministério da Saúde vinculado à área de vigilância sanitária;

um representante do Ministério da Fazenda;

um representante do Conselho Administrativo de Defesa Econômica (CADE);

um representante do Ministério Público Federal;

três representantes de entidades civis constituídas há pelo menos um ano nos termos da lei civil e que incluam, entre suas finalidades institucionais, a proteção ao meio ambiente, ao consumidor, à ordem econômica, à livre concorrência ou ao patrimônio artístico, estético, histórico, turístico e paisagístico.

Ao CFDD compete, entre outras atribuições, examinar e aprovar os projetos de: (1) reconstituição de bens lesados, inclusive os de caráter científico e de pesquisa; e (2) modernização administrativa dos órgãos públicos responsáveis pela execução das políticas relativas ao meio ambiente, ao consumidor, a bens e direitos de valor artístico, estético, histórico, turístico, paisagístico, por infração à ordem econômica e a outros interesses difusos e coletivos.

48.4.6 Compromisso de Ajustamento de Conduta

Outro instrumento estabelecido pela Lei da Ação Civil Pública, que, em verdade, não constitui um instrumento processual, é Compromisso de Ajustamento de Conduta. Seu objetivo é justamente a solução do conflito sem a propositura da ação, através do com-

---

30. Lei nº 7.347/85, art. 9º, § 4º.
31. Decreto nº 1.306/94, art. 3º, alterado pelo Decreto nº 7.738/12.

48 • MEIOS PROCESSUAIS DE DEFESA DO MEIO AMBIENTE

promisso do empreendedor ou qualquer outra pessoa, à adequação de suas atividades às normas ambientais. A competência para *"tomar dos interessados compromisso de ajustamento de sua conduta às exigências legais, mediante cominações, que terá eficácia de título executivo extrajudicial foi conferida pela lei aos órgãos públicos legitimados à propositura da Ação Civil Pública"*.[32]

O Compromisso de Ajustamento de Conduta não constitui transação. Esta é instituto de direito civil que pressupõe concessões mútuas, o que não é permitido em matéria ambiental, pois aquele que defende o meio ambiente não defende interesse só seu, mas um interesse difuso, pertencente a toda a coletividade de maneira indistinta. Assim, sendo o direito ambiental regido pelo princípio da indisponibilidade do interesse público, a transação não é permitida.

O próprio texto legal é expresso no sentido de que esse compromisso tem por objetivo o ajustamento das condutas do empreendedor – interessado – às exigências legais, pelo que resta claro que se trata de um meio de prevenir o ajuizamento de Ação Civil Pública.

Uma vez celebrado o compromisso, ele valerá como título executivo extrajudicial para o caso de descumprimento. Para a execução são legitimados aqueles que podem ajuizar Ação Civil Pública.

48.5 MANDADO DE SEGURANÇA

O Mandado de Segurança é instrumento de proteção jurisdicional do meio ambiente, previsto no art. 5º, LXIX, da Constituição Federal e atualmente regulamentado pela Lei nº 12.016, de 7-8-2009. A utilização desse meio processual é adstrita às hipóteses em que a ofensa ao direito líquido e certo seja oriunda de ilegalidade ou abuso de poder de *autoridade pública* ou *agente de pessoa jurídica no exercício de atribuições do Poder Público*. Portanto, apenas essas pessoas podem figurar no polo passivo do mandado de segurança. Adicione-se a isso o fato de que não cabe mandado de segurança contra os atos de gestão comercial praticados pelos administradores de empresas públicas, de sociedade de economia mista e de concessionárias de serviço público.[33]

Disso surge uma acentuada restrição à utilização do mandado de segurança na tutela do meio ambiente, porque o conceito de poluidor, trazido pela Lei nº 6.938/81, é muito mais amplo. Essa dissonância acaba por torná-lo um instrumento de pouca operabilidade no que se refere à defesa de bens e valores ambientais.

Além disso, a lei estabelece que os direitos tutelados são os *coletivos (os transindividuais, de natureza indivisível, de que seja titular grupo ou categoria de pessoas ligadas entre si ou com a parte contrária por uma relação jurídica básica)*[34] e os *individuais homogêneos (os decorrentes de origem comum e da atividade ou situação específica da totalidade ou de parte dos associados ou membros do impetrante).*[35] Os direitos difusos ficaram fora da tutela do mandado de segurança e serão tutelados pela ação civil pública.[36]

---

32. Lei nº 7.347/85, art. 5º, § 6º.
33. Lei nº 12.016, de 7-8-2009, art. 1º, § 2º.
34. Lei nº 12.06/2009, art. 21, parágrafo único, I.
35. Lei nº 12.06/2009, art. 21, parágrafo único, II.
36. MILARÉ, Edis. Direito do Ambiente, 10ª. ed. São Paulo: RT, 2015, p. 1569.

48.6 MANDADO DE INJUNÇÃO AMBIENTAL

O mandado de injunção também pode ser utilizado como instrumento processual para defesa do direito constitucional ao meio ambiente ecologicamente equilibrado.

A Lei nº 13.300, de 23-06-2016, regulamentou o mandado de injunção, previsto no art. 5º, inciso LXXI, da Constituição Federal. A regulamentação, além de determinar o procedimento do mandado de injunção individual, instituiu a modalidade coletiva para essa ação constitucional.

Cabe impetrar mandado de injunção quando não há ou há apenas parcialmente norma infraconstitucional regulamentadora da norma constitucional, de maneira que o direito ou a liberdade constitucionalmente estabelecida não pode ser exercida pelo seu titular.[37]

Desde que foi instituído pela Constituição de 1988, o ponto mais controverso sobre o mandado de injunção era aquele relativo aos efeitos da sentença que julga procedente o pedido. Durante anos o Supremo Tribunal Federal adotou a teoria não concretista. De acordo com essa teoria, julgado procedente o pedido em mandado de injunção, o STF comunicaria o Poder Legislativo, constituindo-o em mora. Ocorre que, com o passar dos tempos, percebeu-se que a posição inicialmente adotada tornava praticamente sem efeito o instituto, pois, ainda que procedente o pedido, o autor não poderia gozar o direito previsto na Constituição sem norma infraconstitucional regulamentadora correspondente. Dessa maneira, houve uma mudança de entendimento do STF para uma posição denominada **concretista**, de acordo com a qual, ao julgar procedente o pedido em mandado de injunção, o Tribunal concederia ao impetrante o direito pleiteado.

A regulamentação pela Lei nº 13.300/16 solucionou a questão acerca dos efeitos da sentença. A posição adotada pelo Poder Legislativo incorporou em partes a tendência concretista estabelecida pelo STF, prevendo que a decisão terá eficácia subjetiva limitada às partes e produzirá efeitos até o advento da norma regulamentadora, contudo poderá ser conferida eficácia *ultra partes* ou *erga omnes* à decisão, quando isso for inerente ou indispensável ao exercício do direito, da liberdade ou da prerrogativa objeto da impetração.[38] Além disso, transitada em julgado a decisão, seus efeitos poderão ser estendidos aos casos análogos por decisão monocrática do relator.[39]

48.7 EFETIVIDADE DOS MEIOS PROCESSUAIS DE DEFESA DO AMBIENTE

Muito ainda há que se evoluir em relação às vias processuais para a defesa do meio ambiente. É certo que cada pessoa poderá se valer das vias ordinárias quando tiver direito seu lesado, seja na seara ambiental, seja em qualquer outro campo do direito.

Todavia, em termos de tutela coletiva do meio ambiente, tem-se clara visão de que a jurisprudência ainda vai construir os caminhos concretos e seguros para a consecução de uma tutela processual que se adapte às peculiaridades do meio ambiente, notadamente à necessidade de tutela coletiva.

---

37. Lei nº 13.300/16, art. 2º.
38. Lei nº 13.300/16, art. 9º.
39. Lei nº 13.300/16, art. 9º, § 2º.

Ainda assim, o advento da Ação Civil Pública, outorgando fortes poderes ao Ministério Público e a nova roupagem dada à Ação Popular pela Constituição Federal de 1988 já se mostram como grande avanço em relação a tudo o que havia até então em termos de procedimentos jurisdicionais, de maneira que o Poder Judiciário, quando devida e regularmente provocado, se apresenta como importante ator na defesa do meio ambiente.

REFERÊNCIAS

ABELHA, Marcelo. *Elementos do direito ambiental*: parte geral. 2. ed. São Paulo: Revista dos Tribunais, 2005.

ACADEMIA DE CIÊNCIAS DO ESTADO DE SÃO PAULO – ACIESP. *Glossário de ecologia*. 2. ed., 1997, nº 183.

AGÊNCIA NACIONAL DE ÁGUAS E SANEAMENTO BÁSICO (Brasil). ODS 6 no Brasil: visão da ANA sobre os indicadores/Agência Nacional de Águas. – Brasília: ANA, 2019, pg. 10. Disponível em: <https://www.ana.gov.br/acesso-a-informacao/institucional/publicacoes/ods6/ods6.pdf>.

AGÊNCIA NACIONAL DE ÁGUAS E SANEAMENTO BÁSICO. ANA define normas de referência que deverá elaborar para setor de saneamento até 2022. Disponível em: <https://www.gov.br/ana/pt-br/assuntos/noticias-e-eventos/noticias/ana-define-normas-de-referencia-que-devera-elaborar-para-setor-de-saneamento-ate-2022#:~:text=Com%20o%20novo%20marco%20legal,de%20saneamento%20b%C3%A1sico%20no%20Brasil>.

AGÊNCIA NACIONAL DE ÁGUAS E SANEAMENTO BÁSICO. Portaria ANA nº 149/2015, que aprova a "Lista de Termos para o Thesaurus de Recursos Hídricos". Disponível em: <http://arquivos.ana.gov.br/imprensa/noticias/20150406034300_Portaria_149-2015.pdf>.

AGÊNCIA NACIONAL DE ÁGUAS. *ATLAS Esgotos: Despoluição de Bacias Hidrográficas*. Disponível em: <http://arquivos.ana.gov.br/imprensa/publicacoes/ATLASeESGOTOSDespoluicao-deBaciasHidrograficas-ResumoExecutivo_livro.pdf>.

AGÊNCIA NACIONAL DE ÁGUAS. Conjuntura dos recursos hídricos no Brasil 2017. Brasília: ANA, 2017. Disponível em: <http://conjuntura.ana.gov.br/#>.

AGÊNCIA NACIONAL DE ÁGUAS. *Conjuntura dos recursos hídricos no Brasil: regiões hidrográficas brasileiras* – Edição Especial. Brasília: ANA, 2015. p. 97-98. Disponível em: <http://www.snirh.gov.br/portal/snirh/centrais-de-conteudos/conjuntura-dos-recursos-hidricos/regioeshidrograficas2014.pdf>.

ALMEIDA, Fernanda Dias Meneses de. *Competências na Constituição* de 1988. São Paulo: Atlas, 1991.

AMABIS, José Mariano; MARTHO, Gilberto Rodrigues. *Biologia das populações*. 2. ed. São Paulo: Moderna, 2004.

AMIGOS DA TERRA et al. *Carta Circular Aberta - Povos indígenas, povos e comunidades tradicionais e agricultores familiares repudiam projeto de lei que vende e destrói a biodiversidade nacional*, Brasília: 27 de fevereiro de 2015. Disponível em: <https://www.socioambiental.org/sites/blog.socioambiental.org/files/nsa/arquivos/carta_do_pcts_e_camponeses_ao_governo_federal1-2.pdf>.

ANTUNES, Paulo de Bessa. Aspectos jurídicos da diversidade biológica. *Revista de Direitos Difusos*, São Paulo, v. 2, nº 12, p. 1619-1633, abr. 2002.

ANTUNES, Paulo de Bessa. *Comentários ao novo código florestal*. São Paulo: Atlas, 2013.

ANTUNES, Paulo de Bessa. *Direito ambiental*. 7. ed., rev., ampl., e atual. Rio de Janeiro: Lumen Juris, 2004.

ANTUNES, Paulo de Bessa. Natureza jurídica do estudo prévio de impacto ambiental. *Revista Direito Ambiental*, São Paulo, nº 1, p. 84-85, 1996.

ASHFORD, Nicholas A. *An Innovation-Based Strategy for a Sustainable Environment*. Innovation-Oriented Environmental Regulation: Theoretical Approach and Empirical Analysis, J. Hemmelskamp, K. Rennings, F. Leone (Eds.) ZEW Economic Studies. Copyright © 2000 Springer Verlag, Heidelberg, New York, pp. 67-107.

ASSOCIAÇÃO BRASILEIRA DE AGÊNCIAS DE REGULAÇÃO (ABAR). *Saneamento Básico Regulação 2017*, p. 14. Disponível em: <http://abar.org.br/?mdocs-file=47685>.

BANCO INTERNACIONAL PARA RECONSTRUÇÃO E DESENVOLVIMENTO/BANCO MUNDIAL. Relatório de Desenvolvimento Mundial. Governança e a Lei, p. 3. Grupo Banco Mundial, 2017. Disponível em: <https://openknowledge.worldbank.org/bitstream/handle/10986/25880/210950ovPT.pdf?sequence=15&isAllowed=y>.

BARROS-PLATIAU, Ana Flávia; VARELLA, Marcelo Dias. O princípio da precaução e sua aplicação comparada nos regimes da diversidade biológica e de mudanças climáticas. *Revista de Direitos Difusos*, São Paulo, v. 2, nº 12, p. 1587-1596. abr. 2002.

BASTOS JÚNIOR, Luiz Magno Pinto. A Convenção sobre Diversidade Biológica e os instrumentos de controle das atividades ilegais de bioprospecção. *Revista de Direito Ambiental*, ano 6, nº 23.

BECK, Ulrich. *Risk society*: towards a new modernity. London: Sage, 1992.

BELL, Stuart; McGILLIVRAY, Donald; PEDERSEN, Ole; LEES, Emma; STOKES, Elen; Environmental Law. 9. ed. Oxford: Oxford Press, 2017.

BENATTI, José Heder. O meio ambiente e os bens ambientais. In: RIOS, Aurélio Virgílio Veiga; IRIGARAY, Carlos Teodoro Hugueney (Org.). *O direito e o desenvolvimento sustentável*: curso de direito ambiental. São Paulo: Peirópolis, 2005. p. 205-243.

BENJAMIN, A. H. V. (Org.). *Dano ambiental*: prevenção, reparação e repressão. São Paulo: Revista dos Tribunais, 1993.

BENJAMIN, Antonio Herman Vasconcelos e. Função ambiental. In: (Org.). *Dano ambiental*: prevenção, reparação e repressão. São Paulo: Revista dos Tribunais, 1993. p. 9-82.

BENJAMIN, Antonio Herman Vasconcelos e. Introdução à Lei do Sistema Nacional de Unidades de Conservação (SNUC). In: BENJAMIN, Antonio Herman Vasconcelos e. (Coord.). *Direito ambiental das áreas protegidas*. Rio de Janeiro: Forense Universitária, 2001. p. 276-316.

BENJAMIN, Antonio Herman. Water Justice: The Case of Brazil. NEWS & ANALYSIS. ENVIRONMENTAL LAW REPORTER. 3 2018. 48 ELR, pp. 10218-10219.

BENSUSAN, Nurit. Biodiversidade, recursos genéticos e outros bichos esquisitos. In: RIOS, Aurélio Virgílio Veiga (Org.). *O direito e o desenvolvimento sustentável*: curso de direito ambiental. São Paulo: Peirópolis; Brasília: IEB – Instituto Internacional de Educação do Brasil, 2005.

BERÇAITZ, Miguel Angelo. *Problemas jurídicos del urbanismo*. Buenos Aires: Abeledo-Perrot, 1972.

BEURIER, Jean-Pierre. *Droit international de l'environnement*. 5. ed. Paris: Pedone, 2017.

BEVILÁCQUA, Clóvis. *Código Civil*. 3. ed. São Paulo: Francisco Alves, 1927. v. 1.

BOBBIO, Norberto. *A era dos direitos*. Rio de Janeiro: Campus, 1992.

BOBBIO, Norberto. *Dicionário de política*. 12. ed. Brasília: UnB, 1999. v. 2.

BONAVIDES, Paulo. *Curso de direito constitucional*. 12. ed. São Paulo: Malheiros, 2002.

BORGES, Alice Gonzalez. *Normas gerais no estatuto de licitações e contratos administrativos*. São Paulo: Revista dos Tribunais, 1991.

BRASIL. Ministério da Ciência e Tecnologia. *Coordenação-geral de mudanças globais do clima*. Segunda Comunicação Nacional do Brasil à Convenção-Quadro das Nações Unidas sobre Mudança do Clima. Brasília, 2010.

BRASIL. Ministério da Ciência e Tecnologia. Coordenação-Geral de Mudanças Globais do Clima. *Terceira comunicação nacional do Brasil à Convenção-Quadro das Nações Unidas sobre Mudança do Clima*. Vol. III. Brasília, 2016.

BRASIL. Ministério do Meio Ambiente (MMA), Secretaria de Biodiversidade e Florestas. Diretoria do Programa Nacional de Conservação da Biodiversidade. *Quinto Relatório Nacional para a Convenção sobre Diversidade Biológica*. Brasil, 2016. Disponível em: <https://antigo. mma.gov.br/servi%C3%A7o-de-informa%C3%A7%C3%A3o-ao-cidad%C3%A3o-sic/item/ 10772-quinto-relat%C3%B3rio.html#:~:text=Este%20quinto%20relat%C3%B3rio%20atuali-za%20as,execu%C3%A7%C3%A3o%20desde%20o%20relat%C3%B3rio%20anterior. http:// www.mma.gov.br/informma/item/10772-quinto-relat%C3%B3rio>.

BRASIL. Ministério do Meio Ambiente e Mudança do Clima. *Plano de Ação para a prevenção e controle do desmatamento na Amazônia Legal*. Brasília. 5ª Fase (2023 a 2027)4ª fase (2016 – 2020). Disponível em: <https://www.gov.br/mma/pt-br/assuntos/prevencao-e-controle-do--desmatamento/amazonia-ppcdam-1/5a-fase-ppcdam.pdfhttp://www.mma.gov.br/images/ arquivo/80120/Anexo%20II%20-%20PLANO%20OPERATIVO%20DO%20PPCDAm%20 -%20GPTI%20_%20p%20site.pdf>.

BRASIL. Ministério do Meio Ambiente. *Plano de Ação Federal da Zona Costeira do Brasil (PAF-ZC)*. Disponível em: <https://antigo.mma.gov.br/informma/item/8962-plano-de-a%C3%A7%-C3%A3o-federal-para-a-zona-costeira-paf_zc.html http://www.mma.gov.br/estruturas/ sqa/_arquivos/pafzc_out2005.pdf>.

BRASIL. Ministério do Meio Ambiente. Secretaria de Biodiversidade e Florestas. *Inter-relações entre biodiversidade e mudanças climáticas*. Brasília, 2007.

BUCCI. Maria Paula Dallari. O conceito de política pública em direito. In: BUCCI, Maria Paula Dallari (Org.). *Políticas públicas*: reflexões sobre o conceito jurídico. São Paulo: Revista dos Tribunais, 2006.

CANÇADO TRINDADE, Antonio Augusto. International Law for Humankind - Towards a New Jus Gentium. Second Revised Edition. The Hague Academy of International Law Monographs, Volume 6. 2010.

CAPPELLI, Sílvia. Avaliação de impacto ambiental e o componente da biodiversidade. *Revista de Direito Ambiental*, São Paulo, v. 6, nº 24, p. 64-101, out./dez. 2001.

CARADORI, Rogério da Cruz. *Instrumentos de controle da proteção legal de florestas*. São Paulo: Atlas, 2010.

CENTRE OF DOCUMENTATION, RESEARCH AND EXPERIMENTATION ON ACCIDENTAL WATER POLLUTION – CEDRE. *Cádiz, Amoco*. Disponível em: <http://www.cedre.fr/en/ spill/amoco/amoco.php>.

COMISSÃO AFRICANA DOS DIREITOS HUMANOS E DOS POVOS. *Carta Africana dos Direitos Humanos e dos Povos*. Disponível em: <http://www.achpr.org/pt/instruments/achpr/. <https://www.ciespi.org.br/media/files/fcea049a8ec4d511ecbe6e5141d3afd01c/f1aeba5f-6c4d711ecbe6e5141d3afd01c/CartaBanjul.pdf>.

COMISSÃO DE DESENVOLVIMENTO URBANO DA CÂMARA DOS DEPUTADOS; MINISTÉRIO DAS CIDADES; CAIXA ECONÔMICA FEDERAL; INSTITUTO PÓLIS. *Estatuto da Cidade*: guia de implementação pelos municípios e cidadãos. 3.ed. Brasília: Câmara dos Deputados, 2005.

COMISSÃO MUNDIAL SOBRE MEIO AMBIENTE E DESENVOLVIMENTO. *Nosso futuro comum*. 2. ed. Rio de Janeiro: FGV, 1991.

COMISSÃO MUNDIAL SOBRE MEIO AMBIENTE E DESENVOLVIMENTO. Nosso futuro comum. 2. ed. Rio de Janeiro: FGV, 1991.

COMISSÃO SOBRE GOVERNANÇA GLOBAL. *Nossa Comunidade Global. Relatório da Comissão sobre Governança Global*. Rio de Janeiro: Ed. FGV, 1996.

CONSTANZA, Robert et al. *The Value of the world's ecosystem services and natural capital*. In: Nature, v. 387, nº 6630, 1997, p. 253-260.

CONVENÇÃO SOBRE DIVERSIDADE BIOLÓGICA (CDB). *COP 10 - Decision X/2: Strategic Plan for Biodiversity 2011-2020*. Disponível em: <https://www.cbd.int/decision/cop/?id=12268>.

CUNHA, Luis Veiga da; GONÇALVES, António Santos; FIGUEIREDO, Vítor Alves de; CORREIA, Mário Lino. *A gestão da água*: princípios fundamentais e sua aplicabilidade em Portugal. Lisboa: Fundação Calouste Gulbenkian, 1980.

CUTANDA, Blanca Lozano. *Derecho ambiental administrativo*. 4. ed. Madrid: Dykinson, 2003.

DALLARI, Adilson de Abreu. Solo criado: constitucionalidade da outorga onerosa de potencial construtivo. In: ; DI SARNO, Daniela Campos Libório (Org.). *Direito urbanístico e ambiental*. Belo Horizonte: Fórum, 2007.

DEPARTAMENTO DE ÁGUAS E ENERGIA ELÉTRICA – DNAEE. *Glossário de termos hidrológicos*. Brasília, 1976.

DERANI, Cristiane. Aspectos jurídicos da Agenda 21. In: COSTA, José Augusto Fontoura; DERANI; Cristiane (Org.). *Direito ambiental internacional*. Santos: Leopoldianum, 2001.

DESPAX, Michel. Droit de l'environnement. Paris: Litec, 1980.

DI PIETRO, Maria Sylvia Zanella. *Direito administrativo*. 23. ed. São Paulo: Atlas, 2010.

DI PIETRO, Maria Sylvia Zanella. *Direito administrativo*. 24. ed. São Paulo: Atlas, 2011

DI PIETRO, Maria Sylvia Zanella. *Uso privativo de bem público por particular*. São Paulo: Revista dos Tribunais, 1983.

DI SARNO, Daniela Campos Libório. *Elementos de direito urbanístico*. São Paulo: Manole, 2004.

DIAS, Jaqueline Evangelista (org.); LAUREANO, Lourdes Cardozo (org.). Protocolo comunitário biocultural das raizeiras do Cerrado: direito consuetudinário de praticar a medicina tradicional. Turmalina: Articulação Pacari, 2015. Disponível em: <https://absch.cbd.int/api/v2013/documents/E5195138-7269-5615-AD9E-E25D19844AFB/attachments/202716/Protocolo_Comunitario-Raizeiras.pdf http://www.pacari.org.br/wp-content/uploads/2016/03/PROTO-COLO_VERSAO2016_PAGINAdupla.pdf>.

DIEGUES, Antonio Carlos. *O mito moderno da natureza intocada*. São Paulo: Hucitec, NUPAUB/CEC, 2004.

DIEGUES, Antonio Carlos. *Povos e águas*: inventário de áreas úmidas brasileiras. 2. ed. São Paulo: Nupaub/USP, 2002.

DINAMARCO, Cândido Rangel. *A instrumentalidade do processo*. 4. ed. São Paulo: Malheiros, 1994.

DINH, N. Q.; DAILLIER P.; PELLET, A. *Droit International Public*. 7. ed. Paris: LGDJ, 2002.

DOBSON, Andrew P. *Conservation and biodiversity*. New York: Scientific American Library, 1996.

DONNAIRE, Denis. *Gestão ambiental na empresa*. 2. ed. São Paulo: Atlas, 1999.

EMBRAPA. Projeto de Centro Tecnológico para o Bailique é aprovado por lideranças comunitárias. Disponível em: <https://www.embrapa.br/busca-de-noticias/-/noticia/3387269/projeto-de--centro-tecnologico-para-o-bailique-e-aprovado-por-liderancas-comunitarias>.

ESTY, Daniel C.; IVANORA, Maria H. (Org.). *Governança ambiental global*. Trad. Assef Nagib Kfouri. São Paulo: SENAC, 2005.

EUROPEAN COMMISSION. *Chemical accidents (Seveso II)*: prevention, preparedness and response. Disponível em: <http://ec.europa.eu/environment/seveso/index.htm>.

FARBER, Daniel A.; FREEMAN Jody; CARLSON, Ann E.; FINDLEY, Roger W. *Cases and materials on environmental law*. St. Paul, MN, 2006.

FERREIRA, Aurélio Buarque de Holanda. *Novo dicionário da língua portuguesa*. Rio de Janeiro: Nova Fronteira, 1986.

FIORINO, Daniel. *The New Environmental Regulation*. Boston: MIT, 2006.

FORNARI NETO, Ernani. *Dicionário prático de ecologia*. São Paulo: Aquariana, 2001.

FREIRE, Laudelino. *Grande e novíssimo dicionário da língua portuguesa*. Rio de Janeiro: A Noite, 1940. v. I.

FREITAS, Vladimir Passos de; FREITAS, Gilberto Passos de. *Crimes contra a natureza*. 9. ed. Revista, atualizada e ampliada. São Paulo: Revista dos Tribunais, 2012.

GALVÃO JUNIOR, Alceu de Castro; PAGANINI, Wanderley da Silva. *Aspectos conceituais da regulação dos serviços de água e esgoto no Brasil*. Disponível em: <https://www.scielo.br/scielo.php?script=sci_arttext&pid=S1413-41522009000100009>.

GARCÍA, María Mancilla; HILEMAN, Jacob; BODIN, Örjan; NILSSON, Annika; JACOBI, Pedro Roberto. The unique role of municipalities in integrated watershed governance arrangements a newresearch frontier. *Ecology and Society*, Vol. 24, nº. 1 (Mar 2019).

GOLDMAN, Michael. Inventariando os comuns: teorias e práticas do profissional em bens comuns. In: DIEGUES, Antonio Carlos; MOREIRA, André de Castro C. (Org.). *Espaços e recursos naturais de uso comum*. São Paulo: Núcleo de Apoio à Pesquisa sobre Populações Humanas e Áreas Úmidas Brasileiras (NAPAUB), USP, 2001.

GOMES Junior, Luiz Manoel; SANTOS FILHO, Ronaldo Fenelon (Coord.). *Ação popular*: aspectos relevantes e controvertidos São Paulo: RCS Editora, 2006.

GONÇALVES, Alcindo; COSTA, Jose Augusto Fontoura. *Governança Global e Regimes Internacionais, Ciências Humanas e Sociais*. São Paulo: Almedina, 2011.

GONÇALVES, Alcindo; FONTOURA COSTA, José Augusto. *Governança Global e Regimes Internacionais*. São Paulo: Almedina, 2011.GONÇALVES, Marcus Vinicius Rios. *Novo curso de Direito Processual Civil*. 7. ed. São Paulo: Saraiva, 2010, v. 1.

GRABNER, Maria Luiza. *Conhecimentos tradicionais*: proteção jurídica e diálogo intercultural. Dissertação de Mestrado apresentada à Faculdade de Direito da Universidade de São Paulo. São Paulo, 2009.

GRANZIERA, Maria Luiza Machado; ADAME, Alcione; GALLO, Gabriela Neves. Direito ambiental internacional. Conservação dos espaços e da biodiversidade. Convenção RAMSAR. In: *Direito, sociobiodiversidade e soberania da Amazônia*. Manaus: CONPEDI, 2006.

GRANZIERA, Maria Luiza Machado; DALLARI, Sueli Gandolfi. Meio ambiente e saúde pública. In: PHILLIPPI JR., Arlindo; ALVES, Alaôr Caffé (Coord.). *Curso interdisciplinar de direito ambiental*. São Paulo: Manole, 2005. p. 607-643.

GRANZIERA, Maria Luiza Machado; GONÇALVES, Alcindo; MORE, Rodrigo (Org.). *Os desafios ambientais da zona costeira*. São Paulo: Essential Idea, 2014.

GRANZIERA, Maria Luiza Machado; JEREZ, Daniela Malheiros. Implementação de Políticas Públicas: desafios para integração dos planos diretores, de saneamento básico e de bacia hidrográfica. *Revista Brasileira de Políticas Públicas*, Brasília, v. 9, n. 3 p. 230-248, 2019.

GRANZIERA, Maria Luiza Machado; REI, Fernando. The Protection of Brazilian Forests and the Effectiveness of International Global Law. *Revista de Derecho de la Pontificia Universidad Católica de Valparaíso* nº 40. Valparaíso, ago. 2013. Disponível em: <http://www.scielo.cl/scielo.php?script=sci_arttext&pid=S0718-68512013000100014&lang=pt>.

GRANZIERA, Maria Luiza Machado. Articulação e negociação institucional na efetividade das políticas ambientais. *Revista de Informação Legislativa*, nº 172, p. 109-117, out./dez. 2006.

GRANZIERA, Maria Luiza Machado. Coordenação da ação pública: a experiência dos Comitês de Bacia Hidrográfica. In: BUCCI, Maria Paula Dallari (Coord.). *Políticas públicas*: reflexões sobre o conceito jurídico. São Paulo: Saraiva, 2006.

GRANZIERA, Maria Luiza Machado. *Direito ambiental*. 5. ed. Indaiatuba: Foco, 2019.

GRANZIERA, Maria Luiza Machado. *Direito de águas*: disciplina jurídica das águas doces. 4. ed. São Paulo: Atlas, 2014.

GRANZIERA, Maria Luiza Machado. Qualidade da água: um enfoque jurídico e institucional do reúso indireto para fins potáveis. *Revista Novos Estudos Jurídicos*. DOI: 10.14210/nej.v24n2.p453-482.

GUREVICH, Eduardo Isaías; ROSA, Vanessa. Remuneração dos serviços. In: OLIVEIRA, Carlos Roberto de; GRANZIERA, Maria Luiza Machado. *Novo marco do saneamento básico no Brasil*. Indaiatuba: Foco, 2021.

GURUSWAMY, Lakshman. *International environmental law in a nutshell*. St. Paul, MN: West Publishing, 2007.

HARDIN, Garrett. The tragedy of the commons. *Science*, v. 162, nº 3.859, p. 1243-1248, 1968.

INSTITUTO CHICO MENDES DE CONSERVAÇÃO DA BIODIVERSIDADE. *Atlas dos Manguezais do Brasil*. Brasília: ICMBio, 2018. Disponível em: <https://www.gov.br/icmbio/pt-br/centrais-de-conteudo/atlas-dos-manguezais-do-brasil-pdf http://www.icmbio.gov.br/portal/images/stories/manguezais/atlas_dos_manguezais_do_brasil.pdf>.

INSTITUTO CHICO MENDES DE CONSERVAÇÃO DA BIODIVERSIDADE. *Plano de Manejo do Parque Nacional Cabo Orange*. Disponível em: <https://www.gov.br/icmbio/pt-br/assuntos/biodiversidade/unidade-de-conservacao/unidades-de-biomas/marinho/lista-de-ucs/parna-do-cabo-orange/arquivos/encarte-1-pnco.pdf http://www.icmbio.gov.br/portal/images/stories/imgs-unidades-coservacao/Encarte%201%20-%20PNCO.pdf>.

INSTITUTO CHICO MENDES DE CONSERVAÇÃO DA BIODIVERSIDADE. *Plano de Manejo para a Reserva Biológica do Atol das Rocas*. Disponível em: <https://www.gov.br/icmbio/pt-br/assuntos/biodiversidade/unidade-de-conservacao/unidades-de-biomas/marinho/lista-de-ucs/rebio-atol-das-rocas/arquivos/rebio_atol-das-rocas.pdfhttp://www.icmbio.gov.br/portal/images/stories/imgs-unidades-coservacao/rebio_atol-das-rocas.pdf>.

INSTITUTO CHICO MENDES DE CONSERVAÇÃO DA BIODIVERSIDADE. *Plano de Manejo do Parque Nacional de Anavilhanas*. Disponível em: <https://www.gov.br/icmbio/pt-br/assuntos/biodiversidade/unidade-de-conservacao/unidades-de-biomas/amazonia/lista-de--ucs/parna-de-anavilhanas/arquivos/plano_manejo_parna_de_anavilhanas.pdf http://www.icmbio.gov.br/portal/images/stories/plano-de-manejo/plano_manejo_parna_de_anavilhanas.pdf>.

INSTITUTO DE PESQUISA ECONÔMICA APLICADA (IPEA). *A economia de ecossistemas e da biodiversidade no Brasil (TEEB Brasil)*: análise de lacunas. Disponível em: <http://www.ipea.gov.br/portal/images/stories/PDFs/TDs/td_1912.pdf>.

INSTITUTO NACIONAL DE PESQUISAS ESPACIAIS. *Monitoramento ambiental dos biomas brasileiros é aposta para alavancar P&D da OBT nos próximos anos*. Disponível em: <http://www.inpe.br/informativo/08/nota01>.

INTERGOVERNMENTAL PANEL ON CLIMATE CHANGE. *16 Years of Scientific Assessment in Support of the Climate Convention*. Dezembro de 2004. Disponível em: <https://www.ipcc.ch/site/assets/uploads/2019/03/16th-anniversary-brochure.pdf>. <http://www.ipcc.ch/pdf/10th-anniversary/anniversary-brochure.pdf>.

INTERGOVERNMENTAL PANEL ON CLIMATE CHANGE. *Climate change 2014*: synthesis report. Disponível em: <http://www.ipcc.ch/pdf/assessment-report/ar5/syr/SYR_AR5_FINAL_full_es.pdf>.https://archive.ipcc.ch/pdf/assessment-report/ar5/syr/AR5_SYR_FINAL_All_Topics.pdf>.

INTERGOVERNMENTAL PANEL ON CLIMATE CHANGE. *What factors determine Earth's Climate?* Disponível em: <http://www.ipcc.ch/publications_and_data/ar4/wg1/en/faq-1-1.html>.

INTERNATIONAL LAW ASSOCIATION. Berlin Conference. Water Resources Law. Final report, 2004.

INTERNATIONAL LAW ASSOCIATION. Helsinki Revision 1: sources of the International Law Association Rules on Water Resources, 1966.

INTERNATIONAL UNION FOR CONSERVATION OF NATURE (IUCN). *Estratégia mundial para a conservação*: a conservação dos recursos vivos para um desenvolvimento sustentado. São Paulo: CESP, 1984.

INTERNATIONAL WATER LAW PROJECT. Other Tribunals - International Water Law Cases. *Lake Lanoux Arbitration Case*. 24 Int'l L. Rep. 101 (1957) (Spain v. France). Disponível em: <https://www.internationalwaterlaw.org/cases/othertribunals.html>.

JESUS, Damásio E. de. *Direito Penal*. São Paulo: Saraiva, 2004, v. 2.

KISS, Alexandre. Os direitos e interesses das gerações futuras e o princípio da precaução. In: VARELLA, Marcelo Dias; PLATIAU, Ana Flávia Barros (Org.). *Princípio da precaução*. Belo Horizonte: Del Rey, 2004.

KROEGER Timm; KLEMZ, Claudio; SHEMIE, Daniel; BOUCHER, Timothy; FISHER, Jonathan R. B.; ACOSTA, Eileen, P.; DENNEDY-FRANK, James; CAVASSANI, Andre Targa; GARBOSSA, Luis; BLAINSKI, Everton; SANTOS, Rafaela. *Análise do Retorno do Investimento na Conservação de Bacias Hidrográficas*: Referencial Teórico e Estudo de Caso do Projeto Produtor de Água do Rio Camboriú, Santa Catarina, Brasil. The Nature Conservancy, Arlington, VA.

LAVÍN, Antonio Riva Palacio. *El Pacto Internacional de Derechos Económicos, Sociales y Culturales. Colección del sistema universal de protección de los derechos humanos* - fascículo 4. Ciudad de México: Comisión Nacional de los Derechos Humanos, 2012.

LAVÍN, Antonio Riva Palacio. El Pacto Internacional de Derechos Económicos, Sociales y Culturales. *Colección del sistema universal de protección de los derechos humanos* – fascículo 4. Ciudad de México: Comisión Nacional de los Derechos Humanos, 2012.

LE CORBUSIER. *Planejamento urbano*. 3. ed. São Paulo: Perspectiva, 2004.

LEITE, José Rubens Morato. *Dano ambiental*: do individual ao coletivo extrapatrimonial. São Paulo: Revista dos Tribunais, 2000.

LEUZINGER, Márcia Dieguez. Zonas de amortecimento e zonas de transição em unidades de conservação. *Revista de Direitos Difusos, Temas Polêmicos*, p. 2241-2251, jan./fev. 2003.

LEVIN. Simon A. *The Princeton Guide to Ecology*. New Jersey: Princeton University Press, 2009. LIMA, Maria Isabel Leite Silva de; REI, Fernando. *40 anos de licenciamento ambiental: um reexame necessário*. Rev. Direito Econ. Socioambiental, Curitiba, v. 8, n. 2, p. 378-410, maio/ago. 2017, p. 378-410.

LIMA, Maria Isabel Leite Silva de; GRANZIERA, Maria Luiza Machado. Direito Humano à Água e a Perspectiva Econômica para a Sustentabilidade Hídrica. Revista do CNMP: água, vida e direitos humanos – n. 7 (2018), p. 13-36. Brasília: Conselho Nacional do Ministério Público, 2018.

LOBO, Mário Tavarela. *Manual do direito de águas*. Coimbra: Coimbra Editores, 1989, v. 1.

LOUCKS, Daniel P.; VAN BEEK, Eelco. *Water resources systems planning and management*: an introduction to methods, models and applications. UNESCO, 2005. Disponível em: <http://unesdoc.unesco.org/images/0014/001434/143430e.pdf>.

MACHADO, Paulo Affonso Leme. *Direito ambiental brasileiro*. 26 ed., rev., ampl., e atual. São Paulo: Malheiros, 2018.

MACHADO, Paulo Affonso Leme. *Direito ambiental brasileiro*. 26. ed. São Paulo: Malheiros, 2018.

MAGALHÃES, Vladimir Garcia. Competência concorrente em matéria ambiental: proteção ao meio ambiente e justiça. *Revista Brasileira de Direito Constitucional*, n. 2, p. 139-163, jul./dez. 2003.

MANCUSO, Rodolfo de Camargo. *Ação popular*: proteção do erário, do patrimônio público, da moralidade administrativa e do meio ambiente. 5. ed. São Paulo: Revista dos Tribunais, 2003.

MARQUES, Rui Cunha. A reforma do setor de saneamento no brasil: o reforço da regulação e do papel da ANA. In: OLIVEIRA, Carlos Roberto de; GRANZIERA, Maria Luiza Machado. *Novo marco do saneamento básico no Brasil*. Indaiatuba: Foco, 2021.

MARRARA, Thiago. Mosaico regulatório: as normas de referência da ANA para a regulação dos serviços públicos de saneamento básico à luz da lei 14.026/2020. In: OLIVEIRA, Carlos Roberto de; GRANZIERA, Maria Luiza Machado. *Novo marco do saneamento básico no Brasil*. Indaiatuba: Foco, 2021.

MARTINS, Letícia Costa et al. A Convenção sobre Diversidade Biológica: repartindo benefícios e protegendo recursos. *Revista de Direito Ambiental*, v. 51, ano 13, jul./set. 2008.

MARTINS, T.; ALMEIDA, N. T. de S. Violação ao Direito à Repartição Justa e Equitativa de Benefícios. In: *A "nova" Lei n.º 13.123/2015 no velho Marco Legal da Biodiversidade: entre retrocessos e violações de direitos socioambientais*. MOREIRA, E. C. P. (Org.); PORRO, N. M. (Org.) SILVA, L. A. L. (Org.). São Paulo: Inst. O direito por um Planeta Verde, 2017. p. 137. Disponível em: <http://www.planetaverde.org/arquivos/biblioteca/arquivo_20170303100927_2758.pdf>.

MATA, Luiz Roberto da. O Estatuto da Cidade à luz do direito ambiental. In: COUTINHO, Rogério; ROCCO, Rogério (Org.). *O direito ambiental das cidades*. Rio de Janeiro: DP&A, 2004. p. 103-142.

MATHIAS, Fernando; NOVION, Henry de (Org.). *As encruzilhadas das modernidades*: debates sobre biodiversidade, tecnociência e cultura. Instituto Sociambiental, 2006 (Documentos ISA, 9).

Mc AFFREY, Stephen C. *The Law of International Watercourses* – Non-Navigation Uses. New York, Oxford University Press Inc., 2003.

MDR. *Plano Nacional de Saneamento Básico*. Disponível em: <https://www.gov.br/mdr/pt-br/assuntos/saneamento/plansab>.

MEIRELLES, Hely Lopes. *Direito administrativo brasileiro*. 32. ed. São Paulo: Malheiros, 2006.

MEIRELLES, Hely Lopes. *Direito administrativo brasileiro*. 39. ed. São Paulo: Malheiros, 2013.

MELLO, Celso Antônio Bandeira de. *Curso de direito administrativo*. 30. ed. São Paulo: Malheiros, 2013.

MELLO, Celso Antônio Bandeira de. *Curso de direito administrativo*. 20. ed. São Paulo: Malheiros, 2006.

MELLO, Celso Antônio Bandeira de. Curso de Direito Administrativo. 30. ed. São Paulo: Malheiros, 2013.

MILARÉ, Édis; BENJAMIN, Antonio Herman Vasconcelos. *Estudo prévio de impacto ambiental*: teoria, prática e legislação. São Paulo: Revista dos Tribunais, 1993.

MILARÉ, Édis; MACHADO, Paulo Affonso Leme (Coord.). *Novo Código Florestal*. São Paulo: Revista dos Tribunais, 2012.

MILARÉ, Édis. *Direito do ambiente*. 10. ed. São Paulo: Revista dos Tribunais, 2015.

MINISTÉRIO DA SAÚDE. *Glossário Saneamento e Meio Ambiente*. Disponível em: <https://www.aguabrasil.icict.fiocruz.br/index.php?pag=sane>.

MINISTÉRIO DO MEIO AMBIENTE; AGÊNCIA NACIONAL DE ÁGUAS; PROGRAMA DAS NAÇÕES UNIDAS PARA O MEIO AMBIENTE. *GEO* Brasil: recursos hídricos: componente de relatórios sobre o estado e perspectivas do meio ambiente no Brasil. Brasília: MMA: ANA, 2007.

MINISTÉRIO DO MEIO AMBIENTE; CONSELHO DE GESTÃO DO PATRIMÔNIO GENÉTICO. *SisGen – Manual do Usuário*. Versão 1.0: novembro/2017. p. 95. Disponível em: <https://sisgen.gov.br/download/Manual_SisGen.pdf>.

MINISTÉRIO DO MEIO AMBIENTE. *Estratégia do Programa de Monitoramento Ambiental dos Biomas Brasileiros*, Brasília, 2017. p. 12. Disponível em: <http://www.mma.gov.br/images/arquivos/gestao_territorial/pmabb/Estrategia_programa_monitoramento_ambiental_PMABB.pdf>.

MINISTÉRIO DO MEIO AMBIENTE. Plano Nacional de Adaptação à Mudança do Clima: 1º relatório de monitoramento e avaliação 2016 – 2017. Brasília, 2017. Disponível em: <https://www.gov.br/mma/pt-br/assuntos/climaozoniodesertificacao/clima/arquivos/relatoriomonitoramento.pdfhttp://www.mma.gov.br/images/arquivo/80182/GTTm/RelatorioMonitoramento.pdf>.

MINISTÉRIO DO MEIO AMBIENTE. *Programa de Monitoramento Ambiental dos Biomas Brasileiros (PMABB)*. Disponível em: <http://redd.mma.gov.br/pt/monitoramento/programa-de--monitoramento-ambiental-dos-biomas-brasileiros http://www.mma.gov.br/gestao-territorial/pmabb>.

MINISTÉRIO DO MEIO AMBIENTE. Rede Brasileira de Reservas da Biosfera. Brasília, 2016. Disponível em: <http://antigo.mma.gov.br/images/arquivo/80252/REDE%20RB/LIVRO_Reservas%20da%20Biosfera%20Brasileira_FINAL_WEB.pdf>.

MONTEIRO, I. A. P.; LEITE, V. L. M.; ARAUJO, B. F. Violação do Direito ao Consentimento Livre, Prévio e Fundamentado na Lei nº 13.123/2015. In: *A "nova" Lei n.º 13.123/2015 no velho Marco Legal da Biodiversidade: entre retrocessos e violações de direitos socioambientais*. MOREIRA, E. C. P. (Org.); PORRO, N. M. (Org.) SILVA, L. A. L. (Org.). São Paulo: Inst. O direito por um Planeta Verde, 2017. Disponível em: <http://www.planetaverde.org/arquivos/biblioteca/arquivo_20170303100927_2758.pdf>.

MOREIRA, Iara Verocai Dias. *Vocabulário básico de meio ambiente*. Rio de Janeiro: Fundação Estadual de Engenharia do Meio Ambiente, 1990.

MOTTA, Ronaldo Seroa da. *Economia ambiental*. São Paulo: FGV, 2006.

MOTTA, Ronaldo Seroa da. Instrumentos econômicos e política ambiental. *Revista de Direito Ambiental*, v. 20. São Paulo: Revista dos Tribunais, out./dez. 2000.

NAÇÕES UNIDAS – BRASIL.PLATAFORMA AGENDA 2030. Transformando Nosso Mundo: A Agenda 2030 para o Desenvolvimento Sustentável. Disponível em: <https://brasil.un.org/sites/default/files/2020-09/agenda2030-pt-br.pdf>.

NELLEMANN, C., et al. *Blue carbon*. A rapid response assessment. United Nations Environment Programme, 2009.

NERY JUNIOR, Nelson; NERY, Rosa Maria de Andrade. *Código Civil comentado*. 4. ed. São Paulo: Revista dos Tribunais, 2006.

NOHARA, Irene Patrícia. *Direito Administrativo*. 9. ed. São Paulo: GEN, 2019, p. 508.

NUSDEO, Ana Maria de Oliveira. Direito ambiental & economia. Curitiba: Juruá, 2018.

NUSDEO, Ana Maria de Oliveira. O tratamento internacional do problema da mudança climática: uma análise do protocolo de Quioto. In: COSTA, José Augusto Fontoura; DERANI, Cristiane (Org.). *Direito ambiental internacional*. Santos: Leopoldianum, 2001

NUSDEO, Ana Maria de Oliveira. O uso dos instrumentos econômicos nas normas de proteção ambiental. *Revista da Faculdade de Direito da Universidade de São Paulo*, v. 101, p. 357-378, jan./dez. 2006.

NUSDEO, Ana Maria de Oliveira. Pagamento por serviços ambientais. Sustentabilidade e disciplina jurídica. São Paulo: Atlas, 2012.

ODUM, Eugene; BARRETT, Gary W. *Fundamentos da ecologia*. São Paulo: Thomson Learning, 2007.

OLIVEIRA, Carlos Roberto de; GRANZIERA, Maria Luiza Machado. *Novo marco do saneamento básico no Brasil*. Indaiatuba: Foco, 2021, p. II – Apresentação.

OLIVEIRA, Raul Miguel Freitas de. A titularidade dos serviços de saneamento básico na lei de atualização do marco legal do saneamento básico. In: OLIVEIRA; Carlos Roberto de; GRANZIERA, Maria Luiza Machado. *Novo Marco do Saneamento Básico no Brasil*. Indaiatuba: Foco, 2021.

ORGANIZAÇÃO DAS NAÇÕES UNIDAS. A/RES/71/256, Nova Agenda Urbana. Português, 2019.

ORGANIZAÇÃO DAS NAÇÕES UNIDAS. World Charter for Nature. A/RES/37/7, 28 de outubro de 1982. Disponível em: <https://digitallibrary.un.org/record/39295 http://www.un.org/documents/ga/res/37/a37r007.htm>.

ORGANIZAÇÃO PARA A COOPERAÇÃO E DESENVOLVIMENTO ECONÔMICO (OCDE). *Environmental Principes And Concepts OCDE/GD(95)124*. Disponível em: <http://www.oecd.org/officialdocuments/publicdisplaydocumentpdf/?cote=OCDE/GD(95)124&docLanguage=En>.

PADILHA, Norma Sueli. *Fundamentos constitucionais do direito ambiental brasileiro*. Rio de Janeiro: Campus Elsevier, 2010.

PEÑA-NEIRA, Sergio; DIEPERINK, C.; ADDINK, H. Equitably sharing benefits from the utilization of natural genetic resources: the brazilian interpretation of the Convention on Biological. Diversity. *Electronic Journal of Comparative Law*, v. 6(3), 2002.

PHILIPPI JR., Arlindo (Coord.). *Política nacional, gestão e gerenciamento de resíduos sólidos*. São Paulo: Manole, 2014.

PHILIPPI JR., Arlindo; MAGLIO, Ivan Carlos. *Avaliação de impacto ambiental*: curso interdisciplinar de direito ambiental. São Paulo: Manole, 2005.

PLATAFORMA AGENDA 2030. Os 17 Objetivos de Desenvolvimento Sustentável Disponível em: <http://www.agenda2030.com.br/ods/14/>.

PLATER, Zygmund J. B.; ABRAMS, Robert; GOLDFARB, William. *Environmental law and policy*: a coursebook on nature, law, and society: case, materials, and text. St. Paul: West Publishing, 1992.

POMPEU, Cid Tomanik. Águas doces no direito brasileiro. In: *Águas doces no Brasil*: capital ecológico, uso e conservação. São Paulo: Escrituras, 1999.

POMPEU, Cid Tomanik. *Direito de águas no Brasil*. 2. ed. São Paulo: Ed. RT, 2010. p. 234.

PRADO, Ivan Pereira; MENEGUIN, Fernando. *Os serviços de saneamento básico, sua regulação e o federalismo brasileiro*. Disponível em: <https://www12.senado.leg.br/publicacoes/estudos-legislativos/tipos-de-estudos/textos-para-discussao/td248>.

PRADO, Ivan Pereira; MENEGUIN, Fernando. *Os serviços de saneamento básico, sua regulação e o federalismo brasileiro*. Disponível em: <https://www12.senado.leg.br/publicacoes/estudos-legislativos/tipos-de-estudos/textos-para-discussao/td248>.

PRADO, Luiz Regis. *Direito penal do ambiente*: meio ambiente, patrimônio cultural, ordenação do território e biossegurança (com análise da Lei nº 11.105/2005). São Paulo: Revista dos Tribunais, 2005.

PRIEUR, Michel. *Droit de l'environnement*. 3. ed. Paris: Dalloz, 1996.

PRIEUR, Michel. O princípio de proibição de retrocesso ambiental. In: *O princípio de proibição de retrocesso ambiental*. Brasília: Comissão de Meio Ambiente, Defesa do Consumidor e Fiscalização e Controle, 2012.

PROGRAMA DAS NAÇÕES UNIDAS PARA O MEIO AMBIENTE (PNUD). *Global Environment Outlook 5*: Environment for the future we want (GEO-5), 2012.

RAMSAR CONVENTION ON WETLANDS. *Using the Ramsar Sites Information Service*. Disponível em: <https://www.ramsar.org/sites/default/files/documents/library/rsis_tutorial_e_1.pdf>.

RANGEL, Vicente Marotta. *Direito e relações internacionais*. 8. ed. São Paulo: Revista dos Tribunais, 2005.

REAKA-KUDLA, Marjorie; WILSON, Don; WILSON, Edward O. *Biodiversity II*: understanding and protecting our biological resources. Washington DC: Joseph Harry Press, 1997.

REI, Fernando; GRANZIERA, Maria Luiza Machado. *Sobre a obrigação de recuperar a degradação ambiental do imóvel rural*. In: Teses Jurídicas dos Tribunais Superiores. Direito Ambiental. Coord. Norma Sueli Padilha. São Paulo: RT, 2017.

REI, Fernando; RIBEIRO, Flávio de Miranda. Limites do Controle Corretivo como Instrumento de Regulação Ambiental. In: *Sobre a Efetividade da Tutela Ambiental*. Campinas: Millenium, 2014, pp. 19-47.

RIBEIRO, Wagner Costa. *Geografia política do Brasil*. São Paulo: Annablume, 2008.

ROCHA, J. S. M. da. Manual de Manejo Integrado de Bacias Hidrográficas. Santa Maria: UFSM, 1997.

RODRIGUES, José Eduardo Ramos. *Sistema nacional de unidades de conservação*. São Paulo: Revista dos Tribunais, 2006.

ROLNIK, Raquel. Planejamento e gestão: um diálogo de surdos? In: MOREIRA, Mariana (Coord.). *Estatuto da Cidade*. Fundação Prefeito Faria Lima – CEPAM, 2001, p. 115-121.

SABBAG, Bruno Kerlakian. *O Protocolo de Kyoto e seus créditos de carbono*. Manual Jurídico Brasileiro de Mecanismo de Desenvolvimento Limpo. 2. ed. São Paulo: LTr, 2008.

SALEME, Edson Ricardo. *Comentários ao Estatuto da Cidade*. Belo Horizonte: Arraes, 2018.

SALEME, Edson Ricardo. *Comentários ao Estatuto da Cidade*. Belo Horizonte: Arraes, 2018, p. 239.

SALEME, Edson Ricardo. Controle de execução do plano diretor do município na defesa da biodiversidade. In: BENJAMIN, Antonio Herman Vasconcelos (Org.). *Direitos humanos e meio ambiente*. São Paulo: Imprensa Oficial do Estado, 2006. p. 101-109.

SALES, Rodrigo; SABBAG, Bruno Kerlakian. Environmental requiremets and additionality under the clean development mechanism: a legal review under the UNFCCC, the Kyoto Protocol, and the Brazilian Legal Framework on Climate Change. *Yearbook of International Environmental Law*. Oxford, 2005.

SAMPAIO, Rômulo Silveira da Rocha. *Direito ambiental*. Doutrina e casos práticos. Rio de Janeiro: Elsevier, FGV, 2011.

SANCHES JR., Antonio Roberto. *A tutela jurídica do mosaico de unidades de conservação de Jureia-Itatins*. 2008. Dissertação (Mestrado) – Universidade Católica de Santos – UNISANTOS.

SANCHES, Osvaldo Maldonado. Dicionário de orçamento, planejamento e áreas afins. Brasília: Prisma, 1997.

SANTILLI, Juliana. *Socioambientalismo e novos direitos*: Proteção jurídica à biodiversidade biológica e cultura. São Paulo: Peirópolis, 2005.

SANTOS, André de Castro dos. Os acordos internacionais sobre mudanças climáticas frente ao desenvolvimento do setor elétrico no Brasil. Dissertação (Mestrado em Direito) - Faculdade de Direito, Universidade de São Paulo, 2018.

SANTOS, Celeste Leite dos; SANTOS, Maria Celeste Cordeiro Leite. *Crimes contra o meio ambiente*: responsabilidade e sanção penal. 3. ed. São Paulo: Juarez de Oliveira, 2002.

SHAW, Malcolm N. *Direito Internacional*. São Paulo; Martins Fontes, 2010.

SHIKLOMANOV, Igor. World fresh water resources. In: GLEICK, Peter H. (Ed.). *Water in crisis*: A GUIDE TO THE WORLD'S FRESH WATER RESOURCES, 1993, apud IRACHANDE, Aninho M.; CHRISTOFIDIS, Demetrios. *Política nacional de recursos hídricos*: princípios fundamentais. (Fascículos de Ciências Penais, 4/3); SANTILLI, Juliana. *7º Congresso Internacional de Direito Ambiental*: Direito, Água e Vida. São Paulo: Instituto O Direito por um Planeta Verde, 2003.

SILVA-SÁNCHEZ, Solange S. *Cidadania ambiental*: novos direitos no Brasil. São Paulo: Humanitas; FFLCH; USP, 2000.

SILVA, De Plácido e. *Vocabulário jurídico*. Atual. Nagib Slaibi Filho e Gláucia Carvalho. 27. ed. Rio de Janeiro: Forense, 2008.

SILVA, Geraldo Eulálio Nascimento e. *Direito ambiental internacional*. 2. ed. Rio de Janeiro: Thex, 2002.

SILVA, José Afonso da. *Curso de direito constitucional positivo*. 37. ed. São Paulo: Malheiros, 2014.

SILVA, José Afonso da. *Direito ambiental constitucional*. 7. ed. São Paulo: Malheiros, 2009.

SILVA, José Afonso da. *Direito urbanístico brasileiro*. 8. ed. São Paulo: Malheiros, 2018.

SIRVINSKAS, Luís Paulo. *Tutela penal do meio ambiente*: breves considerações à Lei nº 9.605, de 12-2-1998. São Paulo: Saraiva, 2004.

SOARES, Guido Fernando Silva. *A proteção internacional do meio ambiente*. São Paulo: Manole, 2003.

SOARES, Guido Fernando Silva. *Direito internacional do meio ambiente*: emergências, obrigações e responsabilidades. São Paulo: Atlas, 2001.

SODRÉ, Marcelo Gomes. Zoneamento Ecológico-Econômico na Zona Costeira. In: GRANZIERA, Maria Luiza Machado; GONÇALVES, Alcindo; MORE, Rodrigo (Org). *Desafios ambientais da zona costeira*. São Paulo: Essential Idea, 2014.

SOLER, Fabricio Dorado; MACHADO FILHO, José Valverde; LEMOS, Patrícia Faga Iglecias. Acordos setoriais, regulamentos e termos de compromisso. In: PHILIPPI JR., Arlindo (Coord.). *Política nacional, gestão e gerenciamento de resíduos sólidos*. São Paulo: Manole, 2014.

SOMEKH, Nadia. Função social da propriedade e da cidade. In: MOREIRA, Mariana (Coord.). *Estatuto da Cidade*. São Paulo: Fundação Prefeito Faria Lima – CEPAM, 2001, p. 83-90.

SOUZA, Mariana Campos de. Controle social nas normas de referência da ANA. In: OLIVEIRA; Carlos Roberto de; GRANZIERA, Maria Luiza Machado. *Novo Marco do Saneamento Básico No Brasil*. Indaiatuba: Foco, 2021.

STEIGLEDER, Annelise Monteiro. *Comentário Doutrinário sobre a Tese: A responsabilidade ambiental é objetiva, informada na teoria do risco integral, sendo o nexo de causalidade o fator aglutinante que permite que o risco se integre na unidade do ato, sendo descabida a invocação, pela empresa responsável por dano ambiental, Ide excludentes de responsabilidade civil para afastar a sua obrigação de indenizar.* IN: Teses Jurídicas dos Tribunais Superiores. Direito Ambiental. Coord. Norma Sueli Padilha. São Paulo: RT, 2017.

SUNDFELD, Carlos Ari. *Fundamentos de direito público*. 4. ed. São Paulo: Malheiros, 2008.

TEJEIRO, Guillermo; STANTON, Marcia (org.) et alli. Sistemas Estaduais de Pagamento por Serviços Ambientais: Diagnóstico, lições aprendidas e desafios para a futura legislação. São Paulo: Instituto O Direito por um Planeta Verde, 2014. p. 140.

TORRES, Ricardo Lobo. *Curso de direito financeiro e tributário*. 7. ed. Rio de Janeiro: Renovar, 2000.

TRATA BRASIL. Água. Disponível em: <http://www.tratabrasil.org.br/saneamento/principais-estatisticas/no-brasil/agua>.

TRENNEPOHL, Curt. *Infrações contra o meio ambiente*: multas e outras sanções administrativas: comentários ao Decreto nº 3.179, de 21-9-1999. São Paulo: Fórum, 2006.

TRIBUNAL DE CONTAS DA UNIÃO (TCU). Governança pública: referencial básico de governança aplicável a órgãos e entidades da administração pública e ações indutoras de melhoria. Brasília: TCU, Secretaria de Planejamento, Governança e Gestão, 2014, pg. 42. Disponível em: <https://portal.tcu.gov.br/biblioteca-digital/governanca-publica-referencial-basico-de--governanca-aplicavel-a-orgaos-e-entidades-da-administracao-publica-e-acoes-indutoras--de-melhoria.htm>.

UNITED NATIONS. A/RES/70/1/2015. Disponível em: <http://www.un.org/ga/search/view_doc.asp?symbol=A/RES/70/1&Lang=E>.

UNITED NATIONS. *New Urban Agenda*. 2017 A/RES/71/256, 2017.

UNITED NATIONS. Trail Smelter Case. *Reports of International Arbitral Awards*, v. III, p. 1905-1982, 2006.

VANUCCI, Marta. *Os manguezais*. São Paulo: Edusp, 1989.

WAINER, Ann Helen. Legislação ambiental brasileira: evolução histórica do direito ambiental. *Revista de Direito Ambiental*, 1996, v. 0.

WEIGAND JR., Ronaldo; SILVA, Danielle Calandino da; SILVA, Daniela de Oliveira. *Metas de Aichi*: situação atual no Brasil. Brasília: UICN; WWF-Brasil; IPÊ, 2011.

YOSHIDA, Consuelo Yatsuda Moromizato. Cidades, APP e reserva legal: as questões judiciais relevantes. In: CONGRESSO INTERNACIONAL DE DIREITO AMBIENTAL: MEIO AMBIENTE E ACESSO À JUSTIÇA: FLORA, RESERVA LEGAL E AP. São Paulo: IMESP, 2007. v. 3.

Anexos

MINISTÉRIO DO MEIO AMBIENTE

---

*   Organogramas de Daniela Malheiros Jerez.

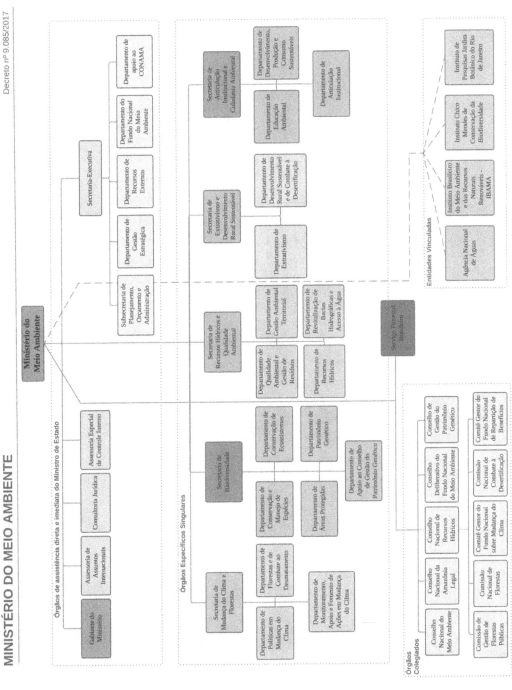

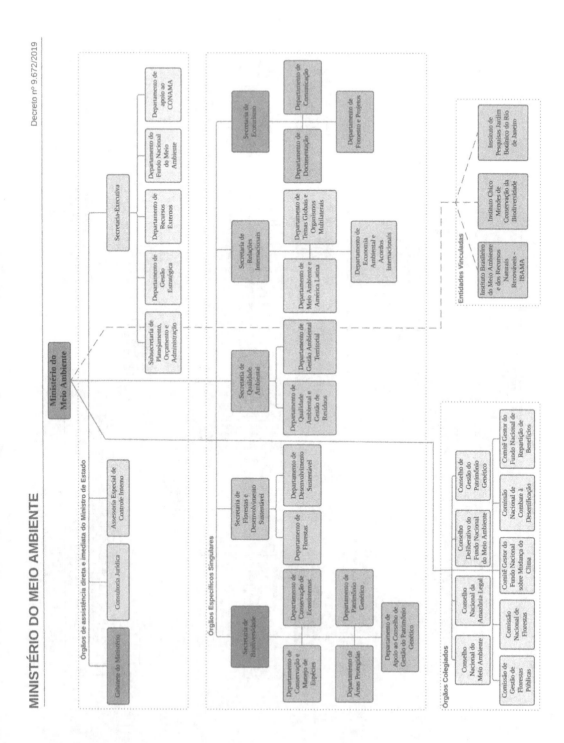

MINISTÉRIO DO MEIO AMBIENTE

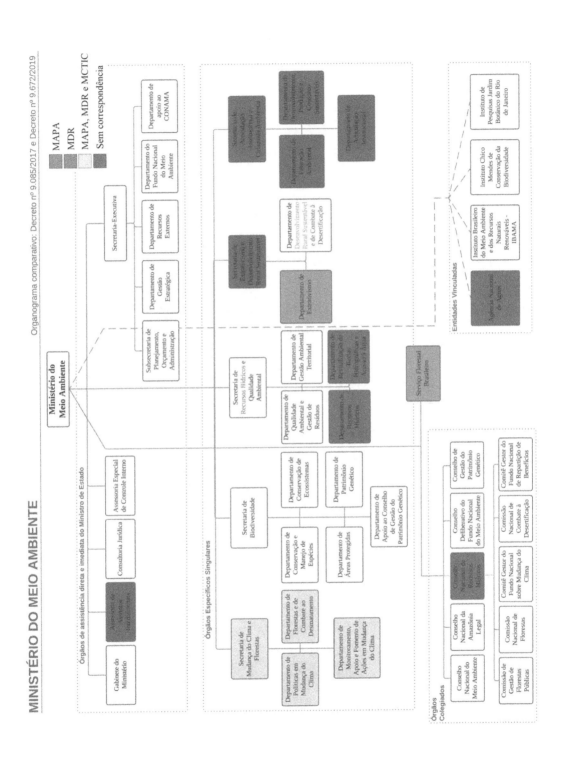

Índice Remissivo

ÍNDICE REMISSIVO

A

Ação Civil Pública – 15, 77, 734

Ação Popular – 73, 730

Acesso a recursos genéticos – 141

Acesso equitativo aos recursos naturais – 63

Ações de Mitigação Nacionalmente Apropriadas (NAMAs) – 75, 331

Acordo de Paris – 325

Acordo setorial – 298

Acordo sobre o Aquífero Guarani – 278

Adaptação – 329

Adicionalidade – 333

Administração – 349

Administração Pública – 59, 112, 120, 359, 585, 664, 683

Agência Nacional de Águas (ANA) – 100, 105, 107, 113, 114, 115, 112

Agenda 21 – , 36, 42, 247

Agenda 2030 – , 52, 247

Agricultores tradicionais – 155

Agricultor familiar – 157, 456

Agrossilvipastoril – 436

Agrotóxicos – 39, 62, 298, 304, 305, 306, 311

Águas subterrâneas – 120, 259, 273, 274

Amazônia – 156, 169, 171

Amazônia Legal (PRODES) – 171, 331, 337, 444, 449

Ampla defesa e contraditório – 363

Antropocentrismo – 49

Apicuns e salgados – 557

Aquecimento global – 36, 319

Aquicultura – 144, 191, 192, 193, 199, 263

Aquífero – 274

Aquífero Guarani – 276

Ar – 294, 314, 315

Área de Proteção Ambiental – 476, 493, 497

Área de Relevante Interesse Ecológico – 476, 487, 493, 499

Área rural consolidada – 224, 436, 438

Áreas com inclinação entre 25° e 45° – 221, 425

Áreas consolidadas em Áreas de Preservação Permanente – 218

Áreas de Preservação Permanente – 141, 175, 194, 222, 228, 417

Áreas úmidas – 414, 420, 513, 516

Área urbana consolidada – 224

A soberania territorial – 19

Aso Trail Smelter – 19

Atmosfera – 313

Atualidade – 640

Audiências públicas – 360, 376, 377, 579

Auto de infração – 685

Autorização da supressão de cobertura vegetal – 537

Avaliação Ambiental Estratégica – 378

Avaliação de Impacto Ambiental – 41, 175, 371

B

Bacia hidrográfica – 105, 106, 258, 260

Baixo impacto ambiental – 427, 430, 532

Bem de uso comum do povo – 7, 8, 154, 283, 671, 732

Biodiversidade – 10, 41, 44, 52, 135, 141

Biopirataria – 168

Biosfera – 137

Biossegurança – 141, 173, 178

Biotecnologia – 141, 176, 177

C

Caatinga – 88, 169, 170, 211, 214

Cadastro Ambiental Rural – 221, 445, 458, 540

Cadastro Técnico Federal de Atividades – 365, 399

Camada de ozônio – 318

Campos Sulinos – 169

Caso Trail Smelter – 30

Cerrado – 88, 160, 169, 170, 211, 212

Cetáceos – 194
Circunstâncias agravantes – 718
Cobrança pelo uso de recursos hídricos – 13, 62, 110, 268
Código de Águas – 26, 254, 256
Código de Minas – 26, 378
Código de Pesca – 26
Combate à pobreza – 29, 473
Comércio de emissões – 324
Comissões tripartites – 85
Comitês de Bacia Hidrográfica – 106, 107, 109, 110
Compensação ambiental – 484
Competência comum – 84
Competência concorrente – 80
Competência da União – 83
Competência legislativa – 79
Competência material – 82
Competência privativa da União – 79
Comunidades tradicionais – 155
Concessão florestal – 70
Conferência das Nações Unidas sobre Desenvolvimento Sustentável – 43
Conferência das Nações Unidas sobre Meio Ambiente e Desenvolvimento – 49
Conferência das Nações Unidas sobre o Meio Ambiente Humano – 19
Conferência do Rio de Janeiro sobre o Meio Ambiente e Desenvolvimento – 567
Conferência sobre a Biosfera – 509
Conhecimento tradicional – 155
Conhecimento tradicional associado – 135, 157, 396, 540
Conselho de Gestão do Patrimônio Genético – 101, 164
Conselho Nacional de Recursos Hídricos – 107, 108, 115
Conselho Nacional do Meio Ambiente – 101, 264, 368, 428, 538
Conselhos Estaduais de Recursos Hídricos – 107
Contrato de gestão – 115
Convenção das Nações Unidas sobre Direito do Mar – 139
Convenção de Basileia sobre o Controle de Movimentos Transfronteiriços de Resíduos Perigosos e seu Depósito – 301
Convenção de Ramsar – 220, 513, 526

Convenção Internacional sobre o Comércio de Espécies em Extinção – 720
Convenção Marpol – 24
Convenção Quadro sobre Diversidade Biológica – 54
Convenção-Quadro sobre Mudança do Clima – 36, 54, 322
Convenção Relativa às Zonas Úmidas de Importância Internacional, particularmente como Habitat das Aves Aquáticas – 138
Convenção sobre Comércio Internacional das Espécies da Flora e da Fauna Selvagens em Perigo de Extinção – 139
Convenção sobre Diversidade Biológica – 6, 36, 56, 137, 142
Convenção Sobre Zonas Úmidas de Importância Internacional Especialmente como Hábitat de Aves Aquáticas – 513
Conversão da multa em serviços – 703
Cooperação – 31, 39, 56
Corredores ecológicos – 173, 445, 478, 479, 481
Cota de Reserva Ambiental – 449, 460, 503
Crime ambiental – 15, 713
Crimes relativos à engenharia genética – 179

Declaração de Estocolmo – 28, 138
Declaração do Rio de Janeiro de 1992 – 54
Declaração do Rio de Janeiro sobre Meio Ambiente e Desenvolvimento – 36, 51
Desapropriação – 483
Desenvolvimento sustentável – 6, 28, 38, 50, 68, 150, 216
Destinação final – 286
Direito adquirido – 404
Direito humano – 48
Direito humano à água potável e ao saneamento – 249
Domínio da água – 254
Domínio das águas subterrâneas – 275
Domínio dos bens ambientais – 7

Ecossistema – 137
Efeito estufa – 36
Efetividade das normas jurídicas – 30
Eficiência – 363, 640
EIA/RIMA – 55, 128, 374, 480, 535

ÍNDICE REMISSIVO 765

EIV – 590
Enquadramento dos corpos hídricos – 262
Entidades delegatárias – 92, 272
Escassez – 258
Espaços Territoriais Especialmente Protegidos – 406
Estação Ecológica – 494
Estreito de Corfu – 20
Estudo de Viabilidade Ambiental (EVA) – 379
Estudo Prévio de Impacto de Vizinhança – 590
Estudos Ambientais – 373

Fauna aquática – 681
Finalidade – 363
Floresta Nacional – 499
Fortalecimento institucional – 93, 120, 695
Fragilidade ambiental – 290, 414
Função ambiental – 13, 418, 445
Função social – 16, 444, 577
Função social da propriedade – 74, 302, 578
Funções de controle – 365
Funções de fomento – 360, 365
Funções de prestação – 359, 365
Funções protetoras – 360
Fundo Amazônia – 172, 339
Fundo Brasileiro para a Biodiversidade – 184
Fundo Nacional de Desenvolvimento Florestal – 231
Fundo Nacional para a Repartição de Benefícios – 162, 183

Gases de Efeito Estufa (GEE) – 319
GEF Mangue – 171
Generalidade – 640
Governança interfederativa – 409, 599

Horto Florestal – 470

ICMS Ecológico – 468
Implementação conjunta – 324
Imposto sobre a Propriedade Territorial Rural – 456
Imposto Territorial Rural – 14
Informações ambientais – 59

Infrações administrativas contra a administração ambiental – 129
Infrações administrativas contra a fauna – 195
Instituto Brasileiro do Meio Ambiente e dos Recursos Naturais Renováveis – 101
Instituto Chico Mendes de Conservação da Biodiversidade – 102
Instrumentos de comando-controle – 392
Instrumentos econômicos – 393
Interesse público – 7, 9, 363
Interesse social – 429
IPCC – 321

Jardins Botânicos – 469
Jardins Zoológicos – 469
Justiça hídrica – 252

Lago Lanoux – 21
Legalidade – 363
Legislação ambiental eficaz – 41
Lei de Proteção à Fauna – 26
Licenciamento ambiental – 13, 53, 85, 105, 127, 151, 238, 290, 360, 381, 385, 392, 420, 423, 484, 538, 542, 557, 583, 686
Limitação administrativa – 219, 414, 444, 480
Limitações administrativas provisórias – 471
Logística reversa – 62, 293, 297
Lote – 594
Loteamento – 594

M

Macrobem – 4, 6, 7, 418
Mangue – 171, 211, 212, 420, 440, 557
Manguezais – 38, 420, 431, 440, 528, 547, 558
Mata Atlântica – 38, 82, 156, 169, 170, 173, 345, 527, 661
MDL – 287, 331
Mecanismo de Desenvolvimento Limpo (MDL) – 75, 325, 332
Medidas administrativas preventivas – 691
Meio ambiente urbano – , 16, 66, 571, 609, 727
Metas de Aichi – 174
Mineração – 87
Ministério do Meio Ambiente – 99

Mitigação – 329

Modicidade tarifária – 640

Módulo fiscal – 456

Monumento Natural – 497

Moralidade – 363

Mosaico de unidades de conservação – 481

Motivação – 363

Mudanças climáticas – 75, 120, 313, 319

Multa diária – 702

Multa simples – 702

N

Nascentes – 422

O

Objetivos de Desenvolvimento Sustentável – , 49, 43, 57, 143, 251

Objetivos do milênio – 143

OCDE – 51

Olhos dágua – 422

Organismos geneticamente modificados – 59, 176, 178, 478

Organizações Civis de Recursos Hídricos – 107, 115

Organizações da Sociedade Civil de Interesse Público – 116

Órgão colegiado – 97, 164, 262, 475, 551, 736

Órgãos Locais – 103

Outorga de direito de uso de recursos hídricos – 105, 110, 151, 237, 264, 266

Outorgas preventivas – 266

Ozônio – 36

P

Padrões de emissão – 368

Padrões de qualidade – 367

Padrões de qualidade ambiental – 13, 70, 365

Pagamento por serviços ambientais – 13, 395

Pampa – 171

Pantanal – 169, 220, 221, 527

PAOF – 236

Parcerias internacionais – 336

Parque Nacional – 495

Parques – 16, 23, 469, 495

Participação – 40

Participação social – 61

Patrimônio comum – 344

Patrimônio cultural – 140, 343

Patrimônio da humanidade – 344

Patrimônio genético – 154

Patrimônio histórico e artístico nacional – 343

Patrimônio nacional – 88

Pequena propriedade – 430, 447, 456

Planejamento racional – 30

Plano Anual de Outorga Florestal (PAOF) – 238

Plano de Ação para Prevenção e Controle do Desmatamento e das Queimadas no Bioma Cerrado (PPCerrado) – 173

Plano de Desenvolvimento urbano Integrado – 409, 573

Plano de Manejo – 120, 226, 233, 234, 360, 477

Plano de Manejo Florestal Sustentável (PMFS) – 238

Plano de Recuperação de Área Degradada – 377, 536

Plano Emergencial Individual para Incidência de Poluição por Óleo – 379

Plano Estratégico Nacional de Áreas Protegidas – 172

Plano Nacional de Adaptação à Mudança do Clima – 332

Plano Nacional de Gerenciamento Costeiro – 547

Plano Nacional de Recursos Hídricos – 108

Planos de recursos hídricos – 261

Poder de polícia – 52, 102, 112, 260, 361, 393, 683, 691

Política agrícola – 303

Política Nacional de Biodiversidade – 147

Política Nacional de Resíduos Sólidos – 62, 283, 308

Política Nacional de Segurança de Barragens – 109

Política Nacional sobre Mudança do Clima – 330

Poluidor-pagador – 61

Populações tradicionais – 540

Posse rural familiar – 430, 446, 456

Povos indígenas – 5, 41, 42, 77, 78, 145, 146, 155

Precaução – 39, 53, 54

Prevenção – 52

Princípio da prevenção – 558

Princípio da supremacia do interesse público sobre o interesse do particular – 47

Princípio poluidor-pagador – 41

Processo administrativo – 13, 15, 60, 350, 362, 363, 415, 429, 537, 595, 684

Processos ecológicos essenciais – 87, 140, 421, 452, 703

PROCONVE – 336
Programa Áreas Protegidas da Amazônia (ARPA) – 172
Programa de Detecção de Desmatamento em Tempo Real (DETER-B) – 171
Programa Nacional de Conservação e Uso Sustentável do Bioma Cerrado – Programa Cerrado Sustentável – 173
Programa Nacional de Florestas – 169
Programas de Regularização Ambiental – 223
Projeto Aquífero Guarani – 277
Projeto de Controle Ambiental (PCA) – 379
Proporcionalidade – 363, 434, 702
Proteção das comunidades aquáticas em terras indígenas – 263
Protetor-recebedor – 62, 393
Protocolo Comunitário do Bailique – 160
Protocolo de Cartagena – 178
Protocolo de Kyoto – 287, 324, 332
Protocolo de Montreal – 36, 318
Protocolo de Nagoya – 145

Qualidade do ar – 314
Quilombolas – 349

Razoabilidade – 363, 433
Reciclagem – 286
Recomposição da Reserva Legal – 452
Recreação de contato secundário – 263
Recursos genéticos – 63, 135, 146
REDD – 338
Reforma agrária – 461
Refúgio de vida silvestre – 497
Regras de Helsinki – 21, 22
Regularidade – 640
Regularização fundiária – 591
Regularização Fundiária Urbana – 591
Relatório Ambiental Preliminar – 378
Relatório Brundtland – 6, 29
Relatório de Avaliação Ambiental (RAA) – 379
Relatório de Controle Ambiental (RCA) – 379
Relatório de Qualidade do Meio Ambiente – 400
Reparação integral – 57
Reserva de Desenvolvimento Sustentável – 501

Reserva de Fauna – 193, 501
Reserva Extrativista – 500
Reserva Legal – 443
Reserva Particular do Patrimônio Natural (RPPN) – 460, 502
Reservas biológicas – 494
Reservas da biosfera – 509
Responsabilidade compartilhada – 62, 296
Responsabilidade por dano ambiental – 88
Restinga – 431, 529, 557
Retrocesso na proteção do meio ambiente – 63
Reutilização – 286
Rio + 10 – 42
Rio + 20 – 43

Saúde pública – 571
Segurança – 640
Segurança jurídica – 363
Seguro ambiental – 70
Servidão ambiental – 70, 449, 459
Sistema Nacional de Gerenciamento de Recursos Hídricos – 256
Sistema Nacional de Recursos Hídricos – 107
Sistema Nacional de Unidades de Conservação – 171, 467
Sítios Ramsar – 220, 468, 514, 526
Soberania – 37
Soberania territorial – 30
Supressão de vegetação – 210, 424, 427
Sustentabilidade – 151

T

Tarifas – 640
Termo de compromisso – 224, 437, 502, 703
Termo de parceria – 474
Terras devolutas – 88
Terras indígenas – 449
Tombamento – 349
Transversalidade – 150

U

Unidades de Proteção Integral – 493
Unidades de Uso Sustentável – 493
Usinas nucleares – 88
Uso alternativo do solo – 219
Usos insignificantes ou de pouca expressão – 265

Usuário-pagador – 62, 532

Utilidade pública e interesse social – 538

V

Valor Econômico Total – 149

Valor intrínseco da diversidade biológica – 148

Vegetação primária – 534

Vegetação secundária em estágio avançado de regeneração – 535

Vegetação secundária em estágio médio de regeneração – 537

Visão sistêmica – 285

Z

Zona Costeira – 545

Zona de amortecimento – 129, 478, 479, 480, 481

Zona de transição – 479

Zonas úmidas – 513

Zoneamento – 403, 481, 498, 509, 547

Zoneamento aprovado – 494

Zoneamento Ecológico-Econômico – 403, 406, 449, 557

Zoneamento Ecológico-Econômico Costeiro – 556

Zoneamento urbano – 404